Enzyklopädie der Rechtswissenschaft
in systematischer Bearbeitung.

Begründet von

Dr. Franz von Holtzendorff.

Herausgegeben von

Geh. Justizrat Dr. Josef Kohler

ordentlicher Professor der Rechte in Berlin.

Unter Mitwirkung von:

G. Anschütz • L. v. Bar • E. Beling • E. Blume • H. Brunner • G. Cohn
K. Crome • H. Dietz • F. Dochow • E. Dorner • K. Flesch • B. Freudenthal
J. Gerstmeyer • O. v. Gierke • P. Heilborn • E. Heymann • Fr. Hiller • L. Laß
O. Lenel • A. Osterrieth • E. Rabel • P. Schoen • G. Strutz • U. Stutz
H. Trumpler • K. v. Unzner • F. Wachenfeld • M. Wolff.

Siebente, der Neubearbeitung zweite Auflage.

Fünfter Band.

Verlag von

Duncker & Humblot
München u. Leipzig.

und

J. Guttentag, Verlagsbuchhdlg.
G. m. b. H. Berlin W 10.

1914.

Altenburg
Piererche Hofbuchdruckerei
Stephan Geibel & Co.

Vorwort.

Der Schluß des V. Bandes sollte eine neue Darstellung des Kolonialrechtes von Herrn Geheimrat Gerstmeyer im Kolonialamt enthalten; die Arbeit war auch bereits eingeleitet, da kamen die welterschütternden Ereignisse, die unsere ganze Erde in Aufruhr brachten und eine vollständige Neugestaltung unserer Kulturverhältnisse in Aussicht stellen. Das siegreiche Deutschland wird als Kolonialreich eine ganz andere Rolle spielen als bisher und eine weltumfassende Macht bilden. Dann wird auch das deutsche Kolonialrecht einen ganz anderen Inhalt annehmen; neue Gebiete werden sich unserer Herrschaft erschließen, und neue Organisationen werden nötig sein. Eine Darstellung des bisherigen Kolonialrechtes hätte keinen Sinn mehr.

Ist die Entwicklung soweit fortgebildet, daß der neue Rechtszustand zu übersehen ist, so wird das neue Kolonialrecht als Anhang zu unserer Enzyklopädie nicht mehr auf sich warten lassen. Auch ein Zusatz zum Völkerrecht soll dann erscheinen.

Berlin, den 24. September 1914.

Josef Kohler.

Inhalt.

		Seite
1.	Strafrecht (mit Ausschluß des Militärstrafrechts), von Professor Dr. F. Wachenfeld, Rostock	3
2.	Gefängnisrecht und Recht der Fürsorgeerziehung, von Professor Dr. Berthold Freudenthal, Frankfurt a. M.	75
3.	Strafprozeßrecht, mit einem Anhang: Kriminalpolizeiliche Tätigkeit, von Professor Dr. Ernst Beling, München	115
4.	Militärstrafrecht und Militärstrafverfahren, Militärisches Disziplinarstrafrecht und Beschwerderecht, Ehrengerichtliches Verfahren, von Kriegsgerichtsrat Heinrich Dietz, Rastatt	207
5.	Kirchenrecht, von Geheimen Justizrat Professor Dr. Ulrich Stutz, Bonn	275
6.	Völkerrecht, von Professor Dr. Paul Heilborn, Breslau	481
	Sachregister	579

1.

Strafrecht

(mit Ausschluß des Militärstrafrechts)

von

Professor F. Wachenfeld
in Rostock.

Inhaltsübersicht.

Einleitung.

Seite

§ 1. Begriff und Begründung des Strafrechts, Begrenzung des Themas, Quellen des geltenden Rechts . . . 6

Allgemeiner Teil.

Erster Abschnitt: Das Strafgesetz.

§ 2. Ius scriptum und Gewohnheitsrecht . . . 8
§ 3. Das Herrschaftsgebiet der Strafgesetze . . . 9

Zweiter Abschnitt: Das Verbrechen.

A. Das Verbrechen nach seinen wesentlichen Merkmalen.

Erstes Kapitel: Das Verbrechen als Handlung.

§ 4. Das Wesen der Handlung . . . 13
§ 5. Handlungs- und Verbrecheneinheit und -mehrheit . . . 15

Zweites Kapitel: Das Verbrechen als unerlaubte Handlung.

§ 6. Ausschluß der Rechtswidrigkeit . . . 17
§ 7. Insbesondere Notwehr und Notstand . . . 18

Drittes Kapitel: Das Verbrechen als schuldhafte Handlung.

§ 8. Schuldfähigkeit . . . 19
§ 9. Schuld im allgemeinen . . . 20
§ 10. Vorsatz . . . 20
§ 11. Fahrlässigkeit . . . 22

B. Die besonderen Erscheinungsformen des Verbrechens.

Erstes Kapitel: Versuch.

§ 12. Vorbereitung, Ausführung, Unternehmen . . . 23
§ 13. Einteilungen . . . 24
§ 14. Untauglicher Versuch . . . 24
§ 15. Rücktritt vom Versuch . . . 25

Zweites Kapitel: Teilnahme.

§ 16. Begriff der Teilnahme . . . 26
§ 17. Beteiligung in Form der Täterschaft . . . 28
§ 18. Eigentliche Teilnahme . . . 29

Dritter Abschnitt: Die Strafe.

§ 19. Begriff der Strafe . . . 31
§ 20. Einteilungen . . . 32
§ 21. Hauptstrafen . . . 32
§ 22. Nebenstrafen . . . 35
§ 23. Strafbemessung . . . 37
§ 24. Strafumwandlung . . . 40
§ 25. Strafanrechnung und Strafaufrechnung . . . 41
§ 26. Strafausschließung . . . 41
§ 27. Strafaufhebung . . . 43

Besonderer Teil.

Erster Abschnitt: Verbrechen gegen Rechtsgüter des einzelnen.

Seite

§ 28. Verbrechen gegen das Leben 46
§ 29. Verbrechen gegen die körperliche Integrität 48
§ 30. Verbrechen gegen die persönliche Freiheit 49
§ 31. Verbrechen gegen die Ehre 51
§ 32. Verbrechen gegen das Vermögen 52

Zweiter Abschnitt: Verbrechen gegen Rechtsgüter der Gesellschaft.

§ 33. Verbrechen gegen die Familie 58
§ 34. Verbrechen gegen die Sittlichkeit 59
§ 35. Religionsverbrechen 60
§ 36. Friedensstörungen 61
§ 37. Verbrechen gegen Treue und Glauben im Verkehr 61
§ 38. Gemeingefährliche Verbrechen 64

Dritter Abschnitt: Verbrechen gegen Rechtsgüter des Staates.

§ 39. Verbrechen gegen den Bestand des Staates 65
§ 40. Verbrechen gegen die Organe und Zeichen der Staatsgewalt 66
§ 41. Verbrechen gegen die einzelnen Staatsverwaltungszweige 68
§ 42. Amtsverbrechen 71

Anhang.

Literatur des deutschen Strafrechts 72

Einleitung.

§ 1. Begriff und Begründung des Strafrechts, Begrenzung des Themas, Quellen des geltenden Rechts.

Die Strafrechtswissenschaft hat Verbrechen und Strafe in ihrer begrifflichen Allgemeinheit darzustellen. Damit ist der Gesichtspunkt gegeben, durch den sie sich von anderen Wissenschaften, die sich mit dem gleichen Gegenstande beschäftigen, unterscheidet. Dies sind insbesondere Kriminalsoziologie, welche Verbrechen und Strafe vom Standpunkt des gesellschaftlichen Lebens betrachtet, Kriminalanthropologie [mit den Unterarten Kriminalphysiologie, Kriminalpsychologie, Kriminalanatomie], welche in dem Verbrechen eine Erscheinung des individuellen Lebens sieht, und Kriminalpolitik, für welche das Verbrechen eine staatsgefährliche Handlung und die Strafe nur e i n e s der Mittel zu ihrer Bekämpfung ist. Diese drei Wissenschaften sind, ebenso wie Geschichte, Philosophie, gerichtliche Medizin, unentbehrliche Hilfswissenschaften des Strafrechts und lassen sich mit ihm zu einer Kriminalwissenschaft vereinigen. Aber sie gehören zu der Straf-r e c h t s wissenschaft weder im engeren noch im weiteren Sinne, da ihnen die Wesenseigentümlichkeit der Rechtswissenschaft fehlt.

Deshalb muß auch jede Strafrechtstheorie, welche sich nur auf jene Hilfswissenschaften stützt und damit den Schwerpunkt aus dem Gebiet, für das sie gelten will, verlegt, des sicheren Fundaments entbehren.

S t r a f r e c h t s t h e o r i e n hat man aufgestellt, um die Strafberechtigung des Staates [d. i. das Strafrecht im subjektiven Sinne, im Gegensatz zum Strafrecht im objektiven Sinne = Strafrechtsregel], die Herkunft der Strafe und die obersten Strafprinzipien zu bestimmen.

Hierüber besteht eine Menge verschiedener Ansichten, mit deren Begründung man zum Teil weit über das juristische Gebiet hinaus und in die spekulative Philosophie eingreift. Daß der Staat ein Recht hat zu strafen, ist für den Juristen, der überhaupt erst unter dieser Voraussetzung an seine Aufgabe herantritt, ein Axiom, das keines Beweises bedarf. Ebenso ist es für ihn müßig, die Herkunft der bei allen Völkern tatsächlich bestehenden Strafe beweisen zu wollen. Diesen Beweis muß er anderen überlassen und sich mit einer, wenn auch nur hypothetischen, Erklärung begnügen.

Die einfachste Erklärung dürfte zu einer Ableitung der Strafe aus dem Rachetrieb führen. Das Dasein des einzelnen Lebewesens rechtfertigt die zur Befriedigung seiner Bedürfnisse nötige Tätigkeit und darum auch die Reaktion gegen Störung derselben. Aber das Individuum verzichtet auf eigene Ausübung des Racherechts, sobald es sich mit anderen Individuen zu einem jedes von ihnen schützenden Gemeinwesen zusammenschließt. Alsdann geht die Ausübungsbefugnis stillschweigend auf eine Zentralgewalt über, welche durch die Massenübertragung eine Macht nach außen und innen wird derart, daß sie nunmehr auch das einzelne Mitglied des Gemeinwesens unter ihren Willen zu beugen vermag. Die Strafe als ein diesem Zweck dienendes Mittel ist also eine Äußerung der dem Staat übertragenen Ausübung des Racherechts.

Mit dieser Hypothese wäre die Strafe an sich, aber noch nicht ihre Art und ihr Maß begründet.

Welche Prinzipien bei ihrer Bemessung zu beobachten sind, ist die einzige Frage, welche mit Fug und Recht im Rahmen der Strafrechtstheorien erörtert zu werden pflegt. Im großen und ganzen lassen sich hierüber zwei Gruppen von Ansichten unterscheiden. Der einen erscheint die Strafe als Vergeltung für das verbrecherische Tun (punitur quia peccatum est), die andere will die Strafe von den Zwecken abhängig machen, die mit ihr erreicht werden sollen (punitur ne peccetur). Jene legt also einen absoluten, diese einen relativen Maßstab an.

In der Geschichte der Strafgesetzgebung sehen wir bald die eine, bald die andere die Herrschaft gewinnen.

Die Mehrzahl der deutschen Partikularstrafgesetzbücher und unser geltendes Reichsstrafgesetzbuch stehen auf dem Boden der absoluten Theorie.

In neuerer Zeit macht sich aber die sog. soziologische Schule geltend, welche mit der Bestrafung gewisse Zwecke verbinden möchte.

An der Spitze dieser Bewegung steht v. Liszt. Er fordert, daß die Strafe den Gelegenheits- (Augenblicks-) Verbrecher abschrecke, den verbesserlichen Gewohnheits- (angehenden Zustands-) Verbrecher besser und den unverbesserlichen Gewohnheits- (Zustands-) Verbrecher unschädlich mache. Hiernach erhebt v. Liszt die Eigenart und die soziale Gefährlichkeit des Verbrechers zum Ausgangspunkt seines Systems.

Die v. Lisztsche Theorie hat sich viele Freunde erworben, aber auch starken Widerspruch gefunden. Die sog. klassische Schule, mit Birkmeyer als einem ihrer Vorkämpfer, lehnt es ab, die Strafe um des Verbrechers willen zu verhängen, und sieht sie an als Folge des Verbrechens. Diese Anschauung ist noch heute die herrschende. Und nicht ohne guten Grund. Zweckmäßigkeitsrücksichten, wie sie die soziologische Schule fordert, können wohl für die Art und das Maß der angedrohten Strafe, aber nie für die verwirkte Strafe bestimmend sein, und können jenes auch nur soweit, als nicht das Staatswohl etwas anderes gebietet.

Die Rücksicht auf das Staatswohl ist es, nach dem es sich entscheidet, ob überhaupt ein strafandrohendes Gesetz aufzustellen nötig ist.

Gefährdung des Staatswohls durch eine Handlung bildet die Voraussetzung eines jeden Strafgesetzes und ist selbst für den Bestand des nichtstaatlichen Strafrechts insofern bestimmend, als dieses nur in den Grenzen geduldet werden kann, in denen es sich mit dem Staatsinteresse verträgt.

Indem der Staat einer Reihe verschiedener Kreise in seinem Gebiet, wie z. B. der Kirche, der Schule, der Gemeinde, Strafen zu verhängen gestattet, beschränkt er seine Strafgewalt. Das Strafrecht solcher Kreise im Staat pflegt man, weil es nicht unmittelbar vom Staat ausgeht, als Strafrecht im weiteren Sinne zu bezeichnen. Es scheidet aus unserer Betrachtung aus.

Zu dem Strafrecht im engeren Sinne gehört aber auch nicht alles staatliche Strafrecht, sondern nur dasjenige, welches vom Staat als dem Inhaber der allgemeinen Zwangsgewalt ausgeht. Daher fällt auch das staatliche Disziplinarrecht weg, das der Staat nur in der besonderen Eigenschaft als Dienstherr für seine Staatsdiener normiert.

Die staatliche Strafgewalt ist in Deutschland zwischen dem Reich und 25 Einzelstaaten geteilt. Demgemäß gibt es neben dem Reichsrecht auch partikuläres Strafrecht. Das letztere, dessen Bedeutung stark hinter dem Reichsrecht zurücktritt, ist zu mannigfaltig, um es neben jenem in dem engen Rahmen enzyklopädischer Darstellung zu veranschaulichen.

Sogar ein Teil des Reichsrechts muß hier außer Betracht bleiben, und zwar dasjenige, welches nicht für alle Untertanen schlechthin, sondern nur für einzelne Klassen derselben, wie für Militärpersonen, gilt. Das Militärstrafrecht ist einer besonderen Darstellung in diesem Werke vorbehalten.

Die Hauptquelle unseres Reichszivilstrafrechts ist das Reichsstrafgesetzbuch. Es ist hervorgegangen aus einem Entwurf eines Strafgesetzbuchs für den Norddeutschen Bund. Bei der Abfassung desselben lehnte man sich so eng an das preußische Gesetzbuch von 1851 an, daß das Resultat eine, nicht einmal umfassende, Revision des letzteren war. Nachdem der Entwurf durch eine Justizkommission, welche die Stellungnahme des Bundesrats vorbereiten sollte, und durch die gesetzgebenden Körperschaften selbst eine Reihe von Änderungen erfahren hatte, wurde er am 31. Mai 1870 zum Gesetz erhoben. Auf den 1. Januar 1871 ward der Beginn seiner Wirksamkeit festgesetzt. Noch ehe dieser Zeitpunkt kam, machte es die Einigung Deutschlands infolge des französischen Krieges gewiß, daß das Strafgesetzbuch nicht für das nördliche allein, sondern für das gesamte Deutschland Geltung erlangen sollte.

Es trat in Kraft im Gebiet des Norddeutschen Bundes und in Hessen südlich vom Main, am 1. Januar 1871, in dem neu erworbenen Elsaß-Lothringen am 1. Oktober 1871 und in Württemberg, Baden, Bayern am 1. Januar 1872, sowie schließlich in dem jüngsten zum Deutschen Reich gekommenen Landesteile Helgoland am 1. April 1891.

Seit dem Bestehen unseres Reichsstrafgesetzbuches hat man nicht aufgehört, an demselben zu ändern. Fast keine Reichstagssession ist vergangen, ohne daß sie Zusätze und Änderungen gebracht hätte. Die umfassendsten Novellen sind die aus den Jahren 1876 (Gesetz vom 26. Fegruar 1876), 1880 (Gesetz vom 24. Mai 1880), 1891 (Gesetz vom 13. Mai 1891), 1900 (Gesetz vom 25. Juni 1900), 1908 (Gesetz vom 17. Februar 1908) und 1912 (Gesetz vom 19. Juni 1912). Die erste bedeutet eine förmliche Revision des Strafgesetzbuches.

Die trotz aller dieser Änderungen gebliebene Reformbedürftigkeit des Strafgesetzbuches hat den Gedanken an ein völlig neues Gesetzbuch reifen lassen. Im Jahre 1909 erschien ein „Vorentwurf“, der nach Publikation zahlreicher Kritiken (u. a. eines Gegenentwurfs von Kahl, v. Lilienthal, v. Liszt und Goldschmidt) einer Kommission zur Umarbeitung desselben überwiesen wurde.

Neben dem Strafgesetzbuch besteht noch eine schier endlose Zahl von sog. Nebengesetzen, welche die Idee einer einheitlichen Kodifikation fast illusorisch werden läßt. Diese Nebengesetze sind teils Kodifikationen anderer Rechtsgebiete, wie z. B. die Konkursordnung, die Gewerbeordnung, das Handelsgesetzbuch, die Versicherungsgesetze, die Seemannsordnung, das Börsengesetz, das Münzgesetz, das Vereinsgesetz, die Reichsversicherungsordnung usw., welche nur zusammenhangshalber die betreffenden Strafbestimmungen mit aufgenommen haben, teils Gesetze, welche die Bezeichnung als Nebengesetze im eigentlichen Sinne verdienen, weil sie zwar um der Strafbestimmung willen erlassen sind, trotzdem aber außerhalb des Strafgesetzbuches stehen, wie z. B. das Sprengstoffgesetz vom 9. Juni 1884, das Gesetz gegen den Verrat militärischer Geheimnisse vom 3. Juli 1893, das Gesetz zur Bekämpfung des unlauteren Wettbewerbs vom 7. Juni 1909.

Gar manches, was die sog. Nebengesetze enthalten, wird bereits durch die Bestimmungen des Strafgesetzbuches gedeckt oder könnte wenigstens durch dieselben gedeckt werden. Eine Vereinfachung unseres Strafrechts tut sehr not; ja, gerade in diesem Punkte ist dasselbe so reformbedürftig wie in keinem anderen.

Allgemeiner Teil.

Das System des Strafrechts zerfällt zunächst in zwei Abschnitte. In den einen gehören die allgemeinen Grundsätze, die für alle Verbrechen und Strafen zutreffen, in den anderen die besonderen Grundsätze, welche einzelnen Verbrechen und deren Bestrafung eigentümlich sind. Aber die Zweiteilung reicht nicht aus, denn das Strafrecht hat nicht nur Verbrechen und Strafe, sondern beide in ihrem Zusammenhang darzustellen. Diesen gewinnen sie durch das Strafgesetz, das wir deshalb als den Rahmen für Verbrechen und Strafe zunächst zu betrachten haben.

Erster Abschnitt. Das Strafgesetz.

§ 2. Jus scriptum und Gewohnheitsrecht.

Strafgesetz ist im allgemeinen jede Strafrechtsregel, mag sie ihre Quelle im gesetzten oder ungesetzten Recht haben. Aber die Zeit, in der die Gewohnheit die Macht hatte, Reichsstrafgesetze zu bilden, ist vorüber. Heute werden als solche nur diejenigen Strafrechtsregeln anerkannt, welche eigens von den gesetzgebenden Faktoren geschaffen und verfassungsmäßig publiziert sind. Nur eine solche Strafrechtsvorschrift ist Gesetz im Sinne des seit der Aufklärungszeit unser Strafrecht beherrschenden Grundsatzes nullum crimen, nulla poena sine lege (vgl. § 2 Abs. 1 StGB.).

Kommt dem Gewohnheitsrecht überhaupt keine rechtserzeugende Kraft zu, dann kann es weder Rechtssätze hervorbringen noch bestehende außer Anwendung setzen. Besonders wichtig wird dies für den Gerichtsgebrauch.

Gewiß ist es nur förderlich, wenn sich ein gleichmäßiger Gebrauch bei Handhabung der Gesetze einbürgert. Gerade zu diesem Zweck besteht ein oberster Gerichtshof für das Reich.

Aber wenn das Reichsgericht, sei es auch in konstanter Praxis, eine Ansicht vertritt, welche dem niederen Gericht keinen Boden im Gesetz zu haben scheint, so darf dasselbe der reichsgerichtlichen Ansicht doch nicht folgen, sollte auch die Aufhebung seines Urteils in der Rechtsmittelinstanz gewiß sein. Denn es würde sonst einen Gerichtsgebrauch anstatt des den Richter allein bindenden geschriebenen Gesetzes respektieren.

Für den Richter ist nur das Gesetz Norm und Richtschnur. Darum bieten die Materialien des Gesetzes wohl brauchbare Auslegungsmittel, aber keinen Ersatz für ein dunkles oder fehlendes Gesetz; denn sie stellen im besten Fall den bloßen Willen des Gesetzgebers dar, während zum Gesetz noch die Erklärung dieses Willens gehört.

Verschieden von dem Fehlen jeder Erklärung ist der Mangel der Offensichtlichkeit derselben. Darum steht nichts im Wege, latente Rechtssätze ans Licht zu ziehen. Ein besonderes Mittel hierfür ist die Analogie. Sie kann bei einem Gesetzbuche, das auf Vollständigkeit Anspruch macht, nicht entbehrt werden und muß auch im Gebiet des Strafrechts Geltung haben. Selbstverständlich aber ist es schon nach dem Satze nullum crimen, nulla poena sine lege ausgeschlossen, eine Strafe wegen eines Tatbestandes zu verhängen, der nicht unter das Gesetz fällt, sondern nur einem der unter dasselbe fallenden ähnlich und vielleicht moralisch oder nach des Gesetzgebers Ansicht nicht minder strafwürdig ist.

§ 3. Das Herrschaftsgebiet der Strafgesetze.

Die Gesetze sind dazu da, bestimmte Lebenserscheinungen zu umfassen und solche zu beherrschen. Ihre Herrschaft ist möglich im Raum und in der Zeit, in bezug auf Personen und auf Rechtsverhältnisse.

I. Sachliches Herrschaftsgebiet. Bei der Erörterung des sachlichen Herrschaftsgebietes ist nicht die Frage zu untersuchen, welche Handlungen überhaupt mit Strafen belegt werden können; denn es gibt keine, bei denen dies begrifflich unmöglich wäre. Hier ist vielmehr zu untersuchen, welche Handlungen durch die Reichsgesetzgebung und welche durch die Landesgesetzgebung verboten werden können.

Nach Art. 4 der Reichsverfassung liegt die gemeinsame Strafgesetzgebung beim Reich. Daher ist letzteres bei Vorliegen eines gemeinsamen Bedürfnisses in der Lage, nicht nur für das Reich, sondern auch für einzelne Territorien Gesetze zu geben.

Die Einzelstaaten sind zum Erlaß von Strafgesetzen lediglich auf dem ihnen vom Reich überlassenen Gebiete befugt. Nach § 2 ERStGB. haben sie diese Befugnis für Materien, welche nicht Gegenstände des Reichsstrafgesetzbuches sind. Da strafrechtliche Materie = Gegenstand eine einzelne, mit Strafbestimmungen umkleidete Lebenserscheinung, wie z. B. die Tötung, die Wegnahme einer fremden Sache, bedeutet, hat man unter Materien des Reichsstrafgesetzbuches diejenigen Lebenserscheinungen zu verstehen, für welche dasselbe die erforderlichen Vorschriften gegeben hat. Danach wird die Landesgesetzgebung nicht schon dann ausgeschlossen, wenn jenes über eine Materie überhaupt Bestimmungen enthält, wohl aber, wenn es dieselbe legislatorisch konsumiert.

Ob dies der Fall ist, kann nur durch sorgfältige Interpretation des Reichsstrafgesetzbuches selbst festgestellt werden. Die Überschriften zu den einzelnen Abschnitten bieten wohl eine Handhabe, entscheiden aber nicht. Es muß auch die Entstehungsgeschichte und der Zusammenhang der Gesetze mit zu Rate gezogen werden. Als geregelte Materien gelten z. B. die Sachbeschädigung (26. Abschnitt RStGB.) und der Meineid (9. Abschnitt RStGB.). Die Landesgesetzgebung kann daher die fahrlässige Sachbeschädigung, die nach Reichsrecht straflos ist, nicht unter Strafe stellen und muß aus gleichem Grund den einer Privatperson geleisteten Meineid straflos lassen. Dagegen bilden die Übertretungen des 29. Abschnitt. des Reichsstrafgesetzbuchs keine von diesem geregelte Materie, so daß hier ein weites Feld für die Landesgesetzgebung geblieben ist.

Zweifelhaft ist es, ob die allgemeinen Lehren des Reichsstrafgesetzbuchs auch so weit geregelte Materien enthalten, daß sie die Landesgesetzgebung für die nach Landesrecht strafbaren Handlungen ausschließen. Für manche Grundsätze muß dies entschieden bejaht werden. So kann das zurechnungsfähige Alter nur allgemein bestimmt und sein Eintritt nicht deshalb früher angenommen werden, weil das Delikt durch die Landesgesetzgebung normiert ist. Bei Versuch und Teilnahme wird man aber der Landesgesetzgebung Freiheit der Regelung dann zubilligen müssen, wenn man in ihnen bloße Erscheinungsformen des Deliktes sieht.

Die Bestimmungen, welche Reichs- und Landesgesetzgebung außerhalb der vom Reichsstrafgesetzbuche geregelten Materien geben, bezeichnet man als besondere Vorschriften. Um Zweifel abzuschneiden, hat das Strafgesetzbuch eine Reihe solcher Vorschriften ausdrücklich aufgezählt (§ 2 Abs. 2 EStGB.), unter ihnen z. B. den Forstdiebstahl. Demgemäß kann nur derjenige an Forsterzeugnissen verübte Diebstahl nach dem Reichsstrafgesetzbuche geahndet werden, über den das Landesrecht eine Bestimmung zu geben unterlassen hat. Insofern hat also das Reichsstrafgesetzbuch nur subsidiäre Bedeutung. Aber diese reicht nicht so weit, daß die Landesgesetzgebung schlechthin bestimmen könnte, was als Forstdiebstahl in Betracht kommen soll. Die Grenze hierfür ist nach Reichsrecht zu ziehen.

Auf dem ihr überlassenen Gebiet hat die Landesgesetzgebung freie Hand, darf aber doch nicht beliebige Strafen androhen oder erkennen. Sie ist hinsichtlich der Art und des Maßes gebunden. Forst- und Gemeindearbeit ausgenommen, ist sie auf die leichteren Strafarten des Reichsstrafgesetzbuches beschränkt (§§ 5, 6 EStGB.).

Dieselben Grenzen wie dem Landesrecht hat das Reichsstrafgesetzbuch den früheren Reichsgesetzen gegenüber gezogen (§ 2 EStGB.), so daß innerhalb der von ihm geregelten Materie nicht nur entgegenstehende, sondern auch ergänzende Reichsgesetze aufgehoben sind. Für das spätere Reichsrecht konnte natürlich keine Norm aufgestellt werden; denn lex posterior derogat priori.

II. Persönliches Herrschaftsgebiet. Die Strafgesetze erstrecken sich auf alle im Reich sich aufhaltenden Personen. Grundsätzlich ist niemand um seiner Person willen von der Herrschaft der Strafgesetze befreit, weder die höchsten Staatsbeamten noch die Angehörigen der landesherrlichen Familien, selbst nicht der Thronfolger. Aber doch sind einzelne ausgenommen:

1. aus staatsrechtlichen Gründen das Staatsoberhaupt: der Kaiser, der Landesherr und der Regent. Eine Exemtion genießen hinsichtlich ihrer berufsmäßigen Äußerungen die Mitglieder des Reichstags (Art. 30 RV.) und der Kammern der Einzelstaaten, auch des Landtags für Elsaß-Lothringen (§ 11 StGB., Art. 1 E.G. f. Elſ.-Lothr.). Dieses dem konstitutionellen Frankreich entlehnte Privilegium gibt den Volksvertretern auf beschränktem Gebiet eine Art Unverletzlichkeit;

2. aus völkerrechtlichen Gründen die sog. Exterritorialen, wie fremde Souveräne mit Familie und Gefolge und die beim Reich beglaubigten Gesandten samt ihrem Personal. Die bei einem Einzelstaat beglaubigten Gesandten sind nur von den Gesetzen dieses Staates befreit.

Die um der Person willen gewährte Exemtion hebt nicht die Existenz des Verbrechens auf, sondern schafft lediglich einen persönlichen Strafausschließungsgrund, so daß die Befreiung anderen, an der Tat beteiligten Personen nicht zugute kommt.

III. Zeitliches Herrschaftsgebiet. Den Beginn der zeitlichen Herrschaft eines Strafgesetzes pflegt der Gesetzgeber ausdrücklich zu bestimmen. Ist dies nicht geschehen, so tritt das Gesetz 14 Tage nach Publikation im Reichsgesetzblatt in Kraft (Art. 2 RV.). Die Herrschaft des Gesetzes endet, abgesehen von den wenigen Fällen, in denen dasselbe für eine von vornherein festgesetzte Zeit gegeben ist, wie es z. B. bei dem Sozialistengesetz der Fall war, mit der ausdrücklichen oder stillschweigenden Aufhebung durch ein anderes Gesetz.

Kommt eine unter der Herrschaft des alten Gesetzes begangene Tat erst zur Zeit des neuen Gesetzes zur Aburteilung, so entsteht die Frage, welches von beiden Gesetzen zur Anwerdung kommen soll. Man wird sie verschieden beantworten, je nachdem man das Strafgesetz auffaßt als eine Anweisung an den Richter, eine Strafe zu verhängen, oder als eine Erklärung an den Delinquenten, welche ihm die Folge einer Handlung bekannt gibt. Nach der letzteren und richtigeren Anschauung würde das Gesetz aus der Zeit der Begehung des Delikts anzuwenden sein. Aber man muß eine Ausnahme machen, wenn das neue Gesetz milder ist. Denn es wäre unbillig, die härtere Strafe in einer Zeit zu verhängen, in der man bereits über das Delikt milder denkt. Das positive Recht hat dem Rechnung getragen und läßt sogar dasjenige Gesetz zwischen Vergangenheit und Aburteilung zur Anwendung kommen, welches das mildeste ist

(§ 2 Abs. 2 StGB.). Hiernach kann also auch die Aburteilung nach einem Gesetz erfolgen, das weder zur Zeit der Aburteilung gilt, noch zur Zeit der Begehung gegolten hat. Man rechtfertigt dies damit, daß der Verbrecher nicht darunter leiden soll, daß er nicht schon früher, als das mildeste Gesetz noch in Kraft war, aufgegriffen wurde.

IV. Räumliches Herrschaftsgebiet. Die Strafgesetze mit ihrem Verbot für jedermann erwecken den Anschein, als beanspruchten sie räumlich unbeschränkte Herrschaft. Aber dem ist nicht so. Sie wollen nur in einem räumlich beschränkten Umfang gelten. Das Maß der Beschränkung sucht man auf verschiedene Weise zu finden: durch Berücksichtigung der Person des Täters, des angegriffenen Rechtsguts, des Ortes des begangenen Delikts. Daneben wird allerdings auch die Ansicht vertreten, daß jede Beschränkung zu verwerfen und es Aufgabe des Staates sei, das Verbrechen da zu ahnden, wo immer es zutage trete. Hiernach ergeben sich vier verschiedene Prinzipien über das räumliche Herrschaftsgebiet der Strafgesetze:

1. das Weltstrafrechtsprinzip. Dieses verwirft jede räumliche Beschränkung, muß aber an der praktischen Undurchführbarkeit scheitern;

2. das Personalprinzip. Dasselbe will nur die Angehörigen des eigenen Staats, aber auch dann, wenn sie im Ausland delinquieren, strafen. Es ist wohl zuzugeben, daß für den Inländer die Pflicht, die heimischen Gesetze zu achten, mit dem Verlassen des Inlandes nicht aufhört, aber das Prinzip begegnet gleichfalls praktischen Schwierigkeiten und ist bedenklich wegen der grundsätzlichen Straflosigkeit der Ausländer. Der letztere Gedanke führt zu dem

3. Schutzprinzip. Dieses bezweckt die Bestrafungen der an inländischen Rechtsgütern verübten Verbrechen. Seine konsequente Durchführung macht aber auch eine Strafverfolgung im Auslande nötig und zeigt darum die gleichen Schwächen wie das Personalprinzip. Es ist obendrein ungerechtfertigt, sofern es den ausländischen Rechtsgütern im Inlande den Schutz versagt. In einem Staat müssen alle Handlungen mit gleicher äußerer Struktur, ohne Rücksicht darauf, ob sie sich gegen in- oder ausländische Rechtsgüter richten, gleicherweise mit Strafe belegt werden. Demgemäß ist

4. das Territorialprinzip, welches alle im Inlande begangenen Delikte ahndet und die im Auslande begangenen straflos läßt, das allein haltbare.

Unser Strafgesetzbuch hat denn auch das Territorialprinzip ausdrücklich angenommen (§ 3 StGB.) und zugleich zur Vermeidung der Schwierigkeiten, welche überseeische Strafverfolgung mit sich bringt, den Begriff des Inlandes auf das Reich beschränkt, so daß die deutschen Schutzgebiete im Sinne des Strafgesetzbuchs als Ausland erscheinen (§ 8 StGB.). Trotz der grundsätzlichen Straflosigkeit der im Ausland begangenen Delikte läßt es aber für einzelne Fälle eine weitergehende Strafverfolgung zu und macht Konzessionen:

1. dem Weltstrafrechtsprinzip in bezug auf Münzdelikte, die es ohne Rücksicht auf den Ort der Begehung und die Nationalität des Täters auch dann straft, wenn sie sich gegen ausländisches Münzwesen richten (§ 4 Abs. 2 Nr. 1; §§ 146 ff. StGB.);

2. dem Schutzprinzip, insofern es auch im Auslande von Ausländern begangene hochverräterische Handlungen und Amtsverbrechen ahndet (§ 4 Abs. 2 Nr. 1 StGB.);

3. dem Personalprinzip, indem es gewisse Staatsverbrechen wie insbesondere Landesverrat schlechthin (§ 4 Abs. 2 Nr. 2 StGB.), und andere von Inländern im Ausland begangene schwere Delikte (Verbrechen, Vergehen) verfolgt, wenn sie nach ausländischem Recht mit Strafe bedroht, aber noch nicht bestraft sind (§ 4 Abs. 2 Nr. 3, §§ 5 f. StGB.).

Während das Strafgesetzbuch sich im letzten Fall mit der ausländischen Erledigung der Straftat begnügt, gestattet es in allen übrigen Fällen, in welchen im Auslande begangene Delikte verfolgt werden, die Tat trotz rechtskräftigen ausländischen Urteils noch einmal vor das inländische Forum zu bringen. Bei der nochmaligen Aburteilung soll aber wenigstens die im Auslande bereits vollzogene Strafe zur Anrechnung kommen (§ 7 StGB.).

In Rücksicht auf die Schwierigkeiten, welche mit der Strafverfolgung im Auslande verknüpft sind, hat man davon Abstand genommen, dieselbe obligatorisch zu machen, und somit zwischen dem im Reich und den außerhalb desselben begangenen Delikten eine scharfe Grenze gezogen (§ 4 Abs. 1 StGB.; § 152 Abs. 2 StPO.).

Auslieferung. Selbst die Verfolgung der im Inlande begangenen Delikte ist im Fall der Flucht des Verbrechers ins Ausland nicht ohne weiteres ausführbar. Der inländische Staat kann nur dann mit Hilfe des Auslandes zur Realisierung seines Strafanspruchs gelangen. Zu diesem Zwecke ist die Auslieferung des Verbrechers nötig. Die Grundsätze, nach denen sich dieser wichtigste Akt der internationalen Rechtshilfe regelt, bestimmen sich namentlich nach den besonderen Auslieferungsverträgen, welche das Reich bzw. die Einzelstaaten mit dem Auslande abgeschlossen haben. Der Inhalt derselben ist ein sehr verschiedener. Nur wenige allgemeine Gesichtspunkte lassen sich aufstellen.

Dahin gehört das Erfordernis, daß die Tat sowohl nach dem Rechte des ersuchenden als auch des ersuchten Staates strafbar und noch nicht strafrechtlich erledigt ist. Ferner muß der ersuchende Staat gewisse Beweise für die Schuld der begehrten Person erbringen. Dies geschieht durch Vorweisung einer gerichtlichen Entscheidung, aus welcher der begründete Verdacht der Täterschaft hervorgeht, wie z. B. eines Eröffnungsbeschlusses, eines Haftbefehls. Da nun die Auslieferung zu umständlich ist, um sie wegen jedes unbedeutenden Delikts ins Werk zu setzen, wird meist nur bei schwereren Delikten ausgeliefert. Doch, mag auch eine schwerere Strafe in Aussicht stehen, die Auslieferung findet nicht statt wegen politischer Delikte, was, um das Asylrecht nicht gegenstandslos zu machen, auf die mit den politischen Delikten in Zusammenhang stehenden anderen Verbrechen ausgedehnt werden muß. Nur wenn es sich um Königsmord handelt, hört das Asylrecht auf (sog. belgische Attentatsklausel, benannt nach dem belgischen Gesetz vom 22. März 1856).

Die Auslieferung erfolgt nicht stets an den ersuchenden, unter Umständen auch an den strafberechtigten Heimatstaat des Verbrechers. Regelmäßig wird sie versagt, wenn ein Angehöriger des ersuchten Staates begehrt wird. In unserem Strafgesetzbuche ist die Auslieferung eines Deutschen an das Ausland direkt verboten (§ 9 StGB.).

Zweiter Abschnitt. Das Verbrechen.

Vorbemerkung.

Unter Verbrechen versteht man eine vom Gesetz mit Strafe bedrohte schuldhafte Handlung.

Damit wird also jedes Delikt bezeichnet. Das Reichsstrafgesetzbuch selbst begreift aber unter Verbrechen nur die schwerste Deliktsart. Es teilt nämlich, dem französischen Vorbild folgend, die Delikte nach der Höhe der Strafdrohung in Verbrechen, Vergehen und Übertretungen ein (§ 1 StGB.). Diese Dreiteilung sollte ursprünglich die Grundlage für die Zuständigkeit der drei erkennenden Gerichte erster Instanz (Schwurgericht, Strafkammer, Schöffengericht) bilden. Aber die Strafkammer entscheidet auch über Verbrechen, das Schöffengericht auch über Vergehen. Somit hat die Einteilung ihren Hauptzweck verfehlt. Da sie nicht von der Art der Handlung, sondern von der Schwere ihrer Folgen hergenommen ist, kann ihr der Vorwurf der Äußerlichkeit nicht erspart werden. Obwohl ihr die innere Berechtigung mangelt, ist sie von größter praktischer Tragweite und hat z. B. Einfluß auf die Bemessung der Verjährungsfrist, auf die Bestrafung von Versuch und Beihilfe, auf die Bestrafung der im Auslande begangenen Delikte u. a. m.

Soweit nichts Besonderes bemerkt ist, nehmen wir im folgenden „Verbrechen" nicht im engeren Sinne des Strafgesetzbuches, sondern in der oben angegebenen weiteren Bedeutung.

Jeder Verbrechensbegriff setzt sich aus einzelnen Begriffsmerkmalen zusammen. Von diesen gehören in die Darstellung des allgemeinen Teils nur diejenigen, welche wir bei jeder Verbrechensart finden. Sofern ohne sie ein Verbrechen überhaupt nicht vorliegt, sind sie wesentliche Merkmale im Gegensatz zu außerwesentlichen, d. h. solchen, deren Vorhandensein nur eine besondere Erscheinungsform des Verbrechens ausmacht. Wir wenden uns zunächst den wesentlichen Merkmalen zu. Diese betreffen teils die objektive, teils die subjektive Seite des Verbrechens. Da das Verbrechen uns als äußeres Ereignis entgegentritt, so stellen wir, obwohl der Wille vor der Ausführung vorhanden ist, die Betrachtung der objektiven Merkmale voran.

A. Das Verbrechen nach seinen wesentlichen Merkmalen.

Erstes Kapitel.

Das Verbrechen als Handlung.

§ 4. Das Wesen der Handlung.

Bestandteile der Handlung. Das Verbrechen ist eine Handlung, also können jedenfalls Gedanken und Entschlüsse noch nichts Verbrecherisches sein. Positiv gehört zum Handlungsbegriff nach den verschiedenen Definitionen, die man dafür aufstellt, mindestens eine aus menschlichen Körperbewegungen bestehende Tätigkeit. Die Körperbewegungen können zweierlei Art sein: 1. willkürliche, 2. unwillkürliche, d. h. erzwungene, auf mechanische Einwirkung oder unmittelbaren inneren Reiz (wie z. B. beim Krampfsanfall) beruhende. An einem dahingehenden Gegensatz — wenn vielleicht auch mit anderen Bezeichnungen — muß man festhalten, mag man auch die Willensfreiheit verneinen. Denn nähme man an, daß alle Körperbewegungen gleicherweise unter einem inneren oder äußeren Zwange ständen, so wäre jede Bestrafung unbillig und dem Strafrecht überhaupt die Grundlage entzogen. Nur „willkürliche" Körperbewegungen gehören zu der verbrecherischen Tätigkeit und demgemäß zu der Handlung im strafrechtlichen Sinn. Wenn also der Arzt bei einer Operation von einem Dritten gestoßen wird und einen zu tiefen Schnitt macht, hat er nicht nur keine fahrlässige Körperverletzung, sondern überhaupt keine strafrechtlich relevante Handlung begangen.

Da die Körperbewegung schon im Augenblick ihrer Vornahme Wirkungen hervorruft, kann der Begriff der Handlung nicht mit der verbrecherischen Tätigkeit erschöpft sein, sondern muß auch die aus ihr hervorgehenden Wirkungen mitumfassen. Freilich können nicht alle Wirkungen unter den strafrechtlichen Begriff der Handlungen fallen. Denn strafrechtlich interessiert nur die Tat bis zu derjenigen Wirkung, an welche die Rechtsordnung als besondere Folge die Strafe geknüpft hat. Das ist der Erfolg. Die nachfolgenden Wirkungen scheiden als unerheblich aus. Zur Handlung gehört also die Tätigkeit mit ihren Wirkungen bis zum Erfolg einschließlich.

Kausalzusammenhang. Selbstverständlich kann jemand für einen Erfolg nur dann verantwortlich gemacht werden, wenn er denselben durch seine Tätigkeit herbeigeführt hat. Der Erfolg und die verbrecherische Tätigkeit müssen im Kausalzusammenhang stehen. Nun stehen alle Dinge in einem gewissen Zusammenhang, und neben der verbrecherischen Tätigkeit müssen, wenn ein Erfolg zustande kommen soll, noch andere Faktoren mitwirken. Die letzteren sind wohl vom naturwissenschaftlichen und philosophischen Standpunkte aus auch Ursachen, aber die Jurisprudenz wird sie als bloße Werdebedingungen ansehen und den Begriff der Ursache auf diejenigen Faktoren beschränken müssen, welche für das tägliche Leben als spontane Bewegungskräfte erscheinen. Die menschliche Tätigkeit gehört zweifellos hierhin. Sie kann darum Ursache eines Erfolgs sein. Sie ist es aber nur dann, wenn die durch sie angeregte und zum Erfolg hinführende Kausalkette nicht unterbrochen wird.

Eine Unterbrechung geschieht entweder durch ein dazwischentretendes Naturereignis (z. B. der tödlich Verwundete wird vom Blitz erschlagen) oder durch die Tätigkeit eines anderen Menschen, der sich seinerseits zum Herrn über die angeregte Kausalkette macht (z. B. X. gibt dem von X. tödlich Getroffenen den Gnadenstoß). Die Aneignung der Herrschaft muß hinzukommen. Ohne daß sich jemand zum Herrn über die Kausalkette macht, unterbricht er nicht die fremde Tätigkeit. Der Kausalzusammenhang wird daher durch die ungeschickte Behandlung des Arztes nicht unbedingt schon dann gestört, wenn bei größerem Geschick der Verwundete am Leben erhalten wäre. Auch muß der Kausalzusammenhang bestehen bleiben, wenn neben der verbrecherischen Tätigkeit eine andere auf dasselbe Ziel hinarbeitet und dieses erst durch die Verbindung beider erreicht wird.

Unterlassung. Das Verbrechen haben wir als Handlung bestimmt. Nun ist es aber auch möglich, durch Unterlassung ein Delikt zu begehen. Soll die Unterlassung eine Spezies der Handlung sein, so muß sie dieselbe Wesenseigentümlichkeit wie diese zeigen. Besteht nun die Unterlassung ebenso wie die Handlung aus einer Kausalkette? Man hat diese Frage bisweilen verneint. Die ablehnende Ansicht beruht im Grunde auf dem Satz: Aus nichts kann nichts werden. Die Nichttätigkeit bedeutet jedoch nicht bloßes Nichtstun, sondern die Nichtvornahme einer bestimmten, von der Rechtsordnung erwarteten Tätigkeit. Die Tätigkeit wird erwartet zur Verhütung eines verbrecherischen Erfolgs. Mithin muß während der Nichttätigkeit der Eintritt eines solchen in Aussicht stehen, also eine ihn ermöglichende Kausalkette bereits angeregt sein. Wer sich durch seine Nichttätigkeit zum Herrn über eine Kausalkette macht, der handelt kausal. Daß von ihm die Anregung derselben nicht ausging, ist gleichgültig. Denn derjenige, welchem eine Frucht in den Schoß fällt, hat nicht minder die Herrschaft über dieselbe wie derjenige, der sie erst pflücken muß. Daß dem Nichttätigen eine Tätigkeit erspart wird, ändert nichts an seinem Herrschaftsverhältnis. Wem die Frucht in den Schoß fällt, braucht, um sich zum Herrn über dieselbe zu machen, nichts weiter zu tun, als seinen Herrschaftswillen zu bekunden. In der Äußerung seines Willens liegt die Übernahme der Herrschaft über die durch einen Dritten oder durch ein Naturereignis angeregte Kausalkette und in dieser Übernahme das kausale Element der Unterlassung.

Nun hat aber nicht jeder, der sich zum dominus causae macht, die Verpflichtung, den rechtswidrigen Erfolg abzuwenden. Darum kann nur derjenige zur Verantwortung gezogen werden, dem eine solche Pflicht obliegt. Die Pflicht ist in allgemeinen oder besonderen Geboten der Rechtsordnung begründet. Eines ausdrücklichen Ausspruchs bedarf es nicht. Es genügt, daß die Pflicht aus dem mit einer bestimmten rechtlichen Stellung verbundenen Pflichtenkreise folgt, wie z. B. die Ernährung des neugeborenen Kindes durch die Mutter.

Als eine zwingende Pflicht wird man auch die Beseitigung der durch freiwilliges Eingreifen veranlaßten Gefahr anzusehen haben. Niemand ist verpflichtet, sich des am Wege liegenden Verwundeten anzunehmen. Tut er es aber, so ist er für die Folgen verantwortlich, wenn er denselben aufnimmt und im einsamen Walde verläßt.

Gewöhnlich unterscheidet man zwei Arten von Unterlassungsdelikten:

1. Uneigentliche Unterlassungsdelikte, sog. Kommissivdelikte durch Unterlassung, das sind Zuwiderhandlungen gegen Verbote, die ebensogut durch positive als durch negative Tätigkeit übertreten werden können. Es ist z. B. die Tötung des neugeborenen Kindes gleicherweise strafbar, wenn sie durch Ersticken, wie dann, wenn sie durch Nahrungsentziehung herbeigeführt wird.

2. Eigentliche Unterlassungsdelikte, sog. Omissivdelikte, das sind Übertretungen von Geboten. Man nimmt bei dieser zweiten Gruppe vielfach an, daß hier die Nichttätigkeit ohne Rücksicht auf irgendeinen Erfolg unter Strafe gestellt sei. Das ist nicht richtig. Denn die Strafe wird angedroht im Hinblick auf eine Gefahr, welche durch die possitive Tätigkeit beseitigt werden soll (z. B. durch Anzeige von dem Vorhaben eines Delikts, durch Streuen bei Glatteis u. dgl.). Nur solange die Gefahr besteht, ist das Delikt zu begehen möglich. Wendet dieselbe ein anderer als der Verpflichtete rechtzeitig ab, so kann dieser um seiner Nichttätigkeit willen nicht gestraft werden. Es gehört demnach auch zur Unterlassung die Herbeiführung eines Erfolgs, und es ist vollkommen gerechtfertigt, die Unterlassung in den weiteren Begriff der Handlung mit einzubeziehen.

Ort und Zeit der begangenen Handlung. Die Handlung, welche also sowohl die positive als auch die negative Tätigkeit mit ihren Wirkungen bis zum Erfolg einschließlich umfaßt, dehnt sich über eine ganze Strecke hin aus. Es ist darum ein Gericht als Ort der begangenen Handlung dann zuständig, wenn sich alle Bestandteile der Handlung in seinem Gebiet verwirklicht haben. Wäre es aber nur dann zuständig, so müßte man in den meisten Fällen auf einen einheitlichen Gerichtsstand verzichten. Deshalb ist man bestrebt, den Tatort auf einen einzigen Punkt der Strecke zu konzentrieren. Man legt dabei bald auf die verbrecherische Tätigkeit, weil in ihr der böse Wille in Erscheinung trete, bald auf den Erfolg Gewicht, weil sich danach die Eigenart der Handlung bestimme. Beides ist insofern nicht zutreffend, als man nicht ausschließlich eines der beiden Momente betonen darf. Die Tätigkeit kann nicht den Ausschlag geben, da die ersten Wirkungen derselben schon an dem Ort, an dem sie stattfindet, eintreten, und der Erfolg nicht, da er seinem Wesen nach eine natürliche Wirkung wie jede andere ist und der Ort seines Eintritts mehr oder minder vom Zufall abhängt.

Jedes Stück der Handlung hat den gleichen Anspruch auf Beachtung. Darum muß sie überall da als begangen angesehen werden, wo sich ein wesentliches Stück derselben verwirklichte, also sowohl an dem Ort der Tätigkeit als auch an dem des Erfolgs.

Genau so wie mit dem Ort verhält es sich mit der Zeit der begangenen Handlung. Diese dehnt sich zwar über eine Zeitstrecke aus, aber doch kann diese nicht als Einheit bestimmend sein. Die Handlung muß vielmehr als in jedem Zeitteilchen begangen gelten, in dem sich ein wesentliches Stück derselben realisierte.

§ 5. Handlungs- und Verbrechenseinheit und -mehrheit.

Nach Betrachtung des Wesens des Verbrechens gilt es, dessen äußere Form zu untersuchen, um zu bestimmen, wann ein und wann mehrere Verbrechen vorliegen.

Da das Verbrechen wesentlich Handlung ist, bedarf es hierfür zunächst einer Umgrenzung der Handlungseinheit.

Die Handlung besteht aus zwei Hauptstücken, aus Tätigkeit und Erfolg.

Nahm der Täter nur eine einzige Körperbewegung vor, wie z. B. die Berührung des Knopfes einer elektrischen Leitung, so liegt jedenfalls nur eine Handlung vor, mögen daraus auch mehrere verbrecherische Erfolge, z. B. die Beschädigung einer Sache und die Verletzung einer Person , entstanden sein.

Handlung mit mehreren Körperbewegungen. Meist setzt sich jedoch die Tätigkeit aus einer Reihe von Körperbewegungen zusammen. Verwundet der A. den X. durch einen Schuß und durch einen Stich, so fragt es sich, ob noch eine einheitliche Tätigkeit angenommen werden kann. Die Antwort wird danach zu geben sein, welcher Erfolg angebahnt wurde. Letzteres wird man aber verschieden bestimmen, je nachdem man einen subjektiven oder objektiven Maßstab anlegt. Nach dem einen wird man die Absicht oder das Bewußtsein des Täters, nach dem anderen die Tatsache den Ausschlag geben lassen, daß eine Ursache zum Erfolg gesetzt ist. Bestand nach der einen oder anderen Ansicht der angebahnte Erfolg in dem Tod des A., so erscheinen beide Verwundungen als bloße Akte der Tötung; bestand er aber in der Verletzung des A., so bildet jede Verwundung schon für sich eine Tätigkeit. In dem ersteren Falle liegt um der Einheit der Tätigkeit willen eine Handlung vor. Im letzteren Fall dagegen hat die Mehrheit der Tätigkeiten auch eine Mehrheit von — selbständigen oder unselbständigen — Handlungen zur Folge.

Handlung mit mehreren Erfolgen. Die Mehrheit von Erfolgen, wie in dem Fall, wenn ein Steinwurf eine Person verletzt und eine Sache beschädigt hat, vermag nach fast allgemeiner Meinung nie eine Mehrheit von Handlungen zu schaffen. Denn wenn auch der Erfolg der Tat ihren Charakter gibt, so folgt daraus doch noch nicht, daß Erfolg und Handlung identisch sind. Zu jeder Handlung gehört eine, und zwar besondere Tätigkeit. Wenn man aber glaubt, diesem Erfordernis werde dadurch genügt, daß die eine Tätigkeit in der anderen enthalten sei, so irrt man. Denn solange zwei Dinge miteinander fest verbunden sind, bilden sie eine Einheit. Siamesische Zwillinge, die miteinander organisch verbunden sind, wird man meist wohl als zwei Teile eines Wesens ansehen.

Begründet nun die Mehrheit der verbrecherischen Erfolge keine Handlungsmehrheit, so kann sie auch, wie gegen eine weitverbreitete Ansicht angenommen werden muß, keine Mehrheit von Verbrechen begründen. Denn jedes Verbrechen hat eine an sich selbständige Existenz und kann seinen Hauptbestandteil, die Handlung, nicht mit einem anderen teilen.

Mehrere Erfolge in einer Handlung stellen den Fall der sog. Idealkonkurrenz dar, worunter man gewöhnlich eine Verbrechensmehrheit bei Handlungseinheit versteht. Für eine Konkurrenz mehrerer Verbrechen in einer Handlung kann man sich aber nicht auf das positive Recht berufen. Denn dieses behandelt die Handlungseinheit in § 73 StGB., die Handlungsmehrheit in § 74 StGB. und spricht wohl im letzteren Paragraphen von Verbrechensmehrheit, vermeidet aber in § 73 StGB. jede dahingehende Bezeichnung. Was bei mehreren Erfolgen in einer Handlung konkurriert, sind nicht mehrere Verbrechen, sondern mehrere Strafgesetze.

von welchen keins die Handlung mit allen ihren Erfolgen umspannt. Darum würde man diesen Fall viel richtiger als [eigentliche] Gesetzeskonkurrenz bezeichnen.

Mehrere Handlungen und ein Verbrechen. Obwohl im allgemeinen die Zahl der Verbrechen der Anzahl der strafbaren Handlungen entspricht, gehen doch unter Umständen mehrere Handlungen, von denen jede an sich schon ein Verbrechen bildet, in ein einziges Verbrechen auf. Eine solche Verbrechenseinheit statt der ursprünglichen Verbrechensmehrheit kann nicht willkürlich, sondern nur auf positiv-rechtlicher Grundlage angenommen werden. Hiernach gibt es zwei solcher Gruppen:

1. die gesetzliche Einheit. Das sind Fälle, in denen nach dem Machtspruch des Gesetzgebers mehrere Verbrechen als ein einziges behandelt werden sollen. Es gehört dahin das sog. Gesamtverbrechen, bei dem die verschiedenen Äußerungen eines gewissen verbrecherischen Verhaltens zu einer Einheit zusammengefaßt werden; z. B. ein Schuldner, über dessen Vermögen der Konkurs eröffnet ist, macht sich je eines Verbrechens schuldig, wenn er übermäßige Summen durch Aufwand verbraucht, wenn er keine Handelsbücher führt oder keine Bilanz zieht (§ 240 KonkO.). Hat er diese drei Handlungen begangen, so soll doch sein gesamtes Tun als nur ein Verbrechen angesehen werden. Die Vornahme einer einzigen unzüchtigen Handlung an einem Kinde begründet die Anwendung des § 176 Nr. 3 StGB. Aber die Formulierung des Gesetzes läßt keinen Zweifel, daß es ein Verbrechen bleibt, wenn eine ganze Reihe von Unzuchtsakten an dem einen Kinde verübt wurde. Als ein besonders wichtiger Fall ist hierhin zu rechnen das Kollektivdelikt, d. i. das gewohnheits-, gewerbs- oder geschäftsmäßig vorgenommene Verbrechen, bei dem die verschiedenen Einzelhandlungen als Ausfluß derselben Lebensrichtung zu einem Verbrechen verbunden werden (z. B. §§ 144, 150, 260, 284, 302 d StGB.);

2. das fortgesetzte Verbrechen. Die Existenz eines solchen ist übrigens nicht unbestritten, da es an einer ausdrücklichen Bestimmung im Gesetz fehlt. Allerdings darf man es aus praktischer Erwägung, ohne positiv-rechtliche Grundlage nicht konstruieren wollen. Aber letztere ergibt sich aus der Natur der einzelnen Delikte, die so beschaffen sind, daß ihr gesetzlicher Tatbestand die Verbindung mehrerer strafbarer Handlungen zu einem Verbrechen zuläßt. Das Moment, welches eine so innige Verbindung der an sich verschiedenen Handlungen bewirkt, kann nur in einem integrierenden Bestandteil der Handlung gefunden werden. Das ist aber weder die Absicht des Täters noch der gleichartige Verlauf oder die zeitliche Nähe der Einzelhandlungen. Es ist nur zweierlei möglich: die Einzelhandlungen finden entweder ihre Einigung in der verbrecherischen Tätigkeit oder im Erfolg. Im ersteren Fall ist aber die Verbrechenseinheit von Anfang an und schon um der einheitlichen Handlung willen vorhanden. Es bleibt also nichts anderes übrig, als das Einigende in dem Aufgehen der einzelnen Handlungen in einem Erfolg zu sehen. Nach dieser Ansicht hat der Dieb, welcher mehrere Nächte hintereinander verschiedenen Eigentümern gehörige Wäschestücke von derselben Bleiche entwedet, nur einen Diebstahl begangen. Denn der Diebstahl ist Eingriff in fremden Gewahrsam, und die Handlungen verletzen hier nur ein solches Herrschaftsverhältnis. An dem Resultat ändert sich nichts, auch wenn der Täter nach jeder Handlung Reue empfand und zu jeder auf andere Weise, durch Gelegenheit, Not, Anstiftung, veranlaßt wurde.

Worin man nun auch das Kriterium des fortgesetzten Verbrechens erblickt, es gehört zu diesem die Verbindung mehrerer, an sich selbständiger strafbarer Handlungen. Hierin unterscheidet es sich von dem fortdauernden Verbrechen, d. i. der unterbrochenen Verwirklichung des verbrecherischen Tatbestandes (wie z. B. bei Einsperrung), und dem Zustandsverbrechen, das, wie z. B. die Doppelehe, einen vom Gesetz mißbilligten Zustand herbeiführt, aber schon mit der Herbeiführung dieses Zustandes abgeschlossen ist. Sowohl bei dem fortdauernden als auch bei dem Zustandsverbrechen liegt nur eine Handlung vor.

Verbrechensmehrheit. Soweit mehrere strafbare Handlungen weder eine gesetzliche Einheit noch ein fortgesetztes Verbrechen bilden, erscheinen sie als eine Verbrechensmehrheit. Gelangen sie zu gleicher Zeit zur Aburteilung, oder sind sie wenigstens vor der Aburteilung einer von ihnen begangen, spricht man von einer realen Verbrechenskonkurrenz. Letztere ist also ein Ausschnitt aus der Verbrechensmehrheit.

Zweites Kapitel.

Das Verbrechen als unerlaubte Handlung.

§ 6. Ausschluß der Rechtswidrigkeit.

Das Verbrechen ist eine unerlaubte Handlung. Jede unerlaubte Handlung richtet sich gegen ein rechtlich geschütztes Interesse. Die Erörterung über die Rechtswidrigkeit kann sich also auf Darstellung derjenigen Gründe beschränken, welche ausnahmeweise einen Eingriff in rechtlich geschützte Interessen gestatten.

Das Strafgesetzbuch hat auf eine umfassende Regelung dieser Gründe verzichtet und sich mit Bestimmungen über Notwehr und Notstand begnügt. Zu den zahlreichen anderen Gründen gehören insbesondere folgende:

1. Amt. Der Richter, welcher eine Haussuchung vornimmt, begeht keinen Hausfriedensbruch.

2. Beruf. Die vom Arzt vorgenommene Operation stellt sich nicht als Körperverletzung dar, sofern sie in berufsmäßiger Pflichterfüllung geschah. Fraglich ist dabei aber, inwieweit die Berufspflicht eine Grenze an dem Willen des Patienten oder seiner Angehörigen findet. Eine befriedigende allgemeine Regel wird sich hierfür kaum aufstellen lassen. Die Umstände des konkreten Falls müssen entscheiden. Nur das gilt als sicher, daß eine Operation g e g e n den Willen des Patienten stets widerrechtlich bleibt.

3. Besondere gesetzliche Ermächtigung. Eine solche gibt z. B. § 127 StPO. Daher ist die Festnahme des bei der Tat ertappten Diebes keine Freiheitsberaubung. Einen anderen Fall enthalten die Vorschriften, nach welchen die Selbsthilfe ausnahmsweise erlaubt ist, wie nach § 229 BGB. Besonders wichtig wird die Ermächtigung für das Züchtigungsrecht. Letzteres besitzen die Eltern und der Vormund, ferner der Lehrer gegenüber den Schulkindern, der Lehrherr gegenüber dem Lehrling. Die Berechtigten können es auf dritte Personen ausdrücklich oder stillschweigend übertragen. Eine solche Übertragung ist z. B. für Erzieher und Kindermädchen anzunehmen. Diese begehen, sofern ihnen das Schlagen nicht ausdrücklich verboten ist, mit der Züchtigung des Kindes keine Körperverletzung. Überschreitung des Züchtigungsrechtes ist natürlich widerrechtlich und strafbar.

4. Einwilligung. Diese schließt keineswegs, wie man nach dem Satz volenti non fit iniuria vermuten sollte, in allen Fällen die Rechtswidrigkeit aus. Über Rechtsgüter, an deren Erhaltung auch der Staat ein Interesse hat, wie namentlich das Leben, darf man nicht beliebig verfügen. Die Einwilligung in die Tötung macht daher die Handlung nicht straflos und bewirkt, wenn sie sich nicht zu einem ausdrücklichen und ernstlichen Verlangen steigert, nicht einmal eine Strafherabsetzung (vgl. § 216 StGB.).

5. Selbstverletzung. Sie wird vom positiven Recht anders als die Einwilligung behandelt und schließt, abgesehen von dem singulären Fall des § 142 StGB., stets die Rechtswidrigkeit aus.

6. Verbindlicher Befehl, soweit ihm gegenüber blinder Gehorsam geschuldet wird. Eltern können wohl verbindliche Befehle geben, aber, weil die Erziehungsgewalt ihre Grenze in Recht und Moral findet, keine Straftat anbefehlen. Das gleiche gilt vom Dienstherrn, da ein Dienstvertrag, mit dem die Ausführung eines Delikts übernommen wäre, gegen die guten Sitten verstoßen und nichtig sein würde. Ein Beamter ist wohl verpflichtet, eine Handlung, die zu seiner und seines Vorgesetzten formeller Zuständigkeit gehört, auch gegen die Gesetze auszuführen. Der Befehl aber beseitigt nicht die Rechtswidrigkeit seines Tuns. Denn wenn der Beamte auch als solcher nicht anders handeln kann, so schuldet er doch keinen blinden Gehorsam und kann sich durch Verlassen des Dienstes der Begehung des Delikts entziehen. Anders der Soldat. Einem Befehl in Dienstsachen (nicht jedem Dienstbefehl), mit dessen Ausführung eine Übertretung begangen wird, muß er ohne Prüfung nachkommen. Er ist insoweit Werkzeug in der Hand des Vorgesetzten, und darum muß für ihn allerdings der Befehl die Rechtswidrigkeit seiner Handlung beseitigen (§ 47 MStGB.).

§ 7. Insbesondere Notwehr und Notstand.

Notwehr. Das Strafgesetzbuch definiert die Notwehr als „diejenige Verteidigung, welche erforderlich ist, um einen gegenwärtigen, rechtswidrigen Angriff von sich oder einem anderen abzuwenden" (§ 53 Abs. 2 StGB.). Hiernach ist die Notwehr nur möglich gegen einen unmittelbar bevorstehenden Angriff. Dieser darf also weder erst demnächst zu erwarten noch bereits beendet sein. Er kann über die Vollendung des Delikts hinausgehen. Deshalb ist gegen den flüchtigen Dieb Notwehr möglich. Zum Schutze eines jeden Rechtsgutes und einer jeden Person ist Notwehr gestattet. Sie darf in jeder Handlung bestehen, welche zur Abwendung des rechtswidrigen Angriffs erforderlich ist. Demgemäß ist zum Schutze des Eigentums oder der Ehre selbst Tötung erlaubt. An irgendwelche Beschränkung kann nicht gedacht werden. Denn es ist niemand verpflichtet, lieber das Unrecht zu erleiden als andere zu schonen. Wird die Verteidigungshandlung über die durch die Not gezogenen Grenzen hinaus ausgedehnt, so erscheint sie rechtswidrig und müßte, streng genommen, strafbar sein. Dennoch läßt das positive Recht den Exzeß straflos, sofern der Täter in Bestürzung, Furcht oder Schrecken die Grenzen der Verteidigung überschritten hat (§ 53 Abs. 3 StGB.).

Notstand. Der zweite vom Strafgesetzbuch selbst behandelte Ausschließungsgrund, der Notstand, ist viel umstritten. Seine Berechtigung wird bisweilen sogar verneint. Man versteht unter Notstand eine Zwangslage, welche nur durch Verletzung fremder Rechte beseitigt werden kann. Insoweit umfaßt der Notstand auch die Notwehr. Aber der Umstand unterscheidet ihn von der letzteren, daß die Notstandshandlung die Rechte unschuldiger dritter Personen verletzt, während die Notwehr einen unberechtigten Angriff zurückweist. Der Angreifer hat das Recht, unangetastet zu bleiben, verwirkt. Dritte Personen aber verlieren keine Rechte, weil sich andere in Not befinden. Darum versagt zur Begründung des Notstandes der bei der Notwehr durchschlagende Gesichtspunkt. Dennoch nimmt die Not auch hier der verletzenden Handlung den Charakter eines Delikts. Denn einerseits entschuldigt die Rechtsordnung die Verletzung, indem sie bei einer Interessenkollision nicht verlangt, eher unterzugehen, als fremde Rechte zu schonen, anderseits macht sie die Selbsterhaltung zur Pflicht. Daher ist der Notstand, so unerklärlich dessen Beschränkung auf einzelne Rechtsgüter nach manchen Theorien erscheint, nur zum Schutz der höchsten, unveräußerlichen Rechtsgüter gestattet.

Nur zwei Rechtsgüter sind es, bei deren Gefährdung die Rechtswidrigkeit entfällt. Das sind Leben und körperliche Integrität.

Aus der prinzipiellen Auffassung ergibt sich, daß die Straflosigkeit der Notstandshandlung nicht auf die Gefahr, in der man sich selbst befindet, beschränkt, aber auch nicht ausgedehnt werden darf auf die Gefahr, in der sich Fremde befinden. Man hat nicht für Fremde, wohl aber, außer für sich selbst, für nächste Angehörige zu sorgen. Das positive Recht erlaubt denn auch den Notstand zur Rettung des Kindes oder des Vaters, aber nicht des Freundes.

Ohne Grund hat der Gesetzgeber den Notstandsbegriff in zwei Stücke zerteilt: in Nötigung, d. i. die Notlage, welche durch einen anderen Menschen mittels unwiderstehlicher Gewalt oder gefährlicher Drohung hervorgerufen wird (§ 52 StGB.), und in Notstand i. e. S., d. h. die Notlage, welche durch Naturereignisse und durch andere äußere Umstände entsteht (§ 54 StGB.).

Die Zerteilung hat eine praktische Folge, nämlich die, daß im letzteren Fall die Rechtswidrigkeit bestehen bleibt, wenn die Notlage selbst verschuldet wurde. Der Brandstifter, der sich selbst auf Kosten anderer aus dem brennenden Hause rettet, darf sich auf Notstand nicht berufen. Dagegen aber ist dies demjenigen gestattet, der durch den von ihm selbst gereizten Gegner bedroht wird.

Eine Ergänzung finden die strafrechtlichen Bestimmungen über Notstand durch das Bürgerliche Gesetzbuch. Dieses gibt zur Abwendung von Gefahr fremdem Eigentum gegenüber ein Notrecht, sofern der drohende Verlust ungleich größer ist als der Schaden, den die Notstandshandlung an dem fremden Gut anrichtet (§ 904 BGB.). Man hat also ein Recht, den fremden Kahn zur Rettung selbst eines Fremden zu benutzen. Droht eine Gefahr durch eine fremde Sache, wie z. B. durch den stromab treibenden Kahn, so ist man zur Zerstörung derselben befugt (§ 228 BGB.).

Drittes Kapitel.

Das Verbrechen als schuldhafte Handlung.

§ 8. Schuldfähigkeit.

Das Verbrechen setzt als Handlung einen Handelnden voraus. Dieser muß, da die strafrechtlich relevante Handlung eine willkürliche Körperbewegung enthält, die Fähigkeit besitzen, gerade eine solche Bewegung vorzunehmen. Dies vermag aber nur der Einzelmensch, nicht die Korporation oder irgendeine andere Form der juristischen Person. Die letztere kann wohl betrügerische Verträge schließen und zivilrechtlich haftbar sein, aber keinen Betrug begehen und nicht strafrechtlich zur Verantwortung gezogen werden. Der Grund liegt darin, daß das Strafrecht im Gegensatz zum Zivilrecht sich nicht mit Fiktionen begnügen kann, entsprechend der Aufgabe des Strafprozesses, die in Ermittlung nicht bloß der formellen, sondern der materiellen Wahrheit besteht.

Die Fähigkeit, willkürliche Körperbewegungen vorzunehmen, ist die erste, aber nicht die einzige Bedingung für die Schuldfähigkeit. Es muß noch weiter hinzukommen die Fähigkeit, die Wirkungen der Körperbewegung zu überschauen. Insofern gehört also zur Begehung eines Verbrechens ein gewisses Maß von Intelligenz. Da nun für die Rechtsordnung die natürliche Wirkung nur in ihrer r e ch t l i ch e n Bedeutung in Betracht kommt, muß der Täter fernerhin imstande sein, die r e ch t l i ch e Bedeutung der von ihm verursachten Wirkungen einzusehen. Eine derartige Einsicht setzt eine gewisse Erziehung voraus. Anlage und äußere Umstände können den Erwerb beschleunigen. Ein allgemeiner Zeitpunkt, bis zu dem er vollzogen wäre, läßt sich nicht angeben. Doch läßt sich negativ ein Zeitpunkt bestimmen, bis zu welchem er noch nicht als vollzogen erachtet werden soll. Das ist nach positivem Recht die Vollendung des zwölften Lebensjahres (§ 55 Abs. 1 StGB.). Erst von da ab gilt die Schuldfähigkeit als vorhanden. Letztere besitzt also der geistig entwickelte, der Kindheit entwachsene Mensch.

Die Schuldfähigkeit kann nun, obwohl das Kindheitsalter überschritten ist, ausnahmsweise fehlen. Die Gründe sind:

1. verzögerte oder gehemmte geistige Entwicklung. Genoß der Jugendliche keine gehörige Erziehung, so geht ihm vielleicht die Vorstellung von der rechtlichen Bedeutung seiner Tat ab. Darum soll das Gericht bei einem zwölf bis achtzehn Jahre alten Jugendlichen in jedem einzelnen Fall prüfen, ob er die zur Erkenntnis der Strafbarkeit seiner Handlung erforderliche Einsicht besaß. Muß dies verneint werden, so ist der Täter zwar freizusprechen, kann aber, da ein Erziehungsfehler zutage getreten ist, einer Erziehungs- oder Besserungsanstalt überwiesen werden (§ 56 StGB.).

In einem Erwachsenen ist die Entwicklung nicht abgeschlossen, wenn er wegen körperlicher Fehler der nötigen Erziehung nicht hat teilhaftig werden können. Namentlich ist dies beim Taubstummen der Fall. Auch er kann deshalb nur dann verurteilt werden, wenn für die konkrete Tat die zur Erkenntnis der Strafbarkeit erforderliche Einsicht festgestellt ist (§ 58 StGB.). Andere Fälle gehemmter geistiger Entwicklung hat das Gesetz nicht vorgesehen. Aber man wird nicht umhin können, sie per analogiam ebenso zu beurteilen;

2. mangelnde geistige Gesundheit. Gesundheit und Krankheit gehen oft unmerklich ineinander über. Schon darum kann die Schuldfähigkeit nicht durch jede geringfügige, sondern erst durch eine derartige krankhafte Störung der Geistestätigkeit aufgehoben werden, welche die freie Willensbestimmung, d. h. die normale Bestimmbarkeit durch Vorstellungen, ausschließt (§ 51 StGB.). Die Störung ist entweder eine dauernde, wie bei Wahnsinn, geistiger Entartung, oder eine vorübergehende, wie bei Delirien und manchen Vergiftungszuständen. Ob die krankhaften Vorstellungen durch eine Störung des Denk- oder des Willensvermögens bedingt werden, ist gleichgültig. Sie müssen nur die g a n z e Psyche ergreifen. Bloße Entartung des Trieblebens bei völlig normalen Vorstellungen ist ein Unding. Der Begriff der Monomanien wird mit Recht verworfen.

Nichtsdestoweniger aber ist die Frage der Schuldfähigkeit von Fall zu Fall zu prüfen. Ebensogut wie die zur Erkenntnis der Strafbarkeit erforderliche Einsicht für das e i n e Verbrechen vorhanden sein und für das andere fehlen kann, ist es sehr wohl möglich, daß jemand bei der einen Handlung durch krankhafte Vorstellungen beherrscht wird, bei einer anderen, um dieselbe Zeit vorgenommenen aber die Fähigkeit freier Willensbestimmung besitzt. Mit der Feststellung der Geisteskrankheit in einem Prozeß wird also keineswegs ein Privilegium für weitere Straftaten geschaffen.

Außer durch krankhafte Störung kann die normale Geistestätigkeit durch Bewußtlosigkeit beeinträchtigt werden. Wollte man die Bewußtlosigkeit im buchstäblichen Sinne nehmen, so wäre ihre Anführung als Schuldausschließungsgrund überflüssig. Unter Bewußtlosigkeit ist hier eine nicht krankhafte Störung der Geistestätigkeit zu verstehen, bei welcher das vorhandene Bewußtsein zu schwach ist, die Wirkungen der Tätigkeit zu überblicken. Sie ist regelmäßig eine vorübergehende, wie z. B. Schlaf, Schlaftrunkenheit, Ohnmacht, Somnambulismus, Hypnose, hochgradiger Affekt.

Ein vorübergehender Zustand, in dem die Schuldfähigkeit ausgeschlossen ist, wird bisweilen vom Täter selbst herbeigeführt, um sich einer Verpflichtung zu entziehen. Ist dies der Fall, beseitigt er nicht die Verantwortlichkeit. Denn es kommt nur darauf an, daß die Schuldfähigkeit zu der Zeit, in der die Ursache zum Erfolg gesetzt wurde, vorhanden war. Ob sie zur Zeit des Eintritts des Erfolgs fehlte, ist ohne Bedeutung. Darum macht sich der Bahnwärter strafbar, der sich betrinkt, um im Rauschzustand die Stellung der Weiche zu versäumen (actio libera in causa).

§ 9. Schuld im allgemeinen.

Es kann im Augenblick der verbrecherischen Tätigkeit Schuldfähigkeit vorhanden sein, und es braucht doch kein Verbrechen vorzuliegen. Wer keine Ahnung davon hat, daß seine Tätigkeit den Tod eines Menschen bewirkt, hat wohl getötet, aber kein Verbrechen der Tötung begangen. Denn zu einem Verbrechen gehört nicht nur Schuldfähigkeit, sondern auch Schuld des Täters.

Die Herbeiführung des Erfolgs kann an sich schuldhaft und zufällig geschehen. Grundsätzlich strafen wir sie heute nur dann, wenn sie auf Schuld beruht. Anders war es früher. Wie das mosaische Recht nach dem Satz: „Wer Menschenblut vergießt, des Blut soll wieder vergossen werden" nur bloße Erfolgshaftung kannte, so machte auch das germanische Recht von der Tatsache der Herbeiführung des Erfolgs allein die Annahme eines Verbrechens abhängig und ließ das volle Wergeld auch bei zufälliger Tötung verwirkt sein. Erst allmählich trug das deutsche Recht auch der Schuld Rechnung und gelangte unter dem Einfluß des römischen Rechts zu der Anerkennung des Grundsatzes: „Ohne Schuld kein Verbrechen."

Aber sogar im heutigen Recht tritt dieses Prinzip nicht in völliger Reinheit hervor. In einigen Nebengesetzen, namentlich in Zoll- und Steuergesetzer, wird vielfach von jeder Verschuldung abgesehen. Das Strafgesetzbuch selbst nimmt zwar kein einfaches Verbrechen ohne Schuld an, läßt aber erhöhte Strafe häufig von dem bloßen Eintritt eines schwereren Erfolgs abhängen. So wird z. B. die leichte schuldhafte Körperverletzung statt mit Gefängnis mit Zuchthaus bestraft, wenn sie zufällig den Tod des Opfers verursachte (§ 226; andere derartige Fälle §§ 118, 178, 220, 221, 239 u. a. m.).

Abgesehen von diesen Resten reiner Erfolgshaftung kann ein Verbrechen ohne Schuld nicht angenommen werden.

Die Schuld bildet das Korrelat zur äußeren Handlung. Ja, man kann sie geradezu als eine innere Handlung ansehen. Denn ihr Wesen besteht in einer Verknüpfung von Tätigkeit und Erfolg im Innern des Täters. Darum spricht man auch von einem subjektiven Kausalzusammenhang, der zu dem objektiven hinzukommen müsse.

Wie man nun um der Verursachung des Erfolges willen eine Handlung annimmt, so nimmt man die Schuld wegen der Vorstellung vom Erfolge an. Noch weiter läßt sich die Parallele ziehen: die Handlung ist in positiver und in negativer Form denkbar. Ebenso die Schuld. Die positive Vorstellung vom Erfolg ist der Vorsatz, die negative die Fahrlässigkeit oder die pflichtwidrig unterlassene Vorstellung des Erfolgs.

§ 10. Vorsatz.

Abgrenzung. Liegt das Wesen des Vorsatzes in der Vorstellung vom Erfolg, so kann doch diese Vorstellung in verschiedener Weise bestehen. Der Erfolg kann als gewiß, als notwendig oder als möglich gedacht sein. Wer ihn sich als gewiß oder notwendig denkt und in dieser Vorstellung handelt, der hat den Eintritt des Erfolgs gutgeheißen. Nicht immer gilt dies für denjenigen, der nur mit der Möglichkeit des Erfolgs rechnet. Eine solche Vorstellung allein kann weder Vorsatz noch überhaupt Schuld begründen. Sonst würde z. B. der gutgläubige Besitzer einer fremden Sache eine Unterschlagung begehen, wenn ihm einmal der Gedanke durch den Kopf geht, daß er am Ende doch kein Recht an der Sache habe. Stellt sich der Handelnde den Erfolg als möglich vor, so muß man analysieren und fragen, ob er auch dann so gehandelt haben würde, wenn er sich des gewissen oder notwendigen Eintritts des Erfolgs bewußt gewesen wäre. Nur bei dieser Feststellung ist Vorsatz anzunehmen. Insofern also wird das Gebiet des Vorsatzes wieder eingeschränkt. Aber besser bei der Hauptschuldform verengern, als den Begriff von Haus aus zu eng fassen und dann künstlich erweitern.

Vorstellungs- und Willenstheorie. Eine künstliche Erweiterung ist aber nötig, wenn man der früher allgemein herrschenden Willenstheorie folgt und den Vorsatz (dolus) als ein Wollen des Erfolgs auffaßt. Alsdann gelangt man zu einer Beschränkung auf die Fälle, in denen der Erfolg Zweck und Ziel der Handlung ist. Da dies nicht angeht, erweiterte man das Gebiet des Vorsatzes, zunächst durch die Konstruktion des auf scholastische Lehren gestützten dolus indirectus, den man vornehmlich annahm, wenn aus einem gewollten Erfolg eine weitere vermeidbare Verletzung hervorging. Der dolus indirectus war lange Gegenstand lebhaften Streites und wurde schließlich als unhaltbar aufgegeben. An seine Stelle setzte man andere Supplemente des direkten Vorsatzes, z. B. culpa dolo determinata (Feuerbach), dolus generalis, dolus indeterminatus, dolus eventualis u. a. m. Der dolus eventualis ist derjenige Rest jener künstlichen Erweiterungsversuche, der noch gegenwärtig eine nicht unerhebliche Rolle spielt. Man nimmt ihn an, wenn außer dem beabsichtigten Erfolg noch ein weiterer, wenigstens secundo loco, gutgeheißen wurde. Es liegt daher eventueller Tötungsvorsatz vor, wenn jemand ein Haus, um die Versicherungssumme zu gewinnen, ansteckt und sich für den Fall, daß dabei ein lahmer Insasse ums Leben kommt, auch hiermit abfindet.

Obwohl der dolus eventualis ein Erzeugnis der Willenstheorie ist, haben ihn auch einzelne Anhänger der Vorstellungstheorie (z. B. v. Liszt) in ihr System aufgenommen. Sie gebrauchen ihn zur Bezeichnung desjenigen Vorsatzes, bei dem der Erfolg nur als möglich vorgestellt wurde.

Ob man den Vorsatz als ein Wollen des Erfolgs oder ein Wissen vom Erfolg definiert, macht im Grund nicht den Unterschied, den man bisweilen zu behaupten geneigt ist. Denn der Vorsatz ist das Produkt eines seelischen Vorgangs, bei dem die beiden Grundkräfte der Seele, Denken und Wollen, zusammen wirken müssen. Es läßt sich demnach die Bestimmung nach jeder Grundkraft der Seele rechtfertigen, wenn vielleicht auch aus praktischen Rücksichten die Bestimmung nach der einen den Vorzug vor der Bestimmung nach der anderen verdient.

Daß man mit der Vorstellungstheorie für das positive Recht nicht fehlgeht, beweist der Ausdruck „Vorsatz" selbst sowie die ganze Sprachweise des Strafgesetzbuchs, das oft „wissentlich" als gleichbedeutend mit „Vorsatz" gebraucht (vgl. z. B. §§ 49, 153, 257 StGB.).

Absicht und Überlegung. An manchen Stellen spricht das Strafgesetzbuch von Absicht und bezeichnet damit grundsätzlich etwas anderes als mit Vorsatz. Absicht ist ihm eine Spezies des Vorsatzes und setzt außer der Vorstellung vom Erfolg voraus, daß diese Vorstellung treibendes Motiv zum Handeln war. Dagegen erscheint die zur Kennzeichnung des Mordes verwendete Überlegung nicht als Spezies des Vorsatzes, sondern des Entschlusses. Man handelt dann überlegt, wenn man den Gedanken zur Tat mit den abmahnenden Vorstellungen abgewogen und doch über sie hat siegen lassen.

Bewußtsein der Rechtswidrigkeit und Rechtsirrtum. Nach dem Angeführten gehört das Bewußtsein der Rechtswidrigkeit nicht zum Vorsatz. Würde man es für ihn erfordern, so könnte der Täter sich durch die Berufung auf die Unkenntnis des Verbots seiner Handlung leicht exkulpieren. Um diese unliebsame Konsequenz zu vermeiden und es zugleich als Bestandteil des Vorsatzes zu retten, hat man wohl behauptet, jeder Schuldfähige besitze es ohne weiteres. Wäre dies richtig, so würde man dahin gelangen, einen integrierenden Bestandteil des Vorsatzes zu präsumieren. Das geht aber nicht an.

Das Bewußtsein der Rechtswidrigkeit ist nicht nur kein Bestandteil des Vorsatzes, sondern im allgemeinen überhaupt kein Umstand, dem eine strafrechtliche Bedeutung zukommt. Es ist unerheblich, ob der Täter eine erlaubte Handlung zu begehen glaubt, während sie verboten ist, und ebenso, ob er eine verbotene Handlung zu begehen wähnt, die tatsächlich erlaubt ist (sog. Wahnverbrechen).

Nur in denjenigen Fällen, in denen die Rechtswidrigkeit in den Tatbestand eines Delikts ausdrücklich aufgenommen ist, muß der Täter das Unerlaubte seiner Handlung gekannt haben. Diese Kenntnis wird bei einigen Delikten deshalb gefordert, um die Zahl der sonst strafbaren Fälle zu reduzieren (z. B. §§ 123, 240, 303 StGB.).

Tatirrtum. Anders als mit dem Rechtsirrtum verhält es sich mit dem Tatirrtum. Er schließt, sofern er wesentlich ist, den Vorsatz aus. Wesentlich aber ist der Irrtum über den Erfolg. Der Erfolg ist nun nicht nur eine natürliche Wirkung, sondern die natürliche Wirkung in ihrer rechtlichen Bedeutung. Darum erscheint z. B. als Erfolg beim Inzest nicht die bloße geschlechtliche Vereinigung mit einer bestimmten Person, sondern solche Vereinigung mit ihr als einer verwandten Person. Wer über die Tatsache der Verwandtschaft irrt, der irrt über den Erfolg und ist des vorsätzlichen Inzestes freizusprechen.

Worauf der Irrtum über die den Erfolg ausmachenden Tatumstände beruht, ist gleichgültig. Es liegt kein Diebstahl vor, wenn man in der fremden Sache die eigene wegzunehmen glaubt, mag man sie mit der eigenen verwechseln oder als geschenkt ansehen (vgl. § 59 Abs. 1 StGB.).

Eine besondere Beachtung beanspruchen die Fälle, bei denen der Täter von einem auf den Erfolg gerichteten Vorsatz geleitet wurde, sich aber in der Wahl des angegriffenen Objekts irrte und in Verwechslung die Tat an einer anderen Person oder Sache, als er beabsichtigte, verübte. Da sich bei diesem error in persona bzw. in objecto der Vorsatz immerhin während der Ausführung auf das angegriffene Objekt bezieht, ist der eingetretene Erfolg zum Vorsatz zuzurechnen.

Traf dagegen der Täter nicht infolge einer Verwechslung, sondern infolge der Mitwirkung äußerer Umstände eine andere Person oder ein anderes Objekt, als er treffen wollte (z. B. X. schießt auf B., A. bückt sich, und B. wird getötet, sog. aberratio ictus), dann richtete sich der Versuch lediglich auf die nicht getroffene Person bzw. das nicht getroffene Objekt. Es liegt daher in dem angeführten Beispiel eine versuchte vorsätzliche Tötung des A. vor. Ob damit eine fahrlässige Tötung des X. ideell konkurriert, hängt davon ab, ob nach dieser Richtung hin die nötige Vorsicht von X außer acht gelassen wurde.

§ 11. Fahrlässigkeit.

Wie der Vorsatz der positiven Handlung, so entspricht die zweite Schuldform, die Fahrlässigkeit, der Unterlassung. Die Unterlassung setzt die Möglichkeit und die Pflicht zum Handeln voraus. Ebenso erfordert auch die Fahrlässigkeit, daß der Täter die Vorstellung vom Erfolg haben konnte und sollte. Wer die giftige Wirkung von Pilzen gar nicht kennt, macht sich keiner fahrlässigen Vergiftung schuldig, wenn er sie anderen als Speise vorsetzt. Nur dann, wenn er die Unkenntnis selbst verschuldet hat, hört er auf, vor Strafe geschützt zu sein (§ 59 Abs. 2 StGB.). Die Pflicht zur Vorstellung des Erfolgs kann natürlich nicht auf eine diese Vorstellung gebietende Rechtsvorschrift gegründet werden. Die Rechtsordnung stellt nur Normen für das äußere Verhalten auf. Hierbei nimmt sie einen Durchschnittsmenschen zum Maßstab und verlangt daher nicht, daß man stets die Folgen seines Tuns ängstlich zuvor erwägt, gestattet aber auch nicht, sich leichtsinnig über die Folgen hinwegzusetzen. Wenn sich im konkreten Fall ein Durchschnittsmensch den Erfolg vorgestellt haben würde, darf man diese Vorstellung von jedem erwarten.

Die Fahrlässigkeit begreift nun nicht bloß diejenigen Fälle, in welchen jemand die Vorstellung vom Erfolg pflichtwidrig unterlassen hat. In gewissem Umfang ist sie mit der Vorstellung vom Erfolg vereinbar. War sich der Täter nur des möglichen Eintritts des Erfolgs bewußt, so liegt, wie wir sahen, nicht immer Vorsatz vor. Es bleibt also dann noch Raum für die Fahrlässigkeit. Aber diese umfaßt nicht das ganze übrige Gebiet. Trotz des Gedankens an den möglichen Eintritt des Erfolgs entfällt sogar die Fahrlässigkeit, wenn keine Pflicht zur Vorsicht verletzt wurde, d. h. wenn der Erfolg so weit außerhalb aller Wahrscheinlichkeit lag, daß an seinen tatsächlichen Eintritt auch ein Durchschnittsmensch nicht gedacht haben würde.

Nach der Verschiedenheit in bezug auf die Vorstellung vom Erfolg könnte man, wie es früher auch üblich war, zwei Arten der Fahrlässigkeit unterscheiden: bewußte Fahrlässigkeit, wenn an den Erfolg gar nicht gedacht, unbewußte, wenn er als möglich vorgestellt war. Aber diese Einteilung hat wenig Zweck, weil das Wesentlichste der Fahrlässigkeit die Vernachlässigung einer Pflicht ist. Darum hat das positive Recht nur hiernach unterschieden. Es verhängt einfache Strafe, wenn die gewöhnliche Pflicht zur Vorsicht, wie sie jeder hat, erhöhte Strafe — wenigstens bei einzelnen Delikten —, wenn die besondere Pflicht, welche Amt, Beruf oder Gewerbe gebietet, außer acht gelassen wurde (vgl. §§ 223, 232 StGB.).

Die fahrlässige Begehung ist bei den meisten Verbrechen denkbar, aber nur bei wenigen strafbar. Im allgemeinen begnügt sich das positive Recht, die vorsätzliche Verübung zu ahnden. Wo ausnahmsweise auch Fahrlässigkeit gestraft werden soll, muß dies unzweideutig im Gesetz selbst ausgesprochen sein.

B. Die besonderen Erscheinungsformen des Verbrechens.

Bei der Formulierung des gesetzlichen Tatbestandes pflegt der Gesetzgeber von der stillschweigenden Voraussetzung auszugehen, daß die Tat von einer Person begangen und vollendet wird. Demgemäß entstehen dann, wenn sich mehrere Personen an der Tat beteiligen, oder wenn diese nicht zur Vollendung führt und doch verbrecherisch bleibt, besondere Erscheinungsformen des Verbrechens.

Erstes Kapitel.

Versuch.

§ 12. Vorbereitung, Ausführung, Unternehmung.

Versuch ist das unvollendete Verbrechen, das deshalb keinen Abschluß fand, weil die durch die verbrecherische Tätigkeit angeregte Kausalkette ihren Endpunkt, den Erfolg, nicht erreichte. Hiernach berührt das Unterscheidungsmerkmal zwischen Versuch und Vollendung nicht die subjektive Seite des Verbrechens. Die Verschuldung ist, soweit nicht die Schuldform selbst eine Abweichung bedingt, beim Versuch die gleiche wie beim vollendeten Delikt. Auch bei ihm muß sich der mit Vorsatz handelnde Täter den Erfolg seines Tuns vorgestellt haben. Läßt man den dolus eventualis überhaupt genügen, muß man ihn auch hier für ausreichend erachten. Nur die Fahrlässigkeit ist beim Versuch ausgeschlossen, aber nur deshalb, weil sie ihrem Begriff nach den Eintritt des Erfolgs erfordert.

Der Versuch wird geahndet, obwohl er keine Verletzung herbeiführt, und obwohl sonst gerade um deren willen Strafe verhängt wird. Man versucht dies in verschiedener Weise zu erklären, je nach dem objektiven oder subjektiven Standpunkt, von dem man dabei ausgeht. Nach der hier vertretenen objektiven Anschauung liegt der Grund nicht in der Äußerung der verbrecherischen Absicht, sondern in der Anbahnung des Erfolgs, mit der bereits die Gefahr einer Rechtsverletzung hervorgerufen wird. Diese Auffassung gibt den Schlüssel zu der positivrechtlichen Behandlung des Versuchs. Bei bloßer Anbahnung, aber Nichterreichung des Erfolgs ist wohl eine Strafe, aber eine mildere als bei Vollendung, am Platze (vgl. § 44 StGB.). Ferner: da, wo die Vollendung mit geringer Strafe bedroht und die Verletzung für minder schwer gehalten wird, kann man im Fall des bloßen Versuchs auf die Bestrafung überhaupt verzichten. Das Strafgesetzbuch läßt daher den Versuch einer Übertretung straflos. Es bedroht schlechthin nur den Versuch von Verbrechen i. e. S. und beschränkt sich bei Vergehen auf die Bestrafung einzelner im Gesetz besonders hervorgehobener Fälle (ungefähr 20 Delikten, meist Vermögensvergehen).

Unterscheidet sich der Versuch von dem vollendeten Verbrechen nur durch das frühere Abbrechen der Kausalkette, so beginnt er da, wo auch die vollendete Handlung beginnt, d. h. mit der zum Erfolg hinführenden verbrecherischen Tätigkeit. Sobald die erste zu ihr gehörige Körperbewegung begonnen hat, ist die Grenze von strafloser Vorbereitungshandlung und strafbarem Versuch überschritten.

Wer sich einen Revolver anschafft oder lädt, um einen anderen zu erschießen, begeht noch keinen Tötungsversuch, wohl aber derjenige, welcher den Revolver auf sein Opfer anlegt. Der Unterschied zwischen den beiden Fällen liegt darin, daß nur in dem zweiten mit der Ausführung der Tötungshandlung der Anfang gemacht ist (§ 43 StGB.). Es erscheint aber das Anlegen des Revolvers als Anfang der Tötung, weil es bereits zu denjenigen Körperbewegungen gehört, aus welchen sich die Abgabe des Schusses zusammensetzt, während die Anschaffung und das Laden des Revolvers nicht hierzu gerechnet werden können.

Während der Versuch strafbar ist, bleiben die Vorbereitungshandlungen grundsätzlich straflos. Nach verbreiteter Ansicht sollen sie soweit unter Strafe gestellt sein, als das „Unternehmen" mit Strafe bedroht ist. Aber das Strafgesetzbuch definiert das Unternehmen gelegentlich seiner Bestimmungen über Hochverrat (§ 82 StGB.) und dehnt hier — nach herrschender Ansicht — den Begriff nicht auf Vorbereitungshandlungen aus. Es wäre willkürlich, von dieser Definition bei anderen Verbrechen ohne zwingende Gründe abzuweichen und bei ihnen Vorbereitungshandlungen, als „Unternehmen" zu strafen. Für die Regel wenigstens ist das Unternehmen im Sinne jener Definition zu deuten und darunter jede Handlung zu verstehen, durch welche das Vorhaben unmittelbar zur Ausführung gebracht werden soll. Ausführungshandlungen sind mindestens Versuchshandlungen. Das Wörtchen „unmittelbar" läßt aber darauf schließen, daß außer der Vollendung hier nicht alle, sondern nur die der Vollendung angrenzenden Versuchshandlungen gemeint sind. Ja, noch enger wird der Kreis zu ziehen sein, da die Definition ein weiteres, subjektives Merkmal enthält. Nach ihm genügt nicht, daß die Handlung objektiv eine der Vollendung nahekommende Versuchshandlung ist. Sie muß es auch nach dem Plan des Täters sein.

§ 13. Einteilungen.

Versuch ist die ganze Strecke von der ersten Körperbewegung, die zur verbrecherischen Tätigkeit gehört, bis unmittelbar vor Eintritt des Erfolgs. Sie bleibt Versuch, gleichgültig, in welchem Punkt die Handlung abgebrochen wurde. Aber es ist nicht unerheblich, ob der Versuch noch nicht zum Abschluß der verbrecherischen Tätigkeit geführt oder ob er erst nach derselben, also während der Zwischenwirkungen seine Ende erreicht hat. Demgemäß unterscheidet man nichtbeendeten und beendeten Versuch. Der beendete Versuch ist wieder entweder aufgegebener oder gehinderter Versuch, je nachdem die Tätigkeit aus freien Stücken eingestellt oder ohne Willen des Täters beendet wurde.

Ist die verbrecherische Tätigkeit zum Abschluß gelangt, so fragt es sich, ob mit ihr eine wirksame oder eine unwirksame Ursache zum Erfolg gesetzt ist. Im ersteren Fall liegt ein tauglicher, im letzteren ein untauglicher oder, besser gesagt, mißlungener Versuch vor. Dieser setzt natürlich nicht voraus, daß die unwirksame Tätigkeit abgeschlossen war. Auch der nichtbeendete Versuch kann sich als untauglich erweisen.

§ 14. Untauglicher Versuch.

Gewöhnlich nimmt man an, daß nicht jeder untaugliche Versuch strafbar sei. Die herrschende Meinung pflegt zwischen relativ und absolut untauglichem Versuch zu unterscheiden und die Strafbarkeit auf jenen zu beschränken. Sie will also nur dann strafen, wenn der Versuch an dem angegriffenen Objekt und mit den gewählten Mitteln wenigstens an sich möglich und nur in concreto unmöglich war. Darnach würde der Giftmischer, der im letzten Augenblick Zucker und Arsenik verwechselt und jenen statt des Giftes gibt, wegen Mordversuchs nicht gestraft werden können, während er sich strafbar gemacht haben würde, falls er eine zu geringe und deshalb unwirksame Dosis Gift gegeben hätte.

Das Reichsgericht hat die scholastische Unterscheidung der gemeinen Meinung mit Recht verworfen, zugleich aber die Grenzen zwischen strafbarem und straflosem untauglichen Versuch verwischt und unter übermäßiger Betonung des verbrecherischen Willens die Bestrafung jedes untauglichen Versuchs proklamiert. Seine Ansicht, nach der selbst ein nichtschwangeres Frauenzimmer, das harmlose Mittel zur Beseitigung der vermeintlichen Schwangerschaft anwendet, Strafe verdient, hat die nachhaltigste Bekämpfung in der Doktrin erfahren, leider bis jetzt ohne den gewünschten Erfolg.

Um einen festen Ausgangspunkt zu gewinnen, pflegt man auf die ratio legis für die Bestrafung des Versuchs überhaupt zurückzugehen. Dies verdient gewiß Billigung. Alsdann ist nach der objektiven Theorie die Gefährlichkeit zum Maßstab zu nehmen und nur der gefährliche Versuch zu strafen. Hierbei muß man sich hüten, einen anderen Gefahrbegriff aufzustellen, als er der strafrechtlichen Regelung des Versuchs im allgemeinen zugrunde liegt. Dies ist nicht die konkrete Gefahr für das angegriffene Rechtsgut, sondern die Gefahr für die Rechtsordnung. Jene besteht beim untauglichen Versuch überhaupt nicht. Deshalb geht es nicht an, mit v. Liszt die nähere oder entferntere Möglichkeit des Eintritts des Erfolgs den Ausschlag geben zu lassen.

Ob eine Handlung Gefahr für die Rechtsordnung birgt, kann nur aus ihr selbst geschlossen werden. Aber dafür ist nicht allein ihre Außenseite, sondern auch der nicht in Erscheinung tretende verbrecherische Plan von Bedeutung.

Der Plan ist dann ein gefährlicher, wenn im Fall der Realisierung so, wie sie der Täter sich dachte, eine Verletzung entstehen würde. Handelte dieser in Ausführung eines gefährlichen Plans, dann hat er einen gefährlichen Versuch begangen. Er hat gezeigt, daß er Gefährliches auszudenken vermag und auch der Mann ist, solches zu verwirklichen. In seiner, wenn auch unwirksamen, Tätigkeit hat er eine verbrecherische Quelle verraten und, dieser freien Lauf zu lassen, bereits begonnen. Für die daraus entsprungene Handlung bedarf es der Strafe, um womöglich die Quelle selbst zu verstopfen.

Hiernach erscheint der Versuch gefährlich und strafbar, wenn jemand infolge einer Verwechslung Zucker statt Arsenik gibt, dagegen ungefährlich und straflos, wenn er in dem Glauben handelt, den anderen durch den Genuß von Natron oder durch den Geruch einer Totenblume töten zu können. Solange er Pläne wie die letzteren faßt, braucht die Rechtsordnung von ihm trotz seiner Bemühung, dieselben zu verwirklichen, nichts zu fürchten.

Die gleichen Grundsätze sind anzuwenden, mag die Untauglichkeit des Versuchs ihren Grund in dem Mittel oder in dem Objekt haben. Wer in diebischer Absicht die leere Tasche nach dem Portemonnaie durchsucht oder den tags zuvor geleerten Opferstock erbricht, begeht einen gefährlichen und strafbaren Versuch. Denn er handelt in Ausführung eines gefährlichen Planes. Wer aber in dem Töten eines heiligen Tieres die Seele eines Menschen zu vernichten meint, hat nichts Strafbares getan.

Bei der Beurteilung des gegen ein untaugliches Objekt gerichteten Versuchs darf man nicht vergessen, daß der Versuch einen Angriff gegen ein Rechtsgut bedeutet und demgemäß auch von einem untauglichen Versuch keine Rede sein kann, wenn kein Rechtsgut vorhanden ist, gegen welches er sich richten könnte. Die Tötung als Vernichtung des individuellen Lebens schließt die Möglichkeit jedwedes Tötungsversuchs gegen eine nichtexistierende Person aus. Die in Tötungsabsicht an dem totgeborenen Kind verübte Handlung erscheint wohl als eine höchst gefährliche, aber weder als Versuch überhaupt noch als untauglicher Versuch (A.M. Reichsgericht).

§ 15. Rücktritt vom Versuch.

Wer bis zu dem Versuch eines Verbrechens vorgedrungen ist, kann nicht durch einen Schritt rückwärts die Folgen seiner Tat wieder aufheben. Ist durch sie Strafe verwirkt, so kommt die Reue zu spät. Aber doch sieht das Gesetz von einer Bestrafung ab, wenn der Täter — wie man es ungenau ausdrückt — vom Versuch zurücktritt (§ 46 StGB.). Der Grund hierfür ist auch in dem Prinzip, welches die strafrechtliche Behandlung des Versuchs beherrscht, zu suchen. Steht der Täter vom Versuch ab, so wird die für die Rechtsordnung bereits hervorgerufene Gefahr abgewendet. Denn es ist alsdann 1. aus der abgebrochenen Handlung keine Rechtsverletzung mehr zu fürchten und 2. kein verbrecherischer Plan mehr da, der gefährlich wäre.

Zum Rücktritt vom Versuche gehört die vollständige Aufgabe des verbrecherischen Plans. Wer in der Ausführung des Diebstahls innehält, um eine bessere Gelegenheit abzuwarten, ist daher vom Versuch nicht zurückgetreten. Auch derjenige hat den verbrecherischen Plan nicht aufgegeben, der nur gezwungen von der Ausführung des Verbrechens Abstand nahm. Darum fordert das Gesetz Freiwilligkeit des Rücktritts. Aus welchem Grunde der freiwillige Rücktritt erfolgte, ist gleichgültig.

War der Versuch noch nicht vollendet, so genügt es, wenn der Täter seine weitere Tätigkeit einstellt; z. B. der A. schießt das auf den X. bereits angelegte Gewehr nicht ab. War aber der Versuch schon in ein weiteres Stadium gerückt und die verbrecherische Tätigkeit beendet, so ist mehr nötig. Dann muß die Kausalkette durchschnitten oder ihr eine andere Richtung gegeben werden, um die Wirksamkeit der Tätigkeit unschädlich zu machen. Es muß z. B. der bereits in Brand gesetzte Zündstoff wieder gelöscht, dem Vergifteten ein Gegengift eingeflößt werden. Gelang es trotz aller aufgewendeten Mühe nicht, den Erfolg aufzuhalten, hatte z. B. der Zündstoff die Balken des Hauses bereits angekohlt, so bleibt nicht nur die Versuchsstrafe bestehen, sondern es ist sogar Strafe für das vollendete Delikt verwirkt.

Glückte die Anwendung des Erfolgs, so befreit dennoch der Rücktritt vom b e e n d e t e n Versuch nicht von Strafe, wenn er erst in einer Zeit erfolgte, in der die Handlung bereits entdeckt, also der Strafverfolgung ausgesetzt war.

Hat der Rücktritt die Strafe für den Versuch beseitigt, so fällt damit noch nicht die Strafe für das in der Versuchshandlung liegende vollendete Delikt weg. Erhielt der Mörder durch das Gegengift sein Opfer am Leben, so kann er zwar nicht wegen Mordversuchs, wohl aber eventuell wegen vollendeter Vergiftung gestraft werden (sog. qualifizierter Versuch).

Zweites Kapitel.

Teilnahme.

§ 16. Begriff der Teilnahme.

Die Teilnahme im weiteren Sinn umfaßt jede Beteiligung an einer Straftat. In der engeren und eigentlichen Bedeutung aber bildet sie einen Gegensatz zur Täterschaft und besteht in der Förderung eines fremden Verbrechens. So wenig wie der schuldlose Täter, kann der Teilnehmer, den keine subjektive Verschuldung trifft, Strafe erleiden. Es läßt sich daher die eigentliche Teilnahme bestimmen als die schuldhafte Mitwirkung zu der Straftat des Täters.

Nach dieser Definition enthält sie ihren strafbaren Charakter aus der Tat des Täters. Ist diese kein Delikt, so ist es auch nicht die Hilfeleistung, und zwar gleichgültig, ob sie überhaupt nicht oder in concreto nicht unter das Gesetz fällt, z. B. wegen ausnahmsweisen Ausschlusses der Rechtswidrigkeit. Nicht nur die Anstiftung zum Selbstmord, sondern auch der Beistand in der Notwehr ist straflos. Die Verleitung eines Wahnsinnigen oder eines Kindes zum Diebstahl ist, wenn auch aus anderem Grunde, strafbar, jedenfalls keine Teilnahmehandlung.

Das Verbrecherische der unterstützten Handlung entfällt, wenn den Täter keine Schuld, aber nicht schon dann, wenn ihn z. B. infolge von Begnadigung keine Strafe trifft.

Da der strafrechtliche Begriff der Teilnahme eine Schuld des Teilnehmens voraussetzt, erfordert er Bewußtsein desselben sowohl von der Tat des Täters als auch von der Bedeutung der eigenen Handlung.

Der Teilnehmer kann nicht verantwortlich sein, wenn er nicht weiß, daß der geliehene Revolver zu einem Morde benutzt, die angeratene Handlung zu einem verbrecherischen Erfolg führen wird. Er kann es aber auch ebensowenig, wenn er die Bedeutung seiner eigenen Handlung nicht kennt. Er muß wissen, daß er hilft. Fahrlässige Beteiligung reicht also nicht aus. Begrifflich ist sie zwar nicht ausgeschlossen; denn man kann auch ein Verbrechen unbewußt fördern, obwohl man diese Wirkung bei gehöriger Aufmerksamkeit hätte erkennen müssen. Aber das Strafgesetzbuch hat sie mit Recht unberücksichtigt gelassen. In einzelnen Nebengesetzen, wie insbesondere den Gesetzen über strafbare Nachbildungen, soll sie Aufnahme gefunden haben. Doch ist es fraglich, ob daselbst nicht delicta sui generis normiert sind.

In dem Bewußtsein, das fremde Delikt zu fördern, muß der Teilnehmer wirklich Hilfe geleistet haben. Die bloß versuchte Unterstützung ist straflos. Denn, birgt schon der Versuch der Täterschaft nicht immer eine so große Gefahr, um ihn in allen Fällen zu strafen, so kann erst recht von einer Bestrafung des Versuchs der Teilnahme abgesehen werden. Soweit ausnahmsweise Bestrafung nötig erscheint, sind Sonderdelikte geschaffen, z. B. § 49 a StGB.

Nach den beiden Seiten des Verbrechens, der objektiven und subjektiven, muß Teilnahme möglich sein und sie sich demgemäß in einer Hilfeleistung entweder bei der Entschlußbildung oder bei der Ausführung äußern.

Anstiftung und Beihilfe sind die einzigen Formen der Teilnahme. Es können als solche nicht angesehen werden:

1. Komplott, d. i. die Verabredung mehrerer zu einem bestimmten Verbrechen. Die Verabredung ist ein vor dem Anfang der Ausführung liegender Akt, also eine bloße Vorbereitungshandlung und als solche straflos. Folgt der Verabredung die Ausführung, und hat der Komplottant hierzu mitgewirkt, so ist er als Teilnehmer zu behandeln wie jeder andere. Hat er aber nicht mitgewirkt und den Täter weder angestiftet noch in irgendeiner Weise unterstützt, dann hat er das Verbrechen nach keiner Richtung hin gefördert und kann nicht Teilnehmer sein.

Aber gleich wie die Vorbereitungshandlung trotz ihrer grundsätzlichen Straflosigkeit in einzelnen Fällen unter besondere Strafe gestellt ist, so wird auch die Verabredung ausnahmsweise gestraft, z. B. beim Hochverrat (§ 83 StGB.) und bei Sprengstoffverbrechen (§ 6 Ges. vom 9. Juni 1884). Hier aber bildet das Komplott keine Form der Teilnahme, sondern ein delictum sui generis. In einigen anderen Fällen ist es als Strafschärfungsgrund verwertet, z. B. §§ 101, 105 Seemannsordnung vom 2. Juni 1902;

2. Bande. Noch weniger als das Komplott kann die Bande eine Form der Teilnahme darstellen. Denn sie ist eine Vereinigung mehrerer zu noch nicht einmal bestimmten Delikten. Folgt der bandenmäßigen Vereinigung die Ausführung eines Verbrechens, so ist wie beim Komplott in jedem Fall zu untersuchen, ob die Handlung des Bandenmitglieds als Anstiftung oder Beihilfe erscheint. Muß dies verneint werden, so ist jede Bestrafung ausgeschlossen, da die bandenmäßige Vereinigung selbst nicht zu den Vorbereitungshandlungen gehört. Sie ist nichts weiter als die erklärte Neigung zu gemeinschaftlicher Begehung von Verbrechen.

Wenn nun aber Leute mit derartigen Neigungen wirklich ein Verbrechen begehen, so bekunden sie, daß sie nicht nur verbrecherische Neigungen besitzen, sondern auch diesen Neigungen nachgeben. Damit offenbaren sie eine verbrecherische Quelle, aus welcher, wenn nicht energisch eingeschritten wird, eine unübersehbare Reihe weiterer Delikte hervorgehen kann. Deshalb behandelt das Strafgesetzbuch die bandenmäßige Vereinigung als Qualifikationsgrund, zwar nicht bei allen Delikten, aber bei denen, bei welchen sie eine besonders wichtige Rolle spielt. Diese Delikte sind Diebstahl und Raub (§§ 243 Nr. 6, 250 Nr. 2 StGB.). Auch außerhalb des Strafgesetzbuchs erscheint sie bisweilen als Strafschärfungsgrund, z. B. §§ 146 f. Vereinszollgesetz vom 1. Juli 1869. Im § 6 Sprengstoffgesetz vom 9. Juni 1884 ist sie zu einem Sonderdelikt erhoben;

3. Begünstigung. Die Teilnahme als Mitwirkung zu einem Verbrechen muß dem Eintritt des Erfolgs vorausgehen. Das Helfen nach der Tat ist keine Teilnahme. Daher umfaßt diese nicht die Begünstigung, die denn auch vom Strafgesetzbuch als selbständiges Delikt behandelt wird (§ 257 StGB.).

Auch dadurch, daß die Begünstigung vor der Tat zugesagt ist, wird sie nicht zur Teilnahme. Dagegen kann die Zusage selbst unter Umständen in solche übergehen. Wenn der Täter weiß, wo er die gestohlenen Sachen absetzen kann, wird er weit eher seinen Entschluß zur Ausführung bringen. Ob nun die Zusage tatsächlich dazu geholfen hat, die der Ausführung des Verbrechens entgegenstehenden Hindernisse zu beseitigen, ist, weil es sich um einen psychischen Vorgang handelt, schwer festzustellen. Darum hat der Gesetzgeber zwar auf eine besondere Bestrafung der Zusage verzichtet, aber jede vor der Tat zugesagte Begünstigung mit der Strafe der Beihilfe belegt (§ 257 Abs. 3 StGB.);

4. die sog. notwendige Teilnahme. Die Teilnahme ist eine besondere Erscheinungsform des Verbrechens. Deshalb kann die Beteiligung mehrerer, welche bei einzelnen

Verbrechen, wie z. B. Zweikampf, Ehebruch, Aufruhr usw., schon begrifflich erfordert wird, nicht hierhin gehören. In den meisten Fällen dieser sog. notwendigen Teilnahme beruht obendrein die Beteiligung mehrerer auf einem bloß tatsächlichen Zusammenwirken, während die Teilnahme eine schuldhafte Mitwirkung voraussetzt.

§ 17. Beteiligung in der Form der Täterschaft.

Nur dann, wenn man die Teilnahme in ihrer uneigentlichen und weiteren Bedeutung nimmt, kann man von einer Beteiligung in Form der Täterschaft reden. Die eigentliche Teilnahme schließt jede Art der Täterschaft aus. Diese ist entweder Allein- oder Mittäterschaft. Auch bei der Alleintäterschaft können mehrere Personen beteiligt sein, und zwar im Fall der sog. mittelbaren Täterschaft. Darunter versteht man die Herbeiführung eines Erfolges mittels einer Person, welche dem Täter als bloßes Werkzeug dient.

M i t t e l b a r e T ä t e r s c h a f t liegt besonders bei Benutzung eines Unzurechnungsfähigen vor. Wer sich durch einen Blödsinnigen oder ein Kind Waren aus einem Laden entwenden läßt, hat ebenso gehandelt, als wenn er die Waren mit einem Instrument herausgeholt hätte. Da der Jugendliche, dem die zur Erkenntnis der Strafbarkeit der Handlung erforderliche Einsicht fehlt, dem Kinde gleichsteht, kommt auch er nur als Werkzeug des Täters in Betracht.

Selbst ein Zurechnungsfähiger kann bloßes Werkzeug des Täters sein. Dies ist möglich, wenn er gezwungen oder getäuscht handelt. Der Zwang braucht kein physischer zu sein. Schon derjenige ist Selbstfälscher, welcher einen anderen mit vorgehaltener Pistole zur Unterzeichnung der falschen Urkunde nötigt. Ein die mittelbare Täterschaft begründender Zwang besteht auch, soweit blinder Gehorsam geschuldet wird. Der Offizier hat selbst Sachbeschädigung begangen, wenn er rechtswidrig fremdes Gut durch seine Truppe demolieren läßt.

Die Mittelsperson handelt getäuscht, wenn in ihr ein Irrtum über die Folgen ihres Tuns erregt oder unterhalten wird. Wird der Krankenwärter durch X. veranlaßt, das tödliche Gift für die Arznei zu halten und dem Patienten zu geben, so ist X. Mörder, mag jener ganz schuldlos oder unvorsichtig gewesen sein und sich seinerseits einer fahrlässigen Tötung schuldig gemacht haben.

Hat die Mittelsperson weder gezwungen noch getäuscht, sondern in vollem Bewußtsein ihres Tuns und mit der Möglichkeit, ihren Willen in anderer Weise zu betätigen, gehandelt, so hat sie die Handlung vorgenommen, weil sie dieselbe vornehmen w o l l t e. Sie ist dann nicht Werkzeug; denn dessen Wesen ist's gerade, daß ein Wille in ihm nicht hervortritt. Damit ist mittelbare Täterschaft sowohl dann ausgeschlossen, wenn A. den Z. bestimmt, für ihn eine fremde Sache zu entwenden (A. M. v. Liszt, der zu Unrecht die Aneignungsabsicht bei Z. verneint) als auch dann, wenn ein Beamter einen Nichtbeamten zu einem Amtsverbrechen verleitet (A. M. Reichsgericht).

M e h r t ä t e r s c h a f t. Während sich bei der mittelbaren Täterschaft die verbrecherische Tätigkeit auf e i n e Person konzentriert, verteilt sie sich bei der Mehrtäterschaft auf mehrere Personen.

Die mehreren Täter, von denen jeder einen Teil der den Erfolg verursachenden Tätigkeit vornimmt, können entweder gemeinschaftlich handeln — dann spricht man von Mittäterschaft, oder unabhängig voneinander — dann bezeichnet man sie als Nebentäter.

I. M i t t ä t e r s c h a f t. Die Mittäterschaft setzt die Vornahme eines Teils der Ausführungshandlung voraus. Die Ausführung aber umfaßt die Verwirklichung der vom Gesetz verbotenen Tätigkeit. Sie ist, an sich betrachtet, mindestens Versuchs-, nie Vorbereitungshandlung (vgl. § 43 StGB.). Mithin muß der Mittäter, z. B. beim Totschlag mittöten, beim Diebstahl mitwegnehmen. Bloßes Wachestehen kann nicht genügen. Das Reichsgericht ist anderer Ansicht und läßt den animus auctoris entscheiden. Wollte man die Konsequenz aus der subjektiven Theorie ziehen, würde derjenige, welcher die fremde Sache a l l e i n wegnimmt, aufhören, Mittäter zu sein, sobald er es in fremdem Interesse tut. Dem widerspricht aber das positive Recht, welches als Mittäter diejenigen bezeichnet, welche „eine strafbare Handlung gemeinschaftlich a u s f ü h r e n" (§ 47 StGB.).

II. N e b e n t ä t e r s c h a f t. Fehlt dem Handelnden das Bewußtsein der gemeinschaftlichen Aktion, so liegt Nebentäterschaft vor. Beispiel: Die beiden Stiefkinder des A. haben nach einem Streit mit ihm unabhängig voneinander dessen Tod beschlossen und unbedeutende Mengen Gift gegeben. Die Verbindung der beiden Gifte führt den Tod des A. herbei.

Obwohl jeder Mit- und Nebentäter nur einen Teil der verbrecherischen Tätigkeit vornimmt, ist jeder für die ganze Tat verantwortlich. Denn jeder hat ein Stück Ursache zum Erfolg gesetzt. Jeder erleidet deshalb dieselbe Strafe als wäre er Alleintäter. Töten z. B. die uneheliche Mutter und der Vater gemeinsam das Kind gleich nach der Geburt, so ist die Mutter als Kindesmörderin (§ 217), der Vater als gemeiner Mörder (§ 211) zu strafen. Dies ist für die Nebentäterschaft so selbstverständlich, daß das Gesetz darüber keine besondere Vorschrift gibt. Für die Mittäterschaft hat es jene Regel ausdrücklich ausgesprochen und damit dokumentiert, daß es die Mittäterschaft, obwohl es dieselbe gelegentlich als Teilnahme bezeichnet (§ 50 StGB.), nicht als eigentliche Teilnahme behandelt wissen will.

§ 18. Eigentliche Teilnahme.

Beihilfe (§ 49 StGB.). Unter den beiden Formen wirklicher Teilnahme bedeutet Beihilfe die Unterstützung des Verbrechens nach der objektiven Seite hin. Eine solche ist nur möglich, nachdem der Täter das Verbrechen beschlossen, und bevor er es vollendet hat.

Die Beihilfe bezweckt eine Erleichterung der Ausführung, kann also nicht selbst Ausführungshandlung sein. Sie besteht in der Vornahme von Akten, die, an sich betrachtet, nur Vorbereitungshandlungen sein würden.

Während die Mittäterschaft Einverständnis zwischen den Beteiligten voraussetzt, ist dies zwischen Täter und Gehilfen nicht nötig. Gehilfe ist also auch derjenige, welcher den Täter ohne dessen Kenntnis unterstützt.

Ob die Hilfe unmittelbar dem Täter oder zunächst dem Gehilfen geleistet wird, ist gleichgültig. Auch der Helfershelfer in des Wortes eigentlicher Bedeutung ist Gehilfe. Die wesentlichste Unterstützung der Ausführung, selbst diejenige Unterstützung, ohne welche der Täter überhaupt nicht zu seinem Ziele gekommen wäre, bleibt doch bloße Teilnahme und geht nicht in Täterschaft über. Demgemäß hat das positive Recht davon Abstand genommen, den socius principalis mit der Strafe des Täters zu bedrohen.

Das Strafgesetzbuch unterscheidet Rat- und Tathilfe, was der Einteilung in physische und psychische Beihilfe entsprechen soll, aber tatsächlich nicht ganz entspricht. Denn die psychische Beihilfe kann auch in anderer Form als durch Raterteilung geschehen, z. B. durch Zusage einer Begünstigung. Die positivrechtliche Beschränkung macht es unmöglich, solche Zusage als Beihilfe zu strafen.

Beihilfe ist zu jedem Verbrechen denkbar, aber nicht bei jedem strafbar. Straflos bleibt die Beihilfe zu einer Übertretung. Eine Erklärung findet diese wohl kaum genügend gerechtfertigte Milde darin, daß einerseits — und zwar mit Recht — die Beihilfe milder als die Täterschaft gestraft werden soll, andererseits aber für das Maß der Herabsetzung ganz willkürlich auf die beim Versuch beobachteten Grundsätze Bezug genommen wird. Infolgedessen mußte, da der Versuch einer Übertretung nicht gestraft wird, gleiches für die Beihilfe gelten.

Anstiftung (§ 48 StGB.). Auch die zweite Form der Teilnahme, die Anstiftung, ist eine Hilfeleistung, nur nicht zur Ausführung des Verbrechens, sondern zu der vorausgehenden Entschlußbildung. Die Subjektivisten sehen in der Anstiftung eine intellektuelle Urheberschaft. Gegen diese Auffassung sprechen aber zwei Gründe: Wäre der Anstifter Urheber der Tat, so könnte die Ursache zu dem verbrecherischen Erfolg nicht eine Tätigkeit des Täters sein, obwohl dieser um der Verursachung des Erfolgs willen gestraft wird. Ferner kann der Anstifter deshalb kein Urheber des Erfolgs sein, weil die von ihm angeregte Kausalkette durch die auf freiem Entschluß beruhende Handlung des Täters unterbrochen wird. Wollte man aber einwenden, daß die Handlung des Anstifters nicht auf freiem Entschlusse beruhe, so würde die Verantwortlichkeit des Täters für den Erfolg aufhören.

Aus diesem Grunde geht es auch nicht an, die Anstiftung als Verursachung des Entschlusses anzusehen. Sie verursacht diesen nicht, sondern veranlaßt ihn höchstens.

Es bleibt also nur übrig, die Anstiftung als eine Hilfeleistung zu konstruieren. Die Hilfe besteht darin, daß der Anstifter den Täter auf den verbrecherischen Gedanken bringt oder in dem Täter, der den verbrecherischen Gedanken schon hatte, die von der Ausführung abmahnende Vorstellung niederkämpft. Auf welche Weise er sein Ziel erreicht, darauf kommt es nicht weiter an. Das Gesetz hat zwar einzelne Mittel, wie Geschenke, Versprechen, Drohungen u. a. m., aufgezählt, aber durch die clausula generalis „oder andere Mittel" angedeutet, daß jedes Mittel genügt, welches geeignet ist, einen anderen in seiner Entschließung zu bestimmen. Selbstverständlich darf es nicht die freie Willensbestimmung aufheben. Die Anwendung von Mitteln, wie Täuschung, Gewalt, oder unwiderstehliche Drohung, würde aus dem Anstifter einen mittelbaren Selbsttäter machen.

War die Anwendung eines an sich geeigneten Mittels fruchtlos, und half alles Zureden nichts, den Täter zu überreden, so liegt eine bloß versuchte Anstiftung vor. Das ist aber auch dann der Fall, wenn der Anstifter zu spät kam, weil der Täter bereits entschlossen war, sowie dann, wenn er auf halbem Weg stehenblieb und seinen Plan nicht weiterführte. Der Anstiftungsversuch, mag er in der einen oder in der anderen Form in Erscheinung getreten sein, ist, da er keine Förderung des fremden Verbrechens enthält, grundsätzlich straflos. Eine Ausnahme besteht nur für die Fälle, in denen er zum delictum sui generis erhoben ist (§ 49 a StGB.).

Die Kehrseite zum Anstiftungsversuch ist die Anstiftung zum Versuch. Wollte der Anstifter, daß der Täter eine bloße Versuchshandlung, und nichts weiter vornahm, so kann von Anstiftung im technischen Sinne überhaupt nicht die Rede sein, da sie als Teilnahmehandlung das Bewußtsein von der Mitwirkung zum Erfolg voraussetzt. Der sog. agent provocateur kann daher regelmäßig überhaupt nicht und nur dann gestraft werden, wenn er die Vollendung des Verbrechens plante und hierzu den Täter veranlaßte.

Glückte die Anstiftung, so hängt infolge ihrer unselbständigen Natur ihre Bestrafung doch noch von der Ausführung der Tat ab. Solange diese unterbleibt, hat der Anstifter die Möglichkeit, sich Straffreiheit zu sichern. Das geht aber nur, wenn er die Ausführung vereitelt, indem er den Angestifteten bestimmt, sie aufzugeben, oder selbst den Erfolg abwendet.

Da durch die Anstiftung die verbrecherische Quelle erst geschaffen wird, ist sie strafwürdiger als die Beihilfe, die nur dem bereits entsprungenen Strome den Weg bahnt. Die Strafe der Täterschaft bei ihr herabzumildern, ist nicht am Platze. Auch findet keine Beschränkung ihrer Strafbarkeit auf die schwereren Delikte statt. Die Anstiftung selbst zu einer Übertretung ist strafbar.

Einfluß persönlicher Eigenschaften und Verhältnisse (§ 50 StGB.). Da Beihilfe und Anstiftung ihren strafbaren Charakter aus der Tat des Täters ableiten, findet auf sie dasselbe Gesetz Anwendung, nach dem auch der Täter abzuurteilen ist. Nun gibt es aber Delikte, welche je nach der Person des Handelnden ein eigentümliches Gepräge erhalten. Beleidigt jemand einen Monarchen, so ist bei sonst gleicher äußerer Handlung die Tat etwas anderes, wenn sie von dem Untertan, als wenn sie von dem Ausländer begangen wird. Sollte auf sie das Gesetz der Täterschaft schlechthin Anwendung finden, so würde bei Begehung durch einen Untertan das besondere rein persönliche Verhältnis, in dem der Täter zum Monarchen steht, dem Teilnehmer ungerechtfertigterweise zur Last fallen. Und wenn der Teilnehmer, aber nicht der Täter ein Untertan des beleidigten Monarchen ist, würde die unbedingte Aburteilung nach dem Gesetz der Täterschaft seine persönliche Stellung zum Beleidigten mit Unrecht unberücksichtigt lassen.

Das positive Recht hat daher, um den persönlichen Umständen Rechnung zu tragen, die für die Bestrafung der Teilnehmer geltenden Grundsätze durchbrochen und bestimmt, daß persönliche Eigenschaften und Verhältnisse nur demjenigen zugerechnet werden sollen, bei dem sie vorliegen. Demgemäß ist der Anstifter zum Kindesmord nach § 211 bzw. § 212 StGB., die Kindesmörderin dagegen nach § 217 StGB. sowie der Gehilfe beim Totschlag des eigenen Vaters nach § 215, der Täter aber nach § 212 StGB. zu strafen.

Würden nun die persönlichen Umstände ausnahmslos bei demjenigen berücksichtigt, bei dem sie vorliegen, so würde der Nichtbeamte, der einen Beamten zu einem Beamtendelikt anstiftet, straflos ausgehen, obwohl dieser vielleicht nicht gehandelt hätte, wenn er nicht von dem anderen zu dem Verbrechen bestimmt wäre. Zur Vermeidung eines solchen Resultats ist die Berücksichtigung der persönlichen Umstände auf die Fälle beschränkt, in denen die Strafbarkeit durch diesen erhöht oder vermindert wird. Begründen die persönlichen Umstände erst die Strafbarkeit, bleibt es bei der Anwendung des Gesetzes der Täterschaft auf den Teilnehmer.

Dritter Abschnitt. Die Strafe.

§ 19. Begriff der Strafe.

Die Untersuchung über das Wesen der Strafe muß, wenn man von der positiven Grundlage absieht und die Strafe, wie sie sein soll, im Auge hat, zu verschiedenen Ergebnissen führen, je nach der Strafrechtstheorie, von der man dabei ausgeht. Anders dagegen, wenn man — worauf es bei unserer Darstellung ankommt — untersucht, was als Strafe nach positivem Recht erscheint.

Hierfür lassen sich jedenfalls zwei Merkmale aufstellen. Die Strafe ist 1. die Folge eines Verbrechens und 2. eine Rechtsgüterverletzung.

Diese beiden positiv-rechtlichen Kriterien verdienen Billigung. Denn die Strafe ist ihrer innersten Natur nach weder ein Heil- noch ein Zuchtmittel, sondern eine einfache Reaktion gegen Unrecht, selbst dann, wenn ihre Verhängung mit der Verfolgung besonderer Zwecke verbunden ist. Als Derivat des individuellen Racherechtes besteht sie in einer Vergeltung, die um deswillen Rechtsgüterverletzung ist, weil auch durch das Verbrechen Rechtsgüter verletzt werden. Selbstverständlich kann dabei nicht an eine Talion gedacht werden. Denn mit der gesteigerten Kulturentwicklung überwiegen die unpersönlichen Rechtsgüter, so daß der Verbrecher nicht immer solche Rechtsgüter besitzt, wie er sie verletzt.

Erscheint nach dem ersten der beiden Hauptmerkmale die Strafe als Folge eines Verbrechens, so kann sie kein Nachteil sein, welcher an ein bloß regelwidriges Verhalten geknüpft ist, wie z. B. eine Ehescheidungsstrafe, desgleichen keine Folge der Strafe, wie z. B. die von der Verurteilung zur Zuchthausstrafe abhängige Unfähigkeit zum Heerdienst (§ 31 StGB.).

Die Strafe setzt voraus, daß ein Verbrechen bereits begangen ist. Deshalb sind keine Strafen: die Kaution, die als Garantie für künftiges Verhalten geleistet wird, und der Erfüllungszwang, der ein Mittel ist, um eine Verpflichtung, wie z. B. zur Ablegung eines Zeugnisses, Erstattung eines Gutachtens, zu erzwingen.

Mit dem Merkmal der Rechtsgüterverletzung tritt die Strafe in einen Gegensatz zum Schadensersatz und speziell zur Buße. Schadensersatz und Buße bezwecken den Ausgleich eines Schadens, die Strafe aber die Herbeiführung einer neuen Verletzung. Als Rechtsgüterverletzung teilt die Strafe bis zu einem gewissen Grade den Charakter des Verbrechens. Eine Rechtsgüterverletzung ist an sich nicht erlaubt. Deshalb ist die Strafe in ihrem Vollzuge eine Handlung, die ebenso wie das Verbrechen verboten ist. Das Verbrechen der Tötung und die Todesstrafe, das Verbrechen der Einsperrung und die Freiheitsstrafe sind ihrem Inhalte nach ganz gleich. In beiden Fällen sind es Handlungen, durch welche fremde Rechtsgüter vernichtet oder geschmälert werden.

Eine Rechtsgüterverletzung ist einer Person gegenüber nur insoweit möglich, als diese Rechtsgüter besitzt. Recht- und Ehrlose gibt es heute nicht mehr. Insofern ist jener Satz unpraktisch. Praktisch aber wird er bei Vermögenslosen. Da solche nicht am Vermögen gestraft werden können, bleibt nichts anderes übrig, als sie an einem anderen Rechtsgut, z. B. der Freiheit, zu bestrafen.

Soll die grundsätzlich verbotene Rechtsgüterverletzung ausnahmsweise erlaubt sein, so muß sich die Erlaubnis auf ein Gesetz stützen. Die Strafe muß daher im Gesetz angedroht sein. Der Satz „nulla poena sine lege" verbietet es auch, die im Gesetz angedrohte Strafe durch eine andere zu ersetzen, wenn der Verbrecher sie nicht als Übel empfindet, wie etwa der Reiche die Geldstrafe.

Außer den angeführten charakteristischen Merkmalen gehören zum Begriff der Strafe ein Subjekt, das die Strafe androht und verhängt, und ein Objekt, das sie erleidet. Strafberechtigt ist grundsätzlich allein der Staat als Träger des allgemeinen Willens. Demgemäß ist die Strafe ein staatliches Institut, und es scheiden aus ihrem Begriff die uneigentlichen Strafen, welche Kirche, Schule, Familie verhängen, aus.

Da die Verhängung der Strafe dem Staat als dem Inhaber der öffentlichen Zwangsgewalt zusteht, ist die Disziplinarstrafe, selbst, wenn sie vom Staat verhängt wird, keine eigentliche Strafe. Sie ist alsdann ein Übel, das der Staat lediglich als Dienstherr über seine Staatsdiener ausspricht.

Objekt der Strafe ist der Verbrecher selbst. Da, wo dritte Personen, wie z. B. nach einzelnen Zoll- und Steuergesetzen, dem preußischen Forstdiebstahlsgesetz u. a. m., für die vom Schuldigen verwirkte Geldstrafe haften, kommt die von ihnen erbrachte Leistung einer Strafe tatsächlich gleich, hat aber doch nur die Bedeutung einer privatrechtlichen Verpflichtung.

Handelt es sich nicht um eine wirkliche Strafe, so gelangen auch nicht die strafrechtlichen Grundsätze zur Anwendung. Das ist namentlich für Verjährung, Rückfall und die Frage nach einer nochmaligen Aburteilung wichtig. Es steht alsdann der Hinzufügung einer weiteren, eigentlichen Strafe für dieselbe Tat nichts im Wege.

§ 20. Einteilungen.

Als Rechtsgüterverletzungen sind die Strafen verschieden je nach der Art des Rechtsguts, an dem gestraft wird. Positiv-rechtlich kommen hierfür vier Rechtsgüter in Betracht. Das sind Leben, Freiheit, Ehre und Vermögen. Ausgeschlossen ist körperliche Integrität. Prügelstrafe kennt unser heutiges Recht nicht. Man hält sie mit Recht für kein geeignetes Strafmittel, weil sie jedenfalls in ihrem Vollzuge zu verschiedenartig ausfällt und von der Laune und der Körperkraft des Vollstreckers abhängt. Dagegen wird sie als Zuchtmittel und bis zu einem gewissen Grade als Strafmittel rohen und unkultivierten Menschen gegenüber nicht entbehrt werden können. Darum hat man keinen Anstoß genommen, sie in den deutschen Schutzgebieten für die Eingeborenen einzuführen.

Außer auf der Verschiedenheit des Rechtsguts, an dem der Verurteilte Einbuße erleidet, beruht das Strafsystem des Reichsstrafgesetzbuches auf einer Einteilung in Haupt- und Nebenstrafen. Eine Hauptstrafe ist diejenige, welche selbständig, ohne Rücksicht auf eine andere Strafe, eine Nebenstrafe diejenige, welche nur neben einer anderen Strafe ausgesprochen werden kann.

§ 21. Hauptstrafen.

a) Todesstrafe.

Hauptstrafe am Leben ist die Todesstrafe. Noch zur Zeit der PGO. von 1532 prävalierte sie unter den Strafmitteln und wurde selbst bei schwerem Diebstahl erkannt (Art. 160). Aber dem Zuge der Zeit, der die harten Strafen milderte, mußte die weitere Entwicklung folgen. Einerseits verengerte man das Gebiet der Todesstrafe durch Häufung der Tatbestandsmerkmale der todeswürdigen Verbrechen, andererseits ersetzte man die qualvollen Arten dieser schwersten Strafe, von denen die PGO. von 1532 noch sieben kannte, durch einfachere Formen. In der Mitte des 18. Jahrhunderts begann der Kampf gegen die Berechtigung der Todesstrafe überhaupt, besonders infolge der Schriften von Beccaria und Sonnenfels. Die Todesstrafe wurde zuerst in Toskana 1786 und ein Jahr später in Österreich abgeschafft, wo sie allerdings schon 1795 für einzelne und 1803 für weitere Verbrechen wieder eingeführt wurde. In Deutschland hatte man zweimal ihre Abschaffung in Aussicht genommen. Das erstemal auf Grund der Verfassung von 1849 in dem im preußischen Justizministerium ausgearbeiteten Entwurf eines deutschen Strafgesetzbuches. Obwohl dieser Entwurf nicht zum Ziele führte, wurde die Todesstrafe doch in einzelnen Bundesstaaten beseitigt, so in Oldenburg, Anhalt und Bremen. In Sachsen wurde sie noch 1868 aufgehoben.

Das andere Mal trat der deutsche Reichstag gelegentlich der zweiten Beratung unseres jetzigen Strafgesetzbuches (1. März 1870) für ihre Beseitigung ein. Er mußte sich aber schließlich, um die einheitliche Gesetzgebung nicht scheitern zu sehen, der widersprechenden Meinung der verbündeten Regierungen fügen und beschloß mit einer Majorität von acht Stimmen ihre Wiedereinführung. Man beschränkte sie aber auf ein möglichst kleines Gebiet. Sie ist nach dem Strafgesetzbuche unbedingt nur für Mord und hochverräterischen Mordversuch sowie bei Eintritt des Kriegsrechts (§ 4 EGStB.) für acht weitere Delikte angedroht. Außerhalb des Strafgesetzbuches findet sie sich in dem Sprengstoffgesetz (§ 5 Abs. 3 vom 9. Juni 1884) und im Gesetz über Sklavenraub (§ 1 Gesetz vom 28. Juli 1895). In den beiden letzteren Fällen hängt sie davon ab, daß der Tod einer Person, wenn auch nicht vorsätzlich, so doch schuldhaft, herbeigeführt wurde.

Nach den Strafrechten einzelner ausländischer Staaten ist sie zum Teil noch mehr beschränkt, so z. B. nach dem russischen, das sie selbst nicht für Mord, sondern nur für schwerste Staatsverbrechen kennt. Gänzlich beseitigt ist sie in Rumänien, Portugal, Holland, S. Marino, Italien, einer Reihe amerikanischer Staaten und Schweizer Kantone.

Man hat nicht aufgehört, für und wider die Todesstrafe zu streiten. Nach einer kurzen Pause ist der Streit in jüngster Zeit wieder heftiger geworden. Selbst die alten und zur Genüge beantworteten Fragen, ob die Todesstrafe den Strafzwecken der Abschreckung und Besserung entspreche, beginnt man wieder zu ventilieren. Dabei vergißt man zu leicht, daß sie jedenfalls den einen Strafzweck, den der Unschädlichmachung, sehr gründlich erfüllt. Darum wird man, auch wenn sie in Deutschland einmal abgeschafft werden sollte, in manchen Zeitläufen immer wieder auf sie zurückgreifen. Sowohl der Vorentwurf von 1909 als auch die Kommission zur Ausarbeitung des Entwurfs (1911 f.) haben sich für ihre Beibehaltung entschieden.

Soweit man sie beibehält, muß man zwei Dinge fordern: vor allem eine scharfe Scheidung der todeswürdigen von den nicht todeswürdigen Handlungen. Ob man dies durch ein einzelnes Tatbestandsmerkmal vermag, erscheint mindestens zweifelhaft. Denn der menschliche Scharfsinn vermag kein Kriterium herauszuklügeln, dessen Vorhandensein eine nicht todeswürdige Tat zu einer todeswürdigen stempelt. Am allerwenigsten vermag dies dasjenige Kriterium, von dem die Todesstrafe bei uns heute tatsächlich abhängt, das ist die Überlegung. Denn diese stellt durchaus nicht den Gipfel aller Verschuldung dar und ist ein Internum, auf das man nur indirekt aus äußeren Vorgängen schließen kann, ohne auch nur irgendwie die Sicherheit des Beweises verbürgen zu können.

Als Zweites muß man einen jeder Grausamkeit entkleideten Vollzug der Strafe verlangen. Dieses Erfordernis erfüllt selbst nicht ganz die in unserem Strafgesetzbuch vorgeschriebene Enthauptung (§ 13 StGB.), welche je nach dem Recht des einzelnen Bundesstaates durch Beil, Schwert oder Fallbeil vollzogen wird. Das noch nicht erfüllte Streben nach einem humaneren Vollzuge hat Neuyork (Gesetz vom 4. Juni 1888) veranlaßt, zur Hinrichtung die Elektrizität zu verwenden. Aber in den Erwartungen, die man hieran anknüpfte, ist man sehr enttäuscht worden. Die Tötung durch Elektrizität ist oft eine langwierigere als die durch Enthauptung vollzogene.

Einer, namentlich früher besonders betonten, Voraussetzung für einen zweckentsprechenden Vollzug ist das heutige Recht durch den Ausschluß der Öffentlichkeit gerecht geworden. Um der Hinrichtung das Anstößige und den Charakter eines Schauspiels zu nehmen, läßt man sie heute hinter den Mauern eines Gefängnisses, aber unter Zuziehung von Solennitätszeugen, stattfinden (vgl. § 486 StPO.).

b) Freiheitsstrafen.

Entsprechend der Dreiteilung der strafbaren Handlungen in Verbrechen i. e. S., Vergehen und Übertretungen gibt es drei Hauptfreiheitsstrafen: Zuchthaus, Gefängnis und Haft. Dazu kommt für die beiden schwereren Deliktsarten die Festungshaft als eine Strafe bei nicht ehrenrührigem Verhalten.

Zuchthausstrafe. Die Zuchthausstrafe ist die Einsperrung in eine Gefangenanstalt mit der Bezeichnung, welche der Strafe den Namen gegeben hat. Ihre Dauer ist in den ausdrücklich im Gesetz bezeichneten Fällen eine lebenslängliche, außerdem eine zeitige von 1—15 Jahren (§ 14 StGB.). Sie wird erkannt in vollen Monaten und muß mindestens ein Jahr betragen (§ 14 Abs. 2, § 19 Abs. 2 StGB.). Ihr Wesen besteht in dem intensiven Zwang zu den in der Anstalt gerade eingeführten Arbeiten (§ 15 StGB.). Auf die Fähigkeiten und Verhältnisse des Zuchthäuslers wird keine Rücksicht genommen. Dieser sinkt zur bloßen Arbeitsmaschine herab. Darum steht auch seiner Verwendung außerhalb der Anstalt kein Hindernis entgegen.

Gefängnisstrafe. Anders bei der Gefängnisstrafe, deren geringere Schwere sich schon in der geringeren Dauer — 1 Tag bis 5 Jahre — zeigt (§ 16 StGB.). Die Gefängnissträflinge dürfen verlangen, daß die Arbeiten, zu denen sie angehalten werden, ihrer Individualität angepaßt sind. Aber so schön dieser Grundsatz theoretisch ist, er läßt sich in der Praxis nicht konsequent durchführen. Denn es ist schlechterdings unmöglich, so viele verschiedenartige Arbeiten in der Gefangenschaft einzuführen, als nötig wären, um jedem Gefangenen gerecht zu werden. Damit aber verwischt sich der Gegensatz zwischen Zuchthaus und Gefängnis. Er tritt höchstens darin noch hervor, daß der Gefängnissträfling nicht wider seinen Willen zur Außenarbeit herangezogen werden kann. Auch dies wird bisweilen illusorisch, da im Interesse der kleinen Amtsgerichtsgefängnisse, denen es häufig an Arbeitsgelegenheit fehlt, der Gefängnisverwaltung die jedem Strafzweck zuwiderlaufende Befugnis gegeben ist, den Gefangenen beschäftigungslos zu lassen. Die Beschäftigungslosigkeit kann aber als besonders drückend und als eine Art Zusatzstrafe empfunden werden. Darum muß dem Sträfling auf sein Verlangen Arbeit gegeben werden. Hat nun die kleine Gefangenenanstalt keine genügende Arbeitsgelegenheit in ihren Räumen, dann muß sich der Sträfling, der Arbeit wünscht, zur Außenarbeit bequemen.

Haftstrafe. Die Haftstrafe besteht in einfacher Freiheitsentziehung. Sie ist als Strafe für die geringfügigsten Delikte von geringster Dauer, nämlich 1 Tag bis 6 Wochen (§ 18 StGB.). Liederlichen Personen gegenüber würde die einfache Freiheitsentziehung kaum eine Strafe bedeuten. Darum gestattet man bei solchen, mit der Haft Arbeitszwang und Außenarbeit zu verbinden (§ 362 Abs. 1 StGB.).

Festungshaft. Die Festungshaft ist zwar als custodia honesta eine durch die Art des Vollzuges milde Strafe — sie besteht in Freiheitsentziehung mit Beaufsichtigung der Beschäftigung und Lebensweise des Gefangenen —, kann aber durch die Länge der Dauer sehr ernst werden. Von einem Tag kann sie bis zum Maximum der zeitigen Freiheitsstrafe, d. h. 15 Jahren, steigen und sogar in den im Gesetz besonders hervorgehobenen Fällen zu einer lebenslänglichen werden (§ 17 StGB.). Man nennt die Strafe Festungshaft. Doch nicht alle Bundesstaaten besitzen Festungen. Darum ist ihr Vollzug auch in anderen Räumen als Festungen gestattet.

Über die Durchführung des Vollzugs der Freiheitsstrafen wird in diesem Werke an anderer Stelle gehandelt.

c) Geldstrafe.

Die Novelle vom 19. Juni 1912, welche in einer ganzen Reihe von Fällen neben Gefängnisstrafe wahlweise Geldstrafe zuläßt, ist ein deutliches Zeichen dafür, daß die Geldstrafe in neuerer Zeit immer mehr Boden gewinnt. Soll sie aber die Freiheitsstrafe in umfangreicherem Maße zu ersetzen imstande sein, dann muß sie eine Umgestaltung erfahren, um sie besser als heute den Vermögensverhältnissen des Täters anpassen und auch dem Reichen gegenüber fühlbar gestalten zu können.

Heute besteht sie — abgesehen von Zoll- und Steuerdelikten, bei denen das Vielfache des defraudierten Betrags erkannt werden kann — in einer im allgemeinen mäßigen Geldsumme.

Sie beträgt bei Übertretungen 1—150 Mark, bei Vergehen und Verbrechen i. e. S. im Mininum 3 Mark (§ 27 StGB.). Der Höchstbetrag bei den einzelnen Verbrechen und Vergehen ist verschieden festgesetzt und erreicht bei gewohnheitsmäßigem Wucher 15 000 Mark. Einige Nebengesetze gehen darüber hinaus, wie das Sklavenraubgesetz, das Strafe bis zu 100 000 Mark kennt. Aber hohe Geldstrafen werden selten erkannt. Die meisten bleiben unter 50 Mark.

Die Geldstrafe fließt dem Fiskus desjenigen Staates zu, in dessen Bezirk das erkennende Gericht erster Instanz liegt. Die Beitreibung erfolgt nach den Vorschriften der Zivilprozeßordnung über Zwangsvollstreckung wegen Geldforderungen (vgl. § 495 StPO.). Ist sie nicht beizutreiben, so muß sie, damit der Verurteilte nicht straflos ausgeht, in Freiheitsstrafe verwandelt werden (§ 28 StGB.).

Außer der Geldstrafe kennt das heutige Reichsrecht keine weitere Hauptstrafe am Vermögen, also z. B. keine Vermögenskonfiskation.

d) Ehrenstrafe.

Die einzige Hauptstrafe an der Ehre ist der Verweis (§ 57 Nr. 4 StGB.), der in besonders leichten Fällen Jugendlichen gegenüber ausgesprochen wird und teilweise das ersetzt, was man mit der bedingten Verurteilung bezweckt. Denn er soll, sofern er an Stelle einer Freiheitsstrafe tritt, den Jugendlichen die Nachteile ersparen, welche der Aufenthalt in einem Gefängnis durch die Gesellschaft mit vorgeschritteneren Verbrechern mit sich bringt.

Die Vollstreckung des Verweises geschieht in Ermangelung besonderer Vorschriften nach den allgemeinen Regeln. Mithin ist Vollstreckungsorgan die Staatsanwaltschaft bzw. der Amtsrichter (§ 483 StPO.) und die Vollstreckung erst nach Rechtskraft des Urteils möglich.

§ 22. Nebenstrafen.

a) Nebenstrafen an der Freiheit.

Nebenstrafen am Leben gibt es nicht. Nebenstrafen an der Freiheit sind Stellung unter Polizeiaufsicht, korrektionelle Nachhaft und Ausweisung.

Die Stellung unter Polizeiaufsicht ist insofern eine moderne Strafe, als es erst, seitdem die persönliche Freiheit unter richterlichem Schutz steht, eines besonderen Richterspruches bedarf, um ausnahmsweise der Polizei ein Recht auf Beschränkung der Freiheit einzuräumen. Bei keinem Verbrechen ist der Richter genötigt, auf Zulässigkeit der Polizeiaufsicht zu erkennen. Macht er in den Fällen, in welchen ihn das Gesetz ausdrücklich hierzu ermächtigt, von seiner Befugnis Gebrauch, so erwächst der Polizei nicht die Pflicht, sondern das Recht der besonderen Beaufsichtigung des Verurteilten (§ 38 StGB.). Sie wird zur Ausübung dieses Rechtes schreiten, wenn trotz der Verbüßung der Hauptstrafe noch Äußerungen der verbrecherischen Neigung zu erwarten sind. Aus diesem Gesichtspunkt erklären sich die Machtbefugnisse, welche der Polizei im einzelnen gegenüber dem unter ihre Aufsicht gestellten Delinquenten gegeben sind. Sie kann namentlich jederzeit, auch während der Nacht, Haussuchungen bei ihm vornehmen und den Aufenthalt in einzelnen Ortschaften und Örtlichkeiten schlechthin oder für bestimmte Zeiten, z. B. während eines öffentlichen Umzuges, verbieten (§ 39 StGB.), einen Wandergewerbeschein versagen (§ 57 Nr. 2 Gewerbeordnung) u. a. m. Die polizeiliche Kontrolle darf natürlich keine dauernde sein. Sie ist beschränkt auf die Zeit von 5 Jahren nach Verbüßung der Freiheitsstrafe.

Korrektionelle Nachhaft. Auch dann, wenn das Urteil auf Überweisung an die Landespolizeibehörde, auf sog. korrektionelle Nachhaft, lautet, erhält die Polizei nur ein zeitlich beschränktes Recht, das sie zwei Jahre lang, nachdem der Verurteilte die Hauptstrafe verbüßt hat, ausüben kann, aber nicht ausüben muß (§ 362 Abs. 2 StGB.).

Die Überweisung an die Landespolizeibehörde ist eine Strafe gegen liederliche Personen, wie Zuhälter, Landstreicher, Bettler, Müßiggänger, Dirnen, Arbeitsscheue und Obdachlose (§ 181 a, § 361 Nr. 3—8 StGB.). Landstreicherei, Bettelei usw. sind bloße Übertretungen, weshalb die Hauptstrafe nur in Haft besteht. Ein paar Tage oder Wochen Haft würden aber auf solche Personen, die meist Gewohnheitsverbrecher sind, wenig Eindruck machen. Selbst die Gefängnisstrafe, welche den Zuhälter trifft, wirkt nicht genügend. Darum bedarf es ihnen gegenüber unter Umständen noch einer längeren Nachhaft mit intensivem Arbeitszwang. Will die Landespolizeibehörde die Nachhaft vollziehen, so kann sie den Verurteilten entweder in einem Arbeitshaus [eine Dirne auch in einer Besserungsanstalt] unterbringen oder zu gemeinnützigen Arbeiten verwenden (vgl. § 362 Abs. 3 StGB.). Durch den unbedingten Arbeitszwang, der mit dieser Nebenstrafe verbunden ist, wird sie außerordentlich gefürchtet und entspricht wie keine andere Strafe dem Besserungszweck.

Ausweisung. Da die Stellung unter Polizeiaufsicht und die Überweisung an die Landespolizeibehörde auf den Verurteilten vorwiegend bessernd einwirken soll, wir aber keine Veranlassung haben, Besserungsversuche an Ausländern anzustellen, können diese auf die Zeit, während welcher jene Strafen möglich sind, ausgewiesen werden (§ 39 Nr. 2, § 362 Abs. 4 StGB.).

Als besondere Nebenstrafe gegen Ausländer dient die Ausweisung außerdem in Spezialfällen, z. B. bei Verurteilung wegen gewerbsmäßigen Glückspiels (§ 284 Abs. 2 StGB.).

b) Nebenstrafen an der Ehre.

Aberkennung der bürgerlichen Ehrenrechte. So wenig wie die Ehre einer Person gemindert werden kann, gibt es Strafen, welche die Ehre nehmen. Was durch Ehrenstrafen verloren geht, sind einzelne Ehrenrechte. Nirgends ist deren Verlust die unmittelbare Folge der Verurteilung zu einer Hauptstrafe. Auch neben der Zuchthausstrafe bedarf es ihrer ausdrücklichen Aberkennung. Wird sie ausgesprochen, so werden keineswegs alle, sondern nur gewisse Rechte und Fähigkeiten, und zwar solche, welche mit der Staatsbürgerstellung verbunden sind, aberkannt. Man bezeichnet deshalb die Strafe als Aberkennung der bürgerlichen Ehrenrechte. Mit ihr geht von diesen Rechten, die naturgemäß nicht alle Bürger in gleicher Weise und Frauen meist gar nicht besitzen, ein Teil dauernd verloren, das sind: die aus öffentlichen Wahlen hervorgegangenen Rechte, die bekleideten unmittelbaren oder mittelbaren Staatsämter, inländische Würden, Titel, Orden und Ehrenzeichen (§ 33 StGB.). Ein Teil wird auf eine im Urteil zu bestimmende Zeit aberkannt, das sind: die Fähigkeit, die Landes- oder Reichskokarde zu tragen, in das Heer oder in die Marine einzutreten, öffentliche Ämter, Würden usw. zu erlangen, politische Rechte auszuüben, Solennitätszeuge zu sein und eine nach außen hervortretende Vertrauensstellung in der Familie, wie als Vormund, Pfleger, Mitglied eines Familienrats, zu bekleiden (§ 34 StGB.). Ist die Hauptstrafe keine zeitige, so werden auch diese Rechte ohne zeitliche Beschränkung verwirkt. Anderenfalls ist die Dauer des Verlustes neben zeitigem Zuchthaus 2—10, neben Gefängnis 1—5 Jahre, gerechnet vom Tag der Verbüßung oder des Erlasses der Hauptstrafe. Während neben der Todes- und der Zuchthausstrafe auf Verlust der bürgerlichen Ehrenrechte stets erkannt werden darf und bei drei Delikten: Meineid, Kuppelei und gewerbs- oder gewohnheitsmäßigem Wucher sogar erkannt werden muß, ist die Aberkennung neben Gefängnisstrafe nur dann schlechthin möglich, wenn diese wegen mildernder Umstände an Stelle der Zuchthausstrafe tritt, sonst aber von der Bedingung abhängig, daß sie bei dem betreffenden Delikt ausdrücklich gestattet ist. In jedem Fall muß durch die Gesetzesübertretung eine schwerere Gefängnisstrafe (mindestens 3 Monate) verwirkt sein (§ 32 StGB.).

Aberkennung einzelner Ehrenrechte. Neben der Aberkennung der bürgerlichen Ehrenrechte kennt unser Recht die Aberkennung einzelner Ehrenrechte, wie z. B. Unfähigkeit zur Bekleidung eines öffentlichen Amtes, eine Strafe, die teils als Surrogat für die Aberkennung der Ehrenrechte überhaupt (§ 35 StGB.), teils bei Verurteilung wegen einiger Vergehen wider die öffentliche Ordnung oder wegen Amtsdelikten verhängt werden kann (§§ 128 f., 358 StGB.); ferner Verlust des bekleideten Amtes und der aus öffentlichen Wahlen hervorgegangenen Rechte, die als Zusatzstrafe, namentlich bei Vergehen gegen den Staat, regelmäßig selbst neben Festungshaft, auszusprechen gestattet ist (§§ 81, 83, 87 ff. u. a.), Verlust der Eidesfähigkeit bei Verurteilung wegen Meineid (§ 61 StGB.) u. a. m.

c) Nebenstrafen am Vermögen.

Einziehung. Die Nebenstrafen am Vermögen sind nicht spärlich, aber bei jeder einzelnen ist der Charakter als Strafe bestritten. Nach der herrschenden Ansicht gehört hierhin vor allem die Einziehung (§ 40 StGB.). Gegenstand derselben sind die instrumenta sceleris, wie z. B. das Brecheisen (doch nicht die zur Flucht bestimmte Leiter) und die producta sceleris, zu welchem wohl die falsche Münze, aber nicht die gestohlene Sache zu rechnen ist. In Einzelfällen kann auch das verbrecherische Erlangte (z. B. §§ 296 a, 335 StGB.) und das Objekt des Verbrechens (§ 134 Vereinszollgesetz) eingezogen werden. Die Einziehung ist nur unter der Voraussetzung wirkliche Strafe, daß die einzuziehenden Gegenstände dem Täter oder Teilnehmer gehören. Soweit dies nicht der Fall ist, erscheint sie als polizeiliche Maßregel.

Unbrauchbarmachung. Dasselbe gilt von der Unbrauchbarmachung (§ 41 StGB.), d. i. die Vernichtung gewisser Gegenstände, und zwar von Schriften, Abbildungen und Darstellungen strafbaren Inhalts, sowie der zu ihrer Herstellung bestimmten Platten und Formen.

Andere Strafen am Vermögen sind z. B. die ausnahmsweise statthafte Entziehung der Befugnis zum Gewerbebetrieb (§ 30 Branntweinsteuergesetz vom 24. Juni 1887 bzw. 16. Juni 1895, § 56 Zuckersteuergesetz vom 31. Mai 1891 bzw. 27. Mai 1896), ferner — wenigstens zum Teil — die Publikation des Strafurteils auf Kosten des Schuldigen (§§ 165, 200 StGB.) und die Geldstrafe, sofern sie, wie z. B. beim Betrug, neben der Freiheitsstrafe erkannt werden kann (§§ 263 f. StGB.). Die Geldstrafe ist in diesem Fall wirkliche Nebenstrafe, nicht „kumulative Mithauptstrafe".

Buße. Obwohl nur neben einer Strafe zulässig, ist die Buße keine Nebenstrafe am Vermögen, weil überhaupt keine Strafe. Sie als Strafe anzusehen, verbietet sich nach positivem Recht schon aus dem formalen Grund, daß sie vom Gesetzgeber direkt als Entschädigung bezeichnet wird (§ 188 Abs. 2 StGB.). Immerhin aber hat sie keinen rein privatrechtlichen Charakter. Hiermit würde ihre Abhängigkeit von der Bestrafung des Täters, ihre Unvererblichkeit und die Begrenzung ihres Höchstbetrags (nach dem StGB.: 6000, nach den Nebengesetzen seit 1891: 10 000 Mark) im Widerspruch stehen. Sie kann nach dem Strafgesetzbuch wegen schwerer Beleidigung (§ 188 StGB.) und jeder Körperverletzung (§ 231 StGB.), außerhalb desselben besonders wegen strafbarer Nachbildung begehrt werden. (Vgl. auch §§ 847, 1300 BGB.)

§ 23. Strafbemessung.

Nach der Darlegung der Strafarten haben wir das Strafmaß kennen zu lernen.

I. Strafbemessung im allgemeinen. Die Strafbemessung ist die urteilsmäßige Festsetzung einer bestimmten Strafe für ein Verbrechen. Eine solche Fixierung der Strafe wird von der modernen soziologischen Richtung bekämpft. Diese fordert ein unbestimmtes Strafurteil, das auf Strafe, aber nicht auf eine bestimmte Strafgröße lautet. Die Forderung wird damit begründet, daß erst während des Strafvollzuges erkennbar werde, wieweit Strafe nötig sei, um die Gesellschaft vor dem Verbrecher zu sichern. Das definitive Erkenntnis über die Begrenzung der Strafe wünscht man teils einer zweiten richterlichen Entscheidung, teils einem besonderen Strafvollzugsamt vorzubehalten. In dem einen wie in dem anderen Fall würde die Ansicht derjenigen Behörde, welche den Verbrecher auf die Wirkung des Strafvollzugs hin beobachtet, maßgebenden Einfluß für die Bemessung der Strafe erhalten. Die Behörde aber, von derem Urteil die Fortdauer der Inhaftierung abhinge, wäre dann ein Organ der Verwaltung. Infolgedessen würde die persönliche Freiheit nicht mehr völlig unter richterlichem Schutz stehen. Denn hierzu gehört, daß gerade der Richter bestimmt, nicht nur wann überhaupt, sondern auch in welchem Umfang die Freiheit ausnahmsweise entzogen werden kann. Wäre dem Richter die Strafbemessung genommen, so würde seine Tätigkeit zu einer bloßen Vorarbeit für die Verwaltungsbehörde herabgedrückt, und dieser eine unliebsame und verantwortliche Aufgabe aufgebürdet werden.

Das positive Recht ist weit entfernt, auf eine Strafbemessung durch den Richter zu verzichten. Es läßt die durch das Verbrechen verwirkte Strafe schon im Strafurteil festsetzen.

Verwirkt ist die Strafe mit der Begehung der Straftat. Die Strafausmessung besteht also in der Auffindung einer bis dahin latenten Strafgröße. Diese muß der Größe der Verschuldung entsprechen. Bei verschiedenen Handlungen, welche unter ein und dasselbe Gesetz fallen, kann die Verschuldung eine sehr verschiedenartige sein. Darum sind die weitaus meisten Strafgesetze derart relativ bestimmt, daß der Richter die verwirkte Strafe einem Strafrahmen zu entnehmen, also zwischen einem gesetzlichen Minimum und Maximum auszuwählen hat. Mit der Ausdehnung des Strafrahmens wächst die Schwierigkeit der richtigen Auswahl. Deshalb ist es verkehrt, denselben zu weit anzulegen oder gar von jeder Schranke für den Richter abzusehen.

Alle Umstände, welche ein Herauf oder ein Herab in demselben Strafrahmen zur Folge haben, nennt man Strafmehrungs- bzw. Strafminderungsgründe und unterscheidet hiervon Strafschärfungs- bzw. Strafmilderungsgründe. Die letzteren sind Umstände, welche als so bedeutend erscheinen, daß sie nach Ansicht des Gesetzgebers innerhalb des gewöhnlichen Strafrahmens nicht berücksichtigt werden können und darum die Anwendung eines außerordentlichen Strafrahmens zur Folge haben müssen.

II. Strafschärfung. Allgemeine Strafschärfungsgründe kennt das positive Recht nicht. Der einzige Umstand, welcher wenigstens bei mehreren Delikten des Strafgesetzbuchs und einiger Nebengesetze (besonders Zoll- und Steuergesetze) strafschärfend wirkt, ist der Rückfall. Aber auch er hat keine gleichmäßige Regelung erfahren. Das Strafgesetzbuch versteht unter Rückfall bald die Wiederholung gleichartiger (bei Betrug, Hehlerei), bald die Wiederholung ähnlicher Delikte (bei Raub, raubähnlichen Verbrechen). Beim Diebstahl läßt es sogar bloße Verwandtschaft mit den vorhergehenden Delikten genügen, indem es hier außer Diebstahl auch

Hehlerei, Raub, raubähnliches Verbrechen für die Rückfallstrafe verwertet (§ 244 StGB.). Schon die erste Wiederholung gilt ihm als Rückfall bei Raub und raubähnlichem Verbrechen, erst die zweite bei Diebstahl, Hehlerei und Betrug. Im Gegensatz zu dieser willkürlichen Verschiedenheit wäre eine gleichmäßige Behandlung und vielleicht umfangreichere Berücksichtigung zu wünschen.

III. Strafmilderung. Auch allgemeine Milderungsgründe fehlen im geltenden Recht, wenn man nicht etwa Versuch, Beihilfe, jugendliches Alter hierher rechnen will, was aber deshalb wohl kaum angeht, weil sie nicht die Anwendung eines erweiterten, sondern die Umwandlung des regelmäßigen Strafrahmens bewirken.

Spezielle Milderungsgründe gibt es auch nur einige. Ein Beispiel bietet die Provokation nach § 213 StGB.

Dafür aber hat das Strafgesetzbuch das dem französischen Recht nachgebildete System der mildernden Umstände aufgenommen, allerdings in recht verunglückter Weise. In Frankreich, wo es wenigstens konsequenter durchgeführt ist, kam es 1832 auf, weil die Strafen eines um einige Jahrzehnte zurückliegenden Gesetzes allmählich zu hart erschienen. In unserem Strafgesetzbuch dagegen dient es dazu, eine Ausnahmestrafe zu ermöglichen. Wenn von ihr so häufig Gebrauch gemacht wird, so erklärt sich dies daraus, daß in Ermangelung einer gesetzlichen Bestimmung jeder Umstand als mildernd angesehen werden kann, der sich überhaupt zur Herabsetzung der Strafe eignet. Mithin unterscheiden sich Strafminderungs- und Strafmilderungsgründe nicht in ihrem Wesen, sondern nur in ihren Folgen voneinander. Jene lassen die Strafe innerhalb des Strafrahmens sinken, diese dagegen aus einem anderen Strafrahmen auswählen, der nicht selten eine andere Strafart, z. B. Gefängnis statt Zuchthaus, androht. Wegen der weitgehenden Wirkung eines Strafmilderungsgrundes muß man wenigstens fordern, daß dessen Annahme auf erheblichere Umstände beschränkt wird.

Gleich als ob mildernde Umstände nur bei dem einen oder anderen Delikt, nicht aber bei jedem vorkommen könnten, hat der Gesetzgeber ihre Berücksichtigung nur bei einzelnen Delikten ermöglicht und, um das Unzureichende noch zu erhöhen, bei dem einen obligatorisch gemacht (z. B. §§ 243, 250 StGB.), bei den anderen fakultativ gelassen (z. B. §§ 246, 263 StGB.). Für eine Revision des Strafgesetzbuchs gibt es nur zwei Wege: entweder den Strafrahmen bei jedem Delikt so weit anzulegen, daß schon in ihm die mildernden Umstände Berücksichtigung finden können, oder aber — was vielleicht vorzuziehen — in dem allgemeinen Teil des Strafgesetzbuchs eine für alle Delikte gültige Regel aufzunehmen, nach der bei mildernden Umständen die Strafe in näher zu bestimmender Weise zu ermäßigen sei.

Die mit dem gesetzlichen Tatbestand verbundene Strafdrohung ist berechnet für das vollendete Delikt des erwachsenen Täters. Wir können daher den hierfür aufgestellten Strafrahmen als Normalstrafrahmen bezeichnen. Dieser dient als Grundlage der Strafbemessung für das versuchte Delikt, für das Delikt des Jugendlichen und des Teilnehmers.

IV. Strafbemessung für Versuch. Der Versuch wird mit Recht milder als das vollendete Delikt bestraft. Die Milderung besteht, wenn die Strafe des Normalstrafrahmens unteilbar, also Todes- oder lebenslängliche Freiheitsstrafe ist, in einer Reduktion auf 3—15 Jahre Freiheitsstrafe. Ist sie teilbar, wie zeitige Freiheits- und Geldstrafe, so kann auf ein Viertel des Minimum des Normalstrafrahmens herabgegangen und höchstens auf die dem Maximum des Normalstrafrahmens nächstkommende Strafgröße erkannt werden (§ 44 StGB.).

V. Strafbemessung für Teilnahme. Nach den gleichen Grundsätzen wie für Versuch ist die Strafe für Beihilfe zu bemessen (§ 49 Abs. 2 StGB.). Die Beihilfe ist die einzige hier zu erwähnende Form der Teilnahme, da für Anstiftung und Mittäterschaft der unveränderte Normalstrafrahmen Anwendung findet (§§ 47, 48 StGB.). Blieb die unterstützte Handlung bloßer Versuch, so ist für die Bemessung der Gehilfenstrafe der Normalstrafrahmen zweimal zu reduzieren.

VI. Strafbemessung für Jugendliche. Das jugendliche Alter bewirkt sehr erhebliche Veränderungen des Normalstrafrahmens. Alle Strafarten, welche dem Jugendlichen die Möglichkeit nehmen, das oft übereilte Vergehen im späteren Leben wieder gut zu machen, sind ausgeschlossen. Über den Jugendlichen wird keine Todes- oder lebenslängliche

Strafe verhängt, sondern statt dessen nur Freiheitsstrafe von 3—15 Jahren (§ 57 Nr. 1 und 2 StGB.). Ihm soll das Schimpfliche der Zuchthausstrafe erspart werden, darum läßt man letztere durch Gefängnis ersetzen (§ 57 Nr. 3 StGB.). Zur Vermeidung ehrenrühriger Strafen sind auch Zulässigkeit von Polizeiaufsicht und Aberkennung der bürgerlichen Ehrenrechte ausgeschlossen (§ 57 Nr. 5 StGB.). Um ihn in besonders leichten Fällen mit Freiheits- und selbst mit Geldstrafe zu verschonen, ist die Möglichkeit gegeben, auf bloßen Verweis zu erkennen (§ 57 Nr. 4 StGB.).

Nicht genug, daß der Normalstrafrahmen eine qualitative Veränderung erfährt, er wird auch quantitativ geändert. Im Maximum wird er auf die Hälfte des Höchstbetrags des Normalstrafrahmens, im Minimum auf den gesetzlichen Mindestbetrag der bei dem betreffenden Delikt angedrohten Strafart herabgesetzt (§ 57 Nr. 3 StGB.). Erst nach dieser Reduktion ist die Vertauschung der Zuchthaus- mit der Gefängnisstrafe vorzunehmen, so daß z. B. die Strafe für den jugendlichen Totschläger 1 Jahr (nicht 1 Tag) bis 7½ Jahre Gefängnis beträgt. Trotz dieser schon sehr erheblichen Milderung wird eine abermalige Herabsetzung bei Versuch und Beihilfe notwendig.

VII. Strafbemessung bei Gesetzeskonkurrenz. Die bisherigen Erörterungen betrafen die Strafbemessungen für ein Delikt. Nunmehr hätten wir zu untersuchen, welche Strafe für mehrere Delikte desselben Täters zu verhängen ist. Bevor wir aber hierauf eingehen, müssen wir die Strafe für den Fall feststellen, in dem durch eine Handlung mehrere verbrecherische Erfolge herbeigeführt und wenigstens nach verbreiteter Meinung auch mehrere Verbrechen begangen, in Wahrheit aber nur mehrere Strafgesetze übertreten sind.

Führte die Handlung mehrere Erfolge herbei, ohne verschiedene Strafgesetze zu verletzen, beleidigte z. B. das Wort mehrere Personen (sog. gleichartige Idealkonkurrenz), so kommt lediglich das eine verletzte Strafgesetz in Frage. Um zu diesem einfachen Resultate zu gelangen, bedarf es keiner besonderen Regel. Es ist daher verfehlt, die sehr wohl berechtigte „Lücke im Gesetz" durch eine künstlich konstruierte Analogie ausfüllen zu wollen. Wo nur eine Handlung vorliegt, ist immer nur eine einzige Strafe möglich. Und, da das anzuwendende Gesetz von vornherein gegeben ist, können Schwierigkeiten nicht entstehen.

Solche treten erst dann hervor, wenn die Handlung nicht von einem einzigen Gesetz umspannt wird. Wenn der Steinwurf eine Sache beschädigt und zugleich eine Person verletzt (sog. ungleichartige Idealkonkurrenz), so kann man zweifeln, ob das Gesetz über Sachbeschädigung oder das Gesetz über Körperverletzung zur Anwendung kommen soll. Diesen Zweifel löst der § 73 StGB., wonach die Strafe aus demjenigen Gesetz zu verhängen ist, welches die schwerste Strafe und bei ungleichartigen Strafen die schwerste Strafart androht. Hiernach wird eine Strafenklimax vorausgesetzt. In ihr würde die Festungshaft milder sein als die Gefängnisstrafe. Wollte man die äußerste Konsequenz hieraus ziehen, so wäre zeitiges Gefängnis eine schwerere Strafe als lebenslängliche Festungshaft, was aber den Tatsachen widerspricht. Die gesetzliche Regel reicht daher nicht aus. Bei gleichartigen Strafarten muß das höhere Maximum entscheiden. Wenn der Gesetzgeber die Strafbemessung nur nach dem schwersten Gesetz vorschreibt, so will er damit nicht die übrigen Gesetzesverletzungen völlig unbeachtet gelassen wissen. Denn die zu verhängende Strafe soll eine Strafe für die Gesamtheit der Gesetzesübertretungen sein. Es ist daher auch die Verurteilung nicht nur auf Grund desjenigen Gesetzes, nach welchem die Strafe zu bemessen ist, sondern auf Grund aller mitverletzten Gesetze auszusprechen.

VIII. Strafbemessung bei Verbrechensmehrheit. Für die Strafbemessung einer wirklichen Verbrechensmehrheit, d. h. für den Fall, in dem durch mehrere selbständige Handlungen mehrere verbrecherische Erfolge hervorgerufen sind, kann man entweder davon ausgehen, daß jedes Verbrechen eine besondere Strafe erfordere (sog. Kumulationsprinzip) oder davon, daß nur die schwerste der verwirkten Strafen erkannt werde (sog. Absorptionsprinzip). Letzteres ist zu verwerfen, da ein Verbrechen nicht deshalb straflos bleiben kann, weil es neben anderen verübt ist. Das Kumulationsprinzip ist aber auch nicht immer durchführbar, z. B. bei Zusammentreffen von Todes- oder lebenslänglicher mit zeitiger Freiheitsstrafe. Selbst da, wo es ausführbar wäre, muß man von ihm Abstand nehmen, weil durch die Häufung der Strafen ihre Schwere wächst, der Verbrecher also dann mehr erleiden würde als die Summe der verwirkten Strafen. Aus diesem Grund modifiziert man das Kumulationsprinzip, indem man die verwirkten Einzelstrafen in eine Gesamtstrafe aufgehen läßt und sich begnügt, diese zu erkennen. Die Gesamtstrafe muß einerseits, um nicht in bloße Absorption überzugehen, größer als die schwerste verwirkte Einzelstrafe, andererseits, um nicht der reinen Kumulation gleichzukommen, kleiner als die Summe der verwirkten Einzelstrafen sein. Hieraus ergibt sich für sie ein Strafrahmen, dessen Minimum die der schwersten Einzelstrafe nächsthöhere Strafgröße und dessen Maximum die auf die nächstniedrige Strafgröße verminderte Summe der verwirkten Einzelstrafen bildet.

Das modifizierte Kumulationsprinzip hat das Strafgesetzbuch bei Zusammentreffen von mehreren zeitigen Zuchthaus-, Gefängnis- oder zeitigen Festungshaftstrafen, sowie von zeitigem Zuchthaus mit Gefängnis oder Festungshaft angenommen (§§ 74 ff. StGB.). Kommen Strafen verschiedener Art zusammen, so bedarf es natürlich zur Bildung der Gesamtstrafe einer Umwandlung in die Art der schwersten verwirkten Einzelstrafe. Um der Gesamtstrafe nicht den Charakter einer zeitigen Strafe zu nehmen, ist das Maximum ihrer Dauer auf 15 Jahre, bei Gefängnis sogar auf nur 10 Jahre beschränkt.

Bei Zusammentreffen anderer als der genannten Strafen hat das Strafgesetzbuch das reine Kumulationsprinzip beibehalten. Dies gilt auch dann, wenn zur Todes- oder lebenslänglichen Strafe noch eine andere Strafe hinzutritt. Auf jede derselben ist besonders zu erkennen, was namentlich im Hinblick auf etwaigen Erlaß der einen Strafe nicht so unpraktisch ist, als es auf den ersten Blick scheint. Ist neben der Festungshaft nur Gefängnis verwirkt, so glaubt man dem Verurteilten den Anspruch auf die custodia honesta nicht nehmen zu sollen und schließt ungerechtfertigterweise die Bildung einer Gesamtstrafe aus. Mehrere Haftstrafen läßt man im Hinblick auf ihre geringe Dauer nicht zu einer Gesamtstrafe vereinigen, was ebensowenig motiviert ist wie die reine Kumulation der Geldstrafen. Denn überall geht mit der Häufung der Strafen die wachsende Schwere Hand in Hand. Dadurch erleidet der Verbrecher tatsächlich mehr, als die Summe der verwirkten Einzelstrafen ausmacht. Nur der Kumulation zeitiger Freiheitsstrafen hat man insofern eine Schranke gezogen, als die Gesamtdauer von Gefängnis und Festungshaft nicht 15 Jahre, die Gesamtdauer mehrerer Haftstrafen nicht 3 Monate übersteigen darf (§§ 75 Abs. 3, 77 Abs. 2 StGB.).

§ 24. Strafumwandlung.

I. Umwandlung einer Freiheitsstrafe in eine Freiheitsstrafe anderer Art. Da bei Zusammentreffen von Gefängnis oder Festungshaft mit Zuchthaus eine Gesamtstrafe gebildet werden soll, bleibt nichts anderes übrig, als Festungshaft und Gefängnis in Zuchthaus umzuwandeln (§ 74 Abs. 2 StGB.). Ein anderer Fall der Verwandlung einer Freiheitsstrafe in eine Freiheitsstrafe anderer Art ergibt sich durch das Herabsinken der Strafe für Versuch und Beihilfe auf ein Viertel des Mindestbetrags der angedrohten Strafe und der gleichzeitigen Unmöglichkeit, auf Zuchthaus unter einem Jahre zu erkennen. An Stelle der Zuchthausstrafe muß dann Gefängnis treten (§ 44 Abs. 4 StGB.).

Da die Strafumwandlung Ersatz einer Strafe durch eine andere von gleichem Wert sein soll, muß eine Gleichung zwischen beiden gesucht werden. Nach gesetzlicher Vorschrift sollen 8 Monate Zuchthaus 12 Monaten Gefängnis und 18 Monaten Festungshaft gleichkommen (§ 21 StGB.). Hiernach beträgt z. B. die Gesamtstrafe, wenn der Täter 2 Jahre Zuchthaus aus § 243 StGB., 1 Jahr Gefängnis aus § 246 StGB. und 3 Jahre Festungshaft aus § 83 Abs. 2 StGB. verwirkt hat, 2 Jahre 1 Monat bis 3 Jahre 11 Monate Zuchthaus.

II. Umwandlung einer Geld- in eine Freiheitsstrafe ist nötig, wenn jene nicht eingetrieben werden kann. Die Geldstrafe wird dann regelmäßig durch Gefängnis ersetzt, durch Haft nur bei Übertretungen und den in erster Linie mit Geldstrafe bedrohten Vergehen (vgl. § 28 Abs. 2 StGB.). Der Maßstab, nach dem die subsidiäre Freiheitsstrafe berechnet wird, ist kein einheitlicher. Bei Verbrechen i. e. S. und Vergehen sollen 3 bis 15 Mark, bei Übertretungen 1—15 Mark einer eintägigen Freiheitsstrafe gleichkommen (§ 29 Abs. 1 StGB.). Demnach beträgt die subsidiäre Freiheitsstrafe für 30 Mark Geldstrafe, wenn sie für ein Vergehen erkannt wird, 2—10 Tage, wenn aber für eine Übertretung

2—30 Tage! Dieses Resultat ließe sich noch rechtfertigen, wenn sie bei einem Vergehen stets von schwererer Art als bei einer Übertretung wäre. Das ist aber, da sie auch bei einem Vergehen unter Umständen in Haft bestehen kann, nicht der Fall. Somit muß der Umwandlungsmaßstab als ein wenig glücklicher bezeichnet werden.

§ 25. Strafanrechnung und Strafaufrechnung.

Der die Strafumwandlung beherrschende Gedanke, einen Ersatz für die zu verhängende Strafe zu schaffen, tritt auch bei zwei weiteren Rechtsinstituten hervor, der Strafanrechnung und der Strafaufrechnung.

I. Die Strafanrechnung umfaßt zwei Fälle: der eine betrifft die im Ausland vollzogene Strafe. Sie muß, wenn dieselbe Tat im Inlande noch einmal zur Aburteilung kommt, in Anrechnung gebracht werden (§ 7 StGB.).

Der andere Fall betrifft die Untersuchungshaft, die ein der Strafe tatsächlich wenig nachstehendes Übel bedeutet (§ 60 StGB.). Trotz aller gesetzlichen Kautelen läßt sich es nicht vermeiden, daß sie bisweilen unverhältnismäßig lange dauert. Deshalb kann sie von der zu verhängenden Strafe ganz oder teilweise abgezogen werden. Dies setzt natürlich voraus, daß ein Abrechnen möglich ist, die verwirkte Strafe also in zeitiger Freiheitsstrafe besteht oder sich, wie die Geldstrafe, in solche verwandeln läßt. Die Untersuchungshaft darf in ihrer ganzen Dauer bei jeder Strafe, selbst bei der Zuchthausstrafe, in Abrechnung kommen. Infolgedessen kann auch der Rest der zu verbüßenden Zuchthausstrafe unter ein Jahr herabsinken, ohne daß er in Gefängnisstrafe umzuwandeln wäre.

Die Anrechnung der Untersuchungshaft ist dem Richter nicht zur unbedingten Pflicht gemacht, weil die Rücksicht auf den Inhaftierten schwindet, wenn letzterer selbst durch unbegründete Einwendungen und Weiterungen die Verlängerung der Untersuchungshaft veranlaßte. Hat er aber nach Rechtskraft des Urteils dem sofortigen Strafantritt kein Hindernis entgegengesetzt, also seinerseits auf ein Rechtsmittel verzichtet oder die Rechtsmittelfrist, ohne solches einzulegen, ablaufen lassen, so darf es ihm nicht zum Schaden gereichen, wenn er nicht gleich einer Gefangenenanstalt überführt wird. Die Untersuchungshaft nach jenem Zeitpunkt muß daher von der zu verbüßenden Strafe unverkürzt abgerechnet werden (§ 482 StPO.).

II. Die Aufrechnung ist die Anrechnung eines Übels infolge eines Gegenanspruchs. Der Täter kann erwarten, daß die ihm zugefügte Verletzung, kraft deren er seinerseits die Bestrafung des Verletzten verlangen könnte, bei der Bemessung seiner Strafe in Ansatz gebracht wird. Die Aufrechnung ist aber nicht bei allen Delikten, sondern nur bei Privatdelikten möglich. Sie ist beschränkt auf Beleidigungen und leichte Körperverletzungen, als auf die alltäglichen Delikte, bei denen die erlittene Kränkung nur zu oft auf der Stelle erwidert wird. Eine derartige Wechselseitigkeit ist denn auch die Bedingung, an welche das positive Recht die Aufrechnung knüpft (§§ 199, 233 StGB.). Macht der Richter von der Möglichkeit, die beiderseitigen Verletzungen aufzurechnen, Gebrauch, so kann er die Strafe mildern oder wegfallen lassen. Hat z. B. der Beklagte für eine leichte Körperverletzung 5 Tage Haft verwirkt, aber selbst eine Beleidigung erfahren, für die 2 Tage Haft am Platze wären, so kann der Richter unter Abrechnung des dem Beklagten zugefügten Übels auf 3 Tage Haft erkennen. Stehen sich nur Beleidigungen einander gegenüber, ist er nicht zur Milderung der Strafe berechtigt und hat nur die Wahl, entweder überhaupt nicht zu kompensieren oder einen oder beide Beleidigte für straffrei zu erklären.

§ 26. Strafausschließung.

Die Strafe wird durch die schuldhafte Begehung der unerlaubten Handlung verwirkt. Aber diese Wirkung schließt der Staat bisweilen aus und läßt keinen Strafanspruch entstehen.

I. Persönliche Strafausschließungsgründe. Die Umstände, die ihn hierzu veranlassen, liegen zum Teil in der Person des Täters und werden deshalb insoweit treffend als persönliche Strafausschließungsgründe bezeichnet. Zu ihnen gehört z. B. die nahe Beziehung des Täters zu dem Eigentümer, infolge deren Diebstahl und Unterschlagung gegen den Deszendenten oder Ehegatten straflos bleiben (§ 247 Abs. 2 StGB.), und die Verwandtschaft mit dem Begünstigten (§ 257 Abs. 2 StGB.). Persönliche Strafausschließungsgründe enthalten auch § 209 StGB., welcher unter Umständen gewissen Teilnehmern am Zweikampf Straffreiheit zusichert, und § 46 StGB., wonach der Rücktritt vom Versuch, § 53 Abs. 3 StGB., wonach der Notwehrexzeß straflos bleibt.

Ein persönlicher Strafausschließungsgrund beseitigt nicht die Existenz des Verbrechens, sondern nur die Wirkung desselben für die Person, bei der er vorliegt. Deshalb ist z. B. der Verleiter zum Gattendiebstahl nicht unmittelbarer Täter, sondern Anstifter.

II. Sachliche Strafausschließungsgründe. Die Strafausschließungsgründe sind zum Teil sachliche und hemmen als solche die Entstehung des Strafanspruchs nicht nur für eine Person, sondern schlechthin. Auch die objektiven Strafausschließungsgründe beruhen auf einer Selbstbeschränkung des Staates, der in manchen Fällen die Strafbarkeit der unerlaubten Handlung durch besondere, außerhalb ihrer selbst liegende Umstände bedingen läßt. Diese Bedingungen der Strafbarkeit sind z. B. die Verbürgung der Gegenseitigkeit (§§ 102 f. StGB.) und das Stattfinden des Zweikampfs (§ 210 StGB.). Solange die Bedingungen der Strafbarkeit nicht erfüllt sind, ist keine Strafverfolgung gegen irgendeinen an der Tat Beteiligten möglich. Immerhin aber beseitigen auch die objektiven Strafausschließungsgründe nur die Folge des Delikts, nicht dieses selbst. Ob ein solches vorliegt, ist ohne jede Rücksicht auf das Vorhandensein oder Fehlen der Bedingungen der Strafbarkeit zu entscheiden. Darum sind diese ohne Einfluß auf die Bestimmung von Ort und Zeit des Delikts. Ihre Kenntnis bedingt nicht die Schuld, ihre Unkenntnis hebt sie nicht auf.

III. Prozeßvoraussetzungen. In diesen Resultaten stimmen die sachlichen Strafausschließungsgründe mit den Prozeßvoraussetzungen überein, die aber von jenen grundverschieden sind und bereits nicht mehr dem materiellen Strafrecht angehören. Ist ein sachlicher oder persönlicher Strafausschließungsgrund vorhanden, so entsteht kein Strafanspruch, das Ausbleiben einer Prozeßvoraussetzung dagegen hindert die Durchführung des bereits entstandenen Strafanspruchs. Der Prozeß muß einen verschiedenen Ausgang nehmen, je nachdem er in Irrtum über einen Strafausschließungsgrund oder über ein Prozeßhemmnis eingeleitet wurde. Fehlt es an einer Prozeßvoraussetzung, so ist das Verfahren einzustellen, aber zu erneuern, sobald sie vorliegt. Stellt sich aber ein Strafausschließungsgrund heraus, so muß der Täter freigesprochen werden, und eine Erneuerung des Prozesses ist grundsätzlich ausgeschlossen.

Zu den Prozeßvoraussetzungen gehört z. B. die Zurechnungsfähigkeit des Täters zur Zeit des Prozesses und — wenigstens nach herrschender Ansicht — die Ehescheidung beim Ehebruch (§ 172 StGB.).

IV. Antrag. Bestritten ist, ob auch der Strafantrag hierhin gerechnet werden kann (§§ 61 ff. StGB.). Durch ihn wird die Bestrafung von dem Willen einer Privatperson abhängig gemacht. Verschiedene Gründe sind es, die hierzu bestimmen können. Soll der Antrag als Kriterium dafür dienen, ob die Handlung vom Verletzten als Verbrechen empfunden wird, wie z. B. die unzüchtige Berührung eines Mädchens, so erscheint er als objektive Bedingung der Strafbarkeit. Dient er dazu, das staatliche Interesse den Wünschen des Verletzten gegenüber zurückzustellen, so ist er zweifellos Prozeßvoraussetzung. Die Fälle, in welchen der erstere Gesichtspunkt prävaliert, sind nicht zahlreich, die anderen überwiegen bei weitem. Darum hat der Gesetzgeber den Antrag ausschließlich als Prozeßvoraussetzung behandelt.

Strafantrag ist die Willenserklärung, mit der das Verlangen nach Bestrafung ausgesprochen wird. Da dies meist in der Strafanzeige liegt, so wird sie regelmäßig als Strafantrag genügen, vorausgesetzt, daß sie von dem Antragsberechtigten ausgeht.

Zur Stellung des Antrags ist der Verletzte, d. i. der Träger des angegriffenen Rechtsguts, berechtigt. Ist dieser geschäftsunfähig, so übt an seiner Stelle der gesetzliche Vertreter (Vater, Mutter, Vormund, Pfleger, Vorstand einer juristischen Person) das Antragsrecht aus. Dem 18 Jahre alten Minderjährigen ist ein selbständiges Antragsrecht verliehen (§ 65 StGB.), so daß sein Recht und das des gesetzlichen Vertreters nebeneinander hergehen. Gleichfalls ist ein besonderes Antragsrecht neben dem Verletzten bei Beleidigungen und auf Antrag zu verfolgenden Körperverletzungen dem Ehegatten (§§ 195, 232 Abs. 3 StGB.) und bei Beleidigungen dem amtlich Vorgesetzten (§ 96 StGB.) gegeben. Jeder Berechtigte kann unabhängig von dem anderen Strafantrag stellen und ist hierin nicht durch den Verzicht des anderen gebunden. Daß für den Berechtigten ein Stellvertreter die Antragserklärung abgeben kann, ist selbstverständlich. Aber es ist auch eine Vertretung in der Ausübung des Antragrechts insoweit möglich, als durch die Stellung des Antrags ein Eingriff in vertretbare Rechte verfolgt wird. Daher kann z. B. der Vermögensverwalter den Strafantrag wegen einer Kreditgefährdung stellen, während er dies wegen Ehrverletzung des Vertretenen nicht vermöchte.

Solange der Antrag gestellt werden kann, aber nicht gestellt ist, bleibt es ungewiß, ob es zum Prozeß kommt. Dieser Zustand darf aber nicht andauern. Daher ist der Antrag an eine Frist gebunden. Sie beträgt 3 Monate von dem Tage ab, an dem der Antragsberechtigte eine die Strafverfolgung ermöglichende Kenntnis von Tat und Täter erhalten hat. Um im Falle eines bereits eingeleiteten Prozesses die Ungewißheit über die Fortdauer desselben auszuschließen, kann der einmal gestellte Antrag grundsätzlich nicht (nur ausnahmsweise in den gesetzlich vorgesehenen Fällen) zurückgenommen werden (§ 64 StGB.).

Die Stellung des Antrags bezweckt die Strafverfolgung wegen der gesamten Tat. Alle Teilnehmer müssen zur Verantwortung gezogen werden. Eine Beschränkung auf einzelne Beteiligte steht dem Antragsberechtigten nicht zu. Sie ist im allgemeinen unbeachtlich, so daß also der wegen einer Person gestellte Antrag zur Verfolgung aller Beteiligten berechtigt (§ 63 StGB.). Sollte jedoch die Beschränkung die Bedeutung einer bedingten Antragstellung haben, so macht sie, weil eine Bedingung dem Antrage nicht zugefügt werden kann, diesen überhaupt hinfällig. Eine nur scheinbare Ausnahme von dem Prinzip der Unteilbarkeit des Antrags besteht für die Fälle, bei welchen das Antragserfordernis wegen der persönlichen Beziehungen des Täters zum Verletzten aufgestellt ist (sog. relative Antragsdelikte). Hier aber ist der Antrag von vornherein nur auf diejenigen Teilnehmer an der Tat zu beschränken, welche in einer besonderen Beziehung zum Verletzten stehen. Wenn daher der Sohn den Vater auf Anstiften eines Freundes bestohlen hat, so ist dieser vor Gericht zu stellen, auch wenn der Sohn mangels Antrags unverfolgt bleibt.

V. Ermächtigung. Verwandt mit dem Antrage ist die Ermächtigung, die auch in einer auf die Bestrafung gerichteten Willenserklärung besteht, aber nicht aus eigener Initiative des Verletzten abgegeben, sondern von der Strafverfolgungsbehörde eingeholt wird. Sie ist nur bei Beleidigung von Bundesfürsten (§ 99 StGB.), Regenten eines Bundesstaates (§ 101 StGB.) und politischen Körperschaften (§ 197 StGB.) vorgesehen und noch entschiedener als der Antrag Prozeßvoraussetzung.

§ 27. Strafaufhebung.

Von den Strafausschließungsgründen unterscheiden sich die Strafaufhebungsgründe dadurch, daß erstere den Strafanspruch überhaupt nicht aufkommen lassen, letztere ihn, nachdem er bereits entstanden ist, wieder beseitigen.

Zu den Strafaufhebungsgründen pflegt man zu rechnen:

I. Tod des Verbrechers. Er bewirkt nicht nur die Vereitelung der Strafvollstreckung, sondern tilgt auch, weil einem Verstorbenen gegenüber Ansprüche nicht bestehen können, den Strafanspruch. Demgemäß fehlt die rechtliche Möglichkeit, ein bei Lebzeiten des Delinquenten rechtskräftig gewordenes Urteil nach dessen Tod zu vollstrecken. Trotzdem kennt das Strafgesetzbuch die Vollstreckung einer Geldstrafe in den Nachlaß (§ 30 StGB.). Aber diese Maßregel, die das Vermögen unschuldiger Erben trifft, kann als Strafe nicht angesehen werden. Man sucht die ungerechtfertigte Bestimmung damit zu begründen, daß man sagt, die Geldstrafe hätte eigentlich im Augenblick der Rechtskraft des Urteils gezahlt werden müssen. Doch ließe sich dies nur hören, wenn es sich um einen Zivil-, nicht um einen Strafanspruch handelte. Als eine anormale Ausnahmebestimmung darf § 30 StGB. keinesfalls auf andere Vermögensstrafen, wie Einziehung, ausgedehnt werden.

Nur der Tod des Verbrechers, nicht Krankheit, selbst nicht unheilbare Geisteskrankheit, heben den Strafanspruch auf. Die Krankheit bewirkt lediglich einen, allerdings unter Umständen dauernden Strafaufschub.

II. Tätige Reue, d. i. die Abwendung des durch das Verbrechen verursachten Schadens. Sie ist jedoch kein allgemeiner Strafaufhebungsgrund und wird nur bei einzelnen

Delikten und in verschiedener Weise verwendet. Es tilgt z. B. bei fahrlässiger falscher Aussage der Widerruf (§ 163 StGB.), bei strafbarer Herausforderung das Abstehen vom Zweikampf (§ 204 StGB.), bei der Brandstiftung das Löschen des Brandes (§ 310 StGB.) die Strafe.

Als tätige Reue bezeichnet man vielfach auch den Rücktritt vom Versuch. Wäre diese Auffassung zutreffend, so verdiente allerdings die tätige Reue zu den allgemeinen Strafaufhebungsgründen gezählt zu werden. Aber sie erfordert begrifflich die Vornahme einer besonderen Tätigkeit. Darum könnte höchstens der Rücktritt vom beendeten Versuche als allgemeiner Strafaufhebungsgrund erscheinen. Doch auch diesen behandelt das positive Recht als Strafausschließungsgrund (vgl. § 46 StGB.).

III. Begnadigung. Die starre Regel des Gesetzes kann die Individualität des Einzelfalls nicht gebührend berücksichtigen. Sie muß auch Handlungen umfassen, für welche die nach ihr verwirkte Strafe zu hart ist. Das Mittel, hier auszugleichen, ist die Gnade, d. i. die Strafaufhebung durch einen aus Billigkeitsgründen gebotenen Verzicht auf die Aufrechterhaltung des Strafanspruchs.

Da der Strafanspruch dem Staat zukommt und im Namen des Staates geltend gemacht wird, kann nur das Staatsoberhaupt begnadigen, also soweit das Reich Strafgerichtsbarkeit besitzt, der Kaiser als Repräsentant der verbündeten Regierungen, außerdem die Landesherren bzw. die Senate der Freien Städte. Die Ausübung des Begnadigungsrechts ist übertragbar. Von dieser Möglichkeit ist namentlich für den Statthalter von Elsaß-Lothringen Gebrauch gemacht (Gesetz vom 4. Juli 1879, Verordnung vom 28. September 1885, 5. November 1894). Das Begnadigungsrecht steht dem Staatsoberhaupt zu, in dessen Landen das erstinstanzliche Gericht liegt. Für die Strafsachen, welche das Reichsgericht in erster Instanz entscheidet, besitzt es der Kaiser.

Unter den Begriff der Begnadigung faßt man drei verschiedene Begnadigungsarten zusammen:

a) Abolition, d. i. Niederschlagung der Strafverfolgung. Sie macht es dem Unschuldigen unmöglich, seine Nichtschuld öffentlich darzutun. Daher ist sie in den meisten Bundesstaaten beschränkt oder gar beseitigt. Dem Kaiser ist sie gänzlich versagt (vgl. den Ausdruck „erkannt hat" in § 484 StPO.).

b) Begnadigung i. e. S., das ist gänzlicher oder teilweiser Erlaß der Strafe. Dieses Recht schließt es in sich, die Strafe in eine mildere zu verwandeln. Selbstverständlich muß sich diese in das positivrechtliche Strafensystem einfügen lassen, darf also nicht der Art oder dem Maße nach davon abweichen. Sind mehrere Strafen verwirkt, kann sich die Begnadigung auf Erlaß einer Strafe beschränken. Auch ist es möglich, nur die Nebenstrafe zu erlassen, z. B. die Aberkennung der bürgerlichen Ehrenrechte (sog. Rehabilitation).

c) Amnestie, d. i. Massenbegnadigung, Niederschlagung und Straferlaß in bezug auf ganze Klassen von Verbrechern, wie sie aus Anlaß allgemeiner festlicher oder politischer Ereignisse, z. B. einer Thronbesteigung, eines Gedenktages, häufig sind. Obwohl in der Amnestie auch eine Abolition liegt, ist diese hier unbedenklich, da sie der persönlichen Beziehungen entkleidet ist.

Nur die Begnadigung i. e. S. ist ein reiner Strafaufhebungsgrund, der das Verbrechen an sich nicht beseitigt und lediglich für die einzelne Person Straffreiheit bewirkt. Abolition und Amnestie dagegen beseitigen zugleich die rechtliche Existenz des Verbrechens, so daß dieses weder für die Bestrafung eines Teilnehmers, noch für die Berechnung des Rückfalls in Betracht kommt.

IV. Verjährung. Auf den ersten Blick ist es auffallend, daß durch bloßen Ablauf einer längeren Zeit der Strafanspruch getilgt wird. Aber dies ist vollkommen gerechtfertigt. Zur Begründung bedarf es keiner Untersuchung über die Anerkennung der Zeit als einer tilgenden Macht. Der Strafanspruch fällt einfach deshalb weg, weil die Bestrafung nach einer längeren Zeit, in der selbst das Andenken an die Tat zurücktritt, ihren Zweck verfehlen würde. Diesem Umstand Rechnung tragend, hebt die Rechtsordnung den lange Zeit tatsächlich nicht realisierten Anspruch gänzlich auf.

Das positive Recht kennt zwei Arten der Verjährung: eine Verjährung der verwirkten und eine Verjährung der erkannten Strafe. Jene nennt man Strafverfolgungs-, diese Strafvollstreckungsverjährung. Noch fehlt eine dritte Art, eine Verjährung der verbüßten

Strafe, um mit der Zeit die Vorstrafen aus dem Strafregister und in allen ihren Wirkungen tilgen zu können.

1. Strafverfolgungsverjährung. Die verwirkte Strafe ist vor dem Urteil eine noch nicht bekannte Größe. Sie kann daher zur Bestimmung der Frist, innerhalb deren sie verjährt, nicht verwendet werden. Darum läßt man das Maximum des Strafrahmens, aus dem sie gebildet wird, entscheiden. Die Verjährungsfristen sind mithin nach der Art des begangenen Delikts geregelt. Es verjähren Verbrechen i. e. S. in 10, 15, 20 Jahren, Vergehen in 3 und 5 Jahren, Übertretungen in 3 Monaten (§ 67 StGB.). Die Schwere der konkreten Straftat bleibt außer Ansatz, was immerhin für die Fälle, in denen sie sich schon vor dem Urteil annähernd bestimmen läßt, zu nicht billigen Resultaten führt. So kann z. B. ein grober Unfug, für den eine mehrwöchige Freiheitsstrafe am Platze wäre, nach Ablauf von 3 Monaten nicht mehr verfolgt werden, während die geringfügigste Beleidigung erst in 5 Jahren verjährt.

Die Verjährungsfrist beginnt mit dem Tag, an welchem die verbrecherische Tätigkeit stattfindet. Auf den Zeitpunkt des Erfolgs kommt es nicht an (§ 67 Abs. 4 StGB.). Deshalb kann, namentlich bei kürzeren Verjährungsfristen, der Erfolg in einer Zeit eintreten, in der das Delikt bereits verjährt ist.

Um eine vorzeitige Verjährung zu hindern, bedarf es einer Unterbrechung derselben. Diese geschieht nicht, wie man erwarten sollte, durch eine Handlung des Strafverfolgungsorgans, sondern des Richters (§ 68 StGB.). Jede richterliche Handlung, welche sich auf die der Tat verdächtige Person bezieht, ist hierzu geeignet, daher z. B. auch der Beschluß auf Einstellung des Verfahrens. Aber Requisitionen, welche erst zur Ermittlung des Täters angestellt werden, vermögen die Verjährung nicht zu unterbrechen. Die Wirkung der Unterbrechung besteht darin, daß die bis dahin abgelaufene Verjährungszeit nicht in Anrechnung kommt, also die Frist von neuem zu laufen beginnt.

Eine andere Wirkung hat die bloße Ruhe der Verjährung (§ 69 StGB.). Eine Ruhe wird durch ein rechtliches Hemmnis des Verfahrens herbeigeführt, z. B. durch das Verbot der Strafverfolgung gemäß § 238 StGB. oder durch die Aussetzung des Verfahrens zur Erledigung einer Vorfrage, wie des Eigentums in dem Diebstahlsprozeß. Sie bewirkt, daß die vor ihr liegende Zeit für die Berechnung der Verjährungsfrist mit herangezogen wird.

Glückte es dem Täter, sich während der unterbrochenen Verjährungsfrist der Strafverfolgung zu entziehen, so bleibt er ein und für allemal vor Verfolgung gesichert; denn der Strafanspruch ist damit erloschen.

2. Strafvollstreckungsverjährung. War der Täter bereits rechtskräftig zu einer Strafe verurteilt, so kann immer noch eine Verjährung der erkannten Strafe eintreten. Aber die Strafvollstreckungsverjährung setzt den Ablauf einer längeren Frist voraus, da durch das Urteil das Andenken an die Tat befestigt wird. Die Frist, welche mit dem Tag der Rechtskraft des Urteils beginnt, stuft sich nach der Höhe der erkannten Strafe ab und schwankt zwischen 2 und 30 Jahren (§ 70 StGB.). Eine jede Strafe verjährt, selbst die Todes- und die lebenslängliche Freiheitsstrafe.

Da jede Strafe verjährt, muß es auch eine Verjährung für den Verweis, die das Gesetz nicht anführt, geben und dieser als mildeste Strafe der kürzesten Verjährungsfrist unterworfen sein. Selbstverständlich können aber der Strafvollstreckungsverjährung nur vollstreckbare Strafen unterliegen. Nebenstrafen, bei denen es keiner Vollstreckung bedarf, weil sie ipso iure eintreten, verlieren ihre Wirksamkeit mit Ablauf der Zeit, für die sie verhängt sind. Im übrigen verjähren die Nebenstrafen mit der Hauptstrafe und demgemäß die neben einer Freiheitsstrafe erkannten Geldstrafen nicht früher als jene (§ 71 StGB.).

Die Strafvollstreckungsverjährung kann nicht ruhen; denn rechtliche Hindernisse der Strafvollstreckung kann es nach der Rechtskraft des Urteils nicht geben. Aber sie kann unterbrochen werden, und zwar durch jede auf die Strafvollstreckung gerichtete Handlung der Strafvollstreckungsbehörde (z. B. durch Vorladung, Festnahme, Steckbrief). Nach der Unterbrechung beginnt der Lauf einer neuen Verjährungsfrist (§ 72 StGB.).

Ist die Frist ohne Unterbrechung abgelaufen, erlischt der Anspruch auf Bestrafung. Also auch die Strafvollstreckungsverjährung enthält einen Strafaufhebungsgrund. Sie beseitigt so wenig wie die Strafverfolgungsverjährung die rechtliche Existenz des Verbrechens.

Besonderer Teil.

Der besondere Teil des Strafrechts dient der Darstellung der einzelnen Verbrechen. Hierzu bedarf es einer sachgemäßen, dem Wesen der Delikte entnommenen Gruppierung. Jedes Verbrechen stellt sich als Angriff auf ein rechtlich geschütztes Interesse, auf ein Rechtsgut dar. Träger des Rechtsguts kann eine einzelne Person oder die Gesamtheit, der Staat, sein. Demgemäß kann man zwei Gruppen von Verbrechen unterscheiden: Verbrechen gegen Rechtsgüter des einzelnen und Verbrechen gegen Rechtsgüter des Staates. Zwischen beiden läßt sich eine Mittelgruppe aufstellen, welche sich aus dem Gegensatz von Allheit und Einheit zur Mehrheit ergibt. Das sind die Verbrechen gegen Rechtsgüter der Gesellschaft.

Erster Abschnitt: Verbrechen gegen Rechtsgüter des einzelnen.

Je nach dem verletzten Rechtsgut unterscheidet man Verbrechen gegen: 1. das Leben, 2. die körperliche Integrität, 3. die Freiheit, 4. die Ehre und 5. das Vermögen.

§ 28. Verbrechen gegen das Leben.

Das Leben als Rechtsgut kommt dem menschlichen Lebewesen von dem Augenblicke ab zu, in dem der Mensch ins Dasein tritt, also nicht vor der Geburt, sondern erst mit dieser. Den Beginn seiner selbständigen Existenz wird man mit dem Beginn der Atmung durch die Lungen anzunehmen haben. Von da ab besteht das Rechtsgut des Lebens bis zum natürlichen oder gesetzlichen Tode, so daß die Tötung eines Sterbenden oder eines zum Tode Verurteilten noch ein Verbrechen gegen das Leben ist.

Jeder Mensch genießt den gleichen Schutz. Nur der Kaiser und der eigene Landesherr des Täters nehmen eine besondere Stellung ein, indem deren Tötung als Hochverrat erscheint (§ 80 StGB.).

Da das Verbrechen ein Eingriff in fremde Rechtsgüter bedeutet, bleibt der Selbstmord und damit auch die Teilnahme an ihm straflos.

I. Mord und Totschlag (§§ 211, 212 StGB.). Die Tötung erscheint nicht als einheitliches Delikt, sondern löst sich in eine Reihe von Tötungsverbrechen auf. Unter ihnen sind die schwersten: Mord und Totschlag (§§ 211, 212 StGB.). Nach heutigem Recht (anders z. B. nach Art. 137 CCC., Art. 146, 151 des bayrischen StGB. von 1813, Art. 135, 140 des österr. StGB.) unterscheiden sich beide nicht durch die Schuldform. Auch der Totschläger muß den Tod seines Opfers vorsätzlich herbeigeführt haben. Sein Vorsatz braucht kein abgeschwächter, indirekter oder eventueller zu sein und kann selbst in Absicht übergehen, ohne daß die Tat den Charakter als Totschlag verliert. Diese wird erst dann zum Mord, wenn sie mit Überlegung ausgeführt wird. Nur die Zeit der Ausführung kommt in Betracht. Es ist daher mit der Annahme des Totschlags sehr wohl verträglich, daß ein überlegter Plan vorausging. Da Mangel an Überlegung und Affekt nicht identisch sind, bietet die Hitze des Zorns kein sicheres Zeichen für die Unüberlegtheit der Tat. Aus demselben Grunde läßt sich aus der Ruhe und dem Gleichmut des Täters kein unbedingt sicherer Schluß auf das Vorhandensein der Überlegung ziehen. Es fehlt überhaupt an genügend zuverlässigen Merkmalen, um die spezifische Denktätigkeit des Mörders konstatieren zu können. Das ist besonders deshalb zu beklagen, weil von der Annahme der Überlegung die Todesstrafe abhängt. Nach positivem Recht begründet die Überlegung den allergrößten Strafunterschied. Dieselbe Tat, die als Mord mit dem Tode bestraft wird, wird bei fehlender Überlegung als Totschlag mit zeitiger Zuchthausstrafe geahndet. Und diese Strafe kann sogar auf 6 Monate Gefängnis herabgesetzt werden, wenn die vorsätzliche Tötung unter mildernden Umständen, namentlich im Zorn auf Provokation hin geschah (§ 213 StGB.). Dies ist gegenüber der absoluten Strafe des Mordes eine um so ungerechtfertigtere Milderung, als gerade in dem provozierten Totschlag der Kern des ursprünglichen Totschlagsbegriffs enthalten ist.

Die verwandtschaftliche Beziehung des Täters zu seinem Opfer, die in unserem älteren und im ausländischen Rechte einen besonderen Qualifikationsgrund abgibt, ist im geltenden Rechte nur nach zwei Richtungen hin von Bedeutung: die Tatsache, daß der Getötete ein Aszendent des Täters ist, bewirkt beim Totschlag eine Strafschärfung (§ 2 5 StGB.); der Vatermord dagegen hat keine Auszeichnung erfahren und macht nicht einmal, wie nach preußischem Recht, die Aberkennung der bürgerlichen Ehrenrechte obligatorisch. Außerdem ist das Verwandtschaftsverhältnis von Bedeutung bei der Kindestötung.

II. Kindestötung. Kindestötung ist die Tötung des neugeborenen Kindes durch die eigene Mutter (§ 2 7 StGB.). Obwohl diese Tat vielfach, ja meist ohne Überlegung geschieht, spricht man nur von Kindesmord; denn die Mutter, die sich an dem neugeborenen Kinde vergreift, will dieses nicht unschädlich machen, sondern geradezu ums Leben bringen. Die vulgäre Bezeichnung „Kindesmord" ist ein deutliches Zeichen dafür, daß unsere heutige Unterscheidung zwischen Mord und Totschlag dem Volksrechtsbewußtsein nicht entspricht. Nach heutigem Rechte gibt es, so sehr es dem Sprachgebrauch zuwider ist, auch einen Kindestotschlag, mit anderen Worten: die Kindestötung umfaßt in gleicher Weise überlegte und nicht überlegte Tötung. Die Überlegung begründet hier also nicht einmal die Anwendung eines besonderen Strafrahmens, und dies läßt es zweifelhaft, ob ihr wirklich eine so schwerwiegende Bedeutung zukommt, wie es nach der Formulierung des heutigen Mordbegriffs zu sein scheint.

Während die Kindestötung von der CCC. (Art. 131) und einigen ausländischen Rechten, z. B. dem französischen (Art. 302 c. p.), als ein besonderes schweres Tötungsverbrechen angesehen wird, nimmt sie in Deutschland seit der Aufklärungszeit eine privilegierte Stellung ein. Der Grund der Milderung, über den man vielfach streitet, liegt nach positivem Recht nicht in dem besonderen Verhältnis der Mutter zum Kinde, auch nicht in der geminderten Zurechnungsfähigkeit, welche man für die Gebärende anzunehmen geneigt ist. Beide Gründe schlagen dem positiven Rechte gegenüber deshalb nicht durch, weil nach ihm die Milderung lediglich der unehelichen Mutter zuteil wird. In Rücksicht hierauf läßt sich die Privilegierung nur auf das der Täterin regelmäßig innewohnende Motiv der Furcht vor Schande zurückführen. Dieser ratio legis muß die Tötung, um als Kindesmord behandelt werden zu können, spätestens gleich nach der Geburt geschehen. Denn der Geburtsakt kann, wenn das Kind bereits längere Zeit gelebt hat, kaum verheimlicht werden. Ist er aber publik geworden, hört die Möglichkeit, Schande zu verbergen, auf.

III. Tötung auf Verlangen. Ein weiteres privilegiertes Tötungsdelikt ist die Tötung auf Verlangen (§ 216 StGB.). Da nur ausdrückliches und ernstliches Verlangen die mildere Strafe dieses Sonderdelikts begründet, bleibt die Tat bei bloßer Einwilligung Mord oder Totschlag. Sie ist Vergehen. In Ermangelung einer Strafbestimmung über Versuch kann dieser nicht geahndet werden, und es fragt sich nur, ob die etwa in dem Versuche enthaltene Körperverletzung Strafe verdient. Dies muß aber verneint werden, weil sonst der Versuch nach einem schwereren Gesetz als die vollendete Tat bestraft werden könnte.

Kindestötung und Tötung auf Verlangen sind neben Mord und Totschlag die einzigen selbständigen Tötungsdelikte. Die Tötung bei Unternehmung einer strafbaren Handlung (§ 214 StGB.) ist also ebenso wie die Aszendententötung nichts weiter als eine Qualifikation des Totschlags.

IV. Fahrlässige Tötung. Alle genannten Tötungsverbrechen erfordern Vorsatz. Bei dem Angriff auf das höchste Rechtsgut ist aber auch mit Recht die Fahrlässigkeit unter Strafe gestellt (§ 222 StGB.). Daß sie die Feststellung des Kausalzusammenhangs zwischen der verbrecherischen Tätigkeit und dem Tod des Opfers nicht entbehrlich macht, versteht sich von selbst. Die leichtsinnigste Hantierung, welche eine tödliche Verwundung herbeiführt, ist keine fahrlässige Tötung, sobald der Verwundete von einem Dritten den Gnadenstoß erhält.

§ 29. Verbrechen gegen die körperliche Integrität.

Unter die Verbrechen gegen die körperliche Integrität fallen zwei Gruppen: Verletzungs- und Gefährdungsdelikte.

a) Verletzungsdelikte.

Zu diesen gehören die Körperverletzungen (§§ 223—226, 230 StGB.). Sie zeigen die gleiche äußere Struktur wie die Tötungsdelikte, unterscheiden sich aber von diesen durch das Ziel des verbrecherischen Angriffs. Da sie eine Kausalkette anbahnen, die stets zum Tod des Opfers hinführen kann, hat das positive Recht nicht nach dem eingetretenen, sondern dem angestrebten Erfolg klassifiziert und die Körperverletzung mit tödlichem Ausgange nicht als Tötung, sondern als schwere Körperverletzung behandelt. Eine Körperverletzung kann auf zweierlei Weise herbeigeführt werden: durch eine Mißhandlung, d. i. Beeinträchtigung der körperlichen Unversehrtheit oder Verursachung körperlichen Mißbehagens und durch eine Gesundheitsbeschädigung, d. i. Hervorrufung eines pathologischen Zustandes. Demgemäß ist Körperverletzung das ekelerregende Anspeien und die Narkotisierung, sowie auch das Zopfabschneiden.

Der Tötung entsprechend wird auch die Körperverletzung als vorsätzliche (§§ 223 ff. StGB.) und als fahrlässige (§ 230 StGB.) geahndet. Die vorsätzliche wird nicht nur durch Modalitäten bei der Begehung der Tat (Gebrauch eines gefährlichen Werkzeugs, hinterlistigen Überfall, gemeinschaftliche Begehung von mehreren, lebensgefährliche Behandlung, grausame oder boshafte Behandlung einer dem Täter anvertrauten jugendlichen oder besonders schutzbedürftigen Person: § 223 a Abs. 1 u. 2 StGB.), sondern vor allem durch die Schwere des Erfolgs qualifiziert (§ 224 StGB.). Auch wenn dieser nicht schuldhaft herbeigeführt ist, tritt erhöhte Strafe, ist er beabsichtigt, besonders schwere Strafe ein (§ 225 StGB.). In Konsequenz der bloßen Erfolgshaftung gilt als schwerster Fall die Körperverletzung mit tödlichem Ausgang (§ 226 StGB.).

b) Gefährdungsdelikte.

Die systematische Stellung der hierhin gerechneten Delikte ergibt sich einerseits daraus, daß das positive Recht Tötungen und Körperverletzungen nach dem verbrecherischen Vorsatz unterscheidet, aber bei den Delikten dieser Gruppe, abgesehen vom Zweikampfe, Tötungsvorsatz ausgeschlossen ist, andererseits daraus, daß der Eintritt einer Verletzung keine Voraussetzung dieser Delikte bildet. Sie sind:

I. Vergiftung (§ 229 StGB.). Das Charakteristische ist die Beibringung von Gift, d. i. ein Stoff, der schon in geringer Menge auf chemisch-dynamischem Wege die Gesundheit zu zerstören vermag. In der Regel scheidet man aus dem Begriff des Gifts die organischen Substanzen aus, so daß die Übertragung von Krankheitserregern (Bazillen) keine Beibringung von Gift sein würde. Aber auch diese Handlung fällt ebenso wie die Beibringung mechanisch wirkender Mittel (z. B. gestoßenen Glases) unter das Strafgesetz. Denn der Gesetzgeber hat dem Gift andere Stoffe, welche die Gesundheit zu zerstören geeignet sind, gleichgestellt. Das Delikt ist mit der Einführung des gefährlichen Stoffs in dem Organismus vollendet. Eine Schädigung braucht nicht verursacht zu sein. Tritt aber ein schwerer Schaden oder der Tod des Verletzten ein, so hat dies eine Erhöhung der Strafe zur Folge.

II. Aussetzung. Aus der Expositio infantium entstanden, bezieht sich das Delikt im geltenden Recht nicht nur auf die wegen Jugend, sondern auch auf die wegen Gebrechlichkeit und Krankheit hilflosen Personen (§ 221 StGB.). Trotz dieser Ausdehnung ist es noch immer zu eng, weil es nicht auf jede hilflose Person Bezug nimmt.

Die Aussetzung kann sich in zwei verschiedenen Tätigkeiten äußern: in einem Versetzen in hilflose Lage, also in einem derartigen Isolieren, daß die Hilfe Dritter abgeschnitten wird, und in einem Verlassen trotz Verpflichtung zur Obhut in einer Zeit, in der auch Dritte nicht helfend eingreifen. Da das Verlassen erst unter der letzteren Voraussetzung strafbar wird, begeht die Mutter, welche ihr Kind auf den Weg legt und sich im nahen Gebüsch verbirgt, noch keine Aussetzung, wenn sie erst weggeht, nachdem ein Vorübergehender es aufgenommen hat.

III. Abtreibung (§§ 218—220 StGB.). Die Frucht, d. h. das menschliche Lebewesen bis zu dem Augenblick der extrauterinalen Atmung kann infolge seiner unselbständigen Existenz nicht Träger eines Rechtsgutes sein. Die Abtreibung muß daher als ein Verbrechen gegen die Schwangere, deren Gesundheit und Leben dadurch aufs Spiel gesetzt wird, erscheinen. Sie umfaßt nicht nur die Bewirkung vorzeitiger Ausstoßung, sondern auch die Tötung im Mutterleib, da gerade auch die letztere Handlung der Schwangeren Gefahr bringt. Die Abtreibung einer bereits abgestorbenen Frucht ist dagegen nicht so sehr Erregung als vielmehr Beseitigung einer Gefahr, kann darum als strafbar nicht erachtet werden. Die Strafe trifft sowohl die Schwangere als auch dritte Personen, die mit und ohne deren Willen die Abtreibung vornehmen.

IV. Zweikampf (§§ 201—210 StGB.). Dieser bedeutet ein Aufsspielsetzen von Leib und Leben und beansprucht deshalb seine systematische Stellung unter den Gefährdungsdelikten. Er setzt ein Kämpfen unter zwei Personen voraus, unter mehreren würde Raufhandel sein. Kämpfen bedeutet ein ernstgemeintes Ringen, ein gegenseitiges Einsetzen von Kraft und Gewandtheit. Daher fällt nicht nur das amerikanische Duell, sondern auch das Scheinduell, bei dem von vornherein vereinbart ist, daß keiner den anderen verletzen soll, außerhalb des Begriffes des Zweikampfes. Aber auch nicht jeder ernstgemeinte Kampf unter zweien gehört hierher. Man verbindet mit der Bezeichnung Zweikampf, für das „Duell" synonym ist, den Gedanken, daß der Kampf nach hergebrachten Regeln stattfindet. Zu diesen gehört der Gebrauch einer Duellwaffe. Solche braucht an sich keine tödliche Waffe zu sein. Das Strafgesetz hat aber, wie aus § 201 hervorgeht, nur den Zweikampf mit tödlichen Waffen unter Strafe gestellt. Demgemäß muß die Duellwaffe zur Beibringung tödlicher Wunden geeignet und bestimmt sein. Die studentischen Schläger haben bei den Schutzmaßregeln, unter denen sie benutzt werden, nicht die Bestimmung, tödliche Verletzungen zuzufügen. Darum erscheinen die Reichsgerichtsentscheidungen, nach welchen die studentische Schlägermensur unter das Gesetz fällt, nicht einwandfrei.

Der Zweikampf ist vollendet, sobald einer der Duellanten von der Waffe Gebrauch gemacht hat. Der Versuch, wie z. B. Zielen nach dem Gegner, ist nicht strafbar. Die Beurteilung der Vorbereitungs- und Teilnahmehandlungen richtet sich nach den allgemeinen Regeln. Aber gewisse Vorbereitungshandlungen (Herausforderung, Annahme §§ 201 f.) und gewisse Teilnahmehandlungen (ein Fall der Beihilfe: Kartelltragen § 203; ein Fall der Anstiftung: Anreizung zum Zweikampf § 210 StGB.) sind als delicta sui generis unter besondere Strafe gestellt.

V. Raufhandel, d. i. der Kampf unter mehreren, insbesondere die Schlägerei (§§ 227 f. StGB.). Selbstverständlich ist jeder Raufhändler für die Verletzung, welche er verursacht, verantwortlich. Aber der Beweis der Täterschaft ist schwer zu führen. Wollte man die Bestrafung von einem strikten Beweis derselben abhängig machen, so müßte man in den meisten Fällen auf sie verzichten. Zur Vermeidung dieser Konsequenz wird schon die bloße schuldhafte Beteiligung am Raufhandel unter der Bedingung gestraft, daß durch ihn eine schwere oder tödliche Verletzung irgendeiner Person bewirkt wurde. Läßt sich der Urheber dieser Verletzung ermitteln, so verfällt er der Strafe der Körperverletzung oder Tötung. Führt die Verletzung auf mehrere Personen zurück, so erhalten diese besondere Strafen, und zwar auch dann, wenn sie nach den allgemeinen Grundsätzen über Ursache und Wirkung nicht als Urheber in Betracht kommen könnten.

§ 30. Verbrechen gegen die persönliche Freiheit.

Die persönliche Freiheit als Rechtsgut ist nicht Freiheit des Willens, sondern der Willensbetätigung. Ein gegen sie gerichtetes Delikt besteht demgemäß entweder in Beschränkung oder in Entziehung der Möglichkeit freier Bewegung.

a) Freiheitsbeschränkung.

Das typische Delikt der Freiheitsbeschränkung ist die Nötigung (§ 240 StGB.). Sie erscheint als Zwang zur Vornahme einer nicht gewollten oder zur Unterlassung einer gewollten Handlung. Zu letzterem gehört auch der Zwang zur Duldung einer Handlung, insofern er angewandt wird, um die Unterlassung des Widerstandes gegen eine Handlung zu erzwingen. Da die Art der erzwungenen Handlung unerheblich ist, fällt nicht nur der Zwang zur Unterlassung einer straflosen Handlung, wie z. B. die gewaltsame Verhinderung des Selbstmordes, sondern sogar der Zwang zur Unterlassung eines Verbrechens unter das Gesetz. Nur wer ein Recht hat, einen anderen vom Verbrechen abzuhalten, begeht kein Delikt, wie z. B. die Polizei und wie Privatpersonen in den Grenzen der Notwehr. Fehlt es an der objektiven Berechtigung, so müßte stets Strafe eintreten. Aber das entspricht dann, wenn man mit der Nötigung, wie bei der Verhinderung eines Selbstmordes oder eines Verbrechens, ein gutes Werk zu tun glaubt, nicht der Billigkeit. Darum hat der Gesetzgeber durch die Hinzufügung des Merkmals der Rechtswidrigkeit die Strafbarkeit auf diejenigen Fälle beschränkt, in welchen der Täter das Bewußtsein der Rechtswidrigkeit besitzt.

Als Mittel der Nötigung dienen sowohl irgendwelche, gegen die Person gerichtete Gewalt als auch Drohung mit einer schwereren und darum als Verbrechen i. e. S. oder Vergehen qualifizierten Rechtsverletzung. Nicht schon mit der Anwendung der Mittel, sondern erst mit dem Eintritt der erzwungenen Handlung oder Unterlassung ist das Delikt vollendet. War daher der Genötigte nicht zu dem gewünschten Verhalten zu bestimmen, so liegt bloßer — strafbarer — Versuch vor. Nahm er die Drohung nicht ernst, so ist der Versuch ein untauglicher und die Strafbarkeit von der Strafwürdigkeit des untauglichen Versuchs überhaupt abhängig. Die bloße Bedrohung an sich ist zwar, sofern mit einem Verbrechen i. e. S. gedroht wird, auch strafbar (§ 241 StGB.), aber kein Freiheitsdelikt.

b) Freiheitsentziehung.

I. Freiheitsberaubung. Zu den Freiheitsentziehungen gehört vor allem die Freiheitsberaubung (§ 239 StGB.). Sie setzt wie jedes Freiheitsdelikt die Verhinderung freier Bewegung voraus und wird in der Regel durch Einsperrung, aber auch durch Fesselung, Betäubung u. dgl. begangen. Gänzliche Unmöglichkeit der Bewegung wird begrifflich nicht gefordert. Auch der Gefangene in seiner Zelle hat noch eine gewisse Bewegungsfreiheit. Aber doch ist er seiner Freiheit beraubt, weil die Bewegungsfreiheit konzentrisch abgeschnitten ist. Auf die Mittel, mit denen der Täter sein Ziel erreichte, kommt es nicht an. Daher liegt in der heimlichen Narkotisierung ebenso Freiheitsberaubung wie in der Betäubung, welche durch einen Schlag auf den Kopf verursacht wird.

II. Menschenraub. Die Freiheitsberaubung ist möglich, ohne daß sich der Täter der Person seines Opfers bemächtigt. Kommt letzteres hinzu, so entsteht das Verbrechen des Menschenraubs (§ 234 StGB.). Die erheblich höhere Strafe, welche alsdann verwirkt ist, würde durch die bloße Bemächtigung noch nicht gerechtfertigt sein. Zu ihr muß hinzukommen: außer der Anwendung eines bestimmten Mittels (List, Drohung, Gewalt) die Verfolgung einer besonderen verbrecherischen Absicht, nämlich der, das Opfer in hilfloser Lage auszusetzen oder in Sklaverei, Leibeigenschaft oder auswärtige Kriegs- oder Schiffsdienste zu bringen. Die Betätigung dieser Absicht genügt; auf die Erreichung des Ziels kommt es nicht an.

Sklavenraub. Sofern der Sklavenraub in der Form des Menschenraubs verübt wird, ist er mit diesem unter Strafe gestellt. Aber auch darüber hinaus wird er nach dem Gesetz über Sklavenraub und Sklavenhandel vom 28. Juli 1895 geahndet.

Kinderraub (§ 235 StGB.). Eine Abart des Menschenraubs ist der sog. Kinderraub. Er setzt als Objekt eine minderjährige Person und als verbrecherische Tätigkeit nicht nur eine Bemächtigung, sondern auch eine Entziehung aus der elterlichen Gewalt voraus, entfällt also bei Einwilligung der Eltern. Die Verfolgung einer bestimmten Absicht, wie Anhalten zum Betteln, ist für das einfache Delikt nicht nötig, qualifiziert dieses aber.

Frauenraub. Auch als eine Abart des Menschenraubs gilt die Entführung einer Frauensperson. Nach positivem Recht erscheint sie in zwei Formen, als Entführung erstens einer Frauensperson gegen deren Willen (§ 236 StGB.) und zweitens einer minderjährigen Frauensperson mit deren Willen, aber ohne Einwilligung des Gewalthabers (§ 237 StGB.).

§ 31. Verbrechen gegen die Ehre.

a) Beleidigung im allgemeinen und einfache Beleidigung (§ 185 StGB.).

Die Ehre als Rechtsgut kann nicht mit dem inneren Wert des Menschen zusammenfallen und kann nur in einer äußeren Wertschätzung bestehen. Man bestimmt sie meist als die Achtung, welche jemand in dem Lebenskreise, dem er angehört, genießt.

Demgemäß ist Beleidigung die Herabsetzung in dieser Achtung. Aber damit kann ihr Begriff nicht erschöpft sein. Wie schon aus dem Wort Beleidigung hervorgeht, muß mit der Herabsetzung dem Träger des Rechtsgutes ein Leid, also ein psychischer Schmerz zugefügt werden. Gehört dieses subjektive Moment zum Begriff der Beleidigung, so muß die Beleidigungsfähigkeit von Personengesamtheiten sowie von Kindern und Geisteskrankheiten, die das beleidigende Wort nicht verstehen, verneint werden.

Daß die einzelnen Angehörigen einer Personengesamtheit beleidigt werden können, versteht sich von selbst. Aber man muß hier mit der Annahme einer Beleidigung nach zwei Richtungen hin vorsichtig sein: bezieht sich das beleidigende Wort auf den ganzen Kreis, so ist von einer Beleidigung keine Rede, wenn dieser nicht festbegrenzt oder so groß ist, daß der einzelne darin verschwindet. Bezieht er sich auf einige Angehörige des Kreises, so können die übrigen höchstens indirekt beleidigt sein. Dazu aber gehört, daß sich der Täter bewußt ist, durch seine Äußerung auch die übrigen zu beleidigen.

Das StGB. kennt nun eine Beleidigung von befreundeten Staaten (§§ 102 f. StGB.) und eine Beleidigung von Behörden und politischen Körperschaften (§§ 196, 197 StGB.). Aber beide Fälle gestatten eine ungezwungene Erklärung, welche den Begriff der Beleidigung in dem angegebenen Sinne unberührt läßt. Bei der Beleidigung befreundeter Staaten ist allerdings an eine bloße Versagung der schuldigen Achtung gedacht, aber es soll damit auch, trotz des gleichen Namens, eine von der Beleidigung als Ehrverletzung verschiedene Tätigkeit unter Strafe gestellt sein.

Was die Beleidigung von Behörden und politischen Körperschaften anlangt, so darf man nicht außer acht lassen, daß das StGB. sie nur gelegentlich bei der Regelung der Antragsbefugnis erwähnt. Es dürfte darum nur einen umfassenden Ausdruck für den Fall haben verwenden wollen, daß Mitglieder der Behörde oder Körperschaft in ihrer Eigenschaft als Angehörige derselben beleidigt sind, um außer den Beleidigten dem Vorstand der Behörde ein Antrags- und der politischen Körperschaft ein Ermächtigungsrecht zu verleihen.

Die Beleidigung kann in verschiedener Form geschehen: durch Worte, Zeichen, Gebärden u. dgl., sog. Verbalinjurie, oder durch Tätlichkeiten, sog. Realinjurie. Der Hauptfall der letzteren war nach früherem Recht der Schlag ins Gesicht. Nach der heutigen, weiten Fassung der Körperverletzung geht diese Handlung regelmäßig in deren Begriff auf und kommt nicht als Beleidigung in Betracht.

Hinsichtlich der Schuldform ist Vorsatz erforderlich und ausreichend. Das positive Recht hat einerseits auf Bestrafung der fahrlässigen Beleidigung verzichtet und fordert andererseits nur Vorsatz, nirgends Beleidigungsabsicht, auch nicht nach § 193 StGB. Wer ein Recht zu einer Äußerung hat, welche an sich eine Nichtachtung bekundet, begeht keine Beleidigung. In § 193 aber hat das StGB. einige Gründe, nach denen die Rechtswidrigkeit entfällt, ausdrücklich aufzuzählen für nötig erachtet, um jeden Zweifel darüber auszuschließen, und um zugleich zu betonen, daß auch dann, wenn die Äußerung dem Inhalte nach nicht rechtswidrig ist, eine Beleidigung in der Form oder den äußeren Umständen liegen kann. So begeht zwar der Vorgesetzte, wenn er dem Untergebenen eine verdiente Rüge erteilt, keine Beleidigung, sollte der Vorbehalt ihm auch eine ersehnte Gelegenheit sein, seine Nichtachtung auszudrücken; wohl aber tut er es, wenn er die Rüge außerhalb des Amtslokals vor Dritten, in ungebührlichen Worten oder mit höhnenden Gebärden erteilt.

b) Üble Nachrede und Verleumdung.

I. Von der einfachen Beleidigung unterscheiden sich üble Nachrede (§ 186 StGB.) und Verleumdung (§ 187 StGB.) wesentlich. Beide werden gestraft, ohne daß der Verletzte das

Leid als solches zu empfinden braucht. Sie setzen die Behauptung oder Verbreitung verächtlich machender oder in der öffentlichen Meinung herabwürdigender Tatsachen voraus, lassen also die abfällige Beurteilung nicht genügen. Untereinander unterscheiden sie sich dadurch, daß die Verleumdung erst bei einer dem Täter bewußten Unwahrheit jener Tatsachen, üble Nachrede aber schon dann vorliegt, wenn die behaupteten Tatsachen nicht bewiesen werden können. Es tritt also sogar Strafe ein, wenn die Äußerung der Wahrheit entspricht. Man soll eben nicht anderen vorsätzlich Böses nachsagen, wenn man es nicht zu beweisen vermag. Gelingt der Beweis, so ist dennoch eine Strafe nach § 185 StGB. verwirkt, wenn die Äußerung in ungehöriger Form geschah.

II. Kreditgefährdung. Mitten in die Bestimmung über die Verleumdung ist die sog. Kreditgefährdung eingeschaltet (§ 187 StGB.), d. i. die Behauptung oder Verbreitung von Tatsachen, welche den Kredit jemandes zu gefährden geeignet sind. Dieses Delikt befindet sich an unrichtiger Stelle, da es kein Verbrechen gegen die Ehre, sondern gegen das Vermögen bildet. Aus diesem Grund versteht es sich von selbst, daß das Objekt desselben auch eine juristische Person sein kann. — Ein der Kreditgefährdung verwandtes, aber bereits klar als Vermögensdelikt bezeichnetes Vergehen enthält § 7 Ges. zur Bekämpfung unlauteren Wettbewerbs vom 27. Mai 1896.

III. Beschimpfung Verstorbener (§ 189 StGB.). Gleichfalls in der äußeren Form eine Art Verleumdung, in Wahrheit aber ein besonderes Delikt ist die Beschimpfung des Andenkens Verstorbener. Daß ein Verstorbener nicht beleidigt werden kann, sollte füglich keinem Zweifel unterliegen. Gewöhnlich nimmt man denn auch an, daß mit der Beschimpfung die überlebenden Angehörigen verletzt werden. Es handelt sich hier um eine Art indirekte Beleidigung. Dies erhellt aus der Tatsache, daß die Beschimpfung nur so lange gestraft werden kann, als Eltern, Kinder oder Ehegatten des Verstorbenen am Leben sind. Lediglich durch zwei Punkte bekommt sie ein besonderes Gepräge: einmal dadurch, daß die Beschimpfung des Verstorbenen immer und ohne weiteres als Beleidigung des nächsten Angehörigen angesehen wird, und ferner dadurch, daß derjenige, auf welchen das beleidigende Wort Bezug hat, bereits verstorben und dies dem Täter bekannt ist. Daß letzterer trotz der Kenntnis Schmähendes sagt, ist besonders nichtswürdig. Darum bezeichnet auch das Gesetz seine Handlung nicht als Beleidigung, sondern als Beschimpfung. Nicht will es damit zum Ausdruck bringen, daß in der äußeren Form eine Roheit zutage treten müsse. Jede verleumderische Äußerung über einen Verstorbenen ist ein Beschimpfen, jede bekundet an sich schon eine Roheit der Gesinnung.

§ 32. Verbrechen gegen das Vermögen.

Die Vermögensdelikte richten sich entweder gegen das Vermögen überhaupt oder speziell gegen Sachen. In ersterer Beziehung sind sie verschieden, je nachdem der Täter sich um eines Vorteils willen oder ohne solche Absicht an fremdem Vermögen verging, in letzterer Beziehung, je nachdem er es auf Aneignung oder Beschädigung von Sachen abgesehen hatte. Wir stellen die zweite Gruppe voran.

A. Verbrechen an Sachen.

a) Aneignungsdelikte.

I. Diebstahl. Die Grundform der Verbrechen gegen fremdes Eigentum ist der Diebstahl. Nach heutigem Recht ist er kein Bereicherungsdelikt und bedeutet die Wegnahme einer fremden beweglichen Sache in der Absicht rechtswidriger Zueignung (§ 242 StGB.).

Objekt des Diebstahls ist eine Sache, kein Recht. Der sog. literarische Diebstahl führt also seine Bezeichnung mit Unrecht. Die Sache muß eine körperliche, d. h. raumerfüllende sein, kann sich aber in beliebigem Aggregatzustand befinden. Verbrauch fremden Leuchtgases ist daher auch Diebstahl. Doch fällt nicht unter den Begriff der Sache eine Kraft, wie Dampf- und Wasserkraft. Ob die Elektrizität als Sache und damit als geeignetes Objekt des Diebstahls oder als Kraft anzusehen ist, bleibt theoretisch eine streitige Frage, deren Entscheidung zunächst nicht der Jurisprudenz, sondern der Naturwissenschaft gebührt. Um die Entziehung der Elektrizität auf jeden Fall ahnden zu können, hat sie das positive Recht durch Gesetz vom 9. April 1900 unter besondere Strafe gestellt. Auf den Tauschwert der Sache kommt es nicht an, aber der Besitzer derselben muß irgendwie, z. B. durch Aufbewahrung, bekunden, daß er auf den Besitz Wert legt.

Als fremde Sache muß diese im fremden Eigentum stehen. Steht sie nicht darin, wie die derelinquierte Sache, das fließende Wasser, das wilde Tier in der Freiheit, so ist Diebstahl unmöglich, wenn auch, wie an jagdbaren Tieren, ein anderes Delikt begangen werden kann.

Die diebische Tätigkeit besteht in der Wegnahme der Sache, d. h. in dem Bruch des fremden und in der Begründung des eigenen Gewahrsams. Mit der Begründung des eigenen Gewahrsams ist der Diebstahl vollendet (Apprehensionstheorie). Gewahrsam ist die tatsächliche Beherrschung der fremden Sache, verbunden mit dem Willen, über sie zu herrschen. Ob die Herrschaft im eigenen oder im fremden Namen ausgeübt wird, ist gleichgültig. Auch der Besitzdiener hat Gewahrsam, aber ohne damit dem Besitzherrn den Gewahrsam zu nehmen (sog. Mitgewahrsam).

Der Diebstahl richtet sich gegen fremden Gewahrsam, aber, da dieser nur im Interesse des fremden Eigentums geschützt wird, auch gegen das Eigentum selbst. Deshalb erfordert sein Begriff, daß die Absicht des Diebes dahin ging, an Stelle des Eigentümers dauernd und ausschließlich über die Sache zu verfügen. Diese Absicht fehlt bei einer Wegnahme, um die Sache zu gebrauchen oder zu zerstören. Besteht jedoch deren Wert für den Eigentümer in einem Verbrauch, wie bei Eßwaren und Schießpulver, so involviert auch die Absicht, sie zu verbrauchen, eine Zueignungsabsicht.

Schwerer Diebstahl. Der einfache Diebstahl ist Vergehen, der schwere Verbrechen. Zu letzterem gehören: 1. der Kirchendiebstahl, d. i. Diebstahl aus einem gottesdienstlichen Gebäude; 2. der Einbruchsdiebstahl, d. i. Diebstahl aus einem Gebäude oder umschlossenen Raum mittelst Einbruchs (= gewaltsamer, aber nach herrschender Ansicht nicht notwendig mit Verletzung der Sachsubstanz verbundener Beseitigung der Hindernisse), Einsteigens (= Benutzung eines ungewöhnlichen Zugangs) oder Erbrechens von Behältnissen (= gewaltsamer Öffnung von verschlossenen, der Aufbewahrung von Sachen dienenden Mobilien, wie Truhen, oder Teilen eines Gebäudes, wie Vorratskammer, Wandschrank). Mittelst einer dieser Tätigkeiten muß aus dem Gebäude gestohlen sein. Mithin begeht derjenige nur einen einfachen Diebstahl, welcher die Kassette mitnimmt und erst außerhalb des Gebäudes erbricht; 3. der Diebstahl mit falschen Schlüsseln, d. i. der Diebstahl mit irgendwelchen zur ordnungsmäßigen Öffnung nicht bestimmten Schlüsseln oder Werkzeugen; 4. der Transportdiebstahl, d. i. Diebstahl an Gegenständen, die per Bahn, Post, Schiff befördert werden sollen; 5. Der Diebstahl mit Waffen; 6. Der Bandendiebstahl; 7. Der Diebstahl zur Nachtzeit (§ 243 Nr. 1—7); 8. der Diebstahl im zweiten Rückfall (§ 244).

Leichter Diebstahl. Als besonders milder Fall des Diebstahls erscheint der sog. Haus- und Familiendiebstahl. Ehegatten und Aszendenten gehen straflos aus; andere Angehörige sowie Lehrlinge und Hausgesinde können, wenn es sich um Objekte unbedeutenden Wertes handelt, nur auf Antrag verfolgt werden (§ 247 StGB.).

II. Unterschlagung (§ 246 StGB.). Vom Diebstahl unterscheidet sich die Unterschlagung lediglich dadurch, daß der Täter bei ihr nicht nötig hat, einen fremden Gewahrsam zu brechen. Regelmäßig besitzt er Gewahrsam schon zur Zeit der Tat. Bisweilen erwirbt er ihn erst mit ihr, wie z. B. bei der Fundunterschlagung. Seine verbrecherische Tätigkeit besteht in der Zueignung der fremden Sache. Die Zueignung kann geschehen, ohne daß sie von anderen wahrnehmbar ist. Aber rechtlich bedeutsam wird sie erst dann, wenn sie nach außen in Erscheinung tritt. Sie kann sich in den verschiedensten Handlungen bekunden, z. B. im Veräußern der fremden Sachen, im Ableugnen ihres Besitzes, im Verpfänden, im Verbrauchen, aber nicht im bloßen Gebrauchen. Weil die Zueignung meist der sie offenbarenden Handlung vorausgeht, ist es schwer, das Gebiet des strafbaren Unterschlagungs versuchs zu bestimmen. Selbst in dem Anbieten zum Verkauf wird nicht immer ein Versuch, sondern vielfach schon eine Vollendung liegen.

Die Unterschlagung ist qualifiziert, wenn die fremde Sache dem Täter anvertraut war (§ 246 StGB.), privilegiert ebenso wie der Diebstahl, wenn sie von Haus- oder Familienangehörigen begangen wurde (§ 247 StGB.).

Diebstahl und Unterschlagung umfassen das ganze Gebiet der widerrechtlichen Anmaßung einer fremden Sache, so daß jede derartige Handlung entweder Diebstahl oder Unterschlagung sein muß.

III. Von beiden heben sich eine Reihe verwandter Delikte ab, die teils Abarten beider, teils eines von ihnen sind:

1. Raub (§ 249 StGB.). Eine Abart des Diebstahls ist der Raub, der ein besonderes Gepräge durch die Mittel der Wegnahme, Gewalt oder gefährliche Drohung, erhält. Es ist gleichgültig, ob diese gegen den Besitzer der Sache oder gegen andere, welche sich der Wegnahme widersetzen, gerichtet sind. Werden sie nicht zum Zweck der Wegnahme, sonder zum Schutz des an der fremden Sache bereits erlangten Gewahrsams angewandt, so entfällt zwar der Begriff des Raubes, es liegt aber ein nicht minder schweres Delikt, sog. räuberischer Diebstahl, vor (§ 252). Weil der Raub im Grunde das Wesen des Diebstahls teilt, sind bei ihm ähnliche und zum Teil dieselben Qualifikationen hervorgehoben: Raub mit Waffen, Bandenraub, Straßenraub, Raub zur Nachtzeit, Raub im ersten Rückfall (§ 250).

Bei Steigerung der Gewaltanwendung treten ebenfalls Straferhöhungen ein, und zwar für den Fall, daß der Täter sein Opfer marterte oder derart behandelte, daß es eine schwere Körperverletzung erlitt oder starb (§ 251).

2. Mundraub. Eine Abart von Diebstahl und Unterschlagung ist der als bloße Übertretung behandelte Mundraub (§ 370 Nr. 5 StGB.). Er setzt die Entwendung von Nahrungs-, Genußmitteln oder anderen Gegenständen des hauswirtschaftlichen Verbrauchs von unbedeutendem Werte oder in geringer Menge voraus. – Die Absicht des Täters muß auf alsbaldigen Verbrauch durch ihn selbst oder einen anderen gerichtet sein.

3. Ebenfalls ist eine leichtere Abart von Diebstahl und Unterschlagung das durch die Novelle vom 19. Juni 1912 geschaffene Delikt des § 248a, wonach in erster Linie Geldstrafe oder nur geringe Gefängnisstrafe denjenigen trifft, der aus Not geringwertige Gegenstände entwendet oder unterschlagen hat. Auch ist die Verfolgung in diesem Fall nur auf Antrag möglich.

4. Ein besonderes Delikt ist der Forst- und Felddiebstahl, dessen Regelung der Landesgesetzgebung überlassen ist (§ 2 EStGB.). Objekt dieser Entwendung sind nur unverarbeitete Bodenerzeugnisse.

5. Weitere Abarten des Diebstahls sind unter anderem der sog. Futterdiebstahl (§ 370 Nr. 6), unbefugte Wegnahme von Erde, Steinen, Rasen usw. (§ 370 Nr. 2 StGB.), Aneignung von verschossener Munition (§ 291 StGB.).

b) Sachbeschädigungen.

In gleicher Weise wie die Eigentumsdelikte haben die Sachbeschädigungen (§§ 303 ff. StGB.) körperliche Sachen zum Gegenstand des Verbrechens. Über den Begriff der Sache gelten hier, abgesehen davon, daß sie unbeweglich sein kann, keine anderen Grundsätze als beim Diebstahl. Insbesondere kommt es nicht auf den Geld- oder Tauschwert an. Was den Sachbeschädigungen ein eigentümliches Gepräge gibt, ist die Art der verbrecherischen Tätigkeit, die in Beschädigung oder Zerstörung besteht. Eine solche Tätigkeit läuft nun bei vielen Delikten mit unter, namentlich bei denen, welche mit Gewalt an Sachen begangen werden. Soweit dies der Fall ist, kommt die Sachbeschädigung nicht besonders in Betracht. Sie ist mithin ein Aushilfsdelikt, das nur so weit reicht, als es nicht in einem anderen Delikt aufgeht.

Die eventuell bis zur Zerstörung sich steigernde Beschädigung besteht in der Beeinträchtigung der Unversehrtheit einer Sache. Demnach ist das Fliegenlassen einer fremden Drossel keine Sachbeschädigung.

Die Art der beschädigten Sache ist im allgemeinen gleichgültig. Sie wird nur nach zwei Richtungen von Bedeutung. Einmal ist die Zerstörung von Bauwerken (§ 305 StGB.), sodann die Beschädigung von Sachen, welche der Allgemeinheit dienen, wie gottesdienstliche Gegenstände, Denkmäler, Verschönerungsanlagen, unter besondere Strafe gestellt (§ 304 StGB.).

In letzterem Falle ist zugleich der Hauptgrundsatz der Sachbeschädigung, daß sie sich gegen fremdes Eigentum richten muß, verlassen. Es kann sich also der Gärtner, der von seinen eigenen Blumen, mit denen die Beete der städtischen Anlagen bepflanzt sind, eine abschneidet, der Sachbeschädigung schuldig machen.

B. Verbrechen am Vermögen überhaupt.

a) Bereicherungsdelikte.

Die unter dieser Gruppe vereinigten Delikte charakterisieren sich durch die Absicht des Täters, sich auf fremde Kosten einen Vorteil zu verschaffen. Hierhin gehören:

I. Erpressung, d. i. Nötigung in Bereicherungsabsicht (§ 253 StGB.). Die verbrecherische Tätigkeit ist also mit Anwendung eines Zwangs verbunden. Insofern ähneln die Begehungsmittel denen des Raubes. Sind sie die gleichen, so wird die Erpressung wie Raub gestraft (§ 255 StGB.). Der Zwang richtet sich gegen den Genötigten zum Zweck der Erlangung eines Vermögensvorteils, auf welchen der Täter kein Recht hat, den er mithin nicht klageweise fordern und den der irrtümlich Gewährende zurückverlangen kann. Glaubt der Täter an sein gutes Recht, während er keinen Anspruch besitzt, so handelt er zwar objektiv rechtswidrig, begeht aber kein Delikt; denn dazu gehört positiv-rechtlich das Bewußtsein der Rechtswidrigkeit. Obwohl die Erpressung dessen ausdrückliche Feststellung erfordert, ist sie noch zu weit gefaßt und ermöglicht die Bestrafung in den Fällen, in denen eine Strafe dem Rechtsgefühl zuwider ist.

II. Betrug, d. i. die in Bereicherungsabsicht und durch Täuschung verübte Vermögensbeschädigung (§ 263 StGB.).

Beschädigt ist das Vermögen, wenn dessen gesamter Geldwert infolge der betrügerischen Handlung gesunken ist. Darum liegt kein Betrug vor, wenn der Getäuschte statt der bestellten eine für ihn gleichwertige andere Ware erhält. Das Äquivalent muß natürlich zugleich mit der betrügerischen Handlung gegeben werden. Späterer Ersatz macht die einmal erfolgte Schädigung nicht ungeschehen.

Vermögensbeschädigung ist auf verschiedenste Weise denkbar; nur dann, wenn sie durch Täuschung (des Geschädigten oder eines Dritten) herbeigeführt wird, entsteht ein Betrug. Täuschung ist die Erregung oder Unterhaltung eines Irrtums. Nicht jede Erregung oder Unterhaltung eines Irrtums begründet die Annahme des Betruges. Der Irrtum darf nicht durch ein bloßes subjektives Urteil des Täters, sondern muß durch Angabe von Tatsachen hervorgerufen sein. Man ist noch nicht betrogen, wenn man schlechte Ware gekauft hat, die der Verkäufer als vorzüglich anpries, wohl aber, wenn man durch die Behauptung günstiger Versuchsresultate, die sich als erdichtet erweisen, zum Kampf bestimmt wurde.

Es genügt nicht, daß die falsche Tatsache als der Wahrheit entsprechend hingestellt wird. Sie muß als wahr vorgespiegelt, d. h. es muß ihr durch besondere Manipulationen der Schein der Wahrheit zu verleihen versucht sein. Wahre Tatsachen werden verfälscht durch Entstellung. Wie nun der positiven Handlung die Unterlassung gleichzuachten ist, so kann auch durch Unterdrückung wahrer Tatsachen ein Irrtum erregt werden. Aber dann muß analog dem sonst bei der Unterlassung geltenden Grundsatze eine Rechtspflicht zur Offenbarung der Wahrheit bestehen.

Die Vermögensbeschädigung muß durch die Täuschung hervorgerufen, diese also gerade das Mittel zu jener sein. Wer dem unbequemen Bettler, auch wenn er dessen auf Mitleid berechneten erlogenen Angaben glaubt, nur zu dem Zwecke etwas gibt, um ihn loszuwerden, ist nicht betrogen.

Als Bereicherungsdelikt setzt der Betrug die Erstrebung eines rechtswidrigen Vermögensvorteils voraus. Darum ist in subjektiver Hinsicht erforderlich, daß der Täter das Bewußtsein nicht nur der Täuschung und der Vermögensbeschädigung, sondern auch der Rechtswidrigkeit des begehrten Vermögensvorteils besitzt.

Der Betrug wird zu einem bloßen Antragsdelikt, wenn er gegen Angehörige, Vormünder oder Erzieher begangen ist (§ 263 Abs. 4 StGB.). Seine Verübung im zweiten Rückfall begründet erhöhte Strafe (§ 264 StGB.). Eine eigenartige und besonders milde Form nimmt er in dem Fall an, in dem der Täter aus Not sich oder einem Dritten geringwertige Gegenstände zum Schaden eines anderen durch Täuschung verschaffte (§ 264 a).

Als eine Abart des Betrugs behandelt das positive Recht den sog. Versicherungsbetrug, d. i. Brandstiftung, um die Feuerversicherungssumme, oder Vernichtung eines Schiffes, um die Seeversicherungssumme zu gewinnen (§ 265 StGB.).

III. Ausbeutung. Die Bereicherungsabsicht, welche Erpressung und Betrug charakterisieren, steigert sich zur gewinnsüchtigen Absicht bei der strafbaren Ausbeutung. Diese ist im Gegensatz zum Betruge eine offene Überlistung, die aber nach außen hin durch den Zwang der Verhältnisse, in denen sich das Opfer befindet, verdeckt wird.

Sie erscheint gegenwärtig in der Gestalt verschiedener Delikte, während das StGB. ursprünglich nur die Ausbeutung Minderjähriger kannte. Dieses Deliktes macht sich derjenige schuldig, welcher einen Minderjährigen als leichtsinnig und unerfahren kennt und diese Eigenschaften ausnutzt, indem er sich — namentlich gelegentlich eines Darlehns — unangemessene Vorteile durch Schuldscheine, Wechsel u. dgl. oder auch nur mündlich durch Zahlungsversprechen zusichern läßt (§ 301 StGB.). Hat er sich das Versprechen, um den Minderjährigen in seinem Gewissen stärker zu binden, besonders beteuern lassen, erhält er erhöhte Strafe (§ 302 StGB.).

Wucher. Erst seit 1880 ist der Wucher wieder strafbar. Nunmehr nimmt er die Hauptstelle unter den Ausbeutungsdelikten ein. Nach positivem Recht ist er als Geld- oder Kredit- und als Geschäfts- oder Sachwucher strafbar. Geldwucher (§§ 302 a ff. StGB.) ist der Wucher in bezug auf Rechtsgeschäfte, wie Darlehen, Stundung, durch welche dem in Geldverlegenheit Befindlichen zwar Geld verschafft oder eine Geldausgabe erspart wird, aber zu unverhältnismäßigem Preise, sofern dies unter Ausbeutung der Notlage, des Leichtsinns oder der Unerfahrenheit geschieht. Der Täter muß also die prekäre Lage des Übervorteilten kennen und gerade aus ihr seinen Vorteil zu gewinnen suchen. Ob der Preis ein unverhältnismäßig hoher und die vom Schuldner versprochene Leistung ungleich wertvoller als die Leistung des Gläubigers ist, kann nur nach dem Standpunkt des letzteren beurteilt werden, so daß einem unsicheren Schuldner gegenüber ein besonders hoher Zinsfuß als Prämie für das übernommene Risiko noch keinen Wucher begründet.

Der Geldwucher ist unter anderem qualifiziert, wenn er gewerbs- oder gewohnheitsmäßig betrieben wird (§ 302 d StGB.).

Überhaupt erst bei Vorliegen eines dieser beiden letzteren Momente strafbar ist der Geschäfts- oder Sachwucher (§ 302 e StGB.). Derselbe kann sich als Vieh-, Land-, Warenwucher darstellen und unterscheidet sich vom Geldwucher dadurch, daß der Wucherer sich nicht eine Geld-, sondern eine andere Leistung, welche in auffallendem Mißverhältnisse zu seiner eigenen Leistung steht, versprechen oder gewähren läßt.

IV. Die bisher angeführten Bereicherungsdelikte charakterisieren sich durch das eigentümliche Mittel, durch das die Bereicherung erstrebt wird. Eine andere Gruppe wird gebildet durch die Gelegenheit, bei der die Bereicherungsabsicht verwirklicht werden soll. Die hierher gehörigen Delikte sind Hehlerei und Partiererei.

Hehlerei ist Begünstigung in Bereicherungsabsicht (§ 258 StGB.). Die Begünstigung selbst ist ein Sonderdelikt (§ 257 StGB.), bei dem eine Bereicherung nicht erstrebt zu sein braucht. Sie ist ein Helfen nach der Tat, entweder im Interesse des Täters, um ihn der Bestrafung zu entziehen (persönliche Begünstigung), oder im Interesse der Tat selbst, um ihm die Vorteile des Verbrechens zu sichern (sachliche Begünstigung).

Sachhehlerei. Mit der Hehlerei hat nur den Namen gemeinsam die Sachhehlerei oder Partiererei (§ 259 StGB.). Während jene die verbrecherische Tat verdeckt, dient sie der Aufrechterhaltung des rechtswidrigen Zustandes. Sie erschwert die Wiederherstellung der Vermögenslage des Beschädigten. In dieser Erschwerung liegt ihr Wesen. Denn die Tätigkeit des Partierers besteht darin, daß er die von anderen durch eine strafbare Handlung erlangten Sachen verheimlicht, an sich bringt oder zu deren Absatz mitwirkt. Beweist er, daß er von dem strafbaren Erwerb der Sachen nichts wußte, kann er nicht bestraft werden. Wußte er darum, so kann er es nur dann, wenn sich seine Tätigkeit gerade auf diejenigen Sachen bezog, welche mittels der strafbaren Handlung erlangt sind, darum nicht, wenn er Sachen an sich nahm, die an deren Stelle traten, wie z. B. das Geld für den erschwindelten Anzug. Bloße Veränderungen an den Sachen heben dagegen die Identität nicht auf.

Die Partiererei ist ein Vergehen an fremdem Vermögen, das wie die übrigen Bereicherungsdelikte um eines Vorteils willen begangen wird. Der erstrebte Vorteil braucht aber hier kein Vermögensvorteil zu sein und kann in jeder „rechtlich ins Gewicht fallenden Verbesserung der Lage" (Frank), nach herrschender Meinung auch in anderem, selbst in einem sinnlichen Genusse bestehen.

b) Nichtbereicherungsdelikte.

Bei einer Reihe von Delikten gegen das fremde Vermögen ist wenigstens in ihren Grundformen von dem Erfordernis der eigennützigen Absicht abgesehen, obwohl sie tatsächlich nicht selten gerade deshalb geschehen, um sich auf fremde Kosten zu bereichern.

I. Zu ihnen gehört namentlich eine Gruppe von Handlungen, mit welchen der Täter fremde Forderungsrechte schädigt, indem er das bei einem Geschäftsabschluß in ihn gesetzte Vertrauen täuscht.

1. Das typische Verbrechen hierfür ist die Untreue (§ 266 StGB.). Sie ist Vermögensbeschädigung innerhalb eines Vertrauensverhältnisses, das die obligatorische Pflicht zur Wahrnehmung fremder Vermögensinteressen auferlegt. Bereicherungsabsicht wird für das einfache Delikt nicht vorausgesetzt, qualifiziert es aber. Die Art der Vertrauensstellung, in der sich der Täter befindet, ist nicht gleichgültig. Das Strafgesetzbuch hat in kasuistischer Weise eine Reihe einzelner Kategorien aufgezählt. Mehrere Nebengesetze fügen noch andere hinzu, so z. B. die Gesetze über eingeschriebene Hilfskassen (§ 34 Ges. vom 7. April 1876 bzw. 1. Juni 1884), Krankenversicherung (§ 42 Ges. vom 10. April 1892), Invalidenversicherung (§ 93 Ges. vom 13. Juli 1899), Hypothekenbanken (§ 36 Ges. vom 13. Juli 1899). In modifizierter Weise enthalten das Delikt: § 312 HGB. vom 10. Mai 1897, § 110 Ges. über Privatversicherungsunternehmungen vom 12. Mai 1901, § 146 Ges., betr. Erwerbs- und Wirtschaftsgenossenschaften vom 1. Mai 1889 bzw. 20. Mai 1898 und der § 95 des Börsengesetzes vom 27. Mai 1909.

2. Bankbruch und ähnliche Delikte. Verwandt mit der Untreue ist der Bankbruch, d. i. die Vermögensbeschädigung durch Handlungen, welche in grellem Widerspruch zu dem Vertrauen stehen, das die persönlichen Gläubiger eines Schuldners diesem entgegenbringen. Eine Vermögensbeschädigung, nicht nur Vermögensgefährdung, tritt für die Gläubiger ein, sobald der Schuldner seine Zahlungen eingestellt hat und nachher Konkurs macht oder ohne vorausgehende Zahlungseinstellung in Konkurs gerät. Auf die Zahlungseinstellung oder die Konkurseröffnung brauchen die Handlungen, durch welche das Vertrauen der Gläubiger getäuscht wurde, nicht unmittelbar eingewirkt zu haben. Es genügt für die Bestrafung das Zusammentreffen von einer der beiden schadenbringenden Situationen mit jenen Handlungen. Tritt in letzteren nur Leichtsinn zutage, so liegt ein einfacher strafbarer Bankbruch vor (§ 240 KO.), erhellt aus ihnen die Absicht, die Gläubiger zu benachteiligen, so liegt betrügerischer Bankbruch vor (§ 239 KO.).

Da die Begünstigung einzelner Gläubiger eine Benachteiligung der übrigen zur Folge hat, involviert auch sie einen Mißbrauch des in den Schuldner gesetzten Vertrauens und ist darum strafbar (§ 241 KO.).

Der Schuldner hat im allgemeinen nicht die Pflicht, Antrag auf Konkurseröffnung zu stellen. Doch werden wegen nicht rechtzeitiger Stellung des Konkursantrages die Leiter und die Liquidatoren von einzelnen Erwerbsgesellschaften gestraft, so von Aktiengesellschaften, Kommanditgesellschaften auf Aktien, Erwerbs- und Wirtschaftsgenossenschaften, Gesellschaften mit beschränkter Haftung u. dgl.

II. Verletzung anderer Rechte. Forderungsrechte sind die allgemeinsten, aber nicht die einzigen Rechte, in denen das Vermögen einer Person bestehen kann. Weitere Vermögensdelikte können an Okkupations- und sog. Individualrechten begangen werden.

1. Zu den Verbrechen gegen Okkupationsrechte gehört die unbefugte Jagdausübung (§§ 292—295 StGB.). Die Tatsache des unbefugten Jagens macht schon

allein strafbar. Es kommt nicht darauf an, daß der Täter die Absicht hatte, sich das Wild anzueignen. Demnach ist der Ausdruck „Wilddieberei" irreführend und jedenfalls dem positiven Recht gegenüber nicht entsprechend.

Gleiche Grundsätze gelten von dem unberechtigten Fischen und Krebsen (§§ 296, 296 a, 370 Nr. 4 StGB.).

2. Die Verbrechen gegen Individualrechte sind vor allem die Delikte, mit welchen das Urheber- und Erfinderrecht verletzt wird, wie unbefugter Nachdruck, Verbreitung von Nachdruckexemplaren, unbefugte Aufführung von musikalischen oder dramatischen Werken (Ges. betr. das Urheberrecht vom 19. Juni 1901), unbefugte Nachbildung und Verbreitung von Photographien, Modellen usw. (Ges. vom 9. Januar 1907), unbefugte Benutzung einer patentierten oder in die Gebrauchsmusterrolle eingetragenen Erfindung (Patentgesetz vom 7. April 1891, Musterschutzgesetz vom 1. Juni 1891), unbefugter Gebrauch von Fabrik- und Warenzeichen (Warenbezeichnungsgesetz vom 12. Mai 1894) sowie die Vergehungen gegen das Verlagsrecht (Ges. vom 19. Juni 1901).

Gleichfalls ein Delikt gegen ein Individualrecht ist der unlautere Wettbewerb, d. i. die mit unlauteren Mitteln durch Kundenfang bewirkte ökonomische Schädigung eines Geschäftsmannes (Gesetz zur Bekämpfung unlauteren Wettbewerbs vom 7. Juni 1909). Nur zum Teil geht in diesem Delikt der Verrat von Geschäftsgeheimnissen (§ 9 des angeführten Gesetzes vom 27. Mai 1896) auf. Der Verrat von Betriebsgeheimnissen ist nach verschiedenen Gesetzen strafbar (z. B. nach §§ 150, 151 Gewerbeunfallversicherungsgesetz vom 5. Juli 1900, § 145 a der Gewerbeordnung vom 30. Juni 1900, § 14 Ges. vom 24. Mai 1901, § 27 des Weingesetzes vom 7. April 1909).

Zweiter Abschnitt: Verbrechen gegen Rechtsgüter der Gesellschaft.

Die Gesellschaft beruht auf Familien. Sie verlangt Schutz ihrer Sitten und ihrer Religion, ungestörte Betätigung und Sicherung ihres Verkehrs durch Garantien für die Wahrheit der Verkehrsbeglaubigungsmittel. Demgemäß ergeben sich zunächst fünf Verbrechensgruppen: 1. Verbrechen gegen die Familie, 2. Sittlichkeitsdelikte, 3. Religionsverbrechen, 4. Friedensstörungen, 5. Verbrechen gegen Treu und Glauben im Verkehr. Eine sechste Gruppe bilden die gemeingefährlichen Verbrechen als Delikte gegen Rechtsgüter unbegrenzter Kreise von Personen.

§ 33. Verbrechen gegen die Familie.

I. Personenstandsdelikte (§ 169 StGB.). Die Zugehörigkeit einer Person zu einer bestimmten Familie nennt man Personenstand. Dieser ist kein Rechtsgut des einzelnen und von dessen Existenz unabhängig. Er umfaßt darum auch das rechtliche Verhältnis, in dem ein Verstorbener zu einer Familie stand. Ein totgeborenes Kind hat aber nie Persönlichkeit besessen und nie in einem rechtlichen Verhältnis zu einer Familie gestanden. Deshalb wird man ihm gegenüber einen Personenstand und die Annahme eines Delikts verneinen müssen.

Eine Verletzung des Personenstandes ist durch dessen Veränderung und Unterdrückung, insbesondere durch Kindesunterschiebung oder -verwechselung, zu begehen möglich. An sich ist es gleichgültig, ob sich die Handlungen gegen den eigenen oder einen fremden Personenstand richten. Das positive Recht hat aber auf eine Bestrafung in ersterer Beziehung verzichtet. Wer sich einen falschen Namen beilegt, begeht noch nichts Strafbares, und wer den Namen einer anderen Person annimmt, nur dann, wenn er den Anschein erwecken will, als sei er gerade diese andere Person. Hatte die Täuschung keinen Erfolg, so liegt ein — allerdings strafbarer — Versuch vor.

Das Delikt ist qualifiziert, wenn es in gewinnsüchtiger Absicht verübt wurde.

II. Ehedelikte. Die Ehe als Grundlage der Familie genießt einen besonderen Schutz, der sich sowohl auf die Eingehung als auch auf den Bestand derselben erstreckt.

Nach ersterer Richtung ist strafbar die arglistige Eheerschleichung durch Verschweigung eines Ehehindernisses oder durch Täuschung (§ 170 StGB.).

Der Bestand der Ehe wird in formeller und in materieller Beziehung geschützt, in formeller durch Bestrafung der Bigamie (§ 171 StGB.), in materieller durch Bestrafung des Ehebruchs (§ 172 StGB.).

Die Schließung der Doppelehe geschieht durch standesamtlichen Akt und ist darum ohne Rücksicht auf den Vollzug der copula carnalis strafbar. Anders beim Ehebruch, dessen Strafwürdigkeit gerade in der geschlechtlichen Verbindung mit dem rechtmäßigen Gatten einer fremden Ehe besteht. Die Rechtmäßigkeit fehlt sowohl dem Gatten einer materiell nichtigen als auch dem einer formell ungültigen Ehe. In beiden Fällen ist strafbarer Ehebruch unmöglich. Der Ehebruch wird nicht nur an dem Ehegatten, welcher die eigene Ehe verletzt, sondern auch an dem Dritten, welcher in eine fremde Ehe eingreift, geahndet. Vollendet ist er bereits mit der geschlechtlichen Vereinigung. Doch ist seine Strafbarkeit an die Bedingung geknüpft, daß wegen desselben die Ehe geschieden ist. Handelt es sich um doppelseitigen Ehebruch, genügt die Scheidung einer der beiden Ehen.

§ 34. Verbrechen gegen die Sittlichkeit.

Bei Doppelehe und Ehebruch prävaliert trotz ihrer gesetzlichen Einreihung unter die Sittlichkeitsdelikte die Mißachtung der Heiligkeit der Ehe. Die übrigen Delikte, welche in dem umfangreichen dritten Abschnitt des Strafgesetzbuches untergebracht sind, erhalten dagegen vornehmlich ihren Charakter durch das Unsittliche, das in ihnen liegt.

Man hat wohl die Berechtigung der Sittlichkeit als eines selbständigen Rechtsguts bezweifelt. Aber sehr zu Unrecht. Denn Lebenserscheinungen verdienen zu Rechtsgütern erhoben zu werden, wenn das Staatsinteresse die Umkleidung mit strafrechtlichen Normen erfordert. Dies ist aber wenigstens hinsichtlich der gröbsten unsittlichen Handlungen deshalb der Fall, weil der Staat die moralische Gesundheit seiner Untertanen, um deren Leistungsfähigkeit zu erhalten, vor unsittlichen Einflüssen bewahren und im Interesse der eigenen Selbsterhaltung verhindern muß, daß diejenigen sittlichen Anschauungen, welche seine Grundlage bilden, eine wesentliche Änderung erfahren. Mit dem Staatsinteresse geht Hand in Hand das Interesse der Gesellschaft, welche einen Anspruch darauf hat, daß ihre Sitten respektiert und ihr Sittlichkeitsbewußtsein nicht durch unsittliche Handlungen verletzt wird.

Trotz des unsittlichen Charakters enthalten eine Reihe von Sittlichkeitsdelikten zugleich einen Angriff auf andere Rechtsgüter. Das sind besonders diejenigen Delikte, bei denen die geschlechtliche Betätigung außerhalb der Grenzen erfolgt, welche der Staat hierfür gezogen hat, nämlich: Inzest (§ 173 StGB.), Unzucht unter Mißbrauch des Autoritätsverhältnisses (§ 174), widernatürliche Unzucht (§ 175), gewaltsame Unzucht sowie unfreiwillige Schwächung und Unzucht mit Jugendlichen (§§ 176, 178), Notzucht (§§ 177 f.), Erschleichung des Beischlafs (§ 179), Verführung eines noch nicht sechzehnjährigen Mädchens (§ 182). Auch die widernatürliche Unzucht gehört zu den Delikten, welche sich nicht in der Verletzung der Sittlichkeit erschöpfen. Sie gefährdet die körperliche Gesundheit von Verführer und Verführten, da sie den Erwerb der Kontrasexualität, d. i. der pathologischen bzw. anormalen Sexualität, anbahnt. Ihre ungehinderte Ausübung ist geeignet, eine epidemische Verbreitung der Homosexualität herbeizuführen und in dem Maße, in dem sich mit ihr die Kontrasexualität verbreitet, besonders schwere soziale Schädigungen zu verursachen.

Auch die schwere Kuppelei (§ 181 StGB.), namentlich soweit sie von Autoritätspersonen oder Ehegatten geübt wird, und die Zuhälterei (§ 181 a StGB.) sind keine Verbrechen, die lediglich um der Unsittlichkeit willen geahndet werden. Dagegen wird in der einfachen Kuppelei (§ 180 StGB.) nur eine in besonders widerwärtiger Form hervortretende Vorschubleistung zur Unzucht bestraft.

Bloße Vergehungen gegen die Sittlichkeit sind Erregung öffentlichen Ärgernisses (§ 183), öffentliche unzüchtige Ankündigung und Darbietung von Unzuchtsgegenständen, insbesondere Unzuchtsschriften und -abbildungen (§ 184 Nr. 1, 3, 4), Mitteilungen aus einem Prozeß, in dem wegen Gefährdung der Sittlichkeit die Öffentlichkeit ausgeschlossen war (§ 184 b). Auch die private Darbietung von Unzuchtsschriften usw. ist strafbar, wenn sie an Personen unter 16 Jahren geschieht (§ 184 Nr. 2) und solchen Personen gegenüber sogar die Anbietung und Überlassung von Schriften, welche, ohne unzüchtig zu sein, das Schamgefühl gröblich verletzen (§ 184 a).

§ 35. Religionsverbrechen.

Neben den gleichen sittlichen, verbinden die gleichen religiösen Anschauungen zu Gemeinschaften. Aber so wenig der Staat jede Sitte, kann er jede Religion gutheißen. Grundsätzlich verleiht er seinen Schutz nur den von ihm anerkannten Religionsgesellschaften. Andere, die sich in seinem Gebiet bilden und von ihm geduldet werden, schützt er lediglich in ihrem höchsten Gut, d. i. in ihrem Gottesbegriff und in der äußeren Möglichkeit, den Gottesdienst auszuüben.

I. Verbrechen gegen tatsächlich bestehende Religionsgesellschaften. Dahin gehört die Gotteslästerung (§ 166 StGB.). Sie ist ein Delikt, das sich gegen jede im Staat geduldete Religionsgesellschaft richten kann. Sie ist selbstverständlich kein Verbrechen gegen Gott selbst, dessen Unverletzlichkeit schon aus seinem Wesen folgt, sondern gegen die Religionsgesellschaft in ihrer Vorstellung, die sich sie von Gott macht. Deren Gottesbegriff ist der Maßstab für das Vorliegen einer Gotteslästerung. So weit derselbe reicht, so weit ist das Delikt möglich, darum einer christlichen Kirche gegenüber auch durch Beschimpfung von Christus als Gottessohn. Die verbrecherische Tätigkeit äußert sich in Lästern durch Schmähen, d. i. Böses reden. Doch muß eine Roheit im Ausdruck hinzukommen, und auch dann hängt die Strafbarkeit noch von dem Erfolg ab, daß irgend jemand an der mitangehörten oder gelesenen Äußerung Ärgernis genommen hat. Um den privaten Meinungsaustausch in keiner Weise einzuschränken, begnügt sich schließlich das Gesetz damit, die öffentliche Begehung des Delikts, also nur diejenige Äußerung zu ahnden, welche nicht ausschließlich für einzelne bestimmte Personen berechnet war.

Sollen die im Staat geduldeten Religionsgesellschaften existieren können, so muß ihr Gottesdienst vor Störung, und der Ort, an dem sie sich hierzu versammeln, vor Herabwürdigungen gesichert sein. Darum erscheint einmal als Delikt die Hinderung und Störung, sei es des ganzen Gottesdienstes, und zwar des aktiven (Vornahme von Kultushandlungen) wie des passiven (Verrichtung der Andacht), oder einzelner gottesdienstlicher Verrichtungen, z. B. Taufe, Trauung (§ 167 StGB.). Sodann ist der beschimpfende Unfug in Kirchen oder anderen zu religiösen Versammlungen bestimmten Orten unter Strafe gestellt. Diese tritt ein ohne Rücksicht darauf, ob der Unfug öffentlich begangen und ob jemandem damit Ärgernis gegeben wurde (§ 166 StGB.).

II. Verbrechen gegen Religionsgesellschaften mit Korporationsrechten. Während mit den bisher angegebenen Bestimmungen jede tatsächlich bestehende Religionsgesellschaft geschützt wird, genießen erhöhten Schutz die im Gebiet des Reichs mit Korporationsrechten ausgestatteten Religionsgesellschaften. Ihnen gegenüber wird die öffentliche Beschimpfung sowohl ihrer selbst als auch ihrer Einrichtungen (z. B. Papsttum, Predigtamt) und Gebräuche (z. B. Reliquienverehrung) gestraft, also derjenigen Dinge, in welchen, abgesehen von dem Gottesbegriff, ihr Wesen besteht (§ 166 StGB.). Die Beschimpfung eines Dogmas ist nicht Beschimpfung einer Einrichtung oder eines Gebrauchs, wohl aber der Religionsgesellschaft selbst. Von den Einrichtungen und Gebräuchen sind einzelne verehrungswürdige Gegenstände (z. B. heilige Schriften) oder Personen (z. B. Luther), bedeutungsvolle Ereignisse (z. B. Vatikanisches Konzil) zu unterscheiden. Immerhin kann aber in deren Beschimpfung eine indirekte Beschimpfung der Religionsgesellschaft selbst liegen.

III. Störung der Totenruhe und des Gräberfriedens (§ 168 StGB.). Der Tote gehört keiner besonderen Religionsgesellschaft mehr an. Ihn zieht jede Religionsgesellschaft in den Bereich ihrer eigenen religiösen Vorstellungen. Darum hat der Gesetzgeber die Störung der Totenruhe und des Gräberfriedens als ein solches Religionsdelikt behandelt, das nicht von den Anschauungen der Religionsgesellschaft, welcher der Verstorbene bei Lebzeiten angehörte, abhängt. Nach drei Richtungen sind Strafen vorgesehen: für die unbefugte

Wegnahme der Leiche (d. i. der tote Menschenleib, solange er die Individualität erkennen läßt) aus der Obhut des Berechtigten, ferner für die Beschädigung und Zerstörung des Grabes als des Raumes, welchen die Leiche, die einstige Hülle der Seele, birgt und schließlich für den beschimpfenden Unfug an einem Grabe.

§ 36. Friedensstörungen.

Der Friede ist der Zustand der Anerkennung ungestörter Betätigung. Dieses Rechtsgut besitzt jemand nicht um seiner selbst willen, sondern wegen seiner Zugehörigkeit zu einer meist durch räumliche Beziehungen geschaffenen Gemeinschaft.

I. Hausfriedensbruch (§ 123 StGB.). Das Rechtsgut des Friedens erscheint als Hausfrieden für die Hausgenossenschaft. Träger des Hausfriedens ist der Hausherr, d. h. derjenige, welcher über die befriedeten Räumlichkeiten zu verfügen berechtigt ist. Als Räumlichkeiten, welche den Schutz des Hausfriedens genießen, zählt das Gesetz auf: die Wohnung, d. i. der Raum, welcher zur ordnungsmäßigen Nachtruhe dient, Geschäftsräume, anderes befriedete Besitztum und abgeschlossene, d. h. baulich begrenzte Räume, welche zu öffentlichem Dienst oder Verkehr (wie z. B. Eisenbahnabteile) bestimmt sind. Ohne den Willen des Hausherrn darf die durch den Hausfrieden geschützten Räume niemand betreten. Gegen seinen Willen darf sich niemand darin aufhalten. Durch die bloße Aufforderung zum Entfernen wird ein ferneres Verweilen darin zu einem rechtswidrigen.

Wäre nun das objektiv widerrechtliche Eindringen oder Verweilen schon strafbar, so würde jeder Handlungsdiener, der die fremde Wohnung in Abwesenheit des Hausherrn öffnet und Waren darin niederlegt, einen Hausfriedensbruch begehen. Um derartige Konsequenzen zu vermeiden, hat das Gesetz mit dem Merkmal der Rechtswidrigkeit das Delikt auf diejenigen Fälle beschränkt, in denen der Täter mit dem Bewußtsein der Rechtswidrigkeit handelt.

Der Hausfriedensbruch ist qualifiziert, wenn er von einer mit Waffen versehenen Person oder von mehreren gemeinschaftlich verübt wird (§ 123 Abs. 3). Den Übergang vom Haus- zum Landfriedensbruch bildet die sog. Heimsuchung, d. i. der Hausfriedensbruch, der von einer öffentlich zusammengerotteten Menschenmenge in der Absicht begangen wird, Gewalttätigkeiten gegen Personen oder Sachen zu verüben (§ 124 StGB.).

II. Landfriedensbruch. Begeht die Menschenmenge tatsächlich solche Gewalttätigkeiten, so liegt das Delikt des Landfriedensbruches vor (§ 125), das sich hierzu verflüchtigt hat aus einem der bedeutendsten Verbrechen aus der Zeit des Fehderechts, in der es jede Störung des öffentlichen Friedens durch eine von Bewaffneten begangene Gewalttat umfaßte.

III. Landzwang. Ein Delikt, das gleichfalls seine frühere Bedeutung verloren hat, ist der Landzwang, worunter heute die Störung des öffentlichen Friedens durch Bedrohung mit einem schwereren gemeingefährlichen Verbrechen (Verbrechen i. e. S.) verstanden wird (§ 126 StGB.).

Als weitere Friedensstörungen mögen nur noch angeführt werden: Aufreizung zum Klassenkampf (§ 130 StGB.) und Kanzelmißbrauch (§ 130 a StGB.), ferner Drohung (§ 241 StGB.), sowie Verletzung des Briefgeheimnisses (§ 299 StGB.) und Preisgebung des Advokatur- und ärztlichen Geheimnisses (§ 300 StGB.). Auch die beiden letzteren Delikte verdienen, obwohl sie eine gewisse Sonderstellung einnehmen, hierhin gerechnet zu werden, da mit ihnen nicht nur der unmittelbar Betroffene geschädigt, sondern auch die Rechtssicherheit der Gesellschaft gestört wird.

§ 37. Verbrechen gegen Treu und Glauben im Verkehr.

Handel und Verkehr haben gewisse Beglaubigungsmittel nötig. Daraus ergibt sich für alle, welche im Verkehr stehen, ein Interesse daran, daß diese Beglaubigungsmittel der Wahrheit entsprechen. Deshalb dürfte die publica fides ihre bisweilen bestrittene Stellung als besonderes Rechtsgut wohl mit Recht behaupten. Gegen sie richten sich die Verbrechen an Urkunden und Münzen.

I. Urkundenverbrechen. Das wesentlichste der hierher gehörigen Delikte ist die Urkundenfälschung (§ 267 StGB.). Über den Begriff der Urkunde haben sich mannigfache und widersprechende Meinungen gebildet, die dadurch noch vermehrt werden, daß derselbe kein für das ganze Rechtsgebiet einheitlicher ist, und sich Urkunde im strafrechtlichen und Urkunde im prozessualen Sinne nicht decken: als Beweismittel für den Prozeß sind Urkunden nur Schriftstücke, als Objekte einer strafbaren Handlung dagegen alle Gegenstände, in welchen sich bestimmungsgemäß eine rechtserhebliche Erklärung über eine Tatsache verkörpert. Die Erklärung kann zum Ausdruck gebracht sein durch irgendeine Schrift oder durch ein beliebiges Zeichen, welches einen Gedanken in einer für andere verständlichen Weise zu bekunden vermag, so daß ein Kerbholz, ein Bild mit dem Malerzeichen sich als Urkunde im strafrechtlichen Sinne darstellt. Der Zweck, welcher mit der Erklärung verfolgt wird, ist für den Begriff der Urkunde nicht gleichgültig. Die Urkunde muß zum Beweis einer Tatsache errichtet sein. Hiernach ist z. B. keine Urkunde ein Brief, der wohl Beweisfähigkeit, aber nicht Beweisbestimmung besitzt.

Die Beweisfähigkeit spielt nur bei einer besonderen Gruppe von Urkunden eine gewisse Rolle. Man unterscheidet nämlich Privat- und öffentliche Urkunden. Letztere sind diejenigen Urkunden, welche von zuständigen öffentlichen Behörden oder mit öffentlichem Glauben versehenen Personen (z. B. Notaren, Gerichtsvollziehern) vorschriftsmäßig aufgenommen sind. Nur die öffentlichen Urkunden sind schlechthin, die Privaturkunden dagegen nur bei Beweiserheblichkeit für Rechte oder Rechtsverhältnisse geeignete Objekte der Urkundenfälschung (vgl. § 267). Nun kann allerdings unter Umständen jede Urkunde für den Bestand von Rechten oder Rechtsverhältnissen beweiserheblich sein. Soll darum jenes Merkmal etwas Besonderes bedeuten, so kann es nur das sein, daß die Urkunde in sich selbst, nicht erst durch Hinzutritt äußerer Zufälligkeiten für eine rechtlich erhebliche Tatsache Beweisfähigkeit besitzt. Ob dieses dieselbe Tatsache ist, zu deren Beweis die Urkunde errichtet wurde, darauf kommt es nicht an.

Die Bezeichnung „Urkundenfälschung" ist nur von einer und nicht einmal der wichtigsten der beiden verbrecherischen Tätigkeiten entnommen, aus denen sich das Delikt zusammensetzt. Zunächst muß die Urkunde gefälscht oder verfälscht sein. Gefälscht ist sie, wenn ihr der Anschein gegeben wird, als rühre sie von dem angegebenen Aussteller her. Das ist der Fall nicht nur bei Nachahmung der Unterschrift, sondern auch bei Ausfüllung eines bereits unterzeichnet vorgefundenen Formulars (sog. Blankettfälschung § 269 StGB.). Verfälscht ist die Urkunde, wenn ihr Inhalt geändert ist. Da nun aber durch bloßes Fälschen oder Verfälschen die Verkehrssicherheit noch nicht gestört wird, muß hinzukommen, daß von dem Falsifikat zum Zwecke der Täuschung Gebrauch gemacht wird. Das geschieht, wenn die falsche Urkunde der zu täuschenden Person unterbreitet und dieser die Möglichkeit der Kenntnisnahme gegeben wird.

Die Täuschung, zu deren Zweck von der Urkunde Gebrauch gemacht wird, muß sich selbstverständlich auf diejenige Tatsache beziehen, welche durch die in der Urkunde enthaltene Erklärung bewiesen werden soll. Daher ist es keine Urkundenfälschung, wenn eine mittelalterliche Schenkungsurkunde künstlich hergestellt und als echt verkauft wird.

Gebrauchmachen von einer Abschrift ist nicht Gebrauchmachen von der Urkunde selbst. Daraus folgt, daß man bei einer Depeschenfälschung nur dann Urkundenfälschung annehmen kann, wenn man entweder in der Aufgabe der falschen Depesche ein Gebrauchmachen erblickt, so daß der Telegraphenbeamte der Getäuschte ist, oder in der Ankunftsdepesche keine bloße Abschrift des Aufgabetelegramms, sondern die durch Vermittlung des Telegraphen hergestellte falsche Urkunde.

Da in dem Gebrauch des Falsifikats der Kern der Urkundenfälschung liegt, behandelt das Gesetz auch denjenigen als Urkundenfälscher, welcher die von anderen gefälschte oder verfälschte Urkunde gebraucht (§ 270 StGB.).

Dagegen ist es für den Begriff der Urkundenfälschung gleichgültig, ob in der Urkunde objektiv Unwahres bekundet wird.

Aus diesem Grunde ist ein von der Urkundenfälschung verschiedenes Delikt die sog. intellektuelle Urkundenfälschung (§ 271 StGB.). Deren Wesen besteht gerade in der Beurkundung von objektiv Unwahrem. Wer falsche Eintragungen in öffentliche Urkunden, Bücher (z. B. Handelsbücher) oder Register (z. B. Standesamtsregister, preußische Strafregister) bewirkt, also in Schriften, auf die man sich im Verkehr muß unbedingt verlassen können, zerstört deren Wert als Beweismittel und vergeht sich ebenso wie der Urkundenfälscher an der publica fides. Die öffentlichen Glauben beanspruchenden Schriften werden in ihrem Wert natürlich nicht schon durch Falschbeurkundung geringfügiger Dinge beeinträchtigt, sondern erst dann, wenn die Erklärungen, Verhandlungen oder Tatsachen, deren Eintragung bewirkt wird, für Rechte und Rechtsverhältnisse von Erheblichkeit sind.

Bei der Falschbeurkundung ist daran gedacht, daß der Beamte das ihm Mitgeteilte gutgläubig niederschreibt. Tut er es wider besseres Wissen, macht er sich eines besonderen Amtsdeliktes schuldig (§ 348 StGB.). Der wissentliche Gebrauch einer falschen Beurkundung wird ebenso wie deren Herbeiführung gestraft (§ 273 StGB.). Nimmt der Fälscher, vielleicht unter Nachahmung der Schrift des kompetenten Beamten, den Eintrag vor, begeht er lediglich eine Urkundenfälschung im Sinne der §§ 267, 268 StGB.

Sowohl die Urkundenfälschung als auch die Falschbeurkundung wird mit erhöhter Strafe belegt, wenn der Täter in der Absicht, sich einen Vermögensvorteil oder anderen einen Schaden zuzufügen, handelt (§§ 268 ff., 272, 273 StGB.).

Als Gegenstück zur Herstellung falscher Urkunden erscheint die Urkundenbeseitigung (§ 274 Nr. 1), die ebenso wie die Grenzverrückung (§ 274 Nr. 2) nur dann gestraft wird, wenn sie in der Absicht, einem anderen Nachteil zuzufügen, geschah.

Weitere Urkundendelikte sind:

1. strafbare Handlungen in bezug auf Stempel (§§ 275, 276, 280, 360 Nr. 4 und 5, 364), Postwertzeichen (Ges. vom 13. Mai 1891), Versicherungsmarken (§§ 187 ff. Ges. vom 13. Juli 1899) u. dgl. Hierhin gehört auch die unrechtmäßige Wiederverwendung von gebrauchten Briefmarken, Stempelmarken, Steuer- und Zollzeichen, unbefugte Herstellung oder Verabfolgung von Stempelpapier und Postwertzeichen;

2. Fälschung von Pässen und sonstigen Legitimationszeichen (§ 363 StGB.), ein Delikt, das sich als unberechtigte Privilegierung der Urkundenfälschung darstellt;

3. Fälschung von ärztlichen Attesten (§§ 277 ff.). Ihre besondere Hervorhebung hat den Zweck, auch die Fälle zu treffen, welche nicht unter die Urkundenfälschung einzureihen sind.

II. Die Münzdelikte betreffen trotz des Namens nicht nur Münzen, sondern überhaupt Geld als das Tauschmittel im Handelsverkehr, nach positivem Rechte sogar außer Metall- und Papiergeld die dem letzteren gleichgeachteten Papiere, wie z. B. Banknoten, Obligationen auf den Inhaber, Aktien, Zinsen- und Dividendenscheine (§ 149 StGB.). Unser Recht schützt neben dem inländischen auch das ausländische Geld.

Das Hauptmünzdelikt ist die Münzfälschung (§ 146 StGB.). Ähnlich wie die Urkundenfälschung umfaßt sie ein Doppeltes: ein Falschanfertigen oder Verfälschen und eine Äußerung der Gebrauchsabsicht. Das Falschanfertigen ist das Nachahmen von im Umlauf befindlichem Geld, also nicht etwa Herstellung von Vierzigmarkstücken. Ob die falschen Stücke den echten minderwertig oder gleichwertig sind, kommt für das Fälschen der Münzen nicht in Frage. Dagegen besteht das Verfälschen darin, daß echten Münzen der Schein höheren Wertes verliehen wird.

Im Gegensatz zu der Urkundenfälschung erfordert die Münzfälschung kein Gebrauchmachen von dem Falsifikat. Aber das Falschmünzen im eigenen Hause kann selbst dann nicht, wenn der Gedanke an einen Gebrauch der falschen Münzen dabei auftauchte, gestraft werden. Es muß in der Absicht des Gebrauchmachens geschehen und diese Absicht irgendwie nach außen dokumentiert werden.

Da auch bei der Falschmünzerei die Störung der Verkehrssicherheit das Wesentlichste ist, ist das In-Verkehr-Bringen falschen Geldes auch dann strafbar, wenn das Geld vom Täter ohne Gebrauchsabsicht oder von einem Dritten hergestellt wurde (ungenau Münzbetrug genannt, § 147 StGB.).

In gleicher Weise müßte an sich derjenige, welcher falsches Geld, mit dem er selbst betrogen ist, wieder in Verkehr bringt, gestraft werden, aber der Gesetzgeber trägt dem Umstand Rechnung, daß es sich meist um Weitergabe vereinzelter Stücke und um Abwendung selbsterlittenen Schadens handelt, und hat deshalb für diesen Fall mildere Strafe vorgesehen (§ 148 StGB.).

Besondere Münzdelikte sind ferner:

1. das Münzverringern (sog. Kippen und Wippen), d. i. Verbreitung von echten, aber in ihrem Metallwert geflissentlich verringerten Münzen (§ 150 StGB.);

2. das Beschaffen von Werkzeugen zur Herstellung von Falsifikaten (§ 151 StGB.);

3. das unbefugte Nachahmen des bei der Herstellung von Reichskassenscheinen zur Verwendung gelangenden Papieres (Ges. vom 26. Mai 1885).

III. Zu dem Verbrechen gegen die publica fides rechnet man gewöhnlich auch die Warenfälschung als Delikt z. B. gegen das Warenbezeichnungsgesetz vom 12. Mai 1894 oder das Süßstoffgesetz vom 7. Juli 1902. Sie gehört aber nur für die Fälle hierhin, in denen die Bestimmungen über sie nicht in sanitärem Interesse erlassen sind. Vielfach stellt sie sich als Verbrechen gegen die Gesundheitspolizei dar.

§ 38. Gemeingefährliche Verbrechen.

Im Anschluß an das Strafgesetzbuch pflegt man eine Anzahl von Vergehungen gegen die Gesellschaft als gemeingefährliche Verbrechen zu bezeichnen. Ihr Wesen besteht darin, daß bei ihnen der Täter unübersehbaren Schaden für einen nicht abgeschlossenen Kreis von Personen und Sachen hervorruft. Dies ist namentlich der Fall bei Entfesselung der Naturkräfte, wie Feuer und Wasser, über die man, wenn sie einmal entfesselt sind, nur zu leicht die Herrschaft verliert.

I. Brandstiftung. Den Typus der gemeingefährlichen Delikte zeigt die Brandstiftung. Im Grunde ist sie nichts weiter als eine Sachbeschädigung durch Erzeugung hoher Temperatur. Doch folgt aus der ratio legis, daß bloßes Ankohlen noch kein Inbrandsetzen sein kann. Das Feuer muß nach Entfernung des Zündstoffs selbständig weiterzuwirken vermögen, sei es auch nur durch bloßes Fortglimmen.

Nicht an jedem Gegenstand kann eine strafbare Brandstiftung begangen werden, sondern nur an solchen, deren Entzündung eine Gefährdung für weitere Kreise birgt. Da es auf letzteres Moment ankommt, kann die Brandstiftung im Gegensatz zur Sachbeschädigung auch an anderen als fremden Sachen begangen werden. Wenigstens gilt dies durchweg für die schwere und zum Teil auch für die leichte Form der Brandstiftung. Die schwere Brandstiftung ist die Brandstiftung an gottesdienstlichen Gebäuden, an Wohnräumen (auch in Abwesenheit des Bewohners) und an Aufenthaltsräumen, während sich Personen in ihnen aufhalten (§ 306 StGB.). In solchen Fällen entsteht oft für Menschenleben Gefahr. Wird durch den Brand tatsächlich ein Mensch, der sich zur Zeit desselben in den Räumlichkeiten befand, getötet, sei es auch nur infolge eines Rettungssprunges aus dem Fenster, so tritt erhöhte Strafe ein (§ 307 Nr. 1). Das gleiche ist der Fall, wenn den Täter eine besonders niederträchtige Gesinnung beseelte und er den Brand in der Absicht, dabei zu morden, zu rauben oder Aufruhr zu erregen, ins Werk setzte (§ 307 Nr. 2) oder böswillig die Löscharbeiten erschwerte (§ 307 Nr. 3).

In der leichteren Form erscheint die Brandstiftung als unmittelbare oder mittelbare. Als unmittelbare Brandstiftung bezeichnet man die an gewissem fremden Gute verübte, wie an unbewohnten Gebäuden, Schiffen u. dgl., oder an anderen fremden Gegenständen, die, wie auf öffentlichen Plätzen lagernde Warenvorräte, landwirtschaftliche Erzeugnisse, Waldungen u. dgl. geeignet sind, einen größeren Brand hervorzurufen (§ 308 StGB.). Die mittelbare Brandstiftung ist die Entzündung solcher Gegenstände, sofern sie dem Täter gehören und nach Lage und Beschaffenheit das Feuer fremden Gegenständen, wie den genannten, oder den besonders geschützten Räumlichkeiten mitzuteilen vermögen (§ 308).

Die Brandstiftung ist, wie die meisten gemeingefährlichen Delikte, bei bloßer Fahrlässigkeit strafbar (§ 309 StGB.).

II. Der Brandstiftung ist die Zerstörung von Sachen durch Sprengstoffe gleichgestellt (§ 311 StGB.). Weil deren Anwendung besondere Gefahren auch für den einzelnen hervorruft, ist der Mißbrauch von Sprengstoffen unter besondere Strafe gestellt (Ges. vom 9. Juni 1884). Die daselbst angedrohten Strafen sind hohe und steigen bis zur Todesstrafe für den Fall der vorsätzlichen Herbeiführung von Gefahr für Eigentum, Gesundheit oder Leben eines anderen, sofern der Tod eines Menschen dadurch verursacht ist und dieser Ausgang dem Täter wenigstens zur Fahrlässigkeit zugerechenet werden kann (§ 5 Abs. 2 l. c.).

III. Herbeiführung einer Überschwemmung. Das Gegenstück zur Brandstiftung ist die Herbeiführung einer Überschwemmung. Ihre Bestrafung setzt die Verursachung konkreter Gefahr entweder für Menschenleben (§§ 312, 314 StGB.) oder für fremdes Eigentum (§§ 313, 314 StGB.) voraus.

IV. Andere gemeingefährliche Delikte sind insbesondere: Beschädigung von Wasserbauten, Störung des Fahrwassers (§§ 321, 326 StGB.), strafbare Handlungen an Schiffahrtszeichen (§ 322, 326), Strandenmachen eines Schiffes (§§ 323, 326), ferner: Gefährdung eines Eisenbahntransports (§§ 315, 316), Störung des Betriebes von Telegraphen-, Rohrpost- oder Telephonanlagen (§§ 317, 318, 318 a StGB., Ges. vom 13. Mai 1891) und unterseeischer Kabel (Ges. vom 21. Nov. 1887).

Dritter Abschnitt: Verbrechen gegen Rechtsgüter des Staates.

Die Verbrechen gegen die Rechtsgüter des Staates lassen sich unter drei Gruppen verteilen: Verbrechen gegen den Bestand des Staates, gegen die ausführende Staatsgewalt und gegen die verschiedenen Staatsverwaltungszweige.

§ 39. Verbrechen gegen den Bestand des Staates.

Der Staat muß nach innen und außen gefestigt und nach diesen beiden Richtungen durch das Strafgesetz geschützt sein.

I. Hochverrat. Der innere Bestand des Staates beruht auf drei Hauptstücken: 1. dem Staatsgebiet, auf dem der Staat aufgebaut ist, 2. der Staatsverfassung, welche die Beschaffenheit und die Art des Staatsgebäudes kundgibt, und 3. dem Staatsoberhaupt, in dem sich die Staatsform verrät.

Der verbrecherische Angriff auf eins dieser drei Stücke, mag er sich gegen das Reich oder einen einzelnen Bundesstaat richten, ist Hochverrat. Aber nicht jeder derartige Angriff fällt unter das Gesetz. Nur die gewaltsame Veränderung der Landesgrenze und die gewaltsame Verfassungsänderung sind strafbar (§ 81 Nr. 2—4 StGB.). Hinsichtlich des Staatsoberhaupts kann nur eine solche Handlung als Hochverrat in Frage kommen, welche dessen Herrscherstellung zu erschüttern vermag, daher wohl ein Angriff auf Leben, körperliche Integrität und Freiheit, aber nicht auf Ehre und Vermögen des Monarchen (§ 81 Nr. 1 StGB.). Dieser ratio legis entsprechend liegt nicht in jeder Körperverletzung ein Hochverrat, sondern nur in einer solchen, welche die Regierungsfähigkeit beeinträchtigen würde. Das letztere ist bei jedem Angriff auf das Leben der Fall und darum ist der bloße Mordversuch gegen Kaiser und Landesherrn mit der Strafe des vollendeten Mordes belegt (§ 80 StGB.).

Da es die Selbsterhaltung des Staates erheischt, den hochverräterischen Handlungen vorzubeugen, sind schon das bloße Unternehmen eines Hochverrats und eine Reihe von Vorbereitungshandlungen, wie das Komplottieren (§ 83 StGB.) und die hochverräterische Verschaffung von Machtmitteln (§ 84 StGB.) mit Strafe bedroht.

II. Landesverrat. Das Verbrechen gegen den äußeren Bestand des Staates, gegen den Staat als Mitglied der Völkerfamilie, findet sein nächstes Charakteristikum in dem Anknüpfen von Beziehungen zu fremden Staaten. Dies kann in kriegerischer Absicht oder zur bloßen Unterstützung einer fremden Macht geschehen. Im ersteren Fall liegt militärischer, im letzteren diplomatischer Landesverrat vor. Jener ist der Krieg gegen den eigenen Staat, kann also grundsätzlich nur von einem Deutschen begangen werden. Dies schließt aber nicht aus, daß auch der Ausländer, solange er unter dem Schutz des Deutschen Reiches steht, ebenso wie ein Inländer behandelt wird (§ 91 Abs. 2 StGB.).

Der militärische Landesverrat ist möglich durch Konspirieren mit einer auswärtigen Macht zwecks Herbeiführung eines Krieges (§ 87 StGB.) oder, nachdem ein solcher ausgebrochen ist, durch Unterstützung der feindlichen Macht. Dies kann durch irgendwelche Begünstigung, namentlich auch durch Dienst im feindlichen Heer, sei es auch als Nichtkombattant (Arzt, Feldgeistlicher), geschehen (§§ 88, 89 StGB.). Besonders schwere Fälle der Begünstigung sind unter erhöhte Strafe gestellt (§ 90 StGB.).

Der diplomatische Landesverrat ist Verrat von Staatsgeheimnissen oder Staatsurkunden sowie Verrat in Staatsgeschäften (§ 92 StGB.). Ihn kann ebensogut ein Ausländer wie ein Inländer verüben. Da die einzelnen Bundesstaaten besondere diplomatische Beziehungen unterhalten, wird ein diplomatischer Landesverrat auch dann begangen, wenn die unterstützte Regierung einem auswärtigen deutschen Bundesstaate angehört.

III. Majestätsbeleidigung (§§ 94—97 StGB.). Unter die Verbrechen gegen den Bestand des Staates ist auch die Majestätsbeleidigung zu rechnen. Sie ist der nicht im Hochverrat aufgehende Angriff auf die Person des Monarchen, welcher aber nicht so sehr eine persönliche Kränkung als vielmehr eine Verletzung der Staatsehre bedeutet. Die persönliche Kränkung spielt eine so untergeordnete Rolle, daß von ihr die Annahme einer Majestätsbeleidigung nicht abhängt. Der Staat selbst ist in der Schmähung seines Repräsentanten verletzt. Darum bleibt die Kränkung strafbar selbst einem geisteskranken Monarchen gegenüber, der sie nicht zu empfinden vermag.

Die Majestätsbeleidigung unterscheidet sich von der gewöhnlichen Beleidigung wesentlich. Sie ist nur strafbar, wenn der Täter in der Absicht der Ehrverletzung und zugleich böswillig und mit Überlegung handelte (Ges. vom 17. Februar 1908). Fehlt es an diesen Kriterien, so kann immer noch in der Äußerung eine gewöhnliche Beleidigung liegen, die nach den hierfür geltenden Grundsätzen verfolgbar und strafbar ist.

IV. Feindliche Handlungen gegen befreundete Staaten. Der Staat ist auf den Verkehr mit anderen Staaten und auf deren Hilfe angewiesen. Die freundschaftlichen Beziehungen zu diesen erhöhen seine Machtfülle. Deshalb darf er nicht zu feindlichen Handlungen gegen befreundete Staaten schweigen. Er straft sie, soweit sie, wenn gegen ihn gerichtet, als Hochverrat oder Majestätsbeleidigung erscheinen würden (§§ 102 f. StGB.). Außerdem läßt er den bei ihm beglaubigten Diplomaten sowie den Hoheits- und Autoritätszeichen aller ausländischen Staaten strafrechtlichen Schutz zuteil werden (§§ 103a, 104 StGB.).

V. Verbrechen gegen staatsbürgerliche Rechte. In einer allerdings lockeren Beziehung zu den Verbrechen gegen den inneren Bestand des Staates stehen die Delikte gegen die Ausübung staatsbürgerlicher Rechte, welche, seitdem das Volk an der Gesetzgebung beteiligt ist, in den Strafkodex der modernen Staaten aufgenommen sind. Nach französischem Vorbild zählt das positive Recht hierhin: 1. Angriffe gegen die gesetzgebende Versammlung (Auseinandersprengung, Nötigung zu einer Beschlußfassung § 105 StGB.) und auf die einzelnen Mitglieder derselben (z. B. durch gewaltsame Entfernung aus der Körperschaft, § 105 StGB., Verhinderung zu stimmen § 106 StGB.), 2. Angriffe auf das politische Wahlrecht (Wahl- und Stimmenverhinderung, Wahlfälschung, Wahlbestechung, §§ 107, 108, 109 StGB.).

§ 40. Verbrechen gegen die Organe und Zeichen der Staatsgewalt.

Der Staat hat zu seiner Existenz Organe nötig, in denen er seinen Willen zum Ausdruck bringt. Als sein höchstes Organ erscheint das Staatsoberhaupt. Dieses nimmt aber als gleichzeitiger Repräsentant des Staates und Träger der Staatsgewalt eine Sonderstellung ein, so daß die dagegen gerichteten Delikte als Verbrechen gegen den Bestand des Staates erscheinen. Das gleiche gilt von den Verbrechen gegen politische Rechte, soweit sie sich auf Körperschaften beziehen, welche durch die Teilnahme an der Gesetzgebung selbst den Willen des Staates kundgeben. Anders stehen diejenigen Organe da, welche dazu berufen sind, den bereits kundgegebenen Staatswillen zur Durchführung zu bringen. Sie sind zwar keine integrierenden Bestandteile des Staates, beanspruchen aber auch ungeschmälerte Autorität. Diese kann durch bloßen Ungehorsam und durch Widersetzlichkeit versagt werden. Hiernach gibt es:

1. Ungehorsamsdelikte. Versagt eine Einzelperson den Gehorsam gegen einen obrigkeitlichen Befehl, so macht sie sich regelmäßig nicht strafbar. Wohl aber tut sie es, wenn sie andere unter solchen Umständen zum Ungehorsam auffordert, welche entweder eine be-

sondere Verachtung der Staatsautorität offenbaren, wie z. B. durch die öffentliche Aufforderung zum Ungehorsam durch die Presse (§ 16 Preßgesetz vom 7. Mai 1874), oder dem Gemeinwohl Gefahr bringen, wie z. B. durch die öffentliche Aufforderung zur Zuwiderhandlung gegen Gesetze und Verordnungen (§ 110 StGB.), öffentliche Aufforderung zur Begehung eines Delikts (§ 111 StGB.), Anreizung einer Militärperson zum Ungehorsam (§ 112 StGB.).

Der Massenungehorsam wird in dem Delikt des Auflaufs geahndet. Einen Auflauf begeht eine auf öffentlichen Plätzen oder Wegen angesammelte Menschenmenge, die sich dem obrigkeitlichen Befehl zuwider nicht zerstreut (§ 116 StGB.).

II. Widersetzlichkeitsdelikte.

A. Der wichtigste Fall ist der des Widerstandes gegen einen (deutschen) Vollstreckungsbeamten (Begriff des Beamten s. § 359 StGB.) oder andere gleichgestellte Personen, wie z. B. Gehilfen des Vollstreckungsbeamten, Soldaten, Schutzleute, die sich in der rechtmäßigen Ausübung ihres Amtes oder des ihnen übertragenen Dienstes befinden (§ 113 StGB.). Die Ausübung ist eine rechtmäßige, wenn jene Personen nicht nur im allgemeinen, sondern auch im speziellen zuständig sind und in der richtigen Form vorgehen. Eine irrtümlich als rechtmäßig angenommene Vollstreckungshandlung wird niemals durch den guten Glauben des Vollstreckungsbeamten zu einer rechtmäßigen. Der gute Glaube des Beamten entschuldigt zwar dessen Handlung, macht aber den Widerstand der Untertanen, die das Unrecht nicht über sich ergehen lassen wollen, zu keinem strafbaren.

Befand sich der Beamte tatsächlich in der rechtmäßigen Ausübung seines Amtes, so ist doch nicht jede Widersetzlichkeit strafbar, sondern nur diejenige, mit welcher Gewalt oder gewaltsame Drohung verübt wurde (z. B. durch Einschließung des Bamten, dagegen nicht durch Verschließung der Zugangstür), oder welche in einen tätlichen Angriff überging. Im letzteren Falle genügt jede Tätlichkeit, auch ohne Zufügung einer Verletzung.

Außer den Vollstreckungsbeamten genießen besonderen Schutz gegen Widerstand:

1. die Jagd- und Forstbeamten sowie die Waldeigentümer und Forst- und Jagdberechtigten (§§ 117 ff. StGB.);

2. die Zollbeamten nach einer Reihe von Nebengesetzen, z. B. § 17 Salzsteuergesetz vom 12. Oktober 1867, §§ 146 ff. Vereinszollgesetz vom 1. Juli 1869;

3. die Schiffsvorgesetzten gegenüber der Schiffsmannschaft (§§ 100 ff. Seemannsordnung vom 2. Juni 1902).

B. Der Widerstand bezweckt, einen anderen in der Vornahme einer Handlung zu hindern, stellt sich also als eine Art Nötigung dar. Die Nötigung eines Beamten ist nun nach positivem Recht härter zu bestrafen als der Widerstand gegen einen Vollstreckungsbeamten. Daraus würde sich eine Privilegierung des letzteren Deliktes ergeben, die schwerlich in der Absicht des Gesetzgebers gelegen hat. Doch wird dieses Ergebnis kaum durch Interpretation vermieden werden können.

Die Nötigung eines Beamten oder einer Behörde ist in weitem Umfange strafbar. Es kommt weder, wie beim Widerstand, auf die Beamtenkategorie noch auf die Art der Handlung oder Unterlassung, zu der genötigt wurde, an. Die Grenzen, in denen sonst die Nötigung strafbar ist, sind dadurch überschritten, daß als Mittel der Begehung hier neben Gewalt jegliche Drohung ausreicht (§ 114 StGB.).

C. Widerstand oder Nötigung, die von einer öffentlich zusammengerotteten Menschenmenge ausgehen und mit vereinten Kräften begangen werden, führt zum Delikt des Aufruhrs (§ 115 StGB.).

Eine Abart des Aufruhrs ist die Meuterei, welche sich dadurch ausgezeichnet, daß die der Obrigkeit zu besonderem Gehorsam Verpflichteten sich zusammenrotten, um mit Gewalt gegen Personen oder Sachen zu handeln. Die Meuterei ist nur in vereinzelten Fällen strafbar, z. B. als Meuterei von Schiffsleuten (§§ 101, 104 der Seemannsordnung vom 2. Juni 1902) und Meuterei von Gefangenen (§ 122 StGB.).

Die Selbstbefreiung der Gefangenen ist im übrigen straflos. Dagegen verfällt der Dritte, welcher einen Gefangenen befreit oder bei der Selbstbefreiung des Gefangenen Hilfe leistet, der Strafe (§§ 120 f. StGB.). Stiftet ihn der Gefangene hierzu an, so macht die Straflosigkeit der Selbstbefreiung es unmöglich, den Gefangenen wegen Teilnahme an diesem Delikt zur Verantwortung zu ziehen. —

Als weitere Delikte gegen die Staatsgewalt wären noch diejenigen zu nennen, welche besondere Mißachtung derselben bekunden. Das sind: Verleumdung von Staatseinrichtungen oder -anordnungen (§ 131 StGB.), Amtsanmaßung (§ 132), Siegelbruch (§ 136), Arrestbruch (§ 137), Beseitigung oder Beschädigung amtlich aufbewahrter Gegenstände (§ 133) oder öffentlich angeschlagener amtlicher Kundgebungen (§ 134), Beseitigung, Beschädigung oder Herabwürdigung von Hoheits- oder Autoritätszeichen, wie Grenzpfählen, Fahnen, Wappen (§ 135).

§ 40. Verbrechen gegen die einzelnen Staatsverwaltungszweige.

Der moderne Staat mit seinen gesteigerten Kulturaufgaben bedarf eines umfänglichen Verwaltungsapparates, zu dessen Schutz ein schier unübersehbares Heer von Strafgesetzen dient. Anstatt einfache und umfassende Grundregeln zu geben, hat sich der Gesetzgeber auf diesem Gebiet geradezu erschöpft und die verschiedenen Verwaltungszweige bis ins kleinste mit Strafbestimmungen umgeben. Die einzelnen Delikte auch nur annähernd vollständig anzuführen, verbietet der zur Verfügung stehende Raum. Sie werden meist in fünf Gruppen eingeteilt, von denen sich vier auf die vier Hauptverwaltungszweige: Rechtspflege, Militär-, Finanz- und Polizeiwesen, beziehen, und eine die Delikte der Beamten als der in den Verwaltungszweigen tätigen Organe enthält.

a) Verbrechen gegen die Rechtspflege.

I. Meineid. Noch mehr als andere Verwaltungszweige muß sich gerade die Rechtspflege auf die Wahrheit des beschworenen Wortes zum Zweck einer der Wahrheit entsprechenden Entscheidung verlassen können. Darum erscheinen die Eidesdelikte als Verbrechen gegen die Staatsverwaltung und speziell die Rechtspflege. Diese Auffassung ist keine unbestrittene. Vielfach sieht man sie als Fälschungsverbrechen an und stellt sie mit den Münz- und Urkundendelikten zusammen. Gewiß ist eine große Ähnlichkeit mit diesen unverkennbar. Denn wie hier die Urkunde oder die Münze wird bei den Eidesdelikten die Aussage gefälscht; aber die Handlung nimmt eine andere Richtung. Ein rechtlich geschütztes Interesse der Gesellschaft an der Wahrheit des beschworenen Wortes gibt es nicht. Es ist keine Veranlassung, einzuschreiten, wenn Private untereinander Unwahres beschwören. Das öffentliche Interesse beginnt erst, wenn vor einer Behörde Falsches bekundet wird, endet aber nicht bei der Wahrheit der eidlichen Aussage.

Nach geltendem Recht tritt Strafe nur für die Ausschwörung eines falschen Eides und für die Abgabe einer dem Eid gleichgestellten falschen Aussage ein. Unter letztere fallen nicht die eidesstattlichen Versicherungen, sondern nur die Beteuerungsformeln von Religionsgesellschaften, welchen solche statt des Eides gestattet sind, und gewisse Versicherungen unter Berufung auf einen früher geleisteten Eid (§ 155 StGB.).

Der Eid ist die feierliche Anrufung Gottes in einer bestimmten Form. Welche Form beobachtet sein muß, besagt dasjenige Gesetz, auf Grund dessen der Eid zu leisten ist. Soweit dafür die Reichsprozeßgesetze in Betracht kommen, sind wohl die feierlichen Einleitungs- und Schlußworte („Ich schwöre" usw. und „So wahr mir Gott helfe"), aber nicht die Erhebung der rechten Hand, als Bestandteile des Eides anzusehen. Bleiben die wesentlichen Formen der Eidesleistung unbeachtet, kann von einem Meineid keine Rede sein. Ebenso ist die Annahme desselben ausgeschlossen, wenn aus materellen Gründen kein Eid vorliegen würde, z. B. wegen Eidesunfähigkeit des Schwörenden.

Die Grundformen der Eidesdelikte sind:

1. Meineid in eigener Sache (§ 153 StGB.), also der falsche Parteieid. solcher wird entweder einer Partei zugeschoben, zurückgeschoben oder vom Richter bzw. von einer anderen für die Eidesabnahme zuständigen Behörde (z. B. ausländischen Gesandtschafts- oder Konsulatsbeamten) auferlegt. Weil letzteres auch für den Offenbarungseid zutrifft, ist an ihm ein Meineid möglich, während dies für den Kompromißeid anzunehmen nicht angeht.

2. Meineid in fremder Sache (§ 154 StGB.). Das ist der falsche Zeugen- oder Sachverständigeneid. Ersterer bezieht sich auf Wahrnehmungen, letzterer auf Beurteilungen. Der Sachverständigeneid umfaßt nicht die Personalien der Auskunftsperson. Darum kann der Sachverständige, welcher wissentlich falsche Angaben über seine Person macht, nur dann wegen Meineids gestraft werden, wenn ihm auch der Zeugeneid abgenommen ist. Und nur unter der gleichen Voraussetzung kann er für die unrichtige Angabe von Tatsachen zur Verantwortung gezogen werden.

3. Falsche Versicherung an Eides Statt (§ 156 StGB.). Die eidesstattliche Versicherung ist ein unvollkommenes Surrogat des Eides, ihre Fälschung daher milder strafbar als der Meineid.

Bei den drei Grundformen der Eidesdelikte wird sowohl die vorsätzliche als auch die fahrlässige Begehung (§ 163 StGB.) geahndet. Außerdem tritt das Streben nach weitgehender Bestrafung darin hervor, daß die Unternehmung der Verleitung zum Meineid unter selbständige Strafe gestellt ist, so daß auch die mißlungene Anstiftung strafbar bleibt (§ 159 StGB.).

Verleitung zu einer falschen Aussage, die der Aussagende nicht als falsch kannte, würde an sich mittelbare Täterschaft auf seiten des Verleiters begründen. Diese Annahme hat aber das positive Recht dadurch unmöglich gemacht, daß es die Verleitung zur falschen Aussage als Sonderdelikt aufstellt (§ 160 StGB.).

II. Weitere Verbrechen gegen die Rechtspflege sind:

Eidesbruch (§ 162 StGB.), d. i. die Verletzung eines eidlichen Gelöbnisses, sofern dieses eine juratorische Kaution, die in der Praxis selten, aber immerhin in den Fällen der vom richterlichen Ermessen abhängigen Sicherheitsleistung möglich ist, oder eine Manifestation betrifft. Da der Offenbarungseid regelmäßig kein Versprechen enthält, kann er nur ausnahmsweise die Voraussetzung eines Eidesbruchs bilden.

Falsche Anschuldigung (§§ 164 f. StGB.). In ihr liegt nicht nur eine Irreführung der Behörde, sondern zugleich eine Verleumdung des Denunziaten. Infolge dieser Doppelnatur fällt einerseits außerhalb ihres Begriffs die falsche Selbstanzeige, andererseits die falsche Anzeige unter Hinzufügung eines die Rechtsverfolgung hindernden Umstandes, wie z. B. Notwehr, Verjährung, Tod des Beschuldigten. Die falsche Anschuldigung ist mehr als eine bloße Verdächtigung. Sie ist die Bezichtigung eines konkreten Verbrechens, von dem einer Behörde unmittelbar oder mittelbar (z. B. durch einen Schutzmann) Kenntnis gegeben wird, obwohl die zugrunde liegenden Tatsachen der Wahrheit nicht entsprechen und von dem Denunzianten auch nicht für wahr gehalten werden. Hiernach ist keine falsche Anschuldigung die bona fide erfolgte falsche Anzeige und die mala fide erhobene Anschuldigung, welche wider Erwarten die Richtigkeit der behaupteten Tatsachen ergibt.

Nichtanzeige von dem Vorhaben gewisser schwerer Verbrechen (§ 139 StGB.). Die Aufstellung dieses Delikts macht es einer Privatperson zur Pflicht, an der Verhütung solcher Verbrechen mitzuwirken. Schon aus diesem Prinzip folgt die Straflosigkeit für den Fall, daß die Kenntnis von dem Vorhaben erst in einer Zeit erworben wird, in der die Anzeige zu spät gekommen wäre. Die Pflicht zur Anzeige hört auf, sobald das Verbrechen begangen, also kein Schaden mehr abzuwenden möglich ist.

b) Verbrechen gegen das Militärwesen.

Da die von Militärpersonen verübten Verbrechen besonderer Beurteilung unterliegen, reduziert sich der Kreis der hierhin gehörigen Delikte auf wenige Gruppen. Unter ihnen ragen diejenigen Verbrechen hervor, welche sich auf die Verletzung der Wehrpflicht beziehen (§§ 140, 142, 143 StGB.). In der vorsätzlichen Untauglichmachung zur Erfüllung der Wehrpflicht wird ein Fall der sonst straflosen Selbstverletzung unter Strafe gestellt (§ 142 StGB.).

Andere Verbrechen gegen das Militärwesen, deren Täter Zivilpersonen sein können, sind namentlich: Anwerben zum ausländischen Militärdienst (§ 141 StGB.), Nichterfüllung von Lieferungsverträgen über Kriegsbedürfnisse (§ 329 StGB.), Verrat militärischer Geheimnisse (Ges. vom 3. Juli 1893), Störung des Brieftaubenverkehrs im Kriege (Ges. vom 28. Mai 1894), unbefugte Veröffentlichung über Truppenbewegungen in Kriegszeiten (§ 18 Preßgesetz vom

7. Mai 1874), unbefugte Aufnahme und Veröffentlichung von Festungsplänen (§ 360 Nr. 1 StGB.), Mitteilungen über geheime militärgerichtliche Verhandlungen (Gef. vom 5. April 1888, § 18 E. z. MStGO. vom 1. Dezember 1898).

c) Verbrechen gegen das Polizeiwesen.

Die Polizeidelikte stellen das größte Kontingent aller Verbrechensgruppen. Zum Teil zeigen sie auch Abweichungen von den allgemeinen strafrechtlichen Normen, wie insbesondere durch die hier häufige reine Erfolgshaftung.

Sie lassen sich je nach ihrer Richtung einteilen in Verbrechen gegen:

1. die Preßpolizei, wie sie in mannigfacher Form das Preßgesetz vom 7. Mai 1874 enthält;

2. die Vereinspolizei mit den Zuwiderhandlungen gegen §§ 128, 129 StGB. und § 17 des Vereinsgesetzes vom 19. April 1908;

3. die Gewerbepolizei. Dahin gehören namentlich die Delikte der Gewerbeordnung vom 21. Juni 1869 bzw. 26. Juli 1900, die Verletzungen der Bestimmungen über das Auswanderungswesen (§ 144 StGB.; Gesetz vom 9. Juni 1897), über Stellenvermittlung (Gesetz vom 2. Juni 1910), die Vergehungen gegen die Arbeiterschutzgesetze, insbesondere gegen die Gesetze über Krankenversicherung (Ges. vom 15. Juni 1883 bzw. 10. April 1892, 30. Juni 1900 und 25. Mai 1903), Unfallversicherung (Ges. vom 30. Juni 1900), Invalidenversicherung (Ges. vom 13. Juli 1899), gegen die Reichsversicherungsordnung vom 19. Juli 1911, das Versicherungsgesetzt für Angestellte vom 20. Dezember 1911, gegen das Gesetz, betr. Kinderarbeit in gewerblichen Betrieben (Ges. vom 30. März 1903), das Hausarbeitsgesetz vom 20. Dezember 1911, ferner Zuwiderhandlungen gegen die Gesetze über die eingeschriebenen Hilfskassen (Ges. vom 7. April 1876 bzw. 1. Juni 1884), über die Erwerbs- und Wirtschaftsgenossenschaften (Ges. vom 1. Mai 1889 bzw. 20. Mai 1898), über die Gesellschaften mit beschränkter Haftung (Ges. vom 20. April 1892 bzw. 20. Mai 1898), über den Geschäftsbetrieb von Konsumanstalten (Ges. vom 12. August 1896 bzw. 20. Mai 1898), Delikte gegen die Vorschriften über das Aktienwesen, insbesondere nach §§ 312—318, 325 HGB., gegen das Gesetz, betreffend die gemeinsamen Rechte der Besitzer von Schuldverschreibungen (Ges. vom 4. Dezember 1899), Vergehungen in bezug auf Maße und Gewichte (Maß- und Gewichtsordnung vom 30. Mai 1908), sowie gegen die Bestimmungen über den Feingehalt von Edelmetallen (Ges. vom 16. Juli 1884);

4. die Verkehrspolizei. Hierhin sind insbesondere zu rechnen: die Verbrechen gegen das Post-, Telegraphen- und Eisenbahnwesen (Postgesetz vom 28. Oktober 1871, Gesetz, betreffend Änderungen von Bestimmungen über das Postwesen, vom 20. Dezember 1899, Ges. über das Telegraphenwesen vom 6. April 1892, Eisenbahnbetriebsordnung vom 4. November 1904, Verkehrsordnung vom 23. September 1908 mit vielen Nachträgen und Ergänzungen, ferner die Delikte gegen die Schiffahrtspolizei (§ 145 StGB. samt verschiedenen Verordnungen, sowie Gesetz, betreffend das Flaggenrecht der Kauffahrteischiffe, vom 22. Juni 1899 bzw. 29. Mai 1901, §§ 93 ff. Seemannsordnung vom 2. Juni 1902, Strandungsordnung vom 2. Juni 1904 u. a. m.).

5. Die Feld-, Forst-, Jagd-, Fischereipolizei. Die einzelnen Delikte sind zumeist landesgesetzlich geregelt (vgl. § 2 Abs. 2 EStGB.). Die unbefugte Fischerei an der deutschen Küste verbietet das Reichsgesetz vom 30. April 1884.

6. Die Sicherheits- und Gesundheitspolizei. Dahin gehören die mannigfaltigen Übertretungen der §§ 360 Nr. 10, 366 Nr. 2—10, 366a, 367 Nr. 3—16, 368 Nr. 1—9, 369 Nr. 1 und 3 StGB., ferner die Zuwiderhandlungen gegen die Gesetze zur Bekämpfung von Epidemien (§ 327 StGB., Impfgesetz vom 8. April 1874, Gesetz, betreffend die Bekämpfung gemeingefährlicher Krankheiten, vom 30. Juni 1900), sowie Vergehungen gegen die Bestimmungen über Zusätze von gefährlichen Stoffen zu Lebensmitteln (Ges. vom 14. Mai 1879, vom 5. Juli 1887, vom 24. Mai 1901 usw.), über Verwendung von blei- und zinkhaltigen Gegenständen (Ges. vom 25. Juni 1887), über Schlacht- und Fleischbeschau (Ges. vom 3. Juni 1900), über Handel mit Giftstoffen (§ 367 Nr. 3 StGB.), Vergiftung von Brunnen (§ 324 St.G.B.), Verletzung der Vorschriften über Dirnenkontrolle (§ 361 Nr. 6 St.G.B.), Zu-

widerhandlungen gegen die Gesetze, betreffend Abwehr und Unterdrückung von Viehseuchen (Ges. vom 23. Juni 1880 bzw. 1. Mai 1894), Bekämpfung der Reblaus (Ges. vom 6. Juli 1904) usw.;

7. die Sittlichkeits- und Gesittungspolizei. Diese Gruppe umfaßt die spezifischen Delikte der Landstreicher, Arbeitsscheuen, Müßiggänger, Obdachlosen (§ 361 Nr. 3, 5—9) und Bettler (§ 361 Nr. 4). Unter Betteln ist die im eigenen Interesse an fremde Personen gerichtete Bitte um milde Gaben zu verstehen. Das eigene Interesse umfaßt auch die Sammlung von Gaben für Personen, zu deren Unterhalt der Bittende verpflichtet ist, dagegen nicht das Kollektieren.

Es gehören hierhin ferner Tierquälerei (§ 360 Nr. 13, Ges. vom 4. Dezember 1876 und vom 22. März 1888), Zuwiderhandlungen gegen das Vogelschutzgesetz vom 30. Mai 1908 und grober Unfug (§ 360 Nr. 11). Das letztgenannte Delikt spielt eine nicht unbedeutende Rolle. Es wird vielfach, aber zu Unrecht, als ein subsidiäres Delikt angesehen, das überall Platz greife, wo eine Handlung wider Fug und Recht geschehe. Dies geht aber viel zu weit. Als grober Unfug soll lediglich ein das Publikum belästigendes, den äußeren Bestand der öffentlichen Ordnung verletzendes oder gefährdendes Benehmen geahndet werden.

d) Verbrechen gegen das Finanzwesen.

Der Staat sichert sich die ihm durch pekuniäre Leistungen von Privaten zufließenden Einnahmen, indem er die Zuwiderhandlungen gegen seine dahingehenden Vorschriften mit Strafe bedroht. Die hierdurch geschaffenen Delikte tragen die Signatur, welche ihnen das Vorwiegen des fiskalischen Interesses verleiht. Sie verlassen infolgedessen in manchen Punkten die allgemeinen strafrechtlichen Normen und bilden einen besonderen Verbrechenskomplex, dessen wesentliche Eigentümlichkeiten namentlich darin liegen, daß die Strafe meist nur an einen objektiven Tatbestand angeschlossen und von einem Beweis der Schuld unabhängig gemacht wird. Auch wird bei ihnen nicht selten der Versuch dem vollendeten Delikt gleichgestellt, oft eine dritte Person subsidiär für die Geldstrafe in Anspruch genommen, der Rückfall in der Regel schwerer gestraft und überhaupt eine größere Strenge bekundet.

Die einzelnen Delikte lassen sich je nach der Abgabe, auf welche sie sich beziehen, in drei Hauptgruppen einteilen:

1. Verletzungen der Gebührenpflicht. Dahin gehören die Post- und Portodefraudationen (§§ 27 ff. Ges. vom 28. Oktober 1871), Hinterziehungen von Kanalabgaben (Ges. betr. die Gebühren für den Kaiser-Wilhelm-Kanal vom 20. Juni 1899) u. a.;

2. Zolldelikte, wie namentlich die Zuwiderhandlungen gegen das Vereinszollgesetz vom 1. Juli 1869;

3. Steuerdelikte. Diese betreffen teils Verbrauchs- und Gewerbesteuern, teils Stempel- und ähnliche Steuern. Zu der ersteren Gruppe gehören z. B. die strafbaren Handlungen gegen die Gesetze über Besteuerung von Salz (Ges. vom 12. Oktober 1867), Tabak (Ges. vom 15. Juli 1909), Zigaretten (Ges. vom 3. Juni 1906), Braustoffen (Ges. vom 15. bzw. 21. Juli 1909), Branntwein (Ges. vom 15. Juli 1909), Zucker (Ges. vom 31. Mai 1891 bzw. 27. Mai 1896), Schaumwein (Ges. vom 9. Mai 1902), Leuchtmittel und Zündwaren (Ges. vom 15. Juli 1909). Zu der letzteren Gruppe gehören strafbare Handlungen gegen die Gesetze über Wechselstempel (Ges. vom 10. Juni 1869 bzw. 4. Juni 1879), Spielkartenstempel (Ges. vom 3. Juli 1878), Wertpapierstempel am 27. April 1894 bzw. Ges. vom 14. Juni 1900), die Delikte gegen das Erbschaftssteuergesetz vom 3. Juni 1906, das Zuwachssteuergesetz vom 14. Januar 1911 u. a.

§ 42. Amtsverbrechen.

Die Beamten, die einerseits als Organe der Staatsverwaltung in ihren Amtshandlungen besonders geschützt sind, werden anderseits aber auch besonders schwer gestraft, wenn sie ihre Amtspflichten verletzen.

Begehen sie hiermit ein gemeines Delikt, so erhält ihre Tat dadurch ein besonderes Gepräge, daß sie gerade von Personen verübt wird, die zur Aufrechterhaltung der Gesetze berufen sind. In den meisten Fällen kann diesem Umstand nur durch eine höhere Strafe innerhalb des allgemeinen Strafrahmens Rechnung getragen werden. Nur bei einzelnen Delikten sind für den Fall der Begehung durch einen Beamten besondere Qualifikationen vorgesehen, z. B. nach §§ 128, 129, 222, 230, 300 StGB.

Für eine Reihe von Straftaten aber, die im Zusammenhange mit Amtshandlungen stehen, sind Sonderdelikte gebildet, wie z. B. für Nötigung (§ 329 StGB.), Körperverletzung (§ 240 StGB.), Freiheitsberaubung (§ 341 StGB.), Hausfriedensbruch (§ 342 StGB.), Falschbeurkundung und Urkundenbeseitigung (§ 348 StGB.), Unterschlagung (§§ 350 f. StGB.). Diese Delikte nennt man uneigentliche Amtsdelikte im Gegensatz zu den eigentlichen Amtsverbrechen, welche lediglich in einer Amtspflichtverletzung bestehen. Die bloße Amtspflichtverletzung wird regelmäßig nur disziplinarisch geahndet.

I. Für die schwersten Pflichtverletzungen reicht dies aber nicht aus. Es tritt daher kriminelle Strafe namentlich bei Bestechung ein. Dieses wichtigste der eigentlichen Amtsverbrechen umfaßt drei Fälle: 1. einfache Bestechung (§ 331 StGB.), d. i. die Annahme von Vorteilen für eine nicht pflichtwidrige Handlung, die also der Beamte vornehmen durfte oder gar mußte. Trotzdem ist das Geschenknehmen strafbar, weil es des Beamten unwürdig ist, sich für die Handlung besonders bezahlen zu lassen; 2. Schwere Bestechung (§§ 332, 333 StGB.). Hierunter fällt einerseits das Annehmen, anderseits das Anbieten oder Gewähren von Vorteilen für pflichtwidrige Handlungen. Hier, wo der Geschenkgeber eine unrechtmäßige Handlung erschleichen will, wird auch die aktive Bestechung geahndet; 3. Richterbestechung (§ 334 StGB.). Das ist die einem beamteten Richter oder einem Laienrichter gegenüber geschehene schwere Bestechung, um den Gang eines Verfahrens, sei es auch nur vor einem Disziplinar- oder Verwaltungsgericht, zu beeinflussen. Die Richterbestechung ist gleicherweise auf der aktiven wie der passiven Seite strafbar.

II. An weiteren Amtsdelikten kennt das Strafgesetzbuch: 1. Rechtsbeugung (§ 336), d. i. Begünstigung oder Benachteiligung einer Partei durch einen Richter oder Schiedsrichter in irgendeinem prozessualischen Verfahren, 2. die doppeleheliche Trauung durch einen Geistlichen und die Doppeleheschließung durch einen Standesbeamten (§§ 338 StGB., § 67 Ges. vom 6. Februar 1875), 3. Mißbrauch der Amtsgewalt in Strafsachen, wie Anwendung von Zwangsmaßregeln in einer Untersuchung zur Erpressung von Geständnissen oder anderen Aussagen (§ 343 StGB.), falsche Strafvollstreckung (§ 345 StGB.), Begünstigung des Delinquenten durch den Exekutiv- oder Strafvollstreckungsbeamten (§ 346), Entweichenlassen von Gefangenen (§ 347), 4. Verletzung der Amtsverschwiegenheit (§ 353 a), 5. Vergehungen der Post- und Telegraphenbeamten in bezug auf Post- und Telegraphensachen (§§ 354 f.), 6. Untreue des Sachwalters (§ 356), 7. sog. Konnivenz des Amtsvorgesetzten, d. i. namentlich Verleitung des Untergebenen zu strafbaren Handlungen und Dulden solcher Handlungen (§ 357 StGB.).

Anhang.

Literatur des deutschen Strafrechts.

Bei der anhangsweisen Anführung der hauptsächlichsten Literatur müssen wir uns mit Angabe einiger Sammelwerke und Darstellungen allgemeinster Bedeutung aus dem Gebiete des Strafrechts begnügen, ohne auf die zum Teil sehr wichtigen Hilfswissenschaften eingehen zu können.

1. Literaturnachweisungen finden sich bei Böhmer, Handbuch der Literatur des Kriminalrechts 1816, Kappler, Handbuch der Literatur des Kriminalrechts 1838, ferner in den Handbüchern, Lehrbüchern und Grundrissen des Strafrechts, besonders in dem v. Lisztschen und dem Meyer-Allfeldschen Lehrbuch sowie in den Grundrissen von Birkmeyer und Binding (s. u.). Fortlaufende bibliographische Berichte bringt die unten erwähnte Zeitschrift für die gesamte Strafrechtswissenschaft. Kritische Literaturübersichten enthalten die verschiedenen Fachzeitschriften, von denen, außer den spezifisch kriminalistischen, die Münchener Kritische Vierteljahrsschrift, die Deutsche Juristenzeitung und das Juristische Literaturblatt (herausgegeben von Keil, Carl Heymanns Verlag) genannt sein mögen.

2. Quellen. Außer den zahlreichen Textausgaben des Reichsstrafgesetzbuchs, z. B. von Rüdorff, (23. Aufl. 1910, von v. Liszt und Delaquis), v. Staudinger (10. Aufl. 1911), Olshausen (8. Aufl. 1905), Binding und Nagler (1905), Daube (11. Aufl. 1910), Dörr (1912) und der Reichsstrafnebengesetze von Olshausen (1902 ff.), sind zu erwähnen die Zusammenstellung der Reichsgesetze strafrechtlichen Inhalts von Allfeld (1900, Nachtrag 1903) sowie die für die Praxis einzelner Bundesstaaten bestimmten Gesetzsammlungen, wie von Dalcke für Preußen (11. Aufl. 1908), Henle und Schierlinger für Bayern (3. Aufl. 1912), Mauckisch für Sachsen (3. Aufl. 1912), Traub für Baden (6. Aufl. 1897).

3. Unter den Spruchsammlungen ragt hervor: Entscheidungen des Reichsgerichts in Strafsachen. Herausgegeben von den Mitgliedern des Reichsgerichts 1880 ff. An der Herausgabe sind vom 19. Bande ab, nachdem „Die Rechtsprechung des Reichsgerichts in Strafsachen" 1888 eingegangen war, auch die Mitglieder der Rechtsanwaltschaft beteiligt. Von Sammlungen der Entscheidungen einzelner Oberlandesgerichte in Strafsachen existieren solche von Berlin (Johow, Jahrbuch der Entscheidungen des Kammergerichts in Sachen der nichtstreitigen Gerichtsbarkeit und in Strafsachen 1881 ff.), München (Sammlung der Entscheidungen des OLG. München in Gegenständen des Strafrechts und Strafprozesses 1881 ff. [Die „Sammlung von Entscheidungen des Obersten Gerichtshofes für Bayern in Gegenständen des Strafrechts und Strafprozesses" reicht nur von 1872 bis 1880]), Hamburg (Vogt, Entscheidungen des Hanseatischen Oberlandesgerichts in Strafsachen aus den Jahren 1879—1897, 1899, fortgesetzt von Kork), Colmar (Franz, Rechtsprechung des Oberlandesgerichts Colmar in Strafsachen 1886, 1891, 1897, 1903, 1907).

4. Zeitschriften. Hervorzuheben sind: Gerichtssaal (seit 1849, jetzt herausgegeben von Otker und Finger), Archiv für Strafrecht und Strafprozeß (begründet 1853 als Archiv für preußisches Strafrecht von Goltdammer, jetzt herausgegeben von Kohler), Zeitschrift für die gesamte Strafrechtswissenschaft (begründet 1881, jetzt herausgegeben von v. Liszt, v. Lilienthal, v. Hippel, Kohlrausch und Delaquis), ferner: Mitteilungen der Internationalen Kriminalistischen Vereinigung 1899 ff. und, weit über das juristische Gebiet hinausgehend, Archiv für Kriminalanthropologie und Kriminalistik (seit 1898, herausgegeben von Groß), Monatsschrift für Kriminalpsychologie und Strafrechtsreform (begründet 1904, herausgegeben von Aschaffenburg).

5. Historische Darstellungen: Mommsen, Römisches Strafrecht 1899; Wilda, Das Strafrecht der Germanen, 1842; John, Das Strafrecht in Norddeutschland zur Zeit der Rechtsbücher 1858; Geib, Lehrbuch des deutschen Strafrechts Bd. I 1861; v. Bar, Handbuch des Strafrechts Bd. I 1882; Berner, Die Strafgesetzgebung in Deutschland vom Jahre 1751 bis zur Gegenwart 1867; Kohler, Strafrecht der italienischen Statuten (= Bd. II—VI Studien aus dem Strafrecht).

6. Unter den systematischen Darstellungen aus der Zeit des jüngeren gemeinen Rechts sind hervorzuheben die Lehrbücher von Feuerbach, 14. Aufl., besorgt von Mittermaier, Wächter, 1825 f., Köstlin (Titel: System des deutschen Strafrechts) 1855, Hefter 6. Aufl. 1857, Marezoll 3. Aufl. 1856, Geib Bd. III 1861, 1862, Berner in den ersten Auflagen (1. Aufl. 1857) seines zum Lehrbuch des Reichsstrafrechts umgearbeiteten Werkes.

7. An systematischen Darstellungen des heutigen Reichsrechts sind zu nennen: die Handbücher von: v. Holtzendorff in Einzelbeiträgen verschiedener Verfasser Bd. I—IV, 1871—1877, Hälschner Bd. I, II 1881—1887, Binding Bd. I 1885; die Lehrbücher von: Berner 18. Aufl. 1898, Schütze, 2. Aufl. 1874; Wächter, Vorlesungen. Herausgegeben von O. v. Wächter 1881, Merkel 1889 (Auf Grundlage dieses Lehrbuchs: Die Lehre von Verbrechen und Strafe. Herausgegeben von Liepmann. 1912), Meyer-Allfeld 7. Aufl. 1912, Finger Bd. I 1904, und v. Liszt 18. Aufl. 1911; die kürzeren Darstellungen von Kohler 1912, Reichardt 1912; die Grundrisse und Übersichten von: Binding Bd. I 7. Aufl. 1907 (von Bd. II ab zu einem Lehrbuch erweitert, (zum Teil 2. Aufl.) 1902—1905), Geyer 1884 f. (von demselben Verfasser rührt die Darstellung in den älteren Auflagen der v. Holtzendorffschen Enzyklopädie her, 5. Aufl. 1889, durchgesehen und ergänzt von Merkel), Löning 1885, v. Lilienthal 3. Aufl. 1908, Beling 4. Aufl. 1912, Seuffert in Strafgesetzgebung der Gegenwart Bd. I 1894, Birkmeyer in Enzyklopädie der Rechtswissenschaft, herausgegeben von Birkmeyer 2. Aufl. 1904 und Derselbe, Grundriß 7. Aufl. 1908, auch Thomsen, Das deutsche Strafrecht' allgem. Teil 1906 und Derselbe, Grundriß des deutschen Verbrechensbekämpfungsrechts Bd. I 1905, II 1906.

8. Abhandlungen allgemeinen Inhalts. Feuerbach, Revision der Grundsätze und Grundbegriffe des positiven peinlichen Rechts 1799, 1800; Luden, Abhandlungen aus dem gemeinen deutschen Strafrechte Bd. I, II 1836—1840; Bauer, Abhandlungen aus dem Strafrechte und Strafprozesse Bd. I, II 1842; Köstlin, Neue Revision der Grundbegriffe des Kriminalrechts 1845; Seeger, Abhandlungen aus dem Strafrechte Bd. I, II 1858—1862; Glaser, Abhandlungen aus dem österreichischen Strafrecht Bd. I 1858 und Derselbe, Gesammelte kleine Schriften über Strafrecht 2. Aufl. 1883; Wahlberg, Gesammelte kleinere Schriften usw. 1875—1882; Binding, Die Normen und ihre Übertretung Bd. I 2. Aufl.

1890, Bd. II 1877; Geyer, Kleinere Schriften strafrechtlichen Inhalts. Herausgegeben von Harburger 1889; Kohler, Studien aus dem Strafrecht Bd. I—VI 1890 ff.; v. Buri, Beiträge zur Theorie des Strafrechts und zum Strafgesetzbuch 1894; Merkel, Gesammelte Abhandlungen usw. Bd. I, II. Herausgegeben von R. Merkel, 1899; v. Liszt, Strafrechtliche Aufsätze und Vorträge Bd. I, II 1905; v. Bar, Gesetz und Schuld im Strafrecht Bd. I 1906, II 1907, III 1909.

9. Bemerkenswerte Kommentare von: v. Schwarze 5. Aufl. 1884, Rüdorff-Stenglein 4. Aufl. 1892, Oppenhoff 14. Aufl. von Delius 1901, Olshausen-Zweigert 9. Aufl. 1912, Frank 8—10. Aufl. 1911. Nachdruck 1912. 2. Abdruck 1912.

10. An rechtsvergleichenden Werken ragen hervor: Die Strafgesetzgebung der Gegenwart in rechtsvergleichender Darstellung. Herausgegeben von der Internationalen Kriminalistischen Vereinigung Bd. I, II 1894, 1898 und Vergleichende Darstellung des deutschen und außerdeutschen Strafrechts, Vorarbeiten zur deutschen Strafrechtsreform, herausgegeben auf Anregung des Reichsjustizamts von Birkmeyer, van Calker, Frank, v. Hippel, v. Lilienthal, Liszt, Wach, 16 Bde. 1903—1909.

2.

Gefängnisrecht

und

Recht der Fürsorgeerziehung

von

Berthold Freudenthal
in Frankfurt a. M.

Inhaltsverzeichnis.

	Seite
Literaturauszug	77
A. Gefängnisrecht	77
I. Vorbemerkung	77
II. Allgemeine Grundlagen	78
§ 1. Rechtliche Natur des Gefängniswesens	78
§ 2. Die Gefangenschaft als Rechtsverhältnis	80
III. § 3. Zur Geschichte der Gefängnisstrafe	83
a) Anfänge	83
b) Die ersten Zuchthäuser	85
c) Rückschlag	86
d) John Howard und die Amerikaner	87
e) Deutschland seit dem 19. Jahrhundert	89
IV. Der jetzige Stand des Strafvollzuges	91
§ 4. Deutschland	91
a) Quellen	91
b) Anstaltsarten	93
c) Bauten und Beamte	94
d) Schulen, Seelsorge, Arbeit und Disziplin	95
§ 5. Ausland, insbesondere amerikanisches Reformsystem und seine Verbreitung	97
V. § 6. Zur Strafvollzugsreform	101
a) Methode	101
b) Rechtsquellen	102
c) Haftformen	104
d) Jugendliche	106
B. Fürsorgeerziehungsrecht	109
I. Vorbemerkung	109
II. Allgemeine Grundlagen. § 7. Rechtliche Natur der Fürsorgeerziehung	109
III. § 8. Geschichtliches	110
§ 9. (Forts.) Die Fürsorgeerziehung seit Erlaß des Deutschen bürgerlichen Gesetzbuches	110
IV. § 10. Zur Reform der Fürsorgeerziehung	112
C. § 11. Hilfsanstalten (Verwahrungsheime, Beobachtungsanstalten, Übergangsstationen)	113
D. Schlußwort	113

Literaturauszug.

A. Gefängnisrecht. Systematisches: v. Holtzendorff und v. Jagemann, Handbuch des Gefängnißwesens, 2 Bde., 1888. Krohne, Lehrbuch der Gefängniskunde, 1889. Kriegsmann, Einführung in die Gefängniskunde, 1912. — H. Seuffert in v. Stengels Wörterbuch des Deutschen Verwaltungsrechts, 1. Aufl., Bd. 1 1890 S. 480 ff. unter Gefängnisverwaltung. Klein das., 2. Aufl., bes. v. Fleischmann, Bd. 2 1911 S. 18 ff. — W. Leonhard, Die modernen Strafrechtsideen und der Strafvollzug, 1910. Pollitz, Strafe und Verbrechen in „Aus Natur und Geisteswelt“, 1910. Wach, Die Reform der Freiheitsstrafe, 1890. B. Freudenthal, Die staatsrechtliche Stellung des Gefangenen, 1910. Ders., Der Strafvollzug als Rechtsverhältnis in Zeitschr. f. d. gesamte Strafrechtswissenschaft, Bd. 32 S. 222 ff. [Lantzke, Das Persönlichkeitsrecht des Gefangenen in Goltd. Arch. 61 S. 4 f. konnte nicht mehr verwertet werden.] — Viel hierher Gehöriges bei Aschaffenburg, Das Verbrechen und seine Bekämpfung, 2. Aufl. 1906. Goldschmidt, Strafen und verwandte Maßregeln in Vergl. Darstellung des Deutschen und ausländ. Strafrechts, Allg. Teil 4. 1908 S. 81 ff. v. Liszt, Strafr. Aufsätze und Vorträge, 1905. W. Mittermaier, Verbrechen Jugendlicher in Reins Enc. Handb. d. Pädagogik, 2. Aufl. Rosenfeld, 200 Jahre Fürsorge 1905.

Geschichtliches: John Howard, The state of prisons, 3. Aufl., 1784. Ders., An Account of the principal Lazarettos, 1789. — (v. Arnim), Bruchstücke über Verbrechen und Strafen, 1803. v. Engelberg in Gerichtssaal, Bd. 68 S. 267 ff. v. Hippel, Beitr. zur Geschichte der Freiheitsstrafe in Zeitschr. f. d. ges. Strafrechtswissenschaft, Bd. 18 S. 419 ff. und 608 ff. Kober, in Tüb. theol. Quartalschrift Bd. 59: Die Gefängnisstrafen gegen Kleriker und Mönche. v. Liszt, Lehrbuch d. D. Strafr. 18. Aufl. 1911 S. 261 ff. J. H. Wichern, in Bd. 4 seiner Gesammelten Schriften 1905: Z. Gefängnisreform, bes. S. 91 ff. Daneben durchweg Krohne (s. oben).

Ausland: Einen Überblick über die Strafanstalten Europas und Amerikas gibt der durch die Fülle des Materials an John Howards Werke erinnernde Bericht des Comptroller-General of Prisons von Neu Süd Wales „on Prisons, Reformatories etc.“, Sydney New South Wales 1904. Siehe ferner über die amerikanische Bewegung statt aller anderen jetzt das klassische Werk der Russell Sage Foundation für den VIII. Internat. Gefängnis-Kongreß: „Correction and Prevention“, herausgegeben von Ch. R. Henderson, Neuyork 1910.

Zeitschriften: Bl. f. Gefängniskunde, herausgegeben von Eckert, v. Engelberg, Schwandner; Heidelberg (Winter) bis 1912 46 Bde. The Survey (früher: Charities and the Commons) ed. by E. T. Devine u. a., Neuyork bis 1913 30 Bde.

B. Fürsorgeerziehung. Systematisches: Reicher, Die Fürsorge für die verwahrloste Jugend, 1904 ff. Aschrott in Bd. 28 der Guttentagschen Sammlung Preußischer Gesetze 1907: Einleitung und Vorbemerkungen. v. Liszt und Duensing, Die Zwangserziehung, 1901. Klumker, Die Zwangserziehung in „Kultur-Parlament“, Bd. 4—5 S. 44 ff. Petersen, Die öffentl. Fürsorge f. d. sittlich gefährdete Jugend in „Aus Natur und Geisteswelt“, 1907. Landsberg, Recht der Zwangs- u. Fürsorgeerziehung, 1908.

Zeitschriften: Zeitschr. f. Jugendwohlfahrt, Leipzig und Berlin (Teubner), herausgegeben von der deutschen Zentrale für Jugendfürsorge Berlin usw. Zentralblatt für Vormundschaftswesen, Jugendgerichte und Fürsorgeerziehung Berlin (C. Heymann), herausgegeben von Grabowsky und Recke.

Die Zeitschrift f. d. ges. Strafrechtswissensch. ist als Z. abgekürzt.

A. Gefängnisrecht.

I. Vorbemerkung.

Im folgenden ist der Versuch gemacht, in der durch den verfügbaren Raum bedingten Kürze den Vollzug der Freiheitsstrafe darzustellen. Es liegt auf der Hand, welche Schwierigkeiten dieser Aufgabe bei der Vielseitigkeit, Tragweite und Neuheit mancher zu behandelnden Frage entgegenstehen. Anderseits aber erscheint mir das Ziel lockend, im Rahmen einer Einführung in die Rechtswissenschaft, durch einen knappen Abriß des Gefängnisrechtes, wie er noch nicht besteht, der vernachlässigten Materie unter den Jüngern der Rechtswissenschaft Interesse zu werben.

Die Kriminalstatistik des Deutschen Reiches berichtet, daß jährlich von rund 500 000 Verurteilungen im Reiche mehr als 260 000 auf Freiheitsstrafe lauten. Es ist, anders ausgedrückt, mehr als jede zweite Verurteilung die Verurteilung zu einer Freiheitsstrafe. Bei uns, wie anderwärts, ist die Freiheitsstrafe der Angelpunkt des gesamten Strafmittelsystems. Es steht und fällt mit ihr. Die Gesamtausgabe für die Bekämpfung von Verbrechen und Verbrechern ist im Jahre 1908 von Krohne allein für Preußen auf weit über 100 Millionen Mark jährlich geschätzt worden. Ihr Zusammenhang mit dem Vollzuge der Freiheitsstrafe und das materielle Interesse des Staates an seiner erfolgreichen Ausgestaltung liegt auf der Hand. Noch höhere Werte aber stehen für den Staat und die Allgemeinheit auf dem Spiel. Es handelt sich um Verlust oder Wiedergewinnung von Menschenkraft, wie sie in vielen Tausenden von Arbeitern, Bürgern und Soldaten verkörpert ist. Diese Interessen sind zahlenmäßig nicht zu erfassen; ihr Gewicht wird aber dadurch nicht geringer.

II. Allgemeine Grundlagen.

§ 1. Rechtliche Natur des Gefängniswesens[1].

I. Es gibt, so hat man gesagt, ebensowenig eine Gefängniswissenschaft, wie es eine Hinrichtungswissenschaft gibt. Dieser Auffassung, die dem Gefängniswesen den Charakter als Wissenschaft abspricht, liegt die Annahme zugrunde, daß es eine bloße Technik sei. Als solche ist es denn auch bis zum heutigen Tage meist behandelt worden, und tatsächlich kann man es mit Recht von verschiedenen Standpunkten, wie von dem des Strafanstaltsbeamten, des Gefängnisarchitekten usw. so ansehen. Nicht auch vom Standpunkte der Rechtswissenschaft. Für sie ist, was man Gefängniswesen oder Gefängniskunde oder Gefängnislehre genannt hat, in Wahrheit Gefängnisrecht, d. h., da die Aufgabe jedes Rechtes in der Abgrenzung von Rechten und Pflichten der Rechtsträger liegt, das Recht, das die Rechte und Pflichten des die Freiheitsstrafe vollziehenden Staates einerseits, die Rechte und Pflichten der am Strafvollzuge beteiligten Einzelpersonen, insbesondere der Gefangenen anderseits feststellt.

Es vollzieht sich hier bei der Schaffung des Gefängnisrechtes der gleiche Vorgang, der der Umbildung von Verwaltungslehre zu Verwaltungsrecht zugrunde gelegen hat. Nicht als ob bei dieser Umbildung die Berechtigung einer Verwaltungslehre und die Notwendigkeit ihrer Pflege in Abrede gestellt worden wäre. Man betrachtete aber vom Standpunkte der Rechtswissenschaft die Erkenntnis, daß ihr Interesse innerhalb einer Verwaltungslehre nicht genügend zur Geltung komme, als einen Fortschritt und überließ demgemäß die Klarstellung der Rechte und Pflichten des verwaltenden Staates rechtlicher Betrachtung, wie sie nur in einem Zweige des Rechtes, nämlich im Verwaltungsrechte, möglich erschien.

So wird hier auch der Gefängnislehre die Daseinsberechtigung keineswegs abgesprochen. Es sei vielmehr betont, daß, außer den rechtlichen Fragen nach Ansprüchen und Pflichten der am Strafvollzuge beteiligten Rechtssubjekte, eine Reihe nichtrechtlicher Fragen der Behandlung harren. Nur stehen für den Juristen jene Rechtsfragen im Vordergrunde, und sie gelangen naturgemäß am vollständigsten in einem Zweige des Rechtes, den wir als Gefängnisrecht bezeichnen, zur Geltung. Keineswegs wird damit von uns die Erörterung solcher nichtrechtlichen Fragen etwa völlig ausgeschieden. Die technische Seite des Strafvollzuges muß und wird vielmehr hier Berücksichtigung finden, wenn sie uns auch nicht um ihrer selbst willen, sondern im wesentlichen deswegen angeht, weil die Technik diejenigen Eingriffe des Staates in die Rechtssphäre der Gefangenen zu tatsächlicher Verwirklichung bringt, deren rechtliche Regelung

[1] Die nähere Begründung zu §§ 1 und 2 vgl. bei Freudenthal, Staatsr. Stellung und Der Strafvollzug als Rechtsverhältnis. Meiner Auffassung der Grundlagen des Gefängniswesens haben grundsätzlich zugestimmt Pollitz im Ber. üb. Gef. Hyg. f. d. 3. Int. Wohn.-Kongr., Leonhard in Z. 30, 969 u. a., sowie die Begründ. z. Entw. d. Ver. D. Strafanst. 1911; besonders erfreulich § 31 Z. 2 dieses Entwurfes selbst; s. jetzt auch Kriegsmann (s. oben S. 77) S. 160 ff., 174, 142 uff. u. Salomon in Aschaff. Monatsschr. f. Kr. Ps. 9, 6 ff.

wir als den eigentlichen Gegenstand der Darstellung ansehen. Verfehlt wäre es auch, wollte man etwa die im Gefängniswesen enthaltenen Fragen, je nachdem sie rechtliche oder nichtrechtliche sind, in der Darstellung voneinander trennen und danach den gesamten Stoff anordnen. Dafür hängen die beiden Arten von Fragen miteinander zu eng zusammen. Die verwaltungsrechtliche und die technische Gefängnisbeamtenfrage z. B. lassen sich nicht getrennt voneinander erörtern. Wesentlich ist nur, festzuhalten, daß die Rechtswissenschaft es hier mit einem ihrer Zweige zu tun hat.

Wer an dem Bestehen einer Gefängniswissenschaft trotzdem noch zweifelt, muß dem Rechte selbst den Charakter der Wissenschaft abstreiten.

II. Bei der rechtlichen Regelung des Vollzuges der Freiheitsstrafe steht das Interesse des vollstreckenden Staates, also ein Allgemeinheitsinteresse, in erster Linie. Diesem Interesse ist das des einzelnen, vor allem des Gefangenen, untergeordnet. Das den Strafvollzug regelnde Recht ist ein Teil der öffentlichen Rechtsordnung. Gefängnisrecht ist öffentliches Recht.

Es wäre, wie alles Recht, das die Herrschaftsgewalt des Staates zum Gegenstande hat, Staatsrecht. Doch sind aus diesem, wie bekannt, eine Reihe von Teilgebieten ausgeschieden und zu selbständigen Rechtszweigen erhoben worden, weil man dabei der Eigenart des einzelnen Gebietes besser Rechnung tragen zu können hoffte. Dahin gehören die beiden Prozeßrechte, das Strafrecht und das Verwaltungsrecht.

Wenn es die Aufgabe des Verwaltungsrechtes ist, die rechtlichen Beziehungen zu regeln, die zwischen dem verwaltenden Staate und seinen Untertanen bestehen [1], so ist das Gefängnisrecht ein Zweig des Verwaltungsrechtes [2]. Aber freilich enthält grundlegende Bestimmungen über den Inhalt der zu vollstreckenden Strafe auch das Strafrecht und über die formalen Voraussetzungen der Strafvollstreckung das Strafprozeßrecht. So sind alle drei aus dem Staatsrecht ausgeschiedenen Gebiete am Gefängnisrechte beteiligt.

Wenn man nun aber auch für sie aus Zweckmäßigkeitsgründen besondere Behandlung, besondere Vorlesungen, Lehrbücher und Professuren geschaffen hat, so kann das doch an ihrer inneren Zugehörigkeit zum Staatsrechte nichts ändern. Es handelt sich in ihnen doch nun einmal sachlich um Rechte und Pflichten des Staates als Träger von Hoheitsrechten. Diese Zugehörigkeit hat man zum Schaden der ausgeschiedenen Gebiete vielfach völlig vergessen. Aus ihr aber folgt, daß das geltende Staatsrecht und vor allem, daß das Verfassungsrecht auf sie insoweit Anwendung finden muß, wie nicht aus dem Sondercharakter des ehemaligen Teilgebietes in der einzelnen Frage Gegenteiliges sich ergibt: Der Vollzug der Freiheitsstrafe, d. i. die Gefangenschaft, steht grundsätzlich unter den Sätzen des geltenden Staatsrechtes.

Nun lehrt im Verfassungsstaate, wie es der unsrige ist, das Staatsrecht, daß alle Bestimmungen über die Rechte und Pflichten der Einzelpersonen auf gesetzlichem Wege ergehen müssen [3]. Entweder also ist zu ihrem Erlaß unmittelbar Gesetz nötig, oder es überträgt das Gesetz diese Aufgabe einer Verwaltungsbehörde, indem es sie ermächtigt, von sich aus durch Verordnung, sogenannte Rechtsverordnung, jene Rechtssätze zu schaffen. Dann ist zwar zum Erlasse dieser Rechtsverordnung kein Gesetz, also auch nicht dessen Form, insbesondere auch nicht die Zustimmung der Volksvertretung erforderlich, wohl aber beruht die Kraft der Rechtsverordnung auf der gesetzlichen Ermächtigung, also auf Gesetz: Der Rechtseingriff ist mittelbar gesetzlich fundiert.

Genügt also Gesetz oder gesetzlich delegierte Rechtsverordnung für die Rechtswirksamkeit des Eingriffes in die Individualrechtssphäre, so reicht dafür bloße Verwaltungsbestimmung nicht aus. Sie wendet sich ja, wie schon ihr Name sagt, gar nicht an den einzelnen, sondern an die Verwaltungsbehörde. Diese bindet sie, weil in der Dienstgewalt der Behörde, von der sie erlassen wird, auch die Zuständigkeit zum Erlasse allgemeiner Befehle an die ihr untergeordneten Behörden liegt. Solchen Verwaltungsverordnungen hat sich darum die

[1] Fleiner, Inst. d. deutsch. Verwaltungsr., 2. Aufl., 1912 S. 46.
[2] Treffend Kriegsmann S. 120 f. Fleiner a. a. O. S. 4/5.
[3] Siehe statt anderer Anschütz oben Bd. 3 S. 162.

Behörde zu fügen, — eben auf Grund des amtlichen Dienst- oder Unterordnungsverhältnisses. Aber in die Rechte der einzelnen einzugreifen, sie zu beschränken, ihre Pflichten zu steigern, ist Verwaltungsverordnung nicht geeignet. Dazu wäre Gesetz oder gesetzlich vorbehaltene Rechtsverordnung erforderlich. Ein von bloßer Verwaltungsverordnung getragener Rechtseingriff wäre rechtlich nicht begründet, also rechtswidrig.

III. Wenden wir dies auf den Gefangenen an. Greift das Gefängniswesen in seine Rechtsstellung ein, so muß solcher Eingriff im konstitutionellen Staat unmittelbar oder mittelbar auf Gesetz beruhen. Bloße Verwaltungsverordnung reicht dafür nicht aus. Der Unterschied zwischen der einen und der anderen Regelung ist dabei nach der Art, wie sie zustande kommt, praktisch folgender: Zum Gesetz wie zur Rechtsverordnung gehört unter allen Umständen, wenn auch in verschiedener Weise, die Zustimmung der Volksvertretung. Erfolgt nämlich die Regelung unmittelbar durch Gesetz, so setzt dessen Erlaß die Willensübereinstimmung der Volksvertretung voraus. Erfolgt sie durch gesetzlich delegierte Rechtsverordnung, so ist zwar für deren Erlaß, wie bei jeder Verordnung, Zustimmung der Volksvertretung nicht erforderlich; wohl aber ist diese Zustimmung die Voraussetzung der gesetzlichen Delegation. Die Volksvertretung muß also mit der Regelung im Verordnungswege sich einverstanden erklärt haben, während bloße Verwaltungsverordnung lediglich auf dem Willen der sie erlassenden Verwaltungsbehörde beruht, die kraft Dienstgewalt ihren untergeordneten Behörden allgemeine Befehle geben kann. An den Rechten und Pflichten der Gefangenen kann solche Verwaltungsverordnung nichts ändern. Rechts-, nicht Verwaltungsbestimmungen sind also — sei es in Gestalt von Gesetz, sei es von gesetzlich delegierter Rechtsverordnung — nötig, ebenso wohl zur Begründung von Eingriffen in die Freiheit des Gefangenen (z. B. durch die Disziplinarstrafe des Dunkelarrestes); wie für Eingriffe in seine Körperintegrität (z. B. durch Prügelstrafe); wie in seine Ehre (z. B. durch Beschränkung der Wahlfähigkeit)[1]; wie in sein Eigentum (z. B. durch Vernichtung gewisser von ihm in die Anstalt eingebrachter Gegenstände); wie in sein Recht auf freie Meinungsäußerung (z. B. durch Beschränkung seines Briefwechsels mit Angehörigen)[2] usf.

In allen diesen Fragen müssen, um es zusammenzufassen, die gesetzgebenden Faktoren, unter ihnen die Volksvertretung, mit der Art der Regelung einverstanden gewesen sein. Erfolgt sie durch Gesetz, so bestimmen sie seinen Inhalt. Erfolgt sie durch gesetzlich delegierte Rechtsverordnung, so müssen sie diese Delegation an die Verwaltung gutheißen, die dann ihrerseits den Inhalt der Verordnung selbständig bestimmt.

§ 2. Die Gefangenschaft als Rechtsverhältnis.

I. Die Beziehungen des Staates zum Verbrecher im Vollzug einer Freiheitsstrafe sind durch das Gefängnisrecht (oben § 1) geregelt. Rechtlich geregelte Beziehungen bezeichnet man als Rechtsverhältnis. Die G e f a n g e n s c h a f t ist also ein Rechtsverhältnis, und zwar, da das öffentliche Recht, wie wir sahen, sie regelt, e i n R e c h t s v e r h ä l t n i s d e s ö f f e n t l i c h e n R e c h t e s.

Wenden wir auf dies Rechtsverhältnis die Sätze des öffentlichen Rechtes an, zu denen vor allem die des geltenden Staatsrechtes gehören (s. oben S. 79), so ergibt sich folgendes: Die Rechtsstellung des in Gefangenschaft befindlichen Staatsbürgers ist gleich der des Staatsbürgers schlechthin, abzüglich der Rechte, die durch den Vollzug der Freiheitsstrafe kraft Rechtens in Wegfall kommen. Die Rechte des Gefangenen sind mithin im Strafvollzuge gleich der Differenz von staatsbürgerlichen Rechten schlechthin und von Rechten des Staates auf den Vollzug der im Gesetz angedrohten und vom Richter verhängten Freiheitsstrafe. So unterscheidet sich die Rechtsstellung des Gefangenen von der des freien Staatsbürgers nur durch die Einschränkungen, welche die richterlich auferlegte Freiheitsstrafe kraft Gesetzes in sich schließt.

D e m g e g e n ü b e r k a n n d e r V o l l z u g n i c h t s w e i t e r e s a u f e r l e g e n. Wie sein Name besagt, „vollzieht" er ja lediglich, was der Richter auf Grund bestehenden Rechtes in der Freiheitsstrafe über den Gefangenen verhängt hat: „Es darf in dem Rechtsver-

[1] Siehe Z. 32, 226 ff.

[2] L a b a n d, Staatsrecht 4. Aufl. 1901 Bd. 3 S. 57 ff.

hältnisse zwischen Staat und Gefangenem diesem nichts auferlegt werden, was nicht kraft Gesetzes in der richterlichen Freiheitsstrafe bei deren tunlichst reiner Durchführung über ihn verhängt ist" [1].

Diese Auffassung der Beziehungen des Staates zum Gefangenen als Verhältnis rechtlich festgestellter Rechte und Pflichten steht in scharfem Gegensatze zu der Anschauung vergangener Jahrhunderte, in denen der Gefangene „mit seiner Person und seinem Vermögen der Staatsgewalt ... bedingungslos zur Verfügung stand" [2]. Wir sind über diese Anschauung im ganzen hinaus; in ihren letzten Überresten aber ist sie noch nicht überwunden. Es ist durchaus noch nicht zum Gemeingute der öffentlichen Meinung geworden, daß der, dem Freiheitsstrafe auferlegt ist, im Vollzuge grundsätzlich wirklich nur am Rechtsgute der Freiheit beschränkt werden darf. Ansätze zu dieser Erkenntnis werden uns in der Geschichte der Freiheitsstrafe noch begegnen.

Zur Klarstellung des Vorstehenden seien einige Folgerungen gezogen.

II. Sind die Beziehungen zwischen Staat und Gefangenem Rechtsbeziehungen, so darf kein Teil, ohne rechtswidrig zu handeln, sich über das geltende Recht hinwegsetzen. Daraus ergibt sich, daß einerseits der etwa doch übergreifende Gefangene zivil-, straf- und disziplinarrechtlich in die Schranken zurückgewiesen werden kann. Anderseits aber muß auch der Staat die Freiheitssphäre des anderen wahren. Er darf dem Gefangenen nur so viel auferlegen, wie vom Richter in der Freiheitsstrafe kraft Gesetzes verhängt ist. Die Strafe an der Freiheit darf nicht durch den Vollzug zur Strafe an Leib und Leben oder an der Ehre oder am Vermögen gemacht werden. Die Vollzugsbehörde würde sonst rechtswidrig handeln, und Haftung privat-, straf- und disziplinarrechtlicher Art könnte dann auch für sie die Folge sein. Dies würde z. B. gelten, wenn etwa ein Staat einen Gefangenen seine Strafe zur Winterszeit in ungeheizter Zelle oder ohne vorgängige Reinigung in der bisherigen Zelle eines Schwindsüchtigen mit der Wirkung verbüßen ließe, daß die Gesundheit des Gefangenen litte.

III. a) Handelt es sich aber um die Frage, wie ein Gefängnisrecht aussehen sollte, so wissen wir bereits, daß es vor allen Dingen in der vom Staatsrechte geforderten Weise jeden Eingriff in die Rechte der Gefangenen begründen müßte. Im konstitutionellen Staate müßten diese Eingriffe auf Rechts-, nicht bloß auf Verwaltungssätzen beruhen (s. oben S. 79).

b) Das Zukunftsrecht wird die Aufgabe haben, die Freiheitsstrafe im Vollzug als solche derart auszugestalten, daß sie nur Strafe an der Freiheit wird. Es ist in weitem Maße möglich, zu vermeiden, daß der Staat im Strafvollzuge der Ehre oder anderen Rechtsgütern desjenigen zu nahe tritt, den er gar nicht an der Ehre usw. strafen will. Man hat zu lange schon die Frage vernachlässigt, ob dem Gefangenen nicht im Vollzuge kraft Gesetzes Beschränkungen auferlegt werden, die gar nicht Teile einer Freiheitsstrafe sind und zu ihr nicht passen. Die Reinhaltung der Freiheitsstrafe als solcher wird das Gefängnisrecht der Zukunft im Auge behalten müssen.

Hiermit kommen de lege ferenda die Forderungen der Gefängnishygiene zu ihrem Rechte, und zwar nicht, weil sie einem Gebote der Menschlichkeit entsprechen, sondern weil sie die Elemente einer Leibesstrafe fernhalten, die der Freiheitsstrafe fremd sind. Es erhebt sich dabei ferner die Forderung der Vermeidung des Zwanges zu Außenarbeit, sowie das Verlangen, die ehrverletzende Unterscheidung der Kleidung von Zuchthaus- und Gefängnisinsassen, das Kahlscheren, die Anrede mit Du usw. zu beseitigen; alles das bedeutet ja, entgegen dem Wesen der Freiheitsstrafe, eine Bestrafung an der Ehre. Es ergibt sich weiter die Frage, warum man durch schlechtere Bezahlung der Arbeit von Zuchthausgefangenen diesen, im Gegensatz zu Gefängnisinsassen, im Vollzuge noch eine Vermögensstrafe auferlegt, und endlich, warum ganz allgemein, wiederum entgegen dem Wesen der Strafe an der Freiheit, der Gefangene für seine Arbeit geringer entlohnt wird, als ihrem vollen Wert entspricht.

Gewiß können dem Gesichtspunkte reiner Durchbildung der Freiheitsstrafe Erwägungen anderer Art entgegenstehen, auf Grund deren der Gesetzgeber sich, wie etwa in § 31 RStGB., entschließt, Elemente anderer Strafen in jene einzumengen. Aber

[1] Freudenthal, Staatsr. Stellung S. 27.
[2] Siehe Krohne, Lehrbuch S. 2.

solche Gegengründe werden oftmals nicht vorliegen, wo man jetzt noch ohne viel Nachdenken im Gesetze die Freiheitsstrafe mit anderen Strafen vermischt. Im allgemeinen werden nämlich dieselben Gesichtspunkte, aus denen im besonderen Falle dem Gesetzgeber Freiheitsstrafe erwünscht scheint und deshalb von ihm angedroht wird, auch für die Fernhaltung anderer Strafelemente sprechen, wie das in den oben angeführten Beispielen zumeist der Fall ist. Oder welchen Sinn hat es, um eines von ihnen herauszugreifen, den Zuchthausgefangenen für seine Arbeit schlechter als den Gefangenen zu bezahlen, da es doch des Staates eigenstes Interesse ist, daß er zur Unterhaltung seiner Angehörigen, zur Schadloshaltung des Verletzten und vor allem zur Überwindung der kritischen Zeit nach der Entlassung nicht weniger als der Gefängnisinsasse materielle Mittel besitze?

Handelt es sich ferner um die Unterscheidung der Arten von Freiheitsstrafen im Zukunftsrechte, so muß diese Trennung wiederum grundsätzlich nach Momenten der Freiheitsentziehung, also z. B. nach längerer und härterer oder nach milderer und kürzerer Arbeit erfolgen, aber nicht z. B. nach den fremden und unzugehörigen Elementen einer unter ganz anderem Gesichtspunkt angebrachten Ehren- oder Vermögensstrafe.

c) Erfahrungsgemäß treten beim Vollzuge der Freiheitsstrafe Nebenwirkungen ein, die dem Gesetzgeber wie dem Staate gleich unerwünscht sind, die mit der Freiheitsstrafe deren Wesen nach nichts zu tun haben, und durch die doch über den Gefangenen oder über unschuldige Dritte schwere Schädigungen kommen: Während der Gefangene die Strafe verbüßt, fehlt seiner Familie der Ernährer und der Erzieher. So lange er seinen Beruf nicht ausüben kann, ist ferner Schadloshaltung des durch sein Verbrechen Geschädigten erschwert, wenn nicht unmöglich gemacht. Richtet der Gesetzgeber der Zukunft solchen Nebenwirkungen der Strafe, nicht mehr wie bisher bloß dieser selbst, seine Aufmerksamkeit zu, so kann er beide Wirkungen einigermaßen ausgleichen, indem er dem Gefangenen den vollen Wert seiner Arbeit als Arbeitslohn zuspricht.

Vor allem aber treffen jene Nebenwirkungen unerwünschter Art den Gefangenen selbst. Nachdem er die Strafe verbüßt und die Tat gesühnt hat, schließt sich erfahrungsgemäß oftmals Arbeits- und Erwerbslosigkeit an, die für den Staat beinahe ebenso gefährlich ist wie das Verbrechen selbst, weil sie den einmal Gefallenen leicht dem Verbrechen von neuem in die Arme treibt. Auch hier ist das Vollzugsgesetz der Zukunft einzutreten berufen. Entlassenenfürsorge wird zur Aufgabe des Staates, aber wieder nicht als eine Forderung lediglich der Menschlichkeit oder der Staatsraison, sondern als eine Folge des Wesens der Gefangenschaft als Rechtsverhältnis, indem über den Gefangenen nichts als Freiheitsverlust, und dieser nur in der Strafzeit verhängt werden darf. Wo läge wohl sonst gesetzgeberisch die Rechtfertigung dafür, daß über den Verbrecher nach der Strafe eine neue Strafe, und zwar nach der Freiheitseine Vermögensstrafe einträte? Dabei bleibt offen, ob der Staat die Aufgabe der Entlassenenfürsorge unmittelbar durch eigene Beamte oder mittelbar durch bloße Organisierung oder (ganze oder teilweise) Honorierung der Vereinen oder Privaten obliegenden Entlassenenfürsorge erfüllen will.

IV. So tritt zur Reinhaltung der Freiheitsstrafe die Isolierung ihrer Wirkungen als Ziel jedes künftigen Gefängnisrechtes hinzu. Seine Aufgabe wird es sein, den Vollzug als Rechtsverhältnis allseitig durchzubilden und die Folgerungen dieses Charakters herauszuarbeiten. Dadurch werden die rechtlichen Beziehungen der am Vollzuge beteiligten Rechtssubjekte klargestellt und Normen des Rechtes, soweit tunlich, an die Stelle freien Ermessens der Vollzugsbehörden gesetzt. Wird dabei der für jede Verwaltungstätigkeit erforderliche Rahmen freien Ermessens vom Gesetze den Behörden des Vollzuges freigelassen, so liegen im übrigen feste Normen in deren eigenstem Interesse. Niemand empfindet das stärker als sie selbst [1]. Denn in solchen Normen liegt ihre Deckung gegenüber Angriffen der Öffentlichkeit, wie gegenüber mehr oder minder vagen und widerstreitenden Gefühlserwägungen, durch die man die Gestaltung des Vollzuges bald nach dieser, bald nach jener Seite hin zu beeinflussen versucht. „Der Strafvollzugsbeamte befindet sich heute in einer eigenartigen Lage. Die einen werfen ihm törichte Schwäche und weichliche Gefühlsseligkeit vor und möchten seine

[1] So schon Krohne, S. 316 ff.

Arbeit wieder der des Nachrichters, des ‚Meisters Peinlein' vergangener Tage angenähert sehen, die anderen beschuldigen ihn der rückständigen Grausamkeit und bureaukratischen Verständnislosigkeit für neue Aufgaben und neue Probleme" (Pollitz[1]).

Gegenüber diesen miteinander unvereinbaren Erwägungen der Strenge und der Humanität ist es die Aufgabe der Zukunft, ein ausgebildetes Gefängnisrecht zu schaffen, das dem Rechtsverhältnisse Gefangenschaft nach der Seite der Pflichten und Rechte des Staates wie des Gefangenen klarere Gestaltung gibt. Damit wird dieser Teil des Strafvollzuges auch dem Wesen des Rechtsstaates, in dem wir leben, angepaßt werden; ist ja doch „eine genaue Grenzziehung zwischen Herrschaft und Freiheit" (Thoma[2]) eines seiner Kennzeichen.

Zum Schlusse sei besonders betont, daß, was hier an Forderungen für die Gestaltung des Rechtsverhältnisses Gefangenschaft erhoben ist, wie angedeutet, zum guten Teil schon oft aus Gründen der Gerechtigkeit oder Menschlichkeit oder aus allgemeinen Gründen des Staatswohles gefordert worden ist. Es ist freilich auch vieles davon dann wieder aus entgegengesetzten Erwägungen des Gefühls usw. bestritten worden. Demgegenüber war es die Aufgabe, ohne Rücksicht auf irgendein einzelnes positives Recht, unsere Forderungen aus dem Charakter der Beziehungen von Staat und Gefangenen als rechtlich geregelten oder, anders ausgedrückt, aus dem Charakter der Gefangenschaft als Rechtsverhältnis wissenschaftlich, d. i. einheitlich zu begründen und zu umgrenzen.

III. § 3. Zur Geschichte der Gefängnisstrafe.

a) Anfänge.

Jahrhunderte hindurch war die Geschichte der Freiheitsstrafe die Geschichte menschlicher Grausamkeit. Nirgends vielleicht ist aber auch der Fortschritt der Kultur und die Möglichkeit künftiger Weiterentwicklung klarer als hier.

Wie dem Altertum überhaupt, so ist dem römischen Rechte Gefängnisstrafe als gesetzliches Strafmittel grundsätzlich fremd (Mommsen, Röm. Strafr. 1899 S. 963). Der Kerker dient der Verwahrung, nicht der Bestrafung (l. 8 § 9 D. de poen. 48, 19). Typisch ist das Tullianum, ein etwa zwölf Fuß tiefes Steingewölbe, in das König Jugurtha und Lentulus, ein Anhänger Catilinas, hinabgelassen wurden, jener, um durch Kälte und Hunger, dieser, um durch Erdrosselung zu sterben. Auch die Kaiserzeit kennt formell keine kriminelle Freiheitsstrafe. Aber ihre Zwangsarbeit war tatsächlich mit Hafthaltung verbunden.

Im germanischen Recht findet sich eine Fülle von Todesstrafen sowie von verstümmelnden und entehrenden Leibesstrafen. Freiheitsstrafe aber blieb ihm als Verbrechensfolge grundsätzlich fremd. Noch im Mittelalter diente die Entziehung der Freiheit im allgemeinen nur als Zwangs- oder als Sicherungsmaßregel, d. h. als Schuldhaft zur Herbeiführung einer Zahlung oder als Untersuchungshaft zur Verhinderung der Flucht eines Angeklagten.

Erst die Bamberger und die Peinliche Halsgerichtsordnung verhängten 1507 und 1532 sowohl Gefängnis für immer — ewiges Gefängnis —, als auch auf Zeit[3]. Die Kerker, in denen die Strafe in dieser Periode verbüßt wird, sind aber so ausschließlich den Zwecken der Abschreckung und Unschädlichmachung dienstbar, daß tatsächlich die Einsperrung in die Enge, die Feuchtigkeit und den üblen Geruch eines solchen Turmverließes oder Kellers mit qualvoller Todesstrafe ziemlich gleichbedeutend ist. Die Freiheitsstrafe wird hier durch die Art des Vollzuges zur Lebensstrafe. — „Wenn durch ewiges Gefängnis des Delinquenten Leben geschont werden soll, muß das Gefängnis, so heißt es in Doeplers Schauplatz der Leibes- und Lebensstrafen noch am Ende des 17. Jahrhunderts, nicht so grausam, garstig und abscheulich sein, daß er durch Stank, Dampf und Unflat dort in wenigen Tagen das Leben einbüßen muß . ."

[1] Pollitz, Strafe u. Verbr. S. IV.
[2] Thoma, Jahrb. d. öff. Rechts Bd. 4 S. 196 ff., 205 ff.
[3] Vgl. J. Kohlers u. W. Scheels Ausgabe der Carolina 1900 (s. die analyt. Register unter „Gefängnis").

Die römische Kirche betrachtet von alters her Buße und Besserung als Zweck der Einkerkerung. Diese bildete auf der ersten Stufe ihrer Entwicklung ein bloßes Disziplinarmittel für Klosterleute, schon seit dem 4. Jahrhundert n. Chr. in Überweisung an ein Ergastulum, d. i. an ein klösterliches Arbeitshaus, bestehend. Sie war also, wenigstens im Regelfalle, mit Arbeit verbunden. Der Beschluß des Benediktiner-Konvents von 817 schrieb ausdrücklich vor, „atrium juxta sit, in quo valeant quod eis injungitur operari" (Kober S. 65. 71). Die zweite Stufe bildete ihre Ausdehnung vom 6. Jahrhundert ab, jedenfalls nach westgotischem Rechte (Hinschius, Kirchenrecht IV, 815) auf eine Reihe schwerer Verbrechen und auf Kleriker überhaupt. Auch hier ist Buße und Besserung der Hauptzweck (c. 3 in 6to de poenis 5. 9). Die Haft ist mit Zwangsarbeit verbunden; durch strenges, oft jahrelanges (c. 40, 41 Dist. 50), ja lebenslängliches Fasten bei Wasser und Brot (Generalkapitel der Prämonstratenser v. 1315 b. Kober S. 619) kann sie geschärft werden Sie wird zuerst im Klosterkerker verbüßt, später, und zwar jedenfalls seit Innocenz III. (1198—1216), in eigentlichen besonderen Gefängnissen, die vom Kloster getrennt sind (c. 35 X de sent. excomm. 5, 39). Auf der dritten Stufe endlich wird die kirchliche Freiheitsstrafe auf Laien erstreckt; die Gefängnisse für sie sind zwar die gleichen wie für Kleriker, die Behandlung in ihnen ist aber für Laien härter.

Sind wir über die Gestaltung dieser dem Zwecke der Besserung dienenden Gefängnisse, die aber jedenfalls einen systematisch hierauf gerichteten Strafvollzug noch nicht besessen haben, des Genaueren nicht unterrichtet, so ist mit Sicherheit als ein Höhepunkt kirchlichen Anstaltswesens das von Papst Clemens XI. 1703 zu S. Michele in Rom errichtete Böse-Buben-Haus zu betrachten. Es war als Strafanstalt für jugendliche Verbrecher, daneben aber für Verwahrloste bestimmt, bildete also, modern gesprochen, zugleich Jugendgefängnis und Fürsorgeerziehungsanstalt. Auf einer Marmortafel über seinem Eingang war Umbildung der jungen Leute zu nützlichen Staatsbürgern als Zweck genannt („ut qui inertes oberant instructi reipublicae serviant"), und über dem Eingange zu seinem Hauptsaale stand das „Motto aller Gefängnisreform": „Parum est coercere improbos poena, nisi probos efficias disciplina". In regelmäßigen Zeitabständen wurden durch hohe kirchliche Beamte in der Anstalt Belohnungen an die jugendlichen Insassen verteilt und — uns erinnert das an modernste Einrichtungen — die Namen der Belohnten in den Arbeitssälen ausgehängt. Auch Ämter in der Anstaltsverwaltung wurden zur Auszeichnung guter Führung verliehen und Disziplinarstrafen erlassen. Diese bestanden in Wasser und Brot, Einsperrung in Strafzellen, nur selten aber in körperlicher Züchtigung: „man hatte die Erfahrung gemacht, daß Schläge mehr verhärten als bessern". In alledem, wie in dem Grundgedanken der gemeinschaftlichen Tagesarbeit mit Schweigegebot und der nächtlichen Trennung in Zellen, ist, wie schon angedeutet, in einer erstaunlichen Art der Gedankeninhalt des modernen Reformsystems (s. unten S. 97 ff.) vorweg genommen. Unterweisung in einem Handwerk, sowie eine Art Progressivsystem vollenden diesen Eindruck.

Inwieweit das kirchliche Gefängnis mit seinem Besserungsgedanken auf die weitere Entwicklung des weltlichen Gefängniswesens eingewirkt hat, kann hier nicht näher erörtert werden. Immerhin haben aus dem kanonischen Rechte jedenfalls die constitutiones regni Siciliae Friedrichs II. ihre kriminelle Kerkerhaft (const. III, 44, 45, 89), wie so vieles, entnommen [1]. Auch sind im kirchlichen Vollzuge schon starke Ansätze zum System der Einzelhaft enthalten. Die ersten staatlichen Strafanstalten modernen Charakters sind ferner zum Teil auf Anregung hoher Geistlicher, zum Teil in Klöstern (Z. 18, 438), deren bisherige Zellen dann die weltlichen Häftlinge aufnahmen, errichtet worden. Und dies, wie von Hippel [2] nachgewiesen hat, gleichzeitig mit der Reform der Armen- und Wohltätigkeitspflege, bei der bekanntlich auch wieder die Kirche von jeher stark beteiligt gewesen ist. Dazu kommt, daß der kirchliche Strafvollzugszweck, innere Buße und Besserung, in den staatlichen Strafvollzug übergegangen ist. So kann zum mindesten ein gewisser Zusammenhang geistlichen und weltlichen Gefängniswesens kaum in Abrede gestellt werden.

Dagegen darf man nicht mit Kriegsmann die eine der — seiner Meinung nach zwiefachen — Wurzeln moderner Gefängnisstrafe in den öffentlichen Zwangsarbeiten suchen, die

[1] Zechbauer, Mittelalt. Strafr. Sizil., herausg. von J. Kohler, 1908 S. 6 u. 31.
[2] v. Hippel in Z. 18, 651.

im Anfang der Neuzeit in größter Buntscheckigkeit als Einstellung in den Kriegsdienst, Verbringung auf Grenzfestungen, Gassenkehren, Festungsbau usw. verhängt wurden [1]. Hier ist die Beziehung zur modernen Gefängnisstrafe — um diese, nicht um irgendeine Freiheitsstrafe aber handelt es sich doch — recht gering. Denn vielfach trat die „langwierige Einsperrung", auf die Kriegsmann zur Kennzeichnung der modernen „Einsperrungsstrafe" (S. 124) mit Recht entscheidendes Gewicht legt, dabei ganz zurück, während sie vordem, wie wir gesehen haben, dem kirchlichen Strafvollzuge längst bekannt gewesen war. Jedenfalls bildete ganz allgemein nicht sie, sondern der Zwang zu gewissen Leistungen und Arbeiten das eigentliche Strafmittel. Der aber fand sich wieder schon bei der römischen damnatio in metallum [2]. Der Besserungszweck, der auch nach Kriegsmann die moderne Gefängnisstrafe kennzeichnet, kam überdies hier über dem Gesichtspunkte des Staatsbedürfnisses gar nicht in Betracht; und endlich ist die öffentliche Zwangsarbeit nicht etwa in der Gefängnisstrafe aufgegangen, sondern sie hat sich, auch nach Kriegsmann, noch lange Zeit selbständig neben dieser gehalten.

Entscheidend werden für die weitere Entwicklung die Zuchthäuser des 16. Jahrhunderts.

b) Die ersten Zuchthäuser [3].

Zur Schaffung der ersten Zuchthäuser in der Zeit von der Mitte des 16. Jahrhunderts an hat ein Doppeltes Anlaß gegeben. Auf der einen Seite die mit der Renaissance einsetzende Bewegung gegen die blutige Strenge des Strafsystems und -vollzuges, auf der anderen Seite die Erfolglosigkeit des Kampfes gegen das wachsende Heer der Bettler und Müßiggänger. Das Bedeutsame in der Bekämpfungsmethode dieser ersten Zuchthäuser war, daß zu den brutalen Zwecken der Anstalten des Mittelalters, nämlich Unschädlichmachung und Abschreckung, wie im kirchlichen Strafvollzuge der Besserungszweck hinzutritt. Auch der bis dahin der öffentlichen Zwangsarbeitsstrafe unterliegende Grundgedanke, den Verbrecher und seine Arbeit für die Allgemeinheit ökonomisch zu verwerten, tritt zurück hinter den Zweck der „zwangsweisen Erziehung zu Ordnung und Arbeit" (von Hippel) und damit der Umwandlung des sozialen Schädlings in einen brauchbaren Menschen.

Die erste in diesem Sinne moderne Anstalt, die, statt der gegen Bettler in England gesetzlich angedrohten Strafen, [illegible]ch statt „Peitschen bis aufs Blut, Ohrabschneiden, Ohrabsengen, Hängen", sie durch Arbeit zur Arbeit erziehen sollte, scheint, nach den dürftigen Nachrichten, die vorliegen, Bridewell gewesen zu sein. Es war ein alter königlicher Palast, den Eduard VI. 1553, unter dem Eindruck einer Predigt des Bischofs Ridley, der Stadt London schenkte. Noch heute heißen die englischen Zuchthäuser nach ihr „bridewells". Doch war sie noch ausschließlich für Bettler und Müßiggänger, nicht eigentlich für schwere Verbrecher bestimmt; sie bildete ein Korrektionshaus, kein Zuchthaus in unserem Sinne, und ist auch für die nachher in Holland und Deutschland errichteten „Zuchthäuser" kaum vorbildlich gewesen.

Weitaus die erste Stelle unter diesen nahm das Zuchthaus von Amsterdam ein, 1595 für Männer, 1596 für Weiber eröffnet. Hier ist der moderne Grundgedanke jeder Strafanstalt, nämlich der Erziehung durch angestrengte Arbeit, tatsächlich und mit Erfolg zur Verwirklichung gelangt. Daneben ist durch Anstellung von Lehrern, Geistlichen und Ärzten, für Unterricht, Seelsorge und Gesundheitspflege und damit für geistige und körperliche Ausbildung gesorgt. Der Strafvollzug war mustergültig und ist das Vorbild aller späteren Zuchthäuser geworden. War dies Männerzuchthaus von Anfang an, außer für Vagabunden und Bettler, auch für „Übeltäter, Spitzbuben und dgl.", also für geringere Verbrecher, deren Kreis überdies sehr bald erweitert wurde, bestimmt, so würde es, trotz des Bestandes an bösen Buben, die von ihren Eltern vielfach in der Anstalt untergebracht wurden, zu weit gehen, wollte man es wegen „völliger Abkehr vom Strafrecht" (W. Leonhard [4]) ganz aus der Reihe der Strafanstalten streichen.

---

[1] Siehe zum Folgenden insbes. C. G. Wächter, Strafarten und Strafanstalten des Kgr. Württ. 1832 und Hegler, Die prakt. Thät. der Juristenfakultäten 1899.

[2] Sehr gut Mommsen, Röm. Strafr. 963.

[3] Grundlegend hier v. Hippel, Z. 18, 419 ff. u. 608 ff.

[4] W. Leonhard (oben S. 77) S. 6.

Dies um so mehr, weil es auch abschreckende Wirkung, wie sie ja vorher dem Strafvollzuge der Zeit eigen gewesen war, geübt hat und hat üben wollen.

Wurde dies Tuchthuis wegen der in ihm vorzugsweise vollzogenen Arbeit des Raspelns von Farbhölzern, für die es 1602 geradezu einen „Gunstbrief", d. i. ein Monopol, für ganz Holland und Westfriesland erhielt, als Rasphuis bezeichnet, so wurde das Weiberzuchthaus entsprechend als Spinnhaus die Beschäftigungsanstalt für müßige und bettelnde Frauenzimmer, bald aber gleichfalls auch für weibliche Kriminalverbrecher. Bezeichnend für den Charakter der Anstalt war das über der Außentür des Männerzuchthauses befindliche Bild eines von wilden Tieren gezogenen, mit Brasilienholz und Handwerksgerät beladenen Wagens, auf dem sich der die Peitsche schwingende Fuhrmann befindet, und darüber in goldenen Lettern der Spruch: „virtutis est domare quae cuncti pavent". Am Weiberzuchthaus aber stand geschrieben: „Fürchte dich nicht! Ich räche nicht Böses, sondern zwinge zum Guten. Hart ist meine Hand, aber liebreich mein Gemüt."

Schon 1603 wurde ein sogenanntes separates oder sekretes Zuchthaus als Sonderabteilung für die Söhne anständiger Bürger angegliedert, und hier hat, noch 100 Jahre früher als in dem bereits erwähnten S. Michele, bei Tagesgemeinschaftshaft nächtliche Trennung der Gefangenen in Einzelzellen bestanden. Seelsorge und Unterricht ergänzen die Erziehung, unter der übrigens wiederum die abschreckende Wirkung der Strafe keineswegs litt, so daß vielmehr die Müßiggänger und Bettler von Amsterdam an Zahl reißend zurückgingen. Schon 1613 wurde von diesen viel besuchten und vielbewunderten Zuchthäusern, in denen zum ersten Male nicht ausschließlich die Furcht als Mittel verwertet war, geschrieben, „quam sit salutare huius carceris institutum et imitandum omnibus rebuspublicis".

Es fand denn auch wirklich bald Nachahmung, insbesondere bei uns in Deutschland, und es war nur natürlich, wenn bei der Enge der Verkehrsbeziehungen zwischen Holland und den Hansastädten diese unter den deutschen Städten vorangingen. 1604 ergeht vom Bremer Senat an den Chef der Amsterdamer Hafenpolizei die Bitte, ihm die Zuchthausordnung „tho einer Nachrichtung thokamen tho lahten", worauf 1609 dann die Bremische Zuchthausordnung erging. 1613 folgte das Lübecker Zuchthaus. Spätestens 1622 trat das von Hamburg ins Leben, gleichfalls Amsterdam angelehnt, aber eine verbesserte Auflage.

Seit der Mitte des 17. Jahrhunderts sind in den verschiedensten Teilen Deutschlands weitere Zucht-, Raspel- und Spinnhäuser in großer Zahl entstanden, so daß schließlich im Jahre 1786 nach C. E. Wächter in Deutschland wenigstens „in die 60 Zucht- und Arbeitshäuser" bestanden. Das Zuchthaus der Stadt Berlin ist im Jahre 1712 endgültig errichtet [1].

c) Rückschlag.

Die in der zweiten Hälfte des 17. Jahrhunderts eingeleitete Entwicklung zum besseren hat nicht angehalten. Die neugeschaffenen Zuchthäuser wurden ihrem Besserungszwecke vielfach entfremdet, indem Armen-, Waisen- und Irrenhäuser mit ihnen verbunden und gänzlich ungeeignete Elemente in sie aufgenommen wurden.

Vor allem aber zieht noch im 17. Jahrhundert, unter dem verwildernden Einfluß des Dreißigjährigen Krieges, der ja nicht nur hierin das Land kulturell weit zurückwarf, der alte Geist der Peinigung in die Zuchthäuser wieder ein. Die Freiheitsstrafe wird wieder vom Vollzuge zur Leibes- und Lebensstrafe gemacht. Beides, Unschädlichmachung und Abschreckung, spiegelt als ein Beispiel die Münchener Zuchthausordnung von 1682 trefflich wieder, wonach der Gefangene „zu Buß, Arbeit und zu besserem Leben gebracht oder an einen solchen Ort gesetzt werden soll, wo er niemand mehr beschweren noch andere verführen kann". Und weiter, es seien in ihm Personen, „welche nach ihrem Verschulden in Eisen und Banden bei geringer Atzung und schlechtem Lebensunterhalt mit harter Arbeit, Karbatsch und Rutenzüchtigung oder in anderem Wege wohl empfindlich abgestraft und mortifiziert werden". An eine sittliche Hebung der Gefangenen war nicht mehr zu denken. Hie und da zechte und würfelte der Anstaltsgeistliche in der Schenkstube des Gefängnisses mit den

[1] Rosenfeld in Z. 26 S. 4 ff.

Gefangenen. Die Orte aber, in denen man nun wenigstens die Insassen unschädlich zu machen gedachte, wurden, wie sie der preußische Justizminister von Arnim am Ende des 18. Jahrhunderts treffend genannt hat, zu wahren „Verführungspepinieren" und zu den gefährlichsten Herden von ansteckenden Krankheiten, wie typhösem Kerkerfieber, Kachexie, Schwindsucht und Skorbut. Nicht nur starben alljährlich Scharen von Gefangenen selbst, sie trugen vielmehr die Krankheiten auch unter die freie Bevölkerung. Seit der berüchtigten „Black Assize", bei der durch die aus dem Gefängnis vorgeführten Gefangenen bei den Assisen in Oxford eine Epidemie eingeschleppt wurde, der der Lord Chief Baron, der Sheriff und 300 andere Personen innerhalb eines Tages erlagen, wiederholte sich der Vorgang von Zeit zu Zeit. Noch 1750 starben auf diese Weise in London der Lord Mayor, zwei Richter, ein Alderman und eine Reihe anderer Leute.

Zwischen abgeurteilten Strafgefangenen, bloßen Untersuchungs- und Schuldgefangenen wurde kein Unterschied gemacht. Mit alten Verbrechern saßen Jugendliche, aber auch Bettler, Vagabunden, Waisenkinder in demselben Hause wahllos zusammen (sehr anschaulich P. Lenel, Badens Rechtsverwaltung 1913, S. 234). Zu ihnen kamen Geistesgestörte, die zur Erheiterung der übrigen und der etwaigen Besucher der Anstalt dienten: „Das Gefängnis ist in dieser Zeit", so sagt Krohne, „Kloake, Verbrecherschule, Bordell, Spielhölle und Schnapskneipe, nur nicht eine Anstalt im Dienste des Strafrechts zur Bekämpfung des Verbrechens."

d) John Howard und die Amerikaner[1].

1. In diesem Stande der Dinge setzt auf der Grundlage der Aufklärung eine zweite Reformperiode ein. Ihr Träger ist John Howard, den vor allem seine Untersuchungen über den „Zustand der Gefängnisse in England und Wales mit einleitenden Bemerkungen und einem Bericht über einige fremde Gefängnisse", 1777 erschienen, unsterblich gemacht haben. 1726 als Sohn eines vermögenden Krämers in London geboren, streng puritanisch erzogen, ohne gelehrte Bildung, — so daß seine Schriften sprachlich vielfach nicht einwandsfrei sind, — sieht er seine Lebensaufgabe von Anfang an darin, Menschenelend zu lindern. Als er nach dem Lissabonner Erdbeben von England nach Portugal fährt, um zu helfen, wird sein Schiff von Franzosen gekapert. So lernt er als Kriegsgefangener — das ist für sein späteres Wirken entscheidend gewesen — am eignen Leibe die Qualen damaliger Gefangenschaft kennen. Sheriff seines Grafschaftsgerichtes geworden, durchwandert er ein Jahr lang Englands Gefängnisse. Darauf wird er 1774 vor das Haus der Gemeinen geladen, wo er, schlicht und jeder Sentimentalität bar, über das von ihm Gesehene berichtet und darauf, wie er selbst es ausdrückt, „die Ehre ihres Dankes" hat: Die Gefängnisreform steht damit in England auf der Tagesordnung. Lange weitere Jahre (1775 ff.) durchzieht er wiederholt die Gefängnisse des Kontinents und Englands, bevor er seinen „State of Prisons" veröffentlicht, der der ganzen damaligen Kulturwelt das Gewissen geweckt hat. Wieder und wieder durchreist er die Anstalten des In- und Auslandes, bis er im russischen Cherson 1790, sei es durch Überanstrengung, sei es durch Ansteckung, einem Fieber erlag. „Setzt auf mein Grab eine Sonnenuhr, nichts weiter, und vergeßt mich", soll seine letzte Bitte gewesen sein. Sie ist nicht ganz in Erfüllung gegangen.

In welchem Stande körperlichen und geistigen Elends Howard die Gefangenen seiner Zeit fand, ist oben geschildert. Nur in Holland hatte sich noch in seiner Zeit der vorbildliche Strafvollzug der Raspel- und Spinnhäuser erhalten, dessen Grundzug er mit dem — von ihm mitgeteilten, nicht, wie man behauptet hat, geschaffenen — Spruche kennzeichnet: „Machet sie fleißig und sie werden ehrlich sein." Er schildert diese Gefängnisse als „so ruhig und die meisten von ihnen so rein, daß ein Besucher kaum glauben kann, sich in einem Gefängnisse zu befinden". Auch über Strafkürzung bei Wohlverhalten, ja selbst über Unterbringung der Kinder von Hingerichteten oder von langzeitigen Gefangenen in Waisenhäusern berichtet er. Von starkem Einfluß auf ihn war ferner das nach holländischem Vorgang auf Betreiben des Vicomte Villain XIV. und auf Grund seiner Pläne erbaute Maison de force in Gent, mit

[1] Siehe hierzu Krohne, S. 32 ff. und F. H. Wines, Punishment and Reformation 1895, S. 122 ff.

gemeinschaftlicher Arbeit bei Tage und nächtlicher Trennung in Zellen, entsprechend dem System von S. Michele, sowie mit besonderen Abteilungen für Männer, Frauen und Kinder. Endlich findet er die Zuchthäuser von Hamburg und Bremen zu loben. Im übrigen aber hatten sich unter den wichtigsten Kulturländern jener Zeit Deutschland, England und Frankreich in bezug auf ihre Gefängnisverhältnisse nichts vorzuwerfen.

Hollands Einrichtungen haben auf Howards Anschauungen bestimmenden Einfluß geübt. Auf ihn ist es zurückzuführen, wenn der Gedanke an eine Gefängnishygiene allmählich auftauchte, und wenn der der Besserung statt der früheren Peinigung und der Gedanke der Erziehung durch Arbeit zur Grundlage des Strafvollzuges der ganzen gesitteten Welt geworden sind. Isolierung zur Tages- und Nachtzeit empfiehlt er als sicherstes Mittel gegen gegenseitige Verschlechterung und, wo solche Trennung untunlich sei, Klasseneinteilung mit Beförderung in die höhere Klasse, der leichtere Haft eigen sein müsse, oder Hinabrücken in eine härtere Klasse. Auf ihn geht der Bau der ersten englischen Zellgefängnisse, darunter des in Gloucester kraft Gesetzes von 1779 errichteten, zurück.

Unter denen, die sein Wirken in England fortsetzten, sei nur Elisabeth Fry genannt. Sie hat durch die Macht ihrer Persönlichkeit zur Besserung der Lage weiblicher Gefangener im Strafvollzuge und nach der Entlassung viel beigetragen; die Einrichtung von Gefängnisschulen, die Bestellung weiblicher Beamten u. a. geht auf sie zurück.

2. Die Gefängnisreform hat in dieser Zeit von Amerika aus nachhaltige Förderung erfahren, das seitdem immer wieder dem Strafrecht und Strafverfahren, wie dem Vollzuge grundlegende Anregungen gegeben hat. Nicht als ob diesen immer in Amerika selbst geschaffene Gedanken zugrunde lägen. Wohl aber sind sie dort vielfach zuerst in großem Stil erprobt und an die übrigen Kulturländer demnächst weitergegeben worden. Jedenfalls setzt in dieser Zeit die kriminalpolitische „Wechselwirkung zwischen der alten und der neuen Welt“ [1] ein, deren wir uns seither erfreuen.

a) Innerhalb des neuen Erdteils geht sie einmal von dem Staate Pennsylvanien aus. In ihm hatte William Penn, der auf seinen Missionsreisen die Zuchthäuser Hollands kennen gelernt und bewundert hatte (Wichern IV, 95), bei der Gründung des Staates in seiner Great Law 1682 das holländische System der Erziehung durch Arbeit eingeführt (‚all prisons should be workhouses ..‘). Nach seinem Tode unterdrückte England die Reformströmung. Kaum aber war die Unabhängigkeit von England erstritten, da lebte die Bewegung wieder auf. Unter quäkerischem Einfluß entstand gegen 1786 die während des Krieges aufgelöste Philadelphische Gefängnisgesellschaft von neuem. Sie setzte durch, daß durch das umfassende Gesetz vom 5. April 1790 beschlossen wurde, mit „unbeschränkter Einsamkeit“ als dem System des ‚solitary confinement‘ einen Versuch zu machen. Dadurch hoffte das Gesetz „ebensosehr zu bessern wie abzuschrecken“, in höchst bemerkenswerter Weise also Spezial- und Generalprävention zu verbinden, wie es das Ziel der Gefängnisreform geblieben ist und bleiben wird. Jene „uneingeschränkte Einsamkeit“ aber führt auf J. Howard zurück, mit dem die Philadelphische Gefängnisgesellschaft vorher nachweislich in Briefwechsel gestanden hat. Sie sollte nur in einer „geeigneten Zahl von Zellen“ und nur für ‚more hardened and atrocious offenders‘ angewendet werden. Ob dabei Ausschluß der Arbeit jemals gesetzlich vorgeschrieben war, ist bestritten; an sich würde es quäkerischem Geiste nicht entsprochen haben.

Auf der Grundlage mit Arbeit verbundener Trennung bei Tag und Nacht wurde dann 1821 durch Gesetz der Bau eines „State Penitentiary for the Eastern District“ angeordnet. 1836 war das „Eastern Penitentiary“, wie es kurz heißt, auf Cherry Hill in Philadelphia vollendet. Hier war die Trennung keine absolute mehr, sie war vielmehr durch den Besuch der Anstaltsbeamten u. a. systematisch durchbrochen (‚separate confinement‘). Die Anstalt hat von Anfang an schwere Anfeindungen durchgemacht, von den einen, weil Einzelhaft bei Tag und Nacht eine Grausamkeit sei, der gegenüber die „Bastille Frankreichs und die Inquisition Spaniens nur ... schwächliche Muster wären“, von den andern, weil ihr der „Ernst der Strafe“ abgehe.

---

[1] v. Engelberg, Gerichtssaal 68, 270.

b) Im Staate Neuyork insbesondere entschloß man sich, unter dem Einflusse der Neuyorker und Bostoner Gefängnisgesellschaft, eine Anstalt zu bauen, in der man die Gefangenen nur bei Nacht trennte, bei Tage aber in Gemeinschaft arbeiten ließ, diese Gemeinschaft aber dadurch unschädlich zu machen suchte, daß man ihnen ein absolutes und mit der Peitsche durchgeführtes Schweigegebot auferlegte. So entstand 1820 das New York State Prison in Auburn, das in Wahrheit nur eine Erneuerung des Haftsystems von S. Michele und des Maison de force in Gent darstellte, nicht ein neues System, wie in der Regel behauptet wird.

c) In dem Kampfe der beiden Systeme, des Pennsylvanischen der Einzelhaft und des Neuyorker (oder Auburner- oder Schweige-) Systems der Gemeinschaftshaft mit nächtlicher Trennung, ist dieses in Amerika durchaus siegreich geblieben. Nicht zum wenigsten, weil es billiger war als das der Zellbauten. Das System der Einzelhaft aber, im Heimatland Amerika unterlegen, eroberte sich den alten Erdteil Europa.

Freilich hat die Einzelhaft in England das Gesicht gewechselt. Dort ist sie nicht, wie im Eastern Penitentiary, das System der Strafvollziehung schlechthin, sondern bei schwerer Freiheitsstrafe nur das Anfangsstadium eines Progressivsystems. Das in den Jahren 1840—42 errichtete Zellgefängnis in Pentonville wurde als Vollzugsanstalt nur für den ersten, mit schwerer Arbeit verbundenen Teil der Strafe bestimmt. Ihm folgte als zweites Stadium die Deportation in die australischen Kolonien und nach deren Aufhebung Gemeinschaftsarbeit auf englischem Boden unter strenger, jeden Verkehr hindernder Aufsicht. Dies zweite Stadium enthält wieder mehrere Unterklassen; Beförderung und Degradation in ihnen wurde durch ein Strichsystem (mark system), das Maconochie im Deportationsstrafvollzuge von Westaustralien zuerst angewandt hatte, auf angeblich exakte Grundlage gestellt. Wer zur ersten Klasse emporgestiegen war, hatte das Recht auf Erteilung eines ticket of leave, d. i. vorläufige oder bedingte Entlassung mit dem Vorbehalte des Widerrufes. Zahl und Dauer der einzelnen Stadien dieses fortschreitenden Strafvollzuges haben wiederholt gewechselt. Seine wesentliche Bedeutung aber liegt in der allmählichen Milderung der Freiheitsbeschränkung und damit in der Annäherung an die Freiheit.

Doch ist dieser Gedanke in Deutschland schon lange vorher, nämlich im 18. Jahrhundert, durch den Gefängnisprediger Wagnitz in seinen „Historischen Nachrichten und Bemerkungen über die merkwürdigsten Zuchthäuser in Deutschland" (1791) ausgesprochen worden.

Die Überführung in die Freiheit wurde in dem sogenannten irischen System durch eine weitere Stufe, die vor der vorläufigen Entlassung eingeschoben wurde, noch mehr vermittelt, nämlich durch den Aufenthalt in einer Zwischenanstalt (intermediate prison). Hier findet für den Gefangenen freierer Verkehr mit der Außenwelt auf Botengängen, Einkäufen usw. statt; er handelt bereits wieder unter eigener Verantwortlichkeit. Der Vater dieses Systems war Sir Walter Crofton. Nach seinem Rücktritt ist es freilich seit 1864 auch in Irland durch das englische System ersetzt worden. Einer der Zwecke der Zwischenanstalt, für die Beschaffung einer geeigneten Stellung vor der Entlassung Gelegenheit und Zeit zu geben, war durch die inzwischen begründeten Vereine zur Fürsorge für Entlassene übernommen worden.

Auch die Zwischenanstalt ist übrigens schon vorher in Deutschland nicht nur erwogen, sondern auch 1851 als „Übergangsstation" in der mecklenburgischen Anstalt Dreibergen verwirklicht worden.

e) Deutschland seit dem 19. Jahrhundert. [1]

Weder das irische, noch das englische Progressivsystem ist im allgemeinen in Deutschland übernommen worden. Wie es zu Beginn des 19. Jahrhunderts in Preußen aussah, schildert der Justizminister von Arnim 1803 in einem aufrichtigen und warmherzigen Buche „Bruchstücke über Verbrechen und Strafen". Überall bestand noch die verderbliche Gemeinschaft von

[1] Siehe zu allem Folgenden Krohne und Uber, Die Strafanstalten und Gefängnisse in Preußen 1901 S. VIII ff.

alten und jungen, schweren und leichten Verbrechern, Straf- und Untersuchungsgefangenen und die Verbindung von Strafanstalten mit Waisenhäusern, Hospitälern und Irrenanstalten. Im Gefängnisse zu Elbing, einem jener „Lochgefängnisse", fand man bei der amtlichen Besichtigung vier Personen zusammengesperrt, darunter einen wegen Felddiebstahls in Untersuchungshaft befindlichen Mann, ferner einen jungen Gefangenen zwischen 14 und 16 Jahren, sowie ein Dienstmädchen von 20 Jahren, das wegen Gesindevergehens noch acht Tage abzubüßen hatte. Kein Wunder, wenn sich ein Stadtmagistrat über die Alimentationslasten beklagte, die seiner Gemeinde aus den häufigen Schwängerungen im Gefängnis erwüchsen.

Als in der Zeit der Stein-Hardenbergischen Verwaltungsreform die Ministerien geschaffen wurden, überwies man das Gefängniswesen dem Innern, behielt dem Justizminister aber gleichzeitig den erforderlichen Einfluß darauf vor. Dadurch entstanden Reibungen der beiden Ressorts. Infolgedessen wurden dann der Justiz die Inquisitoriate, die neben der Untersuchungshaft freilich auch kürzere Strafen vollzogen, dem Innern alle eigentlichen Strafanstalten unterstellt. Mit der Regierungs-Instruktion vom 23. Okt. 1817 war der bis heute trotz aller Bemühungen fortbestehende Dualismus der preußischen Gefängnisverwaltung festgelegt. Er hat finanziell wie organisatorisch die Fortentwicklung schwer geschädigt. Auch im Königreich Sachsen besteht diese Zweiteilung.

Die Anstalten der preußischen Justiz blieben zunächst in ihrem bisherigen Zustande, die des Innern wurden militärisch organisiert „wie Bataillone". Entsprechend war für das Rawitscher Zuchthaus-Reglement von 1835 „weitester Spielraum in der Behandlung des Menschen, peinlichste Behandlung der Verwaltung nach dem vorgeschriebenen Schema kennzeichnend"; „das rechtliche Element in der Strafe findet in demselben an keiner Stelle seinen Ausdruck" (Krohne 159).

In diesem Zeitpunkte beginnt der Einfluß einer reichen deutschen Gefängnisliteratur. — Hier ist der Hamburger Arzt Julius, der Badenser Fueßlin und der hochverdiente Varrentrapp aus Frankfurt am Main zu nennen. Sie fordern — Julius unter dem Einfluß einer amerikanischen Studienreise — die Einführung des Pönitentiarsystems, d. i. der amerikanischen Einzelhaft. Sie wurde u. a. auch von den Theoretikern Mittermaier, der wie kein anderer die ausländische Bewegung beherrschte, von Röder, beide in Heidelberg, mit Entschiedenheit befürwortet.

Wurde es in Preußen um die Mitte des 19. Jahrhunderts mit der Reform ernst, so ist dies das Verdienst Friedrich Wilhelms IV. In einer an den Minister des Innern gerichteten Kabinettsorder vom 26. März 1842 heißt es: „Nachdem ... Ich Selbst bei Meinem Aufenthalt in London von den dortigen Gefängniseinrichtungen nähere Kenntnis genommen habe, eröffne Ich Ihnen, daß es Meine Absicht ist, das durch die Einrichtung des Mustergefängnisses in England (d. i. Pentonville) modifizierte pensylvanische System bei den von jetzt ar zu errichtenden Strafanstalten zu grunde zu legen". Daran knüpft sich der Befehl, „daß eine Strafanstalt hier in Berlin ganz übereinstimmend mit den Einrichtungen des Mustergefängnisses in London ... eingerichtet werde".

Hiermit war die Einzelhaft grundsätzlich zum System der künftigen Anstaltsbauten erklärt. So entstand 1844—49 die Zellenstrafanstalt in Moabit bei Berlin. Doch ist die Einzelhaft in ihr nicht wie in England erstes Stadium des Strafvollzuges, sondern, wie in Amerika, der Strafvollzug selbst. Ob dies wirklich, wie u. a. von Liszt[2] annimmt, auf Verkennung des englischen Wesens der Einzelhaft beruht, erscheint mir doch zweifelhaft. Jedenfalls kurze Zeit darnach war sich Wichern, wie seine Schriften ergeben, der Abweichung und ihres Grundes voll bewußt[3].

Die Absichten des Königs stießen, bis hinauf zu den Ministerien, auf allgemeinen Widerstand. Um so bedeutsamer war es, daß er in dem Gründer des Rauhen Hauses in Hamburg, eben in Heinrich Wichern, einen Helfer fand. Ihn haben seine Zeitgenossen vielfach als Pietisten schwer angegriffen. Wir können ihm wegen seines durchdringenden Blickes und seiner organisatorischen Veranlagung unsere Bewunderung nicht versagen. Unter harten Kämpfen

---

[2] v. Liszt, Lehrb. d. D. Strafr. 18. A. 1911, S. 362.
[3] Wichern, Schriften Bd. 4, S. 102.

verwirklichte er in Moabit das pennsylvanische System der Einzelhaft, deren Zweck er in Verhütung der Verschlechterung, wie sie aus Gemeinschaftshaft folge, nicht freilich in der ihm unerreichbar scheinenden Besserung sah. Die von ihm beabsichtigte Durchführung der Einzelhaft in ganz Preußen ist ihm nicht gelungen.

Sie inzwischen verwirklicht zu haben, ist das grundlegende Verdienst Karl Krohnes, der das Gefängniswesen im preußischen Ministerium des Innern von 1892--1913 verwaltet hat. Wenn er zum Ruhme Wicherns gesagt hat, mit diesem sei „in die Gefängnisverwaltung Geist gekommen", so hat die Ära Krohne des Geistes viel hinzugefügt; und sie hat ihn, was noch mehr ist, bei Aufrechterhaltung der erforderlichen Manneszucht, bei peinlicher Durchführung von Ordnung und Sauberkeit in den Anstalten, mit menschlichem Verständnisse für das Los der Gefangenen zu verbinden gewußt. In seiner Zeit ist eine so große Zahl von Zellbauten entstanden, daß einer der offiziellen Berichte des Ministeriums des Innern mit berechtigtem Stolz sagen konnte, es sei die Zahl der verfügbaren Einzelzellen nunmehr ausreichend und ein weiterer Zellenbau vorderhand nicht nötig.

Der Strafvollzug des preußischen Justizministeriums hat gleichfalls wesentlichen Ausbau erfahren; seine Fortschritte sind um so höher einzuschätzen, als sie durch die große Zahl von kleinen Gefängnissen und von kurzzeitigen, also rasch wechselnden Gefangenen erschwert worden sind.

Noch vor der Vollendung von Moabit war unter dem Einflusse L. von Jagemanns, der auch wieder in Amerika seine Anregungen empfangen hatte, eine badische Zellstrafanstalt in Bruchsal 1848 errichtet worden. Sie hat lange die Bewunderung der Besucher aus aller Herren Ländern gefunden, die sie der Einzelhaft gewann, und hat den Anstoß zu deren Durchführung in Baden selbst gegeben. Auch in Württemberg und im Großherzogtum Hessen ging man daran, die Einzelhaft zum Strafvollzugssystem zu machen. Dagegen hielt man sich in Bayern ihr gegenüber zurück. Das Königreich Sachsen schuf ein englischem Vorbild angelehntes System der Klassifikation mit Elementen eines Progressivsystems; der Einzelhaft fiel dabei die Stelle einer Disziplinarstrafe zu.

IV. Der jetzige Stand des Strafvollzuges.

§ 4. Deutschland.

a) Quellen.

Die Grundlage des im Reiche zurzeit bestehenden Freiheitsstrafenvollzuges bilden die Bestimmungen des Reichsstrafgesetzbuches in §§ 14 ff. Über die wichtigsten unserer Freiheitsstrafen, Zuchthaus und Gefängnis, geben im wesentlichen nur drei Paragraphen Auskunft: § 15, der für Zuchthaus obligatorische Anhaltung zu den eingeführten Arbeiten, also Arbeitszwang ohne Individualisierung vorschreibt; § 16, der bei Gefängnis fakultative und auf Verlangen des Gefangenen obligatorische Anhaltung zu einer seinen Fähigkeiten und Verhältnissen angemessenen Beschäftigung anordnet, und § 22, der Einzelhaft bei Zuchthaus wie Gefängnis für zulässig erklärt, und zwar bis zu drei Jahren ohne Zustimmung des Gefangenen. Dazu kommen noch einige Vorschriften über Außenarbeit, zu der Zuchthausgefangene ohne weiteres, Gefängnisinsassen nur mit ihrer Zustimmung herangezogen werden können, über vorläufige Entlassung, Jugendliche usw.

Im übrigen beruht der Freiheitsstrafenvollzug in Deutschland wesentlich nicht auf Reichsgesetz, ja überhaupt nicht auf Gesetzen, sondern auf Verordnungen, die der Zustimmung der Volksvertretung nicht bedürfen. Diese Verordnungen wieder sind in Preußen nicht königliche, sondern ministerielle. Ja, sie sind hier nicht einmal einheitlich-ministerielle, sondern — als eine Folge des uns bereits bekannten Dualismus der Gefängnisverwaltung (oben S. 90) — die eine vom Minister des Innern, die andere vom Minister der Justiz erlassen.

In Bayern und Baden sind es im Gegensatze zu Preußen nicht ministerielle, sondern landesherrliche Verordnungen. Die Gesamtlage aber ist die, daß die deutschen Einzelstaaten, voneinander unabhängig, durch bloße Verordnungen, also ohne ihre Volksvertretung, über den Inhalt und den Vollzug der Freiheitsstrafe insoweit verfügt haben, wie die dürftigen Bestimmungen des Reichsstrafgesetzbuches, zu denen noch die eine und andere der Strafprozeßordnung tritt, nicht reichen.

Die Folge davon ist, daß die durch das Strafgesetzbuch für das Reich hergestellte Einheit der Freiheitsstrafen in deren Vollzuge nicht besteht, und doch kommt es auf ihn als auf die Verwirklichung des vom Richter v. rhängten Rechtseingriffes schließlich an: „Ein zu Gefängnisstrafe Verurteilter verbüßt unter Umständen eine härtere Strafe als ein Zuchthausgefangener, der von seinem Schicksal in einem Lande mit milderem Regime ereilt wird" (Oberregierungsrat Roßmy).

Das natürliche Bedürfnis nach Vereinheitlichung des Vollzugsrechtes hat zwar zu dem im Reichsjustizamt ausgearbeiteten und nach Beratung in einer Sachverständigen-Kommission 1879 von der R ichsregierung dem Bundesrate vorgelegten Entwurf eines Reichsgesetzes über die Vollstreckung der Freiheitsstrafen geführt. Ihm zufolge sollten die Freiheitsstrafen Zuchthaus und Gefängnis mit Einzelhaft beginnen. Er ist aber schon im Bundesrate gescheitert. Der Grund war nicht ausschließlich, wohl aber in erster Linie ein finanzieller: Der Aufwand selbst für eine „nur beschränkte Durchführung der Einzelhaft" war im ganzen auf 115 Mill. Mark angesetzt worden, von denen auf Bayern allein 33 bis 35, auf Sachsen 11—12 Mill. Mark entfielen. Im Bundesratsausschusse für Justizwesen war deshalb die obligatorische Einführung der Einzelhaft als erstes Stadium des Vollzuges von Zuchthaus- und Gefängnisstrafe durch eine Mehrheit gestrichen worden, der unter u. a. die Regierungen von Bayern, Württemberg, Hessen und Braunschweig angehörten. Auch der preußische Finanzminister hatte durch Votum vom 4. Febr. 1880, als es sich um die Instruktion der preußischen Bundesratsbevollmächtigten handelte, Bedenken geäußert, „die Finanzkraft des Staates auf lange Jahre in außerordentlicher Weise engagiert" zu sehen, zumal „die Ansichten der Sachverständigen über das Maß und Ziel der Gefängnisreform erheblich auseinandergehen". Es erscheine bedenklich, „so enorm kostspielige Einrichtungen auf Beschlüsse zu basieren, deren Prämissen immerhin kontestabel sind". So ist die Vorlage gar nicht mehr an den Reichstag gelangt [1].

Es war ein gewisser Ersatz der gesetzlichen Regelung, daß sich 1897 die Bundesregierungen auf eine Reihe von „Grundsätzen" einigten, „welche bei dem Vollzuge gerichtlich erkannter Freiheitsstrafen bis zu weiterer gemeinsamer Regelung zur Anwendung kommen" sollten (Zentralbl. f. d. D. Reich 1897 S. 308 ff.).

Dabei wurde die Vorlage von 1879 in der Fassung des Bundesratsausschusses für Justizwesen zugrunde gelegt. Ausgeschieden wurden, der amtlichen Begründung zufolge (Nr. 54 Session von 1896), „alle Bestimmungen, hinsichtlich deren die Zulässigkeit des Verordnungsweges zweifelhaft" erschien. Folgerichtig trat man dem von v. Jagemann gemachten Vorschlage, sie „inhaltsreicher zu gestalten", nicht näher, „weil das über den Rahmen der Verordnung hinausgehe und nur im Wege der Gesetzgebung festgestellt werden könne" (Aktennotiz d. Min. d. Inn. vom 29. Juni 1896).

Immerhin ist die große Zahl von einzelstaatlichen Verordnungen, die nachher ergingen, auf diesen „Grundsätzen" aufgebaut. So in erster Linie die preußischen Verordnungen, nämlich die Dienstordnung für die dem Ministerium des Innern unterstellten Strafanstalten (d. i. Zuchthäuser) und großen Gefängnisse vom 14. Nov. 1902 (2. Aufl. 1906) und die Gefängnisordnung für die Justizverwaltung vom 21. Dez. 1898; sowie die bayerische Hausordnung für die Strafanstalten vom 20. Sept. 1907.

Insgesamt sind es 59 verschiedene Ordnungen, die in den deutschen Einzelstaaten den Strafvollzug regeln. Die alte Kleinstaaterei ist also im deutschen Gefängniswesen des 20. Jahrhunderts noch nicht beseitigt.

---

[1] Die Einzelheiten danke ich der durch Güte des Herrn Geheimrat Krohne mir gewährten Einsicht in die betreffenden Akten des Ministeriums des Innern. Siehe insbes. Nr. 5 der Drucks. d. Bundesrates für 1879/80 S. 2 ff.

b) Anstaltsarten.

I. Vielfach wird nach dem Zwecke der Gefängnisse zwischen Zivil-, Polizei- und Kriminalgefängnissen unterschieden. Dabei sind unter Zivilgefängnissen die der Vollziehung von Straf- und Zwangshaft gegen Zeugen und Parteien dienenden Anstalten gemeint. Polizeigefängnisse nehmen Personen zu deren eigenem Schutz oder zur Aufrechterhaltung der öffentlichen Sittlichkeit, Sicherheit und Ruhe auf. Kriminalgefängnisse endlich sind entweder als Untersuchungs- oder als Strafgefängnisse zu verstehen. Diese ganze Scheidung aber ist von geringem praktischem Werte, weil sie nicht durchgeführt wird: Statt in Zivilgefängnissen wird die Straf- und Zwangshaft gegen Prozeßbeteiligte meist in Strafgefängnissen, die Untersuchungshaft vielfach in denselben Anstalten wie die vorläufige Festnahme vollzogen.

Dagegen lassen sich nach den Einlieferungsbezirken Landes-, Provinzial-, Bezirks-, Kreis-, Ortsgefängnisse usw. unterscheiden, wobei die Namen nicht überall die gleichen sind. Doch erfolgt die Einlieferung keineswegs bloß nach solchen geographischen, sondern auch nach Gesichtspunkten des Alters, der Konfession, der Vorstrafen, der Strafdauer usw.

Die wichtigste Einteilung ist die in Gefängnisse und Zuchthäuser oder, wie deren offizieller Name in Preußen lautet, Strafanstalten. Freilich kommt es vor, daß eine und dieselbe Anstalt sowohl Zuchthaussträflinge wie Gefangene beherbergt, wodurch im Urteil des Volkes leicht eine Verwischung des Unterschiedes beider Strafarten Platz greift. Es sind aber beispielsweise beim preußischen Ministerium des Innern jetzt im ganzen nur noch vier Anstalten vorhanden, die beide Strafen zugleich vollziehen.

II. Für die Strafe der Haft besteht keine besondere Art von Anstalten. Sie wird vielmehr in Gefängnissen verbüßt. Dagegen wird die Strafe der Festungshaft — als custodia honesta — in Festungen oder in anderen dazu bestimmten Räumen vollstreckt.

III Im Vordergrunde des Interesses steht die nach der Haftform gemachte Scheidung von Zell- und Gemeinschaftsanstalten. Jenen ist Einzelhaft bei Tag und Nacht, diesen Gemeinschaftshaft bei Tage mit regelmäßiger nächtlicher Trennung als Form der Strafverbüßung eigen. Die Zahl der Anstalten überwiegt aber, in denen sowohl Einrichtungen für Einzelhaft wie Gemeinschaftsräume vorhanden sind. Denn einerseits sind auch in Zellgefängnissen Gemeinschaftsräume allein deshalb unentbehrlich, weil es überall Gefangene gibt, die nicht in Einzelhaft beschäftigt werden können. Anderseits können auch in Gemeinschaftsanstalten Zellen, vor allem aus psychischen und disziplinären Gründen, nicht ganz entbehrt werden [1].

Die ganze Frage der Zell- oder Gemeinschaftsanstalten steht im Zusammenhange mit den in unserem geltenden Recht anerkannten Vollzugsformen. Das Reichsstrafgesetzbuch nämlich hat bestimmt (s. oben S. 91), daß Zuchthaus- und Gefängnisstrafe, für die ganze Dauer wie für einen Teil, in Einzelhaft vollstreckt werden kann, derart, daß der Gefangene unausgesetzt von anderen Gefangenen gesondert gehalten wird. So besteht nebeneinander Vollstreckung in Gemeinschafts- und in Einzelhaft.

Freilich sind in Preußen seit 1874 vom Ministerium des Innern alle neuen Anstalten nach dem System der Einzelhaft errichtet worden, und auch in den alten hat man die Einzelzellen tunlichst vermehrt. Dabei ist der Grundsatz der, in Einzelhaft die Untersuchungshaft und einfache Strafhaft, ferner aber die Gefängnisstrafen, sowie bei Jüngeren und Erstmaligen auch die Zuchthausstrafe zu vollstrecken. Das hier zugrunde liegende Prinzip geht auf die uns bekannte Initiative Friedrich Wilhelms IV. zurück (s. oben S. 90). Die Verwaltung des preußischen Justizministeriums hält seit langem, wie berührt, die gleiche Entwicklungsrichtung. In Baden ist Einzelhaft „für alle Strafhäuser, Straf- und Sträflingsarten durchgeführt außer für Kranke und Professionsdelinquenten“ [2]. Württemberg und Hessen haben die Einzelhaft gleichfalls mehr und mehr verwirklicht, während die bayerische Ent-

[1] Klein, S. 20.
[2] E. v. Jagemann in Z. 34, 332 A. 4.

wicklung etwas langsamer vor sich geht. Auch die Hansastädte, sowie Mecklenburg und Oldenburg besitzen Zellgefängnisse.

Den Gefahren der Gemeinschaftshaft, die Krohne einst als Ausbildung im Verbrechen auf Staatskosten, von Lilienthal[1] als „ältestes und verwerflichstes" System gekennzeichnet hat, sucht man durch nächtliche Trennung zu begegnen, und zwar womöglich in Schlafzellen, sonst in Schlafkojen. Das mit der Gemeinschaftshaft verbundene, ihre Durchführung ermöglichende Schweigegebot besteht in Preußen noch allgemein. In Baden ist es während der Mahlzeiten aufgehoben. Daß es für zahlreiche nun einmal zusammenlebende Menschen unnatürlich, nur durch unaufhörliche Bestrafungen aufrechtzuhalten, und daß es selbst dann noch eine einzige „offizielle Lüge", weil tatsächlich undurchführbar ist, hat vor Jahrzehnten schon Wichern und in neuerer Zeit u. a. Krohne unumwunden ausgesprochen.

IV. Eine neue Gefängnisart wird — ein letztes Verdienst Krohnes und eines seiner größten — in dem Jugendgefängnisse des preußischen Ministeriums des Innern in Wittlich an der Mosel erprobt[2]. Es ist am 1. August 1912 eröffnet und verwertet, unter selbständiger Anpassung an deutsche Verhältnisse, amerikanisch-englische Strafvollzugserfahrungen für Gefangene zwischen 18 und 21 Jahren mit einer Strafzeit von einem Jahre oder mehr. Es baut bei vollster Wahrung des Charakters als Strafanstalt seinen progressiven Strafvollzug in drei Stufen auf; nur wer sich in der unteren bewährt hat, wird in die höhere befördert. Die Aussicht auf deren Vergünstigungen wirkt so stark, daß Disziplinarstrafen bisher kaum nötig waren. Das Ehrgefühl wird peinlich geschont; auch fiskalische Gesichtspunkte treten tunlichst zurück: Der Freiheitsstrafe werden ihr fremde Elemente von Ehren- wie von Vermögensstrafe im Vollzuge ferngehalten. Durch Stählung des Körpers, sorgfältigen Schulunterricht und Ausbildung in — wenn möglich — mehr als einer gewerblichen Beschäftigung sollen die Voraussetzungen für ein bürgerlich einwandsfreies Leben geschaffen werden[3].

c) Bauten und Beamte[4].

I. Die technischen Anforderungen an einen Gefängnisneubau nach den derzeitigen Erfahrungen hat von Engelberg[5] dahin zusammengefaßt, daß er „sicher, übersichtlich und gesund" sein müsse. Der Bauplatz muß, so führt er aus, frei liegen und für Bewegung der Gefangenen, wo möglich auch für ihre Beschäftigung mit Garten- und landwirtschaftlichen Arbeiten, sowie zur Schaffung von Beamtenwohnhäusern groß genug sein. Der Gefängnisbau muß auch bei durchgeführter Einzelhaft neben ausreichend großen und gut lüftbaren Zellen Gemeinschaftsräume für Gefangene, die die Einzelhaft nicht vertragen, enthalten. Der einzelne Gemeinschaftssaal darf keine zu große Zahl fassen und muß genügend Luft bieten; bei Nacht muß überdies jedem Gefangenen eine eigene Schlafzelle zur Verfügung stehen. Die Wirtschaftsgebäude, wie Küche, Bäckerei usw. werden vom Hauptgebäude getrennt. Das Gleiche gilt vom Krankenhaus, in dem tuberkulosen und geisteskranken Gefangenen besondere Aufmerksamkeit geschenkt wird. Die Kirche muß durch ihre Bauart erhebend wirken. Für Schulen und Bibliotheken sind genügend umfassende Räume vorzusehen.

Was die Arbeiten für den Neubau wie den Umbau von Anstalten betrifft, so führt man sie in Preußen in wachsendem Maße durch die Gefangenen selbst aus. Die Folge davon ist eine sehr erhebliche Kostenersparnis.

Die Bauten werden vom Ministerium des Innern grundsätzlich für nicht über 550 Männer oder 300 Frauen eingerichtet; das der Justiz unterscheidet nach der Größe vier Gruppen von Anstalten.

---

[1] v. Lilienthal, Grundriß z. Vorl. über d. Strafrecht, 3. Aufl., 1908 S. 49.

[2] Dieser Versuch geht auf meine Denkschrift für den Min. des Inn. betr. die Errichtung eines Jugendgefängnisses zurück (abgedruckt in Aschaff. Monatsschr. f. Krim. Psych. 9, 577 ff.).

[3] Näheres DJZ 18, 134 ff. und Janisch im Arch. f. Rechts- u. Wirtsch. Philos. Bd. 6 Heft 4, besonders aber neuerdings die Stat. d. Min. d. Inn. f. 1911 S. XXV.

[4] Siehe Krohne und Uber, Strafanst. u. Gef. in Preußen 1901.

[5] v. Engelberg, Gerichtssaal 68, 271.

Die Anlage ist überall panoptisch — nach dem von Bentham im 18. Jahrhundert erfundenen Plane. Die Zellen liegen an der Außenseite des Gebäudes, nicht wie in Amerika (back-to-back system) an der Innenseite der Gänge. Jene Anordnung hat den Vorzug, unmittelbaren Zufluß von Licht und Luft zu gewähren, diese den Vorzug größerer Wärme und Sicherheit sowie der Ermöglichung des Baues eines — vom Standpunkte der Bewirtschaftung brauchbaren — Ganges zwischen den Zellreihen an deren Rückseite.

Ein neuer Bautyp wird zurzeit in Jolliet (Illinois) erprobt. Bei ihm ist die europäische Außenlage der Zellen verbunden mit der Einführung von Glastüren vor den Zellen, so daß, von einem zentralen, stählernen Kommandoturme, der dem eines Kriegsschiffes ähnelt, nicht nur der Überblick, sondern auch der Einblick in die Zellen jederzeit möglich ist (s. Näheres in Survey 27, 1574).

II. Tüchtige Aufseher zu beschaffen, erfordert große und immer wachsende Anstrengungen: „Der Dienst ist schwer und wird knapp bezahlt" (Klein).
Um geeignete Direktoren für die wichtigsten Zellgefängnisse zur Erziehung Jüngerer und Erstmaliger zu gewinnen, hat das preußische Ministerium des Innern „gehobene" Direktorstellen geschaffen; für sie ist Befähigung zum höheren Staats- oder Kirchendienste Voraussetzung. Sie sind mit Juristen, Ärzten, Geistlichen besetzt. Die übrigen Direktoren sind, im Gegensatze zu Bayern und Württemberg, wo sie durchweg Juristen sind, in Preußen überwiegend ehemalige Offiziere oder Unteroffiziere.

Die Ausbildung erfolgt wesentlich im praktischen Dienst. Eigentliche theoretische Fachbildung fehlt in Preußen wie anderswo. Nirgends vielleicht wird der Strafvollzug mit mehr Recht für reformbedürftig erklärt als in diesem entscheidenden Punkt. Es bedarf einer Fachschule für Gefängnisbeamte, wie sie Japan 1890 begründet hat. Ihre Kurse dauern ein Jahr, die Jahreskosten betrugen 1899/1900 rund 200 000 Mark[1]. Es fehlt ferner an einer Laufbahn der Gefängnisbeamten, wie sie in der Verwaltung sonst besteht: Das Verhältnis des Staates zu den Gefängnisbeamten bedarf verwaltungsrechtlicher Durchbildung; in beiden Fragen, der der Laufbahn wie der Vorbildung besteht bisher kein Zusammenhang von Gefängniswesen und Verwaltungsrecht.

III. Durch Aufsichtskommissionen sucht man hie und da das Laienelement in gewissem Umfange zur Aufsicht über die einzelne Anstalt heranzuziehen.

d) Schulen, Seelsorge, Arbeit und Disziplin.

I. Nach den Bundesratsgrundsätzen von 1897 besteht Schulpflicht für Jugendliche, die mehr als sieben Tage im Gefängnisse sind, unbedingt; für Gefangene bis zu 30 Jahren bei mindestens dreimonatiger Strafzeit „tunlichst". Begreift der Unterricht, über die allgemeine Schulbildung hinaus, etwa auch Naturwissenschaften und Sprachen, so nimmt der gebildete Gefangene an ihm gleichfalls teil. Die für die Wirksamkeit des Strafvollzuges höchst bedeutungsvollen Gefängnisbibliotheken sind zum Teil nur spärlich dotiert.

II. Überall ist für die Befriedigung des religiösen Bedürfnisses und die Einschaltung der starken, in der Religion liegenden Erziehungsfaktoren Fürsorge getroffen. „Keinem Gefangenen wird der Zuspruch eines Geistlichen seines Bekenntnisses versagt" (Bdesr. Grds. § 28). Gewissenszwang findet nicht statt. In der Regel ist nur die Beteiligung am Gottesdienste vorgeschrieben, die Teilnahme an Beichte und Abendmahl freigestellt.

III. Gearbeitet wird entweder im Staatsbetriebe (Regiebetrieb), bei dem staatliches Rohmaterial vom Gefangenen bearbeitet und dann vom Staate selbst verwertet wird; oder im Unternehmerbetriebe (Entreprise), bei dem der Staat die Arbeitskraft des Gefangenen an Unternehmer vermietet, — ein bedenkliches System, weil es Dritten Einfluß auf den Vollzug gewährt[2] —; oder schließlich im Akkordbetriebe, bei dem der

[1] Siehe Ogawa und Tomeoka in: Okuma, 50 Years of New Japan, 1910 S. 304 ff., bes. aber Crusen (unten S. 101 A. 1) S. 31.
[2] So auch von Liszt, Gefängnisarbeit 1900 S. 9.

Gefangene mit dem Unternehmer nichts zu tun hat; hier gehen die Rohstoffe des Unternehmers nach Verarbeitung im Gefängnis an diesen zurück, wofür der Arbeitslohn als Stücklohn an die Anstalt gezahlt wird.

In erster Linie wird für den Bedarf der Anstalt selbst, in zweiter für Reichs- und Staatsbehörden gearbeitet, — neuerdings u. a. durch die für den Fiskus ergiebige Verwertung des Militär-Altmaterials; durch sie hofft man der freien Arbeit möglichst geringe Konkurrenz zu machen.

Landeskulturarbeiten werden, z. T. in sogenannten „Freiluftzuchthäusern", mit gutem Erfolge stark betrieben (Moorkulturen, Flußregulierungen, Weinbergsarbeiten usw.).

Der nach alledem verbleibende Teil von Gefangenen, der beim preußischen Ministerium des Innern 1908 nur noch 17,63% gegen 73% im Jahre 1868 umfaßte, wird im öffentlichen Ausgebot an Unternehmer vergeben. Dabei wird zum Schutze der freien Arbeit der Verteilung auf verschiedene Unternehmer und Industrien Aufmerksamkeit geschenkt. Nur 6,3% sind in den Anstalten des Ministeriums des Innern mit „Verlegenheitsarbeiten", wie Sacknähen, Federreißen usw. beschäftigt.

Der Anteil am Arbeitsertrage, der dem Gefangenen gutgeschrieben wird, ist nach den geltenden Bestimmungen als freies Geschenk zu betrachten, auf das kein Recht besteht. Eine Auffassung, die sich aus der Zeit erhalten hat, da er schlechtweg als Ersatz der Strafvollzugskosten vom Staat einbehalten wurde. Sie steht im Gegensatze zur Auffassung des Strafvollzuges als Rechtsverhältnis, derzufolge ein vollwertiger Arbeitslohn der Leistung entsprechen muß, damit nicht zur Freiheitsstrafe im Vollzug eine Vermögensstrafe hinzugefügt werde (s. oben § 2 III Abs. 3).

IV. Die Disziplinarmaßregeln[1] sind von den Grundsätzen des Bundesrats im ganzen, bei aller notwendigen Energie, in milder Weise geordnet. Die wichtigste ist die „einsame Einsperrung". Die Prügelstrafe, gegen die das Reichsjustizamt schon 1895 Bedenken geäußert hat, ist, wo sie vorher bestand, aufrecht erhalten geblieben. „Wird . . . ordonnanzmäßig . . . geschlagen, so muß beim fünften Hiebe die angespannte Haut platzen und jeder folgende Hieb klatscht in die blutige Masse[2]." In den Anstalten des preußischen Ministeriums des Innern beschränkt sie sich aber auf männliche Zuchthausgefangene, auf den Fall tätlichen Vergreifens an Beamten und auf 30 Hiebe im Höchstmaße. 1908 ist nach dem offiziellen Berichte von ihr kein Gebrauch gemacht worden, 1911 im Ganzen fünfmal. Sie steht also auf dem Aussterbeetat. In Bayern, Württemberg, Baden ist sie abgeschafft. Mit Recht, denn sie verdirbt alle Teile, den Gefangenen, den Prügelnden, wie den Exekutionsleiter und bringt die übrigen Anstaltsinsassen in inneren Gegensatz zur Verwaltung.

Sachsen kennt noch den bedenklichen[3] Lattenarrest und engen Arrest.

V. Das Gegenstück der Disziplinarmittel, die vorläufige Entlassung[4], wird in Preußen verhältnismäßig wenig angewandt. Unter den von einer Beamtenkonferenz befürworteten Anträgen wurden 1911 35,2% durch den Justizminister abgelehnt. Die Folge ist, daß die Hoffnung auf vorläufige Entlassung im Vollzuge nicht so stark wirkt, wie sie sollte. In Baden macht man von ihr stärkeren Gebrauch. Der enorme Unterschied „kann nicht darauf beruhen, daß die Gefangenen Preußens so viel schlechtere Menschen wären" (E. von Jagemann). Überdies wird sie in Baden für Freiheitsstrafen bis zu einem Jahr, einer Anregung E. von Jagemanns gemäß, durch die im Gnadenweg erfolgende Beurlaubung auf Wohlverhalten ergänzt. Diese ersetzt man in Preußen neuerdings durch bedingte Aussetzung eines Strafteiles.

VI. Beschwerden über die Art der Strafvollstreckung entscheidet die Verwaltungsbehörde. Richterliche Entscheidung, wie sie insbesondere zur Vermeidung von Mißtrauen verlangt wird, würde dem Wesen des Strafvollzuges als Rechtsverhältnis entsprechen.

---

[1] Siehe dazu Salomon in Aschaffenburgs M. f. Kr.-Ps. 9, 6 ff., sowie Klein Z. 33, 653.
[2] Zitiert nach Krohne, S. 354 f.
[3] F. Leppmann, Der Gefängnisarzt, 1909 S. 46.
[4] Ihre erste Einführung ist das Verdienst v. Holtzendorffs (s. E. v. Jagemann, Z. 34, 349).

§ 5. Ausland, insbesondere amerikanisches Reformsystem und seine Verbreitung.[1]

I. Seit in Amerika die Einzelhaft der mit Schweigegebot und nächtlicher Trennung verbundenen Gemeinschaftshaft unterlegen ist (oben S. 89), hat dort, neben zum Teil elenden kleinen Gefängnissen (Jails) und zum Teil alten Staatsgefängnissen (State Prisons), die etwa unseren Zuchthäusern entsprechen würden, sowie neben nicht bemerkenswerten mittleren Gefängnissen (Penitentiaries) ein neues System Eingang gefunden, das als Besserungssystem (Reformatory System) bezeichnet wird. Trügt nicht alles, so ist es ein System der Zukunft für uns, wie für die Kulturwelt überhaupt.

Schon seit 1825 bestanden in den Vereinigten Staaten für Jugendliche, im allgemeinen zwischen 7 und 15 oder 16 Jahren, Besserungsschulen (Reform Schools), die etwa unseren Fürsorgeerziehungsanstalten entsprechen, jedenfalls keine Strafanstalten sind. Ihr Erziehungsprinzip ist seit dem ersten amerikanischen Gefängniskongreß in Cincinnati von 1870[2] auf ältere Jugendliche ausgedehnt worden, nämlich bis zu 25, 30, ja 40 Jahren. Für sie hat man einen neuen Typus von Gefängnissen, die Besserungsgefängnisse (Reform Prisons, Reformatories) geschaffen.

Das erste war das Reformatory eines kleinen Landstädtchens im Staate Neuyork, Elmira. Durch dessen Gründung und jahrzehntelange Ausgestaltung hat sich Zacharias R. Brockway unvergängliche Verdienste errungen. Es ist bald in anderen Staaten der Union nachgeahmt worden. Unter ihren fortgeschritteneren Einzelstaaten ist jetzt kaum noch einer, der nicht sein Reformatory besäße.

Überall liegt der Gedanke zugrunde, daß für jugendliche Gefangene besondere Anstalten nötig sind, daß besondere Abteilungen für sie innerhalb gemeinsamer Anstalten die notwendige Differenzierung und Spezialisierung nicht zulassen. Man ist bemüht, diese besonderen Strafanstalten für Jugendliche von den allgemeinen Gefängnissen alten Stils tunlichst zu trennen. Die in diesen geübte Vergeltung setzt man nachdrücklich in Gegensatz zu der in jenen erstrebten Erziehung und Besserung, — wenn nicht aus anderem Grunde, so aus dem rein praktischen, daß es leichter sei, die nach allen Seiten ihres Wesens durchgebildeten Insassen eines Reformatory nach der Entlassung in Stellung zu bringen, als wenn sie mit Gefangenen im alten Sinn identifiziert würden.

Aber anderseits wird auch von den Reformschulen (Fürsorgeerziehungsanstalten) scharfe Trennung den Reformgefängnissen gegenüber erstrebt, und zwar hier deswegen, weil diese Reformgefängnisse eben immer, auch in der Auffassung des Volkes, durchaus Strafanstalten sind, während man jenen Erziehungsanstalten auch den Schein pönalen Charakters fernhält.

Der Unterschied in der Erziehungsarbeit von Reformschulen und Reformgefängnissen liegt darin, daß diese Freiheitsstrafe vollziehen, also die Freiheit des Insassen beschränken wollen, jene als reine Erziehungsanstalten solche Freiheitsbeschränkung nicht um ihrer selbst willen, sondern nur insoweit herbeiführen, wie sie vom eigentlichen Erziehungszwecke nicht zu trennen ist. Schärfer sind demgemäß Zucht und Zuchtmittel im Reformgefängnisse. Reformschulen wollen den noch nicht gebildeten Charakter des noch nicht 16 jährigen Übeltäters bilden, Reformgefängnisse dagegen den schlechtgebildeten Charakter des über 16 jährigen verbessern; jene betrachten formation, d. i. Bildung, diese reformation, d. i. Umbildung, als ihre Aufgabe.

Solche Umbildung freilich ist nicht in einem rein innerlichen Sinne gemeint, wie es Besserung im Sinne des alten kirchlichen Strafvollzuges oder des pennsylvanischen Systems war (s. oben S. 84 und 88). Nicht so sehr innere oder moralische oder religiöse, als vielmehr

---

[1] Zur Begründung des Folgenden s. Freudenthal, Amerik. Kriminalpol. 1907 und Ders., Unbestimmte Verurteilung in Vergl. Darstell. Deutsch. u. ausl. Strafr., Allg. Teil, Bd. 3 1908 S. 282 ff.

[2] Die bahnbrechenden Thesen des Kongr. in Cincinnati sind von F. H. Wines, dem Sohne ihres Redaktors E. C. Wines, abgedruckt in Corr. and Prev., Bd. I: Pris. Ref. S. 39 ff. Einen Auszug in deutscher Übersetzung gibt Baernreithers ausgezeichnetes Werk über Jugendfürsorge u. Strafr. i. d. Ver. St. 1905 S. 91.

äußere oder bürgerliche oder staatliche Besserung wird erstrebt [1]. Umbildung des sozialen Schädlings zum nützlichen Menschen, des Verbrechers zum gesetzlich lebenden Staatsbürger ist die Aufgabe. Als gebessert wird betrachtet, wer sich und die Seinigen auf ehrliche und gesetzliche Weise erhält. Freilich sind hierin, wie nicht weiter ausgeführt zu werden braucht, eben auch reiche innere und ethische Werte eingeschlossen.

Ein Strafvollzug, der in diesem Sinne bessern will, darf sich nur an Besserungsfähige wenden. So werden schon in der Hauptverhandlung vom Richter dem Besserungsgefängnis allein die zugewiesen, die er für noch umbildungsfähig hält. Die anderen stößt er ab, und zwar die Abnormen an eine Krankenanstalt, die Normalen an ein Gefängnis alten Stiles: Die besserungsfähigen jugendlichen Verbrecher dem Reformsystem, die besserungsunfähigen dem alten System der Staatsgefängnisse! Findet man erst im Strafvollzuge heraus, daß Erziehung nicht möglich sei, so ist dann immer noch die Übertragung (transfer) in eine Anstalt anderen Systems möglich.

Die Grundlage der bessernden Strafbehandlung des Reformgefängnisses wird in eingehenden Interviews des Direktors mit den ihm neu Eingelieferten geschaffen. Sie erstrecken sich weniger auf die begangene Straftat, als vielmehr auf deren soziale und individuelle Ursachen. Damit wird die Individualisierung erst möglich, durch die der Erfolg der demnächst beginnenden Umbildung bedingt ist.

Diese Umbildung umfaßt Körper, Verstand und Charakter zugleich [2]. Für die Entwicklung des Körpers dient kräftige und reichliche Kost, Bäder, Turnen, Sport und militärisches Exerzieren in Anstaltsregimentern. Der Verstandesausbildung sind allgemeinwissenschaftliche und besondere berufstechnische Kurse gewidmet. Zugleich sorgt man dafür, daß die Gefangenen nicht, wie vielfach in dem alten Systeme, durch Abschließung von der Außenwelt stumpf und ihr fremd werden. Maueranschläge über wichtige Tagesereignisse, von den Gefangenen selbst redigierte Anstaltszeitungen, ausgezeichnet ausgestattete Bibliotheken, Debattierabende usw. wirken nach dieser Richtung. Der Grundsatz der Charakterbildung endlich ist, daß der Wille des jungen Verbrechers im allgemeinen zu schwach und deshalb zu stählen, nicht wie es im alten System oft geschah, zu brechen ist. Diese Stählung aber erfolgt, indem man ihm Vertrauen schenkt und ihn gleichzeitig Versuchungen aussetzt. Beidem, der Verstandes- wie der Willensbildung, dient endlich die Religion. Sie ist in These 9 des Gefängniskongresses in Cincinnati (s. oben S. 97) das wichtigste Besserungsmittel genannt worden, weil sie „das mächtigste in ihrer Wirkung auf des Menschen Herz und sein Leben" sei. Diese Stellung im Reformsystem hat sie noch jetzt.

Dem Ziele so umfassender Umbildung dienen drei tief eingreifende, dem Reformsystem eigene Einrichtungen: Progressivsystem, unbestimmtes Strafurteil und vorläufige Entlassung.

1. Die Anstalt besteht aus Klassen, regelmäßig drei an Zahl. Der Eintretende wird in die zweite Klasse aufgenommen. Bewährt er sich in ihr die vorgeschriebene Zeit hindurch — meist 6 Monate —, so steigt er zu der ersten auf. Versagt er, so wird er in die dritte degradiert. Je höher die Klasse, um so größer die Annäherung an die Freiheit. Wer sich in der obersten Klasse — im allgemeinen wieder 6 Monate — bewährt, kann vorläufig entlassen werden. Dabei muß durchweg die Bewährung im Strafvollzuge, die man fordert, auf drei Gebieten liegen, in der Schule, im beruflichen Unterricht und in der Disziplin. Sie wird gemessen durch ein Strichsystem (mark system), das man in Amerika vielfach als mathematisch exakt bezeichnet. In Wahrheit läßt es im Einzelfalle für die Würdigung der Veranlagung des Gefangenen, damit aber auch für freies Ermessen der Anstaltsverwaltung, den notwendigen freien Raum. Den Anspruch der Exaktheit erhebt es dann aber zu Unrecht. In der Regel ist

[1] Ähnlich Sir E. Ruggles-Brise in seinem offiziellen Bericht über den Washingtoner Intern. Gef.-Kongreß von 1910 S. 3.

[2] Die Howard Association, auf deren höchst lehrreiche Reports (London E. C. Devonshire Chambers, Bishopsgate) hier hingewiesen sei, berichtet für 1912 als Ergebnis anthropologischer Untersuchung an etwa 3000 Gefangenen, daß der Verbrecher „an Größe, Gewicht und allgemeiner Intelligenz als unter dem Durchschnitt der freien Bevölkerung stehend" betrachtet werden müsse (S. 40).

eine Abrechnung über den jeweiligen Stand jedem Gefangenen in seiner Zelle stets vor Augen. So spornt es zweifellos zu guter Führung und zur Vermeidung von Disziplinarstrafen an.

Im amerikanischen Reformsysteme tritt die Einzelhaft völlig zurück. Sie hat da nur — außer disziplinärer Funktion — die Aufgabe, den Gefangenen während seiner Ruhepausen und bei Nacht zu bewahren, ist also gar nicht mehr Einzelhaft in unserem Sinne (s. oben S. 93). Die Ausbildung von Körper und Geist erfolgt in Gemeinschaftshaft. Auch mit dem englischen Systeme progressiver Folge von Einzelhaft, Gemeinschaftshaft und vorläufiger Entlassung hat das amerikanische Progressivsystem wenig oder nichts gemein. Nicht die Folge der Haftarten ist das dem System Charakteristische, sondern was in der Haft mit dem Gefangenen angefangen wird. Diese positiven erziehlichen Einflüsse, denen man ihn mit aller Macht aussetzt, sind es auch, die das Bedenkliche der Gemeinschaftshaft überwinden helfen. Nicht ist es das unnatürliche Schweigegebot, das in Amerika vielfach stark eingeschränkt worden ist.

2. Wie die Klasseneinteilung, so folgt zweitens das unbestimmte Strafurteil[1] (indeterminate oder indefinite sentence) unmittelbar aus dem Erziehungszwecke. Nur ausnahmsweise wird schon in der Hauptverhandlung, das ist sein Grundgedanke, der Richter bei Verhängung des Strafmaßes mit Sicherheit voraus sagen können, wann das Ziel der Umbildung des jungen Verbrechers zum nützlichen Menschen erreicht sein wird. Erst im Strafvollzug ist es möglich zu bestimmen, wann die Umbildung erfolgt ist. Nur dann ist es angängig, die geeigneten Maßregeln, die sich ergeben, mit Aussicht auf Erfolg zu ergreifen, wenn die erforderliche Zeit für die Umbildung der Anstaltsverwaltung zur Verfügung steht. Das ist der Gedankengang, aus dem die Verurteilung hier nicht auf eine Freiheitsstrafe von bestimmter Dauer lautet, sondern zunächst grundsätzlich in bloßer Überweisung an das Jugendgefängnis besteht. Die Entlassung aus ihm soll durch ein Entlassungsamt (parole board) dann erfolgen, wenn es die Gewähr für vollendete Umbildung zu einem brauchbaren Bürger als gegeben ansieht.

Dem Schutze des Gefangenen gegen zu lange Freiheitsentziehung dient es, wenn dabei nach dem geltenden Recht Amerikas überall ein zeitliches Höchstmaß gesetzt wird, über das der Gefangene hinaus unter keinen Umständen in der Anstalt gehalten werden darf. Er wird also zur Überweisung an das Reformatory — etwa in Elmira —, jedoch auf nicht länger als — etwa fünf Jahre — verurteilt. Die unbestimmten Strafurteile Amerikas sind also in Wahrheit relativ unbestimmte oder, wenn man so lieber will, relativ bestimmte.

Wie schon des öfteren (s. oben S. 89), haben wir auch hier Anlaß, auf deutsche Quellen einer berühmt gewordenen amerikanischen Maßnahme mit Entschiedenheit hinzuweisen[2]. Unbestimmte Verurteilung ist in verschiedenster Form dem deutschen Strafrechte früherer Jahrhunderte und bis in die Mitte des 19. Jahrhundertes bekannt gewesen. Vor allem aber ist E. C. Wines, einer der Führer der amerikanischen Gefängnisreform, insbesondere auf dem Kongreß zu Cincinnati (s. oben S. 97 A. 2), nach dem Zeugnisse seines sachkundigen Sohnes F. H. Wines, durch den Deutschen Obermaier wesentlich beeinflußt worden. Dieser hatte nur dank der damals in Bayern bestehenden unbestimmten Verurteilung die zur Nachahmung auffordernden Erfolge in seiner Anstalt errungen und schon 1835 auf die unbestimmte Verurteilung aufgebaute Besserungsanstalten in Vorschlag gebracht.

3. Den Strafvollzug schließt endlich vorläufige (oder bedingte) Entlassung ab. Sie ist aber nicht, wie bei uns, eine nur ausnahmsweise gewährte Vergünstigung, sondern ein durchaus regelmäßiger Bestandteil des Strafvollzuges. Wer sich die vorgeschriebene Zeit in der Anstalt gut geführt und eine geeignete Stellung draußen in Aussicht hat, wird vom Entlassungsamte, das zum Teil aus angesehenen Bürgern besteht, entlassen. Diese Stellung aber besorgt ihm in der Regel die Anstalt selbst, seltener der Kreis seiner Freunde und Bekannten, an den er sich

---

[1] Siehe hierzu Graf Gleispach in d. Monatsschr. f. Krim. Psych. 8, 346 ff. und im Ber. ü. d. 7. Int. K. f. krim. Anthr.; vgl. auch Freudenthal, Unbest. Verurt. (oben S. 97 Anm. 1) S. 245 ff.

[2] Den Nachweis s. bei Freudenthal a. a. O. S. 252; siehe aber auch C. G. Wächter, Strafarten, 1832 S. 50 ff.

wenden darf. Während der Probezeit untersteht er der Anstaltsaufsicht, d. i. wohlwollender Fürsorge, nicht Polizeiaufsicht alten Stiles. Diese Schutzaufsicht wird geübt durch Pfleger (parole officers), zumeist Beamte gemeinnütziger Gesellschaften, die mit polizeilichen Befugnissen ausgestattet sind. Nach erfolgreichem Ablaufe der Bewährungsfrist wird der Gefangene endgültig entlassen.

Straffe Zucht, schwere Arbeit, vor allem aber Abhängigkeit der Strafzeit von der eigenen Gesamtführung machen den Aufenthalt im Reformgefängnisse zu einem von Verbrechern gefürchteten und geben ihm abschreckenden Charakter in höherem Maß, als ihn der Aufenthalt in Anstalten des alten Systems, insbesondere wegen der von vornherein bestimmten Strafdauer, besitzt.

Dafür anderseits, daß nicht Willkür der Gefängnisbehörden über die Länge der Freiheitsentziehung entscheidet, daß, anders ausgedrückt, nicht Verwaltungsjustiz an die Stelle richterlicher Strafzumessung tritt, wird durch die Zusammensetzung der Entlassungsämter gesorgt. Die Anstaltsverwaltung, in erster Linie der Direktor, hat in ihnen vielfach nicht Sitz und Stimme, sondern ein bloßes Vorschlagsrecht, während das richterliche Element in ihnen, und zwar in wachsendem Maße, Vertretung findet. Solche Entlassungsämter ähneln etwa unseren Schöffengerichten.

Vielfach haben die drei Eigentümlichkeiten des Reformsystems auch in Anstalten alten Systemes, die sogenannten State Prisons, Penitentiaries usw., Eingang gefunden, nicht überall freilich in organischer Weise.

Die öffentliche Meinung und vor allem die Sachkundigen in Amerika sehen das neue Gefängnissystem als erfolgreich und bereits bewährt an, wiewohl wirklich umfassende Staats- oder gar Unionsstatistiken hierüber (wie auch sonst vielfach) nicht vorhanden sind.

Immerhin ist es ein deutliches Zeichen des Vordringens unseres Systems, daß es 1911 in 17 der angesehensten nordamerikanischen Einzelstaaten eingeführt war, daß kein Staat es je wieder aufgegeben hat, und daß drei Staaten mehr als ein Reformgefängnis geschaffen haben.

IIa. Das Reformsystem Amerikas hat seinen Weg, wie nach dem benachbarten Kanada, so auch nach England gefunden. Hier ist es im Borstal System erfolgreich nachgebildet worden.

Zunächst geschah dies lediglich im Wege der Verwaltung: Im Rahmen des ordentlichen Strafvollzuges wurde zuerst in Bedford, dann in Borstal bei Rochester (Kent) für Jugendliche zwischen 16 und 21 Jahren ein progressives System dreifacher, nämlich schulmäßiger, gewerblicher und körperlicher Ausbildung in drei Graden eingeführt.

Aus dieser rein gefängnistechnischen Neuerung ist die Detention in einer Borstal-Anstalt durch die Prevention of Crime Act von 1908 zu einer ordentlichen Freiheitsstrafe geworden, als ein neues, gesetzlich anerkanntes Sonderstrafmittel für Jugendliche, die vom Gericht, an Stelle der ordentlichen Strafe, auf eine bestimmte Zeit, aber auf wenigstens ein Jahr und höchstens drei Jahre, einer Borstal-Anstalt zugewiesen werden können. Es ist neuerdings eingehend dargelegt worden [1], daß bei ihr, obwohl die in erster Linie vom Besserungszweck bedingte Dauer der Überweisung zur Schwere der Schuld in keinem Verhältnisse zu stehen brauche, voller Strafcharakter gewahrt sei. „Die erziehlichen Zwecke der Borstal-Haft stehen nicht im Widerspruch zu ihrem Strafcharakter" (Kriegsmann). Gleiches gilt von der amerikanischen Überweisung in ein Reformatory.

Zur Anstaltsbehandlung tritt musterhaft organisierte Fürsorge für die entlassenen Jugendlichen des Borstal Systems durch Borstal Committees, die in der Borstal Association zusammengefaßt sind.

b) Dem ordentlichen Strafvollzug Englands, der bekanntlich erst 1867 verstaatlicht wurde, ist im übrigen eine Verbindung von Progressiv- und Klassifizierungssystem eigen. Dabei ist die Einzelhaft stetig gekürzt worden. Der Klassifikation liegt das beachtenswerte Bestreben zugrunde, durch Bildung zahlreicher Gruppen von Gefangenen möglichst zu individualisieren [2]

[1] Kriegsmann in d. Mitt. d. Krim. Ver., Bd. 18 S. 506 ff.

[2] Näheres hierzu und zum Folgenden bei Goldschmidt (s. oben S. 77) S. 106 ff.

Für Gewohnheitsverbrecher ist ferner durch die Prevention of Crime Act von 1908 eine Sicherungshaft vorgesehen, in deren gleichfalls progressivem Vollzuge der Erziehungsgedanke Verwirklichung findet.

III. Das Gefängniswesen der englischen Kolonien steht dem des Mutterlandes nahe. Erwähnt seien hier die australischen Anstalten zur Festhaltung von Gewohnheitsverbrechern auf unbestimmte Zeit (during His Majesty's pleasure) in Neu Süd Wales, Neu Seeland usw.

IV. Nachdem in Japan das erste Yédo-Gefängnis, mit Unterabteilungen für je eine soziale Schicht und mit Gemeinschaftshaft von je zwölf Insassen auf eine Zelle, errichtet worden war, hat 1880 das neue Strafgesetzbuch getrennte Haft für noch nicht 16 jährige, für Erstmalige und für zwei- und mehrmals Bestrafte zwischen 16 und 20 Jahren vorgeschrieben. Für alle Gefangenen ist Einzelhaft 1889 grundsätzlich zum Vollzugssysteme geworden. Tatsächlich fehlt es freilich stark an Zellen. Die Grundzüge des Vollzuges regelt kaiserliches Edikt, die einzelnen Instruktionen erläßt das zuständige Ministerium, seit 1900 das der Justiz. Von Gefängnissen gibt es tatsächlich drei Arten: Polizeigefängnisse, Zwangsarbeitsanstalten und Lokalgefängnisse [1]. Dazu kommen vier Jugendgefängnisse, die im Jahre 1903 zur Besserung durch Farmarbeit und Handfertigkeiten errichtet worden sind [2].

V. Ein vorzüglich durchgeführtes Zellensystem besitzt Belgien [3] dank dem ehemaligen Generalinspektor seiner Gefängnisse Ducpétiaux und dem jetzigen A. Prins. Es besteht ferner, wenn auch nicht so folgerichtig verwirklicht, in Holland, sowie, dank dem damaligen Kronprinzen Oscar, seit 1846 in Schweden.

VI. In Frankreich ist, im Gegensatze dazu, die 1844 beschlossene Einführung der Einzelhaft kurz darnach, 1852, durch einen übereilten Gegenerlaß Napoleons III. endgültig unterbrochen worden. Noch jetzt ist Gemeinschaftshaft bei Tag und Nacht für alle Gefangenen, selbst für die Kurzzeitigen tatsächlich die Regel.

Höchst erwähnens- und nachahmenswert ist aber in diesem bedenklichen französischen System die Einrichtung der schon 1839 organisierten Disziplinargerichtshöfe. Sie bestehen aus dem Direktor und zwei als Beisitzer fungierenden Beamten, weil „eine tadellose Justiz in den Gefängnissen noch notwendiger ist, als in der Gesellschaft" (Duchâtel).

VII. Wie Frankreich, so ist Österreich tatsächlich (über die Rechtslage s. unten IX) Gemeinschaftshaft eigen, verbunden mit Schweigegebot und hie und da mit nächtlicher Trennung.

VIII. Der italienische Vollzug beruht wesentlich auf Progressivsystem. Der Einzelhaft folgt gemeinsame Tagesarbeit, auf diese unter Umständen Aufenthalt in einer landwirtschaftlichen oder industriellen Zwischenanstalt und als viertes Stadium abschließend vorläufige Entlassung.

IX. Progressivsystem besteht u. a. grundsätzlich im österreichischen, ferner im schwedischen Vollzug, in der italienischen reclusione; eine Verbindung von Klassifikations- und Progressivsystem im ungarischen, kroatischen und bosnischen Vollzuge, desgleichen in dem Norwegens, Dänemarks, Spaniens usw.

V. § 6. Zur Strafvollzugsreform.

a) Methode.

Wünsche für die künftige Gestaltung des Strafvollzuges, die hier freilich auch nicht annähernd erschöpfend vorgetragen werden können, müssen sich auf genauer und vielseitiger Kenntnis der Zustände des bestehenden Vollzuges, vor allem seiner Wirkung aufbauen. Der Strafvollzug sieht im Zuchthaus anders aus als im Gefängnis, in einem Staat anders als im anderen, ja

[1] Crusen in d. Mitt. d. D. Ges. f. Natur- u. Völkerkunde Ostasiens, IX. T. 1, S. 21.
[2] Holzman in Z. 35 Heft 1.
[3] v. Liszt, Strafr. Aufs. u. Vortr. Bd. 1 S. 515 nennt **Belgien mit Recht „das Musterland der Zellengefängnisse"**.

hie und da im gleichen Staate bei der einen Verwaltung anders als bei der anderen. Vor allem aber urteilen über seine Wirkungen Beamte vielfach anders als Gefangene. So heißt es denn, sich, soweit irgend tunlich, von allen Seiten her unterrichten.

Reiches und vielfach ungehobenes Material hierfür ist in den Jahresberichten der beteiligten preußischen Ministerien enthalten; dabei sei auf Vorbemerkung und Text zur Statistik der zum Ressort des Königlich Preußischen Ministeriums des Innern gehörenden Strafanstalten und Gefängnisse besonders hingewiesen.

Von grundlegender Bedeutung ist eigene Anschauung. Kein Zufall ist es, daß zum Reformator des Gefängniswesens einst (s. oben S. 87) John Howard geworden ist, dem es durch Leiden in der Gefangenschaft am eigenen Leibe bekannt geworden war. Nur verhältnismäßig wenigen wird es vergönnt sein, sich zu Studienzwecken einmal längere Zeit in einer Anstalt aufzuhalten. Viele dagegen werden in der Lage sein, von Zeit zu Zeit Anstalten zu besichtigen. Manche Streitfrage, über die eine theoretische Einigung der Strafrechtsschulen unerreichbar scheint, löst sich von selbst auf der Grundlage der Kenntnis des wirklichen Vollzuges und auf der Grundlage der Auffassungen der Beteiligten. Zu diesen gehören in erster Linie die Gefangenen. Ihr Urteil über die Wirkungen des Vollzuges bedarf dringend der Beachtung. So wenig sie geeignet sind, Fragen zu begutachten, in denen sie parteiisch sind, oder in denen andere Gründe ihre Urteilsfähigkeit zweifelhaft machen (man denke etwa an die Frage ihrer Schuld oder Unschuld, der Höhe ihres Strafmaßes usw.), so bedeutungsvoll ist ihre Auffassung etwa in der vielumstrittenen Frage, wie Einzel- und Gemeinschaftshaft auf den Gefangenen wirkt, welche von beiden Haftformen härter ist, welche Wirkung Dunkelarrest, körperliche Züchtigung, Arbeitsentziehung, Außenarbeit usw. haben.

Für solche Informationen sind Selbstberichte von Gefangenen und ihre Briefe an die Verwaltung, wie in geeigneter Form und im rechten Zeitpunkt unter ihnen abgehaltene Umfragen keineswegs ohne Wert. So dringend im einzelnen strenge Prüfung und Vorsicht in der Verwertung am Platz ist, so unrichtig würde es sein, Büchern wie Jaeger, Hinter Kerkermauern (1906) oder dem bedeutsamen Bericht eines Anonymus, Hinter Schloß und Riegel (1909) u. a. etwa als bloßen Parteidarstellungen jeden Informationswert abzusprechen.

Schließlich ist es geboten, ausländische Einrichtungen zum Vergleiche mit den unsrigen heranzuziehen. Hier kommt einerseits Rechtsvergleichung in Betracht, wie sie, auf die wahrhaft großzügige Anregung des Reichsjustizamtes, die „Vergleichende Darstellung Deutschen und ausländischen Strafrechtes" in umfassendem Maße angestellt hat, anderseits auch hier wieder Besichtigung fremder Anstalten bei Auslandsreisen.

Die Geschichte des Gefängnisrechtes hat uns die Tatsache gelehrt, die wir nie vergessen sollten, daß praktische Anregungen zu größeren Gefängnisreformen zu anderen, wie zu uns zumeist vom Auslande her gekommen sind, und daß hier das amerikanisch-englische Ausland seit mehr als einem Jahrhundert am produktivsten gewesen ist. Allerdings ist, wie die Berücksichtigung ausländischer Einflüsse, so der klare Blick für die Errungenschaften unseres eigenen Landes, die Festhaltung deutscher Grundlagen und der organische Aufbau auf ihnen Pflicht.

b) Rechtsquellen.

Die für den deutschen Vollzug der Freiheitsstrafen maßgebenden Bestimmungen sind, mit geringen uns bekannten Ausnahmen, in den auf freier Vereinbarung der verbündeten Regierungen beruhenden „Grundsätzen" des Bundesrates von 1897 und in Verwaltungsverordnungen der Einzelstaaten enthalten.

Nun waren, nach dem Scheitern des 1879er Entwurfes eines Reichsgesetzes über den Vollzug der Freiheitsstrafen, jene „Grundsätze" freilich erfreulich, und noch jetzt sind sie nützlich. Sie tragen aber erhebliche Mängel an sich. Gewiß ist es staatsrechtlich nicht haltbar, ihnen jede „verbindliche Kraft" abzusprechen [1] und sie als bloße „unverbindliche Aufforderung des Bundes-

[1] Kriegsmann, Gefängniskunde S. 140. Treffend v. Jagemann, Z. 34, 329 A. 1., sowie Zambitsch, Verf. d. Deutsch. Reichs, 1910 S. 100.

rats an die einzelnen Regierungen anzusehen". Vielmehr haben sich die Regierungen in ihnen verpflichtet, sie bei sich zur Geltung zu bringen, wie das in den einzelstaatlichen Gefängnisordnungen denn auch geschehen ist. Aber freilich sind sie, eben als Vereinbarungen der Regierungen, keine Rechtsnormen. Man war sich auch bei ihrem Erlasse völlig klar, deshalb gewisse Gegenstände in ihnen nicht regeln zu dürfen; das ergibt die oben mitgeteilte Aktennotiz (S. 92), die mit der von uns vertretenen staatsrechtlichen Auffassung völlig übereinstimmt. So sind sie aber, wie korrekt dies auch rechtlich war, im Ergebnisse lückenhaft geworden. Es hängt hiermit zusammen, daß sie vorsichtig, ja ängstlich gefaßt sind. Vielfach sehen sie nämlich in erster Linie eine durchaus erwünschte Regelung vor. Zugleich aber schaffen sie selbst die Möglichkeit ihrer Durchbrechung durch ein einschränkendes „im allgemeinen", „in der Regel", „wenn tunlich" usw. Auch daraus darf ihnen kein Vorwurf gemacht werden. Von anderem abgesehen, gebot der damalige Zustand des deutschen Gefängniswesens in zahlreichen Einzelstaaten solche Vorsicht. Jetzt aber sind mit besseren Zuständen auch bessere Regelungen möglich und darum notwendig geworden.

Auch die Verordnungen der Einzelstaaten, die zum Teil auf diesen Grundsätzen beruhen, enthalten nicht Rechtssätze, sondern Verwaltungsbestimmungen. Gleichwohl beschäftigen sie sich auch mit Eingriffen in die Rechtssphäre der einzelnen, bei denen nach konstitutionellem Staatsrechte (s. oben S. 79) die Gesetzgebung zuständig gewesen wäre[1]. Man kann nicht zugeben, daß die Einzelstaaten hier den Weg der Gesetzgebung oder den der Verwaltungsverordnung „völlig souverän" wählen konnten[2]. Sie mußten vielmehr den des Gesetzes oder der gesetzlich delegierten sogenannten Rechtsverordnung gehen. Nicht etwa bloß aus Zweckmäßigkeitserwägungen, weil die fraglichen Eingriffe „so wichtig" sind, oder weil sonst „eine Anomalie" vorläge (Kriegsmann S. 142 f.), sondern (s. oben S. 80) aus staatsrechtlichen Gründen. Auch aus dem „besonderen Gewaltsverhältnisse" des Gefangenen[3] können für ihn keine Pflichten, die über die gesetzmäßig auferlegten hinausgehen, folgen. Denn dies „Gewaltverhältnis" kann rechtswirksam begründete Zuständigkeiten wohl sprachlich zusammenfassen; aber es ist nicht Rechtsquelle, die neue Pflichten schaffen kann. Die Folge wäre sonst widerspruchslose Unterwerfung des Gefangenen unter das freie Ermessen der Verwaltungsbehörde. Hier sind von der Reform des Vollzuges Rechtssätze an Stelle von Verwaltungssätzen zu fordern.

Ob diese Rechtsnormen in einem besonderen Strafvollzugsgesetze des Reiches oder in den hierher gehörenden Paragraphen des allgemeinen künftigen Strafgesetzbuches enthalten sein sollen, wäre dem gegenüber an sich von geringerer Bedeutung, wenn sie nur Reichsrecht, also für Deutschland einheitlich sind. Im ganzen wird man aber doch sagen müssen, daß im Strafgesetzbuch am besten nur die Eigenart der einzelnen Strafarten, alles übrige dagegen in einem Strafvollzugsgesetze festzusetzen wäre. Soweit es sich freilich um bloße Einzelheiten oder lokale Verschiedenheiten handelt, werden diese vom Gesetze durch ausdrückliche Bestimmung dem Wege der Verordnung zu überweisen sein. Für Details sind Reichsgesetze zu schweres Geschütz. Auch diese Rechtsverordnungen sollten, soweit irgend tunlich, solche des Reiches sein und an die Einzelstaaten nur da abgestoßen werden, wo die Lage des Falles freies Ermessen der Regierungen oder Direktionen in den Partikularstaaten erwünscht scheinen läßt. Die Gewährung freien Spielraumes ist gerade auf unserm Gebiete des Strafvollzuges dringend notwendig. Sache des Reichsgesetzgebers ist es, die Mitte zwischen Freiheit und Bindung zu finden.

Wo es sich nicht um Beschränkungen der Individualrechtssphäre handelt, sondern um bloße Vorschriften an die Verwaltungsbehörden, da bedarf es aus staatsrechtlichen Gründen keiner gesetzlichen Regelung. Ob solche aus anderen Gründen erwünscht ist, muß der Würdigung des Einzelfalles überlassen bleiben. Ebenso, inwieweit Reichs- und einzelstaatliche Verwaltungsbestimmung, inwieweit Einheitlichkeit oder Freiheit der Gestaltung am Platz ist.

---

[1] Übereinstimmend Klein in Aschaffenb. Mon. f. Krim-Psych. 6, 132 ff.

[2] Kriegsmann, S. 139, zu Unrecht unter Berufung auf Ruck. Völlig im Sinne des Textes, als wertvolle Bestätigung der staatsrechtlichen Gesamtauffassung, der Ber. des Bdesrats-Aussch. f. Justizwesen Nr. 95 f. 1897 S. 1 f. und 10 (s. auch oben S. 92). Kriegsmann verkennt auf S. 162 das Wesen der Verwaltungsverordnung.

[3] Fleiner, Inst. d. Verwaltungsrechtes S. 149 ff.

c) Haftformen.

I. Für die Festlegung der Haftformen ist de lege ferenda zwischen den kürzeren und den längeren Freiheitsstrafen zu unterscheiden. Entsprechend der Verschiedenheit ihres Zweckes wird bei der kürzeren Freiheitsstrafe nicht das gleiche Haftsystem angebracht sein wie bei der längeren. Denn die Aufgabe der ersteren kann unter keinen Umständen, wie bei der letzteren, die Besserung des Täters sein.

Will man in der kürzeren Freiheitsstrafe auch nur Verschlechterung des Täters hindern, so ist für sie Einzelhaft geboten. Die Tendenz, die bei uns in Deutschland von den Strafvollzugsverwaltungen überwiegend eingehalten worden ist, nämlich nach Durchführung der Einzelhaft durch Bau von Zellgefängnissen und Schaffung von Zellen überhaupt, ist insoweit für die Gefängnisse der Zukunft durchaus zu billigen. Dies ist auch der Standpunkt des (halboffiziellen) Vorentwurfes der Sachverständigen-Kommission zu einem deutschen Strafgesetzbuche von 1909 § 22, des (privaten) Gegenentwurfes von 1911 § 45 und der ersten Lesung des (offiziellen) Entwurfes von 1913 (DJZ. 16, 724).

Anders bei Zuchthaus und den langzeitigen Freiheitsstrafen überhaupt. Ob auch hier Einzelhaft angebracht ist, entscheidet sich nach der Wirkung der Zelle. Ehe wir die Erfahrungen der am Vollzuge der Einzelhaft Beteiligten feststellen, fragen wir nach dem psychologisch Wahrscheinlichen, d. i. nach den Empfindungen, die wir selbst vermutlich haben würden, wenn man uns für lange Zeit in Einzelhaft unterbrächte. Der Gefangene ist ja doch, wie es in einem Berichte der preußischen Gefängnisverwaltung des Innern mit Recht heißt, ein Mensch, qualitativ in nichts verschieden von anderen Nichtgefangenen seines Standes.

a) Darnach aber muß — eine erschöpfende Behandlung ist hier unmöglich — die Wirkung der Einzelhaft eine verschiedene je nach der Natur des Gefangenen sein: Für die einen ist sie, mit der Gemeinschaftshaft verglichen, eine Wohltat; das sind einerseits die Unsozialen, die gern allein sind, denen an Aussprache nichts liegt, anderseits die geistig höherstehenden Elemente, denen das Zusammensein mit den Elementen der Gemeinschaftshaft eine Erniedrigung darstellt. Für die anderen ist sie eine ständig sich erneuernde Qual; das sind, von den nicht Vollnormalen abgesehen, die Sozialen, die Verkehr brauchen, denen Einsamkeit schwer oder kaum erträglich ist, und die niedrigen Elemente, die sich mit ihresgleichen wohl fühlen.

b) Nach dem Urteile der Verwaltung wie nach dem von Gefangenen wirkt die Einzelhaft im ganzen verinnerlichend und vertiefend. Sie bessert in diesem Sinne. Wer im Vollzuge solche innere Läuterung erstrebt, den wird die Einzelhaft im allgemeinen befriedigen. Nur muß er sich in der Tat dabei bescheiden und nicht noch weiteres von ihr erwarten. Wer dagegen den Gefangenen bürgerlich bessern, d. h. in die Freiheit unter derartigen Bedingungen überführen will, daß er in ihr den Konkurrenzkampf unter günstigeren Aussichten als vor seiner Einlieferung wiederaufnehmen kann, wer um dieses Zieles willen den Gefangenen vor Weltfremdheit, Anpassungsunfähigkeit und Menschenscheu dauernd bewahren will, der wird der Einzelhaft als Vollzugssystem bei längeren Freiheitsstrafen nicht das Wort reden können. Denn nicht gestählt und gewappnet, sondern gedrückt und unsicher, voll Angst vor der Selbständigkeit und den in ihr für den ehemaligen Gefangenen zu gewärtigenden Widerständen und Vorurteilen der Außenwelt tritt der Anstaltsinsasse aus der langzeitigen Einzelhaft ins Leben zurück.

Dies in erhöhtem Maße, wenn er, wie oben angedeutet, seiner Veranlagung nach den Verkehr mit Menschen seinesgleichen braucht, dessen Mangel also schwerer empfindet als der minder sozial Veranlagte. Der Besuch der Beamten kann, so wertvoll er ist, diese Wirkungen der Einzelhaft erfahrungsgemäß nicht ausgleichen. Der freie Verkehr mit Gleichstehenden läßt sich dadurch nicht ersetzen, und der günstige Einfluß, der von einer guten und tüchtig vorgebildeten Beamtenschaft erwartet wurde, ist ausgeblieben. Der Widerstand, der unter diesem Gesichtspunkte gegen die Einzelhaft vor ihrer Einführung geleistet wurde, war nach dem Urteile Sachverständiger kein unberechtigter.

Damit wäre von unserem Standpunkt aus der Einzelhaft für langzeitige Freiheitsstrafe der Stab gebrochen. Wohlgemerkt, es wird hier nicht behauptet, daß sie, wie man es häufig geltend machen hört, in der Regel gesundheitsschädlich wirke. Das scheint nicht der Fall zu sein, läßt sich vielmehr doch wohl, wenigstens in vielen Fällen, durch rechtzeitige und vorsichtige Zuziehung des Arztes verhüten. Wohl aber wird hier behauptet, daß sie bei längerer Freiheitsstrafe vielfach durch Weltentfremdung den Übergang in die Freiheit und den ehrlichen Erwerb erschwert, den Rückfall mithin fördert.

Nebenbei kommt hinzu, daß die Einzelhaft für langzeitige Freiheitsstrafe sehr kostspielig ist. Vergleicht man die Kosten von Zell- und Gemeinschaftsanstalten, so darf man nicht, wie es in der Regel geschieht, dort von Gefangenen gebaute und hier von freien Arbeitern errichtete Anstalten einstellen. Das reiche Amerika hat (s. oben S. 89) nicht zuletzt aus finanziellen Gründen die Durchführung der Einzelhaft aufgegeben, so daß sie jetzt innerhalb Amerikas nur noch am Ort ihrer Entstehung, im Eastern Penitentiary wenigstens offiziell besteht; denn faktisch ist auch dort bei der Überfüllung der Anstalt von Einzelhaft keine Rede mehr[1].

Für die langzeitige Freiheits-, insbesondere die Zuchthausstrafe empfiehlt sich *Progressivsystem*. Es verbindet in einem ersten Stadium der Einzelhaft deren Vorzüge mit der Vermeidung ihrer Schäden durch das ihr folgende Stadium der Gemeinschaft, an die sich eine wohlvorbereitete vorläufige Entlassung schließt. Man wird ihm nicht gerecht, wenn man es als „zu kompliziert" und „zu umständlich" von der Hand weist[2]. Auf dies System deutet auch die Rechtsvergleichung. Denn es besteht mit gewissen Verschiedenheiten in Italien, England, Ungarn, Kroatien, Bosnien, Finnland usf. Sein Kern, nämlich allmähliche Milderung des Strafzwanges und Annäherung an die Freiheit muß, bei aller hier im übrigen gebotenen Kürze, als berechtigt bezeichnet werden (s. oben S. 89). So denn auch Vorentw. § 22, Gegenentw. § 45; Ansätze dazu siehe auch in den Vorschlägen des Vereins Deutscher Strafanstaltsbeamten zu einem Strafvollzugsgesetze von 1911 § 32.

II. Freilich ist auch bei solcher Regelung des Strafvollzugs, nämlich bei *Einzelhaft für kürzere, Progressivsystem für längere Freiheitsstrafen*, die Voraussetzung jedes Erfolges, daß er von ungeeigneten Elementen *entlastet* wird. Zurzeit sind noch zu viele Arten von Gefangenen in ihm enthalten, auf die der ordentliche Strafvollzug nicht wirken kann, und die darum auch die Beeinflussung der übrigen beeinträchtigen.

Soweit solche Entlastung des Strafvollzugs durch die *Reform der Strafmittel*, nicht ihres Vollzuges erfolgen muß, gehört ihre eingehendere Behandlung nicht in diesen Rahmen. Der Kampf gegen die „kurze Freiheitsstrafe" und die Frage ihres Ersatzes durch andere Maßregeln muß daher hier ausscheiden.

Über die Behandlung der *gewohnheits- und gewerbsmäßigen Verbrecher* darf man zusammenfassend soviel sagen: Nach der an ihnen zuerst zu vollstreckenden Freiheitsstrafe von längerer Dauer ist eine den Charakter der bloßen Sicherungsmaßregel tragende *Nachhaft auf unbestimmte Zeit* ihnen gegenüber erforderlich, wenn sie eine Gefahr für die Rechtssicherheit darstellen[3].

Sie besteht für Gewerbs- und Gewohnheitsverbrecher in einigen Staaten Amerikas wie Australiens und neuerdings in England. In Deutschland ist sie unter vielen anderen von *Ebermayer, Kahl, Klein, Kriegsmann, von Liszt, M. E. Mayer*, sowie von *Freudenthal* vertreten und von dem Juristentage, dem GE. § 98, dem E. der Strafrechtskommission in erster Lesung (DJZ. 16, 1519), in Österreich vom E. d. jur. Komm. f. d. StGB. von 1913 § 38 (Ber. S. 60) aufgenommen[4].

Ferner sei hier kurz der Notwendigkeit Erwähnung getan, *geistig Minderwertige* insoweit aus dem ordentlichen Strafvollzug auszuscheiden, wie sie für ihn ein Hindernis sind. Unter ihnen sind Gefangene verstanden, die auf einer Zwischenstufe zwischen geistig Gesunden und geistig Kranken stehen. Nicht als ob alle diese Zwischenstufen „untaugliche Objekte" des ordentlichen Strafvollzuges wären. Das Gegenteil bildet die Regel. Wohl aber gibt es unter

[1] Näher von mir belegt Z. 28, 185 ff.
[2] So *Klein* S. 20. Ähnlich E. d. V. D. Strafanstaltsb. S. 30 A. 1; s. auch Z. 33, 651.
[3] So trefflich der Komm.-Entwurf nach *Lucas* DJZ 16, 1519.
[4] Vgl. *Kohler*, Mod. Rechtsprobleme (2. Aufl.) S. 42.

ihnen Elemente, die der Überweisung in „Minderwertigkeits-Abteilungen" (A. Leppmann) bedürften.

Daß Gefangene, die im Strafvollzug geisteskrank werden, in besondere Anstalten gehören, bedarf kaum besonderer Erwähnung. Diese Anstalten aber dürfen keine allgemeinen Irrenanstalten sein. Die Gefahr des Ausbruches allein würde hiergegen entscheiden müssen. Doch tritt daneben auch der Gesichtspunkt einer Diskreditierung dieser nichtkriminellen Anstalten durch kriminelle Elemente in den Vordergrund. Anstalten für geisteskranke Verbrecher (Kriminalirrenanstalten) müssen baulich wie Strafanstalten gestaltet, ihr Personal muß in Strafanstalten geschult sein.

Die weitaus wichtigste Gruppe aber, die einer Sonderbehandlung im Strafvollzuge bedarf, sind die Jugendlichen.

d) Jugendliche.

Nirgends lohnt es sich mehr, alle Kraft des Strafvollzuges einzusetzen, als bei den jugendlichen Verbrechern. Einmal sind sie die aussichtsreichsten, weil bildungsfähigsten Gefangenen. Bei ihnen schweigen aber auch die der Reform im übrigen vielfach hinderlichen Streitigkeiten der Strafrechtsschulen im wesentlichen durchaus. Es ist die ganz überwiegend herrschende Meinung in Deutschland, daß der Strafvollzug bei ihnen in erster Linie den Zweck der Besserung hat.

Für die richtige Umgrenzung dieses vielumstrittenen Begriffes heißt es sich erinnern, daß das Gefängniswesen für uns Gefängnisrecht und als solches an die Schranken alles Rechtes gebunden ist. Die Gesinnung des Gefangenen zu ändern ist nicht unmittelbare Sache des Rechtes. Das Recht beeinflußt äußeres Verhalten. Darum ist Besserung im Gefängnisrecht als bürgerliche oder staatliche zu verstehen und als identisch mit Erziehung zu einem den Gesetzen entsprechenden Leben anzusehen[1]; moralische Besserung dagegen kann das unmittelbare Ziel des Strafvollzuges nicht sein. Jenem Zwecke der Erziehung des jugendlichen Rechtsbrechers zum Staatsbürger ist der Strafvollzug in seinen Einzelheiten anzupassen.

Dabei handelt es sich freilich nicht bloß, wie man wohl in allzu bescheidener Gestaltung der Vollzugszwecke gewollt hat, darum, ihnen in der Haft verderbliche Einflüsse fernzuhalten. Das eigentliche Ziel besteht darin, neue starke positive Einflüsse in der Richtung ihrer Umbildung in den Strafvollzug einzuschalten. Hierfür können die oben geschilderten amerikanischen Vorbilder, die Reformgefängnisse, brauchbare Fingerzeige bieten, so wenig sie etwa bei uns einfach nachgeahmt oder wahllos in alle Einzelheiten hinein übernommen werden dürften. Gewiß bestehen in Deutschland schon längst wertvolle Ansätze zu einer Sonderbehandlung der Jugendlichen. Der Ausbau dieser Ansätze zu einem geschlossenen System von Jugendgefängnissen aber ist eine der nächsten, größten und aussichtsreichsten Aufgaben der Strafvollzugsverwaltung wie der Vollzugsgesetzgebung.

Unumgänglich nötig sind in erster Linie besondere Anstalten für den Vollzug längerer Freiheitsstrafen an Jugendlichen[2]. Als solche sind die Freiheitsstrafen von einem Jahr und mehr anzusehen. Hier sind bloße besondere Abteilungen in Anstalten, die auch Erwachsene beherbergen — wir haben solcher Abteilungen für Jugendliche in Preußen sieben unter dem Ministerium des Innern, fünfzehn unter dem der Justiz — kein irgendwie gleichwertiger Ersatz. Denn weder ist wirkliche Trennung, noch gar wirkliche Erziehung so lange möglich, wie sich die Jugendlichen hier unter ein und demselben Dache mit Erwachsenen befinden.

Da das Ziel dieses Sonderstrafvollzuges, bei Festhaltung des Charakters der Strafe und Strafanstalt, Besserung ist, so sind ihm Besserungsunfähige vom Richter gar nicht erst zu überweisen; und wenn die Besserungsunfähigkeit sich erst im Vollzug ergibt, so müssen

[1] Ziel des Strafvollzuges im Borstal System ist, „daß der Verbrecher sich des Verbrechens enthalte und ein nützliches und fleißiges Leben führe" (s. 5 Prev. of Cr. Act 1908).

[2] Über das erste, auf Progressivsystem aufgebaute Jugendgefängnis Deutschlands und des europäischen Festlandes überhaupt s. oben S. 94.

sie nachträglich aus ihm ausgeschieden und den gewöhnlichen Gefängnissen überwiesen werden.

Es tritt hier also, dem Gesetze der Differenzierung entsprechend, zu den bestehenden Arten von Strafanstalten eine neue Art, das Jugendgefängnis, hinzu.

Der Vollzug in ihm erfolgt im Progressiv- oder Stufensystem. Je höher die Klasse, in die der Gefangene aufrückt, um so größer seine Freiheiten und damit die Annäherung an die Freiheit selbst.

Systematisch richtet sich die Ausbildung auf alle Seiten der Persönlichkeit, also auf den erfahrungsgemäß zumeist unentwickelten und unterernährten Körper, auf den Verstand und den Charakter. Dafür ist an der Spitze der Anstalt ein pädagogisch veranlagter Direktor erforderlich, der, ohne an Autorität einzubüßen, zwischen sich und den Gefangenen ein auf Vertrauen begründetes freundliches Verhältnis herzustellen fähig ist. Auch seine Beamten müssen in diesem Sinne Erzieher, nicht bloße Aufseher oder Schließer sein. Ehemalige Soldaten können geeignete Elemente sein, sie brauchen es aber nicht zu sein. Ja, ihr früherer Beruf legt ihnen erfahrungsgemäß oft eine allzu disziplinäre Auffassung des Strafvollzuges geradezu nahe. Strenge Auswahl unter ihnen ist darum geboten. Ausreichend hohe Gehälter sind die Voraussetzung für die Gewinnung geeigneten Direktoren- und Beamtenmaterials. Dann kann auf die Lückenbüßer erzieherischer Veranlagung, als da sind Prügelstrafe und sonstige ungeeignete Disziplinarmaßregeln, verzichtet werden, wie es das Reichsjustizamt schon in den neunziger Jahren empfohlen hat (s. oben S. 96)[1].

Das letzte Stadium des Strafvollzuges muß regelmäßig — und dies gilt zwar in erster Linie, aber nicht ausschließlich für Jugendliche — bedingte Entlassung bilden. Sie ist eines der wichtigsten Elemente des auf Besserung gerichteten Strafvollzuges. Nach geltendem Recht ist sie erst nach einem Jahr, also nur in den schwersten Fällen, gleichsam als eine Prämie für diese, möglich und tritt verhältnismäßig selten, nämlich nur bei etwa 3 % aller Jugendlichen ein. Sie bedarf der Vorbereitung durch Vermittlung einer geeigneten Stellung. Daß hier eine aus dem Rechtsverhältnisse der Gefangenschaft folgende Aufgabe des Staates liegt, haben wir oben (S. 82) gesehen. Sie muß aber auch in ihrem Erfolge durch Schutzaufsicht gesichert sein. Der Jugendliche muß also in der Zeit der vorläufigen Entlassung einem Pfleger und Fürsorger, unter der Kontrolle eines Jugendfürsorgevereins und des Richters, am besten des Jugendrichters, unterstellt sein. Diese Fürsorger können ehrenamtlich sein, in jedem Bezirk aber muß an ihrer Spitze ein bezahlter Fürsorgebeamter stehen.

Dringend notwendig scheint, daß dem Strafvollzuge die für die Umwandlung von Verbrechern in Bürger erforderliche Strafzeit gesetzlich gewährleistet wird. Es ist hierfür beachtenswert, daß 1910 unter den zu Gefängnis verurteilten etwa 26 000 Jugendlichen nur 2 % (522) ein Jahr oder mehr erhalten haben. Vom Richter wird man darnach die für die Umwandlung nötige Strafzeit nicht erwarten dürfen. Überdies aber ist es in der Hauptverhandlung nur selten möglich, das Maß dieser Zeit bei dem einzelnen Gefangenen bereits im voraus zu bestimmen. So ist — mit einer Beschränkung durch ein Höchstmaß — Verurteilung bis zur Besserung, unter Überweisung an ein Jugendgefängnis, die aussichtsvollste Form der Bestrafung. Niemand ist an ihr mehr interessiert als die Behörden des Strafvollzuges selbst. Sie hat man bisher vielfach, mangels einer im Einzelfalle genügenden Zeit für die Beeinflussung, vor eine unerfüllbare Aufgabe gestellt, um sie demnächst für deren Nichterfüllung verantwortlich zu machen.

Dies sogenannte unbestimmte Strafurteil läßt sich keineswegs etwa durch bestimmte Strafe mit vorläufiger Entlassung ersetzen. Denn dabei ist nur die Kürzung einer zu langen, aber nicht die Verlängerung einer zu kurzen richterlichen Strafzeit möglich. Wohl aber sind die Gefahren der unbestimmten Verurteilung für die bürgerliche Freiheit durch ein gesetzliches Höchstmaß vermeidbar. Über dieses hinaus darf der Jugendliche in der Anstalt nicht fest-

---

[1] Von körperl. Züchtigung als Disziplinarmittel wird im Entw. des Ver. Deutsch. Strafanst. § 72 ganz allgemein abgesehen; s. dazu Klein, Z. 33, 653. Über ihre Gesundheitsschädlichkeit vgl. F. Leppmann, Der Gefängnisarzt S. 54 ff.

gehalten werden. Aus der unbestimmten wird die — übrigens von uns stets allein in Erwägung gezogene — relativ bestimmte Verurteilung.

Erwägenswert ist, ob eine Ausdehnung des auf Besserung gerichteten Vollzuges, über die eigentlichen Jugendlichen hinaus, auf die 18—21 jährigen erwünscht wäre. Der Gegenentwurf hat dies bejaht (§ 52); es wäre bedauerlich, wenn seine Anregung verloren ginge [1]. Gerade für sie ist ja auch das Jugendgefängnis in Wittlich bestimmt (s. oben S. 94).

Ob die vorläufige Entlassung bei relativ bestimmter Verurteilung einem alle Garantien richterlicher Unabhängigkeit bietenden Entlassungsamte (von Liszt) — mit einem hohen richterlichen Beamten als Vorsitzendem und mit genügender sonstiger Vertretung des richterlichen Elements, sowie daneben mit schöffenartigen Laien — zu übertragen ist oder nicht noch besser dem erkennenden Gerichte selbst (van Hamel), mag hier offen bleiben. Jene Laien würden das Vertrauen der Allgemeinheit in die Tätigkeit des Entlassungsamtes zweifellos erhöhen, und von „Verwaltungsjustiz" der Entlassungsinstanz würde in beiden Fällen keine Rede sein können. Größere Öffentlichkeit durch leichtere Zugänglichkeit der Anstalten für Besucher, wie sie in Amerika und England besteht, unmittelbare Käuflichkeit der Anstaltsberichte im Buchhandel, wie sie schon Wichern vorgeschlagen hat, würden neben der Laienzuziehung segensreich wirken. Großen Vertrauens aber bedarf der Strafvollzug der Zukunft um so mehr, je reicher man ihn wird ausstatten müssen. Die Gesamtaufgabe der Reform liegt in dieser Richtung: Der Gefangene muß kraft Gesetzes im Strafvollzuge mehr als bisher zu hoffen und zu fürchten haben [2].

Hängt aber das Schicksal des Gefangenen vom Fortschritte seiner Umbildung ab, so wird die Stellung der Anstaltsverwaltung ihm gegenüber, eben weil er mehr als im heutigen Vollzuge zu hoffen wie zu fürchten hätte, bei unbestimmter oder — wie gesagt, von jeher allein in Betracht kommender — relativ bestimmter Verurteilung machtvoller und aussichtsreicher als bisher.

Daß diese Urteilsform dem älteren deutschen Rechte bekannt war, ist oben (S. 99) berührt. Sie hat ja auch unter deutschen Einflüssen erst den Weg nach Amerika gefunden. Für sie in ihrem Kerne, wenn auch sonst mannigfach voneinander abweichend, haben sich in Deutschland zu den alten gewichtige neue Stimmen erhoben, nicht nur von Theoretikern wie Graf Gleispach, Kriegsmann, M. E. Mayer, Mittermaier u. a., von Richtern wie Hamm, von Jugendrichtern wie Allmenroeder und Koehne, sondern auch von Praktikern des Strafvollzuges wie von Baehr und Stammer, sowie von der höchsten gemeinsamen Instanz der Kulturstaaten in Gefängnissachen, dem Internationalen Gef.-Kongreß, der 1911 in Washington die unbestimmte Verurteilung proklamiert hat. Auch E. von Jagemanns „Urteile in Strafzeitstufen" (Z. 34, 351) sind nichts als relativ bestimmte Verurteilung.

Dabei kann, gegenüber den vom Standpunkte der Vergeltung erhobenen Bedenken, die Ausgestaltung zur reinen Erziehungsmaßregel vorbehalten bleiben; diese würde sich an eine vom Richter in der Hauptverhandlung verhängte zeitlich begrenzte Strafe anschließen.

Nach einem Worte Fingers [3] hat die Freiheitsstrafe „den Zenith ihrer Bedeutung" überschritten. Das ist insofern richtig, als man nach üblen, mit ihr gemachten Erfahrungen, eine Reihe von Maßnahmen gesucht und gefunden hat, durch die man sie unnötig machen will. Dahin gehört die bedingte Strafaussetzung oder ihre höhere Form, die bedingte Verurteilung, ferner die Schutzaufsicht, die Ausgestaltung der Geldstrafe usw. Sie alle sind, weil sie minder tief eingreifen als die Freiheitsstrafe, erfreulich und zu empfehlen.

Ein Gesamturteil über die Zukunft der Freiheitsstrafe aber ist zurzeit doch noch kaum möglich. Viel dürfte davon abhängen, wie sich das Progressivsystem für lange Freiheitsstrafen und das Reformsystem für jüngere Gefangene bei uns bewähren wird. Auch die Möglichkeit

[1] Trefflich der Komm.-E. (1913) in 2. Les. nach Ebermayer DJZ. 18, 608.
[2] Näheres in DJZ. 18, 135 ff.
[3] Finger, Lehrb. d. D. Strafr. Bd. 1 1904 S. 459.

stärkerer Gruppenbildung und damit Individualisierung in der Gemeinschaftshaft, wie sie in England stattfindet [1], wird hier von Bedeutung sein. Sollten diese Neuerungen die Kraft haben, aus Verbrechern nützliche Menschen zu machen — und das steht zu hoffen —, so wäre für die Freiheitsstrafe der Zenit noch nicht erreicht. Anders, wenn bei uns, wie bisher, nur der Vollzug in Einzel- und Gemeinschaftshaft auch in Zukunft in Betracht käme. In dieser Gestalt ist der Wert der Freiheitsstrafe allerdings überschätzt worden. Dann würde sie sich, wie mit Finger anzunehmen ist, allerdings auf dem absteigenden Aste befinden.

B. Fürsorgeerziehungsrecht.

I. Vorbemerkung.

Die Bedeutung der Fürsorgeerziehung ergeben folgende Zahlen: Im Jahrzehnt 1901—10 sind ihr rund 70 000 Minderjährige allein in Preußen überwiesen worden. Dadurch entstanden insgesamt rund 70 Mill. Mark Kosten. Am 31. März 1911 standen unter Fürsorgeerziehung in Preußen rund 48 000, in Bayern 4000, in Württemberg, Sachsen und Elsaß-Lothringen je 2000 Minderjährige.

II. Allgemeine Grundlagen.

§ 7. Rechtliche Natur der Fürsorgeerziehung.

Die klare Erkenntnis der Rechtsnatur der Fürsorgeerziehung ist systematisch, aber vor allem auch praktisch dringend geboten. Denn sie beeinflußt die Gestaltung der Anstalten und ihres Verfahrens wesentlich.

a) Natürliche Erzieher des Kindes sind seine Eltern. Sie haben wie das Recht, so die Pflicht seiner Erziehung. Versäumen sie die Erfüllung dieser Pflicht, so tritt der Staat statt ihrer ein und übernimmt die Erziehung seinerseits. So ist Fürsorgeerziehung die vom Staat angeordnete Erziehung eines Minderjährigen in einer fremden Familie oder in einer Anstalt. Nicht einen Eingriff in die Rechte des Kindes, insbesondere etwa in seine Freiheit stellt sie hiernach dar, sondern einen Eingriff in Erziehungsrechte. Der in ihr liegende Zwang, der in dem älteren Namen Zwangserziehung erscheint, richtet sich gegen die Eltern, nicht gegen die Kinder. Dem Kinde gegenüber ist ein Akt der Fürsorge gegeben, der zu dem jüngeren Namen Fürsorgeerziehung geführt hat. Gegen das Kind kann von einem Zwang auch nicht insofern gesprochen werden, als etwa staatliche Erziehung, mit natürlicher verglichen, strenger sein müßte. Aus dem Wesen der Erziehung heraus muß eine solche Auffassung abgelehnt werden.

Ist die Fürsorgeerziehung hiernach ein Eingriff in das Recht der Eltern oder ihrer Vertreter, der Vormünder, so kann über ihre theoretisch heißumstrittenen Grenzen gegenüber der Freiheitsstrafe kein Zweifel bestehen: Die Rechtsgüter, in die beide eingreifen, sind verschiedene, hier die persönliche Freiheit des Gefangenen, dort das Erziehungsrecht der Eltern.

Ein System der Fürsorgeerziehung muß hiernach um so höher stehen, je reiner es dies Wesen verwirklicht, je weniger es insbesondere von den ihr wesensfremden Elementen der Freiheitsstrafe in sich enthält.

b) Wie die Gefangenschaft, so ist auch die Fürsorgeerziehung ein Rechtsverhältnis. Denn die in ihr liegenden Beziehungen sind vom Rechte geregelt. Das Recht aber, das sie ordnet, ist, gleichfalls wie dort, weil es Interessen der Allgemeinheit in erster Linie zum Gegenstande hat, öffentliches, und zwar Verwaltungsrecht. Die allgemeinen Grundsätze des Verfassungsrechtes kommen also auf das Rechtsverhältnis der Fürsorgeerziehung genau so zur Anwendung, wie wir es oben (S. 79 f.) bei der Freiheitsstrafe festgestellt haben. Wie der Staat

[1] Kriegsmann, Gefängnisk. S. 301 ff.

dort dem Gefangenen, so kann er hier den Eltern und Vormündern an Beschränkung ihrer Rechte so viel, aber auch nur so viel auferlegen, wie kraft Rechtens der Richter in der Fürsorgeerziehung verhängt hat. Jeder Rechtseingriff muß hier wie dort unmittelbar oder mittelbar auf Gesetz beruhen.

III. § 8. Geschichtliches.[1]

Das deutsche Recht der Fürsorgeerziehung geht auf den Code Pénal zurück. Dessen Artikel 66 sieht vor, daß Jugendliche unter 16 Jahren, die mangels des Unterscheidungsvermögens (discernement) freigesprochen sind, je nach den Umständen entweder an ihre Eltern zurückgeschickt oder in eine Besserungsanstalt (maison de correction) untergebracht werden sollen, um dort „während einer solchen Anzahl von Jahren, wie das Urteil bestimmen wird", aber nicht über das 20. Lebensjahr hinaus, erzogen und festgehalten zu werden.

Dies änderte die Preußische Kabinettsorder vom 22. Juni 1839 (Gesetzsammlung f. d. Pr. Staaten S. 222) dahin ab, daß das Strafgericht nur zu entscheiden habe, ob der Minderjährige in eine Besserungsanstalt zu bringen sei, daß die Dauer der Festhaltung dagegen „je nach der Erziehungsbedürftigkeit, nach den unzweideutigen Beweisen der Besserung, nach der beendeten Ausbildung zu einem ehrlichen Gewerbe und der Gelegenheit zu ehrlichem Unterkommen" durch Ermessen der der Anstalt vorgesetzten Verwaltungsbehörde bestimmt werden solle.

Diese Regelung übernahm § 42 des preußischen Strafgesetzbuches von 1851 und § 56 des Reichsstrafgesetzbuches. Hier ist bestimmt, daß, bei einem Angeschuldigten zwischen 12 und 18 Jahren, der bei Begehung der strafbaren Handlung die zur Erkenntnis ihrer Strafbarkeit erforderliche Einsicht nicht besaß und deshalb freizusprechen ist, im Urteil, also vom Strafrichter, zu bestimmen sei, ob er seiner Familie überwiesen oder in eine Erziehungs- oder Besserungsanstalt gebracht werden solle. „In der Anstalt ist er so lange zu behalten, als die der Anstalt vorgesetzte Verwaltungsbehörde solches für erforderlich erachtet, jedoch nicht über das vollendete 20. Lebensjahr."

Wer das 12. Lebensjahr bei Begehung der Straftat noch nicht vollendet hat, wird von § 55 RStGB. für strafgerichtlich unverfolgbar erklärt. Gegen ihn aber können, seit der Novelle zum StGB. vom 26. Febr. 1876, „nach Maßgabe der landesgesetzlichen Vorschriften" die zur Besserung und Beaufsichtigung geeigneten Maßregeln getroffen werden. Doch setzt die Unterbringung in eine Familie, Erziehungs- oder Besserungsanstalt voraus, daß durch vormundschaftsrichterlichen Beschluß die Begehung festgestellt und die Unterbringung für zulässig erklärt ist.

War also in § 56 für die Zwölf- bis Achtzehnjährigen die Zwangserziehung reichsrechtlich angeordnet, so ist sie in § 55 für die bis zu 12 Jahre Alten nur reichsrechtlich zugelassen. Ihre landesgesetzliche Anordnung für Preußen brachte das Gesetz vom 13. März 1878, betreffend die Unterbringung verwahrloster Kinder, unter der Voraussetzung, daß die Unterbringung „zur Verhütung weiterer sittlicher Verwahrlosung erforderlich sei". Zwangserziehung ohne vorgängige strafbare Handlung blieb durchaus den Landesgesetzen überlassen.

§ 9. (Forts.) Die Fürsorgeerziehung seit Erlaß des deutschen bürgerlichen Gesetzbuches[2].

a) Fälle. An den soeben wiedergegebenen Bestimmungen des Strafgesetzbuches (§§ 55, 56) hat das BGB. nichts Wesentliches geändert. Zu jener „älteren strafrechtlichen Schicht" (von Liszt) hat es aber eine bürgerlichrechtliche oder eine sozialpolitische hinzugefügt. Ihr ist eigen, daß die „Fürsorgeerziehung", wie das preußische Gesetz vom 2. Juli 1900 die Zwangserziehung im Interesse der Zöglinge nennt, insoweit von der vorgängigen Begehung einer objektiv strafbaren Handlung unabhängig ist.

[1] Über die ältere Zeit s. Krohne, Vorwort zu: Erziehungsanstalten für die Jugend, 1901 S. III ff.

[2] Siehe hierzu Goeze, Die F.-E. in Preußen, 1910.

Hiernach kommen unter geltendem Reichsrechte zu den strafrechtlichen Fällen der §§ 55, 56 StGB. drei Fälle hinzu. Es handelt sich dabei, mit einer von Kriegsmann (S. 262 f.) berichteten treffenden Terminologie, im ersten um „gute Kinder schlechter Eltern", in den beiden andern um „schlechte Kinder guter Eltern".

1. Durch Verschulden der Eltern wird das geistige oder leibliche Wohl des Kindes gefährdet (§ 1666 BGB.). Hier hat das Vormundschaftsgericht die zur Abwendung der Gefahr erforderlichen Maßregeln zu treffen und kann insbesondere die Unterbringung des Kindes zur Erziehung in einer Familie oder einer Erziehungs- oder Besserungsanstalt anordnen.

2. Auch ohne jedes Verschulden, insbesondere etwa des Vormundes, kann bei einem unter Vormundschaft stehenden Kinde das Vormundschaftsgericht diese Unterbringung zur Erziehung anordnen (§ 1838 BGB.).

In beiden Fällen (zu 1 und 2) machen die Ausführungsgesetze von Preußen, Baden u. a. die drohende, Sachsen, Hamburg u. a. die schon vorliegende Verwahrlosung zur weiteren Voraussetzung der Fürsorgeerziehung.

3. Die landesgesetzlich bestehenden Vorschriften über Zwangserziehung läßt das BGB. unberührt, — ein Verdienst v. Liszts[1], der Internationalen Kriminalistischen Vereinigung und der von ihnen geführten Bewegung. Nur muß die Zwangserziehung vom Vormundschaftsgericht angeordnet und zur Verhütung des „völligen sittlichen Verderbens" notwendig sein (Art. 135 EG. BGB.). Das preußische Fürsorgeerziehungsgesetz vom 2. Juli 1900 fügt als Grund des Bedürfnisses die „Unzulänglichkeit der erziehlichen Einwirkung der Eltern oder sonstigen Erzieher oder der Schule" an.

b) Beschlußfassung. Den Beschluß auf Unterbringung in Fürsorgeerziehung erläßt, abgesehen von dem Fall des § 56 StGB., im allgemeinen überall die Vormundschaftsbehörde. Vorher finden eingehende und vielseitige Ermittlungen statt. Bei Gefahr im Verzug ist vorläufige Unterbringung zugelassen, eine praktisch überaus bedeutsame Maßnahme.

c) Die Ausführung der Fürsorgeerziehung liegt in den Einzelstaaten völlig verschiedenen Behörden ob. So in Preußen den Kommunalverbänden, die auch entscheiden, ob Familien- oder Anstaltserziehung eintritt. Für die Unterbringung wird dabei das Bekenntnis des Zöglings berücksichtigt. Kommt er in eine Familie, so wird ihm ein Fürsorger bestellt. In Bayern ist die Distriktsverwaltungsbehörde, in Württemberg der Ausschuß der Landarmenverbände, in Baden das Bezirksamt, in Hessen das Kreisamt zuständig.

d) Die Unterbringung erfolgt in Familien oder, wo dies, wie etwa bei minderjährigen Großstadtdirnen, unangebracht ist, in Anstalten[2]. Diese sind teils kasernenartig, teils nach Familien in kleinen Häuschen (‚cottage system') organisiert und bald geschlossen („feste Anstalten"), bald offen (‚open door system'). Die Art der Ausbildung bestimmt sich danach, ob die Zöglinge schulpflichtig oder schulentlassen sind.

e) Die Fürsorgeerziehung endet im Falle des § 56 StGB. mit dem 20. Lebensjahre, sonst aber in den Einzelstaaten ganz verschieden: so in Preußen mit der Minderjährigkeit, wenn nicht schon vorher durch Beschluß des Kommunalverbandes (eventuell widerruflich) Aufhebung erfolgt, in Württemberg mit dem 18. Jahr, wenn nicht schon vorher die Aufhebung durch Beschluß des Vormundschaftsgerichtes endgültig oder durch Beschluß des Ausschusses auf Widerruf erfolgt, in Baden mit dem 20. Jahr usw.

f) Die Kosten der Erziehung und des Unterhaltes trägt in Preußen der Kommunalverband, doch leistet die Staatskasse einen Kostenzuschuß von zwei Dritteln; in Bayern die Staatskasse zu drei Fünfteln und bei Nichtbayern fünf Fünfteln; in Württemberg der Landarmenverband, dem die Staatskasse die Hälfte ersetzt; in Baden der Armenverband ein Drittel, die Staatskasse zwei Drittel; in Hessen im Unvermögensfalle teils die Armenbehörde, teils die Staatskasse.

---

[1] Siehe v. Liszt, Strafr. Auff. Bd. 1 S. 537 ff.

[2] Sehr gut Petersen in Aschaff. M. f. Kr. P. 10, 257 ff.

IV. § 10. Zur Reform der Fürsorgeerziehung.

I. Unübersichtlich wie die Fälle der Fürsorgeerziehung (s. oben §§ 8 u. 9) ist, infolge des Ineinandergreifens von Reichs- und Landesgesetzen, das geltende Recht der Fürsorgeerziehung. Ihre Ausführung liegt in den einzelnen Staaten verschiedenen Behörden ob. Vollends zersplittert ist die Staatsaufsicht über sie: Für Preußen allein sind, nach einer offiziellen Aufzählung in der ministeriellen Verfügung vom 12. Mai 1910 betreffend die Fürsorgeerziehung, nicht weniger als sechs Behörden an ihr beteiligt; mit Recht heißt es daselbst, daß „die Gefahr einer gewissen Regellosigkeit . . und einer Beunruhigung der Anstalten" die Folge sei. Die Verfügung sucht in verdienstlicher Weise durch Zusammenschließung der beteiligten Behörden zu gemeinsamen Revisionen einigermaßen zu vereinfachen.

Es kommt hinzu, daß zwischen dem die Fürsorgeerziehung anordnenden Richter, insbesondere dem Vormundschafts-, Jugendrichter usw., und ihrer Ausführung vielfach der notwendige Zusammenhang fehlt; er weiß vom Schicksale seiner Fürsorgezöglinge häufig nichts, geschweige daß er es beeinflussen kann. Hier sind für die einzelnen Provinzen, so sagt die amtliche Statistik des preußischen Ministeriums des Innern über die Fürsorgeerziehung für 1907 im Anschluß an einen von Koehne schon 1906 gemachten Vorschlag, Kommissionen nötig, bestehend aus Verwaltungsbeamten, Richtern, Pädagogen, psychiatrisch gebildeten Ärzten und geeigneten Frauen. Zwei ihrer Mitglieder würden jeweilig zu revidieren haben, ihre Berichte wären, wie die der Gewerbeaufsichtsbeamten zu veröffentlichen (a. a. O. S. XLIV). Die damit gegebene größere Öffentlichkeit würde, wie anzunehmen ist, das Vertrauen der Allgemeinheit in die Durchführung der Fürsorgeerziehung erhöhen und deren Behörden damit die Erfüllung ihrer schwierigen Aufgabe erleichtern.

II. Die Leiter der Fürsorgeerziehungsanstalten und ihr Personal haben sich in einer Anzahl von Fällen als ungeeignet erwiesen. Zwei Forderungen sind hier, so wenig diese Fälle verallgemeinert werden dürfen, zu betonen: die Sicherung ausreichender Gehälter und die Prüfung der Befähigung; zurzeit mangelt es an Ausbildungsanstalten und daher an fachmäßiger Vorbildung; zur Vorbildung aber gehören insbesondere gewisse psychologisch-psychiatrische Kenntnisse, — schon um der zahlreichen Minderwertigen, in Preußen etwa 70%, willen.

Der jetzige gefängnisartige Charakter vieler Anstalten und der strafartige Charakter ihrer Erziehung widerspricht dem oben (§ 7) festgestellten Wesen der Fürsorgeerziehung. Denn sie ist — wie wir sahen — nicht Beschränkung der Freiheit, sondern Beschränkung von Erziehungsrechten. Damit hängt auch die noch vielfach als notwendig angenommene Abschließung der Zöglinge hinter Schloß und Riegel zur Verhütung ihres Entweichens zusammen, an Stelle des bewährten Systems der „offenen Tür". Ebenso die Anwendung körperlicher Züchtigung und anderer mehr oder weniger „plumper Zwangsmittel", wie der amtliche Bericht des Preußischen Ministeriums des Innern für 1909 (S. 41) treffend sagt; sie ist aber neuerdings wieder durch Verfügung vom 25. Dez. 1910 selbst für weibliche Zöglinge — auch nachschulpflichtigen Alters — anerkannt und durch Verfügung vom 31. Okt. 1911 noch verschärft worden, sofern die vorherige Anhörung des Arztes für unnötig erklärt ist. Jede solche Maßregel ist, wie schon bemerkt, nichts als ein mangelhafter Ersatz pädagogischer Fähigkeiten der Anstaltsbeamten, auf den man im Auslande vielfach längst verzichtet hat (vgl. z. B. japanische Erziehungsgrundsätze bei Adolf Matthias[1], französische bei Fuchs[2]).

Es ist unerläßlich, die Erfahrungen des Auslandes auch beim Bau neuer Fürsorgeerziehungsanstalten zu Rate zu ziehen und sie den bewährten deutschen Einrichtungen einzuarbeiten. Hier steht nach dem Urteil der Sachkundigen, wie Baernreither u. a., das amerikanisch-englische Ausland in allererster Linie. Seine Fürsorgeerziehungsanstalten sind reine Erziehungsanstalten. Sie verwirklichen den nichtpönalen Erziehungseingriff am vollständigsten und kommen damit dem Wesen der Fürsorgeerziehung (oben § 7) am nächsten.

---

[1] A. Matthias in d. deutsch. Revue, März 1911 S. 8 A. 1; s. Japans Regulat. for the applicat. of Prison Law 16. day of June of 41. year of Meiji art. 152 ff., bes. 157 ff.

[2] L. Fuchs in Bl. f. Gefängnisk. 43, 319 ff.

III. Dringend geboten ist ein modernen Prozeßanforderungen entsprechender Instanzenzug bei Beschwerden der Zöglinge oder ihrer Angehörigen. Der judex a quo darf seinen bisherigen Einfluß auf ihre Entscheidung nicht behalten.

In Summa ist in diesem Punkte wie in anderen das Rechtsverhältnis der Fürsorgeerziehung — ähnlich dem der Gefangenschaft — durchzubilden mit seinen einander gegenüberstehenden klaren Pflichten und Rechten. Diese Durchbildung aber setzt die Ausgestaltung des Fürsorgeerziehungsrechtes als eines Teiles des öffentlichen Rechtes voraus. Wird dies ausgestaltete Recht Reichsrecht, kommt es also zu dem viel geforderten Erlaß eines Reichs-Fürsorgeerziehungsgesetzes, so darf man hoffen, daß die Organisation einheitlicher, geschlossener und darum erfolgverheißender wird als bisher.

C. § 11. Hilfsanstalten.

Zu den Hauptanstalten, die der Vollziehung von Freiheitsstrafe (oben A) oder von Fürsorgeerziehung (oben B) gewidmet sind, tritt eine dritte Klasse von Anstalten, die sie zu entlasten, ungeeignete Elemente ihnen fernzuhalten, geeignete ihnen zuzuführen, sowie den Übergang ins Leben zu sichern bestimmt sind. Hier nur Folgendes:

a) Verwahrungsheime. Zur Unterbringung von Jugendlichen, die in Untersuchungshaft oder Polizeigewahrsam der Gefahr der Berührung mit älteren, verdorbenen Elementen ausgesetzt sein könnten, sind Verwahrungsheime, den amerikanisch-englischen detention homes angelehnt, geschaffen worden. Ihr Ausbau, vor allem die Organisierung der in ihnen nicht leicht durchzuführenden Beschäftigung und ihre Verallgemeinerung würde ein wertvolles Glied in der Kette der Sondereinrichtungen für Jugendliche schaffen.

b) Beobachtungsanstalten. Die Fürsorgeerziehung findet teils in Familien, teils in Anstalten statt, die wieder untereinander verschiedenen Charakters sind. Der Erfolg der erzieherischen Behandlung des einzelnen hängt wesentlich von der richtigen Auswahl der Erziehungsmethode ab. Ob Familie, ob Anstalt, und in letzterem Falle, welche Anstalt im besonderen Falle das Richtige sei, setzt die Feststellung der Natur des Fürsorgezöglinges voraus. Hierfür sind hie und da besondere Anstalten errichtet, in denen er so lange festgehalten wird, bis die Entscheidung über den Weg der Erziehung möglich ist.

c) Übergangsstationen. Sie dienen der Überwindung der den Strafentlassenen oft verhängnisvollen Schwierigkeiten bei der Suche nach bürgerlicher Stellung, indem sie ihnen in der kritischen Zeit Aufnahme gewähren.

Schlußwort.

Reformvorschlägen zum Vollzuge der Gefängnisstrafe wie der Fürsorgeerziehung sind wir, ohne sie in den Vordergrund zu schieben, nicht aus dem Wege gegangen; Rechtsgeschichte und Rechtsvergleichung haben uns dabei geführt. Für ihre Verwirklichung gilt, was zu Anfang dieser Arbeit (und damit schließt sich deren Kreis) festgestellt ist: Es sind da die Formen des konstitutionellen Staatsrechtes zu wahren; es ist ein konstitutionelles Gefängnis- und Fürsorgeerziehungsrecht zu schaffen, dessen Richtlinien zu ziehen unsere Aufgabe war. Rechtssätze müssen danach eintreten, wo vordem Verwaltungsbestimmungen genügten. Wahren sie den für jede Verwaltung unentbehrlichen Spielraum, so liegt nichts mehr als sie im Interesse aller Teile, — des Staates in erster Linie, seiner Verbände und seiner Beamten, wie der Einzelnen. „Ein König richtet sein Land auf durch das Recht."

3.

Strafprozeßrecht

mit einem Anhang:

Kriminalpolizeiliche Tätigkeit

von

Professor Dr. Ernst Beling
in München.

Inhaltsübersicht.

Seite

Einleitung:

Begriff des Strafprozeßrechts. § 1 119
Abriß der Geschichte des Strafprozeßrechts. § 2 120
Die Rechtsquellen, das Maß ihrer Geltung und ihre Auslegung. § 3 124
Das Herrschaftsgebiet der Strafprozeßrechtssätze. § 4 125

Erstes Buch: Die Grundbegriffe: Strafklagerecht, Prozeßgegenstand, Prozeßsubjekte, Prozeßverhältnis.

Erstes Kapitel. Das Strafklagerecht. § 5 127

Zweites Kapitel. Der Prozeßgegenstand.
A. Die Zulässigkeit des Strafrechtsweges. § 6 128
B. Der Gegenstand des einzelnen Prozesses. § 7 130

Drittes Kapitel. Die Prozeßsubjekte.
A. Begriff. § 8 134
B. Die Lehre von den ordentlichen Strafgerichten.
I. Die ordentliche Strafgerichtsbarkeit im allgemeinen. § 9 135
II. Die Gerichtspersonen. § 10 136
III. Die bestehenden Gerichtsanstalten und ihre Besetzung. § 11 138
IV. Die Formation der Gerichte zu Strafrechtsprechungskörpern. § 12 139
V. Der Geschäftskreis der Gerichte.
1. Im allgemeinen. § 13 140
2. Die sachliche Zuständigkeit. § 14 141
3. Die örtliche Zuständigkeit (der Gerichtsstand, Forum). § 15 144
VI. Die Geschäftsverteilung. § 16 145
VII. Das Verhältnis der Gerichte zueinander und zu anderen Behörden. § 17 146
C. Die Lehre von den Parteien.
I. Die Parteien im allgemeinen. § 18 146
II. Der Staat als Strafkläger; die Staatsanwaltschaft. § 19 148

Viertes Kapitel. Das Prozeßverhältnis. § 20 149

Zweites Buch: Der Prozeßgang.

Allgemeiner Teil.

Erstes Kapitel. Die obersten Grundsätze.
A. Die Offizialmaxime und ihre Durchbrechungen. § 21 150
B. Das Klageformprinzip. § 22 151
C. Das Instruktionsprinzip. § 23 152
D. Mündlichkeits- und Konzentrationsprinzip. § 24 152
E. Das Prinzip der Öffentlichkeit. § 25 153
F. Die prinzipielle Stellung der Staatsanwaltschaft und des Beschuldigten. § 26 153

Zweites Kapitel. Die Prozeßhandlungen.
A. Allgemeines.
I. Systematik und rechtliche Bedeutung der Prozeßhandlungen. § 27 155
II. Die Fähigkeit zu prozessualem Handeln. § 28 159
Fortsetzung: Vertretungs- und Unterstützungsverhältnisse. § 29 160
Fortsetzung: Verteidigung und Beistandleistung. § 30 160
III. Form und Zeit der Prozeßhandlungen. § 31 161

Seite

B. Einzelne Prozeßhandlungen.
I. Richterliche Entscheidungen.
1. Prozeßerledigende Entscheidungen.
a) Im allgemeinen. § 32 . . . 162
b) Die Rechtskraft insbesondere. § 33 . . . 163
2. Laufende Entscheidungen. § 34 . . . 164
II. Prozeßrechtsgeschäftliches Handeln der Parteien.
1. Ladung. § 35 . . . 165
2. Die Klage. § 36 . . . 165
3. Rechtsmittel. § 37 . . . 166
III. Zustellung und Beurkundung. § 38 . . . 167
IV. Die Stoffsammlung.
1. Im allgemeinen. § 39 . . . 168
2. Das Beweisrecht insbesondere.
a) Der Gegenstand des Beweises. § 40 . . . 171
b) Die Beweistätigkeit, insbesondere das Unmittelbarkeitsprinzip. § 41 . 172
c) Die Beweismittel und ihre Benutzung.
α) Im allgemeinen. § 42 . . . 173
β) Die sächlichen Beweismittel. § 43 . . . 173
γ) Die persönlichen Beweismittel.
aa) Zeugen. § 44 . . . 174
bb) Sachverständige. § 45 . . . 176
cc) Die Parteien. § 46 . . . 177
d) Die Beweiswürdigung und die Konsequenzen der Beweisfragebeantwortung. § 47 . . . 177

Drittes Kapitel. Sicherungsmittel im Strafprozeß.
A. Übersicht und Einteilungsgesichtspunkte. § 48 . . . 178
B. Die einzelnen Maßregeln.
I. Untersuchungshaft und vorläufige Festnahme. § 49 . . . 179
II. Vermögensbeschlagnahme. § 50 . . . 180
III. Individualbeschlagnahme. § 51 . . . 180
IV. Editionszwang. § 52 . . . 181
V. Durchsuchung. § 53 . . . 181

Viertes Kapitel. Änderungen im Prozeßverhältnis und Prozeßbeendigung. § 54 . . . 182

Fünftes Kapitel. Kosten- und Entschädigungsrecht. § 55 . . . 182

Besonderer Teil.

Erstes Kapitel. Überblick über den Gang des Verfahrens. § 56 183

Zweites Kapitel. Die einzelnen Verfahrensarten.
A. Das regelmäßige Verfahren.
I. Das Vorverfahren.
1. Das Vorverfahren ohne Voruntersuchung.
a) Das Ermittelungsverfahren. § 57 . . . 183
b) Die Entscheidung der Staatsanwaltschaft nach Abschluß des Ermittelungsverfahrens und das Klageprüfungsverfahren. § 58 . . . 184
c) Die Entscheidung des Gerichts über die Anklage. § 59 . . . 184
2. Das Vorverfahren mit Voruntersuchung. § 60 . . . 186
II. Das Hauptverfahren.
1. Erste Instanz.
a) Vorbereitung der Hauptverhandlung. § 61 . . . 187
b) Die Hauptverhandlung.
α) Im Allgemeinen. § 62 . . . 187
β) Die schwurgerichtliche Hauptverhandlung speziell. § 63 . . . 190
2. Rechtsmittelinstanzen.
a) Berufungsverfahren. § 64 . . . 193
b) Revisionsverfahren. § 65 . . . 194
III. Wiederaufnahme des Verfahrens. § 66 . . . 196
IV. Die Strafvollstreckung. § 67 . . . 198

Seite

B. Die besonderen Arten des Verfahrens.
I. Privat- und Nebenklage.
1. In ihrer Strafklagefunktion.
a) Privatklage. § 68 . . . 198
b) Nebenklage. § 69 . . . 200
2. Die Bußklage. § 70 . . . 200
II. Mahnverfahren. § 71 . . . 201
III. Verwaltungsstrafklage und Verwaltungsnebenklage. § 72 . . . 202
IV. Absenzverfahren. § 73 . . . 202
V. Objektives Verfahren. § 74 . . . 203
VI. Konsular- und kolonialgerichtliches Verfahren. § 75 . . . 203
VII. Feld- und Forstrügeverfahren. § 76 . . . 203

Anhang:

Die Technik der strafprozessualischen Tatsachenerforschung, sog. kriminalpolizeiliche Tätigkeit. § 77 . . . 204

Einleitung.

§ 1. Begriff des Strafprozeßrechts.

I. Das Strafprozeßrecht steht in dienender Stellung neben dem materiellen Strafrecht, es ist um des Strafrechts willen da. Das Strafrecht krümmt keinem Verbrecher ein Haar. Es bestimmt zwar, der Mörder habe die Todesstrafe, der Dieb die Gefängnisstrafe verdient, der Staat habe einen so oder so gearteten Strafanspruch gegen den Delinquenten, aber die Verbrecherwelt kann dieser papiernen Paragraphen spotten, solange sich das Strafrecht nicht wirkend betätigt. Die Inslebensetzung des Strafrechts ist Aufgabe des Strafprozeßrechts.

Prozeß im allgemeinen (processus, Rechtsgang) ist ein Verfahren, eine Gesamtheit von Handlungen, die auf die Feststellung und Verwirklichung der vom materiellen Recht geforderten Zustände und Vorgänge (auf Rechtsschutz) gerichtet sind; Strafprozeß oder Strafverfahren (nach früherem Sprachgebrauch Kriminalprozeß, peinliches Verfahren) ist diejenige Prozeßgattung, die der Feststellung und Verwirklichung von Strafansprüchen dient; und demgemäß ist Strafprozeßrecht (auch formelles Strafrecht genannt) der Inbegriff derjenigen Rechtssätze, die bestimmen, in welcher Weise die Strafansprüche festgestellt und realisiert werden sollen.

Normales Ziel des Strafprozesses ist die Aufdeckung des Strafanspruchs behufs seiner Verwirklichung. Die Strafklage ist somit, zivilprozessualisch gesprochen, kondemnatorische, Leistungsklage. Sie erschöpft sich einerseits nicht in dem bloßen Begehren einer Feststellung: wo die Verwirklichung des Strafanspruchs ausgeschlossen ist, wie namentlich im Falle des Todes des Schuldigen, findet grundsätzlich kein Strafprozeß statt, und das deutsche Recht kennt ganz folgerichtig auch keine Rechtsmittel, die bloß „en faveur de la loi" eingelegt würden; andererseits stattet derjenige, der die Strafklage als konstitutive oder Bewirkungsklage auffaßt, diese mit Kräften aus, die ihr nicht zukommen: nicht erst das Strafurteil soll Schuldige schaffen oder rechtsgestaltend wirken, sondern schon die Tat hat den Täter schuldig gemacht; das Strafurteil spricht dies nur autoritativ aus.

II. Das Strafprozeßrecht ist, wie das materielle Strafrecht, ein Teil des öffentlichen Rechts. Strafrecht und Strafprozeßrecht haben aber ein jedes sein scharf umrissenes Gebiet. Während das Strafrecht die Voraussetzungen und den Inhalt des Strafanspruchs bestimmt, nach ihm also die Strafe lediglich auf dem Papier steht, hat es das Strafprozeßrecht in keiner Weise mit der Strafbarkeit einer Tat, sondern lediglich mit Ob und Wie der Verfolgbarkeit einer Person zu tun. Es ist mithin auch unmöglich, daß es Sätze gebe, die gemischten (strafrechtlichen und strafprozessualen) Charakters seien, wie mehrfach behauptet wird; die scharfe Scheidung ist von Wichtigkeit z. B. für StPO. §§ 380, 384 (Revision), für die Frage der Rückwirkung neuerlassener Rechtssätze usw.

III. Die sich zum Strafprozeß zusammenschließenden Handlungen sind überwiegend solche von Behörden und Beamten. Die Einrichtung und amtliche Stellung dieser Strafjustizorgane wird durch das Strafgerichtsverfassungsrecht geregelt, welches unten in der Lehre von den Prozeßsubjekten mit zur Darstellung kommt.

Literatur zum Strafprozeß: Aus der Zeit vor der RStPO. haben ihren Wert behalten: Planck, Systematische Darstellung des deutschen Strafverfahrens auf Grundlage der neueren Strafprozeßordnungen (1857) und Zachariä, Handbuch des deutschen Strafprozesses, 2 Bände (1861, 1868).

Dem modernen Rechte sind folgende Werke gewidmet: die Lehrbücher von Geyer (1880), v. Kries (1892), Ullmann (1893), Bennecke (1895), Bennecke-Beling (1900), Rosenfeld (4./5. Aufl. 1912); die „Vorlesungen" von Birkmeyer (1898); der Grundriß von Binding (5. Aufl. 1904); die Abrisse von Dochow (3. Aufl. 1880, Hellweg-Dochow 4. Aufl. 1890); John in der 1.—5. Auflage dieser Enzyklopädie, sowie von v. Lilienthal in Birkmeyers Enzyklopädie der Rechtswissenschaft (2. Aufl. 1904); die Handbücher von v. Holtzendorff (1877—79), mit Beiträgen von Dochow, Fuchs, Geyer, Glaser, v. Holtzendorff, Hugo Meyer, Meves, v. Schwarze, Ullmann) und Glaser (1883, 1886, nebst Sonderband: Beiträge zur Lehre vom Beweis 1883); die Rechtsfälle von Beling (3. Aufl. 1905), v. Rohland (1904); die Kommentare zur StPO. von Voitus (1877), v. Schwarze (1878), Thilo (1878), v. Bomhard-Koller (1879), Puchelt (1881), Dalcke (2. Aufl. 1881), Dorendorf (1881), Keller (2. Aufl. 1882), John (1884—1891), Isenbart-Samter (1893), Stenglein (3. Aufl. 1898), Mamroth (1900), Löwe-Hellweg (12. Aufl. 1907); die Kommentare zum GVG. von Keller (1877), Hauck (1879) und Thilo (1879); zahlreiche Artikel in v. Stengels Wörterbuch des Verwaltungsrechts (2. Aufl. v. Fleischmann 1912) und in v. Holtzendorffs Rechtslexikon (3. Aufl. 1880—1881). In die Technik des Strafprozesses führen ein: die Aktenstücke von Richard Schmidt (3. Aufl. 1904) und v. Hippel (2. Aufl. 1905); ferner Weizsäcker Formularbuch zu den deutschen Prozeßordnungen, 2. Abteilung (1891); v. Marck-Kloß, Die Staatsanwaltschaft (2. Aufl. 1903); Krobitzsch, Verfügungen in Strafsachen (2. Aufl. 1903); Kroschel, Abfassung der Urteile in Strafsachen (7. Aufl. 1911); Herm. Meyer, Protokoll und Urteil (3. Aufl. 1909); Delius, Gerichtl. Praxis in Strafsachen (1900); Lucas, Anleitung zur strafrechtlichen Praxis (3. Aufl. 1908); Ebert, Das amtsgerichtliche Dezernat (4. Aufl. 1900). — Über Politik der Strafrechtspflege: Beling im Handbuch der Politik Bd. I S. 345 (1912). — Eine besondere Zeitschrift für Strafprozeß gibt es nicht; die dem Strafrecht gewidmeten Zeitschriften dienen dem Strafprozeß mit. In der Zeitschrift für die gesamte Strafrechtswissenschaft fortlaufende Literaturberichte [1].

§ 2. Abriß der Geschichte des Strafprozeßrechts.

Literatur: Die Darstellungen der Rechtsgeschichte überhaupt. Ferner: Rogge, Über Gerichtswesen der Germanen (1820); Dahn, Die Könige der Germanen (1861—1900); Heck, Altfriesische Gerichtsverfassung (1894); Brunner, Die Entstehung der Schwurgerichte (1872); Derselbe, Zeugen- und Inquisitionsbeweis der karolingischen Zeit (1866); Planck, Das deutsche Gerichtsverfahren im Mittelalter, 2 Bde. (1879); v. Kries, Der Beweis im Strafprozeß des Mittelalters (1878); R. Löning, Der Reinigungseid bei Ungerichtsklagen im deutschen Mittelalter (1880); His, Strafrecht der Friesen im Mittelalter (1901); Knapp, Das alte Nürnberger Kriminalverfahren bis zur Einführung der Carolina, Z. f. StrRW. XII 200, 443; Knapp, Zenten des Hochstifts Würzburg (1907); Bennecke, Zur Geschichte des deutschen Strafprozesses: Das Strafverfahren nach den holländischen und flandrischen Rechten des 12. und 13. Jahrhunderts (1886); Scheel, Das alte Bamb. Strafrecht (1903); Ruoff, Die Rudolfzeller Halsgerichtsordnung von 1506 (1912); Kohler und degli Azzi, Das Florentiner Strafrecht des XIV. Jahrh. mit einem Anhang über den Strafprozeß der italienischen Statuten (1909). — Geib, Geschichte des römischen Kriminalprozesses bis zum Tode Justinians (1842); Zumpt, Der Kriminalprozeß der römischen Republik (1871); Mommsen, Das römische Strafrecht (1899). — München, Das kanonische Gerichtsverfahren und Strafrecht Bd. I, 2. Aufl. (1874). — Biener, Beiträge zur Geschichte des Inquisitionsprozesses (1827); Brunnenmeister, Die Quellen der Bambergensis (1878); Schötensack, Strafprozeß der Carolina (1904); R. Schmidt, Die Herkunft des Inquisitionsprozesses (1902); Chr. Fr. G. Meister, Ausführliche Abhandlung des peinlichen Prozesses in Deutschland Bd. I (1766—1775, 1795); v. Quistorp, Grundsätze des deutschen peinlichen Rechts Bd. III, 6. Ausg. v. Roß (1821); Henke, Handbuch des Kriminalrechts Bd. IV (1838); Bauer, Lehrbuch des Strafprozesses (1835; 2. Ausg. v. Morstadt 1848); C. J. A. Mittermaier, Das deutsche Strafverfahren, 4. Aufl. (1845, 1846); Martin, Lehrbuch des Kriminalprozesses, 5. Ausg. von Temme (1857); Abegg, Lehrbuch des gemeinen Kriminalprozesses (1833). — Biener, Das englische Geschworenengericht, 3 Bde. (1852—1855); Feuerbach, Über die Gerichtsverfassung Frankreichs (1825); Faustin Hélie, Traité de l'instruction criminelle, 2. éd. (1866, 1867); Hugo Meyer, Tat- und Rechtsfrage (1860); Heinze, Parallelen zwischen der englischen Jury und dem französisch-deutschen Geschworenengericht (1864); Glaser, Anklage, Wahrspruch usw. im englischen Schwurgerichtsverfahren (1866); Mendelssohn Bartholdy, Imperium des Richters (1908); Derselbe, Engl. Gerichtswesen im Court of criminal appeal (1909); Weiblich, Englische Strafprozeßpraxis und deutsche Strafprozeßreform (1906); Gerland, Die englische Gerichtsverfassung (1910). — Die in § 1 angeführten Werke von Planck und Zachariä.

---

[1] Auf die vorstehend aufgeführte Literatur sei hiermit ein für allemal verwiesen. In den nachstehend bei den einzelnen Paragraphen gemachten Literaturangaben wird auf sie nicht zurückgegriffen.

I. Die germanische Gerichtsverfassung kennzeichnet sich durch ihren demokratischen Charakter: das Urteil sprach die Volksversammlung selbst, der Vorsitzende oder „Richter" war also nicht gleichzeitig „Urteiler", sondern hatte nur die Leitung und den Urteilsvorschlag; im fränkischen Recht wurde ihm später auch der Urteilsvorschlag aus der Hand genommen und auf die sieben Rachimburgen, weiterhin auf sieben lebenslänglich fungierende Schöffen, scabini, übertragen. Die Gerichtssitzungen waren naturgemäß öffentlich und mündlich. Das Verfahren wurde durch Klage des Verletzten oder seiner Sippe in Lauf gesetzt; ausnahmsweise konnte später in gewissen Fällen der König durch seine Beamten von Amts wegen Verbrechen verfolgen lassen (Rügegerichtsbarkeit). Die erste Frage in der Verhandlung war die, ob der Beklagte geständig sei. Wenn ja, so erging ohne weiteres Verurteilung. Im anderen Falle sprach sich das Urteil darüber aus, wer zu beweisen habe (Beweisurteil), und verhängte Verurteilung oder Lossprechung demgemäß nur bedingt. Nach Maßgabe des Urteils erfolgte sodann die Beweisaufnahme. Sie bezog sich niemals auf Tatsachen, sondern bestand regelmäßig in dem Eide der Partei (gewöhnlich des Beklagten), daß sie im Rechte sei, unterstützt von dem Eide der Eideshelfer, daß der Eid des Hauptschwörers „rein und nicht mein" sei; später traten als Beweismittel die Gottesurteile hinzu. Nach dem Urteile mußte die Partei das Urteil zu erfüllen geloben (fides facta), widrigenfalls sie friedlos gelegt wurde. Ein Instanzenzug fehlte naturgemäß; nur konnte der Urteilsvorschlag vor gesprochenem Urteil „gescholten" werden, dergestalt, daß der Scheltende nunmehr durch Zweikampf die Gerechtigkeit seiner Sache erhärten mußte.

II. In Rom lag die Strafjustiz geraume Zeit bei den comitia centuriata, weiterhin bei den quaestiones („Schwurgerichten"), d. i. Ausschüssen, die, anfänglich nur für den einzelnen Fall niedergesetzt, später zu „quaestiones perpetuae" wurden. Das kaiserliche Rom brach mit der Laienjustiz und legte vermittelst des siegreichen Vordringens der sog. „extraordinaria cognitio" nach und nach die Rechtsprechung ganz in die Hände beamteter Richter. Der römische Prozeß setzte, wie der germanische, die Anklage eines Anklägers voraus, so jedoch, daß grundsätzlich quivis ex populo zur Klageerhebung legitimiert war. Verhandelt wurde in Rom mündlich und, solange in foro verhandelt wurde, auch öffentlich. Die Grundlage der Verhandlung bildeten die Parteivorträge; an sie schloß sich die durch die Parteien selbst vor sich gehende Vorführung der Beweise an. Der Beweis war, anders als im germanischen Recht, auf Erzielung persönlicher Überzeugung gerichtet; nur wurde die Aufdeckung der Wahrheit durch Zulassung der Folter gefährdet, die freilich gegen gewisse Personalklassen, wie Soldaten, Senatoren, höhere Beamte, ausgeschlossen war. Rechtsmittel waren dem älteren römischen Prozeß unbekannt; in der Kaiserzeit bildete sich die appellatio heraus.

III. Der römische Prozeß wurde nach der Völkerwanderung dadurch zum romanischen, daß kanonischrechtliche und gewohnheitsrechtliche Elemente in ihn eindrangen. Dieser umgemodelte Prozeß, wie ihn hauptsächlich die italienischen Praktiker in ihren Schriften darstellen, zeigt besonders folgende Abweichungen von dem römischen: eines Anklägers — und dies ist die bedeutsamste Neuerung — bedarf es nicht mehr; es tritt das Offizialprinzip mit Inquisitionsform auf (kanonischrechtlich in Anknüpfung an fränkisch-normannische Rechtseinrichtungen), so jedoch, daß auch das Auftreten eines Anklägers zulässig bleibt. Der Prozeß verliert allmählich die Eigenschaften der Mündlichkeit und Öffentlichkeit. In das römische Beweisrecht dringt aus dem germanischen der Reinigungseid des Beklagten ein; die Folter wird stark zur Anwendung gebracht. Allmählich bildet sich eine formale Beweistheorie aus, die dem Richter vorschreibt, unter welchen formalen Voraussetzungen er eine Tatsache glauben oder nicht glauben dürfe.

IV. Durch die Rezeption des römischen Rechts überhaupt fand auch der romanische Prozeß in Deutschland Eingang, ohne jedoch den einheimischen ganz verdrängen zu können. Der durch diese Duplizität geschaffenen Unsicherheit wurde einigermaßen durch die Gesetzgebung abgeholfen. Das wichtigste der hierher gehörigen Gesetzgebungswerke war die Peinliche Gerichtsordnung Karls V., Constitutio Criminalis Carolina von 1532 (PGO., CCC.). An sie schloß sich der gemeine deutsche Gerichtsgebrauch an; er schuf so das gemeine deutsche Strafprozeßrecht. Germanischen Traditionen folgend behielt dieses die Schöffen als Urteiler bei, dem Richter nur die formelle Leitung des Prozesses zuweisend. Da aber die — ungelehrten — Schöffen angesichts der veränderten Zeitverhältnisse der Aufgabe, Recht zu sprechen, nicht gewachsen waren, da sie insonderheit dem rezipierten römischen Recht hilflos gegenüberstanden, so konnte es nicht ausbleiben, daß ihre Tätigkeit zum wesenlosen Scheine herabsank. In allen irgendwie komplizierteren Fällen kam es nämlich zur sog. Aktenversendung an einen Oberhof oder eine Juristenfakultät usw., und das von da eingeholte Gutachten wurde dann nach Rückkunft der Akten unverändert als Urteil publiziert, — ein Verfahren, das bereits die Carolina selbst den Gerichten zur Pflicht gemacht hatte. Es leuchtet ein, daß der Prozeß damit im wesentlichen schriftlich und heimlich geworden war; und geringe Reste der Mündlichkeit und Öffentlichkeit, die nach der CCC. noch bestanden, wurden von der weiteren Rechtsentwicklung beiseite geschoben. Das Anklagen im peinlichen Verfahren war bereits nach der CCC. eine nicht eben angenehme Tätigkeit (Kautionspflicht, eventuell Personalhaft usw.); und da der Richter die Übeltäter auch „von Amts wegen annehmen" konnte, so erklärt es sich, daß im Laufe der Zeit in praxi lediglich der Inquisitionsprozeß zur Anwendung kam. Die Inquisition war zunächst, im Anfang jedes Verfahrens, darauf gerichtet, ob überhaupt eine strafbare Handlung vorliege, und wer der Täter sei, inquisitio generalis; dann folgte die inquisitio specialis, gerichtet auf Aburteilung eines bestimmten Täters. Das Beweisrecht bildete sich im Laufe der Zeit streng formal heraus (probatio plena, semiplena usw.); andererseits trat auch nach und nach eine gewisse Verwilderung ein, insofern die Verhängung einer Verdachtsstrafe zugelassen wurde in Fällen, in denen kein voller Beweis geführt war. Von der Folter („peinliche Frage") wurde ein ausgedehnter Gebrauch gemacht; zu ihr kam es, wenn entweder ein halber direkter Beweis oder genugsame Indizien vorlagen. Erst den Angriffen von Thomasius (De tortura e foris Christianorum proscribenda, Halae 1705), Montesquieu, Beccaria usw. wich die Folter allmählich (zuerst in Preußen: 1740 Friedrich der Große).

V. Überhaupt wurde durch die sog. Aufklärungsperiode, mehr noch durch die französische Revolution, dem gemeinen Strafprozeß in zahlreichen Punkten hart zugesetzt mit dem Erfolge, daß sich am Ende einer freilich jahrzehntelangen Entwicklung zahlreiche Landesgesetze von ihm lossagten und an seine Stelle den sog. „reformierten Strafprozeß" setzten (seit 1848). Dieser reformierte Strafprozeß schloß sich in weitgehendem Umfange an das französische Recht und an das diesem zugrunde liegende englische Recht an; vorbildlich war besonders der Code d'instruction criminelle von 1808. Das Bindeglied zwischen Frankreich und Deutschland waren dabei die Rheinlande, die in napoleonischer Zeit die Bekanntschaft mit dem französischen Recht gemacht hatten und dieses auch nach ihrer Wiedervereinigung mit Deutschland nicht aufgeben mochten. Die Reform bezog sich zuvörderst auf die Gerichtsverfassung. Man hatte, wie man meinte, mit der Rechtsprechung durch Beamte üble Erfahrungen gemacht; besonders in politischen Prozessen schien bei ihr jede Garantie für objektive, gerechte Beurteilung zu fehlen. Man forderte daher Unabhängigkeit der Gerichte und von diesem Grundgedanken aus Heranziehung des Laienelements. Es kam zur Einführung der Geschworenengerichte (der Assisen, der Jury). In der Erkenntnis, daß die Entscheidung der Rechtsfrage bei Laien unmöglich gut aufgehoben sein kann, wagte man freilich anfänglich nur, die Beantwortung der Tatfrage in die Hände der Geschworenen zu legen; als sich aber aus der Spaltung der Rechts- und der Tatfrage unlösliche Komplikationen ergaben, überließ man den Geschworenen auch die Rechtsfrage. Die reine Laienjustiz, wie sie in der schwurgerichtlichen Verfassung zur Geltung kommt, behielt indessen nicht die Alleinherrschaft; neben ihr trat die schöffengerichtliche Rechtsprechung auf den Plan, bei der Berufs- und Laienrichter zusammen als einheitliches Kollegium entscheiden. Ein zweites durch die Reformgesetzgebung verwirklichtes Postulat war die Beseitigung des Inquisitionsprozesses; an seine Stelle trat der Anklageprozeß, indem für die Klägerrolle eine Staatsanwaltschaft ins Leben gerufen wurde. Endlich wurde der schriftliche, mittelbare, geheime Prozeß durch den mündlichen, unmittelbaren, öffentlichen ersetzt und die formale Beweistheorie von dem Prinzip der freien Beweiswürdigung abgelöst.

Unter den Partikularstrafgesetzen des 18. und des 19. Jahrhunderts sind folgende hervorzuheben:

a) Noch von den gemeinrechtlichen Prinzipien beherrscht: Codex Maximilianeus juris Bavarici criminalis (1751); Constitutio criminalis Theresiana (1768); Kaiser Josephs II. Vorschrift über Kriminalverfahren (1788); Kaiser Franz' II. Gesetzbuch über Verbrechen und schwere Polizeiübertretungen (1803); Preußische Kriminalordnung (1805); Allgemeines Strafgesetzbuch für das Königreich Bayern (1813).

b) Gesetzgebungen mit reformiertem Strafverfahren: Bayrisches Gesetz, betr. Abänderungen des ... StGB. (1848); Preußische Verordnung über die Einführung des mündlichen und öffentlichen Verfahrens mit Geschworenen in Untersuchungssachen (1849), nebst Zusatzgesetz (1852); Braunschweigische Strafprozeßordnung $\left(\frac{1849}{1858}\right)$; Thüringische StPO. (1850); Waldecksches Gesetz, die Einführung des mündlichen und öffentlichen Verfahrens ... betreffend (1850); Sachsen-Altenburgische StPO. (1854); Sächsische StPO. $\left(\frac{1855}{1868}\right)$; Oldenburgische StPO. (1857); Lübische StPO. (1862); Badische StPO. (1864); Hessische StPO. (1865); Preußische StPO. für die neuen Landesteile (1867); Württembergische StPO. (1868); Hamburgische StPO. (1869); Bremische StPO. (1870) [1].

VI. Es bestand kein Zweifel darüber, daß auch die Reichsgesetzgebung im wesentlichen bei dem reformierten Strafprozeß verharren müsse. Waren auch keineswegs alle Neuerungen, die er gebracht, zugleich auch Segnungen, war namentlich die Heranziehung des Laienelements ein schwerer Mißgriff, so stand doch fest, daß, alles in allem genommen, der neue Prozeß einen Fortschritt über die gemeinrechtliche Zeit darstellte. So standen auch die Entwürfe des Bundesrats aus den Jahren 1873 und 1874 durchaus auf dem Boden des reformierten Prozesses und nicht minder die Beratungen des Reichstages über diese Entwürfe. Zweifel und Meinungsverschiedenheiten tauchten freilich trotz dieser grundsätzlichen Übereinstimmung in großer Zahl auf, besonders über die Frage, ob die schwersten Verbrechensfälle von Schwurgerichten oder aber von sog. großen Schöffengerichten abgeurteilt werden sollten. Zusammen mit den übrigen „Reichsjustizgesetzen" kam schließlich die Strafprozeßordnung für das Deutsche Reich zustande. Sie trägt das Publikationsdatum des 1. Februar 1877; in Kraft getreten ist sie am 1. Oktober 1879. Die Materialien zur StPO. sind enthalten in der Hahnschen Publikation „Die gesamten Materialien zu den Reichsjustizgesetzen", Berlin 1877 ff.

Gegenüber der lex lata haben sich seither aber, und zwar schon seit den ersten Jahren nach Einführung des Gesetzes, Wünsche nach weiterer, umfassender Reform erhoben, ganz besonders nach Einführung der Berufung im Strafprozeß. Zu einem Resultat hat diese Reformbewegung, wiewohl die verbündeten Regierungen ihr schon mehrfach durch Vorlegung von Entwürfen entgegengekommen sind, bisher nicht geführt; lediglich die Entschädigung unschuldig Bestrafter und unschuldig Verhafteter ist erzielt worden (RGesetze vom 20. Mai 1898 und 14. Juli 1904) und neuerdings die Beseitigung der Praxis, die hinsichtlich der Preßdelikte zu einem „fliegenden" oder „ambulanten" Gerichtsstand gelangt war (RGes. vom 7. Juni 1902; s. unten § 15 I).

Eine umfassende Reform wurde dadurch eingeleitet, daß 1903 das Reichsjustizamt eine Kommission einsetzte mit dem Auftrag, zu einer Reihe von Fragen, die in einem Fragebogen formuliert waren, Stellung zu nehmen; die Frucht der Beratung waren die „Protokolle der Kommission für die Reform des Strafprozesses" (2 Bände 1905). 1908 folgte der Entwurf einer StPO., ausgearbeitet vom Reichsjustizamt (ins Italienische übersetzt von Leto 1910); seinen Inhalt übernahm mit geringen Änderungen der Bundesratsentwurf vom März 1909. Zur Verabschiedung eines neuen Gesetzes kam es jedoch nicht, da die Reichstagsberatungen wegen anderer parlamentarischer Aufgaben nicht zu Ende geführt wurden. Die Reform ist nunmehr bis zur Neugestaltung des materiellen Strafrechts hinausgeschoben. (Fortlaufende Berichte zur Strafprozeßreform in der Ztschr. f. Strafr.-Wissensch.)

---

[1] Vgl. Häberlin, Sammlung der neuen deutschen Strafprozeßordnungen (1852—1853); Sundelin, Sammlung der neueren deutschen Gesetze über Gerichtsverfassung und Strafverfahren (1861).

§ 3. Die Rechtsquellen, das Maß ihrer Geltung und ihre Auslegung.

Literatur: Triepel, Völkerrecht und Landesrecht (1899); Posener, Das deutsche Reichsrecht im Verhältnis zum Landesrecht (1900); Arndt in der Zeitschr. f. StrRW. Bd. XXII, S. 371; Anschütz, ebenda S. 499.

I. Die Quellen des deutschen Strafprozeßrechts sind keine anderen als die des deutschen Rechts überhaupt. Das will sagen:

1. Deutsches Strafprozeßrecht ist nur dasjenige, das von einheimischen rechtbildenden Faktoren herstammt. Das Völkerrecht als solches bleibt ebenso wie alles ausländische Strafprozeßrecht außer Betracht (vgl. unten § 4 II); Staatsverträge sind Quelle deutschen Strafprozeßrechts nur insoweit, als sie durch Publikation nach innen gesetzesgleiche Bedeutung gewonnen haben (oder insoweit sie etwa durch deutsche gewohnheitsrechtliche Übung — nachstehend 2 — rezipiert sein sollten).

2. Gewohnheitsrecht ist, wiewohl man dies bestritten hat, von gleicher rechtbildender Kraft wie Gesetzesrecht. Bestand doch das gemeine Strafprozeßrecht in weitem Umfang aus Sätzen, die der usus fori geschaffen hatte, und gibt es doch auch heute noch Staatswesen ohne Strafprozeßgesetz (z. B. Kanton Uri). Auch findet sich nirgends im deutschen Recht ein Satz, der strafprozessualem Gewohnheitsrecht die Geltung abspräche. Derzeit wird allerdings ein solches kaum nachweisbar sein; es könnte sich aber recht wohl praeter legem bilden, z. B. in Ansehung der Vergleiche im Privatklageverfahren, in Ansehung der Strafvollstreckung usw.

3. Die eigenartige staatsrechtliche Gestaltung Deutschlands (Nebeneinanderbestehen des Deutschen Reichs und der deutschen Gliedstaaten) bedingt eine Duplizität des deutschen Strafprozeßrechts wie des deutschen Rechts überhaupt. Es gibt Reichs- und Landesstrafprozeßrecht.

a) Das Schwergewicht liegt bei dem Reichsrecht. Den Kern des geltenden Reichsstrafprozeßrechts stellen dar die Strafprozeßordnung (StPO.) vom 1. Februar 1877 nebst ihrem Einführungsgesetz (EStPO.) und das Gerichtsverfassungsgesetz (GVG.) vom $\frac{\text{27. Januar 1877}}{\text{17. Mai 1898}}$ nebst seinem Einführungsgesetz (EGVG.). An diese Gesetze, die zusammen mit der Zivilprozeßordnung und ihrem Einführungsgesetz die „Reichsjustizgrundgesetze" bilden, gliedern sich als weitere Justizgesetze besonders an: die Rechtsanwaltsordnung (RAO.) vom 1. Juli 1878, die Gebührenordnung für Rechtsanwälte vom $\frac{\text{7. Juli 1879}}{\text{17. Mai 1898}}$; das Gerichtskostengesetz (GKG.) vom $\frac{\text{18. Juni 1878}}{\text{17. Mai 1898}}$; die Gebührenordnung für Zeugen und Sachverständige vom $\frac{\text{30. Juli 1878}}{\text{17. Mai 1898}}$; die Gebührenordnung für Gerichtsvollzieher vom $\frac{\text{24. Juni 1878}}{\frac{\text{29. Juni 1881}}{\text{17. Mai 1898}}}$; die Militärstrafgerichtsordnung (MStGO.) vom 1. Dezember 1898 nebst Einführungsgesetz (EMStGO.); das Gesetz über die Konsulargerichtsbarkeit vom 7. April 1900; das Gesetz über die Rechtsverhältnisse in den Schutzgebieten vom $\frac{\text{25. Juli}}{\text{10. September}}$ 1900.

Zusammengestellt sind diese Gesetze in dem Werk von Kayser, Die gesamten Reichsjustizgesetze und die sämtlichen für das Reich und in Preußen erlassenen Ausführungs- und Ergänzungsgesetze, Verordnungen, Erlasse und Verfügungen. S. auch Birkmeyer S. 45 ff. — Textausgaben der StPO. mit Anmerkungen von: Olshausen (2. Aufl. 1905), Staudinger (3. Aufl. 1911), Dalcke (12. Aufl. 1910), Hellweg-Kohlrausch (16. Aufl. 1912), Hoppe (1897), v. Aufseß (1901), Daube (8. Aufl. 1912), Siebdrat (1898) u. a. — Textausgabe des GVG. von Dörr (1910).

Ergänzend treten hinzu die strafprozessualen Bestimmungen in den im Reichsgesetzblatt publizierten Staatsverträgen des Deutschen Reiches.

Verzeichnis dieser Verträge bei Löwe-Hellweg zu § 21 GVG.

Rechtssätze strafprozessualen Charakters finden sich außerdem aber auch in manchen anderen, nicht zu den eigentlichen „Justizgesetzen" gehörigen Reichsgesetzen verstreut; so im Strafgesetzbuch (z. B. §§ 4, 61—65, 93, 140 Abs. 3, 164 Abs. 2, 186, 191, 198), in der Reichsverfassung (Art. 31), im Preßgesetz (§§ 23—29), im Postgesetz (§ 35) usw.

Diese Rechtssätze sind, auch insoweit sie älter sind als die StPO., neben letzterer in Geltung (vgl. EStPO. § 5).

b) Das Reichsrecht beansprucht grundsätzliche Geltung für alle sich vor deutschen Gerichten abspielenden Strafprozesse ohne Unterschied, ob das anzuwendende materielle Strafrecht Reichs- oder Partikularrecht ist. Das Landesrecht kann nur in die vom Reichsrecht offengelassenen Lücken eintreten. Dieser Lücken sind nicht wenige in Ansehung der Gerichtsverfassung. Das GVG. will nämlich keine „Kodifikation" sein, sondern greift nur eine Reihe von besonders bedeutsamen Punkten aus dem Gesetzgebungsstoff heraus; der unerwähnt gebliebene Rest ist also der Kompetenz der Einzelstaaten verblieben. Anders steht es mit dem eigentlichen Strafprozeß; die StPO. regelt ihn derart erschöpfend, daß jedes Schweigen als sog. qualifiziertes Schweigen gedeutet werden muß, das Landesrecht also nur insoweit Raum findet, als das Reichsrecht deutlich die Kompetenz des Landesrechts anerkennt, wie dies z. B. geschieht in EStPO. §§ 3, 4, 6, StPO. §§ 39, 64, 73, 288, 420, 453, 459, 483.

Die Einzelstaaten haben meistens den ihnen überlassenen Gesetzgebungsstoff durch „Ausführungsgesetze" (zum GVG., zur StPO.) geregelt; daneben sind je nach Bedürfnis noch Spezialgesetze (z. B. über das Forst- und Feldrügeverfahren usw.) erlassen worden. Preußen besitzt kein Ausführungsgesetz zur StPO.

Ungültig ist gemäß dem Grundsatz des Art. 2 RVerf., vgl. auch § 6 EStPO., alles dem Reichsrecht widerstreitende Landesrecht, es sei älter oder jünger als jenes (so z. B. Art. 9 des hessischen AGVG., insofern er die Mitglieder der standesherrlichen Familien von der ordentlichen Strafgerichtsbarkeit befreit).

Eine sehr eingehende Zusammenstellung landesrechtlichen Materials siehe bei Binding, Grundriß § 15; für Preußen und Bayern auch bei Birkmeyer in dem Beiheft. Dazu Beling, Württemb. Prozeßgesetzgebung (1903).

4. Weder für das Reichsrecht noch für das Landesrecht ist der „Verordnung" der Charakter einer Rechtsquelle abzusprechen. Das Gesetz im konstitutionellen Sinne läßt nicht nur stillschweigend, sondern zum Teil ausdrücklich Materien in dem Sinne ungeregelt, daß hier die Verordnungsgewalt eingreifen solle. So sind denn auch sowohl im Reich wie namentlich in den Einzelstaaten zahlreiche Verordnungen erlassen worden. Sie haben zum Gegenstande z. B. die Einrichtung von detachierten Strafkammern, Geschäftsanweisungen für Gerichtsschreibereien, Strafregister, Amtstracht, Formulierung der Urteile usw. Inwieweit Regelung durch Verordnung zulässig, inwieweit umgekehrt Gesetzesform einzuholten ist, bestimmt sich nach Staatsrecht.

Vgl. das oben bei 3 angeführte Werk von Kayser.

II. Die Auslegung strafprozessualer Rechtsquellen kann füglich keine andere sein, als die der Rechtssätze überhaupt. Das Objekt der Interpretation kann deren Methode nicht beeinflussen. Deshalb ist namentlich die bisweilen vertretene Meinung zu verwerfen, als sei im Strafprozeßrecht die Analogie nicht oder nur in beschränktem Umfang zur Auslegung verwertbar.

Mit der modernen Gesetzgebungstechnik hat auch die StPO. auf die Festhaltung von termini technici Gewicht gelegt („Rechtsmittel", „Angeschuldigter", „Angeklagter", „gerichtliche Untersuchung", „muß", „soll" usw.), ohne daß freilich überall volle Konsequenz obwaltete.

§ 4. Das Herrschaftsgebiet der Strafprozeßrechtssätze.

I. Der Personenkreis, den das deutsche Strafprozeßrecht beherrscht, deckt sich mit dem Kreise der Personen, die der deutschen ordentlichen Gerichtsbarkeit unterfallen (darüber unten § 9 I); das will sagen: hinsichtlich der Personen, die überhaupt unter die deutsche ordentliche Gerichtsbarkeit fallen, ist auch die StPO. anwendbar, und zwar wird grundsätzlich hinsichtlich der Prodezur kein Unterschied gemacht; es findet z. B. gegen den Inländer dasselbe Verfahren statt wie gegen den Ausländer. Immerhin gibt es auch zahlreiche persönliche Eigenschaften und Umstände, die auf die Form der Prodezur Einfluß üben; so wird gegen den Jugendlichen und gegen den Abwesenden anders verfahren als gegen den Erwachsenen bzw. den Anwesenden (vgl. z. B. StPO. §§ 140 [1], 318 ff.); es wird die Militärperson als Zeuge oder Sachverständiger anders als die Zivilperson behandelt (StPO. §§ 48 Abs. 2, 50 Abs. 4, 69 Abs. 5, 72); desgleichen genießen — wofern sie überhaupt der ordentlichen Gerichtsbarkeit nicht durch Hausverfassung oder Landesgesetz entzogen sind (unten § 9 I a. E.) — die Landesherren und die Mitglieder der landesherrlichen Familien, sowie der fürstlichen Familie Hohenzollern, der vormaligen Herrscherhäuser von Hannover, Kurhessen, Nassau und des herzoglich holsteinischen Fürstenhauses eine Sonderbehandlung als Zeugen oder Sachverständige (StPO. §§ 71, 72, RGes. v. 25. März 1904).

II. Die gewöhnliche Lehre geht dahin, „das räumliche Herrschaftsgebiet des deutschen Strafprozeßrechts sei das Deutsche Reich"; Strafprozeßrecht habe keine extraterritoriale Geltung. Das würde bedeuten: alle auf dem Boden des Deutschen Reichs vorgenommenen Strafjustizakte und nur sie richteten sich nach dem deutschen Strafprozeßrecht (Ordo judicii regitur legibus loci, ubi causa agitur). Diese Lehre hat eine scheinbare Stütze in dem völkerrechtlichen Satze, daß kein Staat im Gebiet anderer Staaten Staatshoheitsakte vornehmen darf; und auf ihr ruht scheinbar auch § 1 EStPO., wenn er die StPO. „im ganzen Umfang des Deutschen Reichs" in Kraft treten läßt. Jene Lehre ist gleichwohl falsch. Ein Strafprozeß in den Formen des deutschen Rechts kann sich sehr wohl auch auf außerdeutschem Gebiet vollgültig abspielen. Das Feld der Tätigkeit deutscher Behörden ist zwar regelmäßig das Reichsgebiet. Aber deutsches Strafprozeßrecht kommt auch in fremden Staaten zur Anwendung. So in allen den Staaten, in denen deutsche Konsulargerichtsbarkeit besteht; ferner können deutsche Gerichte z. B. auch auf staatenlosem Gebiet tagen oder auf dem manu militari besetzten fremdstaatlichen Gebiet, oder es kann möglicherweise ein fremder Staat im Falle einer öffentlichen Kalamität, z. B. eines Erdbebens, seine Gerichtsräumlichkeiten den deutschen Behörden zur vorübergehenden dienstlichen Tätigkeit zur Verfügung stellen; ja, schließlich wäre nicht undenkbar, daß das Reich völkerrechtswidrig seine Grenzen überschritte. In allen diesen Fällen wäre das Ausland der Schauplatz deutscher Strafprozesse. Der Raum tut mithin garnichts zur Sache. Es gibt keinen Raum, auf dem das deutsche Strafprozeßrecht nicht anwendbar wäre; sein räumliches Herrschaftsgebiet ist schrankenlos. Worauf es ausschließlich ankommt, das ist vielmehr die Zugehörigkeit des prozedierenden Organs zum Deutschen Reich oder einem seiner Gliedstaaten. Die Regel ist also die: deutsche Strafjustizbehörden haben, wo immer sie tätig werden, nach deutschem Strafprozeßrecht zu verfahren (dies auch dann, wenn sie für einen ausländischen Prozeß Rechtshilfe leisten). In Verbindung damit steht, daß Akte ausländischer Behörden völlig belanglos sind (auch wenn sie etwa den Formen des deutschen Rechts entsprechen sollten); denn deutscher Strafprozeß ist = durch deutsche Organe betätigter Strafprozeß. So kann niemals auf Anklage einer ausländischen Staatsanwaltschaft hin ein Hauptverfahren bei uns eröffnet werden; das fremdländische Strafurteil ist dem Grundsatz nach für uns kein „Urteil" usw.

Etwas Abweichendes gilt nur für die Rechtshilfe; eine vom fremden Staate (in den Formen seines Rechts) geleistete Rechtshilfe kann als ein Glied in die Kette eines deutschen Strafprozesses eingefügt werden usw.

III. Anlangend das zeitliche Herrschaftsgebiet der Rechtsquellen, so sind das GVG. und die StPO. in Kraft seit dem 1. Oktober 1879 (EGVG. § 1, EStPO. § 1). Mit diesem Tage haben die älteren Gerichtseinrichtungen (Kreis-, Stadt-, Friedens-, Appellationsgerichte usw.) zu bestehen aufgehört; alle damals anhängigen Prozesse gingen an die neuen Gerichte über (EGVG. § 14); und seit dem 1. Oktober 1879 werden nicht nur alle neubegonnenen Strafprozesse (ohne Rücksicht auf den Zeitpunkt der Tat) nach der StPO. abgewandelt, sondern nach letzterer haben sich auch die am 1. Oktober 1879 schon anhängig gewesenen Prozesse in ihrem weiteren Verlaufe zu richten, EStPO. §§ 8, 10, 12 (eine Ausnahme, die heute kaum noch in Betracht kommen wird und selbst wieder durch eine Unterausnahme [§ 9 EStPO.] durchbrochen wird, macht EStPO. § 8 Abs. 2). Dagegen sind alle vor dem 1. Oktober 1879 vorgenommenen Prozeßakte, wenn sie dem alten Recht entsprachen, gültig geblieben und vom neuen Recht nicht berührt worden („Prozeßrecht hat keine rückwirkende Kraft").

Erstes Buch.

Die Grundbegriffe: Strafklagerecht, Prozeßgegenstand, Prozeßsubjekte, Prozeßverhältnis.

Erstes Kapitel.

Das Strafklagerecht.

§ 5.

Literatur: Goldschmidt, Materielles Justizrecht (1905).

I. Die Entfaltung der staatlichen Strafrechtsschutztätigkeit ist nur bei Vorliegen bestimmter Voraussetzungen rechtmäßig. Nicht nur, daß jeder einzelne Prozeßakt durch das Vorliegen besonderer Bedingungen in seiner Zulässigkeit bedingt ist (Prozeßgestaltungsvoraussetzungen, unten § 27 V); nicht nur, daß für jeden konkreten Prozeß als Ganzes genommen bestimmte ihn in seiner Statthaftigkeit bedingende Umstände vorliegen müssen (Prozeßvoraussetzungen, unten § 20): auch die Zulässigkeit einer Strafverfolgung überhaupt ist nicht unter allen Umständen gegeben, sondern eine bedingte. Bedingt zwar nicht in dem Sinne, als ob die Strafverfolgung von dem Bestehen eines Strafanspruchs abhängig wäre (auch der Prozeß gegen einen Unschuldigen kann völlig legitim sein, und gegen Schuldige kann möglicherweise die Strafverfolgung unzulässig sein). Wohl aber müssen gewisse formale Bedingungen gegeben sein:

1. der Strafrechtsweg muß zugelassen sein, d. h. es muß sich um einen dorthin gehörigen Prozeßgegenstand handeln;

2. die Strafverfolgung ist zulässig nur gegen Personen, die der (inländischen) Strafgerichtsbarkeit unterfallen;

3. sie ist zulässig nur für und gegen parteifähige und

4. nur für und gegen prozeßführungsberechtigte (sachlich legitimierte) Wesen;

5. sie ist nur einmal zulässig in dem Sinne, daß die bis zu rechtskräftiger Entscheidung durchgeführte Strafverfolgung eine weitere Verfolgung unzulässig macht;

6. spezielle Zulässigkeitsbedingungen sind u. a. a) für Antragsdelikte ein gültiger Strafantrag, für Ermächtigungsdelikte eine gültige Ermächtigung; b) in Auslieferungsfällen die im Auslieferungsrecht aufgestellten Bedingungen.

II. Soweit es an diesen Bedingungen fehlt, darf sich die Strafjustiz mit einer Prüfung des konkreten Prozeßgegenstandes, also mit einer Prüfung, ob Strafbarkeit gegeben ist, und mit allen ihr dienenden Handlungen, insbesondere mit Entscheidung darüber, überhaupt nicht befassen.

Soweit sie dagegen vorliegen, hat

1. der rechtsschutzübende Staat das Recht, gegen das Individuum nach Maßgabe der Prozeßvoraussetzungen und der Prozeßgestaltungsvoraussetzungen Strafrechtsschutztätigkeit zu üben, und der in Anspruch Genommene die Verpflichtung, diese Tätigkeit zu dulden;

2. der aktiv parteifähige Prozeßführungsberechtigte ein Recht gegen den Staat auf Ausübung dieser Tätigkeit nach Maßgabe der Prozeßvoraussetzungen und der Prozeßgestaltungsvoraussetzungen: das Strafklagerecht. Sein Inhalt geht dahin, daß der Staat durch

die Strafgerichte den Prozeßgegenstand sachlich prüfe und darüber entscheide und die dafür erforderlichen Handlungen vornehme. Gegen die Konstruktion eines solchen Rechts darf nicht geltend gemacht werden, daß in der Regel der Staat ja selber der Berechtigte sei und nicht wohl ein Recht gegen sich selbst haben könne; denn mit der Auseinanderlegung der Funktionen des Rechtsschutzheischens und des Rechtsschutzübens im modernen Staat ist es möglich (und notwendig) geworden, den Staat als zugleich Berechtigten und Verpflichteten zu fassen.

Ein Recht auf Obsieg im Prozeß (als Seitenstück zu dem zivilprozessualischen Rechtsschutzanspruch im Sinne Wachs, Hellwigs usw.) stellt das Strafklagerecht nicht dar. Die Bejahung des Strafklagerechts kann mit Freisprechung des Angeklagten verbunden sein. Erst Strafklagerecht und wirklich bestehender Strafanspruch ergeben zusammengenommen das Recht auf Obsieg.

III. Maßgebender Zeitpunkt für die Notwendigkeit des Gegebenseins eines Strafklagerechts ist der Zeitpunkt der Entscheidung (nicht der der Prozeßeinleitung). Deshalb genügt es z. B., daß der Strafantrag während des Verfahrens gestellt ist.

IV. Die Strafklagerechtsvoraussetzungen sind streng zu trennen von den Bedingungen der Strafbarkeit, d. h. den Umständen, die vorliegen müssen, damit ein materieller Strafanspruch gegeben ist. Die Bedeutung des Gegensatzes tritt z. B. in folgenden Beziehungen hervor:

1. Fehlen einer Strafklagerechtsvoraussetzung führt lediglich zur formalen Beendigung des Verfahrens ohne sachliche Prüfung des Prozeßgegenstandes — „Einstellung des Verfahrens" —, so, daß (nach Eintritt der Strafklagerechtsvoraussetzung) eine Erneuerung des Verfahrens stattfinden kann. Im Gegensatz dazu führt das Fehlen einer Strafbarkeitsbedingung zur Freisprechung, so, daß (nach eingetretener Rechtskraft) der geltend gemachte Anspruch nicht wieder geltend gemacht werden kann.

2. Die zeitliche Herrschaft der Rechtssätze über Strafklagerechtsvoraussetzungen richtet sich nach Prozeßrecht, vgl. EStPO. §§ 8, 10, 12; die zeitliche Herrschaft der Rechtssätze über Strafbarkeitsbedingungen nach StGB. § 2.

3. Im schwurgerichtlichen Verfahren hat über Strafklagerechtsvoraussetzungen der Gerichtshof, über Strafbarkeitsbedingungen die Geschworenenbank zu befinden.

Auch in StPO. §§ 384, 380, StGB. § 4 a. E. wird der Gegensatz von Bedeutung.

Zweites Kapitel.

Der Prozeßgegenstand.

§ 6. A. Die Zulässigkeit des Strafrechtsweges.

Literatur: Gravenhorst, Der sog. Konflikt bei gerichtl. Verfolgung von Beamten (1908); Friedländer, Die Grenzen der Zivil- und Militärstrafgerichtsbarkeit, Gerichtssaal Bd. LVII S. 29 (1899); Schlayer, Deutsche Militär- und Zivilgerichtsbarkeit (1900); Beling, Tabellen zur MStGO. (1902); Weigel, Die Zuständigkeitsgrenzen zwischen Militär- und Zivilgerichtsbarkeit (1902); Gerland, Der § 10 der MStGO., in der Festschrift für Thon (1911); Esselborn, Die Ministerverantwortlichkeit im Großherzogtum Hessen (1902); Heilborn in Goltdammers Archiv Bd. XLVII S. 371.

I. Prozeßgegenstand, abstrakt genommen, ist alles, worum sich ein Strafprozeß vor den ordentlichen Strafgerichten drehen kann, alles, wofür die ordentliche Strafgerichtsbarkeit gegeben, der ordentliche Strafrechtsweg zugelassen ist (EStPO. § 3, EGVG. § 2); das sind nach GVG. § 13 alle Strafsachen, für die nicht die Zuständigkeit von Verwaltungsbehörden oder Verwaltungsgerichten begründet ist, oder besondere Gerichte reichsrechtlich bestellt oder zugelassen sind.

II. „Strafsachen" (causae criminales) sind diejenigen Rechtsangelegenheiten, bei denen es sich um Verhängung einer (staatlichen) „Strafe im eigentlichen Sinne" (im Gegensatz zu Ordnungsstrafen, Disziplinarstrafen, Vertragsstrafen usw.) handelt, — die staatlichen Strafansprüche, als Objekt des Strafprozesses gedacht.

III. Nach dem in § 13 GVG. ausgesprochenen Grundsatz gehören vor die ordentlichen Gerichte alle Strafsachen, für die nichts Gegenteiliges bestimmt ist. Etwas Gegenteiliges ist aber

1. für manche Strafsachen in dem Sinne bestimmt, daß sie — regelmäßig allerdings unter Vorbehalt eines Antrags des Beschuldigten auf nachträgliches ordentliches Verfahren — von Verwaltungsbehörden im Administrativverfahren erledigt werden, sei es

a) kraft reichsrechtlicher Anordnung (so sind z. B. Postportohinterziehungen den Postämtern zugewiesen, Reichspostgesetz vom 28. Oktober 1871, §§ 34 ff.); sei es

b) kraft landesrechtlicher, auf reichsrechtlicher Zulassung ruhender Anordnung (vgl. StPO. § 6 [3], dazu StPO. §§ 453 ff., 459 ff.).

Außerdem kann nach landesgesetzlichen Bestimmungen aus einer gegen einen Beamten schwebenden Strafsache ein Einzelpunkt, nämlich die Frage, ob der Beamte sich einer Überschreitung seiner Amtsbefugnisse oder der Unterlassung einer ihm obliegenden Amtshandlung schuldig gemacht habe, der Kognition der Gerichte dadurch entzogen werden, daß die dem Beamten vorgesetzte Behörde „den Konflikt" — nicht „Kompetenzkonflikt" — erhebt, d. h. jene Vorentscheidung dem Gericht aus der Hand nimmt; noch weitergehend kann Landesrecht sogar jene Vorentscheidung einer andern Behörde unbedingt, ohne Konfliktserhebung, verlangen, EGVG. § 11. Wie dieser Paragraph deutlich sagt, ist aber stets nur eine „Vorentscheidung" der Konfliktsbehörde zugelassen; ist diese Vorentscheidung erfolgt, so muß also der Strafprozeß ordnungsmäßig zu Ende geführt werden, und es bleibt nur gegebenenfalls der Inhalt der Vorentscheidung, insoweit ihn die Landesgesetzgebung für bindend erklärt, zu beachten. Soweit das Landesrecht den Prozeß als mit der Vorentscheidung erledigt charakterisiert, überschreitet es zweifellos seine Kompetenzgrenzen.

2. Für manche Strafsachen existieren „besondere Gerichte", „Sondergerichte"; so

a) kraft reichsrechtlicher Anordnung für Militärstrafsachen (ordentliche Militärgerichte), EGVG. § 7, RMStGO. vom 1. Dezember 1898, und gewisse zur Zeit eines Belagerungs-(Kriegs-)zustandes abzuurteilende Strafsachen (außerordentliche Militärgerichte) GVG. § 16, RVerf. Art. 61.

Militärstrafsachen sind:

1. Strafsachen gegen Militärpersonen des aktiven Heeres und der aktiven Marine wegen aller zur Zeit des Bestehens dieser Eigenschaft begangenen Delikte; wegen aller vorher begangenen Delikte, sowie wegen bestimmter nachher begangenen Delikte (Beleidigung im Verkehr mit dem früheren Vorgesetzten oder mit einer Militärbehörde, Körperverletzung, Herausforderung zum Zweikampf, Zweikampf — begangen gegenüber einem früheren militärischen, noch im aktiven Dienste befindlichen Vorgesetzten wegen der während der Dienstzeit erlittenen Behandlung), §§ 1 [1], 6, 11 MStGO.

2. Strafsachen gegen Offiziere z. D., Sanitätsoffiziere z. D., Ingenieure des Soldatenstandes z. D.; — Studierende der Kaiser-Wilhelms-Akademie für das militärärztliche Bildungswesen; — eingeschiffte Schiffsjungen; — in militärischen Anstalten versorgte invalide Offiziere und Mannschaften; — zu vorübergehender Dienstleistung zugelassene, nicht zum Soldatenstande gehörige Offiziere à la suite und Sanitätsoffiziere à la suite; — vorübergehend wieder verwendete Offiziere a. D., Sanitätsoffiziere a. D. und Ingenieure des Soldatenstandes a. D.; — das Gefolge des kriegführenden Heeres, zugelassene ausländische Offiziere, Kriegsgefangene, Schiffsangestellte, diese Personen so lange, wie gegen sie Martialstrafrecht anwendbar ist, MStGO. § 1 [2–8].

3. Strafsachen gegen Personen des Beurlaubtenstandes und gesetzlich gleichgestellte Personen wegen Zuwiderhandlungen gegen die auf sie anwendbaren Vorschriften des Militärstrafrechts; — gegen Offiziere des Beurlaubtenstandes, Sanitätsoffiziere des Beurlaubtenstandes, Ingenieure des Beurlaubtenstandes wegen Zweikampfs, Herausforderung dazu, Annahme einer Herausforderung und Kartelltragens; — gegen nicht zum Soldatenstande gehörige Offiziere à la suite und Sanitätsoffiziere à la suite wegen der in der Militäruniform begangenen Zuwiderhandlungen gegen die militärische Unterordnung, § 5 [1–3] MStGO.

4. Strafsachen gegen jedermann wegen der unter MStGB. §§ 160, 161 fallenden Taten, § 5 ^{4} MStGO.

Modifiziert wird diese Abgrenzung zwischen zivilistischer und militärischer Gerichtsbarkeit durch MStGO. §§ 2—4, 7—9.

Die Eigenschaft einer Strafsache als Militärstrafsache ist grundsätzlich ein character indelebilis, § 10 Abs. 1 MStGO. (Ausnahmen MStGO. §§ 4, 7 ^{2}, 8, 9 Abs. 2, 10 Abs. 2).

b) Durch Landesrecht können vor Sondergerichte verwiesen werden: Elb- und Rheinschiffahrtssachen, sowie Strafsachen gegen Standesherren, GVG. § 14 ^{1}, EGVG. § 7. Auch können für Strafsachen gegen die Mitglieder landesherrlicher Familien usw. (§ 5 EGVG. arg. a fortiori) Sondergerichte landesrechtlich eingesetzt werden.

(Ad a: reichsrechtlich bestellte, ad b: reichsrechtlich zugelassene Sondergerichte.)

Zu den zugelassenen Sondergerichten werden bisweilen die Staatsgerichtshöfe für Ministeranklagen gezählt. Indessen erwähnt das Reichsrecht diese nirgends als zugelassen, mithin haben diese Gerichtshöfe als Strafgerichte heute keine Geltung mehr. Ihre Wirksamkeit als staatsrechtliche Gerichtshöfe ist dagegen natürlich unberührt geblieben, insoweit gehören sie aber überhaupt nicht hierher, da sie insoweit keine „Gerichte" im Sinne des GVG. sind.

IV. Nicht immer erschöpft sich der Begriff der „Strafsache" in dem staatlichen Strafanspruch; unter Umständen bilden vielmehr gewisse mit dem Strafanspruch zusammenhängende straf-, zivil- oder verwaltungsrechtliche Ansprüche mit dem Strafanspruch zusammen die „Strafsache"; so werden z. B. im Strafprozeß mitabgemacht: die Privatstrafe der Urteilspublikation nach StGB. §§ 165, 200; die Buße; die Einziehung und Unbrauchbarmachung, die Zulässigkeit von Polizeiaufsicht, die „Unterbringung" des Strafunmündigen im Sinne des § 56 Abs. 2 StGB., die Entschädigung des unschuldig Bestraften (diese jedoch nur ihrem Grunde, nicht ihrem Betrage nach) usw. Für alle diese „Nebenansprüche" ist außer dem Strafrechtswege kein anderer Weg gegeben; dies gilt auch für den Bußanspruch; nur hat der Bußberechtigte die Möglichkeit, statt des Bußanspruchs den im Zivilprozeßwege verfolgbaren Schadensersatzanspruch zu wählen.

§ 7. B. Der Gegenstand des einzelnen Prozesses.

Literatur: Otker, Das Verfahren vor den Schwur- und den Schöffengerichten (1907) S. 3—41; Lazarus, Die sog. Schuld-, Strafausschließungs- und Strafaufhebungsgründe im Strafprozeß (1900); Planck, Mehrheit der Rechtsstreitigkeiten (1844); Glaser, Gegenseitige Beziehungen mehrerer Strafsachen, Gerichtssaal 1885 S. 81; Hötzel, Die Präjudizialität von richterlichen Zivilprozeßakten usw. für einen nachfolgenden Strafprozeß (1907).

I. Gegenstand des einzelnen Prozesses („Gegenstand der Untersuchung", somit auch Gegenstand der Klage, des Eröffnungsbeschlusses, des Urteils, der Rechtsmitteleinlegung usw.) ist derjenige Strafanspruch, den der Kläger anhängig gemacht hat, samt Nebenansprüchen. Außerhalb des Prozeßgegenstandes liegen mithin namentlich die nur präjudiziellen Punkte. Sie bedürfen zwar der Feststellung, es wird aber nicht „über sie entschieden", so daß auch keine Rechtskraftwirkung hinsichtlich ihrer eintritt (z. B. Frage des Eigentums im Diebstahlsprozeß; Frage nach dem Vorliegen einer „Haupttat" im Prozeß gegen den Gehilfen usw.).

II. Der Prozeßgegenstand bildet eine unteilbare Einheit

1. nach seinem Entstehungsgrunde: der Prozeß ergreift alle zu der Strafsache gehörigen Tatsachen, gleichviel, ob den Behörden bekannt oder unbekannt, ob in den behördlichen Prozeßerklärungen genannt oder nicht genannt;

2. nach seinem Inhalt: der Prozeß ergreift gleichermaßen Haupt- und Nebenstrafen samt allen möglichen auf den Strafrechtsweg gehörenden Nebenmaßregeln;

3. nach seiner juristischen Würdigung: der Prozeß ergreift die Tat unter jedem denkbaren juristischen Gesichtspunkt;

4. nach seiner Struktur: der Prozeß ergreift ungeteilt das „Ob" und das „Wie" der anhängigen Ansprüche.

Diese prozessuale Unspaltbarkeit der Strafsache bewirkt, daß jede Prozeßerledigung die ganze Strafsache erledigt; es gibt kein Teilurteil im Strafprozeß und folgeweise auch kein Ergänzungsurteil; die prozeßerledigende Entscheidung läßt von der Strafsache nichts in lite; vergessene oder unbekannt gebliebene Partikelchen der Strafsache können nicht den Gegenstand eines neuen Prozesses ausmachen; sie bleiben fortan außerhalb jeder Aburteilungsmöglichkeit. (Die Praxis, namentlich des Reichsgerichts, nimmt das Gleiche sogar an für solche unabtrennbare Elemente der Strafsache, die das Gericht fehlerhafterweise vermittelst einer Art Vorbehaltsurteils absichtlich ausgeschieden hat.) Andererseits bezieht sich auch jeder vor der Prozeßerledigung vorgenommene Prozeßakt, auch wenn er seinem Wortlaut nach nur einen Teil ergreift, auf die Strafsache in ihrem vollen Umfange. Die Anklage wegen Körperverletzung kann die Eröffnung des Hauptverfahrens wegen Totschlags und die Verurteilung wegen Mordes zur Folge haben (immer vorausgesetzt, daß die Tat dieselbe ist); der Eröffnungsbeschluß, der eine Tat nur als einfaches Delikt ansah und die Gewerbsmäßigkeit ausdrücklich leugnete, schließt nicht aus, daß das Urteil Gewerbsmäßigkeit annimmt usw.

Die unsichtbar gebliebenen Stücke und Teile der Strafsache verhalten sich also zu den sichtbar gewordenen wie der beschattete Teil des Mondes zur Mondsichel. So wenig die unsichtbaren Partien der Mondoberfläche einen besonderen Himmelskörper darstellen, so wenig lassen sich die unsichtbaren Teile der Strafsache von dem übrigen losreißen.

Jedoch ist die Unteilbarkeit der Strafsache nur die Regel. Letztere wird durch folgende Ausnahmen durchbrochen:

1. In der Eigenschaft als Antragsdelikt darf eine Tat nur so weit, wie der Strafantrag reicht, berücksichtigt werden. Fällt eine Tat z. B. unter die §§ 268 und 263 Abs. 4 StGB. in idealer Konkurrenz, und ist seitens des betrogenen Angehörigen ein Strafantrag nicht gestellt, so kann die Betrugseigenschaft der Tat keine Berücksichtigung finden. Folgeweise ist bei nachträglicher Stellung des Antrags ein Separatprozeß unter dem Gesichtspunkt des Betrugs möglich, in dem natürlich den materiellstrafrechtlichen Sätzen über die Bestrafung der Idealkonkurrenz Rechnung getragen werden muß.

2. Im Privatklageverfahren darf die Tat nur in ihrer Eigenschaft als privatklagefähiges Delikt gewürdigt werden; stellen sich andere juristische Gesichtspunkte heraus, so muß das Verfahren eingestellt und das weitere dem anhängig zu machenden Staatsklageverfahren überlassen werden (StPO. § 429).

3. Einziehung und Unbrauchbarmachung können, soweit die Voraussetzungen des „objektiven Verfahrens" vorliegen, für sich allein den Gegenstand eines solchen Verfahrens bilden.

4. Für die Abstimmung, die Majorität bei der Urteilsfällung und für das schwurgerichtliche Verfahren fallen die Schuldfrage und die Straffrage auseinander. Unter der Schuldfrage versteht das Gesetz (StPO. § 262) die Frage, ob auf die Tat ein bestimmtes Strafgesetz mit allen allgemeinen und besonderen Merkmalen einer Straftat anwendbar ist, ob also ein bestimmter Strafanspruch begründet ist, jedoch unter Ausschluß der unbenannten Privilegierungsgründe (also besonders der mildernden Umstände), sowie des Rückfalls und der Verjährung. Straffrage ist demgemäß die Frage nach der zu verhängenden Strafgröße unter Hinzutritt der Fragen nach unbenannten Privilegierungsgründen, Rückfall und Verjährung.

5. Ganz besonders aber bedingt die Teilbarkeit der Rechtsmittel auch eine Teilbarkeit des Prozeßgegenstandes. In die höhere Instanz devolviert die Strafsache nur nach Maßgabe des Anfechtungswillens der Partei. Der unangefochten gebliebene Rest erwächst in Rechtskraft (objektiv beschränkte Rechtskraft); wird nur die Straffrageentscheidung oder nur die Eigenschaft der Tat als Betruges oder nur die Verhängung einer Nebenmaßregel angefochten, so hat sich die höhere Instanz in keiner Weise mit der Schuldfrage bzw. mit den außer dem Betrug möglichen anderweiten Qualifikationen der Tat bzw. mit der Strafe zu befassen. Nur muß es sich allemal um logisch abtrennbare Teile handeln.

III. Alle Akte eines Strafprozesses müssen sich auf dieselbe Strafsache, eadem res, beziehen. Das hier auftauchende Problem der Identität ist weiter von Wichtigkeit

9*

für die Lehren von der Rechtshängigkeit und der Rechtskraft, denn in einer anderen als der anhängigen bzw. rechtskräftig abgeurteilten Strafsache kann natürlich von Rechtshängigkeit bzw. res iudicata keine Rede sein. Eadem res liegt aber vor, wenn sowohl

1. subjektive Identität (Identität der Person des Beschuldigten), wie auch

2. objektive Identität gegeben ist, was dann der Fall ist, wenn ein und dasselbe historische Vorkommnis, „eine und dieselbe Tat“ zugrunde liegt. Nicht aufgehoben wird nach dem oben (II.) Ausgeführten die Identität dadurch, daß es sich um verschiedene juristische Beurteilung des Vorgangs handelt; ebensowenig dadurch, daß der Tatsachenkomplex nicht voll bekannt ist, also die bloße Teilnatur des in Erörterung gezogenen Tatsachenmaterials den Prozeßbeteiligten verborgen war; auch dadurch nicht, daß etwa nur von der Strafe, nicht von einer dazugehörigen Nebenmaßregel die Rede war. Noch viel weniger wird die Identität dadurch beeinträchtigt, daß sich nur die Beurteilung der Modalitäten des Vorgangs verschiebt (z. B. der Begehungszeit, des Begehungsortes, der Eigenschaften des Verbrechensobjektes usw.), vorausgesetzt, daß das Ereignis dasselbe bleibt.

Insoweit freilich eine zulässige Teilung des Prozeßgegenstandes (oben II) erfolgt, erwachsen nunmehr aus der bisher einen zwei nicht mehr miteinander identische Strafsachen. Der im objektiven Verfahren anhängige Einziehungsanspruch ist nicht identisch mit dem Strafanspruch, der in die Rechtsmittelinstanz gediehene Teil des Prozeßgegenstandes ist nicht identisch mit dem in Rechtskraft übergegangenen usw.

Spezieller Betrachtung bedarf noch die Identitätsfrage für das objektive Verfahren in sich. Man wird hier Identität anzunehmen haben, wenn der Einziehungs- (Unbrauchbarmachungs-) Interessent derselbe ist und ferner der einzuziehende (unbrauchbar zu machende) Gegenstand derselbe ist. Die Konsequenzen zeigen sich in der Rechtskraftlehre.

IV. Ein und derselbe Prozeß kann möglicherweise mehrere Strafsachen, also mehrere Prozeßgegenstände umfassen, die im Wege der Verbindung zu einer Prozeßeinheit zusammengelegt sind, sei es, daß die mehreren Strafsachen gegen verschiedene Beschuldigte gerichtet sind (subjektive Klagenhäufung oder -kumulation, passive Streitgenossenschaft), sei es, daß die mehreren Strafsachen verschiedene in Realkonkurrenz stehende Taten desselben Beschuldigten betreffen (objektive Klagenhäufung).

Zulässig ist die Verbindung dann, wenn zwischen den mehreren Strafsachen ein Zusammenhang (Konnexität) obwaltet. Der Zusammenhang braucht aber nicht ein solcher im engeren Sinne des § 3 StPO. zu sein; der engere Zusammenhangsbegriff hat nur Bedeutung für die Zuständigkeit; hier dagegen genügt jeder Zusammenhang, § 236 StPO. Ein solcher Zusammenhang im weiteren Sinne ist aber bei Realkonkurrenz stets ohne weiteres vorhanden, — denn solchenfalls ist ja sogar Konnexität im engeren Sinne vorhanden (§ 3 StPO.); bei Verschiedenheit der Beschuldigten kommen außer den Fällen der Teilnahme (§ 3 StPO.) die Fälle der Wechselseitigkeit der Taten und die der Gleichartigkeit (vgl. § 471 StPO.) in Betracht.

Die Verbindung kann dadurch erfolgen, daß der Kläger die mehreren Strafsachen zusammen anhängig macht oder zu der erstanhängig gemachten die anderen durch Inzidentanklage (§ 265 StPO.) hinzufügt; aber auch so, daß das Gericht die einzeln schwebenden Sachen durch Beschluß zusammenlegt, was auch noch in der Hauptverhandlung statthaft ist (§ 236 StPO.). Die Verbindung ist aber jederzeit lösbar durch einen Trennungsbeschluß des Gerichts.

Will man die Wirkungen der Prozeßeinheit feststellen, so muß man sich davor hüten, diese mit den Wirkungen des Bestehens eines Zusammenhanges (im engeren Sinne) zu verwechseln. Letzterer bewirkt Zuständigkeit laut §§ 2, 13 StPO. und Erstreckung der von den Gerichten höherer Ordnung erforderlichen Prodezur auf die an sich zur niederen Zuständigkeit gehörende, aber bei dem Gericht höherer Ordnung anhängige Strafsache laut § 5 StPO. Dagegen ist das prozessuale Verbundensein an sich prinzipiell nur von faktischer Bedeutung (Ersparung von Zeit durch Gemeinschaftlichkeit der Prozedur), juristisch hingegen ohne Einfluß auf das Verfahren. Die mehreren Strafsachen behalten durchaus ihre juristische Selbständigkeit; das Verfahren wird durch das Verbundensein der Sachen nicht alteriert. Dies ergibt sich schon daraus, daß die Verbindung niemals eine notwendige ist und jederzeit gelöst werden kann. Somit ergeben sich besonders folgende Sätze:

1. Die vor der Verbindung in der einen Strafsache erfolgten Prozeßakte greifen auf die andere Sache nicht hinüber; ist z. B. gegen den Beschuldigten nur in der einen Sache ein Haftbefehl erlassen, so bleibt die Untersuchungshaft auch nach der Verbindung auf jene Sache beschränkt.

2. Die Verkettung der mehreren Sachen bedingt nicht eine gemeinsame Aburteilung; wird die eine Sache spruchreif, bevor die anderen es sind, so sind sukzessive Urteile geboten.

3. Die Notwendigkeit der Verteidigung für die eine Strafsache zieht nicht Notwendigkeit der Verteidigung für die verbundenen Sachen nach sich (abgesehen von dem Falle des § 5 StPO.).

4. Gleichgültig ist, wiewohl dies vielfach bestritten wird, die Verbindung auch für das Beweisrecht. Konn jemand in der Strafsache X als Zeuge vernommen werden, so kann er dies auch dann, wenn er in einer mit X verbundenen Sache Y Beschuldigter ist; auch für das Zeugnisweigerungsrecht und die Verteidigung muß eine streng individualisierende Betrachtungsweise Platz greifen, d. h. das in der Strafsache X begründete Zeugnisweigerungsrecht entbindet nicht von der Aussagepflicht in den verbundenen Sachen, und die Aussage eines Zeugen kann möglicherweise zu der einen Strafsache eidlich, zu den übrigen uneidlich sein.

5. Die Abstimmung ist natürlich für die verschiedenen Sachen eine geteilte. Folgerichtig muß auch die Fragestellung im Schwurgericht geteilt sein (§ 292 Abs. 3 StPO.).

6. Rechtsmittel und andere Rechtsbehelfe ergreifen nur die Strafsache, in der sie eingelegt sind, nicht die verbundenen Sachen.

7. Richterliche Handlungen, die sich auf die eine Strafsache beschränken, unterbrechen die Verjährung auch nur hinsichtlich eben dieser Sache, nicht hinsichtlich der verbundenen Sachen.

8. Überall da, wo das prozessuale Geschick einer Strafsache von der in concreto auszuwerfenden Strafgröße abhängt, muß richtiger Ansicht nach jede Strafsache separat gewürdigt werden; es kommt somit bei Realkonkurrenz nicht auf die Gesamtstrafe, sondern auf die Einzelstrafen an. Sind zwei Strafsachen a und b jede einzeln an das Schöffengericht überweisbar, indem die in ihnen zu erwartende Strafe das in § 75 GVG. in Verbindung mit § 27 [2] daselbst bezeichnete Maximum nicht übersteigt, so bleiben sie auch verbunden überweisbar, mag auch die zu erwartende Gesamtstrafe jenes Maximum überschreiten. Ist in zwei Strafsachen Dispens vom Erscheinen in der Hauptverhandlung nach § 232 StPO. zulässig, weil in jeder Einzelstrafsache höchstens sechs Wochen Freiheitsstrafe zu erwarten sind, so wird an der Dispensmöglichkeit dadurch nichts geändert, daß die Gesamtstrafe voraussichtlich höher sein wird. Desgleichen beziehen sich die einem Strafbefehl und einer Strafverfügung in §§ 447, 453 StPO. gezogenen Grenzen der Strafhöhe nur auf die Einzelstrafsachen; die Verbindung mehrerer Strafsachen beeinträchtigt die Möglichkeit eines Strafbefehls oder einer Strafverfügung in keiner Weise, mag auch die Gesamtstrafe höher als jene Grenzen sein.

Die gegenteilige Meinung legt nicht den gehörigen Nachdruck auf den Umstand, daß das zufällige Verbundensein der Strafsachen grundsätzlich die Behandlung der Sache unberührt lassen muß.

9. Wo der Wert des Verbrechensobjektes in Frage kommt, darf keine Zusammenaddierung der Beträge erfolgen. (Eine dem § 5 ZPO. entsprechende Bestimmung fehlt in der StPO.) Zwei Diebstahlsprozesse über je 20 Mk. gehören auch verbunden vor die Schöffengerichte (§ 27 [4] GVG.).

10. Prozeßverstöße, die nur die eine Sache betreffen, lassen die andere unberührt.

11. Die Kosten des Verfahrens werden grundsätzlich nicht zu einer Einheit zusammengeworfen, sondern für jede Strafsache separat angesetzt (vgl. § 498 StPO.).

Indessen wird die Regel, daß eine Strafsache in ihrer prozessualen Lage durch das Verbundensein mit einer anderen Sache nicht berührt wird, durch etliche Ausnahmen durchbrochen.

1. In einer Strafsache, in der, wenn sie isoliert stände, das Hauptverfahren eröffnet werden müßte, kann statt der Eröffnung vorläufige Einstellung des Verfahrens beschlossen werden, wenn es sich um mehrere reell konkurrierende Taten handelt und die in den verbundenen Strafsachen zu erwartende Strafe die Feststellung noch weiterer Straffälle als unwesentlich erscheinen läßt (§ 208 StPO.).

2. Eine von einem Angeklagten eingelegte Revision wirkt in gewissem Umfange auch zugunsten der Mitverurteilten (§ 397 StPO.).

3. Durch das Vorhandensein mehrerer Angeklagter vermindert sich für jeden die Zahl der auf Passivseite vorhandenen Geschworenenablehnungen (§ 284 StPO.).

4. Das wegen sachlicher Fehlerhaftigkeit eines Geschworenenanspruchs in einer Strafsache eingeleitete Berichtigungsverfahren ergreift auch die verbundenen Strafsachen (§ 311 StPO.).

5. Für die Auslagenerstattung tritt bei Mitangeklagten, die in bezug auf dieselbe Tat zu Strafe verurteilt sind, Gesamthaftung ein (§ 498 Abs. 2); im Privatklageverfahren zieht die Mehrheit der Kläger oder der Angeklagten in vollem Umfang Gesamthaftung für die Kosten nach sich.

6. Ist ein Richter in einer Strafsache kraft Gesetzes ausgeschlossen oder mit Grund abgelehnt, so kann er auch in etwa verbundenen Sachen nicht mitwirken, denn die Verbindung bedingt Einheit des Gerichts, es ist also faktisch unmöglich, seine Mitwirkung geteilt zuzulassen.

Drittes Kapitel.

Die Prozeßsubjekte.

§ 8. A. Begriff.

Prozeßsubjekte sind die maßgebenden Personen im Strafprozeß (im Gegensatz zu sog. „Dritten"). Solche sind:

1. die Parteien[1], das sind
   a) der aktiv Beteiligte, der Strafkläger (Bußkläger) — actor;
   b) der passiv Beteiligte — reus. Passiv beteiligt ist aber in erster Linie der „Beschuldigte" (so die allgemeine Bezeichnung; speziellere Bezeichnungen sind „Angeschuldigter" — von Erhebung der öffentlichen Klage ab; und „Angeklagter" — von Eröffnung des Hauptverfahrens ab, § 155 StPO.). Mitpartei (oder — im objektiven Verfahren — Alleinpartei) auf Passivseite (Quasibeschuldigte) sind aber möglicherweise auch solche Personen, die lediglich von einem der Nebenansprüche (oben § 6 IV) berührt werden; so die Nichteinziehungs- (Unbrauchbarmachungs-) Interessenten, die subsidiär Haftbaren usw.
2. Der über den Parteien stehende Unparteiische: der Staat durch seine Gerichte.

B. Die Lehre von den ordentlichen Strafgerichten.

Literatur: Die Darstellungen des Staatsrechts. Ferner: v. Stengel im Wörterbuch des deutschen Staats- und Verwaltungsrechts s. v. Gerichtsverfassung; v. Kries, Arch. f. öffentl. R. Bd. V S. 338; Beling, Strafrechtl. Bedeutung der Exterritorialität (1896); Gareis, Z. f. StrRW. Bd. VII S. 633; Weismann das. Bd. IX S. 379; Sontag, Der besondere Schutz der Mitglieder des deutschen Reichstags gegen Strafverfolgung usw. (1895); Hubrich, Parlamentar. Redefreiheit (1898); Derselbe, Parlamentar. Immunität und Beamtendisziplin (1901); Koppenhagen, Die Immunität der deutschen Reichstags- und Landtagsabgeordneten gegen Strafverfolgung und Verhaftung (1899); Schwebler, Parlamentar. Rechtsverletzungen nach deutschem Reichsrecht (1898); v. Muralt, Die parlamentar. Immunität in Deutschland und der Schweiz (1902); Kisch, Unsere Gerichte und ihre Reform (1908); Wilhelm, Die französische Gerichtsverfassung, Beilageheft zu Gerichtssaal Bd. LXXVIII (1911); Gerland, Die englische Gerichtsverfassung (1910); Mendelssohn Bartholdy, Das Imperium des Richters (1908); Aubin, Die Entwicklung der richterlichen Unabhängigkeit (1906); Dörr, Begriff und Grenzen der richterlichen Unabhängigkeit, in der Rheinischen Zeitschr. für Zivil- und Prozeßrecht Bd. III S. 425.

[1] Daß der Strafprozeß heute Parteiprozeß ist, ergibt sich aus dem Klageformprinzip, siehe unten § 22.

§ 9. I. Die ordentliche Strafgerichtsbarkeit im allgemeinen.

I. Wie alle Gerichtsbarkeit (Gerichtsherrlichkeit), so ist auch die Strafgerichtsbarkeit — die zur streitigen Gerichtsbarkeit, jurisdictio contentiosa, gehört — ihrem Wesen nach Befugnis zur Betätigung der Rechtspflege durch autoritative Einrichtungen. Sie steht gemäß § 15 GVG. ausschließlich dem Staate zu, und zwar ist die Gerichtsbarkeit auch nach Entstehung des Deutschen Reichs grundsätzlich den einzelnen Bundesstaaten verblieben; die Justiz, und so auch die Strafjustiz, ist preußisch, bayrisch, sächsisch usw.; das Reich übt die ordentliche Strafgerichtsbarkeit nur insoweit aus, als es sich um die Tätigkeit des Reichsgerichts sowie der Konsular- und Kolonialgerichte [1] handelt. Doch hat das Reich die Aufsicht über die Ausübung der Gerichtsbarkeit in toto (Art. 4, vgl. Art. 77 RVerf.).

Ihrem räumlichen und persönlichen Umfange nach ist die Gerichtsbarkeit des Reichs und die der Bundesstaaten dem Grundsatze nach schrankenlos. Sie ist räumlich schrankenlos, d. h. sie ergreift ohne weiteres auch ausländische Vorfälle und ist keineswegs auf inländische Vorgänge beschränkt. Sie ist persönlich schrankenlos, d. h. ihr unterliegt — abgesehen von der Konsulargerichtsbarkeit, die sich nur auf die in dem betr. Konsulargerichtsbezirk wohnenden oder sich aufhaltenden Deutschen und Schutzgenossen erstreckt — grundsätzlich jedermann, der nicht eximiert, „gerichtsfrei" ist. Eximiert aber sind von der ordentlichen Strafgerichtsbarkeit, und zwar

1. von aller deutschen ordentlichen Strafgerichtsbarkeit:
   a) die fremdländischen Exterritorialen, insoweit sie dem Deutschen Reiche gegenüber exterritorial sind, (§§ 18 Abs. 1, 19, 21 GVG.) (was hier von Missionen gesagt ist, ist analog auf die übrigen Exterritorialen auszudehnen);
   b) die Landesherren und die Mitglieder der landesherrlichen Familien, sowie der fürstlichen Familie Hohenzollern, der vormaligen Herrscherhäuser von Hannover, Kurhessen und Nassau und des herzoglich holsteinischen Fürstenhauses, – insoweit sie auf Grund des § 5 EGVG. (dazu RGes. v. 25. März 1904) durch Hausverfassung oder Landesrecht von der Gerichtsbarkeit befreit sind (reichsrechtlich sind diese Persönlichkeiten nur von einzelnen das Verfahren betreffenden Sätzen eximiert, oben § 4 I).
   c) Nach Art. 31 RVerf. dürfen die Mitglieder des Reichstags während der Sitzungsperiode desselben nur mit Genehmigung des Reichstags zur Untersuchung gezogen oder verhaftet werden, außer wenn sie bei Ausübung der Tat oder im Laufe des nächstfolgenden Tages ergriffen werden; und es ist jedes Strafverfahren gegen sie auf Verlangen des Reichstages für die Dauer der Sitzungsperiode aufzuheben. Ob auch den Mitgliedern der einzelstaatlichen gesetzgebenden Körperschaften Immunität zusteht, richtet sich nach Landesrecht zufolge § 6 EStPO.; räumt letzteres Immunität ein, so muß in dubio darin eine Befreiung von aller deutschen Gerichtsbarkeit, nicht bloß der des betreffenden Bundesstaates, erblickt werden, was freilich nicht allseitig zugegeben wird.
2. Von der Gerichtsbarkeit nur des einen oder anderen Bundesstaates sind exemt:
   a) diejenigen fremdländischen Exterritorialen, die diese Eigenschaft nicht gegenüber dem Reiche, sondern nur gegenüber einem der Bundesstaaten haben (§ 18 Abs. 2 Satz 1 GVG.):
   b) die nichtpreußischen Mitglieder des Bundesrats (sie sind befreit von der preußischen Gerichtsbarkeit), (§ 18 Abs. 2 Satz 2 GVG.).

Zu den im vorstehenden 1 und 2 aufgeführten Eximierten treten noch hinzu die Personen die unter Sonderstrafgerichte gestellt sind; sind diese auch nicht von der „Strafgerichtsbarkeit" befreit, so sind sie doch exemt von der ordentlichen Strafgerichtsbarkeit: vgl. oben § 6 III 2.

---

[1] Darüber, daß Konsular- und Kolonialgerichte ordentliche Gerichte sind, siehe unten § 11 II.

II. Mit der Zivilgerichtsbarkeit teilt die ordentliche Strafgerichtsbarkeit die sog. gesetzlichen Garantien, die alle Willkür fernhalten und eine strenge Durchsetzung des Rechts gewährleisten sollen:

1. Die Gerichte sind bei Ausübung der richterlichen Gewalt unabhängig, nur dem Gesetz unterworfen, § 1 GVG. Sie sind somit an Weisungen höherer Organe in Ansehung des Inhalts der Rechtsprechung nicht gebunden. Sie sind andererseits, weil dem Gesetz unterworfen, nicht befugt, sich im Wege „freier Rechtsfindung" von den im Gesetz enthaltenen Interessenwägungen loszumachen, haben vielmehr diese Interessenwägungen für die Ausübung und besonders für Analogieschlüsse zum Ausgangspunkt zu machen. (Nicht gehindert wird durch GVG. § 1 die „Interessenjurisprudenz", die jenseits der im Gesetz empirisch abgewogenen Interessenlagen Rechtssätze dadurch gewinnt, daß sie Wertungen und Abwägungen im Sinne der Gesamtheit vornimmt.)

2. Nur die im Gesetz vorgesehenen Gerichte sind zur Ausübung der Gerichtsbarkeit berufen. Unstatthaft ist Kabinettsjustiz, unstatthaft sind Ausnahmegerichte, das sind solche, die praeter oder contra legem konstituiert sind, die also die gesetzlichen Gerichte verdrängen sollen, § 16 GVG. Etwas ganz anderes sind die Sondergerichte, sie sind ja im Gesetz vorgesehen (so z. B. die ordentlichen und außerordentlichen Militärgerichte, die somit erklärlicherweise von § 16 Satz 1 GVG. nicht berührt werden, das. § 16 Satz 3).

3. Justiz und Verwaltung sind getrennt: den Gerichten darf keine andere Art Verwaltung als die Justizverwaltung übertragen werden (EGGVG. § 4). Sehr bedenklich ist die gewöhnliche Auffassung, daß dessenungeachtet den einzelnen Mitgliedern der Gerichte Verwaltungsgeschäfte aller Art übertragen werden könnten; damit wäre der ganze Zweck des § 4 cit. illusorisch gemacht.

4. In den vor die Gerichte gebrachten Sachen entscheiden jene selbst darüber, ob der Rechtsweg zulässig ist oder nicht (§ 17 Abs. 1 GVG.; vgl. aber unten § 17 I).

§ 10. II. Die Gerichtspersonen.

Literatur: Gneist, Die Bildung der Geschworenengerichte in Deutschland (1849); Derselbe, Vier Fragen zur deutschen StPO. (1874), 142 ff.; Binding, Die drei Grundfragen der Organisation des Strafgerichts (1876); Herm. Seuffert, Erörterungen über die Besetzung der Schöffengerichte und Schwurgerichte in Deutschland (1879), und im Gerichtssaal Bd. XXXII S. 31 (1880); Ötker, Die Rechtsgrundlagen der Schöffen- und Schwurgerichtsbildung, Goltd. Arch. Bd. XLIX S. 93, S. 203 (1902).

I. Die Gerichtspersonen sind teils „Richter", teils „gerichtliche Nebenpersonen" (Gerichtsschreiber, Gerichtsvollzieher, Gerichtsdiener usw., sämtlich „nichtrichterliche Justizbeamte"). Der Schwerpunkt der Justiz liegt bei den Richtern, und zwar bei den „ständigen Richtern", beamteten oder Berufsrichtern.

II. Die Übertragung des Berufsrichteramts erfolgt durch staatliche Anstellung, Ernennung zum Amtsrichter, Landrichter usw. Sie muß auf Lebenszeit und gegen festes Gehalt erfolgen und gibt dem Angestellten auch insofern eine besonders gesicherte Rechtsstellung, als er ohne seine Zustimmung nicht „absetzbar" und nicht „versetzbar" ist (§§ 6—8 GVG.).

Zum Richter kann ernannt werden, wer 3 Jahre auf einer Universität, davon mindestens 3 Halbjahre auf einer deutschen Universität, die Rechte studiert hat, darauf die erste juristische Prüfung bestanden, 3 Jahre im praktischen Vorbereitungsdienst verbracht und die zweite juristische Prüfung bestanden hat; auch ohne diese Voraussetzungen ist zum Richteramte fähig jeder ordentliche öffentliche Rechtslehrer an einer deutschen Hochschule (§§ 2—5 GVG.).

Doch können berufsrichterliche Geschäfte „zeitweilig" auch von einem nicht als Richter Angestellten (Assessor, Referendar, Rechtspraktikanten usw.) nach Maßgabe des Landesrechts wahrgenommen werden (GVG. § 10). Unfähig zur Wahrnehmung richterlicher Geschäfte machen gewisse strafrechtliche Verurteilungen (StGB. §§ 31, 33, 34, §§ 30, 32 MStGB.).

III. Wer zum Richter ernannt (oder gemäß § 10 GVG. als solcher einstweilig beschäftigt) ist, ist grundsätzlich befähigt, in allen vorfallenden Straffachen tätig zu werden. Er ist eben „Richter", während der nicht Ernannte oder ohne Fähigkeit zum Richteramt Ernannte Nichtrichter ist (seine Handlungen zum Prozeß also nichtig sind). Ausgenommen sind jedoch diejenigen Strafsachen, in denen ein gesetzlicher Ausschließungsgrund (Verwandtschaft des Richters mit dem Beschuldigten usw.) vorliegt (§ 22 StPO.), judex inhabilis, oder der Richter von einem Beteiligten oder von sich selbst wegen bestehender Besorgnis der Befangenheit abgelehnt worden ist (§§ 24—30 StPO.), judex suspectus; und zwar sind Handlungen eines kraft Gesetzes ausgeschlossenen Richters unbedingt und ohne weiteres kraftlos; dagegen ist Besorgnis der Befangenheit an sich auf das Verfahren ohne Einfluß, wenn und solange nicht eine auf sie gestützte Ablehnung erfolgt ist.

IV. Außer den Berufsrichtern zieht das heutige Recht zu gewissen richterlichen Geschäften unständige Richter, Laienrichter, heran: Schöffen und Geschworene. Diese haben keinerlei Beamteneigenschaft, wiewohl sie ein „Amt" versehen. Über die Berufung der Schöffen und Geschworenen zum Amte enthält das Gesetz eingehende Vorschriften (§§ 31—57, 84—97 GVG.). Sie erfolgt teils durch Auswahl, teils durch Los, und zwar bezüglich der Schöffen in folgenden Etappen: Urliste, — berichtigte Urliste, — Jahresliste (je eine für Haupt- und Hilfsschöffen); bezüglich der Geschworenen in folgenden Etappen: Urliste — Vorschlagsliste, — Jahresliste (je eine für Haupt- und Hilfsgeschworene) — Spruchliste, — Geschworenenbank. In Ausübung des Amts sind Schöffen und Geschworene aus denselben Gründen wie die Berufsrichter „ausgeschlossen" (§§ 22, 31, 32 StPO.); auch die „Ablehnung" ist bei den Schöffen dieselbe wie bei den Berufsrichtern, dagegen gilt für die Ablehnung der Geschworenen Besonderes nach §§ 282, 283 StPO. (sie ist einerseits nicht durch eine bestehende Besorgnis der Befangenheit bedingt, andererseits ziffermäßig beschränkt).

Über den Unterschied zwischen der schöffengerichtlichen und der schwurgerichtlichen Verfassung ist unten zu handeln (§ 12 II 1 b und 2 b).

Die Heranziehung von Laien zur Rechtsprechung muß als durchaus verfehlt und höchst bedenklich bezeichnet werden. Dies ist heute auch die Meinung nicht nur weitaus der meisten Juristen (Theoretiker und Praktiker), sondern auch zahlreicher gebildeter Laien, die unumwunden betonen, daß sie der gestellten Aufgabe nicht gewachsen seien und nicht gewachsen sein können. Die Laienjustiz verdankt ihr Dasein einer politischen Forderung aus der Mitte des 19. Jahrhunderts. Man klagte darüber, daß die Urteile der beamteten Richter den Unabhängigkeitssinn häufig vermissen ließen und nicht selten im Widerspruch zur Volksüberzeugung ständen; deshalb sollten fortan nach französischem Vorbilde „Männer aus dem Volke" richten. Man dachte sich anfänglich deren Tätigkeit aber nur auf die Tatfrage beschränkt; die Subsumtion des von den Laienrichtern festgestellten Sachverhalts unter das Gesetz sollte Sache der gelehrten Richter bleiben. Als dann jedoch die Trennung von Rechts- und Tatfrage zu unaufhörlichen Komplikationen führte und es sich als undurchführbar erwies, die Entscheidung über diese zusammengehörigen Fragen in verschiedene Hände zu legen, tat man den verhängnisvollen Schritt, die Laien zu Vollrichtern zu machen. Das war gleichbedeutend mit einer Auslieferung der Justiz an den Zufall; denn Zufall ist es, ob die gerade zugezogenen Laien das Gesetz voll erfassen; Zufall ist es, ob sie überhaupt gewillt sind, ihrer Pflicht gemäß lediglich das Gesetz zugrunde zu legen; ist doch die irrige Meinung noch weit verbreitet, als habe sich der Laienrichter überhaupt nicht nach dem Gesetz, sondern danach zu richten, ob er nach seinem subjektiven Empfinden die Tat für strafwürdig halte — eine Auffassung, die geradezu zu Anarchie und Rechtsunsicherheit schlimmster Art führt. Gewiß mögen Fehlsprüche der Berufsrichter vorgekommen sein und noch vorkommen —, das ist eben menschliche Unvollkommenheit. Aber um deswillen dem Gesetzesunkundigen die Urteilsfällung anvertrauen, heißt den Teufel durch Beelzebub austreiben. Auch der Schuhmacher macht manchmal einen Schuh, der drückt — wer hat je daraus die Konsequenz gezogen, daß die Schuhverfertigung „Laien", also Nichtschuhmachern, übertragen werden solle?! Und wenn der Berufsrichter wirklich in einer gewissen Abhängigkeit steckt —, so sind die Laienrichter auch nicht frei, auch wenn sie ihrer Ketten spotten; unzählige noch dazu unkontrollierbare Einflüsse aller Art, politische und sonstige Vorurteile können sie in Banden halten. Dem Gesetzgeber der Zukunft ist der Weg klar vorgezeichnet: die Rechtsprechung muß dem berufsrichterlichen Element in vollem Umfange zurückgegeben werden.

V. Anders, als im vorstehenden geschildert, ist das Personal bei den konsularen und kolonialen Gerichten beschaffen. Es sind nämlich in den deutschen Konsulargerichtsbezirken an der

Rechtspflege beteiligt: als ständiger Richter der Konsul, vom Kaiser ernannt und vom Reichskanzler zur Ausübung der Gerichtsbarkeit ermächtigt; neben ihm Laien, vom Konsul aus den achtbaren Gerichtseingesessenen erwählt. Für die deutschen Schutzgebiete gilt Entsprechendes mit der Maßgabe, daß an Stelle des Konsuls ein vom Reichskanzler zur Ausübung der Gerichtsbarkeit ermächtigter Beamter steht.

§ 11. III. Die bestehenden Gerichtsanstalten und ihre Besetzung.

Literatur: Jahrbuch der preußischen Gerichtsverfassung, redigiert im Bureau des Justizministeriums. Pfafferoth, Jahrbuch der deutschen Gerichtsverfassung. Beide periodisch erscheinend.

Aus dem in § 10 bezeichneten Personal sind eine beträchtliche Zahl von Gerichtsanstalten, „Gerichten" im grundlegenden Sinne des Wortes, gebildet, und zwar nicht mit dem ausschließlichen Charakter von Strafgerichten, sondern so, daß denselben Gerichtsanstalten, die als Strafgerichte in Betracht kommen, auch Zivilsachen und freiwillige Gerichtsbarkeit zufallen, und nur zu Zwecken der Strafjustiz bestimmte Rechtsprechungskörper an diesen Gerichtsanstalten formiert werden (darüber Näheres in § 12). Besetzt sind diese Gerichtsanstalten mit Berufsrichtern und gerichtlichen Nebenpersonen; die Laienrichter gehören gerichtsverfassungsmäßig den Gerichtsanstalten nicht als Mitglieder an, sondern werden nur den Rechtsprechungskörpern eingegliedert (§ 12).

I. Die von Reichs wegen zur Rechtspflege einschließlich der Strafrechtspflege berufenen einheimischen Gerichtsanstalten sind die Amtsgerichte (z. Z. 1954 an Zahl), die Landgerichte (z. Z. 176 an Zahl), die Oberlandesgerichte (mit Einschluß des zu ihnen gehörigen Kammergerichts in Berlin 29 an Zahl) und das Reichsgericht, dessen Sitz (Leipzig) durch besonderes Reichsgesetz vom 11. April 1877 bestimmt worden ist.

1. Die Amtsgerichte sind besetzt mit einem oder mit mehreren Amtsrichtern (Amtsgerichtsräten). Bei Vorhandensein mehrerer Amtsrichter nimmt einer die Stellung eines „Aufsichtführenden Richters" oder „Oberamtsrichters" ein (einen „Amtsgerichtspräsidenten" haben Berlin, Dresden, Leipzig).

2. Jedes Landgericht hat an der Spitze einen Landgerichtspräsidenten, ferner einen oder mehrere Landgerichtsdirektoren und eine sich nach der Geschäftslast richtende größere oder geringere Zahl von Landrichtern (Landgerichtsräten).

3. Jedes Oberlandesgericht hat einen Oberlandesgerichtspräsidenten, einen oder mehrere Senatspräsidenten und eine sich nach der Geschäftslast richtende Zahl von Oberlandesgerichtsräten.

4. Das Reichsgericht hat einen Reichsgerichtspräsidenten, mehrere Senatspräsidenten und eine erhebliche Zahl von Reichsgerichtsräten.

(Zu diesen von Reichs wegen bestellten Gerichten tritt für Bayern noch das Oberste Landesgericht in München, das in seiner Eigenschaft als Strafgericht auf gleicher Stufe mit den Oberlandesgerichten steht, während es in Zivilsachen mit dem Reichsgericht parallel ist, §§ 8—10 EGVG.)

Bei jedem dieser Gerichte muß eine Gerichtsschreiberei bestehen (§ 154 GVG.).

II. Außerhalb des Reichsgebiets fungierende ordentliche Gerichte sind die konsularischen und die kolonialen deutschen Gerichtsanstalten, besetzt mit je einem Konsul (Vizekonsul usw.), bzw. „Richter" im Schutzgebiet. Die herrschende Meinung behandelt diese Gerichte als „besondere", nicht als ordentliche Gerichte (vgl. oben § 6 III 2). Der Name „Sondergericht" täuscht nämlich: er klingt, wie wenn jedes Gericht unter den Begriff fiele, für welches Besonderheiten gelten. In Wahrheit sind Sondergerichte Gerichte mit besonderem Wirkungskreis, Gerichte, vor die besondere Arten von Rechtssachen gehören. Da nun vor die konsularischen und kolonialen Gerichte genau dieselben Rechtssachen gehören wie vor die heimischen ordentlichen Gerichte (mit Ausnahme bestimmter Kategorien), so ergibt sich ohne weiteres, daß es sich um ordentliche Gerichte handelt.

§ 12. IV. Die Formation der Gerichte zu Strafrechtsprechungskörpern.

Literatur: Zachariä, Das moderne Schöffengericht (1872); H. Meyer, Die Frage des Schöffengerichts (1873); Denkschrift des Preuß. Justizministeriums über die Schöffengerichte (1873); Kleinfeller, Die Funktion des Vorsitzenden und sein Verhältnis zum Gericht (1885); Mittermaier-Liepmann, Schwurgerichte und Schöffengerichte (1908 ff.).

I. Die in § 11 aufgezählten Gerichtsanstalten sind zur Strafrechtspflege nicht in der Weise berufen, daß immer der ganze Gerichtskörper (z. B. Präsident, Direktoren und Richter des Landgerichts zusammen) tätig zu werden hätte; vielmehr werden besondere Strafrechtsprechungskörper, Gerichtshöfe, „Gerichte" im engeren Sinne aus einer bestimmten Zahl von Mitgliedern der Gerichtsanstalt, zum Teil unter Hinzutritt von Nichtmitgliedern (Schöffen, Geschworenen) formiert. Dabei ist Grundsatz des heutigen Rechts die Ständigkeit der Gerichte in dem Sinne, daß das Personal der in der einzelnen Rechtssache mitwirkenden Gerichtspersonen nicht von Fall zu Fall von der Justizverwaltung bestimmt wird, sondern sich ein für allemal nach den gesetzlichen Normativbestimmungen richtet.

II. Die so formierten Strafrechtsprechungskörper stehen klassenweise im Verhältnis der Über- und Unterordnung zueinander als „Gerichte höherer und niederer Ordnung", und zwar sind es, von unten angefangen, folgende Klassen:

1. a) die Amtsgerichte, so, daß immer ein Amtsrichter das ganze Amtsgericht repräsentiert (nichtkollegiale, einzelrichterliche Verfassung), § 22 [1] GVG.
   b) die Schöffengerichte, gebildet bei den Amtsgerichten, besetzt mit je einem Amtsrichter und zwei Schöffen. Die Schöffen bilden mit dem Amtsrichter ein Kollegium, in dem sie volle Gleichberechtigung mit dem Amtsrichter haben (§ 30 GVG.).
2. Bei den Landgerichten werden
   a) je eine oder mehrere Strafkammern gebildet, eine jede besetzt mit fünf, unter Umständen drei Berufsrichtern (§§ 77, 78 GVG.), und zwar so, daß die Strafkammer als Gericht erster Instanz stets von fünf Richtern gebildet wird (fünfgliedrige Strafkammer), während sie als Berufungsgericht bei Übertretungen und in den Fällen der Privatklage mit drei Richtern (kleine Berufungsstrafkammer), im übrigen auch hier mit fünf Richtern (große Berufungsstrafkammer) besetzt ist.
   Sitz der Strafkammer ist regelmäßig der Landgerichtsort; eine Ausnahme bilden die sog. auswärtigen oder detachierten Strafkammern, gebildet bei einem Amtsgericht (§ 78 GVG.).
   b) Ferner treten bei den Landgerichten die Schwurgerichte zusammen, besetzt mit je drei Berufsrichtern, dem „Gerichtshof", und zwölf Geschworenen, der „Geschworenenbank". Gerichtshof und Geschworenenbank bilden zwei getrennte Kollegien, die nicht gemeinsam entscheiden, von denen vielmehr jedes seinen eigenen Wirkungskreis hat, unten § 63 II (§§ 81, 83 GVG.).
   c) Daneben fungiert ein Mitglied des Landgerichts als Untersuchungsrichter, (§§ 60, 64 GVG.).
3. An den Oberlandesgerichten werden die Strafsachen von einem oder mehreren Strafsenaten erledigt, deren jeder mit fünf Berufsrichtern besetzt ist (§§ 120, 124 GVG.).
4. In gleicher Weise werden beim Reichsgericht Straffenate, hier aus je sieben Mitgliedern bestehend, gebildet (§§ 132, 140 GVG.). In gewissen Fällen treten sämtliche Straffenate zusammen, wieder in anderen Fällen sogar das Plenum des Reichsgerichts (Straffenate und Zivilsenate) (§§ 137, 139 GVG.). Außerdem fungiert am Reichsgericht ein (nicht notwendig zu den Mitgliedern des Reichsgerichts gehöriger) Untersuchungsrichter (§ 184 GVG.).

III. Schöffengerichte und Schwurgerichte sind von den übrigen Gerichten insofern wesentlich verschieden, als sie nicht dauernd vorhanden sind. Das Schöffengericht tritt nämlich nur zu einzelnen Sitzungstagen zusammen, die im voraus für das ganze Jahr bestimmt sind, und zwar ausschließlich für die Hauptverhandlung (vgl. § 30 Abs. 2 GVG.); das

Schwurgericht wird zwar nicht bloß für einzelne Sitzungstage und nicht bloß für die Hauptverhandlung, doch aber auch nur für einzelne Sitzungsperioden und nur für die Erledigung des Hauptverfahrens gebildet.

In diesem Sinne (vgl. dagegen oben I) sind also Schöffengerichte und Schwurgerichte keine „ständigen" Gerichte.

IV. Bei den kollegial eingerichteten Gerichten (also allen, außer den Amtsgerichten, oben II 1 a) ist immer ein Mitglied des Kollegiums der „Vorsitzende", im Gegensatz zu den „Beisitzern", und zwar

bei den Schöffengerichten der Amtsrichter;
bei den Strafkammern regelmäßig ein Landgerichtsdirektor (eventuell der Landgerichtspräsident oder ein Landrichter);
bei den Schwurgerichten ein Mitglied des Landgerichts oder des Oberlandesgerichts;
bei den Strafsenaten der Oberlandesgerichte regelmäßig ein Oberlandesgerichts-Senatspräsident (eventuell der Oberlandesgerichtspräsident oder ein Oberlandesgerichtsrat);
bei den Strafsenaten des Reichsgerichts regelmäßig ein Reichsgerichts-Senatspräsident (eventuell der Reichsgerichtspräsident oder ein Reichsgerichtsrat).

Das Verhältnis des Vorsitzenden zu den übrigen Mitgliedern des Kollegiums ist, was sein Stimmgewicht anlangt, nicht das der Überordnung, sondern das der Gleichstellung. Der Vorsitzende ist nur, um einen vielgebrauchten Ausdruck zu wiederholen, primus inter pares; er hat eine leitende Stellung; diese leitende Stellung teilt er aber mit niemandem (anders der „Vorsitzende" in der MStGO., der wenig mehr als Sitzungspolizeiorgan ist, während sachlich die vom Vorsitz abgezweigte Funktion des „Verhandlungsführers" präponderiert).

Mitunter kommt es vor, daß ein Kollegium eine ihm an sich zufallende Aufgabe (z. B. die Vernehmung eines Zeugen) einem aus seiner Mitte überträgt; dieser Delegatar heißt alsdann „beauftragter Richter"; inwieweit eine solche Übertragung zulässig ist, ist in der StPO. für die einzelnen Fälle speziell normiert (vgl. z. B. § 222 StPO.).

Eine Sonderaufgabe fällt weiter dem sog. Berichterstatter (Referenten) zu (vgl. §§ 23, 365, 391), d. i. demjenigen Mitgliede des Kollegiums, welches dazu berufen ist, durch seinen Vortrag das Kollegium über die Prozeßlage zu unterrichten. Das Gesetz kennt eine solche Berichterstattung bei Fassung des Beschlusses über die Eröffnung des Hauptverfahrens, sowie in der Berufungs- und in der revisionsinstanzlichen Hauptverhandlung.

Eine besondere Funktion innerhalb der kollegialischen Tätigkeit ist endlich noch die Urteilsfassung, das ist die schriftliche Absetzung der Urteilsurkunde, die aber zunächst lediglich Urteilsentwurf ist und natürlich erst durch unterschriftliche Mitvollziehung durch die übrigen Mitglieder des Kollegiums zur „Urteilsurkunde" wird.

V. In den Konsulargerichtsbezirken steht an Stelle des Amtsrichters der Konsul, an Stelle des Schöffengerichts und der Strafkammer das „Konsulatsgericht", bestehend aus dem Konsul und zwei (in Strafsachen wegen Verbrechen und Vergehen vier) Laien als Beisitzern.

Entsprechendes gilt für die Schutzgebiete.

V. Der Geschäftskreis der Gerichte.

§ 13. 1. Im allgemeinen.

I. Jedes Gericht hat einen bestimmten Sprengel. Die Bedeutung dieses Sprengels ist die, daß das Gericht prinzipiell nur innerhalb desselben tätig werden soll und kann. Extra territorium judicanti impune non paretur: außerhalb des Bezirks vorgenommene Amtshandlungen sind unkräftig, wenigstens insoweit der Handlungsort einem anderen deutschen Gericht zugeteilt ist. Anders nur, wenn entweder das Amtsgericht des Handlungsortes zustimmt, oder Gefahr im Verzuge obwaltet (§ 167 GVG.).

Dagegen ist die Tragweite der Wirkungen der Amtshandlungen nicht an den Sprengel gebunden: jedes Gericht kann nicht bloß über die im Sprengel aufhältlichen Personen und Sachen verfügen, sondern die Gerichtsgewalt eines jeden Gerichts reicht soweit wie die deutsche Gerichtsbarkeit überhaupt, deshalb sind namentlich Ladungen an Beschuldigte, Zeugen usw., auch wenn sie nicht dem Gerichtssprengel angehören, ohne weiteres gültig und verbindlich.

II. Im Innern eines jeden Gerichts verteilt sich die gerichtliche Tätigkeit auf die einzelnen Kategorien von Gerichtspersonen in der Weise, daß

1. der Richter die Fülle der Gerichtsgewalt hat, wohingegen dem Gerichtsschreiber und dem Gerichtsvollzieher nur eine bestimmt umgrenzte Tätigkeit zugewiesen ist, nämlich

2. dem Gerichtsschreiber die Beurkundungstätigkeit und die Aktenführung (vgl. §§ 166, 185, 225, 271, 275, 308 usw. StPO.),

3. dem Gerichtsvollzieher die Bewirkung von Zustellungen (vgl. § 37 StPO.), sowie die Strafvollstreckung bei Vermögensstrafen und Bußen (§ 495 StPO.).

III. Jedem der verschiedenen Gerichte ist durch das Gesetz ein bestimmter Geschäftskreis, d. i. ein bestimmter Teil der anhängig werdenden Sachen zugewiesen, für die das Gericht „Zuständigkeit", „Kompetenz" haben solle. Die Zuständigkeit ist

1. sog. sachliche, insofern jeder Art von Gerichten eine bestimmte Art von Rechtssachen zugeteilt sind;

2. sog. örtliche — „Gerichtsstand", forum —, insofern die gleichartigen Sachen unter die mehreren sachlich zuständigen Gerichte gleicher Art nach örtlichen Gesichtspunkten verteilt sind.

§ 14. 2. Die sachliche Zuständigkeit.

I. Bei Zuweisung der verschiedenen Arten von Strafsachen an die verschiedenen Arten von Gerichten verfährt das Gesetz nicht derart, daß jedesmal der ganze Prozeß in allen seinen Teilen immer nur einer Kategorie von Gerichten zugewiesen würde, vielmehr so, daß in einem und demselben Prozeß je nach dem Stadium, in dem er sich befindet, und je nach der Funktion, die in diesem Stadium auszuüben ist, die eine oder andere Kategorie von Gerichten zuständig ist, sog. funktionelle Zuständigkeit = sachliche Zuständigkeit für die verschiedenen Prozeßstadien in einer und derselben Sache.

Solche Teilung der Funktionen greift namentlich in folgender Weise Platz:

1. Eine besondere Stellung nehmen in Ansehung der Zuständigkeit ein: die Vornahme von Ermittelungen im sog. vorbereitenden Verfahren, die Führung einer Voruntersuchung, die Rechtshilfeleistung, der Erlaß von Strafbefehlen, die Erledigung von Beschwerden, das Klageprüfungsverfahren usw.

Ganz besonders einschneidend aber ist funktionell der Unterschied zwischen der Tätigkeit als „erkennendes Gericht" und derjenigen als „beschließendes Gericht". Erkennendes Gericht ist dasjenige, dem die Strafsache zur Erledigung des Hauptverfahrens, also besonders zur Urteilsfällung, zugewiesen ist; beschließendes Gericht dasjenige, in dessen Hand die vor und nach dem Hauptverfahren vorfallenden Entscheidungen (Eröffnungsbeschluß, Beschlüsse im Strafvollstreckungsstadium) gelegt sind. Das beschließende Gericht ist nicht in der Lage, in der Sache zu „erkennen", d. i. ein Urteil zu fällen; das erkennende Gericht ist dagegen recht wohl auch befähigt, zu „beschließen" (z. B. Vertagung). Regelmäßig ist nun freilich jedes erkennende Gericht auch sein eigenes beschließendes Gericht mit der Maßgabe, daß

a) die Strafkammer als erkennendes Gericht, wenigstens in der Hauptverhandlung, anders besetzt ist, denn als beschließendes Gericht (§ 77 GVG.), vgl. dazu § 23 Abs. 3 StPO.;

b) beim Reichsgericht der Erste Strafsenat als beschließendes Gericht für den Zweiten und Dritten Strafsenat fungiert, welch letztere zusammen als erkennendes Reichsgericht erster Instanz fungieren (§ 138 GVG.).

Die Periodizität der Schöffen- und der Schwurgerichte (oben § 12 III) bringt es aber mit sich, daß für diese Gerichte andere Gerichte als „beschließende" fungieren müssen, und zwar ist der Amtsrichter beschließendes Gericht für das Schöffengericht (§ 30 Abs. 2 GVG.) und die Strafkammer beschließendes Gericht für das Schwurgericht (daneben wird das Schwurgericht auch in seiner Eigenschaft als erkennendes Gericht außerhalb der Sitzungsperiode in Ansehung der nicht in die Hauptverhandlung hineinfallenden Entscheidungen durch die Strafkammer vertreten, § 82 GVG.).

2. Unter den erkennenden Gerichten ist ein funktioneller Unterschied insofern vorhanden, als den Gerichten erster Instanz die zur Entscheidung über ein Rechtsmittel in höherer Instanz berufenen erkennenden Gerichte gegenübertreten.

II. Unter sachlicher Zuständigkeit im engeren Sinne versteht man die Fähigkeit der Gerichte zur Erledigung des Hauptverfahrens in bestimmten Arten von Strafsachen, also die Fähigkeit, als erkennende Gerichte zu fungieren. Solche Zuständigkeit haben und zwar in erster Instanz:

1. die Amtsgerichte nur in Übertretungssachen, falls der Beschuldigte vorgeführt wird und geständig ist, und die Staatsanwaltschaft mit schöffenloser Verhandlung einverstanden ist (§ 211 Abs. 2 StPO.), sowie — insoweit die Landesgesetzgebung von § 3 Abs. 3 EStPO. Gebrauch gemacht hat — in Feld- und Forstrügesachen.

2. Die Schöffengerichte sind für gewisse Arten von Strafsachen, nämlich Übertretungen und gewisse Vergehen, von vornherein ohne weiteres zuständig (§ 27 GVG.), — sog. ursprüngliche Zuständigkeit; außerdem können sie in einer Anzahl von Vergehenssachen, die von Hause aus zur Strafkammerzuständigkeit gehören, dadurch zuständig werden, daß ihnen die beschließende Strafkammer bei Eröffnung des Hauptverfahrens die Verhandlung und Entscheidung der Sache überweist (§ 75 GVG.), — sog. abgeleitete Zuständigkeit; Voraussetzung der Überweisung ist, daß nach den Umständen des Falles keine andere und höhere Strafe als sechs Monate Gefängnis oder 1500 Mk. Geldstrafe, allein oder neben Haft oder in Verbindung miteinander oder in Verbindung mit Einziehung, sowie keine höhere Buße als 1500 Mk. zu erwarten steht (so seit dem RGes. v. 5. Juni 1905, der sog. Lex Hagemann; vorher Überweisbarkeit nur bis 3 Monat Gefängnis und 600 Mark).

3. Die Strafkammern sind zuständig für alle Vergehen abzüglich der unter 2. erwähnten, sowie für eine Anzahl von Verbrechen, so besonders Verbrechen Jugendlicher, sowie Verbrechen, bei denen die Strafdrohung auf fünf Jahre Zuchthaus in maximo lautet (§§ 73, 74 GVG.).

4. Den Schwurgerichten wohnt Zuständigkeit für alle Verbrechen inne, mit Ausnahme derer, die das Gesetz speziell den Strafkammern oder dem Reichsgericht zuweist (§ 80 GVG.).

5. Dem Reichsgericht fallen in erster Instanz das Verbrechen des Hoch- und das des Landesverrats zu, und zwar nur, sofern sie sich gegen Kaiser und Reich richten (§ 136 [1] GVG.); daneben sind die schwersten Arten des Verrats militärischer Geheimnisse dem Reichsgericht zugewiesen (§ 12 RGes. v. 3. Juli 1893).

Die Verteilung der Strafsachen auf fünf Gerichtsarten erklärt sich historisch. Die Grundlage bildet die französischrechtliche Dreiteilung der strafgerichtlichen Zuständigkeit, die sich an die Dreiteilung (Trichotomie, StGB. § 1) der strafbaren Handlungen anschließt. Danach würden die Schöffengerichte als Übertretungsgerichte erscheinen (entsprechend den Friedensgerichten, Polizeigerichten, tribunaux de simple police); die Strafkammern als Vergehensgerichte (entsprechend den Zuchtpolizeigerichten, tribunaux en matière correctionnelle); die Schwurgerichte als Verbrechensgerichte (wie die französischen cours d'assises). Zum Zwecke der Entlastung der Gerichte höherer Ordnung verschob man jedoch die Kompetenzgrenzen so, daß den Schöffengerichten auch Vergehens-, den Strafkammern auch Verbrechenssachen zuwuchsen. Weiter trug man dem Umstande Rechnung, daß die Schöffengerichte nur zu bestimmten Tagen zusammentreten, und zweigte behufs schnellerer Aburteilung eine Gruppe von einfach liegenden, spruchreifen und schleunige Aburteilung heischenden Übertretungssachen von den Schöffensachen ab, indem man sie dem Amtsrichter ohne Beisitz von Schöffen zuwies (bemerkenswerterweise ohne dieser gerichtsverfassungsrechtlichen Änderung im Gerichtsverfassungsgesetz Ausdruck zu geben). Endlich sah man sich veranlaßt, dem gemeinschaftlichen Oberappellationsgericht der drei Freien und Hansestädte in Lübeck, das laut Art. 75 RVerf. erste und letzte Instanz für Hoch- und Landesverrat gegen Kaiser und Reich war, in dem Reichsgericht einen Nachfolger zu geben. So entstand die Fünfteilung des geltenden Rechts. Daß dieser Aufbau der sachlichen Zuständigkeit ungemein unharmonisch ist, leuchtet ein.

Erkennende Gerichte höherer Instanz sind

1. die Strafkammern: zweite Instanz für Berufungen gegen Urteile der Amts- und der Schöffengerichte (§ 76 GVG., § 211 StPO.);
2. die Oberlandesgerichte (eventuell eines unter den mehreren) oder das Oberste Landesgericht (§ 9 EGVG.):
   a) dritte Instanz für Revisionen gegen zweitinstanzliche Strafkammerurteile (§ 123 [2] GVG.) (vorbehaltlich der nachstehend 3 b zu erwähnenden Ausnahme);
   b) zweite Instanz für Revisionen gegen erstinstanzliche Strafkammerurteile, falls die Revision ausschließlich auf die Verletzung eines landesrechtlichen Rechtssatzes gestützt wird (§ 123 [3] GVG.);
3. das Reichsgericht:
   a) zweite Instanz für Revisionen gegen erstinstanzliche Strafkammerurteile, insoweit nicht der oben 2 b erwähnte Ausnahmefall vorliegt, und für Revisionen gegen Schwurgerichtsurteile (§ 136 [2] GVG.);
   b) dritte Instanz für Revisionen gegen zweitinstanzliche Strafkammerurteile, wenn es sich um eine reichsfiskalische Zoll- und Steuersache handelt und sich die Staatsanwaltschaft bei Einsendung der Akten an das Reichsgericht als Revisionsinstanz wendet (§ 136 Abs. 2 GVG.).

III. Die sachlichen Zuständigkeiten verhalten sich in dem Sinne exklusiv zueinander, daß eine Strafsache, die einem Gericht höherer Ordnung zugewiesen ist, nicht von einem Gericht niederer Ordnung erledigt werden kann (vgl. § 270 StPO.). Eine Ausnahme begründet § 28 GVG.

Dagegen kann unter Umständen eine Strafsache recht wohl statt von dem eigentlich zuständigen Gericht von einem Gericht höherer Ordnung abgemacht werden; die Zuständigkeit höherer Ordnung umfaßt nämlich in gewisser Weise die Strafsachen mit, die an sich vor Gerichte niederer Ordnung verwiesen sind.

1. Die Zuständigkeit der Amtsgerichte als erkennender Gerichte nach § 211 Abs. 2 StPO. (oben II. 1) ist eine nur fakultative. Sachen dieser Art können auch schöffengerichtlich abgewandelt werden.

2. Strafsachen niederer Ordnung können, wenn sie mit einer Strafsache höherer Ordnung im Sinne des § 3 StPO. zusammenhängen (Konnexität im engeren Sinne, oben § 7 IV), mit dieser Strafsache verbunden werden; die Verbindung verschafft der Strafsache niederer Ordnung die Zugehörigkeit vor das Gericht höherer Ordnung (§§ 2—5 StPO., Ausnahme § 424 Abs. 2 StPO.).

3. Von Eröffnung des Hauptverfahrens ab bleibt ein jedes Gericht endgültig mit der Sache befaßt, auch wenn letztere eigentlich vor ein Gericht niederer Ordnung gehören würde (vgl. § 269 StPO.).

4. Jedes beschließende Gericht kann das Hauptverfahren statt vor dem zu ihm gehörigen erkennenden Gericht vor einem erkennenden Gericht niederer Ordnung eröffnen, z. B. die beschließende Strafkammer vor dem Schöffengericht (§ 207 StPO.).

IV. Die sachliche Zuständigkeit hat das Gericht in jeder Lage des Verfahrens von Amts wegen zu prüfen (§ 6 StPO., natürlich unter Berücksichtigung der sub III erörterten Gesetzesbestimmungen, insbesondere des § 269 StPO.).

V. Der Möglichkeit sachlicher Kompetenzkonflikte gedenkt das Gesetz nicht. Meist wird gelehrt, auf sachliche Kompetenzkonflikte seien die den örtlichen Kompetenzstreit regelnden §§ 14, 19 StPO. analog zu übertragen; oder es wird im Konfliktsfall dem Gericht höherer Ordnung oder auch dem prävenierenden Gericht die Zuständigkeit zugeschrieben. Richtiger Ansicht nach kann lediglich die dazwischentretende Rechtskraft die Lösung der Konflikts herbeiführen (so auch § 14 EMStGO. bei Kompetenzstreit zwischen militärischen und zivilistischen Gerichten.)

§ 15. 3. Die örtliche Zuständigkeit (der Gerichtsstand, Forum).

Literatur: R. Stein, Über das forum delicti commissi usw. (1876); Ortloff, Gerichtssaal 1884 S. 319, 488; Schneidler, Der Ort der begangenen Handlung (1886); v. Lilienthal, Ort der begangenen Handlung (1890); Bulling, Der örtliche Gerichtsstand in Preßstrafsachen (1894); Betz, Das forum delicti commissi usw. (1896); Birkmeyer, D. Jur.-Ztg. IV, S. 301; Kronecker, Verhandlungen des 25. deutschen Juristentages, Bd. II S. 24 (1900); Kitzinger, Der ambulante Gerichtsstand der Presse (1901); Derselbe, Ort und Zeit der Handlung (1902); Birkmeyer, Die Novelle über den fliegenden Gerichtsstand der Presse, D. Jur.-Ztg. VII S. 181. Über den Ort der Tat s. auch die Darstellungen des Strafrechts. — Braun, Negative Kompetenzkonflikte im Sinne des § 19 StPO., Bl. f. R.-Anwendung LXVI (1901).

I. Die Gerichtsstände des heutigen Rechts sind folgende:

1. Der Gerichtsstand des Tatortes, forum delicti commissi (§ 7 StPO.). Gehört der Tatort zu keinem deutschen Gerichtssprengel, so ist ein forum delicti commissi in Deutschland natürlich nicht gegeben. Ausnahmsweise werden jedoch deutsche Schiffe im Auslande oder auf hoher See dem Sprengel des Heimathafengerichts oder dem nach der Tat zuerst erreichten Gerichtssprengel zugerechnet (§ 10 StPO.).

Als „Tatort" kann wie im materiellen Strafrecht nur der Ort gelten, an dem der Täter handelte (Aufenthaltstheorie). Der Erfolgsort ist eben nur Erfolgsort und somit nicht der Ort der Tat. Mithin war auch der sog. fliegende oder ambulante Gerichtsstand der Presse ohne jede Stütze im Gesetz. Bei Preßdelikten sollte nämlich angeblich als Gericht des Tatortes jedes Gericht zuständig sein, in dessen Bezirk auch nur ein Exemplar des Preßerzeugnisses verbreitet worden ist (weil überall dort der „Erfolg" des Preßdelikts eingetreten sei); so eine weitverbreitete Praxis, gegen die sich aber bereits gerade in der Judikatur selbst Widerspruch erhoben hatte. Zu Abhilfe ist die Gesetzgebung angerufen worden, — ganz unnötigerweise, denn es bedurfte lediglich der Anwendung von der durchaus unhaltbaren Erfolgstheorie, um zu klaren, befriedigenden Ergebnissen auch hinsichtlich der Preßdelikte zu gelangen. Griff aber einmal die Gesetzgebung ein, so war im Interesse der Klarheit geboten, die unbestimmten Begriffe des Ortes, wo die Druckschrift „erschienen ist" und des Ortes, wo sie „verbreitet worden ist", ganz beiseite zu lassen. Aus allen Unzuträglichkeiten wäre man herausgekommen durch die einfache, ganz generell lautende Vorschrift:

Der Gerichtsstand ist bei demjenigen Gerichte begründet, in dessen Bezirke sich der Täter bei Begehung der strafbaren Handlung befunden hat.

Glaubte man, daß damit die Situation des beleidigten Privatklägers zu ungünstig gestaltet sei, so konnte man die Bestimmung hinzufügen:

Im Falle der Privatklage wegen Beleidigung ist der Gerichtsstand auch bei demjenigen Gerichte begründet, in dessen Bezirke der Privatkläger wohnt.

Leider löst das schließlich zustande gekommene Gesetz — Reichsgesetz vom 13. Juni 1902 betr. die Abänderung des § 7 der StPO. — das Problem nicht in dieser zweckmäßigen Weise; es behält nicht nur den Erscheinungsort und den Verbreitungsort bei, sondern operiert sogar mit einer — die Schwäche der ganzen Neuregelung deutlich verratenden — Fiktion. Es spricht sich nämlich nach wie vor über die Frage nach dem Orte der Tat nicht aus, sondern verfügt: Wenn der Tatbestand der strafbaren Handlung durch den Inhalt einer im Inlande erschienenen Druckschrift begründet werde, so solle als Tatortsgericht dasjenige Gericht angesehen werden, in dessen Bezirke die Druckschrift erschienen sei; jedoch solle in den Fällen der Beleidigung, sofern die Verfolgung im Wege der Privatklage stattfinde, auch das Gericht, in dessen Bezirk die Druckschrift verbreitet worden sei, zuständig sein, wenn in diesem Bezirk die beleidigte Person ihren Wohnsitz oder gewöhnlichen Aufenthalt habe.

Dieser Novelle ist nur das eine nachzurühmen, daß sie wenigstens nicht der Erfolgstheorie eine Stütze bietet. Nach wie vor bleibt vielmehr die richtige Auslegung ungehindert, daß, soweit nicht die Preßdelikte in Frage kommen, Tatort der Aufenthaltsort ist.

Handelt es sich um ein Delikt, bei dem sich der Täter während seines Handelns an verschiedenen Orten aufgehalten hat (hat der Täter z. B. im Eisenbahncoupé während der Fahrt sein Opfer eine halbe Stunde lang gemißhandelt), so muß die Zuständigkeit an jedem der mehreren Orte begründet sein. Nicht als ob man hier der Tat mehrere Tatorte zuschreiben könnte, was unlogisch wäre (denn eine und dieselbe Tat kann nicht gleichzeitig an mehreren Orten begangen sein). Wohl aber muß § 7 StPO. in dem Sinne gelesen werden, als laute er:

„Der Gerichtsstand ist bei jedem Gerichte begründet, in dessen Bezirk die strafbare Handlung ganz oder zum Teil begangen ist."

Denn für die bloße Zuständigkeitsfrage erscheint (anders als für die materiell-strafrechtlichen Fragen, die sich an den Tatort knüpfen) der Teilbegangenschaftsort dem Vollbegangenschaftsort durchaus gleichwertig. Selbstverständlich ist aber auch der Teilbegangenschaftsort dem Grundsatze gemäß nur auf die mehreren Aufenthaltsorte zu beziehen; der Erfolgsort kommt auch bei der hier vertretenen Auslegung des § 7 nicht in Frage, da er eben überhaupt nicht als Tatort angesehen werden kann.

2. Mit dem forum delicti commissi konkurriert gleichberechtigt, elektiv, das forum domicilii, der Gerichtsstand des Wohnsitzes, eventuell der des gewöhnlichen Aufenthalts, subeventuell der des letzten Wohnsitzes des Täters (§§ 8, 11 StPO., §§ 7—11 BGB., Art. 35 I EBGB.). Vgl. StPO. § 471.

3. Ist keiner der bisher erwähnten Gerichtsstände begründet, so tritt subsidär, als Aushilfegerichtsstand, das forum deprehensionis, der Gerichtsstand der Ergreifung, ein (§ 9 Satz 1 StPO.).

4. Fehlt es auch an einem forum deprehensionis, so wird das zuständige Gericht durch das Reichsgericht bestimmt, sog. Gerichtsstand kraft Auftrags (§ 9 Satz 2 und Abs. 2 StPO.).

II. Bei subjektiver oder objektiver Konnexität mehrerer Strafsachen im Sinne des § 3 StPO. ist außerdem der Gerichtsstand des Zusammenhangs, forum connexitatis begründet (§ 13 StPO., vgl. auch § 428).

III. Die örtliche Zuständigkeit ist bis zur Eröffnung des Hauptverfahrens vom Gericht von Amts wegen zu prüfen (StPO. § 18; Ausnahme § 17); nachher nur auf Einwand des Beschuldigten, und zwar kann dieser Einwand nur bis zur Vorlesung des Eröffnungsbeschlusses in der Hauptverhandlung (eventuell sogar nur bis zum Schlusse der Voruntersuchung) geltend gemacht werden (§ 16 StPO.).

IV. Bei Kompetenzkonkurrenz entscheidet die Prävention in der Eröffnung der gerichtlichen Untersuchung (§ 12 StPO.; vgl. aber das. Abs. 2).

V. Ist das örtlich zuständige Gericht im einzelnen Falle verhindert, so wird an seiner Statt ein anderes Gericht durch Anordnung des zunächst höheren Gerichts zum zuständigen ernannt (§ 15 StPO.).

VI. Halten sich

1. mehrere Gerichte für zuständig so, daß jedes die Zuständigkeit des anderen bestreitet — positiver örtlicher Kompetenzkonflikt —, oder erklären sie sich

2. umgekehrt für unzuständig — negativer örtlicher Kompetenzkonflikt — so wird das zuständige Gericht durch das gemeinschaftliche obere Gericht bestimmt, und zwar ist dies anomalerweise ad 2 sogar dann noch zulässig, wenn die Unzuständigkeitserklärungen rechtskräftig sind (§§ 14, 19 StPO.).

§ 16. VI. Die Geschäftsverteilung.

I. Eine Geschäftsverteilung, d. i. Zuweisung der einzelnen Rechtssachen an dies oder jenes Mitglied der Gerichtsanstalt, wird erforderlich bei allen mit mehr als einem Richter besetzten Gerichtsanstalten. Sie ist, wiewohl an sich ein Akt der Justizverwaltung, zum Teil den Gerichten selbst, genauer gesagt besonderen bei den Gerichten gebildeten Verwaltungskörpern, übertragen zu dem Zwecke, um möglichst Willkür fernzuhalten.

II. Typisch ist die Geschäftsverteilung beim Landgericht. Hier wird zuvörderst im einfachen Justizverwaltungswege die Zahl der Kammern (Straf- und Zivilkammern) bestimmt. Darauf erfolgt durch das „Präsidium" (Präsident, Direktoren und ältestes Mitglied, § 63 Abs. 2 GVG.) die Verteilung der Geschäfte unter die Kammern gleicher Art (GVG. § 62). Das Präsidium bestimmt weiter die ständigen Mitglieder der einzelnen Kammern, worauf der Präsident die Kammer bestimmt, der er sich anschließt, und dann das „Direktorium" (Präsident und Direktoren) den Vorsitz in den übrigen Kammern verteilt (§ 61). Innerhalb der Kammer verteilt der Vorsitzende die Geschäfte unter die Mitglieder (§ 68). Entsprechend ist die Geschäftsverteilung bei den Oberlandesgerichten und beim Reichsgericht geregelt (§§ 121, 133 GVG.). Die Geschäftsverteilung zwischen mehreren Amtsrichtern richtet sich nach Landesrecht.

§ 17. VI. Das Verhältnis der Gerichte zueinander und zu anderen Behörden.

Literatur: Friedländer, Archiv f. öffentl. R. Bd. XI S. 251 (1896); Delius, Archiv f. öffentl. R. Bd. IX S. 240 (1849;) Krutz, Hilfsbuch f. Strafvollzugs-, Rechtshilfe- und Auslieferungsangelegenheiten (1893); Lammasch in v. Holtzendorff, Handb. des Völkerrechts, Bd. III S. 343; Derselbe, Auslieferungspflicht und Asylrecht (1887); Böhm, Handb. des Rechtshilfeverfahrens im Deutschen Reiche usw., II. Teil, Rechtshilfe in Strafsachen (1888); Delius, Auslieferungsrecht (1899); Granichstädten, Internationaler Strafrechtsverkehr (1892); Hetzer, Deutsche Auslieferungsverträge (1883); v. Martitz, Internationale Rechtshilfe in Strafsachen, 2 Bde. (1888, 1897); Staudinger, Sammlung von Staatsverträgen des Deutschen Reichs usw., Bd. I (2. Aufl. 1895); Menzen, Deutsche Auslieferungsverträge (1891); Grosch, Das deutsche Auslieferungsrecht und die Rechtshilfe in Strafsachen im Verhältnis zum Reichsausland (1902); Schildmacher, Das Auslieferungsverfahren in Strafsachen und die Auslieferungsverträge (1911).

I. Kompetenzkonflikte:

Über innere Kompetenzkonflikte zwischen den Gerichten untereinander s. oben §§ 14 V, 15 VI.

Für äußere Kompetenzkonflikte (positive wie negative), also Zuständigkeitsstreit zwischen einem Gericht einerseits, einer Behörde anderer Art andererseits, gilt an sich die Grundregel: die Gerichte entscheiden über die Zulässigkeit des Rechtsweges (§ 17 Abs. 1 GVG.). Es enthält jedoch § 17 Abs. 2 daselbst einen Vorbehalt zugunsten des Landesrechtes, demzufolge besondere Behörden, Kompetenzkonfliktsgerichtshöfe, eingesetzt werden können (vgl. § 17 EGVG.).

II. Rechtshilfe:

Rechtshilfe im weitesten Sinne ist die Vornahme einer einzelnen behördlichen Rechtspflegehandlung (z. B. Vernehmung eines Zeugen) seitens einer Behörde in einem bei einer anderen Behörde anhängigen Verfahren.

1. Die Rechtshilfe zwischen ordentlichen Gerichten im Deutschen Reiche bestimmt sich nach §§ 157 ff. GVG.; danach sind Rechtshilfegerichte die Amtsgerichte, „ersuchter Richter" der Amtsrichter, Beschwerdegerichte in Rechtshilfeangelegenheiten die Oberlandesgerichte; das Rechtshilfeersuchen (die „Requisition") darf regelmäßig nicht abgelehnt werden. Ähnlich geregelt ist die Rechtshilfe zwischen einem ordentlichen Gericht einerseits, einem Militärgericht andererseits (§§ 11—13 EMStGO.). Entsprechend auch Konsulargerichtsbarkeitsgesetz vom 7. April 1900 § 18, Schutzgebietsgesetz vom 25. Juli 1900, § 2.

2. Im übrigen sind maßgebend:

a) wenn ersuchende und ersuchte Behörde demselben Bundesstaate angehören, das betr. Landesrecht;

b) wenn sie verschiedenen deutschen Bundesstaaten angehören, das Rechtshilfegesetz des Norddeutschen Bundes vom 21. Juni 1869 (vgl. auch RGes. v. 9. Juni 1895 über den Beistand bei Einziehung von Abgaben und Vollstreckung von Vermögensstrafen);

c) zwischen deutschen und ausländischen Behörden das Völkerrecht (wichtig besonders für die Auslieferung).

C. Die Lehre von den Parteien.

§ 18. I. Die Parteien im allgemeinen.

Literatur: Vgl. zu § 22. Ferner: H. Meyer, Die Parteien im Strafprozeß (1889); Derselbe, Krit. VJSchr. 3. Folge Bd. V 113 ff.; W. Mittermaier, Parteistellung der Staatsanwaltschaft (1897); Süß, Stellung der Parteien im modernen Strafprozeß (1898); Friedmann, Grünhuts Ztschr. Bd. XV S. 498 ff.; XVII S. 48 ff.; Fräb, Beitrag zur Lehre von dem Parteibegriff und der Parteivertretung im modernen Strafverfahren (1905); A. Friedländer, Anwaltszwang im deutschen Strafprozeß, Gerichtssaal Bd. LX S. 401.

I. Parteien sind — bei Zugrundelegung des sog. formalen Parteibegriffs — diejenigen Wesen, auf deren Namen der Prozeß gestellt ist, also derjenige, in dessen Namen von ihm selbst oder einem anderen die (Straf- bzw. Buß-) Klage erhoben ist, und derjenige, gegen den als Beschuldigten oder (vgl. oben § 8) Quasibeschuldigten die Klage gerichtet ist.

Soll aber der Prozeß nicht von vornherein aussichtslos sein, so müssen die Parteien 1. parteifähig und 2. zur Sache legitimiert, prozeßführungsberechtigt, sein. Der Klage eines nicht Parteifähigen oder nicht zur Sache Legitimierten und der Klage gegen einen solchen müßte der Rechtsschutz geweigert, es dürfte auf sie hin nicht zu sachlicher Prüfung des Prozeßgegenstandes vorgeschritten werden (vgl. oben § 5).

II. Parteifähigkeit ist diejenige Wesenseigenschaft, bei deren Vorhandensein dem Betreffenden kraft Rechtens die Möglichkeit eröffnet ist, in einem Strafprozeß generell (Gegensatz: in diesem oder jenem konkreten Strafprozeß) Strafrechtsschutz im eigenen Namen begehren zu können (aktive Parteifähigkeit) bzw. als Passivsubjekt in Anspruch genommen werden zu können (passive Parteifähigkeit).

Parteifähig ist heute im Strafprozeß

1. für die Klägerrolle grundsätzlich nur der Staat; andere Personenverbände und physische Personen, insbesondere auch der Tatverletzte, haben keine aktive Parteifähigkeit und folgeweise auch kein Strafklagerecht. (Das äußerste Recht, das der Verletzte hat, ist das, ein Klageprüfungsverfahren, StPO. §§ 170 ff., herbeizuführen. Grundverschieden von dem Strafklagerecht ist auch das Strafantragsrecht des Verletzten.)

Ausnahmsweise sind für Strafprozesse, in denen es sich um Beleidigungen, Körperverletzung und unlauteren Wettbewerb handelt, auch „Private" aktiv parteifähig behufs Erhebung einer sog. Privatklage. Hier gestattet das Recht, daß der Prozeß auf den Namen eines Privaten als des Klägers gestellt wird. (Die abweichende Konstruktion, wonach der Privatkläger nur Vertreter des Staates sein soll, erscheint unhaltbar. Vertretung des Staates durch eine in ihren Entschließungen durchaus unabhängige Privatperson wäre überaus abnorm.)

2. Passiv parteifähig sind im Strafprozeß nur lebende, über 12 Jahre alte physische Personen. Gegen juristische Personen, Verstorbene, sowie derzeit noch nicht 12 Jahre alte ist ein Strafprozeß schlechthin unstatthaft.

III. Die Bejahung der Parteifähigkeit bedeutet nur Denkbarkeit einer zulässigen Strafverfolgung, an der die betreffenden aktiv und passiv beteiligt sind. Damit die Strafverfolgung in concreto wirklich zulässig sei, muß außerdem eine gewisse Beziehung der Parteien zu dem konkreten Prozeßgegenstand obwalten in seiner individuellen Artung, der Kläger muß der „richtige" Kläger, der Beschuldigte der „richtige" Beschuldigte sein; sonst hätten die Betreffenden trotz ihrer Parteifähigkeit in dem konkreten Prozeß nichts zu suchen. Diese Beziehung ist die Sachlegitimation, das Prozeßführungsrecht.

Das Prozeßführungsrecht ist nicht identisch mit dem Strafanspruch; auch in einem Prozeß um einen in Wahrheit nicht bestehenden Strafanspruch, in einem Prozeß, der mit Freisprechung endet, muß es natürlich sachlich legitimierte Parteien geben. Immerhin steht die Sachlegitimation in Beziehung zu dem Strafanspruch als einem hypothetischen: sachlich legitimiert für einen konkreten Strafprozeß sind grundsätzlich diejenigen Wesen, die unter der Unterstellung, daß der Strafanspruch, um den es sich in ihm handelt, besteht, als die Subjekte des jus puniendi (das berechtigte und das verpflichtete Subjekt) erscheinen, die „Materialparteien". Danach ist grundsätzlich aktiv legitimiert derjenige Staat, aus dessen Strafgesetz die Frage nach der Strafbarkeit des Beschuldigten in der konkreten Angelegenheit zu beantworten ist; passiv dasjenige Individuum, um dessen Strafbarkeit es sich handelt.

In Abweichung von dieser Regel ist jedoch

1. für die Geltendmachung von Strafansprüchen, die sich auf das deutsche Reichsstrafrecht gründen, korreal mit dem Reiche jeder deutsche Bundesstaat prozeßführungsberechtigt; und

2. soweit Private aktiv parteifähig sind (Privatklagedelikte, oben II) ist für die Klägerrolle derjenige legitimiert, der als der durch die Tat Verletzte erscheint, StPO. § 414 I (oder nach § 414 II statt seiner wegen gewisser naher Beziehungen zu ihm kraft eigenen Rechts als Kläger auftreten kann).

Die in 1 und 2 genannten „Formalparteien" erscheinen als mit einer „Verfügerstellung" hinsichtlich fremder Strafansprüche ausgerüstet.

IV. Soweit es sich um die „Nebenansprüche" (oben 6 II) als Teile des Prozeßgegenstandes handelt, sind die leitenden Gesichtspunkte für die Gewinnung der Parteifähigkeit und der Sachlegitimation entsprechend anzuwenden.

§ 19. II. Der Staat als Strafkläger; die Staatsanwaltschaft.

Literatur: Gundelin, Die Staatsanwaltschaft in Deutschland (1860); v. Holtzendorff, Die Reform der Staatsanwaltschaft in Deutschland (1864); Tinsch, Die Staatsanwaltschaft im deutschen Reichsstrafprozeßr. (1884); Otto, Die Preuß. Staatsanwaltschaft (1899); v. Marck-Kloß, Die Staatsanwaltschaft bei den Land- und Amtsgerichten in Preußen (2. Aufl. 1903). — Höfling, Die Polizeibehörden als Hilfsbeamte der Staatsanwaltschaft (1881); Gerland, Archiv f. öff. R. Bd. V S. 1 (1890); Genzmer, Die Tätigkeit der Polizei in Strafsachen (1900); Elling, Die Einführung der Staatsanwaltschaft in Deutschland (1911).

I. Diejenige Behörde, welche berufen ist, als Organ des Staates in seiner Eigenschaft als Strafkläger zu fungieren, ist die Staatsanwaltschaft (in Frankreich ministère public mit procureurs d'État, hervorgegangen aus den gens du roi des 14. Jahrhunderts).

II. Bei jeder einheimischen Gerichtsanstalt (ebenso bei den Kolonialgerichten) ist eine Staatsanwaltschaft einzurichten (anders bei den Konsulargerichten) (§ 142 GVG.). Die staatsanwaltschaftliche Behörde heißt beim Reichsgericht „Reichsanwaltschaft", bei den Oberlandesgerichten und den Landgerichten „Staatsanwaltschaft" im engeren Sinne, bei den Amtsgerichten „Amtsanwaltschaft" (§ 143 GVG.).

III. Beamter der Reichsanwaltschaft und der Staatsanwaltschaft im engeren Sinne kann nur derjenige sein, der die Fähigkeit zum Richteramt hat (§ 149 Abs. 2 GVG.). Die Qualifikation zum Amtsanwalt richtet sich nach Landesrecht.

IV. Die Beamten der Reichsanwaltschaft sind „nicht richterliche Beamte" (§ 149 Abs. 1 GVG.), daher im Gegensatz zu den Richtern amovibel (§ 150 Abs. 2). Inwieweit die übrigen staatsanwaltschaftlichen Beamten richterliche oder nichtrichterliche Beamten sind, richtet sich nach Landesrecht.

V. Die Staatsanwaltschaften (im weiteren Sinne) sind nicht kollegialisch, sondern bureaukratisch eingerichtet, d. h. von mehreren bei derselben Behörde angestellten staatsanwaltschaftlichen Beamten ist allemal einer die Spitze der Behörde (bei der Reichsanwaltschaft der „Ober-Reichsanwalt"; bei den übrigen Behörden ist die Titulatur partikularrechtlich verschieden: „Generalstaatsanwalt", „Oberstaatsanwalt", „Erster Staatsanwalt" usw.), und die übrigen handeln nur als seine Vertreter (§ 145 GVG.).

VI. Die gesamte staatsanwaltschaftliche Beamtenschaft eines jeden Bundesstaates bildet eine Einheit derart, daß jeder dieser Beamten befähigt ist, alle staatsanwaltschaftlichen Geschäfte allenthalben vorzunehmen, d. h. nicht bloß bei der speziellen Behörde, bei der er angestellt ist: Le ministère public est un et indivisible.

1. Zwar ist die Bearbeitung der Strafsachen auch unter die staatsanwaltschaftlichen Behörden (wie unter die Gerichte) nach dem Gesichtspunkte sachlicher und örtlicher Zuständigkeit verteilt (vgl. §§ 143, 144), aber

2. es besteht das sog. Devolutionsrecht (jeder erste Beamte einer oberlandesgerichtlichen oder landgerichtlichen Staatsanwaltschaft ist befugt, die einem Untergebenen übertragenen Geschäfte zu übernehmen) und das sog. Substitutionsrecht (jeder dieser ersten Beamten kann seine eigenen Geschäfte einem Untergebenen übertragen, auch die Untergebenen untereinander substituieren mit der Maßgabe, daß ein Amtsanwalt nur einem Amtsanwalt substituiert werden kann) (§ 146 GVG.); und

3. jeder staatsanwaltschaftliche Beamte muß die dienstlichen Anweisungen seiner „Vorgesetzten" (§ 148 GVG. und Landesrecht) befolgen (§ 147 GVG.), wobei aber entgegen der hergebrachten Meinung als selbstverständlich zu subintelligieren ist, daß es sich nicht um Anweisungen contra legem handelt.

VII. Eine Dienstaufsicht über Gerichte darf den Staatsanwaltschaften nicht übertragen werden (§ 152 GVG.). Anders in Frankreich, wo „le ministère public est l'oeil du gouvernement par lequel sont observés les tribunaux".

VIII. Als Gehilfen bei der Bearbeitung der Strafsachen sind den Staatsanwaltschaften sämtliche Beamten des Polizei- und Sicherheitsdienstes zugeordnet (vgl. z. B. §§ 127 Abs. 2, 161 StPO.). In einem direkten Unterordnungsverhältnis zur Staatsanwaltschaft steht aber nur die sog. Kriminalpolizei, gerichtliche Polizei. Welche Polizeibeamten dazu gehören, hat auf Grund des § 153 GVG. das Landesrecht zu bestimmen. Die Kriminalpolizei hat im Strafprozeß ganz besondere, den übrigen Polizeibeamten nicht zustehende Befugnisse (vgl. §§ 98, 105 StPO.).

Viertes Kapitel.

Das Prozeßverhältnis.

§ 20.

Literatur: v. Kries, Ztschr. f. StrRWiss. V S. 1; Eisler, Die Prozeßvoraussetzungen im österr. Strafprozeß, Grünhuts Ztschr. Bd. XVII S. 587; Bierling, Z. f. StrRWiss. Bd. X S. 251. — Vgl. auch Bülow, Lehre von den Prozeßeinreden und Prozeßvoraussetzungen (1868); Wach, Handb. des Zivilprozesses Bd. I S. 34; Kohler, Prozeß als Rechtsverhältnis (1888).

I. Derjenige, der eine Strafsache vor ein Strafgericht bringen will, muß, und wäre er noch so strafklageberechtigt, dies in gesetzlich bestimmter Art und Weise tun, nämlich in Gemäßheit der sog. „Prozeßvoraussetzungen" im eigentlichen Sinne. (Ein älterer Sprachgebrauch begreift unter „Prozeßvoraussetzungen" auch die Bedingungen für die Zulässigkeit der Strafverfolgung überhaupt, die Strafklagerechtsbedingungen mit.) Prozeßvoraussetzungen sind

1. Einhaltung der für die Prozeßeinleitung vorgeschriebenen Form und Art;
2. Vorgehen in der zulässigen Prozeßart;
3. Zuständigkeit der beteiligten Behörden;
4. Prozeßlegitimation für den Klageakt (vgl. unten § 28);

Für die Verwaltungsstrafklage fügt § 464 Abs. 2 StPO. noch ein besonderes Erfordernis als Prozeßvoraussetzung hinzu.

II. Durch eine Klage, die den Prozeßvoraussetzungen genügt, wird das „Prozeßverhältnis" zwischen dem Gericht und den Parteien begründet, d. h. ein öffentlich-rechtliches Rechtsverhältnis, kraft dessen es zu einer Abwicklung des Prozesses kommt. Würde es dagegen an einer Prozeßvoraussetzung fehlen („Prozeßhindernis"), so würde ein ordnungsmäßiges Prozeßverhältnis nicht entstehen, und das Gericht hätte das Verfahren abzulehnen („Einstellung des Verfahrens"), ohne auch nur zu prüfen, ob die Strafverfolgung an sich zulässig (ein Strafklagerecht gegeben) ist, geschweige denn, ob ein Strafanspruch vorhanden (also zu verurteilen oder freizusprechen) ist.

III. Die Prozeßvoraussetzungen sind im allgemeinen perpetuierlich und unverzichtbar, d. h. ihr Vorliegen ist vom Gericht in jeder Lage des Verfahrens und auch ohne Rücksicht auf das Verhalten der Parteien zu prüfen. Doch gibt es auch kurzlebige Prozeßvoraussetzungen, deren Fehlen unbeachtlich wird, sobald das Verfahren zu einem bestimmten Punkte gediehen ist (Heilung des Prozeßhindernisses), vgl. StPO. §§ 17, 296; und verzichtbare, deren Fehlen unschädlich ist, wenn es der Beschuldigte nicht rügt, vgl. StPO. § 18.

IV. Das Prozeßverhältnis in seiner einfachsten Gestalt umspannt eine Strafsache, einen Kläger und einen Beschuldigten. Infolge der Zulässigkeit einer objektiven Klagenhäufung, einer subjektiven Klagenhäufung und einer Zusammenlegung von Prozessen, StPO. §§ 2—4, 13 Abs. 2, 415 Abs. 2, 424 II, vgl. oben § 7 IV, kann jedoch auch ein Prozeßverhältnis zuwege kommen, das mehrere Strafsachen und mehrere Personen als Streitgenossen umfaßt.

Im Privatklageverfahren kann durch Widerklage an das erste Prozeßverhältnis ein Gegenprozeßverhältnis angelehnt werden, StPO. § 428.

Endlich kann nach StPO. §§ 435 ff. am Prozeßverhältnis außer den Parteien (Hauptparteien) ein Nebenkläger partizipieren.

Zweites Buch.

Der Prozeßgang.

Allgemeiner Teil.

Erstes Kapitel.

Die obersten Grundsätze.

§ 21. A. Die Offizialmaxime und ihre Durchbrechungen.

Literatur: Ortloff, Das Strafverfahren in seinen leitenden Grundsätzen und Hauptformen (1858); Heinze, Dispositionsprinzip und Offizialprinzip, Goltd. Arch. Bd. XXIV S. 265 ff.; R. Schmidt, Staatsanwalt und Privatkläger (1891); Fuchs, Anklage und Antragsdelikte (1873); Kessel, Antragsberechtigungen (1873); v. Kirchenheim, Die rechtliche Natur der Antragsdelikte (1877); Samuely, Gerichtssaal Bd. XXXII S. 1; Köhler, die Lehre vom Strafantrag (8199); Allfeld, Strafantrag und Ermächtigung, in der vergleichenden Darstellung des deutschen und ausländ. Strafrechts, Allg. Teil, Bd. II S. 161; Eulau, Geteilter, bedingter, unter Vorbehalt gestellter Strafantrag (1905).

I. Dem heutigen Strafprozeß liegt nicht die Akkusationsmaxime zugrunde, wonach die Verbrechensverfolgung nur auf Klage eines Privaten, zumal des Verletzten, eingeleitet und durchgeführt wird, sondern die Offizialmaxime, d. h. der Staat sorgt grundsätzlich selbst ex officio für Verfolgung und Bestrafung der Delikte: staatliches Klagemonopol (vgl. oben § 18 II 1), und seine Entschließung ist dabei völlig unabhängig von den (auf Strafverfolgung oder deren Unterbleiben gerichteten) Wünschen des Verletzten.

II. Diese Regel durchbricht das heutige Recht in Ansehung der sog. Antrags- und Ermächtigungsdelikte (Gegensatz: „Offizialdelikte"); das sind gewisse Delikte, bei denen das staatliche Einschreiten bedingt ist durch eine von einem Privaten abzugebende, die Strafverfolgung gutheißende Willenserklärung, einen „Strafantrag" bzw. eine „Ermächtigung zur Strafverfolgung". Der Staat ist hier also nicht völlig Herr der Situation, wie er es bei unverkürzter Offizialmaxime sein würde. Dieser Antrag bzw. die Ermächtigung ist konstruktiv offensichtlich nicht eine Bedingung der Strafbarkeit, wie auch heute noch manche annehmen, sondern eine Bedingung für das staatliche St rafklagerecht, wie sich auch aus § 259 StPO. (vgl. §§ 127, 130 daselbst) ergibt.

1. Antragsdelikte sind z. B. einfache Körperverletzung, Beleidigung, Sachbeschädigung, Hausfriedensbruch usw.

Antragsberechtigt sind

a) der durch die Tat Verletzte (§ 65 Abs. 1 Satz 1 StGB.),

b) gewisse in einem nahen persönlichen Verhältnis zum Verletzten stehende Personen: Ehemann, gesetzlicher Vertreter usw. (vgl. §§ 65 Satz 2, 195, 196, 232 Abs. 3 StGB.).

Ist der Antragsberechtigte nicht antragsfähig, d. h. nicht geschäftsfähig (= voll geschäftsunfähig, § 104 BGB.; die bloßen Beschränkungen in der Geschäftsfähigkeit, §§ 106 ff. BGB., fallen für die Strafantragstellung nicht ins Gewicht) oder noch nicht 18 Jahre alt, so übt für ihn der gesetzliche Vertreter das Antragsrecht aus, § 65 Abs. 3 StGB. (Fassung des Art. 34 III

EBGB.). Dagegen kann gewillkürte Stellvertretung nur in der Erklärung, nicht im Willen als statthaft anerkannt werden.

Mehrere etwa vorhandene Antragsberechtigte sind voneinander unabhängig (§ 62 StGB.). Auf Passivseite dagegen ist der Antrag „unteilbar", d. h. es genügt die Antragstellung gegen einen Schuldigen zur Strafverfolgung gegen sämtliche Beteiligten, sowie den Begünstiger (§§ 63, 64 Abs. 2 StGB.).

Die Antragsfrist beträgt drei Monate und beginnt mit dem Tage, an dem der Antragsberechtigte von der Tat und dem Täter Kenntnis erlangt hat (§ 61 StGB.). Eine Sonderbestimmung gilt in dieser Hinsicht für wechselseitige Beleidigungen und Körperverletzungen (§§ 198, 232 StGB.). Die Antragstellung setzt, um wirksam zu sein, eine bestimmte Form voraus (§ 156 Abs. 2 StPO.).

Grundsätzlich ist der einmal gestellte Strafantrag unzurücknehmbar. Ausnahmen gelten nur für bestimmte Delikte, und zwar so, daß die Zurücknahme nur bis zur Verkündung eines auf Strafe lautenden Urteils erfolgen kann (§ 64 StGB.).

2. Die sog. „Ermächtigung" (§§ 99, 101, 197 StGB.) ist eine dem Strafantrage analoge Strafklagerechtsvoraussetzung. Sie muß aber stets von Amts wegen von der Staatsanwaltschaft eingeholt werden und ist unbefristet und unzurücknehmbar.

III. Eine noch weitergehende Ausnahme vom Offizialprinzip stellt die Privatklage dar. Zwar nicht in dem Sinne, als gebe es Delikte, die nur von privater Seite, nicht durch den Staat verfolgt werden könnten (der Staat ist für alle Delikte parteifähig, vgl. StPO. § 416); wohl aber so, daß bei den Privatklagedelikten (die einen Ausschnitt aus dem Kreise der Antragsdelikte bilden) außer dem Staate und unabhängig von ihm auch Private zur Klage ermächtigt sind, also das staatliche Klagemonopol durchbrochen ist (vgl. oben §§ 18 II).

§ 22. B. Das Klageformprinzip.

Literatur: Vgl. zu § 18. Ferner: Biener, Abhandlungen II S. 36 ff,; Lienbacher, Anklagegrundsatz und Anklageform (Pest 1857); Ortloff (Lit. zu § 21); Gneist, Vier Fragen (1874) S. 58 ff.; Glaser, Prinzip der Strafverfolgung (Gesammelte Schriften Bd. I S. 429), 1868; Eisler, Die Form im Strafprozesse (1897); Heinze in Goltd. Arch. Bd. XXIV S. 265 ff.; v. Kries, Ztschr. f. StRW. Bd. IX S. 7; Bierling, Ztschr. f. StrR. Bd. X S. 310 (1890); Richard Schmidt, Die Herkunft des Inquisitionsprozesses (in der Festschrift der Univers. Freiburg zum 50jährigen Regierungsjubiläum des Großherzogs Friedrich von Baden) (1902).

Obwohl das heutige Recht das Akkusationsprinzip grundsätzlich ablehnt (oben § 21), spielt sich doch der Prozeß durchweg in der Klage- (Akkusations-) Form ab und nicht in der Inquisitionsform, — processus accusatorius, nicht inquisitorius, — d. h. das Gericht hat nicht gleichzeitig Klagefunktionen, sondern die Betreibung des Prozesses in der Richtung gegen den Beschuldigten ist Sache eines besonderen Klägers; speziell hat der Staat als Kläger ein besonderes Klageorgan: die Staatsanwaltschaft (oben § 19). Deshalb ist der heutige Strafprozeß, wenn dies auch mitunter bestritten wird, als Parteiprozeß zu konstruieren (vgl. oben § 8), wie denn auch die StPO. selbst von „Parteien" spricht. Der Beschuldigte ist heute nicht bloßes Inquisitionsobjekt, und das Gericht kann Strafprozesse niemals ex officio, sondern immer nur auf Klage einleiten (§ 151 StPO.). Daß die Strafverfolgung stets die strengste Gerechtigkeit zum Ziele hat, die Staatsklage also niemals einseitig nur die dem Beschuldigten ungünstigen Momente ins Auge faßt, daß die Staatsanwaltschaft sogar „zugunsten" des Beschuldigten Rechtsmittel einlegen kann, alles das widerstreitet der Konstruktion des Strafprozesses als Parteiprozeß nicht. Denn bei alledem verfolgt der Staat sein eigenes Interesse; um seinetwillen, nicht als Anwalt des Beschuldigten — der ja Manns genug ist, seine Interessen selber wahrzunehmen, und dazu Helfer und zahlreiche prozessualische Rechte hat — setzt der Staat alles daran, Unschuldige vor Strafe zu behüten und dem Schuldigen keine ärgere Strafe als die ihm gebührende aufzubürden.

Starr durchgeführt ist das Klageformprinzip freilich nicht. Es ist z. B. der Zurücknehmbarkeit der Klage ein Ziel gesetzt (§§ 154, 431 StPO.), und die Anträge der Parteien bestimmen, bedingen und begrenzen das gerichtliche Handeln im allgemeinen nicht (von manchen Autoren wird diese Unabhängigkeit von den Parteianträgen als eine prinzipielle aufgefaßt: „Immutabilitätsprinzip"); so kann namentlich Verurteilung trotz staatsanwaltschaftlichen Freisprechungsbegehrens, Freisprechung trotz Schuldbekenntnisses des Angeklagten erfolgen.

§ 23. C. Das Instruktionsprinzip.

Im Strafprozeß instruiert sich das Gericht in völliger Freiheit, namentlich in Freiheit von den Parteien, über den Prozeßstoff; es gilt das Instruktionsprinzip, nicht die Verhandlungsmaxime. Denn was der Strafprozeß erstrebt, ist die sog. materielle Wahrheit: die Wahrheitserforschungstätigkeit des Gerichts ist weder auf den von den Parteien in den Prozeß eingeführten Tatsachen- und Beweisstoff beschränkt, noch ist das Gericht genötigt, die von den Parteien zugestandenen Tatsachen für wahr zu halten (Gegensatz zum Zivilprozeß). So ist das Gericht namenlich dazu berufen, alle etwaigen zugunsten des Beschuldigten sprechenden Gesichtspunkte von Amts wegen aufzusuchen (sog. materielle Verteidigung des Beschuldigten, im Gegensatz zu der „formellen", d. i. der Verteidigung durch einen dem Beschuldigten zur Seite stehenden Verteidiger, unten § 30). Dieses Prinzip entfließt von selbst dem Charakter jeder Strafsache als einer causa publica. Es muß den Dingen auf den Grund gegangen werden unbekümmert um die — vielfach eigensüchtigen und wahrheitsfeindlichen — Wünsche der Beteiligten. Ein auf unzuverlässigen Unterlagen aufgebautes Urteil befriedigt das öffentliche Interesse nicht.

Rücksichten mancherlei Art treten freilich einer strikten Durchführung des Prinzips entgegen; es gibt — auch im heutigen Recht — absolute und relative Beweisverbote, Zeugnisweigerungsrechte, Eidesverbote usw.

§ 24. D. Mündlichkeits- und Konzentrationsprinzip.

Literatur: Mittermaier, Das deutsche Strafverfahren, I S. 210 ff.; Bauer, Abhandlungen. III S. 80 ff.; Glaser, Kl. Schriften I S. 701 ff.; Mittermaier, Mündlichkeit, Anklageprinzip usw. (1845). — Vgl. auch Wach, Vorträge über die Reichszivilprozeßordnung (2. Aufl. 1896) S. 1 ff.

I. Das Prinzip der Mündlichkeit (im Gegensatz zu dem im gemeinrechtlichen Inquisitionsprozeß ausgeprägten Prinzip der Schriftlichkeit mit der Devise: Quod non in actis, non est in mundo) verlangt, daß sich alle im Prozeß Auftretenden des gesprochenen Wortes bedienen. Dieses Prinzip beherrscht heute die Hauptverhandlung (§§ 225, 242, 257 StPO.); im übrigen gilt in weitem Umfange Schriftlichkeit, z. B. für die Erhebung der Anklage, die Eröffnung des Hauptverfahrens, Einlegung von Rechtsmitteln.

Keine Ausnahme vom Mündlichkeitsprinzip ist die Protokollierung der Vorgänge der Hauptverhandlung; diese dient nur dazu, den Beweis des gesprochenen Wortes für die Zukunft festzuhalten.

II. Der heutige Strafprozeß steht unter der Herrschaft des Konzentrationsprinzips, insofern das Urteil auf Grund einer Hauptverhandlung, in welche alle maßgebenden Prozeßhandlungen zusammengedrängt sind, ergeht (vgl. §§ 228, 267 Satz 1 StPO.). (Gegensatz zum Zivilprozeß, wo die „mündliche Verhandlung" in einer ganzen Reihe von auseinander liegenden Terminen vor sich gehen kann.) Die Hauptverhandlung ist daher nicht zerlegbar. Es können zwar kürzere „Unterbrechungen" (höchstens von drei Tagen, § 228 StPO.), § 227 Satz 2, unbeschadet der Einheitlichkeit der Hauptverhandlung angeordnet werden, dagegen ist eine „Aussetzung" der Hauptverhandlung (§ 227 Satz 1) gleichbedeutend mit Annullierung der bisher vorgenommenen Teile der Hauptverhandlung; eine abgebrochene Hauptverhandlung ist nicht fortsetzbar; in dem neuen Termin muß völlig von neuem begonnen werden (§ 228 a. E.). Dies deswegen, weil längere Pausen in der Hauptverhandlung leicht dahin führen, daß inzwischen Verhandeltes dem Gedächtnis entschwindet. Auf denselben Grundgedanken geht die Bestimmung zurück, daß die Urteilsverkündung regulär sofort am Schluß der Hauptverhandlung, äußerstenfalls aber eine Woche nachher stattfinden muß (§ 267 StPO.).

In gewissem Sinne durchbrochen wird der Grundsatz der Konzentration durch die sog. kommissarische oder stellvertretende Beweisaufnahme (§§ 222—224,

232 Abs. 2 StPO.). Hier handelt es sich um Beweiserhebungen, die aus der Hauptverhandlung heraus in das Stadium der „Vorbereitung der Hauptverhandlung" verlegt werden. Formell wird freilich der Zusammenhang dadurch aufrechterhalten, daß in der Hauptverhandlung die Protokolle über die kommissarisch erzielten Aussagen verlesen werden.

§ 25. E. Das Prinzip der Öffentlichkeit.

Literatur: Feuerbach, Betrachtungen über Öffentlichkeit und Mündlichkeit der Gerechtigkeitspflege (1821); Hepp, Anklageschaft, Öffentlichkeit und Mündlichkeit des Strafverfahrens (1842); Mittermaier, Mündlichkeit, Anklageprinzip, Öffentlichkeit und Geschworenengerichte (1845); Gneist, Vier Fragen (1874) 58 ff.; Kleinfeller, Das Reichsgesetz betr. die unter Ausschluß der Öffentlichkeit stattfindenden Gerichtsverhandlungen, erläutert (1888); Klemm, desgl. (1888); Kleinfeller, Gerichtssaal Bd. XXXIX S. 417; Fuld, Goltd. Arch. Bd. XXXVI S. 335; Zenk, Die Öffentlichkeit im Militärstrafprozeß, 2. Aufl. (1896).

I. Im Gegensatz zu dem Grundsatz der Heimlichkeit des gemeinrechtlichen Inquisitionsprozesses gilt heute der Grundsatz der Öffentlichkeit, wonach das unbeteiligte Publikum (unbestimmt, welche und wie viele Personen) Zutritt zur Hauptverhandlung hat (§ 170 GVG., §§ 281, 288 Abs. 2 StPO.; vgl. daneben §§ 45, 91 GVG., § 280 Abs. 2 StPO.).

II. Heimlich muß jedoch nach § 195 GVG., §§ 301, 303 StPO. die Beratung und Abstimmung der Kollegialgerichte vor sich gehen (dagegen hinwiederum die Urteilsverkündung öffentlich, § 170 GVG.); nur kann der Vorsitzende die bei dem Gericht zu ihrer juristischen Ausbildung beschäftigten Personen zulassen.

III. Durch Gerichtsbeschluß kann die Öffentlichkeit der Hauptverhandlung ausgeschlossen werden, wenn sie eine Gefährdung der öffentlichen Ordnung, insbesondere der Staatssicherheit, oder eine Gefährdung der Sittlichkeit besorgen läßt (§§ 173—175 GVG.). Trotz Ausschlusses der Öffentlichkeit der Verhandlung erfolgt aber die Verkündung des Urteils öffentlich; in diesem Punkte ist Ausschließung der Öffentlichkeit unstatthaft; nur kann durch besonderen Beschluß des Gerichts die nichtöffentliche Verkündung der Urteilsgründe oder eines Teils davon angeordnet werden, wenn sie eine Gefährdung der Staatssicherheit oder der Sittlichkeit (nicht der öffentlichen Ordnung) besorgen läßt (§ 174 GVG.).

Insoweit die Öffentlichkeit ausgeschlossen ist, finden Unbeteiligte keinen Zutritt; es kann jedoch das Gericht einzelnen Personen den Zutritt gestatten, und es muß dieser Zutritt den die Dienstaufsicht führenden Beamten der Justizverwaltung gestattet werden (§ 176 Abs. 2 und 3 GVG.).

IV. Gewissen Personen kann der Vorsitzende den Zutritt zur Hauptverhandlung trotz deren Öffentlichkeit versagen, nämlich: Unerwachsenen; Personen, die die bürgerlichen Ehrenrechte nicht besitzen; Personen, die in einer der Würde des Gerichts nicht entsprechenden Weise erscheinen (§ 176 Abs. 1 GVG.); außerdem kann die Handhabung der Sitzungspolizei zu einem gleichen Ergebnis führen, § 178 GVG. (unten § 34).

§ 26. F. Die prinzipielle Stellung der Staatsanwaltschaft und des Beschuldigten.

Literatur: Süß, Die Stellung der Parteien im modernen Strafprozeß (1898); H. Meyer, Die Parteien im Strafprozeß (1889); W. Mittermaier, Parteistellung der Staatsanwaltschaft (1897); Amschl, Beiträge zur Anwendung des (österr.) Strafverfahrens (2. Aufl. 1910, 2. Heft 1911). — Heinze, Goltd. Arch. Bd. XXIV S. 295; Glaser, Kl. Schriften I 441, 523, 539; v. Groß, Das Prinzip der Strafverfolgung, in seiner Ztschr.: Die Strafrechtspflege in Deutschland II 133, 385; Gneist, Vier Fragen (1874).

I. Das heutige Recht geht von dem sog. Grundsatz der Waffengleichheit oder Parteiengleichheit aus, wonach Rechte und Pflichten der Parteien im Prozeß gleich bemessen sein sollen. Non debet actori licere, quod reo non permittitur (l. 41 D. de div. regul. iur. 50, 17). Aus diesem Gesichtspunkt heraus hat z. B. das deutsche Recht die sog. Anklageakte des Staatsanwalts in der Hauptverhandlung vor Eintritt in die Beweisaufnahme, wie sie der Code d'instruction criminelle kennt, nicht aufgenommen, da sie der klagenden Partei, mit Rücksicht auf die möglicherweise daraus hervorgehende Voreingenommenheit der Urteilenden, einen großen Vorsprung gewährt. Freilich ist die volle Gleichheit nur ein Ideal, dessen mechanische Verwirklichung durchaus unmöglich ist. Denn die Staatsanwaltschaft hat schon deshalb, weil sie eine Behörde und lediglich amtlich, nicht persönlich mit der Sache befaßt ist, ferner weil sie der angreifende Teil ist, eine bevorzugte Stellung, was z. B. in den §§ 159, 194 StPO. zum Ausdruck kommt. Und umgekehrt hat die Gesetzgebung eben deshalb in verschiedenen Hinsichten bewußtermaßen den Beschuldigten begünstigt, um einen Ausgleich in Ansehung der prozessualen Situation in ihrer Gesamtheit herbeizuführen. Diese Tendenz der Gesetzgebung bezeichnet man als den favor defensionis. Hierher gehört z. B. die Vorschrift, daß bei non liquet Freisprechung zu erfolgen hat; ferner die künstliche Majorität (Zweidrittelmajorität) für Bejahung der Schuldfrage (§ 262 StPO.); das Recht des Angeklagten auf das letzte Wort (§ 257 Abs. 2 StPO.); die Sätze über die Verteidigung, besonders die notwendige Verteidigung; die Bevorzugung des Angeklagten bei der Ablehnung von Geschworenen (§ 283 Satz 1 StPO. — Vortritt der Staatsanwaltschaft — und § 282 Abs. 2 Satz 2); die Beschränkung der staatsanwaltschaftlichen Revision (§§ 378, 379 StPO.) usw.

II. Die Pflichten der Parteien sind scharf umrissen; sie reichen nicht weiter als im Gesetz genau statuiert ist. Übrigens sind hier wie in allen Disziplinen des Rechts die echten Pflichten scharf zu scheiden von den bloßen Berechtigungsbedingungen, bei denen die Handlung ganz in das Belieben der Partei gestellt ist, und die Partei im Falle des Nichthandelns lediglich gewisser Vorteile verlustig geht (z. B. Ablehnung eines Richters ist notwendig zur Erhaltung des Revisionsgrundes nach 377 [3] StPO., aber „verpflichtet" ist die Partei zur Ablehnung nicht).

Unter den Rechten der Parteien ist von allgemeiner Bedeutung das Recht auf rechtliches Gehör. Audiatur et altera pars. Deshalb darf

1. grundsätzlich kein Prozeß über den Kopf einer Partei hinweg stattfinden (Ausnahmen unten § 73).

2. Es besteht sog. Parteiöffentlichkeit, d. h. die Parteien haben das Recht auf Anwesenheit bei den wichtigsten Prozeßakten: § 225 StPO. (Ausnahmen: §§ 246, 301 StPO., § 178 GVG.); §§ 223, 191, 167 StPO.

3. Vor jeder Entscheidung des Gerichts, sowie im unmittelbaren Anschluß an gewisse Prozeßakte (Beweiserhebung usw.) sind die Parteien (regelmäßig beide) zu hören (§§ 33, 132, 135, 136, 190, 242 Abs. 3, 256—258; 264, 265; 377 [8] StPO.).

Nicht sowohl eine Verleugnung des Grundsatzes des rechtlichen Gehörs als vielmehr eine bloße Verschiebung des Zeitpunktes der Verstattung zum rechtlichen Gehör bedeutet die Zulassung des Mahnverfahrens (unten § 71). Kommt hier der Beschuldigte auch vor Erlaß des Strafbefehls (der Strafverfügung, des Strafbescheids) nicht oder nicht voll zu Worte, so eröffnet sich ihm doch die Möglichkeit, nachträglich alles Zweckdienliche zur Geltung zu bringen; seine bloße Erklärung, sich nicht bei dem Strafbefehl (der Strafverfügung, dem Strafbescheid) beruhigen zu wollen, setzt, wofern sie nur frist- und formgerecht erfolgte, den Strafbefehl (die Strafverfügung, den Strafbescheid) außer Kraft. Gelegenheit, voll zum rechtlichen Gehör verstattet zu werden, hat also auch hier der Beschuldigte in vollem Umfange; es liegt nur an ihm, wenn es nicht zur vollen Entfaltung der Parteirechte kommt.

III. 1. Die Staatsanwaltschaft hat keine einseitige Parteistellung contra reum, sondern sie hat sich ganz auf den objektiven Standpunkt zu stellen — hat sie doch das Staatsinteresse zu wahren, welches ungerechtfertigten Verurteilungen durchaus widerstrebt — und ist daher auch verpflichtet und berechtigt, im Sinne der Entlastung und Freisprechung des Beschuldigten zu wirken (vgl. z. B. §§ 158 Abs. 2, 338 Abs. 2 StPO.).

2. Soweit es sich um die Staatsklage (öffentliche Klage) handelt, hat die Staatsanwaltschaft ein Klagemonopol, § 152 Abs. 1 StPO. (Ausnahme § 464).

3. Es gilt Legalitäts-, nicht Opportunitätsprinzip, d. h. die Staatsanwaltschaft muß einschreiten, wenn die materiell und prozeßrechtlichen Voraussetzungen dafür vorhanden sind (§ 152 Abs. 2 StPO.). Lehnt die Staatsanwaltschaft die Klageerhebung ab, so kann der Antragsteller, der zugleich der Verletzte ist, ein gerichtliches Klageprüfungsverfahren

herbeiführen, §§ 170—175 StPO., unten § 58 I (nicht aber kann er, abgesehen von den Privatklagefällen, als Kläger das Gericht anrufen).

Das Legalitätsprinzip wird durch einzelne Ausnahmen durchbrochen, kraft deren es auf die (pflichtmäßig zu beurteilende) Opportunität der Strafverfolgung ankommt, nämlich:

a) Bei den privatklagefähigen Delikten hat die Staatsanwaltschaft zu prüfen, ob die Staatsklage im öffentlichen Interesse liegt (§ 416 StPO., § 22 Abs. 3 S. 2 Wettbewerbsgesetzes vom 7. Juni 1909).

b) Bei Auslandsdelikten „kann" — muß also nicht — eingeschritten werden, soweit §§ 4, 37 StGB. in Betracht kommen (anders z. B. § 298 usw. StGB.).

c) Ein objektives Verfahren braucht, wo die Einziehung bzw. Unbrauchbarmachung nur fakultativ ist, nicht eingeleitet zu werden (§ 42 StGB., § 477 StPO.).

[d) Im Falle der Realkonkurrenz kann einer oder der andere der mehreren Verbrechensfälle aus der Strafverfolgung ausgeschaltet werden, wenn dessen Feststellung für die Strafzumessung unwesentlich erscheint (§ 208 StPO.). Diese Gesetzesbestimmung unterscheidet sich von denen ad a—c jedoch insofern, als die Staatsanwaltschaft nicht souverän die Strafverfolgung unterlassen darf, sondern der Mitwirkung des Gerichts bedarf, um die betreffende Strafsache ausschalten zu können.]

IV. Der Beschuldigte ist im heutigen Recht als verteidigungsberechtigtes Rechtssubjekt anerkannt; inwieweit seine persönliche Freiheit, sein Besitzstand usw. angetastet werden kann, ist genau fixiert.

Die prozessualen Angriffsakte des Klägers, speziell die Anklage, wirken auf den Beschuldigten nicht direkt, sondern erst vermittelst eines den Angriffsakt prüfenden Gerichtsbeschlusses (daher z. B. Notwendigkeit der Eröffnung des Hauptverfahrens).

Zwangsmaßregeln gegen den Beschuldigten können grundsätzlich nur vom Richter ausgehen, oder mindestens kann (eventuell muß), wenn andere Organe sie vorgenommen haben, eine nachträgliche Entscheidung des Gerichts erfolgen (vgl. z. B. §§ 98, 100, 105, 110, 114 StPO.).

Zweites Kapitel.

Die Prozeßhandlungen.

A. Allgemeines.

§ 27. I. Systematik und rechtliche Bedeutung der Prozeßhandlungen.

Literatur: W. Jellinek, Der fehlerhafte Staatsakt und seine Wirkungen (1908); Kormann, System der rechtsgeschäftlichen Staatsakte (1910); Max Friedländer, Die Lehre von der absoluten Nichtigkeit strafgerichtlicher Urteile, Gerichtssaal Bd. LVIII S. 3390; Mumm, Goltd. Arch. Bd. XLVII S. 360; Ötker, Konkursrechtliche Grundbegriffe I S. 498; Krug, Zur Frage der absoluten Nichtigkeit strafgerichtlicher Entscheidungen Ztschr. f. StRWiss. Bd. XXV S. 408; Löffler, Unheilbare Nichtigkeit im österr. Strafverfahren, in Grünhuts Ztschr. Bd. XXXI (1904); Kroschel, Nichtigkeit von Urteilen, Gerichtssaal Bd. LXIX S. 137; Michel, Absolute Nichtigkeit von Zivil- und Strafurteilen (1906); Voß, Die Nichtigkeit von Strafurteilen, in Goltd. Arch. Bd. LIV S. 247; Kriegsmann, Die Nichtigkeit des Strafurteils, in der Festschrift f. Hänel (1907); v. Baligand, Absolute Nichtigkeit, im Gerichtssaal Bd. LXXII S. 171. Vgl. auch Wach, Urteilsnichtigkeit im Zivilprozeß, Rhein. Ztschr. f. Zivil- und Prozeßrecht Bd. III S. 373. — Ostern, Die Alternativität bei strafprozessualen Willenserklärungen (1902).

Barnau, Stellvertretung im Strafrecht und Strafprozeß (1890); Bucher, Der Verzicht im Strafprozeß (1882); Frese, Die rechtliche ... der in einem Sühnetermin abgeschlossenen Vergleiche, Ztschr. f. StRWiss. Bd. XII S. 824; J. Schmid, Über Vergleich ... in Privatklagesachen, Bl. f. RPfl. in Thüringen N. F. Bd. XIX S. 289; Möllenhoff, Zulässigkeit und Wirksamkeit des Vergleichs ... im Strafverfahren auf erhobene Privatklage (1893).

I. Wenn man die Prozeßhandlungen zunächst ohne Rücksicht auf ihre Zulässigkeit, Gültigkeit, Notwendigkeit lediglich zum Zwecke der Katalogisierung, nebeneinanderstellt, so ergeben sich eine unübersehbare Menge von Arten (Typen) von Prozeßhandlungen: Klage, Eröffnungsbeschluß, Urteil, Zeugenvereidigung, Zeugenaussage, Rechtsmitteleinlegung, Strafbefehl, Haftbefehl, Festnahme, Beweisantrag, Ladung, Öffnung der Gerichtssaaltüren usw. Jeder dieser Typen weist seine besonderen Artenmerkmale auf. In dieses Chaos kann man zunächst dadurch Ordnung hineinbringen,

1. daß man scheidet zwischen: richterlichen Handlungen — Parteihandlungen — Handlungen anderer Personen, insbesondere der behördlichen Hilfsorgane. Innerhalb der richterlichen Handlungen bilden die Entscheidungen im weitesten Sinne (Urteile, Haftbefehle, Eröffnungsbeschlüsse usw.) den Kern; den Unterbau der Entscheidungen bilden die die Unterlagen der Entscheidungen aufsuchenden Untersuchungshandlungen. Die Entscheidungen hinwiederum zerfallen in a) prozeßerledigende, das sind solche, die dahin lauten, daß der Prozeß zu Ende sein solle, sei es wegen Unstichhaltigkeit des Prozeßverhältnisses oder wegen Mangels des Strafklagerechts — sog. Formalentscheidung —, sei es unter Aburteilung des materiellen Prozeßgegenstandes — sog. Sachentscheidung; b) laufende Entscheidungen.

2. Tiefer greift eine Einteilung nach einem anderen principium divisionis. Die Prozeßhandlungen bestehen nämlich

a) teils in publizistischen Rechtsgeschäften: wahrnehmungsbedürftigen zur Rechtsfolgeauslösung bestimmten Willenserklärungen: so Klage, Eröffnungsbeschluß, Urteil, Rechtsmitteleinlegung usw.;

b) teils in sonstigen Erklärungen (Wissenserklärungen, wie Mitteilungen, Beurkundungen) oder Betätigungen ohne Erklärungsinhalt (Festnahme, Öffnung der Saaltüren usw.).

Zu den besonderen Merkmalen der prozessualischen Rechtsgeschäfte und damit zu den Artmerkmalen der Klage, des Urteils usw., gehört, daß die Erklärung von dem Erklärenden gewollt und daß sie ernstlich gewollt (nicht zum Schein abgegeben) ist.

II. Jeder dieser Prozeßhandlungstypen kann aber denkbarerweise unter verschiedenen Modalitäten auftreten. So kann namentlich die äußere Form, sowie das zeitliche und örtliche Milieu der Handlung verschieden sein (z. B. schriftliche, mündliche Klage, Rechtsmitteleinlegung, Urteilsfällung usw.). Diese Modalitäten bedingen nicht neue Arten von Prozeßhandlungen, sondern nur Erscheinungsformen dieser Arten.

Bei den Prozeßhandlungen rechtsgeschäftlichen Charakters spielt als Erscheinungsform (hinsichtlich des Inhalts der Erklärung) namentlich die Bestimmtheit oder Unbestimmtheit der Willenerklärung (Bedingtheit, Alternativität) eine Rolle.

III. Inwieweit die auf rein deskriptivem Wege als tatsächlich möglich gefundenen Typen von Prozeßhandlungen rechtlich zulässig sind, lehrt der besondere Teil des Strafprozeßrechts (unzulässig heute Gottesurteil, Folter usw.).

Was die Zulässigkeit des Auftretens der Prozeßhandlungen in bestimmten Erscheinungsformen anlangt, so ist

1. hinsichtlich der Form allgemein bestimmt, daß Prozeßerklärungen (in gesprochenen oder geschriebenen Worten) in deutscher Sprache — der „Gerichtssprache" — auftreten müssen, GVG. § 186 (vgl. aber §§ 187—193).

2. Inwieweit prozessualische Willenserklärungen bedingt oder alternativ lauten können, ist nicht unstreitig. Im Prinzip werden weder bedingte noch alternative Erklärungen zu beanstanden sein, vorbehaltlich freilich einer Reihe von Prozeßakten, die absolute Bestimmtheit erfordern.

IV. Eine nach Art und Erscheinungsform (I und II) statthafte (III) Prozeßhandlung kann rechtliche Beachtung nur finden, wenn der Handelnde die dazu erforderliche rechtliche Fähigkeit besitzt, d. h. kraft Rechtens so handeln kann. Darüber unten § 28.

V. Die Feststellung, daß die Prozeßhandlung als solche nach Art und Erscheinungsform zulässig, und daß das Handlungssubjekt zur Vornahme solcher Prozeßhandlungen befähigt sei, ergibt noch keineswegs die Befugnis zu ihrer Vornahme. Vielmehr müssen für jede Prozeßhandlung, soll anders sie in concreto zulässig sein, besondere der konkreten Sachlage angehörige Umstände gegeben sein, die man als Prozeßgestaltungsvoraussetzungen (= Voraussetzungen, unter denen der Prozeß so oder so gestaltet werden darf) bezeichnen kann.

So hängt die Zulässigkeit des Ermessensbeschlusses, ob ein Zeuge zu vereidigen oder nicht zu vereidigen sei (§ 57 StPO.) davon ab, daß der Zeuge ein Angehöriger des Beschuldigten im Sinne des § 51 StPO. ist; der Eröffnungsbeschluß setzt vorherige Anklage oder (§ 206 StPO.) staatsanwaltschaftlichen Antrag auf Außerverfolgungsetzung voraus; die Hauptverhandlung ist nur statthaft auf Grund eines Eröffnungsbeschlusses (oder eines im Gesetz anerkannten Surrogats dafür, vgl. z. B. StPO. §§ 270, 451).

Unter den Prozeßgestaltungsvoraussetzungen sind besonders bedeutsam die Bedingungen, unter denen zu einem Urteil geschritten werden darf, die Urteilsvoraussetzungen. Sie zerfallen in

1. Sachurteilsvoraussetzungen (ohne die ein Urteil in der Sache selbst nicht gesprochen werden darf), das sind

a) alle Strafklagerechtsvoraussetzungen;

b) alle Prozeßvoraussetzungen;

c) spezifische Urteilsvoraussetzungen, vor allem das Vorangegangensein einer Hauptverhandlung.

2. Formalurteilsvoraussetzungen = die spezifischen Urteilsvoraussetzungen (1 c) allein.

Zu den Urteilsvoraussetzungen treten noch die Urteilsqualitätsvoraussetzungen hinzu, von denen nur abhängt, ob das zu fällende Urteil so oder so lauten darf [1].

VI. Die Rechtswirkungen der einzelnen Prozeßhandlungen sind je nach deren Art sehr mannigfaltig. Die Klage bewirkt Rechtshängigkeit, der Eröffnungsbeschluß bewirkt Obschweben des Hauptverfahrens, das Urteil bewirkt Instanzerledigung, bei formeller Rechtskraft Prozeßerledigung und, falls Sachurteil, Konsumtion des Klagerechts; die Rechtsmitteleinlegung bewirkt Übergang der Sache in die Rechtsmittelinstanz usw.

Bei den Prozeßhandlungen mit rechtsgeschäftlichem Charakter ist die Feststellung, in welchem Umfange sich Rechtswirkungen einstellen,

1. zunächst abhängig von dem Inhalt der Erklärung. Dieser ist nicht mit deren Wortlaut identisch, vielmehr durch Auslegung zu ermitteln. Dabei ist namentlich auch der etwaige „latente Geschäftsinhalt" von Bedeutung. So ist in jedem verurteilenden Erkenntnis der Ausspruch verborgen, daß die Tat unter andere als die ausdrücklich genannten rechtlichen Gesichtspunkte nicht zu subsumieren sei, die Verurteilung wegen tätlicher Beleidigung z. B. besagt, daß die Tat keine Körperverletzung darstelle usw. Auch der unausgesprochene Inhalt hat teil an den Rechtswirkungen, so erwächst namentlich der unausgesprochene Inhalt eines Urteils in Rechtskraft.

Auf der anderen Seite legt das Gesetz den Prozeßhandlungen vielfach auch über den Erklärungsinhalt hinausgehende Rechtswirkungen bei.

2. Aber nicht jede Prozeßhandlung zieht die mit ihr von dem Handelnden angestrebten oder sich auf den ersten Anschein mit ihr verknüpfenden Rechtsfolgen auch wirklich nach sich.

a) Zunächst erhellt, daß die spezifischen Rechtswirkungen einer bestimmten Prozeßhandlungsart nur dann eintreten können, wenn die in Rede stehende Prozeßhandlung die essentiellen Merkmale eben dieser Art an sich trägt. An eine Handlung, die überhaupt keine Klage ist, können sich nicht die spezifischen Klagewirkungen, an eine Handlung, die kein Urteil (sondern z. B. ein Scheinurteil) ist, keine Urteilswirkungen anheften usw.

b) Ebenso unwirksam sind Prozeßhandlungen, die nicht zu den gesetzlich anerkannten Arten gehören (z. B. Beschluß auf Vereidigung des Angeklagten) oder in einer gesetzlich nicht anerkannten Erscheinungsform vorgenommen werden (z. B. bedingtes Urteil, Rechtsmitteleinlegung in nichtdeutscher Sprache).

c) Der Rechtswirkung bar sind Prozeßhandlungen, zu deren Vornahme dem Handelnden die juristische Fähigkeit fehlt (z. B. Rechtsmitteleinlegung durch einen nicht legitimierten negotiorum gestor, Klageerhebung durch die Polizei, Urteilserlaß durch ein Nichtstrafgericht).

---

[1] Näheres über Urteilsvoraussetzungen und Urteilsqualitätsvoraussetzungen s. Beling, Revision wegen „Verletzung einer Rechtsnorm über das Verfahren", besonders S. 22 ff., S. 31 ff.

d) Es muß aber weiter behauptet werden, daß unter Umständen eine Prozeßhandlung, der keiner der Fehler zu a—c anhaftet, wegen Unzulässigkeit auch rechtlich unbeachtlich ist. Im allgemeinen bedeutet zwar das Fehlen der Voraussetzungen, unter denen die Handlung vorgenommen werden durfte, — der Prozeßvoraussetzungen, Strafklagerechtsvoraussetzungen und Prozeßgestaltungsvoraussetzungen, — keineswegs Ungültigkeit der Handlung. Vielmehr entfalten auch solche unzulässigen Handlungen ihre Rechtswirkungen; der Prozeßverstoß bietet nur möglicherweise eine Handhabe zur Anbringung eines Rechtsbehelfs oder zu einer von Amts wegen erfolgenden Korrektur des Verfahrens. Aber es gibt auch Unzulässigkeiten, die die unzulässige Handlung rechtsunwirksam machen.

α) Dies gilt zunächst allgemein für alle nicht behördlichen Rechtsgeschäfte. Denn bei ihnen bedeutet die Aufstellung von Zulässigkeitsbedingungen gerade den Schutz des öffentlichen Interesses unter Zurückführung des privaten Interesses in bestimmte Grenzen. So wäre ein Antrag auf ein Klageprüfungsverfahren (§§ 170ff. StPO.) ohne vorangegangene staatsanwaltschaftliche Entscheidung, eine Rechtsmitteleinlegung ohne vorheriges Urteil einfach ad acta zu legen. Möglich ist nur, daß eine formelle Unwirksamkeitserklärung (z. B. Verwerfung eines nicht rechtzeitig eingebrachten Rechtsmittels) erforderlich ist.

β) Bei behördlichem Handeln ist im allgemeinen das Interesse an der Wahrung der Autorität des Staats so groß, daß auch Prozeßhandlungen, die die Behörde wegen mangelnder Zulässigkeitsvoraussetzungen nicht vornehmen durfte, wenn sie einmal geschehen sind und keine Korrektur möglich oder erfolgt ist, ertragen werden müssen, weil das Ertragen des einmaligen Abweichens von der rechten Linie als das kleinere Übel erscheint (so z. B. Urteile eines örtlich unzuständigen Gerichts). Aber es gibt auch hier Unzulässigkeiten, die in den Kauf zu nehmen gerade für eine vom überschauenden Rechtsstandpunkt aus erfolgende Interessenwägung die Wahl des größeren an Stelle des kleineren Übels bedeuten würde; in diesen Fällen muß es sich auch der behördliche Akt gefallen lassen, als ipso jure wirkungslos angesprochen zu werden, da das Gesetz keine nachweisliche abschließende Interessenwägung in dieser Hinsicht vorgenommen hat (vgl. oben § 9 II 1). Fälle dieser Art sind z. B. das Urteil, das ganz ohne Hauptverhandlung oder auf Grund einer ohne Zuziehung des Angeklagten erfolgten Hauptverhandlung gesprochen wird, die Urteilsverkündung entgegen dem von dem Urteilerkollegium beschlossenen Urteilsinhalt usw.

Nach Maßgabe von a—d muß entgegen der herrschenden Lehre eine absolute Nichtigkeit von Prozeßhandlungen als möglich anerkannt werden. (Ansätze zur Anerkennung des Begriffs der Nichtigkeit enthält übrigens die reichsgerichtliche Judikatur bereits vieler Orten, vgl. Entsch. d. RGer. in Straff. Bd. XXIII S. 311, 417; Bd. XXXI S. 104, Bd. XXXIII. S. 75, sowie Deutsche Jur.-Ztg. Bd. VI S. 214). Am stärksten erscheint die Unwirksamkeit da, wo nicht einmal die Artmerkmale der betr. Prozeßhandlung gegeben sind (oben a). In diesem Falle verstärkt sich die Nichtigkeit zu einem glatten „Nicht" (Nichtklage, Nichturteil usw.).

Die Bedeutung der Nichtigkeit ist die, daß der nichtige Prozeßvorgang einfach ignoriert wird, die Sache befinde sich, in welchem Stadium sie wolle. Ist ein Eröffnungsbeschluß nichtig, so kann es zu keiner Hauptverhandlung kommen, solange nicht an seiner Stelle ein neuer gültiger Eröffnungsbeschluß erlassen ist; ist ein Urteil nichtig, so ist ein anderweites Urteil an seine Stelle zu setzen; ist die Geschworenenbank nichtig gebildet, so ist ab ovo erneut zur Bildung der Bank zu schreiten usw. Es bedarf gar keiner Formalitäten, insbesondere keiner Rechtsmitteleinlegung, zur Konstatierung der Nichtigkeit. Daß andererseits auch zur Geltendmachung der Nichtigkeit von Urteilen ein Rechtsmittel eingelegt werden kann, darf nicht, wie dies geschehen ist, in Abrede gestellt werden; vorausgesetzt nur, daß der qua Urteil nichtige Akt überhaupt die Artmerkmale eines Urteils aufweist (kein „Nichturteil") ist.

3. Wo ein Widerruf einer Prozeßhandlung statthaft ist, fällt mit ihm auch die Wirksamkeit der Prozeßhandlung in sich zusammen. In der Regel unterliegen allerdings Prozeßhandlungen dem Widerruf nicht. Eine Ausnahme muß u. a. für die Prozeßhandlungen, die Ausfluß eines Parteirechts sind, gelten.

VII. Die Prozeßhandlungen interessieren nicht nur nach der Richtung hin, ob das Handlungssubjekt zu ihrer Vornahme befähigt und befugt ist und welche Rechtswirkungen sie hervorrufen; sie können ihrerseits auch den Gegenstand eines einem anderen als dem Handlungssubjekt verliehenen Anspruchs bilden. So entspringt aus der ordnungsmäßigen Klage das Recht des Klägers auf gerichtliches Forthandeln; aus dem Urteilsanfechtungsakt das Recht auf gerichtliche Behandlung des Rechtsmittels (aus dem Urteil selbst entsteht dieses Recht als ein auf die Potestativbedingung der Rechtsmitteleinlegung gestelltes potenzielles); das Strafklagerecht ist das Recht auf gerichtliche Sachprüfung und -entscheidung; Pflichthandlung ist die Ablegung des Zeugnisses usw.

Darüber hinaus ist das behördliche Handeln im selben Umfange, in dem es zulässig ist, zugleich auch in der Regel organschaftliche Amtspflicht dem Staate gegenüber; eine Ausnahme bedingen die Fälle, in denen eine „Ermessensentscheidung“ in Frage steht.

VIII. Prozeßhandlungen, die nicht zugleich Pflichthandlungen sind (vorstehend VII) können unterlassen werden; die Unterlassung steht aber der späteren Vornahme der Handlung, sofern diese nicht nunmehr durch Fristablauf oder durch Überholtsein der prozessualen Sachlage präkludiert ist, nicht entgegen.

Rechte auf prozessuales Handeln anderer gehen durch Verzicht (Vergleich) unter (so das Recht des Angeklagten auf Aussetzung der Hauptverhandlung wegen Nichtgewahrtseins der Ladungsfrist; auch das — noch potenzielle, s. oben VII — Rechtsmittelrecht). Eine sehr große Anzahl von solchen Rechten sind freilich aus besonderen Gründen unverzichtbar, so namentlich das Strafklagerecht.

§ 28. II. Die Fähigkeit zu prozessualem Handeln.

Literatur: Hegler, Latente Geistesstörung bei Prozeßbeteiligten, in den Jurist.-psychiatr. Grenzfragen Bd. IV (1907).

I. Die Fähigkeit zu prozessualem Handeln hat

1. soweit es sich um richterliche Handlungen handelt, nur das gehörig, d. h. gerichtsverfassungsmäßig besetzte Gericht;

2. soweit es sich um Parteihandlungen handelt, nur der zu der Handlung Legitimierte (Entsprechendes gilt für Handlungen gegenüber einer Partei). Legitimiert zum Prozeß ist aber

a) die Partei selber, soweit sie prozeßfähig und bei Handlungen, die unter Anwaltszwang stehen, postulations- oder gerichtsfähig ist;

b) ein Dritter für die Partei, soweit er prozeßfähig und im Bereich des Anwaltszwangs gerichtsfähig und kraft organschaftlicher Stellung oder kraft Vertretungs- oder Unterstützungsbefugnis zum Handeln mit Wirkung für die Partei berufen ist.

II. Prozeßfähigkeit = prozessuale Handlungsfähigkeit ist die Fähigkeit, am Prozeß durch Bestimmung über Vornahme von Parteihandlungen für sich oder Dritte mitzuwirken.

1. Physische Personen, sei es, daß sie als Beschuldigte (oder Quasibeschuldigte), sei es, daß sie als Privat- oder Nebenkläger in Betracht kommen, sind für den Strafprozeß (Gegensatz zum Zivilprozeß) grundsätzlich ohne weiteres prozeßfähig (auch Minderjährige).

Ausnahmen: a) Geisteskrankheit z. Z. der betr. Prozeßhandlung begründet für diese Prozeßunfähigkeit; b) auf Aktivseite sind außerdem diejenigen Personen prozeßunfähig, die einen gesetzlichen Vertreter haben (StPO. § 414 Abs. 3).

2. Juristische Personen haben künstliche Prozeßfähigkeit; sie werden durch ihre Organe repräsentiert. So der Staat als Strafkläger durch die Staatsanwaltschaft (eventuell die Verwaltungsbehörde, StPO. § 464); eine als Privat- oder Nebenkläger auftretende juristische Person durch die für deren Zivilprozesse berufenen Organe, StPO. § 414 Abs. 3.

III. Gerichts- (Postulations-) fähigkeit ist die Fähigkeit, die vor Gericht vorzunehmenden Parteihandlungen rechtswirksam in eigener Person vornehmen zu können. Der Begriff spielt jedoch im Strafprozeß keine erhebliche Rolle, weil hier grundsätzlich jeder Prozeßfähige auch gerichtsfähig ist. Anwaltszwang bildet die Ausnahme und bedeutet obenein nur, daß dabei der Handelnde nur des Mithandelns eines Anwalts bedarf, und außerdem dem Mithandeln des Anwalts das Mithandeln des Verteidigers oder des Gerichtsschreibers gleichwertig ist. StPO. §§ 385, 406. (Vgl. übrigens § 170.)

§ 29. Fortsetzung: Vertretungs- und Unterstützungsverhältnisse.

I. 1. Fälle einer Prozeßvertretung auf Aktivseite sind folgende:

a) Der prozeßunfähige Privat- (Neben-) kläger wird durch seinen gesetzlichen Vertreter vertreten, StPO. § 414 Abs. 3.

b) Gewillkürte Stellvertretung des Privat- (Neben-) klägers ist erwähnt in StPO. §§ 418, 437 I.

2. Prozeßvertretung auf Seite des Beschuldigten ist grundsätzlich ausgeschlossen.

a) Ist der Beschuldigte prozeßunfähig, so muß der Prozeß stillstehen, soweit es auf Handeln des Beschuldigten ankommt. Der für den Zivilprozeß legitimierte gesetzliche Vertreter ist zum Strafprozeß nicht legitimiert.

b) Auch an Stelle des prozeßfähigen Beschuldigten vermag grundsätzlich ein anderer nicht zu handeln; es kommt grundsätzlich nur das eigene Handeln des Beschuldigten in Betracht. Insbesondere vermag der zivilrechtliche gesetzliche Vertreter des Beschuldigten keine Prozeßhandlungen statt seiner vorzunehmen oder entgegenzunehmen, noch viel weniger bedarf es seiner Zuziehung zum Prozeß. (Doch erwähnen den gesetzlichen Vertreter die §§ 137 Abs. 2, 268, 340, 405, 414 Abs. 2 StPO.) Auch eine gewillkürte Prozeßvertretung (Übertragung der Prozeßführung auf einen Vertreter) gibt es auf Passivseite grundsätzlich nicht; Ausnahmen enthalten die §§ 418, 437 Abs. 1; 322, 324, 474; 233, 230 Abs. 2, 231, 370, 390, 427, 451, 457, 232; 478 Abs. 3 StPO.

II. Als Personen, die die Partei bei ihrem Handeln unterstützen, kommen in Betracht

1. der Gerichtsschreiber in den Fällen der §§ 385 Abs. 2, 406 Abs. 2, 421 StPO.;
2. Rechtsanwälte in den Fällen §§ 385 II, 406 II.
3. Verteidiger und Beistände, s. unten § 30.

§ 30. Fortsetzung: Verteidigung und Beistandleistung.

Literatur: Frydmann, Systemat. Handbuch der Verteidigung im Strafverfahren (1878); Vargha, Die Verteidigung in Strafsachen (1879); v. Schwarze, Erörterungen (1881) 129 ff.; Voitus, Kontroversen I, 46; Köhler, Die Lehre von der Verteidigung, Gerichtssaal LIII 161 ff., 321 ff.

I. Verteidiger ist eine Person, die, neben dem Beschuldigten (nicht statt seiner) handelnd, von diesem ungerechtfertigte Straf- (und Neben-) ansprüche und ungerechtfertigte Prozeßakte abzuwehren hat.

1. Die Verteidigung ist in jedem Verfahren und jederzeit zulässig (§§ 137, 328 StPO., anders die MStGO.); in gewissen Sachen (§§ 140, 81 StPO.) ist sie sogar unerläßlich, sog. „notwendige Verteidigung".

2. Die Verteidigerstellung wird in erster Linie durch Wahl, und zwar seitens des Beschuldigten (vgl. aber auch §§ 137 Abs. 2, 328), begründet: sog. Wahlverteidiger. In Ermangelung eines Wahlverteidigers tritt eventuell Berufung durch den Vorsitzenden des Gerichts ein: sog. Offizial- oder bestellter Verteidiger; solche Bestellung muß in den Fällen der notwendigen Verteidigung erfolgen (§ 140 StPO., vgl. § 81 das.); ob sie sonst erfolgt, hängt vom Ermessen des Gerichts ab (§ 141). Wählbarkeit zum Verteidiger und Bestellbarkeit sind nicht identisch; wählbar ist grundsätzlich jedermann, speziell aber Rechtsanwälte und Rechtslehrer an deutschen Hochschulen (vgl. im einzelnen §§ 138, 139 StPO.); bestellbar sind nur Rechtsanwälte, Justizbeamte, die nicht als Richter angestellt sind, und Rechtskundige, die die erste juristische Prüfung bestanden haben (§ 144 StPO.).

3. Über die Funktionen des Verteidigers enthält die StPO. Einzelbestimmungen in §§ 147, 148, 191, 167 Abs. 2, 223, 217, 238, 257. Streiten in einem Falle öffentliches Interesse und Interesse des Beschuldigten miteinander, so hat sich der Verteidiger insofern auf die Seite des letzteren zu schlagen, als er niemals gegen ihn aggressiv werden darf (er darf z. B. nicht auf Verurteilung plädieren, wenn er die Schuld für erwiesen hält, während der Staatsanwalt Freisprechung beantragt hatte); bei der Abwehr dagegen darf der Verteidiger niemals berechtigten Angriffen entgegentreten (z. B. auszuführen suchen, daß das in

der Hauptverhandlung vorgeführte Beweismaterial zur Verurteilung nicht hinreiche, wenn er auf Grund dieses Materials von der Schuld überzeugt ist). Gelegentlich eines neueren Sensationsprozesses ist streitig geworden, ob der Verteidiger auch dann auf Freisprechung zu plädieren habe, wenn er persönlich mehr Belastungsmaterial kennt, als in der Verhandlung vorgeführt, und deshalb weiß, daß der Angeklagte schuldig ist, während das produzierte Beweismaterial zum Schuldbeweis nicht hinreicht. Die Frage wird von der durchaus überwiegenden Meinung bejaht, — mit Recht, denn der Verteidiger ist eben weder berechtigt noch verpflichtet, Belastungsmaterial, es sei direkt, es sei indirekt, in den Prozeß einzuführen, weil er dadurch zum Angreifer werden würde.

II. Der sog. „Beistand" ist sozusagen ein Verteidiger minderen Rechts; die StPO. erwähnt ihn in § 149 (Fassung durch Art. 35 II EGBGB.) und in § 427 (vgl. § 418).

§ 31. III. Form und Zeit der Prozeßhandlungen.

Literatur: Kallee, Der Übersetzer im Strafprozeß (1911); v. Kapff, Der Dolmetscher im Prozeß (1911).

I. Unter den für Prozeßerklärungen vorgeschriebenen Formen kommen außer der deutschsprachlichen Einkleidung (oben § 27 III 1) namentlich je nachdem Mündlichkeit — Schriftlichkeit — Protokollarerklärung in Betracht. Diese Formen machen ganz regelmäßig eine wesentliche Erscheinungsform des Prozeßakts aus.

II. In zeitlicher Hinsicht erhalten viele Prozeßhandlungen ihre Stelle im Prozeß durch eine Frist oder einen Termin angewiesen.

1. Eine Frist ist ein Zeitabschnitt, innerhalb dessen eine Prozeßhandlung vorzunehmen ist (Handlungsfrist), z. B. § 170 StPO., oder nicht vorzunehmen ist (Zwischenfrist), z. B. § 216 StPO. Wie im Zivilprozeß sind zu unterscheiden gesetzliche Fristen (deren Dauer sich unverlängerbar und unverkürzbar nach dem Gesetz richtet, — im Strafprozeß meist eine Woche) und richterliche Fristen; fremd ist dem Strafprozeß die Bezeichnung „Notfrist". Die Berechnung der Fristen ist in §§ 42, 43 StPO. geregelt.

Die Fristen sind teils dem Gericht gesetzt (z. B. § 275 StPO.) — dann hat ihre Nichteinhaltung gewöhnlich keine prozessualen, sondern nur eventuell disziplinarische Folgen —, teils den Parteien und Dritten, — dann sind sie, insoweit sie Handlungsfristen sind, regelmäßig „Präklusivfristen", d. h. die nicht innerhalb der Frist vorgenommene Handlung ist verloren; doch kann der Präkludierte gegen die Versäumung der Frist Wiedereinsetzung in den vorigen Stand (restitutio in integrum) erlangen, wenn die Versäumung durch vis maior verursacht war, oder mit den Worten des Gesetzes, wenn der Antragsteller durch Naturereignisse oder andere unabwendbare Zufälle an der Einhaltung der Frist verhindert worden ist, wobei als unabwendbarer Zufall auch die unverschuldete Unkenntnis von einer erfolgten Zustellung gilt (§ 44 StPO.). Zur Erlangung der Wiedereinsetzung bedarf es eines Gesuchs, das binnen einer Woche nach Beseitigung des Hindernisses bei dem Gericht, bei dem die Frist wahrzunehmen gewesen wäre, anzubringen ist; die Versäumungsgründe müssen darin angegeben und glaubhaft gemacht sein (§ 45). Zugänglich der Wiedereinstellung sind im Strafprozeß alle Fristen ohne Unterschied; es gilt hier daher namentlich nicht der zivilprozessualische Satz: Restitutio restitutionis non datur.

2. Ein Termin ist ein zur Vornahme von Prozeßhandlungen bestimmter Zeitpunkt. Ausbleiben der Beteiligten vereitelt gewöhnlich den Termin. Doch ist eine Hauptverhandlung ohne Anwesenheit des Angeklagten oder des Privatklägers in dem dazu anberaumten Termine in den Fällen der §§ 230—232, 319, 370, 390, 427, 431, 451, 457, 475 StPO. möglich; gegen das alsdann in absentia ergangene Urteil hat der Ausgebliebene, wenn er durch vis maior am Erscheinen verhindert war, die Wiedereinsetzung in den vorigen Stand (§ 234 StPO.), es müßte denn sein, daß der Ausgebliebene von der Befugnis, sich vertreten zu lassen, Gebrauch gemacht hatte oder von der Verpflichtung zum Erscheinen entbunden worden war (§ 234 Abs. 2 StPO.).

Die Bedeutung des Zeitmoments ist sehr verschieden. Mitunter ist die Wahrung der vorgeschriebenen Zeit geradezu rechtliche Erscheinungsform eines Prozeßakts (so sind Beweisanträge, die nicht im Hauptverhandlungstermin gestellt sind, überhaupt keine Beweisanträge im Sinne des § 243 Abs. 2 StPO.). Meist aber bedeutet die Einhaltung der Zeit nur eine Zulässigkeitsbedingung für die Prozeßhandlung oder — bei Pflichthandlungen — die Festlegung des Zeitpunktes der Pflichterfüllung.

B. Einzelne Prozeßhandlungen.

I. Richterliche Entscheidungen.

Literatur: Hegler, Zur Stellung der Gerichte im Strafverfahren, in der Festschrift für Binding (1911).

§ 32.

1. Prozeßerledigende Entscheidungen.

a) Im Allgemeinen.

Literatur: Eisler in Grünhuts Ztschr. Bd. XVII S. 587 ff.; v. Kries, Ztschr. f. StrRWiss. Bd. V S. 32 ff.; Ortloff, Goltd. Arch. Bd. IX S. 372; Mittermaier, Arch. des KrimR. N. F. 1844, S. 312 ff.; v. Bar, Recht und Beweis im Geschworenengericht (1865); Derselbe, Krit. VJSchr. Bd. X S. 468; Zacke, Über Beschlußfassung in Versammlungen und Kollegien (1867); Heinemann, Ztschr. f. StrRW. Bd. XV S. 1, 217.

I. Die Prozeßerledigung, d. i. der Ausspruch, daß der Prozeß zu Ende sein solle, erfolgt teils in der Form des Urteils, teils in der des Beschlusses. Ein Urteil ergeht nämlich bei Entscheidung über den Prozeßgegenstand („Sachentscheidung") im Hauptverfahren. Wird dagegen entweder die Sachentscheidung außerhalb des Hauptverfahrens gefällt (StPO. §§ 202, 449), oder wird wegen Mangelhaftigkeit des Prozeßverhältnisses oder Fehlens des Strafklagerechtes gar nicht in eine Prüfung der Sache selbst eingetreten, sondern das Verfahren eingestellt — „Formalentscheidung" —, so geschieht dies prinzipiell durch Beschluß oder Verfügung. Nur in drei Fällen erscheint die Formalentscheidung in Urteilsform:

a) wenn bei Antragsdelikten wegen Mangels eines Strafantrags eingestellt wird (§ 259 StPO.);

b) wenn ein Privatklageverfahren für beendet erklärt wird, weil die Tat nicht privatklagefähig sei (§ 429 StPO.);

c) wenn sich im Verfahren nach vorangegangener polizeilicher Strafverfügung die Tat als nicht polizeifähig herausstellt, und dieserhalb das Verfahren durch Formalentscheidung enden muß (§ 458 StPO.).

II. Bei der Urteilsfällung dürfen, wie bei jeder Entscheidung, Richter nur in der gesetzlich bestimmten Anzahl mitwirken (§ 194 GVG.). Die Leitung der Beratung ist Sache des Vorsitzenden; ihm liegt demgemäß die Stellung der Fragen und die Sammlung der Stimmen ob (§ 196 GVG.). Die Entscheidungen erfolgen grundsätzlich nach der absoluten Mehrheit der Stimmen; zersplittern sich die Meinungen derart, daß ihrer mehr als zwei sind, und keine die absolute Majorität für sich hat, so werden die dem Beschuldigten nachteiligsten Stimmen den zunächst minder nachteiligen so lange hinzugerechnet, bis sich eine Mehrheit ergibt (§ 198 GVG.). Eine ungemein weitgreifende Ausnahme gilt jedoch nach §§ 262 Abs. 3, 307 StPO. für die Schuldfrage: sie kann nur mit Zweidrittelmehrheit bejaht werden. Die Reihenfolge der Stimmabgabe ist im Interesse tunlichster Unbeeinflußtheit dahin geregelt, daß zuerst ein etwa ernannter Berichterstatter, dann die übrigen Beisitzer und zwar nach dem Dienstalter (bei Schöffengerichten die Schöffen nach dem Lebensalter) von unten nach oben, der Vorsitzende in jedem Falle zuletzt stimmen; bei den Geschworenen richtet sich die Reihenfolge der Abstimmung nach der Auslosung, unter Ausschluß jedoch des Obmanns, der zuletzt stimmt (§ 199 GVG.).

Offen gelassen hat das Gesetz die Frage nach der Methode der Abstimmung; infolgedessen streitet man darüber, ob „Totalabstimmung" oder „Abstimmung nach Gründen" (schrittmäßige Abstimmung über jedes einzelne Element des Denkprozesses, z. B. über Notwehr, geistige Gesundheit, vorsatzausschließenden Irrtum des Angeklagten usw.) stattzufinden habe. Das Richtige ist Totalabstimmung in dem Sinne, daß allemal die zu fällende Entscheidung selbst zum Abstimmungsgegenstande zu machen ist. Getrennt abzustimmen ist über die Schuldfrage und die Straffrage. Stehen mehrere Entscheidungsmöglichkeiten in Frage, so ist über diese sukzessiv abzustimmen. Ein überstimmter Richter darf sich bei der sich anreihenden weiterschreitenden Abstimmung nicht nur nicht weigern, zu votieren, sondern hat sich dabei sogar auf den Standpunkt der Majorität zu stellen, sonst hätte ja die Fragentrennung keinen Zweck. Durchaus ausgeschlossen ist eine Abstimmung über abstrakte Rechtsfragen. Die Rechtsauffassung der Richter ist ein untrennbares Element der Gesamtentscheidung; will von fünf Richtern einer freisprechen, weil er den „untauglichen Versuch“ nicht für Versuch im Sinne des StGB. hält, und ein zweiter deshalb, weil er den Angeklagten für nicht identisch mit dem Täter hält, so ist freizusprechen (bei Sondererledigung der Rechtsfrage würde man zu dem entgegengesetzten Ergebnis gelangen).

III. Urteile sind stets zu verkünden (§ 267 StPO.), und zwar durch Verlesung der Urteilsformel und Mitteilung der Gründe. An Beteiligte, die etwa bei der Verkündung nicht zugegen waren, erfolgt außerdem Zustellung (§§ 234, 268). Andere Entscheidungen sind Anwesenden zu verkünden, Nichtanwesenden zuzustellen (§§ 35 ff. StPO.).

IV. Das gültig gefällte Urteil ist für das Gericht, das es gefällt hat, in diesem Prozeß bindend, unwiderruflich, die Instanz ist erledigt (Dessaisierungsprinzip). Nur unter ganz besonderen Voraussetzungen kann ein Gericht ein von ihm gefälltes Urteil aufheben. Gleiches gilt für prozeßerledigende Beschlüsse und Verfügungen.

§ 33.

b) Die Rechtskraft insbesondere.

Literatur: Küßner, Goltd. Arch. Bd. III S. 198; A. Berner das. S. 472; Derselbe, im Gerichtssaal 1866 S. 31; Ortloff in Goltd. Arch. Bd. XXVI S. 186; Hefftter, Non bis in idem (1873); Glaser, Verbrauch der Strafklage, in Grünhuts Ztschr. Bd. XII S. 303; Lammasch, Gerichtssaal 1889 S. 1; Max Berner, Ne bis in idem (1891) Glücksmann, Rechtskraft der strafproz. Entscheidung über Einziehung usw. (1898); Herschel, desgl. (1899); Kroschel, Gerichtssaal Bd. LIII S. 408; Farnbacher, Gerichtssaal Bd. LIV S. 386; Heinsheimer, Ztschr. f. StrRW. Bd. XX S. 564; Barbarino, Rechtskraft des Strafurteils (Diss. 1902).

I. Formelle Rechtskraft — Unumstoßbarkeit einer Entscheidung im Rahmen des Prozesses — kommt solchen Entscheidungen zu, die weder durch einen ordentlichen Rechtsbehelf von den Beteiligten angefochten, noch vom Gericht in normaler Weise ex officio abgeändert werden können; in Rechtskraft erwachsen des weiteren solche Entscheidungen, die von vornherein mittelst eines befristeten ordentlichen Rechtsbehelfs anfechtbar waren, wenn entweder die Anfechtungsfrist unbenutzt verflossen ist, oder der eingelegte Rechtsbehelf, ohne Erfolg gehabt zu haben, seine Erledigung gefunden hat.

Die Rechtskraft ist eine absolute, wenn die Entscheidung von niemandem und in keiner Hinsicht mehr angefochten werden kann; eine relative, solange nur gewisse Personen sie nicht mehr anfechten können (subjektiv-relativ), oder die Anfechtung nur für einen Teil des Entscheidungsinhalts unmöglich geworden ist (objektiv-relativ).

II. Materielle Rechtskraft nennt man das Hinauswirken der formell rechtskräftigen Entscheidung über den konkreten erledigten Prozeß hinaus. Sie besteht im Strafprozeß darin, daß über den durch die Entscheidung erledigten Prozeßgegenstand ein abermaliges Verfahren nicht zulässig ist, auch nicht unter neuen Gesichtspunkten; das Strafklagerecht ist konsumiert; res iudicata; ne bis in idem. Dieser Grundsatz ist im Code d'instr. crim. art. 360, wenn auch nur einseitig, dahin ausgedrückt: Toute personne acquittée légalement ne pourra plus être reprise ni accusée à raison du même fait. In der StPO. fehlt es an einer ausdrücklichen Satzung; das Prinzip gilt gleichwohl auch für die, wie sich arg. e contrario aus der Beschränkung der Zulassung einer Wiederaufnahme des Verfahrens ergibt.

Materielle Rechtskraft kommt zu: dem formell rechtskräftigen Sachurteil; sie darf auch nicht, wie das Reichsgericht fälschlich tut, dem Strafbefehl abgesprochen werden, wie § 450 StPO. unzweideutig zeigt, und wie sich aus der Natur des Strafbefehls als einer richterlichen, bei völliger Beurteilungsfreiheit ergangenen Entscheidung innerlich von selbst ergibt; nur beschränkt sind dagegen die Beschlüsse ex §§ 172, 210, 208 StPO. der materiellen Rechtskraft fähig: sie lassen bei Hervortreten von nova neue Klage zu.

Formalentscheidungen sind der materiellen Rechtskraft nicht fähig. Das Einstellungsurteil ex § 259 Abs. 2 StPO. enthält freilich eine latente Freisprechung hinsichtlich der Tat in ihrer Eigenschaft als etwaigen Offizialdelikts und erwächst insofern in Rechtskraft, die Tat bleibt nur als Antragsdelikt verfolgbar, was freilich nicht unstreitig ist.

Die Wirkung der res iudicata darf nicht darin gefunden werden, daß der Strafanspruch konsumiert sei: konsumiert wird durch die Rechtskraft nur das Strafklagerecht. Ein dessenungeachtet neu eingeleitetes Strafverfahren müßte somit mit Einstellung, nicht mit Freisprechung enden. Der Vorschützung der exceptio rei iudicatae von seiten des Beschuldigten würde es dabei natürlich nicht bedürfen, die Rechtskraft ist von Amts wegen zu beachten. Vernichtet ist aber das Strafklagerecht nur in Ansehung des Beschuldigten, — nicht der etwaigen Teilnehmer an der Tat; und nur in Ansehung der Tat, — nicht anderer Taten desselben Beschuldigten. Das Identitätsproblem löst sich nach den oben § 7 III gegebenen Sätzen. Der Rechtskraft unteilhaftig sind die Entscheidungsgründe.

Der Grundgedanke der materiellen Rechtskraft ist nicht der, daß das rechtskräftige Urteil schlechterdings als richtig anzunehmen sei (Fiktionstheorie); denn die Fiktion der Richtigkeit wird des öfteren erschüttert und bedürfte auch selber erst der Erklärung; auch nicht der, daß es der aequitas entspreche, die einmal entschiedene Sache fortan ruhen zu lassen (Billigkeitstheorie), denn gerade die Billigkeit würde unendlich oft eine abermalige Verhandlung zu dem Zwecke, um die Wahrheit ans Licht zu bringen, verlangen. Vielmehr entspringt das Ne bis in idem der Erwägung, daß die Autorität der Rechtsprechung und mit ihr die Autorität der Rechtsordnung und nicht minder die Rechtssicherheit Schaden leiden müßten, wenn fort und fort eine Erneuerung der Prodezur möglich wäre. Gerade dieser Grundgedanke weist aber auch auf der anderen Seite deutlich genug darauf hin, daß das Prinzip der Rechtskraft nicht überspannt werden darf; denn solche Überspannung würde gerade erst recht autoritätsgefährdend und beunruhigend wirken. So ergibt sich das Postulat: die Rechtskraft darf nicht eklatante Ungerechtigkeiten zudecken; gegen solche muß Abhilfe geschaffen werden können, der Rechtskraft zum Trotz. Diesem Postulat wird das Gesetz gerecht durch Zulassung einer „Wiederaufnahme des Verfahrens"; s. unten § 66.

§ 34.

2. Laufende Entscheidungen.

Literatur: Delius, Sitzungspolizeiliche Befugnisse der Behörden (1893).

I. Die laufenden Entscheidungen sind regelmäßig Beschlüsse oder Verfügungen, nur ausnahmsweise Urteile, nämlich insoweit die Entscheidung auf Aufhebung eines vorinstanzlichen Urteils und Zurückverweisung der Sache aus der Berufungs- oder Revisionsinstanz in die untere Instanz lautet (§§ 369, 394 StPO.).

Die laufenden Entscheidungen sind für das Gericht grundsätzlich nicht bindend. Ausnahmen namentlich: die Urteile ex §§ 369, 394 StPO.; alle mit sofortiger Beschwerde anfechtbaren Entscheidungen (§ 353 Abs. 3 StPO.); der Eröffnungsbeschluß usw.

II. In der Hand teils des Gerichtsvorsitzenden, teils des Gerichtsganten liegen die Prozeßleitung und die Prozeßpolizei (§ 237 StPO., §§ 177—185 GVG.), aber auch — im Gegensatz zum Zivilprozeß — der Prozeßbetrieb.

III. Unter die „Prozeßpolizei" speziell (das Gesetz spricht — zu eng — von „Sitzungspolizei") fallen alle Maßregeln, die auf Aufrechterhaltung der äußeren Ordnung im Prozesse abzielen; sie äußert sich in Zwangsmaßregeln und in Ordnungsstrafen.

Das wichtigste Stück der Prozeßpolizei ist die Sitzungspolizei. Sie wird vom Vorsitzenden ausgeübt, vom Gerichtsganzen nur, wenn es sich handelt um Entfernung aus dem Sitzungszimmer, sowie Zwangshaft (§ 178 GVG.), oder um Verhängung einer Ordnungsstrafe wegen Ungebühr (§§ 179, 180, GVG.).

II. Prozeßrechtsgeschäftliches Handeln der Parteien.

§ 35.

1. Ladung.

I. Ladung ist die an eine Partei oder einen Dritten formell ergehende Aufforderung zum persönlichen Erscheinen; ihr Gegensatz ist die formlose Aufforderung, namentlich die sog. Gestellung einer Person.

II. Grundsätzlich gehen die Ladungen von den Parteien aus, und zwar prinzipiell von der Staatsanwaltschaft (§§ 213, 36 Abs. 1 StPO.), eventuell vom Angeklagten, Privat- oder Nebenkläger (unten §§ 68—70). Das Gericht ordnet gewöhnlich nur an, daß die Staatsanwaltschaft gewisse Ladungen erlassen solle; es selbst erläßt die Ladung nur ausnahmsweise (§ 36 Abs. 2, § 425 Abs. 2 StPO.).

§ 36.

2. Die Klage.

Literatur: Oetker, Strafprozeßbegründung und Strafklagerhebung bei Erlaß und bei Wegfall eines Eröffnungsbeschlusses (1900); Anonymus in Goltd. Arch. Bd. X S. 238; L. (Anonymus) in v. Holtzendorffs Strafrechtszeitung Bd. IX S. 560; Karl Meyer, Einrede der Rechtshängigkeit im Strafprozeß, Blätter für Rechtsanwendung, LXVIII S. 129; Lang, Die Rechtshängigkeit im Strafverfahren (1910); Oetker, Wirksamkeit der Entscheidungen ... und Rechtshängigkeit (1910).

I. Klage ist der prozessualische Akt, durch den der Kläger das Gericht anruft behufs selbständiger — also nicht bloß unterstützender (Ermittlungsrichter, § 160 StPO.!) — richterlicher Tätigkeit.

Die Klage ist, wenn sie von der Staatsanwaltschaft oder (StPO. § 464) der Verwaltungsbehörde ausgeht, „öffentliche" oder „Staatsklage", wenn sie vom Privatkläger ausgeht, „Privatklage".

II. Unter den Begriff der Klage fallen

1. der Antrag auf Voruntersuchung (nur der staatsanwaltschaftliche, § 168 StPO.; der Antrag des Beschuldigten auf Voruntersuchung ist natürlich keine „Klage");

2. die (staatsanwaltschaftliche, privatklägerische oder verwaltungsbehördliche) Anklage, d. i. das Verlangen nach Durchführung eines Hauptverfahrens, und zwar besteht die Anklage

a) regelrecht im Antrag auf Erlaß eines Eröffnungsbeschlusses (§§ 168, 198, 421, 464 StPO.);

b) eventuell im Antrage auf alsbaldige Hauptverhandlung in den Sonderfällen der §§ 211 (summarisches Verfahren), 265 (Inzidentklageverfahren), 456, 462 (Verfahren nach polizeilicher Strafverfügung und administrativem Strafbescheid).

3. Daneben kann die Klage in bestimmten Fällen auch erhoben werden in Form eines Antrages auf Erlaß eines Strafbefehls (§ 448 StPO.).

4. Eine besondere Klageart ist endlich der Antrag auf Einleitung eines objektiven Verfahrens (§ 477 StPO.).

III. Wirkung der Klageerhebung ist Rechtshängigkeit (Gerichtshängigkeit) der Strafsache — res in iudicium deducta est, lis pendet —, d. h.:

1. Das angerufene Gericht ist mit der Strafsache befaßt, es ist ermächtigt, tätig zu werden, und zwar:

a) Volle Rechtshängigkeit tritt ein in den Fällen II 2—4; hier ist das Gericht ermächtigt, die Sache zur Aburteilung zu bringen; die Klage erscheint als Vollklage. Natürlich kann aber — vgl. § 204 StPO. — das Gericht hier auch bloß Voruntersuchung, soweit solche zulässig ist, anordnen (§§ 199, 200 StPO.) (arg. a fortiori).

b) Im Falle II 1 tritt nur Rechtshängigkeit zu Untersuchungszwecken ein: das Gericht kann nur eine Voruntersuchung anordnen und erst dann auf

Grund eines weiteren staatsanwaltschaftlichen Zweitantrages (der aber positiv oder negativ sein kann, unten § 60 III) das Hauptverfahren eröffnen. Dieser weitere Antrag erscheint gewissermaßen als die Klagevollendung, die im Zusammenhalt mit dem Vorantrage den Effekt einer Vollklage hat.

Die Rechtshängigkeit ergreift die Strafsache in ihrem ganzen Umfang, mit allen ihren Partikeln in tatsächlicher und juristischer Hinsicht. Es macht sich hier die Einheit des Prozeßgegenstandes (oben § 7 II) geltend; demnach kommt es auch nicht darauf an, ob die Klage alle Tatachen und alle juristischen Gesichtspunkte, die in Betracht kommen, namhaft gemacht hat.

2. Die Klageerhebung begründet eine perpetuatio fori (arg. § 8 StPO.).

3. Jedes Gericht kann ablehnen, in einer schon rechtshängigen Sache anders als unterstützend tätig zu werden.

Ein Klageänderungsverbot wird dagegen durch die Rechtshängigkeit im Strafprozeß nicht begründet; die anhängig gemachte Sache kann unter ganz anderen Gesichtspunkten abgeurteilt werden (vgl. §§ 153, 264 StPO.); nur kann natürlich nicht an Stelle der rechtshängigen Strafsache eine andere abgewandelt werden, weil letztere ja eben gar nicht bei Gericht anhängig ist.

IV. Die öffentliche Klage ist zurücknehmbar nur bis zur Eröffnung der gerichtlichen Untersuchung (§ 154 StPO.); mit diesem Zeitpunkt hört also die Staatsanwaltschaft auf, dominus litis zu sein; die Privatklage kann bis zur Verkündigung des Urteils erster Instanz und, soweit zulässige Berufung eingelegt ist, bis zur Verkündigung des Urteils zweiter Instanz zurückgenommen werden (§ 431).

§ 37.

3. Rechtsmittel.

Literatur: Walther, Die Rechtsmittel im Strafverfahren (1853, 1855); v. Kries, Die Rechtsmittel des Zivilprozesses und des Strafprozesses nach den Bestimmungen der deutschen Reichsgesetze (1880); Buhmann, Die Einlegung von Rechtsmitteln seitens der Staatsanwaltschaft zugunsten des Beschuldigten (1890); Groß, Darstellung des Rechtsmittelsystems des deutschen Strafprozesses (1887); H. Seuffert, Die reformatio in pejus (1861); Brachvogel, Ztschr. f. StrRWiss. Bd. XIII S. 206; Thode, Das Verbot der reformatio in peius (1896); Kleinfeller, Gerichtssaal Bd. XXXVIII S. 608; Schultzenstein, Reformatio in peius, Zeitschrift f. Zivilprozeß Bd. XXI S. 1; Lohsing, Das Verbot der reformatio in peius im Strafverfahren (1907); A. Friedländer, Der Rechtsmittelverzicht, Gerichtssaal Bd. LVIII S. 401; Lamm, Rechtsmittel der Beschwerde (1883); Ferdinand, Das Rechtsmittel der Beschwerde im Strafprozeß (1908).

I. Den von einer gerichtlichen Entscheidung Betroffenen gibt das Prozeßrecht regelmäßig gewisse Rechtsbehelfe, durch die sie die Entscheidung als unrichtig anfechten können. Jeder dieser Rechtsbehelfe ist verschieden geartet. Drei unter ihnen, nämlich Beschwerde (mit ihren Unterarten: der einfachen und der sofortigen Beschwerde), Berufung und Revision, faßt die StPO. unter der Bezeichnung „Rechtsmittel" zusammen. Mittelst der Beschwerde können nur Beschlüsse und Verfügungen, mittelst der Berufung und der Revision nur Urteile angefochten werden. Die Rechtsmittel, mit Ausnahme der einfachen Beschwerde, sind an eine Frist gebunden [1 Woche], (§§ 353, 355, 381 StPO.). Die Frist läuft von der Verkündung der angefochtenen Entscheidung; für solche Personen, denen gegenüber eine Verkündung nicht stattgefunden hat, von der Zustellung. Sämtliche Rechtsmittel haben — und das ist das Hauptcharakteristikum — Devolutiveffekt, d. h. sie führen die Entscheidung einer höheren Instanz herbei. Ferner haben sie, aber mit Ausnahme der einfachen Beschwerde, Suspensiveffekt = Hemmung der Rechtskraft der angefochtenen Entscheidung. Wer ein Rechtsmittel einlegt, wird von der StPO. technisch „Beschwerdeführer" genannt (vgl. z. B. § 357 Abs. 2 StPO.). Rechtsmittelberechtigt sind die Parteien, im Namen des Beschuldigten auch der Verteidiger, und die Staatsanwaltschaft auch „zugunsten des Beschuldigten"; ferner der gesetzliche Vertreter und, wenn eine Ehefrau beschuldigt ist, der Ehemann (§§ 338—340, 430, 479 StPO.).

Die Rechtsmittel ergreifen nur diejenige Strafsache, in der sie eingelegt sind (Ausnahme: § 397 StPO.), und auch diese nur insoweit, wie der Anfechtungswille reicht: nicht angefochtene

Teile der Entscheidung, soweit sie logisch abtrennbar sind, werden rechtskräftig (objektiv-relative Rechtskraft, oben § 33 I).

Erfolg haben kann ein Rechtsmittel nur, wenn die angefochtene Entscheidung (und zwar sie selbst, nicht bloß ihre Begründung) den Beschwerdeführer beschwert (gravamen); beschwert aber ist der Beschuldigte nur bei zu harter Entscheidung, der Staat sowohl durch zu harte wie durch zu milde Entscheidung (§ 338 Abs. 2 StPO.). Die Aufgabe des Rechtsmittelgerichts ist demgemäß auch nur, zu prüfen, ob solches gravamen vorliegt, nicht, ob die angefochtene Entscheidung etwa noch zu günstig für den Beschwerdeführer ist: es gilt das Verbot der reformatio in peius (§§ 372, 398 [aber 343] StPO.).

Die Einlegung der Rechtsmittel erfolgt prinzipiell beim iudex a quo, nicht beim iudex ad quem.

II. Die Beschwerde speziell ist zulässig gegen alle ihr nicht ausdrücklich entzogenen Beschlüsse und Verfügungen der Gerichte (§ 346 StPO.). (Ausdrücklich entzogen sind der Beschwerde namentlich alle Entscheidungen der Oberlandesgerichte und des Reichsgerichts [§ 346 Abs. 3]; ferner Entscheidungen der erkennenden Gerichte, die der Urteilsfällung vorausgehen, mit Ausschluß der Entscheidungen über Verhaftung, Beschlagnahme, Straffestsetzung und der Entscheidungen, durch die dritte Personen betroffen werden [§ 347 StPO.]; vgl. ferner § 200 Abs. 2 usw.). Die mittelst Beschwerde angefochtene Entscheidung kann vom iudex a quo abgeändert werden (§ 348 Abs. 2 StPO.). Beschwerdegericht ist regelmäßig das nächsthöhere Gericht (§§ 72, 123 [5] [anders 160, 183] GVG.). Die Entscheidung über die Beschwerde erfolgt ohne mündliche Verhandlung (§ 351). Gegen die Entscheidung des Beschwerdegerichts gibt es keine weitere Beschwerde (außer in Verhaftungsfragen, § 352 StPO.).

In einer Reihe von Fällen ist kraft ausdrücklicher Gesetzesbestimmung die zulässige Beschwerde als sog. sofortige Beschwerde gestaltet (Fälle, in denen die anzufechtende Entscheidung urteilsähnlichen Charakter hat, und baldige Erlangung der Gewißheit darüber, ob es bei der Entscheidung sein Bewenden hat, erwünscht ist). Die sofortige Beschwerde weist folgende Besonderheiten auf: sie ist befristet (1 Woche), kann auch beim Beschwerdegericht eingelegt werden, und das Untergericht kann seine Entscheidung nicht abändern (§ 353 StPO.).

§ 38.

III. Zustellung und Beurkundung.

Literatur: Herm. Meyer, Protokoll und Urteil (3. Aufl. 1909); Ortloff, Goltd. Arch. Bd. XLIV S. 98; Stenglein, Gerichtssaal 1892 S. 81; Kroschel, Die Abfassung der Urteile in Strafsachen, 6. Aufl. (1910); Kroschel im Gerichtssaal Bd. LII S. 395.

I. Zustellung ist die förmliche Übermittlung eines Schriftstücks durch einen zuständigen Beamten an einen Adressaten unter Beurkundung der Übergabe, sei es im Auftrage des Gerichts oder einer Partei, und zwar prinzipiell wie im Zivilprozeß gestaltet (§ 37, vgl. aber § 35 Abs. 3 StPO.). Handelt es sich um die Zustellung gerichtlicher oder staatsanwaltschaftlicher Entscheidungen, so hat dafür (wie in Frankreich) grundsätzlich die Staatsanwaltschaft Sorge zu tragen (§ 36 Abs. 1 StPO.; Ausnahmen das. Abs. 2 und § 425 Abs. 2). Zustellungen an die Staatsanwaltschaft werden ersetzt durch einfache Vorlegung des betr. Schriftstücks in Urschrift (§ 41 StPO.). An den Beschuldigten kann unter Umständen öffentliche Zustellung erfolgen (§ 40 StPO.).

II. 1. Zahlreiche prozessualische Vorgänge sind durch ein Protokoll festzuhalten. So besonders die Hauptverhandlung, deren wesentliche Züge sich in dem Sitzungsprotokoll spiegeln müssen (§§ 271—274 StPO.). Dieses Protokoll hat anzugeben: Ort und Tag der Verhandlung, die Namen der Beteiligten (Parteien nebst gesetzlichen Vertretern usw.), die Tat, die Angabe, daß öffentlich oder nichtöffentlich verhandelt worden ist; sodann aber das wesentliche aus dem Gange und den Ergebnissen der Hauptverhandlung; die wesentlichen Förmlichkeiten, die beobachtet worden sind; die verlesenen Schriftstücke, die gestellten Anträge, die Entscheidungen und die Urteilsformel. Der Inhalt der Aussagen der Parteien, der Zeugen und Sachverständigen braucht regelmäßig nicht aufgenommen zu werden; anders nur, wenn es sich um Aussagen vor dem Schöffengericht handelt: hier müssen die wesentlichen Ergebnisse der Vernehmungen in das Protokoll aufgenommen werden (im Hinblick darauf, daß gegen schöffengerichtliche Urteile Berufung zulässig ist und möglicherweise in der Berufungsinstanz ein Verlesen der erstinstanzlichen Aussage anstatt abermaliger Vernehmung wünschenswert erscheint, § 366 StPO.). Für die Förmlichkeiten der Hauptverhandlung ist das Protokoll durch § 274 zum einzigen und nur durch Nachweis der Fälschung entkräftbaren Beweismittel erhoben, — eine legislatorisch überaus anfechtbare Bestimmung.

2. Zu beurkunden ist auch das vom Gericht gesprochene Urteil (§ 275 StPO.). Die Abfassung der Urteilsurkunde liegt zunächst entwurfsweise dem Berichterstatter ob und bedarf der Unterschrift aller beteiligt gewesenen Urteiler. Sie enthält den Kopf oder Urteilseingang (das Rubrum, d. i. die Angabe der Strafsache; die Bezeichnung des Sitzungstages; die Namen der Richter, der Schöffen, des Beamten der Staatsanwaltschaft und des Gerichtsschreibers, die an der Sitzung teilgenommen haben), den Tenor oder entscheidenden Teil und die Gründe. Die Gründe speziell müssen im allgemeinen die Tat- und die Rechtsfragebeantwortung erkennen lassen; detaillierte Bestimmungen sind enthalten in § 266 StPO. Eine Mitteilung über die Beweiswürdigung verlangt § 266 nicht, es entspricht aber der Billigkeit, daß das Urteil auch über diesen Punkt Rechenschaft ablegt, wie dies auch regelmäßig in der Praxis geschieht. Wenn behauptet worden ist, daß sich die Anführung der Beweisgründe durch das Prinzip der freien Beweiswürdigung verbiete, so ist dabei verkannt, daß auch die „freie" Beweiswürdigung eine durch Vernunftgründe gebundene ist und das Gericht sich keineswegs bei Feststellung einer Tatsache einem nebelhaften Gefühl überlassen darf (s. unten § 47 I).

Die Gründe müssen wahrheitsgemäß dasjenige wiedergeben, was bei der Beratung und Abstimmung hervorgetreten ist, und so, wie es hervorgetreten ist. Unzulässig ist es namentlich (trotzdem mitunter Zulässigkeit oder Notwendigkeit behauptet wird), eine Abstimmung über die in die Urteilsurkunde hineinzuschreibenden Gründe zu veranstalten (z. B. wenn drei Richter wegen Notwehr, zwei Richter wegen Nichtidentität des Angeklagten mit dem Täter für Freisprechung votiert haben, im Wege der Abstimmung die Notwehr als alleinigen Freisprechungsgrund erscheinen zu lassen); auf solchem Wege könnte leicht eine Falschbeurkundung herauskommen. Geht die Erinnerung der Richter hinsichtlich der zu beurkundenden Vorgänge auseinander, so ist dies wahrheitsgetreu so kenntlich zu machen, daß jeder Unterschreibende lediglich dasjenige bezeugt, was seiner Erinnerung nach historisch richtig ist.

IV. Die Stoffsammlung.

§ 39.

1. Im allgemeinen.

Literatur: Vgl. zu § 40. Über den Gegensatz von Beweisrecht und freier Feststellung: Beling, Revision wegen Verletzung einer Rechtsnorm über das Verfahren, in der Festschrift für Binding (1911) Bd. II, S. 146 ff.

I. Die Stoffsammlung = Aufsuchung der Unterlagen für eine zu fällende Entscheidung besteht, da jede Entscheidungstätigkeit das Ergebnis einer Subsumtion von Tatsachen unter einem Rechtssatz ist, in

1. Aufsuchung der heranzuziehenden Rechtssätze;

2. der erheblichen Tatsachen (Lebenskonkreta), und zwar (je nach der zu ziehenden Konsequenz)

a) der prozessualerheblichen, d. h. derjenigen, von denen nur Prozeßverhältnis, Strafklagerecht und Prozeßgestaltung abhängen (Beispiel: Wohnsitz des Beschuldigten als kompetenzbegründende Tatsache, Fluchtverdacht bei Haft usw.);

b) der materiellrechtlich, d. h. für den Prozeßgegenstand selbst relevanten, also solcher, von denen Existenz und Größe des Strafanspruchs und der zugehörigen Nebenansprüche abhängt.

Da diese Tatsachen (a und b) mitunter nur unter Zuhilfenahme eines Erfahrungssatzes erforscht werden können, so bedürfen vorkommendenfalls der Aufsuchung ferner

3. die Erfahrungssätze.

Die Stoffsammlung als solche ist, weil nur fragender, forschender Natur, gegensätzlich gegen die Entscheidungstätigkeit; dies schließt aber nicht aus, daß in ihren Dienst auch Entscheidungen einzustellen sind (Beschluß auf Vereidigung eines Zeugen usw.).

II. Die suchende Tätigkeit vollzieht sich je nach dem Objekt in total verschiedener Weise.

Zu I 1. Die Rechtssätze hat der Richter von Amts wegen zu kennen, wenn nicht, im Wege des Studiums, des Nachschlagens und Denkens zu erforschen. Facta probantur, iura novit curia; eine regelrechte Beweisaufnahme über Rechtssätze findet nicht statt; Einholung etwaiger Rechtsgutachten ist keine Beweisaufnahme. Handelt es sich um ausländisches Recht, so kann freilich auch der Weg einer Quasibeweisaufnahme beschritten werden (Vernehmung von Kennern des ausländischen Rechts als Quasisachverständiger usw.), wobei die Sätze des Beweisrechts analoge Anwendung finden.

Zu I 2. Für die Feststellung der Lebenskonkreta bedeutet es einen einschneidenden Unterschied, ob ihre Feststellung dazu dienen soll, die Tatsache in den einen Urteilstenor tragenden Syllogismus einzustellen, die Tatsache also Bestandteil der Urteilsbasis sein soll, oder ob dies nicht der Fall ist.

a) Soll die Tatsache den Inhalt eines Urteils bedingen, so liegt bei der großen Bedeutung gerade der Urteile aller Anlaß zu peinlichster rechtlicher Regelung der Feststellungsprodezur, namentlich zu Wahrheitserforschungsgarantien, vor. Deshalb ist für alle Tatsachen, die der Urteilsbasis zugehören, das Beweisrecht im engeren Sinne aufgestellt (unten §§ 40 ff.).

Die hierher gehörigen Tatsachen sind bei Sachurteilen durchweg materiellrechtlich relevante (die Tat und alle Tatumstände). Bei dem Formalurteil figuriert die prozessual relevante Tatsache des Nichtgestelltseins oder des Zurückgenommenseins eines Strafantrags als Urteilsbasis.

b) Soweit es sich nicht um die Gewinnung der Urteilsbasis handelt, kann eine Tatsachenfeststellung notwendig werden

α) bei einer Urteilsfällung zur Gewinnung der Gewißheit über eine Urteilsvoraussetzung oder Urteilsqualitätsvoraussetzung (z. B. ob der Angeklagte Zivilperson ist, ob Klage erhoben, Eröffnungsbeschluß erlassen ist, ob in der Hauptverhandlung die Gerichtssaaltüren geöffnet waren);

β) zum Behufe einer nicht urteilsmäßigen richterlichen Entscheidung (z. B. Beschluß über die Eröffnung des Hauptverfahrens, Strafbefehl, Beschluß über Vereidigung eines Zeugen) oder einer nichtrichterlichen Entscheidung (z. B. staatsanwaltschaftlichen Einstellungsverfügung).

Bei dem Komplex dieser Tatsachen stehen die nur prozessualrelevanten im Vordergrunde; jedoch gehören — zu β — auch materiellrelevante dazu (Tatbegehung für den Strafbefehl usw.).

In den Fällen zu b) ist das Bedürfnis nach exakter Feststellung viel geringer, und es würde sogar, wenn auch für die hierher gehörigen Tatsachenfeststellungen das schwerfällige Beweisrecht gälte, der Prozeß derart belastet und verzögert werden, daß darunter der eigentliche Prozeßzweck, die schnelle Gewinnung eines Urteils und die exakte Aufsuchung der Urteilsbasis, Not leiden könnte. Deshalb gilt hier im allgemeinen Feststellungsfreiheit, d. h. eine ungebundene Feststellungsprodezur (Zulassung der Mittelbarkeit der Beweiserhebung, keine Zeugenvereidigung, Zulässigkeit der Verwertung von Privatkenntnissen usw.). Im Gesetz tritt dies einmal darin zutage, daß die Hauptsätze des Beweisrechts in den Abschnitt über die „Hauptverhandlung" eingestellt sind; sodann darin, daß z. B. für die staatsanwaltschaftliche Tatsachenforschung an Stelle der Bezeichnung als „Beweis" die Bezeichnung „Ermittlung" verwendet wird (vgl. StPO. § 158 Abs. 2).

Wo es sich also darum handelt, eine Tatsache nicht als Urteilsbasis festzustellen, kommt es nur darauf an, daß sich die Behörde von ihr vergewissert, — wie, das ist gleichgültig (Beispiel: einfache Aktenlektüre für den Eröffnungsbeschluß; Befragung des Gerichtsdieners, ob die Saaltüren offen seien, behufs Feststellung, ob die Öffentlichkeit der Hauptverhandlung als Urteilsvoraussetzung gewahrt ist).

Soweit einzelne Partieen des Beweisrechts auch hier anwendbar sein sollen, bedarf es besonderer Gesetzesbestimmung oder besonderer Analogien. Allgemein läßt sich sagen, daß die Beweisverbote Feststellungsverbote überhaupt sind.

Eine Sonderbestimmung ist für gewisse prozessualerhebliche Tatsachen in dem Sinne getroffen, daß für ihre Feststellung sog. „Glaubhaftmachung", das ist bloße Wahrscheinlichmachung, genügt, vgl. z. B. §§ 26 (Richterablehnung), 45 (Wiedereinsetzung in den vorigen Stand), 55 (Zeugnisweigerung) StPO.

Zu I 3. Wieder anders verhält es sich mit der Aufsuchung der Erfahrungssätze. Sie mit den Tatsachen zusammen als den Gegenstand des „Beweises" zu bezeichnen, ist schief (einerlei ob dabei der Beweis im Sinne des strengen Beweisrechts oder im weiteren Sinne als richterliche Feststellung überhaupt verstanden wird). Das erhellt theoretisch genommen daraus, daß sie der Verwendung im Prozeß nur durchgangsweise bedürfen: sie dienen nur dazu, daß jemand mittels ihrer von einer gegebenen Tatsache aus zu einer anderen problematischen gelangt (Syllogismus). Praktisch genommen bedeutet dies:

a) Auch wo ein Erfahrungssatz „relevant" ist, d. h. ohne ihn eine bislang problematische relevante Tatsache nicht feststellbar ist, ist der Richter keineswegs genötigt, den Erfahrungssatz als solchen festzustellen oder auch nur zu verlautbaren oder verlautbaren zu lassen; er kann vielmehr seine Handhabung vollständig dem unverlautbaren Denken eines Sachverständigen überlassen derart, daß er nur das Ergebnis der Schlußfolgerung: die erfolgerte Tatsache, aus der Hand des Sachverständigen entgegennimmt. Unausweichlich ist dies sogar dann, wenn der Richter den Erfahrungssatz überhaupt nicht verstehen kann (man denke an Formeln und termini technici der Chemie usw.), weil dazu besondere Vorkenntnisse gehören, oder er ihn zwar verstehen kann, aber seine Nutzanwendung eine dem Richter fehlende Schulung technischer usw. Art bedingt.

b) Aber auch wo der Richter den Erfahrungssatz als ein Glied in seinem eigenen, auf eine Tatsachenfeststellung hinauslaufenden Gedankengang verwertet, trägt die Gewinnung des Erfahrungssatzes ein durchaus eigenartiges, von der Tatsachenfeststellung verschiedenes Gepräge.

α) Entweder der Richter hat selbst die Erfahrung, der der Erfahrungssatz entspringt, im Laufe seines Lebens gewonnen; dann erfolgt die Aufsuchung des Erfahrungssatzes durch einfaches Sichbesinnen, durch Anrufung des Erinnerungsvermögens, also in total anderer Weise als beim „Beweis".

β) Oder der Richter stellt zuvörderst Lebenskonkreta, die mit dem gegenwärtigen Prozeß nichts zu schaffen haben, derart fest, daß er aus den dabei beobachteten Einzeltatsachen auf eine Erfahrungsregel zu schließen in der Lage ist, wobei die Gewinnung des Erfahrungssatzes einem ganz frei gestalteten Tatsachenfeststellungsverfahren entspringt und nachfolgt.

γ) Oder der Richter veranlaßt einen zur Kundgebung einer zu erfolgernden Tatsache berufenen Sachverständigen, bei der Erstattung des Gutachtens seinen Syllogismus voll auszubreiten, und entnimmt dem Syllogismus außer dem Schlußergebnis (der problematischen Tatsache) auch die Prämisse: den Erfahrungssatz, um die Schlußfolgerung selber mitzumachen (dem Gutachten parallel oder ihm entgegengesetzt). Alsdann hebt der Richter aus einem Tatsachenfeststellungsvorgang zugleich eins seiner Elemente zu eigener Anwendung heraus.

δ) Oder endlich der Richter läßt sich durch einen Sachkundigen weiter nichts als den abstrakten Erfahrungssatz mitteilen.

Daß die Prozedur zu δ unbrauchbar sei (so die frühere Auflage und mein Lehrbuch), läßt sich nicht aufrecht erhalten; es ist zuzugeben, daß der Richter, statt von dem Sachverständigen ein voll ausgebreitetes Gutachten (γ) oder die Mitteilung nur des Gutachtensergebnisses (oben a) zu fordern, auch einmal veranlaßt sein kann, sich mit der bloßen Übermittlung der Prämisse für ein Gutachten zu begnügen, und es werden dabei auch die Sätze über den Sachverständigenbeweis entsprechende Anwendung zu finden haben, so daß ein Ausschnitt aus dem Beweisrecht der Entleihung von bloßen Erfahrungen (also der Gewinnung einer Adoptiverfahrung) nutzbar gemacht werden kann.

Gleichwohl leuchtet bei Zusammennahme des unter a und b Gesagten ein, daß man den Erfahrungssätzen Gewalt antun würde, wollte man sie einfach als themata probanda dem Beweisrecht mitunterstellen: Vergewisserung über eine in der Gedankenwelt bestehende These muß notwendig verschieden sein von der auf Ermittlung von Lebenskonkreta gerichteten Feststellungsprozedur.

2. Das Beweisrecht insbesondere.

§ 40.

a) Der Gegenstand des Beweises.

Literatur: Mittermaier, Lehre vom Beweise (1834); Rupp, Beweis im Strafverfahren (1884); Heusler, Archiv f. zivilist. Praxis Bd. LXII S. 217; R. Schmidt, Außergerichtliche Wahrnehmungen des Prozeßrichters, Sächs. Archiv f. bürgerl. R. Bd. II S. 265; Stein, Privates Wissen des Richters (1893); F. Schmid, Präsumtionen im deutschen Reichsstrafrecht (1884); Bauer, Theorie des Anzeigebeweises (Abhandlungen Bd. III, 1843); Mittermaier, Der sog. künstliche Beweis, Goltd. Arch. Bd. VI S. 45; Porsch, Die Bedeutung des Beweises durch Indizien in dem kirchlichen Gerichtsverfahren (1876); Beling, Die Beweisverbote als Grenzen der Wahrheitserforschung im Strafprozeß (1903).

I. Beweisbedürftig sind grundsätzlich alle für die Urteilsbasis relevanten Tatsachen (oben § 39 II zu I 2), und zwar nicht nur 1. die unmittelbar relevanten = dem Rechtssatz als der propositio maior unmittelbar zugrunde zu legenden, wie z. B. die Wegnahme der Sache im Diebstahlsprozeß (Urteilsbasistatsachen erster Ordnung), sondern auch 2. solche Tatsachen, die auf eine Tatsache der ersten Art erst einen Schluß zulassen, sog. Indizien (z. B. im Diebstahlsprozeß der Umstand, daß der Verdächtige außergewöhnlich viel Geldmittel gehabt hat). Der auf die Tatsachen ad 1 gerichtete Beweis ist der „direkte", „natürliche", der auf die Tatsachen ad 2 gerichtete der „künstliche", „indirekte" oder „Indizienbeweis".

Der Indizienbeweis ist heute gleichen Ranges mit dem direkten Beweis. Anders im gemeinen Strafprozeß: die CCC. (Art. 22) verbot die Verhängung von Strafe auf Grund bloßer Indizien und ließ lediglich die Folter in solchem Falle zu, — auch diese nur, wenn „genugsame Anzeygung" vorlag. Heute ist der gelungene Indizienbeweis vollwertig, nur daß dem Grundsatz der Unmittelbarkeit gemäß zum Indizienbeweis nur mangels direkten Beweises gegriffen werden darf.

II. Von den relevanten Tatsachen darf prinzipiell keine ohne regelrechte Beweisprozedur als feststehend angenommen werden. Von diesem Satz gibt es jedoch Ausnahmen:

1. Ohne Beweis stehen fest die Tatsachen, die nach dem Gesetz präsumiert werden (vgl. z. B. § 315 HGB., § 186 StGB.). Die fortschreitende Rechtsentwicklung wird freilich alle kriminellen Präsumtionen über Bord zu werfen haben. Ihre Verwerflichkeit wird heute wohl von keiner Seite mehr in Abrede gestellt. Sie schlagen, besonders die Schuldpräsumtionen, dem Satze ins Gesicht, daß nur der wirklich Schuldige bestraft werden darf; denn ist ihr Zweck auch nur, den wirklich Schuldigen und nur nicht Überführbaren zu treffen, so treffen sie doch ohne Unterschied den in Wahrheit Unschuldigen mit dem Schuldigen. Den Satz „Ohne Schuld keine Strafe" durchbrechen sie zwar nicht direkt, aber sie schlagen ihm — was noch schlimmer ist — ein Schnippchen, indem sie ihn umgehen.

Nur einigermaßen gemildert wird die Gefährlichkeit der Rechtsvermutungen dadurch, daß sie wenigstens in der Regel nur einfache praesumtiones iuris, nicht iuris et de iure sind, also Gegenbeweis zulässig ist.

2. Notorische Tatsachen, sie seien allgemeinkundig oder auch nur gerichtskundig, sind ebenfalls ohne Beweiserhebung verwertbar. (Wohl aber bedürfen regelrechten Beweises solche Tatsachen, von denen der Richter nur private Kenntnis hat.)

III. Der Umstand, daß die betreffende Tatsache schon in einem anderen (Zivil- oder Straf-) Prozeß bewiesen worden ist, macht den Beweis nicht unnötig in dem Sinne, als ob das Gericht genötigt wäre, die Beweisfrage als schon erledigt anzusehen. (Ausnahme § 190 StGB.) Auch der Umstand, daß eine Tatsache unter den Parteien unstreitig ist, hindert im Strafprozeß das Gericht nicht, erst noch über ihre Richtigkeit Beweis zu erheben (vgl. oben § 23).

IV. Es gibt ausnahmsweise Tatsachen, die der forschenden Tätigkeit des Gerichts entzogen sind: es gibt absolute Beweisverbote. Hierher muß insbesondere § 251 StPO. gerechnet werden. Nach diesem Paragraphen darf die Aussage eines vor der Hauptverhandlung vernommenen Zeugen, der erst in der Hauptverhandlung von seinem Zeugnisweigerungsrecht Gebrauch macht, nicht verlesen werden. Der Sinn dieser Bestimmung liegt auf der Hand: jenes frühere Zeugnis soll auf sich beruhen bleiben und nicht verwertet werden, weil sonst das Zeugnisweigerungsrecht illusorisch gemacht werden würde. Somit ist das Verbot der Protokollverlesung im Wege der Analogie auf jede andere Erforschung der früheren Aussage zu erstrecken, — ein geradezu klassisches Beispiel für einen Analogieschluß (vgl. oben § 3 II). Die gegenteilige Praxis des Reichsgerichts, derzufolge die Vernehmung der Urkundspersonen, die bei der früheren Aussage zugegen waren, zulässig sein soll, hebt den § 251 völlig aus den Angeln.

§ 41.

b) Die Beweistätigkeit, insbesondere das Unmittelbarkeitsprinzip.

Literatur: Spohr, Das Beweisinteresse in Strafsachen (1894); Meves, Der Beweisantrag und seine prozeßrechtl. Behandlung, Goltd. Arch. Bd. XL S. 291, 416 (1892); Benedikt, Die selbständigen Erhebungen des Verteidigers (1901); v. Kries, Das Prinzip der Unmittelbarkeit, Ztschr. f. StrRWiss. Bd. VI S. 88; Rupp, Beweis im Strafverfahren (1884), S. 125ff.; Maas, Grundsatz der Unmittelbarkeit (1907); Kulischer, Das Zeugnis vom Hörensagen, in Grünhuts Ztschr. Bd. XXXIV.

I. Während es im Zivilprozeß Sache der Parteien ist, dem Gericht Beweis zu erbringen, ist im Strafprozeß das Gericht dazu berufen, ex officio den etwa vorhandenen Beweisen für alle beweisbedürftigen Tatsachen, sie seien belastende oder entlastende, nachzuspüren und die Beweiserhebung zu besorgen. (Vgl. StPO. § 153 Abs. 2.)

II. Demgemäß gibt es im Strafprozeß keine formelle Beweislast, derzufolge die Rollen von Beweisführer und Beweisgegner unter die Parteien verteilt wären, je nachdem, ob es sich um „klagebegründende" oder um „Einredetatsachen" handelte (Klagebeweis, Exzeptionsbeweis usw.). Deshalb unterscheiden sich auch „Beweis" (Belastungsbeweis) und „Gegenbeweis" (Entlastungs-, Verteidigungsbeweis) nicht durch die Verschiedenheit der Prozeßsubjekte, von denen sie ausgehen, sondern nur durch den Gegensatz der Tatsachen, auf die sie sich beziehen, d. h. im Strafprozeß liegt der Gegenbeweis so gut wie der Belastungsbeweis in der Hand des Gerichts; dieses muß ebensosehr die etwa vorhandenen gegen die Richtigkeit einer Tatsache sprechenden Gründe wie die für sie sprechenden aufsuchen. Sache der Parteien ist es lediglich, die Beweiserhebungstätigkeit des Gerichts anzuregen, auf das Vorhandensein von Beweismöglichkeiten aufmerksam zu machen usw.

Selbstverständlich ist es den Parteien nicht verwehrt, den erheblichen Tatsachen nachzuspüren, Zeugen ausfindig zu machen (natürlich nicht sie zu beeinflussen), Privatdetektivbureaus in Tätigkeit zu setzen usw. Man hat davon gesprochen, daß dann neben der gerichtlichen Untersuchung eine „Nebenuntersuchung" der Staatsanwaltschaft bzw. des Beschuldigten und des Verteidigers nebenher gehe, und man hat solche Nebenuntersuchungen bedenklich finden wollen im Hinblick darauf, daß — wenigstens von Eröffnung der Voruntersuchung oder des Hauptverfahrens ab — das Gericht ein Beweiserhebungsmonopol habe. Allein der Umstand, daß der Beweis im technischen Sinne Gerichtssache und ausschließliche Gerichtssache ist, besagt nicht, daß alles Forschen dem Gericht vorbehalten wäre. Wie könnte das der Fall sein! Ist es doch nicht einmal gänzlich Unbeteiligten verboten, zu beliebigen Zwecken auch während schwebenden Prozesses sich durch Einholungen von Auskünften usw. zu informieren. Nur sind natürlich alle solche Nebenuntersuchungen als solche für das Gericht prozessual unbeachtlich, und sie sind, insoweit sie von Privaten ausgehen, natürlich der Zwangsgewalt bar. Aber sie treten in ihrer ganzen Bedeutung hervor, wenn die Partei, gestützt auf das von ihr gesammelte Material, bei Gericht Beweisanträge stellt; solche Beweisanträge sind selbstverständlich willkommener als ins Blaue hinein gestellte! Es ist behauptet worden, daß Rechtsanwälten in ihrer Eigenschaft als Verteidiger von Standesehre wegen nicht anstehe, solche Nebenuntersuchungen zu leiten. Dem läßt sich nicht beitreten; nur ist selbstverständlich, daß der Forschende sich in alle Wege nur lauterer Mittel bedienen muß. Tut er das, so ist natürlich auch keine Rede davon, daß er, falls man seiner etwa als Zeugen benötigen sollte, als der Begünstigung verdächtig uneidlich zu vernehmen wäre (§ 56 [3] StPO.); und es wäre ein bedauerlicher Mißgriff, wenn das Gericht Anwälte als Zeugen eben lediglich deshalb uneidlich vernähme, weil sie eine „Nebenuntersuchung" geleitet haben.

III. Eine Beweisfrist ist dem Strafprozeßrecht nicht bekannt; § 245 StPO. verfügt ausdrücklich, daß eine Beweiserhebung nicht deshalb unterbleiben darf, weil das Beweismittel oder das Beweisthema zu spät vorgebracht sei; im Gegenteil muß sogar behufs sorgfältigster Vorbereitung eine Aussetzung der Hauptverhandlung erfolgen, wenn eine neue Tatsache oder ein neues Beweismittel auftaucht, und eine Einziehung von Erkundigungen darüber dem Gegner bisher nicht möglich war.

Auch das Recht, einen Beweisantrag als „lediglich auf Verschleppung der Sache gerichtet" abzulehnen, gibt die StPO. dem Gericht nirgends. Die gegenteilige, vom Reichsgericht gebilligte Praxis führt zu einer argen Verkümmerung der Parteirechte und gefährdet die Wahrheitserforschung in höchst bedenklicher Weise.

IV. Die Beweistätigkeit wird heute von dem Grundsatz der Unmittelbarkeit beherrscht, d. h. das erkennende Gericht hat sich zu den zu erschließenden Tatsachen in die denkbar innigste Beziehung zu setzen, die Beweismittel, die der Wahrheitsquelle am nächsten stehen, unmittelbar auf seine Sinneswahrnehmung wirken zu lassen (vgl. § 249 StPO.). Ist freilich die unmittelbare Beweiserhebung nach den Umständen des Falles nicht möglich, so muß, ohne daß dem Prinzip dadurch Abbruch geschähe, mittelbare Beweiserhebung genügen (vgl. §§ 250 Abs. 1 und 3, 252 Abs. 1 StPO.). Auch kann neben der unmittelbaren Beweiserhebung z. B. zur Kontrolle, eine mittelbare vorgenommen werden (vgl. §§ 252 Abs. 2, 253 Abs. 1 und 2, StPO.).

Das Unmittelbarkeitsprinzip gilt aber nicht mit für die sächlichen Beweismittel. Weitere Ausnahmen vom Prinzip enthält die StPO. z. B. in §§ 250 Abs. 2, 71, 49, 255.

c) Die Beweismittel und ihre Benutzung.

§ 42.

α) Im allgemeinen.

Literatur: Beling, Die Beweisverbote usw. (1903).

I. Beweismittel sind diejenigen Personen und Sachen, durch deren Nutzbarmachung für den Prozeß (sog. Beweisaufnahme oder Beweiserhebung) sich das Gericht die Kenntnis relevanter Tatsachen verschafft. Nicht zu ihnen gehören die Indizien, die vielmehr selber beweisbedürftige Tatsachen sind (vgl. oben § 40 I 2).

II. Es gibt in der Strafprozeßordnung Sätze, die dem Gericht die Benutzung der einen oder anderen Art von Beweismitteln in bestimmten Fällen untersagen, sog. relative Beweisverbote, vgl. §§ 250, 253 (hinsichtlich der nichtrichterlichen Vernehmungsprotokolle), 53, 72, 76 Abs. 2, 96. Abgesehen davon stehen dem Gericht alle vorhandenen Beweismittel zu Gebote.

§ 43.

β) Die sächlichen Beweismittel.

Literatur: v. Weveld, Z. L. v. gerichtl. Augenschein (1877); Friedrichs Ztschr. f. Ziv.-Proz. XIX S. 390 (1894); Beling, Ztschr. f. StrRWiss. XV S. 476 (1895); Art. Mayer, Augenscheinseinnahme und Durchsuchung (1911); Kreß in der Bayr. Ztschr. f. RPflege Bd. II S. 169, 201, 219, 238.

I. Die einfachste Art der Beweismittel sind die Wahrnehmungsobjekte (Augenscheinsobjekte) = Gegenstände der Erscheinungswelt in ihrer sinnlich wahrnehmbaren Beschaffenheit. Die Erzielung dieser Wahrnehmung, es sei durch den Gesichtssinn oder einen der anderen Sinne, heißt technisch „Augenschein". Jeder Inhaber eines Sachgegenstandes ist verpflichtet, die Augenscheinseinnahme daran zu dulden (arg. §§ 94, 95 StPO.). Der Beschuldigte ist auch zur Duldung eines Augenscheins an seinem Körper verpflichtet (arg. § 102 StPO.). Dritte dagegen brauchen sich, mag auch häufig das Gegenteil behauptet werden, eine Augenscheinseinnahme an ihrem Leibe nicht gefallen zu lassen (arg. § 103 StPO.).

Wird der Augenschein unter Mitwirkung von Sachverständigen vorgenommen, so liegt „gemischter oder zusammengesetzter Augenschein" vor, so bei Schriftvergleichung (§ 93 StPO.) und Obduktion (§§ 87—90 StPO.).

II. Urkunde im Sinne des Strafprozeßrechts ist jedes Schriftstück, d. i. jeder Gegenstand, in den ein Mensch durch Schriftzüge einen Gedankeninhalt hineingelegt hat. Die Ermittlung dieses Gedankeninhalts bildet das Ziel des Urkundenbeweises, im Gegensatz zum Augenscheinbeweis, bei dem es sich nur um unmittelbare Sinneswahrnehmung der körperlichen Beschaffenheit handelt. Die Beweisaufnahme erfolgt durch Verlesung der Urkunde (§ 248 StPO.); verpflichtet, sie zu dulden, ist jeder Inhaber der Urkunde (§§ 94, 95 StPO.). Unzulässig ist es gemäß dem Grundsatz der Unmittelbarkeit, eine Zeugenvernehmung durch Urkundenbeweis (Protokollverlesung u. dgl.) zu ersetzen (§ 249 Satz 2 StPO. [Ausnahmen: §§ 250, 255], oben § 41 IV).

γ) **Die persönlichen Beweismittel.**

Literatur: Dochow, Der Zeugniszwang (1877); Rubo, Über den Zeugniszwang (1878); Lemcke, Der Zeugniszwang (1908); Schwalb, Beichtgeheimnis und Zeugnispflicht (1895); Hubrich, Konfessioneller Eid oder religionslose Beteuerung (1900); Osterrieth, Der Nebenkläger als Zeuge (1897); Stein, Privates Wissen des Richters (1893); Mode, Beichtsiegel und Zeugnispflicht, Arch. f. kathol. Kirchenrecht, Bd. LXXXII S. 476.

§ 44.

aa) Zeugen.

I. Zeugen sind dritte Personen, die im Prozeß zur einfachen Aussage über Tatsachen herangezogen werden; dem Privat- und dem Nebenkläger muß die Zeugnisfähigkeit abgesprochen werden, wohingegen der Vernehmung des zufällig im selben Verfahren Mitbeschuldigten als Zeugen nichts im Wege steht. Die Zeugnisfähigkeit kommt allen „Dritten" zu; testes inhabiles, wie sie das gemeine Recht kannte (unbekannte Zeugen, belohnte Zeugen, Ketzer und Ungläubige im Prozeß gegen orthodoxe Christen, Kinder, Geisteskranke usw.), gibt es heute nicht; auch der noch so suspekte Zeuge wird nicht von vornherein ausgeschaltet, sondern er wird vernommen (eventuell ohne Vereidigung), und nachträglich wird dann die Überzeugungskraft seiner Aussage geprüft.

II. Die Zeugnispflicht umfaßt die Pflicht zum Erscheinen, die Pflicht zur Aussage und die Pflicht zur Eidesleistung.

1. Das Nichterscheinen des Zeugen trotz gehöriger Ladung zieht — abgesehen von der Kostenlast — Exekutivzwang und Ordnungsstrafen nach sich (§ 50 StPO.).

2. Auch bei Aussageweigerung greifen Verurteilung in die Kosten, Zwangsmaßregeln und Ordnungsstrafen Platz (§ 69 StPO.). Doch gibt es Personen, die die Aussage weigern dürfen (§ 51 StPO. — totales Zeugnisverweigerungsrecht; §§ 52—54 — Auskunftsweigerungsrecht hinsichtlich bestimmter Fragen).

3. Jeder Zeuge muß auf Erfordern des Richters schwören. Gegen Weigerung greifen auch hier Kostenauferlegung, Zwang und Ordnungsstrafen Platz (§ 69 StPO.). Ausnahmsweise können den Eid verweigern: die Personen, deren Vereidigung gesetzlich unzulässig ist (unten V a), sowie die mit einem totalen Zeugnisweigerungsrecht nach § 51 StPO. ausgestatteten Personen (§ 57 StPO.).

III. Berechtigt, Zeugen zu laden (§ 48 StPO.), sind Gericht und Staatsanwaltschaft. Insoweit es sich um die Ladung zur Hauptverhandlung handelt, haben aber außerdem der Angeklagte, der Privat- und der Nebenkläger, bei Verwaltungsklage die Verwaltungsbehörde das Recht der sog. unmittelbaren Ladung (§§ 219, 426, 437, 466, 467 StPO.), deren Form in StPO. § 38 geregelt ist.

IV. Die Vernehmung des Zeugen ist heute keine „artikulierte" mehr; der Zeuge hat im Zusammenhange anzugeben, was er weiß (§ 68 StPO.). Jeder Zeuge ist einzeln und in Abwesenheit der später abzuhörenden Zeugen (nicht der schon abgehörten Zeugen, auch nicht der Sachverständigen) zu vernehmen; in Verbindung damit steht die Bestimmung, daß eine Gegenüberstellung (Konfrontation) des Zeugen mit anderen Zeugen oder mit dem Beschuldigten im Vorverfahren tunlichst vermieden werden soll (§ 58 StPO.). Die Vernehmung des Zeugen zerlegt sich in die Vernehmung „zur Person" (Befragung über Vor- und Zunamen, Alter, Religionsbekenntnis, Stand oder Gewerbe und Wohnort, erforderlichenfalls über verwandtschaftliche Beziehungen zu dem Beschuldigten und andere für die Beurteilung der Glaubwürdigkeit erhebliche Umstände) und die Vernehmung „zur Sache" (§ 67 StPO.).

V. Grundsätzlich hat der Richter jedem Zeugen den Eid abzunehmen. Unvereidigt sind jedoch zu vernehmen (§ 56 StPO.):

a) Eidesunmündige (Mündigkeitsalter: das 16. Lebensalter), desgleichen Eidesunreife (Personen, die wegen mangelnder Verstandesreife oder wegen Verstandesschwäche von dem Wesen und der Bedeutung des Eides keine genügende Vorstellung haben);

b) die strafweise Eidesunfähigen (§ 161 StPO.);

c) die Komplizen des Beschuldigten: Personen, die hinsichtlich der den Gegenstand der Untersuchung bildenden Tat als Teilnehmer, Begünstiger oder Hehler (oder — wie man per argum. a fortiori hinzuzufügen berechtigt ist — sogar als Alleintäter an Stelle des Beschuldigten) verdächtig oder bereits verurteilt sind. „Die den Gegenstand der Untersuchung bildende Tat" ist im korrekten technischen Sinne zu nehmen; es genügt nicht, wie das Reichsgericht will, daß der Zeuge bei dem in Rede stehenden „Vorgang" irgendwie beteiligt erscheint; ebenso liegt nicht der geringste Grund vor, die Ausdrücke „Teilnehmer, Begünstiger, Hehler" in einem laxen Sinn zu fassen; sie sind vielmehr streng in der materiellstrafrechtlichen Bedeutung, die sie haben, auch hier anzuwenden.

Ist ein Zeuge ein nach § 51 StPO. — oben II a. E. — zeugnisweigerungsberechtigter Angehöriger des Beschuldigten, so steht es, wenn er von seinem Weigerungsrecht keinen Gebrauch macht, im richterlichen Ermessen, ob der Zeuge vereidigt werden soll oder nicht.

Dagegen kann der Schwur nicht um deswillen einem Zeugen erlassen werden, weil er auch unvereidigt voll glaubwürdig erscheine; und umgekehrt ist eine Abstandnahme von der Vereidigung wegen Unglaubwürdigkeit des Zeugen dem geltenden Strafprozeßrecht unbekannt; es wäre dringend zu wünschen, daß es — entgegen einer rückläufigen Strömung, die in dem Entwurf einer Strafprozeßnovelle zum Ausdruck gelangt war, entgegen auch dem sehr bedauerlichen § 299 Abs. 4 MStGO. — bei diesem Rechtszustande verbliebe.

Der Eid ist regelmäßig (§ 60 StPO.) vor der Vernehmung zu leisten (Voreid); doch wird zurzeit in dieser Hinsicht eine Änderung des Gesetzes zugunsten des Nacheides angestrebt, wie ihn schon jetzt die MStGO. (§ 196) und die ZPO. (§ 392) vorschreiben.

Prinzipiell erfolgt die Vereidigung erst in der Hauptverhandlung, eventuell bei kommissarischer Vernehmung (StPO. § 222), nur ausnahmsweise im Vorverfahren (§ 65 StPO.).

Regelmäßig deckt der Eid immer nur je eine Aussage; bei abermaliger Vernehmung muß der Zeuge also nochmals vereidigt werden. Ob „eine" Aussage vorliegt oder deren mehrere, hängt nicht ab von der Einheit oder Mehrheit des Beweisthemas, sondern von folgenden Gesichtspunkten: Fallen die Aussagen in verschiedene Prozesse, so handelt es sich stets um mehrere Aussagen. Mehrfache Befragung des Zeugen im Verlaufe eines und desselben Prozesses stellt, wenn es sich um verschiedene Termine handelt, eine Mehrheit von Aussagen dar. Mehrfache Befragung des Zeugen im selben Termine stellt eine Aussage dar, es müßte denn sein, daß ein Nacheid trennend in der Mitte zwischen den mehreren Befragungen steht (die nach dem Nacheid vorgenommene Befragung ist von dem Eide ja nicht mehr umfaßt und deshalb eine neue Vernehmung). Die Regel, daß in allen Fällen mehrfacher Vernehmung so viel Eide zu leisten sind, als Aussagen vorliegen, wird jedoch durchbrochen durch die fakultative Ausnahme des § 66 StPO. Danach kann bei nochmaliger Vernehmung eines vereidigten Zeugen in demselben Vorverfahren, ebenso bei nochmaliger Vernehmung eines im Hauptverfahren vereidigten Zeugen in demselben Hauptverfahren der körperliche Eid ersetzt werden durch eine Erklärung des Zeugen, daß er die Richtigkeit seiner Aussage unter Berufung auf den früher geleisteten Eid versichere.

Der Zeugeneid ist, wie auch die sonstigen Eide des Straf- und des Zivilprozeßrechts, akonfessionell. Von manchen Seiten wird jedoch eine Verkirchlichung des Eides angestrebt, —

eine Reformbewegung, die leider bereits im MStGO. § 42 Abs. 3 eine gewisse gesetzliche Anerkennung gefunden hat. Ganz entgegengesetzt fordern andere die gänzliche Beseitigung des Eides und Ersetzung desselben durch eine rein weltlich-juristische Versicherung („auf Ehre und Gewissen" oder ähnlich), den sog. bürgerlichen Eid.

§ 45.

bb) Sachverständige.

Literatur: Hegler, Die Unterscheidung des Sachverständigen vom Zeugen, Arch. f. zivilist. Praxis Bd. CIV S. 151. — Vgl. Obermeyer, Die Lehre von den Sachverständigen im Zivilprozesse (1880).

I. Sachverständige sind wie die Zeugen dritte Personen, die sich über die Richtigkeit oder Unrichtigkeit einer relevanten Tatsache auszulassen haben. Der Sachverständige unterscheidet sich aber vom Zeugen dadurch, daß seine geistige Leistung höher steht: während der Zeuge einfach aussagt, gibt der Sachverständige ein „Gutachten" ab, d. h. er bekundet die Tatsache auf Grund einer bewußten schlußfolgernden Tätigkeit, bei der ein auf besonderer Sachkunde beruhender genereller Satz (ein „Erfahrungssatz" = ein auf besonderem Erwerb beruhender wäre es auch seinem Wesen nach aprioristischer — mathematischer usw. — Satz) als propositio maior, und eine von dem Gutachter als gegeben einzusetzende Tatsache als propositio minor dient. (Diese Begriffsbestimmung deckt auch die aus einer der „idiographischen" Wissenschaften hergeleiteten Gutachten: auch hier lediglich Folgerung an der Hand von Erfahrungssätzen aus der Psychologie, Diplomatik usw.) Die „einfache Aussage" des Zeugen stellt sich demgegenüber dar als bloße Eröffnung des Bewußtseinsinhalts vermittelst Erinnerung unter Zuschlag solcher Schlußfolgerungen, die keine besondere Sachkunde voraussetzen. Zeuge bleibt auch derjenige, der sich vor seiner Vernehmung das durch einfache Aussage kundzugebende Wissen erst auf Aufforderung des Gerichts verschafft hat. Nicht haltbar ist die Meinung, der Zeuge sei testis de praesenti, der Sachverständige testis de praeterito. Ebensowenig aber kann der Unterschied zwischen Zeugen und Sachverständigen darin gefunden werden, daß erstere Tatsachen, letztere Erfahrungssätze beisteuerten. Das Wesentliche des Gutachtens ist die Erklärung, für die erfolgerte Tatsache als für eine erfolgerte einstehen zu wollen; ob dabei der Syllogismus selber mitverlautbart wird, insbesondere also auch, ob der Erfahrungssatz (die propositio maior) mitkundgegeben wird, ist sekundärer Bedeutung (vgl. oben § 39 II zu I 3). Begnügt sich der Richter damit, von einem Sachkundigen lediglich die Vorlegung eines abstrakten Erfahrungssatzes zu fordern, so erfordert er überhaupt kein „Gutachten", mag auch der Sachkundige dabei nach Analogie des Sachverständigenbeweisrechts zu behandeln sein (vgl. oben 39 a. E.).

Nicht zu den Sachverständigen gehört der sog. sachverständige Zeuge; er bekundet mittels einfacher Aussage die Tatsache, daß er früher unter Verwertung besonderer Sachkunde aus einer von ihm gemachten Wahrnehmung einen Schluß gezogen hat. Vgl. StPO. § 85.

II. Unfähig, als Sachverständiger zu fungieren, ist 1. wem die nötige Sachkunde fehlt; 2. wer nach §§ 72, 56 StPO. eidesunfähig ist (zu 2 streitig). Kraft Gesetzes ausgeschlossen ist der in § 87 Abs. 1 Satz 2 StPO. genannte Sachverständige; ablehnbar sind Sachverständige grundsätzlich wie Richter (§ 74 StPO.).

III. Die Sachverständigenpflicht beschränkt sich im Gegensatz zur Zeugnispflicht auf die in § 75 StPO. genannten vier Personenkategorien, nämlich: 1. solche Personen, die zur Erstattung von Gutachten der erforderten Art öffentlich bestellt sind; 2. solche Personen, die die Wissenschaft, die Kunst oder das Gewerbe, dem die zu handhabenden Erfahrungssätze entfließen, öffentlich zum Erwerbe ausüben; 3. solche Personen, die zur Ausübung dieser Wissenschaft öffentlich bestellt sind; 4. solche Personen, die sich zur Begutachtung vor Gericht bereit erklärt haben (im Falle 4 bemißt sich natürlich der Umfang und die Tragweite der Verpflichtung nach der Bereiterklärung).

Auch die unter Ziffer 1—4 fallenden, in abstracto Pflichtigen haben aber möglicherweise im konkreten Falle ein Begutachtungsweigerungsrecht, wenn nämlich ein Grund vorliegt, auf den sie eine Zeugnisweigerung stützen dürften, wenn sie Zeugen wären (§ 76 StPO.).

Ungehorsam des in abstracto und in concreto Begutachtungspflichtigen zieht Kostenlast und Ordnungsgeldstrafe (nicht: Ordnungshaftstrafe, nicht: Zwang) nach sich (§ 77 StPO.).

IV. Der Gutachtereid ist immer Voreid; wenigstens erwähnt das Gesetz nirgends die Möglichkeit einer Nachvereidigung, ausgehend augenscheinlich davon, daß nach dem geltenden Beeidigungssystem die Aussetzung der Vereidigung bis nach erfolgter Vernehmung ein Mißtrauen involviert, Mißtrauen gegen einen Sachverständigen aber grundsätzlich dahin führen muß, den Sachverständigen gar nicht heranzuziehen. Der Gutachtereid ist ersetzbar durch Berufung auf einen allgemeinen Sachverständigeneid, wenn der Betreffende einen solchen geleistet hat.

§ 46.

cc) Die Parteien.

Literatur: Tittmannn, Über Geständnis und Widerruf in Strafsachen (1810); Schauberg, Vergleichung des Geständnisses im Kriminal- und Zivilprozeß (1869); Heinze, Goltd. Arch. Bd. XXIV S. 287; Derselbe, Strafproz. Erörterungen (1875) S. 23; Henschel, Die Vernehmung des Beschuldigten, Beilageheft zu Gerichtssaal Bd. LXXIV (1909). — Vgl. Rathenau, Ztschr. f. StrRWiss. Bd. XXII S 514.

I. Auch die Parteien sind Beweismittel, d. h. das Gericht kann seine Überzeugung von der Richtigkeit einer Tatsache auf die Aussage des Beschuldigten (oder des Privat- oder Nebenklägers) stützen, mag diese Aussage zuungunsten des Aussagenden lauten (sog. Geständnis) oder zu seinen Gunsten.

II. Der zur sog. verantwortlichen Vernehmung schriftlich geladene Beschuldigte ist verpflichtet, zu erscheinen. Bei Ausbleiben erfolgt Vorführung (§§ 133—134). Dagegen besteht keine Verpflichtung des Beschuldigten zur Aussage; sehr charakteristisch § 136 Abs. 1 Satz 2 StPO.: der Beschuldigte ist zu befragen, „ob“ er etwas auf die Beschuldigung erwidern wolle, nicht: „was“ er erwidern wolle. Im Zusammenhang damit ist auch das „artikulierte Verhör“ des gemeinen Strafprozesses weggefallen, in dem der inquisitionelle Charakter des letzteren seinen deutlichsten Ausdruck fand.

Parteieid ist im Strafprozeß heute, wenigstens bei uns, ausgeschlossen. Die eigentümliche englische Institution der zeugeneidlichen Vernehmung des Angeklagten ist unserer Auffassung gänzlich fremd und wird es jedenfalls stets bleiben.

§ 47.

d) Die Beweiswürdigung und die Konsequenzen der Beweisfragebeantwortung.

Literatur: v. Savigny, Die Prinzipienfragen in Beziehung auf eine neue StPO. (1846), auch Goltd. Arch. Bd. VI S. 481; v. Schwarze, Goltd. Arch. Bd. VI S. 721; Schaper, Goltd. Arch. Bd. XIV S. 180, 245; v. Bar, Recht und Beweis im Geschworenengericht (1865); Meißner, Zum Prinzip der freien Beweiswürdigung, in der Festschrift für v. Liszt von Schülern usw. (1911); Lohsing, Das Geständnis im Strafverfahren, in Jurist.-psychiatr. Grenzfragen Bd. III (1905); Stöhr, Psychologie der Aussage (1911); Sello, Die Irrtümer der Strafjustiz und ihre Ursachen (1911); Spohr, Das Beweisinteresse in Strafsachen (1894).

I. Im Gegensatz zu den sog. gesetzlichen Beweisregeln des gemeinen Prozeßrechts gilt heute der Grundsatz der freien Beweiswürdigung: das Ergebnis der Beweisaufnahme stellt das Gericht nach seiner freien, aus dem Inbegriffe der Verhandlung geschöpften Überzeugung fest (§ 260 StPO.). Und zwar unterliegen alle Arten von Beweismitteln dieser freien Würdigung. Geschworene Eide sind keine Nötigung zum Fürwahrhalten; Unbeeidigtsein einer Aussage ist kein Hindernis des Fürwahrhaltens (immer unter der Voraussetzung, daß eine dem Gesetz entsprechende Vereidigung bzw. Nichtvereidigung vorlag). Für das Geständnis wird bisweilen gelehrt, es könne ihm nur dann geglaubt werden, wenn es durch mindestens ein weiteres Beweismittel unterstützt werde. Aber § 260 gibt dem Richter auch dem Geständnis gegenüber volle Würdigungsfreiheit; der Richter kann dem Geständnis ebensosehr trauen wie mißtrauen, er braucht weder für seinen Glauben noch für seine Ungläubigkeit andere Beweismittel als Stütze.

Nicht übersehen werden darf, daß die Beweiswürdigungsfreiheit nicht etwa Beweiswürdigungs willkür ist; die Beweiswürdigung muß mit einer conviction raisonnée, nicht einer conviction instinctive operieren (Heranziehung der Lehren der Psychologie!).

Durchbrochen wird jedoch der Grundsatz der freien Beweiswürdigung durch die Präsumtionen (oben § 40 II; vgl. auch § 475 StPO.).

II. Nur wenn klar bewiesen (eventuell auf Grund ergänzender Präsumtionen anzunehmen) ist, daß alle für das Bestehen des Strafanspruchs unerläßlichen Tatsachen vorliegen, und daß ihn ausschließende Tatsachen (Schuldausschließungs-, Strafausschließungs-, Strafaufhebungsgründe usw.) nicht vorliegen, ergeht Verurteilung. Jeder nicht behobene Zweifel (non liquet) an irgendeiner relevanten Tatsache (z. B. Notwehr, Zurechnungsfähigkeit, Verjährung) führt zur Freisprechung: In dubio pro reo. Der Kläger trägt im Strafprozeß die materielle Beweislast. Alle Einschränkungen dieses Satzes, die mitunter behauptet werden, sind unberechtigt und willkürlich. Nur eine etwa vorhandene Präsumtion entbindet vom Beweise.

Drittes Kapitel.

Sicherungsmittel im Strafprozeß.

Literatur: Hegler in der Festschrift für Binding Bd. II S. 204 ff. (1911).

§ 48.

A. Übersicht und Einteilungsgesichtspunkte.

Sicherungsmittel sind Maßnahmen, die, ohne eigentliche Bestandteile des Strafverfahrens selber zu sein, an dieses in der Tendenz angegliedert werden, um die ohne sie gefährdete zweckgemäße Durchführung des Verfahrens zu sichern, zu welchem Behufe der Behörde (eventuell Privaten) unter bestimmten Voraussetzungen die Befugnis zu Eingriffen in die sonst geschützte Rechtssphäre der Rechtssubjekte verliehen wird. Die nach der StPO. zulässigen Sicherungsmittel (unten §§ 49—53) gruppieren sich

I. wenn man auf ihren Zweck sieht, wie folgt:

1. Schutzmittel gegen ein Nichtzurstellesein des Beschuldigten und dadurch drohende Prozeßvereitelung:

a) Fluchthaft und dem Entrinnen entgegenwirkende vorläufige Festnahme;
b) Vermögensbeschlagnahme in den Fällen unten § 50 I;
c) Durchsuchung, soweit auf Ergreifung des Beschuldigten gerichtet.

2. Schutzmittel gegen Beweisvereitelung oder -verwirrung („Beweis" hier im weiteren Sinne = Tatsachenfeststellung):

a) Kollusionshaft und der Kollusion entgegenwirkende vorläufige Festnahme;
b) Individualbeschlagnahme; c) Editionszwang; d) Durchsuchung; } soweit dem Beweisinteresse dienend.

3. Schutzmittel gegen Vollstreckungsvereitelung:

a) Beschlagnahme von Einziehungsstücken;
b) Spezial- und Voll-Vermögensbeschlagnahme in den Fällen unten § 50 II.

II. Nach ihrer äußeren Erscheinung sind die Sicherungsmaßnahmen teils

1. körperliche Einwirkung auf den Beschuldigten:
a) Untersuchungshaft und vorläufige Festnahme;
b) Personendurchsuchung; — teils

2. körperliche Einwirkung auf Sachen:
a) Vermögens- und Individualbeschlagnahme;
b) Raum- und Sachdurchsuchung; — teils

3. psychische Einwirkung: Editionszwang.

B. Die einzelnen Maßregeln.

§ 49.

I. Untersuchungshaft und vorläufige Festnahme.

Literatur: Heinze, Das Recht der Untersuchungshaft (1865); Zucker, Die Untersuchungshaft (1873, 1876); Derselbe, Die Reformbedürftigkeit der Untersuchungshaft (1879); Oppenheim, Zur Lehre von der Untersuchungshaft (1889); Bozi, Reform der Untersuchungshaft (1897); Hetzel, Die Untersuchungshaft (1899); Brückmann, Gerichtssaal Bd. LX S. 26; Jaffa in der Ztschr. f. StrRWiss. Bd. XXV S. 426; Sontag, Die Entlassung gegen Kaution (1865); Melliger, Die Entlassung aus der Untersuchungshaft gegen Kaution, Schweizer. Ztschr. f. StrR. Bd. IX S. 175; Heintzeler, Die Rechtsnatur der Sicherheitsleistung zwecks Abwendung der Untersuchungshaft (1906).

I. Zur Verhängung der Untersuchungshaft gegen den Beschuldigten bedarf es grundsätzlich eines schriftlichen richterlichen Haftbefehls, und zwar desjenigen Richters bzw. Gerichts, bei dem die Sache zur Zeit hängt, im vorbereitenden Verfahren des Amtsrichters (§§ 114, 125 StPO.). Voraussetzungen eines Haftbefehls sind (§§ 112, 113 StPO.) dringender Verdacht der Tat und (kumulativ) entweder Fluchtverdacht oder Kollusionsverdacht, d. i. Verdacht, daß der Beschuldigte Spuren der Tat vernichten oder Zeugen oder Mitschuldige zu einer falschen Aussage oder Zeugen dazu verleiten werde, sich der Zeugnispflicht zu entziehen. Der Fluchtverdacht wird präsumiert 1. wenn ein Verbrechen den Gegenstand der Untersuchung bildet; 2. wenn der Beschuldigte ein Heimatloser oder Landstreicher oder nicht imstande ist, sich über seine Person auszuweisen; 3. wenn der Beschuldigte ein Ausländer ist, und begründeter Zweifel besteht, ob er sich auf Ladung vor Gericht stellen und dem Urteile Folge leisten werde. Das will jedoch nicht besagen, daß in diesen Fällen Untersuchungshaft verhängt werden müsse oder auch nur als Regel gedacht sei; vielmehr ist es Richterpflicht, auch in diesen Fällen wie in allen Fällen zu prüfen, ob nicht ohne Untersuchungshaft auszukommen ist, und insonderheit ob nicht Umstände vorliegen, die die gesetzliche Fluchtverdachtspräsumtion entkräften. Die StPO. hat die obligatorische Untersuchungshaft älterer Rechte verständigerweise nicht aufgenommen.

Bei Taten, die nur mit Haft oder Geldstrafe bedroht sind, also allen Übertretungen und etlichen Vergehen, ist Kollusionshaft gänzlich ausgeschlossen und Fluchthaft nur dann zulässig wenn der Beschuldigte ein Heimatloser, Landstreicher, Ausweisloser oder unsicherer Ausländer oder Polizeiobservat ist, oder die den Gegenstand der Untersuchung bildende Übertretung Überweisung an die Landespolizeibehörde nach sich ziehen kann.

Unzulässig ist Verhängung der Untersuchungshaft seitens zivilistischer Gerichte über die zum Dienste einberufenen Personen des Beurlaubtenstandes und die ihnen gesetzlich gleichstehenden Personen (§ 9 Abs. 1 Satz 2 MStGO.).

Wird ein Haftbefehl öffentlich bekannt gemacht (offener Haftbefehl), so nennt man ihn „Steckbrief", (§ 131 Abs. 1, 3 StPO.).

Ohne Vorliegen eines Haftbefehls kann jemandem nur ausnahmsweise, unter den Voraussetzungen des § 127 StPO., die Freiheit entzogen werden, sog. „vorläufige Festnahme"; in solchen Fällen ist aber immer unverzüglich nachträgliche richterliche Entscheidung über Verhaftung oder Nichtverhaftung zu erwirken (§§ 128—130 StPO.). Festnahmeberechtigt ist jedermann, wenn der Täter auf frischer Tat betroffen oder verfolgt wird, und entweder er fluchtverdächtig ist, oder seine Persönlichkeit nicht sofort festgestellt werden kann; auch ohne Zutreffen dieser Voraussetzungen sind die Staatsanwaltschaft und die Polizei- und Sicherheitsbeamten festnahmeberechtigt, wenn die Voraussetzungen eines Haftbefehls vorliegen und Gefahr im Verzug obwaltet.

Ein Steckbrief darf ohne vorgängigen Haftbefehl nicht erlassen werden (Ausnahme § 131 Abs. 2 StPO.).

II. Die Untersuchungshaft vor Erhebung der öffentlichen Klage ist befristet (in maximo nach Verschiedenheit der Fälle vier bzw. zwei Wochen, von der Vollstreckung des Haftbefehls ab gerechnet, § 126 StPO.). Die Untersuchungshaft nach Erhebung der öffentlichen Klage ist unbefristet.

III. Die Vollziehung der Untersuchungshaft ähnelt einer Freiheitsstrafe insofern, als sie Freiheitsentziehung ist. Im übrigen gehen aber beide Maßregeln weit auseinander; insbesondere darf die Untersuchungshaft keine weitergehenden Beeinträchtigungen der Persönlichkeitssphäre herbeiführen, als der Zweck — die Flucht oder die Kollusion zu verhindern — notwendig mit sich bringt. Einige der einschlägigen Fragen regelt § 116 StPO.

IV. Von einer Vollziehung oder, wenn die Vollziehung bereits begonnen hat, einer Weitervollziehung des wegen Fluchtverdachts verhängten Haftbefehls kann, ohne daß dieser selbst aufgehoben würde, Abstand genommen werden, wenn für den Beschuldigten (von ihm selbst oder von Dritten) Sicherheit geleistet wird (§§ 117—122 StPO.).

V. Die Aufhebung des Haftbefehls ist in §§ 123, 126 StPO. geregelt.

VI. Ein Gegenstück zur Untersuchungshaft ist das sichere Geleit, salvus conductus, d. i. die Zusage des Gerichts an einen abwesenden Beschuldigten, daß keine Untersuchungshaft stattfinden solle. StPO. § 337.

§ 50.

II. Vermögensbeschlagnahme.

Literatur: Delius, Die Beschlagnahme des Vermögens, Goltd. Arch. Bd. XXXVII S. 117; Mothes, Die Beschlagnahme nach Wesen, Arten und Wirkungen (1903); Graner, Die Vermögensbeschlagnahme nach § 325 StPO., Jahrb. der württemb. Rechtspflege, Bd. IX S. 104.

I. Als Zwangsmittel gegen einen abwesenden Angeschuldigten behufs Herbeiführung seines Erscheinens ist die Vermögensbeschlagnahme zulässig, §§ 332—336 StPO. (Bei Hoch- und Landesverratsprozessen kann eine Vermögensbeschlagnahme auch gegen den anwesenden Angeschuldigten stattfinden, § 93 StGB., § 480 StPO., § 5 EStPO.).

II. Als arrestatorisches Mittel zur Festhaltung von Vermögenswerten behufs künftiger Zwangsbefriedigung für Geldstrafe und Kosten ist die Vermögensbeschlagnahme in StPO. §§ 325—326 vorgesehen (tunlichst Beschränkung auf einzelne Gegenstände, Spezialbeschlagnahme, nur eventuell Beschlagnahme des ganzen Vermögens).

§ 51.

III. Individualbeschlagnahme.

Literatur: v. Schwarze, Erörterungen II S. 100; Mothes, Die Beschlagnahme nach Wesen, Arten und Wirkungen (1903); Pfleiderer, Die strafbehördliche Rückgabe von Sachen ... nach § 111 StPO. (1911); Fräb, Auslegung und Anwendung des § 111 StPO., in der Ztschr. f. StrRWiss. Bd. XXXI S. 899.

Jedermann (der Beschuldigte wie jeder Dritte) muß Sachgegenstände, die er hat, herausgeben, insoweit sie als sächliche Beweismittel dienen oder der Einziehung unterliegen (§ 94 StPO.). Zur Erzwingung der Herausgabe dient die Beschlagnahme. Es handelt sich hier im Gegensatz zu der Vermögensbeschlagnahme (§ 50), die das Vermögen nur als Wertobjekt ergreift, um Beschlagnahme an individuell bestimmten Gegenständen. Beschlagnahmeanordnungsberechtigt ist der Richter, bei Gefahr im Verzuge auch Staatsanwaltschaft und Kriminalpolizei (§ 98 StPO.). Die nichtrichterliche Beschlagnahme unterliegt eventuell richterlicher Überprüfung nach Maßgabe des § 98 Abs. 2 StPO. Nicht beschlagnahmbar sind behördliche Akten und andere in amtlicher Verwahrung befindliche Schriftstücke unter der Voraussetzung, daß die oberste Dienstbehörde, die der verwahrenden Behörde bzw. dem verwahrenden Beamten vorgesetzt ist, erklärt, daß das Bekanntwerden des Inhalts dem Reiche oder einem Bundesstaate nachteilig sein würde. Nicht beschlagnahmbar sind ferner Korrespondenzen zwischen dem Beschuldigten und einer aus §§ 51, 52 (nicht §§ 53, 54) StPO. zeugnisweigerungsberechtigten Person, wenn sie sich in den Händen der letzteren befinden, und diese nicht selbst einer Teilnahme, Begünstigung oder Hehlerei verdächtig ist.

Postsendungen auf der Post und Telegramme auf der Telegraphenanstalt unterliegen einem Sonderrecht. Ihre Beschlagnahme — „Briefsperre" bzw. „Telegrammsperre" —

kann außer dem Richter nur die Staatsanwaltschaft anordnen, und zwar letztere nur, wenn Gefahr im Verzuge vorliegt, und es sich nicht bloß um eine Übertretung handelt. In jedem Falle gehen die beschlagnahmten Sendungen und Telegramme, und zwar Briefe uneröffnet, dem Richter zu. Eine staatsanwaltschaftliche Beschlagnahme sinkt ipso jure in sich zusammen, wenn nicht binnen drei Tagen richterliche Bestätigung erfolgt (§ 100 StPO.). Den Kreis der beschlagnahmbaren Poststücke bestimmt § 99 StPO. dahin, daß der Beschlagnahme unterliegen: a) an den Beschuldigten gerichtete Postsendungen und Telegramme; b) solche Postsendungen und Telegramme, in betreff deren Tatsachen vorliegen, aus denen zu schließen ist, daß sie entweder α) von dem Beschuldigten herrühren oder β) für ihn bestimmt sind, und daß ihr Inhalt für die Untersuchung Bedeutung habe.

Für die Preßbeschlagnahme (Beschlagnahme von Druckschriften, Platten und Formen) gelten noch zufolge § 5 EStPO. die Bestimmungen des Preßgesetzes vom 7. Mai 1874 (§§ 23 ff.); diese Bestimmungen wollen der Preßfreiheit Rechnung tragen und zeichnen sich namentlich durch Setzung verschiedener Fristen aus.

§ 52.

IV. Editionszwang.

Dritte nicht zeugnisverweigerungsberechtigte Personen sind in Ansehung von Beweis- und Einziehungsstücken „editionspflichtig", d. h. es können zur Erwirkung der Herausgabe gegen sie außer der Beschlagnahme auch noch die Zeugniszwangsmittel des § 69 StPO. vom Richter angewendet werden (§ 95 StPO.). Gegen Behörden und Beamte ist der Editionszwang nur mit derselben Beschränkung, wie die Beschlagnahme, zulässig (§ 96 StPO.).

Voraussetzung des Editionszwanges ist natürlich, daß die zu zwingende Person die herauszugebenden Gegenstände hat. Solange das nicht feststeht, kann nur mittels Durchsuchung vorgegangen werden.

§ 53.

V. Durchsuchung.

Literatur: Brauer, N. Archiv d. KrimR. 1846 S. 583; Waser, Gerichtssaal Bd. I S. 61; Beling, Ztschr. f. StRWiss. Bd. XV S. 471; Art. Mayer, Augenscheinseinnahme und Durchsuchung (1911).

Durchsuchung ist das Suchen nach sächlichen Beweismitteln (oder nach der Eignung von Sachen zu Beweismitteln) oder nach der Person des Beschuldigten in oder an Räumen, Personen und Sachen. Sie ist also mehr als bloße „Haus"suchung. Eine Pflicht zur Duldung der Durchsuchung besteht in folgendem Umfange:

a) Der Verdächtige, d. i. derjenige, gegen den sich der Strafprozeß richtet, also der Beschuldigte, muß sich eine Durchsuchung seiner Räume, seiner Person und seiner Sachen unter der ganz allgemeinen Voraussetzung des § 102 StPO. gefallen lassen; es genügt nämlich die, sei es noch so vage Vermutung, daß man seiner Person in dem zu durchsuchenden Raume werde habhaft werden, oder man irgendwelche — nicht notwendig individuell bestimmte — Beweismittel finden werde.

b) Viel enger begrenzt sind nach § 103 StPO. die Voraussetzungen der Durchsuchungsduldungspflicht Dritter. Bei solchen sind ohne und gegen ihren Willen Durchsuchungen nur behufs der Ergreifung des Beschuldigten oder behufs der Verfolgung von Deliktsspuren oder behufs der Beschlagnahme bestimmter Gegenstände und nur dann zulässig, wenn die Vermutung, daß sich die gesuchte Person, Spur oder Sache in den zu durchsuchenden Räumen befinde, durch feststehende Tatsachen belegt wird. Der Gesetzestext („zu durchsuchende Räume") ergibt deutlich, daß Dritte eine Durchsuchung ihrer Person nicht zu dulden brauchen, wie auch — entgegen dem Reichsgericht — die herrschende Meinung annimmt. Räume, in denen der Beschuldigte ergriffen worden ist, solche, die er während der Verfolgung betreten hat, sowie solche, in denen ein Polizeiobservat wohnt oder sich aufhält, nimmt das Gesetz von den in § 103 aufgestellten Kautelen aus, StPO. § 103 Abs. 2.

Rechtsverbindlich ist grundsätzlich nur die vom Richter angeordnete Durchsuchung; bei Gefahr im Verzuge sowie bei den soeben genannten Räumen genügt jedoch die Anordnung der Staatsanwaltschaft oder der Kriminalpolizei (§ 105 StPO.). Bei Durchsuchung von Wohnungen, Geschäftsräumen oder befriedetem Besitztum (Haussuchung) sind, wenn sie ohne Beisein des Richters oder des Staatsanwalts stattfindet, tunlichst ein Gemeindebeamter oder zwei Gemeindemitglieder (jedoch nicht Polizei- oder Sicherheitsbeamte) zuzuziehen, außer wenn es sich um die vorstehend bezeichneten Räume handelt.

Besondere Kautelen sieht § 104 für nächtliche Haussuchungen vor; solche dürfen nur erfolgen bei Verfolgung auf frischer Tat; bei Gefahr im Verzuge; zwecks Wiederergreifung eines entwichenen Gefangenen; in Wohnungen von Polizeiobservaten; in Räumen, die ohnehin zur Nachtzeit jedermann zugänglich oder die der Polizei als Herbergen oder Versammlungsorte bestrafter Personen, als Niederlagen von Sachen, die mittels strafbarer Handlungen erlangt sind, oder als Schlupfwinkel des Glückspiels oder gewerbsmäßiger Unzucht bekannt sind. Besondere Garantien gelten auch für die Durchsicht von „Papieren" (§ 110 StPO.).

Viertes Kapitel.

Änderungen im Prozeßverhältnis und Prozeßbeendigung.

§ 54.

Literatur: Otker, Übernahme der Strafverfolgung durch die Staatsanwaltschaft, im Gerichtssaal Bd. LXXI S. 299; Binding, Die Wirkungen des Eintritts der Staatsanwaltschaft im Privatklageverfahren, im Gerichtssaal Bd. LXXII S. 1; Otker, Wirksamkeit der Entscheidungen, Präklusion von Beschwerden, Einstellungsbeschluß und Rechtshängigkeit (1910).

I. Eine Rechtsnachfolge in die Parteirolle und damit eine personelle Änderung des Prozeßverhältnisses kennt das Gesetz nur im Privatklageverfahren (auf Aktivseite): StPO. §§ 417 Abs. 2, 433 Abs. 2, 3.

II. Prozeßbeendigungsgründe sind

1. formell rechtskräftige prozeßerledigende Entscheidung;

2. Klagezurücknahme, soweit sie nach StPO. §§ 154, 431 zulässig ist;

3. der Tod des Beschuldigten oder (im Privatklageverfahren) des Privatklägers, StPO. § 433 Abs. 1 (vgl. aber das. Abs. 2 und 3, vorstehend I).

Fünftes Kapitel.

Kosten- und Entschädigungsrecht.

§55.

Literatur: Friedenreich, Lehre von den Kosten im Strafprozeß (1901); A. Friedländer, Das Kostenfestsetzungsverfahren in Strafsachen, Ztschr. f. StRW. Bd. XX S. 175. — Woermann, Das Wiederaufnahmeverfahren und die Entschädigung unschuldig Verurteilter (1899); Lessing, Entschädigung der im Wiederaufnahmeverfahren freigesprochenen Personen (1898); Schultetus in der Ztschr. f. StrRWiss. Bd. XXIII S. 687; Kähler, Entschädigung für Strafe und Untersuchungshaft (1904); Köhler im Gerichtssaal Bd. LXIV S. 337; Lessing, RGes. betr. die Entschädigung für Untersuchungshaft (1905); Romen, Die Reichsgesetze betr. die Entschädigung usw. (1905); Burlage, Die Entschädigung der unschuldig Verhafteten und der unschuldig Bestraften (1905); Brandis, Entschädigung für Untersuchungshaft (1905); Tobler, Die Entschädigungspflicht des Staates gegenüber schuldlos Verfolgten, Angeklagten und Verurteilten (1905); Krause, Haftentschädigung (1906); Rocco, La riparazione alle vittime degli errori giudiziari (1906); Goldschmidt, Rechtsgrund und Rechtsnatur der staatlichen Entschädigungspflicht gegenüber unschuldig Verhafteten und Bestraften, in der Festgabe für Gierke (1910); Rieker, Die Entschädigung unschuldig Verhafteter und Bestrafter (1911). Vgl. Högel, Das (österr.) Gesetz betr. die Entschädigung für ungerechtfertigt erfolgte Verurteilung (1901).

I. Im allgemeinen hat der Angeklagte die Kosten des Verfahrens zu tragen, wenn er rechtskräftig zur Strafe verurteilt wird (anders im Militärstrafprozeß, § 469 MStGO.); bei anderem Ausgang des Prozesses trägt sie die Staatskasse. Sonderbestimmungen gelten für den Fall der sog. Kompensation (§§ 199, 233 StGB.), den Fall der Zurücknahme des Strafantrages, den Fall schuldhaft irreführender Denunziation usw. (§§ 496—506 StPO.). Die Höhe der Kosten bestimmt sich namentlich nach dem Gerichtskostengesetz vom $\frac{\text{18. Juni 1878}}{\text{17. Mai 1898}}$.

II. Erfolgt im Wiederaufnahmeverfahren Bestrafung auf Grund eines milderen Strafgesetzes oder Freisprechung, so hat der solchergestalt mehr, als er schuldig war, oder ganz unschuldig Bestrafte einen Anspruch auf Entschädigung von Staats wegen, sofern sich im Wiederaufnahmeverfahren seine Unschuld bezüglich der Tat oder eines erschwerenden Umstandes herausgestellt hat oder wenigstens der Verdacht zerstört worden ist, und unter der weiteren Voraussetzung, daß der Beschuldigte seine frühere Verurteilung nicht vorsätzlich oder fahrlässig herbeigeführt hat. Liegen diese Voraussetzungen vor, so hat das Wiederaufnahmegericht neben dem Urteil einen separaten Beschluß zu erlassen, der die Verpflichtung der Staatskasse zur Entschädigung feststellt. Über den Betrag der Entschädigung entscheidet demnächst auf Betreiben des Entschädigungsberechtigten die Landesjustizverwaltung vorbehaltlich des ordentlichen Zivilrechtsweges (RGes. v. 20. Mai 1898).

Ähnliche Sätze wie für die Strafentschädigung gelten für die Haftentschädigung (RGes. v. 14. Juli 1904).

Besonderer Teil.

Erstes Kapitel.

Überblick über den Gang des Verfahrens.

§ 56.

Literatur: v. Kries, Vorverfahren und Hauptverfahren, Ztschr. f. StRW. Bd. IX S. 1; Kronecker, das. Bd. X S. 487; Hegler, Zur Stellung der Gerichte im Strafverfahren, in der Festschr. für Binding Bd. II (1911).

Der Strafprozeß zerlegt sich zeitlich in das Vorverfahren und das Hauptverfahren. Vorverfahren sind alle Prozeßhandlungen bis zur Eröffnung des Hauptverfahrens. Sein Zweck ist Stoffsammlung behufs demnächstiger Entscheidung der Frage, ob ein Hauptverfahren stattfinden solle. Die einfachste Erscheinungsform des Vorverfahrens ist das vorbereitende oder Ermittelungsverfahren (staatsanwaltschaftlich); in das Vorverfahren fällt aber auch die in gewissen Fällen stattfindende Voruntersuchung (richterlich).

Dominus litis ist von Hause aus der Kläger; er bestimmt, ob das Verfahren beginnen und fortschreiten solle. An das Gericht geht die Verfügung über den Fortgang mit dem Augenblick über, in dem die gerichtliche Untersuchung (Voruntersuchung oder Hauptverfahren) eröffnet wird (StPO. § 154).

Zweites Kapitel.

Die einzelnen Verfahrensarten.

A. Das regelmäßige Verfahren.

I. Das Vorverfahren.

Literatur: Ortloff, Vorverfahren (1893); v. Kries, Ztschr. f. StRW. Bd. IX S. 1; Kronecker in ders. Ztschr. Bd. VII S. 395, Bd. X S. 487; Zucker, Über einige Reformen des Vorverfahrens (1902).

1. Das Vorverfahren ohne Voruntersuchung.

§ 57.

a) Das Ermittelungsverfahren.

Das Ermittelungsverfahren wird von der Staatsanwaltschaft eingeleitet, wenn sie auf irgendeine Weise Kenntnis von dem Verdacht einer Straftat erhalten hat (§ 158 StPO.). Solche Kenntnis kann sie namentlich erhalten durch eine private Anzeige, eine Denunziation (vgl. § 156 Abs. 1 StPO.) sowie durch amtliche Mitteilungen seitens der Polizei, die nach § 161 StPO. „Recht und Pflicht des ersten Angriffs“ („die Initiative“) hat.

Die zur Aufhellung des Falles erforderlichen Prozeßhandlungen nimmt die Staatsanwaltschaft selbst vor (insoweit sie ihr nicht, wie z. B. Verhaftung, Eidesabnahme, gesetzlich entzogen sind); oder sie bedient sich dabei der Hilfe anderer Staatsorgane, insbesondere der Polizeibehörden (§ 159 StPO.), und des Amtsrichters, in dieser Eigenschaft „Ermittelungsrichter“ genannt (§§ 160, 163—167 StPO.).

§ 58.

b) Die Entscheidung der Staatsanwaltschaft nach Abschluß des Ermittelungsverfahrens und das Klageprüfungsverfahren.

Literatur: Dalcke, Goltd. Arch. Bd. XL S. 256, Bd. XLI S. 93; Delius, Goldt. Arch. Bd. XLIII S. 177.

I. Ergeben die Ermittelungen nicht zureichenden Anhalt dafür, daß das Gericht das Hauptverfahren zu eröffnen in der Lage sein werde, so verfügt die Staatsanwaltschaft die Einstellung des Verfahrens (§ 168 Abs. 2 StPO.). Doch kann ein so eingestelltes Verfahren jederzeit ohne weiteres erneuert werden. Von der Einstellung sind in Kenntnis zu setzen: der Beschuldigte, wenn er vom Richter verantwortlich vernommen oder gegen ihn ein Haftbefehl erlassen war, § 168 Abs. 2 StPO.; immer der Antragsteller (im weiteren Sinne, nicht bloß „Strafantrag“steller) § 169. Letzterer kann, wenn er gleichzeitig der Verletzte ist, auf ein gerichtliches Klageprüfungsverfahren antragen, d. h. sich an das Oberlandesgericht (in einem Falle an das Reichsgericht) mit dem Gesuch wenden, das Gericht möge prüfen, ob die Staatsanwaltschaft die Klage zu erheben verpflichtet sei. Fällt diese Entscheidung bejahend aus, so ist die Staatsanwaltschaft gehalten, Klage zu erheben (§§ 170 ff. StPO.).

Das Klageprüfungsverfahren dient als ein Garantiemittel für ungeschmälerte Durchführung des Legalitätsprinzips. Bevor das Gericht angerufen wird, muß aber der Berechtigte zunächst Remedur innerhalb der staatsanwaltschaftlichen Hierarchie erfolglos versucht haben, und zwar mittels einer binnen zwei Wochen einzulegenden Beschwerde. Erst gegen den ablehnenden Bescheid des vorgesetzten Beamten der Staatsanwaltschaft ist binnen einem Monat der Antrag auf gerichtliche Entscheidung zulässig. Der Antrag muß gehörig substantiiert sein durch Angabe der Tatsachen und der Beweismittel. Zum Schutz gegen Mißbrauch ist ferner vorgeschrieben, daß der Antrag von einem Rechtsanwalt unterzeichnet sein muß, und daß der Antragsteller auf Verlangen des Gerichts Sicherheit zu leisten hat: zudem trägt bei Erfolglosigkeit der Antragsteller die Kosten des Klageprüfungsverfahrens.

II. Liegen gegen einen bestimmten Beschuldigten wegen einer bestimmten Tat zureichende tatsächliche Anhaltspunkte vor, und ist das Verfahren in Ordnung, so erhebt die Staatsanwaltschaft die Anklage, d. h. sie stellt den Antrag auf Eröffnung des Hauptverfahrens behufs gerichtlicher Aburteilung des Falles (§§ 168, 197 StPO.). Die Anklage hat den Beschuldigten und seine Tat unter Anschluß an die Formel des Strafgesetzes anzugeben, auch das letztere zu allegieren, ferner die Beweismittel und das zur Aburteilung berufene Gericht zu bezeichnen; beizufügen ist — außer in schöffengerichtlichen und Überweisungssachen — ein Ermittelungsergebnis (§ 198 StPO.).

Der Form nach muß die Anklage regelmäßig schriftlich sein (Anklageschrift): nur in den Ausnahmefällen der §§ 211 (summarisches Verfahren vor dem Amts- oder dem Schöffengericht), 265 StPO. (Inzidentklage) wird die Anklage mündlich in der Hauptverhandlung erhoben.

§ 59.

c) Die Entscheidung des Gerichts über die Anklage.

Literatur: Glaser, in Grünhuts Ztschr. Bd. VII S. 739 (1880).

I. Die Anklageschrift ist (außer in den Fällen, in denen es sich um Eröffnung des Hauptverfahrens vor dem Schöffengericht oder um Überweisung der Sache an das Schöffengericht handelt) zunächst vom Gericht dem Angeschuldigten zur Erklärung darüber zuzustellen, ob er eine Voruntersuchung oder die Vornahme einzelner Beweiserhebungen vor der Hauptverhandlung beantragen oder Einwendungen gegen die Eröffnung des Hauptverfahrens vorbringen wolle (§ 199 StPO.). Sog. Zwischenverfahren.

II. Über die unter Anklage gestellte Tat in der Richtung gegen den Angeschuldigten entscheidet sodann das Gericht ohne mündliche Verhandlung durch Beschluß.

1. a) Kommt das Gericht zu der Auffassung, daß hinreichender Verdacht für das Bestehen des Strafanspruchs vorliegt, und hält es alle Prozeß- und Strafklagerechtsvoraussetzungen für gegeben, so beschließt es die Eröffnung des Hauptverfahrens: Eröffnungsbeschluß (§§ 201, 205, 207 StPO.; vgl. § 75 GVG.).

b) Ausnahmsweise kann trotz Zutreffens dieser Voraussetzungen eine Strafsache auf Antrag der Staatsanwaltschaft durch Einstellung des Verfahrens ausgeschaltet werden, wenn sie mit einer anderen, in der das Hauptverfahren eröffnet wird, wegen Realkonkurrenz verbunden ist, und für die Strafe die Feststellung des Falles unwesentlich erscheint (§ 208 StPO.).

2. Reicht der Verdacht zur genügenden Belastung des Angeschuldigten nicht hin, oder fehlt eine Prozeß- oder Strafklagerechtsvoraussetzung, so beschließt das Gericht

a) regelmäßig die Einstellung des Verfahrens unter Ablehnung des klägerischen Antrages auf Eröffnung (§ 202 StPO.), Nichteröffnungsbeschluß. Ein derartiger Beschluß muß so abgefaßt werden, daß daraus hervorgeht, ob die Einstellung auf tatsächlichen oder auf Rechtsgründen beruht.

b) Wenn es sich nur um Abwesenheit des Angeschuldigten oder derzeitige Geisteskrankheit desselben handelt, kann vorläufige Einstellung des Verfahrens beschlossen werden (§ 203 StPO.).

3. Erscheint noch weitere Aufklärung der Sache erforderlich, so ergeht zunächst ein Zwischenbeschluß, es wird

a) Eröffnung einer Voruntersuchung, insoweit solche zulässig ist (unten § 60) und das Gericht sie für notwendig (unten § 60 I, 1) oder zweckmäßig hält, oder

b) Erhebung einzelner Beweise (durch einen beauftragten oder ersuchten Richter) beschlossen (§ 200 StPO.); nach Erledigung erfolgt sodann Beschluß wie ad 1 oder 2.

III. Insoweit das Gericht den in Gemäßheit des § 199 StPO. (oben I) gestellten Anträgen des Angeschuldigten nicht stattgibt, muß durch einen Nebenbeschluß eine ausdrückliche Ablehnung derselben erfolgen. Gegebenenfalls verbindet sich ferner mit dem Eröffnungsbeschluß die Anordnung oder Aufrechterhaltung der Untersuchungshaft.

IV. Der Eröffnungsbeschluß ist Prozeßgestaltungsvoraussetzung für Hauptverfahren und Hauptverhandlung. Dieser Satz erleidet zwei Durchbrechungen:

a) Fall des sog. summarischen Verfahrens (§ 211 StPO.): Vor dem Schöffengericht kann ohne Eröffnungsbeschluß zur Hauptverhandlung geschritten werden, wenn der Beschuldigte entweder sich freiwillig stellt oder infolge einer vorläufigen Festnahme dem Gerichte vorgeführt oder nur wegen Übertretung verfolgt wird; desgleichen kommt der Eröffnungsbeschluß in Wegfall bei der schöffenlosen amtsrichterlichen Hauptverhandlung (§ 211 Abs. 2 StPO.).

b) Fall der sog. Inzidentanklage (§ 265 StPO.): Bei Realkonkurrenz kann, wenn wegen der einen Tat das Hauptverfahren eröffnet worden ist, die andere Tat auf mündlich in der Hauptverhandlung erhobene Klage sofort ohne Eröffnungsbeschluß mit abgeurteilt werden.

V. Der Einstellungsbeschluß (oben II 2 a) läßt Neuerhebung der Klage nur auf Grund neuer Tatsachen oder Beweismittel zu (§ 210 StPO.); er erwächst also in Rechtskraft unter der resolutiven Bedingung des Auftauchens neuer Tatsachen oder Beweismittel.

§ 60.

2. Das Vorverfahren mit Voruntersuchung.

Literatur: Ortloff, Vorverfahren (1893); Derselbe, Ztschr. f. StrRW. Bd. II S. 497; Zucker, Gerichtssaal Bd. XLVII S. 436; Derselbe, Über einige Reformen des Vorverfahrens (1902). Vgl. auch die Verhandlungen der Intern. Krimin. Vereinigung in ihren Mitteilungen Bd. X S. 533—626 sowie W. Mittermaier das. Bd. XI.

I. Gewisse Strafsachen durchlaufen vor dem in § 59 erwähnten Gerichtsbeschluß noch das Stadium der sog. „Voruntersuchung" (§ 176 StPO.).

1. In den zur Zuständigkeit der Schwurgerichte und des Reichsgerichts gehörenden Strafsachen ist die vorgängige Führung einer Voruntersuchung „notwendig", d. h. Prozeßgestaltungsvoraussetzung für die Eröffnung des Hauptverfahrens.

2. In Strafkammersachen kann durch jedes der drei Prozeßsubjekte eine Voruntersuchung herbeigeführt werden.

In Schöffensachen ist Voruntersuchung unzulässig (abgesehen von § 5 StPO.).

II. Die Voruntersuchung ist bereits eine „gerichtliche Untersuchung" im Sinne des § 151 StPO. (oben § 22). Ohne Strafklage somit keine Voruntersuchung. Mit Rücksicht auf die zwei möglichen Stufen der Klage nach § 168 StPO. — oben § 36 II 1, 2, III — kann aber der Hergang nicht bloß der sein,

a) daß die Voruntersuchung auf Grund eines von der Staatsanwaltschaft selbst gestellten Antrages auf Voruntersuchung eröffnet wird (§§ 176—178 StPO.), sondern auch

b) der, daß die Staatsanwaltschaft Anklage erhoben hatte, aber das Gericht, sei es auf Antrag des Angeschuldigten, sei es ex officio, Eröffnung einer Voruntersuchung anordnet (§§ 176, 200 StPO.).

Der Antrag auf Voruntersuchung verfällt der Ablehnung, wenn die Strafverfolgung überhaupt oder die Voruntersuchung insbesondere unzulässig ist, also eine entsprechende prozessuale Voraussetzung fehlt (das Gesetz — § 178 StPO. — detailliert dies unnötigerweise dahin: der Antrag könne nur wegen Unzuständigkeit des Gerichts oder wegen Unzulässigkeit der Strafverfolgung oder der Voruntersuchung oder weil die in dem Antrage bezeichnete Tat unter kein Strafgesetz falle, abgelehnt werden; Unzuständigkeit des Gerichts und Nichtbenanntsein eines Strafgesetzes begründen eben auch Unzulässigkeit prozessualischen Vorgehens). Dagegen kann aus materiell-strafrechtlichen Gründen keinesfalls eine Ablehnung erfolgen; denn ob oder weshalb nicht eine strafbare Handlung vorliegt, soll ja erst die Voruntersuchung aufhellen; insonderheit hat die Stärke des Verdachts gänzlich ungeprüft zu bleiben (anders als bei Fassung des Eröffnungsbeschlusses). Das Überführungsmaterial soll ja erst durch die Voruntersuchung gesammelt werden.

Zur Eröffnung der Voruntersuchung zuständig ist in allen Fällen der Untersuchungsrichter (§ 182); ablehnen kann dagegen nur das Gericht (§ 178 S. 2 StPO.). Der Eröffnung geht jedoch in den Fällen ad b die Anordnung des (beschließenden) Gerichts, daß eine Voruntersuchung eröffnet werden solle, voraus. Die Führung der Voruntersuchung liegt prinzipiell ebenfalls in der Hand des Untersuchungsrichters (§§ 182, 184 StPO., § 60 GVG.; vgl. jedoch § 183 StPO.).

Die Ausdehnung der Voruntersuchung ergibt sich aus ihrem Zwecke: die Nachforschungen sind bis zu dem Punkte, aber auch nur bis zu dem Punkte durchzuführen, daß sich beurteilen läßt, ob hinreichender Verdacht der Tat vorliegt oder nicht.

III. Nach geführter Voruntersuchung kann die Staatsanwaltschaft gemäß § 154 StPO. — oben § 22 — das Verfahren nicht mehr einstellen; sie hat vielmehr nur die Wahl, ob sie (abgesehen von dem Antrage auf Ergänzung der Voruntersuchung) Anklage erheben (bzw. in den Fällen II b die Anklage aufrechterhalten) oder bei dem Gericht die Nichteröffnung des Hauptverfahrens beantragen will. Das Gericht beschließt alsdann — gleichviel was die Staatsanwaltschaft beantragt hat — in der Weise wie oben § 59 angegeben mit folgenden Modifikationen:

1. Die Einstellung des Verfahrens tritt hier auf als „Außerverfolgungsetzung des Angeschuldigten".

2. Statt der in § 59 II, 3 erwähnten Beschlüsse ergeht Beschluß auf „Ergänzung der Voruntersuchung".

3. Beschließt das Gericht entgegen dem staatsanwaltschaftlichen Antrage auf Außerverfolgungsetzung die Eröffnung des Hauptverfahrens, so ist nachträglich eine Anklageschrift einzureichen (§ 206 StPO.).

II. Das Hauptverfahren.

1. Erste Instanz.

§ 61.

a) Vorbereitung der Hauptverhandlung.

Der Zeitraum zwischen dem Eröffnungsbeschluß und der Hauptverhandlung ist der „Vorbereitung der Hauptverhandlung" gewidmet. Er wird ausgefüllt durch Terminsanberaumung, Ladungen usw. (§§ 212—221 StPO.). In dies Stadium fällt aber auch die sog. „kommissarische" („stellvertretende") Beweiserhebung (§§ 222—224, 232 Abs. 2 StPO.), gewöhnlich als „Vorwegnahme eines Teils der Hauptverhandlung" bezeichnet. Es handelt sich hier um Beweiserhebungen, die in der Hauptverhandlung vorzunehmen unmöglich oder schwierig wäre; in der Hauptverhandlung wird alsdann lediglich Urkundenbeweis über die kommissarische Beweisaufnahme erhoben (§§ 250 Abs. 2, 249 i. f., 232 letzter Satz StPO.; vgl. oben § 24 a. E.).

Soll die Hauptverhandlung vor dem Schwurgericht stattfinden, so muß spätestens am Tage vor der Hauptverhandlung die Geschworenenspruchliste dem Angeklagten zugänglich gemacht werden; werden dann noch neue Namen auf die Liste gesetzt, so muß dem Angeklagten auch hiervon Mitteilung gemacht werden (§ 277 StPO.).

b) Die Hauptverhandlung.

§ 62.

α) Im Allgemeinen.

Literatur: Kleinfeller, Gerichtssaal Bd. XLV S. 356; Meves, Goltd. Arch. Bd. XL S. 291, 416; Miltner, Die Beweisanträge des Angeklagten in der Hauptverhandlung, Das Recht Bd. VI S. 568; Traut, Gerichtssaal Bd. LVII S. 309; Derselbe, Gerichtssaal Bd. LIX S. 193; Otker, Goltd. Arch. Bd. XLVII S. 321; Gneist, Vier Fragen zur deutschen Strafprozeßordnung (1874), 124.

I. Hauptverhandlung ist die mündliche (und regelmäßig öffentliche) Verhandlung vor dem erkennenden Gericht behufs Entscheidung über den Prozeßgegenstand. Erforderlich ist in ihr Gegenwart des Gerichts, der Staatsanwaltschaft, in der Regel auch des Angeklagten, sowie unter Umständen des Verteidigers (vgl. im einzelnen §§ 225, 226, 229—230, 246, 145 StPO.; § 178 GVG.).

Ohne den Angeklagten kann nur ausnahmsweise verhandelt werden (Absenzverhandlung), nämlich:

a) Wenn der Angeklagte anfänglich zur Stelle war und sich erst — was aber verhindert werden kann (§ 230 Abs. 1) — während der Hauptverhandlung entfernt, so kann der Rest der Hauptverhandlung ohne seine Gegenwart stattfinden, vorausgesetzt, daß er bereits zur Sache gehört worden war (§ 230 Abs. 2 StPO.).

b) Bei unentschuldigtem Ausbleiben des Angeklagten trotz ordnungsmäßiger Ladung kann verhandelt werden, wenn es sich um eine nur mit Geldstrafe, Haft oder Einziehung (einzeln oder kumulativ) bedrohte Tat handelt (§ 231 StPO.).

c) Von der Pflicht zum Erscheinen kann der Angeklagte durch Gerichtsbeschluß dispensiert werden, wenn er dies beantragt und sein Aufenthalt vom Hauptverhandlungsorte weit entfernt ist, auch voraussichtlich keine andere Strafe als Freiheitsstrafe bis sechs Wochen oder Geldstrafe oder Einziehung (einzeln oder kumuliert) zu erwarten steht. Ist Dispens erfolgt, so kann ohne den Angeklagten verhandelt werden, sofern er kommissarisch oder im Vorverfahren richterlich als Beschuldigter vernommen worden ist (§ 232 StPO.).

In allen diesen Absenzfällen weicht aber die Gestaltung der Hauptverhandlung in nichts ab von der Präsenzverhandlung, nur daß natürlich die persönliche Anhörung des Angeklagten hinwegfällt. Kontumazialcharakter nimmt das Verfahren in keinem Punkte an. Es gilt also keineswegs ein Satz wie der des Code d'instr. crim. art. 186: „Si le prévenu ne comparaît pas, il sera jugé par défaut" (im Verfahren vor den Zuchtpolizeigerichten), oder wie der der Zivilprozeßordnung § 331: „Beantragt der Kläger gegen den im Termin zur mündlichen Verhandlung nicht erschienenen Beklagten das Versäumnisurteil, so ist das tatsächliche mündliche Vorbringen des Klägers als zugestanden anzunehmen. Soweit dasselbe den Klageantrag rechtfertigt, ist nach dem Antrage zu erkennen..." Vielmehr wird die Beweisaufnahme ganz in der gewöhnlichen Weise durchgeführt, und lediglich nach ihrem Ausfall richtet sich der Inhalt des Absenzurteils.

Die Leitung der Hauptverhandlung liegt in der Hand des Vorsitzenden und mit ihr die Vernehmung des Angeklagten und die Beweisaufnahme (§ 237 StPO.). Durch diese Vorschrift ist der Hauptverhandlung volle Einheitlichkeit gesichert. Die StPO. hat — und zwar mit Recht — aus dem Klageformprinzip nicht die Konsequenz gezogen, daß der Hauptverhandlung der Typus einer Parteienverhandlung aufgedrückt werden müsse, vielmehr die Klageform, die ja doch eben nur Form ist, dem Interesse an Klarheit und zielbewußter Erforschung der Wahrheit geopfert. Den berechtigten Interessen der Parteien ist dadurch Rechnung getragen, daß sie nicht allein fortwährend zu hören sind (§ 256), sondern ihnen auch zu gestatten ist, Zeugen und Sachverständigen Fragen vorzulegen (§ 238). Zudem hat die StPO. dem „Kreuzverhör" des englischen Rechts in der Weise Raum gegeben, daß „die Vernehmung der von der Staatsanwaltschaft und dem Angeklagten benannten Zeugen und Sachverständigen der Staatsanwaltschaft und dem Verteidiger auf deren übereinstimmenden Antrag von dem Vorsitzenden zu überlassen" ist (§ 238 StPO.). Diese Bestimmung gehört aber zu den gänzlich abgestorbenen Sätzen der StPO., oder richtiger: sie hat niemals Leben empfangen. Die Erwägungen, denen sie ihre Entstehung verdankte, erwiesen sich als stark doktrinär, die Praxis hat sich mit dem Kreuzverhör nicht befreundet, — und es ist gut so!

In der Leitungsgewalt ist der Vorsitzende souverän. Nur muß er beisitzenden Richtern, Schöffen und Geschworenen gestatten, durch Fragen an die Zeugen und Sachverständigen mit einzugreifen, nachdem er selbst die Vernehmung beendet hat (§ 239 StPO.), und durch Gerichtsbeschluß können die Maßregeln des Vorsitzenden, insoweit sie gesetzlich unzulässig sind, inhibiert werden (§ 237 Abs. 2; vgl. § 241).

Die Signatur der strafprozessualen Hauptverhandlung ist demnach von der der zivilprozessualen „mündlichen Verhandlung" insofern wesentlich verschieden, als im Strafprozeß das eigentlich verhandelnde Subjekt nicht die Parteien sind, sich also die Prozeßhandlungen nicht an den Parteivortrag als ihren Mittelpunkt angliedern, sondern vielmehr das richterliche Handeln den Mittelpunkt bildet. Dies ist die natürliche Folge der Instruktionsmaxime (oben § 23). Deshalb wird auch die Hauptverhandlung von vornherein nicht auf die Anklage, sondern auf den gerichtlichen Eröffnungsbeschluß als ihr Fundament gestellt. Ein einleitender Anklagevortrag durch den Ankläger (wie ihn der Code d'instr. criminelle art. 315 kennt) fehlt im deutschen Recht, ebenso natürlich auch ein Defensivvortrag des Beschuldigten: eine Regelung, die mit Rücksicht auf die dadurch verbürgte größere Objektivität der Verhandlung durchaus beifallswert erscheint.

Die Prozeßhandlungen in der Hauptverhandlung folgen in nachstehender Reihenfolge aufeinander:

1. Aufruf der Zeugen und der Sachverständigen,
2. Vernehmung des Angeklagten zur Person,
3. Verlesung des Eröffnungsbeschlusses,
4. Vernehmung des Angeklagten zur Sache,
5. Beweisaufnahme,
6. Schlußvorträge der Parteien,
7. Abschließende Entscheidung des Gerichts.

II. Die Beweisaufnahme in der Hauptverhandlung (§§ 243—256 StPO.) wird namentlich von folgenden Sätzen beherrscht:

1. Alle zur Stelle befindlichen Zeugen und Sachverständigen, insoweit sie ordnungsmäßig „geladen" (nicht bloß „gestellt") sind, müssen vernommen, alle ordnungsmäßig zur Stelle gebrachten sächlichen Beweismittel müssen benutzt werden, auch insoweit das Gericht diese Beweisaufnahmen für überflüssig hält. Ausnahmsweise kann das Schöffengericht solche Beweismittel unbenutzt lassen; ebenso das Landgericht als Berufungsinstanz in Übertretungs- und Privatklagesachen; endlich jedes Gericht bei Verzicht beider Parteien (§ 244 StPO.).

2. Die Benutzung weiterer als der zur Stelle befindlichen Beweismittel kann der Vorsitzende, falls nicht dadurch eine Aussetzung der Hauptverhandlung erforderlich wird, und in jedem Falle das Gericht anordnen (§ 243 Abs. 2, 3 StPO.).

3. Ablehnung eines parteiseitig gestellten Beweisantrages kann nur durch Beschluß des Gerichtsganzen erfolgen (§ 243 Abs. 2 StPO.).

Es ist selbstverständlich, daß solche Ablehnung nur aus Gründen, nicht willkürlich erfolgen darf. Berechtigt ist die Ablehnung zunächst immer, wenn ein gehöriger Beweisantrag nicht vorliegt, so, wenn der Antragsteller kein Beweisthema namhaft macht (z. B. der Angeklagte beharrt, wie in der Praxis häufig vorkommt, lediglich dabei, das Gericht möge „seine Zeugen" vernehmen, ohne anzugeben, was sie denn eigentlich bekunden sollen); oder wenn er das Beweismittel nicht so bestimmt bezeichnet, daß eine Ausführung der Beweisaufnahme möglich wird (z. B. er beruft sich auf einen Zeugen, der bei dem inkriminierten Vorfall zugegen gewesen sein soll, dessen Namen und Aufenthalt er aber nicht angeben kann). Eine Ablehnung ist ferner am Platze, wenn das in Bezug genommene Beweismittel von einem relativen (oder gar absoluten) Beweisverbot getroffen wird (z. B. der Antragsteller beruft sich auf einen von der Amtsverschwiegenheitspflicht nicht entbundenen Beamten rücksichtlich einer von der Verschwiegenheitspflicht getroffenen Tatsache). Abzulehnen sind ferner Beweisanträge, deren Beweisthema dem Gericht unerheblich erscheint, so daß sich, auch wenn die unter Beweis gestellte Tatsache als wahr angenommen wird, das Gesamtbeweisergebnis nicht ändert (z. B. der eines Gelddiebstahls Angeklagte, gegen den zahlreiche Indizien vorliegen, beantragt Beweiserhebung darüber, daß er einige Tage nach dem Diebstahlstage sich von einem Dritten eine Mark geborgt habe; Ablehnung ist statthaft mit der Motivierung, daß dieser Umstand seine Richtigkeit haben möge, aber im Zusammenhalt mit den bisher gewonnenen Indizien die Überzeugung von der Täterschaft nicht zu erschüttern vermöge, da die Aufnahme des Darlehns von einer Mark recht wohl im augenblicklichen Kleingeldmangel ihren Grund haben könne). Abgelehnt werden kann endlich die Beweiserhebung über Tatsachen, die zwar erheblich sind, aber vom Gericht schon für erwiesen angesehen werden (z. B. entgegen der Annahme des Eröffnungsbeschlusses behauptet der Angeklagte unter Berufung auf einen neuen Zeugen, nicht mit einem gefährlichen Werkzeug, sondern nur mit der Hand geschlagen zu haben, und das Gericht hat die gleiche Überzeugung bereits aus der bisherigen Beweisaufnahme gewonnen).

Abgesehen hiervon muß allen Beweisanträgen Rechnung getragen werden. Ein durchaus falscher Standpunkt wäre es, wollte das Gericht danach fragen, ob es vielleicht schon vom Gegenteil der unter Beweis gestellten Tatsache durch die bereits vorgeführten Beweismittel überzeugt sei, so daß die Sache „schon genügend aufgeklärt sei". Das würde darauf hinauslaufen, daß dem Beweisgegner, also regelmäßig dem Angeklagten, der direkte Gegenbeweis einfach abgeschnitten würde! Ist nicht alles sich bietende Beweismaterial dem Gericht vorgeführt worden, so bleibt eine Tatsachenfeststellung mit der Irrtumsmöglichkeit behaftet. In seinen eigenen Geschäften kann man sich wohl mit einer unvollständigen Information begnügen, weil sich hier jeder zufrieden geben kann, wenn er es für gut hält. Der Richter im Strafprozeß darf das aber nicht, weil er nicht ruhen und rasten darf, bis er alle Erkenntnisquellen der Wahrheit, so viele ihrer zu finden sind, ausgeschöpft hat. Deshalb hat der Richter stets, wenn objektiv die Möglichkeit eines anderen Ergebnisses als des bisher gewonnenen besteht, die gebotene Fährte zu verfolgen, mag er persönlich auch noch so sehr überzeugt sein, daß die Wahrheit von ihm schon jetzt gefunden sei. Am allerwenigsten darf der Richter dem angebotenen Beweismittel, bevor er es benutzt hat, den Glauben versagen und um deswillen den gestellten

Beweisantrag ablehnen. Dies auch dann nicht, wenn das Gericht die Unglaubwürdigkeit auf persönliche Verhältnisse (Verwandtschaft des Zeugen mit dem Angeklagten usw.) gründen will; wenn das Reichsgericht in solchem Falle eine Ablehnung gutheißt, so übersieht es, daß der in abstracto noch so unglaubwürdige Zeuge in concreto doch sehr vertrauenswürdig sein, und seine Vernehmung das bisherige Beweisergebnis umwerfen kann. Auch eine Abwägung des angebotenen Beweismittels gegenüber den schon benutzten darf nicht im voraus vorgenommen werden in der Tendenz, das angebotene Beweismittel unbenutzt zu lassen. Selbst wenn 99 Zeugen übereinstimmend eine Tatsache bekundet haben, kann sich durch Vernehmung des hundertsten Zeugen eine totale Umwälzung des Beweisfragestandes ergeben. Etwas ganz anderes ist es, wenn etwa die Vernehmung eines vom Tatort 50 Schritt entfernt gewesenen Augenzeugen mit der Begründung abgelehnt wird, daß dessen Bekundung gegen die Wahrnehmung von zehn schon vernommenen, unmittelbar am Tatorte selbst befindlich gewesenen Zeugen nicht aufkommen könne. Hier wird nicht der beantragte Beweis als unglaubhaft unterdrückt, sondern es wird die T a t s a c h e , daß sich der Sachverhalt in einer Entfernung von 50 Schritt anders dargestellt habe, als bisher zur Sprache gebracht, als u n e r h e b l i c h charakterisiert. Es liegt also hier der oben erörterte Fall vor, daß das B e w e i s t h e m a als w a h r angenommen, ihm aber ein Einfluß auf die richterliche Meinungsbildung abgesprochen wird.

III. Zum Schlußvortrag (Plaidoyer) berechtigt sind beide Parteien, und zwar an erster Stelle die Staatsanwaltschaft. Auf die von dem Angeklagten gegebenen Ausführungen ist die Staatsanwaltschaft zu erwidern befugt. Das letzte Wort gebührt dem Angeklagten (§§ 257, 258 StPO.).

IV. Den Gegenstand der Urteilsfindung bildet (abgesehen von § 211 StPO.; oben § 59 IV a) die im Eröffnungsbeschlusse bezeichnete Tat in ihrer Eigenschaft als „die Strafsache" (§ 263 StPO.; vgl. oben §§ 6, 7.). Andere Taten können nur unter den Voraussetzungen des § 265 StPO. auf Grund einer Inzidentanklage mit abgeurteilt werden (oben § 59 IV b). Nicht bindend für das erkennende Gericht ist dagegen (wegen der Einheitlichkeit der Strafsache) die juristische Würdigung der Tat, wie sie der Eröffnungsbeschluß enthält; nur ist der Angeklagte vorkommendenfalls auf Veränderungen des rechtlichen Gesichtspunkts (fälschlich so genannte „Klageänderung" oder „Klagebesserung") hinzuweisen (§ 264 StPO.). Im Hinblick auf die Einheitlichkeit der Strafsache versteht sich auch von selbst, daß Verschiebungen im Tatsachenmaterial nicht ausgeschlossen, vielmehr voll zu berücksichtigen sind.

V. Fehlt eine Urteilsvoraussetzung, oder ist die Sache noch nicht spruchreif, so schließt der Termin mit einem Beschluß ab, z. B. auf Unzuständigkeitserklärung (§ 270 StPO.), Vertagung usw.; nach erfolgter Vertagung muß, dem Konzentrationsprinzip gemäß, eine total neue Hauptverhandlung mit neuer Verlesung des Eröffnungsbeschlusses, neuer Beweisaufnahme usw. erfolgen. (Anders bei kurzen, d. h. sich nicht über den vierten Tag hinaus erstreckenden „Unterbrechungen", § 228 StPO.)

Zu einer Vertagung hat es zu kommen, wenn die Ladungsfrist (§ 216 StPO.) gegen den Angeklagten nicht gewahrt ist; wenn das Gericht mehr Beweismaterial, als zur Stelle befindlich und ohne Aussetzung erreichbar ist, für nötig hält; wenn ein an Stelle eines ausgebliebenen bestellter neuer Verteidiger die Vertagung zwecks Vorbereitung verlangt, und Unterbrechung der Hauptverhandlung nicht genügend erscheint (§ 145 StPO.); wenn sich der juristische Gesichtspunkt gegenüber dem Eröffnungsbeschluß ändert und entweder infolge der veränderten Sachlage eine Aussetzung zur genügenden Vorbereitung der Anklage oder der Verteidigung angemessen erscheint oder der Angeklagte die Aussetzung verlangt, indem er einen neu hervorgetretenen, ein schwereres Strafgesetz oder einen Straferhöhungsgrund bedingenden Umstand bestreitet usw.

VI. Unzulässig ist die Abhaltung einer Hauptverhandlung gegen eine Person des Beurlaubtenstandes oder eine gleichgestellte Person, solange sie zum Dienst einberufen ist (§ 9 Abs. 1 Satz 2 MStGO.).

§ 63.

β) Die schwurgerichtliche Hauptverhandlung speziell.

Literatur: H e i n z e , Goltd. Arch. Bd. XIII S. 616, Bd. XIV S. 1; D i e P r i n z i p i e n d e s b r a u n s c h w e i g i s c h e n S t r a f p r o z e s s e s , drei gutachtliche Berichte des Herzogl. Obergerichts Wolffenbüttel; D i e R e c h t s f i n d u n g i m G e s c h w o r e n e n -

gericht, Anl. 5 zu den Motiven des Entwurfs einer deutschen StPO.; H. Meyer, Tat- und Rechtsfrage im Geschworenengericht (1860); Glaser, Schwurgerichtliche Erörterungen (2. Aufl. 1875); v. Bar, Recht und Beweis im Geschworenengericht (1865); Binding, Die drei Grundfragen zur Organisation des Strafgerichts (1876); Dalcke, Fragestellung und Verdikt (2. Aufl. 1898); Bischoff, Goltd. Arch. Bd. XLII S. 349, XLVI S. 1; Freudenstein, Goltd. Arch. Bd. XXXIII S. 369; Ötker, Goltd. Arch. XLVII S. 321, XLVIII S. 321; Kalau v. Hofe, Der Vorsitz im Schwurgericht (2. Aufl. 1912); Ötker, Das Verfahren vor den Schwur- und den Schöffengerichten (1907); Lazarus, Die sog. Schuldausschließungsgründe usw., erörtert an dem Verfahren vor dem Schwurgericht (1911); Ötker, Die Formulierung der Schwurgerichtsfragen, im Gerichtssaal Bd. LXIV S. 55; Görres, Der Wahrspruch der Geschworenen und seine psychologischen Grundlagen, in Jurist.-psychiatr. Grenzfragen, Bd. I (1903); Feddersen, Das Schwurgericht (1907); Mittermaier-Liepmann, Schwurgerichte und Schöffengerichte (seit 1908).

Die Hauptverhandlung vor den Schwurgerichten weicht von der gewöhnlichen Hauptverhandlung in folgenden Punkten ab:

I. Die Hauptverhandlung beginnt hier mit der Bildung der Geschworenenbank durch Auslosung der Geschworenen aus der Spruchliste, woran sich die Vereidigung der Geschworenen anschließt (§§ 278—288 StPO.).

Die Auslosung vollzieht sich so, daß der Vorsitzende die Namen der Geschworenen aus der Urne zieht in der Reihenfolge, in der er sie zu greifen bekommt, und daß nach Aufruf eines jeden Namens die Staatsanwaltschaft und der Angeklagte eine etwaige Ablehnung zu erklären haben, und zwar die Staatsanwaltschaft zuerst. Ablehnungen sind so viele zulässig, als nicht das Zustandekommen der Geschworenenbank vereitelt wird, d. h. es müssen jedenfalls zwölf Geschworene (und, wenn Ergänzungsgeschworene zugezogen werden, noch so viel Geschworene, als zur Ergänzung herangezogen werden) übrigbleiben. Zur Auslosung kann geschritten werden, wenn von den 30 auf der Spruchliste stehenden Geschworenen nach Ausscheidung der kraft Gesetzes ausgeschlossenen mindestens 24 anwesend sind. Die Zahl der zulässigen Ablehnungen schwankt also zwischen 12 (24—12) und 18 (30—12). Zwischen Staatsanwaltschaft und Angeklagtem werden die Ablehnungen gleichmäßig verteilt; beläuft sich deren Zahl auf 13, 15, 17, so hat der Angeklagte eine Ablehnung mehr als die Anklagebehörde. Sind der Angeklagten mehrere, so üben sie die Ablehnung gemeinschaftlich aus; kommt eine Einigung zwischen ihnen nicht zustande, so werden die Ablehnungen unter sie verteilt, und zwar, wenn es nicht anders geht, durch Los.

Für jede Hauptverhandlung wird eine besondere, aber auch nur eine Geschworenenbank gebildet (arg. § 278 StPO.); die Zahl der Sitzungstage ist gleichgültig. Erstreckt sich eine Hauptverhandlung auf mehrere Sitzungstage, so ist selbstverständlich nicht für jeden Tag eine neue Bank zu bilden. Stehen umgekehrt an einem Sitzungstage mehrere Strafprozesse hintereinander zur Verhandlung, so ist im Prinzip für jeden Strafprozeß eine neue Bank zu bilden. In letzterer Beziehung sieht jedoch § 286 eine Ausnahme vor.

II. Alle auf das Prozeßverhältnis, das Strafklagerecht und die Prozeßgestaltung bezüglichen Entscheidungen (Beschlüsse, Formalurteile) sind Sache der drei Berufsrichter (des „Gerichtshofs"). Findet der Gerichtshof das Prozeßverhältnis mangelhaft, so stellt er das Verfahren ein; die Geschworenenbank tritt alsdann gar nicht in Tätigkeit. In der Sache selbst entscheiden:

1. über die Schuldfrage und die Frage nach mildernden Umständen die Geschworenen, und zwar (entgegen dem englischen, dem französischen und dem preußischen Recht) nicht bloß in tatsächlicher, sondern auch in rechtlicher Beziehung, Tatfrage und Rechtsfrage (§ 81 GVG., §§ 262, 297 StPO.);

2. über die Straffrage mit Ausnahme der Frage nach mildernden Umständen (und über die Frage nach den sonstigen im Strafprozeß zu verhängenden Maßregeln: Buße, Überweisung in eine Besserungsanstalt usw.) der Gerichtshof.

III. Auf die Beweisaufnahme folgt die Fragestellung an die Geschworenen (§§ 290—298 StPO.). Die Fragen werden durch den Vorsitzenden entworfen, endgültig festgestellt durch den Gerichtshof. Wird die Stellung einer Frage beantragt, so kann das Gericht sie nur aus Rechtsgründen ablehnen. Die Fragen müssen so gestellt werden, daß ihre Beantwortung mit

„Ja" oder „Nein" möglich ist. Deshalb sind echte Alternativfragen, das sind solche, bei denen ein „oder" im Sinne von aut unterläuft, unmöglich und nur insoweit eine Frage mit „oder" zulässig, als dieses „oder" die Bedeutung von sive hat (so „in oder gleich nach der Geburt" [§ 217 StGB.] zulässig). Mehrere Taten des Angeklagten dürfen ebensowenig wie die Taten mehrerer Angeklagten in eine Frage zusammengefaßt werden: kollektive Fragestellung ist unzulässig. Die Formulierung der Fragen muß sich durchweg genau an die Worte des materiellen Strafrechts anschließen.

Niemals fehlen darf die Hauptfrage; sie fragt, ob der Angeklagte schuldig sei im Sinne des Eröffnungsbeschlusses. Die juristische Formulierung muß mit den Worten des betreffenden Strafgesetzes im eigentlichen Sinne unter Hinzufügung der „Erscheinungsform" der Tat (Versuch, Anstiftung usw.) geschehen. Die Tat ist dabei derart zu individualisieren, daß sie von anderen unterschieden ist. Daneben muß aber auch eine Spezialisierung für zulässig erachtet werden, wiewohl dies bestritten ist, d. h. eine Hinzufügung der faktischen Umstände, in denen die Rechtsbegriffe gefunden werden sollen. Die Hauptfrage lautet also z. B.:

> „Ist der Angeklagte schuldig, am 13. Januar 1902 in Berlin einen Menschen, nämlich den Fabrikwächter Phylax aus Berlin, getötet und die Tötung mit Überlegung ausgeführt zu haben?"

Ergibt sich die Möglichkeit einer vom Eröffnungsbeschlusse abweichenden rechtlichen Auffassung der Tat, so wird eine Hilfsfrage gestellt für den Fall der Verneinung der Hauptfrage. Ihr Bau ist der gleiche wie der der Hauptfrage („Ist der Angeklagte schuldig —?"). Möglicherweise können zu der Hauptfrage oder zu der Hilfsfrage für den Fall ihrer Bejahung Nebenfragen hinzutreten; das sind Fragen, mittelst deren einzelne Umstände der Tat zur Beantwortung verstellt werden (nämlich: mildernde Umstände; die zur Erkenntnis der Strafbarkeit erforderliche Einsicht bei Jugendlichen und Taubstummen [vgl. Code d'instr. crim. art. 340: „L'accusé a-t-il agi avec discernement"?]; Strafaufhebungsgründe; Strafminderungs- und -erhöhungsgründe [§§ 295, 297, 298 StPO.]).

Außer den soeben aufgeführten, in eine Nebenfrage zu nehmenden Partikelchen darf aus der Schuldfrage, sie sei Haupt- oder Hilfsfrage, nichts zum Behufe gesonderter Frageformulierung herausgenommen werden. Die Frage: „Ist der Angeklagte schuldig —?" umfaßt die Schuldfrage voll, einschließlich der Momente der Rechtswidrigkeit, der Schuldhaftigkeit, der Strafbarkeit usw.; es ist unzulässig, eine Separatfrage nach Notwehr, Trunkenheit, Eigenschaft als Abgeordneter usw. zu stellen. Die Nötigung für die Geschworenen, alle diese Momente zu prüfen, liegt bereits in dem: „Ist der Angeklagte schuldig —?" Alle diese Punkte gehören zu den sog. subintelligenda. Denn zur Herstellung der Frageformel dienen, wie oben gesagt, lediglich das Strafgesetz im eigentlichen Sinne (insoweit also StGB. in Frage steht, §§ 80 ff.) und die Sätze über die „Erscheinungsform" der Tat. Andere als die bisher genannten subintelligenda sind z. B. ferner die aus §§ 3 ff. zu beurteilenden Umstände internationalstrafrechtlichen Charakters, ferner die Anwendbarkeit eines älteren oder jüngeren Strafgesetzes (§ 2 StGB.). Sache der Rechtsbelehrung (siehe IV) ist es, die Geschworenen auf die in der Frage nicht ausgedrückten subintelligenda hinzuweisen.

IV. An die Fragestellung schließen sich die Plaidoyers der Parteien, aber lediglich mit Bezug auf die an die Geschworenen gestellten Fragen, an (§ 299 StPO.). Es folgt hierauf die sog. Rechtsbelehrung, die der Vorsitzende den Geschworenen erteilt. Diese Rechtsbelehrung ist nicht identisch mit dem sog. Résumé des früheren französischen Rechts (Code d'instruct. crimin. art. 336: Le président résumera l'affaire; il fera remarquer aux jurés les principales preuves pour ou contre l'accusé). Vielmehr besteht die Rechtsbelehrung lediglich in einem die tatsächliche Seite des Falles nicht mit würdigenden „Exposé": einer Belehrung über die einschlägigen rechtlichen Gesichtspunkte (§ 300 Abs. 1 StPO.). Gebunden sind die Geschworenen an die Rechtsbelehrung nicht (anders nach englischem Recht), d. h. sie haben sich über den Inhalt und die Tragweite der anzuwendenden Rechtssätze selber ihre Meinung zu bilden, sie können den Rechtssatz anders auslegen, als es der Vorsitzende tut; selbstverständlich ist dagegen, daß sie, wie jeder Richter, an die anzuwendenden Rechtssätze und Rechtsbegriffe selbst durchaus gebunden sind.

Eine gutgemeinte, aber nicht unbedenkliche Bestimmung des Gesetzes verwehrt allen Beteiligten jede Erörterung über die erfolgte Rechtsbelehrung (§ 300 Abs. 2 StPO.).

V. Sodann fällen die Geschworenen ihren Spruch (Wahrspruch, Verdikt), indem sie die an sie gestellten Fragen beantworten und den Spruch durch den Mund des Obmanns „kundgeben". Bei der Abstimmung entscheidet die im § 262 StPO. geforderte Zweidrittelmajorität in Ansehung der Schuldfrage, in Ansehung der Frage nach mildernden Umständen einfache Majorität; dem Muster des englisch-amerikanischen Rechts, welches Einstimmigkeit des Verdikts verlangt, ist das deutsche Recht nicht gefolgt. Bei der Verneinung mildernder Umstände ist daher anzugeben, daß diese Entscheidung mit mehr als sechs Stimmen, bei jeder anderen dem Angeklagten nachteiligen Entscheidung, daß sie mit mehr als sieben Stimmen gefaßt ist ((§§ 301 bis 308 StPO.).

Erscheint dem Gerichtshof der kundgegebene Spruch formell inkorrekt oder sachlich (d. h. in Ansehung seiner Vollständigkeit, seiner Deutlichkeit oder seiner inneren Harmonie) mangelhaft, so ordnet er ein Berichtigungsverfahren an, d. h. die Geschworenen haben dem Mangel abzuhelfen; sie sind dabei, wenn der Mangel ein sachlicher war, an keinen Teil ihres früheren Spruches gebunden (§§ 309—312 StPO.).

VI. Ist ein mängelloser Spruch erzielt, so wird er dem Angeklagten — der in dem Zeitpunkt, in dem sich die Geschworenen zur Beratung zurückziehen, aus dem Sitzungszimmer entfernt, jetzt aber wieder vorgelassen wird — „verkündet". Lautet er auf „Nicht schuldig", so spricht der Gerichtshof den Angeklagten sofort ohne weiteres frei. Lautet er auf „Schuldig", so erhalten nach der Verkündung des Spruches zunächst die Parteien das Wort, und erfolgt dann erst das Urteil des Gerichtshofes (§§ 314 ff.). Regelmäßig kann sich der Gerichtshof dem Geschworenenspruch nicht entziehen, sondern hat auf ihm aufzubauen. Eine Ausnahme gilt für den Fall, daß das Gericht einstimmig dafür hält, daß sich die Geschworenen in der Hauptsache zum Nachteil des Angeklagten geirrt haben; alsdann erfolgt Verweisung der Sache vor das Schwurgericht der nächsten Periode zwecks erneuter Verhandlung (§ 317; sog. Kassation des Geschworenenspruchs).

VII. Die abzufassende Urteilsurkunde enthält wie das im nicht-schwurgerichtlichen Verfahren ergangene Urteil Kopf, Tenor, Gründe und Unterschrift. Die Gründe können natürlich nur die des G e r i c h t s h o f s sein, d. h. sich nur auf die Straffrage (und zwar mit Ausschluß der Frage nach mildernden Umständen) beziehen, sie erhalten aber einige Vollständigkeit durch die Bezugnahme auf den Geschworenenspruch, der also gewissermaßen dem Urteil einverleibt wird (§ 316 StPO.). Auch so freilich bleibt ein großes Manko: die Gründe, die zu dem Geschworenenspruch geführt haben, bleiben ewig verschleiert, — auch dies ein Umstand, der zur Beseitigung der Schwurgerichte drängt.

2. Rechtsmittelinstanzen.

§ 64.

a) Berufungsverfahren.

Literatur: v. S c h w a r z e, Die zweite Instanz im mündlichen Strafverfahren (1862); D e r s e l b e, Gerichtssaal Bd. XXXV S. 385, Bd. XXXVII S. 1; B o i t u s, Kontroversen Bd. II S. 395; K r o n e c k e r, Goltd. Arch. Bd. XXXIX S. 119. — Vgl. Jur. LitBl. VI 193. VII 25.

I. Die Berufung (Appellation) ist heute nur gegen Urteile der Schöffengerichte und der Amtsgerichte gegeben (§§ 354, 211 StPO.). Die auf Einführung der Berufung gegen Strafkammerurteile gerichtete Reformbewegung wird jedoch voraussichtlich mindestens dann durchdringen, wenn, wie wahrscheinlich, die Strafkammern im Sinne schöffengerichtlicher Organisation umgestaltet werden.

II. Die Berufung ist ein unbeschränktes Rechtsmittel, Verstöße aller Art können mittels ihrer gerügt werden; namentlich ist mittels ihrer auch die Tatfragebeantwortung anfechtbar.

III. Das Berufungsgericht — die Strafkammer — prüft in den durch die Anfechtung bezeichneten Grenzen (§§ 368, 359; vgl. jedoch 343 StPO.) den ganzen Sach- und Streitstand mit völliger Freiheit genau wie die erste Instanz. Nova finden gleichviel, ob von den Parteien angeführt oder nicht, unbeschränkte Berücksichtigung (§ 364 StPO.). In der berufungsinstanzlichen Hauptverhandlung werden die Ergebnisse des bisherigen Verfahrens durch ein Mitglied des Gerichts als Berichterstatter vorgetragen. Die Beweisaufnahme folgt im allgemeinen den die erstinstanzliche Beweisaufnahme beherrschenden Sätzen; jedoch kann in Abweichung vom Unmittelbarkeitsprinzip die Aussage eines Zeugen oder Sachverständigen durch Verlesung seiner in der erstinstanzlichen Hauptverhandlung protokollierten Aussage ersetzt werden, wenn nicht neue Ladung erfolgt oder beantragt ist. Beim Schlußvortrag hat den Vortritt der Beschwerdeführer (§§ 365—367 StPO.).

IV. Die Entscheidung des Berufungsgerichts lautet:

1. wenn die Berufungsvoraussetzungen nicht gewahrt sind, auf Verwerfung der Berufung als unzulässig durch Beschluß (nach anderer Meinung durch Urteil);

2. wenn die Berufung zulässig ist, aber die Berufungsinstanz zu demselben Ergebnis gelangt, wie die erste Instanz: auf Verwerfung der Berufung als unbegründet durch Urteil;

3. wenn die Berufung zulässig ist und das Berufungsgericht zu einem anderen Ergebnis als das Untergericht gelangt: auf Aufhebung des Vorderurteils und regelmäßig eigene neue Entscheidung (ausnahmsweise fakultative Zurückverweisung in die Vorinstanz) durch Urteil (§§ 363, 369 StPO.).

Zu beachten ist das Verbot der reformatio in peius (§ 372 StPO.; vgl. aber § 343). Oben § 37 I.

V. Ausbleiben des Angeklagten in der Hauptverhandlung zieht, wenn er es war, der die Berufung eingelegt hatte, sofortige Verwerfung dieses seines Rechtsmittels in contumaciam nach sich. War die Berufung von der Staatsanwaltschaft eingelegt, so wird gegen den ausgebliebenen Angeklagten in absentia, aber regelrecht, verhandelt oder die Vorführung oder Verhaftung des Angeklagten angeordnet (§ 370 StPO.).

§ 65.

b) Revisionsverfahren.

Literatur: Lamm, Das Rechtsmittel der Revision (1881); K. Schmidt, Der § 380 St.P.O. (1885); S. Löwenstein, Einlegung und Begründung der Revision (1900); Friedländer, Arch. f. öffentl. R. Bd. XIII S. 132 (1998); Beling, Revision wegen Verletzung einer Rechtsnorm über das Verfahren im Strafprozeß, in der Festschrift für Binding, Bd. II (1911).

I. Die Revision (nach früherer Terminologie Nichtigkeitsbeschwerde) ist gegeben gegen Urteile der Strafkammern (erstinstanzliche wie zweitinstanzliche) und der Schwurgerichte (§ 374 StPO.).

II. Die Revision ist ein beschränktes Rechtsmittel: mittels Revision läßt sich nicht bemängeln, daß die dem Urteilssyllogismus als tatsächliche Urteilsbasis angehörenden Tatsachenfeststellungen des angefochtenen Urteils unrichtig seien, vielmehr nur gerügt werden, daß

1. (innerer Urteilsverstoß) der Inhalt des untergerichtlichen Urteils an einem Rechtsirrtum leide, sog. materiellrechtliche Rüge; oder

2. (äußerer Urteilsverstoß) das Urteil vermittels eines Prozeßverstoßes gewonnen, also trotz Fehlens einer Urteilsvoraussetzung gefällt oder trotz Fehlens einer Urteilsqualitätsvoraussetzung so wie geschehen gefällt worden sei, sog. Prozeßrüge.

Richtet sich die Revision gegen ein berufungsgerichtliches Strafkammerurteil, so ist sie (verfehlterweise) noch mehr eingeengt: Prozeßrügen sind dann, mit Ausnahme nur der Rügen aus § 398, ausgeschlossen. § 380 StPO.

Im Gebrauch des Rechtsmittels ist die Staatsanwaltschaft stark eingeengt: sie kann einmal die Verletzung von Rechtsnormen, die lediglich zugunsten des Angeklagten gegeben sind, nicht zum Behufe einer dem Angeklagten nachteiligen Aufhebung des Urteils geltend machen (§ 378); und sie hat gegenüber einem auf einem ordnungsmäßig zustande gekommenen Verdikt beruhenden Schwurgerichtsurteil die Revision nur insoweit, als sie die gesetzwidrige Stellung oder Nichtstellung von Fragen rügt oder einen der in § 377 1, 2, 3, 5 StPO. aufgeführten absoluten Revisionsgründe (unten VI) geltend macht (§ 379).

III. Zu den Revisionsvoraussetzungen gehören außer frist- und formgerechter Einlegung die Revisionsanträge, d. h. die Rechtfertigung des Rechtsmittels durch Angabe des begangenen Verstoßes, und zwar bei Prozeßrügen durch spezialisierte Angabe, während bei materiellrechtlicher Rüge die Angabe genügt, daß der Urteilsinhalt rechtsirrig sei (§§ 381—385 StPO.).

IV. Die Hauptverhandlung vor dem Revisionsgericht charakterisiert sich besonders durch das Fehlen einer Beweisaufnahme im technischen Sinne: die tatsächliche Urteilsbasis des Vorderurteils bleibt für das Revisionsgericht bindend, soweit sie nicht durch einen gerügten Prozeßverstoß gewonnen ist, und sinkt, wenn letzteres der Fall ist, derart zusammen, daß sie, falls Kausalzusammenhang vorliegt (unten VI), auf Grund einer Zurückverweisung von der Vorinstanz von neuem aufzubauen ist. Nova können hinsichtlich der Urteilsbasis in der Revisionsinstanz nicht eingeführt werden. Dagegen hat das Revisionsgericht alle für einen gerügten Prozeßverstoß relevanten Tatsachen festzustellen (Feststellungsfreiheit, kein eigentliches Beweisrecht; vgl. oben § 39).

Eingeleitet wird die Hauptverhandlung durch den Vortrag des ernannten Berichterstatters, woran sich die Plaidoyers der Parteien, soweit sie erschienen sind — der Anwesenheit des Angeklagten bedarf es nicht —, anschließen (§§ 390, 391 StPO.).

V. Das Revisionsgericht hat die Sache nicht in vollem Umfange nachzuprüfen (§ 392 StPO.).

1. Ist die Revision auf eine Prozeßrüge gestützt, so kann das Revisionsgericht lediglich den speziell gerügten Verstoß nachprüfen.

2. Ist die Revision auf sog. materiellrechtliche Rüge gestützt, so ist zu prüfen, ob irgendeine — vom Beschwerdeführer gerügte oder nicht gerügte — Verletzung eines für den Urteilssyllogismus bedeutsamen Rechtssatzes erkennbar ist.

VI. Der Revisionsangriff ist erfolgreich, wenn sich bei der vorstehend geschilderten Prüfung wirklich eine Verletzung ergibt und das untergerichtliche Urteil als auf dieser beruhend erkannt wird (Kausalzusammenhang zwischen dem Verstoß und dem Urteil). Es bedarf aber dabei nur der Möglichkeit einer Verletzung oder eines Kausalzusammenhangs. So mit Recht die herrschende Meinung und die ständige Praxis des Reichsgerichts. Denn eine auch nur möglicherweise gesetzwidrige Entscheidung ist nicht existenzberechtigt.

Ganz ohne Rücksicht auf den Nachweis eines Kausalzusammenhangs greifen die sog. absoluten Revisionsgründe (§ 377 StPO.) durch (Mängel im Richterpersonal; Unzuständigkeit; Fehlen einer notwendigen Person in der Hauptverhandlung; Verletzung des Öffentlichkeitsgrundsatzes; Fehlen von Entscheidungsgründen; unzulässige Beschränkung der Verteidigung).

VII. Für die Abstimmung des Revisionsgerichts kann logischerweise nichts anderes gelten als für die Abstimmung im allgemeinen. Somit ist stets die zu treffende Entscheidung totaliter zur Abstimmung zu bringen, es wird darüber abgestimmt, ob das Vorderurteil aufgehoben werden soll oder nicht, und nicht darüber, ob der eine oder andere Aufhebungsgrund vorliege. Nimmt ein Teil der Richter Durchgreifen der Rüge Nr. 1 an, ein zweiter Durchgreifen der Rüge Nr. 2, ein dritter Durchgreifen der Rüge Nr. 3, so ist das Vorderurteil aufzuheben, wiewohl für keinen der Aufhebungsgründe, für sich allein betrachtet, eine Majorität vorhanden ist. Demnach kommt es auch im Revisionsgericht so wenig wie anderwärts zu einer Abstimmung über die abstrakte Rechtsfrage.

Selbstverständlich ist, das das Revisionsgericht nicht anders als die Gerichte erster Instanz Entscheidungen, die die Schuldfrage in einer dem Angeklagten nachteiligen Weise beantworten, nur mit Zweidrittelmajorität fällen kann (§ 262 StPO.).

VIII. Die Entscheidung des Revisionsgerichts lautet auf

1. Verwerfung der Revision als unzulässig durch Beschluß (nach anderer Meinung Urteil), wenn die Revisionsvoraussetzungen fehlen (§ 389 StPO.);

2. Verwerfung der Revision als unbegründet durch Urteil, wenn die Revision zulässig, aber grundlos ist.

Hierher gehören folgende Fälle: a) Es ist ein Verstoß überhaupt nicht erkennbar; b) der Verstoß kann vom Revisionsgericht nicht berücksichtigt werden (z. B. der Beschwerdeführer hat lediglich — in unbegründeter Weise — einen Prozeßverstoß gerügt, während eine Rüge aus dem materiellen Recht begründet sein würde, aber nicht angebracht worden ist; oder der Verstoß liegt an einer anderen Stelle des Verfahrens als da, wo die Prozeßrüge einsetzt); c) der Verstoß erweist sich als unschädlich für das Urteil — mangelnder Kausalzusammenhang —, abgesehen natürlich bei den absoluten Revisionsgründen.

3. Ist die Revision dagegen zulässig und begründet, so erfolgt Aufhebung des Vorderurteils und regelmäßig Zurückverweisung der Sache in die Vorinstanz (ausnahmsweise eigene prozeßerledigende Entscheidung des Revisionsgerichts): §§ 393—397 StPO. Im Falle der Zurückverweisung ist für die neue untergerichtliche Entscheidung die Rechtsauffassung des zurückverweisenden revisionsgerichtlichen Urteils bindend (§ 398 Abs. 1 StPO.) und reformatio in peius verboten (§ 398 Abs. 2).

Die tatsächlichen Unterlagen, auf denen sich die neue untergerichtliche Entscheidung aufbaut, können je nach Inhalt des revisionsgerichtlichen Urteils verschieden sein. Es ist nämlich einmal möglich, daß die Zurückverweisung unter Aufrechterhaltung der bisherigen tatsächlichen Feststellungen erfolgt; dies dann, wenn der Fehler, um dessen willen das Vorderurteil vom Revisionsgericht aufgehoben worden ist, die tatsächlichen Feststellungen unberührt läßt. In diesem Falle hat das Untergericht seiner neuen Entscheidung diese früher getroffenen tatsächlichen Feststellungen ohne neue Beweisaufnahme zugrunde zu legen. Berührte dagegen der vorgekommene Fehler, was die Regel ist, auch die Tatsachenfeststellung, und ist demgemäß diese von der Aufhebung durch das Revisionsgericht mitbetroffen worden, so muß in der erneuerten Hauptverhandlung natürlich durch abermalige Vollbeweisaufnahme die tatsächliche Basis für das nunmehr zu fällende Urteil geschaffen werden.

§ 66. III. Wiederaufnahme des Verfahrens.

Literatur: Goltdammer in seinem Archiv Bd. VI S. 515; Remeis, Die Wiederaufnahme im Strafverfahren (1864); v. Kries, Goltd. Arch. Bd. XXVI S. 169 ff.; Dalcke, Goltd. Arch. Bd. XXXIV S. 81; Ditzen, Gerichtssaal Bd. XLVII S. 126, Ztschr. f. StrRW. Bd. XVIII S. 53; Rosenblatt, Gerichtssaal Bd. LIII S. 450, Ztschr. f. StrRW. Bd. XXIII 580; West, Ztschr. f. StrRW. Bd. XVI S. 247, Gerichtssaal Bd. LVI S. 180, LXI S. 147; Woermann, Das Wiederaufnahmeverfahren und die Entschädigung unschuldig Verurteilter (1899).

I. Die Wiederaufnahme des Verfahrens ist ein Rechtsbehelf, der auf die ausnahmsweise Beseitigung eines rechtskräftigen Urteils abzielt (im Sinne der StPO. also kein „Rechtsmittel", früher als „außerordentliches Rechtsmittel" bezeichnet).

Die Wiederaufnahme durchbricht also die res iudicata. Ihrem Wesen nach steht sie in direktestem Gegensatz zur Revision: es handelt sich bei ihr niemals um Rechtsrügen, sondern stets um Geltendmachung neuer Tatsachen. Die Gesetzgebungen sind regelmäßig bei der Zulassung dieses Rechtsbehelfs sehr zurückhaltend, um die Autorität des res iudicata nicht zu erschüttern. In gewissem Umfange freilich konnte sich der Gesetzgeber dem Postulat einer Hintansetzung der Rechtskraft nicht entziehen, da er nicht flagrante Ungerechtigkeiten, die sich nach der Rechtskraft enthüllen, durch die Autorität des Gesetzes stützen soll (oben § 33 II a. E.).

II. Die Wiederaufnahmegründe der StPO. belaufen sich auf fünf im Falle der „günstigen Wiederaufnahme" (§ 399), auf vier im Falle der „ungünstigen Wiederaufnahme" (§ 402). Die Aufzählung dieser Gründe in §§ 399, 402 ist natürlich limitativ gemeint. Dabei muß es sich stets darum handeln, das Urteil in Ansehung des angewandten Strafgesetzes selbst aus den Angeln zu heben; bei gleichbleibendem Strafgesetz lediglich eine Änderung der Strafe im Wiederaufnahmewege herbeiführen zu wollen, geht nicht an (§ 403 StPO.).

Die Wiederaufnahmegründe im einzelnen sind folgende:

1. Die günstige Wiederaufnahme findet statt:
   a) wenn eine in der Hauptverhandlung zuungunsten des Angeklagten als echt vorgebrachte Urkunde fälschlich angefertigt oder verfälscht war;
   b) wenn durch Beeidigung eines zuungunsten des Angeklagten abgelegten Zeugnisses oder abgegebenen Gutachtens der Zeuge oder Sachverständige sich einer vorsätzlichen oder fahrlässigen Verletzung der Eidespflicht schuldig gemacht hat;

c) wenn bei dem Urteil ein Richter, Geschworener oder Schöffe mitgewirkt hat, der sich in Beziehung auf die Sache einer strafbaren Amtspflichtverletzung schuldig gemacht hat, vorausgesetzt, daß letztere nicht von dem Verurteilten selbst veranlaßt ist;

d) wenn ein zivilgerichtliches Urteil, auf das das Strafurteil gegründet war, durch ein anderes, rechtskräftig gewordenes Urteil aufgehoben worden ist;

e) bei Beibringung neuer Tatsachen und Beweismittel (jedoch ist unter diesem Gesichtspunkte ein *schöffen*gerichtliches Urteil nur dann angreifbar, wenn der Verurteilte jene nova früher nicht gekannt hat oder ohne Verschulden nicht geltend machen konnte).

2. Die ungünstige Wiederaufnahme findet statt:

a) wenn sich eine in der Hauptverhandlung zugunsten des Angeklagten als echt vorgebrachte Urkunde als gefälscht oder verfälscht herausstellt;

b) wenn durch Beeidigung eines zugunsten des Angeklagten abgelegten Zeugnisses oder abgegebenen Gutachtens der Zeuge oder Sachverständige sich einer vorsätzlichen oder fahrlässigen Verletzung der Eidespflicht schuldig gemacht hat;

c) wenn bei dem Urteil ein Richter, Geschworener oder Schöffe mitgewirkt hat, der sich in Beziehung auf die Sache einer strafbaren Amtspflichtverletzung schuldig gemacht hat;

d) wenn der Freigesprochene gerichtlich oder außergerichtlich ein glaubwürdiges Tatgeständnis ablegt.

Ein jeder dieser Wiederaufnahmegründe will scharf in seiner Besonderheit erfaßt sein; behauptet z. B. der Angeklagte unter Anführung eines neuen Zeugen A, daß ein in der Hauptverhandlung vernommener Zeuge B unrichtig ausgesagt habe, so liegt an sich lediglich Fall 1 e vor; Fall 1 b nur dann, wenn der Angeklagte dem Zeugen B Meineid oder fahrlässigen Falscheid (nicht bloß objektiv unrichtige Aussage) zur Last legt. Dies ist besonders wichtig wegen § 404 StPO., wonach *ein auf die Behauptung einer strafbaren Handlung gegründeter* Wiederaufnahmeantrag nur dann zulässig sein soll, wenn wegen dieser Handlung eine rechtskräftige Verurteilung ergangen ist, oder wenn die Einleitung oder Durchführung eines Strafverfahrens aus anderen Gründen als wegen Mangels an Beweis unmöglich ist. Die Anwendbarkeit dieses Paragraphen ist durchaus zu beschränken auf die Fälle 1 a—c und 2 a—c, wie dies jetzt auch ganz überwiegend angenommen wird.

III. Die strafprozessuale Wiederaufnahme ist — im Gegensatz zur zivilprozessualen — an keine Frist gebunden.

Sie hat keinen Devolutiveffekt und selbstverständlich keinen Suspensiveffekt; doch kann die Strafvollstreckung ausgesetzt werden (§§ 407, 400 StPO.).

IV. Wiederaufnahmegericht ist grundsätzlich eben das Gericht, gegen dessen Urteil sich der Wiederaufnahmeantrag richtet. Dem Zentralisationsprinzip, dem die französische Gesetzgebung und unsere RMStGO. vom 1. Dezember 1898 huldigen (Wiederaufnahmegericht ist in Frankreich der Kassationshof, im Militärstrafprozeß das Reichsmilitärgericht), ist die StPO. nicht gefolgt. Im Gegenteil begünstigt § 407 StPO. eine weitgehende Dezentralisation, indem er in gewissen, genauer angegebenen Fällen die *Revisions*gerichte, auch wenn ihr Urteil Objekt des Wiederaufnahmeangriffs ist, von der Wiederaufnahmefunktion entlastet und diese den Vorinstanzen zuweist.

V. Das Verfahren gliedert sich in das Zulassungsverfahren, welches in einen Beschluß, durch den der Wiederaufnahmeantrag als unzulässig verworfen wird, oder in einen Zulassungsbeschluß auslaufen kann. Letzterenfalls folgt nunmehr ein Beweisaufnahmeverfahren und nach dessen Abschluß entweder ein Beschluß, durch den der Antrag als unbegründet verworfen wird, oder ein Wiedereröffnungsbeschluß; an den Wiedereröffnungsbeschluß schließt sich das erneute Hauptverfahren an (§§ 407—413 StPO.). Die neue Hauptverhandlung ist ein novum iudicium ohne Beschränkung auf den geltend gemachten Wiederaufnahmegrund; nur ist, wie bei den Rechtsmitteln, reformatio in peius ausgeschlossen (§ 413 Abs. 2).

Ohne Hauptverhandlung kann es prinzipiell zu einer Sachentscheidung nicht kommen, ausgenommen zwei Fälle der Freisprechung: eine Freisprechung muß, wenn der Angeklagte tot ist, und sie kann gegen den lebenden Angeklagten bei Zustimmung der Staatsanwaltschaft sofort auf Grund des Beweisaufnahmeverfahrens, also ohne Wiedereröffnung, ausgesprochen werden (§ 411).

§ 67. IV. Die Strafvollstreckung.

Literatur: Weichert, Grundzüge der Strafvollstreckung (1902); Dalcke und Genzmer, Handbuch der Strafvollstreckung und Gefängnisverwaltung (2. Aufl. 1889); Dalcke, Gefängnisordnung f. die Justizverwaltung in Preußen (1899); Klein, Vorschriften über Verwaltung und Strafvollzug in den preußischen Justizgefängnissen, 2. Aufl. (1910); Jastrow Goltd. Arch. Bd. XXXIII S. 29; Immler, das. S. 162; J. Weber, Vollstreckung von Vermögensstrafen in den Nachlaß (1900); Kollenscher, Goltd. Arch. Bd. XLVII S. 270.

Die Strafvollstreckung erfolgt nach Eintritt der absoluten Rechtskraft (vorher nur eventuell Vollstreckungssicherung nach §§ 325, 326 StPO.); eine vorläufige Vollstreckbarkeit gibt es im Strafprozeß nicht: § 481 StPO. (Eine Ausnahme bildet § 125 Abs. 1 der Seemannsordnung vom 2. Juni 1902). Formale Vollstreckungsvoraussetzung ist eine vom Gerichtsschreiber erteilte, mit der Bescheinigung der Vollstreckbarkeit versehene beglaubigte Abschrift der Urteilsformel (§ 483). Die zu vollstreckende Strafe bemißt sich nach dem Vollstreckungstitel; doch ist auf eine zu vollstreckende Freiheitsstrafe unverkürzt diejenige Untersuchungshaft anzurechnen, die der Angeklagte erlitten hat, seit ihm gegenüber die subjektiv-relative Rechtskraft des Urteils eingetreten ist (§ 482).

Regelrecht ist die Strafvollstreckung unverzüglich nach Rechtskraft zu bewirken. Doch tritt, teils obligatorisch, teils fakultativ, Aussetzung der Vollstreckung ein, wenn einer der in §§ 485, 487, 488 genannten Strafaufschubsgründe vorliegt.

Vollstreckungsorgan ist die Staatsanwaltschaft (mit Ausschluß der Amtsanwälte) (§ 483 StPO.), doch kann durch die Landesjustizverwaltungen die Vollstreckung in Schöffensachen den Amtsrichtern übertragen werden (§ 483 Abs. 3). Daß die Vollstreckungsbehörde die Strafvollstreckung selbst zur Ausführung brächte, ist nicht vorgeschrieben, regelmäßig erfolgt die Ausführung der Vollstreckung, der „Strafvollzug", durch besondere Strafvollzugsorgane (Gefängnisverwaltung, Scharfrichter usw.).

Entscheidungen des Gerichts werden notwendig zur Beseitigung von Zweifeln über die Grundlagen der Strafvollstreckung (§§ 490, 493), zur nachträglichen Substitution einer Freiheitsstrafe an Stelle einer nicht beitreibbaren Geldstrafe (§ 491), zur nachträglichen Zurückführung der in getrennten Urteilen ausgeworfenen Einzelstrafen auf eine Gesamtstrafe (§ 492 StPO.).

Die besonderen Arten des Verfahrens.

I. Privat- und Nebenklage.

1. In ihrer Strafklagefunktion.

§ 68.

a) Privatklage.

Literatur: Gneist, Vier Fragen zur deutschen StPO. (1874), 16 ff.; Binding, Die drei Grundfragen der Organisation des Strafgerichts (1876); Menzel, Privatklage (1880); Kronecker, Goltd. Arch. Bd. XXXIII S. 1; Anlage 4 zu den Motiven der StPO.; v. Schwarze, Erörterungen aus dem deutschen Strafprozeßrechte (1880) 20 ff.; v. Liszt, Gerichtssaal 1878 S. 187; R. Schmidt, Staatsanwalt und Privatkläger (1891); Simonson, Goltd. Arch. Bd. XXXVIII S. 145; Frese, Ztschr. f. StrRW. Bd. V S. 683; Bd. XII S. 824; Freudenstein, System der Ehrenkränkungen (1880); Kade, Privatklage (1900); Thiersch, Anwendungsgebiet und rationelle Gestaltung der Privatklage (1901); Jonas, Widerklage (1893); Gerland, Systemat. Stellung des Privatklageverfahrens, im Gerichtssaal Bd. LX S. 157; Debler, Wesen und Wirkungen der Sühneversuchsvorschrift im Privatklageverfahren (1907); Breith, Die Widerklage nach § 428 StPO. (1908); Beling, Staatsklagedelikte im Privatklageverfahren, in den Blättern für Rechtsanwendung, Bd. LXXIV S. 647, 679; Ötker, Konkurrenz von Privatklagerechten, in der Festschrift für Burckhard (1910); v. Birkmeyer, Zur Auslegung des § 432 der StPO., im Gerichtssaal, Bd. LXXIX S. 97.

I. Privatklage ist zugelassen bei Beleidigungen, Körperverletzungen und Handlungen unlauteren Wettbewerbes, insoweit sie Antragsdelikte sind (§ 414 StPO.; beachte § 416; § 22 RGes. vom 7. Juni 1909).

Der Kreis der möglichen Prozeßobjekte ist also im Privatklageverfahren quantitativ geringer als im Staatsklageprozeß, insofern nicht alles, was im allgemeinen Strafprozeßgegenstand sein kann, auch Privatklageprozeßgegenstand sein kann. Mit dieser Beschränkung besteht aber Identität der Prozeßgegenstände im Privatklage- und im Staatsklageprozeß. In beiden handelt es sich (von den Nebenansprüchen abgesehen) um den staatlichen Strafanspruch, und nicht etwa handelt es sich im Privatklageprozeß um Verhängung einer Privatstrafe.

II. Die Hauptabweichungen des Privatklageverfahrens gegenüber dem regulären Verfahren sind folgende:

1. Als klagende Partei tritt nicht der Staat, sondern ein Privater auf (oben § 18 II, III) nämlich

a) der Verletzte (§ 414, Abs. 1; beachte Abs. 3) oder

b) einer der neben dem Verletzten selbständig Strafantragsberechtigten (§ 414 Abs. 2, oben § 21 II 1 b).

Sind mehrere Personen hinsichtlich einer und derselben Strafsache privatklageberechtigt, so kann von Hause aus eine jede selbständig klagen, doch ist nach Erhebung der Klage seitens eines Berechtigten den übrigen nur noch der Beitritt dazu offen (§ 415 StPO.).

Die Privatklage ist erhebbar, ohne daß zuvor die Staatsanwaltschaft vergeblich um Erhebung der Staatsklage angegangen worden sein müßte; die Privatklage ist im deutschen Recht nicht eine „subsidiäre", sondern eine „prinzipale". Sie dient im deutschen Recht nicht als allgemeines (= auf alle Delikte bezügliches) Mittel zur Herbeiführung der Bestrafung im Falle des Nichteinschreitens der Staatsanwaltschaft; diesem Zwecke dient vielmehr das Klageprüfungsverfahren (oben § 58 I).

Der Privatkläger hat im allgemeinen Anspruch darauf, ebenso zugezogen und gehört zu werden, wie im regulären Verfahren die Staatsanwaltschaft zugezogen und gehört wird (vgl. aber §§ 425, 426). Die Staatsanwaltschaft braucht nicht mitzuwirken, sie kann es aber, und sie kann sogar die Verfolgung übernehmen mit der Wirkung, daß von jetzt ab in den Formen des Staatsklageverfahrens weiterzuprozedieren ist (§ 417 StPO.).

Nach dem Tode des Privatklägers kann eine Sukzession in dessen Parteirolle stattfinden, wenn die Privatklage auf die Behauptung einer Verleumdung (§ 187 StGB.), mit Ausschluß der Kreditgefährdung, gestützt war. Sukzessionsberechtigt sind Eltern, Kinder und Ehegatte des verstorbenen Privatklägers (ohne Rücksicht auf ihre Erbenqualität). Der Prozeßfortsetzungswille muß jedoch innerhalb zweier Monate, vom Tode des Privatklägers an gerechnet, bei Gericht erklärt werden (§ 420 StPO.).

2. Prozeßvoraussetzung ist bei Beleidigungen, wenn beide Teile im selben Gemeindebezirk wohnen, daß erfolglos Sühne versucht worden ist (§ 420 StPO.).

3. Der Beschuldigte kann bei wechselseitigen Beleidigungen oder Körperverletzungen gegen den Privatkläger bis zur Beendigung der Schlußvorträge in erster Instanz nach § 428 StPO. Widerklage erheben.

4. Stellt sich die Unzulässigkeit der gewählten Prozeßart in der Hauptverhandlung heraus, so ist das Verfahren durch Formalurteil einzustellen (§ 429 StPO.); es bleibt alsdann der Staatsanwaltschaft unbenommen, die Sache im Staatsklageverfahren anhängig zu machen, da ja das Formalurteil keinerlei klagekonsumierende Wirkung äußert (oben § 33 II).

5. Die Zulässigkeit eines Absenz- und Kontumazialverfahrens ist gegenüber dem Staatsklageverfahren erweitert (§ 431 StPO.).

III. Um die Privatklage dreht sich in der Theorie seit geraumer Zeit ein eigentümlicher Streit; von der einen Seite wird Erstreckung der Privatklage auf zahlreiche andere Delikte (Hausfriedensbruch, Sachbeschädigung usw.) gefordert, von der anderen völlige Beseitigung der Privatklage. Erwägt man, daß die Privatklage in völlig unmotivierter Weise ein privatrechtlich-zivilprozessuales Moment in den Strafprozeß hineinträgt, daß die Verfechtung des staatlichen Strafanspruchs durch eine Privatperson immer abnorm ist, so wird man der Abschaffung der Privatklage um so mehr das Wort reden müssen, als die vielfach gerühmte Entlastung der Staatsanwaltschaft durch die Zulassung der Privatklage auf Kosten der Gerichte und des rechtsuchenden Publikums erfolgt. Die Gesetzgebung der nächsten Zeit wird indessen wahrscheinlich die entgegengesetzte Richtung einschlagen und den Kreis der privatklagefähigen Delikte nicht unbeträchtlich erweitern.

§ 69.

b) Nebenklage.

Literatur: Stenglein, Gerichtssaal Bd. XXXV S. 271; Zimmermann, Gerichtssaal Bd. XXXVI S. 497; Oppenheim, Nebenklage (1889); Wolffing, Rechtliche Stellung des Nebenklägers (1900); Rosenfeld, Nebenklage (1900). — S. auch Glaser, Der Adhäsionsprozeß, Kl. Schr. Bd. I S. 555; Ortloff, Der Adhäsionsprozeß (1864).

I. Die Nebenklage in ihrer Funktion als Strafklage ist das Auftreten einer Privatperson oder einer Staatsbehörde auf klägerischer Seite neben der Staatsanwaltschaft in einem auf öffentliche Klage hin anhängigen Verfahren behufs Betreibung der Bestrafung des Beschuldigten. Sie ist nicht eine „Klage" in dem oben § 36 entwickelten Sinne, da sie die Sache nicht erst anhängig macht, sondern sie schon anhängig vorfindet. Immerhin ist sie Betätigung eines, wenn auch bedingten und beschränkten Strafklagerechts und nicht bloß, wie öfter angenommen wird, eines bloßen Unterstützungs- (Interventions-) Rechts. Denn die nebenklägerischen Prozeßhandlungen gewinnen Bedeutung nicht bloß kraft Zustimmung oder Nichtwiderspruchs der Staatsanwaltschaft, sondern aus eigener Kraft; der Widerspruch der Staatsanwaltschaft vermag sie nicht zu ersticken.

Das Nebenklagerecht steht zu

1. jedem Privatklageberechtigten,

2. demjenigen, der durch ein Klageprüfungsverfahren die Erhebung der öffentlichen Klage durchgesetzt hat, wofern die Tat gegen sein Leben, seine Gesundheit, seine Freiheit, seinen Personenstand oder seine Vermögensrechte gerichtet war,

3. dem Prätendenten eines Bußanspruchs (§§ 435, 443 StPO.).

(Über den vierten Fall, den der Verwaltungsnebenklage [§ 467 StPO.], s. unten § 72.)

II. Der Nebenkläger ist keineswegs, wie manche annehmen, Vertreter des Staates, auch nicht bloßer Parteigehilfe (s. oben I), sondern Kläger neben dem Staat, Zweitkläger, Nebenpartei, ähnlich dem streitgenössischen Nebenintervenienten des Zivilprozesses. Seine Rechte sind im allgemeinen dieselben wie die eines Privatklägers (§ 437 StPO.) (wohingegen ihn die StPO. nirgends mit den Pflichten eines Privatklägers belastet). Der Eintritt in die Stellung als Nebenkläger vollzieht sich bei einem ursprünglich als Privatkläger Aufgetretenen ipso iure in dem Falle, daß die Staatsanwaltschaft die Privatklagesache übernimmt (§ 417 Abs. 3 StPO.); sonst erfolgt der Eintritt in diese Stellung durch Anschlußerklärung, auf die hin das Gericht über Zulassung oder Nichtzulassung der Nebenklage beschließt (§ 436 StPO.). Die Prozedurform ändert sich durch den Eintritt des Nebenklägers nicht; es wird in den Formen des Staatsklageverfahrens, nicht des Privatklageverfahrens fortprozediert.

§ 70.

2. Die Bußklage.

Vgl. die Literatur zu § 69. Ferner: Otker im Gerichtssaal Bd. LXVI S. 321.

Den gemeinrechtlichen Adhäsionsprozeß, vermittelst dessen an eine Strafsache eine konnexe Zivilsache angegliedert wurde, hat die StPO. nicht aufgenommen. Für Zivilsachen der Zivilrechtsweg vor dem Zivilrichter, für Strafsachen der Strafrechtsweg vor dem Strafrichter! Etwas anderes ist es, daß gewisse zivilrechtliche Ansprüche geradezu zu Teilen einer Strafsache erklärt worden sind (oben § 6 IV). Hierher gehört namentlich der Bußanspruch. Diese Eingliederung eines zivilrechtlichen Elements in eine Strafsache machte natürlich gewisse Sonderbestimmungen für das Verfahren notwendig.

Eine Buße kann nur demjenigen Berechtigten zugesprochen werden, der sie im Prozeß ausdrücklich begehrt. Das Bußbegehren kann erhoben werden (§§ 443, 446 StPO.):

1. in Form der Privatklage (so jedoch, daß die Privatklage niemals bloß auf Buße gerichtet, sondern das Bußbegehren nur mit der Privatstrafklage kombiniert sein kann);

2. in Form der Nebenklage.

Der Bußkläger ist als solcher Hauptpartei, und zwar alleinige Partei (unter Ausschluß der Staatsanwaltschaft). Der Prozeß ist trotz der zivilrechtlichen Natur der Buße ein Strafprozeß. Es müssen daher die materiellrechtliche Beurteilung und die Prozedur hier ganz besonders scharf auseinandergehalten werden. Materiellrechtlich ist das bürgerliche Recht maßgebend (Verzicht, Zahlung, Aufrechnung, Hingabe an Zahlungs Statt usw.), für die Form des Verfahrens dagegen nicht die ZPO., sondern die StPO. (Geständnis, Anerkenntnis, Parteieid, Anwaltszwang, Beweislast usw.). Doch modifiziert § 445 StPO. dies in einem bedeutsamen Punkte, insofern der zivilprozessualische Satz Iudex ne eat ultra petita partium auf den Bußprozeß übertragen wird.

§ 71. II. Mahnverfahren.

Literatur: v. Schwarze, Erörterungen I (1880) S. 1; Tischer, Der Strafbefehl (1884); Schultzenstein, Goltd. Arch. Bd. XXIX S. 444; Huther, Goltd. Arch. Bd. XXXVII S. 137, Bd. XL S. 112; Gerland, Ztschr. f. StrRW. Bd. XIII S. 224; Zimmerle, Gerichtssaal Bd. L S. 44; Friedländer, Ztschr. f. StrRW. Bd. XVIII S. 495, 667; Katzenstein, Mitteil. d. Intern. Krim. Verein. Bd. X S. 159; W. Mittermaier, das. S. 508; Levis, Ztschr. f. StrRW. Bd. XIX S. 319; Boitus, Goltd. Arch. Bd. XXIX S. 93; Arndt, Ztschr. f. StrRW. Bd. V S. 277; Löbe, Zollstrafrecht (4. Aufl. 1912); Bonnenberg, Strafverf. in Zoll- und Steuersachen (2. Aufl. 1899); Havenstein, Zollgesetzgebung des Reichs (2. Aufl. 1906); Katzenstein, Das preuß. Ges., betr. das Verwaltungsstrafverfahren, vom 26. Juli 1897 (1907); Merkel, Das Verf. bei Zuwiderhandlungen gegen die Vorschriften über die Erhebung öffentlicher Abgaben usw. im Königr. Sachsen (1891); Ginsberg, Zurücknahme des Einspruchs und des Antrags auf gerichtliche Entscheidung, Das Recht, Bd. VI S. 519.

Mahnverfahren ist ein schriftliches Verfahren, das zur Verhängung einer Strafe ohne mündliche Hauptverhandlung führt, so jedoch, daß dem Beschuldigten gegen die so ergangene Entscheidung ein Rechtsbehelf zusteht, vermittelst dessen er die Hinüberleitung der Strafsache in das ordentliche Verfahren erzielt. Das Mahnverfahren stellt sich also als ein Versuch dar, die Angelegenheit ohne Hauptverhandlung abzumachen.

Hierher gehören:

1. der amtsrichterliche Strafbefehl, anfechtbar mittelst „Einspruchs“ (§§ 447—452 StPO.);

2. die polizeiliche Strafverfügung, anfechtbar mittelst „Antrags auf gerichtliche Entscheidung“ (§ 6^3 EStPO., §§ 453—458 StPO.);

3. der administrative Strafbescheid in Zoll- und Steuerstrafsachen, anfechtbar ebenfalls durch „Antrag auf gerichtliche Entscheidung“ (§ 6^3 EStPO., §§ 459—469 StPO.).

Ad 1. Ein Strafbefehl ist zulässig in den zur ursprünglichen Zuständigkeit der Schöffengerichte gehörenden Strafsachen (mit Ausnahme der in § 27^{3-8} GVG. bezeichneten Vergehen), so jedoch, daß durch Strafbefehl höchstens Geldstrafe von 150 Mk. oder Freiheitsstrafe von sechs Wochen, sowie Einziehung festgesetzt werden kann. Dem Klageformprinzip gemäß kann das Gericht niemals ex officio einen Strafbefehl erlassen, sondern immer nur auf Antrag der Staatsanwaltschaft, der eine irreguläre Form der Klageerhebung darstellt. Trägt der Amtsrichter Bedenken, dem Antrage zu entsprechen, so behandelt er den Antrag, wie wenn er eine Anklage wäre, und eröffnet — hinreichenden Verdacht der Tat vorausgesetzt — das Hauptverfahren vor dem Schöffengericht.

Wird ein Strafbefehl nicht durch Einspruch frist- und formgerecht angefochten, so erlangt er die Wirkung eines rechtskräftigen Urteils (oben § 33 II).

Wird dagegen Einspruch eingelegt, so kommt es zur Hauptverhandlung; der Strafbefehl verwandelt sich alsdann gewissermaßen in einen Eröffnungsbeschluß. Die Hauptverhandlung gestaltet sich im allgemeinen so, wie wenn kein Strafbefehl, sondern ein regulärer Eröffnungsbeschluß vorangegangen wäre (namentlich ist das Gericht bei der Urteilsfällung an den in dem Strafbefehl enthaltenen Ausspruch nicht gebunden); jedoch ist der Angeklagte befugt, sich durch einen Verteidiger vertreten zu lassen, und andererseits ist er, wenn er nicht selber erscheint, genötigt, sich vertreten zu lassen, weil sonst der Einspruch ohne Eingehen auf die Sache selbst verworfen wird.

Ad 2. Die Partikulargesetzgebungen sind durch § 6 ³ EStPO., § 453 StPO. ermächtigt, den Polizeibehörden in Übertretungsfällen (nicht Vergehens- oder Verbrechensfällen) die Festsetzung von Strafen bis zwei Wochen Haft oder Geldstrafe (bis 150 Mk.) sowie Einziehung zuzuweisen. Gebrauch gemacht haben von dieser Befugnis z. B. Preußen, Württemberg und Sachsen, nicht Bayern und Hessen.

Die polizeiliche Strafverfügung wird, wenn gegen sie ein Antrag auf gerichtliche Entscheidung nicht angebracht wird, vollstreckbar; der materiellen Rechtskraft aber bleibt sie unteilhaftig. Trägt der Beschuldigte dagegen auf gerichtliche Entscheidung an, so wird zur Hauptverhandlung geschritten, in der sich der Angeklagte durch einen Verteidiger vertreten lassen darf. Das Urteil folgt den gewöhnlichen Regeln. Eigentümlichkeiten weist nur der Fall auf, daß nach Auffassung des erkennenden Gerichts die juristische Qualifikation der Tat eine polizeiliche Strafverfügung nicht zuließ; hier ist lediglich auf Aufhebung der Strafverfügung zu erkennen, und das weitere einem auf Klage neu anhängig zu machenden Verfahren zu überlassen, StPO. § 458.

Ad 3. Bei „Zuwiderhandlungen gegen die Vorschriften über die Erhebung öffentlicher Abgaben und Gefälle" kann ein auf Geldstrafe lautender Strafbescheid erlassen werden, insoweit das Landesrecht auf Grund des § 6 ³ EStPO. die Verwaltungsbehörde dazu ermächtigt hat. Ein Strafbescheid, gegen den der Beschuldigte nicht auf gerichtliche Entscheidung angetragen hat, ist vollstreckbar, jedoch der materiellen Rechtskraft so wenig fähig wie die polizeiliche Strafverfügung. Ist die im Strafbescheid festgesetzte Geldstrafe nicht beitreibbar, so erfolgt Substituierung der an ihre Stelle zu setzenden Freiheitsstrafe in einem gerichtlichen Anhangsverfahren, StPO. § 463.

Wird dagegen ein Antrag auf gerichtliche Entscheidung gegenüber dem Strafbescheid gestellt, so findet eine Hauptverhandlung statt, die den gewöhnlichen Regeln folgt. Anders als im Verfahren nach polizeilicher Strafverfügung untersteht hier der Prozeßgegenstand voll der Kognition des Gerichts (also auch wenn sich herausstellt, daß die Tat gar nicht strafbescheidsfähig ist, ergeht doch Sachurteil).

§ 72. III. Verwaltungsstrafklage und Verwaltungsnebenklage.

Literatur: Die zu § 71 angegebenen Schriften von Arndt, Löbe, Bonnenberg, Merkel, Havenstein, Katzenstein sowie die Literatur zu § 69.

I. In Zoll- und Steuersachen kann die Verwaltungsbehörde, wenn die Staatsanwaltschaft es ablehnt, die Klage zu erheben, selbst bei Gericht anklagend vorgehen; das Verfahren gestaltet sich dann nach dem Vorbild des Privatklageverfahrens (§§ 464—466 StPO.).

II. In Zoll- und Steuersachen, in denen die Staatsanwaltschaft die Klage erhoben hat oder ein Strafbescheid erlassen war und der Beschuldigte auf gerichtliche Entscheidung angetragen hat, kann die Verwaltungsbehörde in nebenklägerischer Funktion der Staatsanwaltschaft an die Seite treten (§ 467 StPO.). Sie ist alsdann Nebenorgan des Staates als Klägers.

§ 73. IV. Absenzverfahren.

Literatur: Hugo Meyer, Strafverfahren gegen Abwesende (1869); Ortloff, Goltd. Arch. Bd. XIX S. 492, 590.

I. In ganz geringfügigen Strafsachen, nämlich wenn die den Gegenstand der Untersuchung bildende Tat nur mit Geldstrafe und Einziehung oder einem von beiden bedroht ist, kann gegen einen Abwesenden nach vorgängiger öffentlicher Ladung ein Hauptverfahren samt Hauptverhandlung (sowie Kosten- und Geldstrafvollstreckungssicherung) stattfinden (§§ 318 bis 326 StPO.); in schwereren Sachen ist gegen den Abwesenden dagegen nur ein Beweissicherungsverfahren zulässig (und Vermögensbeschlagnahme zwecks Herbeiführung der Gestellung; oben § 50 I): §§ 327—337 StPO.

II. Eine besondere Regelung hat das Absenzverfahren gegen Wehrpflichtflüchtige erfahren (§§ 470—476 StPO.). Es ist ein auf einer schriftlichen Erklärung der Kontrollbehörde basierendes schematisch sich abspielendes Verfahren, das ohne weitere Voraussetzungen gleichzeitig gegen mehrere Personen behufs ungetrennter Verhandlung und Entscheidung gerichtet werden kann.

§ 74. V. Objektives Verfahren.

Literatur: Köbner, Die Maßregel der Einziehung (1892); Friedländer, Das objektive Verfahren (1890); Glücksmann, Die Rechtskraft der strafproz. Entscheidung über Einziehung und Unbrauchbarmachung (1898); Herschel, ebenso (1899); Schötensack, Der Konfiskationsprozeß (1905); Hugo Mayer, Das objektive Verfahren auf Privatklage (1910).

Unter „objektivem Verfahren" versteht man das sich in den Formen eines — wenn auch irregulären — Strafprozesses bewegende Verfahren, das auf „selbständige" Verhängung einer Einziehung oder Unbrauchbarmachung (§ 42 StGB. und verwandte Gesetzesbestimmungen) abzielt. Es ist zulässig, wenn die Verurteilung oder Verfolgung einer bestimmten Person nicht ausführbar ist. Die Klage erscheint hier als Antrag auf Einleitung und Durchführung des objektiven Verfahrens. Sie kann von der Staatsanwaltschaft wie vom Privatkläger erhoben werden (§ 477 StPO.). Ihr Gegner ist jeder Einziehungs- (usw.) Betroffene, d. i. wer einen rechtlichen Anspruch auf den Einziehungs- (usw.) Gegenstand hat. Jeder Einziehungs- (usw.) Betroffene ist Quasiangeklagter und hat daher Parteipflichten und Parteirechte (§§ 478—479 StPO.). Deshalb ist auch namentlich der Grundsatz des rechtlichen Gehörs strikt zur Anwendung zu bringen (von der herrschenden Meinung bestritten).

Den Prozeßgegenstand bildet ein Ausschnitt aus einer Vollstrafsache, nämlich eben nur die Frage der Verhängung einer Einziehung oder Unbrauchbarmachung. Insoweit sich dieser Ausschnitt mit der Vollstrafsache deckt, liegt Identität der Sache vor, darüber hinaus Nichtidentität. Hiernach bemißt sich die Rechtskraft des im objektiven Verfahren ergangenen Urteils.

§ 75. VI. Konsular- und kolonialgerichtliches Verfahren.

Literatur: Lippmann, Konsularjurisdikt. im Orient (1898); Heilborn, Goltd. Arch. Bd. XLVII S. 363; Vorwerk, Konsulargerichtsbarkeitsgesetz (1905); Dörr, Deutsches Kolonialstrafprozeßrecht, in der Ztschr. f. Kolonialpolitik 1908 S. 660; Bauer, Strafrechtspflege über die Eingeborenen in den deutschen Schutzgebieten, im Arch. f. öffentl. Recht Bd. XIX S. 32; Dörr, Die Geltung der RStPO. in den deutschen Schutzgebieten, in der Ztschr. f. Kolonialpolitik 1912 S. 11.

I. Der konsulargerichtliche Prozeß kennt keine Staatsanwaltschaft und folgt daher (abgesehen von der Privatklage) der Inquisitionsmaxime. Die Rechtsmittel gegen konsulargerichtliche Entscheidungen sind beschränkt. Berufungs- und Beschwerdegericht ist (abgesehen von den Beschwerden gegen Entscheidungen des Konsuls) das Reichsgericht. Schwurgerichte sind dem Konsularprozeß fremd; konsularische Schwurgerichtssachen sind im Inlande abzuurteilen. — Konsulargerichtsbarkeitsgesetz vom 7. April 1900.

II. Das Schutzgebietsgesetz vom 9. November 1900 überträgt im allgemeinen die das konsulargerichtliche Verfahren beherrschenden Grundsätze auf das kolonialgerichtliche, läßt aber zugunsten Kaiserlicher Verordnung gerade in den Hauptpunkten ein Blankett offen; das Blankett ist ausgefüllt worden, und es ist durch Kaiserliche Verordnung die Mitwirkung einer Staatsanwaltschaft vorgeschrieben, dem Kolonialgericht auch für Schwurgerichtssachen Zuständigkeit verliehen und ein Berufungs- und Beschwerdeinstanzenzug innerhalb der Schutzgebiete eingerichtet worden.

§ 76. VII. Verfahren in Feld- und Forstrügesachen.

Literatur: Vaillant, Das Forstrügeverfahren (1908); Hümmer, Das rechtsrheinisch-bayrische Forstrügeverfahren (1908).

Dem Landesrecht ist durch § 3 Abs. 3 EStPO. freigegeben, für Feld- und Forstrügesachen ein besonderes Verfahren anzuordnen. Von dieser Ermächtigung ist in den einschlägigen Partikulargesetzen z. B. in dem Sinne Gebrauch gemacht worden, daß die Feld- und Forstrügesachen durch

Strafbefehl unter dem Vorbehalt mündlicher Einspruchserhebung in einem sofort eventualiter anberaumten Hauptverhandlungstermin erledigt werden; daß diese Sachen periodisch und miteinander verbunden auf Grund eines feld- oder forstbehördlich geführten Rügeregisters abgemacht werden; daß ein Beamter der Forstverwaltung usw. die amtsanwaltschaftlichen Funktionen wahrnimmt; daß die Feld- und Forstschutzbeamten als Zeugen unter Berufung auf ihren Diensteid aussagen usw.

§ 77. Anhang: Die Technik der strafprozessualischen Tatsachenerforschung, sog. kriminalpolizeiliche Tätigkeit.

Literatur: Ortloff, Lehrbuch der Kriminalpolizei (1881); Niceforo, Die Kriminalpolizei und ihre Hilfswissenschaften (1909); H. Groß, Die Erforschung des Sachverhalts strafbarer Handlungen (3. Aufl. 1909); Derselbe, Handbuch für Untersuchungsrichter (5. Aufl. 1908); Weingart, Kriminaltaktik (1904); Stieber, Praktisches Lehrbuch der Kriminalpolizei (1860); Avé-Lallement, Das deutsche Gaunertum (1858 bis 1862); Klaußmann, Berliner Gauner (1888); Lindenau, in der Ztschr. f. StrRWiss. Bd. XXII S. 287, XXIV S. 381; Paul, Handbuch der kriminalistischen Photographie (2. Aufl. 1900); Schneickert, Signalementslehre (I. Reiß, Das gesprochene Porträt, II. Schneickert, Identitätsfeststellung ohne Signalement; 1908); Schneickert, Graphologie, Ztschr. f. StrRWiss. Bd. XXXIII S. 637; Günther, Das Rotwelsch des deutschen Gauners (1905); Weingart, Handbuch für das Untersuchen von Brandstiftungen (1895); Zell, Der Polizeihund als Gehilfe der Strafrechtsorgane (1909); Windt-Kodiček, Daktyloskopie (1904); Klatt, Die Körpermessung der Verbrecher nach Bertillon und die Photographie als die wichtigsten Hilfsmittel der gerichtlichen Polizei sowie Anleitung zur Aufnahme von Fußspuren (1902); Klages, Die Probleme der Graphologie (1910); Derselbe, Prinzipien der Charakterologie (1910); Poppée, Graphologie (1908). — Archiv für Kriminalanthropologie und Kriminalistik, seit 1898, hrsgeg. von H. Groß. Vgl. auch: Der Pitaval der Gegenwart, hrsgeg. von Frank, Roscher und Schmidt (erscheint in fortlaufenden Heften).

I. Die Gestalt, in der ein Lebensvorkommnis, das schließlich als Verbrechensfall abgeurteilt wird, zum ersten Male in den Bereich der Wahrnehmung tritt oder sonst die Aufmerksamkeit auf sich zieht, ist häufig nicht so, daß alsbald alle Tatsachen klarlägen, die für ein bejahendes oder verneinendes richterliches Urteil erforderlich sind. Sehr häufig liegt von dem hypothetischen Verbrechensfall bei der ersten Kunde nur ein Teil der unmittelbar relevanten Tatsachen (oben § 40 I I) zutage (z. B. es ist eine Leiche mit einer Schußwunde aufgefunden worden), oder es fehlen diese sogar völlig, und sind nur spärliche Indizien (oben § 40 II 2) aufgetaucht (z. B. ein Mensch wird vermißt). Dann ist von der ersten Kunde bis zu dem umfassenden Aufbau der tatsächlichen Urteilsbasis ein weiter Weg; es gilt, Schritt für Schritt die erforderlichen ergänzenden Lebenskonkreta dazu zu ermitteln.

Diese Aufgabe der fortschreitenden Wissenserweiterung fällt in erster Linie und vornehmlich der Polizei zu (vgl. oben § 19 VIII). Die ihr gewidmete Tätigkeit wird daher gewöhnlich als kriminalpolizeiliche Tätigkeit bezeichnet. Doch ist diese Bezeichnung nur eine denominatio a potiori. Denn die in Rede stehende Tätigkeit ist gegebenenfalls auch von der Staatsanwaltschaft und vom Untersuchungs- oder Ermittelungsrichter zu entfalten; auch der erkennende Richter kann in die Lage kommen, „kriminalpolizeilich" tätig zu werden: wiewohl die Strafsache in der Hauptverhandlung von den Ermittelungsanfängen weit entfernt ist, kann doch auch jetzt noch, besonders infolge überraschender Wendungen, die Notwendigkeit zum Fortspüren auftreten; endlich können auch andere Interessenten veranlaßt sein, gleiche Wege einzuschlagen, so namentlich der Privatkläger, aber auch der Angeklagte (in negativer Richtung, auch zur Ablenkung des Verdachts auf andere in positiver Richtung). Das Wesen der Aufspürtätigkeit ist hier überall das gleiche.

Die kriminalpolizeiliche Tätigkeit ist Objekt rechtlicher Regelung insofern, als ihr überall da, wo sie die Interessensphäre anderer Personen als des Forschenden in Mitleidenschaft zieht, rechtliche Schranken gezogen sind (vgl. namentlich oben §§ 48—53). Soweit das nicht der Fall ist und innerhalb der rechtlichen Schranken handelt es sich dagegen bei ihr nur um die Kunst oder Technik der zweckmäßigen Wissenserweiterung. Die Kriminalpolizeiwissenschaft ist daher kein Teil, sondern nur eine wenn auch wichtige Hilfswissenschaft der Strafprozeßrechtswissenschaft.

II. Den Inhalt der Kriminalpolizeiwissenschaft bilden Regeln der Lebenserfahrung darüber, wie man an einem gegebenen Bewußtseinsinhalt als den Ausgangspunkt neue Kenntnisse anzuschließen vermag.

Um von dem Ausgangspunkt (der Kenntnis des lückenhaften Tatsachenmaterials) zu dem Endziel: der Bereitstellung von Beweismitteln auch über die noch fehlenden direkt relevanten oder Indiztatsachen für den Urteiler zu gelangen, sind zunächst diese fehlenden Tatsachen als Objekt der eigenen Selbstvergewisserung ins Auge zu fassen. Für die Zwecke dieser Selbstvergewisserung lehrt die Erfahrung des Lebens mancherlei:

1. Sie lehrt Erfahrungszusammenhänge zwischen der gesuchten Tatsache, wenn sie wahr ist, und gewissen Begleiterscheinungen oder vor oder nach ihr liegenden Vorgängen oder Zuständen, von denen aus auf jene im Wege des Indizienschlusses gefolgert werden kann, so daß es vorteilhaft ist, das Augenmerk auf sie zu richten (Lebensgepflogenheiten der Diebe usw.).

2. Sie lehrt weiter Regelsätze kennen, die zu wissen vorteilhaft ist, um (nicht wie bei 1. Folgerungen aus ihnen zu ziehen, sondern) dem Suchen nach Personen (im Sinne ihres Habhaftwerdens) oder Sachen Erfolg zu geben (z. B. Kenntnis von Fluchtpraktiken).

3. Sie lehrt namentlich die Methode kunstmäßigen Vorgehens kennen, nach der der Suchende zweckmäßigerweise verfährt, um von einem Gegebenen aus weitere Kenntnisse hinsichtlich des konkreten Falles zu erlangen, besonders die Werkzeuge, Apparate usw. und die Art und Weise ihrer Verwendung.

4. Sie lehrt endlich — als Gegenstück zu 3. — die Methoden der Wahrheitsverwirrung und -verschleierung, wie sie von seiten der Täter usw. geübt werden, und deren Unschädlichmachung.

III. Im Dienste der Aufspürtätigkeit kann das gesamte Erfahrungswissen der Menschheit von Bedeutung werden. Besonders häufig kommen für die Strafrechtspflege in Betracht:

1. von anthropologischen Kenntnissen: die Handschriftenkunde, die Kenntnis der Gaunersprache, der Bilderschrift der Bettler usw. (Zinken), der Gestensprache, des Aberglaubens, der Eigentümlichkeiten der Zigeuner, der Tatverdeckungstriks, der Praktiken zur Veränderung des Aussehens (falscher Bart, falsches Haar usw.), der Simulationen (von Schwerhörigkeit usw.); speziell bei Diebstählen die Kenntnis der Kniffe von Taschendieben usw., bei Falschspiel die Kenntnis der üblichen Praktiken usw.

2. Von physikalisch-chemischen Kenntnissen: die Fußspurenkunde (Deutung der Entstehung, Rückschlüsse von ihrer Form usw. auf die Person und deren Eigenschaften), Kenntnis des Unterschiedes von Menschen- und Tierblut, Kenntnis des Mechanismus von Schußwaffen; für die Erkundung von Gewalttaten an einer Person die Kenntnis der Entstehung von Wunden, von Strangulationsmarken, der Einwirkung von Giften; für die Erkundung von Abtreibungen die Abtreibungsmittelkunde; für die Erkundung von Diebstählen die Kenntnis von Dietrichen, Pechpflastern, Brechwerkzeugen, zigeunerischen Wurfangeln usw.

IV. Techniken, die für die kriminalistische Aufspürtätigkeit wertvoll sein können, sind namentlich die Anthropometrie, insbesondere die Bertillonage; die Fingerabdruckverwertung (Daktyloskopie); die Abrichtung und Verwendung von Hunden (Polizeihunden); das Skizzieren, Modellieren, Photographieren; das Abformen, Abklatschen von Fußspuren mit Gips usw.; das Verfahren zur Konservierung von Leichenteilen, Blutspuren usw.

4.

Militärstrafrecht und Militärstrafverfahren,

Militärisches Disziplinarstrafrecht und Beschwerderecht, Ehrengerichtliches Verfahren

von

Heinrich Dietz,
Kriegsgerichtsrat bei der 28. Division
Zweigstelle Rastatt.

Inhaltsübersicht.

Militärstrafrecht.

A. Einleitung.

Seite

Schrifttum . . . 211

I. Geschichtliches; Quellen . . . 214

II. Wesen und Zweck des Militärstrafrechts . . . 214

III. Einteilung des MStGB. . . . 214

IV. Zusammenhang des MStGB. mit anderen Gesetzen, besonders Strafbestimmungen . . . 214

V. Das Herrschaftsgebiet des Militärstrafgesetzbuchs . . . 215

B. Allgemeiner Teil.

I. Die verbrecherische Handlung.

1. Der Begriff des Verbrechens . . . 217
2. Das Verbrechen als schuldhafte Handlung . . . 218
3. Besondere Erscheinungsformen des Verbrechens . . . 219
4. Außerhalb des normalen gesetzlichen Tatbestandes stehende Umstände . . . 220

II. Die Strafe.

1. Hauptstrafen . . . 221
   a) Die einzelnen Hauptstrafen . . . 222
   b) Das Wertverhältnis der Freiheitsstrafen untereinander . . . 222
   c) Die Vollstreckung der Freiheitsstrafen . . . 222
2. Nebenstrafen . . . 223
   a) Allgemeines . . . 223
   b) Im einzelnen . . . 223

III. Die Anwendung der Strafe auf das Verbrechen.

1. Bedingte Anwendung der Strafe . . . 224
2. Strafmilderungsgründe . . . 224
3. Strafschärfungsgründe . . . 224
4. Zusammentreffen von Handlungen und Gesetzen . . . 226
5. Strafzumessung . . . 226
6. Verjährung . . . 227

C. Besonderer Teil.

I. Strafbare Handlungen gegen die Pflichten der Unterordnung . . . 228

II. Strafbare Handlungen gegen die Pflichten der Überordnung . . . 228

III. Strafbare Handlungen gegen die Verpflichtung zur Treue . . . 229

IV. Strafbare Handlungen gegen das Eigentum . . . 230

Militärstrafverfahren.

Erster Teil. Einleitung.

Schrifttum . . . 231

Ziff. 1. Geschichtliches. Quellen . . . 232

Ziff. 2. Zur Auslegung der MStGO. . . . 233

Zweiter Teil. Die maßgebenden Personen des Strafverfahrens (Prozeßsubjekte).

Erster Abschnitt. Der Gerichtsherr als Träger der Gerichtsbarkeit.

Seite

Ziff. 3. Die Militärgerichtsbarkeit als Ausfluß der Kommandogewalt 234
Ziff. 4. Umfang der Militärgerichtsbarkeit 235
Ziff. 5. Der Gerichtsherr und seine Organe 237
Ziff. 6. Das Reichsmilitärgericht 241
Ziff. 7. Die Militärjustizverwaltung 241

Zweiter Abschnitt. Der Beschuldigte und seine Verteidigung.

Ziff. 8. 242

Dritter Teil. Das Verfahren.

Erster Abschnitt. Allgemeine Grundsätze.

Ziff. 9. Untersuchungsgrundsatz 243
Ziff. 10. Strafverfolgungszwang 243
Ziff. 11. Einheitlichkeit der Verhandlung; Mündlichkeit, Unmittelbarkeit. Schriftliche Beurkundung der Prozeßvorgänge 244
Ziff. 12. Wahrheitserforschung. Beschränkung auf die zur Anklage stehende Tat. Beweiserschöpfung. Freie Beweiswürdigung 244
Ziff. 13. Öffentlichkeit des Verfahrens 244
Ziff. 14. Gerichtssprache 245
Ziff. 15. Ausschließung und Ablehnung von Gerichtspersonen 245
Ziff. 16. Entscheidungen und Verfügungen 245
Ziff. 17. Fristen, Wiedereinsetzung, Termine 245
Ziff. 18. Rechtshilfe 245

Zweiter Abschnitt. Die Zwangsgewalt im Militärstrafverfahren.

Ziff. 19. Maßregeln zur Sicherung der Person der Beschuldigten 246
Ziff. 20. Maßregeln zur Sicherung des Beweises 246

Dritter Abschnitt. Der Beweis.

Ziff. 21. Die allgemeinen Beweisgrundsätze 247
Ziff. 22. Die einzelnen Beweismittel 247

Vierter Abschnitt. Das Verfahren in erster Instanz.

Ziff. 23. Das Ermittlungsverfahren 248
Ziff. 24. Die Anklageverfügung, -erhebung 248
Ziff. 25. Die Vorbereitung der Hauptverhandlung 249
Ziff. 26. Die Hauptverhandlung 249
Ziff. 27. Das Urteil 249
Ziff. 28. Die Strafverfügung 250
Ziff. 29. Verfahren gegen Abwesende 250

Fünfter Abschnitt. Die Rechtsmittel.

Ziff. 30. Allgemeines 250
Ziff. 31. Die Rechtsbeschwerde 251
Ziff. 32. Die Berufung 251
Ziff. 33. Die Revision 252

Sechster Abschnitt. Die Wiederaufnahme des Verfahrens.

Ziff. 34. 252

Siebenter Abschnitt. Strafvollstreckung und Kosten.

Ziff. 35. Die Strafvollstreckung 253
Ziff. 36. Die Kosten des Verfahrens 253

Anhang. Feld- und Bordverfahren.

Ziff. 37. 253

Das militärische Disziplinarstrafrecht.

Seite
Schrifttum . . . 255
Ziff. 1. Wesen und Bedeutung des Disziplinarstrafrechts . . . 255
Ziff. 2. Quellen . . . 256
Ziff. 3. Sachlicher Umfang der Disziplinargewalt. Abgrenzung vom Kriminalstrafrecht . 256
Ziff. 4. Persönlicher Umfang der Disziplinarstrafgewalt . . . 257
Ziff. 5. Disziplinarstrafen . . . 258
Ziff. 6. Disziplinarvorgesetzte . . . 260
Ziff. 7. Die Ausübung der Disziplinarstrafgewalt . . . 260
Ziff. 8. Beschwerde über verhängte Disziplinarstrafen . . . 261

Das militärische Beschwerderecht.

Schrifttum . . . 262
Ziff. 1. Quellen. Bedeutung des Beschwerderechts . . . 262
Ziff. 2. Voraussetzung der Beschwerde . . . 263
Ziff. 3. Das Anbringen der Beschwerde . . . 263
Ziff. 4. Zurücknahme der Beschwerde . . . 264
Ziff. 5. Aufklärung des Sachverhalts . . . 264
Ziff. 6. Die Entscheidung . . . 264
Ziff. 7. Weitere Beschwerde . . . 264
Ziff. 8. Mißbrauch des Beschwerderechts . . . 265
Ziff. 9. Beschwerdeführung der Beamten des Heeres (der Marine) . . . 265
Ziff. 10. Schlußwort . . . 266

Die militärische Ehrengerichtsbarkeit.

Schrifttum . . . 266
Ziff. 1. Wesen und Zweck des ehrengerichtlichen Verfahrens . . . 267
Ziff. 2. Quellen . . . 267
Ziff. 3. Rechtliche Natur der Ehrengerichtsverordnungen . . . 267
Ziff. 4. Abgrenzung vom Disziplinarstrafrecht . . . 267
Ziff. 5. Abgrenzung vom Kriminalstrafrecht . . . 268
Ziff. 6. Abgrenzung von anderen staatlich eingesetzten Ehrengerichten und dem amtlichen Disziplinarverfahren . . . 268
Ziff. 7. Die Zuständigkeit der Ehrengerichte . . . 268
Ziff. 8. Persönliches Geltungsgebiet . . . 268
Ziff. 9. Arten der Ehrengerichte . . . 268
Ziff. 10. Bildung der Ehrengerichte . . . 269
Ziff. 11. Ehrenrat . . . 269
Ziff. 12. Der Kommandeur . . . 269
Ziff. 13. Der Befehlshaber . . . 270
Ziff. 14. Vorerhebungen . . . 271
Ziff. 15. Förmliches Verfahren . . . 271
Ziff. 16. Auslegung der EhrV. . . . 273
Ziff. 17. Ehrenhändel . . . 273

Militärstrafrecht.

Schrifttum:

A. Geschichte.

Karl Friccius, Geschichte des Deutschen, insb. des Preußischen Kriegsrechts, Berlin 1848.
Brauer, Das Militärstrafrecht der Römer, Arch. Krim. R. F. R. 1853, Ergänzungsheft S. 43 bis 55.
J. Ortwein v. Molitor, Die Kriegsgerichte und Militärstrafen, Wien 1855.
Damianitsch, Studien über das Militärstrafrecht usw., Wien 1862.
Dangelmaier, Die militärischen Verbrechen und Vergehen usw., Insbruck 1884.
Derselbe, Militärrechtliche und militärethische Abhandlungen, Wien und Leipzig 1893.
Jähns, Geschichte der Kriegswissenschaften, München und Leipzig, 89—91.
Dangelmaier, Geschichte des Militärstrafrechts, Berlin 1891 (Sonderabdruck aus Jahrb. für Armee u. Marine Bd. 79).
Erben, Ursprung und Entwicklung der deutschen Kriegsartikel, Mitt. d. Inst. f. öst. GeschForschg., ErgBd. 6, Innsbruck 1900 und sonstige Arbeiten.
Beck, Die ältesten Artikelsbriefe für das deutsche Fußvolk, München 1908.
Derselbe, Beiträge Artikelsbriefe, Duellmandate, Reiterrecht, Spießrecht im HandwMilR.
v. Bonin, Grundzüge der Rechtsverfassung in den deutschen Heeren zu Beginn der Neuzeit, Weimar 1904.
v. Bonin, Zur Geschichte des Kriegsgerichtswesens, Rastatt 1912.

B. Erläuterungen (bes. Kommentare) zum MStGB.

v. Koppmann und Weigel, Kommentar zum MStGB., München 1903.
Endres, Handausgabe zum MStGB., Würzburg 1903.
Schlayer, Militärstrafrecht in Hue de Grais' Handb. d. Gesgeb., Berlin 1904.
Herz und Ernst, Strafrecht der Militärpersonen (Handbuch) Berlin 1905.
Dieselben, Kommentar zum MStGB., 2. Aufl., Berlin 1908.
Elsner v. Gronow u. Sohl, Militärstrafrecht (Handbuch), Berlin 1906.
Rotermund, 2, Kommentar zum MStGB., Hannover 1909.
Posener, Rechtslexikon 1910.
Romen und Rissom, Kommentar zum MStGB., Berlin 1912.
Dietz, Handwörterbuch des Militärrechts, Rastatt 1912.
Dietz, Taschenbuch des Militärrechts für Kriegszeiten, 2. Aufl., Rastatt 1913.

Aus der älteren Literatur:

Fleck, Kommentar zum Preuß. MStGB. 1864.
Oberniedermayr, Kommentar z. Bayr. MStGB., München 1870.
Hecker, Kommentar zum MStGB. 1877.
Solms, 3, Strafrecht und Strafprozeß für Heer und Marine, Berlin 1892.

C. Gesamtdarstellungen.

Hecker, Lehrbuch des Militärstrafrechts, Stuttgart 1887.
M. E. Mayer, Deutsches Militärstrafrecht (system.), Leipzig 1907.
Lelewer, Grundriß des Militärstrafrechts (Öst-Ung.) Wien 1909.

Knapp zusammenfassend:

Seuffert, Das Militärstrafrecht in der Strafgesetzgebung der Gegenwart, 1894 1, 69—83.
Birkmeyer, Militärstrafrecht in seiner Enzyklopädie der Rechtswissenschaft, 2, Berlin 1904 S. 1203—1232.
Weiffenbach in dieser Enzyklopädie 1904, S. 409—425.

D. Rechtsprechung.

Entscheidungen des Reichsmilitärgerichts 1902 ff., bisher 17 Bände.
Kritische Besprechungen dazu von Beling (ZStW. Bd. 24), Ditzen (Goltd. Arch. Bd. 52 u. 53). Gerland (Krit. V. Schr. Bd. 45, Gerichtss. Bd. 69).
Rissom (Gerichtss. Bd. 73, 75, 76, 78, 79; Arch. MilR. Bd. 1—5).
Prüfungsergebnisse des RMG. (den Gerichtsstellen zugänglich gemacht und teilw. im Hauptnachschlagebuch [Generalregister] zu Bd. 6—10 veröffentlicht).

E. Zeitschriften.

Archiv für Militärrecht (herausgegeben von Dietz), seit 1909 (J. Bensheimer, Mannheim).
Sammlung militärrechtlicher Abhandlungen und Studien (herausgegeben von Dietz) seit 1911 (Greiser, Rastatt).

F. Kriminalstatistik.

Dietz, Die Militärstrafrechtspflege im Lichte der Kriminalstatistik, Oldenburg 1908, mit öfteren Nachträgen. Diese und sonstige Literatur nachgewiesen im HandwMilR. unter Kriminalstatistik für Heer und Marine.

G. Weitere Nachweisungen

des Schrifttums, vor allem der Vorarbeiten, einzelner Darstellungen, Abhandlungen, Schriften allgemeinen Inhalts, Reformfragen siehe besonders bei
Romen und Rissom, MStGB., ferner
Literaturberichte im Arch. MilR. Bd. 1—5; in Bd. 1—3 Zusammenstellung militärrechtlicher Literatur nach Personen.
Katalog der Bibliothek des Reichsmilitärgerichts, verfaßt von Bibliothekar Prof. Dr. Maas, Berlin 1913.

A. Einleitung.

I. Geschichtliches. Quellen.

Die Geschichte des Militärstrafrechts kann in dieser knappen Darstellung nur angedeutet werden. Der jeweilige Stand der Heeresverfassung und des allgemeinen Rechts war bei allen Völkern für seine Entwicklung entscheidend. So kann es nicht wundernehmen, daß bei den Römern, dem Soldaten- und Juristenvolke, ein wissenschaftlich durchgebildetes Militärrecht (jus militare im Gegensatz zum jus paganorum, auch zivilrechtlich bedeutsam: Soldatentestament, peculium castrense) und Militärstrafrecht bestand (ausgebildetes System in der Gesetzgebung Justinians).

Es unterschied schon nach Art der heutigen Militärstrafgesetze rein militärische, gemeine und militärisch ausgezeichnete strafbare Handlungen[1]. In der durch eiserne Strenge (Abschreckungsgrundsatz) aufrechterhaltenen Heeresdisziplin lag das Geheimnis der gewaltigen Erfolge Roms. „Romani imperii custos severa castrorum disciplina" (Valerius Maximus). Mit dem Sittenverfall im Römerreiche verfiel nach und nach auch die Disziplin des Heeres (Empörungen der Prätorianer), die schließlich noch von den fremden Soldaten am besten gewahrt wurde („nihil est validum in exercitibus nisi quod externum", Tacitus annal. l. III, c. 40).

Das Kriegsrecht der Germanen, auch noch im fränkischen Reich, war Gewohnheitsrecht mit vorwiegend privatrechtlichem Charakter (Bußzahlung an die Geschädigten) ohne einheitliche Gestaltung; dieselbe Übeltat wurde je nach den Volksrechten verschieden behandelt. Nur einzelne schwere Straftaten (Untreue gegen den König, Mord am Heerführer) wurden durch öffentliche Strafe geahndet. Es folgt das Militärrecht der lehnsrechtlichen Periode (Verpflichtung der Vasallen zum Kriegsdienst), des Ritterwesens (von Bedeutung für die Entwicklung der Ehrauffassung im Offizierkorps) mit den eigens für einzelne Kriegszüge erlassenen Gesetzen (wichtig:

[1] „Militum delicta sive admissa aut propria sunt militibus aut cum caeteris communia. Proprium militare est, quod quis uti miles admittit" (l. 2. D. 49, 16). „Quaedam delicta pagano aut nullam aut leviorem poenam irrogant, militi vero graviorem" (l. 14, D. 48, 19).

Heeresgesetz Friedrichs I. für den ersten Krieg gegen Mailand 1158). Für rein militärische Straftaten scheint zunächst Gewohnheitsrecht bestanden zu haben; doch kommen besondere Strafbestimmungen zum Vorschein im Reichsgesetz, vom Nürnberger Reichstag 1431 für einen Feldzug gegen Böhmen erlassen, und vor allem im Sempacher Brief, 1393 in Zürich festgesetzt und beschworen (Fahnenflucht, Feigheit, Plünderung). Mit dem Aufkommen des Söldnerwesens schlossen sich an die Überlieferungen und an die allgemeinen Rechtsquellen die Artikelsbriefe an, die zunächst im wesentlichen die Pflichten des Soldaten aufzählen, die Strafbarkeit ihrer Verletzung als selbstverständlich voraussetzen und die Strafart unbestimmt lassen (Kriegsartikel Maximilians I. aus 1508), und erst später (Kriegsartikel Maximilians II., solche für Fußknechte und für die Reiterei 1570 zum Reichsgesetz erhoben) ausführliche Bestimmungen und Strafen bei Militärdelikten (Plünderung, Beutemachen, Fahnenflucht im Felde, Insubordination) enthalten. Den Artikelsbriefen liegen die Söldnereide zugrunde, die dem Treugelöbnis der Vasallen nachgebildet waren. Die Strafen waren, um die sehr gelockerte Mannszucht aufrechtzuerhalten, überaus streng (meist Todesstrafe), was dazu führte, daß sie vielfach nicht vollzogen wurden und wirkungslos waren. Die Strafrechtsnormen der Carolina griffen ein, wo die Kriegsartikel versagten. Von den vielen Kriegsartikeln, die in den Gebietsteilen des Reiches erlassen wurden, sind als besonders bedeutsam für die deutsche Rechtsentwicklung die Kriegsartikel Gustav Adolfs aus 1621 zu nennen; sie haben — unter Wegfall aller Reste eines zweiseitigen Vertrags — den ausgeprägten Charakter eines Strafgesetzes; die Scheidung des Artikels für Knechte und Reisige ist beseitigt. Aus dem Kriegsrecht war jetzt ein Strafrecht geworden, das der Soldat überallhin mit sich nahm. Diese Kriegsartikel wurden vom Großen Kurfürsten 1656 für Brandenburg und Preußen in der Hauptsache übernommen und bildeten die wesentliche Grundlage für die spätere preußische Militärgesetzgebung. 1713 folgten in Preußen neue Kriegsartikel für Unteroffiziere und Mannschaften, 1726 ein besonderes Dienstreglement für Offiziere (erneuert 1788). Im Laufe des 18. Jahrhunderts wurden die Kriegsartikel ohne wesentliche Fortbildung wiederholt erneuert (1749, 1797 im Anschluß an das Allgemeine Landrecht, nach dem die gemeinen Straftaten der Soldaten von den Militärgerichten zu behandeln waren), doch sind die Strafen immer milder geworden. Das 18. Jahrhundert zeigt folgende gerichtliche Strafen: Todesstrafe: durch Verbrennen, Vierteilung durch das Rad, den Strang, das Schwert, durch Erschießen; Freiheitsstrafen: Zuchthaus, Festungshaft, Schanzarbeit, Stockhaus, Profossenarrest; Leibesstrafen: Staupenschlagen durch den Scharfrichter, Prügelstrafe, Gassenlaufen, Krummschließen, Brandmarkung; Ehrenstrafen: Ehrlosigkeitserklärung, Verlust des Dienstgrades; Vermögensstrafen.

Die Napoleonischen Kriege und der siegreich durchbrechende Gedanke der allgemeinen Wehrpflicht führten zur Milderung (Humanisierung) des Militärstrafrechts im Anfang des 19. Jahrhunderts (Hebung des Ehrgefühls durch Abschaffung der körperlichen Züchtigung — Ausnahme bei Soldaten II. Klasse —, bessere Behandlung usw.). Danach setzten die Bestrebungen ein, das Recht in Gesetzbüchern zusammenzufügen. In Bayern wurde im Anschluß an Feuerbachs berühmtes bürgerliches Strafgesetzbuch durch AB. vom 19. Aug. 1813 der erste entscheidende Schritt getan (ergänzende Dienstvorschrift aus 1823); in Württemberg wurde am 20. Juli 1818 ein MStGB., das preußische MStGB. wurde am 3. April 1845, das sächsische im Jahre 1855 erlassen. Ein neues MStGB. wurde in Sachsen im Anschluß an das preußische am 4. Nov. 1867 erlassen; in den übrigen Staaten des Norddeutschen Bundes wurde durch Verordnung des Königs von Preußen vom 29. Dez. 1867 das preußische Recht eingeführt. Bayern erhielt am 29. April 1869 ein neues MStGB.

Die Einheit der deutschen Armee (und Marine) in bezug auf die militärischen Strafsatzungen brachte das Militärstrafgesetzbuch für das Deutsche Reich vom 20. Juni 1872. Man konnte ihm nachsagen, daß es unter den Militärgesetzen aller Kulturstaaten die mildesten und humansten Bestimmungen aufweise. Der erste Entwurf zu diesem Gesetz war von dem hochverdienten preußischen Generalauditeur Fleck auf der Grundlage des preußischen Rechts und unter besonderer Berücksichtigung des bayrischen ausgearbeitet und dann von einem aus Offizieren und Militärjuristen gebildeten Ausschuß beraten worden. Der aus den Beratungen hervorgegangene Entwurf II wurde vom Bundsrat mit wenigen Änderungen angenommen und am 28. April 1872 dem Reichstage als Entwurf III vorgelegt. Ein Einführungsgesetz und eine vom Geh. Justizrat Keller und dem Stadtrichter Dr. Rubo ausgearbeitete Begründung war beigegeben. In einem Ausschuß, aus 21 Mitgliedern des Reichstags bestehend (Vorsitzender: der Abgeordnete Generalfeldmarschall Graf v. Moltke), wurde der Entwurf beraten. Es kam zu lebhaften Auseinandersetzungen. Das Gesetz wurde am 8. Juni 1872 vom Reichstage mit sehr großer Mehrheit, tags darauf vom Bundesrat angenommen, am 20. Juni von Kaiser Wilhelm I. vollzogen. Er trat am 1. Okt. 1872 (auch in Elsaß-Lothringen) in Kraft.

Die geschichtliche Entwicklung des Militärstrafrechts einschließlich der Gerichtsverfassung und des Verfahrens aller Zeiten und Völker weiter zu verfolgen, wird eine lohnende Aufgabe der Zukunft sein. Sie ist in umfassender Weise bis heute noch nicht dargestellt. Das Strafrecht der waffenfähigen Männer als des staatserhaltenden und staatenbildenden Teiles der Menschheit ist praktisch in den vergangenen Jahrhunderten und Jahrtausenden vielleicht der wichtigste Teil der Rechtsbildung gewesen; ihm nachgehen heißt dazu beitragen, das innere Leben, die Wesensart und die Entwicklung der Völker zu erschließen [1].

II. Wesen und Zweck des Militärstrafrechts.

Das Militärstrafrecht ist ein Sonderrecht, ein Standesstrafrecht.

Besondere Strafrechtsnormen für das Heer aufzustellen, ist, wie auch die Geschichte lehrt, eine staatliche Notwendigkeit. Die bewaffnete Macht soll den Staat schützen; sie ist das Werkzeug seiner Macht. Aus dieser Aufgabe ergeben sich die besonderen Pflichten des Soldatenstandes, die militärischen Berufs- und Standespflichten; ihrer Verletzung muß, wenn nicht disziplinäre Beurteilung ausreicht, durch die staatliche Strafe begegnet werden (militärische Verbrechen und Vergehen). Soweit freilich der Soldat nur Kulturnormen verletzt, die der Staat ganz allgemein schützt, besteht kein Grund, ihn dem allgemeinen staatlichen Strafrecht zu entziehen (siehe unter V, 4). Die bewaffnete Macht ist eine Zusammenfassung vieler Kräfte zu einer einzigen; die Zusammenfassung ist nur möglich durch eiserne Disziplin. Was diese bedeutet, hat uns kurz und bündig kein Geringerer als Generalfeldmarschall Graf v. Moltke gesagt: „Autorität von oben und Gehorsam von unten; mit einem Worte, Disziplin ist die Seele der Armee." So ergibt sich auch mühelos der eigentliche Zweck des Militärstrafrechts: die Rechtsordnung des Heeres (der Marine), d. i. vor allem die Disziplin zu schützen, die ein Rechtsgut der Nation ist, nicht des Heeres (M. E. Mayer).

III. Einteilung des Militärstrafgesetzbuchs für das Deutsche Reich.

Das MStGB. besteht aus 166 Paragraphen, von denen 1—13 einleitende Bestimmungen, 14—55 den I. Teil „Von der Bestrafung im allgemeinen" enthalten; der II. Teil handelt von den einzelnen Verbrechen und Vergehen und deren Bestrafung: Titel I §§ 56—152 11 Abschnitte: militärische Verbrechen und Vergehen der Personen des Soldatenstandes; Titel II §§ 153, 154: militärische Verbrechen und Vergehen der Militärbeamten; Titel III §§ 155—161: Strafbestimmungen für Personen, welche den Militärgesetzen nur in Kriegszeiten unterworfen sind; Titel IV §§ 162—166: Zusatzbestimmungen für die Marine. — Dazu das Einführungsgesetz (3 Paragraphen).

IV. Zusammenhang des MStGB. mit anderen Gesetzen, besonders Strafbestimmungen.

Für die militärische Strafrechtspflege sind bedeutsam:

1. das Strafgesetzbuch vom 15. Juni 1871, alle übrigen Strafgesetze des Reichs, daneben das Landesstrafrecht [2]. Das gemeine Strafrecht ist grundsätzlich auf den Soldaten anwendbar;

[1] Vgl. Dangelmaier, Geschichte des Militärstrafrechts; Bartolomäus, „Militärstrafrecht, Geschichte des —" im Handw. MilR.

[2] Über die eigentümliche Stellung der Militärgerichte bei Anwendung des Landesstrafrechts . Arch. MilR. 3, 135, 198, 321.

das militärische Sonderrecht geht aber vor und ergänzt auch die gemeinrechtlichen Bestimmungen. Andererseits wird es aber wieder aus dem gemeinen Strafrecht erklärt und ergänzt. Vgl. § 10 StGB.; §§ 2, 3 MStGB. (M.). — Leitender Gedanke bei Abfassung des M. war, es in seinem systematischen Aufbau tunlichst dem StGB. anzupassen, es mit dessen leitenden Gedanken und dadurch mit den neueren Anforderungen der Strafrechtswissenschaft in Einklang zu bringen, beides aber nur insoweit, als die besonderen Bedürfnisse des Heeres und die als oberstes Gesetz geltende Rücksicht auf die Erhaltung der Disziplin damit vereinbar erschienen;

2. die Reichsgesetze, durch die die allgemeine Wehrpflicht, die Verfassung und innere Einrichtung des Heeres und der Marine, ihre Ergänzung und überhaupt die Rechtsverhältnisse der Militärpersonen näher geregelt werden. Vor allem gehört hierher neben den Bündnisverträgen und Militärkonventionen das Reichsmilitärgesetz vom 2. Mai 1874 mit zahlreichen Ergänzungsgesetzen und Ausführungsbestimmungen (Wehrordnung, Heerordnung, Marineordnung usw.);

3. die Militärstrafgerichtsordnung vom 1. Dez. 1898 (siehe Militärstrafverfahren) und die Reichsstrafprozeßordnung vom 1. Febr. 1877;

4. die Disziplinarstrafordnung für das Heer und die für die Marine nebst ergänzenden Bestimmungen (siehe Disziplinarstrafrecht, vgl. Beschwerderecht);

5. die Verordnungen über die Ehrengerichte der Offiziere und Sanitätsoffiziere des Heeres und der Marine (siehe ehrengerichtliches Verfahren);

6. die Kriegsartikel (für das Heer vom 22. Sept. 1902, für die Marine vom 10. Jan. 1903); sie sind heute keine Rechtssätze mehr, sondern lediglich eine Pflichtenlehre für den Soldaten;

7. im Kriege völkerrechtliche Vereinbarungen, vor allem das Abkommen über die Gesetze und Gebräuche des Landkrieges vom 18. Okt. 1907 (RGBl. 1910 S. 82 u. 107) und die seekriegsrechtlichen Abkommen vom gleichen Tage (RGBl. 1910 S. 283).

V. Das Herrschaftsgebiet des MStGB.

1. Das persönliche Geltungsgebiet (ist im Gesetz nicht klar umgrenzt); vgl. § 3 ff.

a) Ohne Einschränkung gilt das M. für die dem aktiven Heere angehörenden Personen

α) die Soldaten des Friedensstandes;

β) die zum Dienst einberufenen Soldaten des Beurlaubtenstandes (§ 6 M., § 38 RMilG.; wichtig: RMG. 9 179);

γ) die Kriegsfreiwilligen und die zum Kriegsdienst aufgebotenen Offiziere und Mannschaften (§ 38 RMilG.);

δ) die Landgendarmen; sie gelten in strafrechtlicher Hinsicht, soweit sie landesrechtlich zu den Militärpersonen gerechnet werden (Preußen, Baden, Hessen usw.), als Personen des Soldatenstandes des aktiven Heeres (§ 2 EGMStGB., vgl. § 2 EGMStGO.); zum deutschen Heere gehören sie nicht (§ 38 RMilG.). Die verschiedene Stellung im Reiche, auf die hier nicht näher eingegangen werden kann, ist staatsrechtlich und strafrechtlich höchst unbefriedigend;

ε) die Angestellten der Schiffe der deutschen Marine (§ 166, 1);

b) in Kriegszeiten sind dem M. unterworfen außer den unter 1 genannten:

α) ausländische, zum Heere zugelassene Offiziere (vgl. § 157, 1);

β) Kriegsgefangene (§ 158);

γ) der Armeetroß (§ 155, vgl. § 157, 2);

δ) die Militärbeamten; ihretwegen siehe unter c;

c) einzelnen Teilen des M. sind unterworfen:

α) die Militärbeamten (leitender Gedanke: im Frieden Beamte, im Kriege Soldaten); es werden obere und untere unterschieden (siehe Klasseneinteilung vom 1. Aug.

1908, dem M. beigegeben). Wegen strafbarer Handlungen im Felde werden sie (§ 153) aus §§ 57—80, 89—113, 127—136 bestraft. Sonst gilt für sie das gemeine Strafrecht (§ 154); aus dem M. sind nur die §§ 43 und 45 (Amtsverlust, Strafvollstreckung durch bürgerliche Behörden) anwendbar;

β) Soldaten des Beurlaubtenstandes (nicht „Personen", denn die Militärbeamten des Beurlaubtenstandes scheiden aus; Begriff: § 56 RMilG.; vgl. §§ 26, 30 des Gesetzes vom 11. Febr. 1888) sind, solange sie nicht zum Dienst einberufen sind, nach § 6 nur den Vorschriften unterworfen, die im M. ausdrücklich als auf sie anwendbar erklärt sind. Es sind damit nach §§ 113, 126 die (im 6. und 7. Abschn. des I. Titels II. Teil genannten) strafbaren Handlungen gegen die Pflichten der Unterordnung und des Mißbrauchs der Dienstgewalt, begangen im dienstlichen Verkehr mit dem Vorgesetzten oder Untergebenen oder in der Militäruniform getroffen; ferner unabhängig von diesen Voraussetzungen: Ungehorsamshandlungen gegen rechtmäßige Befehle in Dienstsachen, Widersetzung, unbefugtes Veranstalten von Versammlungen. Vgl. ferner § 42 M. und § 60 Ziff. 3 RMilG., eine das M. ergänzende Vorschrift, wonach gewisse Gruppen des Beurlaubtenstandes den §§ 64—83 M. unterstellt werden;

γ) Offiziere à la suite in bestimmten Fällen;

δ) Zivilpersonen auf dem Kriegsschauplatz und Personen, die sich aus dienstlicher Veranlassung an Bord eines im Kriegszustande befindlichen Schiffes begeben haben; §§ 160, 162 2.

2. Die zeitliche Herrschaft des MStGB. begann mit dem 1. Oktober 1872 (§ 1 EG.). — Das M. hat zahlreiche Tatbestände, die nur in Kriegszeiten gelten. Sie werden Kriegsgesetze[1] genannt; sie gelten nach Eintritt der Mobilmachung und nach Eintritt des einzelnen in den mobilen Zustand. Entsprechendes gilt für ihren Endzeitpunkt. Vgl. §§ 9—11, 155, wegen der Marine 164. — Dem Kriegszustande ist der — bei inneren Unruhen usw. verhängte — Belagerungszustand[1] (Kriegszustand, Standrecht) gleichgestellt (§ 9 Z. 2—4).

3. In räumlicher Beziehung gilt — im Gegensatz zum StGB. — das Personalitätsprinzip. Der Soldat trägt sein Gesetzbuch (einschließlich des ganzen Reichsstrafrechts) mit sich (§§ 7, 160, 161; vgl. 155, 157, 158[2]).

4. Das sachliche Geltungsgebiet. Es ist abzugrenzen:

a) das Militärstrafrecht vom gemeinen Strafrecht. Oberster Grundsatz ist, daß strafbare Handlungen der Militärpersonen nur insoweit nach gemeinem Strafrecht zu beurteilen sind, als nicht das M. etwas anderes bestimmt (§ 10 StGB.);

α) gemeine Straftaten sind nach gemeinem Recht zu behandeln und dabei nur insoweit nach dem M., als dieses abändernde oder ergänzende Bestimmungen hat; das ergibt sich aus dem § 3 M. Beispiel: § 7, 29 (Geldstrafe bei gemeinen Vergehen, die wahlweise Geld- oder Freiheitsstrafe androhen, unzulässig, wenn durch die Handlung zugleich eine militärische Dienstpflicht[3] verletzt wird; § 14, 15, 45 (Strafvollstreckung); 47, 49 u. a., nach bisher herrschender Lehre auch der wichtige § 55 (vgl. B III 3);

β) auf militärische Verbrechen und Vergehen (vgl. B I 1 a) werden gemeinstrafrechtliche Bestimmungen nur insoweit angewendet, als das M. sie nicht abgeändert hat (§ 2 M.); unverändert bleiben die meisten grundlegenden allgemeinen Bestimmungen des StGB., auch einige Grundbegriffe der uneigentlichen militärischen Vergehen (z. B. § 138: militärischer Diebstahl und Unterschlagung).

---

[1] Siehe „Kriegsgesetze" (Grützmacher), „Belagerungszustand" (Giese) im HandwMilR.; Bay. Ges. über den Kriegszustand v. 5. Nov. 1912; Taschenbuch des MilRechts für Kriegszeiten (Dietz).

[2] Klärung dieser oft falsch behandelten Frage durch M. E. Mayer, MilStrafr. I 53 ff.; vgl. Note 2 zu A IV.

[3] Vgl. hierzu die Beiträge „Dienstpflichtverletzungen, militärische" (Autenrieth) und „Kriegsartikel" (Mewes) im HandwMilR.; dieser mit neuen Ergebnissen, die von der herrschenden Lehre abweichen.

Die Frage des Ineinandergreifens militär- und gemeinstrafrechtlicher Rechtssätze ist leider immer noch eine der umstrittensten, was u. a. auf die wenig glückliche Fassung der §§ 2 und 3 zurückzuführen ist. Nach § 2 „finden diejenigen Bestimmungen, welche nach den Vorschriften des deutschen StGB. in Beziehung auf Verbrechen und Vergehen allgemein gelten, auf militärische Verbrechen und Vergehen entsprechende Anwendung". Eine frühere Auslegung wollte unter den „allgemein geltenden Bestimmungen" nur die einleitenden Bestimmungen und die Bestimmungen des allgemeinen Teils des StGB. gelten lassen; die herrschende Lehre (vgl. PlenB. RMG. 1, 134) versteht darunter mit Recht auch die Bestimmungen, die für eine besondere Art von Verbrechen und Vergehen gelten. Richtig ist die Auslegung, daß unter den allgemein geltenden Bestimmungen des StGB. nichts anderes als das gemeine Strafrecht zu verstehen ist, daß § 2 lediglich die allgemein gültigen Vorschriften des StGB. den Sondervorschriften des M. gegenüberstellen will. Die weitere Schwierigkeit bringt der Ausdruck „entsprechende Anwendung" des § 2. Das RMG. 1, 134 versteht darunter die der Disziplin entsprechende. Das preußische MStGB. hatte allgemein in § 2 EG. bestimmt, daß bei der Anwendung der Landesgesetze die militärischen Dienstverhältnisse zu berücksichtigen seien. Es muß ein Grund vorhanden gewesen sein, von dieser eindeutigen Bestimmung abzugehen; man hat ihn darin zu sehen, daß das M. als solches, was ja seine Aufgabe war, die militärischen Anforderungen in allen seinen Teilen gebührend berücksichtigt hat, so daß die entsprechende Anwendung des gemeinen Strafrechts nichts anderes ist als die mit den geltenden Bestimmungen des M. vereinbare. Nur diese Auslegung kann juristisch befriedigen; wichtige Schlußfolgerungen z. B. zur Frage der Notwehr s. B I 4 a α;

b) das Militärstrafrecht vom Militärdisziplinarstrafrecht. An dieser Stelle ist nur zu erwähnen, daß gewisse mil. Vergehen in leichten Fällen vom Disziplinarvorgesetzten disziplinarisch mit Arrest geahndet und damit der gerichtlichen Bestrafung entzogen werden können (§ 3 EG. MStGB., 157 MStGO.). Im übrigen s. nachf. B I 1 und unter Disziplinarstrafrecht.

B. Allgemeiner Teil.

I. Die verbrecherische Handlung.

1. **Wegen des Begriffs des Verbrechens** (im weiteren Sinne) ist auf das gemeine Strafrecht zu verweisen. Auch das M. spricht von „strafbarer Handlung".

a) Die strafbaren Handlungen des M. sind militärische Verbrechen oder militärische Vergehen. Entscheidend sind Strafart oder die Höhe der Strafe (§ 1); militärische Übertretungen gibt es nicht. Die Bestrafung leichter militärisch bedeutsamer Verfehlungen, die nicht unter die Übertretungen des gemeinen Strafrechts fallen, vermittelt das militärische Disziplinarstrafrecht (s. d.).

Die Scheidung in militärische Verbrechen und Vergehen führt nach § 2 M. zur Herübernahme aller Lehren des gemeinen Strafrechts in das Militärstrafrecht, nach denen Verbrechen und Vergehen verschieden zu behandeln sind (Versuch, Verjährung usw.).

Man unterscheidet eigentliche (rein) militärische und uneigentliche militärische Straftaten; jene können begrifflich nur von Militärpersonen begangen werden (z. B. §§ 64, 69, 117: unerlaubte Entfernung, Fahnenflucht, Abhalten von der Beschwerdeführung). Diese haben ihre Grundform im gemeinen Strafrecht, sind aber für den Fall, daß eine Militärperson sie begeht, zu militärischen Straftaten gestempelt (Beisp.: § 138, militärischer Diebstahl und militärische Unterschlagung).

Die Unterscheidung hat systematischen, aber auch — entgegen Weiffenbach — rechtlichen Wert; vgl. B I 3 c ζ.

b) Das M. verweist häufig auf Strafvorschriften des gemeinen Strafrechts. In diesen Fällen ist nach herrschender Lehre zu untersuchen, ob der Sitz der Strafdrohung im M. enthalten ist. Aber gerade diese Frage ist in vielen Fällen bestritten, z. B. bei § 145 [1]. Wird

[1] Nach richtiger Lehre sind die Amtsverbrechen der Soldaten (145 M.) militärische Verbrechen und Vergehen; Weiffenbach, Militärrechtliche Erörterungen S. 57; ebenso Rotermund

sie bejaht, so gilt die strafbare Handlung als militärisches (z. B. § 143), andernfalls (z. B. § 56) als gemeines Verbrechen. Nach einer neueren von Ph. O. Mayer[1] vertretenen und höchst beachtenswerten Lehre ist aber nach § 1 MStGB. allein maßgebend, ob die „Handlung" — das ist nach ihm der gesamte objektive und subjektive Tatbestand jeder besonderen strafrechtlichen Vorschrift, unabhängig von der Strafdrohung — in „dieses" Gesetz, d. i. das MStGB., aufgenommen ist, nicht aber, ob die Strafandrohung sich darin befindet. Begünstigung, Hehlerei, die der Soldat bei militärischen Straftaten verübt, ist gemeinstrafrechtliche Handlung, Versuch oder Teilnahme aber nicht. In den Fällen, in denen im Anschluß an die Bestrafung wegen gemeinrechtlicher strafbarer Handlungen militärische Ehrenstrafen (aus Rücksicht auf die militärischen Anforderungen) verhängt werden, wird die Natur dieser Handlungen selbstverständlich nicht geändert. Wichtig ist die Frage, ob die allgemeinen Strafschärfungsgründe des § 55 M., die gemeinrechtliche Straftat zur militärischen machen. Die herrschende Lehre verneint es; dagegen M. E. Mayer a. a. O. I S. 154; Romen u. Rissom S. 189; neuerdings[2] wird aber die Anwendbarkeit des § 55 auf gemeinstrafrechtliche Handlungen überhaupt bestritten. Näh. s. B III 3.

Darüber, ob auch der im besonderen Teil stehende § 115 M. nur einen allgemeinen Strafschärfungsgrund abgibt oder selbständiges militärisches Verbrechen ist, s. nachf. 3 c ε.

2. Aus der Lehre vom **Verbrechen als schuldhafter Handlung** sind hervorzuheben:

a) Der Satz „Keine Strafe ohne Schuld" gilt auch im Militärstrafrecht; vgl. aber die Ausnahme unter c; ferner gibt es, wie im StGB., auch im M. Fälle der Haftung für den schwereren Erfolg, obgleich nur der der Straftat eigentümliche (leichtere) Erfolg schuldhaft herbeigeführt zu sein braucht (Beisp.: §§ 81,2, 86, 93, 97,2).

b) Schuldarten. Auch das M. kennt nur vorsätzliche und fahrlässige schuldhafte Handlungen. Bei nicht wenigen seiner Strafgesetze herrschen Zweifel, ob Fahrlässigkeit genügt. Zur Übernahme des Satzes aus dem gemeinen Strafrecht, daß die fahrlässige Begehung nur strafbar ist, wenn das Gesetz dies klar zu erkennen gibt, ist Rechtsprechung und Literatur bisher nicht geneigt. Die militärisch wichtigste Frage, ob der „Ungehorsam gegen einen Befehl in Dienstsachen durch Nichtbefolgung oder durch eigenmächtige Abänderung oder Überschreitung" (vgl. unter C I 4) auch fahrlässig begangen werden kann, ist entgegen der älteren Auffassung und RMG. **2** 201, **5** 5 usw. zu verneinen. Von begründeten rechtlichen Bedenken ganz abgesehen (vgl. auch § 93 = fahrlässiges Verbrechen), ist die der täglichen militärischen Praxis ganz zuwiderlaufende Lehre vom fahrlässigen Ungehorsam eben undurchführbar[2].

c) Die Vorsatzlehre wird durch § 49, Abs. 1 M. ergänzt, wonach die Verletzung einer Dienstpflicht aus Furcht vor persönlicher Gefahr wie die vorsätzliche Verletzung geahndet wird (Nichtachtung persönlicher Gefahr ist Berufspflicht des Soldaten). Man wird daraus schließen müssen, daß selbst eine zur Bewußtlosigkeit sich steigernde Furcht nicht entschuldigt; vgl. § 87.

d) § 48; er betont den wissenschaftlich unbestrittenen Satz, daß eine aus Gewissens- oder Religionsbedenken begangene strafbare Handlung — pflichtwidrig vom Standpunkt unserer Kultur — nicht entschuldige (häufiger Fall: Verweigerung des Dienstes durch Adventisten am Samstag).

e) § 51 StGB. gilt auch im Militärstrafrecht (vgl. unter c); auch hochgradige Trunkenheit kann daher den Soldaten schuldunfähig machen. § 49 Abs. 2 M., wonach selbstverschuldete Trunkenheit keinen Strafmilderungsgrund bei strafbaren Handlungen gegen die Pflicht der

---

S. 413; Romen u. Rissom S. 602; auch Ph. O. Mayer (s. Note 2) muß von seinem Standpunkt es bejahen; M. E. Mayer, a. a. O. I S. 62/63. — Vgl. RMG. **13**, 21.

[1] Ph. O. Mayer, Erörterungen aus dem allgemeinen und dem Militärstrafrecht, b) Die Anwendbarkeit des § 53 MStGB. auf das allgemeine Strafgesetz, Würzb., Doktorarbeit, Stuttgart 1912 (Union); dazu Besprech. ArchMilR. Bd. 3 S. 456—459; Ph. O. Mayer, Die Einheit und Mehrheit des Verbrechens, ArchMilR. 2, 432—441, **3**, 3—17; vgl. ebd. **4** 226 u. Verhandl. des I. Deutsch. MilJurTags (hsg. v. Dietz), Rastatt 1913, S. 53—62 (Mewes).

[2] Bei strenger Durchführung „dürften die Arrestlokale nur wenig kleiner sein als die Kasernen" (M. E. Mayer); denn jede fahrlässige Nichtbeachtung von Befehlen (was dazu gehört s. C. I 4) müßte, auch im Disziplinarwege nach § 3 EG. MStGB., Arrest nach sich ziehen. Erört. u. Lit. im ArchMilR. **1**, 102, 191; **2**, 7 u. 97 (Rotermund, Dietz, Rissom); HandwMilR. unter Ungehorsam (Rissom).

Unterordnung und bei den in Ausübung des Dienstes begangenen strafbaren Handlungen bildet, hat hieran nichts geändert. Die Bedeutung dieser oft falsch verstandenen Gesetzesstelle ist lediglich die, daß eine die Zurechnungsfähigkeit nicht ausschließende Trunkenheit nicht dazu verwendet werden darf, um die Annahme mildernder Umstände oder eines minder schweren Falles oder sonst eines niedrigeren Strafrahmens zu begründen. Im ordentlichen Strafrahmen darf die Trunkenheit strafmindernd berücksichtigt werden (RMG. 4, 54, 8, 259). — Fälle der actiones liberae in causa: §§ 141, 144, 151.

f) Die Voraussetzung der Schuld des § 56, 1 StGB. bei Jugendlichen (zur Erkenntnis der Strafbarkeit erforderliche Einsicht) gilt nicht bei Bestrafung militärischer Verbrechen oder Vergehen (auch die Strafmilderung des § 57 StGB. fällt weg); vgl. § 10 WehrGes.

3. Besondere Erscheinungsformen des Verbrechens.

a) In der Frage der Handlungseinheit gilt im Militärstrafrecht nichts Besonderes. Gewohnheits- oder gewerbsmäßige Handlungen fehlen ganz. Einer Zusammenfassung vieler aus demselben dauernden Verhältnis entsprungener Handlungen zur strafrechtlichen Einheit ist die Rechtsprechung des RMG. (wie die des RG.) nicht günstig; vgl. 5, 129, 6, 216 zum Vergehen der Mißhandlung Untergebener nach § 122[1].

b) Der Versuch wird wie im gemeinen Strafrecht behandelt.

α) Ergänzend: § 46 M.; eine weitere Ergänzung zu § 44, 4 StGB. ist aus § 17, 2 zu entnehmen.

β) Militärische Vergehen, bei denen der Versuch ausdrücklich mit Strafe bedroht ist, sind die in §§ 70, 78, 81, 117 bezeichneten. Bei § 137 (Beschädigung von Dienstgegenständen), 138 (militärischer Diebstahl und Unterschlagung) ist die Bestimmung „der Versuch ist strafbar" aus §§ 242, 246, 303 StGB. nach § 2 M. zu übertragen.

γ) § 117 stellt den Versuch der Vollendung gleich.

δ) Die §§ 103, 112 erheben bloße Vorbereitungshandlungen zu selbständigen Verbrechen. Ob hierher auch die §§ 58, 96, 97, 116, 117, die das Unternehmen mit Strafe bedrohen, gehören, ist bestritten; vgl. RG. 42, 269, nach dem das Unternehmen dem Versuch gleichgestellt wird.

c) Die gemeinstrafrechtliche Teilnahmelehre gilt auch im Militärstrafrecht.

α) Über die mit „Teilnahme" überschriebenen Bestimmungen des § 47 M. ist unter 4 b β nachf. nachzuschlagen.

β) Eine Sondervorschrift gibt § 143 M., der eine Beihilfehandlung als Täterhandlung bestraft (durch ihn werden gemeine Verbrechen und Vergehen zu militärischen; das militärische Strafensystem ist anzuwenden; vgl. B I 1 b). S. auch §§ 78, 139.

γ) Das Massenmoment, daneben die Vorgesetztenstellung sind vom M. in vielen Fällen berücksichtigt. Vor allem werden das Komplott, die Bande, der Rädelsführer besonders behandelt (§§ 103, 106 ff., 133, 135 Abs. 2[2]; vgl. auch § 55 Z. 1).

δ) Unterlassene Anzeige vom Vorhaben des Kriegsverrats: Mittäterschaft, § 60.

ε) Anstiftung als selbständige Straftat: §§ 78, 99, 100, 116; nach herrschender Lehre (RMG. 10 164) auch § 115; dieser bedroht den Vorgesetzten als Täter oder Anstifter mit erhöhter Strafe, der durch Mißbrauch seiner Dienstgewalt oder seiner dienstlichen Stellung einen Untergebenen zu einer von ihm begangenen, mit Strafe bedrohten Handlung vorsätzlich bestimmt hat. Vom Standpunkt der inzwischen durch Ph. O. Mayer sehr erschütterten Lehre, daß die allgemeinen Strafschärfungsgründe des § 55 (s. B III 3) auch bei gemeinstrafrechtlichen Verbrechen und Vergehen Platz greifen und diese zu militärischen Straftaten machen, ist die Meinung (Gerland, M. E. Mayer) berechtigt, daß auch für 115, dessen Inhalt

---

[1] Vorschläge de lege ferenda M. E. Mayer, DJZ. 1905, 10, 226 f.; Dietz, Die Militärstrafrechtspflege im Lichte der Kriminalstatistik 14 f.; Menne, Die Körperverletzung, insb. die vorschriftswidrige Behandlung und die Körperverletzung Untergebener 1909. Weitere Lit. bei Romen u. Rissom zu § 122.

[2] Vgl. hierzu „Teilnahme nach dem M." und „Teilnahme Vorgesetzter" im HandwMilR. (Rissom).

schon in § 55 Z. 1 und 2 in der Hauptsache enthalten ist, nichts anderes gelte. Vgl. B I 1 b. Nach Ph. O. Mayer sind die „Handlungen" der §§ 115 und 116 (dieser bestraft die erfolglose Anstiftung durch den Vorgesetzten), wenn sie sich auf militärische Verbrechen und Vergehen beziehen, eigentliche, bei Anwendung auf gemeine Verbrechen und Vergehen uneigentliche militärische Straftaten. Im praktischen Ergebnis: der Anwendung militärischer Freiheitsstrafen, laufen alle Lehren zusammen.

ζ) Die Verschiedenheit der persönlichen Eigenschaften des Täters und Teilnehmers bringt militärrechtlich bedeutsame Fragen [1]. Die Strafbarkeit der Teilnehmer bürgerlicher Personen an uneigentlichen militärischen Straftaten vermittelt § 50 StGB.; ihre Teilnahme an rein militärischen Verbrechen und Vergehen ist straflos; entscheidender Grund: das Herrschaftsgebiet des M. ist persönlich begrenzt; vgl. auch §§ 112, 141, 142 StGB [2].

4. Außerhalb des normalen gesetzlichen Tatbestandes stehende Umstände.

a) Von den sogenannten Rechtfertigungsgründen sind zu nennen:

α) die Notwehr. Das M. erwähnt sie nicht. Es ist daher § 53 StGB. nach § 2 M. auch auf militärische Verbrechen und Vergehen anwendbar, und zwar ohne Einschränkung (nur die Überschreitung der Notwehr aus Furcht wird durch § 49, 1 beeinflußt), daher auch im Verhältnis des Untergebenen zum Vorgesetzten. Daß dieses Ergebnis den militärischen Kulturnormen durchaus zuwider ist, wird von seinen Anhängern nicht bestritten. Die Praxis ist der Anerkennung der Notwehr wenig günstig. Zahlreich sind die Versuche in der Theorie, schon nach geltendem Recht die Beachtung der militärischen Anforderungen zu sichern. Am weitesten geht die (das ganze Notstandsrecht der §§ 52—54 StGB. ergreifende) Auslegung, die „entsprechende" Anwendung des § 2 M. bedeute eine Anwendung, die mit der militärischen Disziplin im Einklang stehe [3]); s. oben A V 4 a β.

Die Frage ist höchstrichterlich noch nicht entschieden; doch ist der Gedanke, daß kleineres Unrecht zunächst hinzunehmen ist (Beschwerderecht), schon mehrfach ausgesprochen worden.

β) Notstandshandlungen des Soldaten sind durch den Grundsatz eingeschränkt, daß der Soldat, wenn es die militärischen Dienstpflichten erfordern, in Gefahren auszuharren hat; § 87 M., vgl. B I 2 c (§ 49 Abs. 1). Durch § 124 M. (Abs. 2 daselbst ist ein Beispiel) ist dem Vorgesetzten gestattet, mit allen Mitteln, vor allem durch Waffengebrauch in kritischen Fällen (äußerste Not und dringendste Gefahr) — RMG. 1, 90, 4, 137 —, die Gefahren, die der Disziplin drohen, abzuwenden (Notstand der Disziplin, gilt auch für militärische Wachen 125, 2).

γ) Der Waffengebrauch des Militärs, nicht im M. (vgl. § 141), sondern in Verwaltungsverordnungen geregelt. (Preußen: Ges. v. 20. 3. 37, dazu V. v. 17. 8. 35, §§ 8—10; Bayern Ges. v. 4. 5. 51; vgl. GarnDienstV. v. 15. 3. 1902). Zu unterscheiden ist ein Notstand anvertrauter Personen und Sachen und ein Notstand der öffentlichen Ordnung und Sicherheit (Nothilfe der Wachen, Abwehr von Angriffen ist Dienstpflicht); in beiden Fällen ist der Rechtsschutz gegenüber § 53 StGB. erweitert [4].

b) Schuldausschließungsgründe:

α) Über den Irrtum gilt im Militärstrafrecht nicht Besonderes. Die Unterscheidung zwischen Tatsachenirrtum (gleichgestellt wird der außerstrafrechtliche Irrtum) und Strafrechtsirrtum hat auch das RMG. übernommen. Zahlreiche Normen, die an sich dem Militärverwaltungsrecht angehören (militärdienstliche Grundsätze und Vorschriften), werden als ergänzende Bestim-

---

[1] Vgl. „persönliche Eigenschaften" (Rissom) im HandwMilR. mit durchgeführten Beispielen.

[2] Zu der sehr bestrittenen Frage s. „Militärische Verbrechen und Vergehen, Teilnahme von Zivilpersonen" (Rotermund), im HandwMilR., daselbst Lit. Besonders beachtenswert die Preisschrift Schönfelds, Die Teilnahme von Zivil- und Militärpersonen an gemeinen und militärischen Delikten, Breslau 1911.

[3] Vgl. die Beiträge „Notwehr", „Notstand", „Notstand der Disziplin" (Grützmacher) und „Strafausschließungsgründe" (Rissom) im HandwMilR. — Gesetzgeberische Vorschläge von M. E. Mayer, ArchMilR. 1, 16 ff.; weitere Lit. bei Romen u. Rissom zu § 49.

[4] v. Calker, Das Recht des Militärs zum administrativen Waffengebrauch, München 1888; Endres, Der militärische Waffengebrauch, Berlin 1903; Rissom, Notwehr und Waffengebrauch des Militärs, Berlin 1906; „Waffengebrauch, administrativer" (Grützmacher) im HandwMilR.

mungen des Strafgesetzes angesehen, der Irrtum sonach zum Rechtsirrtum erklärt (Irrtum über Vorgesetzteneigenschaft, über das Vorliegen einer Diensthandlung, eines Befehls in Dienstsachen usw.; vgl. **1**, 199, **3**, 28, **5**, 152, 300, **6**, 271, **8**, 84, 140, **11**, 250, **12**, 18, 57, **13**, 12; anders aber **5**, **34**, **6**, 107, **9**, 241, **14**, 90, 278). Eine neuere Auffassung kommt in **14**, 278 zum Vorschein. Ein rein militärstrafrechtliches Ergebnis wird durch die Anerkennung des Satzes erzielt, daß der Soldat sich auf die ihm zuteil gewordene dienstliche Belehrung (in der Instruktionsstunde) verlassen darf (**2**, 244, **7**, 94, 248, **12**, 241). Hier kommt der richtige Gedanke, daß der Täter die Pflichtwidrigkeit seines Verhaltens (bei falscher Belehrung) nicht erkennen konnte, siegreich zum Durchbruch. Da nun die falsch verstandene Belehrung notwendig den gleichen Schutz verdient, kommt man zu dem die herrschende Irrtumslehre beleuchtenden Ergebnis: wer ohne Belehrung über strafrechtliche Normen (oder solche, die es sein sollen) gehandelt hat, haftet (Rechtsirrtum); wer trotz richtiger Belehrung aus Mißverständnis oder falscher Auffassung der Belehrung über strafrechtliche Normen falsch gehandelt hat, haftet nicht (Tatirrtum).

β) Der Befehl. Von großer Bedeutung ist § 47, der die Verantwortlichkeit des Vorgesetzten bei Befehlen in Dienstsachen und die des Untergebenen bei der Befolgung regelt. Ob der vielfach im M. vorkommende Ausdruck Dienstbefehl dasselbe bedeutet, ist bestritten; die herrschende Lehre bejaht (RMG. **1**, 105, **2**, 74, **7**, 178) und für den Bereich des M. mag es auch zutreffen; doch ist eine neuere Lehre sehr beachtenswert, die in jedem in dienstlicher Form ergangenen Befehle, ohne Rücksicht auf seinen Inhalt, einen Dienstbefehl sieht; danach kann ein Dienstbefehl auch Befehl in Dienstsachen sein. Einen blinden Soldatengehorsam kennt das M. nicht. Wird durch die Ausführung eines Befehls in Dienstsachen ein Strafgesetz verletzt, so ist dafür nach § 47 der befehlende Vorgesetzte allein verantwortlich; den gehorchenden Untergebenen soll aber die Strafe des Teilnehmers treffen, wenn er den erteilten Befehl überschritten hat, oder wenn ihm bekannt gewesen ist, daß der Befehl eine Handlung betraf, die ein bürgerliches oder militärisches Vergehen bezweckte. An diese Vorschrift knüpfen sich viele Streitfragen [1].

Man wird grundsätzlich anzunehmen haben: Befehle, die Dienstsachen nicht betreffen, erzeugen keine Gehorsamspflicht; die Nichtbefolgung ist auch disziplinär straflos. Nur rechtmäßige Befehle in Dienstsachen sind verbindlich; die Prüfung der Rechtmäßigkeit geht aber auf Gefahr des Untergebenen, ebenso die Frage, ob ein Befehl in Dienstsachen vorliege (objektive Voraussetzungen der Strafbarkeit, RMG. **14**, 85, **7**, 176, **8**, 143, 290). Betrifft der Befehl in Dienstsachen eine Übertretung, so bleibt der gehorchende Untergebene straffrei, was aber nicht berechtigt, anzunehmen, daß das Gesetz die Folgepflicht aufstelle. Betrifft der Befehl in Dienstsachen ein Verbrechen oder Vergehen, und wußte der Untergebene, daß der Befehl von dem Vorgesetzten im Bewußtsein seiner Strafbarkeit gegeben war, so darf er ihn nicht befolgen (andernfalls regelmäßig Selbsttäter, der Vorgesetzte Anstifter). Sein Irrtum oder Zweifel hierüber aber entschuldigen ihn, wenn er den Befehl ausführte (Vorgesetzter: mittelbarer Täter).

Über unrichtige dienstliche Belehrung s. vorstehend unter α. — Vgl. § 92f. (Ungehorsam gegen Befehle in Dienstsachen) und 114f. (Mißbrauch der Dienstgewalt), 115, erörtert B I 3 c ε Für die Gehorsamspflicht und die Verantwortlichkeit der Militärbeamten gilt das Beamtenrecht (auch im Kriege trotz § 153 f. oben A V 1 c); für das Gebiet der Rechtspflege vgl. § 97, 102 MStGO., dazu Taschenb. MilR. f. Kriegszeiten Anl. IV das.

II. Die Strafe.

Wie im StGB. werden auch im M. Haupt- und Nebenstrafen unterschieden.

1. Hauptstrafen.

Bei gemeinen Straftaten gilt das gemeine Strafensystem, nur durchbrochen durch § 29 M.; danach darf, wenn das gemeine Strafgesetz Geld- oder Freiheitsstrafe wahlweise androht, auf

[1] **Lit. bei M. E. Mayer, Der rechtswidrige Befehl des Vorgesetzten (in der Festschrift für Laband), Tübingen 1908; Rissom, Der rechtswidrige Befehl in „Militärrechtliche Studien"**

Geldstrafe nicht erkannt werden, wenn durch die strafbare Handlung gleichzeitig eine militärische Dienstpflicht [1] verletzt worden ist. Bei militärischen Straftaten gilt das militärische Strafensystem, in dem Geldstrafe, Haft und Verweis fehlen; dafür kennt es als kurzzeitige Freiheitsstrafen den Arrest in verschiedenen Arten, die sich, unter besonderer Berücksichtigung des Offizierstandes, den Rangverhältnissen in der bewaffneten Macht anpassen.

Das M. faßt Gefängnis, Festungshaft und Arrest als „Freiheitsstrafen" zusammen (§ 16 Abs. 1, 21). Doch kommt in einzelnen Strafgesetzen (z. B. 88) der natürliche Begriff (Zuchthaus eingeschlossen) zum Vorschein.

a) Die einzelnen Hauptstrafen.

α) Die Todesstrafe ist nur angedroht bei militärischen Verbrechen, die im Felde begangen sind; in acht Fällen als einzige Strafe. Vollstreckung bei Vollziehung im Felde durch Erschießen, bei Übergang auf die bürgerliche Behörde (so stets im Frieden) durch Enthauptung (§ 14 M., 13 StGB., 452—454 MStGO.).

β) Für die Zuchthausstrafe gilt nichts, was vom gemeinen Recht abwiche. Sie wird von den bürgerlichen Behörden vollstreckt, weil neben ihr auf Entfernung aus dem Heere oder der Marine zu erkennen ist (§ 31, 15 Abs. 3).

γ) Die Gefängnisstrafe ist nach M. lebenslänglich oder zeitig angedroht; diese kann 15 Jahre erreichen, daher Verbrechensstrafe sein (§§ 1, 16, 17). Ihr Mindestmaß ist 43 Tage. Auch

δ) Festungshaft ist als zeitige Freiheitsstrafe nur im Rahmen von 43 Tagen und 15 Jahren zulässig (s. ebd.; abweichend StGB. § 17, 2). Weit häufiger als nach dem StGB. ist sie neben Gefängnis (neben Zuchthaus: § 62) angedroht; das hat praktisch den Erfolg, daß die Gerichte bei Offizieren (und Trägern des Offizierseitengewehrs), wenn angängig, die Festungshaft wählen. Lebenslängliche Festungshaft ist vereinzelt angedroht.

ε) Der Arrest, ein Ausläufer der Gefängnis- und Festungsstrafe, dabei als selbständige Strafart anzusehen, nach den Erfahrungen des militärischen Lebens (vgl. Disziplinarstrafrecht), der Rechtspflege und Kriminalstatistik als das wirksamste Strafmittel in der bewaffneten Macht anerkannt, zerfällt in vier Arten: Stubenarrest (Marine: Kammerarrest § 162) gegen Offiziere und obere Militärbeamte (§ 44); er kann auch gerichtlich als geschärfter Stubenarrest verhängt werden; gelinder Arrest gegen Gemeine, alle Unteroffiziere und unteren Militärbeamten zulässig; mittlerer Arrest, gegen Gemeine und Unteroffiziere ohne Offizierseitengewehr; strenger Arrest, nur gegen Gemeine zulässig und auch dann noch von besonderen Voraussetzungen (§ 22 Abs. 3) abhängig gemacht. Mindestmaß aller Arten ist ein Tag; Höchstmaß sechs, beim strengen Arrest vier Wochen.

b) Das Wertverhältnis der Freiheitsstrafen untereinander.

α) Wegen Bildung einer Gesamtstrafe bei ungleichartigen Freiheitsstrafen s. nachf. III 4.

β) Abweichend von § 21 StGB. wird in § 17,2 für militärische Verbrechen bestimmt, daß Zuchthaus unter einem Jahre einer Gefängnisstrafe von gleicher Dauer gleichzusetzen ist (Versuch, Beihilfe, §§ 75, 88, 98 M.). Ein Tag strengen Arrestes ist zwei Tagen mittleren oder vier Tagen gelinden Arrestes gleichgesetzt (§ 54, 2). Das Verhältnis der verschiedenen Arreststrafen zu anderen Freiheitsstrafen ist gesetzlich nicht festgelegt und die Meinungen, wie der Ausgleich zu suchen sei, gehen sehr weit auseinander [2].

c) Die Vollstreckung der Freiheitsstrafen.

α) Die Militärbehörden vollstrecken an aktiven Militärpersonen jede Freiheitsstrafe, mag sie vor oder nach dem Diensteintritt, mag sie durch ein bürgerliches oder Militärgericht verhängt worden sein. Wegen Entlassung zur Disposition der Ersatzbehörden, wenn mehr als sechs Wochen Freiheitsstrafe wegen solcher Handlungen, die vor dem Diensteintritt liegen, ausgesprochen

---

(herausg. von Steidle), Festschrift zum 1. Okt. 1910. Vgl. auch „Befehl" (Rissom) im HandwMilR. u. Keil im Arch. MilR. 5 Heft 1.

[1] Streitfragen s. Lit. unter Note 3 S. 216.

[2] Vgl. RMG. 3, 158, wonach alle Arreststrafen der Gefängnisstrafe von gleicher Dauer gleichzusetzen sind, 5, 212; M. E. Mayer, MilStrafr. I 130/131, 157. — Vgl. auch Note 1 zu nachf. III 4.

wird (oder zu erwarten ist), s. RMilG. § 18, MStGO. § 7, 2 und WehrO. § 82; in diesem Falle wie in allen den Fällen, in denen das militärische Dienstverhältnis des Verurteilten gelöst wird (bei Entfernung aus dem Heere, Dienstentlassung, völliger Dienstunbrauchbarkeit, aber nicht bei Entlassung zur Reserve), geht die Vollstreckung auf die bürgerlichen Behörden über (§ 15, 3 M.; vgl. 15 EG. MStGO.). Einzelheiten in den StrafVollstrV. für Heer u. Marine.

Die Grundbestimmungen des StGB. (§ 15—18, 22, auch 23—26) für die Vollstreckung der Freiheitsstrafen gelten auch für militärische Strafen; ergänzend § 15, 2: Nach dem StGB. zulässige oder gebotene Beschäftigung des Sträflings findet zu militärischen Zwecken und unter militärischer Aufsicht statt. Zu Gefängnis verurteilte Unteroffiziere und Gemeine können auch ohne ihre Zustimmung außerhalb der Anstalt beschäftigt werden.

β) Der Stubenarrest wird in der Wohnung (Annahme von Besuch verboten, vgl. § 80 M.), geschärfter Stubenarrest in einem besonderen Offizierarrestzimmer verbüßt. Bei mittlerem und strengem Arrest harte Lagerstätte, Wasser und Brot; beim strengen Arrest außerdem Verdunkelung der Zelle (dazu gute Tage), §§ 23—28.

Alle Einzelheiten über die Vollstreckung ergeben sich aus der MilStrafvV. I. Teil v. 19. März 1908 und der MarStVO. v. 21. Nov. 1908.

Die Bestimmungen über Vollstreckung der Festungshaft sind neuerdings (Mai 1912) erheblich verschärft worden (besondere Sicherheitsmaßnahmen gegenüber Landesverrätern usw.).

2. Nebenstrafen.

a) Allgemeines. Nebenstrafen für militärische und gemeine Verbrechen sind Verlust der bürgerlichen Ehrenrechte (neben Festungshaft oder Arrest unzulässig) und die besonderen militärischen Ehrenstrafen des § 30 M. (unter b). Beim versuchten Verbrechen oder Vergehen besteht kein Zwang, eine militärische Ehrenstrafe zu verhängen (§ 46, abweichend von § 45 StGB.). Wichtig ist § 42 M., nach dem auch Personen des Beurlaubtenstandes, die von bürgerlichen Gerichten abgeurteilt worden sind, den militärischen Ehrenstrafen unterliegen: es treten gegen sie lediglich Ehrenstrafen ein, die gegen aktive Soldaten ausgesprochen werden müßten und zwar ohne Urteil, kraft Gesetzes, wenn sie mit Zuchthaus, Verlust der bürgerlichen Ehrenrechte oder Unfähigkeit, öffentliche Ämter zu bekleiden, bestraft worden sind (Abs. 1); es kann ferner in Fällen der Verurteilung wegen Diebstahls, Unterschlagung, Raubes, Erpressung, Hehlerei, Betrugs und Urkundenfälschung in einem besonderen militärgerichtlichen Verfahren die Dienstentlassung und Degradation bei Offizieren und Unteroffizieren des Beurlaubtenstandes herbeigeführt werden (Abs. 2). Die Stelle ist erweiterungsbedürftig; man denke an Sittlichkeitsverbrechen, Majestätsbeleidigung.

Eine den Nebenstrafen gemeinsame Vorschrift bezieht sich auf ihre Wirkung: Es sollen durch den Militärdienst erworbene Ansprüche verloren gehen, soweit sie durch Richterspruch aberkannt werden können. Über die Versorgungsansprüche hat heute der Richter nicht mehr zu entscheiden, daher ist die Vorschrift ohne Bedeutung (vgl. OffPens- und MannschVersorgGes. vom 31. Mai 1906).

b) Im einzelnen.

α) Die Aberkennung der bürgerlichen Ehrenrechte, auch bei militärischen Straftaten unter den Voraussetzungen des § 32 StGB. zulässig, ist bei den Verbrechen nach 134 und 138 M. besonders vorgesehen; vgl. 158. Sie zieht als weitere militärische Ehrenstrafe die unter β, δ, ε genannten nach sich. Näheres §§ 31, 37, 40 M.

β) Die Entfernung aus dem Heere oder der Marine (§§ 31—33) als schwerste militärische Ehrenstrafe (Waffenunwürdigkeit) hat den dauernden Verlust der Dienststelle (bei pensionierten Offizieren des Diensttitels) und der damit verbundenen Auszeichnungen, der Orden und Ehrenzeichen von Rechts wegen zur Folge und macht unfähig zum Wiedereintritt in das Heer oder in die Marine. Es gibt Fälle, in denen auf diese Ehrenstrafen erkannt werden muß, und solche, in denen darauf erkannt werden kann. Offiziere sind ungünstiger als Unteroffiziere und Gemeine gestellt. Die Ehrenstrafe muß stets, auch im Falle des § 31 StGB., ausdrücklich im Urteile ausgesprochen werden. Im besonderen Teile des M. ist sie in § 81, 2 vorgesehen.

γ) Die Dienstentlassung, nur gegen Offiziere zulässig (nicht unwürdig, aber aus militärischen Rücksichten ungeeignet, in der Stelle belassen zu werden), ist durch §§ 34—36 geregelt; Folge: Verlust der Dienststelle (nicht des Diensttitels) und des Rechts, Uniform zu tragen. Die Strafe entspricht im wesentlichen der Degradation der Unteroffiziere; Einzelheiten der allgemeinen Regelung in § 34. Auch im besonderen Teile ist diese Ehrenstrafe bald notwendig (Beispiel: §§ 80, 97), bald nach dem Ermessen des Richters zu verhängen.

δ) Die Degradation (§ 40, 41) ist nur gegen Unteroffiziere zulässig; sie bedeutet den Rücktritt in den Stand der Gemeinen; Wiedererlangung höherer Dienstgrade ist nicht ausgeschlossen. Sie ist u. a. notwendig neben Versetzung in die zweite Klasse des Soldatenstandes und neben Gefängnis von längerer als einjähriger Dauer, außerdem nach § 75 und 122, 2; sie ist zulässig neben Gefängnis von 43 Tagen bis zu einem Jahre, wegen wiederholten Rückfalls nach § 13 M. und bei Verurteilung wegen der im § 37 Abs. 2 Nr. 2 genannten Handlungen (Diebstahl, Unterschlagung, Betrug usw.), ferner in den Fällen der §§ 114, 117, 119, 122.

ε) Die Versetzung in die zweite Klasse des Soldatenstandes (§§ 37—39), ein vorzügliches Mittel, das Ehrgefühl in der Truppe rege zu halten, ist eine nur gegen Unteroffiziere und Gemeine zulässige Ehrenstrafe. Bei jenen hat sie stets auch Degradation zur Folge; sie wiegt schwerer als Degradation (RMG. 2, 178); sie wird nicht auf Zeit verhängt und endigt durch Rehabilitierung (besond. Best. hierüber Anl. 5 zu § 36 HeerO., Anl. 11 zu § 48 MarO.). Sie zieht den Verlust von Orden und Ehrenzeichen, der Schießabzeichen und der Militärkokarde nach sich. Nach GarnDV. schließt sie auch von der Verwendung für gewisse verantwortungsvolle Arbeiten und vom Postendienst aus. Wegen der etwaigen Einstellung in eine Arbeiterabteilung s. DStO. § 3, C 4, 14, 41 Nr. 2; MarDStO. § 6 Z. 4, 19, 51 Abs. 2, 2 c. Gardisten der zweiten Klasse werden in die Disziplinarabteilung des Gardekorps eingestellt. Einjährig-Freiwillige verlieren diese Eigenschaft und den Anspruch, nach einem Jahre entlassen zu werden (RMilG. § 50, 4).

Zu den allgemeinen Vorschriften, nach denen diese Ehrenstrafe verhängt werden muß oder kann (§§ 37, 38), treten noch zahlreiche im besonderen Teile. Praktisch besonders wichtig ist Versetzung in die zweite Klasse bei Fahnenflucht (§ 74; vgl. 75).

ζ) Den Amtsverlust (§ 43) kennt das M. als einzige Nebenstrafe (auch im Felde) gegen Militärbeamte. Vgl. §§ 153, 154. Durch § 43 werden die Fälle des gemeinen Rechts, in denen Amtsverlust angedroht ist, erweitert.

III. Die Anwendung der Strafe auf das Verbrechen.

1. Bedingte Anwendung der Strafe. Zu erwähnen ist besonders der Strafantrag als die wichtigste Bedingung für die Verfolgbarkeit und damit die Strafbarkeit einer strafbaren Handlung. Militärische Vergehen, auch uneigentliche, sind an ihn niemals gebunden (§ 51); daneben schaltet § 127 M. bei Diebstählen, Unterschlagungen, Körperverletzungen und Sittlichkeitsvergehen, wenn sie im Felde begangen werden, das nach gemeinem Recht etwa bestehende Antragserfordernis aus militärischen Rücksichten aus. — Bedingte Strafgesetze s. §§ 77, 79, 104 M.

2. Strafmilderungsgründe. Die mildernden Umstände des RStG. kennt das M. nicht, dagegen aber (häufig) minder schwere Fälle (z. B. 58, 95, 97, 110a, 114). Entgegen der Begründung, wonach es sich dabei nur um objektiv leichte Fälle handeln soll, hat die Praxis sie mit den mildernden Umständen stets gleich behandelt (RMG. 1, 224, 3, 111). Von den allgemeinen benannten Strafmilderungsgründen des RStG. gelten Versuch und Beihilfe auch für militärische Verbrechen, dagegen nicht das jugendliche Alter (§ 50 M., s. B I 2 f.). Auch das M. hat einige besonders benannte Strafmilderungsgründe, z. B. tätige Reue bei Fahnenflucht (§ 75), Beweis von Mut nach voraufgegangener Feigheit (§ 88). — Über Trunkenheit s. B I 2 e.

3. Strafschärfungsgründe.

a) Von besonderer Bedeutung sind die allgemeinen Strafschärfungsgründe des § 55 M. Nach ihm ist auf erhöhte Strafe (§ 53) zu erkennen, sofern nicht das M. besondere Bestimmungen getroffen hat:

aa) gegen Vorgesetzte, die gemeinschaftlich mit Untergebenen eine strafbare Handlung ausführen oder sich sonst an einer strafbaren Handlung Untergebener beteiligen;

bb) wenn strafbare Handlungen unter Mißbrauch der Waffen oder der dienstlichen Befugnisse oder während der Ausübung des Dienstes ausgeführt werden;

cc) wenn mehrere unter Zusammenrottung oder vor einer Menschenmenge strafbare Handlungen gemeinschaftlich ausführen.

Über die Straferhöhung bestimmt § 53: „Wo dieses Gesetz eine erhöhte Freiheitsstrafe androht, kann sie das Doppelte der für das betreffende Verbrechen oder Vergehen angedrohten Freiheitsstrafe erreichen; sie darf jedoch den gesetzlich zulässigen Höchstbetrag der zu verhängenden Strafart nicht übersteigen (§§ 16, 17, 24)". Erhöhte Strafe ist außer in § 55 angedroht in den §§ 103, 115, 125, 136. An § 55 knüpfen sich wichtige und zum Teil tiefgreifende Streitfragen an[1], die von der rechtlichen Natur der in § 55 genannten Voraussetzungen (Tatbestandsmerkmale? Strafzumessungsgründe? die Strafbarkeit erhöhende Bedingungen?) ausgehen; vor allem,

α) ob diese allgemeinen Strafschärfungsgründe außer für militärische auch für gemeinrechtliche Verbrechen und Vergehen gelten (dies bisher allgemeine Lehre, dagegen neuerdings mit gewichtigen Gründen Ph. O. Mayer);

β) ob — bei Bejahung der Frage zu α — gemeine Verbrechen und Vergehen durch die Strafschärfungsgründe des § 55 zu militärischen werden (verneinend die herrschende Lehre, dagegen — mit Recht, sofern die Frage zu α zu bejahen wäre — M. E. Mayer, der darin die Hauptbedeutung des §§ 55 sieht; vgl. Romen und Rissom Note 1 zu § 55);

γ) ob Vergehen, wenn sie infolge der Strafschärfung des § 55 unter einen Strafrahmen treten, der 5 Jahre Gefängnis oder Festungshaft übersteigt (§ 1), zu Verbrechen werden (bejahend allgemeine Lehre, dagegen mit Recht Ph. O. Mayer);

δ) ob § 55 auch für fahrlässige Straftaten gilt (bejaht RMG. 1, 290);

ε) ob das Mindestmaß des ordentlichen Strafrahmens überschritten werden muß; dafür die herrschende Lehre.

Zu diesen und anderen Streitfragen tritt die Schwierigkeit, die Worte auszulegen, „sofern in diesem Gesetz nicht besondere Bestimmungen getroffen sind", und danach im Einzelfalle festzustellen, ob und inwieweit eine Straftat dem § 55 entzogen ist.

Daß auch § 115 M. nach einzelnen nicht ein selbständiges Strafgesetz ist, sondern einen allgemeinen Strafschärfungsgrund abgibt, ist oben unter B I 3 c ε ausgeführt.

b) Unbenannte Strafschärfungsgründe sind den §§ 80, 114, 137, 142 eigen, wonach strengere Strafe in „schweren", „schwereren" und in „besonders schweren" Fällen zugelassen ist. Benannte besondere Strafschärfungsgründe sind Begehungen vor dem Feinde, vor versammelter Mannschaft, im Dienst, unter dem Gewehr, Verursachung eines Nachteils usw. Die eigentümliche Strafschärfung in den Fällen §§ 72, 81, 2 und 103, 1, wonach die an sich verwirkte Strafe unter Umständen um eine Zusatzstrafe zu erhöhen ist, schafft im Grunde einen neuen Strafrahmen.

c) Die Vorschriften über den Rückfall im gemeinen Recht werden durch abweichende Bestimmungen des M. ergänzt; auszugehen ist von § 13: Bei militärischen Verbrechen und Vergehen liegt Rückfall vor, wenn der Täter, nachdem er wegen eines militärischen Verbrechens oder Vergehens durch ein deutsches Gericht verurteilt und bestraft worden ist, dasselbe militärische Verbrechen oder Vergehen abermals begeht. Es genügt, daß die frühere Strafe nur teilweise verbüßt oder ganz oder teilweise erlassen ist. Dazu tritt eine auf 5 Jahre bemessene Verjährung der Rückfallsschärfung. Die gleiche Bestimmung gilt für den wiederholten Rückfall. Diese Bestimmungen sind da zu beachten, „wo das Gesetz die Strafe mit Rücksicht auf den Rückfall" bestimmt (37, 2 Z. 1, 31, 2 Z. 2, 40, 2 Z. 2, 34, 2 und im besonderen Teile: 70, 71, 114, 2

---

[1] Besonders beachtenswert M. E. Mayer, Die allgemeinen Strafschärfungsgründe des deutschen MStGB., 1903; ders. Deutsches Militärstrafrecht I 149 f.; Ph. O. Mayer in den Note 2 zu B I 1 oben genannten Arbeiten.

122, 2); der wiederholte Rückfall wird für den Soldaten allgemeiner Strafschärfungsgrund (Zulässigkeit militärischer Ehrenstrafen s. oben B II 2).

Daneben kennt das M. einen sog. uneigentlichen (ungleichartigen) Rückfall, § 38; danach kann, wer wegen militärischer Verbrechen oder Vergehen schon zweimal gerichtlich (oder einmal gerichtlich und mehrmals mit Disziplinarstrafen des höchsten Grades) verurteilt und bestraft worden ist, wenn er abermals wegen einer militärischen Straftat verurteilt wird, in die zweite Klasse des Soldatenstandes versetzt werden. Die Rückfallschärfung verjährt in 6 Monaten.

4. Zusammentreffen von Handlungen und Gesetzen. Die §§ 74—79 StGB. werden durch § 54 ergänzt.

a) α) Die Bestimmungen über Handlungsmehrheit (Realkonkurrenz) bleiben unverändert. Haftstrafen werden zusammengezählt, Höchstmaß 3 Monate. Haft und Arrest, Gefängnisstrafe und Festungshaft werden nicht vereinigt. Im übrigen werden Gesamtstrafen gebildet. Wenn nur Arreststrafen zusammentreffen, so ist auch die Gesamtstrafe Arrest (Höchstmaß 6 Wochen, bei strengem Arrest 4 Wochen), über das Wertverhältnis der Arreststrafen untereinander s. oben B II 1 b). Für den Fall des Zusammentreffens von Arrest mit anderen Freiheitsstrafen ist nichts bestimmt. Die Versuche, das Wertverhältnis — vgl. § 21 StGB. — der einzelnen Freiheitsstrafen zueinander (Gefängnis und Arrest, Festungshaft und Arrest usw.) und daneben die schwerere Strafe zu bestimmen, sind zahlreich [1]. In dem praktisch wichtigsten Falle des Zusammentreffens von Gefängnis und Arrest nimmt die militärgerichtliche Praxis (im Anschluß an RMG. **3**, 154) die erkannte, der Dauer nach schwerste Strafe als Einsatzstrafe, sonach u. U. Arrest, was dann zur Folge hat, daß das Höchstmaß 6 (oder 4) Wochen nicht übersteigt; militärisch brauchbar ist dieses Ergebnis zweifellos; wer im Arrest die leichtere Strafart sieht, muß nach § 74, 2 stets die Gefängnisstrafe als Einsatzstrafe nehmen.

β) Das gesetzliche Höchstmaß der zu verhängenden Strafart darf bei Bildung der Gesamtstrafe nicht überschritten werden. Nicht bedenkenfrei ist die Fassung des § 54, 1 Satz 3; es läßt sich die — von der herrschenden Lehre nicht geteilte — Meinung darauf gründen (Brauer, Birkmeyer), daß sich der Höchstbetrag der Gesamtstrafe, wenn das bürgerliche Verbrechen die Einsatzstrafe abgibt, nach den Vorschriften des StGB. zu richten habe (vgl. § 16, 3 M. mit 74, 3 StGB.).

γ) § 54, 3 (Ehrenstrafe neben Gesamtstrafe) entspricht § 76 StGB.; vgl. RMG **13**, 265, **14**, 238, **15**, 113, 159.

b) Die Lehre vom Gesetzeszusammentreffen (Gesetzeskonkurrenz) und von der Tateinheit bei Verbrechensmehrheit (Idealkonkurrenz) gilt im Militärstrafrecht wie im gemeinen Strafrecht. Wichtig ist, daß in den Fällen, in denen Militärstrafgesetze ihre Grundformen dem gemeinen Strafrecht entleihen (uneigentliche militärische Straftaten; s. oben B I 1 a), das militärische Strafgesetz dem gemeinen als Sondergesetz vorgeht (z. B. § 122 M. gegenüber 223, 223 a StGB.). Die in ihrer Fassung Blankettgesetzen nahe kommenden §§ 92, 93 M. (Ungehorsam gegen Befehle in Dienstsachen), auch § 121 M. (vorschriftswidrige Behandlung Untergebener) treffen sehr häufig mit anderen Strafgesetzen des militärischen und gemeinen Rechts zusammen; wie das Zusammentreffen aufzulösen ist, kann nur der Einzelfall ergeben; hier sei nur auf die gelegentliche — verfehlte — Neigung hingewiesen, diese militärischen Verbrechen als Sondergesetze aufzufassen und unter irriger Berufung auf § 10 StGB. gemeinrechtliche Tatbestände, durch die die Natur der begangenen Handlung im eigentlichen Sinne erst beleuchtet wird, auszuschalten (Beisp.: RMG. 8, 227, von der Frage des fahrlässigen Ungehorsams abgesehen, grundsätzlich richtig entschieden).

Fesselnde Entscheidung zur Frage der Tateinheit: RMG. **13**, 143.

5. Zur Frage der **Strafzumessung** gilt nichts Besonderes. a) Über Beschränkung des richterlichen Ermessens durch § 49, 2 (selbstverschuldete Trunkenheit kein Strafmilderungsgrund);

---

[1] Birkmeyer in seiner Enzykl. will den Arrest beim Zusammentreffen mit anderen Freiheitsstr. ganz aus der Gesamtstr. ausschalten. S. Note 1 zu II 1 b β oben, „Einheit und Mehrheit der Verbrechen" (Schäfer) im HandwMilR.; Rotermund, MStGB. zu § 54; Gerland, Krit. VJSchr. **45**, 541 f.; weitere Entscheidungen des RMG. 12, 53, P. E. 1, 117, **3**, 120 b, **8**, 33, **11**, 23, **13**, 22.

s. oben B I 2 e. b) Lügen und Leugnen der Tat durch den Beschuldigten wider besseres Wissen kann als erschwerender Strafzumessungsgrund berücksichtigt werden, wenn es sich als Mißbrauch des Verteidigungsrechtes darstellt; so die beachtenswerte PlenEntsch. RMG. 11, 95; doch geht diese Entscheidung zu weit, wenn sie annimmt, daß das bloße Bestreiten der Tat wider besseres Wissen ein Mißbrauch des Verteidigungsrechts sein könne (z. B. bei Offizieren und Beamten — Pflichtenwettlauf ausgenommen — als Angehörigen eines Kreises der menschlichen Gesellschaft, der erhöhte Anforderungen an Ehrgefühl, Sitte und Anstand stellt). c) Die Vorschrift des § 60 über Anrechnung der Untersuchungshaft auf die Strafe gilt auch nach dem M. (§ 2).

6. **Die Verjährung** als allgemeiner Strafaufhebungsgrund:

a) Die Vorschriften des StGB. gelten auch für das MilStrafrecht; § 52 bestimmt ergänzend, daß bei Berechnung der Verjährungsfrist einer Strafverfolgung oder Strafvollstreckung der Arrest der Haft gleichzuachten sei. Die Strafvollstreckung verjährt hiernach in zwei Jahren (§ 70 Nr. 6 StGB.). Die Erwähnung der Verfolgungsverjährung in § 52 wird allgemein als Versehen bei der Abfassung anerkannt; das Gesetz ist aber bindend. Trotzdem verjähren nach richtiger Lehre die mit Arrest bedrohten militärischen Vergehen nicht wie die Übertretungen des gemeinen Rechts in drei Monaten, sondern erst, wie die „anderen Vergehen" des § 67, 2 StGB. (unter die gemeinrechtliche, nur mit Haft bedrohte Vergehen, wenn sie bestünden, einzureihen wären) in drei Jahren.

b) Eine Vorschrift darüber, wie Verfolgungs- und Vollstreckungsverjährung bei den mit lebenslänglichem Gefängnis oder Festungshaft zu bestrafenden Verbrechen zu berechnen seien, fehlt. Man hat sich dahin zu entscheiden, daß die Verfolgung in 20, die Vollstreckung in 30 Jahren verjährt (vgl. 67, 70 Nr. 1 StGB.).

c) Sondervorschrift wegen des Beginnes der Verfolgungsverjährung § 76 M. (Fahnenflucht).

d) Ergänzende Vorschrift wegen der Unterbrechung der Verfolgungsverjährung: § 10 EG. MStGO.

C. Besonderer Teil.

Aus den besonderen Anforderungen, die an den Soldaten zu stellen sind, wenn die Disziplin als das in erster Linie zu schützende Rechtsgut (s. A II) aufrechterhalten werden soll, ist auch die richtige Einteilung [1] der Militärstrafgesetze — unabhängig von der im M. selbst gewählten Folge — zu gewinnen.

Des beschränkten Raumes wegen kann nicht viel mehr als eine Übersicht [2] unter Hervorhebung einiger wichtiger Gesichtspunkte gegeben werden.

Zum Begriffe des Vorgesetzten (des Untergebenen) sei vorausgeschickt, daß er nicht im Strafrecht selbst enthalten ist, sondern aus der Verfassung der bewaffneten Macht, den Dienstvorschriften und auch ergänzend aus militärdienstlichen Grundsätzen zu gewinnen ist. Vorgesetzter ist, wer berechtigt ist, Dienstbefehle zu erteilen. Dieses Recht kann im höheren Range oder auf besonderer dienstlicher Stellung oder auf beiden Gründen beruhen. Zu unterscheiden sind daher das allgemeine und das besondere (unmittelbare) Vorgesetztenverhältnis; daneben auch das dauernde und das vorübergehende; auch der gemeine Soldat kann unter Umständen zum Vorgesetzten seiner Kameraden bestellt werden (AKO. v. 14. Juni 1910). Strafrechtlich bedeutsam ist das Vorgesetztenverhältnis der in Ausübung des Dienstes befindlichen und als solche äußerlich erkennbaren militärischen Wachen. Es gibt auch nach militärdienstlichen Grundsätzen ein selbstgesetztes Vorgesetztenverhältnis der Offiziere (im Heere auch der Unteroffiziere): Dienstältere usw. Kameraden können sich, wenn militärdienstliche Interessen bei Verletzung von Standes- und Berufspflichten ein Einschreiten erfordern, in und außer Dienst vorübergehend dem jüngeren Kameraden gegenüber zu Vorgesetzten erklären; in Bayern bestehen hierzu besondere Vorschriften; danach wird dieses Recht auch oberen Militärbeamten

[1] Das Verdienst, sie gewonnen zu haben, darf M. E. Mayer für sich in Anspruch nehmen.
[2] Über die Einzeltatbestände unterrichtet u. a. das HandwMilR.

gegenüber Mannschaften und Unteroffizieren zuzugestehen sein (Erhard, Arch. MilR. 4 202). Militärbeamte sind sonst nicht Vorgesetzte im Sinne des M. und nur vereinzelt als Ranghöhere (§§ 91, 112) strafrechtlich geschützt.

I. **Strafbare Handlungen gegen die Pflichten der Unterordnung.**

1. Die Achtungsverletzung (§ 89). Sie ist vorsätzliche Verletzung der dem Vorgesetzten schuldigen Achtung im Dienst oder in Beziehung auf eine Diensthandlung des Vorgesetzten. Jede andere Achtungsverletzung ist Disziplinarübertretung. § 89, 1 ist Disziplinarvergehen (s. Disziplinarstrafrecht); 89, 2: schwere Achtungsverletzung.

2. Eine Achtungsverletzung besonderer Art ist das Belügen des Vorgesetzten auf Befragen in dienstlichen Angelegenheiten (§ 90, Disziplinarvergehen). Die Lüge des Beschuldigten im Strafverfahren fällt nicht darunter; vgl. oben B III 5 b.

3. Eine gesteigerte Achtungsverletzung ist die Beleidigung Vorgesetzter (der im Dienstrange Höhere wird mit geschützt), § 90 (Abs. 1: Disziplinarvergehen). Der Tatbestand der einfachen Beleidigung, der der üblen Nachrede (Wahrheitsbeweis zulässig) und der verläumderischen Beleidigung ist aus dem gemeinen Strafrecht übernommen. Straferhöhungsgründe bringt Abs. 2 (im Dienst usw.). Als strafbare Handlung gegen die Disziplin als Rechtsgut der Allgemeinheit läßt die VB. (auch die Untergebener; vgl. unter II nachf.) die Anwendbarkeit der Vorschriften über Buße, Aufrechnung und Veröffentlichungsbefugnis (§ 188, 199, 200 StGB.; wegen Strafantrags s. B III 1) nicht zu. Dagegen ist § 199 StGB. (nach zahlreichen Entscheidungen des RMG. wenigstens in seinen Grundsätzen) voll anwendbar.

4. Ungehorsam gegen einen Befehl in Dienstsachen (vgl. oben B I 4 b β), § 92 (Disziplinarvergehen)[1]; Straferhöhungsgründe bringt § 93 (Verursachung eines erheblichen Nachteils oder der Gefahr eines erheblichen Nachteils); vgl. §§ 94, 95 (ausdrückliche Gehorsamsverweigerung, Beharren im Ungehorsam). Auf die bedeutsame Streitfrage, ob der Ungehorsam nach 92, 93 fahrlässig begangen werden kann, ist unter B I 2 b schon hingewiesen (zu verneinen). — Als wissenschaftlich verfehlt wird man die der Begründung zu § 92 angepaßte herrschende Lehre (RMG. 5, 3, 8, 227, 10, 41) ansehen müssen, wonach Befehle in Dienstsachen auch die allgemeinen Dienstvorschriften, Erlasse usw. sind, sofern sie nur für bestimmte Fälle ein bestimmtes Gebot oder Verbot aufstellen. Solchen allgemeinen Erlassen fehlt das dem Ungehorsam eigene persönliche Moment, das Herrschaftsgebiet des Ungehorsams als einer Autoritätsverletzung ist damit in wenig glücklicher Weise durch einen Eingriff in das Disziplinargebiet, ebenso wie durch die Lehre vom fahrlässigen Ungehorsam, erweitert. — Den Übergang vom Disziplinarstrafrecht in das Kriminalstrafrecht vermittelt § 92 insoweit, als der Disziplinarvorgesetzte durch besondere Befehlserteilung in der Lage ist, rein disziplinäre Tatbestände zu strafrechtlich bedeutsamen zu machen und damit neben der höheren gerichtlichen Freiheitsstrafe Strafmittel der reinigenden Disziplin (§ 38 M., Versetzung in die zweite Klasse des Soldatenstandes) sicherzustellen; vgl. Militärisches Disziplinarstrafrecht Ziff. 3 II b.

5. Tätlichkeit gegen einen Vorgesetzten, auch das Unternehmen eines tätlichen Angriffs bedroht § 97, Widersetzlichkeit § 96 mit empfindlicher Strafe. — Einen Strafmilderungsgrund bei den bisher unter 1 bis 5 genannten Handlungen gibt § 98 ab (Hingerissensein [rein innerer seelischer Vorgang RMG. 16, 113] infolge Reizung durch herausfordernde Handlungen des Vorgesetzten).

6. Die militärische Meuterei wird nach § 103, 105, der militärische Aufruhr nach § 106—110 bestraft. Strafmilderung: 110 a (Ges. v. 8. 8. 1913). Die tätige Reue ist beachtet. Streitfrage: ob zur Zusammenrottung beim Aufruhr schon zwei Personen genügen; bejahend die herrschende Lehre.

7. Die Herausforderung eines Vorgesetzten zum Zweikampfe aus dienstlicher Veranlassung und die Annahme des Zweikampfes stellt § 112 unter Strafe (Sondergesetz gegenüber § 201 f. StGB., ausgenommen 207 und 210).

II. **Die strafbaren Handlungen gegen die Pflichten der Überordnung** sind unter der Überschrift „Mißbrauch der Dienstgewalt" im siebenten Abschnitt §§ 114—126 zusammengefaßt,

[1] Zur Ungehorsamslehre s. besonders M. E. Mayer, MilStrafr. und DJZ. 12, 85; Rissom, ArchMilR. 2, 7 und 97 und im HandwMilR.

doch sind einzelne Tatbestände unter die Handlungen gegen die Treuverpflichtung aufzunehmen; auch ist der siebente Abschnitt durch teilweise Übernahme des § 147 zu ergänzen. Den Kern der militärischen Dienstgewalt bildet die Befehlsgewalt des Vorgesetzten (RMG. 9, 302). Als Mißbrauch der Befehlsgewalt faßt das Gesetz auch solche Fälle auf, in denen fälschlicherweise die Befehlsgewalt als vorhanden in Anspruch genommen wird, dazu die Ausnutzung der dienstlichen Stellung, die dem Vorgesetzten gewährt ist (uneigentlicher Mißbrauch). Auf die einzelnen Tatbestände kann nur den Grundzügen nach hingewiesen werden; das M. kennt die vorsätzliche Überschreitung der Befehlsbefugnis und die der Strafbefugnisse, deren vorsätzliche Anmaßung; vgl. hierzu 114: Mißbrauch der Dienstgewalt zu Privatzwecken, Geschenke fordern, Annahme von Geschenken oder Geldborgen von Untergebenen ohne Vorwissen des gemeinschaftlichen Vorgesetzten usw.; 115, 116: erfolgreiche und erfolglose Anstiftung Untergebener zu strafbaren Handlungen (zu 115 vgl. oben B III 3 a am Schlusse); 117: Abhaltung von der Beschwerdeführung durch widerrechtliche Mittel; 118: vorsätzliche Überschreitung der Strafbefugnisse, die dem Disziplinarvorgesetzten zukommen; 120: unbefugte Vornahme einer Handlung, die nur kraft einer besonderen Befehlsbefugnis oder Strafgewalt vorgenommen werden darf — hier wird die Dienstgewalt als Einrichtung der bewaffneten Macht auch gegenüber solchen geschützt, die sie gar nicht besitzen —; 147: Nichtgebrauch der Befehlsbefugnisse und der Strafgewalt (mangelhafte Beaufsichtigung unmittelbarer Untergebener). Der Nichtgebrauch der Dienstgewalt kann unter Umständen auch vorschriftswidrige Behandlung nach § 121 M. sein, RMG. 2, 202, 9, 245: z. B. Duldung, daß ein Untergebener von einem anderen mißhandelt wird. Als reiner Mißbrauch stellen sich vorschriftswidrige Behandlung (neben der Beleidigung Untergebener in § 121 genannt; kann fahrlässig begangen werden, setzt nicht notwendig Verfehlungen gegen Dienstvorschriften voraus RMG. 1, 178, 2, 181, 6, 55) und die vorsätzliche körperliche Mißhandlung eines Untergebenen dar (122, 123; wichtig: RMG. 6, 243, 9, 82, 10, 303, wonach eine nicht unerhebliche widerrechtliche Einwirkung auf den Körper des anderen durch unangemessene, üble Behandlung gefordert wird, nicht die Störung des körperlichen Wohlbefindens oder gar Verursachung eines Schmerzes; keine unmittelbare Einwirkung verlangt mit Recht RMG. 3, 119).

III. **Strafbare Handlungen gegen die Treuverpflichtung.** Es sind zu nennen:

1. Kriegsverrat und Gefährdung der Kriegsmacht im Felde (§§ 56—63). Auch der von dem Soldaten begangene Hochverrat und Landesverrat gelten nach herrschender Lehre (s. oben B 1 b) als gemeine Verbrechen. Zum militärischen Verbrechen des Kriegsverrats wird Landesverrat, wenn er im Felde begangen wird.

2. Unerlaubte Entfernung und Fahnenflucht, § 64—80, dazu 141, 146 (Störung der Wach- und Marschordnung durch Verlassen des Platzes), 159 (Entweichen der Kriegsgefangenen). Ergänzend: RMilGes. § 60 Z. 3, der gewisse Teile des Beurlaubtenstandes, besonders beurlaubte Rekruten, den Strafvorschriften der §§ 64—80 unterstellt: a) Die eigenmächtige Entfernung von der Truppe oder der Dienststellung oder das eigenmächtige Fernbleiben (besonders Urlaubsüberschreitung) fallen unter 64 (Disziplinarübertretung); vorsätzliche Vergehen. Tatbestand im Felde erweitert (65). Strafschärfungen bringen 66 und 67 mit Rücksicht auf das schuldhafte Fernbleiben (Fahrlässigkeit genügt hier) über 7 oder 3 Tage. Die Absicht, sich der Verpflichtung zum Dienste dauernd zu entziehen, ist wesentlich für die Fahnenflucht; die Dauer der Abwesenheit ist bedeutungslos. Von der Bestrafung der Fahnenflucht handelt 70—76 (zahlreiche Schärfungsgründe); zweite Klasse des Soldatenstandes ist zwingend vorgeschrieben; Ausnahme bei Selbstgestellung innerhalb 6 Wochen. Wie nach § 141 StGB., so sind in 78 M. Teilnahmehandlungen an der Fahnenflucht zu selbständigen Straftaten gemacht. § 79 stellt die Selbstbefreiung eines Gefangenen unter Strafe. Sein Verhältnis zu § 64 ff. ist bestritten. § 80 setzt schwere Strafe auf den Bruch des Stubenarrestes.

3. Selbstbeschädigung und Vorschützen von Gebrechen (Simulation), §§ 81—83 (vgl. die entspr. §§ 142, 143 StGB.). Ein Teil der Personen des Beurlaubtenstandes, besonders die beurlaubten Rekruten, ist nach RMilGes. § 60 Z. 3 diesen Strafvorschriften unterworfen. Verwandte Tatbestände bringen die §§ 141 und 151 (schuldhaftes Untauglichmachen zu bestimmten einzelnen Dienstverrichtungen, besonders durch Trunkenheit).

4. Die Verletzung von Dienstpflichten aus Feigheit §§ 84—88;

Grundtatbestand ist § 87, Strafschärfungen 84—86. Strafmilderung oder gar Straffreiheit, wenn der Täter nach der Tat hervorragende Beweise von Mut abgelegt hat: 88.

5. Werbende Betätigungen, § 101, Veranstaltung von Versammlungen ohne Erlaubnis zur Beratung über militärische Angelegenheiten oder Einrichtungen; nach 113 sind auch Personen des Beurlaubtenstandes einbegriffen; § 102, Erregen von Mißvergnügen in Beziehung auf den Dienst.

6. Mißbrauch des Beschwerderechts, 101: Sammeln von Unterschriften zur gemeinsamen Beschwerde oder Vorstellung über militärische Angelegenheiten und Einrichtungen; auch Personen des Beurlaubtenstandes sind der Strafvorschrift unterworfen, 113; 152: Beschwerden (im Sinne der BeschwO., s. Beschwerderecht) wider besseres Wissen auf unwahre Behauptungen gestützt, wiederholt leichtfertig auf unwahre Behauptungen gestützte Beschwerden und Anbringen (vorsätzliches) von Beschwerden unter Abweichung vom vorgeschriebenen Dienstwege.

7. Verletzung von Melde-, Anzeige-, Schweigepflichten, § 117: Unterdrückung von Beschwerden; 139: Abstatten oder wissentliche Weiterbeförderung falscher Meldungen, Ausstellen unrichtiger Dienstatteste [1]; 147: Unterlassung der Meldung strafbarer Handlungen der unmittelbar Untergebenen; vgl. unter II; 60 (61), 77, 104 (105: Anzeigepflicht vom Vorhaben eines Kriegsverrats, einer Fahnenflucht oder Meuterei). Ergänzend § 18 EG. MStGO.: Schweigepflicht über die in gewissen militärgerichtlichen Verhandlungen zur Sprache kommenden Tatsachen (Disziplinarvergehen).

8. Gesetzwidrige Beeinflussung der Rechtspflege, § 119; gilt nicht für Beamte; vgl. aber § 145 M. in Verbindung mit 341, 343 ff. StGB. Das ehrengerichtliche Verfahren ist nicht Rechtspflege im Sinne des § 119; für die Disziplinarstrafrechtspflege gilt § 118 (s. oben unter C II).

9. Bestechlichkeit, § 140 (für Beamte ergänzt durch 332 StGB). Gegenstück: § 333 StGB. (Bestechung). § 335 StGB. ist neben § 140 anwendbar (RMG. **1**, 140). Vgl. 114 M., der eine Dienstpflichtverletzung nicht im Auge hat.

10. Zuwiderhandeln gegen besondere Dienstvorschriften, § 141: gegen die Vorschriften, die das Wesen des Wachtdienstes betreffen; § 150: Eheschließung ohne dienstliche Genehmigung; auch der sich im Auslande Verheiratende untersteht der Vorschrift.

11. Gefangenenbefreiung, Unterlassung einer dienstlich gebotenen Verhaftung, § 144.

12. Unvorsichtiger und rechtswidriger Waffengebrauch, § 148, 149. Rechtswidriger Waffengebrauch setzt den Gebrauch der Dienstwaffe ihrer natürlichen Bestimmung nach Personen gegenüber voraus. Ein anderer Gebrauch kann als Mißbrauch der Waffe (55 Nr. 2) Strafschärfungsgrund sein (s. oben B III 3 a). Beachtenswert ist die (von der Rechtsprechung des RMG., vgl. **9**, 282, nicht übernommene) ältere Lehre, wonach jeder rechtswidrige W. auch Mißbrauch der Waffe sei; damit ist der Strafschärfungsgrund des § 55 Z. 2 gesichert. Die bisher herrschende Unterscheidung zwischen absichtlichem Scharfschlagen und Flachschlagen mit der Hiebwaffe (absichtliches Flachschlagen soll nicht unter 149 fallen, RMG. **3**, 40, 137, **7**, 198) wird vielfach angefochten; vgl. aber Romen und Rissom Note 5b zu § 149. § 149 ist eine Aushilfevorschrift (wird „vorbehaltlich der verwirkten höheren Strafe" mit Gefängnis oder Festungshaft bis zu einem Jahre bestraft) und fällt daher aus, wenn mit ihm ein Gesetz mit höherem Strafrahmen zusammentrifft (Gesetzeszusammentreffen); in anderen Fällen ist Tateinheit gegeben; abw. die herrschende Lehre (vgl. RMG. **9**, 282), die auch beim Zusammentreffen mit Gesetzen von höherer Strafdrohung (häufiger Fall §§ 223 a, 228 StGB.) Tateinheit annimmt. Am Mindeststrafmaß des § 149 (43 Tage) wird bisher allgemein in Fällen des Zusammentreffens festgehalten (Bedenken bei Romen und Rissom MStGB. Note 6c zu § 149).

IV. **Strafbare Handlungen gegen das Eigentum.**

1. Beschädigung und Preisgabe von Dienstgegenständen, § 137; kann nur vorsätzlich begangen werden. Die Bestimmung des § 303, 2 StGB. über Strafbar-

[1] Über wichtige Streitfragen zu § 139 s. Ph. C. Mayer, ArchMilR. 2; dazu Romen u. Rissom, MStGB., Erläut. zu § 139.

keit des Versuchs ist zu übernehmen (§ 2 M.); § 142 stellt die erhebliche fahrlässige Schiffsbeschädigung unter Strafe.

2. Militärischer Diebstahl und militärische Unterschlagung, § 138 (an Sachen, die durch das Dienstverhältnis zugänglich sind, gegen Vorgesetzte, Kameraden — dazu rechnen auch Untergebene —, Quartierwirt); die Grundformen der widerrechtlichen Aneignung sind aus dem StGB. zu entnehmen. Die Versuchsbestimmungen aus 242 und 246 StGB. sind zu übernehmen. Abs. 2 bestimmt, daß, wenn die nach Abs. 1 strafbare Handlung ein Verbrechen im Sinne der allgemeinen Strafgesetze ist, auf die in diesen Gesetzen angedrohte Strafe zu erkennen sei. Die sich anschließende Streitfrage, ob schwere Kameraden- usw. Diebstähle militärische Verbrechen seien, wird durch PlenB. RMG. 5, 110 mit Recht bejaht. — Munitionsdiebstahl, Feld- und Forstdiebstahl, schließlich die auf Eigentumsverletzungen bezüglichen Vorschriften des Gesetzes, betr. die Ergänzung des Strafgesetzbuchs vom 19. Juni 1912 (Mundraub, Notdiebstahl und -unterschlagung) sind Sonderbestimmungen, die auch für den Soldaten gelten und die Anwendbarkeit des § 138 ausschließen.

3. Widerrechtliche Verletzungen des Eigentums im Felde, § 128 bis 136: boshafte oder mutwillige Verheerung und Verwüstung, Plünderung, Beraubung Gefallener, Beutemachen, Marodieren. Völkerrechtliche Grundsätze treten ergänzend hinzu.

Militärstrafverfahren.

Schrifttum:

A. Geschichte.

S. unter Literatur des Militärstrafrechts.

B. Kommentare.

Pechwell 99; Sturm und Walde, Leipzig 99; Weigel 99; Seidenspinner Berlin 00; v. Koppmann, München 01; Stenglein, Berlin 01; Schlayer, Handbuch, Berlin 04; Elsner v. Gronow und Sohl, Handbuch, Berlin 06; Herz und Ernst, Berlin 08; Romen und Rissom, Berlin 10.

C. Darstellungen und Besprechungen.

U. a. v. Marck, Kritische Betrachtungen zur Militärstrafprozeßvorlage 98; Mittermaier, Die MStGO. 99; Weiffenbach, Einführung in die MStGO., Berlin 00; Steible, Leipzig 01; Endres, Die MStGO. und ihre Wirksamkeit; Koch, Einführung des Offiziers in die MStGO, 3, Straßburg 02; Weiffenbach in dieser Enzykl. 04; v. Lilienthal in Birkmeyers Enzyklopädie 2, Berlin 1904.

D. Abhandlungen, Einzelfragen.

Aus der umfassenden Literatur seien von neueren Arbeiten hier nur erwähnt:

Schlayer, Deutsche Militär- und Zivilgerichtsbarkeit, Berlin 00.
Weiffenbach und Wolf, Niedere Gerichtsbarkeit, Berlin 01.
Weigel, Zuständigkeitsgrenzen zwischen Militär- und Zivilgerichtsbarkeit, München 02.
Ph. O. Mayer, Erörterungen aus der milrechtl. Theorie und Praxis, Nr. 1: Gerichtsherr und Kommandogewalt 08.
Rissom, Militärgerichtsbarkeit und Kommandogewalt, GoltdArch. 56, 168, 58, 48.
Posener, Rechtslexikon 1910.
Dietz, HandwMilR. 1912.

Weitere Nachweisungen s. ArchMilR. seit 1909 (unter Literatur; besondere Zusammenstellung militärrechtlicher Lit. in 1, 316, 394, 474, 2, 78, 155, 3, 75) und in den Kommentaren, erschöpfend bei Romen und Rissom. — Vgl. auch die Fußnoten zu dieser Arbeit und die Literatur und Rechtsprechung unter Militärstrafrecht.

Erster Teil. Einleitung.

Ziffer 1. Geschichtliches. Quellen.

I. Die Militärgerichtsbarkeit ist geschichtlich aus dem Wesen und den Aufgaben der bewaffneten Macht zu erklären. Solange es Heere gegeben hat, ist auch das Bedürfnis nach eigener Gerichtsbarkeit, die sich zeitweise in persönlicher Hinsicht nicht nur auf das militärische und gemeine Strafrecht erstreckte [1], vorhanden gewesen. An der Strafgerichtsbarkeit des Heeres (der Marine) ist auch in der Zukunft nicht zu rütteln; sie der bewaffneten Macht nehmen, hieße den Soldaten seinem natürlichen Richter entziehen. Sie ist staatliche Notwendigkeit. Die Militärstrafgerichtsbarkeit entwickelte sich als ein Ausfluß der Befehlsgewalt oder, wie heute gewöhnlich gesagt wird, der Kommandogewalt. Das Geburtsjahr des deutschen Kriegsgerichtswesens wird in das Jahr 1499 verlegt, in dem Kaiser Maximilian bei der Tiroler Miliz und auch sonst in seinem Heere Kriegsgerichte einrichtete (v. Bonin, Die Entwicklung des Kriegsgerichtswesens, 1912). Dieses Vorgehen hing eng mit den Veränderungen in der Art der Kriegführung und mit dem Streben zusammen, die fremden Söldner durch Landsknechte zu ersetzen; für diese war das vorher geltende bündige Verfahren nicht mehr geeignet. Die Entwicklung drängte sofort zur Bildung der Schöffengerichte, wie es auch die bürgerlichen Gerichte damals waren. Richter war der Oberst des Regiments, ganz in Anlehnung an die altdeutsche Verbindung des richterlichen Amtes mit dem des Heerführers. Er übertrug bald die eigentliche Geschäftsführung einem erprobten alten Kriegsmanne, dem Schultheiß, der oft noch eine Kompagnie oder ein Fähnlein führte, während er die Fülle der Gerichtsherrlichkeit, vor allem die Einleitung des Verfahrens, Vollstreckung und Begnadigung in seiner Hand behielt. Zu den Schöffen traten nach und nach als Beisitzer noch Gerichtsoffiziere, die schließlich die eigentlichen Kriegsleute verdrängten. Das Verfahren war Anklageverfahren, mündlich, öffentlich. Hinzu trat der Umstand, die große Gerichtsgemeinde, aus den Kriegsleuten des Regiments bestehend, ohne Dingpflicht. Der Schwerpunkt des Verfahrens lag in der Hauptverhandlung. Nicht überall war die Entwicklung dieselbe. Den Einflüssen des gemeinen Untersuchungsprozesses, wie er sich allmählich unter den Wirkungen des kanonischen Rechts und der Karolina herausgebildet hatte, konnte sich das Militärstrafverfahren auf die Dauer nicht entziehen. Doch konnte der Kampf des 19. Jahrhunderts gegen alle Sondergerichtsbarkeit der militärischen nichts anhaben, und das lag wohl daran, daß in ihr von allen Sondergerichtsbarkeiten das deutsche Recht am wenigsten verfälscht worden war. „Tief bis ins Mittelalter hinein", sagt v. Bonin, „ragen die Wurzeln unserer Kriegsgerichte, und dennoch sind sie ein echtes Gebilde der Neuzeit, ja, sie sind sogar das Prototyp der modernen Gerichte. Sie sind die ersten Gerichte, bei denen die mittelalterlichen Prinzipien der Erblichkeit und der lehnrechtlichen Verleihung der Gerichtsbarkeit von Grund aus beseitigt wurden, und zwar nicht nur rechtlich, sondern auch tatsächlich . . . Das einzige Moment, das noch auf lange Zeit hinaus gewissermaßen mittelalterlich blieb, war die Art der Rechtsentwicklung: sie geschah — ganz wie im Mittelalter — vorwiegend gewohnheitsrechtlich. Die Gründe, weshalb seit dem Beginn des 16. Jahrhunderts allgemein Kriegsgerichte eingeführt wurden, waren ausschließlich praktischer Natur, ohne daß irgendwelche Theoreme dabei mitgewirkt hätten, mit deren Hilfe Juristen nachträglich mitunter ihre „Berechtigung" zu begründen suchten; und diese praktische Grundlage mag auch ein gut Teil Verdienst daran haben, daß sich die Einrichtung so trefflich bewährt hat."

II. Vor Erlaß der MStGO. für das Reich war in Deutschland das Militärstrafverfahren verschieden gestaltet: In Preußen galt die MStGO. vom 3. April 1845, auf der Grundlage des schriftlichen und geheimen Untersuchungsverfahrens beruhend. Die Spruchgerichte erkannten auf Grund der Akten und waren (ein Grundsatz, der übrigens im Laufe der Zeit abgeschwächt wurde) bei Prüfung des Beweismaterials an feste Beweisregeln gebunden. Zur Ergänzung mußten die allgemeinen Landesgesetze heran-

---

[1] Die Militärgerichtsbarkeit in bürgerlichen Rechtsangelegenheiten ist beispielsweise in Preußen erst durch KO. v. 19. 7. 1809, in Österreich gar erst durch Gesetz vom 20. 5. 1869 aufgehoben worden.

gezogen werden. Die sächsische MStGO. vom 4. Nov. 1867 stimmt mit der preußischen fast vollständig überein; die württembergische vom 20. Juli 1818 in Verbindung mit der Allgemeinen Kriegsdienstordnung vom 7. Febr. 1858 und der AO. vom 11. Juni 1877 beruhte auf ähnlichen Grundlagen. Sie alle zeigen das gerichtsherrliche System (Verbindung der Kommandogewalt mit der Gerichtsgewalt). Ganz abweichend die bayrische MStGO. vom 29. April 1869 in ihrer durch die Gesetze vom 28. April und 27. Sept. 1872 und vom 18. Aug. 1879 veränderten Fassung, mit möglichstem Anschluß an das bürgerliche Strafverfahren (öffentliches, mündliches Verfahren, freie Beweiswürdigung, Geschworenenbank, Zurückdrängung des militärischen Elements).

Das Verlangen, der bewaffneten Macht des Reiches neben dem Militärstrafrecht auch ein einheitliches und neuzeitliches Strafverfahren und eine einheitliche Gerichtsverfassung zu geben (vgl. § 39 RMilG.), führte nach langen Vorarbeiten am 30. Nov. 1897 zur Vorlage des Entwurfs einer MStGO., eines Einführungsgesetzes und eines Gesetzes, betr. die Dienstvergehen der richterlichen Militärjustizbeamten und ihrer unfreiwilligen Versetzung in eine andere Stelle oder in den Ruhestand. Der Entwurf suchte möglichst Anlehnung an das bürgerliche Strafverfahren bei gleichzeitiger Wahrung der als notwendig erachteten besonderen militärischen Anforderungen. Im Ausbau der Gerichtsverfassung lehnt er sich an die preußischen Einrichtungen an. Gleiches gilt für wichtige Teile des Verfahrens, besonders für die Stellung des Gerichtsherrn. Der Reichstag überwies den Entwurf einem Ausschuß von 21 Mitgliedern. Die aus den Beratungen hervorgehenden Abänderungen waren nicht zahlreich (Kommissionsbericht). Am 4. Mai 1898 wurde der Entwurf vom Reichstage angenommen. Veröffentlichung: 1. Dez. 1898; das Gesetz trat am 1. Okt. 1900 in Kraft. Ergänzend sind u. a. zu beachten:

1. die Ausführungsbestimmungen (Marine 26. 3. 00; Preußen AKO. v. 28. 12. 99/26. 3. 00, KrMin. v. 2. 1. 00; Bayern V. v. 28. 4. u. 17. 9. 00, KrMin. v. 4. 5. u. 26. 10. 00; Sachsen KO. v. 15. 1. 00, KrMin. v. 19. 1. 00; Württemberg KO. u. KMin. v. 30. 3. 00;
2. Kais. V. v. 28. 12. 99 a) über die Strafrechtspflege beim Heere in Kriegszeiten; b) über das außerordentliche Verfahren gegen Ausländer und die Ausübung der Strafgerichtsbarkeit gegen Kriegsgefangene;
3. V. über das strafgerichtliche Verfahren gegen Militärpersonen der Kaiserlichen Schutztruppe v. 18. 7. 00 mit AV. vom 23. 7. 00, unter Aufhebung dieser Bestimmungen neu geregelt durch V. v. 2. 11. 09 und AV. v. 6. 11. 09 (RGBl. S. 943, 954);
4. Gesetz, betr. die militärische Strafrechtspflege im Kiautschougebiet v. 25. 6. 1900 (RGBl. S. 304), Gültigkeit verlängert durch Ges. v. 21. 12. 05; über gerichtsherrliche Befugnisse AV. v. 28. 5. 00 (MVBl. S. 189);
5. RGes. v. 9. 3. 99, betr. den bayrischen Senat beim RMG.;
6. Allerh. Erl. über die Geschäftsordnung beim Disziplinarhof des RMG. v. 20. 1. 02; Geschäftsordnung für die Disziplinarkammern im Bereich der preußischen Militärjustizverwaltung v. 2. 1. 00 (AVBl. S. 12);
7. Geschäftsordnung des Reichsmilitärgerichts v. 13. 3. 09 (Allerh. bestätigt, ZentralBl. 09 S. 110).

Ziffer 2. Zur Auslegung der MStGO.

Es gelten die allgemeinen Auslegungsregeln für Gesetze. Soweit es, um Ausdrucksweise und Sinn des Gesetzes zu erforschen, erforderlich ist, auf seine Entstehungsgeschichte zurückzugehen, ist bei der MStGO. besonders zu beachten, daß ihre Vorschriften wesentlich auf zwei und dabei grundverschiedene Wurzeln, auf die geltende Strafprozeßordnung für das Reich (es sind ganze Teile von ihr und auch vom GVG. übernommen) und auf die Preußische Militärstrafgerichtsordnung zurückzuführen sind; die letztere darf, was bisher nicht genügend beachtet worden ist, als das eigentliche Vorbild angesprochen werden.

Eine besondere Aufgabe der Auslegung ist es also, die Verbindungslinien zu den früheren Gesetzen bloßzulegen [1]. — Nicht ohne Einfluß auf die Auslegung sind ferner die zahlreichen Ausführungsbestimmungen zur MStGO., durch die vereinzelt sogar erst die Bedeutung der Gesetzesstellen näher erschlossen werden. — In das Gebiet der sog. authentischen Auslegung fällt § 400 Z. 9, wonach ein unbedingter Revisionsgrund vorliegt, wenn das Urteil in Beziehung auf die Geltung oder Auslegung einer militärischen Dienstvorschrift oder eines militärdienstlichen Grundsatzes mit einer darüber ergangenen allerhöchsten Entscheidung in Widerstreit tritt (ein Nachklang des früheren preußischen Rechts, wonach der König höchste und letzte Rechtsquelle bei Anwendung der Militärgesetze war).

Zweiter Teil. Die maßgebenden Personen des Strafverfahrens (Prozeßsubjekte).

Erster Abschnitt.

Der Gerichtsherr als Träger der Gerichtsbarkeit.

Ziffer 3. Die Militärgerichtsbarkeit als Ausfluß der Kommandogewalt.

Die Militärgerichtsbarkeit ist in Deutschland nicht als ein Teil der militärischen Verwaltung im weiteren Sinne, d. h. der auf Erhaltung und Verbindung der bewaffneten Macht bezogenen staatlichen (Regierungs-) Tätigkeit aufzufassen (Justizhoheit), sondern als Ausfluß, nicht als Beigabe der kriegsherrlichen Befehlsgewalt [2] (Militärhoheit). Das beweist der geschichtliche Werdegang der deutschen Staaten, vor allem Preußens. Schon vor der Entwicklung der landesherrlichen Gewalt zum unbeschränkten Herrschertum hatte sich die besondere persönliche Gewalt des Herrschers als des obersten Kriegsherrn über das Heer befestigt. In der Kommandogewalt des Kriegsherrn war notwendig auch die Gerichtsbarkeit beschlossen, wie ja auch die allgemeine Gerichtsbarkeit in der allgemeinen Regierungstätigkeit aufging. Der Rückschlag gegen die Kabinettsjustiz brachte unabhängige und verfassungsmäßig bestellte staatliche Gerichte, also Loslösung der Justiz von der Verwaltung. Aber gerade diese Entwicklung zu Strafgerichten hat das Heer nicht mitgemacht. Die Militärgerichte sind Gerichte des Kriegsherrn (der Kontingentsherren), und zwar aus eigenstem persönlichen Recht, gewesen und geblieben. Dem Vorbilde der preußischen MStGO. entsprechend, nach der „in konsequenter Durchführung des Gedankens, daß die Militärgerichtsbarkeit ein Ausfluß der Kommandogewalt sei, im Mittelpunkt des militärgerichtlichen Verfahrens der Gerichtsherr steht" (Begr. zur MStGO. für das Deutsche Reich S. 12), betont die Begründung S. 56: „auf die ‚Verbindung' der Gerichtsgewalt mit der militärischen Kommandogewalt muß ein entscheidendes Gewicht gelegt werden, denn sie steht im engsten Zusammenhange mit der Verantwortlichkeit für die Disziplin. Diese Verantwortlichkeit läßt sich nicht teilen, und die Unteilbarkeit führt mit zwingender Notwendigkeit dahin, daß nicht nur die Anklageerhebung, sondern auch die Leitung des gesamten, der Urteilsfällung vorausgehenden Verfahrens in der Hand des Gerichtsherrn ruhen muß usw." Beachtenswert sind auch die Ausführungen S. 53: „Die militärische Disziplin steht und fällt mit der unbedingten, jede fremde Einwirkung ausschließenden Autorität der Kommandogewalt. In der Anerkennung nur e i n e r, in der Person des obersten Kriegsherrn gipfelnden und in allem auf diese zurückführenden Autorität beruht das Geheimnis des militärischen Gehorsams und der militärischen Disziplin."

---

[1] Vgl. R i s s o m, Auslegung des Militärstrafrechts im HandwMilRecht und nachf. Note.

[2] Vgl. besonders v. Marck: Der Militärstrafprozeß in Deutschland und seine Reform, 1893 und 1895. Ders., Krit. Betrachtungen zur Militärstrafprozeßvorlage 1898; M i t t e r m a i e r, Die MStGO., 1899; R i s s o m, Militärgerichtsbarkeit und Kommandogewalt, Goltd. Arch. 56, 168, 58, 48 mit reichen Literaturangaben; R i s s o m im HandwMilR.: Verfahren, militärgerichtliches; MStGO, Geschichte u. allgemeine Grundzüge; Militärgerichtsbarkeit und Kommandogewalt; Rechtskraft.

So ist auch nach heutigem Recht die Gerichtsbarkeit vom König (den Kontingentsherren, der Verfassung des Reichs entsprechend) abzuleiten (geringe Abweichungen bringt die Einrichtung des Reichsmilitärgerichts als einer Reichseinrichtung und verschiedene dem Kaiser überwiesene Rechte, z. B. Bestätigung der Urteile im Feld- und Bordverfahren). Entscheidender Grundzug der Militärgerichtsverfassung ist Betätigung der Kommandogewalt. Die Gerichtsbarkeit wird von den Befehlshabern ausgeübt, denen sie gleichzeitig mit der Dienststelle übertragen ist (Gerichtsherren).

Die Person des Gerichtsherrn gibt dem Militärstrafverfahren das eigentliche Gepräge. Der Gerichtsherr ordnet die Untersuchung an, läßt sie durch einen Untersuchungsführer, sein Organ durchführen; er verfügt das Hauptverfahren durch Erlaß der Anklageverfügung, er beruft und besetzt das erkennende Gericht, das ihm Recht spricht und trotz § 12 M. sein Organ ist; er bestätigt das gefundene Urteil, das damit erst staatsrechtlich bedeutsame Willensentscheidung wird, und erklärt es für vollstreckbar. Er übt auch die richterlichen Befugnisse aus, in denen sich die Herrschaft des Staates, die vis cogendi betätigt (Laband): er verfügt die Gestellung des Beschuldigten, die einstweilige Enthebung des Beschuldigten vom Dienst oder seine Verhaftung, die Beobachtung auf den Geisteszustand in einer Irrenanstalt, Durchsuchungen, Beschlagnahme des Vermögens und die Vollstreckung der Strafe.

Der Gerichtsherr ist Träger der Gerichtsbarkeit, der eigentliche Richter.

Ziffer 4. Umfang der Militärgerichtsbarkeit.

Die Militärstrafgerichtsbarkeit erstreckt sich grundsätzlich auf die der Kommandogewalt unterworfenen Personen, und zwar wegen aller strafbaren Handlungen, auch der vor dem Diensteintritt begangenen, und erfaßt auch noch den Täter beim Ausscheiden aus dem die Militärstrafgerichtsbarkeit begründenden Verhältnis wegen der vorher begangenen Straftaten. Doch wird dieser Grundgedanke in mannigfacher Weise eingeschränkt und auch erweitert.

I. Persönlicher Umfang. Der Militärstrafgerichtsbarkeit sind unterworfen:

1. die Militärpersonen des aktiven Heeres und der aktiven Marine, d. h. die Offiziere, Sanitäts-, Veterinäroffiziere, Militärbeamten und Mannschaften in vollem Umfange; ihnen sind bestimmte Personengruppen in § 1 gleichgestellt. Hierher gehören auch die zum aktiven Dienst einberufenen Personen des Beurlaubtenstandes [1], im Kriege die Freiwilligen usw. während der Dauer der Dienstleistung (Näheres § 4 MStGB. und Anl. dazu, § 38 A und B 1 und 2 RMilG.). Gerichtsstand von Mitgliedern der militärisch eingerichteten Landgendarmeriekorps [2] s. § 2 EG.;

2. die Personen des Beurlaubtenstandes und die ihnen gesetzlich gleichstehenden Personen (§ 56 RMilG.; 26, 30 des Ges. v. 11. 2. 88). Wegen der Zuwiderhandlungen gegen die Vorschriften der Militärstrafgesetze, die auf sie anzuwenden sind, in vollem Umfange (§ 6, 102, 42 Abs. 2, 64 f., 81 f., 101, 113, 126 MStGB., 60 Z. 3 RMilG.), § 5 Z. 1;

3. die Offiziere, Sanitäts-, Veterinäroffiziere und Ingenieure des Beurlaubtenstandes wegen aller Zweikampfverbrechen (201 f. RStGB.), § 5 Z. 2;

4. die Offiziere à la suite (vgl. § 1 Z. 6) wegen solcher Zuwiderhandlungen gegen die militärische Unterordnung, die in der Militäruniform begangen sind, § 5 Z. 3;

5. bürgerliche Personen (Deutsche und Ausländer) wegen der in §§ 160, 161 MStGB. bezeichneten strafbaren Handlungen;

6. frühere Militärpersonen des aktiven Heeres oder der aktiven Marine (§ 1 Z. 1), die innerhalb eines Jahres nach Beendigung des die Militärstrafgerichtsbarkeit begründenden Verhältnisses (auch dessen völlige Lösung gehört hierher) einen früheren, noch im aktiven Dienst befindlichen Vorgesetzten (im Verkehr mit ihm oder mit einer Militärbehörde) beleidigen oder

---

[1] Siehe Beurlaubtenverhältnis im Strafverfahren (Rissom) im HandwMilR.

[2] Siehe Landgendarmerie, Gendarmerieoffiziere (Rotermund), Gendarmerie in Bayern (Erhard) im HandwMilR. und Gendarmerie in v. Stengel-Fleischmann, Wörterbuch des Staats- und Verwaltungsrechts.

ihn körperlich verletzen oder zum Zweikampfe herausfordern oder einen Zweikampf mit ihm ausfechten. Vorausgesetzt ist, daß eine vom Vorgesetzten während der Dienstzeit widerfahrene Behandlung Anlaß zur Tat bildete, § 11 (außerordentlicher Militärgerichtsstand);

II. Sachlicher Umfang. Alle strafbaren Handlungen, auch die vor dem Diensteintritt liegenden und die bei Beendigung des Dienstverhältnisses noch nicht geahndeten, fallen unter die Militärstrafgerichtsbarkeit, § 6, 10.

III. Einschränkungen in persönlicher und sachlicher Hinsicht: Die Militärstrafgerichtsbarkeit erstreckt sich nicht

1. auf die vor dem Tage der Einberufung begangenen gemeinen Straftaten einer zum Dienst einberufenen Person des Beurlaubtenstandes § 9, 1 (daselbst Beschränkung der bürgerlichen Behörden in bezug auf Verhängung der Untersuchungshaft und Abhaltung der Hauptverhandlung während der Dienstleistung); vgl. oben I 1;

2. auf die vor dem Diensteintritt begangenen gemeinen Straftaten einer zur Erfüllung ihrer gesetzlichen oder freiwillig übernommenen Dienstpflicht eingestellten Militärperson, wenn sie

a) vor dem Diensteintritt wegen dieser Straftat verurteilt oder freigesprochen oder ihr ein richterlicher Strafbefehl zugestellt war,

b) aus dem Dienst entlassen wird. Die Entlassung muß verfügt werden, wenn militärischerseits angenommen wird, daß eine Freiheitsstrafe von mehr als sechs Wochen unmittelbar oder im Falle der Umwandlung einer Geldstrafe zu erwarten ist, § 7, vgl. 8; dazu HeerO. § 16 Nr. 1—3, WehrO. § 82 Nr. 2;

3. auf die Zuwiderhandlungen gegen Finanz- und Polizeigesetze, Jagd- und Fischereigesetze und Verordnungen dieses Inhalts, wenn die Handlung nur mit Geldstrafe und Einziehung oder mit einer dieser Strafen bedroht ist, § 2;

4. auf die Amtsverbrechen und -vergehen der nicht zum Offizierstande gehörenden Militärpersonen, wenn die Straftaten im Zivildienst begangen sind und nicht mit militärischen Straftaten zusammentreffen, § 3;

5. auf die gemeinen, mit militärischen nicht zusammentreffenden Straftaten, die bei Beendigung des die Militärstrafgerichtsbarkeit begründenden Verhältnisses noch nicht abgeurteilt sind; doch bleibt die Militärstrafgerichtsbarkeit erhalten, wenn ihretwegen schon Anklage erhoben (258 M.) oder eine Strafverfügung des Gerichtsherrn (349 M.) zugestellt war, § 10, 2. Bedeutsam: PlEntsch. RMG. **14**, 160; danach hat das Militärgericht durch Urteil in der Sache zu entscheiden, auch wenn die Tat sich als ein gemeines Verbrechen darstellt, wenn nur der Gerichtsherr in der Anklageverfügung angenommen hat, daß eine militärische Straftat vorliege oder mit einer gemeinrechtlichen zusammentrifft. Diese Auffassung (vgl. § 328, 395 M.) wird mit Recht allgemein bekämpft [1];

6. auf diejenigen, an sich der militärischen Gerichtsbarkeit unterstehenden Personen, die vom Gerichtsherrn der bürgerlichen Gerichtsbarkeit übergeben werden: das ist zulässig, wenn bei einer Zuwiderhandlung gegen gemeine Strafgesetze Militärpersonen als Täter, Teilnehmer, Begünstiger oder Hehler neben bürgerlichen Personen beteiligt sind, oder wenn zwischen solchen einer verschiedenen Gerichtsbarkeit unterstellten Personen wechselseitige Beleidigungen oder Körperverletzungen vorgekommen sind, § 4; ferner, wenn eine zum Dienst einberufene Person des Beurlaubtenstandes während der Dienstleistung eine ausschließlich gemeine Straftat begangen hat, § 9, 2. Ergibt sich nach der Übergabe, daß die Voraussetzungen nicht zutreffen (z. B. eine militärische Straftat war begangen worden), so wird die Übergabe (vom Falle der rechtskräftigen Erledigung abgesehen; vgl. nachf. IV.) wirkungslos.

IV. Zuständigkeit zwischen militärischen und bürgerlichen Gerichten. Bürgerliche und militärische Gerichtsbarkeit laufen grundsätzlich unabhängig nebeneinander her und beeinflussen sich nur insoweit, als es gesetzlich bestimmt ist (Beisp.: § 7, 2 M., wonach nach richtiger Auslegung der Eröffnungsbeschluß des bürgerlichen Gerichts dem militär-

---

[1] Gerland, Der § 10 MStGO., Abdruck aus der Festschr. für A. Thon, Jena 1911. Bespr. u. weitere Lit. ArchMilR. **3**, 359 f.

gerichtlichen Urteil zugrunde zu legen ist; abweichend verlangt RMG. 2, 87, 6, 3 eine neue Anklageverfügung des Gerichtsherrn [1]).

Das läßt § 14 EG. erkennen, der in unvollkommener Weise die wichtigsten Streitfragen zu lösen sucht: Von Urteilen der beiden Gerichtsbarkeiten in derselben Sache gilt dasjenige, das zuerst rechtskräftig war, das andere ist nichtig; es kann also auch die an sich falsche Gerichtsbarkeit recht behalten; damit ist auch der Fall gedeckt, daß lediglich die falsche Gerichtsbarkeit eine Sache rechtskräftig abgeurteilt hat; für die andere ist dann kein Raum mehr, Abs. 1. — Den Urteilen gleichzustellen sind gerichtsherrliche Strafverfügungen und amtsrichterliche Strafbefehle (bestritten).

Dieser Lösung des bejahenden Zuständigkeitsstreites schließt sich die des verneinenden (Abs. 2 und 3) an, wonach nicht mehr anfechtbare Entscheidungen der einen Gerichtsbarkeit, welche die eigene Zuständigkeit verneinen, diese für die andere Gerichtsbarkeit begründen. Auch hier muß von zwei unanfechtbaren Entscheidungen beider Gerichtsbarkeiten die zuerst ergangene gelten[2].

Ziffer 5. Der Gerichtsherr und seine Organe.

I. Der Gerichtsherr:

1. Durch die Person des Gerichtsherrn hebt sich das Militärstrafverfahren am schärfsten vom bürgerlichen Strafverfahren ab. Der Gerichtsherr ist der Mittelpunkt des Verfahrens, der dominus litis, der eigentliche Richter. Da seine Tätigkeit aus der Kommandogewalt fließt (vgl. Ziff. 3), ist die Ausübung der Gerichtsbarkeit nicht nach örtlichen Grenzen, sondern im Anschluß an seine Befehlsgewalt geregelt, § 25; besondere Bestimmungen und Ausnahmen: §§ 26—31. Über Verbindung und Trennung von Strafsachen, persönlichen und sachlichen Zusammenhang s. §§ 32—35. Bei Zweifeln über die Zuständigkeit zwischen mehreren Gerichtsherren entscheidet der gemeinsame vorgesetzte Gerichtsherr, beim Fehlen eines solchen das gemeinsame obere Gericht. — In Verhinderungsfällen nimmt die gerichtsherrliche Befugnis der Stellvertreter im Kommando wahr, § 23.

2. Es werden Gerichtsherren der niederen und der höheren Gerichtsbarkeit unterschieden, § 19 f. Die niedere Gerichtsbarkeit fällt im Heere den Regiments- usw. und den Bezirkskommandeuren zu, die höhere in erster Instanz den Divisionskommandeuren, in zweiter Instanz den kommandierenden Generälen. Im Verordnungswege kann die Gerichtsbarkeit der Befehlshaber auf bestimmte Truppenteile oder Verbände eingeschränkt oder ausgedehnt werden, § 37 u. AB. dazu.

a) Die niedere Gerichtsbarkeit erstreckt sich nur auf Personen, die nicht Offizierrang haben, § 14, und umfaßt nach § 15, 1 α) die nur mit Arrest bedrohten militärischen Vergehen, β) die Übertretungen, γ) die in § 16 Z. 1—3 genannten militärischen und gemeinen Vergehen, sofern nach dem Ermessen des Gerichtsherrn (der niederen Gerichtsbarkeit) neben einer etwaigen Einziehung keine höhere Strafe als Freiheitsstrafe bis zu sechs Wochen oder Geldstrafe bis zu 150 Mk., allein oder in Verbindung miteinander, zu erwarten ist. Der höheren Gerichtsbarkeit bleiben die Fälle vorbehalten, in denen voraussichtlich eine Ehrenstrafe verhängt wird, § 15, 2, 16, 2. Vgl. nachfolgend II 5 a.

b) Die höhere Gerichtsbarkeit erstreckt sich auf alle unter Militärstrafgerichtsbarkeit stehende Personen und umfaßt alle strafbaren Handlungen, § 17; vgl. 32.

3. An sich wäre es folgerichtig, wenn der übergeordnete Gerichtsherr auch in bezug auf die Handhabung der Strafrechtspflege (Ausfluß der Befehlsgewalt) dem unterstellten Gerichtsherrn unbeschränkte Weisungen zu erteilen berechtigt wäre; eine gesunde Rechtspflege würde das aber nicht vertragen. Ähnlich wie das militärische Disziplinarstrafrecht (s. d.) von jeher die Machtbefugnis der höheren Disziplinarvorgesetzten weise beschränkt und die Selbständigkeit des niederen Disziplinarvorgesetzten scharf in den Vordergrund stellt, so hat auch die MStGO. an dem Grundsatze der Selbständigkeit des Gerichtsherrn, der schon in der Preußischen

---

[1] Lit. unter „Eröffnung des Hauptverfahrens" (Elsner v. Gronow) im HandwMilR.

[2] Lit.: Die unter C der Lit. genannten Schriften von Weigel und Schlayer, weitere unter „Militärgerichtsbarkeit als Prozeßvoraussetzung" (Rissom) im HandwMilR.

MStGO. in § 43 ausdrücklich ausgesprochen war, festgehalten. Die Rechtsmittelfolge des neuen Verfahrens brachte es freilich mit sich, daß dem höheren Gerichtsherrn gewisse instanzartige Rechte der Prüfung und Anweisung für den Einzelfall gegeben wurden. Nach § 24 (vgl. dazu 247) kann der übergeordnete Gerichtsherr den ihm unterstellten Gerichtsherrn anweisen, eine Untersuchung einzuleiten oder fortzusetzen (dazu gehört auch, die Anklage zu verfügen RMG. **10**, 237), ferner ein Rechtsmittel einzulegen oder zurückzunehmen, darf aber im übrigen in den Gang einer eingeleiteten Untersuchung nicht eingreifen. Er kann vor allem nicht anweisen, eine Untersuchung einzustellen. Eigentliche Aufsichtsrechte (so die Begründung) sind damit nicht gewährt; die Aufsicht über die Ausübung der Militärgerichtsbarkeit steht anderen Stellen zu; Näheres Ziff. 7. Aus dem Schweigen des Gesetzes darüber, welche Befehle sonst noch der übergeordnete Gerichtsherr dem unterstellten erteilen kann, darf nicht geschlossen werden, daß über den § 24 hinaus noch Rechte gewährt seien [1]. Es fehlt dem übergeordneten Gerichtsherrn sonach vor allem das Rügerecht.

4. Die umfassende Tätigkeit des Gerichtsherrn ist schon Ziff. 3 angedeutet. Ergänzend sei bemerkt: Staatsanwaltschaftliche Aufgaben fallen ihm zu, wenn er das Ermittlungsverfahren einleitet, das Recht der Akteneinsicht ausübt, Zeugen usw. zur Hauptverhandlung ladet und die Herbeischaffung der Beweismittel zur Hauptverhandlung veranlaßt, wenn er die Person bestimmt, die die Anklage zu vertreten hat, Rechtsmittel einlegt und die Strafe vollstrecken läßt. Eine Aufgabe, die dem Vorsitzenden nach der StPO. zufällt, erfüllt er, wenn er Anträge des Beschuldigten über Herbeischaffung von Beweismitteln zur Hauptverhandlung — ein Recht des Beschuldigten, selber Zeugen usw. zu laden, besteht nicht — bescheidet (§ 269). Zu den unter Ziff. 3 schon genannten richterlichen Befugnissen gesellt sich das Recht, über die Ablehnung von Gerichtspersonen außerhalb der Hauptverhandlung zu entscheiden, Strafverfügungen bei Übertretungen zu erlassen und in vereinzelten Fällen außerhalb der Hauptverhandlung über Beschwerden zu entscheiden.

Beschränkungen. An Untersuchungshandlungen darf der Gerichtsherr nicht teilnehmen, mag er auch sonst berechtigt sein, im Ermittlungsverfahren die ihm zur Aufklärung der Sache geeigneten Verfügungen zu treffen. Daß er selbständig militärpolizeiliche (richtiger: kriminalpolizeiliche) Ermittlungen nach Anordnung des Ermittlungsverfahrens vorzunehmen berechtigt sei, bejaht RMG. **2**, 153, doch entspricht dieses schwerlich seiner Stellung [2]. In der Hauptverhandlung darf er nicht zugegen sein (§ 273 2). Über die Mitprüfungspflicht (Gegenzeichnung) bei den im Laufe des Verfahrens ergehenden Entscheidungen und Verfügungen des Gerichtsherrn s. nachfolgend unter II.

II. Die Organe des Gerichtsherrn:

1. Die richterlichen Militärjustizbeamten; es sind Kriegsgerichtsräte bei den Kriegsgerichten und Oberkriegsgerichtsräte bei den Oberkriegsgerichten zu unterscheiden (wegen der Beamten des Reichsmilitärgerichts s. Ziff. 6).

a) Sie werden von der Militärjustizverwaltung (s. Ziff. 7) den höheren Gerichtsherren zugeordnet, sie müssen zum Richteramte befähigt sein und sind in ihrer Stellung ganz ähnlich den bürgerlichen Richtern geschützt. Sie tragen im Dienst Uniform. Sie werden auf Lebenszeit vom Kontingentsherrn (in der Marine vom Kaiser) ernannt und sind Reichsbeamte (anders in Bayern). Sie können (Ausnahme: im Felde) nur durch zum Richteramt befähigte Personen ersetzt werden; Richter im Oberkriegsgericht können aber nur ständig angestellte richterliche Beamte sein. Über die Geschäftsverteilung unter mehrere ihm zugeordnete richterliche Militärjustizbeamte entscheidet der Gerichtsherr. Vgl. §§ 70, 93—98 M., 26—31 EG.; über Disziplinarverfahren RDG. v. 1. Dez. 1898. Dienstaufsicht: PrAKO. v. 2. 5. 13, Bay. 12. 8. 13 [3].

---

[1] Daher unzutreffend die wohl vereinzelt dastehenden Ausführungen von Ph. O. Mayer, Erört. aus d. militärstrafr. Theorie u. Praxis, S. 3f.; richtig Weiffenbach, Einführung in die MStGO., S. 26/27, der noch mit Recht betont, daß die Rechte aus § 24 sich nur auf Einzelfälle beziehen. Vgl. „Anweisungsrecht" (Rissom) im HandwMilR.

[2] Vgl. ZStW. (Beling) **24**, 262; GoltdArch. **58**, 55 (Rissom); „Gerichtsherr im Ermittlungsverfahren" (Mewes); Verfahren, militärgerichtliches, B. I 4 (Rissom) im HandwMilR.

[3] Einzelheiten und Wünsche zur Gestaltung der Dienstverhältnisse: „Militärjustizbeamte, richterliche" (Elsner v. Gronow), Stichworte daselbst; „Militärjustizverwaltung", „Mitprüfungs-

Die richterlichen Militärjustizbeamten werden tätig: als Berater des Gerichtsherrn § 97; als Untersuchungsführer bei den Divisions- usw. Gerichten § 156, vgl. 223 (Leichenschau usw.), 270 (richterliche Vernehmungen kraft besonderen Auftrags); als Vertreter der Anklage § 273, 386; als Richter §§ 49, 66 f.; als Verteidiger (Oberkriegsgerichtsräte nennt das Gesetz nicht) 341 Z. 2; als Urkundspersonen in besonderen Fällen, z. B. §§ 139 2, 368, 369 2, 382, 404; bei der Durchsicht rechtskräftiger Urteile nach § 113 (Militärjustizverwaltung); bei Geschäften der freiwilligen Gerichtsbarkeit und anderen juristischen Geschäften im Bereiche der Militärverwaltung, §§ 20, 21 EG.; im Felde nach dem Ges. über die freiwillige Gerichtsbarkeit und andere Rechtsangelegenheiten in Heer und Marine v. 28. Mai 1901.

b) Für das Verhältnis zum Gerichtsherrn ist § 97 M., wohl die bedeutsamste Vorschrift für die Militärgerichtsverfassung, entscheidend. Die im Laufe des Verfahrens ergehenden Entscheidungen und Verfügungen des Gerichtsherrn, denen gegenüber (von der richterlichen Tätigkeit abgesehen) grundsätzlich Folgepflicht besteht, sind (von wenig Ausnahmen, z. B. Haftbefehl, Enthebung vom Dienst, abgesehen) vom richterlichen Militärjustizbeamten mitzuzeichnen, der damit für die Gesetzlichkeit verantwortlich wird. Hält der Beamte dafür, daß eine Weisung, Verfügung oder Entscheidung mit den Gesetzen oder den sonst maßgebenden Vorschriften nicht vereinbar sei, so hat er dagegen Vorstellung zu erheben (Pflicht); bleibt diese erfolglos, so hat er der Weisung des Gerichtsherrn zu entsprechen, aber den Hergang aktenkundig zu machen; der Gerichtsherr trägt jetzt allein die Verantwortlichkeit. Die Akten sind unverzüglich dem Oberkriegsgericht zur rechtlichen Beurteilung der Sache vorzulegen; dessen Beurteilung ist für die weitere Behandlung der Sache maßgebend. Die richterlichen Militärjustizbeamten sind, wie die Begründung ausführt, keine blinden Werkzeuge in der Hand des Gerichtsherrn, sie sollen ihm vielmehr als rechtskundige Beamte mit ihrer Gesetzeskenntnis und ihrem juristischen Urteil zur Seite stehen und dafür Sorge tragen, daß nach Recht und Gesetz verfahren werde. Militärische Autorität und Rechts- und Gesetzeskunde sind sonach vereinigt, und in dieser Vereinigung liegt gleichzeitig eine aus zwingenden Gründen einer gesunden Strafrechtspflege erforderliche Beschränkung, aber auch Festigung der dem Gerichtsherrn zukommenden Gerichtsgewalt. Eine einschränkende Auslegung verträgt der Grundsatz der Mitprüfung nicht; es wurde behauptet, sie erstrecke sich nur auf die rechtliche Seite der Entscheidungen; demgegenüber ergibt sich aus der Entstehungsgeschichte (vgl. Begründung und die Stellungnahme des Reichstages zu § 97), aus dem Zwecke der Vorschrift und aus dem Geiste des Gesetzes mit Sicherheit, daß der Beamte die volle Mitprüfungspflicht (nach dem Vorbilde der Pr. MStGO.) hat, wie sich überhaupt eine Beschränkung auf Rechtsfragen im Gegensatz zu Tatfragen (beide sind im Prozeß miteinander verbunden) als undurchführbar erweist. Das Vorstellungsrecht hört erst auf, wenn lediglich die Zweckmäßigkeit einer (sonst gesetzlich einwandfreien) Maßnahme des Gerichtsherrn in Frage steht. — Eine außerordentliche Schwäche des § 97 3 liegt darin, daß nicht das RMG., sondern das Oberkriegsgericht zur Beurteilung von Meinungsverschiedenheiten (auch zwischen dem kommandierenden General und seinen Beamten) berufen ist [1].

2. Die Gerichtsoffiziere, Leutnants oder Oberleutnants (zu unterscheiden von Richteroffizieren), die vom Gerichtsherrn bestellt werden und bei der niederen Gerichtsbarkeit als Untersuchungsführer und Vertreter der Anklage und in sonst vorgesehenen Fällen genau die Stelle einnehmen wie die Kriegsgerichtsräte bei den Divisions- usw. Gerichten; auch § 97 gilt für sie; Näheres § 13, 97—102.

3. Die Offiziere, die der Gerichtsherr zur Anwesenheit bei Untersuchungshandlungen ersuchter Gerichte oder (auf Antrag) des Untersuchungsführers abordnen kann, § 167, 2 und 3.

4. Die Militärgerichtsschreiber und -boten, § 108—110 u. AB. dazu. Bei den Kriegs- und Oberkriegsgerichten sind Kriegs- und Oberkriegsgerichtssekretäre angestellt;

---

pflicht" (Rissom) im HandwMilR.; ArchMilR. 1, 165—185, 2, 164, 352 (Authenrieth, Elsner v. Gronow, Rissom). Eingeh. Arbeit über die rechtliche, dienstliche und persönliche Stellung der MilJustizbeamten im Taschenbuch des MilRechts für Kriegszeiten (Dietz).

[1] Nachweisung der umfassenden Literatur zu § 97 bei Dietz, Streiflichter über die Militärstrafrechtspflege in Militärrechtliche Studien (hrsg. von Steidle), Festschrift z. 1. 10. 10; Beitrag „Mitprüfungspflicht" (Rissom) im HandwMilR; vgl. Note 3 vorseitig.

bei der niederen Gerichtsbarkeit wird die Wahrnehmung der Geschäfte des Gerichtsschreibers geeigneten Personen des Soldatenstandes übertragen.

5. **Stand-, Kriegs- und Oberkriegsgerichte; ihre Besetzung und Zuständigkeit.** Die erkennenden Gerichte sind sämtlich, das RMG. eingeschlossen, Mehrheitsgerichte (Kollegial-) und, vom Standgericht abgesehen, das nur aus Offizieren besteht, aus Offizieren und Juristen gemischte Gerichte (Schöffensystem, aus dem Grunde besonders bewährt, weil die Offiziere sachverständige Laien sind); sie sind (vom Reichsmilitärgericht abgesehen, das seiner besonderen Stellung wegen unter Ziff. 6 behandelt wird) nicht ständig und beweglich und treten nur für den Einzelfall auf Berufung des Gerichtsherrn (bei Generalen usw. des Kontingentsherrn oder Kaisers) zu der von ihm festgesetzten Zeit und an dem von ihm bestimmten Orte zusammen.

Ihre örtliche Zuständigkeit hängt von der des Gerichtsherrn ab, s. oben Ziff. 5 I 1. Die erkennenden Gerichte sind unabhängig und nur dem Gesetz unterworfen (§ 18, 1); selbständige Befugnisse ergeben sich aus dem Grundsatz der materiellen Wahrheitserforschung, § 298, 3. Bei den Gerichten höherer Ordnung wird grundsätzlich zwischen Vorsitz (Offizier) und Führung der Verhandlung (Jurist) unterschieden. Der Vorsitzende hat die Ordnung in der Sitzung aufrechtzuerhalten, der Verhandlungsführer hat die Sachleitung (Näh. Ziff. 26); über Ausschließung und Ablehnung von Gerichtspersonen s. §§ 122—134. Entscheidungsbefugnis des Gerichtsherrn außerhalb der Hauptverhandlung bei Ablehnung von Kriegsgerichtsräten und Gerichtsoffizieren: 130.

a) Standgerichte (§ 38—48) bei der niederen Gerichtsbarkeit; mit drei Offizierrichtern besetzt. Stabsoffizier Vorsitzender und Verhandlungsführer, ein Hauptmann (Rittmeister, Kapitänleutnant) und ein Oberleutnant (Oberleutnant zur See) als Beisitzer, als ständige Richter mit ständigen Stellvertretern vom Gerichtsherrn für die Dauer des Geschäftsjahres (Kalender-) bestimmt und beeidigt. Ersatzrichter für den Einzelfall können befohlen werden.

Sachliche Zuständigkeit: ausschließlich Gerichte erster Instanz für die niedere Gerichtsbarkeit; dürfen neben Einziehung nur auf Freiheitsstrafe bis zu 6 Wochen und Geldstrafe bis zu 150 Mk. erkennen (gilt auch für den Fall des Zusammentreffens mehrerer Straftaten; erforderlichenfalls verweisen sie die Sache an die zuständige Stelle, § 330. Im Felde und an Bord Erweiterung der Zuständigkeit, s. Ziff. 37.

b) Kriegsgerichte (Schwerpunkt des ganzen Verfahrens, §§ 49—64) bei den Divisionen usw., besetzt mit 5 Richtern, 1 oder 2 Kriegsgerichtsräten, sonst Offizierrichter der verschiedensten Dienstgrade je nach Rang des Angeklagten (Regel: Kriegsgerichtsrat als Verhandlungsführer, Major als Vorsitzender, Hauptmann und zwei Oberleutnants als Beisitzer); der Regel nach berufen nach einer alljährlich vom Gerichtsherrn festzustellenden Reihenfolge, von der nur aus dringenden Gründen (ob sie dringend waren, prüft das Revisionsgericht nicht nach) nach Entscheidung des Gerichtsherrn abgewichen werden darf. Ist der Angeklagte ein Sanitäts-, Veterinäroffizier, Beamter usw., so werden Standesgenossen mit als Richter berufen (hierzu RMG. **16**, 282, dag. ArchMilR. **4**, 209 ff.).

Sachliche Zuständigkeit: ausschließlich Gerichte erster Instanz für alle dem Standgericht entzogenen Strafsachen (eingeschlossen die im bürgerlichen Verfahren dem RG. als alleiniger Instanz überwiesenen Sachen); als Berufungsgericht gegen die Urteile der Standgerichte und als Rechtsbeschwerdeinstanz und Beschlußgericht in einigen Fällen.

c) Oberkriegsgerichte (§§ 65—70) bei den Generalkommandos usw., besetzt mit 7 Richtern, davon 2 Oberkriegsgerichtsräte (der Dienstälteste führt die Verhandlung), die übrigen Offiziere (Regel: ein Oberstleutnant als Vorsitzender, zwei Majors, ein Hauptmann, ein Oberleutnant). Wie bei den Standgerichten werden für die Dauer des Geschäftsjahres ständige Offizierrichter und Stellvertreter bestimmt. Abweichende Besetzung bei Sanitäts- usw. Offizieren, Beamten; vgl. vorsteh. b.

Sachliche Zuständigkeit: Berufungsgerichte gegen die Urteile der Kriegsgerichte; Rechtsbeschwerdeinstanz und Beschlußgericht, besonders auch im Falle des § 97, 3 (s. oben unter II 1 b).

Ziffer 6. Das Reichsmilitärgericht.

Als Organ des Gerichtsherrn läßt sich das RMG. (§§ 71—92), eine Reichsbehörde, nicht bezeichnen, mag auch der Gerichtsherr bei ihm als dem obersten Gerichtshofe des Reiches sich das Urteil darüber holen, ob die von ihm angefochtene Entscheidung auf einer Gesetzesverletzung beruhe (399 ff.). Immerhin weist auch diese Einrichtung auf den das Militärstrafverfahren beherrschenden Grundgedanken der Kommandogewalt hin: seine Spitze, der Präsident, ist ein vom Kaiser ernannter General mit verwaltender Tätigkeit, der dem Oberreichsmilitäranwalt in bestimmten Grenzen Anweisungen erteilen kann (105) und seinerseits an die Auffassung des Obersten Kriegsherrn gebunden ist. Ihm ist von den Kontingentsherren (ausgenommen Bayern) ausnahmsweise (bei prozeßerledigenden Entscheidungen) das Bestätigungsrecht übertragen, das im übrigen, wie überhaupt bei mehreren Instanzen, dem Befehlshaber der zweiten Instanz zufällt; seine Stellung ist dadurch zu einer gerichtsherrnähnlichen gestaltet.

Das RMG. ist ein ständiges Gericht mit dem Sitze in Berlin-Charlottenburg und gliedert sich in Senate aus 7 Mitgliedern (3 oder 4 Juristen; im übrigen Offiziere, die mindestens im Range von Stabsoffizieren stehen und auf mindestens zwei Jahre berufen werden); Senatspräsident und -räte sind Juristen. Der Vorsitz fällt einem Offizier zu. Vereinigung zum Plenum ist vorgesehen, u. a. auch, wenn ein Senat in einer die bürgerlichen Strafgesetze angehenden Rechtsfrage von einer Entscheidung der vereinigten Strafsenate des RG. abgehen will. Bayern hat auf Grund des RGes. vom 9. März 1899 einen besonderen Senat. Das RMG. hat eine besondere Reichsmilitäranwaltschaft, bei der der Oberreichsmilitäranwalt Träger des Amtes ist. Er und die Reichsmilitäranwälte sind nichtrichterliche Militärbeamte und werden, wie der Senatspräsident und die Räte (Ausnahme für Bayern), vom Kaiser auf Vorschlag des Bundesrats ernannt. Die Stellung des Oberreichsmilitäranwalts zum Präsidenten des RMG. ist schon berührt. Der Geschäftsgang des RMG. ist durch eine Allerhöchst bestätigte Geschäftsordnung vom 13. Febr. 1909 geregelt.

Sachliche Zuständigkeit des RMG.: Revisionsgericht gegen Urteile der Oberkriegsgerichte; Rechtsbeschwerdeinstanz; allein entscheidendes Gericht im Wiederaufnahmeverfahren. — Bei der Reichsmilitäranwaltschaft wird die Kriminalstatistik für Heer und Marine aufgestellt.

Ziffer 7. Die Militärjustizverwaltung.

Ihr steht die Aufsicht über die Ausübung der Militärstrafgerichtsbarkeit zu. Sie wird ausgeübt von den Kriegsministerien der vier Königreiche, ferner nach den Militärkonventionen vom Militärdepartement in Mecklenburg-Schwerin, dem Militärkollegium in Mecklenburg-Strelitz; in der Marine vom Reichskanzler (Reichsmarineamt), für das Reichsmilitärgericht und die Reichsmilitäranwaltschaft vom Präsidenten des RMG., 112 f.

Nach der Begründung ist es nicht ausgeschlossen, daß sich die Kriegsministerien usw. zur Ausübung ihrer Befugnisse anderer Organe bedienen. — In die Leitung eines militärgerichtlichen Verfahrens kann die M. nicht eingreifen (vgl. wegen des Verhältnisses zur Kommandogewalt der Gerichtsherren § 24, oben Ziff. 5 I 3). Zum Aufsichtsrecht gehört die Überwachung der regelmäßigen Geschäftsführung der Gerichte, Entscheidung über Beschwerden, auch über verweigerte Rechtshilfe im Rechtshilfeverkehr der Militärgerichte untereinander, EG. § 11, Bereitstellung der Gerichtsräume und dienstlichen Mittel, Dienstprüfungen, Beaufsichtigung der sittlichen Führung der MilJustizbeamten, die der M. z. T. unmittelbar ohne Zwischengliederung unterstellt sind [1] (ihrer sittlichen Führung wegen aber auch der Disziplinarstrafgewalt ihres Gerichtsherrn und nach Vf. des KM. vom 29. Juli 1901 auch des diesem übergeordneten Gerichtsherrn unterworfen sind), Befugnis nach Ges. v. 1. Dez. 1898, den richterlichen Militärjustizbeamten wegen geringer Dienstvergehen eine Mahnung zu erteilen und im übrigen das förmliche Disziplinarverfahren und die vorläufige Dienstenthebung anzuordnen.

[1] Verwaltungsvorgesetzter der KrGRäte ist jetzt der dienstaufsichtführende ObKrGRat; vgl. Ziff. 5 II 1 a (S. 238).

Eine eigenartige, halb aufsichtsartige, halb instanzartige Einrichtung, ganz aus dem Geiste des Untersuchungsverfahrens geboren, ist die Nachprüfung der rechtskräftigen Urteile und Akten durch die Kriegs- und Oberkriegsgerichtsräte und durch das RMG., § 113, 114[1].

Zweiter Abschnitt.

Der Beschuldigte und seine Verteidigung.

Ziffer 8.

Dem Gerichtsherrn als Träger der Gerichtsbarkeit steht der Beschuldigte (Angeklagter nach Bekanntgabe der Anklageverfügung) allein gegenüber. Die ihm auferlegten Pflichten (Pflicht, vor Gericht zu erscheinen, sich gerichtliche Zwangsmittel, z. B. Vorführung, Durchsuchung, Beschlagnahme, Festnahme, Verbringung in eine Irrenanstalt, gefallen zu lassen) sind im wesentlichen dieselben wie im bürgerlichen Strafverfahren; teilweise wurzeln sie schon allein in der Unterwerfung unter die Kommandogewalt. Die Pflicht zur wahrheitsgemäßen Aussage hat der Beschuldigte prozeßrechtlich nicht. Der Untersuchungsgrundsatz (s. Ziff. 9) ist insoweit verlassen; vgl. RMG. 11, 95.

Die materielle Verteidigung ist gegenüber der StPO. im allgemeinen beschränkter. Das Recht auf Anwesenheit bei Augenschein und vorweggenommenen eidlichen Vernehmungen von Zeugen usw. gilt nicht allgemein (§§ 165, 4 u. 5, 271); ein selbständiges Antragsrecht im Ermittlungsverfahren gilt nur ausnahmsweise (§ 222); die Beteiligung an der Herbeischaffung von Beweismitteln für die Hauptverhandlung ist durch Antragsbefugnisse ersetzt (§§ 269, 299). Beachtenswert ist die gegenüber der StPO. neue Bestimmung, daß der Beschuldigte über das Ergebnis der Ermittlungen gehört werden muß. Den Gefahren, die der freien Entschließung des Beschuldigten im Hinblick auf das Gewicht der militärischen Befehls- und Gerichtsgewalt drohen, begegnet der Fürsorgegedanke, der besonders in dem (erweiterungsfähigen) Grundsatze der Belehrung des Beschuldigten über wichtige prozessuale Rechte erscheint (§§ 177, 256, 1—3, 275, 3, 295, 327, 3 u. 5, 342, 351, 3, 394, 2), vgl. § 382, 404 (s. unter Berufung, Revision, Ziff. 32 u. 33).

Auch der formellen Verteidigung[2], §§ 337—348, sind die Schranken enger als im bürgerlichen Strafverfahren gezogen; im standgerichtlichen Verfahren ist sie überhaupt unzulässig, § 337, 2 (unerhebliche Ausnahme § 217); ebenso im Ermittlungsverfahren, 337, 1; vgl. hierzu 165, nach dem bei vorweggenommener Einnahme des Augenscheins und Vernehmung von Zeugen usw. der Verteidiger (d. h., wenn der Beschuldigte einen namhaft macht; der bei Verbrechen von Amts wegen notwendige Verteidiger wird vom Gerichtsherrn im Ermittlungsverfahren nicht bestellt, §§ 337, 338) zu benachrichtigen ist. — Als Verteidiger können außer Offizieren (auch des Beurlaubtenstandes, daher auch Rechtsanwälte mit dieser Eigenschaft), Kriegsgerichtsräten, Assessoren und Referendaren, die bei Militärgerichten beschäftigt werden und nicht richterlichen oberen Militärbeamten die von der obersten Militärjustizverwaltung (widerruflich) zugelassenen Rechtsanwälte auftreten; bei bestimmten strafbaren Handlungen des gemeinen Rechts auch jeder bei einem deutschen Gericht zugelassene Rechtsanwalt mit Zustimmung des Gerichtsherrn. Die Zustimmung darf verweigert werden, wenn eine Gefährdung militärdienstlicher Interessen oder der Staatssicherheit zu besorgen ist. Rechtsbeschwerde geht ohne Hemmung des Verfahrens an die oberste Militärjustizverwaltung. Es sind bestellte und gewählte Verteidiger zu unterscheiden; bestellt werden Verteidiger bei Verbrechen (Ausnahme 338, 2), oder wenn Gerichtsherr oder Gericht es für sachgemäß halten. Ein bestellter Verteidiger kann nicht von einem andern vertreten werden; die Bestellung gilt nach herrschender Lehre (RMG. 2, 8, 6, 63) nur für die Instanz; für die Revisionsinstanz wird die beim Oberkriegsgericht erfolgte aber wirksam sein, vgl. 408, 409. Die prozessualen Rechte des Verteidigers sind im wesentlichen dieselben wie nach der StPO. Fragerecht an Zeugen usw. in der Hauptverhandlung nur durch Vermittlung des Verhandlungsführers.

---

[1] Siehe unter „Militärjustizverwaltung" (Rissom) im HandwMilR.

[2] Vgl. Grimm, Die Verteidigung im deutschen Strafprozeß (Militärstrafverfahren eingeschlossen); „Verteidigung vor Militärgerichten" (Engel) im HandwMilR.

Dritter Teil. Das Verfahren.

Erster Abschnitt.

Allgemeine Grundsätze.

Ziffer 9. Untersuchungsgrundsatz.

Die Streitfrage, ob das bürgerliche Strafverfahren Anklage- oder Untersuchungsverfahren sei, kehrt auch im Militärstrafverfahren wieder. Für den Begriff des Untersuchungsgrundsatzes muß entscheidend sein, daß die Untersuchungstätigkeit, die Tätigkeit des Richters, das Verfahren auf der ganzen Linie beherrscht. Das ist im Militärstrafverfahren der Fall [1]. Die von der MStGO. übernommene Gerichtsverfassung mit dem Gerichtsherrn als Träger der Kommandogewalt und damit der Gerichtsgewalt mußte notwendig dazu führen, daß auch das alte preußische Untersuchungsverfahren seinen Grundzügen nach beibehalten wurde; danach ist der Gerichtsherr der eigentliche und alleinige Richter, der das ganze Verfahren von seiner Einleitung bis zur Strafvollstreckung einschließlich geradlinig und einheitlich durchführt. Der Untersuchungsführer, der Vertreter der Anklage (übrigens meist der Untersuchungsführer selbst), das Gericht sind seine Organe. Seine Anklageverfügung entspricht der Einleitung der förmlichen Untersuchung der Preuß. MStGO. und dem gerichtlichen Eröffnungsbeschluß der StPO. Soweit er nicht, wie bei der Strafverfügung, das Urteil selber spricht, macht er den Spruch des von ihm berufenen Gerichts (ein Gutachten, im Friedensverhältnis allerdings von bindender Kraft) durch seine Bestätigungsorder zum eigentlichen Urteile. Über die dem Untersuchungsverfahren eigene Beschränkung der Verteidigung s. Ziff. 8 oben.

Der Untersuchungsgrundsatz ist nicht überall folgerichtig durchgeführt. Das war schon aus dem Grunde unmöglich, weil das Verfahren auch mit anderen Grundsätzen durchsetzt werden mußte, die sich mit dem Untersuchungsgrundsatz teilweise schlecht vereinbaren lassen. Es galt, die Stellung der Juristen und die Stellung des Beschuldigten (Angeklagten) zu stärken (Verteidigung), daneben die Öffentlichkeit, Mündlichkeit und Unmittelbarkeit der Verhandlung neben freier Beweiswürdigung zu sichern. Alte und neue Gedanken sind zu einem in ihrer Art kunstvollen Gebilde vereinigt (Rissom). Für die Hauptverhandlung sind, wenn auch nur der Form nach, Parteistellungen geschaffen, und damit ist, praktisch betrachtet, eine erhebliche Annäherung an den gemeinen Strafprozeß erreicht.

Ziffer 10. Strafverfolgungszwang.

Der Gerichtsherr muß das Ermittlungsverfahren einleiten, wenn der Verdacht einer militärgerichtlich zu verfolgenden Straftat vorliegt; er muß die Anklage verfügen, wenn der Verdacht hinreichend ist, 156, 250. Jede dienstliche Kenntnis genügt; auch eine vertrauliche Mitteilung kann dienstlich sein; RMG. 11, 249. Einzige unbedenkliche Ausnahme des Grundsatzes: 253 (Ausschaltung von Verfehlungen, die für die Strafzumessung unwesentlich sind). Die militärischen Disziplinarvorgesetzten sind verpflichtet, strafbare Handlungen durch Tatberichte usw. zu melden, 153 (Unterlassung der Meldung: § 147 MStGB.). Über die den Vorgesetzten, bürgerlichen Behörden, Kriegsgerichtsräten usw. auferlegte Pflicht, vor Einleitung des Ermittlungsverfahrens dringliche Anordnungen zur Verhütung der Verdunkelung des Tatbestandes zu treffen oder richterliche Untersuchungshandlungen zu veranlassen, s. 153, 3. Die öffentliche Strafverfolgung fällt ausschließlich dem Gerichtsherrn zu; ein Klagerecht anderer Personen gibt es nicht; vor allem fehlt die Privatklage des Verletzten. Bei den Antragsvergehen des gemeinen Rechts ist die militärgerichtliche Strafverfolgung vom Antrag abhängig. Über Buße ist nichts bestimmt; gleichwohl kann auf sie erkannt werden; RMG. 1, 14, 2, 181. — Über Strafverfolgungszwang s. ArchMilR. 1, 77, 113.

[1] Sehr beachtenswert die Beweisführung Rissoms im Beitrag „Verfahren, militärgerichtliches; allgem. Grundzüge" im HandwMilR.

Ziffer 11. Einheitlichkeit der Verhandlung. Mündlichkeit. Unmittelbarkeit. Schriftliche Beurkundung der Prozeßvorgänge.

Die MStGO. hat die Bestimmungen der StPO. im wesentlichen übernommen. Die zur Mitwirkung bei der Hauptverhandlung berufenen Personen müssen anwesend sein, § 273, 274, 338, 339; Fehlen ist Revisionsgrund, 400, Z. 5. Wegen der Entfernung des erschienenen Angeklagten aus der Hauptverhandlung s. §§ 279, 301, wegen Unterbrechung der Hauptverhandlung 275, 276, wegen Festnahme des Angeklagten im Falle der Aussetzung oder Unterbrechung 277. Gegen einen ausgebliebenen Angeklagten wird in erster Instanz (Berufung 289, Revision 408) regelmäßig nicht verhandelt, 278; Ausnahme 280, wonach der Angeklagte wegen weiter Entfernung seines Aufenthaltsortes vom Erscheinen vor Standgerichten überhaupt, vor Kriegsgerichten dann, wenn nur eine im Rahmen der standgerichtlichen Zuständigkeit liegende Strafe zu erwarten ist, entbunden werden kann; Verteidigung in diesem Falle vor dem Kriegsgericht zulässig, 281. — Was nicht ordnungsmäßig an Beweisen erhoben ist, darf bei der gerichtlichen Entscheidung nicht verwertet werden, 315. Verkündung des Urteils spätestens innerhalb dreier Tage nach dem Schlusse der Verhandlung, 327, 1. — Wegen der Unmittelbarkeit der Beweisaufnahme s. besonders 303—311, die meist wörtlich mit 248 ff. StPO. übereinstimmen. In 306 ist vorgeschrieben, daß die Aussage eines vor der Hauptverhandlung vernommenen Zeugen, der in der Hauptverhandlung berechtigtermaßen die Aussage verweigert, in keiner Weise festgestellt werden darf. Verlesbar sind nach 310 u. a. die ein Zeugnis oder ein Gutachten enthaltenden Erklärungen militärischer Vorgesetzter und die ein Gutachten (nicht Zeugnis) enthaltenden Erklärungen öffentlicher Behörden. Im Ermittlungsverfahren sind alle die Untersuchung berührenden Vorgänge und Tatsachen, vor allem Ermittlungen, aktenkundig zu machen. Über jede Untersuchungshandlung ist eine Verhandlung aufzunehmen; bei minder wichtigen Sachen genügt ein Aktenvermerk. Ein Gerichtsschreiber muß zugezogen werden bei der Vernehmung des Beschuldigten, der Zeugen und Sachverständigen und bei Einnahme des Augenscheins, 162—164. Aktenvermerke sind sonst noch vereinzelt vorgeschrieben, z. B. 97, 3, 176 Z. 4. Über das Sitzungsprotokoll s. 331—335; es entspricht im wesentlichen dem Sitzungsprotokolle der Schöffengerichte. Die bei der Verhandlung Beteiligten haben das Recht, die Feststellung eines Vorgangs und dessen Aufnahme in das Protokoll zu verlangen, wenn sie glauben, daß die Förmlichkeiten des Verfahrens nicht beachtet sind. Gegen den die Förmlichkeit betreffenden Inhalt der Protokolle ist der Nachweis der Unrichtigkeit (274 StPO. gestattet nur den Nachweis der Fälschung) zulässig.

Ziffer 12. Wahrheitserforschung, Beschränkung auf die zur Anklage stehende Tat, Beweiserschöpfung, freie Beweiswürdigung.

Wie jedes Strafverfahren, so hat auch das militärische die Aufgabe, die materielle Wahrheit zu erforschen. Die unter Ziff. 11 und 13 erörterten Grundsätze, daneben die äußere Unabhängigkeit der Richter (§ 18, 1, vgl. die Vorschriften über ihre Berufung 38 ff., über Beratung und Abstimmung 320—325, über Abwesenheit des Gerichtsherrn 167, 1, 273, 2) unterstützen diese Aufgabe. Wie der Untersuchungsführer im Ermittlungsverfahren (159), so hat auch das Gericht die zugunsten des Angeklagten sprechenden Umstände von Amts wegen zu ermitteln (materielle Verteidigung); die Beweise sind zu erschöpfen, 298 ff. Gegenstand der Urteilsfindung ist die zur Anklage stehende Tat, ohne Bindung an die rechtliche Auffassung der Anklageverfügung, 217, 218. Gleichzeitige Aburteilung eines nicht zur Anklage stehenden Vergehens oder einer Übertretung nur mit Zustimmung des Angeklagten möglich, 319. Keine Bindung an feste Beweisregeln, Entscheidung nach freier Überzeugung, § 315.

Ziffer 13. Öffentlichkeit des Verfahrens.

Die Hauptverhandlung ist grundsätzlich für jedermann zugänglich; die Beschränkung des Zutritts zu militärischen Dienstgebäuden fällt insoweit weg. Ausnahmen: weiblichen und unerwachsenen sowie solchen Personen, die nicht die bürgerlichen Ehrenrechte besitzen oder in einer der Würde des Gerichts nicht entsprechender Weise erscheinen, kann, aktiven Militärpersonen unter dem Range des Angeklagten (der Verletzte ausgenommen) muß der Zutritt versagt werden. Unbeschränkt ist die Öffentlichkeit nur für die Verkündung des Urteils; im übrigen kann sie durch Gerichtsbeschluß für die ganze Verhandlung oder einzelne Teile und für die Gründe des Urteils oder einzelne Teile ausgeschlossen werden wegen Gefährdung: a) der öffentlichen Ordnung, bes. der Staatssicherheit, b) der Sittlichkeit, c) militärdienstlicher Interessen. Sie muß ausgeschlossen werden, wenn die Disziplin (der Begriff ist enger als „militärdienstliche Interessen") gefährdet ist; hierzu ist auf Grund des § 8 RMilG. eine besondere Allerhöchste Order zu § 283 ergangen. Näheres 283—288.

Übertretungen des nach 286 auferlegten Schweigegebots werden nach § 18 EG. — vgl. 184, 2 StGB. — bestraft.

Ziffer 14. Gerichtssprache.

Die §§ 186—193 GVG. sind in §§ 115—121 M. inhaltlich übernommen.

Ziffer 15. Die Ausschließung und Ablehnung von Gerichtspersonen

ist durch die §§ 122 bis 135 geregelt (im wesentlichen § 22 ff. StPO. nachgebildet). Ausgeschlossen vom Richteramt ist u. a. der Disziplinarvorgesetzte, der den Tatbericht eingereicht hat. In den Fällen, in denen das Ablehnungsgesuch von vornherein als unzulässig verworfen werden kann (127), wirkt der abgelehnte Richter mit. Über Ablehnungsgesuche gegenüber dem Untersuchungsführer entscheidet der Gerichtsherr.

Ziffer 16. Entscheidungen und Verfügungen

sind zu begründen, wenn sie durch ein Rechtsmittel anfechtbar sind; ferner solche, durch die ein Antrag abgelehnt wird, § 136; sie werden Anwesenden durch Verkündung bekanntgegeben (Abschrift auf Verlangen), Abwesenden durch Zustellung einer beglaubigten Abschrift, § 137 (der, vielleicht infolge eines früheren Fehlers im Text, s. RGBl. 99 S. 132, zu Zweifeln Anlaß gibt), 139. Über Ausführung der Zustellung s. 140—145.

Ziffer 17. Fristen, Wiedereinsetzung, Termine, Berechnung von Fristen.

§ 146 entspricht §§ 42, 43 StPO.; ergänzend ist bestimmt, daß die Zeit der Verhinderung durch militärischen Dienst nicht in den Fristenlauf eingerechnet wird. Die gesetzlichen Fristen der M. sind kürzer als nach der StPO.; richterliche Fristen (z. B. 246, 4, 444, 2) sind selten.

Wiedereinsetzung in den vorigen Stand ist bei Rechtsmittelfristen, §§ 147 bis 150, und im Falle des § 389, 2 gewährt. Grund ist auch Verhinderung durch militärischen Dienst. Frist: drei Tage. Die W. kann auch ohne förmliches Gesuch gewährt werden. Gegen Verwerfung Rechtsbeschwerde binnen drei Tagen an RMG.

Den Termin zur Hauptverhandlung bestimmt der Gerichtsherr, § 264.

Ziffer 18. Rechtshilfe.

Über Rechtshilfeverkehr der Militärgerichte untereinander vgl. unter Ziff. 7. Die bürgerlichen Gerichte (Amtsgerichte) leisten den militärischen und diese jenen in Strafsachen Rechtshilfe. Oberlandesgerichte und Reichsgericht, höherer Gerichtsherr und RMG. entscheiden über Beschwerden wegen verweigerter Rechtshilfe. Kosten werden nicht erstattet, §§ 12, 13 EG. Das Recht der ersuchenden Stelle (Reichsrecht) ist anzuwenden (bestritten) [1].

---

[1] Näheres unter „Rechtshilfe" (Jordan) im HandwMilR.; ferner Autenrieth, Abhandl. ArchMilR. Bd. 4 S. 323—340.

Zweiter Abschnitt.

Die Zwangsgewalt im Militärstrafverfahren.

Ziffer 19. Maßregeln zur Sicherung der Person des Beschuldigten.

1. Gestellung und Ladung: Personen des aktiven Dienststandes werden gestellt (militärischer Befehl; Verhaftete werden vorgeführt). Alle anderen Personen sind, wie im bürgerlichen Verfahren, schriftlich zu laden, §§ 171, 172, 1 u. 2; wegen Zustellung s. 142 ff.

2. Wegen Vorführung s. 172 (= 133—135 StPO.). Den Vorführungsbefehl erläßt der Gerichtsherr, bei Gefahr im Verzuge der Untersuchungsführer.

3. Steckbriefe §§ 183, 184 u. AB. dazu: außer dem Gerichtsherrn können unter gewissen Umständen auch Militärbehörden (Regiments- usw. -kommandeure, Gouverneure usw.) St. erlassen.

4. Vorläufige Festnahme, § 180, der das Festnahmerecht der Offiziere und Unteroffiziere aus disziplinären Gründen nach § 7, 2 DStO. unberührt läßt. Vorläufig festnehmen können militärische Vorgesetzte, Untersuchungsführer und militärische Wachen, wenn die Voraussetzungen der Untersuchungshaft vorliegen (das erkennende Gericht: § 277), Polizei- und Sicherheitsbeamte in bestimmten Fällen. Auch ein Festnahmerecht durch jedermann ist vorgesehen, aber nicht bei Übertretungen. Im Offiziersrang stehende und in entsprechender Uniform befindliche Angehörige der bewaffneten Macht sind bevorzugt. Ablieferung an die nächste Militärbehörde und sofortige Vernehmung: § 181. (Vgl. ArchMilR. 2, 181, 3, 180.)

5. Untersuchungshaft, §§ 175—179. Lediglich der Gerichtsherr (ohne Mitzeichnung des Beraters) erläßt den Haftbefehl; Rechtsbeschwerde an den übergeordneten Gerichtsherrn; gegen die vom Kommandierenden General verfügte Untersuchungshaft ist sie unzulässig, weil ein höherer Gerichtsherr fehlt. Haftgründe wie nach StPO., ein weiterer wichtiger Grund „Aufrechterhaltung der militärischen Disziplin". Die Untersuchungshaft ist u. a. aufzuheben (außer wenn besondere Umstände entgegenstehen), wenn die erkannte Freiheitsstrafe sechs Wochen nicht übersteigt. Neuer Haftbefehl des höheren Gerichtsherrn im Falle der Einlegung eines Rechtsmittels setzt neue Verdachtsgründe oder Beweismittel voraus. — Sicherheitsleistung an Stelle der Untersuchungshaft kennt die M. nicht. — Untersuchungshaft gegen Personen des Beurlaubtenstandes begründet nach neuerer Lehre (RMG. 9, 179) „Dienst" im Sinne des § 6 MStGB. und damit Unterwerfung unter alle Militärstrafgesetze.

6. Einstweilige Enthebung des Beschuldigten vom militärischen Dienst kann der Gerichtsherr (ohne Mitwirkung seines Beraters) verfügen. Die AKO. vom 14. April 1822 bleibt davon unberührt; nach ihr kann jeder Disziplinarvorgesetzte diese Maßnahme gegen Offiziere aussprechen, wenn er befugt ist, einen Offizier mit Arrest zu bestrafen.

Ziffer 20. Maßregeln zur Sicherung des Beweises.

1. Zeugen und Sachverständige haben die Pflicht, zu erscheinen und auszusagen. Die dem aktiven Dienststand angehörenden werden dienstlich befohlen (vorsätzliches Ausbleiben ist Ungehorsam nach § 92 MStGB.); andere Personen werden im allgemeinen geladen, § 185. Die Zwangsmaßnahmen gegen ordnungsmäßig geladene Personen entsprechen der StPO.; um Festsetzung und Vollstreckung wird der Amtsrichter ersucht; bei den der unbeschränkten Militärgerichtsbarkeit unterstehenden Personen des § 1 setzt der Gerichtsherr die Strafe fest, 186; unberechtigte Verweigerung der Aussage wird bei Personen des aktiven Dienststandes disziplinarisch mit Arrest bestraft; bei anderen Personen gelten die gleichen Zuständigkeitsregeln für Zwangsmittel wie bei der Ladung, §§ 202, 203. Beschwerderecht 204, für die Sachverständigen gilt ähnliches, § 213.

2. Beschlagnahme und Durchsuchung, §§ 229—242, sind in der Hauptsache wie in der StPO. geregelt (Herausgabepflicht: 230, 231); bei Räumen, die zum dienstlichen Gebrauch dienen, sind die Rechte erweitert. Der Gerichtsherr ordnet die Maßnahmen bei aktiven

Militärpersonen und ihnen gleichgestellten (§ 1 Nr. 3, 5, 6, 7) an (bei Gefahr im Verzuge der Untersuchungsführer), 238; im übrigen wird das Amtsgericht, in dringenden Fällen werden die Staatsanwaltschaft und ihre Hilfsbehörden ersucht; diese verfahren nach StPO.; die Militärbehörden werden auf Verlangen zugezogen. — Die militärische Durchsuchung aus disziplinären Gründen bleibt von den gesetzlichen Bestimmungen unberührt; sie wird auch im Strafverfahren nutzbar gemacht.

Dritter Abschnitt.

Der Beweis.

Ziffer 21. Die allgemeinen Beweisgrundsätze

der StPO. sind im wesentlichen übernommen. Im Ermittlungsverfahren ist die Mitwirkung des Beschuldigten bei der Beweiserhebung eingeengt; selbständiges Antragsrecht nur nach § 222 (Zuziehung von Sachverständigen); im übrigen wird nur das Recht zur Anregung anzuerkennen sein. Die Ladung oder Gestellung von Zeugen oder Sachverständigen zur Hauptverhandlung kann der Angeklagte unter Angabe der zu beweisenden Tatsachen beantragen, 269; Rechtsbeschwerde gegen ablehnende Verfügung an den höheren Gerichtsherrn. Den Anträgen muß entsprochen werden, wenn es sich nicht um Personen des aktiven Dienststandes handelt (vgl. RMG. 10, 33), und wenn der Angeklagte den erforderlichen Kostenvorschuß hinterlegt. Wiederholung des abgelehnten Antrags in der Hauptverhandlung erforderlich (wird meist übersehen), wenn die auf die Ablehnung gestützte Rüge der Beschränkung der Verteidigung Erfolg haben soll; RMG. 3, 181. — Über die Behandlung des Beweises in der Hauptverhandlung s. 298—300. Den Umfang der Beweisaufnahme vor den Stand- und den Kriegsgerichten in der Berufungsinstanz bestimmt das Gericht ganz selbständig. — Im übrigen erstreckt sich die Beweisaufnahme auf alle herbeigeschafften Beweismittel; doch kann das Gericht bei Zustimmung aller Beteiligten von Erhebung einzelner Beweise absehen, und die Erhebung eines einzelnen Beweises kann abgelehnt werden, wenn das Gericht die zu beweisende Tatsache einstimmig für unerheblich oder zugunsten des Angeklagten für erwiesen erachtet, 299, 1 u. 2; weitergehende Beweisanträge können nur durch begründeten Gerichtsbeschluß abgelehnt werden, 298, 2; Richtlinie gibt hierbei der Gesichtspunkt, daß das Gericht die volle Wahrheit zu erforschen hat; über Einnahme des Augenscheins und Vernehmung von Sachverständigen kann nach herrschender Lehre das Gericht, ohne Verkümmerung der Interessen des Angeklagten, frei entscheiden [1].

Ziffer 22. Die einzelnen Beweismittel.

1. Zeugen. Die §§ 185—207 entsprechen im allgemeinen den §§ 48—71 der StPO. § 196 führt jedoch den Nacheid ein. Kein Eideszwang, wenn das Gericht die Aussage des Zeugen einstimmig für unglaubwürdig oder unerheblich hält. Im letzteren Falle aber muß der Zeuge beeidigt werden, wenn es beantragt wird.

2. Sachverständige, §§ 208—221, im wesentlichen wie nach der StPO. Die Auswahl und Bestimmung der Zahl steht dem Gerichtsherrn zu, in dringlichen Fällen dem Untersuchungsführer; sie kann auch einer ersuchten Behörde überlassen werden. Durch eingehende AusfBest. sind aus militärischen Rücksichten besondere Gesichtspunkte über die Auswahl gegeben worden.

3. Das Geständnis des Beschuldigten wird wie nach der StPO. bewertet. Es hat keine zwingende Beweiskraft und muß in Zweifelfällen nachgeprüft werden; vgl. 156, 2, dazu RMG. 5, 283, Pr. Erg. 5, 8, 10.

4. Augenschein, §§ 222—228; vgl. 271, 2 (vorweggenommener Augenschein), 303 (Verlesung der Protokolle in der Hauptverhandlung). Bei unnatürlichem Tode einer Militär-

---

[1] Zusammenstellung der Grundsätze des RMG. über Umfang der Beweisaufnahme und Ablehnung von Beweisanträgen im ArchMilR. 3, 191 ff. (Rotermund).

person ist Leichenschau durch einen Kriegsgerichtsrat (Amtsrichter) zu veranlassen; besondere Vorschriften hierüber 223 f.

5. **Urkunden als Beweismittel**, §§ 303—310, nehmen dieselbe Stellung ein wie im bürgerlichen Strafverfahren, vgl. oben Ziff. 11.

Vierter Abschnitt.

Das Verfahren in erster Instanz.

Ziffer 23. Das Ermittlungsverfahren.

1. Das E.[1] ist einfach und dabei einheitlich für höhere und niedere Gerichtsbarkeit geregelt; es wird im Auftrage des Gerichtsherrn von einem Kriegsgerichtsrat (vom Gerichtsoffizier) geführt und bezweckt (und ist nicht weiter auszudehnen, um) die Entscheidung des Gerichtsherrn herbeizuführen, ob Anklage erhoben werden soll, 168; den Anlaß, es zu verfügen, bildet der Verdacht einer militärgerichtlich zu verfolgenden Handlung, die durch Tatbericht des Disziplinarvorgesetzten oder sonstwie zur dienstlichen Kenntnis des Gerichtsherrn kommt. §§ 151, 153, 1, 156. Vgl. Strafverfolgungszwang oben Ziff. 10. — Über Erledigung von Disziplinarvergehen im Disziplinarwege s. § 157 und unter Disziplinarstrafrecht. Die Ablehnung der Strafverfolgung ist mit Gründen aktenkundig zu machen, 156, 3. An Stelle des eigentlichen Ermittlungsverfahrens genügt bei einfach liegenden Sachen die Feststellung durch den Disziplinarvorgesetzten, 156, 1. Auch ohne förmliche Anordnung des E. sind beschleunigte richterliche Untersuchungshandlungen zulässig, u. U. notwendig: 153, 3 u. 4, 169, vgl. Ziff. 10 oben.

2. **Der Untersuchungsführer** ist, obwohl er ein Organ des Gerichtsherrn (§§ 156, 167, Recht der Akteneinsicht des Gerichtsherrn) ist, nach verschiedenen Richtungen hin durchaus selbständig; er kann Ermittlungen jeder Art, einschließlich richterlicher Untersuchungshandlungen, besonders eidlicher Vernehmungen, vornehmen; er hat sonach die Aufgabe des Staatsanwalts und des Untersuchungsrichters im bürgerlichen Strafverfahren. Auskunftspflicht aller öffentlichen Behörden 160, 2, Folgepflicht der Behörden und Beamten des Polizei- und Sicherheitsdienstes bei Ersuchen 161. Er hat für Beweissicherung und Ermittlung der Wahrheit (materielle Verteidigung des Beschuldigten) zu sorgen, 159, 162. Über Protokolle und Aktenvermerk s. oben Ziff. 12. Ersuchungsschreiben kann er in dringenden Fällen allein unterzeichnen. Der Verfügung des Gerichtsherrn, weitere Aufklärungshandlungen vorzunehmen, hat er nachzukommen.

3. **Der Beschuldigte** muß im Ermittlungsverfahren vernommen werden, § 173, entspr. 136 StPO. Ein Verhör über das Ergebnis der Ermittlungen sieht 173, 5 vor. Über Gestellung und Ladung s. oben Ziff. 19, 1. Über Anwesenheit bei Untersuchungshandlungen s. oben Ziff. 8. Keine Verteidigung im Ermittlungsverfahren, s. ebd.

4. Über Abschluß des Ermittlungsverfahrens entscheidet selbständig der Untersuchungsführer, 243; doch kann der Gerichtsherr anordnen, daß weitere Erhebungen stattfinden sollen, 244.

5. Unterlassen des Ermittlungsverfahrens ist kein Revisionsgrund; RMG. 1, 155.

Ziffer 24. Die Anklageverfügung, -erhebung.

1. Nach Abschluß des Ermittlungsverfahrens legt der Untersuchungsführer dem Gerichtsherrn die Akten vor und stellt einen bestimmten Antrag, der aktenkundig zu machen ist, § 243. Der Gerichtsherr kann (wenn er nicht weitere Erhebungen anordnet, 244)

a) den Beschuldigten außer Verfolgung setzen, wovon dieser in der Regel zu benachrichtigen ist; reine Disziplinarbestrafung nicht ausgeschlossen. Wer einen Antrag auf Strafverfolgung gestellt hat, ist unter Angabe der Gründe zu bescheiden; Rechtsbeschwerde

---

[1] Vgl. „Ermittlungsverfahren", „Untersuchungsführer", „Gerichtsherr im Ermittlungsverfahren", „Beschuldigter, seine Stellung im Ermittlungsverfahren" (Mewes), „Erforschung des Sachverhalts" (Rissom) im HandwMilR; Verhandl. des I. Deutsch. MilJurTags, bes. S. 16—22.

hiergegen an den höheren Gerichtsherrn (vgl. § 24 M.), gegen dessen ablehnenden Bescheid Antrag auf gerichtliche Entscheidung an das RMG., Näheres 247—249;

b) eine Übertretung durch Strafverfügung (vgl. unten Ziff. 28), ein Disziplinarvergehen (§ 3 EG. MStGB.) durch Disziplinarbestrafung erledigen oder erledigen lassen; 250, 251;

c) die Anklage verfügen (absehen von der Anklage bei unwichtigen Nebenfällen 253), 250, daselbst auch über Abgabe an den zuständigen Gerichtsherrn. Die Anklageverfügung hat die dem Beschuldigten zur Last gelegte Tat unter Hervorhebung ihrer gesetzlichen Merkmale und des anzuwendenden Strafgesetzes und die Angabe zu enthalten, ob die Sache durch ein Stand- oder Kriegsgericht abzuurteilen ist. Sie entspricht dem Eröffnungsbeschluß nach §§ 201, 205 StPO.

2. Durch die Bekanntgabe der Anklageverfügung, der eine vom Anklagevertreter anzufertigende Anklageschrift (sie enthält die Beweismittel und die wesentlichen Ergebnisse der Ermittlungen) beigegeben wird, ist die Anklage erhoben; der Beschuldigte ist zum Angeklagten geworden, §§ 255—258. Danach ist regelmäßig der Gerichtsstand festgelegt, und es muß die Hauptverhandlung folgen, 259, 260. Wenn neue tatsächliche Umstände hervortreten, kann jedoch die Anklageverfügung vom Gerichtsherrn zurückgenommen oder abgeändert werden, 272.

Ziffer 25. Die Vorbereitung der Hauptverhandlung.

Das erkennende Gericht tritt auf Befehl des Gerichtsherrn, der auch Ort und Zeit bestimmt, zusammen, § 261. Über Ersuchen um Aburteilung, das u. a. auch auf militärdienstliche Gründe gestützt werden kann (oder Zuweisung von Richtern), und Verteilung der Befugnisse unter ersuchenden und ersuchtem Gerichtsherrn s. §§ 262, 263. Als weitere Maßnahmen des Gerichtsherrn sind zu nennen: Entscheidung auf Beweisanträge (oben Ziff. 8), Bestellung eines Verteidigers (oben Ziff. 8), Gestellung und Ladung der beteiligten Personen (oben Ziff. 19), Herbeischaffung sonstiger Beweismittel, Anordnung vorwegzunehmender Beweisaufnahme s. §§ 264—271.

Ziffer 26. Die Hauptverhandlung

bietet im wesentlichen dasselbe Bild wie im gemeinen Strafverfahren; Abweichungen sind durch die Gerichtsverfassung bedingt. Vorsitzender ist stets der rangälteste Offizier; soweit Juristen mitwirken, führt der dienstälteste die Verhandlung. Der Vorsitzende hat die äußere Leitung, also besonders Bildung des Gerichts durch Verlesung der Richter, Hinweis auf Ablehnungsrecht, Anwendung von Zwangsmaßregeln, um die Entfernung des Angeklagten zu verhindern und vor allem die Sitzungspolizei; doch sind einzelne hierhergehörige Maßnahmen dem Gericht zugewiesen, besonders Strafen bei Ordnungswidrigkeiten gegen Personen, die nicht dem aktiven Dienststande angehören; aktive Soldaten werden vom DisVorgesetzten mit Arrest bestraft oder gerichtlich verfolgt, § 290. Der Verhandlungsführer beeidigt die nichtständigen Richter; er allein hat die Sachleitung, sonach die Vernehmung des Angeklagten (kein Fragerecht anderer Personen), der Zeugen usw., die Leitung der Beweisaufnahme und der Urteilsberatung, die Verkündung des Urteils. Er muß den Richtern, dem Vertreter der Anklage und dem Angeklagten Fragen an Zeugen und Sachverständige gestatten und stellt selbst die vom Verteidiger gewünschten Fragen; das Gericht beschließt, wenn die Sachleitung als unzulässig beanstandet wird, 292, 3. Wegen der die Hauptverhandlung beherrschenden Grundsätze s. oben Ziff. 12—13.

Ziffer 27. Das Urteil.

Es herrscht weitgehende Übereinstimmung mit dem bürgerlichen Strafverfahren, besonders über Urteilsausspruch, § 314, Gegenstand der Urteilsfindung, 317, Inhalt der Urteilsgründe, 326, Urteilsurkunde, 336. Beratung und Abstimmung §§ 320 bis 325, für das RMG. § 87. Ergänzungsrichter (§ 194 GVG.) sind nicht vorgesehen. Das Strafmaß wird erst festgestellt, wenn das Strafgesetz beschlossen ist, die Gesamtstrafe erst nach Feststellung der Einzelstrafe, die Nebenstrafe erst nach Bemessung der Hauptstrafe. Über Vorfragen, z. B. über Antragstellung, Verjährung, Zulässigkeit der Strafverfolgung, wird vor der Hauptfrage abgestimmt. Meinungsverschiedenheiten über den Gegenstand, die Fassung und die Reihenfolge der Fragen oder über das Ergebnis der Abstimmung entscheidet das Gericht, 320. Schuldfrage: Zweidrittelmehrheit (RMG. einfache Mehrheit), 323. Das Urteil wird verkündet durch Verlesen der Urteilsformel und Eröffnung der Urteilsgründe am Schlusse der Verhandlung oder innerhalb dreier Tage nach Schluß der Verhandlung. Der Angeklagte muß darüber, daß Berufung zulässig ist und, wenn er nicht auf sie verzichtet, auch über die einzuhaltende Frist und den einzuschlagenden Weg belehrt werden, 327; vgl. oben Ziff. 8. — Rechtskräftig wird das Urteil wie nach gemeinem Strafprozeßrecht; Vollstreckung ist aber erst möglich, wenn sie in der Bestätigungsorder des Gerichtsherrn (vgl. oben Ziff. 9, unten Ziff. 35 u. 37 IV) angeordnet ist, 450 mit 416—418.

Ziffer 28. Strafverfügung; §§ 349—355.

Übertretungen können durch Strafverfügung[1] des Gerichtsherrn (dem amtsrichterlichen Strafbefehle nachgebildet) ohne Hauptverhandlung erledigt werden, wenn der Gerichtsherr und sein zur Mitzeichnung berufener Berater keine Bedenken haben, die Strafe in der Grenze von Haft bis zu 14 Tagen oder Geldstrafe (oder Haft auch über 14 Tage als Ersatzstrafe) oder Einziehung (Verweis gegen Jugendliche) festzusetzen. Ein Ermittlungsverfahren (s. oben Ziff. 23, das Verfahren nach § 156, 1 Satz 3 steht gleich) muß vorausgehen. Inhalt der Strafverfügung: Bezeichnung des Beschuldigten, der strafbaren Handlung, des Strafgesetzes, der Beweismittel, Eröffnung, daß die Strafverfügung vollstreckbar werde, wenn nicht binnen einer Woche nach Zustellung der Beschuldigte Einspruch beim Gerichtsherrn erhebt, Hinweis auf einzelne für Erhebung des Einspruchs offenstehenden Wege. Die Strafverfügung ist dem Beschuldigten zuzustellen; bei rechtzeitigem Einspruch: Hauptverhandlung ohne Bindung des Gerichts an den Strafausspruch der Strafverfügung.

Wirkungen der rechtskräftigen Strafverfügung: Vollstreckbarkeit (Vollstreckung nach Anordnung des Gerichtsherrn, keine Bestätigungsorder), Verbrauch der Strafklage 353 (= 450 StPO.). Auch eine erneute Verfolgung im ordentlichen Verfahren unter dem Gesichtspunkte eines Verbrechens oder Vergehens ist als unzulässig anzusehen (bestritten).

Ziffer 29. Verfahren gegen Abwesende; §§ 356—359.

Als eine besondere Art des Verfahrens kennt die M. das Verfahren gegen Abwesende (nicht mit dem Verfahren gegen Angeklagte zu verwechseln, die in der Hauptverhandlung ausgeblieben oder vom persönlichen Erscheinen entbunden sind). Das preußischrechtliche System des Kontumazialurteils ist aufgegeben. Der Begriff der Abwesenheit ist wie in 318 StPO. geregelt. Eine Hauptverhandlung gegen Abwesende findet nicht statt; das Verfahren beschränkt sich auf Sicherung der Beweise. Zeugen und Sachverständige sind eidlich zu vernehmen; Verteidigung ist (außer bei Fahnenflüchtigen) zulässig; zur Wahl des Verteidigers sind auch Angehörige befugt. Der Gerichtsherr kann dem Abwesenden Nachrichten senden und ihn zur Gestellung auffordern, auch sein Vermögen beschlagnahmen; Fahnenflüchtige können für fahnenflüchtig erklärt werden. Verfahren und Wirkung der Beschlagnahme wie nach StPO.[2].

Fünfter Abschnitt.

Die Rechtsmittel.

Ziffer 30. Allgemeines (§§ 363—372).

I. Die M. kennt als ordentliche Rechtsmittel

1. die Rechtsbeschwerde, nur in bestimmten Fällen gegen Beschlüsse und Verfügungen des Gerichtsherrn, des Gerichts, des Untersuchungsführers zugelassen, § 363; sie kann

---

[1] Autenrieth, Die militärgerichtliche Strafverfügung in Militärrechtliche Studien (Festschrift zum 1. 10. 10, herausgegeben von Steidle).

[2] Autenrieth, Das Verfahren gegen Abwesende ArchMilR. 3 241, 339.

dem Gerichtsherrn, dem Beschuldigten, dem Verteidiger kraft ausdrücklichen Auftrags, den Zeugen, Sachverständigen, dem Anzeigeerstatter zustehen;

2. die Berufung gegen Urteile der Stand- und Kriegsgerichte;

3. die Revision gegen Urteile der Oberkriegsgerichte.

Berufung und Revision stehen gleichmäßig dem Gerichtsherrn und dem Angeklagten zu, diesem nur, soweit er durch die Entscheidung beschwert ist (sonach nicht bei Freisprechung, auch wenn die Gründe ihn belasten, RMG. **1**, 117, **7**, 302, **11**, 297); der Gerichtsherr kann auch zugunsten des Angeklagten von dem Rechtsmittel Gebrauch machen.

II. Die Erklärungen des Gerichtsherrn, die sich auf Einlegung oder Zurücknahme von Rechtsmitteln beziehen, sind von dem richterlichen Militärjustizbeamten (Gerichtsoffizier) zu den Akten zu beurkunden[1]. — Der Angeklagte hat seine Erklärungen in den Fällen des § 130, 4, 132, 2 (Ablehnung des Untersuchungsführers, Gerichtsschreiber) beim Gerichtsherrn anzubringen, dem die Entscheidung zusteht, sonst bei dem Gerichtsherrn, der die angefochtene Entscheidung erlassen oder herbeigeführt oder das Gericht berufen hat, dessen Entscheidung angefochten wird; über die verschiedenen Wege bei Abgabe der Erklärungen s. § 369; über Zurücknahme 371, 372.

Ziffer 31. Die Rechtsbeschwerde (§§ 373—374).

Auf die Einzelfälle der Rechtsbeschwerde kann hier nicht eingegangen werden[2]; vgl. zunächst oben Ziff. 30 I; es gibt solche, die an den Gerichtsherrn, an den höheren Gerichtsherrn, an das obere Gericht, an das Oberkriegsgericht, an das Reichsmilitärgericht und an die Militärjustizverwaltung gehen; es gibt befristete und unbefristete. Der Vollzug der angefochtenen Entscheidung wird durch die Rechtsbeschwerde nicht gehemmt; doch kann der Vollzug ausgesetzt werden. Wird die Beschwerde für begründet erachtet, so ist das sachlich Erforderliche anzuordnen.

Ziffer 32. Die Berufung (§§ 378—396).

I. Wesen, Form. Die Berufung gegen die Urteile erster Instanz ist das durchgreifendste Rechtsmittel; es hemmt Rechtskraft und Vollziehung des Urteils und gestattet, daß der Gesamtgegenstand der Anklage in tatsächlicher und rechtlicher Beziehung einschließlich der Strafzumessung nochmals geprüft und beurteilt wird; sie muß binnen einer Woche nach Verkündung des Urteils eingelegt werden; der Gerichtsherr muß sie gleichzeitig damit rechtfertigen. Der Angeklagte (dem das Urteil zuzustellen ist; wenn er verhaftet ist, auch seinem Verteidiger) kann die Rechtfertigung einstweilen unterlassen. Dann ist er von einem Gerichtsoffizier oder Kriegsgerichtsrat über seine Beschwerdepunkte zu vernehmen (Umfang und Gründe der Anfechtung; Einwirkung verboten, aber Pflicht sachgemäßer Beratung). Der Gerichtsherr ist durch diese Vorschriften zu Unrecht benachteiligt, er kann, besonders in größeren und wichtigeren Prozessen, der kurzen Frist wegen leicht in die Lage kommen, das Rechtsmittel ohne (genügende) Kenntnis des Sitzungsprotokolls und der (allein maßgebenden) schriftlichen Urteilsgründe einlegen zu müssen (vgl. RMG. **6**, 204, **16**, 200).

II. Wirkung der Berufung: die Rechtskraft wird gehemmt (auch durch verspätete Einlegung der Berufung RMG. **15**, 36), soweit die Anfechtung reicht. — Der Gerichtsherr der ersten Instanz hat die Akten der zweiten Instanz vorzulegen, im Falle eigener Berufung dem Angeklagten die Schriftstücke über Einlegung und Begründung der Berufung zuzustellen.

III. Der Gerichtsherr der zweiten Instanz kann, wenn die Bestimmungen über Frist und Form nicht gewahrt sind, die Berufung als unzulässig zurückweisen (dagegen Rechtsbeschwerde an das RMG.); andernfalls wird das Berufungsgericht berufen.

IV. Berufungsinstanz. Die Bestimmungen über Vorbereitung der Hauptverhandlung und auch sonst die Vorschriften für die erste Instanz sind im wesentlichen anzuwenden.

---

[1] Wichtige Lit.: ArchMilR. 1 140, 212, 267, 4 138, 184; RMG. 16 261. Richtig ist die (vom RMG. [s. aber 15 305] bisher noch nicht übernommene) Meinung, daß die Einlegung des Rechtsmittels durch den Gerichtsherrn innerhalb der Rechtsmittelfrist beurkundet werden muß.

[2] Siehe „Rechtsbeschwerde" (Engel) im HandwMilR.

Entbehrliche Zeugen und Sachverständige brauchen nicht geladen zu werden; die Geladenen sind dem Angeklagten namhaft zu machen; im übrigen ist er darauf hinzuweisen, daß er die Ladung solcher Zeugen usw., die auch in der Berufungsinstanz vernommen werden sollen, rechtzeitig beantragen müsse, widrigenfalls die Verlesung der über ihre Aussagen aufgenommenen Protokolle auch ohne seine Zustimmung zulässig sei. Neue Beweismittel sind zulässig; auf benannte Beweismittel ist Rücksicht zu nehmen. Mit Zustimmung des Angeklagten kann u. U. in seiner Abwesenheit verhandelt werden. An die Stelle der Verlesung der Anklageverfügung tritt die Berichterstattung durch den Verhandlungsführer; es folgt die Vernehmung des Angeklagten zur Person, danach die Beweisaufnahme. Das Berufungsgericht prüft entsprechend der Anfechtung. Völlige Nachprüfung, auch der Straffrage (Tat- und Rechtsfrage) bei Anfechtung der (unteilbaren) Schuldfrage oder der prozessualen Voraussetzungen. Bei Anfechtung lediglich der Straffrage ist die Schuldfrage rechtskräftig; grundlegend PlB. RMG. **8**, 115. Die Straffrage gilt grundsätzlich als teilbar RMG. **10**, 216; alle in der logischen Reihenfolge nach dem angefochtenen Punkt liegenden Entscheidungen sind mit angegriffen.

Ziffer 33. Die Revision (§§ 397—415).

Die Revision ist gegen die Urteile der Oberkriegsgerichte zulässig, außer wenn es sich um Übertretungen oder ausschließlich mit Arrest bedrohte militärische Vergehen handelt (vgl. dazu PlE. RMG. **7**, 43, dagegen Gerland Gerichtssaal **73**, 341 f.; weit. Lit. Rissom, ArchMilR. **4**, 142 ff.). Einlegung und Rechtfertigung binnen einer Woche nach Verkündung des Urteils. Der Angeklagte kann sich jedoch (was als Ausnahme gedacht war, aber begreiflicherweise die Regel geworden ist, ähnlich wie bei der Berufung) über die Rechtfertigung später zu Protokoll eines Kriegsgerichtsrats vernehmen lassen; der Verteidiger kann nur insoweit mitwirken, als er vorher den Angeklagten belehrt und ihm einen Entwurf über die abzugebenden Erklärungen zur Benutzung bei der Vernehmung in die Hand gibt. (Erschöpfende Vernehmung nach Einsicht der Akten, Belehrung über das Wesen der Revision, Erörterung der in Frage kommenden Punkte an der Hand von Protokoll und Urteil RMG. **4**, 192, PE. **2**, 69). Das Revisionsverfahren ist ganz ähnlich dem der StPO. behandelt. Den anfechtbaren Rechtsnormen sind militärische Dienstvorschriften und militärdienstliche Grundsätze gleichgestellt. Ein neuer unbedingter Revisionsgrund ist oben Ziff. 2 erwähnt. Die Fälle, in denen das Revisionsgericht selbst erkennt, sind gegenüber der StPO. beschränkt. Verweisung an ein anderes Oberkriegsgericht als dasjenige, das erkannt hat, ist leider nicht vorgesehen [1].

Sechster Abschnitt.

Die Wiederaufnahme des Verfahrens (§§ 436—499.)

Ziffer 34.

I. Auch hierzu herrscht im wesentlichen Übereinstimmung mit der StPO. Wichtige Abweichungen: Auch die falsche uneidliche Aussage kann zur Wiederaufnahme führen. Neue Tatsachen und Beweismittel müssen dartun, daß der Verurteilte unschuldig ist, oder wenigstens daß kein begründeter Verdacht mehr gegen ihn vorliegt; vgl. § 1 des Ges. v. 20. Mai 1898 (unter II). Das Antragsrecht dauert auch nach Erlöschen der Militärstrafgerichtsbarkeit fort. Der Antrag wird beim Gerichtsherrn erster Instanz gestellt. Über seine Zulassung entscheidet allein — ein bedeutsamer Fortschritt gegenüber der StPO. — das RMG.; wird der Antrag an sich als zulässig befunden, so veranlaßt das RMG. die Aufnahme der angetretenen Beweismittel durch Ersuchen an einen Gerichtsherrn oder Amtsrichter. Zeugen und Sachverständige müssen beeidigt werden, soweit es zulässig ist. Eine Entscheidung ohne Hauptverhandlung ist auch möglich, wenn der Verurteilte unheilbar geistig krank ist (es genügt, daß Verhandlungsfähigkeit für unbestimmte Zeit in Frage gestellt wird, selbst wenn Heilung in fernerer Zeit möglich ist, RMG. **16**, 30). 411, 2 StPO. ist nicht übernommen.

---

[1] Vgl. Iudex suspectus (Dietz) ZStW. **28**, 129 ff.; auch Militärrechtliche Studien (Festschrift zum 1. 10. 10, hrsg. von Steible) S. 116 f.

II. Für die Entschädigung der im Wiederaufnahmeverfahren freigesprochenen Personen ist das Ges. v. 20. Mai 1898 maßgebend. §§ 465—468 M. enthalten die neueren Bestimmungen über die zur Entscheidung verpflichtete Stelle, Rückgriff, Feststellung der Entschädigungspflicht (durch das im Wiederaufnahmeverfahren erkennende Urteil), Erhebung und Bescheidung des Anspruchs. Nach den AB. zu 468 hat sich der Gerichtsherr zu verschiedenen Punkten des Antrags zu äußern.

Über Wiedereinsetzung bei Versäumung von Rechtsmittelfristen s. oben Ziff. 17.

Siebenter Abschnitt.

Strafvollstreckung und Kosten.

Ziffer 35.

Die Strafvollstreckung §§ 450—464 M., dazu Mil.- und Mar.-Strafvollstreckungsordnung v. 19. März 1908 und 21. Nov. 1908. — Urteile werden auf Anordnung des Gerichtsherrn, der die Anklage verfügt hat, im Sinne der Bestätigungsorder (eingehende AB. über Erteilung dieser Order und teilweise Übertragung des Milderungsrechts an die Befehlshaber s. zu § 418), Strafverfügungen nach ihrem Inhalt vollstreckt. Die Todesstrafe durch Erschießen wird von der Militärbehörde, durch Enthauptung (im Frieden) von der bürgerlichen Behörde vollstreckt; vgl. § 14 MStGB. Aufschub bei Freiheitsstrafen wegen Krankheit und wegen erheblicher Nachteile (hier aber nur für Personen, die nicht dem aktiven Soldatenstande angehören) und im dienstlichen Interesse bei Arreststrafen ist vorgesehen. Freiheitsstrafen gegen Verhaftete rechnen vom Tage der Rechtskraft des Urteils oder des Verzichtes auf ein Rechtsmittel, bei späterer Festnahme vom Tage der Verhaftung; der Tag wird voll angerechnet. RMG. 8, 42, 10, 299. Aufenthalt in einer Krankenanstalt wird im allgemeinen nicht angerechnet. Nachträgliche Bildung einer Gesamtstrafe 461. Geldstrafen werden nach den landesgesetzlichen Bestimmungen über das Verwaltungszwangsverfahren vollstreckt; Umwandlung in Freiheitsstrafen: 463. Zweifel über die Auslegung eines Strafurteils usw., Einwendungen gegen die Zulässigkeit der Strafvollstreckung: 464.

Ziffer 36. Die Kosten des Verfahrens. (§§ 469—471.)

Die Militärjustizverwaltung trägt sämtliche Kosten; bare Auslagen des Verurteilten, Kosten der Hin- und Rückreise zum Strafort fallen darunter (vgl. ArchMilR. Bd. 4 S. 154); soweit das Verfahren (z. B. § 4 M.) oder die Strafvollstreckung auf die bürgerliche Behörde übergeht, gilt der Grundsatz der Kostenfreiheit nicht. Die Kosten des Wahlverteidigers trägt der Angeklagte, auch im Falle der Freisprechung; § 499, 2 StPO. ist nicht übernommen. Über Haftung des Anzeigers bei schuldhaft falscher Anzeige und des Antragstellers s. §§ 470, 471; vgl. 249, 2.

Anhang. Feld- und Bordverfahren.

Ziffer 37.

I. Die M. enthält besondere Bestimmungen über die Gerichtsbarkeit:

1. im Felde, d. h. a) für die Dauer des mobilen Zustandes des Heeres, der Marine oder einzelner Teile des Heeres oder der Marine, b) für die Besatzung eines festen Platzes, solange er vom Feinde bedroht ist; der Eintritt und die Beendigung dieses Zustandes ist vom Gouverneur oder Kommandanten dienstlich bekanntzumachen, § 5 EG.;

2. an Bord, d. h. a) für die zum Dienst in außerheimischen Gewässern bestimmten Schiffe vom Zeitpunkt des Antritts der Reise bis zur Rückkehr in die heimischen Gewässer; b) für Schiffe, solange sie sich im Kriegszustande befinden, § 6 EG., vgl. dazu AB. des RMA. — Der Vergleich mit § 9 MStGB. ergibt, daß sich das materielle und formelle Kriegsrecht nicht deckt; der Begriff „im Felde" und „an Bord" sind nach der MStGO. enger gefaßt.

II. Zur Gerichtsverfassung. Die Gerichte heißen Feld- und Bordstandgerichte, Feld- und Bordkriegsgerichte. Ihre Zuständigkeit wird in sachlicher und persönlicher Hinsicht erweitert; vgl. z. B. § 1 Z. 1, 8; § 5 Z. 4 M.; 38 B RMilG. Die niedere Gerichtsbarkeit ist ausgedehnt, § 15, 3; 16 Z. 1, 3; 47, 63. Oberkriegsgericht und Reichsmilitärgericht scheiden als erkennende Gerichte aus; der Sitz des RMG. kann verlegt werden. Die Besetzung der Feld- usw. -Stand- und Kriegsgerichte ist vereinfacht; äußerstenfalls können an die Stelle von Juristen auch Offiziere, an die Stelle von angestellten Gerichtsschreibern kann jede geeignete Person treten. Kriegs- und Oberkriegsgerichtsräte sind frei versetzbar; vgl. § 31 RDG. vom 1. Dez. 1898.

III. Zum Verfahren. Von einem schriftlichen Ermittlungsverfahren kann abgesehen werden; jedenfalls ist es zu kürzen und zu beschleunigen § 170. Über Beschlagnahme und Durchsuchung s. § 239, 4, Leichenöffnung 224, 4. Gewisse Rechte des Beschuldigten sind verkürzt, vgl. 224, 4, 348. Unwichtige Nebenfälle sollen nicht zur Anklage gezogen werden, 253, 1; keine Anklageschrift; keine Mitteilung der Anklageverfügung an den Verhafteten, Wegfall der Einlassungsfrist für das Feld-(nicht Bord-)verfahren 266, 4; Vereinfachung der Ladung und Gestellung, 267, 3; keine Rechtsbeschwerde gegen die das Gesuch um Wiedereinsetzung verwerfende Entscheidung, 149, 4.

IV. Bestätigung (§§ 419—435). Die Urteile werden durch die Bestätigung rechtskräftig und vollstreckbar. Das Bestätigungs- und Aufhebungsrecht sind der früheren preuß. MStGO. entnommen und unmittelbare Ausflüsse der obersten kriegsherrlichen Gewalt; sie ersetzen die Rechtsmittel und bezwecken neben den vereinfachten Formen des Verfahrens die rasche Herbeiführung einer rechtskräftigen Entscheidung. Die Entscheidungen der Gerichte sind reine Gutachten ohne Bindung des zur Bestätigung berufenen Befehlshabers. Wer das Recht haben soll, Urteile zu bestätigen oder aufzuheben, bestimmt der Kaiser. Beide Rechte müssen nicht in der Person desselben Befehlshabers vereinigt sein; für das Bordverhältnis s. AKO. vom 28. Mai 1900. Vor der Entschließung über die Bestätigung muß der Gerichtsherr den verurteilten Angeklagten darüber vernehmen lassen, ob und welche Beschwerden er gegen das Urteil hat; er kann auch eine Vervollständigung der Untersuchung befehlen; der Bestätigung muß bei der höheren Gerichtsbarkeit in bestimmten schweren Fällen eine Begutachtung des Urteils (in leichteren Fällen kann sie) vorausgehen. Die Bestätigung ist in nicht geeigneten Fällen zu versagen (u. a. auch, wenn im Rechtsgutachten wesentliche Bedenken tatsächlicher oder rechtlicher Art erhoben worden sind) und das Urteil aufzuheben; wenn der mit dem Bestätigungsrecht versehene Vorgesetzte und der zur Aufhebung Berufene verschiedene Personen sind, so werden dem letzteren die Akten gesandt; er entscheidet nach Einholung eines weiteren Rechtsgutachtens, ob das Urteil aufzuheben oder dem Gerichtsherrn zur Erteilung der Bestätigung zurückzusenden sei. Im Falle der Aufhebung ist ein neues Gericht — durch einen anderen Gerichtsherrn — zu berufen, dessen Richter bei der früheren Hauptverhandlung nicht mitgewirkt haben dürfen, oder es kann die Erledigung der Sache im ordentlichen Verfahren (Aufschub) verfügt werden. Übertritt des Beschuldigten in einen immobilen Verband, Demobilmachung hat Überleitung in das ordentliche Verfahren zur Folge. War schon ein Urteil ergangen, so kann es noch bestätigt werden. Bei Versagung der Bestätigung ist das Urteil dem Angeklagten nach dessen Übertritt in den immobilen Verband usw. bekanntzumachen. Von diesem Tage läuft die Berufungsfrist.

V. Die Bestimmungen der M. werden ergänzt[1]:

1. durch die Kais. V. v. 28. 12. 1899 über die Strafrechtspflege bei dem Heere in Kriegszeiten (Vorschriften über Gerichtsverfassung, Bestätigungsrecht, Recht der Milderung und der Aufhebung von Urteilen);

2. durch die Kais. V. v. 28. 12. 1899 über das außerordentliche kriegsrechtliche Verfahren gegen Ausländer und die Ausübung der Strafgerichtsbarkeit gegen Kriegsgefangene.

[1] Hierzu, wie überhaupt zu Ziff. 37, s. Dietz, Taschenbuch des Militärrechts für Kriegszeiten.

Das militärische Disziplinarstrafrecht.

Schrifttum:

1. Erläuterungen:

Keller (1878);
Solms in Strafrecht und Strafprozeß ([5] 1892);
Schlayer in Militärstrafrecht, 2. Bd. von „Heer und Kriegsflotte" in Handb. d. Gesetzgebung (1904).
Stritter (1905).
Sohl in Elsner v. Gronow und Sohl, MilStrafr. (1906).

Neuere Kommentare:

Dietz (1909).
Schlott (1909).
Fielitz, MarDStO [2] (1911).

System. Darstellung:

M. E. Mayer, Disz.- und BeschwRecht (1910).
Kurze Darstellungen im Wörterb. d. D. Verwaltungsrechts (v. Stengel) von Hecker, in 2. Aufl. (v. Stengel-Fleischmann) von Dietz unter Militärdisziplin.

2. Einzelne Gebiete:

Hecker, Über die Abgrenzung des Kriminal- und DStrafrechts bei Pflichtverletzungen der Zivilbeamten und Militärpersonen, GerS. 31, 481 (1880).
Derselbe, Über das Verhältnis des Zivilstrafrechts zum Militärstrafrecht, 1885, 19 ff.
Dangelmaier, Militärrechtliche und militärethische Abhandlungen, 1893 (über „die Grenzen des Disziplinarstrafrechts", „Das Disziplinarstrafrecht und das Prinzip der Individualisierung").
Derselbe, Literatur des Militärrechts, 1898.
Arndt, Über die Rechtsgültigkeit der DStrafordnungen, ZStrW. 21, 278.
Derselbe, Über einige Grundfragen des Militärrechts, ArchMilR. 2, 81 ff., 430; hierzu Apel, ebenda 2, 321, 3, 53.
M. E. Mayer, Zur Abgrenzung des MDRechts vom Kriminalstrafrecht, DJZ. 1907, 851.
Rissom, DStrafgewalt über Personen des Beurlaubtenstandes, Jahrb. f. A. u. Mar. 1908 S. 261, 1909 S. 69, 1910 S. 62.
Rissom, Militärstrafrecht, DStrafgewalt, Ehrengerichte im Deutschen Heere (1903).
Derselbe, Die Personen des Beurlaubtenstandes im Militärstrafgesetzbuch, GoltdArch. 55, 93.
Dietz, BeschwO. für Heer und Marine, 1911.
Zahlreiche Abhandlungen im Arch. f. Militärrecht, 1909 ff. (Bd. 1—4, hrsg. von Dietz), im Handwörterb. d. Militärrechts (hrsg. von Dietz), 1912.
Weitere Literaturnachweise bei Dietz, DStO.

3. Handhabung der Disz.-Strafgewalt:

v. Meerscheidt-Hüllessem, Handhabung der DStrafgewalt (1905).
Spohn, Die DStrafgewalt des Kompagniechefs, 1902.
Stephan [3], Ausübung der DStrafgewalt, 1913.
v. Bojan, Ehrengericht, DBestrafung und Beschwerden [2], 1910.
v. Rabenau, Die deutsche Land- und Seemacht und die Berufspflichten des Offiziers [3] (1912).

Günstige Schlußfolgerungen auf die Disziplin gewährt die Militärkriminalstatistik (seit 1901); hierzu

Dietz, Die Militärstrafrechtspflege im Lichte der Kriminalstatistik für das deutsche Heer und die Kaiserl. Marine, 1908; GoltdArch. 58, 408, Zur Kriminalstatistik für das D. Heer und die K. Marine; das. u. im HandwMilR. weitere Nachweise.

Ziffer 1. Wesen und Bedeutung des Disziplinarstrafrechts.

Disziplin ist Autorität von oben und Gehorsam von unten; sie ist die Seele der Armee (v. Moltke). Ihre Erhaltung ist die ratio aller militärischen Gesetze (Dangelmaier). Sie ist ein Rechtsgut der Nation, nicht des Heeres (M. E. Mayer). Sie umfaßt alle die Grundsätze, die dazu dienen, militärische Zucht und Ordnung, den militärischen Geist zu pflegen und zu erhalten, und bedeutet gleichzeitig auch die Wirkung dieser durchgeführten Grundsätze, den Zustand der Truppe in bezug auf Zucht und Ordnung. Der Gehorsam des Soldaten erschöpft nicht das Wesen der Disziplin; der aus freiem sittlichen Wollen, aus dem vollen Verständnis für die Aufgaben der bewaffneten Macht hervorgegangene Gehorsam sichert sie aber in erster Linie. Die äußerliche militärische Ausbildung muß sich mit erzieherischen Einflüssen, die dem Menschen als solchem gelten, verbinden; der Soldat muß es lernen, seine Berufspflichten mit voller Hingabe an die Sache zu erfüllen. Gute Beispiele, Belehrung, Aneiferung, Ermahnung, Tadel, Verwarnung dienen zunächst dieser Aufgabe; besonders wichtig ist die Belebung des Ehrgefühls. Wenn diese reinen Erziehungsmittel versagen, müssen Strafen nachhelfen; zunächst die Disziplinarstrafe als Verwaltungsstrafe, die dem Disziplinarvorgesetzten in die Hand gegeben ist, in ernsteren Fällen die Rechtsstrafe des Staates, deren Herbeiführung der Kommandogewalt aus zwingenden Gründen überlassen ist. Militärstrafrecht und Disziplinarstrafrecht sind bei aller theoretischen Verschiedenheit wesensverwandt; beide dienen der Disziplin. Man hat mit Recht die Disziplinarstrafordnung ein zweites Militärstrafgesetzbuch genannt, das gleichsam für leichtere Fälle das eigentliche ergänze (Laband).

Ziffer 2. Quellen.

Die Vorschriften über die Handhabung der Disziplin werden vom Kaiser erlassen, § 8 RMG. v. 2. Mai 1874; vgl. Art. 61 u. 63 der RV. Die heute geltende Disziplinarstrafordnung (DStO.) für das Heer ist am 31. Okt. 1872 vom König von Preußen erlassen; sie ist in Sachsen und Württemberg dem Wortlaut nach, in Bayern (als bayr. Verordn. v. 12. Dez. 1872) fast dem Wortlaut nach eingeführt worden. Für die Marine ist eine besondere DStO. am 1. Nov. 1902 ergangen; in den Grundzügen stimmt sie mit der des Heeres überein. Die späteren Ergänzungen oder Abänderungen der DStO. sind nicht zahlreich. Ergänzend greifen besonders ein: RBG. v. 31. März 1873 (Neufassung 1907), bayr. BeamtGes. v. 16. Aug. 1908, RDG. v. 1. Dez. 1898, die StrafvollstrOrdnungen, die Beschwerdeordnungen; bei Offizieren die Ehrengerichtsverordnungen. Die DStO. sind als Rechtsverordnungen vom Kriegsminister gegengezeichnet; gesetzlich geregelt sind die für die Personen des Beurlaubtenstandes zulässigen DStrafmittel, § 57 RMilG., KontrG. v. 15. Febr. 1875.

Ziffer 3. Sachlicher Umfang der Disziplinarstrafgewalt. Abgrenzung vom Kriminalstrafrecht.

Mit der Zugehörigkeit zum Soldatenstande wird der Kreis der Handlungen, die strafbar oder strafwürdig sein können, erheblich erweitert. Neben die strafbaren Handlungen des gemeinen Rechts treten die militärischen Verbrechen und Vergehen des Militärstrafgesetzbuchs und gleichzeitig kleinere Pflichtverletzungen, sog. DÜbertretungen, früher meist reine DVergehen genannt, d. h. Verstöße gegen die militärische Zucht und Ordnung und gegen die Dienstvorschriften, die nicht von den Gesetzen mit Strafe bedroht sind (DStO. und MarDStO. § 1 Ziff. 1).

I. Der für die Disziplin verantwortliche Befehlshaber, der DVorgesetzte, ahndet:

a) Diese Disziplinarübertretungen, § 1 Z. 1 DStO. und MarDStO., also militärische Übertretungen, für die bestimmte gesetzliche Tatbestände ganz fehlen; ob sie vorhanden sind, entscheidet der DiszVorgesetzte, damit gewissermaßen rechtschöpferische und richterliche Tätigkeit gleichzeitig ausübend, nach freiem Ermessen. Ausnahmsweise zeigen die sog. Kontrollübertretungen der Personen des Beurlaubtenstandes (§ 28 DStO., 31 MarDStO.) und die DiszÜbertretungen nach § 202 Abs. 1 (208), 290 Abs. 2 MStGO. (Verweigerung der Eidesleistung, Ungebühr vor Gericht) besondere Tatbestände. Strafzwang bei Ausübung der reinen Disziplinarstrafgewalt (anders unter b nachf.) herrscht nicht, ausgenommen auch hier die §§ 202 Abs. 1 (208), 290 Abs. 2 MStGO.

b) Eine Anzahl militärischer Vergehen, die in § 3 EG. MStGB., § 18 MStGO. besonders genannt sind. Es gehören hierher die einfache unerlaubte Entfernung, Achtungsverletzung, Belügen des Vorgesetzten, Beleidigung des Vorgesetzten und im Dienstrange Höheren, einfacher Ungehorsam, gewisse Fälle des Mißbrauchs der Dienstgewalt, vorschriftswidrige Behandlung und Beleidigung Untergebener, Beschädigung usw. von Dienstgegenständen, Verletzung der Dienstpflichten auf Wache und ähnliche, Trunkenheit im Dienst, Verletzung von Geheimhaltungspflichten usw. im militärischen Strafverfahren.

Man bezeichnet diese Vergehen als Disziplinarvergehen (§ 1 Ziff. 2 DStO. und MarDStO.). Der DiszVorgesetzte darf sie im Disziplinarwege erledigen, wenn er nach pflichtmäßigem Ermessen dafür hält, daß ein leichter Fall vorliege. Er tritt sonach an die Stelle des Richters; das gerichtliche Verfahren fällt weg, die Grundsätze über die Ausübung der Disziplinarstrafgewalt greifen Platz (s. Ziff. 7 unter a und b), doch ist als Strafmittel nur der Arrest des MStGB., bei Beschränkung des Strafmaßes im Sinne der DStO. (s. Ziff. 5 II 4 a) zulässig; an das anwendbare materielle Strafrecht (z. B. Gesamtstrafe nach § 74 RStGB., 54 MStGB., Verjährungsgrundsätze, ferner § 22 Abs. 3 MStGB.), ist er dabei gebunden; es herrscht Straszwang; vgl. § 147 MStGB.

Durch fehlerfreie Ahndung eines DVergehens auf dem Disziplinarwege wird die gerichtliche Strafverfolgung ausgeschlossen (§ 157, vgl. 250, 251 MStGO., §§ 45, 55 DStO., 55, 74 MarDStO.

II. a) Wie schon aus I b zu entnehmen ist, ist die Arreststrafe (Arten s. Ziff. 5 II 4 a) dem MStGB. und den DStO.en gemeinsam; auch bei DÜbertretungen (I a) ist sie zulässig; dagegen kennen die DStO.en die Strafmittel der reinigenden Disziplin des MStGB.: Versetzung in die zweite Klasse des Soldatenstandes, Degradation, Dienstentlassung, Entfernung aus dem Heere (s. Militärstrafrecht B. II 2) nicht. Es überwiegt im DStrafrecht der Gedanke der Erziehung und der Besserung, doch kommt der Abschreckungsgedanke bei den ernsteren Strafmitteln zum Vorschein; zwei Strafmittel (Einstellung in die Arbeiterabteilung, Entfernung vom Dienstgrad des Gefreiten oder Obermatrosen) gehören allerdings der reinigenden Disziplin an; im übrigen stehen der Kommandogewalt beim Offizierstande ehrengerichtliche Strafen (s. Militärische Ehrengerichtsbarkeit), bei Berufssoldaten die Kündigung der Kapitulation zur Verfügung.

Mit Hecker ist zu betonen, daß die Militärgerichte die disziplinären Gesichtspunkte scharf ins Auge zu fassen und dafür zu sorgen haben, daß durch ihre Tätigkeit die im allgemeinen fehlende reinigende Disziplin in vollem Maße Ersatz finde. Ergänzend müßten die richterlichen MilJustizbeamten zur vollen verantwortlichen Beratung ihrer Gerichtsherrn in allen disziplinären Fragen, die gerichtliche Untersuchungen mit sich bringen, amtlich berufen werden.

b) Die Grenzlinien zwischen dem Kriminal- und Disziplinarstrafrecht der Personen des Soldatenstandes sind schwankend. Nach älteren Militärstrafgesetzbüchern waren Disziplinarübertretungen, die im Rückfall begangen wurden, als militärische Vergehen zu bestrafen (Bay. MStGB. v. 29. 4. 1869 Art. 128, 200; Öst. StGB. v. 15. 1. 1855 § 269 fg.; vgl. §§ 177, 189 Preuß. MStGB. v. 3. 4. 45). Das MStGB. für das Deutsche Reich hat ähnliche Bestimmungen nicht. Doch wird durch §§ 92 (93) MStGB., der den Ungehorsam gegen einen Befehl in Dienstsachen unter Strafe stellt, in freilich unzulänglicher Weise zwischen Kriminal- und Disziplinarstrafrecht vermittelt. Stellt der DiszVorgesetzte Disziplinarübertretungen unter sein Gebot oder Verbot, so kann er gerichtliche Bestrafung nach § 92 (93) MStGB. und u. U. auch die Ehrenstrafe der Versetzung in die zweite Klasse des Soldatenstandes (§ 38 MStGB.), daneben Einstellung in die Arbeiterabteilung (s. Ziff. 5 II 1) erreichen (häufig ist z. B. das Verbot des Besuchs von Schankstätten als Maßnahme in Fällen der Trunkenheit). Das Mittel ist unvollkommen, wozu auch die Gegensätze in der Auslegung des § 92 (s. Militärstrafrecht C I 4) beitragen [1].

Ziffer 4. Persönlicher Umfang der Disziplinarstrafgewalt.

Der DStO. unterstehen (§ 2):

a) die Militärpersonen des Heeres und der Marine, das sind die Personen des Soldatenstandes und die Militärbeamten, vgl. § 4 MStGB. Beide Unterarten zerfallen wieder in

[1] Lit.: Hecker, Über das Verhältnis des Zivilstrafrechts zum Militärstrafrecht, Aufsatz II, Berl. 1885; M. E. Mayer DJZ. 1907 S. 851; vgl. Dietz, DStO. S. 12 fg.

solche des aktiven Dienststandes und des Beurlaubtenstandes, vgl. die Klasseneinteilung der Militärpersonen und die neue Klasseneinteilung der Militärbeamten durch AV. v. 1. Aug. 1908 (AVBl. 289), dem MStGB. als Anlage beigegeben (das Beamtendisziplinarrecht der MilBeamten nach RBG. usw. — auch MilBefehlshaber sind teilweise Verwaltungsvorgesetzte — ist hier nicht zu erörtern);

b) die Offiziere à la suite, auch soweit sie dem Soldatenstande nicht angehören, wenn und so lange sie vorübergehend Dienst leisten, ferner wegen der disziplinarisch strafbaren Handlungen gegen die militärische Unterordnung, die sie begehen, während sie Uniform tragen;

c) alle Personen, die während eines Krieges sich in irgendeinem Dienst- oder Vertragsverhältnis beim kriegführenden Heere (Marine) befinden oder sich sonst bei ihm aufhalten oder ihm folgen;

d) die Kriegsgefangenen.

Gleiches gilt für die MarDStO. an Land und an Bord. Hinzu kommen

e) alle Personen, die sich der DStO. der Marine freiwillig unterworfen haben.

Der MarStDO. sind an Bord außer den unter c, d und e genannten noch unterworfen:

f) alle zu einem Schiffsbesatzungsverbande oder zum Stabe einer Kommandobehörde zur See gehörenden Personen vom Augenblick seiner Bildung bis zu seiner Auflösung;

g) alle anderen auf einem in Dienst gestellten Schiff der Kaiserl. Marine eingeschifften Personen des Soldatenstandes vom Augenblick der Indienststellung bis zur Außerdienststellung;

h) alle zu einem Transport auf See gehörenden Personen vom Augenblick der Bildung des Transports bis zu seiner Auflösung.

Die Personen des Beurlaubtenstandes sind den Strafvorschriften der DStO. nur in der Zeit durchweg unterstellt, in der sie sich „im Dienst" im Sinne des § 6 MStGB., 23 Abs. 1 DStO., 27 Abs. 1 MarDStO. befinden. Wegen dieses Begriffes s. unter MilStrafrecht. Im übrigen ist die DBestrafung auf Kontrollübertret. (Geld- oder Haftstrafe) und auf eine Anzahl von DVergehen (s. oben Ziff. 3 I b) beschränkt. Auch der Strafrahmen ist eingeengt. Zahlreiche Streitfragen! Vgl. auch § 15 WG. v. 9. Nov. 1867; § 57 RMilG. und KontrollG. v. 15. Febr. 1875.

Auch die Landgendarmen der rein militärisch gestalteten Gendarmerie (Preußen, Baden, Hessen, Elsaß-Lothringen, Mecklenburg-Schwerin, Lippe-Detmold, Schaumburg-Lippe, Waldeck) sind der DStO. unterworfen.

Ziffer 5. Disziplinarstrafen.

I. Allgemeines:

a) Das Strafensystem ist genau und erschöpfend geregelt (§ 3, vgl. 4 DStO., 3—7 Mar-); nur soweit „gewisse Dienstverrichtungen" als Strafen zulässig sind, beschränken sich die DStO.en auf Beispiele. Andere als genannte Strafmittel sind unzulässig; vgl. § 118 MStGB. wegen Verhängung unerlaubter Strafen. Auch jede Verschärfung erlaubter Strafen ist unstatthaft.

Eine und dieselbe Handlung darf nur von einem Vorgesetzten bestraft und nur mit einer DStrafe belegt werden. Ausnahme: mit einer Arreststrafe kann die Entfernung vom Dienstgrad eines Gefreiten (Obermatrosen), Urlaubsbeschränkung bei Unteroffizieren (nur im Heere), Versetzung in die nächstniedere Löhnungsklasse bei Unteroffizieren (nur in der Marine), Löhnungsverwaltung und Einstellung in eine Arbeiterabteilung verbunden werden (§ 41 DStO., 51 Mar. Zur Auslegung s. Deutsch. Off. Bl. 1912 Nr. 52).

b) Disziplinarmaßnahmen[1]. Die DStO.en befassen sich mit ihnen nur insoweit, als sie hervorheben, daß Rügen und Zurechtweisungen, die jedem Vorgesetzten zustehen, keine Strafen sind. DMaßnahmen sind vielfach üblich; man hat unter ihnen reine Mittel der Erziehung und der Ausbildung zu verstehen. Die erlaubten Strafen sind teilweise schon ihrem wahren Wesen nach DMaßnahmen; sie dürfen als solche aber grundsätzlich nicht

[1] Über ihre Abgrenzung von den Strafen vgl. „Disziplinarmaßnahmen und Disziplinarstrafen" im Handwörterbuch des Militärrechts.

verhängt werden; doch ist dieser Grundsatz durch besondere Erlasse durchbrochen (Entfernung vom Gefreitendienstgrad, Einstellung in eine Arbeiterabteilung und Urlaubsbeschränkung bei Unteroffizieren können unter bestimmten Voraussetzungen auch als Verwaltungs- oder Disziplinarmaßnahmen ausgesprochen werden). Sobald mit DMaßnahmen der Zweck verbunden wird, ein Übel zuzufügen, sind sie unerlaubt (versteckte Strafen). Auch an sich erlaubte DMaßnahmen dürfen nicht zur vorschriftswidrigen Behandlung (§ 121 MStGB.) ausarten. Vorsicht bei ihrer Anwendung ist geboten.

c) Es steht rechtlich nichts im Wege, im Anschluß an eine gerichtliche Strafe wegen derselben Verfehlung noch eine DiszStrafe (Verwaltungsstrafe) zu verhängen, wenn durch die Verfehlung die Dienstordnung verletzt worden ist. Doch können nur solche DStrafen gewählt werden, die ihrem Wesen nach DMaßnahmen sind [1].

d) Zusammentreffen mehrerer strafbarer Handlungen. Die Vereinigung mehrerer Disziplinarstrafen zu einer Strafe erfordert die Anwendbarkeit der Grundsätze des materiellen Strafrechts (§§ 74, 79 R-, 54 MStGB.) nur, soweit es sich um DVergehen (Ziff. 3 I b) handelt; im übrigen ist keine Gesamtstrafe zu bilden, doch kann eine Einheitsstrafe gewählt werden [2].

II. Die einzelnen Strafmittel zerfallen, der gesetzlichen Regelung des MStGB. entsprechend, in solche, die gegen Offiziere, gegen Unteroffiziere mit Offiziersseitengewehr, gegen andere Unteroffiziere und gegen Gemeine (einschließlich Gefreite) verhängt werden dürfen; je höher der Rang, desto milder ist die Strafart. Nach der MarDStO. kommt hinter der Klasse der Offiziere noch die der Deckoffiziere und Unterärzte; auch sind die Strafen an Bord und ihre Begrenzungen teilweise andere als am Lande.

1. Ehrenstrafen (Warnung gegen MilBeamte; einfacher, förmlicher, strenger Verweis gegen Offiziere und Unteroffiziere, einfacher Verweis gegen MilBeamte; bei Schiffsjungen öffentlicher Tadel. Entfernung vom Gefreitengrade; Einstellung in die Arbeiterabteilung, gleichzeitig auch Arbeitsstrafe, zulässig gegen Gemeine der II. Klasse des Soldatenstandes nach fruchtloser Anwendung von DStrafen (vgl. unter I b).

2. Arbeitsstrafen (besonders Auferlegung von Dienstverrichtungen außer der Reihe, zulässig gegen Unteroffiziere und Gemeine, z. B. Strafexerzieren, Strafwache, Dienst in Ställen, auf Kammer, Erscheinen zum Rapport usw., Entern über den Topp in der Marine an Bord).

3. Körperstrafen (in der Marine: Stehen am Deck, auch gegen Schiffsjungen zulässig, gegen einen Teil der Schiffsjungen ferner körperliche Züchtigung bis zu 10 Hieben, Anbinden hinter einem Vorhang; auch die Arbeitsstrafen sind eine Unterart der Körperstrafen).

4. Freiheitsstrafen:

a) Arreststrafen: Stubenarrest (Kammerarrest) gegen Offiziere und teilweise auch gegen obere Militärbeamte, auch gegen Deckoffiziere und Unterärzte bei der Marine bis zu 14 Tagen; gelinder Arrest für Gemeine, Unteroffiziere aller Grade, untere Militärbeamte bis zu 4 Wochen; mittlerer Arrest für Unteroffiziere ohne Offiziersseitengewehr und Gemeine bis zu 3 Wochen, mit Beschränkung auch gegen Schiffsjungen; strenger Arrest nur für Gemeine bis zu 14 Tagen, in beschränkter Weise auch gegen Schiffsjungen. — b) Kasernenarrest (Quartierarrest) gegen Unteroffiziere und Gemeine bis zu 4 Wochen. — c) Urlaubsbeschränkung, d. i. die Verpflichtung, eine bestimmte Zeit vor (bei Unteroffizieren ohne Offiziersseitengewehr im Heere „nach") Zapfenstreich in die Kaserne zurückzukehren, bis zu 4 Wochen. — d) Haftstrafe nur gegen Personen des Beurlaubtenstandes wegen Kontrollübertretungen.

5. Vermögensstrafen.

a) Löhnungsverwaltung, d. h. Entziehung der freien Verfügung über die Löhnung bis zu 4 Wochen; b) Versetzung in die nächstniedere Löhnungsklasse bis zu 3 Monaten in der Marine

---

[1] Vgl. „Disziplinarstrafen im Anschluß an gerichtliche Strafen" im HandwMilR.
[2] S. „Disziplinarstrafen, Verbindung mehrerer" im HandwMilR.

für Unteroffiziere ohne Offiziersseitengewehr; c) Lohnabzug in der Marine für vertragsmäßig verpflichtete Köche, Barbiere usw. d) Geldstrafe bis zu 60 Mk. gegen Personen des Beurlaubtenstandes wegen Kontrollübertretungen und gegen obere MilBeamte bis zu 30 Mk.

Ziffer 6. Disziplinarvorgesetzte.

DStrafen können nur Offiziere verhängen und von ihnen auch nur solche, denen der Befehl über eine Truppenabteilung usw. mit Verantwortung für die D. übertragen ist, und nur innerhalb ihres Befehlsbereichs. Die Strafbefugnis ist nicht an den Dienstgrad, sondern an die Dienststellung geknüpft und geht von selbst und in vollem Umfange auf den Stellvertreter im Kommando (Stellvertretung in den laufenden Geschäften genügt nicht) über: §§ 5, 6 DStO., 8 Mar=.

1. Gewisse Disziplinarstrafen (gegen Offiziere einfache und förmliche Verweise, gegen Unteroffiziere einfache, förmliche und strenge Verweise, Strafdienst, gegen Gemeine die sog. kleineren DStrafen) kann jeder Vorgesetzte verhängen. In der Marine etwas abweichend geregelt.

2. Daneben besteht die besondere Strafgewalt der einzelnen Kommandostellen; sie steigert sich mit der höheren Dienststellung. Zunächst ist der niedere DVorgesetzte (Kompagnie- usw. -chef) berufen, darüber zu entscheiden, ob eine Handlung disziplinär zu bestrafen ist, einer der wichtigsten Grundsätze des DStrafrechts. Die höheren Befehlshaber strafen jedoch (von den besonderen Rechten im Dienstaufsicht- und Beschwerdeverfahren abgesehen — vgl. Ziff. 7e, Ziff. 8): a) wenn die Handlung unter ihren Augen oder b) gegen ihre dienstliche Autorität, oder c) von MilPersonen begangen sind, die verschiedenen DVorgesetzten ihres Befehlsbereichs angehören, oder d) ihnen zur Entscheidung oder Bestimmung der Strafe gemeldet, oder e) von dem niederen DVorgesetzten unbestraft gelassen worden ist. Auch die Gerichtsherren, die DStrafgewalt über die Straffälligen besitzen, können in gewissen Fällen (s. bes. § 251 MStGO.) als DVorgesetzte selbst strafend eingreifen. Die Selbständigkeit der niederen DVorges. findet ihr Gegengewicht in der Dienstaufsicht der höheren Befehlshaber (s. Ziff. 7e).

3. Die Strafgewalt der Gouverneure, Kommandanten über Festungen, Lager-, Garnisonältesten usw., räumlich begrenzt und sachlich beschränkt, läuft neben der gewöhnlichen Strafgewalt der Befehlshaber her, ebenso die DStrafgewalt der Sanitätsoffiziere.

Ziffer 7. Die Ausübung der Disziplinarstrafgewalt.

a) Dem mil. DStrafverfahren sind bestimmte Verfahrensvorschriften fremd; es ist nur bestimmt, daß der DVorgesetzte bei Zweifeln über die Schuld oder den Grad der Strafbarkeit den Hergang der Sache durch mündliche oder schriftliche Verhandlungen aufklären soll. In der Dürftigkeit dieser Verfahrensvorschriften liegt ein Akt des Vertrauens.

Die DStrafe setzt, wie die Rechtsstrafe, ein Verschulden des Täters voraus. Bei DÜbertretungen genügt Fahrlässigkeit; sie müssen nicht bestraft werden und sollen es auch nicht, solange die bedeutsameren kleinen Mittel der Erziehung (s. Ziff. 1) ausreichen.

Gewissenhaftigkeit, strenge Unparteilichkeit (audiatur et altera pars!), Rechtsgefühl und Menschenkenntnis werden eine gerechte Handhabung der DStrafgewalt sicherstellen. Die Disziplin geht niemals über die Gerechtigkeit und steht auch nicht im Gegensatz zu ihr. Ein Befehl höherer Dienststellen zu strafen ist ausgeschlossen. Der Strafende ist für die von ihm verhängte Strafe allein verantwortlich.

b) Art und Maß der Disziplinarstrafe hat der MilVorgesetzte innerhalb der Grenzen seiner DStrafgewalt, unter möglichster Schonung des Ehrgefühls des zu Bestrafenden, mit Berücksichtigung seiner Eigenart und bisherigen Führung, der Natur der zu bestrafenden Handlung und des durch diese mehr oder weniger gefährdeten Dienstinteresses zu bestimmen. Die Strafe muß der körperlichen und geistigen Natur des zu Bestrafenden entsprechen (Grundsatz der Individualisierung); si duo faciunt idem, non est idem. Mit ihr hängt das sparsame Haushalten (Ökonomie) bei den Bestrafungen und die möglichste Anpassung (Harmonie) der Strafe an die Natur der Übertretung zusammen. In der Regel ist mit der gelindesten Strafe anzufangen und vorsichtig zu steigern. Doch läßt sich ein Schema nicht aufstellen, und es kann der ausschlaggebende Gesichtspunkt der Aufrechterhaltung und Festigung der Disziplin dazu führen, auch die erste Verfehlung fest und hart zu bestrafen.

c) Verjährung. Für die Verfolgung der DVergehen (oben Ziff. 3 b) gelten die §§ 66—69 RStGB.; der richterlichen Unterbrechungshandlung des § 68 steht jede Handlung gleich, die vom DVorgesetzten wegen der begangenen Tat gegen den Täter gerichtet wird (§ 10 EG. MStGO.). DÜbertretungen (oben Ziff. 3 a) können drei Monate nach ihrer Verübung nicht mehr bestraft werden; doch kann durch ein militärgerichtliches Verfahren die Verjährung unterbrochen werden. Die Marine hat hierzu Bestimmungen, die von denen des Heeres etwas abweichen; vgl. § 44 DStO., 54 Mar-. Kontrollübertretungen der Personen des Beurlaubtenstandes verjähren überhaupt nicht. — Die Verjährung der Vollstreckung von DVergehen ist nach gemeinem Recht (§ 70 Abs. 1 Z. 6 u. Abs. 2, § 72 RStGB.) zu behandeln, ob gleiches für DÜbertretungen zu gelten hat (Vorschriften fehlen), ist bestritten; Pr. KM. v. 20. 12. 1894, Bay. KM. 27 358/94 bejahen die Frage.

d) Vollstreckung. DStrafen sind tunlichst gleich nach der Verhängung zu vollstrecken; für die Vollstreckung sorgt der DVorgesetzte, der die Strafe verhängt hat oder dem vom höheren DVorgesetzten die Vollstreckung überlassen worden ist. Verhängt ist eine DStrafe erst mit der dienstlichen Eröffnung an den Bestraften; danach kann der strafende Vorgesetzte an der Strafe sachlich nichts mehr ändern, mag er sie in die Strafbücher auch noch nicht eingetragen haben. Wird die Berechtigung der Strafe zweifelhaft, so muß er die Vollstreckung aussetzen oder unterbrechen. Die Aufhebung oder Abänderung einer DStrafe ist möglich durch Beschwerde (s. Ziff. 8) oder im Wege der Dienstaufsicht (s. nachf. e) oder durch Allerhöchste Gnade. Über die Vollstreckung einzelner Strafen, bes. der Arreststrafen, sind besondere Bestimmungen in den DStO.en (Heer: §§ 46—51; Mar.: 59—67) getroffen; sie werden durch solche in den Strafvollstreckungsordnungen (Heer: v. 19. 3. 1908; Mar.: v. 21. 11. 1908) ergänzt. Sondervorschriften auch für Vollstreckung der Arrest- und Haftstrafen an Personen des Beurlaubtenstandes.

e) Dienstaufsicht. Die höheren DVorgesetzten haben auf gerechte und zweckentsprechende Anwendung der den niederen Vorgesetzten zustehenden Strafbefugnisse und auf die vorschriftsmäßige Strafvollstreckung sorgfältig zu achten und zu diesem Zwecke in bestimmten Zeiträumen die überall nach bestimmten Mustern zu führenden Strafbücher genau nachzuprüfen. Sie müssen auch ohne Beschwerdeführung Strafen aufheben, die ihrer Art und ihrer Dauer nach unzulässig waren, oder wenn der Strafende zu ihrer Verhängung unzuständig gewesen war; §§ 54, 55 DStO., 73, 74 Mar-. Die Ausstellungen werden in Prüfungshefte aufgenommen. Aus dem Grundsatz der vollen Selbständigkeit des innerhalb seiner DBefugnisse handelnden niederen DVorgesetzten ergibt sich, daß die höheren Befehlshaber an solchen Strafen kraft ihrer Dienstaufsicht nichts ändern dürfen, die sie nur für sachwidrig halten (z. B. der Täter ist ein anderer gewesen oder die an sich erlaubte Strafe erscheint zu hoch oder zu niedrig). Sachwidrige Strafen können nur durch Beschwerde oder Gnadenantrag an die Allerh. Stelle beseitigt werden; vgl. AKO. v. 16. Nov. 1899 (Dietz, DStO. S. 275).

f) Löschung von DStrafen in den Strafbüchern der Kapitulanten ist vorgesehen (AVBl. 1902 S. 191; Bay. VBl. 02/187); ferner Wegfall von Strafen in Führungszeugnissen, Überweisungsnationalen usw. nach HeerO. §§ 17 Z. 4 u. 5, 18 Z. 3, MarO. 20 Z. 4 u. 5, 21 Z. 5. Auch unabhängig von diesen allgemeinen Bestimmungen kann die Löschung im Einzelfalle durch Gnadenantrag erreicht werden

Ziffer 8. Beschwerde über verhängte Disziplinarstrafen

ist erlaubt, aber der Regel nach erst nach Verbüßung der Strafe zulässig. Auch Vorgesetzte des Bestraften, die Untergebene dessen sind, der gestraft hat, haben im Heere (nicht in der

Marine) das Recht, sich zugunsten eines Bestraften, ohne daß sie die Verbüßung abzuwarten hätten, zu beschweren. Mit der Beschwerde kann die Sachwidrigkeit der Strafe, die formelle Unzulässigkeit, unter Umständen auch die Höhe der Strafe, ferner die Art der Vollstreckung und die Aufhebung oder Abänderung einer Disziplinarstrafe angefochten werden; vgl. §§ 52, 53 DStO., 68, 69 Mar-. Näh. in den Beschwerdeordnungen; vgl. Militärisches Beschwerderecht. Hat eine solche Beschwerde Erfolg, so ist die DStrafe aufzuheben oder abzuändern (dienstliche Bekanntgabe, Einträge im Strafbuch).

Das militärische Beschwerderecht.

Schrifttum.

Dietz, Erläuterungen der BO. für das Heer, die Kaiserl. Marine und die Schutztruppen (Kom.), Rastatt 1911, H. Greiser.

Fielitz Kommentar zur Disziplinarstrafordnung und Beschwerdeordnung für die Marine, 2. A., Berlin 1911, Eisenschmitt.

Erläut. im Militärstrafrecht von Elsner v. Gronow und Sohl, Berlin 1906, H. W. Müller.

M. E. Mayer, Disziplinar- und Beschwerderecht (syst. Darst.), Leipzig 1910, Göschen.

Mewes, Beschwerderecht der Militärbeamten und Zivilbeamten der Militärverwaltung im „Zahlmeister" 1911 Nr. 11.

Dietz, Handwörterbuch des Militärrechts, Rastatt 1912, H. Greiser (zahlreiche Beiträge siehe unter Beschwerde).

Beck, Zur Geschichte des militärischen Beschwerderechts im ArchMilR. Bd. 3 S. 99 ff.

Weitere zahlreiche Erörterungen im ArchMilR. Bd. 1—4 und im Deutschen Offizierblatt (Dietz) seit 1907. — Eingehendere Nachweisungen bei Dietz, BO.

Ziffer 1. Quellen. Bedeutung des Beschwerderechts.

Ein bis in alle Einzelheiten geordnetes militärisches Beschwerderecht ist erstmals durch die preußische AB. v. 3. März 1873 (ABBl. S. 63) gegeben worden. Es wurde fortgebildet durch die heute noch geltenden BO.en. Als verwaltungsrechtliches Mittel, das Unrecht zu bekämpfen, sind sie durch die Verordnungen der Kontingentsherren (Marine: Kaiser) erlassen. Sie sind im Heere bei allen Kontingenten übernommen.

Heer und Marine haben je zwei BO.en, deren eine für die Beschwerdeführung der Offiziere, Sanitätsoffiziere, Veterinäroffiziere, Beamten (BO. I), die andere für die Mannschaften vom Feldwebel (Deckoffizier) abwärts (BO. II) erlassen sind. Auch die Personen des Beurlaubtenstandes sind an die Bestimmungen der BO. gebunden. Zeitliche Reihenfolge: 14. Juni 94 BO. II f. d. Heer; 31. Juli 94 f. d. bayr. Heer; 23. Okt. 94 MarBO. II; 30. März 95 BO. I, f. d. Heer; 1. Juni 95 f. d. bayr. Heer; 30. Dez. 95 MarBO. I; 1. Aug. 96 BO. I u. II f. d. Schutztr. (sie entspricht mit geringen Abweichungen und besonderen Zusätzen der für das Heer erlassenen).

Die Beschwerde ist Willenserklärung mit dem Ziel dienstlicher Abhilfe. Die BO.en regeln nur den äußeren Hergang bei Führung einer Beschwerde; ob eine Beschwerde berechtigt ist oder nicht, und was zu veranlassen ist, haben die Disziplinarvorgesetzten nach ihrem Ermessen zu entscheiden. Das Beschwerderecht ist militärisches Bedürfnis. Es soll jeder Soldat wissen, daß er auch gegenüber dem kleineren Unrecht geschützt sei. Nun ist freilich nicht alles als Unrecht anzusehen, was als Unrecht empfunden wird; die natürlichen Rauheiten des militärischen Lebens sind zu beachten, die Autorität muß ebenso geschützt wie das Unrecht bekämpft werden, und es ist anzuerkennen, daß eine unbegründete Beschwerde die Disziplin schädigen kann. Es ist deshalb begreiflich, daß das Beschwerderecht nach verschiedenen Richtungen hin erschwert ist, vor allem durch den Hinweis auf strenge Strafen bei leichtfertiger Beschwerdeführung und solcher wider besseres Wissen (vgl. § 152 MStGB.), auf der anderen Seite auch durch genaue Formvorschriften, besonders über Fristen und den einzuschlagenden Weg; doch auch bei deren Nichtbeachtung ist Prüfung und Bescheidung der Beschwerde vorgeschrieben. — Vgl. noch Ziff. 10.

Ziffer 2. Voraussetzung der Beschwerde.

Beschweren darf sich jeder Soldat, oer glaubt, daß er Grund zur Beschwerde habe; es genügt vermeintliches Unrecht. Vor allem kommen: unwürdige Behandlung, strafbare Handlungen der Vorgesetzten und Kameraden, Verletzung oder Schädigung dienstlicher Gerechtsame und des berechtigten Standesbewußtseins in Betracht. Der Offizier und Beamte kann sich nur über Vorgesetzte (der Begriff ist jedoch im Sinne der BO. I erweitert), der Soldat vom Feldwebel usw. abwärts auch über Kameraden und Beamte beschweren. Betrifft die Beschwerde eine strafbare Handlung, so muß sie, soweit nicht disziplinäre Erledigung nach § 3 EG. MStGB. zulässig ist und Platz greift, alsbald in das gerichtliche Verfahren übergeführt werden. Das Recht, strafbare Handlungen auch durch Strafanzeige zur Kenntnis der Vorgesetzten zu bringen, besteht aber unabhängig neben dem Beschwerderecht; für Mannschaften vom Feldwebel abwärts ist der Weg bei Erstattung einer Strafanzeige derselbe wie bei Einreichung einer Beschwerde (AB. zu § 151 MStGO.). Die sonstigen Bestimmungen der BO., vor allem über einzuhaltende Fristen, fallen aber weg. Die Feststellung, ob eine Anzeige oder eine Beschwerde beabsichtigt sei, ist nach mehrfachen Richtungen hin von Bedeutung. Das militärische Leben kennt ferner noch die einfache Meldung strafbarer Handlungen, ohne Innehaltung des Dienstwegs, selbstverständlich auch (bes. im gerichtlichen Strafverfahren) die — an Fristen und Formen nicht gebundene — Behauptung strafbarer Handlungen zum Zweck der Ausübung eines Rechts in besonderen Fällen[1].

Ziffer 3. Das Anbringen der Beschwerde.

Gemeinschaftliche Beschwerden sind unzulässig und ohne weiteres zurückzuweisen. Sie gelten nicht als Beschwerden. Eine Beschwerde darf an dem Tage, an dem der Anlaß zu ihr gegeben ist, nicht vorgetragen werden, sondern frühestens an dem darauffolgenden Tage. Die Bestimmung kreuzt sich mit der anderen, daß sich der Soldat niemals während oder unmittelbar nach Beendigung des Dienstes beschweren darf. Über Disziplinarstrafen (vgl. hierzu „Militärisches Disziplinarstrafrecht" unter Ziff. 8) darf sich der Soldat frühestens am Tage nach der Verbüßung beschweren. Das Anzeigerecht bei strafbaren Handlungen ist an diese und an die nachfolgenden Bestimmungen nicht gebunden. Die Beschwerdefrist beträgt für den Soldaten 5, für den Offizier (Beamten) 3 Tage. Vorsätzliche Nichtbeachtung der Frist ist Ungehorsam, fahrlässige ist Disziplinarübertretung. Vorzeitige oder verspätete Beschwerde ist ausnahmsweise gestattet; die Bestimmungen darüber in den verschiedenen BO. sind nicht einheitlich. Grundsätzlich ist anzuerkennen, daß eine Strafe wegen Nichtbeachtung der Frist nur eintreten sollte, wenn die Beachtung der Frist billigerweise hätte verlangt werden können.

Die Beschwerde der Mannschaften ist grundsätzlich beim Kompagnie- usw. -chef anzubringen. Besondere Bestimmungen hierzu für Untersuchungsgefangene, Arbeitssoldaten, Mannschaften der Bekleidungsämter, Unterärzte, Einjährigfreiwillige Ärzte, Militärkrankenwärter, Unterveterinäre, Einjährigfreiwillige Tierärzte, militärisch organisierte Landgendarmerie. Die Beschwerde gegen den Kompagnie- usw. -chef wird dem nächstältesten Offizier der Kompagnie usw. vorgetragen. Schriftliche Beschwerde ausnahmsweise erlaubt. Mannschaften des Beurlaubtenstandes beschweren sich beim Bezirkskommandeur, erforderlichenfalls beim Bezirks- oder Kontrolloffizier oder Adjutanten. Die Beschwerde wird von den nächsten Disziplinarvorgesetzten (d. i. in der Regel der Hauptmann usw.) entschieden oder an den zuständigen Vorgesetzten weitergereicht.

Nach BO. I trägt jedoch der Beschwerdeführer dem zur Entscheidung berufenen Vorgesetzten seine Beschwerde mündlich oder schriftlich unmittelbar vor. Auch hier entscheidet grundsätzlich der nächste mit Disziplinarstrafgewalt ausgestattete Vorgesetzte; doch werden Beschwerden über Vorgesetzte, die einem eigenen Truppenverbande angehören, stets vom Kommandeur oder Direktor

[1] Über die Beziehungen strafbarer Handlungen zur Beschwerde hat lange Unklarheit geherrscht. Über dieses eigenartige und bedeutsame „Problem an der Schwelle des Beschwerderechts" (Rissom) s. Dietz, Beschw.Ordn., bes. S. 112—122, 169—172.

entschieden, auch wenn schon einer seiner Untergebenen der Regel nach zuständig wäre (Beispiel: innerhalb des Regiments entscheidet stets der Regimentskommandeur). Eine wichtige Abweichung von der BO. II besteht darin, daß bei jeder Beschwerde (Ausnahme: weitere Beschwerde und solche Beschwerde, die eine verhängte Disziplinarstrafe oder deren Vollstreckung zum Gegenstande hat) eine dienstliche Vermittlung in Anspruch genommen werden muß, damit der verklagte Vorgesetzte Gelegenheit erhält, unbewußt oder in der Übereilung zugefügtes Unrecht sofort abzustellen oder auszugleichen. Der Vermittler ist bei Beschwerden der Offizier und gegen Offiziere stets ein Offizier, bei Sanitätsoffizieren ein Sanitätsoffizier oder, wenn ein solcher fehlt, ein Offizier, in der Regel ein älterer, erfahrener, unter dem Range des Verklagten stehender und von demselben Truppenverbande (derselben Behörde) wie der Beschwerdeführer oder der Verklagte. Der um Vermittlung Angegangene muß sie grundsätzlich übernehmen und sich genau über die Beschwerdepunkte unterrichten lassen; er darf nur dann die Vermittlung ablehnen, wenn er die Beschwerde in allen Punkten für vollkommen unbegründet oder die Verletzung für so schwer ansieht, daß sie im Wege der Vermittlung nicht zu beseitigen ist. Über sein Verhalten sind eingehende Vorschriften erlassen; Wahl und Benachrichtigung des Vermittlers sind an bestimmte Vorgesetzte zu melden. Der Verklagte muß den Vermittler bestimmt bescheiden; findet er keine Ursache, die Veranlassung zur Beschwerde zu beseitigen, so wird die Beschwerde dem zur Entscheidung zuständigen Vorgesetzten mündlich oder schriftlich vom Beschwerdeführer vorgetragen.

Ziffer 4. Zurücknahme der Beschwerde.

Die Beschwerde kann (nach allen BO.en) jederzeit — vor Zustellung einer Entscheidung — zurückgezogen werden; es ist das nicht ausdrücklich gesagt, ergibt sich aber schon aus dem Wesen der Beschwerde.

Ziffer 5. Aufklärung des Sachverhalts.

Der zur Entscheidung berufene Vorgesetzte hat die Sachlage durch mündliche oder schriftliche Erhebungen (keine gerichtliche Zeugenvernehmungen), nach BO. I auch durch Berichterstattung der Beteiligten zu klären; BO. I sieht auch protokollarische Vernehmung der Beteiligten und Zeugen durch einen dem Verklagten im Range nahestehenden Offizier vor, wenn durch die Berichterstattung die Sachlage nicht genügend geklärt ist. Eine Einwirkung auf den Untergebenen behufs Zurückziehung der Beschwerde ist untersagt. (§§ 117 MStGB., der auch die Unterdrückung der Beschwerde unter Strafe stellt). Doch sind die Vorgesetzten verpflichtet, den Beschwerdeführer über etwaige unrichtige Rechtsauffassung oder unrichtige dienstliche Anschauung zu belehren; keine Pflicht, sich dieser Belehrung anzupassen. Nach BO. I ist der Vermittler, wenn er die Beschwerde in allen Punkten für vollkommen unberechtigt hält, verpflichtet, dem Beschwerdeführer von der Einreichung der Beschwerde abzuraten.

Ziffer 6. Die Entscheidung.

Die Entscheidung muß so schnell getroffen werden, als die für die Beurteilung der Beschwerde unerläßliche Sorgfalt es gestattet. Jede Entscheidung ist schriftlich abzufassen und aufzubewahren. Die wesentlichen Entscheidungsgründe müssen dem Kläger und dem Verklagten mitgeteilt werden, nach BO. I schriftlich, nach BO. II mündlich oder schriftlich.

Ziffer 7. Weitere Beschwerde.

Gegen die Entscheidung ist weitere Beschwerde zulässig; sie steht dem Kläger und Verklagten zu; sie richtet sich äußerlich gegen den, der entschieden hat. Der Instanzenzug läuft durch die ganze Reihe der Disziplinarvorgesetzten in allen Fällen bis zur allerhöchsten Stelle (großer Kräfteaufwand, aber von idealer und auch sachlicher Bedeutung). Die Vermittlung nach BO. I fällt stets weg.

Nach BO. II wird die weitere Beschwerde beim Kompagnie- usw. -chef (wenn dieser Verklagter ist, beim nächstältesten Offizier der Kompagnie usw.), in der Regel mündlich, angebracht. Aufnahme einer Verhandlung. Die Fristen sind 5 Tage, nach BO. I 3 Tage.

Die weitere Beschwerde muß begründet werden (also Kritik an der angefochtenen Entscheidung erlaubt; dazu berechtigt überhaupt das Wesen der Beschwerde).

Ziffer 8. Mißbrauch des Beschwerderechts.

a) Die wider besseres Wissen auf unwahre Behauptungen (es genügt eine einzige bewußte Unwahrheit) gestützte Beschwerde wird nach § 152 Abs. 1 MStGB. bestraft (Kriegsgericht, Tateinheit mit §§ 164, 187 RStGB. ist denkbar). Militärbeamte unterstehen der Strafvorschrift des § 152 nicht; Personen des Beurlaubtenstandes nur, wenn sie im Dienst im Sinne des § 6 MStGB. die Beschwerde vorgetragen haben. Im Feld und an Bord ist das Standgericht zuständig.

b) Die leichtfertige Beschwerde (Leichtfertigkeit: grobe Fahrlässigkeit, nicht zu verwechseln mit der einfachen unbegründeten Beschwerde, vgl. RMG. **4**, 265, **13**, 128) des Soldaten ist Disziplinarübertretung (§ 1 Z. 1 DStO. und MarDStO.); wer sich zum zweiten Male leichtfertig beschwert, muß standgerichtlich verfolgt werden.

c) Die Beschwerdeführung unter Abweichung vom vorgeschriebenen Dienstwege ist bei vorsätzlichem Handeln des Soldaten nach § 152 Abs. 2 standgerichtlich zu verfolgen; bei fahrlässigem Handeln liegt nur Disziplinarübertretung vor; entschuldbare Fälle werden durch Rügen, Belehrungen erledigt werden können.

d) Die Abweichung des Soldaten von der Beschwerdefrist ist Ungehorsam nach § 92 MStGB. bei vorsätzlichem unentschuldbarem Handeln (so jedenfalls nach der herrschenden Lehre, nach der Dienstvorschriften, die ein bestimmtes Tun oder Lassen in bestimmten Fällen vorschreiben, als Befehle in Dienstsachen anzusehen sind); fahrlässiges Handeln ist Disziplinarübertretung (kein Strafzwang); vgl. oben über vorzeitige und verspätete Beschwerde.

e) Nach allen BO.en soll erwogen werden, ob nicht im Falle der unbegründeten Beschwerdeführung die Aufrechterhaltung der Manneszucht ein Einschreiten gegen den Beschwerdeführer erfordert. Unrichtige dienstliche Anschauung als solche wird für nicht strafbar erklärt; gleiches muß für eine unrichtige Auslegung der Gesetze, Dienstvorschriften usw. gelten. Disziplinarbestrafung dürfte nur dann gerechtfertigt sein, wenn jeder Zweifel an dem Unbegründetsein der Beschwerde ausgeschlossen ist, und wenn der gute Glaube des Beschwerdeführers an das Begründetsein seiner Beschwerde notwendig auf Fahrlässigkeit beruht. Auch in der einfachen Weiterführung einer abgewiesenen Beschwerde trotz Belehrung über unrichtige dienstliche Anschauung oder das richtige Recht wird an sich nichts Strafbares gefunden werden dürfen. Die gewissenhaft errungene Überzeugung des Beschwerdeführers, daß seine Beschwerde begründet sei, ist jedenfalls hochzuhalten. Auch hier müßte zum mindesten Fahrlässigkeit — sie ist sehr schwer festzustellen — erwiesen sein.

Ziffer 9.

Für die **Beschwerdeführung der Militär- und Zivilbeamten der Militär-(Marine)-Verwaltung** (auch der Unterbeamten) gelten im allgemeinen die Vorschriften der BO. I. Eine Vermittlung ist jedoch freigestellt und wird empfohlen für die Fälle, in denen die Beilegung der Beschwerde davon erwartet werden darf. Die Beschwerde ist stets schriftlich bei dem zur Entscheidung zuständigen Dienstvorgesetzten des Verklagten anzubringen, die weitere Beschwerde bei dem nächsten Dienstvorgesetzten dessen, der entschieden hat. Wenn die Beschwerde der Beamten, die im doppelten Unterordnungsverhältnisse stehen, das Gebiet der Militärdisziplin berühren, so entscheidet der Militärvorgesetzte, in anderen Fällen der Verwaltungsvorgesetzte des Verklagten. Einholung von Gutachten der Verwaltungs- und technischen Behörden ist vorgesehen. Auch solche Personen des Soldatenstandes, die in Stellen der Militär-(Marine-)verwaltung verwendet sind, haben bei ihren aus dem Beamtenverhältnis hervorgegangenen Beschwerden den Dienstweg für Beamte innezuhalten.

Beschwerden gegen Disziplinarordnungsstrafen auf Grund der Beamtengesetze, besonders des RBG., werden nicht nach der BO. behandelt. Formen und Fristen für solche Beschwerden nach RBG. fallen weg. Nach § 17 der Vollzugsverordn. v. 10. 12. 1908 zum Bay. Beamtenges. v. 16. 8. 1908 ist jedoch die Beschwerde befristet (zwei Wochen).

Ziffer 10. Schlußwort.

Das geltende militärische Beschwerderecht ist vielfach angefochten worden. Seine Bestimmungen sind sicherlich verbesserungsfähig. Im Kern halten aber die Bestimmungen auch ernster Nachprüfung stand. Den Grundsätzen des Disziplinarstrafrechts entsprechend, ist in den entscheidenden Punkten der persönlichen Auffassung der Disziplinarvorgesetzten weiter Spielraum gewahrt. Es läuft daher schließlich alles darauf hinaus, daß das geltende Beschwerderecht mit neuzeitlichem Geiste erfüllt wird, daß der Gedanke, Gerechtigkeit und Disziplin im richtigen Einklange zu halten, die Richtschnur für jede Entscheidung abgibt. Das geltende Beschwerderecht läßt eine freiere Auffassung zu, ohne daß das richtig verstandene Wesen der militärischen Disziplin darunter Schaden zu nehmen hätte. Die Meinung, jede Beschwerde sei ein Übel, ein peinliches Auflehnen gegen die militärische Autorität, muß verlassen werden. Sie neigt ebenso wie der gelegentlich zu hörende Satz „ein richtiger Soldat beschwert sich nicht", zu sehr auf die Seite des Vorgesetzten, übersieht die tieferen Gründe, die ein geordnetes Beschwerderecht ins Leben gerufen haben und gefährdet damit die gerechte Entscheidung der Beschwerde. Selbstgefühl und männliches Wesen und eng verbunden damit das Ehrgefühl sind beim Soldaten nicht hoch genug anzuschlagen; vornehmste Aufgabe der militärischen Erziehung ist es, sie zu pflegen und zu steigern. Je höher der Einzelne geistig und kulturell steht, desto mehr weiß er, daß willige Unterordnung unter das große Ganze notwendig ist, desto empfindlicher ist er aber auch gegen jede mißbräuchliche Behandlung. Das Recht der Persönlichkeit ist gerade in der bewaffneten Macht, die kraftvollen Wesens nicht entraten kann, hoch zu halten. Die dienstliche Beschwerde mit dem Anspruch auf eine unbefangene und gerechte Entscheidung ist ein wichtiges Mittel, zur Männlichkeit zu erziehen und das gegenseitige Vertrauen zwischen Vorgesetzten und Untergebenen zu steigern.

Die militärische Ehrengerichtsbarkeit.

Schrifttum.

A. Kommentare:

Dietz, Die Ehrengerichtsverordnungen (Neufassung 1910, Bayern 1911) für die Offiziere und Sanitätsoffiziere des Heeres und der Schutztruppe, nebst Ergänzungsorder vom 1. Jan. 97 (Ehrenhändel), 2. u. 3. Auflage, Rastatt 1912.
Derselbe, Die Ehrengerichtsverordnung für die Offiziere der Kaiserl. Marine, Rastatt 1911.
Kommentare zu den älteren EhrV.
Endres, je für die Offiziere des Heeres und der Marine, Berlin 1906.
Elsner v. Gronow u. Sohl in Militärstrafrecht IV, Berlin 1906.
Fleck, EhrV. v. 20. Juli 1843. Berlin 1865; s. auch
Solms, Strafrecht und Strafprozeß für Heer und Marine VII, Berlin 1892.
Schlayer, Militärstrafrecht III 5, Berlin 1894.

B. Weitere umfassende Nachweisungen der Literatur s. bei Dietz, EhrV. unter Quellen und Literatur. Hervorzuheben sind:

Beiträge in Dietz' Handwörterbuch des Militärrechts (s. unter Ehrengerichte daselbst) Rastatt 1912.
Beitrag: Ehrengerichte in v. Alten, Handbuch für Heer und Flotte, Stuttgart 1909.
Beiträge und Erörterungen im ArchMilR. Bd. 1—4.
Apel, Die königl. Gewalt auf dem Gebiete des Ehrengerichtsverfahrens gegen preußische Offiziere, Berlin 1906;
v. Boguslawski, Der Ehrbegriff des Offizierstandes, Berlin 1897.
Rissom, Militärstrafrecht, Disziplinarstrafgewalt, Ehrengerichte im deutschen Heere, Berlin 1903.

v. Rabenau, Die deutsche Land- und Seemacht und die Berufspflichten des Offiziers, 3. A Berlin 1911.
Auffarth, Inhalt und Form, das Buch vom Offizier, Wien 1910.
Sternberg, Die Frage der Ehrengerichte, Wien 1903.
v. Korwin-Dzbanski, Offiziersstandesehre, Wien 1907.

Ziffer 1. Wesen und Zweck des ehrengerichtlichen Verfahrens.

Die Ehrengerichtsverordnungen dienen der Pflege der bewährten Überlieferungen ritterlichen Sinnes im Offizierstande; die Ehrengerichte sollen die gemeinsame Ehre des Standes und die Ehre des einzelnen wahren und schützen (Bestrafung des Schuldigen, Reinigung des unbegründet Verdächtigten). Die Standesgenossen selbst sollen in erster Linie darüber urteilen, ob die Ehre des Standes oder des einzelnen gefährdet oder verletzt ist; ihr Urteil ist freilich nach heutigem Recht nur noch ein Gutachten. Der oberste Ausleger der Offizierstandesehre ist der König (Kaiser).

Ziffer 2. Quellen.

Über verletzendes Verhalten eines Kameraden hatten die Offiziere eines Regiments erstmals nach der AV. v. 3. Aug. 1908 wegen Bestrafung der Offiziere (Pr. MilGes. S. 1, 64) zu entscheiden; sie konnten mit Dreiviertelmehrheit ihn des „Avancements für unfähig" erklären. Es folgten Bestimmungen für die Landwehrbataillone in der Landwehrordnung vom 21. Nov. 1815 (MilGes. S. 1, 113); weitere Fortbildung durch AV. v. 15. Febr. 21 über das Verfahren bei den Ehrengerichten (ebd. S. 175, 210: festere Gestaltung. Spruch nur Gutachten, endgültige Entscheidung beim König) und besonders durch die AV. über Ehrengerichte v. 10. Juli 1843 (M.G. S. 3, 90: Die Grundzüge des heutigen Verfahrens trotz zahlreicher Abweichungen schon deutlich erkennbar; der Spruch soll nach V. des KM. v. 5. Nov. 43 nicht mehr aufgehoben werden; er ist also entscheidendes Urteil der Standesgenossen). Es folgen die EhrV. für die Offiziere im preußischen Heere vom 2. Mai 74, durch die bekannte prächtige Einleitungsorder Kaiser Wilhelms I. eingeleitet, am 2. Nov. 75 die EhrV. für Offiziere der Kaiserl. Marine, erneuert 26. Juli 1895, solche für die Schutztruppenoffiziere am 15. Juni 97, für die Sanitätsoffiziere des Heeres am 9. April 01, der Marine am 3. Juni 01; daneben zahlreiche Sonderbestimmungen in Ehrengerichtssachen.

Die heute geltenden Bestimmungen sind für Offiziere und Sanitätsoffiziere des Heeres am 15. Juli 10, für die Offiziere der Marine am 13. Mai 11, für die Sanitätsoffiziere der Marine am 24. Okt. 11, die bayr. EhrV. für Offiziere und Sanitätsoffiziere sind am 27. Febr. 11 neu gefaßt worden. Die preußischen Verordnungen für das Heer sind wörtlich in Sachsen und Württemberg, mit geringen, fast nur sprachlichen Abänderungen in Bayern eingeführt.

Daneben ist von Bedeutung die für alle Offiziere und Sanitätsoffiziere geltende AKO. v. 1. Jan. 1897, die sog. Ergänzungsorder der Einführungsorder zum EhrV.; sie bezieht sich auf Ehrenhändel der Offiziere und Sanitätsoffiziere und hat ihren Vorläufer in der Pr. V. v. 10. Juli 1843 über die Bestrafung des Zweikampfes unter Offizieren.

Ziffer 3. Rechtliche Natur der EhrV.

Die EhrV. sind als Armee- und Marinebefehle, nicht als Disziplinarverordnungen aufzufassen. In Preußen sind sie nicht gegengezeichnet. Gesetzliche Grundlage ist Art. 46 der Pr. Verf. Die EhrV. sind Dienstbefehle an die Offiziere und enthalten keine eigentlichen Rechtsvorschriften. Es besteht deswegen doch kein Grund, sie vom Begriff Rechtspflege ganz loszulösen; mittelbar dienen sie auch der Disziplin.

Ziffer 4. Abgrenzung vom Disziplinarstrafrecht.

Scharfe Grenzlinien fehlen. Es gibt Handlungen, die allein disziplinär, und solche, die allein ehrengerichtlich beurteilt zu werden verdienen; schließlich solche, die beiden Strafgewalten unterfallen. Wenn die Grenze zweifelhaft ist, ist die Disziplinarstrafe zu wählen, um die gewichtige Bedeutung eines ehrengerichtlichen Spruches nicht herabzudrücken.

Ziffer 5. Abgrenzung vom Kriminalstrafrecht (§ 3 EhrV.)

Das ehrengerichtliche Verfahren ist vom gerichtlichen Strafverfahren an sich ganz unabhängig; es gilt auch hier nicht der Grundsatz: ne bis in idem. Die Richtung des Angriffs ist verschieden. Doch hat die Entscheidung des staatlichen Strafgerichts den Vorrang. Solange ein gerichtliches Verfahren wegen derselben Handlung oder Unterlassung schwebt, ist ein ehrengerichtliches Verfahren unzulässig; ein schwebendes muß ausgesetzt werden. Bei rechtskräftiger gerichtlicher Verurteilung kann ein ehrengerichtliches Verfahren nicht mehr stattfinden, wenn auf Entfernung aus dem Heere oder auf Dienstentlassung erkannt ist. In allen anderen Fällen kann das ehrengerichtliche Verfahren nachfolgen. An rechtskräftige Urteile in allen ihren Teilen ist das Ehrengericht gebunden. Vorkommnisse, die nicht Gegenstand der Urteilsfassung sind, können vom Ehrengericht ganz frei festgestellt und gewürdigt werden.

Ziffer 6. Abgrenzung von anderen staatlich eingesetzten Ehrengerichten und einem amtlichen Disziplinarverfahren.

Ein gleichzeitiges ehrengerichtliches Verfahren ist zulässig; doch kann das Ergebnis des staatlichen Ehrengerichts usw. abgewartet und es können die Akten dieses Verfahrens dem militärischen Ehrengerichtsverfahren zugrunde gelegt werden. Bei Sanitätsoffizieren des Beurlaubtenstandes und bei verabschiedeten Sanitätsoffizieren, die einem staatlichen Ehrengericht für Zivilärzte unterstehen, muß die Entscheidung des letzteren abgewartet werden.

Ziffer 7. Die Zuständigkeit der Ehrengerichte

ergibt sich aus ihrem Zweck (s. oben Ziff. 1). Sie beurteilen alle Handlungen und Unterlassungen von Offizieren, die dem richtigen Ehrgefühl oder den Verhältnissen des Offizierstandes (dieser Begriff ist zu weit gefaßt; es kann sich nur um Verletzungen der Standesehre handeln, was der Spruch beweist) zuwider sind und daher die gesamte Standesehre oder die Ehre des einzelnen gefährden oder verletzen; ferner die Fälle, in denen Offiziere zum Schutz ihrer eigenen Ehre auf einen ehrengerichtlchen Spruch antragen (ihre Reinigung durch Freisprechung bezwecken).

Zum Gegenstand eines ehrengerichtlichen Verfahrens sollen nicht gemacht werden: Politische Tätigkeit (innerhalb der staatserhaltenden Parteien); Streitigkeiten dienstlicher oder privatgeschäftlicher Natur; die grundsätzliche Verwerfung des Zweikampfs aus religiösen oder sittlich gerechtfertigten Bedenken; ein Selbstmordversuch, außer wenn die Nebenumstände es erfordern.

Ziffer 8. Persönliches Geltungsgebiet.

Unterworfen sind den Ehrengerichten die Offiziere (Sanitätsoffiziere) des aktiven Dienst- und Beurlaubtenstandes, die à la suite der Armee (des Sanitätskorps), die Gendarmerieoffiziere, die Offiziere z. D. und die Offiziere a. D., die das Recht haben, Militär(Marine-)uniform zu tragen. Offiziere in der Marine im Sinne des EhrV. sind auch die Marine- und Torpedoingenieure, die Feuerwerks- und Torpederoffiziere.

Ziffer 9. Arten der Ehrengerichte.

Es gibt Ehrengerichte

a) über Hauptleute oder Rittmeister, Oberleutnants und Leutnants. Marine: entsprechend über Offiziere vom Dienstgrade der Kapitänleutnants abwärts: bei Sanitätsoffizieren: über Stabsärzte, Ober- und Assistenzärzte; in der Marine: vom Dienstgrade der Marine-Stabsärzte abwärts;

b) über Offiziere vom Dienstgrade der Stabsoffiziere; bei Sanitätsoffizieren über Generaloberärzte und Oberstabsärzte. — Bei ehrengerichtlichem Einschreiten gegen Generale, Admirale, Stabsoffiziere in dieser Stellung, Adjutanten der Fürsten eines deutschen Hauses usw., gegen Generalärzte usw. wird von Allerhöchster Stelle (Bayern: vom KMin.) Näheres bestimmt.

Ziffer 10. Bildung der Ehrengerichte.

a) Die Ehrengerichte über Hauptleute usw. (Kapitänleutnants usw.) werden durch das Offizierkorps der Truppenteile — der Begriff ist etwas erweitert — (auf jedem Schiff, bei jedem selbständigen Marineteile, Institut usw., wenn mindestens 8 stimmfähige Mitglieder vorhanden sind), ferner durch das Offizierkorps der Landwehrbezirke (Teilung in mehrere Ehrengerichte vorgesehen) gebildet. Die Offiziere des Beurlaubtenstandes der Marine sind jedoch ohne Teilnahmepflicht im Einzelfalle den Ehrengerichten der aktiven Marineteile angegliedert. Die Ehrengerichte über Stabsärzte usw. werden bei jeder Division und bei der Landwehrinspektion Berlin aus den Sanitätsoffizieren des Divisions- usw. -verbandes gebildet; Sanitätsoffiziere des Beurlaubtenstandes sind zur tätigen Teilnahme nicht berechtigt. Für die Marinestabsärzte usw. bestehen Ehrengerichte an Land und an Bord; die des Beurlaubtenstandes sind u. U. zur tätigen Teilnahme beim Spruch gegen eines ihrer Mitglieder berechtigt.

Leiter der Ehrengerichte ist stets der Kommandeur des Offizierkorps, der Kommandant des Schiffes usw., der Divisionsarzt (Marine: Geschwaderarzt, der nach dem Stationsarzt rangälteste San.-Offizier usw.).

b) Die Ehrengerichte über Stabsoffiziere bestehen aus einem General (Flaggoffizier) als Leiter und 9 Stabsoffizieren im Bezirk eines jeden Armeekorps (bei jedem Geschwader usw.). Wahl durch alle Stabsoffiziere des Befehlsbereiches. Es werden 3 Obersten, 3 Oberstleutnants 3 Majore und ihre Stellvertreter (Entsprechendes gilt für die Marine) gewählt. — Die Ehrengerichte über Generaloberärzte usw. haben einen Korpsarzt als Leitenden und nur 6 Generaloberärzte oder Oberstabsärzte; in der Marine werden zwei Ehrengerichte: in Kiel und Wilhelmshaven aus den aktiven Sanitätsoffizieren vom Marineoberstabsarzt aufwärts gewählt; Leitender ist der Stationsarzt.

Zu a und b: Teilnahme der verabschiedeten Offiziere beim Spruch gegen eines ihrer Mitglieder ist bei Erfüllung gewisser Bedingungen gestattet.

Neben tätiger Teilnahme an den Ehrengerichten gibt es auch für manche Offiziere einfache Unterstellung. Gewisse Sonderbestimmungen für den Kriegszustand.

Ziffer 11. Ehrenrat.

Bei jedem Ehrengericht wird ein Ehrenrat aus drei Mitgliedern durch jährliche Wahl gebildet. Stellvertreter für Behinderungsfälle. Er besteht regelmäßig aus einem Hauptmann (Rittmeister), einem Oberleutnant und einem Leutnant, bei Stabsoffizieren aus einem Oberst, Oberstleutnant und einem Major (entsprechende Dienstgrade in der Marine, bei den Sanitätsoffizieren). Der Ehrenrat ist die ausführende und begutachtende Stelle des Kommandeurs; im Rahmen der Weisungen des Kommandeurs kommt ihm eine gewisse Selbständigkeit zu. Seine Gutachtertätigkeit ist ganz frei. Er soll eine Stütze des Kommandeurs sein. Das Amt erfordert Männer, die durch kameradschaftlichen Sinn und gute Urteilskraft, feinen Takt und Ehrgefühl ausgezeichnet sind. Wesentlichste Aufgaben: Führung der Ermittlungen, Abgabe von Gutachten, besonders vor Einleitung des förmlichen Verfahrens und in der Spruchsitzung, Anzeigepflicht bei Handlungen der Offiziere, die gegen die Standesehre verstoßen, daneben auch rein kameradschaftliche Beratung der Offiziere; zugleich klägerische und richterliche Tätigkeit.

Ziffer 12. Der Kommandeur (Leitender des Ehrengerichts).

Er ist verantwortlich für die ganze Führung des ehrengerichtlichen Verfahrens. Er leitet die Wahl des Ehrenrats und dessen Geschäfte, prüft selbständig alle Vorkommnisse, die etwa zum ehrengerichtlichen Einschreiten führen können, ordnet vorläufige Ermittlungen an, enthebt vorläufig den Bezichtigten vom Dienst. Er holt die Entscheidung des Befehlshabers (s. Ziff. 13) ein, ob das ehrengerichtliche Verfahren eingeleitet werden soll, er leitet dieses Verfahren (Vorladung des Angeschuldigten der Zeugen, bescheidet Anträge), er entscheidet über Abschluß der Untersuchung, beruft das Ehrengericht, schließt von der Teilnahme aus, leitet die Spruchsitzung, entscheidet bei Stimmengleichheit, läßt den Spruch ausfertigen und gibt die Allerhöchste Entscheidung bekannt.

Ziffer 13. Der Befehlshaber

ist ein dem Kommandeur übergeordneter Offizier (Divisionskommandeur usw.). Seine wichtigste Aufgabe ist die Entscheidung darüber, ob ein ehrengerichtliches Verfahren eingeleitet werden soll; gegen diese Entscheidung ist Einspruch nur möglich, wenn durch sie der Antrag eines Offiziers auf einen ehrengerichtlichen Spruch gegen sich selbst abgelehnt wird; bei Einspruch entscheidet die Allerhöchste Stelle (Bayern: Kriegsministerium). Die Einleitungsverfügung wird vom Befehlshaber schriftlich erlassen und enthält eine als Anklagepunkte genau gefaßte Aufstellung der Verstöße gegen die Standesehre, deren der Offizier beschuldigt wird. Das Verfahren muß durchgeführt werden, außer wenn die Ehrengerichtsbarkeit wegfällt. Ausdehnung auf neue Anschuldigungspunkte ist möglich. Andere Aufgaben des B. sind z. B.: Enthebung des Angeschuldigten vom Dienst (wenn erforderlich), Verweisung an ein anderes Ehrengericht, Gestattung der Akteneinsicht in besonderen Fällen, Aktenvorlage an Allerhöchste Stelle.

Der Kommandierende General (Admiral) hat die Befugnisse des Befehlshabers beim Ehrengericht über Stabsoffiziere und auch sonst einzelne Obliegenheiten.

Ziffer 14. Vorerhebungen.

Der Kommandeur veranlaßt sie; der Ehrenrat führt sie im Auftrage durch und berichtet über das Ergebnis. Die für das förmliche Verfahren geltenden Vorschriften sollen für die Ausführung der Ermittlungen einen Anhalt abgeben. Eidliche Vernehmungen von Zeugen werden für zulässig erklärt. Der Kommandeur hat sich danach selbständig zu entscheiden, ob er die Einleitung des förmlichen Verfahrens beantragen will. In diesem Falle berichtet er gutachtlich an den Befehlshaber und legt die bisherigen Verhandlungen, dazu ein Gutachten des Ehrenrats und eine kurze Beurteilung des Bezichtigten vor. Die Zwischenstellen geben ihr eigenes Gutachten ab.

Ziffer 15. Förmliches Verfahren.

Das ehrengerichtliche Verfahren findet regelmäßig bei dem Ehrengericht statt, dem der Angeschuldigte unterworfen ist. Verweisung an ein anderes Ehrengericht, einheitliche Durchführung eines Verfahrens gegen mehrere Angeschuldigte ist vorgesehen. Die Zuständigkeit wird durch Versetzung usw. nicht aufgehoben. Die Untersuchung, nach Weisungen des Kommandeurs vom Ehrenrat zu führen, ist schriftlich und geheim. Der Kommandeur ist nicht anwesend. Die Akten müssen über alles, was geschieht, vollständig Auskunft geben. Die alleinige Grundlage ist die Einleitungsverfügung. Nur das Notwendigste darf festgestellt werden, selbstverständlich nicht auf Kosten des Verteidigungsrechts des Angeschuldigten. Der Sinn wechselseitigen Wohlwollens soll neben der Rücksicht auf die Standesehre bei allen Verhandlungen der Ehrenräte (und Gerichte) walten. Berichte sollen vom Angeschuldigten nicht angefordert werden.

Untersuchungshandlungen, vor allem: Vernehmung des Angeschuldigten, von Zeugen oder Sachverständigen durch den Ehrenrat, ein militärisches oder ein bürgerliches Gericht oder ein Konsulat. Andere Untersuchungshandlungen sind nicht erwähnt; Augenschein ist aber denkbar, auch Durchsuchung und Beschlagnahme als rein militärische Maßnahmen. Bürgerliche Gerichte werden nur durch Vermittlung der Militärgerichte ersucht.

a) Die Rechtshilfepflicht der Gerichte im ehrengerichtlichen Verfahren ist eine sehr bestrittene Frage. Für Preußen wird sie (auch für die Vorerhebungen) auf Grund der V. v. 2. Nov. 1849, wonach die preußischen Gerichte und Verwaltungsbehörden sich bei Erledigung der ihnen obliegenden Geschäfte gegenseitig unterstützen sollen, zu bejahen sein. Ob ähnliche Bestimmungen auch für die anderen Bundesstaaten gelten, ist nach deren Gesetzen und besonderen verfassungsmäßigen Bestimmungen zu prüfen. Die Frage wird wohl überall zu verneinen sein. Für die Marine wäre reichsgesetzliche Regelung notwendig.

Bei Ablehnung der Rechtshilfe durch Amtsgerichte hat der ersuchende Gerichtsherr die Beschwerde wegen verweigerter Rechtshilfe an das Oberlandesgericht; weitere Beschwerde an das Reichsgericht.

b) Zeugnispflicht und Zeugniszwang in Ehrengerichtssachen: Der Offizier muß jedem Ehrenrat Rede stehen und Auskunft erteilen. Daraus ergibt sich für ihn als militärische Dienstpflicht, auch jedem Gericht gegenüber, das an Stelle des Ehrenrats tätig wird, Aussage zu machen. Es muß ihm aber das gesetzliche Zeugnisverweigerungsrecht wie im Strafprozeß zugestanden werden. Jeder andere preußische Staatsbürger muß sich in ehrengerichtlichen Untersuchungen (gehören dazu die Vorerhebungen?) als Zeuge von Ehrenräten und Gerichten nach der AKO. v. 18. Juli 44, deren Strafandrohungen durch die §§ 69 StPO., 203 MStGO. ersetzt sind, vernehmen lassen; diese V. hat Gesetzeskraft, weil sie vor der Preußischen Verfassung ergangen ist. In den übrigen Bundesstaaten und in der Marine wird man zu verneinendem Ergebnis kommen müssen, was militärisch ebensowenig befriedigen kann wie das Ergebnis zu a.

c) Das Aussageverweigerungsrecht in Ehrengerichtssachen müssen Zeugen und Sachverständige (auch Offiziere) genau so haben, als wenn sie im gerichtlichen Verfahren vernommen würden. Vgl. 187, 188, 190, 191, 200 MStGO. und die entsprechenden Bestimmungen der StPO.

d) Die Vernehmung vor dem (vollzähligen) Ehrenrat muß, auch wenn es nicht vorgeschrieben ist, notwendig nach den Grundsätzen des strafgerichtlichen Verfahrens durchgeführt werden. Die Fragen wird der Vorsitzende des Ehrenrats (Hauptmann usw.) in der Regel stellen. Über Zeugnisverweigerungsrecht s. unter c. Auch der Ehrenrat hat hiernach, wenn er Zeugen usw. vernimmt, die Pflicht, auf das gesetzliche Zeugnisverweigerungsrecht, soweit Belehrung vorgeschrieben ist, hinzuweisen. Der Angeschuldigte braucht sich — trotz seiner Pflicht, Rede und Antwort zu stehen — einer gesetzlich strafbaren Handlung nicht zu bezichtigen; Lügen können ehrengerichtliche Folgen haben. Vgl. RMG. 11, 95.

e) Die Militär- und auch die bürgerlichen Gerichte verfahren nach den Bestimmungen der MStGO. (§§ 185—221); für die bürgerlichen Gerichte ist das bestritten; jedoch muß das Recht der ersuchenden Stelle, das Reichsrecht ist, maßgebend sein. Vor allem Nacheid. And. M. RMG. 14, 107. Vgl. aber Pr. Erg. 1, 40 und Autenrieth, ArchMilR. 4 Heft 5. Schwierigkeit kann besonders die Frage der Beeidigung in Fällen des § 199 Z. 3 MStGO. machen, zumal die Akten nicht übersandt werden dürfen. Es muß jedoch mitgeteilt werden, was zur Erledigung des Ersuchens erforderlich ist; fehlt es daran, so wird das Gericht nähere Auskünfte verlangen müssen. Offiziere, die den Ehrengerichten unterstehen, werden niemals beeidigt, sondern versichern die Richtigkeit ihrer Aussage auf Ehre und Pflicht. Der Ehrenrat oder einzelne seiner Mitglieder können gerichtlichen Vernehmungen nicht beiwohnen.

f) Akteneinsicht ist den ersuchten Gerichten versagt, dem fremden Ehrenrat ausnahmsweise gestattet. Vorgesetzte Militärbehörden, der Angeschuldigte und sein Verteidiger haben unbeschränktes Recht der Einsicht, die letzteren im Beisein eines Ehrenratsmitgliedes; versagt ist ihnen Einsicht in das begründete Gutachten, das der Ehrenrat für die Spruchsitzung vorzubereiten hat.

g) Bei der Schlußvernehmung wird der Angeschuldigte mit dem Inhalt der Akten bekannt gemacht (vgl. unter f) und befragt, ob er noch etwas zur Sache anzuführen habe oder die Akten für geschlossen halte. Auch nach Schließung der Akten ist eine Ergänzung der Untersuchung noch zulässig; dann ist eine neue Schlußvernehmung anzuschließen.

h) Nach Abschluß der Akten wird die Spruchsitzung vorbereitet. Der Ehrenrat verfaßt ein schriftliches Gutachten, der Angeschuldigte (über seine Verteidigungsbefugnisse zu belehren) kann eine Verhandlung über seine Verteidigung vom Ehrenrat aufnehmen lassen oder eine Verteidigungsschrift einreichen, auch einen den Ehrengerichten unterstellten Offizier als Verteidiger wählen, der keinen niedereren Dienstgrad als er selber hat. Auch dieser kann eine Verteidigungsschrift einreichen. Frist 8 Tage. Die Anklagepunkte, die der Ehrenrat vor dem Ehrengericht vertreten will, sind dem Angeschuldigten bekanntzugeben; eine Liste der Mitglieder des Spruchgerichts wird ihm behändigt; Anträge auf Ausschließung sind spätestens binnen 3 Tagen einzureichen. Bekanntgabe von Ort, Tag und Stunde der Spruchsitzung. Besondere Bestimmungen über Ausschließung von der Spruchsitzung.

i) Verteidigungsrecht. Über Verteidigungsschrift und Wahl eines Verteidigers s. h. Vertrauliche Mithilfe anderer muß als zulässig angesehen werden. Über Akteneinsicht s. f. Aktenauszüge werden gestattet werden müssen, wenn sie erforderlich sind. Verteidigungsschrift ist nicht zu verwerten, wenn die Frist für ihre Einreichung nicht beachtet ist. In der Spruchsitzung kann der Angeschuldigte selbst erscheinen oder sich durch den Verteidiger vertreten lassen. Dort ist mündliche Ergänzung der Verteidigungsschrift vorgesehen. Führung der Verteidigung darf freimütig sein, aber nicht Standesrücksichten verletzen.

k) Spruchsitzung. Zur Spruchsitzung soll allen Offizieren die Gelegenheit gegeben werden zu erscheinen. 10 (Marine 9) Mitglieder einschließlich Kommandeur sind zum gültigen Spruch erforderlich. Das Ehrengericht über Stabsoffiziere muß vollständig sein. Getrennte Spruchsitzung bei Truppenteilen mit mehreren Standorten. Die Spruchsitzung wird vom Kommandeur geleitet und beginnt nach Feststellung der vorschriftsmäßigen Besetzung mit der Verlesung der Akten durch ein Mitglied des Ehrenrats. Dann wird die Verteidigungsschrift und der erste Teil des begründeten Gutachtens des Ehrenrats (der von ihm festgestellte Sachverhalt) verlesen. Es folgt die mündliche Ergänzung der Verteidigung; der Angeschuldigte (Verteidiger) verläßt die Sitzung. Nun wird der zweite Teil des begründeten Gutachtens verlesen, in dem der Antrag des Ehrenrats begründet und die Verteidigung gewürdigt werden muß. Mündliche Stellungnahme des Ehrenrats zur Ergänzung der Verteidigung.

Der Kommandeur unterrichtet das Ehrengericht darüber, wie der Spruch lauten kann (Verlesung) und fordert die Anwesenden auf, unter Berücksichtigung der die Tat begleitenden Umstände als Ehrenmänner ohne Leidenschaft nach Pflicht und Gewissen ihre Stimme abzugeben. Danach Gesamtberatung. Seine Dienststellung darf der Kommandeur hierbei nicht in die Wagschale werfen. Jeder Offizier hat seiner inneren Überzeugung zu folgen.

l) Die Abstimmung. Der Ehrenrat stimmt zuerst ab, dann die übrigen Mitglieder des Ehrengerichts, mit dem Jüngsten beginnend nach dem Dienstalter, zuletzt der Kommandeur. Stimmenthaltung nicht zulässig. Bei mehreren Handlungen desselben Offiziers wird über jeden einzelnen Anschuldigungspunkt besonders abgestimmt; es ist aber nur die schwerste der erkannten Einzelstrafen zu beantragen. Einfache Stimmenmehrheit entscheidet bei gleichlautenden Gutachten; u. U. Zuzählung der für die härteste Ansicht abgegebenen Stimmen zu den nächst milderen. Bei Stimmengleichheit entscheidet die Stimme des Kommandeurs.

m) Der Spruch kann auf Unzuständigkeit des Ehrengerichts, auf Vervollständigung der Untersuchung, auf Freisprechung, auf Schuldig der Gefährdung der Standesehre unter Beantragung einer Warnung, auf Schuldig der Verletzung der Standesehre unter Beantragung der Entlassung mit schlichtem Abschied und schließlich auf Schuldig der Verletzung der Standesehre unter erschwerenden Umständen mit dem Antrage auf Entfernung aus dem Offizierstande (bei Unwürdigkeit) lauten.

Die Entlassung mit schlichtem Abschiede hat den Verlust der Dienststelle, die Entfernung aus dem Offizierstande außerdem noch den Verlust des Offizierstitels zur unmittelbaren Folge. Bei verabschiedeten Offizieren tritt an die Stelle der Entlassung mit schlichtem Abschied der Verlust des Rechtes, die Militäruniform zu tragen, an die Stelle der Entfernung aus dem Offizierstande noch der Verlust des Offizierstitels. Offiziere z. D. scheiden bei diesen zwei Hauptstrafen aus ihrer Stellung aus.

Erworbene Rechtsansprüche, besonders Pension, gehen bei Bestrafung im ehreng. Verfahren nicht verloren; doch entsteht kein Pensionsanspruch beim Ausscheiden infolge ehreng. Spruchs. Orden und Ehrenzeichen werden nicht mehr (wie früher) bei Entfernung aus dem Offizierstande abverlangt.

n) Ein Gnadengesuch des Spruchgerichts ist zulässig.

o) Schweigepflicht. Das Ergebnis der Abstimmung wird dem Ehrengericht sofort mitgeteilt; die Abstimmenden werden auf ihre Pflicht, über die Abstimmung bis zum Bekanntmachen des Spruches an den Angeschuldigten zu schweigen, aufmerksam gemacht.

p) Der Spruch wird vom Ehrenrat in Form eines Erkenntnisses ausgefertigt und auf dem Dienstwege der Allerhöchsten Stelle (Bayern: dem Kriegsministerium) unterbreitet. Die Zwischenstellen äußern sich zum Spruch gutachtlich und bringen etwaige Ausstellungen gegen die formelle Behandlung der Sache vor. Anordnung eines neuen Spruchs, aber keine härtere Strafe als die beantragte, darf aus sachlichen und formellen Gründen vorgeschlagen werden. Auch zu Gnadenanträgen nehmen sie Stellung und können selber Gnadenanträge beifügen.

q) Die Entscheidung der Allerhöchsten Stelle (in Bayern entscheidet diese nur beim Antrage auf schlichten Abschied oder Entfernung aus dem Heere, sonst das Kriegsministerium) ist das eigentliche und alleinige Urteil im ehrengerichtlichen Verfahren. Die Entscheidung ist an das Gutachten des Ehrengerichts nicht gebunden; nur eine verschärfende Entscheidung erfolgt nicht; wird sie für angebracht gehalten, so wird ein neues Spruchgericht, dessen Richter aber wieder ganz frei sind, berufen.

r) Bekanntgabe der Entscheidung. Die schließliche Entscheidung wird mit dem Spruche des Ehrengerichts dem Angeschuldigten bekanntgegeben. Abschrift kann erteilt werden. Genauere Bestimmungen über Bekanntgabe, der sich niemand mehr entziehen kann.

s) Wiederaufnahme des Verfahrens ist mit Genehmigung der Allerhöchsten Stelle (Bayern: das Kriegsministerium) zulässig, wenn genaue Tatumstände oder Beweismittel erbracht werden können, die geeignet sind, eine wesentlich andere Auffassung der Schuldfrage zu begründen (Throngesuche).

Ziffer 16. Zur Auslegung

der EhrV. sind in erster Linie die Kommandierenden Generale (Bayern: das Kriegsministerium) berufen; erforderlichenfalls wird die Allerhöchste Entscheidung eingeholt. Für Bayern sind vom KMin. Vollzugsbestimmungen erlassen worden.

Ziffer 17. Ehrenhändel.

Die geltenden Vorschriften (s. oben Ziff. 2) bezwecken, Beleidigungen zwischen Offizieren standesgemäß auszutragen. Der Offizier muß es als Unrecht erkennen, die Ehre eines Kameraden anzutasten. Hat er hiergegen in Übereilung oder Erregung gefehlt, so handelt er ritterlich, wenn er am Unrecht nicht festhält, sondern zu gütlichem Ausgleich die Hand bietet. Beleidigungen, die nicht alsbald gütlich standesgemäß ausgeglichen werden, müssen die Beteiligten unter Unterlassung aller weiteren Schritte ihrem Ehrenrat sofort anzeigen. Dieser hat unter Leitung des Kommandeurs den Sachverhalt ungesäumt durch mündliche oder schriftliche Verhandlungen aufzuklären und entweder einen Ausgleichsvorschlag aufzustellen oder zu erklären, daß die Ehre der Beteiligten nicht berührt sei und deshalb kein Grund zur Aufstellung eines Ausgleichsvorschlages vorliege, oder daß er sich nach Lage der Sache außerstande sehe, einen Ausgleich vorzuschlagen, und daß im übrigen ein ehrengerichtliches Verfahren notwendig sei. Der Beschluß des Ehrenrats muß vom Kommandeur bestätigt werden; dieser hat aber das Recht, selbständig im Sinne der für den Ehrenrat möglichen Beschlüsse (die also nur Gutachten sind) sich zu entscheiden.

Berufung gegen den Ausgleichvorschlag ist vorgesehen, ferner Pflicht der Vorgesetzten, über Offiziere, die unter Umgehung des Ehrenrats vor endgültiger Entscheidung über Beschlüsse des Ehrenrats usw. einen anderen Offizier zum Zweikampfe herausfordern oder eine Herausforderung annehmen, der Allerhöchsten Stelle (Bayern: dem Kriegsministerium) sofort zu berichten.

Bei Beleidigungen, die zwischen Offizieren und einer den militärischen Ehrengerichten nicht unterworfenen Person vorkommen und nicht alsbald auf gütlichem Wege beglichen werden konnten und zu einem Ehrenhandel geführt haben, muß der Offizier gleichfalls umgehend Anzeige an den Ehrenrat erstatten. Auch hier möglichste Hinwirkung auf einen Ausgleich; keine Bindung an die für Beleidigungen zwischen Offizieren geltenden Vorschriften.

Bei Zweikämpfen hat der Ehrenrat, wenn ein Sühneversuch (er wird unternommen, wo die Standessitte es irgend zuläßt) nicht gelingt, dahin zu wirken, daß die Bedingungen des Zweikampfes in keinem Mißverhältnis zur Schwere des Falles stehen. Kommt es zum Zweikampfe, so hat sich der Vorsitzende des Ehrenrats oder ein Mitglied zum Kampfplatze zu begeben und bei Vollziehung des Zweikampfes auf Wahrung der Standessitte zu achten.

Zu betonen ist, daß der Ehrenrat einen Zweikampf weder genehmigen, noch befehlen, noch verbieten kann.

Vgl. noch oben Ziff. 7 und die Entschließung des Bundesrats (mitgeteilt in der Übersicht der vom Bundesrat gefaßten Entschließungen) auf die Beschlüsse des Reichstags zur Beseitigung der Zweikämpfe aus 1912.

5.

Kirchenrecht

von

Ulrich Stutz
in Bonn.

Inhaltsübersicht[1]).

Erster Teil.

Geschichte des Kirchenrechts.

Erster Titel. Geschichte des katholischen Kirchenrechts.

Seite

Erstes Kapitel. Die Missionskirchenordnung der christlichen Frühzeit 280

§ 1. Der Ursprung der Kirche. § 2. Die Quellen. § 3. Vorkirchliche Verfassungsbestandteile. § 4. Der monarchische Episkopat und die Einzelkirche. § 5. Klerus und Laien. § 6. Gesamtkirche und Primat.

Zweites Kapitel. Das römische Kirchenrecht 287

§ 7. Der Eintritt der Kirche in die Welt. § 8. Die organisierte Weltflucht (Mönchtum). § 9. Wesen und Herrschaftsdauer des römischen Kirchenrechts. § 10. Die Quellen. § 11. Die Territorialbildung (1. Die Diözese. 2. Die Provinz. 3. Höhere Kirchenverbände. 4. Die Reichskirche). § 12. Reichssynode und Primat. § 13. Das Provinzialkirchenrecht (1. Provinzialsynode und Metropolit. 2. Gesetzgebung. 3. Verwaltung und streitige Gerichtsbarkeit. 4. Strafrecht und Strafverfahren). § 14. Der Bischof und die Einzelkirche. § 15. Staat und Kirche (1. Im römischen Reich. 2. In den germanischen Gemeinwesen).

Drittes Kapitel. Das germanische Kirchenrecht 299

§ 16. Charakter und Herrschaftsdauer. § 17. Quellen. § 18. Das Eigenkirchenwesen (1. Die Eigenkirche. 2. Das Eigenkloster. 3. Eigenkirchliche Bezüge. a) Regalienrecht. b) Spolienrecht. c) Stolgebühren. d) Zehnt). § 19. Die Dezentralisation des Bistums (1. Die Landpfarrei. 2. Stadtpfarrei und Stift. 3. Dekanate, Archipresbyterate, Archidiakonate). § 20. Das kirchliche Benefizialwesen (1. Benefizium. 2. Präbende. 3. Ämterleihe). § 21. Der Bischof und das Diözesanrecht (1. Die bischöfliche Amtsgewalt im allgemeinen. 2. Der Bischof und die Gesetzgebung; Diözesansynode. 3. Der Bischof und die Gerichtsgewalt; Sendgerichte, Streit- und Strafverfahren; Strafrecht. 4. Der Bischof und die Verwaltung). § 22. Kaiser(König-)tum und Papsttum. § 23. Die Ausdehnung des Eigenkirchenrechts auf die höheren Kirchen. § 24. Der Untergang des germanischen Kirchenrechts.

Viertes Kapitel. Das kanonische Recht 316

§ 25. Die päpstliche Weltherrschaft. § 26. Quellen und Literatur (1. Decretum Gratiani. 2. Dekretalensammlungen. a) Decretales Gregorii IX. b) Liber sextus. c) Das Gesetzbuch der Clementinae. d) Nichtoffizielle Sammlungen. 3. Die Kanonistik. a) Dekretisten. b) Dekretalisten. § 27. Charakter und Herrschaftsdauer des kanonischen Rechts. § 28. Das Papalsystem. § 29. Der päpstliche Primat (1. Das päpstliche Gesetzgebungsrecht. 2. Die oberstrichterliche Gewalt der Päpste. 3. Das oberste Verwaltungsrecht des Papstes. a) Liturgie. b) Ämtergewalt. c) Ordenshoheit. Legaten). § 30. Kirchenverfassung und Klerus (1. Der Kardinalat. 2. Die Metropolitangewalt. 3. Der Bischof. 4. Die Domkapitel. 5. Sonstiges Ämterrecht; Inkorporation). § 31. Die Laien (1. Patronatrecht; erste Bitte. 2. Eherecht). § 32. Die streitige Gerichtsbarkeit. § 33. Strafrecht und Strafverfahren, Ketzerinquisition. § 34. Das Vermögensrecht.

Fünftes Kapitel. Die Umbildung des kanonischen Rechts zum katholischen Kirchenrecht . 340

§ 35. Die kirchliche und staatliche Reaktion gegen das Papalsystem. § 36. Die Reformkonzilien und ihr Mißerfolg. § 37. Die Wiedererhebung des Papsttums; das

[1]) Da die beiden gangbarsten Lehrbücher des Kirchenrechtes, dasjenige von Friedberg und das von Sägmüller zuletzt im Jahre 1909 aufgelegt worden sind, ist nicht nur der kirchenrechtliche Unterricht sondern auch die kirchenrechtliche Forschung für den neuesten Stand der Gesetzgebung und der Literatur zunächst auf diesen Abriß angewiesen. Infolge dessen konnte für die Zeit von 1900 bis zur Gegenwart eine Beschränkung auf das Allerwichtigste, wie sie sonst für diese Encyklopädie geboten erscheint, nicht durchgeführt, mußte vielmehr eine gewisse Vollständigkeit angestrebt werden. Doch wurde, um ein stärkeres Anschwellen zu verhindern, aus der vor 1900 erschienenen Literatur Manches gestrichen. Es sei dafür auf die letzte Auflage verwiesen, in der sich, da die Paragraphenzählung unverändert beibehalten ist, das Ausgefallene leicht auffinden läßt.

Bonn, den 1. Oktober 1913. Ulrich Stutz.

Seite

Konzil von Trient. § 38. Die Kirche und der souveräne Staat; ständige Nuntiaturen. § 39. Das Staatskirchentum (1. Außerhalb Deutschlands. 2. Praktisches Staatskirchentum im älteren Deutschland. 3. Josephinismus). § 40. Der nachkanonische Ausbau des katholischen Kirchenrechts (1. Die Organisation der römischen Kurie. 2. Der Missionsorganismus. 3. Die ordentliche Bistumsverfassung. 4. Das Klerikerrecht. 5. Das Ordensrecht. 6. Das Eherecht. 7. Strafrecht und Prozeß). § 41. Episkopalismus, Gallikanismus, Febronianismus.

Sechstes Kapitel. Das vatikanische Kirchenrecht 358

§ 42. Die Wiederherstellung der Kirchenverfassung und die Erneuerung der gemeinrechtlichen Primatialgewalt. § 43. Die Spiritualisierung des Kirchenrechts.

Zweiter Titel. Geschichte des evangelischen Kirchenrechts.

Erstes Kapitel. Die Reformation und das deutsche Staatskirchenrecht 368

§ 44. Die Zeit des reformatorischen Enthusiasmus. § 45. Die Evangelischen, eine eigene Religionspartei und tatsächlich geduldet. § 46. Die rechtliche Anerkennung des neuen Glaubens und dessen Behauptung gegenüber der katholischen Gegenreformation. § 47. Der Westfälische Frieden und das deutsche Staatskirchenrecht bis zum Beginn des 19. Jahrhunderts.

Zweites Kapitel. Das lutherische Kirchenrecht und seine Quellen 375

§ 48. Die praktische Einrichtung des lutherischen Kirchenwesens (1. Pfarrei. 2. Landesherrliches Kirchenregiment; Kirchenvisitationen. 3. Superintendenten und Konsistorien. 4. Kirchen- und Eheordnung. 5. Das Landeskirchentum). § 49. Die theoretische Rechtfertigung der lutherischen Kirchenverfassung; Dreiständelehre. (1. Episkopalsystem. 2. Territorialsystem. 3. Kollegialsystem).

Drittes Kapitel. Das reformierte Kirchenrecht und seine Quellen 382

§ 50. Die reformierten Kirchen außerhalb des Reiches (1. Die Ämter der Pasteurs, Docteurs, Anciens und Diacres. 2. Kollegialbehörden; Consistoire, Colloque, Synode national). § 51. Die reformierten Kirchen Deutschlands.

Viertes Kapitel. Der Ausbau des deutschen evangelischen Kirchenrechts im 19. Jahrhundert . 386

§ 52. Staatliche Kirchenhoheit und landesherrliches Kirchenregiment. § 53. Die Angleichung von Luthertum und Calvinismus in Lehre und Verfassung; Unionen, Verbindung der presbyterial-synodalen mit der landesherrlich-konsistorialen Verfassung.

Zweiter Teil.

System des Kirchenrechts.

Erster Titel. Allgemeine Lehren.

§ 54. Recht und Kirche. § 55. Staat und Kirche. § 56. Die Konkordate. 390

Zweiter Titel. Das deutsche Staatskirchenrecht.

§ 57. Leitende Grundsätze; Gewissens- und Kultusfreiheit. § 58. Die Parität. 398
§ 59. Das System der Staatskirchenhoheit im einzelnen (1. Zulassungsbefugnis. 2. Aufsicht).

Dritter Titel. Das katholische Kirchenrecht.

Erstes Kapitel. Die Rechtsquellen 408

§ 60. Heilige Schrift und Tradition. § 61. Konzilsbeschlüsse und päpstliche Erlasse. § 62. Das Gewohnheitsrecht.

Zweites Kapitel. Die Verfassung 410

§ 63. Kirche und Kirchengewalt. § 64. Die Weihegewalt, ihre Abstufungen, ihre Übertragung (ordinatio) sowie deren Voraussetzungen und Wirkung (1. Weihegrade. 2. Ordination. 3. Weihehindernisse. 4. Zuständigkeit. 5. Übernatürliche Befähigung). § 65. Der Klerus, seine Standesrechte und Standespflichten. § 66. Die Jurisdiktion, ihre Abstufung, ihre Arten und ihr Erwerb. § 67. Der Papst. § 68. Die Kardinäle und die Papstwahl. § 69. Die römische Kurie (1. Kardinalskongregationen. 2. Gerichtsbehörden. 3. Ämter). § 70. Legaten und Nuntien. § 71. Ordentlicher und Missionsorganismus. § 72. Die Organisation der katholischen Kirche in Deutschland. § 73. Die Metropoliten. § 74. Die Bischöfe. § 75. Domkapitel und Kapitelsvikar. § 76. Die bischöflichen Behörden, Ordinariat, Generalvikariat, Offizialat. § 77. Der Weihbischof.

Seite

§ 78. Koadjutoren. § 79. Landdekane, Ruralkapitel, Konferenzen. § 80. Die Pfarrer und ihre Gehilfen. § 81. Präzedenz, Obödienz, Exemtion (katholische Feldpropstei). § 82. Die kirchlichen Genossenschaften (1. Orden. 2. Kongregationen. 3. Vereinigungen zu gemeinschaftlichem Leben. 4. Die Bruderschaften.) § 83. Synoden (1. Das allgemeine Konzil. 2. Das Provinzialkonzil. 3. Die Diözesansynode.)

Drittes Kapitel. Das Gesetzgebungsrecht 435

§ 84. Zuständigkeit und Verpflichtungskraft. § 85. Dispensation und Privileg.

Viertes Kapitel. Die Verwaltung des Kultus 436

§ 86. Die Sakramente (1. Taufe. 2. Firmung. 3. Eucharistie. 4. Buße. 5. Letzte Ölung und Begräbnis. 6. Ordination). § 87. Die Ehe und ihr Recht im besonderen. § 88. Der übrige Kultus, seine Zeiten und Stätten.

Fünftes Kapitel. Die Verwaltung der Lehre 442

§ 89. Zuständigkeit und Betätigung. § 90. Die Heranbildung des Klerus im besonderen.

Sechstes Kapitel. Straf- und Gerichtsgewalt 444

§ 91. Das Straf- und Disziplinarstrafrecht. § 92. Straf- und Streitverfahren.

Siebentes Kapitel. Das Ämterrecht 447

§ 93. Arten, Errichtung, Veränderung und Aufhebung der Kirchenämter. § 94. Die Besetzung der Kirchenämter im allgemeinen. § 95. Sachliche, persönliche und umständliche Verleihungserfordernisse. § 96. Die Verleihung der deutschen Bistümer. § 97. Die Besetzung der Kapitelstellen. § 98. Die Besetzung der übrigen niederen Kirchenämter; Patronatrecht. § 99. Geistliche Amtspflichten und Aufsicht. § 100. Die Erledigung der Kirchenämter.

Achtes Kapitel. Die Verwaltung des kirchlichen Vermögens 455

§ 101. Die Erwerbsfähigkeit der Kirche. § 102. Das kirchliche Vermögen. § 103. Kirchliche Gebühren und Steuern im besonderen. § 104. Die Baulast. § 105. Die Verwaltung und Veräußerung des Kirchengutes. § 106. Die Verwaltung des Benefizialvermögens.

Vierter Titel. Das deutsch-evangelische Kirchenrecht.

Erstes Kapitel. Die Rechtsquellen 459

§ 107. Kirchen- und Staatsgesetz, Gewohnheitsrecht, Corpus iuris canonici.

Zweites Kapitel. Die Verfassung 460

§ 108. Kirche und Kirchengewalt. § 109. Die kirchlichen Verbände. § 110. Das landesherrliche Kirchenregiment. § 111. Die kirchenregimentlichen Behörden. § 112. Superintendenten und Generalsuperintendenten (evangelischer Feldprobst und Marineprobst) im besonderen. § 113. Die Pfarrer und ihre Gehilfen. § 114. Die Gemeinde und ihre Vertretung (1. Gemeindekirchenrat. 2. Gemeindevertretung). § 115. Die Synoden (1. Kreissynode. 2. Provinzialsynode. 3. General- oder Landessynode).

Drittes Kapitel. Das Gesetzgebungsrecht 470

§ 116. Gesetzgebung und Dispensation.

Viertes Kapitel. Die Verwaltung der Schlüsselgewalt 471

§ 117. Sakramente und Gottesdienst. § 118. Die Lehre und die Ausbildung der Geistlichen.

Fünftes Kapitel. Kirchenzucht und Disziplinarstrafgewalt 473

§ 119. Die Kirchenzucht. § 120. Das Disziplinarstrafrecht.

Sechstes Kapitel. Das Ämterrecht 474

§ 121. Die Arten der kirchlichen Ämter. § 122. Die Errichtung, Veränderung und Aufhebung der Kirchenämter. § 123. Die Verleihung der Kirchenämter. § 124. Das Patronatrecht. § 125. Das Gemeindewahlrecht. § 126. Die Erledigung der Kirchenämter.

Siebentes Kapitel. Die Verwaltung des Kirchenvermögens 477

§ 127. Besonderheiten gegenüber dem katholischen Recht.

Achtes Kapitel. Das Trauungsrecht 478

§ 128. Die evangelische Trauung, ihre Voraussetzungen und ihre Wirkung.

Erster Teil.

Geschichte des Kirchenrechts.

Über Vorgeschichte, Daseinsberechtigung, Gegenstand, Plan und Methode der kirchlichen Rechtsgeschichte als eines besonderen Forschungs- und Wissensgebietes: Stutz, Die kirchliche Rechtsgeschichte, 1905. Den ersten Versuch eines vollständigen Abrisses einer solchen stellt die vorige, erste, 1903/04 erschienene Auflage des nachstehenden Grundrisses dar; ausführlichere „Grundzüge" der kirchlichen Rechtsgeschichte werden vorbereitet. Eine umfassendere Darstellung fehlt. Bruchstücke einer solchen: Planck, Geschichte der christlich-kirchlichen Gesellschaftsverfassung, 5 (6) Bde., 1803—1809; Bickell, Geschichte des Kirchenrechts I, 1843—49 (1. bis 3. Jahrh.); Loening, Geschichte des deutschen Kirchenrechts, 2 Bde., 1878 (4. bis 7. Jahrh.); Luchaire, Manuel des institutions françaises, 1892 (10. bis 14. Jahrh.); Sohm, Kirchenrecht I, 1892: die geschichtlichen Grundlagen (1. bis 4., 16. Jahrh.), und vor allem in den mit monographischer Ausführlichkeit und Gründlichkeit bearbeiteten geschichtlichen Teilen des monumentalen Werkes von Hinschius, Das Kirchenrecht der Katholiken und Protestanten I—VI 1 (1869—97), auf die deshalb in der folgenden Darstellung jeweilen besonders Bezug genommen wird, während im übrigen die Lehr- und Handbücher — siehe die Zitate zu den verschiedenen Titeln von Teil II — ohne weiteres als berücksichtigt und zitiert gelten sollen.

Seit dem Erscheinen der ersten Auflage dieses Grundrisses ist erfreulicherweise auch das gleichfalls junge Wissensgebiet der kirchlichen Verfassungsgeschichte erstmals zusammenfassend zur Darstellung gebracht worden durch Werminghoff, Geschichte der Kirchenverfassung Deutschlands im Mittelalter I, 1905 (wird nicht fortgesetzt), besonders aber in dessen Verfassungsgeschichte der deutschen Kirche im Mittelalter (Meisters Grundriß der Geschichtswissenschaft II, 6)[2], 1913, ausgezeichnet durch sorgfältige Verwertung und Verzeichnung der neuesten Literatur und deshalb im Folgenden zu den einzelnen Paragraphen als Werminghoff, VG. jeweilen angeführt; ebenda (II, 8) auch Sehling, Geschichte der protestantischen Kirchenverfassung, 1907.

Die wichtigsten Quellen, die diesem Abriß zugrunde liegen, finden sich bei Eichmann, Quellensammlung zur kirchlichen Rechtsgeschichte und zum Kirchenrecht I, 1912; Galante, Fontes iuris canonici selecti, 1906; Mirbt, Quellen zur Geschichte des Papsttums und des römischen Katholizismus[3], 1911; Walter, Fontes iuris ecclesiastici antiqui et hodierni, 1862; im Auszug bei Hübler, Kirchenrechtsquellen[4], 1902.

Von Zeitschriften kommen namentlich in Betracht: Archiv für katholisches Kirchenrecht (A. f. k. Kr.) von v. Moy, Vering, Heiner, Hilling, seit 1857, bis jetzt 93 Bde.; Zeitschrift für Kirchenrecht (Z. f. Kr.) von Dove und Friedberg, 1861—89, 22 Bde. mit 3 Ergänzungsbänden; Deutsche Zeitschrift für Kirchenrecht (D. Z. f. Kr.) von Friedberg und Sehling, seit 1892, bis jetzt 23 Bde. und 1 Ergänzungsband; Zeitschrift der Savigny-Stiftung für Rechtsgeschichte, Kanonistische Abt., von Stutz und Werminghoff (Z.[2]f.RG.), seit 1911, bis jetzt 3 Bde.

Sammlungen: Kirchenrechtliche Abhandlungen (Kr. A.), herausgegeben von Stutz, seit 1902, bis jetzt 82 Hefte.

Gesammelte Schriften: Phillips, Vermischte Schriften, 3 Bde., 1856—60; v. Scheurl, Sammlung kirchenrechtlicher Abhandlungen (S. kr. A.), 1873.

Bibliographie in den Zeitschriften, besonders A. f. k. Kr. und D. Z. f. Kr., sowie im Theologischen Jahresbericht von Pünjer, Lipsius, Krüger, Koehler und Schian, seit 1882, und in der aus ihm gesondert erschienenen Bibliographie der theologischen Literatur von Krüger, Koehler und Schian, seit 1901. Durch ausgiebige Literaturnachweise zeichnen sich aus Friedberg, Lehrbuch des katholischen und evangelischen Kirchenrechts[6], 1909, und Sägmüller, Lehrbuch des katholischen Kirchenrechts[2], 1909.

Von den neueren Lehrbüchern der Kirchengeschichte von v. Funk-Bihlmeyer (k.)[6], 1911, Hergenröther-Kirsch (k.) I[5] 1911, II, III 1, 2[4], 1904—1909, Knöpfler (k.)[5], 1910, Kurtz (ev.)[14], 2 Bde., 1906, Möller-v. Schubert-Kawerau (ev.) I[2], 1902, II, 1891, III[2], 1907, Krüger, Ficker, Hermelink, Preuschen und Stephan (ev.) I, II, 1912 (Nachtrag und Register, 1913), ragt durch sorgfältige und selbständige Verwertung der rechtsgeschichtlichen Forschung hervor Müller (ev.) I, II, 1 (bis 1560), 1892—1902. Vgl. außerdem Harnack, Dogmengeschichte[4], 3 Bde., 1909/10; Grundriß der Dogmengeschichte[4], 1905;

Loofs, Dogmengeschichte [4], 1906; Seeberg, Dogmengeschichte [2] I—III, 1913; Tixeront, Histoire des dogmes, I [6] u. II [3], 1909, III, 1912 (deutsch von Ziesché, 1913); v. Hefele-Hergenröther-Knöpfler, Konziliengeschichte I—VI [2], VII—IX, 1869—90; Funk, Kirchengeschichtliche Abhandlungen und Untersuchungen (Kg. A.) I—III, 1897—1907; Harnack, Reden und Aufsätze I, 1904 II, Aus Wissenschaft und Leben, I, II, 1911; Weingarten-Arnold, Zeittafeln zur Kirchengeschichte [6], 1905; Turner, Studies in early church history, 1912; Heussi und Mulert, Atlas zur Kirchengeschichte, 1905.

Encyklopädien: Ferraris, Prompta bibliotheca etc., 7 Bde. mit Index und Supplement als VIII u. IX, 1885—99; Wetzer, Welte, Hergenröther, Kaulen, Kirchenlexikon [2], 13 Bde., 1882—1903; Hauck-Herzog, Realencyklopädie für protestantische Theologie und Kirche [3], 24 Bde., 1896—1913; Buchberger, Kirchliches Handlexikon, 2 Bde., 1907—12; Schiele und Zscharnack, Die Religion in Geschichte und Gegenwart (im Erscheinen), bis jetzt 4 Bde., 1909 ff.; Baudrillart, Richard, Rouziès et Vogt, Dictionnaire d'histoire et de géographie ecclésiastiques, 1909 ss.; Cabrol et Leclercq. Dictionnaire d'archéologie chrétienne et de liturgie, 1907 ss.

Abgekürzt zitierte Zeitschriften und Sammlungen: Gierkes Untersuchungen zur deutschen Staats- und Rechtsgeschichte (Gierkes Unters.). Zeumers Quellen und Studien zur Verfassungsgeschichte des Deutschen Reichs in Mittelalter und Neuzeit (Zeumers Q. u. St.). Zeitschrift der Savignystiftung für Rechtsgeschichte, Romanistische, Germanistische, Kanonistische Abteilung (Z.[1]f.RG., Z.[2]f.RG., Z.[3]f.RG.). Nouvelle revue historique de droit français et étranger (N. r. h.). Der Katholik (Kath.). Zeitschrift für Kirchengeschichte (Z. f. Kg.). Kirchengeschichtliche Studien (Kg. St.). Revue d'histoire ecclésiastique (R. h. e.). Studien und Mitteilungen aus dem Benediktiner- und Zisterzienser-Orden, bezw., seit 1911, Zur Geschichte des Benediktinerordens und seiner Zweige (Bened. St. M.). Revue bénédictine (R. bén.). Texte und Untersuchungen zur Geschichte der altchristlichen Literatur von v. Gebhardt, Harnack und Schmidt (T. u. U.) Theologische Quartalschrift (Th. Q.). Theologische Studien und Kritiken (Th. St. K.). Zeitschrift für Theologie und Kirche (Z. Th. K.). Zeitschrift für katholische Theologie (Z. f. k. Th.). Archiv für Literatur und Kirchengeschichte des MA. (A. f. L. u. Kg.). Römische Quartalschrift (R. Q.). Stimmen aus Maria-Laach (St. M.-L.). Bibliothèque de l'école des hautes études, sciences religieuses (B. é. h. é.). Neues Archiv der Gesellschaft für ältere deutsche Geschichtskunde (N. A.). Bibliothèque de l'école des chartes (B. é. d. ch.). Historisches Jahrbuch der Görresgesellschaft (H. Jb.). Mélanges d'archéologie et d'histoire (M. d'a. d'h.). Mitteilungen des Instituts für österreichische Geschichtsforschung (M. d. J. f. ö. G.). Le Moyen âge (M. a.). Quellen und Forschungen aus italienischen Archiven (Q. u. F.). Revue historique (R. h.). Revue des questions historiques (R. q. h.). Studien und Darstellungen aus dem Gebiete der Geschichte, herausgegeben von Grauert (St. u. D.). Historische Vierteljahrsschrift (H. V.). Historische Zeitschrift (H. Z.). Archivalische Zeitschrift (A. Z.).

Erster Titel.

Geschichte des katholischen Kirchenrechts.

Erstes Kapitel.

Die Missionskirchenordnung der christlichen Frühzeit.

§ 1. Der Ursprung der Kirche.

Das Reich, für dessen Kommen der Heiland lebte, litt und starb, ist nach seinem eigenen Zeugnis (Joh. 18,36) nicht von dieser Welt. Und doch bedeutet Jesus Christus auch für das Recht den Wendepunkt der Zeiten. Denn seine Lehre gab den Anstoß zur Spaltung der bis dahin einheitlichen Lebensordnung: neben den Staat trat die Kirche.

Harnack, Die Mission und Ausbreitung des Christentums in den ersten drei Jahrhunderten [2] I, II, 1906, Militia Christi, 1905; Jülicher, Die Religion Jesu und die Anfänge des Christentums, in Hinnebergs Kultur der Gegenwart I, 4, 1 [2], 1909; Weizsäcker, Das apostolische Zeitalter [3], 1901; Lechler, Das apostolische und nachapostolische Zeitalter [3], 1885; Sohm, Kr. I §§ 2—7; Heinrici, Urchristentum, 1902; v. Dobschütz, Probleme des apostolischen Zeitalters, 1904; Knopf, Das nachapostolische Zeitalter, 1905; Achelis, Das Christentum in den ersten drei Jahrhunderten I, II, 1912; Köhler, Die Entstehung des Problems Staat und Kirche, 1903; Weinel, Die Stellung des Urchristentums zum Staat, 1908; Rieker, Der Ursprung von Staat und Kirche, Festschrift f. Friedberg, 1908.

Freilich nicht schon in Gestalt der jerusalemischen Pfingstgemeinde. Wohl hielten ihre Angehörigen unter Jakobus, dem Bruder des Herrn, nicht ohne eigentümliche Veranstaltungen (die Sieben von AG. 6), eng zusammen (AG. 21). Aber von Gesetz und Verband der Juden schieden sie sich so wenig als die übrigen Christgläubigen (Selbstbezeichnung bis um 150: Heilige) im jüdischen Lande. Die Gemeinde von Jerusalem war bis zu ihrem frühen Untergang (Auszug nach Pella um 68) stets nur eine solche des Geistes.

Schürer, Geschichte des jüdischen Volks im Zeitalter Christi[3], 3 Bde., 1896 ff.; O. Holtzmann, Das Ende des jüdischen Staatswesens und die Entstehung des Christentums, 1888 (Oncken, AG.); Ermoni, Les églises de Palestine aux deux premiers siècles, R. h. e., II, 1901.

Ähnliches gilt von den juden- und heidenchristlichen Vereinigungen der paulinischen und sonstigen Apostelmission. Sie hoben sich, zuerst von den Heiden Antiochiens χριστιανοί genannt (AG. 11,26), allerdings bald als etwas Neues von ihrer Umgebung ab. Doch nicht so sehr durch rechtliche Ordnung. Davon lassen sich in apostolischer und selbst in nachapostolischer Zeit höchstens leise Anfänge feststellen (§ 3). Noch sind eben die Verhältnisse klein, und ist der Geist des Meisters in seinen Jüngern lebendig. Er beruft die Apostel (nicht bloß „die Zwölf"), die von Ort zu Ort wandern, um das Heil zu verkündigen und Wunder zu tun (1. Kor. 12,28; Eph. 2,20; 3,5; 4,4; Hermas; Did. 11); er läßt Propheten (AG. 11,27; 13,1-3; 1. Kor. 12,28; Eph. 2,20; 3,5; 4,11; Did. 10, 11, 13, 15) erstehen für die Weissagung und erweckt Lehrer (AG. 13,1; 1. Kor. 12,28; Eph. 4,11; Jak. 3,1; Did. 11, 13, 15; Barnabas) zur Erläuterung der Sittengebote. Und noch waltet die Liebe, die allerdings das Recht in sich birgt, aber nur, um es alsbald zu überbieten (1. Kor. 13,6). Alles befindet sich in vollem Fluß und steter Bewegung. Denn der Herr wird ja in kurzem wiederkommen. Schon deshalb liegt jede feste Einrichtung in der Welt außerhalb des Gedankenkreises der ersten Christen.

Zahn, Skizzen aus dem Leben der alten Kirche[3], 1898; v. Dobschütz, Die urchristlichen Gemeinden, 1902; Hannecke, Das Judenchristentum, 1908; Lipsius, Über den Ursprung und ältesten Gebrauch des Christennamens, 1873 (dazu Wendt an dem bei Möller, KG. I S. 60 a. O. und Harnack, Mission[2] I S. 47, 345 ff.); Mommsen, Die Rechtsverhältnisse des Apostels Paulus, Z. f. neut. Wiss. III, 1901; Harnack, Der erste Klemensbrief, Berliner Ak. S. B., 1909; Monnier, La notice de l'apostolat des origines à Irénée, 1903.

Aber die Wiederkunft Christi erfolgt nicht. Die eschatologisch-chiliastische Stimmung läßt nach, der Enthusiasmus erschlafft, die Gnadengaben versiegen. Inzwischen ist die Zahl der Christen groß und sind ihre Verhältnisse schwieriger geworden. Man beginnt, die Notwendigkeit und den Segen einer äußeren Ordnung einzusehen. Das Recht, bisher von der Liebe überdeckt, tritt, und zwar den Verhältnissen entsprechend, zunächst als göttliches, mehr und mehr aber in reiner Gestalt hervor. Um dieselbe Zeit setzt auch das Dogma ein; selbst im Gebiet des Glaubens macht sich das Bedürfnis nach Ordnung und Klarheit geltend.

Sohm, Kirchenrecht §§ 1—12, Wesen und Ursprung des Katholizismus, 1909, und, durch ein Vorwort vermehrt, 1912; Battifol, L'église naissante et le catholicisme[5], 1909 (deutsch von Seppelt, Urkirche und Katholizismus, 1910); Harnack, Entstehung und Entwicklung der Kirchenverfassung und des Kirchenrechts in den ersten zwei Jahrhunderten, Leipzig 1910; Leder, Das Problem der Entstehung des Katholizismus, Z.[2] f. RG. I, 1911.

Die Christen sind auf sich selbst angewiesen. Die Beziehungen zu der sie umgebenden Welt werden zusehends gespannter; der Hüter des vorhandenen Rechts, der römische Staat, will von ihnen entweder nichts wissen, oder er verfolgt sie gar. Von ihm hat das Christentum alles andere zu erwarten als Ordnung und Recht. So wird es dazu gedrängt, sich selbst zu organisieren. Im Staat entsteht eine neue, schließlich nicht minder allumfassende Gemeinschaft, die, indem sie schon früh das von Reich und Munizipien sich immer mehr abwendende Interesse der Menge auf sich zieht, zunächst für die äußere Betätigung der Religion dem staatlichen Recht mit wachsendem Erfolg ihre eigene Ordnung gegenüberstellt. Um die Mitte des 2. Jahrhunderts ist auch für das Recht die Kirche da.

Duchesne, Histoire ancienne de l'église[4] I—III, 1908—11; Guignebert, Manuel d'histoire ancienne du christianisme I, 1906; Dufourcq, Histoire de la fondation de l'Église I, II, 1909; Neumann, Der römische Staat und die allgemeine Kirche bis auf Diokletian I, 1890, und Hippolytus von Rom in seiner Stellung zu Staat und Volk I, 1902; Harnack, Kirche und Staat bis zur Gründung der Staatskirche, in Hinnebergs Kultur der Gegenwart I 4, 1[2], 1909;

Ramsay, The church in the Roman Empire before a. d. 170[10], 1913; Allard, Le christianisme et l'empire romain de Néron à Théodose, 1908; Preuschen, Analecta I[2], Staat und Christentum bis auf Konstantin, 1909; Hirschfeld, Zur Geschichte des römischen Kaiserkultus, Berliner Ak. S. B., 1888; Mommsen, Der Religionsfrevel nach römischem Recht, H. Z. LXIV, 1890, und Römisches Strafrecht, 1899 (dazu Callewaert in R. h. e. II, III, 1901/02 und Le délit du christianisme, R. q. h. LXXIV, 1903); Mair, Römische Beamte als Christenverfolger, Kath. LXXXIII, 1903; Allard, Histoire des persécutions pendant les deux premiers siècles[3], 1903, Histoire des persécutions pendant la première moitié du 3e siècle[3], 1905; Callewaert, Les premiers chrétiens et l'accusation de lèse-majesté, R. q. h. LXXVI, 1904, Questions de droit concernant le procès du martyr Apollonius, R. q. h. LXXVII, 1905, Les persécutions contre les chrétiens dans la politique religieuse de l'empire romain, R. q. h. LXXXII, 1907, La méthode dans la recherche de la base juridique des premières persécutions, R. h. e. XII, 1911; Harnack, Der Vorwurf des Atheismus in den ersten drei Jahrhunderten, T. u. U. XXVIII, 1904; Augar, Die Frau im römischen Christenprozeß, T. u. U. XXVIII, 1904; Linsenmayer, Die religiöse Politik der römischen Staatsregierung gegenüber dem Christentum, Hist.-pol. Bl. CXXXIII, 1904, Die Bekämpfung des Christentums durch den römischen Staat, 1905; Healy, The Valerian persecution, 1905; Profumo, Le fonti ed i tempi dello incendio neroniano, 1905; Klette, Die Christenkatastrophe unter Nero, 1907; Pieper, Christentum, römisches Kaisertum und heidnischer Staat, 1907; Schoenaich, Die Christenverfolgung des Kaisers Decius, 1907; Zeller, Die Zeit Kommodians, Th. Q. XCI, 1909; Bihlmeyer, Die Christenverfolgung des Kaisers Decius, Th. Q. XCII, 1910; Bouché-Leclercq, L'intolérance religieuse et la politique, 1911; Ehrhard, Das Christentum im römischen Reiche bis Konstantin Straßburger Rektoratsrede, 1911.

§ 2. Die Quellen.

Die Ungeschiedenheit des kirchlichen Lebens gelangt noch über ein Jahrhundert darin zum Ausdruck, daß reine Rechtsquellen fehlen; von iura ecclesiae spricht sogar erst Tertullian (um 200). Eine für die ganze Heidenchristenschaft bestimmte Zusammenfassung der Lehre Jesu über Sitte, Gottesverehrung und Gemeinschaftsleben, wie sie durch die Apostel vermittelt ist, bezeichnet sich als διδαχὴ κυρίου διὰ τῶν δώδεκα ἀποστόλων τοῖς ἔθνεσιν (bald nach 100; aufgefunden 1883). Im 3. Jahrhundert um- und mit anderen Quellen zusammengearbeitet, wurde sie zu den κανόνες ἐκκλησιαστικοὶ τῶν ἁγίων ἀποστόλων. Verwandte, gleichzeitige und spätere Quellen, die διδασκαλία τῶν ἀποστόλων und die apostolischen Konstitutionen (I—VI, VII und VIII) haben im Abendland nie gegolten.

Harnack-Preuschen, Geschichte der altchristlichen Literatur I, 1893, II 1, 1897, II 2, 1904, Jus ecclesiasticum, Berliner Ak. S. B., 1903; Krüger, Geschichte der altchristlichen Literatur, 1895, mit Nachtrag 1897; Bardenhewer, Patrologie [3] 1910, Geschichte der altkirchlichen Literatur I[2], 1913, II, 1903, III, 1912; Ehrhard, Die altchristliche Literatur und ihre Erforschung von 1884—1900, I, 1900; Jordan, Geschichte der altchristlichen Literatur, 1911; de Gebhardt, Harnack, Zahn, Patres Apostolici I[2], 1878, II, 1876, III, 1877 (editio minor[5], 1906); Funk, Patres Apostolici I[2], 1901, II[2] (ed. Diekamp), 1913; die Didache, herausg. von Harnack in T. u. U. II, 1884 (1893); Friedberg, Die älteste Ordnung der christlichen Kirche (Didache mit Übersetzung), Z. f. Kr. XIX, 1884; Schlecht, Doctrina XII apostolorum, 1901; Horner, The statutes of the Apostles or Canones ecclesiastici, 1904; Funk, Didascalia et constitutiones apostolorum I, II, 1906, Die arabische Didaskalia und die Konstitutionen der Apostel, Die Zeit der Apostolischen Didaskalia, Zur Didache, sämtlich in seinen Kg. A. III, Die apostolischen Konstitutionen, 1891; Das 8. Buch der apostolischen Konstitutionen, 1893, auch in seinen Kg. A. III; Leipoldt, Saïdische Auszüge aus dem 8. Buche der apostolischen Konstitutionen, T. u. U. XXVI, 1904; O'Leary, The Apostolical constitutions and cognate documents, 1906; Achelis, Hippolytus im Kirchenrecht, Z. f. Kg. XV, 1895; Harnack, Das testamentum domini nostri Jesu Christi, Berliner Ak. S. B., 1899; Funk, Das Testament unseres Herrn, 1901, La date de la didascalie des apôtres, R. h. e. II, 1901; v. d. Goltz, Unbekannte Fragmente altchristlicher Gemeindeordnungen, Berliner Ak. S. B., 1906; Guignebert, Tertullien, Étude sur ses sentiments à l'égard de l'empire et de la société civile, 1901; Schloßmann, Persona und πρόσωπον im Rechte und im christlichen Dogma, 1906, Tertullian im Lichte der Jurisprudenz, Z. f. Kg. XXVII, 1906; Koch, War Tertullian Priester? H. Jb. XXVIII, 1907.

§ 3. Vorkirchliche Verfassungsbestandteile.

Der Wegfall der charismatischen Wandermission schafft Raum für die örtlichen Gewalten, deren Bildung bei gleichartigen Verhältnissen und Bedürfnissen in wesentlicher Übereinstimmung sich vollzieht. Die Ansätze hierzu reichen in die apostolische Zeit zurück; inwieweit nichtchristliche Anknüpfungspunkte bestanden, kann dahingestellt bleiben, da die Eigenart des Ergebnisses feststeht. Aus den Christen eines Orts oder Landstrichs ragt regelmäßig eine kleine Anzahl hervor von Erstbelehrten (1. Kor. 16,15) und besonders Bewährten, in nachapostolischer Zeit auch von solchen, die durch apostolische Erinnerung oder bloß durch das Ansehen des Alters (πρεσβύτεροι) sich auszeichnen. Ihnen wird vom Gründungsapostel (AG. 14,23; Tit. 1,5) die Obsorge (ἐπισκοπή, Philipper 1,1; AG. 20,28; 1. Petr. 5,1) für ihre Mitchristen am Orte anvertraut (προιστάμενοι Röm. 12,8; 1. Thess. 5,12), oder sie nehmen selbst die Leitung an sich (ἡγούμενοι, Hebr. 13,7), in der Armenpflege durch dienende Brüder (διάκονοι, Philipper 1,1; Did. 15) unterstützt. Indem die Alten ihre Vorrangstellung weitergeben (1. Clemensbrief, um 90 in Rom entstanden), werden sie zu einem Ältestenvorstand (πρεσβυτέριον, 1. Tim. 4,14), aus dem bald als ἐπίσκοποι (Philipper 1,1) im engeren Sinne diejenigen sich herausheben, die als Erben der aussterbenden Apostel, Propheten und Lehrer Gebet, Opfer und mehr und mehr auch die Lehre mitübernehmen (Did. 15; Hermas mit 1. Tim. 5,17). Desgleichen gewinnt die Ortschristenschaft (ἐκκλησία im apostolischen Sprachgebrauch = Christenschaft und = Christenheit), die noch in nachapostolischer Zeit nicht einmal allumfassend (Hebr. 10,25; Barnabas; Hermas) und jedenfalls ganz zufällig zusammengesetzt war, dadurch rechtliche Bedeutung, daß sie über Ausschluß und Wiederaufnahme, über Vorsteherannahme und dergl. (1. Kor. 5,1-9; 2. Kor. 1,23 f., 2,5 ff., 7,12; Did. 15) zu befinden sich gewöhnt, und wird zu einer den betreffenden Christenverband darstellenden und mit Wirkung für ihn beschließenden Generalversammlung.

Ritschl, Entstehung der altkatholischen Kirche ², 1857; Hatch-Harnack, Die Gesellschaftsverfassung der christlichen Kirchen im Altertum, 1883; Loening, Die Gemeindeverfassung des Urchristentums, 1889; Loofs, Die urchristliche Gemeindeverfassung, Th. St. K. LXIII, 1890; Sohm, Kr. I §§ 8—12; Harnack, Jus ecclesiastium (§ 2); Funk, Agape in seinen Kg. Abh. III; Bruders, Die Verfassung der Kirche von den ersten Jahrzehnten der apostolischen Wirksamkeit an bis 175, Forsch. z. christl. Lit.- und Dogmengesch. IV, 1, 2, 1904; Schwartz, Zur Chronologie des Apostels Paulus, Nachr. d. Gött. Ges. d. Wiss. phil.-hist. Kl., 1907; Scheel, Zum urchristlichen Kirchen- und Verfassungsproblem, Th. St. K. LXXXV, 1912; Lietzmann, Zur altchristlichen Verfassungsgeschichte, Zeitschr. f. wiss. Theol. LV, 1913.

§ 4. Der monarchische Episkopat und die Einzelkirche.

Das Ergebnis der Verrechtlichung ist nicht eine Gemeinde, sondern die zunächst allerdings noch stark mit körperschaftlichen Beimischungen durchsetzte Gestalt der Bischofskirche. Die in einer feindlichen Umgebung lebende Christenschaft bedarf eben der einheitlichen Leitung, und Eroberungen kann die nunmehr beginnende Ortsmission nur machen, wenn ihre Fäden in einer Hand zusammenlaufen. Nach Einheit drängt auch die Glaubensentwicklung. Die Angriffe der Heiden überwindet das junge Christentum durch den vorbildlichen Wandel und Bekennermut seiner Anhänger sowie durch den überwältigenden Opfertod seiner Blutzeugen; der schleichenden Verderbnis innerer Zersetzung durch philosophische Umdeutung (Gnosis) vermag es sich wirksam zu erwehren nur durch schlichtes Abstellen auf das Herren- und Apostelwort (neutestamentlicher Kanon mit Glaubensregel) und, wo dieses versagt, auf eine von ihm abgeleitete, lebende Autorität.

Knopf, Ausgewählte Märtyrerakten, 1901; v. Gebhardt, Ausgewählte Märtyrerakten, 1902; Zahn, Geschichte des neutestamentlichen Kanons I, 1889, II, 1892, Grundriß dazu ² 1904; Caspari, Quellen zur Geschichte des Taufsymbols, 1866—79; Kattenbusch, Das apostolische Symbol I, 1894, II, 1900.

Im Osten, dessen Denkchristentum zuerst das Bedürfnis nach Glaubensklarheit empfand, wird deshalb (Ignatiusbriefe bald nach 100) der schon am Ausgange des apostolischen Zeitalters (in Rom 1. Clemensbrief, oben § 3) auftauchende Gedanke der apostolischen Nachfolge so umgebildet und verwertet, daß der nunmehr eine Bischof (ἐπίσκοπος, aber noch um 200 bei Irenäus und Clemens von Alexandrien auch πρεσβύτερος), weil und insofern er sein Amt durch eine ununterbrochene Kette von rechtmäßig bestellten Vorgängern auf die Apostel zurückzuführen vermag (ordo episcoporum per successionem ab initio decurrens), den unverfälscht apostolischen Glaubensgehalt verbürgt (καθολικὴ ἐκκλησία, jetzt auch = rechtgläubige Kirche).

Bald [1] nimmt Rom und das überhaupt ordnungschristliche Abendland diese Entwicklung auf, um sie durch ausgiebige Übertragung auf das Rechtsgebiet zu beschleunigen und zu verstärken. Denn auch hier lassen sich innere Schwierigkeiten wie die nicht mehr zeitgemäße Strenge der Gemeinde gegen die in der Verfolgung Abgefallenen [2] nur überwinden, indem eine Hand, die Milde mit Stärke zu paaren vermag, die Zügel ergreift (römische Bischöfe Calixt 217—222 und Cornelius 251—253 und wie dieser Cyprian von Karthago).

Hinschius, Kr. IV § 243; Sohm, Kr. I §§ 19, 20; de Genouillac, L'Église chrétienne au temps de Saint-Ignace d'Antioche, 1907; Döllinger, Hippolytus und Kallistus, 1853; O. Ritschl, Cyprian von Karthago und die Verfassung der Kirche, 1885; Poschmann, Die Sichtbarkeit der Kirche nach der Lehre des hl. Cyprian, Forsch. z. christl. Lit.- u. Dogmengesch. VIII, 1908; Koch, Cyprian und der römische Primat, 1910; Kneller, Cyprian und die römische Kirche, Z. f. k. Th. XXXV, 1911; Ernst, Cyprian und das Papsttum, Kath. XCI, 1911; Koch, Die Büßerentlassung in der alten abendländischen Kirche, Th. Q. LXXXII, 1900 (dazu d'Alès, R. h. e. VII, 1906); Harnack, Prolegomena zu seiner Ausgabe der Didache (§ 2), Schwartz, Über den Tod der Söhne Zebedäi, Abh. d. Gött. Ges. d. Wiss. phil.-hist. Kl., 1904.

Noch behauptet sich, z. B. bei der Handhabung der Zuchtgewalt und der Bestellung der kirchlichen Beamten, geraume Zeit die Mitwirkung der Gesamtheit, die ja auch weiterhin den Bischof zu wählen hat, obschon nunmehr der Gedanke der apostolischen Nachfolge und der sich anbahnende Eintritt der Gesamtkirche in das Rechtsgebiet (unten § 6) die Mitwirkung von Nachbarbischöfen (Weihe, Bestätigung) erfordert. Noch beschränkt auch das Presbyterium, das während der Erledigung des Stuhls (cathedra um 250 bei Cyprian) die Leitung hat [3], den Bischof in wichtigen Angelegenheiten der Kirchenregierung. Aber im 3. Jahrhundert wird der Episkopat als Richter, Lehrer und Heilsmittler (Cyprian: vicarius Christi, Dei) immer mehr zum gottgesetzten Herrscher [4], so daß rechtlich (bischöfliche litterae communicatoriae für jeden Umsiedelnden!) und dogmatisch (Cyprian: episcopum esse in ecclesia et ecclesiam in episcopo) vom Zusammenhang mit dem Bischof die Zugehörigkeit zur Kirche abhängt (Cyprian: qui cum episcopo non sit, in ecclesia non esse): die Kirche ist nur Bischofskirche.

Lit. zu § 3 und Sohm, Kr. I §§ 13—26; Weingarten, Die Umwandlung der ursprünglichen christlichen Gemeindeorganisation zur katholischen Kirche, H. Z. XLV, 1881; Réville, Les origines de l'épiscopat, 1895 (B. é. h. é.); Douais in den Mélanges für Msgr. de Cabrières, 1899; Michiels, L'origine de l'épiscopat, 1900; v. Dunin-Borkowski, Die neueren Forschungen über die Anfänge des Episkopats, St. M.-L., 1900, Methodologische Vorfragen zur urchristlichen Verfassungsgeschichte, Z. f. k. Th. XXVIII, 1904, XXIX, 1905; Ruibing, De jongste hypothesen over het ontstan van het episcopat, 1900; Mertens, De hierarchie in de eerste eeuw des christendoms, 1908; Ermoni, Les origines historiques de l'épiscopat monarchique, R. q. h. LXVIII, 1900; Funk, Die Bischofswahl, in seinen Kg. A. I; Hinschius, Kr. II § 117.

§ 5. Klerus und Laien.

Unter dem Bischof (schon nach den Ignatianen) stehen (auch in den Gegenkirchen der Marcioniten, Montanisten und Novatianer) Priester und Diakonen, von denen die Priester (um 250 in Rom 46), einzeln ganz abhängig, erst in der Folgezeit als bischöfliche Bevollmächtigte für die Seelsorge (Eucharistie, Taufe) wieder größere Bedeutung erlangen und zunächst von den Diakonen (auch levitae) [5] mit ihrer ausgebreiteten Verwaltungstätigkeit, wozu nun auch

[1] Jedenfalls seit 150; denn römische Bischofslisten gab es mindestens seit Hegesipps Aufenthalt um 160; Flamion, Les anciennes listes épiscopales des quatre grands sièges, R. h. e. I, II 1901/02.

[2] Die lapsi zerfielen in die Unterarten der sacrificati, thurificati, libellatici (Opferscheinerschleicher), wozu unter Diokletian die traditores (Schriftauslieferer) kamen; Bludau, Die Libelli aus der Verfolgung des Decius, Kath. LXXXVIII, 1908; P. M. Meyer, Die Libelli aus der dezianischen Christenverfolgung, Berliner Ak. S. B., 1910; Schoenaich, Die Libelli und ihre Bedeutung für die Christenverfolgung des Kaisers Decius, 1910; d'Alès, La réconciliation des lapsi au temps de Dèce, R. q. h. XCI, 1912.

[3] In Rom namentlich 250 während der Decianischen Verfolgung.

[4] Cyprian: ecclesia super episcopos constituitur.

[5] Daß einer von ihnen vom Bischof zunächst zum persönlichen Dienste bei diesem in der Gemeindearmenpflege, in der Leitung des niederen Klerus und in der Kirchengutsverwaltung immer wieder mit derselben besonderen Vollmacht versehen wurde (diaconus episcopi), womit sich später

gottesdienstliche Mitwirkung kommt, stark in den Schatten gestellt werden. In Rom zweigt Fabian (236—250) aus dem siebenköpfigen (Vorbild oben § 1) Diakonat den Subdiakonat (weitere 7, weil 14 regiones urbis) zu ähnlicher Verrichtung ab und fügt hinzu oder ein: Akolythen (Gehilfen, um 250 in Rom 42), Exorzisten (Pfleger der Besessenen), Lektoren (Schriftvorleser) und Ostiarier (Kirchendiener, mit den beiden vorhergehenden um 250 in Rom 52). Dies Vorbild findet Nachahmung, so daß alle kirchlichen Funktionen (ausgenommen Nottaufe) von nun an durch Beamte besorgt werden. Sie rücken von unten auf und werden bestellt durch Handauflegung (ordinatio), leben aber meist und wesentlich (Oblationen schon 1. Kor. 9,6, Gal. 6,6, Did. 15; Cyprian: divisio mensurna) noch von bürgerlicher Berufstätigkeit (Gehalt bei den Montanisten)[1]. Diakonatsweihe erhalten aber auch die beamteten unter den gottgeweihten Jungfrauen sowie die im Gemeindedienst stehenden Witwen, später wenigstens, sofern sie Sammlungen von Gottgeweihten vorstehen.

Duchesne, Les origines du culte chrétien[4], 1908; Harnack, Über den Ursprung des Lektorats und der anderen niederen Weihen, T. u. U. II, 1886; Ostiarius, Berliner Ak. S. B. 1910; Wieland, Die genetische Entwicklung der sog. Ordines minores, R. Q. Supplh. VII, 1897, Mensa und Confessio, Veröff. aus dem Münchner kirchenhist. Seminar II 11, 1906, Altar und Altargrab, 1912; Hinschius, Kr. II § 86 I; Reuter, Das Subdiakonat, 1890; Bischofberger, Die Verwaltung des Exorzistats[2], 1893; Morin, Confessores, R. bén. XXIX, 1912; Behm, Die Handauflegung im Urchristentum, 1911; Schermann, Eine Weiherituale der römischen Kirche am Schlusse des ersten Jahrhunderts, 1913.

Die Stellung dieser kirchlichen Beamtenschaft wird gehoben durch ihre besondere Gefahr (Verfolgung des Maximinus Thrax 235—238), durch die höheren Anforderungen, die an des Beamten Bildung[2] und Lebensführung[3] in steigendem Maße (Aufkommen der Askese) gemacht werden, vor allem aber durch die Übertragung alttestamentlicher Wertung auf das neue Priestertum und durch Beteiligung an der bischöflichen Heilsvermittlung. Die ursprüngliche Vorstellung von der gleichen geistlichen Befähigung aller (κλῆρος im NT. = das ganze Volk Gottes) weicht dem Glauben an eine höhere Vollkommenheit der kirchlichen Beamtenschaft (κλῆρος im neueren Sinn, ordo) im Vergleich (zuerst nach 207 bei Tertullian) mit dem heilsabhängigen, geleiteten Volk (λαός, plebs).

Richert, Die Anfänge der Irregularitäten bis zum 1. allg. Konzil (Straßburger theol. Stud. von Ehrhard), 1901; Vassal, Le célibat ecclésiastique au premier siècle de l'église, 1896; Vacandard, Les origines du célibat ecclésiastique und Le service militaire et les premiers chrétiens in seinen Études de crit. et d'hist. ecclés. I, 1905, II, 1910; Böckenhoff, Die apostolischen Speisegesetze in den ersten fünf Jahrhunderten, 1903; Zscharnack, Der Dienst der Frau in den ersten Jahrhunderten der christlichen Kirche, 1902; Achelis, Virgines subintroductae, 1902; Jülicher, Die geistlichen Ehen in der alten Kirche, Arch. f. Religionswiss. VII, 1904; Schäfer, Die Kanonissenstifter im deutschen Mittelalter, Stutz, Kr. A., 43 u. 44. H., 1907; Kanonissen und Diakonissen, R. Q. XXIV, 1910 (auch sep.); Ludwig, Weibliche Kleriker in der altchristlichen und frühmittelalterlichen Kirche, 1910; Laurain, De l'intervention des laïques, des diacres et des abbesses dans l'administration de la pénitence, 1897; Maroger, Le rôle des laiques dans l'église, 1898; Funk, Über Reichtum und Handel im christlichen Altertum in seinen Kg. A. III; Steinmann, Die Sklavenfrage in der alten Kirche, 1910.

§ 6. Gesamtkirche und Primat.

Schon zu Ende des 2. Jahrhunderts gewann auch die Gesamtkirche Rechtsgestalt. Zuvor war sie, wie einst die Einzelkirche, nur eine geistige Größe gewesen. Als solche hatte sie auch nach dem Wegfall der charismatischen Wandermission aus der Vorstellung (Sprachgebrauch § 3) sich ergeben, daß die örtliche ἐκκλησία ein Abbild des Volkes Gottes (σῶμα Χριστοῦ) und insbesondere der irdischen Christenheit sei[4]. Noch weiter führte der Gedanke der apostol-

die Vorstandschaft im Diakonenkolleg verknüpfte, und daß daraus das Amt des archidiaconus, des nach dem Bischof einflußreichsten Geistlichen, entstand, hat Leder, Die Diakonen der Bischöfe und Presbyter und ihre urchristlichen Vorläufer, Stutz, Kr. A., 23. und 24. H., 1905 nachgewiesen.

[1] Spyridon, Bischof von Trimithus auf Cypern, blieb sogar als Bischof Großbauer und Hirt.

[2] Die Glaubenslehre wird kompliziert.

[3] Die altchristliche Strenge muß den Nichtbeamten gegenüber gemildert werden.

[4] Καθολικὴ ἐκκλησία = allgemeine Kirche ist jedenfalls dem Sinn nach ignatianisch.

lischen Sukzession, indem er, im Verlauf seiner Entfaltung den Episkopat über die Einzelkirchen erhebend, ihn zum Grundpfeiler (Irenäus um 180: τὸ ἀρχαῖον τῆς ἐκκλησίας σύστημα) einer höheren Einheit, eben der Gesamtkirche, machte. Und nun zieht die dogmatische Leiblichkeit die rechtliche nach sich. Der Bischof sendet zum mindesten den Nachbarbischöfen eine Wahlanzeige. Es beginnt unter dem Episkopat ein lebhafter Verkehr. Bereits treten Synoden zusammen, namentlich im Orient (Kanon, Osterstreit 197). So sehr gewinnt die Gesamtkirche rechtliche Greifbarkeit, daß der Ausschluß aus ihr möglich (Fall des antiochenischen Bischofs Paulus von Samosata 269), ja allein möglich wird.

Lipsius, Die Zeit des Irenäus von Lyon, H. Z. XXVIII, 1872; Hinschius, Kr. III §§ 173, 176; Sohm, Kr. I §§ 21—26; v. Schwartz, Die Entstehung der Synoden in der alten Kirche, Leipz. phil. Diss., 1898; Schmid, Die Osterfestfrage auf dem ersten allgemeinen Konzil von Nicaea, Theol. Stud. d. Leo-Ges. 13. H., 1905.

Bei alledem hat Rom die Führung, Rom, dessen weltliche Herrlichkeit und kirchliche Bedeutung zusammenwirken, die größte Gemeinde des ja noch maßgebenden Abendlandes, ausgezeichnet durch weiten Blick (rasche Abstreifung des Judentums), hochentwickeltes Pflichtbewußtsein (1. Clemensbrief), universale Liebestätigkeit (Ignatius: προκαθημένη τῆς ἀγάπης), in erster Linie ausgesetzt und bewährt in der Verfolgung (Nero 64, Valerian 258), literarisch früh hervorragend (1. Clemensbrief, Hermas), von unerschütterter Rechtgläubigkeit (Überwindung der Gnosis) und doch in Lehrstreitigkeiten weise vermittelnd (Calixt gegenüber Sabellius) und deshalb auch bei augenblicklichem Mißerfolg auf die Dauer doch siegreich (Osterstreit), nach dem Zurücktreten des Griechentums bald unübertroffen in seinem durch den genius loci bestimmten Organisationstalent (§ 5), die Heimat des Gedankens der apostolischen Sukzession (§ 3), des Taufsymbols und damit der Glaubensregel, endlich die Zeugin der Wirksamkeit und des Martyriums zweier Apostel, des Paulus und des in der Tradition immer mehr hervortretenden Petrus. Kein Wunder, daß diese Kirche schon früh als Bundesgenossin begehrt (Polykarps und der Asiaten Anschluß seit 154) und als Ursitz der Tradition aufgesucht (Hegesipp) wird, daß Irenäus die Verbindung mit ihr als für jeden rechtgläubigen Christen selbstverständlich hinstellt, daß er ihr den ersten Rang (potior principalitas) unter den Apostelgründungen zuerkennt, und daß Cyprian in ihr die Trägerin der Einheit sieht. In der Tat übte Rom über Italien hinaus auf die Kirchen Afrikas (wenigstens zeitweise), Galliens und Spaniens einen unmittelbaren Einfluß aus. Ja sein Bischof wird schon vor der Anerkennung der Kirche durch den Staat gelegentlich als kirchliche Spitze behandelt (Aurelian 272).

Harnack, Dogmengeschichte I[4], 1897, Das Zeugnis des Irenäus über das Ansehen der römischen Kirche, Berliner Ak. S. B., 1893, Das Zeugnis des Ignatius über das Ansehen der römischen Gemeinde, Berliner Ak. S. B., 1896; Sohm, Kr. I § 14; Uhlhorn, Geschichte der christlichen Liebestätigkeit I[2], [3], 1882—97; Ratzinger, Geschichte der kirchlichen Armenpflege[2], 1884; Lallemand, Histoire de la charité I—IV, 1902—1912; Funk, Der Primat der römischen Kirche, in seinen Kg. A. I.; Grill, Der Primat des Petrus, 1904; Dufourcq, Saint-Irenée, 1904; Guignebert, La primauté de Pierre et la venue de Pierre à Rome, 1909; Rinieri, S. Pietro in Roma ed i primi papi, 1909; Schmiedel, War der Apostel Petrus in Rom? Protest. Monatshefte XIII, 1909; Harnack, Vicarius Christi vel Dei bei Aponius, Festschrift f. Delbrück, 1908; Boehmer, Zu dem Zeugnis des Irenäus von dem Ansehen der römischen Kirche, Z. f. neutest. Wiss. VII, 1906; Bludau, Die Juden Roms im 1. christlichen Jahrhundert, Kath. LXXXIII, 1903; Manchot, Die Heiligen, 1887; Delehaye, Les origines du culte des martyres, 1912.

Es entsprach durchaus der allgemeinen Entwicklung, daß das Ansehen der römischen Gemeinde sich auf deren Bischof übertrug, um dann geradezu auf ihm zu ruhen, sowie daß die römischen Bischöfe auf die Verrechtlichung dieses Primats hinarbeiteten (Viktors Osterdekret von 196, Dekret Calixts von 217/18 über die Milderung der Disziplin mit erstmaliger Berufung auf Mt. 16,18). Erfolg hatten diese Bemühungen noch nicht (Protest Tertullians und des conc. Carth. 256 gegen den episcopus episcoporum, Kritik Fermilians von Cäsarea). Die Gesamtkirche blieb auch weiterhin ein Bund von Bischofskirchen, aber als solche eben doch eine rechtliche Einheit. Als Trägerin einer Weltreligion steht vor den Toren des Weltreichs die Weltkirche und begehrt gebieterisch Einlaß.

Lipsius, Chronologie der römischen Bischöfe, 1869; Chapman, La chronologie des premères listes épiscopales de Rome, R. bén. XVIII, 1901, XIX, 1902; Boehmer, Zur altrömischen Bischofsliste, Z. f. neutest. Wiss. VII, 1906; Sohm, Kr. I § 15; Hollweck, Der apostolische Stuhl und Rom, 1895; Geiges, Die Bußstreitigkeiten in Rom um die Mitte des 3. Jahrhunderts, Z. f. Kg. XXV, 1904; Esser, Tertullian De pudicitia und der Primat des römischen Bischofs, Kath. LXXXII, 1902, Die Bußschriften Tertullians De paenitentia und De pudicitia und das Indulgenzedikt des Papstes Kallistus, Bonner Univ.-Progr., 1905, Nochmals das Indulgenzedikt des Papstes Kallistus und die Bußschriften Tertullians, Kath. LXXXVII, 1907, LXXXVIII, 1908; Battifol, L'édit de Calliste, Bull. de lit. ecclés. 1906; Stufler, Zur Kontroverse über das Indulgenzedikt des Papstes Kallistus, Z. f. k. Th. XXXII, 1908; Heinze, Tertullians Apologeticum, Berichte d. sächs. Ges. d. Wiss., phil.-hist. Kl., LXII, 1910; d'Alès, Tertullien et Calliste, R. h. e. XIII, 1912; Poschmann, Zur Bußfrage in der cyprianischen Zeit, Z. f. k. Th. XXXVII, 1913; Adam, Der Kirchenbegriff Tertullians, Forsch. von Ehrhard, VI, 4, 1907; vgl. die Lit. zu § 2.

Zweites Kapitel.

Das römische Kirchenrecht.

§ 7. Der Eintritt der Kirche in die Welt.

Obwohl erst der Glaube einer im besten Fall stattlichen Minderheit, überwindet das Christentum siegreich den letzten Ansturm der von Diokletian neu organisierten Staatsgewalt (Viertes Verfolgungsedikt von 304), nötigt den heidnischen Staat zum Eingeständnis seiner Ohnmacht (Dreikaiseredikt vom 30. April 311) und wird alsbald von Konstantin, der es in dem so gut wie christianisierten Kleinasien kennen gelernt hatte, als die Großmacht erkannt, ohne deren Bündnis die kaiserliche Weltherrschaft nicht länger aufrechterhalten werden kann. Das Mailänder Edikt von 313 gibt den Christen Religion und Kultus frei und erkennt ihre Kirche (corpus Christianorum = ecclesiae) an.

Schwartz und Mommsen, Eusebius Werke II, Die Kirchengeschichte, I—III, 1903 bis 1909; Krüger, Die Christenverfolgung unter Diokletian, Preuß. Jb. LXIV, 1889; Belser, Zur diokletianischen Christenverfolgung, Tüb. Univ.-Progr., 1891; Cascioli, La persecuzione di Diocleziano, 1903; Allard, La persécution de Dioclétien et le triomphe de l'Église, 1908; Burckhardt, Die Zeit Konstantins des Großen, 1853 (neue Aufl. nicht vom Verf. besorgt); Schwartz, Über Kirchengeschichte, Nachr. d. Gött. Ges. d. Wiss. 1908, Kaiser Constantin und die christliche Kirche, 1913; de Bacci Venuti, Dalla grande persecuzione alla vittoria del cristianesimo, 1913; Wittig, Das Toleranzreskript von Mailand 313, R.Q. Supplh. XIX, 1913; Mueller, Lactantius' De mortibus persecutorum im Lichte des Toleranzreskripts von 313, R.Q. Supplh. XIX, 1913; L. Seuffert, Konstantins Gesetze und das Christentum, 1891; Funk, Konstantin der Große und das Christentum, in seinen Kg. A. II; Seeck, Geschichte des Untergangs der antiken Welt I², II mit Nachtrag, III—IV mit Anhang, 1897—1911, Das sog. Edikt von Mailand, Z. f. Kg. XII, 1891; Hartmann, Der Untergang der antiken Welt², 1910; Hirschfeld, Zur Geschichte des Christentums in Lugdunum vor Konstantin, Berliner Ak. S. B., 1895; Krebs, Die Religionen im Römerreich zu Beginn des 4. Jahrhunderts, R.Q. Supplh. XIX, 1913; Allard, L'expansion du christianisme, R. q. h. LXXVIII, 1905, auch in Dix leçons sur le martyre, 1905; Rivière, La propagation du christianisme dans les trois premiers siècles, 1907.

Die Folge ist ein gewaltiges natürliches Wachstum, das mit innerer und äußerer Notwendigkeit auf die Alleinherrschaft hindrängt. Dies Streben wird durch die Hilfe der Staatsgesetzgebung, die hierbei, wenn auch in anderem Sinne, durchaus in diokletianischen Bahnen wandelt, künstlich beschleunigt, nach dem durch den Übereifer der Söhne Konstantins mitveranlaßten Rückfall Julians (361—363) zunächst in vorsichtiger Restitutions- und Übergangspolitik von Valentinian I. und Valens [1]. Energischer geht Gratian vor [2], vor allem aber Theodosius der Große, der zunächst im Osten (l. 1—3, 7 cod. Theod. 16, 7) mit der Schließung der

[1] L. 18 cod. Theod. 16, 2 spricht von den Heiden bereits als von pagani, was freilich Zahn und Harnack, Mission² I S. 350 neuerdings nicht als „Dörfler", sondern als „Civilisten" (Gegensatz milites Christi) verstehen wollen. Vgl. aber auch Funk, Th. Q. LXXXVIII, 1906 S. 313 f.

[2] Ablehnung der Würde eines pontifex maximus und endgültige Entfernung der ara Victoriae aus dem Sitzungssaal des Senats.

Tempel beginnt, aber auch im Westen (im Bund mit Ambrosius von Mailand) trotz des Widerstands der römischen Aristokratie (Symmachus) 392 den heidnischen Kult verbietet [1] und so mit dem gelegentlich schon von Konstantin dem Großen erwogenen Gedanken der religiösen Einförmigkeit des Reichs Ernst macht (l. 12 cod. Theod. 16, 10). In der Tat schlägt nunmehr Martin von Tours (375—401) auch das keltische Heidentum der gallischen Landschaft nieder. Theoretisch und praktisch steht der Grundsatz der Christlichkeit des orbis terrarum bereits so fest, daß Augustin (426) den irdischen Staat (die civitas terrena) für den Dienst des christlichen, jenseits-diesseitigen Gottesstaates (der civitas Dei) in Anspruch nehmen kann, und daß selbst der gerade jetzt erfolgende Einfall ganzer heidnischer Germanenstämme nur noch örtliche Ausnahmen schafft.

V. Schultze, Geschichte des Untergangs des griechisch-römischen Heidentums I, 1887; Allard, Le paganisme au milieu du 4. siècle, R. q. h. LVI, 1894; Boissier, La fin du paganisme [4], 2 vol., 1903; Allard, Jullien l'apostat [3], I—III, 1906—10; Güldenpenning und Ifland, Der Kaiser Theodosius der Große, 1878; Seidel, Die Lehre vom Staat beim hl. Augustinus, Sdraleks kirchengesch. Abhdl. IX, 1, 1909; Schilling, Die Staats- und Soziallehre des hl. Augustinus, 1910; Ritter, Studien über die Entwicklung der Geschichtswissenschaft, H. Z. CVII, 1911; Bliemetzrieder, Über St. Augustins Schrift De civitate Dei, Th. Q. XCV, 1913.

Freilich droht der Arianismus, der im Osten nur zeitweilig als byzantinisches Regierungschristentum die Oberhand zu gewinnen vermochte, wegen seiner leichten Anpassung an das Volkstum (gotische Bibelübersetzung des Ulfila) und die Einrichtungen (Eigenkirchen statt Hauspriestertum? Bischöfe statt sacerdotes civitatis?) der Germanen (Ost- und Westgoten, Sueven, Burgunder und Langobarden) im Westen die Katholizität zu gefährden. Jedoch die Annahme des katholischen Christentums durch die Franken (Taufe Chlodowechs, Weihnachten 496), der im 7. Jahrhundert der Übertritt der Langobarden folgt, stellt die Glaubenseinheit des Abendlandes für ein Jahrtausend wieder her, zumal angesichts der durch Wesensverschiedenheit (oben § 4), hierarchische Interessengegensätze (unten § 12) und die Reichsteilung (endgültig seit Arkadius und Honorius 395) verursachten zunehmenden Loslösung der morgenländischen Christenheit eine Tatsache von entscheidender Bedeutung.

Werminghoff, VG. §§ 3—6; L. Schmidt, Geschichte der Wandalen, 1901; Pfeilschifter, Der Ostgotenkönig Theoderich der Große und die katholische Kirche, Kg. St. III, 1896; Hegel, Geschichte der Städteverfassung von Italien, 2 Bde., 1847; Hartmann, Geschichte Italiens im Mittelalter I—III, 5 Bde., 1897—1911; Crivellucci, Le chiese cattoliche e i Longobardi ariani in Italia, Studi storici VI, 1897; Ermoni, La crise arienne, R. h. CI, 1909; v. Schubert, Das älteste germanische Christentum oder der sog. Arianismus der Germanen, 1909, Staat und Kirche in den arianischen Königreichen und im Reiche Chlodwigs, Hist. Bibl. XXVI, 1912; Stutz, Die Eigenkirche als Element des mittelalterlich-germanischen Kirchenrechts, 1895, Arianismus und Germanismus, Hinnebergs Internat. Wochenschrift 1909; Boehmer, Das germanische Christentum, Th. St. K. LXXXVI, 1913; Ficker, Altchristliche Denkmäler und Anfänge des Christentums im Rheingebiet, 1909; Hauck, Kirchengeschichte Deutschlands I [3 u. 4], 1904; Bernoulli, Die Heiligen der Merowinger, 1900; Lucius-Anrich, Die Anfänge des Heiligenkults in der christlichen Kirche, 1904; Babut, Saint Martin de Tours, 1912; Bossert, in der Württembergischen Kirchengeschichte, herausgegeben vom Calwer Verlagsverein, 1893; Maurer, Die Bekehrung des norwegischen Stammes zum Christentum, 2 Bde., 1855 f.; v. Schubert und Kahle, Bekehrungsgeschichte, in Hoops Reallexikon d. germ. Altertumsk. I, 1911.

§ 8. Die organisierte Weltflucht (Mönchtum).

Die Annäherung an die Welt, bereits in den letzten Jahrzehnten vor dem Entscheidungskampf in vollem Gange [2], erzeugte eine weltflüchtige Bewegung, mit der sich die bis in die Zeiten des Wiederkunftschristentums zurückreichende asketische Richtung als positives Element paarte. Nach Einsamkeit Verlangende (μόναχοι) gehen in die Wüste als Anachoreten oder Eremiten (anachoretisches Mönchtum; Hauptvertreter Antonius, 270—356). Doch organisiert Pachomius

[1] Blutige Opfer werden Majestätsverbrechen.

[2] Paulus von Samosata (260—272) war zugleich Bischof von Antiochien und höherer Provinzialsteuerbeamter (ducenarius).

die offenen Mönchskolonien, die so, namentlich in Ägypten, entstehen, bald zu geschlossenen Klöstern (μοναστήρια, zuerst Tabennisi 322), die sich dann zu ganzen Männer- und Frauenkongregationen (κοινόβια) mit Äbten und praepositi erweitern (zönobitisches Mönchtum, auch bei und in den Städten). Mit dem Eintritt der Kirche in die Welt nimmt diese Weltflucht mächtig überhand und wird geradezu zur Kirchenflucht und zum Protest gegen die Hierarchie (Laienverbände). Doch wissen im Osten Athanasius und noch besser Basilius der Große (375) das Mönchtum der Weltkirche als heilsame Ergänzung anzugliedern und mit ihr in Wechselwirkung zu setzen, ein Prozeß, dessen rechtlicher Niederschlag die Bestimmungen des Konzils von Chalcedon von 451 sind (Unterordnung unter den Bischof, bischöfliche Mitwirkung bei der Gründung).

Bigelmair, Die Beteiligung der Christen am öffentlichen Leben in vorkonstantinischer Zeit, 1902; Wilpert, Die gottgeweihten Jungfrauen, Z. f. k. Th. XIII, 1889; J. Mayer, Die christliche Askese, 1894; Zöckler, Askese und Mönchtum, 1897; Harnack, Das Mönchtum, seine Ideale und seine Geschichte [6] (auch Reden I [2], 1906), 1900; Amélineau, Histoire des monastères de la basse Égypte, in Annales du musée Guimet, 1894; Grützmacher, Pachomius und das älteste Klosterleben, 1896; Ladeuze, Étude sur le cénobitisme Pakhomien, 1898 (Löwener Diss.); Schiwietz, Vorgeschichte des Mönchtums, Das ägyptische Mönchtum im 4. Jahrhundert, Geschichte und Organisation der pachomianischen Klöster, A. f. k. Kr. LXXVIII—LXXXIII, 1898—1903, Das morgenländische Mönchtum I, 1904, II, 1913; Völter, Der Ursprung des Mönchtums, 1900; Preuschen, Mönchtum und Serapiskult [2], 1903; Πετρακάκος, Οἱ μοναχικοὶ θεσμοὶ I, 1907; Berlière, L'ordre monastique des origines au 12e siècle, 1912; Holl, Enthusiasmus und Bußgewalt beim griechischen Mönchtum, 1898; Rauschen, Eucharistie und Bußsakrament [2], 1910; Vacandard, Les origines de la confession sacramentelle, auch in seinen Études de crit. et d'hist. eccl. II, 1900; vgl. Lit. zu §§ 21, 3 und 31, 2.

Die völlige Eingliederung des Mönchtums in die Kirche erfolgte dagegen im Westen, wo Männer wie Hieronymus, Paulin von Nola, Augustin, Martin von Tours und Cassian (de institutis coenobiorum, gegen 426) es verbreiteten, und die Merowinger sowie die burgundischen Herrscher zahlreiche Klöster gründeten, aber erst, nachdem es durch die Persönlichkeit des Iren Columba (Luxeuil, um 600) zu allgemeinem Ansehen gelangt war, und ihm Benedikt von Nursia (Regel für Monte Cassino, um 530, seit 600 weiterverbreitet) eine feste Organisation und praktische Ziele gegeben hatte [1]. Der außerkirchliche Ursprung des Mönchtums wirkte eben jahrhundertelang nach; erst gegen Ende dieser und in der folgenden Periode wurde [2] das Mönchtum kirchlich und kirchenrechtlich bedeutsam. Päpstliche Klosterprivilegien zur Sicherung der Selbständigkeit gegenüber dem Bischof kamen seit dem 6. Jahrhundert auf; 628 wurde Bobbio, 751 Fulda eximiert und dem römischen Stuhl unterstellt.

Holstenius-Brockie, Codex regularum, quas sancti patres monachis et virginibus sanctimonialibus praescripsere, I—VI, 1759; Loening, Geschichte I 332 ff., II 364 ff.; Werminghoff, VG. § 15; Spreitzenhofer, Die Entwicklung des alten Mönchtums in Italien, 1894; Benedicti regula monachorum ed. Woelfflin, 1895, und dazu Traube, Münchner Ak. A. XXI, 1898, sowie Regulae B. traditio, 1900, und Butler, Sancti Benedicti regula monachorum, editio critico-practica, 1912; Traube-Plenkers, Textgeschichte der Regula S. Benedicti [2], Abhdlg. d. Münchner Ak., phil.-hist. Kl., 1910; Plenkers, Untersuchungen zur Überlieferungsgeschichte der ältesten lateinischen Mönchsregeln, Traube, Q. u. Unters. zur lat. Phil. I 3, 1906; Grützmacher, Die Bedeutung Benedikts von Nursia, 1892; Gasquet, The Rule of St. Benedict (The kings classics), 1909; Werminghoff, Die wirtschaftstheoretischen Anschauungen der Regula S. Benedicti, Hist. Aufs. f. Zeumer, 1910; Rothenhäusler und Herwegen, Studien zur benediktinischen Profeß, Herwegens Stud. z. Gesch. d. alt. Mönchtums, 3. H., 1912; Rothenhäusler, Gregor I. und die Stabilität des Mönchs, Z.[2] f. KG. III, 1913; Besse, Les moines de l'ancienne France, Arch. de la France mon. II, 1906; Zimmer, Über direkte Handelsverbindungen Westgalliens mit Irland, Berliner Ak. S. B., 1909, 1910; Gougaud, Les chrétientés celtiques, 1911; Williams, Christianity in early Britain, 1912; Levison, Die Iren und die fränkische Kirche, H. Z. CIX, 1912; Bonet-Maury, Saint Colomban, R. h. LXXXIII, 1903; Seebaß, Über Columbas Klosterregel, 1883; Malnory, Quid Luxovienses . . . ad ecclesiae profectum contulerunt, Thèse, 1894; Weiß, Die kirchlichen Exemtionen der Klöster, Berner phil. Diss., 1893.

[1] Die Mönche werden seit dem 6. Jahrhundert zu den clerici gerechnet.
[2] Von dem für die allgemeine Entwicklung nicht in Betracht kommenden iroschottischen Mönchskirchentum wird dabei abgesehen.

§ 9. Wesen und Herrschaftsdauer des römischen Kirchenrechts.

Kaum zu ermessen ist die sittliche und rechtliche Tragweite des Umstandes, daß die Kirche in eine Welt und in eine Weltordnung eintrat, deren Untergang durch innere Fäulnis bevorstand. Ohne dies wäre weder die für eine lange Folgezeit maßgebende Höchstwertung der Kirche[1] möglich geworden noch ihre Ausgestaltung zu einem allumfassenden, mit dem Staat wetteifernden und ihn jahrhundertelang in den Schatten stellenden sozialen Organismus[2]. Gleichwohl geriet die Kirche mit ihrem Recht geraume Zeit unter den maßgebenden Einfluß dieser ihre Anfänge umgebenden weltlichen Ordnung: eine ganze Schicht Kirchenrecht wurde römisch geprägt und trägt in ihren Überresten bis auf den heutigen Tag ausgesprochen antikrömische Züge. Nicht bloß weil, wie zum Teil schon in der ersten Zeit, sehr viel von den kirchlichen Einrichtungen und Bestimmungen der römischen Prinzipats- und Provinzialverfassung bewußt und noch häufiger unbewußt nachgebildet wurde. Und nicht in dem Sinne, daß die Nachahmung nicht eine freie gewesen wäre, und daß die kirchliche Originalproduktion sowie die selbständige Fortbildung altkirchlicher Institute aufgehört hätte. Das entscheidet, daß durch das Ganze ein unverkennbar römischer Zug geht. Das kirchliche Recht dieser Zeit, vom Standpunkt des kirchlichen Gemeinwesens aus konzipiert, hat durchaus den Charakter einer objektiven und öffentlichen Ordnung, doch mit einem Übergewicht des Verwaltungsrechts über das Verfassungsrecht und mit weitem Spielraum für arbiträre Entscheidung. So auch noch unter germanischer Herrschaft, die, zunächst nur die äußeren Beziehungen bestimmend, noch eine Nachblüte römischer Kirchenrechtsentwicklung sah, wiewohl germanische Keime alsbald zu treiben begannen. Erst das Ende des 7. und der Anfang des 8. Jahrhunderts bringt den Umschwung; für die Kirchenrechtsentwicklung stehen die Regierungen Karl Martells (714—741) und Liutprands (712—744) an der Wende der Zeiten.

Stutz, Eigenkirche (§ 7); K. Müller, Die Grenze zwischen Altertum und Mittelalter in der Kirche, Preuß. Jb. LX, 1887; Loening, Geschichte I, II; Hatch-Harnack, Die Grundlegung der Kirchenverfassung Westeuropas, 1888; Conrat (Cohn), Römisches Recht im frühesten Mittelalter, Z[1] f. RG. XXXIV, 1913. Eitel, Über Blei- und Goldbullen im Mittelalter, 1912; Soltau, Das Fortleben des Heidentums in der altchristlichen Kirche, 1906.

§ 10. Die Quellen.

85 (im Abendland 50) κανόνες τῶν ἀποστόλων (Anfang des 5. Jahrhunderts) vermitteln, indem sie Auszüge aus den apostolischen Konstitutionen (seit dem 6. Jahrhundert ihnen als VIII c. 47 angehängt) mit Synodalbeschlüssen (besonders von Antiochia 341) vereinigen, den Übergang zu den nunmehr in reiner Gestalt auftretenden Rechtsquellen dieser Periode, wie denn auch seit der zweiten Hälfte des 4. Jahrhunderts von ius ecclesiasticum als dem Inbegriff der durch Strafandrohung gesicherten kirchlichen Rechtsgebote die Rede ist.

Maassen, Geschichte der Quellen und Literatur des kanonischen Rechts I, 1870; Pitra, Iuris ecclesiastici Graecorum historia et monumenta, 2 Bde., 1864—68; Funk, Die ägyptische Kirchenordnung, in seinen Kg. A. III; Schwartz, Über die pseudoapostolischen Kirchenordnungen, Schrift. d. Straßburger wiss. Ges., 6. H., 1910; Harnack, Ius ecclesiasticum (§ 2).

Es sind in erster Linie Beschlüsse allgemeiner Synoden (Nicäa I 325, Konstantinopel I 381, zunächst ein orientalisches Generalkonzil, Ephesus 431, Chalcedon 451, Konstantinopel II 553 und III 680 — das sogenannte Trullanum oder Quinisextum, eine Synode von Konstantinopel von 692, von den Griechen als Fortsetzung des 6. allgemeinen Konzils betrachtet — und in der folgenden Periode Nicäa II 787, Konstantinopel IV 869) oder solcher von Teilverbänden (im Abendland besonders Elvira um 300, Arles 314, ein okzidentalisches Generalkonzil, und die Gruppen der afrikanischen, spanischen und gallischen Konzilien).

[1] Chrysostomus um 400: Die geistliche Gewalt steht über der weltlichen wie die Seele über dem Leib — so schon constit. apostol. (§ 2) — und wie der Himmel über der Erde.

[2] Der Bischof, Spitze und Hort der städtischen Bevölkerung, Schutzherr der Armen, Waisen und Elenden, Fürbitter der Strafwürdigen, Befreier der Kriegsgefangenen und Gönner der Sklaven, erringt politische Bedeutung und behauptet sie erst recht gegenüber dem vordringenden Germanentum.

Von den Sammlungen, die bald (eine solche schon im Gebrauch der Synode von Chalcedon) dafür angelegt werden [1], hat durchschlagenden Erfolg die um 500 in Rom von dem skythischen Mönch Dionysius Exiguus verfaßte, der eine eigene Übersetzung der Apostelkanones und der griechischen Synodalbeschlüsse zugrunde liegt [2].

Bruns, Canones apostolorum et conciliorum saec. IV—VII, 2 Bde., 1839; Lauchert, Die Kanones der wichtigsten altchristlichen Konzilien nebst den apostolischen Kanones, 1896; Turner, Ecclesiae occidentalis monumenta antiquissima I 1, 2, 2 a, II 1, 2 1899—1913; Duchesne, Le Concile d'Elvire et les flamines chrétiens, Mélanges Renier, 1887; Maassen, Concilia aevi Merovingici in M. G. h., 1893; Kirsch, Enchiridion fontium historiae ecclesiasticae antiquae, 1910; Wasserschleben, Die irische Kanonensammlung [2], 1885; P. Fournier, De l'influence de la collection irlandaise, N. r. h. XXIII, 1899, Le liber ex lege Moysi et les tendances bibliques du droit canonique irlandais, Rev. celt. XXX, 1909; Bury, The life of St. Patrick, 1905; Hellmann, Sedulius Scottus, Traubes Q. u. Unters. z. lat. Phil. I 1, 1906; Guenther, Epistulae imperatorum, pontificum etc. Avellana quae dicitur collectio, Corpus script. eccles. lat. Vindob. XXXV, 1895—98.

Seit Siricius [3] gewinnen die Erlasse (decretales scil. epistolae, constituta) der römischen Bischöfe (z. B. Innozenz I., 401—417, Leo I., 440—461, Gelasius I., 492—496, Gregor I., 590—604) für das Abendland [4] allgemeine Bedeutung, so daß Dionysius auch sie (bis Anastasius II., † 498, die Isidoriana bis Gregor I.) sammelt, wodurch die Konkurrenz des päpstlichen mit dem synodalen Gesetzgebungsrecht zum Ausdruck gelangt.

Coustant, Epistolae Romanorum pontificum I (bis 440), 1721; Thiel, Epistolae Romanorum pontificum I, 1868; Ewald et Hartmann, Registrum Gregorii I. in M. G. h. Epist., 1891—99.

Die vereinigte Konzilien- und Dekretalensammlung des Dionys (Dionysiana) erfreut sich bald im ganzen Abendland des größten Ansehens; eine gallische (zuerst veröffentlicht von Quesnel 1675) vermag gegen die römische nicht aufzukommen.

§ 11. Die Territorialbildung.

Ein unverkennbarer Zusammenhang besteht zwischen der Gliederung des römischen Weltreichs und der sich nunmehr vollziehenden oder vollendenden kirchlichen Territorialbildung.

Lübeck, Reichseinteilung und kirchliche Hierarchie des Orients bis zum Ausgange des 4. Jahrhunderts, Kg. St. V, 1901.

1. Die Diözese. Das Christentum ist zunächst und jahrhundertelang durchaus auf die Städte (und ihre Ableger, die Landsitze städtischer Herren) beschränkt. In ihnen entstanden die ersten Gemeinden und die bischöflichen Kirchen. Wohl begegnen während des 4. Jahrhunderts im Osten und in Afrika auch Landgemeinden, selbst mit Landbischöfen (χωρεπίσκοποι). Aber sie unterliegen bald dem Stadtbischof, der das platte Land mit seinen Priestern und Diakonen besetzt [5]. Im europäischen Abendland kannte man es überhaupt nie anders. Die civitas beherrschte eben auch kirchlich das von ihr politisch abhängige territorium. Regelmäßig, wenn auch nicht ausnahmslos, wird (in Gallien erst nach 450) jenes Bischofssitz, diese Diözese (παροικία, διοίκησις).

[1] In Gallien im 5./6. Jahrhundert statuta ecclesiae antiqua (Morin, R. bén. XXX, 1913 und dort. Lit.), in Afrika gegen 550 breviatio canonum Fulgentii Ferrandi, in Spanien die seit 572 offiziellen capitula Martins von Braga.

[2] Daneben ist außer einer versio prisca namentlich die Hispana zu erwähnen, um 600 benutzt für die gleich ihr fälschlich Isidor von Sevilla zugeschriebene spanische Sammlung.

[3] Er erklärt 385: statuta sedis apostolicae vel canonum venerabilia definita nulli sacerdotum Domini ignorare sit liberum. Den ersten päpstlichen Erlaß, von dem wir wissen, hat aber bereits sein Vorgänger Damasus in Gestalt der sog. canones ad Gallos erlassen; Babut, La plus ancienne décrétale, 1904.

[4] Im Osten kommen schon vorher bischöfliche Sendschreiben vor.

[5] In Ägypten hat sich der Episkopat anfangs nur in Alexandria durchgesetzt. Auf dem Lande standen die Dörfer bis zu zehn unter einem πρεσβύτερος. Das wurde erst allmählich anders, als im 3. Jahrhundert die Gaumetropolen Stadtrecht erhielten. Über diese ägyptische Presbyterialverfassung Leipoldt, Schenute von Atripe, T. u. U. XXV, 1903; Schwartz, Nachr. d. Gött. Ges. d. Wiss. 1905 S. 182 f., Kaiser Constantin (§ 7) S. 98 ff.; Lietzmann, Zur altchristlichen VG. (§ 3) S. 150 ff.

Hinschius, Kr. II § 85[1]; Loening, Geschichte I 12 ff., II 99 ff.; Parisot, Les chorévêques, Rev. de l'orient chrét. VI, 1901; Gillmann, Das Institut der Chorbischöfe im Orient, 1903; Bergère, Étude historique sur les chorévêques, Thèse, 1905; Zeiller, Le chorévêque Eugraphus, R. h. e. VII, 1906; Duchesne, Fastes épiscopaux de l'ancienne Gaule [2] I, II, 1907—10, Le sedi episcopali nell' antico ducato di Roma, Arch. della R. soc. di stor. patr. XV, 1892, Les évêchés de Calabre in Mél. Paul Fabre, 1902; Launay, Histoire de l'église gauloise depuis les origines jusqu' à la conquête française I, II, 1906; Holmes, The origin and development of the Christian Church in Gaul during the first sixt centuries, 1911; Savio, Gli antichi vescovi d'Italia I, 1898, II, 1913; Lanzoni, Le origini del cristianesimo e dell'episcopato nell' Umbria Romana, Riv. stor. crit. di sc. teol., 1907; Savini, Septem dioeceses Aprutienses medii aevi in Vaticano tabulario, 1912; Groner, Die Diözesen Italiens, Tüb. phil. Diss., 1904; Friedrich, Die ecclesia Augustana, Münchner Ak. S. B., philos.-phil.-hist. Kl., 1906; Besson, Recherches sur les origines des évêchés de Genève, Lausanne, Sion, 1906.

2. Die Provinz. Gleich dem städtischen Provinziallandtag (κοινόν, concilium für den Kaiserkult mit einem ἀρχιερεύς, sacerdos provinciae) treten die christlichen Bischofsversammlungen (§ 6) meist in den Provinzialhauptstädten, von denen ja auch fast überall das Christentum ausgegangen war (Metropolen im kirchlichen Sinn), zusammen, regelmäßig [1] unter der Leitung des Metropolitanbischofs. Damit und mit dem Recht, die Provinzialbischöfe zu bestätigen und zu weihen, gewinnt dieser eine Obergewalt. Der weltlichen entspricht für die Regel, wenn auch nicht ausnahmslos, eine kirchliche Provinz, im Osten seit Beginn des 4. Jahrhunderts (Nicänum vgl. mit Antiochenum), in Gallien seit etwa 430, während in Italien die vom Nicänum 325 als bekannt vorausgesetzte und als Vorbild verwendete unmittelbare Oberherrschaft des römischen Bischofs über alle italischen Bischöfe zu Ende des 4. Jahrhunderts [2] durch die Bildung einer mailändischen und bald nachher einer ravennatischen [3] sowie einer aquilejensischen Provinz wenigstens eingeschränkt wird. Rom bleiben die suburbikarischen Regionen, das Amtsgebiet des vicarius urbis.

Hinschius, Kr. II § 76; Loening, Geschichte I 362 ff., II 197 ff.; Sohm, Kr. I § 30; Schmitz, Die Rechte der Metropoliten und Bischöfe in Gallien vom 4. bis 6. Jahrhundert, A. f. k. Kr. LXXII, 1894; W. Meyer aus Speier, Die Spaltung des Patriarchats Aquileja, Abh. d. Gött. Ges. d. Wiss., 1898; Kretschmayr, Geschichte von Venedig I, 1905; Paschini, La chiesa Aquileiese ed il periodo delle origini, 1909; Lenel, Venezianisch-Istrische Studien, Schrift. d. Straßburger wiss. Ges., 9. H., 1911.

3. Höhere Kirchenverbände. Selbst die Reichsdiözesen Diokletians erhalten, wenigstens im Osten, noch ein kirchliches Gegenstück. Freilich die Vorrangstellung, die das Nicänum 325 Antiochia (Oriens) und Alexandria (Ägyptus) zubilligte, war auch kirchlich gerechtfertigt. Nur die staatliche Gliederung dagegen hob Ephesus (Asia), Cäsarea (Pontus), Heraklea (Thracia) und vor allem Konstantinopel, dessen Bischof als demjenigen von Neurom die allgemeine Synode von 381 die zweite Stelle im Reichsepiskopat unmittelbar hinter demjenigen von Altrom [4] einräumte. Daraus wurde dann eine durch das Chalcedonense 451 gutgeheißene kirchliche Obergewalt, Patriarchat (mit oberster Jurisdiktion, Ordinationsbefugnis mindestens für die Metropoliten, Patriarchalsynoden) über die auf eine Zwischenstufe, den Exarchat im technischen Sinne, zurückgedrängten Bischöfe von Ephesus, Cäsarea und Heraklea in Gleichordnung mit den Patriarchaten von Antiochien und Alexandrien (Jerusalem zunächst bloßer Ehren-, dann Kleinpatriarchat). Im Westen vermögen neben dem Bischof von Rom Obergewalten nicht aufzukommen. Hier verkündet Innozenz I., die Entwicklung abschließend, den fortan für die Kirche maßgebenden Grundsatz der Unabhängigkeit ihrer Gliederung von der des Staates.

Hinschius, Kr. I §§ 74, 75, III § 174; Sohm, Kr. I §§ 26, 29, 30; Treppner, Das Patriarchat von Antiochien, 1891; Rohrbach, Die Patriarchen von Alexandrien, Preuß. Jbb. LXIX, 1892; Gelzer, Der Streit über den Titel des ökumenischen Patriarchen, im Jb. f.

[1] Nur ausnahmsweise besteht Altersvorsitz.
[2] Damals war das Hoflager in Mailand.
[3] Ravenna ist seit 404 Residenz und wird infolgedessen in der Unterordnung unter seinen römischen Metropoliten für Jahrhunderte wankend.
[4] Der also selbst nach offiziell-kirchlicher Auffassung um der weltlichen Bedeutung seines Sitzes willen vorgeht.

prot. Th. XIII, 1887; Vailhé, L'érection du patriarcat de Jérusalem, Revue de l'orient chrét. IV, 1899; Charon, Histoire des patriarcats melkites (Alexandrie, Antioche, Jérusalem) depuis le schisme monophysite du 6. siècle jusqu'a nos jours, I—III, 1909; Pfeilschifter, Die Balkanfrage in der Kirchengeschichte, Freiburger Univ.-Progr., 1913.

4. Die Reichskirche endlich setzt sich wie das Reich selbst dem orbis terrarum gleich (daher σύνοδος οἰκουμένη); die armenische und die persische Außenkirche gelangen so wenig zu einer festen Verbindung mit ihr als die Außenländer mit dem Reich.

Duchesne, Églises séparées, 1896, S. 281 ff.; Weber, Die katholische Kirche in Armenien, 1903.

§ 12. Reichssynode und Primat.

In der Reichssynode, die außer zu gesetzgebender, oberstrichterlicher und Verwaltungstätigkeit insbesondere für die Entscheidung von Glaubensstreitigkeiten zusammentritt, erhält die Kirche kurz nach ihrer Anerkennung durch den Staat (Nicänum 325) und mit dessen Hilfe (die Kaiser berufen, führen durch Synodalkommissäre die Aufsicht, schließen und bestätigen) ein höchstes Organ, das sie sichtbar verkörpert. Stimmrecht haben nur die Träger bischöflicher Weihe. Der römische Bischof läßt sich stets durch Legaten vertreten. Es entscheidet das absolute Mehr und über die Ökumenität die nachherige Annahme oder Verwerfung durch das Gesamtbewußtsein (kein päpstliches Bestätigungsrecht): die Kirche gibt sich deutlicher denn je als Bund der bischöflichen Einzelkirchen.

Hinschius, Kr. III §§ 169, 185; Sohm, Kr. I §§ 27, 32; Schwartz, Zur Geschichte des Athanasius I—IX, Nachr. d. Gött. Ges. d. Wiss., phil.-hist. Kl., 1904—11, Die Konzilien des 4. u. 5. Jahrhunderts, H. Z. CIV, 1909; Harnack, Die angebliche Synode von Antiochia im Jahre 324/25, Berliner Ak. S. B., 1908, 1909; Bernoulli, Das Konzil von Nicäa, 1896; Loeschcke, Das Syntagma des Gelasius Cyzicenus, Bonner ev. theol. Diss., 1909 (auch Rhein. Museum LX, LXI); Link, Zur Übersetzung und Erläuterung des Kanons 4, 6 u. 7 des Konzils von Nicäa, Gießener theol. Diss., 1908; Wickenhauser, Zur Frage der Existenz von nizänischen Synodalprotokollen, K.Q. Supplh. XIX, 1913; Funk, Die Berufung der ökumenischen Synoden des Altertums, Zur Frage nach der Berufung der allgemeinen Synoden des Altertums, Die päpstliche Bestätigung der acht ersten allgemeinen Synoden, in seinen Kg. Abh. I u. III; Wolff, Die πρόεδροι auf der Synode zu Nicäa, Z. f. k. Wiss. X, 1889; Grisar, Honorius I. und das allgemeine Konzil, in seinen Anal. Romana, 1899; Kneller, Papst und Konzil im ersten Jahrtausend, Z. f. k. Th. XXVII, 1903, Zur Berufung der Konzilien, Z. f. k. Th. XXX, 1906, XXXII, 1908, Das Papsttum auf dem Konzil von Nicäa, St.M.-L. LXVII, 1909.

Jedoch auch der römische Staat war aus einem Komplex von Gemeinden zu einer einheitlichen Monarchie geworden. Ihm folgte die Kirche. Der römische Stuhl, der Hort nicänischer Rechtgläubigkeit [1], schreitet auf dem Weg der Verrechtung des Primats mit Erfolg fort. Ein oberstes Gesetzgebungs- (§ 10) und Aufsichtsrecht wird von Siricius, eine oberstrichterliche Gewalt von Innozenz I. nicht bloß beansprucht, sondern auch betätigt. Päpstliche Vikariate in Arles und Thessalonich ermöglichen dem römischen Bischof und seiner Synode das Eingreifen auch in geringfügige gallische und illyrische Angelegenheiten. Die Titel für diese Rechte schafft sich die Kirche zum Teil selbst. Zu Sardika (Sofia) wurde 342 oder 343 von einer Synode, die als ökumenische zwar einberufen war, als solche aber nicht zustande kam und erst lange nachher als allgemein anerkannt wurde, beschlossen: Wenn ein von einer Provinzialsynode abgesetzter Bischof bei dem Urteil sich nicht beruhigen will, steht es ihm frei, den Bischof von Rom darum anzugehen, daß dieser nach Ermessen ein zweitinstanzliches Gericht aus durch ihn zu bestimmenden Bischöfen der Nachbarprovinz einsetze. Beruhigt sich der Abgesetzte aber auch bei deren Spruch nicht, so kann er noch eine dritte Instanz anrufen, die nach dem Gutdünken des römischen Bischofs bestehen soll aus Bischöfen in Gemeinschaft mit den vom Bischof von Rom als Legaten entsandten Priestern oder aus dem römischen Bischof selbst [2]. Zu einem anderen Teil liefert den

[1] Gratian, Valentinian II. und Theodosius 380: Cunctos populos, quos clementiae nostrae regit temperamentum, in tali volumus religione versari, quam divinum Petrum apostolum tradidisse Romanis religio usque nunc ab ipso insinuata declarat, quamque pontificem Damasum sequi claret et Petrum, Alexandriae episcopum.

[2] So nach dem griechischen Texte. In ihm und dem lateinischen, einer ins 4. Jahrhundert fallenden Übersetzung, sind übrigens gerade die den römischen Bischof und seine Gerichtsbarkeit betreffenden Stellen arg in Verwirrung geraten. Das Verdienst, diese wieder entwirrt und zu-

Rechtstitel das Staatsgesetz [1]. Noch bedeutsamer als diese Unterstützung wurde dem Papsttum dessen Vertreter (zuerst Innozenz I.) nunmehr Versuche machen, gleich den Imperatoren ihre Nachfolger selbst zu bestimmen, der Nieder- und Untergang des Westreichs. Der lästigen Nachbarschaft einer ebenbürtigen weltlichen Herrschaftsgewalt entledigt [2] und zu einem guten Teil ihr Erbe [3], erscheint das Papsttum (papa seit Siricius, pontifex maximus oder summus seit Leo I., servus servorum Dei seit Gregor I.) als die universale römische Vormacht des Westens gegenüber den germanischen Staatsgründungen, von denen freilich nur die arianischen den päpstlichen primatus iurisdictionis mehr oder weniger gelten lassen müssen, während die katholischen Franken, von denen seit dem 7. Jahrhundert der gallische Vikariat einfach ignoriert wird, den Papst bloß als Glaubensautorität anerkennen.

Liber pontificalis, Ausgabe von Duchesne, 2 Bde., 1886—92; Teil I auch von Mommsen, in M. G. h. 1898; Maassen, Der Primat des Bischofs von Rom und die alten Patriarchalkirchen, 1853; Döllinger, Papstfabeln [2], 1890; Langen, Geschichte der römischen Kirche bis Leo I., 1881; Nobili-Vitelleschi, Della storia civile e politica del papato d'all imperatore Teodosio a Carlomagno 1902; Gregorovius, Geschichte der Stadt Rom im Mittelalter [5] I, 1903; Grisar, Geschichte Roms und der Päpste im Mittelalter I, 1901, Der römische Primat im 5. Jahrhundert, in seinen Anal. Romana I, 1899; Hinschius, Kr. I §§ 26 ff., 75, III §§ 174, 186, IV § 251; Loening, Geschichte I 423 ff., II 62 ff.; Sohm, Kr. I § 31; Norden, Das Papsttum und Byzanz, 1903; Seppelt, Das Papsttum und Byzanz, Kirchengesch. Abh. von Sdralek II 1, 1904; Pernice, Il papato e Bisanzio nelle loro relazioni religioso-politiche, Arch. stor. ital. XLII, 1908; Gundlach, Der Streit der Bistümer Arles und Vienne um den primatus Galliarum, 1890 (auch N. A. XIV, XV); Schmitz, Der Vikariat von Arles, H. Jb. XII, 1891; Duchesne, La primatie d'Arles, 1893; Arnold, Cäsarius von Arelate, 1894; Gundlach, Die Epistolae Viennenses, N. A. XX, 1895; Friedrich, Über die Sammlung der Kirche von Thessalonich und das päpstliche Vikariat für Illyrikum, Münchner Ak. S. B., philos.-phil.-hist. Kl., 1891; v. Nostitz-Rieneck, Die päpstlichen Urkunden für Thessalonich, Z. f. k. Th. XXI, 1897; Zeiller, Les origines chrétiennes dans la province romaine de Dalmatie, B. é. h. é. CLV, 1906; Rohr, Gelasius I. und der Primat, Th. Q. LXXXIV, 1902; Babut, Le concile de Turin, 1904; Werminghoff, VG. § 18; Duchesne, Le liber diurnus et les élections pontificales, B. é. d. ch. LII, 1891, La succession du pape Felix IV, in M. d'h. III, 1883; Amolli, Documenti inediti relativi al pontificato di Felice IV e di Bonifacio II, in der Scuola cattolica di Milano, H. 122, 1883; Mommsen, Aktenstücke zur Kirchengeschichte, N. A. XI, 1886; Wittig, Studien zur Geschichte Innocenz I. und der Papstwahlen des 5. Jahrhunderts, Th. Q. LXXXIV, 1902; Sägmüller, Die Ernennung des Nachfolgers durch die Päpste (5. u. 6. Jahrh.), Th. Q. LXXXV, 1903; Holder, Die Designationsfrage nach den neuesten Forschungen, A. f. k. Kr. LXXXIII, 1903; Grisar, Ein Rundgang durch die Patrimonien des heil. Stuhls um 600, Z. f. k. Th. I, 1877; Fabre, De patrimoniis Romanae ecclesiae usque ad aetatem Carolinorum, Thèse, 1892; Schwarzlose, Die Verwaltung und die finanzielle Bedeutung der Patrimonien der römischen Kirche bis zur Gründung des Kirchenstaates, Z. f. Kg. XI, 1890; Schmitz, Ursprung und Geschichte der Devotionsformeln bis zu ihrer Aufnahme in die fränkische Königsurkunde, Stutz, Kr. A., 81. H., 1913.

§ 13. Das Provinzialkirchenrecht.

Das Kirchenrecht dieser Periode ist in der Hauptsache Bundesrecht, erzeugt vom Provinzialverband und für ihn.

---

gleich die seit Friedrich, Die Unechtheit der Kanones von Sardika I, II, Münchner Ak. S. B., philos.-phil.-hist. Kl., 1901/02, in Gang gekommene Erörterung über die Echtheit oder Unechtheit als völlig gegenstandslos nachgewiesen zu haben, gebührt der Untersuchung von v. Hankiewicz, Die Kanones von Sardika, ihre Echtheit und ursprüngliche Gestalt, Z. [2] f. RG. II, 1912; siehe auch Babut, L'authenticité des canons de Sardique, Transactions of the third international Congress for the hist. of rel., II, 1908.

[1] Edikt Valentinians III. für Leo I. von 445: Cum igitur sedis apostolicae primatum sancti Petri meritum, qui princeps est episcopalis coronae, et Romanae dignitas civitatis sacrae etiam synodi — d. h. der sardicensischen Kanones — firmarit auctoritas, ne quid praeter auctoritatem sedis istius illicita praesumptio attentare nitatur . . . nec ulterius . . . liceat . . . praeceptis Romani antistitis obviare.

[2] Die byzantinische Herrschaft zieht wenigstens bis zum Einbruch der Langobarden, also von 553—568, sofort wieder eine empfindliche Abhängigkeit vom Kaiser und eine bedrohliche Konkurrenz des Patriarchen von Konstantinopel nach sich. Letzterer ist seit dem Untergang der übrigen morgenländischen Patriarchate (um 640) der einzige Patriarch im Orient.

[3] Gregor I., der die Verwaltung der päpstlichen Patrimonien organisiert, steht fast als Landesherr da.

1. Provinzialsynode und Metropolit. Die Provinzialsynode, bestehend aus den allein erscheinungspflichtigen und stimmberechtigten Provinzialbischöfen (Suffraganen) mit ihrer geistlichen Begleitung, tritt alljährlich (nach Nicänum 325 zweimal) zusammen auf Berufung und unter dem Vorsitz des Metropoliten, dessen Wahl und Weihe im Westen den Suffraganen zusteht [1], und der außerhalb der Synode [2] namentlich das Bestätigungsrecht für die Bischofswahlen sowie das Visitationsrecht hat.

Hinschius, Kr. II § 117, III § 173; Loening, Geschichte I 362 ff., 419 ff.

2. Gesetzgebung. Die Provinzialsynode, zuständig zur Ergänzung der gemeinkirchlichen Disziplin in allen das Verhältnis der Einzelkirchen zueinander betreffenden Fragen sowie für innerkirchliche Angelegenheiten Einzelner, die sie als Verbandsglieder betreffen und über den Bereich des einzelnen Bistums herausragen, schafft durch ihre Beschlüsse rein kirchliches Recht, bedarf dafür aber, auch im Frankenreiche, keiner Bestätigung.

Hinschius, Kr. III § 185; Loening, Geschichte I 376 ff.

3. Verwaltung und streitige Gerichtsbarkeit. Sie errichtet namentlich Bistümer, gibt die Erlaubnis zu der ausnahmsweise zulässigen Versetzung von Bischöfen und entscheidet über Diözesangrenzstreitigkeiten.

Hinschius, Kr. III § 165 I; Loening, Geschichte I 409 ff.; Ober, Die Translation der Bischöfe im Altertum, A. f. k. Kr. LXXXVIII, 1908, LXXXIX, 1909.

4. Strafrecht und Strafverfahren. Die Mitgliederzunahme und der damit zusammenhängende Niedergang der christlichen Sittenzucht (Hauptverbrechen: Abfall vom Glauben, Unzucht einschließlich Ehebruch, Mord) führt zum weiteren Ausbau des kirchlichen Strafrechts. Neu tritt hinzu ein vom gemeinen noch nicht scharf geschiedenes Disziplinarstrafrecht [3] für den Klerus, mit dessen Strafen der Suspension und (für Bischöfe) des Ausschlusses vom Kollegialverkehr (communio fratrum) die Besserungsstrafe (censura) in die Kirche einzieht, wie auch die geheime Zwangsbuße zuerst (seit dem 6. Jahrhundert) für den Klerus aufkommt. Sie und die der Klosterdisziplin entstammende freiwillige Privatbuße [4], deren Bußwerke (Pönitenzen; dafür zuerst irische und angelsächsische, später auch fränkische Bußbücher, libri paenitentiales) nur die Tilgung der Sünden und Sündenstrafen bezwecken, verdrängen die alte öffentliche Buße (im Orient mit Stationen), die ebenfalls keine Strafe, wohl aber ein Rechtsmittel zur Wiedererlangung der kirchlichen Gemeinschaft gewesen war. Denn durch sie war [5] der Ausschluß davon (excommunicatio, bei feierlicher Verfluchung anathema [6], also die Aufhebung der kirchlichen Mitgliedschaft), seit dem 5. Jahrhundert mit der Sperre auch des Laienverkehrs ver-

[1] Im Frankenreich wird jedoch königliche Bestätigung oder gar Ernennung zur Regel.

[2] Das vom Papst verliehene Pallium, anfänglich ein bloßer Ehrenschmuck für verdiente Bischöfe, wird seit 601 (Gregor I. für den englischen Bischof Augustin) in Verbindung mit den Metropolitanrechten gebracht; vgl. v. Hacke, Die Palliumverleihungen bis 1143, 1898 und die neuesten Ansichten über Ursprung und Bedeutung des Palliums bei Kraus, Geschichte der christlichen Kunst II, 1897, S. 497; Braun, Die pontifikalen Gewänder des Abendlandes, 1898, Die liturgische Gewandung im Okzident und Orient, 1907, Handbuch der Paramentik, 1912; Wilpert, Un capitolo di storia del vestiario, Arch. stor. dell' Arte, ser. 2, IV, 1898 u. Arte, I, 1899, Die Malereien der Katakomben Roms I, 1903 S. 72 ff. und Grisar, Geschichte Roms (§ 12) I, S. 510 ff. Über das Rationale oder Superhumerale siehe Kleinschmidt, Das Rationale in der abendländischen Kirche, Archiv f. christl. Kunst, 1904; Braun, Zeitschr. f. christl. Kunst XVI, 1903; Eisenhofer, Das bischöfliche Rationale, seine Entstehung und Entwicklung, Veröff. aus dem Münchner kirchenhist. Sem. II, 4, 1904; Bigelmair, Das bischöfliche Rationale, H. Jb. XXVII, 1906.

[3] Doch gelangt z. B. bei Klerikern regelmäßig die depositio statt der excommunicatio zur Anwendung.

[4] Die Beichte wurde durch Columba nach dem Festland verpflanzt.

[5] Weil extra ecclesiam nulla salus.

[6] Daneben begegnet namentlich der seltenere Ausschluß bloß von der Abendmahlsgemeinschaft, seit dem 12. Jahrhundert als excommunicatio minor bezeichnet, sowie die Suspension von den kirchlichen Mitgliedschaftsrechten, das nachmalige Personalinterdikt.

bunden und gleich der weltlichen Strafe noch im 4. Jahrhundert durchaus vindikativ (poena), sühnbar geworden[1], um dann, vielleicht infolge der augustinischen Lehre von der Unauslöschlichkeit der Taufe, wahrscheinlicher aber weil der auf ein einförmiges Zwangschristentum sich stützende Staat kein außerkirchliches Dasein mehr zuließ, und nicht zuletzt, weil der Ausschluß aus der Reichskirche die ganze bürgerliche Existenz mit vernichtet hätte, allmählich zum bloßen Entzug der kirchlichen Mitgliedschafts r e c h t e unter Belassung der P f l i c h t e n sich umzugestalten. Für das Verfahren[2], das für Bischöfe (falls nicht der Kaiser eingriff) in erster, für Geistliche und Laien in zweiter Instanz vor der Provinzialsynode sich abspielte, galt als Regel das römische Anklageprinzip[3], jedoch mit Abweichungen und Ausnahmen (Offizialverfahren bei Offenkundigkeit).

H i n s c h i u s, Kr. IV §§ 244—248, 250, 253—258; L o e n i n g, Geschichte I 382 ff., II 448 ff.; T r i e b s, Studien zur lex Dei I, 1905, II, 1907; B ö c k e n h o f f, Die römische Kirche und die Speisesatzungen, Th. Q. LXXXVIII, 1906; Weber, A history of Simony in the Christian Church from beginning to the death of Charlemagne, 1909; W a s s e r s c h l e b e n, Die Bußordnungen der abendländischen Kirche, 1851; S c h m i t z, Die Bußbücher und die Bußdisziplin der Kirche, 1883, Die Bußbücher und das kanonische Bußverfahren, 1898; P. F o u r n i e r, Études sur les pénitentiels, Revue d'histoire et de littérature religieuses VI—IX, 1901—1904, Les capitula de Pseudo-Théodore et le décret de Burchard de Worms, Floril. Melchior de Vogüé, 1909; v. H ö r m a n n, Über die Entstehungsverhältnisse des sog. Poenitentiale Pseudo-Theodori, Mélanges Fitting, 1907, Bußbücherstudien, Z.[2] f. RG. I, 1911, II, 1912, III, 1913; v. N o s t i t z - R i e n e c k, Halitgars Bußordnung, Z. f. k. Th. XIII, 1889; Z e t t i n g e r, Das Poenitentiale Cummeani, A. f. k. Kr. LXXXII, 1902; G i l l m a n n, Eine Würzburger Dacheriana, A. f. k. Kr. LXXXVII, 1907; L u d w i g, Die Bußstationen in der abendländischen Kirche, A. f. k. Kr. LXXXIII, 1903.

§ 14. Der Bischof und die Einzelkirche.

Die Möglichkeit körperschaftlicher Betätigung, bei der Bildung der Kirche eine Haupttriebkraft, entfällt für die Mitglieder der bischöflichen Anstaltskirche unter dem wachsenden Einfluß des Römertums immer mehr: der Bischof, ein gewaltiger Herr[4], ist eben jetzt ganz und gar die Kirche. Und sein Tun und Lassen wird allein durch das kirchliche Interesse, d. h. Zweckmäßigkeit, geleitet, schon weil es für die Entwicklung eines eigentlichen Diözesanrechts in dieser Zeit an dem erforderlichen Gegengewicht gebricht.

S t u t z, Eigenkirche (§ 7); L o e n i n g, Geschichte II 220 ff.

Er, der Bischof (zuerst am Ende des 4. Jahrhunderts: divina gratia episcopus), verfügt also innerhalb der Diözese, deren Gesetzgeber er ja in Nachwirkung dieser Auffassung bis auf den heutigen Tag geblieben ist, allein über die Kirchenordnung, und zwar so, daß er, der fast unbeschränkte Inhaber der kirchlichen Strafgewalt, sogar eine arbiträre Strafsatzungsbefugnis (auch mit Exkommunikation als Strafmittel) besitzt. Er ist ferner der Gerichtsherr der Diözesanen in kirchlichen Dingen und ihr Richter (von Konstantin bis 398, später wenigstens ihr geduldeter Schiedsrichter) auch in weltlichen Rechtsstreitigkeiten (ohne Oberinstanz).

H i n s c h i u s, Kr. IV §§ 249, 250; L o e n i n g, Geschichte I 103 ff., 252 ff.; G r a d e n - w i t z, Die Unstimmigkeiten von Valentinians Nov. XXXV de episcopali iudicio, Festschrift f. Gierke, 1911; S c h m i t z, Devotionsformeln (§ 12).

So sind denn die Laien, deren Lebensbeziehungen in zunehmendem Maße in den Bann der Kirche gezogen werden (Anfänge eines kirchlichen Eherechtes: Ordnungsvorschrift des kirchlichen Verlöbnisses und der Eheeinsegnung, Verbot der Schwäger- sowie der weltlichen und geistlichen Verwandtenehe, der zweiten Ehe und derjenigen mit Juden), und die noch in die

[1] Der Ausschluß für immer oder bis zur Todesstunde verschwindet allmählich.

[2] Bei Selbstanzeige und Geständnis war eine Bestrafung auch ohne ein solches möglich.

[3] Gratian 376 (l. 23 cod. Theod. 16, 2): qui mos est causarum civilium, idem in negotiis ecclesiasticis obtinendus est.

[4] Origenes klagte schon um 250, die Bischöfe behandelten Geistliche und Laien wie die Fronvögte Ägyptens die Söhne Israels.

zwei Klassen der im Vorbereitungsstand Befindlichen oder Katechumenen [1] und der Getauften [2] zerfallen, vom Bischof durchaus abhängig.

Loening, Geschichte II 540 ff.; Freisen, Geschichte des kanonischen Eherechts [2], 1893.

Aber auch die Geistlichkeit (nach dem Vorbild des städtischen Dekurionats ordo genannt), die höhere und die niedere (clerici), von den Laien noch mehr als früher ständisch gesondert [3] und privilegiert (Befreiung von den persönlichen Staatslasten), befindet sich ganz in der Hand des Bischofs (ad nutum episcopi). Er, der Bischof, entscheidet über die Aufnahme (seit dem 6. Jahrhundert nach vorheriger Prüfung), er erteilt die Weihen [4], er gibt den Amtsauftrag [5], er entzieht ihn [6], er stellt auch den Reisepaß (§ 4, jetzt mit Vorliebe litterae formatae genannt) aus.

Loening, Geschichte I 129 ff., II 275 ff.; v. Schulte, Die geschichtliche Entwicklung des rechtlichen character indelebilis, R. intern. de théol. IX, 1901; Lea, An historical sketch of sacerdotal celibacy, 1867; Funk, Cölibat und Priesterehe im christlichen Altertum, in seinen Kg. A. I; Génestal, Les origines du privilège clérical, N. r. h. XXXII, 1908; Atchley, A history of the use of incense in divine worship, Alcuin club coll. XIII, 1909; Couget, Le clergé gallo-romain à la fin du 4e siècle, 1910.

Insbesondere aber leben alle Geistlichen, die nach staatlicher Vorschrift nur aus den Kreisen der Unbemittelten genommen werden sollen und von der Kirche seit der zweiten Hälfte des 5. Jahrhunderts dem bürgerlichen Beruf möglichst entzogen werden [7], ganz vom Bischof (frei bemessenes stipendium, eventuell mit Landzulage auf Widerruf, precarium, später, wenn schriftlich, precaria). Mindestens seit Konstantin [8] ist nämlich alles Kirchengut, das vor der Anerkennung vielleicht hier und da als Vermögen des collegium licitum der Gemeinde gegolten hatte, Kathedral- oder Diözesanvermögen (Eigentumseinheit) und der Bischof sein lediglich in der Verfügung über die Substanz durch ein (vom römischen Gemeindegut übernommenes) Veräußerungsverbot behinderter Herr; die Vorschrift der Vierteilung des Einkommens (¼ dem Bischof, ¼ dem Klerus, ¼ den Armen, ¼ der fabrica = Kirchenbau) bleibt Sonderrecht der römischen Kirchenprovinz. Aber auch die Entstehung von nichtkathedralem kirchlichen Sondereigen, die in Italien (Gelasianische Kirchgründungsinstruktion), Spanien und Gallien gegen Ende des 5. Jahrhunderts sich vollzog, tastete die bischöfliche Zentralverwaltung nicht an (Eigentumsvielheit bei Verwaltungseinheit); nur eine geringe Anzahl gallischer und spanischer Landkirchen wurden im 7. Jahrhundert auch in der Kirchengutsverwaltung selbständig (wohl infolge von Zuwendungen Dritter und Klerikererbschaften).

Werminghoff, VG. § 8; De Marchi, Il culto privato di Roma antica, 1896; Kirsch, Die römischen Titelkirchen zur Zeit Konstantins des Großen, R.Q. Supplh. XIX, 1913; Fourneret, Les biens de l'église après les édits de pacification, Thèse, 1902; Stutz, Die Verwaltung und Nutzung des kirchlichen Vermögens in den Gebieten des weströmischen Reichs, Berliner jur. Diss., 1892; Loening, Geschichte I 195 ff., II 632 ff.; Carassai, La politica religiosa di Costantino il Grande e la proprietà della chiesa, 1901; Knecht, System des

[1] Konstantin gehörte dazu bis zum Sterbelager, Ambrosius bis nach der Bischofswahl; Hinschius, Kr. IV § 200; Funk, Die Katechumenatsklassen, in seinen Kg. A. I., Zur Frage nach den Katechumenatsklassen, ebenda III; Schwartz, Bußstufen und Katechumenatsklassen, Schriften der Straßb. wiss. Ges., 7. H., 1911; Dölger, Die Taufe Konstantins und ihre Probleme, R.Q. Supplh. XIX, 1913.

[2] Die Kindertaufe wurde besonders durch Augustins Lehre zur Herrschaft gebracht.

[3] Der character indelebilis der Weihe ist seit Augustin anerkannt. Es besteht eine beschränkte Zölibatspflicht: höhere Geistliche sollen nicht heiraten und, wenn verheiratet, nach römischer Vorschrift die Ehe nicht fortsetzen. Seit dem 5. Jahrhundert kommt auch die mönchische Tonsur dazu, bei den Griechen als Volltonsur oder tonsura s. Pauli, bei den Briten als auf den Vorderkopf beschränkte Halbtonsur oder tonsura Simonis Magi; schließlich siegt die römische Kranztonsur oder tonsura s. Petri.

[4] Voraussetzung sind namentlich Taufe, männliches Geschlecht, Freiheit, für Priester 30 Jahre, sittliche Reinheit.

[5] Ohne Titel = Kirche, Amt, keine Weihe, so daß ordinatio = Weihe und Bestallung.

[6] Auch an Landkirchen gibt es keine feste Anstellung.

[7] Ihr zuvor durch Gewerbesteuerfreiheit beförderter Handelsbetrieb wird im Interesse der Beachtung des Zinsverbots beschränkt.

[8] Schon Gallien gibt 262 die Begräbnisplätze an die Bischöfe zurück.

Justinianischen Kirchenvermögensrechtes, Stutz, Kr. A., 22. H., 1905; Saleilles, Les piae causae dans le droit de Justinien, Mélanges Gérardin, 1907; Martroye, in Mem. de la soc. nat. des antiquaires de France LXVIII, 1908, p. 97ss; Lesne, Histoire de la propriété ecclésiastique en France I, 1910; Funk, Handel und Gewerbe im christlichen Altertume, in seinen Kg. A. II; Winkler, Die Einkommensverhältnisse des Klerus im christlichen Altertum, Theol.-prakt. Monatsschrift X, 1900; Goetz, Das Alter der Kirchweihformeln 10—31 des liber diurnus, D. Z. f. Kr. V, 1895; Stiefenhofer, Die Geschichte der Kirchweihe vom 1.—7. Jahrhundert, Veröff. d. Münchner kirchenhist. Sem. III, 8, 1909.

§ 15. Staat und Kirche.

1. Im römischen Reich. Je größer eine grundsätzliche Umwälzung ist, um so länger braucht sie, bis sie praktisch zu vollem Durchbruch gelangt. Mit der Anerkennung der Kirche hatte der römische Staat seinen sakralen Charakter (Kaiserkult) und die Obhut über das Sakralwesen endgültig preisgegeben. Und doch blieb es, wenn auch unter veränderten Formen, zunächst ganz beim alten. Allerdings erhielten die Bischöfe alsbald großen, zum Teil rechtlich gesicherten Einfluß im Staat, wurde die Kirche samt ihren Dienern vielfach privilegiert [1], lieh der Staat der Kirche, freilich mit in vermeintlichem Selbsterhaltungsinteresse, seinen Arm zur Unterdrückung des Heidentums und der Irrlehre (Ketzergesetzgebung seit Theodosius I.) [2] und gab er seiner Gesetzgebung auch in weltlichen Dingen (z. B. über Eherecht) ein ausgesprochen christliches Gepräge. Aber im übrigen sprach die weltliche Gewalt durch die Kirche und in ihr zunächst auch weiterhin das entscheidende Wort selbst in religiösen Dingen [3]. Das macht ja gerade die Eigenart des nunmehr im Osten zur Herrschaft gelangenden Systems des kirchlichen Byzantinismus oder Caesaropapismus (pr. Justiniani nov. 6 von 535) aus, daß der weltliche Despot auch über Glauben und Kirche als über einen Teil des ius publicum verfügt (Konstantius auf der Mailänder Synode von 355: ὅπερ ἐγὼ βούλομαι, τοῦτο κανὼν νομιζέσθω). Doch gelangte dies System, keine grundsätzliche, sondern eine lediglich durch das Beharrungsvermögen der tatsächlichen Verhältnisse bedingte praktische Lösung des durch die Anerkennung der Kirche aufgeworfenen Problems, im Westen nicht zu dauernder Herrschaft. Der aus dem Welttaumel rasch erwachende Episkopat (Ambrosius) benützte den Zerfall der abendländischen Reichshälfte unter Roms Führung zur Anbahnung der von Augustin theoretisch begründeten Selbständigkeit, ja Überordnung der Kirche.

Hinschius, Kr. III § 185, IV §§ 221, 252, 253; Loening I 20ff.; Alivisatos, Die kirchliche Gesetzgebung des Kaisers Justinian I., Stud. z. Gesch. d. Theol. von Bonwetsch und Seeberg, 17. H., 1913; Knecht, Die Religionspolitik des Kaisers Justinian, 1896; Riccobono, L'influenza del cristianesimo nella codificazione di Giustiniano, Riv. di scienza „Scientia" V, 1909; Cristianesimo e diritto privato, Riv. di diritto civile, III, 1911; Goetz, Kirchenrechtliche und kulturgeschichtliche Denkmäler Altrußlands nebst Geschichte des russischen Kirchenrechts, Stutz, Kr. A., 18. u. 19. H., 1905, Staat und Kirche in Altrußland, 1908, Zur Frage nach dem Umfang der kirchlichen Gerichtsbarkeit im vormongolischen Rußland, Z. f. osteurop. Gesch. III, 1913; Pfannmüller, Die kirchliche Gesetzgebung Justinians, 1902; v. Schubert, Staat und Kirche von Konstantin bis Karl den Großen, Kieler Festrede, 1906; Boyd, The ecclesiastical edictys of the Theodosien code, Studies in history . . . of Columbia University, XXIV, 2, 1905; Conrat (Cohn), Westgotischer und katholische Auszüge des 16. Buches des Theodosianus, Z.[2] f. RG. I, 1911; Gelzer, Das Verhältnis von Staat und Kirche in Byzanz, H. Z. LXXXVI, 1901; Pargoire, L'église byzantine de 527 à 847, Bibl. de l'enseign. de l'hist. eccl., 1905; Sesan, Kirche und Staat im römisch-byzantinischen Reiche I, 1911; Lübeck, Die Laienherrschaft in der griechisch-orthodoxen Kirche, Hist.-pol. Bl. CXLIV, 1909; Balkenhol, Die kirchenrechtlichen Anschauungen des heil. Ambrosius, Kath. LXVIII, 1888.

2. In den germanischen Gemeinwesen. Auch die Germanen wußten von Haus aus nichts anderes, als daß die öffentliche Pflege der Beziehungen zur Gottheit

[1] Staatszuschüsse und Erbfähigkeit seit Konstantin; Asylrecht seit 399 (Bindschedler, Kirchliches Asylrecht. Immunitas ecclesiarum localis und Freistätten in der Schweiz, Stutz, Kr. A., 32. u. 33. H., 1906; Gröll, Die Elemente des kirchlichen Freiungsrechtes, Stutz, Kr. A., 75. u. 76. H., 1911); Befreiung von den munera sordida bis 441; gemeine Kriminalvergehen der Bischöfe gehören zunächst vor die Synode und erst nachher vor das weltliche Gericht.

[2] Der Tod wird als Ketzerstrafe noch von Augustin verworfen.

[3] Nach Eusebius ist Konstantin κοινὸς ἐπίσκοπος; Leo I. an Kaiser Leo 457: sacerdotalis et apostolicus tuae pietatis animus; Chalcedonense 451: Marcian sacerdos imperator.

Aufgabe der Obrigkeit sei. Auch sie erstrebten daher die Einigung von Kirche und Staat unter der Herrschaft des letzteren. Doch blieb bei den arianischen Germanen die Eingliederung des kirchlichen Fremdkörpers begreiflicherweise lose, und der Übertritt führte, wo nicht, wie bei den Langobarden, der politische Gegensatz zum Oberhaupt der Kirche im Wege stand, leicht zu einer Vorherrschaft der Geistlichkeit, wenn auch in nationaler Abgeschlossenheit (so bei den Westgoten seit 589). Zu einer vom Königtum beherrschten Landeskirche brachten es dagegen die katholischen Franken. Die Merowinger gewannen nicht bloß Einfluß auf die Besetzung der bischöflichen und erzbischöflichen Stühle (oben S. 295 A. 1), sie veranlaßten vielmehr auch oder gestatteten den allerdings unregelmäßigen Zusammentritt von Landessynoden, denen gegenüber ihnen ein Veto zustand, und deren Beschlüsse nur durch ihre Bestätigung weltlich wirksam wurden, wie sie auch daneben ein einseitiges Gesetzgebungsrecht über die Kirche ausübten. Anderseits vermag die Kirche nicht nur die Sonderstellung der Bischöfe (vgl. S. 298 A. 1) in Kriminalsachen zu behaupten (Freisprechung durch die Synode verbindet den weltlichen Richter), sondern sogar im Edikt Chlotars II. von 614 das Zugeständnis zu erzielen, daß Priester und Diakonen nach dem weltlichen Kriminalprozeß, aber vor der Strafverhängung einem (nicht präjudiziellen) kirchlichen Disziplinarverfahren unterworfen werden sollen. So das germanische Gegenstück zum römischen Staatskirchenrecht, wie jenes das Ergebnis einer Abfindung älterer nationaler Anschauungen mit dem Novum der Kirche.

Werminghoff, VG. §§ 3—7; Thierry, Récits des temps Mérovingiens, 2 vol., 1840 (seither oft aufgelegt); Loebell, Gregor von Tours ², 1869; Loening, Geschichte I 500 ff., II 3 ff., 129 ff., 171 ff.; Hinschius, Kr. II § 118, III §§ 177, 187, IV §§ 259, 260; Hauck, Die Bischofswahlen unter den Merowingern, 1883; Vacandard, Les élections épiscopales sous les Mérovingiens, R. q. h. LXIII, 1898, auch in seinen Études de crit. et d'hist. eccl., 1905; Stutz, Arianismus und Germanismus (§ 7); v. Schubert, Staat und Kirche in den arianischen Königreichen (§ 7); Granier, Le concile d'Agde, 1907; Zeiller, Les églises arianes de Rome à l'époque de la domination gothique, M. d'a. d'h. XXIV, 1904; Crivellucci, Les évêchés d'Italie et l'invasion lombarde, Studi stor. XIII, 1905; Roberti, Dei beni appartenenti alle città dell'Italia settentrionale delle invasioni barbariche al sorgere dei communi, 1913 (auch im Arch. giur. und dazu Arch. stor. ser. V, 36, 1905); Magnin, L'église Wisigothique au 7ᵉ siècle, Bibl. d'hist. rel. 1912; Couttwell, The saxon church and the Norman conquest, (Handb. of Engl. Church hist. 1), 1909; Cabrol, L'Angleterre chrétienne avant les Normands, Bibl. de l'enseign. d'hist. eccl., 1909; Beissel, Umwandlung heidnischer Kultstätten in christliche, St. M.-L. LXIX, 1905; Lau, Die angelsächsische Missionsweise im Zeitalter des Bonifaz, Kieler theol. Diss., 1909; Grisar, Rom und die fränkische Kirche vornehmlich im 6. Jahrhundert, Z. f. k. Th. XIV, 1890; Vaes, La papauté et l'église franque à l'époque de Grégoire le Grand, R. h. e. VI, 1905; Sohm, Die geistliche Gerichtsbarkeit im fränkischen Reich, Z. f. Kr. IX, 1870; Nißl, Der Gerichtsstand des Klerus im fränkischen Reich, 1886, Zur Geschichte des chlotarischen Edikts von 614, M. d. J. f. ö. G., 3. Ergänzungsbd., 1890/94.

Drittes Kapitel.

Das germanische Kirchenrecht.

§ 16. Charakter und Herrschaftsdauer.

Bald geriet die Kirche in Berührung auch mit dem germanischen Recht. Zunächst als Römerin auftretend und anerkannt [1], unterliegt sie mit ihrem Recht (nicht mit der Lehre) allmählich dem übermächtigen Einfluß ihrer germanischen Umgebung. In merowingischer Zeit langsam vorbereitet, beginnt die Herrschaft des Germanismus in den Tagen Karl Martells und erzeugt, den vorhandenen Rechtsstoff nebst originell-kirchlichen Neubildungen vorübergehend sich angleichend, eine dritte Schicht kirchlichen Rechtes. Diese verleugnet ihre Herkunft von

[1] Ribuarisches Volksrecht um 630: ecclesia vivit lege Romana. Dieser Grundsatz trat für die persönlichen Rechtsverhältnisse der Kleriker in Gallien seit dem Beginn, in Italien seit dem Ende des 8. Jahrhunderts außer Kraft und wurde für die kirchlichen Institute vom 9. an wegen des Untergangs ihrer Rechtspersönlichkeit und ihrer Unterstellung unter das Sachenrecht (§ 23) mehr und mehr unpraktisch; v. Wretschko, De usu breviarii Alariciani forensi et scholastico, 1905, auch in Theodosiani libri XVI edd. Mommsen et Meyer I, 1; Conrat (Cohn), Römisches Recht bei Papst Nikolaus I., N. A. XXXVI, 1911.

unten und außen nicht, trägt vielmehr ein auffallend unkirchliches, ja unchristliches Gepräge an sich. Die Einzelnen stehen für dies Recht durchaus im Vordergrund, und es eignet ihm ein stark wirtschaftlicher Zug, was ihm einen ausgesprochen subjektiven und privatrechtlichen Charakter verleiht. Mit Hilfe des wieder hervorgezogenen altkirchlichen Rechtes von dem reformierten Papsttum untergraben, sinkt die Herrschaft des Germanismus um 1150 mit der Geburt der Kirchenrechtswissenschaft in den Staub. Manche seiner Einrichtungen leben noch jahrhundertelang als machtvolles deutsches Kirchenrecht fort. Aber das germanische Gepräge des Ganzen ist für immer dahin.

Stutz, Eigenkirche (§ 7); Brunner, Deutsche Rechtsgeschichte II, 1892, § 96, Grundzüge der deutschen Rechtsgeschichte [6], 1913, § 20, sowie in dieser Encyklopädie I S. 94 f.; Schröder, Deutsche Rechtsgeschichte [5], 1907, § 21; Hauck, Kirchengeschichte Deutschlands, besonders II [3 u. 4], III, [3 u. 4], 1906—1912; K. Maurer, Vorlesungen über altnordische Rechtsgeschichte, II, Über altnordische Kirchenverfassung und Eherecht, 1908; Herwegen, Germanische Rechtssymbolik in der römischen Liturgie, Beyerles Deutschr. Beiträge VIII, 11, 1913.

§ 17. Quellen.

Um das Kirchenrecht so, wie es in dieser Periode tatsächlich gegolten hat, wirklich kennen zu lernen, muß man sich an die Fülle der Urkunden und Formeln (oben I, S. 82 ff.; dazu liber diurnus, Formelbuch der päpstlichen Kanzlei, unter Hadrian I. im wesentlichen abgeschlossen) halten. Daneben kommen die Beschlüsse der Reichs- und Teilkonzilien in Betracht sowie die Diözesansynoden, von denen letztere bloß Zeugnisse kirchlicher Übung, erstere in karolingischer Zeit nicht mehr als kirchliche Forderungen, in nachkarolingischer dagegen wahres Kirchenrecht sind. Die capitularia ecclesiastica (1. und 2. Buch der Sammlung des Ansegis 827, oben I S. 82) enthalten, was von den synodalen Wünschen vor den Augen des Königs als Gesetzgebers der Kirche Gnade gefunden, indes die capitularia mundana einigen kirchlichen Bestimmungen sogar die Geltungskraft weltlichen Rechts verleihen. Dem praktischen Kirchendienst dient das Sendhandbuch (um 906) Reginos, weiland Abtes zu Prüm in der Eifel, sowie das auch von anderen systematischen Sammlungen (z. B. von Ivo von Chartres, † 1116, im Decretum und in der Panormia) zum Muster genommene, für Wormser Bedürfnisse frei zurechtgemachte Decretum (1008—1012?) des Bischofs Burchard von Worms.

Conrat (Cohn), Geschichte der Quellen und Literatur des römischen Rechts im früheren Mittelalter, I, 1891; Rabani Mauri (Abt von Fulda, † 856 als Erzbischof von Mainz) de institutione clericorum libri III, ed. Knoepfler [2], 1901; Walahfridi Strabonis († 849, Abt von Reichenau) libellus de exordiis et incrementis rerum ecclesiasticarum, in M. G. h. Capitularia II, 1897; Th. Sickel, Liber diurnus Romanorum pontificum, 1889, und in Wiener Ak. S. B., phil.-hist. Kl., CXVII, 1889; Duchesne, Le liber diurnus, B. é. d. ch. I, II, 1891; Hartmann, Die Entstehungszeit des liber diurnus, M. d. J. f. ö. G. XIII, 1892; Kösters, Studien zu Mabillons römischen Ordines, Freiburger phil. Diss., 1905; Dubois, De conciliis et theologicis disputationibus apud Francos Carolo Magno regnante habitis, Thèse, 1903; Werminghoff, Verzeichnis der Akten fränkischer Synoden von 742—918, N. A. XXIV und XXVI, 1899 und 1901, und auch XXVII, 1902, Zu den fränkischen Reformsynoden des 8. Jahrhunderts, N. A. XXXII, 1907, Zu den bayrischen Synoden am Ausgang des 8. Jahrhunderts, Festschrift f. Brunner, 1910; Koeniger, Beiträge zu den fränkischen Kapitularien und Synoden, A. f. k. Kr. LXXXVII, 1907; Krause, N. A. XIX, 1894, und vor allem M. G. h. Concilia II 1, 2, 1906, 1908, Concilia aevi Karolini I ed. Werminghoff; Schannat et Hartzheim, Concilia Germaniae, 11 Bde., 1759 ff.; Conrat (Cohn), Die lex Romana canonice compta, 1904; Fournier, L'origine de la collection Anselmo dedicata, Mélanges Girard, 1912; Reginonis abbatis Prumiensis libri duo de synodalibus causis et ecclesiasticis disciplinis, ed. Wasserschleben, 1840; Wawra, De Reginone Prumiensi, Breslauer kath.-theol. Diss., 1900; Hauck, Über den liber decretorum Burchards von Worms, Sächs. Gesellsch. d. Wissensch., 1894; Koeniger, Burchard I. von Worms und die deutsche Kirche seiner Zeit, Veröff. aus dem Münchner kirchenhist. Sem. II, 7, 1905; Diederich, Das Dekret Bischof Burchards von Worms I, Breslauer kath.-theol. Diss., 1908; Fournier, Études critiques sur le décret de Burchard de Worms, N. r. h. XXXIV, 1910 (auch sep.), Le décret de Burchard de Worms, R. h. e. XII, 1911 (auch sep.), De quelques collections canoniques issues du décret de Burchard, in Mélanges Paul Fabre, 1902, Observations sur diverses recensions de la collection canonique d'Anselme de Lucques, Annales de l'université de Grenoble XIII, 1901, Les collections canoniques attribuées à Yves de Chartres, B. é. d. ch. LVII, LVIII, 1896—97, Yves de Chartres et le droit canonique, Compte rendu du 4e congrès scientifique international des cathol. 5e sect., Fribourg, 1895, und R. q. h. LXIII, 1898; Schmidt, Der hl. Ivo, Bischof von Chartres,

Stud. u. Mitt. aus dem Wiener kirchengesch. Sem., 7. H., 1911; I; Thaner, Anselmi collectio canonum I, 1906; Wolf v. Glanvell, Die Kanonessammlung des Kardinals Deusdedit I, 1905; Sdralek, Wolfenbüttler Fragmente, 1891.

Von einer radikal-kirchlichen Gegenströmung geht neben den Fälschungen des Benedikt Levita (um 847) und der capitula Angilramni (über Kleriker-, besonders Bischofsanklagen) namentlich aus die um 850 im Westfrankenreich angefertigte, 865 von Nikolaus I. zitierte Sammlung der Dekretalen (und Konzilien)[1] des Pseudoisidor (Isidorus wegen Benutzung der Isidoriana — § 10 —, Mercator wegen des bei der Fälschung der Vorrede zugrunde gelegten, dem 5. Jahrhundert angehörigen Marius Mercator). Ihre Bedeutung für diese Periode ist übrigens gering; dem fränkischen Staatskirchentum und überhaupt der Laienherrschaft in der Kirche, gegen die sie sich richtet, tut sie wenig Abbruch, und für das Papsttum, dessen Hervorkehrung dem Fälscher selbst nur Mittel zum Zweck ist, wird sie erst später ein wertvoller Rechtstitel der Weltherrschaft.

Seckel, Studien zu Benediktus Levita I—VII, NA. XXVI, 1900, XXIX, 1904, XXXI, 1905, XXXIV, 1909, XXXV, 1909, 1910; Hinschius, Decretales Pseudoisidorianae, 1863; Maassen, Pseudoisidorische Studien 1, 2, Wiener Ak. S. B., phil.-hist. Kl., CVIII, CIX, 1884/5; v. Simson, Die Entstehung der pseudoisidorischen Fälschungen in Le Mans, 1886, und in H. Z. LVIII, 1892; Lurz, Über die Heimat Pseudoisidors, 1898, und dazu Gietl, im H. Jb. XX, 1899; Fournier, Étude sur les fausses décrétales, R. h. e. VII, 1906 (auch sep.); Lot, Études sur le règne de Hugues Capet, Thèse, 1903, La question des fausses décrétales, R. h. XCIV, 1907; Villien, Les fausses décrétales, Dict. de théol. cath., IV, 1908; Seckel, Pseudoisidor, Hauck-Herzogs Realenzykl.[3] XVI, 1905 (wo auch reiche Literatur), Statuta Bonifatii, N. A. XXIX, 1904, Die ältesten Canones von Rouen, Hist. Aufs. f. Zeumer, 1910. Über Hinkmar von Reims sowie Nikolaus I. und Pseudoisidor: Weizsäcker, Z. f. hist. Th. XXVIII, 1858, und Lea in Papers of the American society of church history VIII, 1897; A. B. Müller, Zum Verhältnis Nikolaus' I. und Pseudoisidors, N. A. XXV, 1900; Schrörs, Papst Nikolaus I. und Pseudoisidor, H. Jb. XXV, 1904, Die pseudoisidorische exceptio spolii bei Papst Nikolaus I., H. Jb. XXVI, 1905; Perels, Zur Frage nach dem Verhältnis zwischen Nikolaus I. und Pseudoisidor, N. A. XXX, 1905, Ein Berufungsschreiben Papst Nikolaus I., N. A. XXXII, 1907.

§ 18. Das Eigenkirchenwesen.

1. Die Eigenkirche. Zuerst und am wirksamsten trug die Eigenkirche germanisches (nicht bloß deutsches = westgermanisches) Recht in die Kirche hinein. Es ließ[2] aus dem Eigentum an einer Kirche, d. h. am Altargrund, eine volle, grundsätzlich unbeschränkte, vermögensrechtliche und geistliche Herrschaft entspringen. Allen (ost- und west-)germanischen Stämmen (auch den nordischen Heiden) bekannt und dadurch sowie durch seinen Bau[3] den Ursprung in den einfachen Verhältnissen der urgermanischen Hausordnung (§ 7) verratend, regt sich das Eigenkirchenwesen bei jedem einzelnen Stamm sofort nach dessen Eintritt auch in die katholische Kirche, indem es dem Bischof zugunsten des Grundherrn den wirtschaftlichen Ertrag der Kirche sowie die ihm im Westen bisher nicht bestrittene Ernennung des Geistlichen zu entwinden sucht. Bei den meisten ehemaligen Arianern vom katholischen Episkopat mit Erfolg niedergekämpft (westgotischer Kompromiß nach Art des späteren Patronats), aber von den Langobarden in gewohnter rücksichtsloser Nichtachtung der Hierarchie kurzerhand durchgesetzt, behauptet es sich bei den direkt vom Heidentum zum Katholizismus übergehenden, für die weitere abendländische

[1] Die echte, offizielle Zitierquelle des altkirchlichen Rechtsstoffs ist seit 774 die damals von Hadrian I. an Karl den Großen überreichte Dionysio-Hadriana.

[2] Im Gegensatz zur byzantinischen Kaisergesetzgebung, die nur auf die Stiftung abstellte und, lediglich um deren Durchführung eher zu erreichen, dem Stifter und dessen Erben eine gewisse Fürsorge und die Befugnis zubilligte, den Geistlichen als den Verwalter der Stiftung vorzuschlagen; Zhishman, Das Stifterrecht, 1888; Cotlarciuc, Stifterrecht und Kirchenpatronat im Fürstentum Moldau und in der Bukowina, Stutz, Kr. A., 47. H., 1907.

[3] Kirche, Kirchengut und kirchliche Einkünfte erscheinen als Zubehör des Altars, und zwar seit der Anwendung des Veräußerungsverbots darauf als eisernes. Ein Hinzutritt kann nur durch Übereignung — germanische Zweckschenkung — an den Herrn für dieses sein örtliches Sondervermögen (in Bayern als dessen res ecclesiastica — Gegensatz: popularis oder saecularis possessio des Betreffenden — bezeichnet) erfolgen; Stutz, Das Eigenkirchenvermögen, Festschrift f. Gierke, 1911.

Entwicklung maßgebenden Franken und bedroht das bischöfliche Regiment schon 650 ernstlich. Die kirchliche Anarchie des ausgehenden 7. und des beginnenden 8. Jahrhunderts (über 80 Jahre keine Synoden und Erzbischöfe, jahrzehntelang keine oder nur unkirchliche Bischöfe!) verhilft ihm zum Siege und spielt ihm mit den Säkularisationen Karl Martells und Pippins einen großen Teil der aus römischer Zeit stammenden Kirchen in die Hände. Auf dem Fiskalgut[1], auf den Gütern der zu ihren Landkirchen lediglich in Eigentumsbeziehungen stehenden Klöster und auf den Besitzungen der weltlichen Großen, überall erheben sich oder entstehen Eigenkirchen (im Bistum Chur über 200 gegen 31 bischöfliche). Das bischöfliche Regiment wird fast ganz auf die Stadt zurückgedrängt.

Stutz, Geschichte des kirchlichen Benefizialwesens I 1, 1895, Eigenkirche (§ 7), Gött. Gel.Anz. 1904 Nr. 1, Karls des Großen divisio von Bistum und Grafschaft Chur, Hist. Aufs. f. Zeumer, 1910 (auch sep.), Art. Eigenkirche, Eigenkloster, Hauck-Herzogs Realencykl.[3] XXIII 1913 (wo ausführliche Literaturangaben), auch Art. Patronat, ebenda XV, 1904; Riedner, Hist.-pol. Bl. CXXVIII, 1911; Pollock and Maitland, The history of English law[2] 1898, I p. 497; Stengel, Art. Eigenkirche in Rel. in Gesch. u. Gegenwart II, 1910; v. Schwerin, Art. Eigenkirche in Hoops, Reallexikon I, 1912; Werminghoff, VG. § 14; Hatschek, Englische Verfassungsgeschichte, 1913 S. 147 ff.; Hinschius, Kr. II § 128; Bondroit, De capacitate possidendi ecclesiae necnon de regio proprietatis vel dispositionis dominio (481—751) I, Löwener theol. Diss., 1900; Galante, La còndizione giuridica delle cose sacre, I, 1903, Il diritto di patronato ed i documenti longobardi, Studi in onore di ... Scialoja I, 1905, Elementi di diritto ecclesiastico (auch in Encicl. giur. ital.) 1909, Per la storia giuridica della Basilica di S. Marco, Z.[2] f. RG. II, 1912, Giuspatronato (auch in der Encicl. giur. ital.), 1913; Thomas, Le droit de propriété des laiques sur les églises et le patronage laique au moyen-âge, B. é. h. é. XIX, 1906; Addy, Church and Manor, 1913; Gutmann, Die soziale Gliederung der Bayern, Abhdl. aus dem Straßburger staatswiss. Seminar, H. 20, 1906; Roth, Die Säkularisation des Kirchenguts unter den Karolingern, Münchner H. Jb., 1865; Dümmler, Über den Dialog de statu sanctae ecclesiae, Berliner Ak. S. B., 1901; Longnon, Le polyptyque de l'abbaye de Saint-Germain-des-Prés (verbesserte Neuauflage der Ausgabe und Einleitung von Guérard), 2 Bde., 1886—95.

Die karolingische Kirchenreform erstrebt nicht die Beseitigung, sondern die Einfügung des Eigenkirchenwesens in die, so gut es geht, wiederherzustellende kirchliche Ordnung. Eine reiche Eigenkirchengesetzgebung erkennt das Eigenkirchenrecht grundsätzlich und in seinen praktischen Folgen an (Übertragbarkeit von Kirche und Kirchengut als Ganzes durch Verkauf, Tausch, Schenkung; freie Vererblichkeit ohne Sachteilung; Genuß der Betriebsüberschüsse; Ernennung des Geistlichen) und sucht bloß die schlimmsten Auswüchse (Zerstückelung des Kirchenguts; übermäßige Ausbeutung; Anstellung Unfreier als Geistliche und willkürliche Absetzung der letzteren) abzustellen sowie eine gewisse Oberhoheit des Bischofs (Zustimmung zur Besetzung; Visitationsrecht; Synodalbesuch und Abgabenpflicht des Eigenkirchenpriesters) zu erwirken. So wird das Eigenkirchenrecht dem fränkischen und durch eine römische Synode Eugens II. von 826 dem italienischen Kirchenrecht einverleibt und behauptet sich trotz der wiederholten Angriffe der radikalkirchlichen (pseudoisidorischen) Kreise (Synode von Valence 855) dank der Verteidigung durch Erzbischof Hinkmar von Reims (Gutachten de ecclesiis et capellis um 860 für Karl den Kahlen) und wegen der Übermacht der damit verknüpften materiellen Interessen. Für diese gewinnt jetzt auch der Episkopat Verständnis und behandelt die ihm gebliebenen Gotteshäuser vom 9. Jahrhundert an als bischöfliche Eigenkirchen. Selbst in die römisch gebliebenen Teile Italiens

[1] Für dessen Kirchen sollten nach dem capitulare de villis, das nach Dopsch (§ 18, 3d) im Jahre 794 von Ludwig dem Frommen für die ihm als Unterkönig von Aquitanien zurückgegebenen Krongüter erlassen wurde, aber in der Hauptsache wohl nur vorschrieb, was überhaupt für die karolingische Domänenverwaltung galt, die Geistlichen ausschließlich aus dem fiskalischen Gutspersonal oder aus der Hofkapelle genommen werden. Unter letzterer verstand man zunächst die Hofgeistlichkeit mit dem Hofbischof oder Erzkaplan an der Spitze, aber bald auch den Klerus der königlichen Pfalzen, insbesondere denjenigen der Marienkirche in Aachen. Dieser Hof- und Pfalzklerus war ähnlich wie die Militärgeistlichkeit von heute (§§ 81, 112) exemt. Aus ihm nahmen die Könige nicht selten die Bischöfe. Doch ging diese Organisation, die dem Episkopate Ludwigs des Frommen ein Dorn im Auge war, in den karolingischen Teilreichen im Laufe des 9. Jahrhunderts in eine Reihe von königlichen Stiftsgeistlichkeiten auseinander, welche um die zu königlichen Stiftern werdenden Pfalzkapellen sich gruppierten; Lüders, Capella, Die Hofkapelle der Karolinger, Arch. f. Urkundenforsch. II, 1908.

dringt das Eigenkirchenrecht ein und beherrscht von nun an im ganzen Abendland zunächst die niederen Regionen der Kirche von der Pfarrei an abwärts völlig.

Über Hinkmar von Reims: v. Noorden, 1863, Schrörs, 1884; die collectio de ecclesiis, hrsg. von Gundlach, in Z. f. Kg. X, 1889, und bei Gaudentius, Bibliotheca juridica II, 1892; für England: Reichel, The „Domesday" Churches, Transactions of the Devonshire Association XXX, 1898; Hatschek, Englische VG. (§ 18, 1).

2. Das Eigenkloster. Auch zum Kloster (claustrum) gehört eine Kirche (basilica, monasterium, oratorium) für den Gottesdienst der Mönche und Nonnen. Ihr Vorsteher pflegt der regelmäßig mit Priester- oder Diakonatsweihe versehene Abt zu sein. Schon früh verfällt, während für die inneren Beziehungen die Regel Benedikts und das an sie anknüpfende lokale Gewohnheitsrecht (consuetudines) sich behauptet, die Klosterkirche mit dem Kloster als Zubehör gerade so dem germanischen Eigentum wie die Weltkirche. Neben die römischen Klöster mit Körperschaftsrechten und einem frei gewählten, bischöflich bestätigten Abt treten die germanischen Eigenklöster. Über sie und ihre Verwaltung verfügt der Herr (Schenkung und Tausch schon im 7. Jahrhundert nicht selten); sie werden gleich den Eigenkirchen als nutzbare Gegenstände selbst an weibliche Laien verliehen, und ihr Eigentümer oder Leiheinhaber setzt den Vorsteher. Die Klosterinsassen wiederum sind mancherorts dem Abt oder der Äbtissin kraft einer Art germanischer Selbst- oder Drittübergabe auf deren Lebenszeit unterworfen, so daß die Ergebung beim Vorsteherwechsel erneuert werden muß; speziell in der suebisch-westgotischen Kirche wurde eine auf den Hl. Fruktuosus von Braga zurückgehende und an den westgotischen Untertaneneid anklingende ursprüngliche Klostergründungsformel bald auch bei der Beurkundung der Abtswahl und der Profeß zugrunde gelegt. Mehrere Klöster oder Klosterkolonien (cellae, prioratus, Obödienzen) konnten vermittelst Sachverbindung einem freien Hauptkloster oder dessen Vorsteher (Erzabt) als dem Herrn des Hauptklosters und der übrigen Klöster angehören. Noch mehr als bei den Weltkirchen machten bei den Klöstern die Bischöfe diese Rechtsform sich dienstbar. Ihnen entging man durch Begebung in Eigentum und Schutz des Papstes. Päpstliche Eigenklöster (mit Zins in indicium proprietatis) werden zur Reform an Cluni, Camaldoli, Vallombrosa u. a. übertragen.

Loening, Geschichte II 374 ff.; Luchaire, Manuel §§ 40—54; Werminghoff, VG. §§ 15, 39, 40; Fastlinger, Die wirtschaftliche Bedeutung der bayerischen Klöster in der Zeit der Agilulfinger, 1902; Stosiek, Das Verhältnis Karls des Großen zur Klosterordnung mit besonderer Rücksicht auf die Regula Benedicti, Greifswalder phil. Diss., 1909; Koschek, Die Klosterreform Ludwigs des Frommen, Greifswalder phil. Diss., 1908; Albers, Die Reformsynode von 817, Bened. St. M. XXVIII, 1907, Consuetudines monasticae I—V, 1900—1912, L'abbé de Fulde, primat de l'ordre bénédictin en Allemagne et en France, R. bén. XVII, 1900, Une nouvelle édition des consuetudines Sublacenses, ebenda XIX, 1902, Le plus ancien coutumier de Cluny, ebenda XX, 1903, Les consuetudines Sigiberti abbatis, 1904 (auch ebenda XX, 1903), Untersuchungen zu den älteren Mönchsgewohnheiten, Veröff. a. d. Münchener kirchenhist. Sem. II, 8, 1905; Kainz, Consuetudines Schyrenses, Bened. St. M. XXIV, 1903, XXV, 1904, XXVI, 1905; Berlière, Les coutumes monastiques des 8e et 9e siècle, R. bén. XXV, 1908; Herwegen, Das Pactum des hl. Fruktuosus von Braga, Stutz, Kr. A., 40. H., 1907; Heigl, Die weltlichen Oblaten des hl. Benedikt, Bened. St. M. VI, 1885; Besse, L'ordre de Cluny et son gouvernement, ebenda I, 1905; Rothenhäusler, Zur ältesten cluniacensischen Abtwahl, Bened. St. M., XXXIII, 1912; Anger, Chapitres généraux de Cluny, Rev. Mab. VIII, 1912; Sackur, Die Cluniacenser, 2 Bde., 1892 ff.; Walter, Bernardi I abbatis speculum monachorum, 1901; d'Arbois de Jubainville, Études sur l'état interieur des abbayes cisterciennes, 1858; Winter, Die Cistercienser des nordöstlichen Deutschlands, 3 Bde., 1868—71; Hessel, Cluny und Macon, Z. f. Kg. XXII, 1901; Blumenstok, Der päpstliche Schutz im Mittelalter, 1890, und dazu Hinschius V § 282 sowie S. 971 ff.; Daux, La protection apostolique au moyen âge, R. q. h. LXXI, 1902; Kraaz, Die päpstliche Politik in Verfassungs- und Vermögensfragen deutscher Klöster im 12. Jahrhundert, Leipziger phil. Diss., 1902; Graßhoff, Langobardisch-fränkisches Klosterwesen in Italien, Göttinger phil. Diss., 1907; Voigt, Die königlichen Eigenklöster im Langobardenreiche, 1909; Hüfner, Das Rechtsinstitut der klösterlichen Exemtion in der abendländischen Kirche, A. f. k. Kr. LXXXVI, 1906, LXXXVII, 1907; Vendeuvre, L'exemption de visite monastique, Thèse, 1906, La libertas royale des communautés religieuses au 11e siècle, N. r. h. XXXIII, 1909, XXXIV, 1910; Tomek, Studien zur Reform der deutschen Klöster im 11. Jahrhundert I, 1910, Die Reform der deutschen Klöster vom 10.—12. Jahrhundert, Bened. St. M. XXXII, 1911; Schreiber, Kurie und Kloster im 12. Jahrhundert, I, II, Stutz, Kr. A., 65.—68. H., 1910 (dazu Brackmann, Gött. Gel. Anz. CLXXV, 1913, Nr. 5, und Brandi, Z.[2] f. RG. II, 1912); Rieger, Die

Dekretale Recepimus litteras bei Blumenstok u. Schreiber, Beneb. St. M. XXXII, 1911; Lesne, Nicolas I. et les libertés des monastères de Gaule, M. a. XXIV, 1912; Brackmann, Studien und Vorarbeiten zur Germania pontificia I, 1912; Pivano, Le immunità ecclesiastiche, Festschrift f. Friedberg, 1908; Stengel, Die Immunität I, 1910, Zur Geschichte der Kirchenvogtei und Immunität, Viertelj. f. Soz. u. Wirtsch. Gesch. X 1912; Kroell, L'immunité franque, 1910; Hirsch, Die Klosterimmunität seit dem Investiturstreit, 1913.

3. Eigenkirchliche Bezüge. Die mit ihm verbundenen Einnahmen waren es, die das Eigenkirchenrecht begehrenswert und die Eigenkirchengründung, zugleich ein gottwohlgefälliges Werk, zur beliebten mittelalterlichen Kapitalanlage machten. Außer den Diensten und Zinsen, die der Geistliche bei besetzter Kirche zu leisten hatte, warf nämlich die Eigenkirche, von unrechtmäßig gewonnenen Einkünften abgesehen, ab:

a) die Zwischennutzung, den Ertrag der erledigten Kirche (abgerechnet die Kultkosten der Zwischenzeit) bis zur Wiederbesetzung, dem Eigentümer als solchem ohne weiteres zukommend, aber später (§ 23) feudalisiert, auf Jahr und Tag ausgedehnt und mit dem besonderen Namen ius regaliae bezeichnet.

G. J. Phillips, Das Regalienrecht in Frankreich, 1873; Luchaire, Manuel § 31; Michellet, Du droit de régale, Thèse, 1900; Stutz, Art. Regalie, Hauck-Herzogs Realencykl. ³ XVI, 1905; Simonsfeld, Zur Geschichte Friedrich Rotbarts, Münchener Ak. S. B., phil.-hist. Kl., 1909, Nr. 4.

b) Die Spolien. Der Amtserwerb der Geistlichen mehrte auch bei der Eigenkirche das (hier grundherrliche) Kirchenvermögen. Dem unfreien Geistlichen gegenüber hatten die Herren außerdem das Herrenrecht auf das Ganze oder einen Teil des Nachlasses. Als ihnen von der mit dem Staat verbündeten Kirche freie Geistliche aufgezwungen wurden, halfen sie sich unter Benutzung altkirchlicher Vorschriften, die dem Geistlichen geboten, einen Bruchteil seines Nachlasses der Kirche zuzuwenden, mit der (in Italien schriftlichen) Zusicherung des Ganzen oder eines Teils der Fahrhabe im Leihevertrag. Daraus wurde, seit der zweiten Hälfte des 9. Jahrhunderts nachweisbar, ein auf Gewohnheitsrecht beruhender Anspruch, später als ius spolii bezeichnet.

Eisenberg, Das Spolienrecht, Marb. jur. Diss., 1896; Tangl, Die Vita Bennonis und das Regalien- und Spolienrecht, NA. XXXIII, 1908.

c) Die Stolgebühren. Die Annahme eines Entgelts für geistliche Amtshandlungen, eine bereits durch Gregor I. verurteilte Unsitte, gewann mit dem Eigenkirchenwesen eine rechtliche Grundlage. Denn bei den Eigenkirchen war die Gebührenerhebung überliefert (Leichensangekauf bei den nordischen Eigentempeln) und hing mit dem Wesen der Eigenkirche als einem Privatunternehmen zusammen, zu dem außer dem Herrn eine größere oder kleinere Gemeinde freiwillig oder gezwungen sich hielt. Für Begräbnis, Taufe, Einsegnung der Ehe, Abendmahl, Beichte und letzte Ölung wurden jetzt oder später Gebühren, iura stolae, erhoben, die nicht bloß der Unterstellung unter die Simonie nicht verfielen, sondern schließlich 1215 von Innozenz III. geradezu als laudabilis consuetudo bezeichnet wurden. Noch im heutigen Recht spiegelt sich der Widerstreit altkirchlicher und germanisch-heidnischer Anschauung wider: Stolgebühren dürfen nicht vor der Amtshandlung gefordert (altkirchlich), müssen aber hinterher, nötigenfalls auf Klage hin, entrichtet werden (germanisch).

Stutz, Art. Stolgebühren, Hauck-Herzogs Realencykl. ³ XX, 1907.

d) Der Zehnt, im 5. Jahrhundert von Hieronymus u. a. aus dem Alten Testament übernommen, im folgenden Jahrhundert (Synode von Macon 585) bei Strafe der Exkommunikation kirchlich und seit Pippin (in Bayern seit Tassilo) — wahrscheinlich als Preis, den die weltlichen Machthaber des Frankenreichs an die geistlichen von den gemeinsamen Untertanen zahlen ließen, um, ohne das eingezogene Kirchengut zurückgeben zu müssen, die Wiederaufrichtung der fränkischen Kirche zu ermöglichen — auch staatlich geboten, knüpfte ebenfalls an alteigenkirchliche Gedanken (nordischer Tempelzoll) an. Das karolingische Gebot kam namentlich den Fiskalkirchen zugute, an die der Zehnt der Fiskalländereien fiel. Nicht mehr dem Bischof, sondern den einzelnen (Tauf-) Kirchen wurde eben gezehntet. Also gewährte der Zehnt, auf den die inzwischen nach dem Frankenreich gelangten römischen Teilungsvorschriften (§ 14 a. E.) Anwendung fanden, selbst bei gewissenhafter Verwaltung, durch das Kleriker- und Kirchenviertel dem König mindestens eine Erleichterung seiner Besoldungs- und Kultuslast. Nach längerem Bemühen und Kampf gegen die bis dahin ängstlich gewahrten Rechte der alten, einst bischöflichen Kirchen erreichten auch die übrigen Grundherren 818/19 als Gegenleistung für gewisse Auslagen (§ 20, 1) das Zehntrecht für ihre entsprechenden Kirchen und damit eine bei anwachsender Bevölkerung immer reicher fließende Einnahmequelle, die zur Kolonisation durch Kirchgründung geradezu anspornte. Übrigens haben die Laien auch vermittelst des Lehensrechtes selbst bischöfliche und Klosterzehnten an sich zu bringen gewußt; kaum eröffnet, wurde die reiche Einnahmequelle des Zehnten der Kirche alsbald wieder entwunden.

Loening, Geschichte II 676 ff.; Stutz, Benefizialwesen I §§ 17, 18, Das karolingische Zehntgebot, Z.[2] f. RG. XXIX, 1908; Brandileone, A proposito dell'ultimo canone del concilio Foroiuliano, 1905; Loy, Der kirchliche Zehnt im Bistum Lübeck, Kieler phil. Diss., 1909; Viard, Histoire de la dîme ecclésiastique, principalement en France jusqu'au décret de Gratien, Thèse, 1909; Perels, Die kirchlichen Zehnten im karolingischen Reiche, Berliner phil. Diss., 1904, Die Ursprünge des karolingischen Zehntrechts, Arch. f. Urkundenforsch. III, 1911; Tangl, Forschungen zu Karolinger Diplomen, Arch. f. Urkundenforsch. II, 1910, Zum Osnabrücker Zehntstreit, Hist. Auff. f. Zeumer, 1910; Philippi, Forst und Zehnte, Arch. f. Urkundenforsch. II, 1910, Zehnten und Zehntstreitigkeiten, M. d. J. f. ö. G. XXXIII, 1912; Lesne, La dîme des biens ecclésiastiques aux 9e et 10e siècles, R. h. e. XIII, 1912, XIV, 1913; v. Inama-Sternegg, Deutsche Wirtschaftsgeschichte, I[2], 1909, II, III 1, 2, 1891—1901; Lamprecht, Deutsches Wirtschaftsleben im Mittelalter, 3 Bde. in 4 Teilen, 1885—86; Dopsch, Die Wirtschaftsentwicklung der Karolingerzeit vornehmlich in Deutschland I, II, Weimar, 1912/3; vgl. Lit. zu § 34.

§ 19. Die Dezentralisation des Bistums.

Der Germanismus veranlaßt oder fördert wenigstens die Unterteilung der ehemals einheitlichen Diözese.

1. Die Landpfarrei. Ohne eine gewisse Abstufung der kirchlichen Anstalten und ihrer Geistlichkeit war die kirchliche Versorgung des platten Landes durch Außenstationen der Kathedrale auf die Dauer nicht durchführbar. Schon 506 unterschied das westgotische Nationalkonzil zu Agde von den schlichten Basiliken und Oratorien (nachmals tituli scil. minores) die Haupt- oder Taufkirchen (ecclesiae oder plebes baptismales), in denen an Sonn- und Festtagen der ordentliche Gemeindegottesdienst stattfand [1], und von deren Vorstehern (archipresbyteri etwa seit 650) zu Ostern (und Pfingsten) getauft wurde. Und zu Ende des 7. Jahrhunderts ist in Gallien und Spanien, ja selbst im bistumsreichen Italien der Grund zu einer umfassenden ländlichen Seelsorgeorganisation gelegt. Da unterbricht das Eigenkirchenrecht, die Taufkirchenordnung sprengend (deshalb seither nur ausnahmsweise ein Zusammenhang der neuen Pfarrei mit dem weltlichen Bezirk) oder sie (nicht in Italien) sich alsbald unterwerfend, die Entwicklung und gibt ihr eine neue Wendung. Zumal nach dem Erwerb des Zehnten (§ 18, 3 d), der auch unter Karl dem Großen eine bessere, wennschon noch lange nicht durchgreifende Sprengelabgrenzung veranlaßt, wird das Pfarrecht durchaus als Gerechtsame gefaßt. Durch bischöflichen Bann (§ 21, 1) begründet und den weltlichen Gewerbebann- und Zwangsrechten verwandt, soll es jetzt vor allem der grundherrlichen Kirche die Kundschaft und damit die Einnahme sichern, eine Entwicklung, welche die Bischöfe nicht bloß mit gefördert, sondern auch für ihre Kirchen fruchtbar gemacht haben.

Hatch-Harnack, Grundlegung (§ 9); Hinschius, Kr. II § 90,[1]; Loening, Geschichte II 346 ff.; Luchaire, Manuel §§ 1—3; Werminghoff, VG. §§ 13, 38; Stutz, Benefizialwesen I §§ 4, 5, 14, Art. Pfarrei in Hauck-Herzogs Realencykl.[3] XV, 1904; Imbart de la Tour, Les paroisses rurales, 1900 (dazu Stutz, Gött. GA. 1904 Nr. 1); Vacandard, Un évêque mérovingien (S-Ouen) R. q. h. LXIX, 1901, S.-Victrice de Rouen, 1903; Warichez, Les origines de l'église de Tournai, Löwener Diss., 1902; Gosses, Merowingisch en Karolingisch Utrecht, Bijdragen voor vaderlandsche geschiedenis IV reeks D IX, 1910; Zorell, Die Entwicklung des Parochialsystems, A. f. k. Kr. LXXXII, 1902; W. Schulte, Die Entwicklung der Parochial-

[1] Bezeichnender Übergangssprachgebrauch: parochia = Bistum, aber auch = ländliche Hauptkirche; dioecesis = Landkirche, aber auch = Bistum; vgl. Stolz, Παροικία, parochia und parochus, Th. Q. LXXXIX, 1907, Zur Geschichte des Terminus parochus, Th. Q. XCV, 1913, und Stutz, Parochus, Z.[2] f. RG. I, 1911, II, 1912, III, 1913.

verfassung in Schlesien im Mittelalter, Zeitschr. f. Gesch. Schlesiens XXXVI, 1902; Jostes, Die münstersche Kirche vor Liudger, Zeitschr. f. vaterl. Gesch. u. Altert. von Westfalen LXII, 1904; Gasquet, Parish life in mediaeval England, 1906; Hatschek, Englische VG. (§ 18, 1) S. 147 ff., 262 ff. Böttger, Diözesan- und Gaugrenzen Norddeutschlands, 4 Bde., 1875—76; Falk, Die dedicatio und terminatio ecclesiae im 8. bis 11. Jahrhundert, A. f. k. Kr. LXXXIX, 1909; Brandi, Gött. G.A. 1908, Nr. 1 u. Zeitschr. d. Hist. Ver. f. Niedersachsen, 1909; Flach, Les origines de l'ancienne France III, 1904 p. 100 ss.; Pirchegger, Die Pfarren als Grundlage der politisch-militärischen Einteilung der Steiermark, A. f. ö. G. CII, 1913.

2. Stadtpfarrei und Stift. Die römisch-kirchliche Ordnung, auf dem platten Lande durch das Eigenkirchenwesen und die damit verbundenen Neuerungen beseitigt, behauptet sich noch geraume Zeit in der Bischofsstadt. Ihre Geistlichen sind bestellt und leben den kanonischen Vorschriften gemäß (canonice — Gegensätze: regulariter, d. h. klösterlich und incanonice, d. h. wie der unbotmäßige Eigenkirchenklerus — vivere), haben ihren Namen canonici aber doch wohl von dem Verzeichnis, canon oder matricula, in das sie wie die von der Kirche unterstützten Witwen und Armen eingetragen sind. Durch eine Art mönchischer Organisation (für Metz: Regel des Bischofs Chrodegang um 760, für das ganze Frankenreich die darauf fußende Aachener Regel von 816) wird insbesondere der Stadtklerus zum Kapitel (capitulum, capitulares vom kapitelweisen Vorlesen der Regel), an der Domkirche zum Dom- oder Kathedralkapitel (canonicus = Domherr oder -kapitular) mit dem Propst, praepositus (dem bisherigen bischöflichen Archidiakon), und seit ca. 850 mit dem Dekan, decanus (dem früheren bischöflichen archipresbyter = Ersten der Priester), an der Spitze, an anderen größeren Stadtkirchen zum Stifts- oder Kollegiatkapitel (canonicus = Stifts- oder Chorherr) mit entsprechenden Vorstehern. In diesen Stiftskirchen wurde, indes die Kathedrale weiterhin für Pfarrhandlungen der ganzen Diözese offenstand, regelmäßig der städtische Pfarrgottesdienst gehalten. Die Stiftspröpste, später in ihrer Vertretung die Kustoden, besorgten die Pfarrseelsorge in den seit dem 9. Jahrhundert nachweisbaren städtischen Kollegiatparochien, während die übrigen Kanoniker wochenweise den Gottesdienst versahen (hebdomadarii) und den Chordienst in den horae canonicae verrichteten, eine Doppelfunktion, für die bisweilen Doppelkirchen eingerichtet wurden. Trotz des Bestrebens, das nachmals das Reformpapsttum betätigte, sie in Benediktinerinnenklöster zu verwandeln, behaupteten sich im Süden, namentlich aber im Westen Deutschlands und in den angrenzenden französischen Gebieten zahlreiche Kanonissenstifter (mit zugehörigem Kanonikerkapitel), deren Vorsteherinnen, Äbtissinnen, weil mit Diakonissenweihe versehen und zum Klerus (Diözesansynoden) gehörig, zur Ehelosigkeit verpflichtet waren, indes die Stiftsdamen, nach dem eigenen Statut lebend und zum Chordienste verbunden, jederzeit austreten und sich verehelichen konnten.

Hinschius, Kr. II §§ 80, 90[III]; Luchaire, Manuel §§ 32, 39; Werminghoff, VG. § 38; Chrodegangi Metensis episcopi ... regula canonicorum, ed. Schmitz 1889; Ebner, Zur regula canonicorum des heil. Chrodegang, R. Q. V, 1891; Werminghoff, Die Beschlüsse des Aachener Konzils von 816, N. A. XXVII, 1902; Doll, Die Anfänge der altbayerischen Domkapitel, Münchener theol. Diss., 1907 (auch in Deutinger u. Schlecht, Beitr. z. Gesch. d. Erzbist. München X); Schäfer, Pfarrkirche und Stift im deutschen Mittelalter, Stutz, Kr. A., 3. H., 1903, Frühmittelalterliche Pfarrkirchen und Pfarreinteilung in römisch-fränkischen und italienischen Bischofsstädten, R.Q. XIX, 1905, Die Kanonissenstifter (oben § 5 und dazu Levison, Westdeutsche Zeitschr. XXVII, 1908), Kanonissen und Diakonissen (§ 5); Beyerle, Geschichte des Chorstifts und der Pfarrei St. Johann zu Konstanz, 1908; Macci, Le vicinie di Bergamo, 1884; Liebe, Die kommunale Bedeutung der Kirchspiele in den deutschen Städten, 1885; Falk, Zur Geschichte der Pfarreinteilung in den Städten, A. f. k. Kr. LXVIII, 1892; vgl. auch die Lit. zu § 30, 4 und 31, 1, und Stolz, Th. Q. XCIII, 1911, S. 323 f.

3. Dekanate, Archipresbyterate, Archidiakonate. Der Untergang der merowingischen Baptismalorganisation und das Nebeneinander von zahlreichen Landpfarreien macht, zunächst im Westfrankenreich [1], in karolingischer Zeit eine Zusammenfassung zu Dekanaten (mit Kalendarkapiteln) unter Dekanen nötig, während in Deutschland vorerst ein neuer Chorepiskopat [2] und ein jüngerer Landarchipresbyterat (an Mutterkirchen) denselben

---

[1] In Italien behauptet sich der alte Landarchipresbyterat.

[2] Die westfränkischen Chorbischöfe wurden mit Hilfe Pseudoisidors vom Diözesanepiskopat beseitigt.

Dienst (Aufsicht und Bußdisziplin) tut. Für die (Send-) Gerichtsbarkeit aber entsteht hier, seit im 10. Jahrhundert die zu Fürsten werdenden Bischöfe sich noch mehr als bisher durch weltliche Geschäfte in Anspruch genommen sehen, und seit auch das bischöfliche Gerichtslehen als nutzbares Recht begehrenswert erscheint, der ländliche Archidiakonat (im Trierischen und anderswo trotz mangelnder Weiherechte als Chorepiskopat bezeichnet). An den Dompropst sowie an Stiftspröpste und bald auch an Domherren vergeben bzw. mit den Stiftspropsteien diesen vorbehalten oder Stiftern und Klöstern übertragen, umfaßt er im übrigen Deutschland meist die Pfarreien (und damit die Dekanate) eines Gaues oder eines Bistumviertels (Worms, Speier), während in Sachsen, das in der weltlichen und in der kirchlichen Gerichtsverfassung eine Sonderstellung einnimmt, jede (regelmäßig in einer Urpfarrei liegende) Send- (wie Ding-) Statt mit ihrem Bezirk einen Archidiakonat für sich bildet.

Luchaire, Manuel § 12; Werminghoff, VG. §§ 37, 38; Sägmüller, Die Entwicklung des Archipresbyterats und Dekanats, Tübinger Univ.-Progr., 1898; Faure, L'archiprêtre, Thèse, 1911; Weizsäcker, Der Kampf gegen den Chorepiskopat, 1859; Hinschius, Kr. II § 85 I; Falk, Die Mainzer Weihbischöfe des 9. Jahrhunderts, H. Jb. XXVIII, 1907; Hinschius, Kr. II §§ 86 II–V, 90 II; Luchaire, Manuel §§ 9—11; Werminghoff, VG. §§ 12, 13; Hilling, Die Entstehungsgeschichte der Münsterschen Archidiakonate, Münst. theol. Diss., 1902, Beiträge zur Geschichte der Verfassung und Verwaltung des Bistums Halberstadt im Mittelalter: I. Die Halberstädter Archidiakonate, 1902; Glasschröder, Das Archidiakonat in der Diözese Speier, A. Z. N. F. X, 1902; Bastgen, Die Entstehungsgeschichte der Trierer Archidiakonate, Breslauer kath.-theol. Diss., 1906; Baumgartner, Geschichte und Recht des Archidiakonates der oberrheinischen Bistümer mit Einschluß von Mainz und Würzburg, Stutz, Kr. A., 39. H., 1907; Hübner, Die salzburgischen Archidiakonatsynoden, Deutsche Geschichtsblätter XI, 1910; Naumann, Zur Geschichte der Archidiakonate Thüringens, Z. f. Kg. in der Provinz Sachsen IX, 1912; Krieg, Der Kampf der Bischöfe gegen die Archidiakone im Bistum Würzburg, Stutz, Kr. A., 82. H., 1913.

§ 20. Das kirchliche Benefizialwesen.

Mit der Eigenkirche zog die Leihe in das Kirchenrecht ein.

1. Benefizium. An die Stelle des widerruflich angestellten, in strenger wirtschaftlicher Abhängigkeit befindlichen bischöflichen Beamten trat auf dem Lande (allgemein seit dem 8. Jahrhundert) der zunächst ebenfalls einer Willkürherrschaft preisgegebene, freie oder unfreie Privatgeistliche des Grundherrn. Sein im Messelesen und in sonstigen kirchlichen Verrichtungen bestehender Dienst unterschied sich rechtlich in nichts von dem des herrschaftlichen Müllers oder ackerbauenden Grundholden. Und nur den Mißbrauch solcher Auffassung hat man kirchlicherseits bekämpft. Unter Ludwig dem Frommen forderte und erreichte der Episkopat im Kirchenkapitular von 818/19 das Gebot ausschließlicher Anstellung von Freien und der Gewährung eines Existenzminimums, indem für die Kirche samt Kirchhof, Pfarrhaus und Pfarrgarten, für den Zehntanteil des Geistlichen und die Oblationen und außerdem für eine ganze Hufe Kirchenland kein anderer als geistlicher Dienst getan, also namentlich kein Zins entrichtet werden sollte, während vom übrigen die Erhebung von Leiheabgaben dem Herrn nach wie vor freistand. Von nun an war das beneficium, die freie Leihe des fränkischen Rechts, die gegebene Anstellungsform. Mit ihm erreichte der Episkopat, da es, wo nicht die bei Kirchen gegenstandslose und kirchlicherseits verpönte Kommendation mit der aus ihr entspringenden Vasallität dazutrat, den Herrenfall nicht kannte, zugleich die Lebenslänglichkeit des Dienstverhältnisses auf seiten des Eigenkirchenpriesters. Das Benefizialrecht des Geistlichen [1] war das Komplement des grundherrlichen Kircheneigentums, bei mißbräuchlicher Teilverleihung [2] sowie infolge der durch das angeführte Kirchenkapitular veranlaßten, seit dem 10. Jahrhundert häufigen Scheidung von Fabrik- oder Lichtergut einerseits und von Benefizialvermögen anderseits [3] freilich nicht immer ein Komplement von gleicher räumlicher Ausdehnung des Objekts. Die Leihe geschah diesseits der Alpen mündlich, in Italien regelmäßig schriftlich [4]

[1] Auch Teilpacht, colonia partiaria, Libellar- und sonstiges Leiherecht kommt vor.

[2] Es wurde — besonders in Italien — nicht selten die Kirche bloß mit einem Drittel der dazu gehörigen Güter und Einkünfte verliehen.

[3] Die Bezeichnung dos oder Widem kommt für beides vor.

[4] Die cartula ordinationis wurde allmählich aus einer Bestallungsurkunde römischen zu einer Leiheurkunde germanischen Kirchenrechts.

durch Investitur vermittelst Kirchenbuch, Stab und ähnlicher Symbole. Verleiher war der Grundherr, der den Geistlichen (nach bischöflicher Prüfung und mit bischöflicher Genehmigung) ernannte und von ihm eine Gabe (exenium) oder Leihegebühr (conductus) bezog. Dem Herrn wird auch der Dienst in Gestalt der Besorgung der Kirche und der Versorgung der Kirchgenossen geleistet. Dem Bischof (dem Archidiakon und dem Dekan) bleiben nur Aufsicht, Gerichtsbarkeit und Abgabenrecht. Das Leiherecht enthält wie auch sonst die Befugnis zur Weitergabe im Ganzen (Afterleihe) oder zum Teil. Daher nach allmählicher Zunahme des Landkirchenguts die Unsitte der Bestellung diensttuender, zeitlicher oder ständiger Verweser (vicarii temporales oder perpetui) unter Vorbehalt des Rektorats, d. h. der Ehren, rechtsgeschäftlichen Vertretung und Haupteinkünfte.

Stutz, Geschichte des kirchlichen Benefizialwesens I (§ 18), Das Eigenkirchenvermögen (§ 18), Art. Eigenkirche, Eigenkloster (§ 18); Luchaire, Manuel §§ 7, 8; Schupfer, Degli ordini sociali e del possesso fondiario appo i Longobardi, Wiener Ak. S. B., phil.-hist. Kl., XXXV, 1860; de Hinojosa, La fraternidad artificial en España, Riv. de archivos, 1905; Pivano, Consortium o societas di chierici e laici ad Ivrea nei secoli IX e X, Studi ... in onore di ... Ciccaglione I, 1909; Clément, Recherches sur les paroisses et les fabriques au commencement du XIIIe siècle, M. d'a. d'h. XV, 1895.

2. Präbende. In der Bischofsstadt und für das aus römisch-merowingischer Zeit herstammende Bistumsvermögen dauerte zunächst die vorgermanische bischöfliche Zentralverwaltung mit ihren Stipendien fort, durch das mönchische Zusammenleben (mensa et massa communis) höchstens gesteigert. Seit dem 9. Jahrhundert (in Köln unter Erzbischof Günther vor 866) kam es aber nach und nach in allen Diözesen zu der ums Jahr 1000 wohl allgemein durchgeführten Abschichtung des Domstifts und der übrigen Stifter (Kapitels- und Stiftsgut mit einem Teil der bisher bischöflichen Landkirchen) vom Bischof (der ihm verbleibende Rest heißt mensa episcopalis, Tafelgut), bisweilen unter Zugrundelegung der durch die Sammlungen des altkirchlichen Rechtes (§ 10 und S. 291 A. 2) auch über die römische Kirchenprovinz hinaus bekannt gewordenen Vierteilung (schon 813 Quartradizierung in Verona). Und als bald darauf die Natural- und Geldreichnisse des einzelnen Kanonikers [1] durch die Leihe eines Stiftshofs, curia, samt Gütern und Gefällen (Kanonikat) ersetzt wurden, verfiel der letzte Rest altkirchlicher Gütereinheit dem dezentralisierenden Benefizialwesen. Abgesehen von nebensächlichen Besonderheiten wie der periodischen Neuverteilung der praebendae und der Einbehaltung eines Teils des Ertrags zu täglicher Verteilung (distributio quotidiana, Präsenzgeld) im Interesse der Förderung der Residenz, unterschied sich diese jüngere praebenda nicht vom beneficium, weshalb im Deutschen die Bezeichnung Pfründe für beide Anwendung fand und findet.

Stutz, Benefizialwesen (§ 18) I, 320 ff., 368 f., Lehen und Pfründe, Z. [2] f. RG. XX, 1899; Luchaire, Manuel §§ 27, 37; Werminghoff, VG. §§ 8, 12; Lormeau, Des menses épiscopales en France, Thèse, 1905; Lesne, L'origine des menses dans le temporel des églises et des monastères de France au 9e siècle, Mem.... des fac. cath. de Lille, 7e fasc., 1910; Pöschl, Bischofsgut und Mensa episcopalis I, II, III 1, 1908—1912.

3. Ämterleihe. Schließlich begegnet auch in der Kirche eine wahre Ämterleihe. Insbesondere wird seit dem 11. Jahrhundert die selbständige Gerichtsbarkeit, die der Dompropst, in solcher Funktion mit Vorliebe archidiaconus genannt, und andere, gleich ihm mit der Vertretung des Bischofs (als missi) in den Sendgerichten betraute Domherren (archidiaconi minores) erringen (§ 19, 3), wegen der damit verbundenen Einkünfte (Verpflegung, Sendschilling, Sendhafer) als beneficium betrachtet und durch Investitur verliehen [2].

Werminghoff, VG. § 37; Hilling, Beiträge (§ 19, 3).

[1] Praebenda = stipendium im Gegensatz zum beneficium, wie zuvor schon in der fränkischen Gutswirtschaft der victus et vestitus der Tagwerker praebenda, Provende, genannt wurde im Gegensatz zur Hofstelle, dem bäuerlichen beneficium.

[2] Bei Archidiakonaten, die Stiftern oder Klöstern zugewiesen (später einverleibt) sind, bedarf der an Stelle des verhinderten Stiftsvorstehers — z. B. einer Äbtissin — Amtende der bischöflichen Bannleihe.

§ 21. Der Bischof und das Diözesanrecht.

Hatte das Eigenkirchenwesen in Gestalt einer vielköpfigen Laienherrschaft innerhalb des Bistums überhaupt erst gegen den Bischof das Gegen-, ja Übergewicht geschaffen, durch das die Bildung eines wahren Diözesanrechts nicht bloß möglich, sondern selbst dem zuvor absoluten Episkopat geradezu erwünscht wurde, so förderte der Germanismus auch sonst den rechtlichen Ausbau der Diözese.

Stutz, Eigenkirche (§ 7).

1. Die bischöfliche Amtsgewalt im allgemeinen. Seit der zweiten Hälfte des 9. Jahrhunderts macht sich die in den deutschen Bistümern später zu unbestrittener Herrschaft gelangende germanischrechtliche Vorstellung geltend, daß der Bischof die Diözese (aber auch der Papst die Kirche) mit seinem Bann, bannus episcopalis (daneben bannus sancti Petri oder papalis), regiere, also mit der obrigkeitlichen Befugnis, bei Strafe zu gebieten und zu verbieten. Als ordentliche Bannstrafe erscheint dabei die große Exkommunikation, die infolge dieser Entwicklung eine weit über das Gebiet des eigentlichen Straf- und Disziplinarstrafrechts hinausgehende Verwendung und, samt dem durch sie geschaffenen Zustand, ihre bis heute übliche deutsche Bezeichnung erhält (daneben Absetzung bei Klerikern, Fastenstrafen und namentlich Geldbußen, diese auch bei Mißachtung päpstlicher Banngebote). Zunächst nur eine neue Rechtsform für die vorgefundene bischöfliche Gewalt, beeinflußt diese Bannisierung unter den veränderten kirchlichen Lebensverhältnissen mit der Zeit doch auch den Inhalt der bischöflichen Befugnisse.

Hinschius, Kr. V § 279; Hilling, Die bischöfliche Banngewalt ... in den sächsischen Bistümern, A. f. k. Kr., LXXX, LXXXI, 1900/01.

2. Der Bischof und die Gesetzgebung; Diözesansynode. In Gestalt des Verordnungsbanns behauptet der Bischof auch jetzt sein ausschließliches Gesetzgebungsrecht. Die seit dem letzten Viertel des 6. Jahrhunderts (Auxerre) nachweisbare, aber erst seit dem 9. zu kirchlicher Bedeutung gelangende Diözesansynode (ordentlicherweise zwei im Jahr), an welcher die hohe und niedere Bistumsgeistlichkeit, die Äbte (auch Äbtissinnen), ja selbst Laien (im 12. und 13. Jahrhundert besonders die freien und dann auch die unfreien Ritter[1]) teilnehmen, nimmt regelmäßig nur die bischöflichen Erlasse[2] zur Kenntnis, gibt auch Weistümer über geltendes Recht ab, vermag aber bloß hier und da eine wahre Mitwirkung bei der bischöflichen Gesetzgebung zu erlangen. Das überlieferte arbiträre, generelle und spezielle Strafsatzungsrecht des Bischofs wird durch die Bannisierung geradezu gefestigt, ebenso wie seine Befugnis, Ausnahmen (Exemtionen) zu schaffen. Dem Inhalt nach dient das Diözesanrecht wesentlich der Durchführung und dem Ausbau der kirchlichen Ordnung, wie sie in karolingischer Zeit die Kapitularien und später die selbständig gewordenen (§ 17) höheren Synoden anstrebten, von welch letzteren übrigens gegen Ende unserer Periode das vorher der kirchlich beeinflußten weltlichen Gesetzgebung überlassene Eherecht mehr und mehr an sich gezogen wird, wie denn auch seit dem 11. Jahrhundert die kirchliche Gerichtsbarkeit der Ehe sich bemächtigt.

Hinschius, Kr. III, § 178; Werminghoff, VG. § 47; Sdralek, Die Straßburger Diözesansynoden, Straßb. Th. St. II, 1897; Hilling, Die westfälischen Diözesansynoden, Münst. phil. Diss., 1898, Gegenwart und Einfluß der Geistlichen und Laien auf den Diözesansynoden, A. f. k. Kr. LXXIX, 1899; Savagnone, Le origini del sinodo diocesano e l'Interpretatio, Studi in onore di... Brugi, 1910; Freisen, Geschichte des kanonischen Eherechts (§ 14); Hazeltine, Zur Geschichte der Eheschließung nach angelsächsischem Recht, Festgabe f. Hübler, 1905; Leicht, Nota al X. canone del concilio Forojuliese (796), 1905; Opet, Brauttradition und Konsensgespräch in mittelalterlichen Trauungsritualen, 1910, Die Anordnung der Eheschließungspublizität im Capitulare Vernense, Festschrift f. Gierke, 1911; Fahrner, Geschichte der Ehescheidung I, 1903. Vgl. die Lit. zu § 31, 2.

---

[1] Daher wurden Edle und Ministerialen zusammen als homines synodales bezeichnet.

[2] Capitula episcoporum, z. B. Theodulfs von Orléans um 800, Haitos von Basel 807—23, Hinkmars von Reims 852, 856, Richulfs von Soissons 889 u. a., am besten verzeichnet von Werminghoff, N.A. XXVI, XXVII 1901/02, S. 665 ff., 576 ff.; siehe auch Seckel, N. A. XXIX, 1904, S. 287 ff.

3. **Der Bischof und die Gerichtsgewalt; Sendgerichte, Streit- und Strafverfahren; Strafrecht.** Die im Mittelalter wichtigste Funktion der kirchlichen Regierungsgewalt (diese heißt davon bis heute iurisdictio), den Gerichtsbann, vermochte der Bischof nicht ungeteilt zu behaupten. Er bleibt grundsätzlich der ordentliche Richter[1] in streitigen und Strafsachen und richtet (später durch seinen Offizial) im bischöflichen Send oder in der Diözesansynode. Aber während er im 9. Jahrhundert in Person und im 10. wenigstens durch Vertreter in Verbindung mit der Visitation des Bistums alljährlich in den Urpfarreien den dem fränkischen Rügegericht nachgeahmten[2] ordentlichen Send hält, in dem sieben Sendgeschworene (sie übernehmen später auch die Funktionen der Sendschöffen, also der Urteilfinder) von Amts wegen die ihnen zur Kenntnis gekommenen kirchlichen Vergehen rügen, geht dem Bischof seit dem 11. Jahrhundert mit dem ordentlichen Sendbann der Hauptbestandteil erstinstanzlicher Straf- und Gerichtsgewalt über die Laien an die Archidiakonen jüngerer Ordnung (§ 19, 3) verloren, so daß er nur Oberinstanz und Richter für vorbehaltene Verbrechen wie Ketzerei und percussio clericorum (unten S. 331 A. 3) usw. bleibt.

Hinschius, Kr. V §§ 286, 288; Dove, Die fränkischen Sendgerichte, Z. f. Kr. IV, V, 1864/65; Koeniger, Die Sendgerichte in Deutschland I, Veröff. a. d. Münchner kirchenhist. Sem. III 2, 1907, Vom Send, insbesondere in der Diözese Bamberg, 70. Bericht des hist. Ver. für Bamberg, 1912, Quellen zur Geschichte der Sendgerichte in Deutschland, 1910; Lingg, Geschichte des Instituts der Pfarrvisitation, 1888; Knoke, Historisch-dogmatische Untersuchung der Verwendung weltlicher Strafen gegen Leben, Leib, Vermögen, Freiheit und bürgerliche Ehre im kirchlichen Strafrecht ... der vorgratianischen Zeit, 1895.

Das Verfahren, namentlich in Strafsachen, nähert sich dem germanischrechtlichen in so fern an, als, wenigstens wenn der Ankläger keinen oder keinen vollen Beweis erbringt, der Angeklagte, auch der geistliche, durch Reinigungseid (mit Eideshelfern) sich freizuschwören hat (Gottesurteil nur bei den Laien!), und als der Offizialprozeß bei Offenkundigkeit mehr als früher hervortritt. Im Strafrecht macht sich der germanische Einfluß besonders in der Verwendung des Banns zu Vollstreckungszwecken bemerkbar sowie darin, daß aus ihm selbständige Strafen wie (Lokal-) Interdikt, Versagung des kirchlichen Begräbnisses, und — seit der zweiten Hälfte des 11. Jahrhunderts — Huldentzug (indignatio papae) abgezweigt werden. Auch ist es gewiß kein Zufall, wenn der Strafeintritt mit der Tat (censurae latae sententiae) in einer Zeit aufkommt, der die Ipsojure-Wirkung der handhaften Tat[3] ganz geläufig ist, und wenn die Versagung der communicatio forensis, d. h. der Fähigkeit, vor Gericht anders denn als Beklagter aufzutreten, zu den bisherigen Wirkungen des Bannes in einer Periode hinzutritt, in der nach weltlichem Recht die Rechtsfähigkeit vornehmlich als Gerichtsfähigkeit sich äußert. Im Bußwesen, das bei öffentlich bekannten schweren Sünden wieder die öffentliche Buße, für die gebeichteten die private kennt, bewirkt der germanische Einfluß die Möglichkeit einer Ablösung durch Geld und die weitere der Gesamtbuße also z. B. unter Zuziehung von Knechten.

Hinschius, Kr. IV § 258, V §§ 261—263 II, 1, 266—270, 274—275, 284; Esmein, Les ordalies dans l'église gallicane au 9e siècle, 1898; Vacandard, L'église et les ordalies, jetzt auch in seinen Études de crit. et d'hist. eccl. 1905; Franz, Die kirchlichen Benediktionen im Mittelalter, 2 Bde., 1909; Köstler, Der Anteil des Christentums an den Ordalien, Z.[2] f. RG. II, 1912, Huldentzug als Strafe, Stutz, Kr. A., 62 H., 1910; Ehrmann, Der kanonische Prozeß nach der Collectio Dacheriana, A. f. k. Kr. LXXVII, 1897; Cremer, Die Wurzeln des Anselmschen Satisfaktionsbegriffes, Th. St. Kr. LIII, 1880, Der germanische Satisfaktionsbegriff in der Versöhnungslehre, ebenda LXVI, 1893; v. Möller, Die Anselmsche Satisfaktion und die Buße des germanischen Strafrechts, Th. St. Kr. LXXII, 1899; Funke, Die Satisfaktionstheorie des h. Anselm von Canterbury, Kg. Studien von Knöpfler u. A. VI, 3, 1903; Heinrichs, Die Genugtuungstheorie des hl. Anselmus von Canterbury, Forsch. z. christl. Lit.- u. Dogmengesch. IX 1, 1909; Lea, A history of auricular confession and indulgences in the latin church, I—III 1896; Kirsch, Zur Geschichte der katholischen Beichte, 1902; Koeniger, Die Beicht nach Caesarius von Heisterbach, Veröff. aus dem Münchner kirchenhist. Sem. II, 10, 1906; Kurtscheid, Das Beichtsiegel in seiner geschichtlichen Entwicklung, 1912. Vgl. auch die Lit. zu §§ 8, 31, 2.

[1] Eine Sondergerichtsbarkeit entwickelt sich z. B. für den Kapitelspropst in Kapitelssachen, Hinschius, Kr. V § 278.

[2] Oben I S. 96 f.

[3] Dem seit der fränkischen Zeit aufgekommenen Bindungsverfahren würde die Herbeiführung einer Deklarationssentenz entsprechen.

4. Der Bischof und die Verwaltung. Der bischöfliche Bann, gerade als Friedensbann (z. B. zur Sicherung des Sprengels und der Einkünfte für eine Kirche bzw. deren Herrn) zuerst bezeugt, erweitert sich bald zu einem Verwaltungsbann. Aber die Archidiakonen wissen den Sendbann im Laufe der Zeit auch auf das Gebiet der Verwaltung auszudehnen, so daß dem bischöflichen Verwaltungsbann ein aus ihm abgeleiteter, aber nunmehr zu eigenem Recht bestehender archidiakonaler zur Seite tritt. Er dient zur Visitation, gibt das Recht der Zustimmung (z. B. zur Gründung von Pfarreien) und eine freiwillige Gerichtsbarkeit auf kirchlichem und immer weiteren weltlichen Gebieten [1].

§ 22. Kaiser(König=)tum und Papsttum.

In den unteren Schichten hatte sich der Germanismus mit elementarer Gewalt selbst Bahn gebrochen, der oberen bemächtigte er sich, wenigstens in Deutschland, nach und nach durch das deutsche König- und Kaisertum.

Jaffé, Regesta pontificum Romanorum [2], 2 Bde. (—1198), 1885—88; v. Pflugk-Harttung, Acta pontificum Romanorum inedita, 3 Bde., 1881—1888; Kehr-Brackmann, Regesta pontificum Romanorum, Italia pontificia, I—VI, 1906—1913, Germania pontificia I, 1911 (dazu Brackmann, Studien — oben § 18, 2); Langen, Geschichte der römischen Kirche von Leo I. bis Nikolaus I., 1885, von Nikolaus I. bis Gregor VII., 1892; Schäfer, Deutsche Geschichte [8], 2 Bde., 1912.

Ohne mit den Überlieferungen der Merowinger zu brechen, bahnten doch die Karolinger, die im Bund mit dem Papsttum (Gutachten des Zacharias) 751 des Königtums sich bemächtigt und, nach mehreren Hilfszügen zugunsten der bedrängten Päpste, 774 das Langobardenreich samt dem römischen Patriziat erworben hatten, eine engere Verbindung mit der von ihnen gewissermaßen auf das Reich ausgedehnten fränkischen Landeskirche an. Auch Bonifazens Bestreben, die deutschen Gebiete in strengster Unterordnung unter den römischen Stuhl kirchlich zu organisieren und die gallischen ebenso zu reorganisieren (sein Gehorsamseid gegenüber Gregor II. 722), mußte vor den gegebenen Verhältnissen haltmachen; die Wiederherstellung (Bonifaz 742 Erzbischof [2] mit Sitz in Mainz; später auch Erzbischöfe von Köln, Trier und Salzburg) erfolgte gerade nur so weit im römischen Sinne, als es die karolingischen Herrscher für gut fanden. Es begann eine völlige Vermengung weltlichen und geistlichen Wesens unter der formellen Vorherrschaft des ersteren (Reichstagssynode), aber weitestgehender sachlicher Berücksichtigung des letzteren [3]. Ja, unter Karl dem Großen, zumal nachdem er Weihnachten 800 in Anerkennung seiner tatsächlichen Machtstellung aus der Hand Leos III. (aber a Deo coronatus!) die Kaiserkrone empfangen, gewann, von des Herrschers überwältigender Persönlichkeit getragen, in fränkischer Form das Ideal germanisch-christlicher Weltherrschaft glanzvolle Gestalt. Daneben war wohl für die Glaubens- und eine weitgehende moralische Autorität der mit Karl persönlich befreundeten Päpste Raum [4], aber nicht für einen Rechtsprimat. Dies um so weniger, als das päpstliche Machtgebiet (Anfänge des Kirchenstaats) durch ein völkerrechtlich verwendetes fränkisches Schutz- (Kommendations-) und Immunitätsverhältnis den Reichen Karls angegliedert war, und der Papst nach der Begründung des Kaisertums zum ersten Reichsmetropoliten (Testament Karls von 811) herabsank. Mochte man auch päpstlicherseits bei diesen Vorgängen von anderen Voraussetzungen ausgegangen sein — mit einer Diskrepanz deutscher und römisch-kurialer Auffassung muß man seit jener Zeit bis auf den heutigen Tag in allen deutsch-römischen Fragen rechnen —, so entschied eben tatsächlich doch Karls auf dem fränkischen Herkommen fußende Auffassung.

---

[1] Das Nebeneinander von gräflichem und archidiakonalem bzw. offizialem Friedewirken bei Grundstücksübereignungen hat örtlich und zeitweilig geradezu zu einer Verdrängung des weltlichen Beamten geführt.

[2] Jetzt kommt die Bezeichnung episcopus suffraganeus für den Provinzialbischof auf.

[3] Durch diese Rücksichtnahme und dadurch, daß auch bei solcher Herrschaft des Staates über die Kirche nach echt deutscher Art die Pflicht mit dem Recht als verbunden, ja ihm vorangestellt gilt, unterscheidet sich das karolingische Staatskirchentum sehr wesentlich vom Byzantinismus.

[4] Doch hat Karl gelegentlich auch in Lehrfragen entscheidend mitgesprochen.

Hinschius, Kr. I § 26 B., II § 76, III §§ 173, 177, 178, V § 287; Werminghoff, VG. §§ 9, 10, 16, 17, 49; Jérome, La question métropolitaine dans l'église française au temps de Charlemagne, 1897; Sieke, Die Entwicklung des Metropolitanwesens in Frankreich bis Bonifaz, 1900; Lesne, La hiérarchie épiscopale (742—882), Mém. et trav. . . . des fac. cath. de Lille I, 1905 (und dazu Vaes, R. h. e. VII, 1906 p. 633ss), Hincmar et l'empereur Lothaire, R. q. h. LXXXVIII, 1905; Nürnberger, Die römische Synode von 743, A. f. k. Kr. LXXIX, 1899 und Ausgabe 1898; Codex Carolinus ed. Gundlach in M. G. h. Epistolae III, 1892; Haller, Die Quellen zur Geschichte der Entstehung des Kirchenstaates, 1907, Die Karolinger und das Papsttum, H. Z. CVIII, 1911; Ketterer, Karl der Große und die Kirche, 1898; v. Wickede, Die Vogtei in den geistlichen Stiftern des fränkischen Reichs, Leipziger phil. Diss., 1886; Senn, L'institution des avoueries ecclésiastiques en France, 1903, L'institution des vidamies en France, 1907; Morin, Les avoueries ecclésiastiques en Lorraine, Thèse, 1907; Pergameni, L'avouerie ecclésiastique belge des origines à la période bourguignonne, Thèse, 1907; Heilmann, Die Klostervogtei im rechtsrheinischen Teil der Diözese Konstanz, Görres-Ges. Sekt. f. Rechts- u. Sozialwiss., 3. H., 1908; W. Sickel, Die Kaiserwahl Karls des Großen in M. d. J. f. ö. G. XX, 1899, Die Kaiserkrönungen von Karl bis Berengar, H. Z. LXXX, 1898; Sackur, Ein römischer Majestätsprozeß und die Kaiserkrönung Karls des Großen in H. Z. LXXXVII, 1901; Ohr, Die Kaiserkrönung Karls des Großen, 1904, sowie Z. f. Kg. XXVI, 1905 u. HV. VIII, 1905, aber auch Hampe, Z. f. Kg. XXVI, 1905; Döllinger, Das Kaisertum Karls des Großen, Münchner Hist. Jb., 1865 und in s. akadem. Vorträgen; Ottolenghi, Della dignità imperiale di Carlo Magno, 1897 (dazu W. Sickel in Gött. GA. 1897 Nr. 11); Bayet, Les élections pontificales sous les Carolingiens, R. h. XXIV, 1884; Heimbucher, Die Papstwahlen unter den Karolingern, 1889; Dopffel, Kaisertum und Papstwechsel unter den Karolingern, 1889; Brunner und Zeumer, Die Konstantinische Schenkungsurkunde, 1888, und Hauck, Kg. II[3] u. [4] S. 18 N. 1; Hartmann, Geschichte Italiens II S. 157—249 sowie Friedberg, Kr. § 12 N. 7: Die Literatur über die Schenkungen Pippins und Karls, und dazu Scheffer-Boichorst in M. d. J. f. ö. G. V. 1884, X, 1889, Loening, H. Z. LXV, 1890; Schnürer, Die Entstehung des Kirchenstaates, 1894; Duchesne, Les premiers temps de l'état pontifical[2], 1904; Gundlach, Die Entstehung des Kirchenstaates, Gierkes Unters. H. 59, 1899; Hubert, Étude sur la formation des états de l'église, R. h. LXIX, 1899; Crivellucci, Delle origini dello stato pontificio, Studi storici X, 1901; E. Mayer, Die Schenkungen Constantins und Pipins, D. Z. f. Kr. XIV 1904 (auch sep.); Schnürer u. Ulivi, Das Fragmentum Fantuzzianum, 1906; Schnürer, Zum Streit um das Fragmentum Fantuzzianum, H. Jb. XXIX, 1908; Schäfer, Die Bedeutung der Päpste Gregor II. (715—731) und Gregors III. (731—741) für die Gründung des Kirchenstaates, Münst. phil. Diss., 1913; Hartmann, Grundherrschaft und Bureaukratie im Kirchenstaat vom 8. bis 10. Jahrhundert, Viertelj. f. Sozial- u. Wirtschg. VII, 1909; Perels, Päpstliche Patrimonien in Deutschland zur Karolinger- und Sachsenzeit, Hist. Auff. f. Zeumer, 1910; Päpstliche Patrimonien in Bayern, Hist.-pol. Bl. CLI, 1913.

Aber die theokratische Einheit von Karls Herrschaft war nur eine Episode, teils, weil sein Erbe mehr schien, als es war, teils, weil seine Erben seine Kraft nicht besaßen. Unter ihrer Mißwirtschaft wandelten sich die Anschauungen namentlich der geistlichen Kreise, die einst mit denen Karls sich mehr oder weniger gedeckt hatten, und verfielen nach und nach auf die Scheidung weltlichen und geistlichen Wesens, um schließlich dieses über jenes zu erhöhen. Doch für das Gegenstück von Karls Gottesstaat, für die päpstliche Weltherrschaft, waren die Zeit und das Papsttum selbst noch nicht reif; das Pontifikat des machtvollen Nikolaus I. [1] erscheint mehr nur als Programm für eine noch ferne Zukunft. Der römische Stuhl, der Unterstützung einer Weltmacht beraubt, wird zum Streitobjekt der römischen Adelsfraktionen (Herrschaft der beiden Theodorae und der Marozia) und verfällt noch größerem Niedergang als die karolingische Macht. In Deutschland aber entwickelt sich, da man praktisch den Boden der karolingischen Gesetzgebung nie verlassen hatte, und weil die Alt- bzw. Edelfreien im Bunde mit Reich und Krone die höheren Regionen der Kirche mehr oder weniger ausschließlich beherrschten, bei größerer Selbständigkeit der kirchlichen Organe in einzelnen Punkten (§ 17) ein so kräftiges und leistungsfähiges Landeskirchentum wie nie zuvor; seine Grundpfeiler waren die weltlichen Einrichtungen Königtum Stand und Eigentum. Um diese Landeskirche, gegenüber dem Stammesherzogtum für ihn eine wesentliche Stütze, noch völliger zu beherrschen, nahm Otto der Große 962 die Kaiserwürde wieder auf, die ihm nach den damaligen Abmachungen (pactum Ottonis cum Johanne XII.) auch einen maßgebenden Einfluß auf das Papsttum sichern sollte. Und als dann nach einem

[1] Er griff mit Erfolg in Lothars II. Ehehandel ein und demütigte Hinkmar von Reims, den mächtigsten fränkischen Kirchenfürsten; Sdralek, Hinkmars von Reims kanonistisches Gutachten über die Ehescheidung Lothars II., 1881.

Zwischenregiment mehr schwärmerisch (Otto III.) oder genügsam veranlagter (Heinrich II., Konrad II.) Herrscher mit Heinrich III. (1039—56) der machtvollste der deutschen Kaiser Ottos Nachfolge antrat, erreichte auch das germanische Kirchenrecht den Höhepunkt seiner Herrschaft.

Solmi, Stato e chiesa secondo gli scritti politici da Carlomagno fino al concordato di Worms in Bibl. dell' Arch. giur. II, 1901; Ohr, Der karolingische Gottesstaat, Leipziger phil. Diss., 1902; Kleinclausz, L'empire carolingien, ses origines et ses transformations, Thèse, 1903; Lilienfein, Die Anschauungen von Staat und Kirche im Reiche der Karolinger, Heidelberger Abh. von Marcks und Schäfer, 1902; Flach, La royauté et l'église en France (9e—11e siècle), R. h. é. IV, 1903, Les origines de l'ancienne France, III, 1904; Richterich, Papst Nikolaus I., R. intern. de théol. IX—XI, 1901—1903; Greinacher, Die Anschauungen des Papstes Nikolaus I. über das Verhältnis von Staat und Kirche, Abh. z. mittl. u. neueren Gesch. von v. Below, Finke, Meinecke, 10. H., 1909; Pivano, Stato e chiesa da Berengario I ad Arduino (888—1015), 1908 und Arch. stor. ital. XLIII, 1909; W. Sickel, Alberich II. und der Kirchenstaat, M. d. J. f. ö. G. XXIII, 1902; Fedele, Ricerche per la storia di Roma e del papato nel sec. X, Arch. della R. soc. Romana di storia patria XXXIII, 1910, XXXIV, 1911; Merkert, Kirche und Staat im Zeitalter der Ottonen, Breslauer phil. Diss., 1905; Ficker, Das deutsche Kaiserreich und seine universalen und nationalen Beziehungen, 1861; v. Sybel, Die deutsche Nation und das Kaiserreich, 1861; Niehues, Geschichte des Verhältnisses zwischen Kaisertum und Papsttum im Mittelalter I², II, 1877—87; Heinemann, Das Patriziat der deutschen Könige, 1888; Th. Sickel, Das Privilegium Ottos I. für die römische Kirche von 962, 1883; Hinschius, Kr. I 27 I, II, III § 177; Floß, Die Papstwahl unter den Ottonen, 1858; Martens, Die Besetzung des päpstlichen Stuhls unter Heinrich III. und IV., Z. f. Kr. XX—XXII, 1885—89; v. Pflugk-Harttung, Die Papstwahlen und das Kaisertum (1046—1328), Z. f. Kg. XXVII, 1906; Schulte, Der Adel und die deutsche Kirche im Mittelalter, Stutz, Kr.A., 63. u. 64. H., 1910 (dazu Werminghoff, Z.² f. RG. I, 1912 und die reiche, bei Schulte und bei Werminghoff, VG. § 30 verzeichnete Spezialliteratur); Werminghoff, Die Kirche Deutschlands im früheren Mittelalter und ihre Beziehungen zur allgemeinen Kirche, Deutsche Monatshefte II, 1907; Lerche, Die Privilegierung der deutschen Kirche durch Papsturkunden bis auf Gregor VII., Arch. f. Urkundenforschung III, 1911.

§ 23. Die Ausdehnung des Eigenkirchenrechts auf die höheren Kirchen.

Die Übertragung der selbständigen (römischen) Klöster in die Munt des Königs vermittelte ihre Umwandlung in Eigenklöster. Der dadurch herbeigeführte Tod ihrer Rechtspersönlichkeit wurde vorbereitet durch den Zwischenzustand der Rechtssubjektivität des Heiligen. Ihn machten auch die Bistümer durch, die zunächst, selbst in ganz deutschem Gebiet, nach römischem Recht gegründet wurden, deren Persönlichkeit aber den Deutschen unfaßbar blieb. Das Herrenrecht setzte hier bei der schon in merowingischer Zeit, aber aus rein öffentlichrechtlichen Gesichtspunkten vom Königtum geübten Ernennung der Bischöfe ein, die das karolingische Königtum trotz gegenteiliger Verheißung im Kirchenkapitular von 818/19 behauptete [1]. Dazu kamen seit Karl dem Großen bedeutende Abgaben, servitia, die an den König zu leisten waren, sowie sonstige königliche Rechte, z. B. der Veräußerungskonsens gegenüber dem Reichskirchengut. Bald erhielten diese Befugnisse eine einheitliche Grundlage in der sich ihnen unterschiebenden Eigenkirchenidee. Zunächst wurde seit dem Ende des 9. Jahrhunderts die Besetzung des Bistums in die Form der Leihe der Domkirche nebst zugehörigen Gütern und Rechten mit dem Bischofsstab, seit dem 11. auch mit dem Ring gebracht, und dieser Akt bald und immer offener (regelmäßig seit dem Ausgange des 10. Jahrhunderts) als Investitur betrachtet und bezeichnet. Zwischen- und Nachlaßnutzung, also weitere Äußerungen der Eigenkirchenidee (§ 18, 3 a, b) finden gleichfalls ganz unmerklich Eingang bei den Reichskirchen (daher ius regaliae). Noch fehlte in Deutschland, wo alle Bistümer reichsunmittelbar waren [2], die Verfügungsbefugnis, die an den französischen Mediatbistümern durch Verkauf, Verausstattung, Brautgabe und Verpfändung fleißig betätigt wurde. Doch wäre es vielleicht auch in Deutschland noch so weit gekommen — Heinrich II. ging mit dem Bistums- und Klostergut rücksichtslos genug um — und jedenfalls fehlte nicht viel, daß unter Heinrichs III. und ähnlicher Kaiser Hand die noch in die Gestalt des Patriziats sich kleidende Herrschaft über den römischen Stuhl (1046 drei Papstabsetzungen

[1] Nur für wenige Bistümer gestatteten königliche Privilegien die Wahl.

[2] Vorübergehend war Arnulf von Bayern durch Heinrich I. die Ernennung der bayerischen Bischöfe notgedrungen zugestanden worden.

und Anerkennung des entscheidenden kaiserlichen Einflusses durch Klemens II.) zum Eigenkirchenrecht wurde. Da erkannte das durch Heinrich III. reorganisierte und mit cluniacensischen Idealen erfüllte Papsttum dank Hildebrands genialer Einsicht, der Leos IX. erster Reimser Kanon von 1049 sowie Humbert von Selva Candida und Petrus Damiani vorgearbeitet hatten, die Gefahr und das Eigenkirchenwesen als dessen Wurzel und benützte die Ohnmacht des in die Hand des unerfahrenen Kindes Heinrich gelangten Königtums, um das Eigenkirchenrecht zu beseitigen.

Stutz, Eigenkirche (§ 7), Art. Eigenkirche, Eigenkloster (§ 18); Brunner, Grundzüge (§ 16), § 36 und oben I S. 117 f., Schröder, Rechtsgeschichte (§ 16) § 45; Hinschius, Kr. II §§ 120; Luchaire, Manuel §§ 19—23, 146—148, 274—279; Werminghoff, VG. §§ 10, 24, 25; J. Ficker, Über das Eigentum des Reichs am Reichskirchengut, Wiener Ak. S. B., phil.-hist. Kl., LXXII, 1872; Fischer, Das Patriziat Heinrichs III. und Heinrichs IV. 1908; Hirsch, Der Simoniebegriff und eine angebliche Erweiterung desselben im 11. Jahrhundert, A. f. k. Kr. LXXXVI, 1906, Die Auffassung der simonistischen und schismatischen Weihen im 11. Jahrhundert, besonders bei Kardinal Deusdebit, A. f. k. Kr. LXXXVII, 1907, Kardinal Deusdedits Stellung zur Laieninvestitur, A. f. k. Kr. LXXXVIII, 1908; Drehmann, Papst Leo IX. und die Simonie, Goetz' Beitr. z. Kulturg. 2. H., 1908; Beissel, Der Bischofsstab, St. M.-L. LXXV, 1907; Imbart de la Tour, Les élections épiscopales dans l'église de France (814—1150), 1891; Fournier, Yves de Chartres (§ 17); Doizé, Les élections épiscopales en France avant le concordat, Études 1906; Holtzmann, Französische Verfassungsgeschichte, 1910 S. 138 ff.; Haenchen, Das Kölner Wahlprivileg, Prog. d. Realg. i. E. zu Lichtenberg, 1911; Tenckhoff, Die westfälischen Bischofswahlen bis zum Wormser Konkordat, 1912; Weise, Königtum und Bischofswahl im fränkischen und deutschen Reich vor dem Investiturstreit, 1912.

§ 24. Der Untergang des germanischen Kirchenrechts.

Die Erkenntnis, daß das Eigenkirchenrecht die niederen und die höheren Kirchen gefährde, führte zur Teilung des Angriffs.

Stutz, Eigenkirche (§ 7) und Art.: Eigenkirche, Eigenkloster (§ 8); Scharnagl, Der Begriff der Investitur in den Quellen und der Literatur des Investiturstreites, Stutz, Kr. A., 56. H., 1908; Bernheim, Quellen zur Geschichte des Investiturstreites², I, II, 1913; das reiche Streitschriftenmaterial des Investiturstreits findet man im Abdruck in drei Bänden Libelli de lite imperatorum et pontificum der M. G. h., 1891—1897 und in literargeschichtlicher und systematischer Verarbeitung bei Mirbt, Die Publizistik im Zeitalter Gregors VII., 1894; Imbart de la Tour, La polémique religieuse et les publicistes à l'époque de Grégoire VII, in seinen Questions d'hist. soc. et rel., 1907; de Ghellinck, La littérature polémique durant la querelle des investitures, R. q. h. CXIII, 1913.

Um nicht zugleich mit dem Königtum die gesamte Laienaristokratie sich zu verfeinden, verzichtet die kuriale Politik zunächst (Synode von Gerona 1078) auf die Bekämpfung des niederen Eigenkirchenwesens und begnügt sich damit, durch das neu eingeschärfte und verschärfte Zölibatsgebot, das jetzt durch Aufwiegelung der Gemeinden gegen die verheirateten Geistlichen (Vorbild die Mailänder Pataria) zum erstenmal eigentlich praktisch gemacht wird, sowie dadurch, daß sie den Klerikersöhnen die Weihen versagt (defectus natalium), den Verlust des niederen Kirchenguts abzuwenden, der infolge des Übergangs der Erblichkeit vom Lehen auf die verwandte Pfründe droht. Außerdem wird in möglichst vielen Fällen die freiwillige Übertragung von Kirchen an geistliche Subjekte erstrebt.

Giesebrecht, Die Gesetzgebung der römischen Kirche zur Zeit Gregors VII., Münchener H. Jb., 1866; Hinschius, Kr. I § 19; Freisen, Eherecht (§ 14); Dresdner, Kultur- und Sittengeschichte der italienischen Geistlichkeit im 10. und 11. Jahrhundert, 1890; Sturmhöfel, Gerhoh von Reichersberg über den Sittenzustand der zeitgenössischen Geistlichkeit, Progr. d. Leipz. Thomasschule, 1888; Barth, Hildebert von Lavardin (1056—1133) und das kirchliche Stellenbesetzungsrecht, Stutz, Kr. A., 34.—36. H., 1906; Hatschek, Englische VG. (§ 18, 1) S. 155 ff.; Saltet, Les réordinations, 1907; Luchaire, La société française au temps de Philippe-Auguste, 1909.

Dagegen wird der Kampf gegen das der Verwirklichung nahe höhere Eigenkirchenwesen alsbald aufgenommen. 1078 verbietet Gregor VII. jede Laieninvestitur, besonders aber die in Bistümer durch den König. Der Verlauf des Kampfes erklärt sich dadurch, daß das Königtum zwar wohlerworbene Rechte und begründete Interessen [1], aber in einer zu ihrer Überspannung

---

[1] Denn die sächsischen und salischen Kaiser hatten die Bischöfe nur deshalb mit Grafschaften und vielen Hoheitsrechten bedacht, weil sie auf dies nichterbliche, unter dem Einfluß des Königs

führenden, eigenmächtig angemaßten Form verteidigte, indes das Papsttum mit seinem rücksichtslosen Eingriff in positives staatliches Recht nicht bloß um die Existenz der Kirche, sondern auch gegen eine überlebte privat-, ja vermögensrechtliche Vergewaltigung öffentlichrechtlicher Verhältnisse ankämpfte. Die grundsätzlich richtige Lösung des Vertrages von Sutri 1111: Der König verzichtet auf die Investitur, der Papst aber besiehlt den deutschen Bischöfen, alle Hoheitsrechte und Güter dem Reich zurückzustellen, die ihren Bistümern seit Karls des Großen Tagen zugewendet worden, mutete den Bischöfen um eines doktrinären Postulates willen den Verzicht auf ihre reichsfürstliche Stellung zu, den sie leisten weder wollten noch konnten. Die für die Folgezeit endgültige Lösung brachte das Wormser Konkordat von Heinrich V. und Kalixt II. (zwei Urkunden: das Calixtinum mit den Zugeständnissen des Papstes, das privilegium Heinrici mit denen des Kaisers) im Sinn einer kaiserlichen Vermittlungspartei: 1. Freie kanonische Wahl insbesondere der Bischöfe durch Klerus und Volk (seit Innozenz II. 1139 tritt, um die dem König gebliebenen Rechte möglichst zu schmälern, das Kirchengesetz für das ausschließliche Wahlrecht der Domkapitel ein) bei persönlicher Anwesenheit des Königs oder seines Wahlkommissärs, jedoch ohne simonistische oder gewalttätige Beeinflussung [1]. 2. Investitur mit dem Scepter in die weltlichen Güter und Hoheitsrechte (regalia = temporalia) durch den König in gehöriger Form, also gegen Treueid und Mannschaft, homagium. 3. Investitur durch Ring und Stab in das geistliche Amt durch die kirchliche Autorität (vorerst also durch den Metropoliten) im Zusammenhange mit der Konsekration. 4. Diese soll in Deutschland der Investitur mit dem Scepter nachfolgen, so daß der König die Rechtmäßigkeit der Wahl zu prüfen und es vielleicht damit in der Hand hatte, ob der Gewählte Vollbischof wurde oder nicht. In Italien und Burgund gehen dagegen Weihe und geistliche Investitur voran und soll die weltliche binnen 6 Monaten der Weihe nachfolgen.

Hauck, Die Entstehung der bischöflichen Fürstenmacht, Leipziger Univ.-Progr., 1891; Hinschius, Kr. II §§ 122—124; Werminghoff, VG. §§ 25, 32; Schmidlin, Das Investiturproblem, A. f. k. Kr. LXXXVII, 1907; B. Monod, Essai sur les rapports de Pascal II. avec Philippe I., B. é. h. é. sc. hist. 164 fasc. 1907, L'élection épiscopale de Beauvais 1100—1104 (auch in Mém. de la soc. acad. de l'Oise XIX), 1908, La question des investitures à l'entrevue de Chalons, R. h. CI, 1909; Kumsteller, Der Bruch zwischen Regnum und Sacerdotium in der Auffassung Heinrichs IV. und seines Hofes, Greifswalder phil. Diss., 1912; Löffler, Die westfälischen Bischöfe im Investiturstreit, Münster. Beitr. z. Gesch. XIV, 1903; Schäfer, Zur Beurteilung des Wormser Konkordats, Berliner Ak. Abh., 1905; Rudorff, Zur Erklärung des Wormser Konkordats, Zeumers Q. u. St. I 4, 1906; Kopfermann, Das Wormser Konkordat im deutschen Staatsrecht, Berl. phil. Diss., 1908; Bernheim, Das Wormser Konkordat und seine Vorurkunden, Gierkes Unters. 81. H., 1906, Die praesentia regis im Wormser Konkordat, H.V. 1907; Sägmüller, Die Konstantinische Schenkung im Investiturstreit, Th. Q. LXXXIV, 1902; Boerger, Die Belehnung der deutschen geistlichen Fürsten, Leipziger Stud. z. Gesch. VIII, 1, 1901; Buchner, Die Reichslehentaxen vor dem Erlaß der Goldenen Bulle, H. Jb. XXXI, 1910; v. Below, Die Entstehung des ausschließlichen Wahlrechts der Domkapitel, Hist. Studien XI, 1883, und dazu für Magdeburg Schum in den Hist. Auff. für Waitz 1886, für Trier Speyer 1888, für Hildesheim Häntzsche, A. f. k. Kr. LXXI, 1894; Laehns, Die Bischofswahlen in Deutschland von 936—1056, Greifswalder phil. Diss., 1909; Schuler, Die Besetzung der Bistümer bis auf Bonifaz VIII., Berliner phil. Diss., 1909; Martini, Die Trierer Bischofswahlen vom Beginn des 10. bis zum Ausgang des 12. Jahrhunderts, Eberings hist. Stud. LXXII, 1909; Brennich, Die Besetzung der Reichsabteien (1138—1209), Greifswalder phil. Diss., 1908;

---

stehende geistliche Reichsfürstentum sich besonders verlassen zu können glaubten. Dieses war übrigens, vermutlich seit Heinrich II., mit dem Erzbischofe von Mainz, der als primas Germaniae damals der Konsekrator des deutschen Königs war, an der Spitze auch zur Anteilnahme an der Königswahl, bis dahin ein rein weltliches Geschäft, gelangt. Nachdem seit 1028 der Mainzer das Erstkrönungsrecht an den Kölner verloren hatte, behauptete er sich doch im Besitze der zur Zeit der Einstimmigkeitswahl wichtigsten Erststimme und trat dann mit Köln und Trier in den Kreis der ausschließlich wahlberechtigten Kurfürsten ein, um schließlich, nach Einführung der Mehrheitswahl, durch die Goldene Bulle von 1356 mit dem Wahlvorsitz die nunmehr wichtigste Letztstimme zugebilligt zu erhalten. Stutz, Der Erzbischof von Mainz und die deutsche Königswahl, 1910, Die rheinischen Erzbischöfe und die deutsche Königswahl, Festschrift f. Brunner, 1910.

[1] Bei zwiespältigen Wahlen sollte der König die Entscheidung zugunsten der Partei herbeiführen, die nach Rat und Urteil des Metropoliten und der Provinzialbischöfe die pars sanior (§ 30, 4) war; Schäfer, Consilio vel iudicio = mit minne oder mit rechte, Berliner Ak.S.B., 1913.

Polzin, Die Abtswahlen in Reichsabteien (1024—1056), Greifswalder phil. Diss., 1908; Geselbracht, Das Verfahren bei den deutschen Bischofswahlen in der 2. Hälfte des 12. Jahrhunderts, Leipziger phil. Diss., 1905; Schwartz, Die Besetzung der Bistümer Reichsitaliens unter den sächsischen und salischen Kaisern (951—1122), 1913; vgl. die Lit. zu § 30, 4.

Dem Untergang des niederen Eigenkirchenrechts, dessen Bekämpfung nunmehr vom Papsttum aufgenommen wurde, hatten die Verhältnisse vorgearbeitet. Das übersättigte Kircheneigentum hatte sich in lauter Einzelrechte aufgelöst (ius fundi mit Bezug auf den Boden; ius praesentationis, conductus, petitionis, patronatus, auch donum oder investitura ecclesiae in Bezug auf Besetzung und Pfründenleihe, ius regaliae und spolii, § 18, 3 a, b; ius decimationis bezüglich des Zehnten). Gratian und auf ihm fußend Alexander III. hatten ein leichtes Spiel, wenigstens in der Theorie die bisherige Basis germanischer Eigenherrschaft zu beseitigen und an dessen Stelle das Patronatrecht zu setzen, das sich auf die von ihr selbst dem Umfang nach zu bestimmende Dankbarkeit der Kirche für die Stiftung stützen sollte.

Stutz, Eigenkirche (§ 7), Art. Eigenkirche, Eigenkloster (§ 18), Gratian und die Eigenkirchen, Z.² f. RG. I, 1911 mit Nachtrag II, 1912; Maitland, Corporation sole, The law quarterly review, LXIV, 1900; Hatschek, Engl. VG. (§ 18, 1) S. 160 ff., 313 ff.

Viertes Kapitel.

Das kanonische Recht.

§ 25. Die päpstliche Weltherrschaft.

Teils aus kirchlichem Interesse, teils und vor allem, weil nur eine kirchliche Spitze von unbestrittener sittlicher Autorität die Aufgaben erfüllen konnte, die sie ihr zudachten, entrissen die salischen Kaiser das Papsttum der Versumpfung, der es wiederum verfallen war (Crescentier und Tuskulaner, Benedikt IX.), und verhalfen ihm durch Übergabe an die streng cluniacensische Richtung zu neuem Aufschwung.

Hauck, Kirchengeschichte Deutschlands, III³ u. ⁴, 1906, IV, 1903, V 1, 1911; K. Müller, Christentum und Kirche Westeuropas im Mittelalter, Hinnebergs Kultur der Gegenwart I, 4, 1², 1909; Ehrhard, Das Mittelalter und seine kirchliche Entwicklung, 1908; Gregorovius, Geschichte der Stadt Rom im Mittelalter⁵, 8 Bde., 1903 ff.; v. Reumont, Geschichte der Stadt Rom im Mittelalter, 4 Bde., 1867—70; Loserth, Geschichte des späteren Mittelalters (1197 bis 1492), 1903; Hampe, Deutsche Kaisergeschichte im Zeitalter der Salier und Staufer², 1912.

Doch Roms frische Kraft richtete sich bald gegen sie. Noch 1059, als Nikolaus II. und die römische Synode die Papstwahl neu ordneten und die Entscheidung darüber den Kardinalbischöfen einzuräumen trachteten, wirkte die Erinnerung an Heinrichs III. Herrschermacht wenigstens so weit nach, daß man die Einholung der kaiserlichen Genehmigung noch vor der Weihe vorschrieb. Sehr bald glaubte man, selbst diese Rücksicht nicht mehr nehmen zu müssen. Die Machteinbuße, die das Königtum unter dem nicht untüchtigen, aber durch schlechte Erzieher verdorbenen und erst allmählich sich zurechtfindenden Heinrich IV. erlitt, verschob das Verhältnis zugunsten des Papsttums, das gerade damals in Gregor VII. (Hildebrand) einen Träger besaß, der mit höchster, sittlicher Größe einen starren Eifer für das wirkliche oder vermeintliche altkirchliche Recht (Pseudoisidor) verband. Das Ergebnis seines Pontifikats war ein politischer Mißerfolg — er starb am 25. Mai 1085 zu Salerno im Exil [1] —, aber auch eine gewaltige Stärkung der moralischen und rechtlichen Stellung des Papsttums. Diese auszunützen und jenen wettzumachen, verstanden Gregors Nachfolger, denen vorübergehend die Schwäche der Gegner in die Hände arbeitete, vor allem Lothars des Sachsen sträfliche Nachgiebigkeit und Gleichgültigkeit, welche die von Heinrich V. im Wormser Konkordat errungenen Erfolge preisgab, so daß Friedrich Barbarossa auf die Reaktion behufs Wiedererlangung der Konkordatsrechte

[1] Sein letztes Wort: Dilexi iustitiam et odi iniquitatem, propterea morior in exilio ist nicht genügend bezeugt, charakterisiert aber trefflich den Mann, den sein Freund Petrus Damiani einen „heiligen Satan“ genannt hat.

sich beschränken mußte, ohne neue kirchenpolitische Ziele stecken zu können. Namentlich kam aber den Päpsten die Wiedergeburt der Rechtswissenschaft zugute. Die Zeit der großen Juristen auf dem päpstlichen Stuhl (Alexander III., Innozenz III. und IV.) und um ihn hebt an; Theologen wie Thomas von Aquino (1225—74) wandeln in mancher Hinsicht nur die von jenen gewiesenen Bahnen.

Zum decretum Nicolai vgl. namentlich Hinschius, Kr. I § 27 III; Scheffer-Boichorst, Die Neuordnung der Papstwahl, 1879, und in M. d. J. f. ö. G. VI, 1885; Grauert im H. Jb. I, 1880, XIX, 1898, XX, 1899 und Meyer v. Knonau in den Jahrbüchern Heinrichs IV. u. V., I, 1891, Exk. 7, v. Pflugk-Harttung, Das Papstwahldekret des Jahres 1059, M. J. f. ö. G. XXVII, 1906, sowie bei Friedberg, Kr. § 59 N. 7. Monumenta Gregoriana ed. Jaffé in Bibl. rerum Germanicarum II, 1865; Werminghoff, VG. §§ 26, 27, 42; Martens, Gregor VII., 2 Bde., 1894; Scheffer-Boichorst, Kaiser Friedrich I. letzter Streit mit der Kurie, 1866; Ribbeck, Friedrich I. und die römische Kurie, 1881; Hinschius, Kr. II § 122, V § 286; Wolfram, Friedrich I. und das Wormser Konkordat, 1883, und Zum Wormser Konkordat, Z. f. Kg. VIII, 1886; Hauck, Friedrich Barbarossa als Kirchenpolitiker, Leipziger Univ.-Progr., 1898; Peters, Charakteristik der inneren Kirchenpolitik Friedrich Barbarossas, Greifswalder phil. Diss., 1909, Die äußere Kirchenpolitik Friedrich Barbarossas, Wiss. Beil. z. Bericht d. Kl. St. Johannis zu Hamburg, 1910; Caro, Die Beziehungen Heinrichs VI. zur römischen Kurie, Rostocker phil. Diss., 1902; Pomtow, Über den Einfluß der altrömischen Vorstellungen vom Staat auf die Politik Friedrichs I., Hall. phil. Diss., 1885; Hashagen, Otto von Freising als Geschichtsphilosoph und Kirchenpolitiker, Leipz. Studien VI, 2, 1900; Schmidlin, Die kirchenpolitischen Ideen des 12. Jahrhunderts, A. f. k. Kr. LXXXIV, 1904; Graefe, Die Publizistik in der letzten Epoche Friedrichs II., Heidelberger Abhdl., 1909; Hofmeister, Studien über Otto von Freising, N. A. XXXVII, 1912; Baumann, Die Staatslehre des h. Thomas von Aquino, 1873; Thoemes, Divi Thomae Aquinatis opera et praecepta quid valeant ad res ecclesiae politico-sociales, 1875; Zeiller, L'idée de l'État dans Saint Thomas d'Aquin, 1910; Grabmann, Die Geschichte der scholastischen Methode I, II, 1909, 1911; de Ghellinck, Théologie et droit canon au 11e et au 12e siècle, Études CXXIX, 1911; Kuhlmann, Der Gesetzesbegriff beim hl. Thomas von Aquin im Lichte des Rechtsstudiums seiner Zeit, 1912 (dazu Heyer, Z.² f. RG. II, 1912); Gillmann, Die Siebenzahl der Sakramente bei den Glossatoren, Kath. LXXXIX, 1909 (dazu XCII, 1912 Bd. 1, S. 453 ff. und Heyer, Theol. Revue XI, 1912 Sp. 189 ff.), Der „sakramentale Charakter" bei den Glossatoren Rufinus, ... und in der Glossa ordinaria des Dekrets, Kath. XC, 1910; de Ghellinck, Le traité de Pierre Lombard sur les sept ordres ecclésiastiques, R. h. é. X, 1909, XI, 1910.

Die Glanzzeit des mittelalterlichen Papsttums ist da. Zunächst überwiegt durchaus die ideale Richtung, der auch nach Gregor Päpste wie Urban II., Alexander III., Innozenz III. und IV. aus vollster Überzeugung anhängen (Kreuzzüge), wennschon natürlich nicht, ohne zugleich sehr reale Nebenzwecke zu verfolgen. Man beansprucht die Unterwerfung der Welt unter das Papsttum, aber in erster Linie, um so das Reich Gottes zu verwirklichen (Durchführung des altkirchlichen Zinsverbotes). In so fern läßt sich der mittelalterlichen päpstlichen Weltherrschaft weder Größe noch mannigfaches Verdienst im einzelnen absprechen. Die sinnliche Auffassung des Gottesreiches, die dabei zutage tritt [1], teilte sie mit fast dem ganzen Mittelalter, das geistige Macht nur verstand, wenn sie sich leiblich äußerte [2]. Doch wurde ihr gerade dies und der Umstand zum Verhängnis, daß die Päpste und ihre Gehilfen der Vollkommenheit, die solch eine ideale Aufgabe bei ihnen voraussetzte, immer weniger entsprachen. Friedrich II. gegenüber, der in seinem sizilianischen Lieblingsreich, den Zeiten voraneilend, den aufgeklärten Despotismus vertrat, indes er anderswo den Eifer seiner Zeit in der Verfolgung der Ketzer nicht bloß teilte, sondern durch Einführung der Strafe des Feuertodes noch überbot (1224 für die Lombardei), wie er auch zu dem Zugeständnis der Steuerfreiheit von Klerus und Kirchengut sich herbeiließ, erfocht das Papsttum seine letzten Triumphe. Immer mehr traten die religiösen Beweggründe und Gesichtspunkte zurück. Vollends unter Bonifaz VIII. siegte der Jurist auf dem päpstlichen Stuhl über den Theologen; die Macht wurde der Kirche, die sich damit an Stelle des weltlichen Gemeinwesens setzte, zum Selbstzweck. Die Entartung der päpstlichen Welt-

[1] Christus sagt: Mein Reich ist nicht von dieser Welt; das meint er aber nur de facto, weil man ihm eben nicht gehorcht, nicht de iure, lehrt Heinrich von Cremona um 1300.

[2] Aegidius von Rom meinte um 1300, nur der irdische Besitz sichere die Kirche vor Geringschätzung durch die Laien.

herrschaft war vollendet und damit ihr Untergang besiegelt; ihre unverhüllteste und folgerichtigste Formulierung, Bonifaz VIII. Bulle Unam sanctam [1] vom 18. November 1302, wurde ihr zur Grabschrift.

Langen, Geschichte der römischen Kirche von Gregor VII. bis Innozenz III., 1893; Reuter, Geschichte Alexanders III., 3 Bde., 1860—1864; Hurter, Geschichte Papst Innozenz III., I³, 1841, II³, 1842, III³, 1843, IV, 1842; Luchaire, Innocent III., 6 vol. 1904—1908; Prutz, Kulturgeschichte der Kreuzzüge, 1883; Hinschius, Kr. V §§ 287 a. E.; Bridrey, La condition juridique des croisés, 1900; Pissard, La guerre sainte en pays chrétien, 1912; Gottlob, Kreuzablaß und Almosenablaß, Stutz, Kr. A., 30. u. 31. H., 1906; Koeniger, Der Ursprung des Ablasses, Festgabe f. Knöpfler, 1907; Paulus, Die Ablässe der römischen Kirchen vor Innozenz III., H. Jb. XXVIII, 1907, Mittelalterliche Absolutionen als angebliche Ablässe, Z. f. k. Th. XXXII, 1908, Die ältesten Ablässe für Almosen und Kirchenbesuch, ebenda XXXIII, 1908, Die Anfänge des sog. Ablasses von Schuld und Strafe, ebenda XXXVI, 1912, Der sog. Ablaß von Schuld und Strafe im späteren Mittelalter, ebenda XXXVI, 1912, Zum Verständnis eigentümlicher Ablaßurkunden, H. Jb. XXXIV, 1913, Brückenablässe, Hist.-pol. Bl. CLI, 1913, Der erste Jubiläumsablaß, Theol. u. Glaube V, 1913; Kirsch, Der Portiunkula-Ablaß, Th. Q. LXXXVIII, 1906 (auch sep.); Lemmens, Die ältesten Zeugnisse für den Portiunkula-Ablaß, Kath. LXXXVIII, 1908; Köhler, Das Verhältnis Friedrichs II. zu den Päpsten seiner Zeit, Gierkes Unters. H. 24, 1888; Rodenberg, Kaiser Friedrich II. und die deutsche Kirche, Hist. Auff. f. Waitz, 1886; Halbe, Friedrich II. und der päpstliche Stuhl, 1888; Hampe, Kaiser Friedrich II., 1899; Zorn, Umfang und Organisation des päpstlichen Eingreifens in Deutschland unter Friedrich II., Badener Programm 1908, 1909; Hinschius, Kr. V § 286; Aldinger, Die Neubesetzung der deutschen Bistümer unter Innozenz IV., 1900; Krabbo, Die Besetzung der deutschen Bistümer unter Friedrich II., Eberings Hist. Stud. XXV, 1901, Die ostdeutschen Bistümer, besonders ihre Besetzung unter Kaiser Friedrich II., Eberings Hist. Stud. LIII, 1906; Weber, Der Kampf zwischen Papst Innozenz IV. und Kaiser Friedrich II., 1900; Geffcken, Die Krone und das niedere deutsche Kirchengut unter Friedrich II., Leipziger phil. Diss., 1890; Finke, Aus den Tagen Bonifaz VIII., 1902, Acta Aragonensia I, II, 1908; Berchtold, Die Bulle Unam sanctam, 1887 (dazu Grauert, H. Jb. IX, 1888); Martens, Das Vatikanum und Bonifaz VIII., 1888; Ehrmann, Die Bulle Unam sanctam, 1896; Funk, Zur Bulle Unam sanctam, in seinen Kg. A. I.

§ 26. Quellen und Literatur.

1. Decretum Gratiani. Unter Benutzung älterer systematischer Sammlungen stellte der Kamaldolensermönch zu St. Felix und Naborius in Bologna Gratian um 1140 eine neue, umfassende Sammlung des älteren, echten und gefälschten kirchlichen Rechtsstoffs her. Als Lehrer des von ihm neben der übrigen Theologie zu einem eigenen Lehrfach (theologia practica externa?) erhobenen kanonischen [2] Rechtes begnügte er sich aber damit nicht, sondern versuchte, durch verbindende Bemerkungen (paragraphi, später dicta Gratiani genannt) nach scholastischer Methode die Widersprüche des Materials zu beseitigen (daher der ursprüngliche Titel Concordia discordantium canonum) und die Anordnung des Ganzen klarzulegen. Sein Werk, auch als Decreta, später Decretum Gratiani bezeichnet, wurde deswegen von der sich alsbald bildenden Schule rezipiert und verdrängte die alten Sammlungen. Ohne je Gesetzeskraft zu erlangen [3], hat es doch hier und da zur Wiedererweckung vergessener und zu gewohnheitsrechtlicher Gemeingeltung ehemals partikulärer Rechtssätze geführt.

v. Schulte, Geschichte der Quellen und Literatur des kanonischen Rechts von Gratian bis auf die Gegenwart, 3 Bde. in 4 Teilen, 1875—1880; Tardif, Histoire des sources du droit canonique, 1887; Mocci, Nota storica giuridica sul decreto di Graziano, 1904; Gaudenzi, L'età del decreto di Graziano, Studi e mem. p. l. storia dell'università di Bologna I 1, 1907; Brandileone, Le statue di Graziano et di Niccolo de Tudeschis nel monastero di S. Procolo in Bologna, Festschrift f. Friedberg, 1908; Pometti, Il Decretum di Graziano nei suoi precedenti storici e nelle sue conseguenze storico-ecclesiastiche, 1910; Stutz, Gratian und

[1] Nämlich: ecclesiam catholicam et ipsam apostolicam urgente fide credere cogimur et tenere mit dem Schlußsatz: Porro subesse Romano pontifici omni humanae creaturae declaramus dicimus et definimus omnino esse de necessitate salutis.

[2] Canonum alii sunt decreta pontificum, alii statuta conciliorum, lehrt Gratians dictum zu c 2 D III.

[3] Die aufgenommenen Quellen behielten also ihre ursprüngliche Geltungskraft, und zahlreiche darin enthaltene Aussprüche der Kirchenväter und anderer nichtgesetzgeberischer Autoritäten blieben ohne solche.

die Eigenkirchen (§ 24); Heyer, Der Titel der Kanonessammlung Gratians, Z.[2] f. RG. II, 1912; Sägmüller, Die Idee Gregors VII. vom Primat in der päpstlichen Kanzlei, Th. Q. LXXVIII, 1896; P. Fournier, Deux controverses sur les origines du Décret de Gratien, R. d'hist. et de litt. rel. III, 1898; Thaner, Abälard und das kanonische Recht ..., 1900; Hüffer, Beiträge zur Geschichte der Quellen des Kirchenrechts und des römischen Rechts im Mittelalter, 1862.

Zitiert wird das Dekret regelmäßig nach c(anon) [1] und D(istinctio), und zwar der erste, in 101 (100) Distinctiones und innerhalb derselben wieder in canones zerfallende Teil ausnahmslos und ausschließlich, z. B. c 1 D (oder Dist.) XXII. Der zweite Teil dagegen, enthaltend 36 Rechtsfälle, Causae, die zu einzelnen Rechtsfragen, quaestiones, und Antworten darauf, canones, Anlaß geben, folgt der Regel nur für den als 3. quaestio der 33. Causa eingeschobenen tractatus de paenitentia, also eine Abhandlung über das Bußwesen, und zwar mit dem Zusatz de paen. z. B. c 2 D 1 de paen., während er im übrigen nach dem einzelnen in causa und quaestio enthaltenen canon aufgeführt wird, z. B. c 1 C XII q 1. Dafür gilt die Regel wieder ausnahmslos für Teil III über Kultus und Sakramente, aber hier mit dem Zusatz de cons(ecratione), z. B. c 1 D 1 de cons. Warum die Teile, partes, dabei nicht besonders genannt zu werden brauchen, ergibt sich aus dem Mitgeteilten von selbst.

2. Dekretalensammlungen. Gratian hatte päpstliche Dekretalen bis zu Innozenz II. (1139) aufgenommen. Die zahlreichen nachher ergangenen und immer wichtiger werdenden päpstlichen Erlasse wurden, nachdem sie eine Zeit lang einzeln umgelaufen waren (daher extravagantes scil. decretales) bald in verschiedenen Sammlungen vereinigt, von denen, weil von der Schule rezipiert und für die großen offiziellen Sammlungen grundlegend, die wichtigsten die quinque compilationes antiquae waren und unter ihnen besonders bedeutsam die prima, das Breviarum extravagantium, eine zwischen 1187 und 1191 verfaßte Privatarbeit des Propstes Bernhard von Pavia.

Friedberg, Quinque compilationes antiquae, 1882, Die Kanonessammlungen zwischen Gratian und Bernhard von Pavia, 1897; Singer, Neue Beiträge über die Dekretalensammlungen vor und nach Bernhard von Pavia, Wiener Ak. S. B., phil.-hist. Kl., CLXXI, 1, 1913 (Heft 2 wird die Compilatio Romana des Bernhard von Compostella enthalten und ist für 1914 zu erwarten); Schönsteiner, Die Collectio Claustroneoburgensis, Jb. des Stiftes Klosterneuburg II, 1909; Seckel, Kanonistische Quellenstudien I, D. Z. f. Kr. IX, 1900, über drei Kanonessammlungen des ausgehenden 12. Jahrhunderts, N. A. XXV, 1900.

a) Decretales Gregorii IX. (Liber Extra, abgekürzt X). Gregor IX. beauftragte, um eine übersichtliche und umfassende Quelle des päpstlichen Rechtes zu schaffen und es dem lokalkirchlichen wie dem weltlichen gegenüber wirksam in den Vordergrund zu rücken, den Dominikaner Raimund von Peñaforte, seinen Kaplan und Pönitentiar, mit der Herstellung einer neuen Sammlung. Ihr Verfasser legte die quinque compilationes zugrunde, insbesondere deren Fünfteilung (Versschema: iudex = kirchliche Regierung, iudicium = bürgerliches und Verwaltungsstreitverfahren, clerus = Geistlichkeits- und Vermögensrecht, sponsalia = Eherecht, crimen = Strafrecht mit Straf- und Disziplinarstrafverfahren), fügte die Dekretalen Gregors IX. hinzu [2], zerteilte die einzelnen Stücke zum Zweck der Einreihung in Bücher und Titel, entfernte durch Interpolation Widersprüche und kürzte manche Erlasse, besonders durch Weglassung des Tatbestandes (daher partes decisae, auf die jeweilen ein et infra hinweist). Die Publikation (Bulle Rex pacificus) erfolgte 1234 durch Übersendung an die Universitäten Bologna und Paris. Alle nicht in die Sammlung (oder das Dekret) aufgenommenen, das gemeine Recht betreffenden Dekretalen, also auch die quinque compilationes antiquae, wurden außer Kraft gesetzt. Neben dem Dekret (daher Liber extra) und anders als es bilden die Dekretalen Gregors IX. ein einheitliches Gesetzbuch. Man zitiert: c(aput) [3] 1 X de electione I 6.

---

[1] Richtiger wäre capitulum. Denn so bezeichnete Gratian selbst und nach ihm die Schule die einzelne Stelle. Diese Benennung erscheint auch deshalb passender, weil das Dekret außer canones auch leges und Väterstellen enthält und ein c. zuweilen mehr als einen Quellenbeleg umfaßt. Heyer Z.[2] f. RG. II, 1912 S. 341 Anm. 3.

[2] Die compilatio tertia von Petrus Collivacinus war bis 1210 (Innozenz III.), die quinta bis gegen 1226 (Honorius III.) gegangen.

[3] Auch hier wäre die Auflösung mit capitulum richtiger.

Felten, Papst Gregor IX., 1889; Brem, Papst Gregor IX. bis zum Beginn seines Pontifikats, Heidelberger Abhdl., 32. H., 1911.

b) Liber sextus. Unter Bonifaz VIII. wurde eine weitere Sammlung Bedürfnis, welche die inzwischen ergangenen Dekretalen aufnahm, deren Zusammenstellung ohne Erlaubnis des römischen Stuhls Gregor IX. untersagt hatte. Nach hergebrachter Weise fünfgeteilt, wurde sie 1298 durch Versendung an die Universitäten publiziert (Bulle Sacrosanctae), als sechstes den fünf Büchern der Gregoriana angereiht und Liber sextus genannt. Auch sie ist exklusiv, nimmt aber die ausdrücklich vorbehaltenen (decretales reservatae) und von Bonifaz VIII. erlassenen, nicht verarbeiteten Dekretalen vom Entzug der Geltungskraft aus. Man zitiert: c(aput) 1 de consuetudine in VI° I 4 oder c 1 in VI° de consuetudine I 4.

Nilles, Über den Titel der Dekretalensammlung Bonifaz VIII., A. f. k. Kr. LXXXII, 1902; Göller, Zur Geschichte des zweiten Lyoner Konzils und des Liber sextus, R.Q. XX, 1906.

c) Das Gesetzbuch der Clementinae ließ Klemens V. aus den Beschlüssen des allgemeinen Konzils von Vienne 1311 und seinen eigenen Dekretalen herstellen. Die Veröffentlichung wurde 1314 durch den Tod des Papstes unterbrochen, so daß Johann XXII. 1317 eine neue Publikation der revidierten Sammlung durch Versendung an die Universitäten veranlaßte (Bulle Quoniam nulla). Die Klementinen, gleichfalls fünf Bücher, lassen die nicht aufgenommenen Dekretalen in Geltung. Man zitiert: c(aput) 1 de poenis V 8 in Clem. oder Clem. c 1 de poenis V 8.

d) Offizielle Sammlungen kamen nicht mehr zustande. Es war eine Privatarbeit des französischen Kanonisten Jean Chappuis, wenn er 1500 in seiner Ausgabe des Sextus und der Klementinen den letzteren gleichzeitige und jüngere Dekretalen in zwei Sammlungen anfügte, nämlich:

20 Dekretalen Johanns XXII. in 14 Titeln, zitiert z. B. c(aput) 1 de verborum significatione in Extrav. Ioh. XXII. XIV., als Extravagantes Iohannis XXII. und

74 andere (bis Sixtus IV. 1471—84) als Extravagantes communes in hergebrachter Fünfteilung, wobei jedoch das vierte Buch de sponsalibus leer steht (vacat), zitiert z. B. c(aput) 1 de electione in Extrav. comm. I 3.

Selbstverständlich blieb die Geltungskraft der einzelnen Dekretalen durch die Aufnahme unberührt.

Göller, Die Publikation der Extravagante: Cum inter nonnullos Johanns XXII., R.Q. XXII, 1908.

Schon die Konzilien von Konstanz und Basel sprachen von den authentischen Sammlungen als corpus iuris (canonici), und seit Gregor XIII. wurde diese Bezeichnung für die vier Sammlungen des Dekrets, des Liber Extra, des Liber sextus und der Klementinen als Ganzes offiziell[1]. Dabei derogiert innerhalb desselben die spätere Sammlung, innerhalb des Dekrets und der Extravaganten — die übrigen Teile gelten als einheitlich — die spätere Stelle der früheren. Der Text des Ganzen wurde auf Veranlassung Gregors XIII. durch eine Kommission von Kardinälen und Gelehrten, die sogenannten correctores Romani, revidiert und darnach 1582 eine offizielle Ausgabe veranstaltet.

Aus den zahlreichen Ausgaben des Corpus iuris canonici sind besonders hervorzuheben die von Richter, 2 Bde., 1839 (auch in Migne, Patrol. lat. CLXXXVII, 1855), und von Friedberg, 2 Bde., 1879/81 (das Dekret im ursprünglichen, nicht im verbesserten römischen Text). Laurin, Introductio in Corpus iuris canonici, 1889.

3. Die Kanonistik. Im Zusammenhang mit der wiedergeborenen römischen Jurisprudenz und von ihr nachhaltig beeinflußt entsteht in Bologna eine ihr und der Theologie gegenüber selbständige kirchliche Rechtswissenschaft, die an Ruhm ihre ältere Schwester bald erreicht.

Muther, Römisches und kanonisches Recht im deutschen Mittelalter, 1871; Seckel, Beiträge zur Geschichte beider Rechte im Mittelalter, I, 1898; Ott, Das Eindringen des kanoni-

[1] Die Unterscheidung von corpus iuris clausum — ohne Extravaganten — und non clausum — mit ihnen — beruht auf einem Mißverständnis.

schen Rechts, seine Lehre und wissenschaftliche Pflege in Böhmen und Mähren während des Mittelalters, Z.[2] f.RG. III, 1913; Thaner, Die literargeschichtliche Entwicklung der Lehre vom error qualitatis redundans in personam und vom error conditionis, Wiener Ak. S. B., phil.-hist. Kl., CXLII, 1900.

Neben die Legisten treten:

a) Dekretisten, die Glossen zum Dekret zwischen die Zeilen (glossae interlineares) oder an den Rand (marginales) schreiben, in summae seinen Text erklären oder seinen Stoff systematisch verarbeiten, in monographischen Traktaten einzelne Rechtsgebiete, besonders den Prozeß (ordo iudiciarius) und das Eherecht, darstellen und in casus und quaestiones an Rechtsfällen die praktische Anwendung der canones lehren. So namentlich Paucapalea, nach dem 166 nachträgliche Zusätze im Dekret (darunter Dist. 73 der pars I) gewöhnlich als paleae bezeichnet werden [1], Rolandus Bandinellus (nachmals Alexander III.), Rufinus (als Bischof von Assisi † um 1190), Stephan von Tournai († 1203), Johannes von Faenza († 1190), Sicardus von Cremona, Bazianus (der erste J. U. D. † 1197), Huguccio († 1210), Johannes Teutonicus († nach 1245, Verfasser der nachmals von Bartholomäus von Brescia überarbeiteten glossa ordinaria), Guido de Baysio († 1313).

Maassen, Paucapalea, Wiener Ak. S. B., phil.-hist. Kl., XXXI, 1859; seine Summa herausgegeben 1890 von v. Schulte; Mocci, Documenti inediti sul canonista Paucapalea, Atti della R. Accad. di Torino XL, 1905; Gillmann, Paucapalea und Paleae bei Huguccio, A. f. k. Kr. LXXXVIII, 1908; Thaner, Die Summa magistri Rolandi, 1874; Gietl, Die Sentenzen Rolands, nachmals Papstes Alexander III., 1891; Singer, Die summa decretorum des Magister Rufinus, 1902; v. Schulte, Die Summa des Stephanus Tornacensis, 1891; Singer, Beiträge zur Würdigung der Dekretistenliteratur, A. f. k. Kr. LXIX, 1893, LXXIII, 1895; Ott, Die Rhetorica ecclesiastica, Wiener Ak. S. B., phil.-hist. Kl., CXXV, 1892; Roman, Summa d'Huguccio . . . Causa XXVII quaestio I, N. r. h. XXVII, 1903; v. Schulte, Johannes Teutonicus (Semeca, Zemeke), Z. f. Kr. XVI, 1881; Leicht, Per la storia della Glossa al decreto di Graziano, 1905; Gillmann, Die Abfassungszeit der Dekretglosse des Clm. 10244, A. f. k. Kr. XCII, 1912, XCIII, 1913.

b) Dekretalisten, das Dekretalenrecht in ähnlicher Weise bearbeitend. Es ragen besonders hervor Bernhard von Pavia († 1213), Tankred († 1234/6), Sinibald de Fiesco (Innozenz IV., † 1254), Heinrich von Susa (Hostiensis, † 1271), Wilhelm Duranti († 1296), Franz Zabarella († 1417), Nikolaus de Tudeschis († 1453, abbas Siculus oder Panormitanus). Die glossa ordinaria zum Liber Extra rührt her von Bernhard de Botone († 1263), die zum Sextus und den Klementinen von Johannes Andreae († 1348).

Laspeyres, Bernardi Papiensis summa decretalium, 1860; Wunderlich, Tancredi Summa de matrimonio, 1841; Helssig, Eine bisher übersehene Schrift des Henricus Hostiensis, D. Z. f. Kr. XIV, 1904; v. Bretschko, Ein Traktat des Kardinals Hostiensis mit Glossen, betreffend die . . . Bischofswahl, D. Z. f. Kr. XVII, 1907, Der Traktat des Laurentius de Somercote . . . über die . . . Bischofswahlen (1254), 1907.

§ 27. Charakter und Herrschaftsdauer des kanonischen Rechts.

Zweimal vier Jahrhunderte hatte das kirchliche Recht unter dem überragenden Einfluß der römischen und der germanischen Welt gestanden, von der es umgeben war. Jetzt, wo die Kirche in Gestalt des Papsttums die weltbeherrschende Macht wurde, konnte es sich zum erstenmal und so wie seither nie wieder frei entfalten. Jetzt wurde es auch, örtliche Beschränkung abstreifend, weil im wesentlichen päpstlich, ein gemeines und universales Recht. Aus der Überlieferung übernahm es einen Stoff, der außer einem Grundstock kirchlicher Prinzipien öffentlichrechtliche (römische) und privatrechtliche (germanische) Elemente in glücklichem Gleichgewicht vereinigte. Diesen Schatz der Überlieferung arbeitete es mit den Mitteln einer eigenen, ungeschichtlich nivellierenden, aber den Stoff um so rücksichtsloser dogmatisch bezwingenden — anfänglich selbst den Päpsten gegenüber souveränen — Wissenschaft durch, die ihm eine unübertrefflich feine Durchbildung und eine seltene Eleganz der Erscheinung verlieh. Und es vermehrte ihn um eine gewaltige Fülle neuer Sätze und Einrichtungen, die, dank der absoluten

[1] Dagegen rührt die Einteilung des Dekrets nicht von ihm, sondern von Gratian selbst her.

Verfügungsmacht und der eminenten praktischen Einsicht seiner Schöpfer, vor deren Forum damals die ganze Welt Recht suchte, einen einheitlichen, großen Zug, eine seltene technische Vollendung sowie eine wunderbare Geschmeidigkeit und Anpassungsfähigkeit aufweisen[1]. So erreicht das kanonische Recht, dessen Bildung mit dem Abschluß der offiziellen Teile des Corpus iuris canonici sich vollendet, eine juristische Vollkommenheit, die es als den klassischen Ausdruck der katholisch-kirchlichen Rechtsidee bis auf den heutigen Tag erscheinen läßt. Darum, und weil sie die Erinnerung an die Zeiten höchster Macht ungern preisgibt, hält die ohnedies Neuerungen abholde Kirche, die mit den verschiedensten Kulturverhältnissen und mit dem Wechsel der Zeiten hoffend rechnet, in der Hauptsache am kanonischen Rechte immer noch fest. Soweit es nicht durch neueres kirchliches Recht, insbesondere von Konkordaten, ersetzt ist, wird es darum auch für Deutschland zur Anwendung gebracht, falls die staatliche Macht dies nicht verhindert.

Friedberg, Das kanonische und das Kirchenrecht, D. Z. f. Kr. VIII, 1898; Stubbs, The history of the Canon Law in England, 1887; Maitland, Roman Canon Law in the church of England, 1898; Pollock and Maitland, The History of English law (18, 1) I, 111, s.; Holdsworth, The Ecclesiastical Courts in England, auch in Select Essays in Anglo-American Legal History, 1907, A history of English Law I, 1903, p. 352 ss.; Galante, L'efficacia del diritto canonico in Inghilterra, Vol... in onore di Federico Ciccaglione I, 1909; Ogle, The Canon Law in Mediaeval England, 1912; Hatschek, Englische VG. (§ 18, 1) S. 308 ff., 320 ff.; Davis, The Canon Law in England, Z.² f. RG. III, 1913; Wolf v. Glanvell, Studien aus dem kanonischen Privatrecht, 1897, Die letztwilligen Verfügungen nach gemeinem kirchlichen Recht, 1900; Schneider, Das kirchliche Zinsverbot und die kuriale Praxis im 13. Jahrhundert, Festgabe f. Finke, 1904, Neue Theorien über das kirchliche Zinsverbot, Viertelj. f. Soz. u. Wirtschg. V, 1907; Lessel, Die Entwicklungsgeschichte der kanonistisch-scholastischen Wucherlehre im 13. Jahrhundert, jur. Diss. von Freiburg i. d. Schw., 1905; Schaub, Der Kampf gegen den Zinswucher, 1905; Hansen, Der englische Staatskredit unter König Eduard III., Hans. Geschichtsbl. XVI, 1910; Haring, Die Schadensersatzpflicht der Erben für Delikte des Erblassers nach kan. Recht, Theol. Stud. d. Leo-Ges., 1903; Siciliano-Villanueva, Leggi e canoni in materia di diritto privato, Studi ... in onore di ... Scialoja II, 1905; vgl. auch die Lit. zu § 34.

§ 28. Das Papalsystem.

Dem ganzen späteren Mittelalter steht nichts so fest, als daß die Zweiheit der geistlichen und weltlichen Lebensordnung, nach ihm nicht bloß historisch gegeben, sondern im göttlichen Ratschluß liegend, in der Einheit des göttlichen Urgrunds sich auflösen (ad unum reduci) müsse.

Werminghoff, VG. § 21; Friedberg, De finium inter ecclesiam et civitatem regundorum iudicio, 1861, Die mittelalterlichen Lehren über das Verhältnis von Staat und Kirche, Z. f. Kr. VIII, 1869; Gierke, Das deutsche Genossenschaftsrecht, 3. Bd., 1881; Maitland, Political theories of middle age by Gierke, 1900; Bernheim, Politische Begriffe des Mittelalters im Lichte der Anschauungen Augustins, D. Z. f. Gw. VII, 1897, Die augustinische Geschichtsanschauung in Ruotgers Biographie des Erzbischofs Bruno von Köln, Z.² f. RG. II, 1912; Bernhard, Die zwei Schwerter Gottes auf Erden, 1897; Michael, Beiträge zur Geschichte des mittelalterlichen Staatsrechts, Z. f. k. Th. XXVI, 1902; Hauck, Der Gedanke der päpstlichen Weltherrschaft bis auf Bonifaz VIII., Leipziger Univ.-Progr., 1904; R. W. Carlyle and A. J. Carlyle, A history of mediaeval political theory in the West I, II, 1903, 1909; Grauert, Magister Heinrich der Poet und die römische Kurie, Münchener Ak. Abhdl., philos.-phil. u. hist. Kl., XXVII, 1, 2, 1912.

---

[1] Wie sehr übrigens auch hierbei älteres weltliches Recht noch nachwirkte, zeigt z. B. die durch den Einfluß der Pariser Schule zur Herrschaft gelangte Sponsalienlehre, die, indem hier Verlöbnis (sponsalia de futuro) und Ehe (sponsalia de praesenti) beide dem Oberbegriff der Sponsalien unterstellt wurden, deutlich die Herkunft aus fränkisch-germanischer Anschauung verrät, für die das Verlöbnis der unentbehrliche Erstbestandteil der Eheschließung war. Ebendahin gehört die Lehre vom ius ad rem, die, wenn auch bereits bei Sinibaldus Fliscus (§ 26, 3 b) sich ankündigend und unter Bonifaz VIII. in der Kanonistik zu vollem Durchbruche gelangt, richtiger Ansicht nach in germanischrechtlichen Verhältnissen des kirchlichen und weltlichen Rechtes wurzelt: v. Brünneck, Über den Ursprung des sog. ius ad rem, 1869; Groß, Das Recht an der Pfründe, 1887; Heymann, Zur Geschichte des ius ad rem, Festschrift f. Gierke, 1911. Und daß der annus gratiae, d. h. die Überlassung des Pfründeeinkommens an den Klerikernachlaß während einer bestimmten Gnadenzeit, aus der Gewere des letztwilligen Treuhänders hervorgegangen ist, hat Caillemer, Exécution testamentaire, 1901 gezeigt; vgl. auch v. Brünneck, Zur Geschichte und Dogmatik der Gnadenzeit, Stutz, Kr. A., 21. H., 1905.

Auf staatlicher Seite hat man — abgesehen von einem vereinzelt dastehenden normannischen Kleriker, dem sogenannten Anonymus von York, der im Schutz des die staatliche Superiorität mit ruhiger Sicherheit behauptenden Wilhelms des Eroberers daraus die Vergottung der staatlichen Gewalt (Theokratie) folgerte [1] — diese Einheit nur im überirdischen Haupt gesucht oder in der einträchtigen Zusammenarbeit, der concordia inter sacerdotium et regnum, und infolgedessen den unmittelbar göttlichen Ursprung und damit die Gleichordnung beider Gewalten, eventuell mit dem Notrecht gegenseitiger Vertretung gelehrt. So sagt der Sachsenspiegel, beide, der Papst und der Kaiser, hätten jeder sein geistliches oder weltliches Schwert direkt von Gott.

Boehmer, Kirche und Staat in England, 1899, Die Fälschungen Erzbischof Lanfranks von Canterbury, Studien z. Gesch. d. Theol. und Kirche VIII, 1, 1902; Hatschek, Englische VG. (§ 18, 1) S. 155ff., v. Amira, Die Dresdener Bilderhandschrift des Sachsenspiegels, I, 1902, Taf. 7 mit Beilage; Gütschow, Innozenz III. und England, Hist. Bibl. XVIII, 1904.

Für die kirchliche Partei dagegen und für das von ihr geprägte kanonische Recht ergab das argumentum unitatis die Überordnung der Kirche. Sie ist eben die Einheit, in die das weltliche Gemeinwesen, an sich das Werk des Teufels und der Sünde [2], sich einfügen muß, um als Teil der göttlichen Weltordnung gelten zu können. Der Kirche steht die Substanz (dominium) auch der weltlichen Gewalt zu; Beweis dafür ist die allgemeine Zehntpflicht und für England, Irland, Wales, Schweden, Norwegen, aber auch Polen, Ungarn [3], Istrien, Dalmatien und Teile von Rußland der (in Dänemark freiwillige) Peterspfennig (denarius sancti Petri), eine von jedem Haus zu entrichtende Steuer. Die Kirche aber wird regiert von Christus und auf Erden von dessen Statthalter (vicarius Petri, Christi, Dei, bei Bernhard von Clairveaux: potestate Petrus, unctione Christus, bei Ägidius von Rom: papa quodammodo Deus est), dem Papst. Vom Papst, dem König der Könige, empfangen Kaiser und Könige, kirchlich gesprochen ad ministerium, staatsrechtlich ad beneficium (Hadrian IV. und sein Kardinallegat Roland, der spätere Alexander III., 1157 auf dem Reichstag zu Besançon), lehenrechtlich ad feudum, zivilistisch ad dominium utile, ihr Herrscherrecht; er, der Papst, hat beide Schwerter, das geistliche, um es zu behalten, das weltliche, um es weiterzugeben, damit es von der weltlichen Gewalt im Dienste der geistlichen geführt werde (Schwabenspiegel und Bulle Unam sanctam). Nur hinsichtlich des Umfangs und Grundes dieser Überlassung kann man auf kirchlicher Seite eine gewisse Entwicklung der Ansichten feststellen. Der noch vorwiegend praktisch gerichtete Gregorianismus dachte überhaupt mehr an die einzelnen Konsequenzen (dictatus papae Gregors VII., dessen Hauptpostulate zusammenfassend). Erst die Späteren, durch die Gegner gezwungen, dem weltlichen Gemeinwesen einen primären Wirkungskreis zuzugestehen, und anderseits darauf bedacht, durch Einschränkung der terrena und möglichste Ausdehnung des kirchlichen Noteingriffsrechtes (Dekretale Innozenz III. Per venerabilem von 1202 [4]) die päpstliche Herrschaft zu erweitern, haben die Abgabe des weltlichen Schwertes einerseits als durch die Würde der Kirche und ihrer Diener (sacerdotium: regnum = Seele: Leib, — oben S. 290 A. 1 — Sonne: Mond, Gold: Blei) geboten, anderseits als durch die Entsündigung der Welt (ratione peccati) resolutiv bedingt erklärt. All diese Schranken verflüchtigen sich aber nach und nach, besonders im Einzelfall der Anwendung so, daß schließlich die ecclesia die Christenheit auch nach ihrer weltlichen Seite

---

[1] In kecker Umkehrung des Gregorianismus lehrt er, daß, weil mundus und ecclesia identisch, der gesalbte und gekrönte König vicarius Dei, ja als Amtsträger Gott selbst sei, dessen Werke er auf Erden treibe, und dessen Kirche, Reich, Volk er regiere. Ihm komme deshalb das Kirchenregiment, ihm auch die Übertragung des Amtes an den priesterlichen Kleinkönig durch Ring und Stab zu.

[2] Quis nesciat reges et duces ab iis habuisse principium, qui Deum ignorantes superbia rapinis perfidia homicidiis postremo universis sceleribus mundi principe diabolo videlicet agitante super pares scilicet homines dominari caeca cupiditate et intolerabili praesumtione affectaverunt? So Gregor VII.

[3] Interessantes neues Material über die Beziehungen der Kurie zu den Kirchen Ungarns bringen die Monumenta Romana episcopatus Vesprimiensis I—IV, 1896—1908.

[4] Überall certis causis inspectis temporalem iurisdictionem casualiter exercemus.

hin völlig absorbiert (Jakob von Viterbo: die Kirche ist der Staat κατ' ἐξοχήν). Das kirchliche Gegenstück zu Karls des Großen Weltherrschaft [1] ist fertig, die Theokratie abgelöst durch die Hierokratie.

Werminghoff, VG. § 42; Sackur, Der Dictatus Papae und die Kanonensammlung des Deusdedit, N. A. XVIII, 1893; Hirsch, Leben und Werke des Kardinals Deusdebit, A. f. k. Kr. LXXXV, 1905, Die rechtliche Stellung der römischen Kirche und des Papstes nach Kardinal Deusdedit, A. f. k. Kr. LXXXVIII, 1908; Kulot, Die Zusammenstellung päpstlicher Grundsätze (dictatus papae) im Register Gregors VII., Greifswalder phil. Diss., 1907; Peitz, Das Originalregister Gregors VII., Wiener Ak. S. B., phil.-hist. Kl., CLXV, 1911; Blaul, Studien zum Register Gregors VII., Arch. f. Urkundenforschung, IV, 1912; Caspar, Studien zum Register Gregors VII., N. A. XXXVIII, 1913; Molitor, Die Dekretale Per venerabilem, 1876; Sägmüller, Die Idee von der Kirche als imperium romanum, Th. Q. LXXX, 1898; Jensen, Der englische Peterspfennig und die Lehenssteuer aus England und Irland im Mittelalter, 1903; Daux, Le denier de Saint-Pierre, 1907.

Völlige Einigkeit herrschte kirchlicherseits über die praktischen Äußerungen dieser päpstlichen Weltherrschaft, z. B. über das Recht des Papstes: 1. Fürsten, auch den Kaiser, ein- und abzusetzen und von ihnen auch äußerliche Unterwürfigkeit (Fußkuß, Steigbügelhalten) zu verlangen; 2. über sie im Fall des Ungehorsams die Strafe der Entbindung der Untertanen vom Treueid zu verhängen (1076 und 1080 gegen Heinrich IV., 1119 gegen Heinrich V., 1167 gegen Friedrich I., 1245 gegen Friedrich II.); 3. über die weltlichen Territorien, etwa durch Verleihung, zu verfügen; 4. Gesetze zu geben und von der weltlichen Macht gegebene aufzuheben (1215 Verdammung der englischen Magna charta durch Innozenz III. Bulle Etsi carissimus); 5. über Krieg und Frieden zu entscheiden; 6. Freie zu verknechten (Gregor XI. 1376 gegen die Florentiner).

Hinschius, Kr. V §§ 261, 264; Werminghoff, VG. § 22; Hauck, Deutschland und die päpstliche Weltherrschaft, Leipziger Univ.-Progr., 1910, Kg. Deutschlands V 1, 1911; v. Wretschko, Der Einfluß der fremden Rechte auf die deutsche Königswahl, Z.² f. RG. XX, 1899; Kentenich, Der päpstliche Approbationsanspruch und die goldene Bulle, H. V. XI, 1908; Zeumer, Die goldene Bulle Kaiser Karls IV., 2 Bde., Zeumers Q. u. St. II 1, 2, 1908; Hugelmann, Die deutsche Königswahl im Corpus iuris canonici, Gierkes Unters. 98. H., 1909; Stutz, Der Erzbischof von Mainz (oben § 24 S. 314 A. 1), Die rheinischen Erzbischöfe und die deutsche Königswahl (§ 24 S. 314 A. 1); Krammer, Das Kurfürstenkolleg von seinen Anfängen bis zum Zusammenschluß im Renser Kurverein, Zeumers Q. u. St. V 1, 1913; E. Michael, Walther von der Vogelweide und seine Sprüche gegen den Papst, Z. f. k. Th. XXIX, 1905; Dresdener Bilderhandschrift des Ssp. (oben zu Abs. 2), Taf. 7 mit Beil. und dazu W. Michael, Über die Formen des unmittelbaren Verkehrs zwischen den deutschen Kaisern und souveränen Fürsten im 10.—12. Jahrhundert, 1888. Über Rudolf von Habsburg und Gregor X.: Zisterer, 1891, Otto, 1895; Redlich, Rudolf von Habsburg, 1903. Niemeier, Untersuchungen über die Beziehungen Albrechts I. zu Bonifaz VIII., Eberings Hist. Stud. XIX, 1900; Renken, Hat König Albrecht I. dem Papste Bonifaz VIII. einen Lehenseid geleistet? Hall. phil. Diss., 1909; Eichmann, Acht und Bann im Reichsrecht des Mittelalters, Görres-Ges. Sekt. f. Rechts- u. Sozialw. 6. H., 1909, Kirchenbann und Königswahlrecht im Sachsenspiegel, H. Jb. XXXI, 1910, Das Exkommunikationsprivileg des deutschen Kaisers im Mittelalter, Z.² f. RG. I, 1911, Die Ordines der Kaiserkrönung, Z.² f. RG. II, 1912; Brosch, Bonifaz VIII. und die Republik Florenz, Z. f. Kg. XXV, 1904.

§ 29. Der päpstliche Primat.

Nur vom Yorker Anonymus (§ 28) als römische Anmaßung bestritten, wird jetzt der päpstliche Primat im weitesten Umfang geltendes Recht. Der Papst (papa heißt seit Gregor VII. nach gesetzlicher Vorschrift nur noch der römische Bischof) erscheint als der von Gott gesetzte Herr auch der Kirche; in ihm verkörpert sie sich [2]. Hinsichtlich der Weihegewalt gelangt dies dadurch

[1] Nicht zum mittelalterlichen Kaisertum, das trotz Universalität und enger Verbindung mit der Kirche mehr die Verwirklichung nationaler Ideale erstrebte, wenn auch, dem echt mittelalterlichen Autoritätsbedürfnis entsprechend, zeitweise in Anlehnung an die antike Kaiseridee und unter Benutzung antiker, mit dem Wiedererwachen des römischen Rechtes zusammenhängender Titel und Wendungen.

[2] Aegidius von Rom um 1285: papa qui potest dici ecclesia.

zum Ausdruck, daß er bei der Messe allein überall und immer das Pallium trägt [1]; hinsichtlich der Regierungsgewalt deutet darauf die Tiara, eine Mitra, seit 1059 mit einer Krone (regnum), seit Bonifaz VIII. mit zwei, seit Benedikt XII. mit drei (triregnum). Die seit Sergius IV. (1009) eingebürgerte Sitte des Namenswechsels soll nicht nur das Vorbild des Petrus nachahmen, sondern emanzipiert auch den Papst formell von seiner vorpontifikalen Vergangenheit (532 Merkurius: Johann II., 955 Oktavian, Enkel der Marozia: Johann XII.). Gewählt wird der Papst fortan ohne laikale Mitwirkung von einem kirchlichen Kollegium, den römischen Kardinälen, wozu aber, nachweisbar seit 1012, auch auswärtige Erzbischöfe und Bischöfe ernannt werden, und in einem Wahlverfahren, das gegenüber dem hergebrachten, auch in Rom ehedem angewandten der Bischofswahl nunmehr seine eigenen Wege geht (Zweidrittelsmehrheit seit Alexander III. auf dem Laterankonzil 1179, Konklave — § 68 — seit Gregor X. auf dem Konzil von Lyon 1274); und er nimmt nunmehr eine Stellung ein, die in und außerhalb der Kirche ihresgleichen nicht hat. Zwar für die Weihegewalt ist er materiell nicht mit höherer Befähigung bedacht als jeder Bischof, unterscheidet sich aber doch von diesem durch die Universalität der Ausübungsbefugnis, indem er überall und zu jeder Zeit alle Weihen erteilen kann. Dies bringt eben seine Jurisdiktion mit sich, und für sie tritt denn auch seine überragende Stellung in jeder Richtung zutage.

Jaffé, Regesta (§ 22), Kehr, Regesta (§ 22); Potthast, Regesta pontificum (1198—1304), 2 Bde., 1874—1875; Rodenberg, Epistolae saec. XIII e regestis pontificum Romanorum selectae, M. G. h., 3 Bde., 1883—1894. Vgl. auch die Quellenangaben bei Werminghoff, VG. §§ 42, 43; Döllinger, Das Papsttum, 1892, Papstfabeln des Mittelalters, 1890; Harnack, Über die Herkunft der 48 (47) ersten Päpste, Berliner Ak. S. B., 1904; F. Fournier, La papauté devant l'histoire, 2 vol., 1899, 1900; Wüscher-Becchi, Der Ursprung der päpstlichen Tiara und der bischöflichen Mitra, R.Q. XIII, 1899; Müntz, La tiare pontificale du 8e au 16e siècle, Mém. de l'institut nat. de France (Ac. des inscr. et belles-lettres), XXXVI, 1898; Knöpfler, Die Namensänderung der Päpste, Compte rendu du 4e congres scient. des cath., 5e sect., 1898; Buschbell, Die professiones fidei der Päpste, Münst. phil. Diss. (auch R.Q. X), 1896; Lulvès, Die Entstehung der angeblichen professio fidei Bonifaz' VIII., M. d. J. f. ö. G. XXXI, 1910; Hinschius, Kr. I § 28; Werminghoff, VG. §§ 18, 43; Zoepffel, Die Papstwahlen (11.—14. Jahrhundert), 1871; Grauert, Papstwahlstudien, H. Jb. XX, 1899, und dazu Michael, Z. f. k. Th. XXIII, 1899; Gillmann, Die simonistische Papstwahl nach Huguccio, A. f. k. Kr. LXXXIX, 1909, Die Designation des Nachfolgers durch den Papst nach dem Urteil der Dekretglossatoren des 12. Jahrhunderts, A. f. k. Kr. XC, 1910; Sägmüller, Ein angebliches Papstwahldekret Innozenz' II. 1139, Th. Q. LXXXIV, 1902; Chroust, Das Wahldekret Anaklets II., M. d. J. f. ö. G. XXVIII, 1907; Hampe, Ein ungedruckter Bericht über das Konklave von 1241, Heidelberger Ak. S. B., phil.-hist. Kl., 1913; Sternfeld, Das Konklave von 1280 und die Wahl Martins IV. (1281), M. d. J. f. ö. G. XXXI, 1910; Asal, Die Wahl Johanns XXII., Abh. z. mittl. u. neuer. Gesch. von v. Below, Finke, Meinecke, XX, 1910; Bliemetzrieder, Gutachten ... über Urbans VI. Wahl, Bened. St. M. XXX, 1909, Traktat des Kardinals Elziarius de Sabrano über Urbans VI. Wahl, ebenda XXX, 1909; Eine ... Verteidigung der Wahl Urbans VI., Mitt. d. Ver. f. Gesch. d. Deutschen in Böhmen XLVII, 1909; Lulvès, Die Machtbestrebungen des Kardinalats bis zur Aufstellung der ersten päpstlichen Wahlkapitulation, Q. u. F. XIII, 1910, Päpstliche Wahlkapitulationen, Q. u. F. XII, 1909; Baumgarten, Von den päpstlichen Kaplänen um die Mitte des 13. Jahrhunderts, A. f. k. Kr. XCI, 1911, Beiträge zur Erforschung der Eidesformel des Vicarius Urbis, A. f. k. Kr. XCI, 1911.

1. Das päpstliche Gesetzgebungsrecht. Der Papst schafft das gemeine Recht [2]. Denn die Synoden, auf denen seit Leo IX. 1049 die Päpste gewöhnlich zu Ostern oder im Beginn der Fastenzeit eine größere Anzahl auch nichtitalienischer Bischöfe in Rom, oder wo sich die Kurie gerade aufhielt, zu versammeln pflegten (Papalsynoden), waren von ihnen nicht nur präsidiert, sondern auch völlig abhängig und dienten lediglich der Stärkung und allgemeinen Durchsetzung des päpstlichen Gesetzgebungsrechtes. Ihre letzte, die nach dem Wormser Konkordatsabschluß versammelte glänzende erste Lateransynode von 1123, hat nachmals das Ansehen

---

[1] Innozenz III.: quoniam assumptus est in plenitudinem ecclesiasticae potestatis; siehe oben S. 295 A. 2.

[2] Mit dem Zitat: Romanus pontifex iura omnia in scrinio pectoris sui censetur habere wollte Bonifaz VIII. nur sagen, vom Papste werde vorausgesetzt, daß er bei der Gesetzgebung mit voller Kenntnis des gemeinen Kirchenrechtes vorgehe; Gillmann, Romanus pontifex ... habere, A. f. k. Kr. XCII, 1912.

eines allgemeinen Konzils erlangt und eröffnet den Reigen der mittelalterlichen ökumenischen Synoden (zweites Laterankonzil: Innozenz II. 1139, drittes: Alexander III. 1179, viertes: Innozenz III. 1215, erstes Lyoner: Innozenz IV. 1245, zweites Lyoner: Gregor X. 1274, erstes von Vienne: Klemens V. 1311), die eben nichts anderes als erweiterte Papalsynoden waren (wirklich ökumenisch eigentlich nur Lyon II.). Nicht sowohl für die Entscheidung von Lehrstreitigkeiten als für die Kreuzzugssache, die Unionsverhandlungen mit den Griechen und vor allem für die Weiterbildung des kirchlichen Rechtes tätig, werden sie von den Päpsten berufen [1], und, unter ihrem Vorsitz so tagend, daß Kardinäle und Bischöfe entscheidende, Äbte und Prälaten bloß beratende Stimme haben, erscheinen sie lediglich als durchaus abhängiger Senat der Päpste, wie denn auch ihre Beschlüsse als unter Beirat und Zustimmung der Synode erlassene päpstliche Dekrete sich geben [2]. Desgleichen haben die Legaten der Päpste zur Durchführung des von ihren Auftraggebern gesetzten Rechtes in den einzelnen Ländern, besonders in Frankreich und Burgund (in Deutschland um 1118 zu Köln und Fritzlar zur Bannung Heinrichs V.) während des 11. und 12. Jahrhunderts Synoden abgehalten (Legatensynoden).

Hinschius, Kr. I § 31, III §§ 170, 173—176, 185 f.; Werminghoff, VG. §§ 51, 52; Hauck, Die Rezeption und Umbildung der allgemeinen Synode im Mittelalter, H. V. 1907; Lübberstedt, Die Stellung des deutschen Klerus auf päpstlichen Generalkonzilien von Leo IX. bis Gregor VII., Greifswalder phil. Diss., 1911; Auer, Studien zu den Reformvorschriften für das zweite Lyoner Konzil, Freiburger phil. Diss., 1910; Luchaire, Innocent III et le quatrième concile de Latran, R. h. XCVII, XCVIII, 1908 und dazu Werner, N. A. XXXI, 1906 S. 577 ff.; Norden, Das Papsttum und Byzanz (§ 12 und dazu Haller, H. Z. IC, 1907), Prinzipien für eine Darstellung der kirchlichen Unionsbestrebungen im Mittelalter, H. Z. CII, 1909.

Inhaltlich erhielt die päpstliche Gesetzgebung, für die noch Gregor VII. die Kanones älterer Konzilien in gewissem Sinn als Schranke hatte gelten lassen, die volle Freiheit durch die bald siegreiche Lehre Gratians, den Papst binde nur das ius naturale, d. h. die Moralvorschriften des alten und die göttlich geoffenbarten Rechtssätze des neuen Testaments [3], und es verstehe sich bei den Synodalkanones der Vorbehalt des päpstlichen Stuhls, also dessen Verfügungsbefugnis von selbst (Gratians dictum nach c 16 C XXV q 1: Sacrosancta Romana ecclesia ius et auctoritatem sacris canonibus inpertit, sed non eis alligatur; habet enim ius condendi canones). Von da war nur noch ein Schritt bis zur völligen Selbständigkeit päpstlicher Gesetzgebung. Innozenz III. und Honorius III. vermittelten ihn, indem sie die Sammlungen ihrer Dekretalen 1210 und 1226 wenigstens zum Gebrauch in Unterricht und Rechtsprechung nach Bologna oder an die Universitäten und Gerichte überhaupt sandten (III. und V. compilatio antiqua). Vollzogen hat ihn schließlich, als die Rezeption dieser Sammlungen ohne Schwierigkeit von Statten ging, Gregor IX., dem Bonifaz VIII. und Klemens V. bzw. Johann XXII. gefolgt sind (§ 26). So fest stand jetzt die Befugnis des Papsttums, der Kirche in voller Unabhängigkeit das Recht zu setzen, daß selbst die päpstlichen Kanzleiregeln als Quelle gemeinen Kirchenrechts (für Deutschland freilich nur in einigen Punkten) betrachtet wurden, d. h. die Instruktionen für das päpstliche Regierungspersonal, die jeweilen nach einem Pontifikatswechsel erneut und vermehrt, schließlich aber unter Nikolaus V. aus einer Art edictum tralaticium zu einem perpetuum wurden.

Brie, Die Lehre vom Gewohnheitsrecht I, 1899; Erler, Der liber cancellariae apostolicae (1380), 1880; v. Ottenthal, Die päpstlichen Kanzleiregeln von Johann XXII. bis Nikolaus V., 1888; Tangl, Die päpstlichen Kanzleiordnungen von 1200—1500, 1894; Förstemann, Novae constitutiones audientiae von 1375, 1897; Wahrmund, Die consuetudines curiae Romanae, A. f. k. Kr. LXXIX, 1899; v. Hofmann, Zur Geschichte der päpstlichen Kanzlei, vornehmlich in der zweiten Hälfte des 15. Jahrhunderts, Berliner phil. Diss., 1904; Meister, Die Geheimschrift im Dienste der päpstlichen Kurie, 1906; Baumgarten, Das päpstliche Siegelamt, R.Q. XXI, 1907, Von der apostolischen Kanzlei, Görres-Ges., Sekt. f. Rechts- u. Sozialwiss. 4. H., 1908, Beiträge zur Liste der Vizekanzler, R.Q. XXIV, 1910; Jansen, Zum päpstlichen Urkunden- und Taxwesen, Festgabe f. Heigel, 1903; Schulte, Zum Taxwesen der

[1] Friedrich I. macht 1160 als Nachfolger von Konstantin, Theodosius, Justinian, Karl dem Großen und Otto dem Großen am Reich noch einen verunglückten Versuch zur Berufung einer allgemeinen Synode.

[2] De consilio fratrum nostrorum et sacro approbante concilio decrevimus; in den Dekretalensammlungen in der Form: Alexander III. in concilio Lateranensi.

[3] Ius naturae est, quod in lege et evangelio continetur, sagt Gratian im princ. von D. I.

päpstlichen Kanzlei unter Eugen IV., N. A. XXXVIII, 1913; Schmitz-Kallenberg, Practica cancellariae apostolicae saec. XV exeuntis, 1904; Göller, Mitteilungen und Untersuchungen über das päpstliche Register- und Kanzleiwesen, Q. u. F. VI, VII 1904, Die Kommentatoren der päpstlichen Kanzleiregeln, A. f. k. Kr. LXXXV, 1905, LXXXVI, 1906, Zur Stellung des Korrektors in der päpstlichen Kanzlei, R.Q. XIX, 1905, Zur Geschichte des bischöflichen Benefizialwesens und der päpstlichen Kanzleiregeln unter Benedikt XIII., A. f. k. Kr. LXXXVII, 1907, Aus der Kanzlei der Päpste und ihrer Legaten, Q. u. F. X, 1907; Jackowski, Die päpstlichen Kanzleiregeln und ihre Bedeutung für Deutschland, A. f. k. Kr. XC, 1910; Schwalm, Das Formelbuch des Heinrich Bucglant, 1910.

Jedoch auch in einem unbeschränkten Privilegien- und Dispensationsrecht offenbart sich nunmehr der gesetzgeberische Absolutismus des Papsttums. Hatte ehedem der apostolische Stuhl nur dauernde Begünstigungen in Gestalt abweichender subjektiver Rechte oder als Bestätigungen regelmäßiger erteilt, die nicht einfach widerrufen werden konnten, so lehrte Gratian, der Papst könne kraft seiner gesetzgeberischen Autorität aus gerechtfertigten Ursachen Privilegien jederzeit zurücknehmen. Das veranlaßte die Kurie, seit Gregor VII. überhaupt nur noch salva Sedis Apostolicae auctoritate, also vorbehaltlich anderweitiger Verfügung des apostolischen Stuhls zu privilegieren. Weniger rasch entwickelte sich die ausschließliche Befugnis des Papstes, vom gemeinen Recht zu dispensieren. Ursprünglich jede Begründung regelwidrigen Rechtes bezeichnend, fand die dispensatio bei Ivo von Chartres (§ 17) größere Beachtung und durch Gratian die Anerkennung als ein mit dem Gesetzgebungsrecht zusammenhängendes Institut. Rufin (§ 26, 3a) bezeichnete sie dann zuerst als casualis derogatio, d. h. als Aufhebung der Wirkungen eines Rechtssatzes für einen einzelnen Fall. Und nunmehr gewinnt auch, durch zahlreiche Anfragen in Rom seit der zweiten Hälfte des 11. Jahrhunderts vorbereitet, die Anschauung Boden, daß nur der Papst, und zwar in demselben Umfang, wie er es setzen, auch vom gemeinen Recht dispensieren könne, eine Anschauung, die, von Innozenz III. aufgenommen, namentlich infolge der gesetzgeberischen Tätigkeit der päpstlichen Urheber der Dekretalensammlungen so sehr sich befestigte, daß die Dispensationsbefugnis der Bischöfe und Provinzialsynoden nunmehr als Ausnahme erschien.

Hinschius, Kr. III 189 II, V; v. Scheurl, Der Dispensationsbegriff des kanonischen Rechts, Z. f. Kr. XVII, 1882; Stiegler, Dispensation, Dispensationswesen und Dispensationsrecht I, 1901 (Forts. im A. f. k. Kr. LXXVIII, 1898); Thaner, Über Entstehung und Bedeutung der Formel salva sedis apostolicae auctoritate, Wiener Ak. S. B., phil.-hist. Kl., LXXI, 1872; Sägmüller, Zur Entstehung und Bedeutung der Formel Salva sedis apostolicae auctoritate, Th. Q. LXXXIX, 1907; Schreiber, Kurie und Kloster (§ 18, 2); Göller, Walter Murner von Straßburg und das päpstliche Dispensationsverfahren im 14. Jahrhundert, Z.² f.KG. II, 1912.

2. Die oberstrichterliche Gewalt der Päpste. Selbst ohne Richter über sich — papa a nemine iudicatur, ein altes, von Gelasius I. 493 aufgestelltes Postulat (vgl. 1. Kor. 2, 15), wird seit dem 12. Jahrhundert unbestritten geltendes Recht — ist der Papst der höchste Richter aller seiner kirchlichen Untertanen (subditi), der Geistlichen und auch der Laien, selbst der Kaiser und Könige. Er namentlich verhängt generell Exkommunikationen, und ihm ist bei besonders schweren Verbrechen (zuerst durch Innozenz II. 1131 bei percussio clericorum, unten S. 331 A. 3) die Absolution vorbehalten. Solche Reservationen werden seit dem 14. Jahrhundert häufiger und seit Urban V. 1363 unter reichlicher Vermehrung selbst durch Delikte, die bloß die weltliche Herrschaft des Papstes betreffen (Seeraub in italienischen Gewässern, Hinderung der Zufuhr von Lebensmitteln nach Rom, Bemächtigung von kirchenstaatlichen Rechten und Bezügen u. a. m.), immer wieder am Gründonnerstag (Bulle In Cena Domini) feierlich eingeschärft. Umgekehrt steht den Päpsten, gleichfalls seit dem 12. Jahrhundert, anerkanntermaßen das Begnadigungsrecht zu. Vor allem aber werden sie mit Angelegenheiten der streitigen Gerichtsbarkeit in Menge befaßt. Für diese vornehmlich bildet sich nunmehr unter der theoretischen Mitarbeit der romanisierenden Kirchenrechtsschule das Institut der Delegation aus und der Begriff der iurisdictio delegata, d. h. der einer Person besonders übertragenen Rechtsprechungs- und Regierungsgewalt im Gegensatz zu der mit dem Amt gegebenen iurisdictio ordinaria. Seit Alexander III. werden die päpstlichen Reskripte Legion, die Bischöfen, Äbten und anderen Geistlichen die Untersuchung und oft auch die Entscheidung an Papstes Statt übertragen, zur Erleichterung der kurialen Geschäftslast, die sonst nicht zu bewältigen wäre, da es eine aus-

gebildete päpstliche Behördenorganisation noch nicht gibt (bloße Palatialbehörden[1]; daneben die alte, ehedem mit Archiv und Bibliothek verbundene, unter einem Kanzler stehende, im 13. Jahrhundert einem nicht-kardinalizischen Vizekanzler und schließlich seit dem Avignoneser Aufenthalt endgültig dem Kardinal Vizekanzler unterstellte cancellaria). Hierbei erhielten die kommittierten Richter durch das Kommissorium leitende, meist neue Grundsätze mit, die, wenn sie sich bewährten, beibehalten und schließlich dem Dekretalenrecht einverleibt wurden. Eine Unterart der Delegaten bildeten die von den Päpsten für Klöster und Universitäten zum Schutz ihrer Rechte und Güter bestellten Konservatoren.

Hinschius, Kr. I §§ 21 II, III C, 41, 51, V § 266 II, §§ 269, 277, 283, 285; Werminghoff, VG. §§ 17, 19, 45; Keller, Die sieben römischen Pfalzrichter im byzantinischen Zeitalter, Stutz, Kr. A., 12. H., 1904; Hirschfeld, Das Gerichtswesen der Stadt Rom vom 8. bis 12. Jahrhundert, Arch. f. Urkundenforsch. IV, 1912; Hilling, Felinus Sandeus, Auditor der Rota, A. f. k. Kr. LXXXIV, 1904, Die römische Rota und das Bistum Hildesheim, Grevings Reformationsgesch. Studien, 6. H., 1908; Göller, Zur Geschichte der Rota Romana, A. f. k. Kr. XCI, 1911, Wilhelm Horborch und die Decisiones antiquae der Rota Romana, A. f. k. Kr. XCI, 1911; F. E. Schneider, Zur Entstehungsgeschichte der römischen Rota als Kollegialgericht, K.O. Supplh. XX, 1913; Breßlau, Handbuch der Urkundenlehre I², 1912; Kehr, Scrinium und Palatium, M. d. J. f. ö. G. 6. Ergzgsbd., 1901; Merores, Zur Frage der scriniarii sanctae Romanae ecclesiae, M. d. J. f. ö. G. XXXIV, 1913; Cipolla, La cancellaria e la diplomatica pontificia da S. Siricio a Celestino III, 1902; Pflugk-Harttung, Über Archiv und Register der Päpste, Z. f. Kg. XII, 1891, Die Bullen der Päpste bis zum Ende des 12. Jahrhunderts, 1901; Steinacker, Das älteste päpstliche Registerwesen, M. d. J. f. ö. G. XXIII, 1902; Černik, Das Supplikenwesen an der römischen Kurie, Jb. d. Stiftes Klosterneuburg IV, 1912; Lea, A Formulary of the Papal Penitentiary, 1892; Haskins, The sources for the history of the papal Penitentiary, The Am. Journ. of Theol. IX, 1905; Göller, Die päpstliche Poenitentiarie, 2 Bde., Bibl. d. preuß. hist. Inst., 1907—1911, Das alte Archiv der päpstlichen Poenitentiarie, K.O. Supplh. XX, 1913; Chouet, La sacrée pénitencerie apostolique, I, 1908.

3. Das oberste Verwaltungsrecht des Papstes äußert sich nunmehr:

a) in allgemeinen Verfügungen über die Liturgie, durch die z. B. von Urban IV. 1264 und mit vollem Erfolg durch Klemens V. 1312 das Fronleichnamsfest eingeführt, wie auch die römische Liturgie gegenüber der ambrosianischen und der mozarabischen oder westgotischen begünstigt wurde und gegenüber örtlichen Eigentümlichkeiten mehr und mehr sich durchsetzte. Hierher gehört ferner die Ausbildung des ausschließlichen, der Mithilfe einer Synode nicht bedürftigen päpstlichen Kanonisationsrechtes seit Alexander III. (erste päpstliche Heiligsprechung 993 durch Johann XII. betreffend Bischof Ulrich von Augsburg).

Hinschius, Kr. IV §§ 199, 211, 212, 213; Stückelberg, Geschichte der Reliquien in der Schweiz, 2 Bde., 1902—1908; Kellner, Heortologie³, 1911; Freisen, Manuale Curatorum secundum usum ecclesie Roskildensis, 1898, Liber agendarum ecclesie et dioecesis Sleszwicensis, 1898, Manuale Lincopense, 1904, Die katholischen Ritualbücher der nordischen Kirchen, Beyerle, Deutschr. Beiträge III 2, 1909; Férotin, Le Liber ordinum en usage dans l'église Wisigothique, 1904; Franz, Das Rituale von St. Florian, 1904, Das Rituale des Bischofs Heinrich von Breslau, 1912; Stapper, Die älteste Agende des Bistums Münster, 1905.

b) In einer obersten Ämtergewalt. Der Papst ist kirchenrechtlich allein befugt, Bistümer und sonstige höhere Ämter zu errichten und zu verändern; doch läßt man sich die Mitwirkung der weltlichen Obrigkeit besonders zur Dotierung kirchlicherseits widerstandslos gefallen. Der Papst allein kann Ausnahmen vom ordentlichen Kirchenverband schaffen in Gestalt von Exemtionen von Klöstern gegenüber dem Diözesanbischof, von Bistümern gegenüber dem Metropoliten. Er erteilt auch den Universitäten, die nunmehr unter Verdrängung der Stifts- und Klosterschulen die theologisch-juristische Ausbildung des Klerus übernehmen, Stiftungsbriefe. Doch waren gerade die wichtigsten studia generalia, Bologna und Paris, keine päpstlichen Stiftungen. Seit dem 12. Jahrhundert sodann beginnen die Päpste Empfehlungen und Anweisungen an Besetzungsberechtigte zugunsten einzelner Personen in zunehmend befehlender Form aus-

[1] Die sieben römischen Pfalzrichter, nämlich 1. primicerius notariorum, Vorsteher der Regionarnotare und Minister des Auswärtigen; 2. secundicerius notariorum, zweiter Kanzleivorsteher; 3. arcarius für die Einkünfte; 4. saccellarius für die Ausgaben; 5. protoscriniarius, Vorsteher der Urkundenschreiber; 6. primicerius defensorum an der Spitze der Advokaten und der Patrimonialverwaltung; 7. nomenclator, Zeremonienmeister, auch für die Gnadengesuche; daneben namentlich der vicedominus für den Palast und die cubicularii, adelige Kammergeistliche.

zustellen, und zwar seit Alexander III. auch für nichterledigte Pfründen. Daraus entwickelt sich unter Cölestin III. 1191—98 die Selbstvornahme der Verleihung und unter Innozenz III. die trotz vielfachem bischöflichem und anderem Widerstand erfolgreiche Inanspruchnahme eines auf die päpstliche plenitudo potestatis gegründeten allgemeinen Besetzungs- (Provisions-, aber auch Anwartschaftserteilungs-)Rechtes. Durch die Dekretalen Gregors IX. sanktioniert, nimmt der Mißbrauch päpstlicher Provisionsmandate unter Innozenz IV. auch für Bistümer einen solchen Umfang an, daß Klemens IV. 1265 angesichts des wachsenden Widerstands auf die regelmäßige Preisgabe der ja praktisch doch nicht durchführbaren Ausübung des allgemeinen Besetzungsrechtes und auf die dem römischen Stuhl noch vorteilhaftere Reservation bestimmter Kategorien (zunächst der beneficia in curia, nämlich durch den Tod ihres Inhabers in Rom oder innerhalb zweier Tagreisen = 20 römischer Miglien davon vacantia) verfällt, ein Vorbehalt, den die Nachfolger von Klemens, insbesondere Johann XXII. (Bulle Ex debito 1316 und Execrabilis 1317) sowie Benedikt XII. (Ad regimen 1335) energisch erweiterten. Dementsprechend wird auch die Versetzung, translatio, die Genehmigung eines Verzichts, renuntiatio, wenigstens von Bischöfen, sowie die Gutheißung jeder mit einer Belastung verbundenen Pfründenaufgabe, resignatio cum reservatione pensionis, als päpstliches Vorrecht angesehen. Endlich übt der Papst auch die oberste kirchliche Aufsicht; ihr dient die seit Gregor VII. üblicher werdende und durch das Dekretalenrecht allgemein statuierte bischöfliche Pflicht der regelmäßigen Romreise, der visitatio liminum scil. sanctorum apostolorum Petri et Pauli.

Hinschius, Kr. II § 102, III §§ 144, 161, 165 I, IV §§ 230, 241; Paulsen, Die Gründung der deutschen Universitäten, H. Z. XLV, 1881, Die deutschen Universitäten, 1902; Denifle, Die Universitäten des Mittelalters I, 1885; Kaufmann, Geschichte der deutschen Universitäten, 2 Bde., 1888—96; Rashdall, The Universities of Europe in the Middle Ages, 2 vol., 1895; Meyhöfer, Die kaiserlichen Stiftungsprivilegien für Universitäten, Arch. f. Urkundenforschung IV, 1912; Lux, Constitutionum Apostolicarum de generali beneficiorum reservatione (1265—1378) collectio et interpretatio, Breslauer kath.-theol. Diss., 1904, Die Besetzung der Benefizien in der Breslauer Diözese durch die Päpste von Avignon, 1906; Göller, Die päpstlichen Reservationen, Hinnebergs Intern. Wochenschrift IV, 1910; Baier, Päpstliche Provisionen für niedere Pfründen bis 1304, Finkes Vorref. Forsch. 7. H., 1911; Sägmüller, Die visitatio liminum bis Bonifaz VIII., Th. Q. LXXXII, 1900.

c) Sehr wichtig wurde die päpstliche Ordenshoheit. Der Schutzbrief der alten Zeit (mit Besitzstandbestätigung sowie Begräbnis- und Abtwahlprivileg) und die Exemtion (eventuell mit Weiheprivileg und Verleihung der Pontifikalinsignien) wurden nunmehr ausgebaut zu einem reichen Privilegienrecht und dieses wiederum zur systematischen, wenn auch schonenden Zurückdrängung des bischöflichen Einflusses und der Macht der Vögte, zur Bildung oder Förderung von Klosterverbänden benützt. Zu dem Benediktinerorden und seinen Abzweigungen [1], die durch die Einrichtung der dienenden Laienbrüder (fratres conversi oder laici; dafür keine Ministerialen!) neben den mindestens Subdiakonatsweihe besitzenden Vollmönchen, conventuales, und von Generalkapiteln neben dem Generalabt eine organisatorische Erweiterung erfahren hatten, traten außer den durch die Kreuzzüge ins Leben gerufenen Ritterorden [2] namentlich die Bettelorden der Franziskaner oder Minderbrüder (Franz von Assisi, † 1226) und der Dominikaner oder Predigermönche (Dominikus † 1221) [3]. Diese bereicherten nicht bloß das Ordensrecht um eine Anzahl neuer Einrichtungen (endgültige Ausgestaltung des feierlichen Eintrittsaktes

[1] Außer den Cluniacensern (§ 18, 2) und im Zusammenhang mit ihnen die Kamaldolenser. (Romuald, 1018) und Vallombrosaner (Gualbert, † 1073) sowie namentlich die Cistercienser (Citeaux 1098; charta charitatis 1119) und die Karthäuser (Bruno von Köln, 1084), Francke, Romuald von Camaldoli und seine Reformtätigkeit zur Zeit Ottos III., Eberings Hist. Stud. CVII, 1913.

[2] Templer (1118), Johanniter (1130), Deutschherren (1191); Körner, Die Templerregel aus dem Altfranzösischen übersetzt, 1902; Schnürer, Die ursprüngliche Templerregel, St. u. D. III 1, 2, 1903, Zur ersten Organisation der Templer, H. Jb. XXXII, 1911; Prutz, Die exemte Stellung des Hospitaliterordens, Münchener Ak. S. B., philos.-phil.-hist. Kl., 1904, Die Autonomie des Templerordens, ebenda 1905, Die finanziellen Operationen der Hospitaliter, ebenda 1906, Die geistlichen Ritterorden, 1908; Finke, Papsttum und Untergang des Templerordens I, II, Finkes Vorreformationsg. Forsch. 4. u. 5. H., 1907; Delaville le Roulx, Mélanges sur l'ordre de Saint-Jean de Jerusalem, 1910.

[3] Karmeliten (1245), Augustinereremiten (1256). Die Franziskanernonnen (bestätigt 1253) nennen sich nach der heil. Klara von Assisi Klarissen; Lemmens, Die Anfänge des Klarissen-

der professio religiosa mit den drei Gelübden der Armut, der Keuschheit und des Gehorsams; Annahme von männlichen und weiblichen Tertiariern, die in der Welt verbleiben [1]; Ordensgeneral mit Provinzialorganisation und Ausdehnung der örtlichen Beschränkung der Verbindungskraft der Gelübde, stabilitas loci, auf den ganzen Orden), sondern machten das Mönchtum überhaupt erst volkstümlich, ja vermöge ihrer Seelsorgetätigkeit (seit 1250), die sie allerdings, auch in Deutschland, bald in ernste Konflikte mit der Pfarrgeistlichkeit brachte, zu einem der einflußreichsten Faktoren des mittelalterlichen Volkslebens. Es war darum von Wichtigkeit, daß gerade bei diesen Orden wegen der auch für das Ganze geforderten Vermögenslosigkeit [2] das bei den Ritterorden aufgenommene Erfordernis päpstlicher Genehmigung, für die Franziskaner 1209 bzw. 1223, für die Dominikaner 1216, endgültige Anerkennung fand, und daß diese neueren Orden durch den vom Papst ernannten Generalobern als universale Hilfsmächte der universalen Kirche eng verbunden blieben.

Luchaire, Manuel §§ 58—61, 63; Werminghoff, VG. §§ 39, 40; Messing, Papst Gregors VII. Verhältnis zu den Klöstern, Greifswalder phil. Diss., 1907; Adamczyk, Die Stellung des Papstes Honorius II. (1124—1130) zu den Klöstern, Greifswalder phil. Diss., 1912; Schreiber, Kurie und Kloster (§ 18); E. Hoffmann, Das Konverseninstitut des Cisterzienserordens, 1905; Lindner, Fünf Prozeßbücher süddeutscher Benediktinerabteien I—IV, 1909—1911; Egger, Geschichte der Cluniazenserklöster in der Westschweiz, 1907; Berlière, Les origines de Citeaux et l'ordre bénédictin au 12e siècle, R. h. e. I, II, 1900/01, La congrégation de Bursfeld, R. bén. XVI, 1899; Linneborn, Die Bursfelder Kongregation während der ersten hundert Jahre ihres Bestehens, Deutsche Geschichtsbl. XIV, 1912, Die Reformation der westfälischen Benediktinerklöster im 15. Jahrhundert, Bened. St. M. XX—XXII, 1899—1901; Hase, Franz von Assisi, 1856; Sabatier, Vie de S. François [40], 1911, deutsche Übersetzung von Lisco, 1897; Goetz, Die Quellen zur Geschichte des h. Franz von Assisi, Z.f.Kg. XXII, 1901, Die ursprünglichen Ideale des h. Franz von Assisi, H. V. VI, 1903; Bullarium Franciscanum I—IV mit Supplement 1759—1780, V—VII bes. von Eubel, 1898—1904; Reuter-Eubel, Bullarii Franciscani epitome, 1909; Holzapfel, Handbuch der Geschichte des Franziskanerordens, 1909; Schlager, Beiträge zur Geschichte der kölnischen Franziskaner-Ordensprovinz, 1904; Balthasar, Geschichte des Armutsstreites im Franziskanerorden, Finkes Vorref. Forsch. 6. H., 1911; Regula antiqua fratrum et sororum de poenitentia seu tertii ordinis S. Francisci ed. Sabatier, 1901; Götz, Die Regel des Tertiarierordens, Z. f. Kg. XXIII, 1902; Mandonnet, Les origines de l'ordo de poenitentia, Compte rendu du 4e congrès scientif. des cath., 5 sect., 1898; K. Müller, Zur Geschichte des Bußbrüderordens, Z. f. Kg. XXIII, 1902; Die Anfänge des Minoritenordens, 1885 (dazu Ehrle, in A. f. L. u. Kg. III, 1887); Eubel, Geschichte der oberdeutschen Minoritenprovinz, 1886, Geschichte der kölnischen Minoriten-Ordensprovinz, 1906; Monumenta ordinis fratrum Praedicatorum historica I, III—V, VIII—X, 1897—1903; Denifle, Die Konstitutionen des Predigerordens von 1228, A. f. L. u. Kg. I, 1885; Reichert, Feier und Geschäftsordnung der Provinzialkapitel des Dominikanerordens, R.Q. XXI, 1907; Bünger, Ein Dominikaner-Provinzialkapitel (1400), Z. f. Kg. XXXIV, 1913; Barker, The Dominican order and convocation, 1913; Greven, Die Anfänge der Beginen, Finkes Vorref. Forsch. 8. H., 1912; Hinschius, Kr. IV § 227; Paulus, Welt- und Ordensklerus beim Ausgange des 13. Jahrhunderts im Kampfe um die Pfarrechte, Gött. phil. Diss., 1900, Die Stellung des Würzburger Pfarrklerus zu den Mendikantenorden während des Mittelalters, Theol.-prakt. Monatsschrift I, 1891; Eubel, Zu den Streitigkeiten bezüglich des ius parochiale im Mittelalter, R.Q. IX, 1895; Hefele, Die Bettelorden und das religiöse Volksleben Ober- und Mittelitaliens im 13. Jahrhundert, Goetz, Beiträge z. Kulturgesch. 9. H., 1910; Wiesehoff, Die Stellung der Bettelorden in den deutschen freien Reichsstädten, Münst. phil. Diss., 1905; Opladen, Die Stellung der deutschen Könige zu den Orden im 13. Jahrhundert, Bonner phil. Diss., 1908.

Dies die Fülle der päpstlichen Gewalt auf ihrem Höhepunkt. Sie führt auch zur Ausbildung des Legationsrechtes. Nachdem nämlich bereits in römischer und in fränkischer Zeit die Päpste an den byzantinischen und den karolingischen Hof Gesandte, apocrisiarii oder responsales, mit politischen und kirchlichen Aufträgen abgeordnet hatten, verwandten sie seit Gregor VII., allerdings nicht selten unter starkem Widerstand der lokalkirchlichen und der weltlichen Gewalt,

ordens, R. Q. XVI, 1902; Lempp, Die Anfänge des Klarissenordens, Z. f. Kg. XXIII, 1902 (dazu XXIV, 1903, S. 321 ff.); Wauer, Entstehung und Ausbreitung des Klarissenordens, 1906.

[1] Leo XIII. und Pius X., selbst Tertiarier des heil. Franziskus, haben 1883 und 1912 die franziskanische Tertiarierregel den Bedürfnissen der Gegenwart entsprechend reformiert.

[2] Nach Nikolaus III. (1279) steht überhaupt aller Besitz der Minderbrüder, nach Johann XXII. (1322) wenigstens der Immobiliarbesitz samt den Bibliotheken im Eigentum der römischen Kirche.

mit Vorliebe Kardinäle als Legaten, um in den verschiedenen Ländern entweder einzelne Geschäfte oder die Wahrnehmung der päpstlichen Rechte im ganzen zu besorgen. Diesen gab die Schule seit etwa 1300 auf Grund einer schon von Innozenz IV. gemachten Unterscheidung den Namen legati a latere [1] im Gegensatz zu den legati missi oder nuntii sedis apostolicae (14. Jahrhundert), denen gleich jenen eine von der päpstlichen abgezweigte iurisdictio ordinaria zukam, aber bloß eine geminderte, im Gegensatz zur vollen der anderen (doch auch hier nicht für causae maiores). Legati perpetui oder nati aber werden jetzt Primaten oder Erzbischöfe (z. B. von Köln) mit einer eigenmächtig erworbenen, meist kirchlich nur geduldeten allgemeinen Vertretungsmacht.

Hinschius, Kr. I §§ 68—71, 75; Werminghoff, VG. § 42; Grosse, Der Romanus legatus nach der Auffassung Gregors VII., Hall. phil. Diss., 1900; Marx, Zur Reformtätigkeit des Kardinallegaten Otto von St. Nikolaus, A. f. k. Kr. LXXXV, 1905; Massino, Gregor VII. in seinem Verhältnis zu seinen Legaten, Greifswalder phil. Diss., 1907; Rueß, Die rechtliche Stellung der päpstlichen Legaten bis Bonifaz VIII., Görres-Ges. Sekt. f. Rechts- u. Sozialw., 13. H., 1912; Zimmermann, Die päpstliche Legation in der ersten Hälfte des 13. Jahrhunderts, Görres-Ges. Sekt. f. Rechts- u. Sozialw. 17. H., 1913, Die päpstliche Legation zu Beginn des 13. Jahrhunderts im Dienste der Kreuzpredigt, Inquisition und Kollektorie, R.Q. Supplh. XX, 1913.

§ 30. Kirchenverfassung und Klerus.

Das pseudoisidorische Ideal der Befreiung der Kirche von der Herrschaft der Laien wird im allgemeinen auch für den übrigen kirchlichen Organismus verwirklicht. Ein Klerus, dessen Ergänzung ein ausgebildetes Weiherecht (Irregularitätenlehre) regelt, dessen wirtschaftliche Sicherung die Vorschrift eines Titels [2] und das seit Innozenz III. für untergeordnete Grade allerdings nicht mehr aufrechterhaltene Verbot absoluter Ordinationen anstrebt, der von der Familie durch das Zölibatsgebot (§ 24), von der Welt z. B. durch das Verbot des Studiums der Medizin und des weltlichen Rechts losgelöst, aber dafür durch weitgehende Privilegien wie das privilegium immunitatis, d. h. der Steuerfreiheit (§ 24), fori, d. h. der Befreiung vom weltlichen Gericht, competentiae, d. h. der beschränkten Vollstreckbarkeit gegen das geistliche Einkommen begünstigt und durch das privilegium canonis [3] geschützt ist, leitet, in den höheren Weihestufen, ordines sacri oder maiores, wozu seit Innozenz III. auch der Subdiakonat zählt, mit einem unauslöschlichen, übernatürlichen Charakter ausgestattet, die Herde der Laien.

Gams, Series episcoporum (bis 1885), 2 Bde., 1873—86; Eubel, Hierarchia catholica medii aevi I [2], 1913, II, 1901, III, 1910; M. Fournier, L'église et le droit romain au 13e siècle, N. r. h. XIV, 1890, XV, 1891; Gillmann, Zur Geschichte des Gebrauchs der Ausdrücke „irregularis" und „irregularitas", A. f. k. Kr. XCI, 1911 (erweitert auch sep.), Weibliche Kleriker nach dem Urteil der Frühscholastik, A. f. k. Kr. XCIII, 1913; Pollock and Maitland, The History of English law (§ 18, 1) I, p. 433; Bader, Der Klerus und sein Recht nach dem Zürcher Richtebrief, 1902; Poncet, Les privilèges des clercs au moyen-âge, Thèse, 1901; Siciliano-Villanueva, Studi sulle vicende del foro ecclesiastico nelle cause dei chierici . . . dalla fine del impero carolingico al sec. XIV, 1896, 1901.

1. Der Kardinalat. Obwohl weder eine besondere Weihe- noch jurisdiktionelle Stufe bildend, gewinnen die römischen Kardinäle [4], neben denen es noch andere, in Deutschland

---

[1] Hostiensis (§ 27, 3 b): intelliguntur pars corporis domini.

[2] Ursprünglich = Wahrzeichen (Kreuz), dann = Kirche, Amtsbezüge und seit Innozenz III. gesichertes Einkommen überhaupt. Hinschius, Kr. I § 8 und oben S. 297 A. 5.

[3] c 29 C XVII q 4 (Clermont 1130, Lateran II 1139): Si quis suadente diabolo huius sacrilegii vicium incurrerit, quod in clericum vel monachum violentas manus iniecerit, anathematis vinculo subiaceat, et nullus episcoporum illum praesumat absolvere — Vorbehalt der Absolution — nisi mortis urgente periculo, donec apostolico conspectui presentetur et eius mandatum suscipiat.

[4] cardo = Türangel, Hauptpunkt, also cardinalis: einer Hauptkirche in hervorragender Stellung angehörig. Den roten Hut tragen die Kardinäle seit 1245, Grauert, Magister Heinrich der Poet (§ 28) S. 107 f., 235 ff. Das älteste erhaltene Verzeichnis der römischen Kardinalate bei Kehr, Italia pontificia (§ 22) I p. 3, und darnach bei Werminghoff, VG. § 19 letzte Anm. Brixius, Die Mitglieder des Kardinalskollegiums von 1130—1181, Straßburger phil. Diss., 1912.

z. B. trierische, kölnische, ja sogar Aachener gibt, als Wähler, ständige Gehilfen, Berater, fratres und Gesandte des Papstes (§ 29), aber auch als Interimsregenten der Kirche den ersten Rang nach dem Papst, mit dem sie seit Nikolaus IV. 1289 (Bulle Caelestis altitudo) die wichtigsten kurialen Einkünfte zur Hälfte teilen.

Hinschius, Kr. I § 32; Wenck, Das Kardinalskollegium, Pr. Jbb. LIII, 1884 und Rel. in Gesch. u. Gegenw. III, 1912; Werminghoff, VG. §§ 19, 43, 44, 45; Sägmüller, Die Tätigkeit und Stellung der Kardinäle bis Bonifaz VIII., 1896, und Th. Q. LXXX, 1898 (dazu Wenck Gött. GA. CLXII, 1900, und dagegen wieder Sägmüller, Die oligarchischen Tendenzen des Kardinalskollegs Th. Q. LXXXIII, 1901, Zur Tätigkeit und Stellung der Kardinäle bis Papst Bonifaz VIII., Th. Q. LXXXVIII, 1906); Kirsch, Die Finanzverwaltung des Kardinalkollegiums im 13. und 14. Jahrhundert, Kg. St. II, 4, 1895; Baumgarten, Untersuchungen und Urkunden über die Camera collegii cardinalium von 1295—1437, 1898, Aus Kanzlei und Kammer, 1907; Göller, Die constitutio: Ratio iuris und ihre Bedeutung für die camera apostolica, R. Q. XVI, 1902, Zur Stellung des päpstlichen Kamerars unter Klemens VII., A. f. k. Kr. LXXXIII, 1903; Kirsch, Note sur deux fonctionnaires de la chambre apostolique au 13e siècle, Mélanges Paul Fabre, 1903 (vgl. auch § 34).

2. Die Metropolitangewalt. Dafür wird das ius metropoliticum der Erzbischöfe (archiepiscopus aber auch ein ausgezeichneter Bischof ohne Provinz und Metropolitangewalt) von dem universalen Papsttum systematisch beschnitten und in Abhängigkeit gebracht; am Schluß unserer Periode büßen sie z. B. das Bestätigungs- und Weiherecht für die Suffragane ein, und schon seit Gregor VII. ist der Erwerb der Weiherechte vom Palliumempfang abhängig gemacht. Die orientalischen Patriarchate leben infolge der Kreuzzüge, in Unterordnung unter Rom (1215: Gehorsamseid, Palliumbezug), freilich nur vorübergehend, wieder auf; Landesprimate wie der Mainzer, Trierer und Salzburger bedeuten nicht viel mehr als Titel.

Hinschius, Kr. II §§ 76, 77, III § 173; Luchaire, Manuel §§ 13—18; Werminghoff, VG. § 31 mit einer Übersicht über die Gliederung der deutschen Kirche im Mittelalter, §§ 38, 48; Hübner, Die Provinzialsynoden im Erzbistum Salzburg, Deutsche Geschichtsbl. X, 1909, XIV, 1913.

3. Der Bischof, ordinarius, dioecesanus, dessen jurisdiktionelle Zuständigkeit unter Klemens IV. (1265—68) und Bonifaz VIII. genauer bestimmt wird (Weiheermächtigungen, litterae dimissoriae durch den episcopus proprius — § 64 — seit Innozenz III.), gewann, soweit nicht die zahlreichen Exemtionen seine Regierungsgewalt örtlich oder für bestimmte Personenkreise (Orden!) einschränkten, wieder die alte überragende Stellung, allerdings in strenger Unterordnung unter den Papst (apostolicae sedis gratia episcopus seit dem 11. Jahrhundert; seit 1059 auch der von Gregor IX. an gemeinrechtliche, den Lehenseid nachahmende Obödienzeid). Doch werden die durch das germanische Recht für die Diözesanämter und -geistlichen geschaffenen Rechtsgarantien zwar der Handhabung durch die Laien entzogen, aber nicht beseitigt. Nach römischem Muster bestellte iudices delegati, die im 13. Jahrhundert statt des Bischofs in den süddeutschen Bistümern kollegialisch Recht sprechen, werden daselbst bald ersetzt durch bischöfliche Einzelrichter, officiales principales (daneben officiales foranei für Teilgebiete) nach französischem Vorbild, wie sie die norddeutschen Diözesen als kraft Benefizialrechtes bestellte Vertreter seit der zweiten Hälfte des genannten Jahrhunderts von vornherein und ausschließlich kennen. Sie sind auf Widerruf eingesetzte Amtsträger mit Gehalt und mit mandierter iurisdictio ordinaria (daher Wegfall beim Tode des Bischofs und Appellation nicht an diesen, sondern an die höhere Instanz) für die streitige und die freiwillige Gerichtsbarkeit sowie für Verwaltungsgeschäfte.

Hinschius, Kr. III § 156 I; Werminghoff, VG. §§ 26, 27, 34, 36, 37, 47; Fournier, Les officialités au moyen-âge, 1880; Barth, Das bischöfliche Beamtentum im Mittelalter, Zeitschr. d. Harzver. XXXIII, 1900; Riedner, Das Speierer Offizialatsgericht, Mitt. d. hist. Ver. d. Pfalz, 29., 30. H., 1907 (auch sep.); Ober, Die Entstehung des bischöflichen Hofrichteramtes, Straßb. Diözesanblatt, 1909; Hilling, Die Offiziale der Bischöfe von Halberstadt, Stutz, Kr. A., 72. H., 1911; vgl. auch die Lit. zu §§ 32, 40, 3; Evelt, Die Weihbischöfe von Paderborn, 1869, mit Nachtrag von 1879; Berlière, Les évêques auxiliaires de Cambrai et de Tournai, de Thérouanne, de Liége, Rev. bénéd. XX, 1903, XXI, 1904, XXIV, 1907, XXIX, 1912 (alle drei auch separat); Curschmann, Die Diözese Brandenburg, 1906; Wenck, Die Stellung des Erzstiftes Mainz im Gange der deutschen Geschichte, Zeitschr. f. hess. Gesch. XLIII,

1909; Hauck, Die Entstehung der geistl. Territorien, Abh. d. Leipziger Ges. d. Wiss. phil.-hist. Kl. 1909 u. Kg. Deutschlands V S. 66 f.; Rieder, Römische Quellen zur Konstanzer Bistumsgeschichte, 1908; Schmaltz, Die Begründung und Entwicklung der kirchlichen Organisation Mecklenburgs im Mittelalter, Jbb. d. Ver. f. Mecklenburg. Gesch. LXXII, 1908; Holder, Zur Geschichte der Basler Synodal- und Diözesanstatuten, Kath. Schweizerbl., 1904; Hauck, Die angeblichen Mainzer Statuten von 1261 und die Mainzer Synoden des 12. und 13. Jahrhunderts, Theol. Studien f. Zahn, 1908; Hübner, Die Passauer Diözesansynoden, 1911; Seppelt Die Breslauer Diözesansynode von 1446, 1912; vgl. die Lit. zu §§ 19, 3 und 21, 2, 3.

4. Die Domkapitel, gleich den Kollegiatstiftern nach Auflösung der vita communis und allgemeiner Verweltlichung seit dem Ende des 11. Jahrhunderts wenigstens zum Teil mönchisch [1] und nunmehr unter Verzicht auf weltlichen Einzelbesitz organisiert (canonici regulares [2] neben den saeculares), erhalten dem Bischof gegenüber eine ähnliche, nur machtvollere Stellung wie das Kardinalskollegium gegenüber dem Papst. Sie wählen ihn, wobei für alle Kapitelsbeschlüsse das Erfordernis der pars maior (absolutes Mehr) et sanior (größere kirchliche Zweckbewußtheit) gilt. Sie setzen ihm bei Geisteskrankheit einen coadiutor (seit Innozenz III.), oder werden von ihm befragt, falls er sich alters- oder krankheitshalber selbst einen Gehilfen nimmt; doch ist ein coadiutor cum iure succedendi stets vom Papst zu erbitten. Sie stehen ihm bei der Regierung des Bistums zur Seite, und zwar unterscheidet die Schule seit dem 13. Jahrhundert zwischen den Fällen des bloßen consilium (wichtige Verwaltungsakte, Erlaß von Diözesanstatuten u. a. m.) und denen des consensus (z. B. bei alienatio bonorum, innovatio beneficiorum, d. h. Veränderung der Kirchenämter), in welchen beiden Nichteinholung und in welch letzterem Nichterteilung Nichtigkeit nach sich zieht. Sede vacante verwalten sie, in corpore oder im Turnus, die Diözese und die bischöfliche mensa; seit Bonifaz VIII. geht eben die bischöfliche Jurisdiktion alsbald nach der Erledigung auf das Kapitel über. Für die Besetzung der Kapitelspfründen gilt, eventuell nach vorangegangener, dem Anciennitätsprinzip folgender Option der vorhandenen canonici für das vakante Kanonikat, gemeinrechtlich das ius simultaneae collationis, also gemeinschaftlicher Bestellung durch Bischof und Kapitel; die Kapitelsstatuten gehen aber vor, und regelmäßig haben (wie bei manchen Klöstern) nur Angehörige des Herrenstandes Zutritt. Neben Vollkanonikern mit votum in capitulo, stallum in choro (Chorstuhl) und praebenda (daher c. in fructibus et floribus) stehen minderberechtigte (c. in herbis, eventuell in pulvere), besonders Anwärter, domicellares. Denn da seit dem 13. Jahrhundert die Kapitel geschlossen (clausa), d. h. auf eine bestimmte Pfründenzahl festgelegt waren, wurde die Erteilung von Anwartschaften, exspectantiae, üblich. Unter den Vollkanonikern wiederum unterschied man die Inhaber der Dignitäten (z. B. Propstei, Dechantei, Kustodie § 19, 2) mit Jurisdiktion und Ehrenvorrang, denen freilich in Deutschland oft auch der choriepiscopus u. A. ohne Jurisdiktion zugezählt wurden, und die der Personate [3], d. h. wohl der Kanonikate, mit denen ursprünglich Pfarrstellen an stiftischen Kirchen verbunden waren, später einfach derjenigen, die auf den Ehrenvorrang beschränkt waren, sowie die bloßen officia, welch letztere aber nicht mit den seit dem 13. Jahrhundert zahlreichen ständigen vicariae (zunächst für Bischof und Dignitäten) verwechselt werden dürfen, deren Inhaber gleich den chori socii (zur Vertretung beim Chordienst) als Präsenz oder sonstwie organisiert, dem Kapitel zur Seite standen wie etwa die Gesellen der Meisterschaft in den Zünften, nur ohne die Aussicht auf Aufrücken.

Mayer, Thesaurus novus iuris ecclesiastici, 4 Bde. 1791—95; Hinschius, Kr. II §§ 80 III, 81 I, 82 I, 88 I, 89 IA, 114, 126; Luchaire, Manuel §§ 56, 57; Werminghoff, VG. §§ 27, 32, 34, 35, wo auch reiche Literaturangaben; Schulte, Der Adel und die deutsche Kirche (§ 22) mit der von ihm und von Werminghoff, Z.[3] f. RG. I, 1912 angeführten Lit.; Schäfer, Pfarrkirche und Stift (§ 19, 2); Morin, Règlements inédits du pape S. Grégoire VII pour les chanoines réguliers, R. bén. XVIII, 1901; Winter, Die Prämonstratenser des 12. Jahrhunderts, 1865; Sägmüller, Die Bischofswahl bei Gratian, Görres-Ges. Sekt. f. Rechts- u. Sozialw. 1. H., 1908; Roland, Les chanoines et les élections du 11e au 14e siècle, 1909; Brunner,

---

[1] Nach cluniacensischem Muster, so die Kongregation von St. Viktor bei Paris, oder nach cisterciensischem, so die Prämonstratenser (1120 Prémontré von Norbert gegründet).

[2] Die Regel war aus den Schriften Augustins zusammengestellt; daher der Name Augustiner-Chorherren.

[3] Beide werden in Deutschland zu den praelati gerechnet, während nach Dekretalenrecht dazu neben Äbten nur Bischöfe und höhere Jurisdiktionsinhaber gehören.

Die Wahlkapitulationen der Bischöfe von Konstanz, Z. f. Gesch. d. Oberrheins LII, 1898; Abert, Die Wahlkapitulationen der Würzburger Bischöfe, Arch. d. hist. Ver. von Unterfranken, XLVI, 1905; Weigel, Die Wahlkapitulationen der Bamberger Bischöfe, 1909; Stimming, Die Wahlkapitulationen der Erzbischöfe ... von Mainz, 1909; Kremer, Studien zur Geschichte der Trierer Wahlkapitulationen, Westdeutsche Zeitschr., 16. Ergh., 1911; v. Wretschko, Zur Frage der Besetzung des erzbischöflichen Stuhles in Salzburg, Mitt. d. Ges. f. Salzburger Landeskunde XLVII, 1907; Haid, Die Besetzung des Bistums Brixen (1250—1376), Publ. d. österr. hist. Inst. II, 1912; Fuchs, Die Besetzung der deutschen Bistümer unter Papst Gregor IX. und bis zum Regierungsantritt Papst Innozenz' IV., Berliner phil. Diss., 1911; vgl. auch die Lit. zu § 24. J. Gierke, Darf bei Kapitelswahlen hinsichtlich der Feststellung der absoluten Majorität der contemptus mit in Anschlag gebracht werden? D. Z. f. Kr. X, 1901; v. Wretschko, Die electio communis bei den kirchlichen Wahlen im Mittelalter, D. Z. f. Kr. XI, 1902; Friedensburg, Informativprozesse über deutsche Kirchen in vortridentinischer Zeit, Q. u. F. aus ital. Arch. I, 1898; Sägmüller, Der priesterliche Ordo des Archipresbyters (Dekans), H. Jb. XXIX, 1908; Zschokke, Geschichte des Metropolitankapitels zum hl. Stephan in Wien, 1895; Brackmann, Urkundliche Geschichte des Halberstädter Domkapitels im Mittelalter, Gött. phil. Diss., 1898; v. Brunn, gen. v. Kauffungen, Das Domkapitel von Meißen im Mittelalter, Leipziger phil. Diss. (auch Mitt. d. Ver. f. d. Gesch. d. Stadt Meißen VI), 1902; Maring, Diözesansynoden und Domherren-Generalkapitel des Stiftes Hildesheim, Q. u. Darst. z. Gesch. Niedersachsens, XX, 1905; Gnann, Beiträge zur Verfassungsgeschichte der Domkapitel von Basel und Speier, Freiburger Diöz.-Arch. XXXIV, 1906 (auch Tübinger phil. Diss.); Bastgen, Die Geschichte des Trierer Domkapitels im Mittelalter, Görres-Ges. Sekt. f. Rechts- u. Sozialw. 7. H., 1910; v. Kohlhagen, Das Domkapitel des alten Bistums Bamberg, 1907; Görres, Das Lütticher Domkapitel, Berliner phil. Diss., 1907; Müller, Das bremische Domkapitel, Greifswalder phil. Diss., 1907; Ohlberger, Geschichte des Paderborner Domkapitels, Münst. phil. Diss. (auch Beitr. z. Gesch. Niedersachsens, 28. H.), 1911; Leuze, Das Augsburger Domkapitel, Zeitschr. d. hist. Ver. f. Schwaben XXXV, 1909; Biskamp, Das Mainzer Domkapitel bis zum Ausgang des 13. Jahrhunderts, Marburger phil. Diss., 1909; Starflinger, Die Entwicklung der Domvogtei in den altbayerischen Bistümern I, Münch. phil. Diss., 1908, II, Ludwigshafener Progr., 1909; Riebner, Besitzungen und Einkünfte des Augsburger Domkapitels, Arch. f. Gesch. d. Hochst. Augsburg, I, 1909; Hagemann, Das Osnabrücker Domkapitel, Greifswalder phil. Diss., 1910; Nottarp, Die Vermögensverwaltung des münsterischen Domkapitels, Münst. phil. Diss., 1909, Zur Wirtschaftsgeschichte des münsterschen Domkapitels, Westdeutsche Zeitschrift XXIX, 1910; Range, Die Entwicklung des Merseburger Domkapitels, Greifswalder phil. Diss., 1910; Bückmann, Das Domkapitel zu Verden, Beitr. f. d. Gesch. Niedersachsens, 34 H., 1912; Pottel, Das Domkapitel von Ermland, Königsberger phil. Diss., 1912; Weber, Das Domkapitel von Magdeburg bis 1567, Hall. phil. Diss., 1912; Schäfer, Die Kanonissenstifter (§ 5).

5. Sonstiges Ämterrecht; Inkorporation. Neben den Temporalien des Amtes (beneficium) kommen nunmehr die Spiritualien (officium) und die damit verbundenen öffentlichen Amtspflichten (z. B. zur Residenz seit 1179) wieder mehr zur Geltung, wiewohl die kirchlichen Stellen auch weiterhin schlechtweg als beneficia bezeichnet werden und überhaupt dem weltlichen Lehensverband nunmehr eine kirchliche, im Papste gipfelnde Feudalhierarchie gegenübertritt (Devolutionsrecht § 73). Damit hängen zusammen das Unwesen der Ämterhäufung, der die römische Synode von 1059 und nach ihr das 3. und 4. Laterankonzil, namentlich wegen des Mißbrauchs der den Päpsten eingeräumten Dispensationsbefugnis, umsonst entgegentreten [1], und das andere der Verleihung von Kommenden, d. h. von Pfründen nicht zu Amts-, sondern zu bloßen Nutzungszwecken, seit 1274 verboten, aber ebenfalls selbst an höheren Benefizien und an Abteien vom Papsttum immer wieder geübt. Dazu kam die Inkorporation, entstanden durch die Aufrechterhaltung des im übrigen beseitigten Eigenkirchenrechts zugunsten der Klöster und durch den systematischen Ausbau desselben unter dem neuen Namen mit Gestattung der bisher verbotenen Verwendung von Regularen oder bloßen Vikaren (§ 20, 1) bei den den Klöstern gehörigen Kirchen. Mithin bedeutete die Neueinverleibung einer Pfarrkirche vor allem den Untergang ihrer Rechtspersönlichkeit und den Anfall ihres Vermögens an das begünstigte Institut (Kloster, Stift, Universität, Spital). Das Pfarramt blieb erhalten und wurde durch einen vicarius perpetuus mit Pfarreigenschaft versehen, den der Begünstigte präsentierte und notdürftig zu erhalten hatte (portio congrua). So bei der incorporatio quoad temporalia oder minus plena. Bei der weitergehenden incorporatio quoad temporalia

[1] Nach zuverlässigen Angaben des 15. Jahrhunderts kamen Häufungen von 200—300 Pfründen in einer Hand vor.

et spiritualia oder pleno iure verschwand auch das Pfarramt; das Kloster usw. als solches war fortan Pfarrer und versah den Dienst durch einen exponierten Mönch (Expositur) oder einen von ihm ernannten amovibeln Vikar. Endlich war unter Umständen auch die Einverleibung der bischöflichen Jurisdiktionsrechte möglich, incorporatio plenissimo iure. Die durch diese Maßregeln bezweckte Einziehung des niederen Weltkirchenguts zugunsten der Klöster wurde in jedem Fall erreicht.

Hinschius, Kr. III §§ 143, 158[1], 159[1]; Werminghoff, VG. § 38; Eubel, In commendam verliehene Abteien (1431—1503), Bened. St. M. XXI, 1900; Hinschius, Zur Geschichte der Inkorporation, in den Berliner Festgaben für Heffter, 1873, und in seinem Kr. II § 109; Schueller, Die Inkorporation, 1900; Woltersdorf, Die Rechtsverhältnisse der Greifswalder Pfarrkirchen im Mittelalter, 1888; Stutz, Das Münster zu Freiburg i. Br., 1901, Gratian und die Eigenkirchen (§ 24); Froger, Une abbaye (S. Calais) aux 14e et 15e siècles, R. q. h. LXXI, 1902; Schneider, Der Traktat De limitibus parochiarum des Konrad von Megenberg, H. Jb. XXV, 1904; Baier, Ein Beitrag zur Geschichte und Bedeutung der Exemtion, Z. f. Gesch. d. Oberrheins LXIV, 1910, Aus Konstanzer Domkapitelsprotokollen (1487—1524), Z. f. Gesch. d. Oberrheins, LXVI, 1912; Wagner, Die Kirchenbaulasten für inkorporierte Kirchen im Mainzer Erzbistum, D. Z. f. Kr. XXII, 1912.

§ 31. Die Laien.

Die Laien kommen fast nur noch als Regierungsobjekte in Betracht.

1. Patronatrecht; erste Bitte. Wo es nicht angeht, ihren Einfluß ganz zu beseitigen, wird er wenigstens rechtlich unschädlich gemacht. Der an Stelle des Eigenkirchenrechts getretene Patronat, natürlich auch Geistlichen zugestanden, wird von Alexander III. als ius spirituali adnexum erklärt, was seine Unterstellung unter die kirchliche Gesetzgebung und Gerichtsbarkeit und praktisch die Verfügung der Kirche über seinen Inhalt mit der Möglichkeit einer allmählichen Herabminderung bedeutet. In Anknüpfung an ehemalige Zubehörkirchen von Fronhöfen usw. wird in Deutschland der dingliche, mit dem jeweiligen (Unter-) Eigentum an einem Grundstück verbundene Patronat durchaus Regel. In den Patronat kleiden sich jetzt auch ehemalige freie Gemeindewahlrechte. Die städtischen Bürgerschaften präsentieren den von ihnen gewählten Pfarrer entweder direkt an den Bischof oder durch den Stadtherrn als Patron, dem gegenüber sie ein Subpräsentations- oder Nominationsrecht besitzen. Sie greifen übrigens, zumal nachdem sie die durch Inkorporation in die Stifter (§§ 19, 2; 30, 5) ihres alten Stiftungsguts beraubten Kirchen neu dotiert haben, auch kräftig in die Kirchengutsverwaltung ein (städtische Kirchenfabriken). Endlich nehmen, mindestens seit dem 13. Jahrhundert, und zwar ohne anders als vorübergehend um die kirchliche Anerkennung sich zu bemühen, die deutschen Kaiser und Könige, bald auch die geistlichen und weltlichen Landesherren das Recht in Anspruch, einmal nach ihrer Krönung bezw. nach dem Regierungsantritte von jedem verleihungsberechtigten Stift oder Kloster die Übertragung einer Pfründe oder eines Vikariats (gelegentlich auch an niederen Kirchen) an eine von ihnen bezeichnete Person, den precista, oder dessen Aufnahme als Kanoniker, Mönch oder Nonne zu verlangen, ius primariarum precum[1].

Hinschius, Kr. II §§ 128 III, 129, III § 141; Werminghoff, VG. §§ 23, 28, 29, 38; Stutz, Eigenkirche (§ 7), Münster zu Freiburg (§ 30, 5), Z.[2] f. RG. III, 1913; Rietschel, Die Städtepolitik Heinrichs des Löwen, H. Z. CII, 1909; Wahrmund, Das Kirchenpatronatrecht und seine Entwicklung in Österreich, 2 Bde., 1894—96; Schindler, Zur geschichtlichen Entwicklung des Laienpatronats und des geistlichen Patronats nach germanischem und kanonischem Recht, A. f. k. Kr. LXXXV, 1905; Lossen, Pfälzische Patronatpfründen vor der Reformation, Freiburger Diöz.-Arch. XXXVIII, 1910; Künstle, Die deutsche Pfarrei und ihr Recht zu Ausgang des Mittelalters, Stutz, Kr. A., 26. H., 1905; Kallen, Die oberschwäbischen Pfründen des Bistums Konstanz und ihre Besetzung (1275—1508), Stutz, Kr. A., 45. u. 46. H., 1907; A. O. Meyer, Studien zur Vorgeschichte der Reformation aus schlesischen Quellen, Breslauer phil. Diss., 1907; K. Müller, Die Eßlinger Pfarrkirche im Mittelalter, Württ. Viertelj.H. XVI, 1907; Rauscher, Die Prädikaturen Württembergs vor der Reformation, Württ. Jbb. f. Statist., 1908; Mehring, Stift Lorch, Quellen zur Gesch. einer Pfarrkirche, Württ. Gesch.-Q. XII, 1911; Berbig, Die Messen und deren Einkommen bei der St. Morizkirche zu Coburg, D. Z. f. Kr. XX, 1911; Schiller,

[1] Darüber wird demnächst auf Grund reichen Quellenmaterials in Stutz, Kr. A. handeln: Bauer, Das Recht der Ersten Bitte bei den deutschen Königen und Fürsten bis zum Basler Konzil.

Bürgerschaft und Geistlichkeit in Goslar (1290—1365), Stutz, Kr. A., 77. H., 1912; Schmidt, Urkunden und Akten aus dem Dekanatsarchiv Stilfes (1300—1810), 1912; Heck, Das Kirchenwesen der Stadt Hanau a. M., Z. f. hess. Gesch. XLVI, 1912; Heepe, Die Organisation der Altarpfründen an den Pfarrkirchen der Stadt Braunschweig im Mittelalter, Göttinger phil. Diss. (auch im Jb. d. Gesch.-Ver. f. d. Herz. Braunschweig XII), 1913: Keussen, Topographie der Stadt Köln im Mittelalter, 2 Bde., 1910; Tamassia, Chiesa e populo, Arch. giuridico XLVI, 1901; Moresco, Le parrochie gentilizie genovesi, Riv. ital. per le scienze giur. XXXI, 1902; Schweizer, Das Gemeindepatronatsrecht in den Urkantonen, Z. f. Schweiz. Recht XLVI, 1905; Müller, Das Kirchenpatronatsrecht im Kanton Zug, Geschichtsfreund der V Orte, LXVII, 1912; Dobiache-Rojdestvensky, La vie paroissiale en France au 13e siècle, 1911; Arens, Der liber ordinarius der Essener Stiftskirche, 1908; Falk, Die pfarramtlichen Aufzeichnungen des Florentius Diel zu ... Mainz, Erläuterungen zu Janssens Gesch. IV, 3, 1904; Greving, Joh. Ecks Pfarrbuch, Grevings Reformationsgesch. Studien, 4./5. H., 1908; Löhr, Methodisch-kritische Beiträge zur Geschichte der Sittlichkeit des Klerus ... am Ausgang des Mittelalters, Grevings Reformationsgesch. Studien, 17. H., 1910, sowie Schäfer, R. Q. XX, 1906, XXIII, 1909; Hashagen und Sauerland, Westdeutsche Zeitschrift XXIII, 1904, XXVII, 249 ff., 1908; Störmann, Die städtischen Gravamina gegen den Klerus am Ausgang des Mittelalters und in der Reformationszeit, Münst. phil. Diss., 1912; Uhlirz, Die Rechnungen des Kirchmeisteramts vom h. Stephan zu Wien (1404—1535), I, II, 1902; Kothe, Kirchliche Zustände Straßburgs im 14. Jahrhundert, 1903; Bredt, Das Eigentum am Straßburger Münster, 1903; Coulin, Eine neue Urkunde König Sigmunds und ihre Bedeutung für die Kenntnis des preces primariae, M. d. J. f. ö. G. XXXIII, 1912, Hatschek, Englische VG. (§ 18, 1) S. 262 ff., 313 f.

2. Sonst werden die Laien vom Klerus nur geleitet[1]. Im Bußwesen behält Innozenz III., seitdem die Mindestvorschrift österlicher Beichte und Kommunion besteht (praeceptum paschale), die Sündenvergebung dem Priester vor, dessen Absolutionssentenz wie das germanische Urteil der Leistung, nämlich den Bußwerken, vorangeht, also Zwischen- und Endurteil zugleich ist. In anderer Beziehung erhält die Kirche die Herrschaft über laikale Lebensverhältnisse durch die von Petrus Lombardus und Thomas von Aquino zu unbestrittener Anerkennung gebrachte Sakramentsnatur der Ehe. Denn diese bedingt die Unterstellung der Ehe nicht bloß unter die kirchliche Gerichtsbarkeit, die sich ja schon geraume Zeit angebahnt hatte, sondern auch unter die kirchliche Gesetzgebung. Es entwickelt sich ein reiches und fein durchgebildetes kanonisches Eherecht, das zwar für die Eheschließung nichts abträgt, sondern im Gegenteil mit der von ihm in den germanischrechtlichen Gebieten zum Sieg gebrachten, verflüchtigten römischen Formlosigkeit eher einen Rückschritt herbeiführt, wie auch die nach ihm vermöge vermuteten affectus maritalis gegebene Möglichkeit, das Verlöbnis (sponsalia de futuro) durch copula carnalis in die Ehe (sponsalia de praesenti) überzuführen, Bedenken erregt, das aber anderseits, indem es die Gleichstellung von Mann und Weib erzwingt, die Verwandtenehen zurückdrängt und dem Prinzip der Unauflöslichkeit der Ehe zum Sieg verhilft, ein bleibendes Verdienst um die sittliche Hebung der Ehe erwirbt. Freilich wird die fast einer Verunmöglichung gleichkommende Erschwerung der Scheidung nur erkauft durch eine gewaltige Steigerung der Annullationsgelegenheit; die Lehre von den Ehehindernissen erlangt eine ungeahnte Ausgestaltung.

Hinschius, Kr. IV § 203 III; Werminghoff, VG. § 41; K. Müller, Der Umschwung in der Lehre von der Buße während des 12. Jahrhunderts, Theol. Abhdl. für Weizsäcker, 1892; Kirsch, Der sacerdos proprius in der abendländischen Kirche vor 1215, A. f. k. Kr. LXXXIV, 1904; Bruders, Die allmähliche Einführung läßlicher Sünden in das Bekenntnis der Beichte, Z. f. k. Th. XXXIV, 1910; Laurain, De l'intervention (§ 5); Gromer, Die Laienbeicht im Mittelalter, Veröff. a. d. Münchner kirchenhist. Sem. III 7, 1909 und dazu Gillmann, Kath. XCIII, 1913; Haring, Die Armensünderkommunion, 1912 (dazu Gillmann, A. f. k. Kr. XCIII, 1913); Schmitz, Sühnewallfahrten im Mittelalter, Bonner phil. Diss., 1910; Cox, The sanctuaries and sanctuary seekers, 1911; Heath, Pilgrim life in the middle ages, 1911; Friedberg, Das Recht der Eheschließung, 1865; Sohm, Das Recht der Eheschließung, 1875; Freisen (§ 14); Esmein, Le mariage en droit canonique, 2 vol.., 1891; Brandileone, Saggi sulla storia della celebrazione del matrimonio in Italia, 1906; Chénon, Recherches historiques sur quelques rites nuptiaux, N. r. h. XXXVI, 1912; v. Hörmann, Die Desponsatio impuberum, 1891, Quasiaffinität, I, II 1, 1897, 1906; Scharnagl, Das feierliche Gelübde als Ehehindernis, Straßburger Theol.

[1] Die Bulle: Unam sanctam nimmt nicht bloß jeden Christen, sondern omnis humana creatura für die Beherrschung durch den Papst in Anspruch; Juden und Heiden sind nicht in, wohl aber sub ecclesia. Endemann, Studien in der romanisch-kanonistischen Wirtschafts- und Rechtslehre I, 1874, II, 1883; Hinschius, Kr. V § 280.

Studien IX, 1908; v. Hussarek, Die bedingte Eheschließung, 1892; Köstler, Die väterliche Ehebewilligung, Stutz, Kr. A., 51. H., 1908; Sehling, Zur Lehre von den Willensmängeln im kanonischen Recht, Erlanger Festschrift, 1901; Schoen, Beziehungen zwischen Staat und Kirche auf dem Gebiet des Eherechts, Göttinger Festschr. f. Regelsberger, 1901; Fahrner (§ 21, 2); Dumas, Histoire de l'indissolubilité du mariage en droit français, Thèse, 1902, Böckenhoff, Die römische Kirche und die Speisesatzungen, Th. Q, LXXXVIII, 1906, Speisesatzungen mosaischer Art in mittelalterlichen Kirchenrechtsquellen, 1907; vgl. auch die Lit. zu §§ 21, 2, 3, 26, 3 und 87.

§ 32. Die streitige Gerichtsbarkeit.

Die Ehesachen machen einen Hauptbestandteil der Streitgegenstände aus, die nach dem Dekretalenrecht, weil rein geistlicher Natur (causae mere spirituales), vor den geistlichen Richter gehören. Mit den Patronat- (§ 31, 1), Pfründ- und Zehntstreitigkeiten zieht er auch Verlöbnis-, Dotal-, Status-, Testaments- und mit einem Eid bestärkte Vertragsangelegenheiten als spiritualibus annexae oder mixtae vor sein Forum, wozu dann noch die Streitigkeiten der miserabiles personae, also der Armen, Witwen, Waisen, Kreuzfahrer, kommen, von Rechtsverweigerungsfällen und den causae clericorum, die, wenigstens wenn der Beklagte Kleriker war, selbstverständlich vom geistlichen Gericht beansprucht wurden, ganz abgesehen. Diese Ausdehnung der geistlichen Gerichtsbarkeit begegnete zwar in den Städten einer zum Teil erfolgreichen Opposition, fand aber im allgemeinen Anklang, weil das schriftliche Verfahren und die durch die Verkrüppelung der weltlichen Gerichtsbarkeit erst zu voller Wertschätzung gelangende Sicherheit der Vollstreckung sie dem Rechtsuchenden erwünscht machten.

Luchaire, Manuel §§ 65, 279; Werminghoff, VG. § 28; v. Bethmann-Hollweg, Der Civilprozeß des gemeinen Rechts, VI, 1, 1874; Jacobi, Der Prozeß im Decretum Gratiani und bei den ältesten Dekretisten, Z.³ f. RG. III, 1913; Ott, Kirchliche Gerichtsbarkeit, Österr. Staatswörterbuch ², III, 1907; Groß, Die Beweistheorie im kanonischen Prozeß, 2 Teile, 1867, 1880; Wahrmund, Der Parvus ordinarius, A. f. k. Kr. LXXXI, 1901, Actor et reus, A. f. k. Kr. LXXIX, 1899, Quellen zur Geschichte des römisch-kanonischen Prozesses im Mittelalter I, 1905—07, II, 1, 1913; Beauchet, Origines de la juridiction ecclésiastique et son développement en France jusqu'au 13 e siècle, N. r. h. VII, 1883; P. Fournier, Les conflits de juridiction entre l'église et le pouvoir séculier (1180—1328), R. q. h. XXVII, 1880; Rieder, Das geistliche Gericht des Hochstifts Konstanz in Zürich, A. f. k. Kr. LXXXIII, 1903; Tadra, Acta iudiciaria consistorii Pragensis, I—VII (1373—1424), 1893 ff. (auch im Historicky Archiv); Ulanowski, Acta capitulorum necnon iudiciorum ecclesiasticorum selecta (Gnesen-Posen 1403—1530), I, II (= Mon. medii aevi hist. res gestas Poloniae illustr. XIII, XVI) 1894, 1902; Maschke, Aus dem Urteilsbuch des geistlichen Gerichts Augsburg, Festgabe f. Hänel, 1907; Génestal, Le Procès sur l'état de clerc, École prat. des Hautes Études, Sect. de sc. rel., 1909; Ober, Die Rezeption der kanonischen Zivilprozeßformen . . . im geistlichen Gericht zu Straßburg, A. f. k. Kr. XC, 1910; vgl. auch die Lit. zu § 30, 3.

§ 33. Strafrecht und Strafverfahren, Ketzerinquisition.

Auch das kanonische Strafrecht ist universal und, wennschon nur von Fall zu Fall entstanden, wissenschaftlich durchgebildet. Doch dient auch es der Beherrschung der Welt, deren Obrigkeit sich ihrer Aufgabe ja so wenig gewachsen zeigt, daß die Kirche ihr sogar die Friedensbewahrung abnimmt im Institut des Gottesfriedens, treuga Dei (in Südfrankreich seit 1040) mit seinen gebundenen Tagen (Donnerstag bis Montag) und seinem Dauerschutz für Leute und Werkzeuge des Friedens (Bauern, Arbeitsgerät). Und es ist ausgesprochen hierarchisch, geht also namentlich aus auf den Schutz der kirchlichen Amtsträger und des kirchlichen Eigentums (Qualifizierung des Raubs, Diebstahls und der sonstigen Verletzung von Kirchengut) und erstrebt besonders im Disziplinarstrafrecht die Durchführung des Zölibats, die Sicherung der Freiheit der kirchlichen Wahlen, die Ahndung der Simonie. Für solche Zwecke benutzt es unbedenklich auch Strafmittel, die Unschuldige mittreffen, wofür die häufige Verwendung des Lokalinterdikts, zumal als interdictum ambulatorium, d. h. für den jeweiligen Aufenthaltsort des Verbrechers, und die Bestrafung der Nachkommen für Delikte ihrer Vorfahren (seit dem 13. Jahrhundert bei Ketzerei) Beispiele sind. Auch die Verhängung der Exkommunikation zu Exekutionszwecken für Geldforderungen (z. B. der Kurie auf Verleihungsgebühren) begreift sich nur vom Standpunkt der mittelalterlichen Vermengung geistlicher und materieller Dinge aus. Gerade die übertriebene Härte veranlaßte aber auch wieder Abschwächungen, die schließlich die Strafmittel abstumpften. So mußte für den Fall des Interdikts zunächst durch Privilegien, dann aber allgemein durch Bonifaz VIII. die Spendung des Bußsakramentes, das Messelesen bei verschlossenen Türen und die Abhaltung öffentlicher Festgottesdienste gestattet werden.

Hinschius, Kr. V §§ 265, 271—275, 281; Huberti, Studien zur Rechtsgeschichte der Gottesfrieden und Landfrieden, 1892; Byloff, Das Verbrechen der Zauberei (crimen magiae), 1902; Schiappoli, Responsabilità penale senza dolo o colpa nel diritto canonico, Studi ... in onore di ... Scialoja, II, 1905; Vacandard, Étude historique et critique sur le pouvoir coercitif de l'Église, R. du clergé franç. XLV 1905, XLVI, 1906 (auch sep. 1907); Krebiehl, The interdict, its history and its operation, 1909; Weber, A history of simony in the christian church, 1909; Vernay, Le Liber de excommunicacione du cardinal Bérenger Frédol, 1912 (und dazu Viollet, in der Histoire littér. de la France XXXIV, 1911, p. 1 ss.)

Die päpstliche und die bischöfliche Strafgewalt werden gesteigert, wogegen die priesterliche nunmehr verschwindet. Bei der Exkommunikation wird die auf den Verkehr mit dem Gebannten gesetzte Strafe auf die excommunicatio minor ermäßigt. Die Amtsenthebung spezialisiert sich dank der Verkirchlichung des Benefizialwesens in die drei Arten der suspensio ab ordine, ab officio, a beneficio, wie auch die Amtsentsetzung bei häufiger werdender privatio beneficii in die schlichte depositio und in die mit dem Verlust der geistlichen Standesrechte verbundene, die Auslieferbarkeit an den weltlichen Richter nach sich ziehende, feierlich und ausdrücklich verhängte degradatio (seit Innozenz III.) auseinandergeht. Auf Gratian führt sich zurück die infamia ecclesiastica, der seit Bonifaz VIII. namentlich der tätliche Angreifer eines Kardinals verfällt. Im Strafverfahren gelangen Neuerungen von weltgeschichtlicher Bedeutung zum Durchbruch. Zunächst hat nunmehr jedem auf Exkommunikation gerichteten Verfahren eine dreimalige Mahnung (monitio evangelica oder canonica) voraufzugehen. Die Einleitung des Strafverfahrens aber geschieht nach Innozenz' III. epochemachender Bestimmung auf dem Laterankonzil 1215 entweder per accusationem (alter Anklageprozeß) oder per denunciationem, indem nach fruchtloser caritativa correctio, d. h. Mahnung zur Besserung, der Richter durch die Denunziation zum Einschreiten von Amts wegen veranlaßt wird, oder endlich per inquisitionem, wofür clamosa insinuatio, also wiederholte Verzeigung, oder publica fama, d. h. Diffamation durch Gerücht Voraussetzung ist, und worauf das Offizialverfahren (aber nie auf degradatio) anhebt. Mit letzterem ist das Inquisitionsverfahren Gemeingut des abendländischen Prozeßrechts geworden. Ohne Verfahren trat Bestrafung ein bei notorium (delicta manifesta, quae iudiciarium ordinem non requirunt; hier kam es zu einer bloßen Promulgationssentenz) oder bei freiwilliger Unterwerfung. Beweismittel war namentlich der Reinigungseid mit Helfern, purgatio canonica (Gegensatz: p. vulgaris durch Gottesurteil). Das Verfahren richtete sich seit dem 12. Jahrhundert, insbesondere wegen Ketzerei, auch gegen Tote und konnte zur Ausgrabung des Leichnams aus der geweihten Erde führen (aber auch Absolution von Toten).

Hinschius, Kr. V §§ 261, 262, 264, 278, 280, 282, 284, 285; Hausmann, Geschichte der päpstlichen Reservatfälle, 1868; R. Schmidt, Die Herkunft des Inquisitionsprozesses, Freiburger Festschrift, 1902; Lex, Das kirchliche Begräbnisrecht, 1904.

Die furchtbarste Verirrung der mittelalterlichen Zwangskirche wurde die Ketzerinquisition, die ihren Anfang nahm, als seit dem 12. Jahrhundert häretische Bewegungen, wie die der französischen Katharer (daher Ketzer), in bedrohlicher Weise um sich griffen [1], und das Papsttum, anfänglich in Konkurrenz mit den bisher zuständigen Bischöfen, die Ketzerverfolgung in die Hand zu nehmen sich veranlaßt sah (1227 Gregor IX.). Zunächst wurden für die Aufspürung der Ketzer päpstliche Inquisitoren aus dem Dominikaner-, dann auch aus dem Franziskanerorden bestellt, welche bald auch die Rechtsprechung übernahmen. Das Verfahren wies gegenüber dem gewöhnlichen per inquisitionem die Besonderheit auf, daß die Namen des Anklägers und der Zeugen verschwiegen werden mußten, daß auch Infame und sonst Zeugnisunfähige als Zeugen zugelassen wurden, und daß man, nötigenfalls unter Anwendung der Folter, unter allen Umständen ein Geständnis zu erzielen suchte. Die ordentliche Ketzerstrafe war seit Friedrich II. (§ 25) die durch die weltliche Obrigkeit zu vollziehende Verbrennung. In Deutsch-

[1] Im Zusammenhang hiermit fand wohl auch die resolutiv bedingte Taufe Aufnahme ins Dekretalenrecht.

land haben der Fanatismus und das blutige Ende des ersten Ketzerrichters, Konrad von Marburg (1231—33), wenigstens die heilsame Wirkung gehabt, daß man noch ein Jahrhundert lang von päpstlichen Ketzerrichtern verschont blieb.

Hinschius, Kr. V §§ 286, 289—97; Hansen, Zauberwahn, Inquisition und Hexenprozeß im Mittelalter, 1900, Quellen und Untersuchungen zur Geschichte des Hexenwahns, 1901; Lea, A history of the Inquisition of the Middle Ages I—III, 1888 (französisch von Reinach, 3 vol., 1900/02, deutsch von Hansen, 3 Bde., 1905—13, und dazu Baumgarten, Die Werke von Henri Charles Lea, 1908); Frédéricq, Corpus documentorum inquisitionis haereticae pravitatis Neerlandicae I—V, 1889—1906; Ficker, Die gesetzliche Einführung der Todesstrafe für Ketzerei, M. d. J. f. ö. G. I, 1880; Henner, Beiträge zur Organisation und Kompetenz der päpstlichen Ketzergerichte, 1890; Theloe, Die Ketzerverfolgungen im 11. und 12. Jahrhundert, Abh. z. Mittl. und Neueren Gesch. von v. Below, Finke, Meinecke, 48. H., 1913; Havet, L'hérésie et le bras séculier au moyen âge jusqu'au 13e siècle, 1881; Molinier, L'inquisition dans le midi de la France, 1880, L'Église et la société cathare, R. h. XCIV, 1907; Tanon, Histoire des tribunaux de l'inquisition en France, 1893; Douais, La formule: communicato virorum bonorum consilio des sentences inquisitoriales, M. a. XI, 1898, S.-Raymond de Peñafort et les hérétiques, ebenda XII, 1899, Documents pour servir à l'histoire de l'inquisition dans le midi de France, 2 vol., 1901, La procédure inquisitoriale en Languedoc au 14e siècle, 1900, L'inquisition, ses origines, sa procédure, 1909; Vacandard, L'inquisition, 1909, La question albigeoise, 1910 (auch in seinen Études de critique et d'hist. rel.); Maillet, L'Église et la repression sanglante de l'hérésie, Bibl. de la fac. de phil. de Liège XVI, 1909; de Cauzons, Histoire de l'inquisition en France I, 1909, II, 1912; Braun, Die Bekämpfung der Ketzerei in Deutschland, A. f. Kulturgeschichte IX, 1912; Brunner, Ketzerei und Inquisition in der Mark Brandenburg, 1904; Flade, Römische Inquisition in Mitteldeutschland, Beitr. z. sächs. Kg., 11. H., 1896, Das römische Inquisitionsverfahren in Deutschland bis zu den Hexenprozessen, 1903; vgl. auch die Lit. zu § 29, 2 und 3 b, § 30, § 40; Krauß, Im Kerker vor und nach Christus, 1895.

§ 34. Das Vermögensrecht.

Die Beseitigung der germanischen Eigenherrschaft über höhere und niedere Kirchen bewirkt, daß die Kirchen samt dem mit ihnen verbundenen, in Benefizial- und Fabrikgut (§ 20, 1) geschiedenen Sondervermögen regelmäßig aus unselbständigen Stiftungen zum Eigentum entsprechender kirchlicher Rechtssubjekte werden. Nicht aus der Stiftung des altrömischen Rechtes, mit der seit Jahrhunderten der Zusammenhang unterbrochen war, sondern aus germanischer Wurzel ist somit die kirchliche und mittelbar die bürgerliche Anstalts- und Stiftungspersönlichkeit hervorgegangen, wenn auch natürlich mitgefördert durch die wiedererwachte Rechtswissenschaft.

Doch auch das kanonische Abgabenwesen knüpft in mehrfacher Beziehung an germanische Einrichtungen an. Der Zusammenhang der bischöflichen bzw. archidiakonalen (§ 20, 3) und der gräflichen Prokurationen und sonstigen Hebungen springt in die Augen. Das Spolien- und Regalienrecht wird von den Bischöfen und schließlich auch von den Päpsten übernommen als ius deportus (in Avignon annalia genannt) auf den Nachlaß oder einen Teil davon (ferto, d. h. ein Viertel) und auf die ganzen oder halben fructus medii temporis. Eine Leihabgabe lebt fort in der aus der Provinz übernommenen und bei der Kurie als annatae Bonifacianae ausgebauten Abgabe des halben (taxierten) Ertrags des ersten Jahres (primi fructus) von den durch den Papst nicht im Kardinalskonsistorium verliehenen Pfründen, während die vom Bischof verliehenen die primi fructus an diesen schuldeten. Die sogenannten servitia wurden von jedem erhoben, dem der Papst ein Bistum oder sonst eine Prälatur in consistorio verlieh, und zwar als servitia communia in Gestalt einer an die Kurie zu zahlenden, ein für allemal festgesetzten Summe, die zur Hälfte dem Papst und zur Hälfte den Kardinälen zugute kam (§ 30, 1; daher auch der Name), und als daneben dem Dienst- und Kanzleipersonal verfallende Nebengebühren, servitia minuta. Außerdem hat die Kurie, die, einer hinreichend fundierten und organisierten Finanzverwaltung entbehrend und große Mittel auch für nichtkirchliche Zwecke verwendend, einen gewaltigen und zum Teil begehrlichen Beamtenapparat bestreiten mußte, durch Pallientaxen, Kreuzzugssteuern und auf andere Weise die Mittel der Kirchen und Gläubigen schließlich so in Anspruch genommen, daß es kaum ein Gebiet kirchlichen Lebens gab, an das nicht Geldfragen geknüpft waren, die sich immer rücksichtsloser vordrängten. Die Temporalisierung des kirchlichen Instituts gipfelte im kirchlichen Fiskalismus.

Werminghoff, VG. §§ 34, 42; Samarian, La jurisprudence pontificale en matière de droit de dépouille (1350—1400), M. d'a. d'h. XXII, 1902; Baril, Le droit de l'évêque aux meubles des intestats étudié en Normandie, Thèse, 1911; Samarian et

Mollat, La fiscalité pontificale en France au 14e siècle, Bibl. d. écoles franç. d'Athènes et de Rome, XCVI, 1905; Kirsch, Die Annaten, H. Jb. IX, 1888, Die päpstlichen Kollektorien in Deutschland während des 14. Jahrhunderts, 1894, L'administration des finances pontificales au 14e siècle, R. h. e. I, 1900, Die Verwaltung der Annaten unter Clemens VI., R. Q. XVI, 1902, Die päpstlichen Annaten in Deutschland während des 14. Jahrhunderts I, 1903; Gottlob, Aus der Camera apostolica des 15. Jahrhunderts, 1889, Die päpstlichen Kreuzzugssteuern des 13. Jahrhunderts, 1892, Die Servitientaxe im 13. Jahrhundert, Stutz, Kr. A., 2. H., 1903, Kuriale Prälatenanleihen im 13. Jahrhundert, Vierteljahrsschr. f. Sozial- und Wirtschg. I, 1903; Fabre-Duchesne, Le liber censuum, I, II, 1889 ff., und Étude sur le l. c., 1892, La perception du cens apostolique, M. d'a. d'h. XVII, 1897; Daux, Le cens pontifical dans l'église de France, R. q. h. LXXV, 1904; Göller, Der liber taxarum der päpstlichen Kammer, Q. u. F. VIII, 1905, Die Einnahmen der apostolischen Kammer unter Johann XXII., Vat. Quellen und Forsch. d. Görres-Ges. I, 1910; Schäfer, Die Ausgaben der apostolischen Kammer unter Johann XXII. nebst den Jahresbilanzen von 1316—75, ebenda II, 1911; Hennig, Die päpstlichen Zehnten in Deutschland, 1909; Clergeac, La curie et les beneficiers consistoriaux, étude sur les communs et menus services (1300—1600), Thèse, 1911; Keller, Die Verschuldung des Hochstifts Konstanz im 14. und 15. Jahrhundert, Freiburger Diöz.-Archiv XXX, 1902; Holzapfel, Die Anfänge der Montes Pietatis (1462—1515), 1903; Muller, Der Haushalt des Utrechter Domkapitels um 1200, Westdeutsche Zeitschr. XXII, 1903; Kirchhoff, Die Organisation des Osnabrücker Kirchenvermögens in der Zeit des 12. bis 14. Jahrhunderts, Münst. phil. Diss., 1910; Ott, Die Abgaben an den Bischof .... in der Diözese Konstanz bis zum 14. Jahrhundert, Tübinger phil. Diss., 1907 (auch im Freiburger Diöz.-Arch. XXXV); Viard, Histoire de la dîme ecclésiastique dans le royaume d'Arles et de Vienne au 12e et 13e siècles, Z.³ f. RG. I, 1911, Histoire de la dîme ecclésiastique dans le royaume de France aux 12e et 13e siècles, 1912, L'évolution de la dîme ecclésiastique en France aux 14e et 15e siècles, Z.³ f. RG. III, 1913; Haensel, Die mittelalterlichen Erbschaftssteuern in England, D. Z. f. Kr. XIX, 1909, XX, 1911; Falco, Le disposizioni „pro anima" 1911; Brandileone, I lasciti per l'anima, Mem. del R. Istituto Veneto XXVIII 7, 1911; vgl. die Lit. zu §§ 18, 2 d, 27 und 41.

Fünftes Kapitel.

Die Umbildung des kanonischen Rechts zum katholischen Kirchenrecht.

§ 35. Die kirchliche und staatliche Reaktion gegen das Papalsystem.

So kühn das Papalsystem die dem Gesetz der Zeitlichkeit entrückte Gottheit für sich in Anspruch genommen hatte, die Vergänglichkeit alles Irdischen bewährte sich auch an ihm. Überspannt durch die Bonifazianer (Ägidius von Rom, Jakob von Viterbo, Heinrich von Cremona, Augustinus Triumphus), wurde es alsbald erfolgreich bekämpft von Philipp dem Schönen und dessen Legisten (Johann von Paris und Peter Dubois) sowie vor allem durch Dante (1265 bis 1321) De monarchia und durch den Defensor pacis (um 1325) der bei Ludwig dem Bayern Schutz findenden Pariser Professoren Marsilius von Padua [1] und Johann von Jandun, während der später diesem Kreise sich zugesellende Wilhelm von Occam mehr ein Notrecht der weltlichen Gewalt geltend machte. Der Sturz der mittelalterlichen Papstmonarchie ließ nicht lange auf sich warten. Das große Schisma (1378—1417) strafte die Einheit, von deren Voraussetzung das System ausgegangen war, selbst für das kirchliche Gebiet Lügen. Die unwürdige Abhängigkeit, in die das Papsttum, insbesondere gegenüber der französischen Krone, geriet (Aufenthalt in Avignon, sogenanntes babylonisches Exil, 1305—77), stellte die behauptete Superiorität an den Pranger. Der Mißbrauch der Binde- und Lösegewalt und der geistlichen Strafen zu weltlichen Zwecken (Bann um Geldschuld; Schuldbriefe mit Exkommunikationsklausel, sogenannte obligationes de nisi) verhärtete oder empörte die Seelen. Die Verderbnis an Haupt und Gliedern, der freilich nicht alle Teile in demselben Maße und in jedem Stück verfielen, war ein grausamer Hohn auf die Göttlichkeit des Systems und seiner klerikalen Träger. Alles rief nach Reform. Aber man erwartete sie nicht vom Papsttum, sondern vom allgemeinen Konzil in Verbindung mit der weltlichen Macht.

[1] Dieser lehrte u. a.: das im Konzil versammelte Volk habe allein legislative Gewalt, die Gemeinden sollten ihre Priester wählen, diese und die Bischöfe ständen sich dem Wesen ihres Amtes nach gleich, auf Grund göttlicher Einsetzung sei der Papst weder das Oberhaupt der Christenheit noch auch nur der katholischen Kirche.

Scholz, Die Publizistik zur Zeit Philipps des Schönen, Stutz, Kr. A., 6.—8. H., 1903, Marsilius von Padua und die Idee der Demokratie, Zeitschr. f. Politik I, 1907, Studien über die politischen Streitschriften des 14. und 15. Jahrhunderts, Q. u. F. XII, 1909, Unbekannte kirchenpolitische Streitschriften aus der Zeit Ludwigs des Bayern (1327—54), I, II, 1911/12 (Bibl. d. preuß. hist. Inst.); Zeck, Der Publizist Pierre Dubois, 1911; Chiapelli, Dante in rapporto alle fonti del diritto ed alla letteratura giuridica del suo tempo, Arch. stor. ital. XLI, 1908; Gausch, Staat und Kirche nach Dantes Schrift De monarchia, Th. Q. XCV, 1913; Kern, Dantes Gesellschaftslehre, Viertelj. f. Soz. u. WG. XI, 1913; Ercole, Impero e Papato nella tradizione giuridica bolognese e nel diritto pubblico italiano del Rinascimento, Atti .... della R. deputazione di storia patria per le provinzie di Romagna, 1911; Cipolla, Il papato nelle opere di Dante, 1900; Riezler, Die literarischen Widersacher der Päpste zur Zeit Ludwigs des Baiers, 1874; Cartellieri, Marsilius von Padua „Defensor Pacis", 1. Buch, 1913; K. Müller, Der Kampf Ludwigs des Baiern mit der römischen Kurie, 2 Bde., 1879 f.; Gayet, Le grand schisme d'Occident, I, II, 1889; Valois, La France et le grand schisme d'Occident, 4 vol., 1896—1902; Lizerand, Clément V et Philippe IV le Bel, 1910; Mollat, Les papes d'Avignon, 1912; Kaiser, König Karl V. und die große Kirchenspaltung, H. Z. XCII, 1903; Ranke, Geschichte der romanischen und germanischen Völker, 1494—1514 [3] sämtliche Werke 33/4, 1885; Gierke, Johannes Althusius [2], Gierkes Unters. H. 7, 1902; Loserth, Geschichte des späteren Mittelalters (§ 25), Wiclifs Lehre vom wahren und falschen Papsttum, H. Z. IC, 1907; Werner, Die Reformation des Kaisers Sigmund, 3. Erg.-H. d. A. f. Kulturgeschichte, 1908; v. Bezold, Die Lehre von der Volkssouveränität während des Mittelalters, H. Z. XXXVI, 1876; vgl. auch die Lit. zu § 44.

§ 36. Die Reformkonzilien und ihr Mißerfolg.

Auf Berufung der Kardinäle, die den beiden Gegenpäpsten Benedikt XIII. und Gregor XII. anhingen, trat 1409 die erste der mittelalterlichen Reformsynoden zu Pisa zusammen, um, allerdings ohne Erfolg, die sich befehdenden Päpste abzusetzen und, nach der Neuwahl Alexanders V. durch die vereinigten Kardinäle beider ehemaliger Obödienzen, mit diesem ein weiteres allgemeines Konzil zur Vornahme der Reform in Aussicht zu nehmen. Die hierdurch betätigte Überordnung des Konzils über den Papst trat noch mehr hervor auf dem wesentlich von König Sigismund als advocatus ecclesiae [1] betriebenen und im Einverständnis mit Johann XXIII. nach Konstanz ausgeschriebenen Konzil (1414—18), auf dem bei erweitertem Stimmrecht — es stimmten auch Prälaten, Äbte und Gelehrte sowie die geistlichen Prokuratoren weltlicher Fürsten — und bei Abstimmung nach Nationen — eine deutsche, französische, englische, italienische, seit 1416 auch eine spanische [2] — nicht bloß Glaubensstreitigkeiten entschieden und die Lehren Wiclifs und Hussens verdammt sowie das Schisma beseitigt wurden [3], sondern auch der Satz zur Verkündung gelangte, daß das allgemeine Konzil, das sich nach dem decretum Frequens zunächst nach fünf und dann nach sieben, später aber alle zehn Jahre regelmäßig versammeln sollte, als Vertretung der Gesamtkirche seine Gewalt unmittelbar von Christus habe, so daß ihm selbst der Papst in Glaubenssachen, bei der Beseitigung des Schismas und hinsichtlich der allgemeinen reformatio in capite et membris Gehorsam schuldig sei. Das Reformationsgeschäft, zu Konstanz begonnen und teils in gemeinsamen Reformbeschlüssen, teils in päpstlichen Konkordaten mit der deutschen, den vereinigten romanischen [4] und der englischen Nation besorgt, setzte 1431—43 das später nur noch als Rumpfsynode sich hinschleppende Basler Konzil fort, neben welchem 1437—49 die Papalsynode von Ferrara-Florenz tagte (1439 Union mit den Griechen). Auf diesem Basler Konzil, das durch nochmalige Erweiterung des Stimmrechts — es stimmten in den vier Deputationen (nicht mehr Nationen!) auch Doktoren und Lizentiaten beider Rechte und bloße Priester mit — ein stark demokratisches Gepräge erhielt, wurde der von Konstanz übernommene Satz: concilium superat papam geradezu zum Dogma erhoben, was freilich Eugen IV. 1439 durch die Nichtigerklärung der Beschlüsse beantwortete [5]. Jedoch selbst einem

[1] Daher auch seine spätere Teilnahme.

[2] Auch das Kardinalskolleg hatte eine Stimme.

[3] Die Wahl Martins V. erfolgte nach Absetzung Benedikts XIII. und Johanns XXIII. durch ein besonderes, aus den Kardinälen und Bischöfen zusammengesetztes Wahlkollegium.

[4] Für diese beiden wurde jetzt die Bestätigung der Bischöfe und Äbte als päpstliches Recht festgestellt.

[5] Überhaupt werden sämtliche Reformkonzilien, soweit ihre Beschlüsse nicht unter päpstlicher Mitwirkung zustande gekommen oder hinterher bestätigt worden sind, bis auf den heutigen Tag von der kurialen Theorie nicht als ökumenisch anerkannt.

Papsttum von mittelmäßiger Leistungsfähigkeit und mit sittlich tiefstehender Trägerschaft (Borgia) war der vielköpfige, zu ständischer und nationaler Sonderinteressenvertretung hinneigende konziliare Apparat nicht gewachsen, zumal er sich auch nicht auf eine wenigstens anscheinend so feste und klare Schriftgrundlage stützen konnte wie der kirchliche Monarch[1].

Hinschius, Kr. III §§ 171, 144 V und I § 28; Werminghoff, VG. § 53; Bliemetzrieder, Das Generalkonzil im großen abendländischen Schisma, 1904; Valois, Le pape et le concile, 2 vol., 1909; Kneer, Die Entstehung der konziliaren Theorie, R.Q. Supplh. I., 1893; Bliemetzrieder, Über die Konzilsbewegung zu Beginn des großen abendländischen Schismas, Bened. St. M. XXXI, 1910; Arquillière, L'origine des théories conciliaires, Acad. d. scienc. mor., Compte-Rendu CLXXV, 1911, L'appel au concile sous Philippe le Bel et la genèse des théories conciliaires, R. q. h. LXXXIX, 1911; Hirsch, Die Ausbildung der konziliaren Theorie im 14. Jahrhundert, Theol. Stud. d. Leo-Ges. 8. H., 1903; Celier, L'idée de réforme à la cour pontificale du concile de Bâle au concile du Latran, R. q. h. LXXXVI, 1909; Göller, König Sigismunds Kirchenpolitik (1404—13), 1902; Monumenta conciliorum generalium sec. XV, 2 Bde., 1857—73; Hübler, Die Konstanzer Reformation und die Konkordate von 1418, 1867; Finke, Forschungen und Quellen zur Geschichte des Konstanzer Konzils, 1889, Acta concilii Constantiensis I, 1896; J. Keppler, Die Politik des Kardinalskollegiums in Konstanz, Münst. phil. Diss., 1899; Truttmann, Das Konklave auf dem Konzil zu Konstanz, 1899; Beß, Die Annatenverhandlung der natio gallicana des Konstanzer Konzils, Z. f. Kg. XXII, 1901; Göller, Zur Geschichte der apostolischen Kanzlei auf dem Konstanzer Konzil, R.Q. XX, 1906; v. Pflugk-Harttung, Die Wahl des letzten kaiserlichen Gegenpapstes (Nikolaus V.), Z. f. Kg. XXII, 1901; Calmette, L'élection du pape Nicolas V, M. d'a. d'h. XXIII, 1903; Kehrmann, Die Capita agendorum, Hist. Bibl., 1903; Rohde, Verfasser und Entstehungszeit der Capita agendorum, Z. f. Kg. XXXIV, 1913; Concilium Basiliense, Studien und Quellen, hrsg. von Haller u. A., I—V, VII, 1896—1910; Lazarus, Das Basler Konzil, seine Berufung und Leitung, seine Gliederung und seine Behördenorganisation, Eberings Hist. Stud. C, 1912; Eubel, Die durch das Basler Konzil geschaffene Hierarchie, R.Q. XVI, 1902; Haller, Die Kirchenreform auf dem Konzil zu Basel, Prot. d. Hauptvers. d. Gesamtv. der deutschen Gesch.- u. Altert.-Vereine, 1910; Pérouse, Le cardinal Louis Aleman et la fin du grand schisme, 1904; P. V. Vannutelli, Il concilio di Firenze, 1899; Norden (§ 29, 1).

Nur in Frankreich, wo vielleicht die selbständige Haltung Englands gegenüber dem Papsttum (1164 Heinrichs II. Konstitutionen von Clarendon) zum Vorbild genommen wurde (Statute of Provisors von 1351, erneuert und verschärft 1365, 1391) wurden die meisten Basler Beschlüsse einschließlich des Satzes von der Superiorität des Konzils mit einigen selbständig vorgenommenen Änderungen von einer Nationalsynode zu Bourges gutgeheißen und durch Karls VII. pragmatische Sanktion von Bourges am 7. Juli 1438 bestätigt. Doch hat ihre Errungenschaften später ein 1516 von Leo X. und Franz I. vereinbartes Konkordat zwischen Papst und König aufgeteilt. Dagegen gelang es in Deutschland nach vorheriger beschränkter Annahme durch die Mainzer Akzeptation von 1439 zunächst der geschickten und skrupellosen[2] Politik Eugens IV., dank der Uneinigkeit Friedrichs III. und der Fürsten, am 5. Februar 1447 durch die sogenannten Fürstenkonkordate (ein Breve und drei Bullen) die Ergebnisse des Basler Konzils unter Umgehung einer Anerkennung des neuen Konziliarrechts zu beschneiden[3]. Ja, Nikolaus V. wußte durch das sogenannte Wiener (oder Aschaffenburger) Konkordat mit Friedrich III. (ein gemeinsames Schriftstück!) vom 17. Februar 1448 die Basler Errungenschaften vollends zunichte zu machen[4].

Hinschius, Kr. III §§ 171, 177; Werminghoff, VG. § 25; Holtzmann, Französische VG. (§ 23) S. 434 ff.; Haller, Der Ursprung der gallikanischen Freiheiten, H. Z. XCI,

---

[1] Der literarische Hauptvertreter des Papsttums war der spanische Predigerkardinal Torquemada (Turrecremata) mit seiner Summa de ecclesia et eius auctoritate um 1450, während den Konzilsstandpunkt der allerdings später zu Eugen IV. unter Widerrufung seiner früheren Ansicht übergehende Nikolaus von Kues (an der Mosel) in seiner Concordantia catholica vertrat. Diese beiden waren übrigens die ersten, die Zweifel an der Echtheit Pseudoisidors äußerten; sie gaben ihnen aber keine Folge. Ehses, Der Reformentwurf des Kardinals Nikolaus Cusanus, H. Jb., XXXII, 1911; Albert, Nikolaus von Kues und seine Stellung zu der Lehre vom päpstlichen Primat, Festgabe f. Grauert, 1910.

[2] Bald nachher wird durch Calixt III. die Ansicht vertreten, die Konkordate bänden nur die Nationen, nicht aber die Kurie als Verleiherin des Privilegs.

[3] In einem geheimen Salvatorium widerrief Eugen IV. am 5. Februar 1446 alle Zugeständnisse.

[4] Z. B. wird das päpstliche Besetzungsrecht für niedere Benefizien in den ungeraden Monaten (menses papales) nunmehr anerkannt.

1903, Papsttum und Kirchenreform I, 1903, Die pragmatische Sanktion von Bourges, H. Z. CIII, 1909; Valois, Histoire de la Pragmatique Sanction de Bourges sous Charles VII, Arch. de l'hist. rel. IV, 1906, Concordats antérieurs à celui de François Ier, R. q. h. LXXVII, 1905; Thomas, Le concordat de 1516 I—III, 1910; Imbart de la Tour, Les origines de la Réforme, le gallicanisme et la restauration papale, la préparation du Concordat de 1516, Correspondant, 1905; Martin, L'assemblée de Vincennes de 1329 et ses conséquences, 1909; Denifle, La désolation des églises, monastères et hôpitaux en France vers le milieu du 15e siècle I, II, 1897—99; Fueter, Religion und Kirche in England im 15. Jahrhundert, 1904; Hatschek, Englische VG. (§ 18, 1) S. 162 ff., 309 ff.; Werminghoff, Nationalkirchliche Bestrebungen im deutschen Mittelalter, Stutz, Kr. A. 61. H., 1910; vgl. Lit. zu § 50 S. 383 A. 2.

§ 37. Die Wiedererhebung des Papsttums; das Konzil von Trient.

Trotz Beseitigung des Schismas (der Basler Felix V. letzter Gegenpapst) hörten die Berufungen an ein allgemeines Konzil, obschon 1459 durch Pius II. (Bulle Exsecrabilis) mit Exkommunikation bedroht, nicht auf, auch nicht, nachdem Julius II. und Leo X. 1512—17 wiederum ein in den Geleisen der mittelalterlichen Papstsynode sich bewegendes fünftes Laterankonzil [1] — stimmberechtigt nur Prälaten, Abstimmung nach Köpfen, Publikation in Form päpstlicher Anordnung sacro approbante concilio — veranstaltet hatten.

Ranke, Die römischen Päpste in den letzten vier Jahrhunderten [10], 3 Bde., sämtliche Werke 37—39, 1900; Pastor, Geschichte der Päpste seit dem Ausgang des Mittelalters [4] I—VI, 1899 ff.; Ehrhard, Der Katholizismus und das 20. Jahrhundert im Lichte der kirchlichen Entwicklung der Neuzeit, 12. Tauf., 1902; Souchon, Die Papstwahlen von Bonifaz VIII. bis Urban VI., 1888, Die Papstwahlen in der Zeit des großen Schismas, 2 Bde., 1898; Hinschius, Kr. III § 172 I—IV.

Da kam Abhilfe auf inoffiziellem Wege, indem die von Luther und den übrigen Reformatoren entfachte Bewegung mit elementarer Gewalt die überlieferte Verquickung von Glauben und Recht und mit ihr das mittelalterliche Kirchentum für ihre Anhänger beseitigte. Da sie aber nur zur Kirchentrennung und nicht zur Umbildung, sondern zur Abstoßung des katholischen Kirchenrechts führte, macht sie in dessen Geschichte keinen Einschnitt, wiewohl sie auch in dieser Hinsicht nicht ganz ohne Rückwirkung blieb. Denn sie beraubte für Jahrhunderte die auch nach der katholischen Gegenreformation in der Minderheit katholisch verbliebene und fortan den leitenden kirchlichen Kreisen wegen der Berührung mit der Ketzerei stets mehr oder weniger verdächtige deutsche Nation fast ganz ihres bisherigen Einflusses auf die Entwicklung der Gesamtkirche. In Recht und Kult geriet die katholische Kirche von nun an immer mehr in die Hände der Romanen und der 1534 von dem Spanier Ignatius von Loyola gegründeten, 1540 von Paul III. (Bulle Regimini militantis ecclesiae) approbierten Gesellschaft Jesu, die bis heute „das Mal ihrer Geburt in dem Spanien des 16. Jahrhunderts in ihrer eigenartigen politischen und religiösen Physiognomie deutlich an der Stirne trägt". Und sodann hat die Reformation der konziliaren Bewegung endgültig den Todesstoß versetzt und dem auf die Wiederherstellung seines Absolutismus bedachten Papsttum wirksam in die Hände gearbeitet.

Gothein, Ignatius von Loyola, 1895; Thompson, Saint Ignatius Loyola, 1909; Meyer, Die Missionspläne des Ignatius von Loyola und die Gründung des Jesuitenkollegs in Messina im Jahre 1548, H. Z. CI, 1908; Crétineau-Joly, Histoire de la Compagnie de Jésus [3], 6 Bde., 1859; Boehmer, Die Jesuiten [3], 1913 (auch französisch, übersetzt von Monod [2], 1910), wo auch die neueste Lit. zur Geschichte des Jesuitenordens in den außerdeutschen Ländern verzeichnet ist; Duhr, Jesuitenfabeln [4], 1899, Geschichte der Jesuiten in den Ländern deutscher Zunge, 3 Bde., 1907—13; Stoeckius, Forschungen zur Lebensordnung der Gesellschaft Jesu im 16. Jahrhundert I, II, 1910/11, Die Reiseordnung der Gesellschaft Jesu im 16. Jahrhundert, Heidelberger Ak. S. B., phil.-hist. Kl., 1912; Braunsberger, Canisii epistolae et acta I—VI, 1896—1913.

Das allgemeine Konzil zu Trient [2], wiederholt ausgeschrieben und von 1545—63 mit langen Unterbrechungen tagend, stellte sich, obschon eine Erörterung des Verhältnisses von

[1] Es hat die gegenüber Frankreich 1306 zurückgenommene Bulle Unam sanctam (c 2 de priv. in Extrav. comm. V 7) als gemeines Kirchenrecht ausdrücklich aufrechterhalten.

[2] Nicht ein Dutzend Deutsche standen über dritthalbhundert anderen, meist italienischen und spanischen Konzilsvätern gegenüber. Ehses, Die Vertretung des deutschen Episkopates auf dem Trienter Konzil 1545—47, Görres-Ges., 3. Vereinsschrift f. 1912.

Papst und Konzil im Hinblick auf die Protestanten [1] geschickt vermieden wurde, sogar formell durchaus unter päpstlichen Einfluß. Nicht nur wurde ihm von päpstlichen Legaten präsidiert, und war es auf die Beratung der von ihnen gemachten Vorlagen beschränkt, auf welche hin die Beschlüsse [2] — wie seit Konstanz üblich, in Plenarversammlungen (congregationes generales) vorbereitet und formuliert und in feierlichen sessiones publicae zur Abstimmung gebracht; stimmberechtigt: Kardinäle, Bischöfe, Äbte und Ordensgenerale, aber, mit einer speziellen Ausnahme, keine Prokuratoren Abwesender — ergingen, die, soweit sie die Reform und die kirchliche Disziplin betrafen, durch eine Generalklausel als unter Vorbehalt der päpstlichen Autorität (Dispensationsmöglichkeit!) gefaßt bezeichnet wurden [3]. Vielmehr unterstellte das Konzil am Ende alle seine Beschlüsse der päpstlichen Bestätigung, die denn auch am 26. Januar 1564 (Bulle Benedictus Deus) erfolgte. Aber auch inhaltlich erfocht auf ihm das Papsttum einen vollen Sieg. Die dogmatischen Beschlüsse, die, in 12 von den 25 Sessionen beschlossen, in Dekreten niedergelegt, in canones zusammengefaßt und unter Androhung des Anathems publiziert wurden, präzisierten in scharfem Gegensatz zum Protestantismus die Ergebnisse der mittelalterlich-scholastischen Theologie, z. B. in der Sakramentenlehre, für die nunmehr die Siebenzahl und der Sakramentscharakter von Ehe, Ordination und Firmung dogmatisch sichergestellt wurden. Und die in den decreta de reformatione niedergelegten Reformbeschlüsse von zehn Sessionen, wozu in sessio XXIV noch das besondere decretum de reformatione matrimonii mit dem cap. 1 Tametsi [4] vom 11. November 1563 kam, brachten manche wichtige und wirkliche Verbesserung, aber, ohne Erhörung der letztmals von der katholischen Partei auf dem Nürnberger Reichstag 1522 formulierten gravamina nationis Germanicae, durchaus im Sinn einer um die Bischöfe und durch sie um das Papsttum zu vollziehenden monarchischen Konzentration. Dem Papsttum wurde überdies eine Reihe von sehr wichtigen, aber nicht erledigten Gegenständen wie Katechismus [5], Index [6], Missale [7], Brevier [8] zu selbständiger Erledigung überlassen. Es hat denn auch weiterhin, teils durch Auslegung, Anwendung und Dispensation von Trienter Beschlüssen, wofür Pius IV. 1564 (Motuproprio Alias nos nonnullas) die römische Congregatio cardinalium concilii Tridentini interpretum einsetzte, teils durch zahllose eigene gesetzgeberische Erlasse, von denen Benedikt XIV. die seinigen 1746 noch einmal zur Benutzung als Rechtsquelle an die Universität Bologna sandte, die gemeinkirchliche Rechtsbildung in der Hand behalten.

Hinschius, Kr. I § 55, III § 172 V—VII; Concilium Tridentinum, diariorum, actorum, epistularum nova collectio ed. Soc. Goerres. I, II (ed. Merkle), 1901, 1911, IV, V (ed. Ehses) 1904, 1911 und dazu Merkle, Z.³ f. KG. II, 1912 S. 345 ff.; Druffel-Brandi, Monumenta Tridentina I (5 Hefte), 1899; Susta, Die römische Kurie und das Konzil von Trient I—III, 1904—11; Ancel, Paul IV. et le concile, R. h. e. VIII, 1907; Canones et decreta Concilii Tridentini edd. Richter et Schulte, 1853; Sarpi, Istoria del concilio di Trento 1619, deutsch von Winterer², 4 Bde., 1844 ff.; Pallavicino, Istoria del concilio di Trento 1652 ff., deutsch von Klitsche, 8 Bde., 1835—36; Galante, Kulturgeschichtliche Bilder aus der Trienter Konzilszeit, 1911; Swoboda, Das Konzil von Trient, sein Schauplatz, Verlauf und Ertrag², 1913; Carcereri, Il concilio di Trento della traslazione a Bologna alla sospensione, 1910; Mumm, Die Polemik des Martin Chemnitz gegen das Konzil von Trient I, 1905; Braunsberger, Pius V. und die deutschen Katholiken, St. M.-L.

[1] Es haben es nur 1551 einige evangelische Stände unter kaiserlichem Druck für kurze Zeit beschickt.

[2] Eingeführt mit: Sacrosancta oecumenica et generalis Tridentina synodus in Spiritu sancto legitime congregata praesidentibus in ea eisdem tribus apostolicae sedis legatis declarat etc.

[3] Ut in his salva semper auctoritas sedis apostolicae et sit et esse intelligatur.

[4] Nämlich dubitandum non est clandestina matrimonia libero contrahentium consensu facta rata et vera esse matrimonia, ... nihilominus sancta Dei ecclesia ex iustissimis causis illa semper detestata est atque prohibuit.

[5] Pius V. 1566.

[6] Verzeichnis der verbotenen Bücher, erstmals unter Pius IV. 1564 erschienen; Reusch, Die Indices librorum prohibitorum des 16. Jahrhunderts, Bibl. d. Lit. Ver. in Stuttgart CLXXVI, 1886.

[7] Von Pius V. 1570, verbessert 1604 und 1634. Das Pontifikale von Klemens VIII. 1596, verbessert 1644, vermehrt 1752; das Ceremoniale der Bischöfe von Klemens VIII. 1600, verbessert 1650, 1727, revidiert 1752; das Rituale von Paul V. 1614, revidiert 1752.

[8] Revision des von Gregor IX. 1241 herrührenden durch Pius V. 1568, verbessert 1602, 1631.

CVIII, Erg.-H., 1912; Grisar, Die Frage des päpstlichen Primates und des Ursprunges der bischöflichen Gewalt auf dem Konzil von Trient, Z. f. k. Th. VIII, 1884; Gebhardt, Die Gravamina der deutschen Nation[2], 1895; Stutz, Parochus (§ 19 S. 305 A. 1); Sägmüller, Die Geschichte der Congregatio Concilii vor dem Motuproprio Alias .... von 1564, A. f. k. Kr. LXXX, 1900; Mayer, Das Konzil von Trient und die Gegenreformation in der Schweiz, I, II, 1900/03; Reinhardt und Steffens, Studien zur Geschichte der katholischen Schweiz im Zeitalter Carlo Borromeos, 1911.

§ 38. Die Kirche und der souveräne Staat; ständige Nuntiaturen.

Natürlich suchte das Papsttum diese seine wiedergewonnene kirchliche Machtstellung alsbald auch zur Erneuerung der früheren Weltherrschaft zu benutzen. Hier aber mit völligem Mißerfolg, trotzdem die Jesuiten Bellarmin (1542—1621)[1] und Suarez (1548—1617)[2] das mittelalterliche, eine potestas directa des Papstes über die Temporalien involvierende System zu der Lehre von der päpstlichen potestas indirecta abschwächten, welche dem Papst die Substanz der weltlichen Gewalt absprach, um mit einem päpstlichen Aufsichts- und Korrektionsrecht gegenüber religions- und kirchenhinderlichen Maßnahmen der Regierungen der Kirche und ihrer Gesetzgebung doch die Superiorität praktisch zu wahren (Glaubenszwang, privilegium fori et immunitatis, Vorrang des kirchlichen Rechts und Möglichkeit päpstlicher Ungültigkeitserklärung weltlicher Gesetze beibehalten). Zwar, wo es sich um neue Verhältnisse und ihren Vorteil handelte, ließen sich die Staaten, namentlich in der ersten Zeit, päpstliche Weltmachtsprüche, wenigstens mitunter, gefallen. So hat Alexander VI. 1493 durch die Bulle Inter cetera divinae die Neue Welt zwischen Spanien und Portugal geteilt. Aber wie später über diesen, so ist die Geschichte auch über andere, freilich zum Teil nur als Rechtsverwahrungen gedachte päpstliche Akte einfach zur Tagesordnung übergegangen, so über die Exkommunikation Heinrichs VIII. und Elisabeths von England sowie die Entbindung von der Untertanentreue ihnen gegenüber durch Paul III. (Konst. Eius qui 1535, Redemptor 1538) und Pius V. (Regnans in excelsis 1570), so ferner über die Kassation des Westfälischen Friedens durch Innozenz X. (Zelo domus Dei 1648) und über die Anfechtung der Erhebung Preußens zum Königreich (Konsistorialrede Klemens' XI. 1701). Selbst die Einrichtung ständiger Nuntiaturen, (Venedig 1500, Kaiserhof 1513), Luzern 1578, Graz 1580, Wien 1581, Köln 1584, Brüssel 1597, die, außer den kirchlichen Zwecken der Überwachung der Bischöfe und der Leitung der Protestantenmission, namentlich der weltlichen Politik des Papsttums dienten, hat den Päpsten wohl vielfache Gelegenheit auch zu innerpolitischer Einmischung, aber nie mehr die Möglichkeit der Weltbeherrschung verschafft. Vollends als der moderne, auf den Souveränitätsbegriff sich stützende Staat überall dem Papsttum entgegentrat, und die katholischen Mächte es unter Klemens XIV. 1770 selbst zur Unterlassung der Publikation der 1627 endgültig abgeschlossenen Exkommunikationsbulle In Cena Domini (§ 29, 2) sowie 1773 (Bulle Dominus ac redemptor) zur Aufhebung des Jesuitenordens nötigten, da war an die Wiederbelebung der Papstherrschaft über die Temporalien nicht mehr zu denken. In demselben 18. Jahrhundert, da das kirchliche Recht durch die Theorie und Praxis Benedikts XIV.[3] eine bis dahin unerreichte Vollendung erhielt, vollzog sich endgültig seine Umwandlung aus einem geistlichen Weltrecht zum Sonderrecht der weitaus größten, aber auch im Abendland längst nicht mehr einzigen christlichen Kirche; das kanonische Recht (ius canonicum) wurde zum bloßen katholischen Kirchenrecht (ius ecclesiasticum[4] Catholicorum).

---

[1] De summo pontifice libri V. in den Disputationes de controversiis christianae fidei, 3 Bde., 1571—83, zunächst auf den Index gesetzt, und De potestate summi pontificis in rebus temporalibus contra Barclaium, 1604. Timpe, Die kirchenpolitischen Ansichten und Bestrebungen des Kardinals Bellarmin, Kirchengesch. Abh. von Sdralek III, 1905; de la Servière, Les idées politiques du cardinal Bellarmin, R. q. h. LXXXII, 1907, LXXXIII, 1908, La théologie de Bellarmin, Bibl. de théol. hist. de l'Inst. cath. de Paris, 1908.

[2] Defensio fidei catholicae et apostolicae adversus Anglicanam sectam, 1613.

[3] Prospero Lambertini von Bologna schrieb besonders De servorum Dei beatificatione et beatorum canonizatione (1734/38) und als Papst sein Meisterwerk, De synodo dioecesana libri XIII (1748).

[4] Vgl. Stintzing, Geschichte der deutschen Rechtswissenschaft II, 1884 S. 89.

Friedberg, Die Gränzen zwischen Staat und Kirche, 1872; v. Ranke, Die Idee der Volkssouveränität in den Schriften der Jesuiten[1], sämtliche Werke Bd. 24, 1877; Ziekursch, Papst Clemens' XI. Protest gegen die preußische Königswürde, Festgabe f. Heigel, 1903; Vota, Der Untergang des Ordensstaates Preußen und die Entstehung der preußischen Königswürde, 1911; Hinschius, Kr. I § 72, V § 303; A. O. Mayer, England und die katholische Kirche unter Elisabeth I., Bibl. d. preuß. hist. Inst. VI, 1911; Hatschek, Englische VG. (§ 18, 1) S. 549 ff.; Ritter, Das römische Kirchenrecht und der Westfälische Friede, H. Z. CI, 1908; Pieper, Zur Entstehungsgeschichte der ständigen Nuntiaturen, 1894, Die päpstlichen Legaten und Nuntien I, 1897. Über die vom Preuß. hist. Institut in Rom und von der Görresgesellschaft bisher herausgegebenen Nuntiaturberichte aus Deutschland siehe Knöpfler, Kg. S. 634 N. 1 sowie neuestens Cardauns, Nuntiaturen Morones und Poggios, Legationen Farneses und Cervinis (1539—40), 1909, Gesandtschaft Campegios, Nuntiaturen Morones und Poggios (1540—41), 1910, Berichte vom Regensburger und Speierer Reichstag 1541, 1542, Nuntiaturen Verallos und Poggios, Sendungen Farneses und Sfondratos, 1912; Friedensburg, Nuntiatur des Bischofs Pietro Bertano von Fano (1548—49), 1910; A. O. Meyer, Die Prager Nuntiatur des Giovanni Stefano Ferreri und die Wiener Nuntiatur des Giacomo Sera (1603—06), 1911—13; Schweizer, Die Nuntiatur am Kaiserhofe, 2. Hälfte, Antonio Puteo in Prag 1587—89, 1912; Cauchie, L'extension de la juridiction du nonce de Bruxelles (1781), Bull. de la comm. royale d'hist. de Belgique LXXII, 1903; Richard, Les origines de la nonciature de France, R. q. h. LXXVIII, 1905, Origines des nonciatures permanentes, R. h. e. VII, 1906, Origines de la nonciature de la France (1513 bis 1521), R. q. h. LXXX, 1906, LXXXV, 1909, Le secret du pape, un légat apostolique en France (1742—56), R. q. h. XCII, 1912; Maere, Les origines de la nonciature de Flandre, R. h. e. VII, 1906; Biaudet, Les nonciatures apostoliques permanentes jusqu'en 1648, Ann. Acad. Scient. Fennicael. II 1, 1910.

§ 39. Das Staatskirchentum.

Aber selbst auf kirchlichem Gebiet wurde das katholische Recht in seiner Geltung nunmehr sehr beschränkt.

1. Außerhalb Deutschlands. Schon die vorreformatorische Zeit hatte Anfänge eines Landeskirchentums gezeitigt und den laikalen Gewalten von neuem in Gestalt eines Notrechts die Möglichkeit gegeben, im Fall der Verwahrlosung in die kirchlichen Verhältnisse ihrer Territorien, z. B. durch Visitationen und Reformationen oder gar Aufhebungen von Klöstern sowie durch Beschränkung des Erwerbs der toten Hand (leges de amortizando, zuerst, seit dem 13. Jahrhundert, in den Städten) sich einzumischen. Da damals und später im 16. sowie im 17. Jahrhundert während der Religionskriege das Papsttum der Unterstützung durch die katholischen Landesherren dringend bedurfte, sah man sich zu weiteren Zugeständnissen genötigt. Diese erfolgten zum Teil in einer wenigstens der Form nach die Prärogativen der Kirche wahrenden Art. Als weltlicher legatus natus papae nahm der König beider Sizilien, allerdings eigenmächtig, mit Erfolg primatiale Jurisdiktionsrechte in Anspruch (monarchia Sicula von dem seit Ferdinand dem Katholischen üblichen Titel monarca = Inhaber der gesamten, auch der geistlichen Gewalt). Ebenso der König von Ungarn, weswegen seit der Verleihung durch Klemens XIII. 1758 Maria Theresia und ihre katholischen Nachfolger für die Stephanskrone den Titel „Apostolische Majestät" führen[1]. Dahin gehört auch die Einräumung eines Nominations-, d. h. maßgebenden Vorschlagsrechtes für Bischofsstühle und Kanonikate durch päpstliches Indult an katholische Fürsten trotz der jede Beeinflussung durch einen Laien ausschließenden kanonischen Bestimmungen, so 1447 für Friedrich III. (persönlich, an den jeweiligen Herzog von Österreich erst seit Sixtus IV. 1480) für einzelne Bistümer seiner österreichischen Erblande und an Kurfürst Friedrich II. von Brandenburg für die schon zuvor unter brandenburgische Landesherrlichkeit geratenen bischöflichen Kirchen von Havelberg, Brandenburg und Lebus (Preis für die Konkordate, § 36), an Spanien durch ein Konkordat von 1482 und an Frankreich im Konkordat von 1516 für die spanischen und französischen Bischofsstühle, 1690 und 1716 an Portugal für die portugiesischen. In anderen

[1] Noch heute hat der König von Ungarn gewisse kirchliche Prärogativen, z. B. das Recht, sich das apostolische Kreuz vortragen zu lassen. Auch ernennt er auf 33 ehemals ungarische Bistümer. Allein die betreffenden ungarischen Pfarrer werden von Rom nur als solche anerkannt, nicht als Bischöfe, so daß z. B. auf die 3 (jetzt dalmatinischen, aber zu den 33 ehemals ungarischen gehörenden) Bistümer Sebenico, Veglia und Pharos, unter Ignorierung der ungarischen episcopi electi dieser Titel, stets andere (vom Kaiser von Österreich als solchem nominierte) Bischöfe instituiert werden (A. f. k. Kr. LXXII, 1894, S. 401).

Fällen erfolgte die Ausgestaltung der fürstlichen Rechte über die Kirche im Widerstreit mit ihr. So namentlich in Frankreich. Hier war man darauf bedacht, die Interessen der Krone mit denjenigen eines ihr dienstbaren Nationalkirchentums (§ 41) zusammen in Schutz zu nehmen [1]. Hier hat denn auch zuerst eine Ordonnanz Ludwigs XI. von 1475 ganz allgemein die vorgängige Vorlegung der päpstlichen Erlasse zum Zweck der Verhinderung ihrer Veröffentlichung und Durchführung im Fall eines Verstoßes gegen die französischen Interessen gefordert (placetum regium), indes den Synoden gegenüber das Erfordernis der Genehmigung des Zusammentritts denselben Dienst tat. Fast gleichzeitig wurde im Anschluß an die Pragmatische Sanktion von Bourges (§ 36) der sogenannte appel comme d'abus, der Sache nach schon geraume Zeit vorher vorhanden, systematisch ausgebaut und im 16. Jahrhundert (Ordonnanz von Villers-Cotterets 1539) gesetzlich geregelt (recursus ab abusu). Er ging an die Parlamente genannten Gerichtshöfe und richtete sich gegen jeden Eingriff der geistlichen Strafgewalt in das weltliche und das vom Staat oder unter seinem Schutz geregelte kirchliche Recht. Beide Einrichtungen haben sich trotz päpstlicher Proteste und Verbote in Frankreich behauptet [2], wie denn z. B. das Tridentinum infolge Verweigerung des Plazets nicht als solches, sondern nur in einzelnen Bestimmungen durch königliche Ordonnanzen in Geltung trat. Beide Einrichtungen fanden auch in Spanien, den Niederlanden, den beiden Sizilien und in Sardinien Eingang.

Hinschius, Kr. I § 71, II § 125, III § 190, VI § 375; Holder, Das kirchliche Vermögensrecht des Kantons Freiburg (Amortisationsgesetze) 1902, Die neueren Forschungen zur Geschichte der staatlichen Amortisationsgesetzgebung, A. f. k. Kr. LXXXIV, 1904; Tournyol du Clos, Les amortissements de la propriété ecclésiastique sous Louis XIII (1639—40) Thèse, 1912; Döberl, Der Ursprung der Amortisationsgesetzgebung in Bayern, Forsch. zur Gesch. Bayerns X, 1903; Sentis, Die Monarchia Sicula, 1869; Scaduto, Stato e chiesa nelle due Sicilie, 1887; Caspar, Die Gründungsurkunden der sizilianischen Bistümer und die Kirchenpolitik Graf Rogers, Berliner phil. Diss., 1902, Roger II. und die Gründung der normannisch-sizilischen Monarchie, 1904; Kirsch, Das durch Benedikt XIV. 1753 mit Spanien abgeschlossene Konkordat, A. f. k. Kr. LXXX, 1900; Holtzmann, Französische VG. (§ 23) S. 434 ff.; Desdevises du Dezert, L'Église et l'État en France, 2 vol., 1907—09; Viollet, Le roi et ses ministres pendant les trois derniers siècles de la monarchie, 1912; Dubruel, Innocent XI et l'extension de la Régale, R. q. h. LXXXI, 1907; Delannoy, La juridiction ecclésiastique en matière bénéficiale sous l'ancien régime I, 1910; Fébure, L'application du Concile de Trente et l'excommunication pour dettes en Franche-Comté, R. h. CIII, 1910; Galante, Il diritto di placitazione e l'economato dei benefici vacanti in Lombardia, 1894; Peluso, Il diritto di placitazione nelle due Sicilie dai Normanni al concordato del 1818, 1897; Della Porta, Il diritto di placitazione in Piemonte, I, 1903; Petri, Geschichte des Placets, Erlanger jur. Diss., 1899; Renard, L'appel comme d'abus, 1896; Combet, Louis XI et le Saint-Siège (1461—83), 1903.

2. Praktisches Staatskirchentum im älteren Deutschland. Im Deutschen Reich und seinen Territorien fanden, wenn man von der österreichischen Entwicklung seit dem 17. Jahrhundert absieht, Plazet und recursus ab abusu nur vereinzelt Anwendung. Hier besaßen die Landesherren schon früh eine starke kirchliche Stellung. Sie stützte sich teils auf die Advokatie, welche namentlich bei ihrer Anwendung auf Klöster in den letzten Zeiten des Eigenkirchenrechtes diesem mancherorts stark angeglichen worden war und eine Reihe von Befugnissen, die, wie das Regalien- und Spolienrecht, auf jenes Wurzel erwachsen waren, übernommen hatte, um sie nach dessen Falle gegenüber einfachen Kirchen und gegenüber Klöstern aufrechtzuerhalten; teils baute sie sich auf Überreste des Eigenkirchenrechtes selbst auf. Dieses war nur, soweit das geistliche Amt (officium) in Betracht kam, dem Patronatrecht unterlegen. Bezüglich der Temporalien führte es als Kirchenlehensherrlichkeit auch weiter ein wenig bemerktes, aber um so kräftigeres Dasein. Als nun die Landeshoheit sich ausbildete und allmählich eine Erweiterung der Staatsaufgaben (Polizeiverordnungsrecht) nach sich zog, griff sie diese Kirchenlehensherrlichkeit gleich anderen öffentlichrechtlichen Bestandteilen des deutschrechtlichen Grundeigentums auf und führte sie durch ihr dominium eminens hindurch dem öffentlichen Recht zu (im Norden z. B. seit dem 13. Jahrhundert im Deutschordensland und in der Mark Brandenburg, im Süden seit dem 14. Jahrhundert in den habsburgischen Gebieten; vgl. das Urbar von

[1] Coqueville (um 1590): En France le roi est chef de tout le corps politique, dont l'église est membre ; Pithou (1594): Le roi, dans la pratique, est plus chef de l'église que le pape en France.

[2] Fénélon meinte sogar: abus énormes des appels comme d'abus.

1302 ff. und zahlreiche Urkunden, worin die Herzöge sich den Patronat ratione ducatus zuschreiben). Ja, sie wußte sich durch den wenigstens im Norden oft mit einzelnen Kirchen verbundenen und dem Patronat gleichfalls unterstellten Landarchidiakonat (in Friesland wird er vom laikalen Etheling selbst ausgeübt!) sogar jurisdiktionelle Befugnisse zu sichern. So ergänzte sich das aus der Advokatie stammende Notrecht fast überall durch zahlreiche Stellenbesetzungs- und Kirchengutsverfügungsrechte, wie denn die Landesherren unbedenklich Inkorporationen selbst vorgenommen haben, z. B. die österreichischen Erzherzöge Albrecht und Sigismund 1456—60 für die zu gründende Universität Freiburg. Schon um die Mitte des 14. Jahrhunderts hatte Herzog Rudolf IV. von Österreich das ihm nachmals überall von den Landesherren nachgesprochene Wort geäußert: „In meinem Lande will ich Papst, Erzbischof, Bischof, Archidiakon, und Dekan sein", und in der Folgezeit entstand das allerdings gerade für dieses Gebiet wenig zutreffende Sprichwort: Dux Cliviae est papa in territoriis suis, ein Grundsatz, der nach der Reformation unter dem Einfluß des evangelischen landesherrlichen Kirchenregiments [1] noch eine Steigerung erfuhr. Namentlich in Bayern unter Herzog Maximilian I. (1595—1651) und ganz besonders unter Maximilian Joseph III. (1745—77) wurde dieses mehr praktisch gerichtete Staatskirchentum nach allen Richtungen hin energisch gehandhabt; es äußerte sich z. B. in zahlreichen Klosterreformationen und -säkularisationen und in der Errichtung eines Religions-, später Geistlichen Rats (1557—1802) für die landesherrliche Behandlung der Kirchensachen.

Werminghoff, VG. §§ 27, 28, Neuere Arbeiten über das Verhältnis von Staat und Kirche in Deutschland während des späteren Mittelalters, H. V. 1908; Rodenberg, Kirche und Staat im Mittelalter und die Entstehung der sogenannten Landeskirchen des 15. Jahrhunderts, Mitteilungen des Vereins f. Schleswig-holst. Kg. V, 1911; Maag und Schweizer, Das habsburgische Urbar I, II, in den Quellen z. Schweizer Geschichte XIV, XV, 1894, 1899; Stutz, Das Habsburgische Urbar und die Anfänge der Landeshoheit, Z.² f. R.G. XXV, 1904; v. Brünneck, Beiträge zur Geschichte des Kirchenpatronats in den deutschen Kolonisationslanden I (Ost- und Westpreußen), 1902, II (Mark Brandenburg), 1904, Die Verbindung des Kirchenpatronats mit dem Archidiakonat, Hall. Festgabe f. Fitting, 1902; Priebatsch, Staat und Kirche in der Mark Brandenburg am Ende des Mittelalters, Z. f. Kg. XIX bis XXI, 1899—1901; Hennig, Die Kirchenpolitik der älteren Hohenzollern in der Mark Brandenburg und die päpstlichen Privilegien von 1447, 1906; v. Sommerfeld, Zur Geschichte des Verhältnisses von Staat und Kirche in der Mark Brandenburg während des Mittelalters und der Reformationszeit, Festschrift f. Delbrück, 1908; Kalkoff, Die Beziehungen der Hohenzollern zur Kurie unter dem Einfluß der lutherischen Frage, Q. u. F. IX, 1906; v. Schubert, Die Entstehung der schleswig-holsteinischen Landeskirche, 1895 (auch in der Zeitschr. der Gesellsch. f. schleswig-holstein. Geschichte XXIV, 1894), Kirchengeschichte Schleswig-Holsteins I, Schrift d. Ver. f. schlesw.-holst. Gesch. I 3, 1907; Wctzstein, Die Gründung der evangelischen Landeskirche in Mecklenburg, 1900; Weißbach, Staat und Kirche in Mecklenburg in den letzten Jahrzehnten vor der Reformation, Jbb. d. Ver. f. mecklenb. Gesch. LXXV, 1910; Martens, Die hannoversche Kirchenkommission, ihre Geschichte und ihr Recht, Stutz, Kr. A., 79 u. 80. H., 1913; Geß, Die Klostervisitationen des Herzogs Georg von Sachsen, 1888, Akten und Briefe zur Kirchenpolitik Herzogs Georg von Sachsen I, 1905; Cardauns, Zur Kirchenpolitik Herzog Georgs von Sachsen, Q. u. F. X, 1907; Pallas, Die Entstehung des landesherrlichen Kirchenregiments in Kursachsen, Neue Mitt. XXIV, 1910; Zieschang, Die Anfänge eines landesherrlichen Kirchenregiments in Sachsen am Ausgang des Mittelalters, Beitr. z. sächs. Kg. XXIII, 1910; Stieve, Das kirchliche Polizeiregiment in Baiern, 1876; Reinhard, Die Kirchenhoheitsrechte des Königs von Bayern, 1884; Mayer, Die Kirchenhoheitsrechte des Königs von Bayern, 1884; Dyroff, Die Entwicklung des bayerischen Staatskirchenrechts bezüglich des Ortskirchenvermögens bis 1817, Ann. d. deutschen Reichs XXXVIII, 1905; Mitterwieser, Geschichte der Stiftungen und des Stiftungsrechtes in Bayern, Forschungen z. Gesch. Bayerns XIV, 1906; Lossen, Staat und Kirche in der Pfalz im Ausgang des Mittelalters, Finke, Vorreform. Forsch. III, 1907; Hansen, Westfalen und Rheinland im 15. Jahrhundert, Publ. a. d. preuß. Staatsarch. XXXIV, 1888; Kuhl, Der Jülicher Kirchenstreit im 15. und 16. Jahrhundert, 1902; Redlich, Jülich-Bergische Kirchenpolitik am Ausgang des Mittelalters und in der Reformationszeit, 3 Bde. (Publ. d. Ges. f. rhein. Gesch.), 1907—13; Kot, Die kirchenrechtlichen Verhältnisse der früher reichsunmittelbaren Fürstl. Fürstenbergischen Lande im 16. Jahrhundert, Münstersche jur. Diss., 1908; Meister, Die Kirchenpolitik der Grafen von Fürstenberg im 16. Jahrhundert, Freiburger phil. Diss. (auch im Freiburger Diözes.-Arch. XXXVII), 1909; Wülk und Funk, Die Kirchenpolitik der Grafen von Württemberg bis 1495, Darst. a. d. Württ. Gesch. X, 1912; Steinhauser, Die Klosterpolitik der Grafen von Württemberg bis Ende des 15. Jahrhunderts, Bened. St. M. XXXIV, 1913; Eichmann, Der recursus ab

[1] Vgl. Brandenburg-Preußens ius episcopale auch den katholischen Untertanen gegenüber.

abusu nach deutschem Recht, Gierkes Unters. H. 66, 1903; Beres, Der Mißbrauch der geistlichen Amtsgewalt, Würzburger jur. Diss., 1907; Warnkönig, Die staatsrechtliche Stellung der katholischen Kirche in den katholischen Ländern des deutschen Reichs im 18. Jahrh., 1855; M. Lehmann und Granier, Preußen und die kathol. Kirche seit 1640, 9 Bde. (bis 1807) 1878—1902, in den Publikationen aus den k. preuß. Staatsarchiven; Hiltebrandt, Preußen und die Römische Kurie I (1625—1740), 1910, Preußen und die römische Kurie in der zweiten Hälfte des 17. Jahrhunderts, Q. u. F. XI, 1908; Laspeyres, Geschichte und heutige Verfassung der katholischen Kirche Preußens I, 1840; Dittrich, Geschichte des Katholizismus in Altpreußen von 1525 bis zum Ausgang des 18. Jahrhunderts I, II, 1901/03 (auch in der Zeitschr. f. Gesch. Ermlands); F. Schröder, Zur Brandenburgischen Kirchenpolitik am Niederrhein, H. Jb. XXIV, 1903; Lochmann, Friedrich der Große, die schlesischen Katholiken und die Jesuiten seit 1756, 1903; Hegemann, Friedrich der Große und die katholische Kirche in den reichsrechtlichen Territorien Preußens, 1904; Westerburg, Preußen und Rom an der Wende des 18. Jahrhunderts, Stutz, Kr. A., 48. H., 1908; Rohrer, Das Waldmannsche Konkordat, Jb. f. Schweizer Gesch. IV, 1879; Egli, Die zürcherische Kirchenpolitik von Waldmann bis Zwingli, ebenda XXI, 1896; Pestalozzi, Das zürcherische Kirchengut in seiner Entwicklung zum Staatsgut, Zürcher jur. Diss., 1903; Wymann im Boll. storico della Svizzera ital. XXIV, 1903; Tobler, Das Verhältnis von Staat und Kirche in Bern (1521—1527), Festgabe f. Meyer v. Knonau, 1913; vgl. auch die Lit. zu § 31, 1.

3. Josephinismus. Zum System erhoben wurde das Staatskirchentum unter Beihilfe des damals blühenden Naturrechts (Paul Joseph von Riegger [1] aus Freiburg, Professor in Wien) und in konsequenter Durchführung des absoluten Polizeistaats auch für die kirchlichen Lebensbeziehungen der Untertanen von Joseph II. für Österreich [2], wo schon Maria Theresia und vor ihr Ferdinand I. mit dem Ausbau des im späteren Mittelalter (durch die Babenberger und Otakar) angebahnten Landeskirchentums begonnen hatten. Durch das nach seinem Begründer benannte System des Josephinismus (Instruktion des Fürsten Kaunitz 1781) wurde die Kirche zur staatlichen Erziehungs- und Polizeianstalt, wurden ihre Diener zu Staatsbeamten. Die kirchliche Zentralstelle ignorierte es möglichst, wurden doch die Bischöfe angewiesen, an Stelle des Papstes in Ehesachen zu dispensieren; der einheimischen Bischöfe bediente man sich fast nur noch für Weiheakte. Alles übrige besorgte mit emsiger Geschäftigkeit und mit einem Eifer, der, z. B. in der Förderung der weltpriesterlichen Seelsorge sowie in der Regulierung der durch die geschichtliche Entwicklung arg verwirrten Bistumsorganisation nicht ohne wertvollen Erfolg blieb, aber noch öfter mangels gehöriger Rücksichtnahme auf gegebene Verhältnisse seine Wirkung verfehlte und wegen seiner Kleinlichkeit Schaden stiftete, die staatliche Kirchenbehörde, die das religiöse und kirchliche Leben der Untertanen bis ins kleinste Detail hinein bevormundete. Sie errichtete Pfarreien und versuchte sich sogar, allerdings ohne vollen Erfolg, in der eigenmächtigen Errichtung und Neuumschreibung von Bistümern. Sie besetzte dieselben, auch wo ihr ein Nominationsrecht nicht indulgiert war, und ernannte auf Grund eines nunmehr aus der Souveränität hergeleiteten landesherrlichen Patronatrechts alle ständigen Kirchendiener. Sie sorgte für die Ausbildung des Klerus in staatlichen Generalseminaren, verfügte im Geiste der Aufklärung über die Ordnung des Gottesdienstes, damit er „mit voller Auferbaulichkeit" gehalten werden könne (Abschaffung des Prunkes, Einführung neuer Gesänge, Verbot der Aussetzung von Reliquien, Beschränkung der Festtagsbeleuchtung und der Altarprivilegien, letzteres, um nicht dem Ablaßwesen Vorschub zu leisten), und hob die beschaulichen Orden auf, die wegen Nutzlosigkeit nicht existenzberechtigt seien. Ihr Vermögen wurde zu einem unter anderem für die Dotierung von Seelsorgestellen verwendeten „Religionsfond" vereinigt, an den auch 1773 das Vermögen der österreichischen Jesuiten überging.

Heigel, Deutsche Geschichte vom Tode Friedrichs des Großen bis zur Auflösung des deutschen Reiches, 1906; Hinschius, Kr. III § 178, IV § 233; Krabbo, Die Versuche der Babenberger zur Gründung einer Landeskirche in Österreich, Arch. f. österr. Gesch. XCIII, 1903; Srbik,

[1] Seine Institutiones iurisprudentiae ecclesiasticae, 1765, die das ius maiestaticum circa sacra möglichst weit ausdehnten, wurden 1776 für den Kirchenrechtsunterricht als obligatorisches Lehrmittel erklärt.

[2] Ähnlich wirkte in dem österreichischen Toskana Josephs Bruder Leopold, unter dem auch die berühmte Reformsynode von Pistoja 1786 abgehalten wurde, deren dogmen- und kirchenrechtswidrige Beschlüsse (z. B. votum decisivum der Pfarrgeistlichkeit auf der Diözesansynode) Pius VI. durch die Bulle Auctorem fidei 1794 verdammte.

Die Beziehungen von Staat und Kirche in Österreich während des Mittelalters, 1904; Sammlung der K. K. landesfürstlichen Gesetze und Verordnungen in Publico-ecclesiasticis, 11 Bde., 1782 bis 1801; Petzek, Systematisch-chronologische Sammlung der politisch-geistlichen Gesetze für die vorderösterreichischen Lande, 8 Bde., 1796; Geier, Die Durchführung der kirchlichen Reformen Josephs II. im vorderösterreichischen Breisgau, Stutz, Kr. A., 16. u. 17. H., 1905; Gothein, Der Breisgau unter Maria Theresia und Joseph II., Neujahrsbl. d. bad. hist. Komm., 1907; Franz, Studien zur kirchlichen Reform Josephs II. mit besonderer Berücksichtigung des vorderösterreichischen Breisgaus, 1908; Kusej, Joseph II. und die äußere Kirchenverfassung Innerösterreichs, Stutz, Kr. A., 49. u. 50. H., 1908; Holder, Beiträge zur Geschichte der Amortisationsgesetzgebung unter der Regierung der Kaiserin Maria Theresia, A. f. k. K. LXXXIV, 1904; Hittmair, Der Josephinische Klostersturm im Lande ob der Enns, 1907; Gnau, Die Zensur unter Joseph II., 1911; Schönsteiner, Religion und Kirche im josephinischen Staatswesen, Jb. des Stiftes Klosterneuburg IV, 1912; Scaduto, Stato e chiesa sotto Leopoldo I, 1885; Rodolico, Stato e Chiesa in Toscana durante la Reggenza Corense, 1910; Büchi, Ein Menschenalter Reform der Toten Hand in Toskana, Eberings Hist. Stud. XCIX, 1912; Guglia, Geschichte der Bischofswahl in den deutschen Reichsstiftern unter Joseph II., M. d. J. f. ö. G. XXXIV, 1913; (Zirkel), Das landesherrliche Patronatrecht, eine neue Erfindung, 1804, Geschichte des Patronatrechts in der Kirche, 1806; Ludwig, Weihbischof Zirkel von Würzburg, 2 Bde., 1904/06; Hinschius, Das landesherrliche Patronatrecht, 1856, und Kr. III § 151.

§ 40. Der nachkanonische Ausbau des katholischen Kirchenrechts.

Auf kanonischer Grundlage, aber nicht ohne erhebliche Umgestaltungen zum Teil prinzipieller Natur wurde das katholische Kirchenrecht in der nachkanonischen Periode ausgebaut.

1. Die Organisation der römischen Kurie war vornehmlich das Werk Sixtus' V. Zunächst verlieh er dem Kardinalskollegium — seit 1567 gibt es nur noch römische Kardinäle — eine festere Verfassung (Konstitutionen Postquam verus 1586 und Religiosa sanctorum 1587 u. a. mit der Maximalzahl 70, einem Optionsrecht der in Rom residierenden für jeden frei werdenden besseren Titel und mit der Ernennung durch den Papst). Weiter hat er ältere Kurialbehörden zwar beibehalten, neben der Cancellaria z. B. den Gerichtshof der Romana Rota[1] (seit 1331), die Verwaltungs- und Gerichtsbehörde in Finanzsachen, genannt Camera Apostolica, mit einem Kardinal als Kämmerer (Camerlengo), das Bußamt der Pönitentiarie, organisiert seit 1338, und die Datarie, die Gnadenbehörde zur Vorbereitung und Ausfertigung (datare) der Dispensen (mindestens seit Martin V. 1417—31). Aber er fügte ihnen unter der Bezeichnung „Kongregationen" eine neue Schicht von zunächst 15 Kurialbehörden in Gestalt von ständigen Kardinalsausschüssen hinzu (Immensa aeterni 1587), unter die er auch das Sanctum Officium, die römische Zentralstelle für Verfolgung der Häresie, durch Paul III. 1542 (Licet ab initio) auf Betreiben Caraffas und Loyolas errichtet, als Congregatio Romanae et universalis inquisitionis, sowie die von Pius V. für die Handhabung des Bücherverbots (§ 37) gegründete Behörde als Congregatio indicis librorum prohibitorum einreihte. Durch eine Reihe von Erlassen hat später Benedikt XIV. diese Organisation vervollkommnet. Schon vorher aber hatte die Betrauung des jeweiligen Kardinalnepoten mit der Besorgung der politischen Geschäfte zur Entstehung der Secretaria Status geführt, deren Chef seit 1692 ein Kardinalstaatssekretär ist.

Hinschius, Kr. I §§ 34 III, 45, 46, 49, 50, 52—54; vgl. die Lit. zu § 68; Herre, Papsttum und Papstwahl im Zeitalter Philipps II., 1907; Schweitzer, Zur Wahl Alexanders VI., H. Jb. XXX, 1909, Zur Geschichte der Reform unter Julius III., Görres-Ges., 3. Vereinsschrift f. 1907; Parolini, Adriano VI, 1913; Hübner, Sixtus V., 2 Bde., 1871; Sägmüller, Die Anfänge der diplomatischen Korrespondenz, H. Jb. XV, 1894; Hilling, Die Errichtung des Notarkollegiums an der römischen Rota durch Sixtus IV. (1477), Festgabe f. Finke, 1904; Hilgers, Der Index der verbotenen Bücher, 1904; Ancel, L'activité réformatrice de Paul IV, Le choix des cardinaux, R. q. h. LXXXVI, 1909, La secrétairerie pontificale sous Paul IV, R. q. h. LXXIX, 1906; Tome, Ptolémée Gallio, cardinal de Côme, étude sur la secrétairerie et sur la politique des papes au 16e siècle, 1907; Göller, Zur Geschichte des päpstlichen Sekretariats, Q. u. F. XI, 1908; Richard, Origines et développement de la Secrétairerie d'État apostolique (1417 bis 1823), R. h. e. X, XI, 1910; Baumgarten, Fiat ut petitur, RQ. XXIV, 1910; Scholz, Eine humanistische Schilderung der Kurie (1438), Q. u. F. XVI, 1913 u. A. f. Kulturg. X, 1913.

[1] Von dem runden Sitzungstisch? Berühmt wurden die decisiones Rotae.

2. Der Missionsorganismus. Mit der Errichtung einer neuen, in ihren Anfängen auf Gregor XIII. zurückgehenden Kongregation durch Gregor XV. (Bulle Inscrutabili, 1622) als Zentralstelle für die gesamte Mission (auch unter den Protestanten), der sogenannten Congregatio de propaganda fide, hängt aufs engste zusammen die Schöpfung eines dem ordentlichen Provinzial- und Bistumorganismus der terrae Sedis Apostolicae für die terrae missionis zur Seite tretenden Missionsorganismus, ausgezeichnet durch große Anpassungsfähigkeit und straffe Zentralisation. Aber auch ein reiches, anfänglich von Fall zu Fall ausgebildetes, später auf Grund der vorliegenden Einzelurkunden planlos um- und ausgestaltetes Fakultätenrecht wurde nicht nur für die Nuntien und Orden, sondern vor allem auch im Dienste der Heiden- und der Protestantenmission entwickelt. Ordnung brachte in dasselbe eine durch Urban VIII. veranlaßte und 1633—38 durchgeführte Revision und Kodifikation. Außer General- und Spezialregeln für die Fakultätenvergabung wurden fünf General- und ebenso viele Spezialformulare hergestellt. Aus Formular III gingen die deutschen Nuntiatur- und die Quinquennalfakultäten hervor, die seit 1640 namentlich den westdeutschen Bischöfen immer auf fünf Jahre durch die Inquisition, seit 1765 durch die Propaganda verliehen und unter anderem zur formellen Behauptung primatialer Rechte gegenüber dem Episkopalismus benutzt wurden. Dieses subjektiv geprägte Missionsrecht verdrängte, auch innerhalb des ordentlichen Kirchentums, mehr und mehr das kanonische Regelrecht und bahnte eine Verjüngung des letzteren an, in ähnlicher Weise wie im 19. Jahrhundert das bürgerliche Recht durch die Aufnahme von Handelsrecht verjüngt worden ist.

Mejer, Die Propaganda, 2 Teile 1852/53; Mergentheim, Die Quinquennalfakultäten pro foro externo, ihre Entstehung und Einführung in deutschen Bistümern, I, II, Stutz, Kr. A., 52—55. H., 1908, Zur Entstehungsgeschichte der Quinquennalfakultäten, Z.[3] f. RG. II, 1912; Hinschius, Kr. I § 60, II § 97; Woker, Geschichte der norddeutschen Franziskaner-Mission, 1880, Aus norddeutschen Missionen, 1884; Pieper, Die Propaganda-Kongregation und die norddeutschen Missionen im 17. Jahrhundert, 1885, Gründung und erste Einrichtung der Propaganda-Kongregation, Akten des 5. internat. Kongr. kath. Gelehrter, 1900, 1901; Schmidlin, Rom und die Missionen, R.Q. Supplh. XX, 1913.

3. Die ordentliche Bistumsverfassung wurde durch das Tridentinum ebenfalls schärfer angezogen. Die Rechte der immer mehr zu Mitregenten für die Fürstbistümer werdenden Domkapitel wurden selbst sede vacante (durch die obligatorische Bestellung eines Kapitelsvikars) beschränkt. Der dem Bischof gefährliche Archidiakonat wurde beseitigt und behauptete sich nur in Nordwestdeutschland, vor allem in Mainz, Köln, Trier, Münster, Paderborn, Osnabrück, wo auch der Send im 17. und zum Teil noch im 18. Jahrhundert eine neue Blüte (Sendhandbücher) erlebte. Sonst trat an die Stelle des Archidiakonats der aus dem Offizial des Bischofs erwachsene Generalvikar, als Regierungsgehilfe vom Bischof ebenso abhängig wie der Weihbischof [1] als Gehilfe im Gebiet der Weihegewalt. Die durch die Entwicklung der Weihestufen und des Ämterwesens verursachte Schwächung der Stellung des bischöflichen Seelenhirten wurde durch das Tridentinum in der Weise geschickt wettgemacht, daß die Verwaltung des wichtigsten Seelsorgemittels, des Bußsakraments, außer im Sterbefall (in articulo mortis), in dem nicht bloß die iurisdictio interna des Pfarrers, sondern sogar die Weihe jedes Priesters zur Absolution ausreicht, von einer widerruflichen, immer nur auf Zeit erteilten bischöflichen Konzession, approbatio pro cura (bei nichtbischöflicher Amtsverleihung institutio autorizabilis) abhängig gemacht wurde. Aber auch den zahlreichen Exemten gegenüber erfuhr die bischöfliche Macht eine Verstärkung. Dem Bischof sollten päpstliche Aufsichtsrechte, die ihm kraft einer vom Gesetz ein für allemal erteilten Delegation (tamquam Sedis Apostolicae delegato) den Diözesanen gegenüber eingeräumt wurden, wo nötig, auch gegen die Exemten kraft Delegation zustehen (etiam tamquam Sedis Apostolicae delegato). Übrigens regelten das Trienter Konzil und Benedikt XIV. (Inter multa 1747) gerade die Stellung dieser Exemten näher. Sie sollten entweder bloß passiv eximiert, d. h. der Jurisdiktion des Ordinarius oder Metropoliten entzogen und, unter ideeller Zurechnung zu der auf das Gebiet zwischen Pisa und Capua be-

[1] Seit dem 14. Jahrhundert wurden als solche namentlich episcopi in partibus infidelium verwendet, d. h. Bischöfe von Diözesen, die Nichtchristen, insbesondere den Muselmanen, in die Hände gefallen sind, auf deren Stühle aber trotzdem immer wieder Nachfolger der seinerzeit geflohenen Amtsträger ernannt werden.

schränkten römischen Kirchenprovinz, direkt dem Papst unterstellt sein. Oder die Exemtion war auch aktiv, so daß die Exemten selbst die Jurisdiktion erhielten, und zwar entweder bloß personal, für sich und ihren (Kloster-) Verband, oder territorial, mit einem sonst zur Diözese gehörigen Territorium: uneigentliche praelati nullius (dioeceseos), oder mit einem völlig aus dem Diözesanverband herausgehobenen territorium separatum: eigentliche praelati nullius, wie heute noch z. B. die Äbte von Einsiedeln und St. Moritz in der Schweiz, von Mehrerau in Österreich und von Martinsberg in Ungarn [1]. Endlich sollten Inkorporationen von Pfarrkirchen ohne päpstliche Genehmigung unwirksam sein, wodurch deren Beschränkung bezweckt und erreicht wurde [2].

Hinschius, Kr. I § 22 III B, II §§ 86 IV, 87 I, 96, IV § 203; Werminghoff, VG. §§ 36, 37; Hoye, Étude sur l'histoire des exemtions, R. h. e. I, 1900; über Weihbischöfe vgl. Hinschius, Kr. II § 85 III, und v. Bunge, Livland, die Wiege der deutschen Weihbischöfe, 1875, sowie für einzelne Bistümer z. B. Heister für Köln, 1843, Tibus für Münster, 1862, Koch für Erfurt, 1865, in Z. f. thür. Gesch. VI, Evelt für Paderborn, 1869, Möller für Osnabrück, 1887, Schrader für Minden, 1897, Falk, in A. Z. N. F. III, 1892, und Rattinger, Kath. LXXV, 1, 1895 für Mainz, Haid, im Freiburger Diöz.-Arch. VII, IX, 1873—75 für Konstanz, Reininger, 1875 für Würzburg sowie die Lit. zu § 30, 3; Kujot, Visitationes archidiaconatus Pomerianae 1897—99; Jungnitz, Die sanctio pragmatica des Bischofs Franz Ludwig von Breslau, 1900, Visitationsberichte der Diözese Breslau, I—IV, 1902—08; Holder, Les visites pastorales dans le diocèse de Lausanne (16e—17e siècle), 1903; Hahn, Visitationen und Visitationsberichte aus dem Bistum Straßburg in der zweiten Hälfte des 16. Jahrhunderts, Z. f. Gesch. d. Oberrheins, XXV, 1910, XXVI, 1911; Schwarz, Die Akten der Visitation des Bistums Münster aus der Zeit Johanns von Hoya (1571—73), Geschichtsquellen des Bistums Münster VII, 1913; Schmidlin, Die kirchlichen Zustände in Deutschland vor dem Dreißigjährigen Krieg nach den bischöflichen Diözesanberichten an den Hl. Stuhl I—III, 1908—10, Die innerösterreichische Gegenreformation und die bischöflichen Romberichte, Hist.-pol. Bl. CXLV, 1910; Dengel, Berichte von Bischöfen über den Stand ihrer Diözesen, Forsch. u. Mitt. z. Gesch. Tirols, III, 1907, IV, 1908; Wolf, Historische Abhandlung von den geistlichen Kommissarien im Erzstift Mainz, 1797; Krusch, Studie zur Geschichte der geistlichen Jurisdiktion und Verwaltung des Erzstifts Mainz, Z. d. hist. Ver. f. Niedersachsen, 1897; Martens, Die hannoverische Kirchenkommission (§ 39, 2); Hensler, Verfassung und Verwaltung von Kurmainz um 1600, Straßburger Beiträge zur n. Gesch., II, 1, 1909; Veit, Kirchliche Reformbestrebungen im ehemaligen Erzstift Mainz, St. u. D. VII, 3, 1910; Löhr, Die Verwaltung des Kölnischen Großarchidiakonates Xanten am Ausgange des Mittelalters, Stutz, Kr. A., 59. u. 60. H., 1909; Koeniger, Vom Send (§ 20, 3); Krieg, Der Kampf der Bischöfe (§ 19); Ebers, Die Archidiakonal-Streitigkeiten in Münster im 16. und 17. Jahrhundert, Z.ˢ f RG. III, 1913; Wolf, Aus Kurköln im 16. Jahrhundert, 1905; Kuhl, Der Landdechant von Jülich im 18. Jahrhundert, Rhein. Geschichtsbl. VI, 1902; Hahn, Die kirchlichen Reformbestrebungen des Straßburger Bischofs Johann von Manderscheid (1569—99), Fickers Q. u. F. z. Kg. von Elsaß-Lothringen, 3. H., 1913; Simon, Die Verfassung des geistlichen Fürstentums Fulda (Fuldaer Geschichtsbl.), 1912; Henkel, Die kirchliche Organisierung des Pfarrklerus der Diözese Hildesheim in den letzten 150 Jahren (Pfarrzirkel u. Dekanatsordnung), Beitr. f. d. Gesch. Niedersachsens XXXV, 1912.

4. Das Klerikerrecht. Die vom Tridentinum vorgeschriebene Ablegung eines Glaubensbekenntnisses gewährleistet die Rechtgläubigkeit wie der Bischöfe so aller Seelsorgegeistlichen. Die Durchführung des im Gegensatz zu den Protestanten streng festgehaltenen Eheverbots und der Residenzpflicht wird durch energische Maßregeln gesichert. Neue Titelvorschriften (bald nach dem Tridentinum der titulus mensae, insbesondere principis, und titulus missionis) sorgen für das Auskommen der Weiheempfänger. Vor allem aber wird für die theologische und praktische Ausbildung der künftigen Geistlichen nach dem Vorbild der jesuitischen Kollegien [3] das bischöfliche (tridentinische) Seminar eingeführt.

Hinschius, Kr. III §§ 157, 158, IV §§ 231, 232; Ehses, Kirchliche Reformarbeiten unter Papst Paul III. vor dem Trienter Konzil, R. Q. XV, 1901; Neu, Beitrag zur Geschichte des Coelibats, Z. f. Kg. XXI, 1900; J. Meyer, Ursprung und Entwicklung des Tischtitels,

---

[1] Den deutschen, z. B. Fulda, Kempten, Berchtesgaden, Ellwangen u. a., hat die Säkularisation des 19. Jahrhunderts ein Ende gemacht.

[2] Infolge derselben Säkularisation hörten die meisten alten Inkorporationen ebenfalls auf. Doch sind zurzeit der Universität Freiburg z. B. noch drei katholische Pfarreien inkorporiert. Außerdem wurden im Laufe des 19. Jahrhunderts gelegentlich neue Inkorporationen verfügt, so z. B. 1821 bis 1827 diejenige der Freiburger Münsterpfarrei in das dortige Domkapitel. Über ein Beispiel aus allerneuester Zeit, die Inkorporierung der Pfarre Seckau in die dortige Benediktinerabtei (1888), vgl. A. f. k. Kr. LXXXVII, 1907.

[3] Z. B. des Collegium Romanum, 1551, und des Germanicum, 1552, beide in Rom; Steinhuber, Geschichte des Kollegium Germanikum-Hungarikum ², I, II, 1906.

A. f. k. Kr. III, 1858; Lingg, Geschichte des Tridentinischen Pfarrkonkurses, Bamberger Progr., 1880; Laurentius, Zur Entwicklung und zum heutigen Bestande des titulus missionis, A. f. k. Kr. LXXXVI, 1906; Schmidlin, Geschichte des Priesterseminars im Bistum Basel, 1911.

5. Das Ordensrecht. Die älteren Orden hatten sich in der Reformationszeit mehr oder weniger als unzuverlässig erwiesen. Neben sie traten neue, die mit frischen Kräften teils der Behauptung, teils der Wiederausdehnung des Katholizismus dienen wollten. Noch vor dem Trienter Konzil half Caraffa, nachmals Paul IV., damals Bischof von Theate (Chieti), den zur Bekämpfung der Ketzer bestimmten Theatinerorden ins Leben rufen, indes von den Franziskanern 1528 der volkstümlichste neue Orden, die Kapuziner, sich abzweigte. Aber Epoche, auch in der Geschichte des Ordensrechtes, machten nur die Jesuiten (§ 37). Einmal, indem sie unter Verschärfung der Gehorsamspflicht [1] ein viertes Gelübde hinzufügten, das zu unbedingter Unterwerfung unter den römischen Stuhl, wohin immer er den Einzelnen im Dienste der Mission senden würde, verpflichtete, also die schon vorher (§ 29, 3 c) verflüchtigte stabilitas loci auch im weitesten Sinn (stabilitas provinciae oder gar religionis) vollends beseitigte. Und sodann durch die Lebenslänglichkeit ihres in Rom residierenden Generals, der, selbst beaufsichtigt und bei Pflichtvergessenheit durch die Generalkongregation absetzbar, über jedes einzelne Gesellschaftsmitglied durch die Provinziale, Rektoren und Superioren, die gleichfalls unter Kontrolle stehen, in kurzen Zeiträumen eingehenden Bericht zu erhalten hat. Seither entstandene Orden [2] ahmten dies Vorbild, insbesondere auch hinsichtlich des ersten Punktes, nach. Vor allem aber war es maßgebend für die lockere, ordensähnliche Form der Kongregationen [3], die seit dem 16. Jahrhundert in zahllosen Anwendungen, namentlich auch für das weibliche Geschlecht [4], begegnet, und für die Brüderschaften und Vereine der in der Welt und ihrer bürgerlichen Tätigkeit Verbleibenden, die unter kirchlicher Leitung das Weltleben mit kirchlichen Grundsätzen zu durchsetzen bestrebt sind, eines der wichtigsten Machtmittel der katholischen Kirche in der Neuzeit.

Werminghoff, VG. §§ 39, 40, 41; Kratz, Das vierte Gelübde in der Gesellschaft Jesu, Z. f. k. Th. XXXVII, 1913; A. Müller, Die Kölner Bürger-Sodalität (1608—1908), 1909; Duhr, Zur Geschichte der Marianischen Kongregationen in Deutschland, St. M.-L. LXXVIII, 1910; Muth, Die Kongregation unserer lieben Frau von Trier, Welschnonnenkloster, 1907; Sicard, La vieille France monastique, R. des Deux-Mondes LXXIX, 1909; Linneborn, Die Reformation der westfälischen Benediktinerklöster (§ 29, 3 c); Eberl, Geschichte der bayerischen Kapuzinerprovinz (1593—1902), 1902; Monumenta historica societatis Jesu, seit 1894; Institutum societatis Jesu, 3 Bde., 1892—93; Goetz, Lazaristen und Jesuiten, 1898, Jesuiten und Jesuitinnen, 1901; Durtelle de St. Sauveur, Recherches sur l'histoire de la théorie de la mort civile des religieux des origines au 16e siècle, Thèse, 1910.

6. Das Eherecht wird vom tridentinischen decretum Tametsi (§ 37) durch die Aufstellung einer für die Gültigkeit der Ehe wesentlichen Eingehungsform verbessert (also regelmäßig keine matrimonia clandestina = formlose, offenkundige oder geheime, Ehen mehr!). Die Geltung des Dekrets, dem nach katholischer Auffassung auch die Protestanten als ketzerische Kirchenmitglieder unterworfen waren, wurde suspendiert für Ehen von solchen und für gemischte in Holland und Belgien durch die Benediktina, eine Deklaration Benedikts XIV. von 1741, für die gemischten auch in der Diözese Breslau durch die Klementina, eine Instruktion Klemens XIII. von 1765 [5]. Anderseits führte die Glaubensspaltung zu dem erst streng, im 18. Jahrhundert dagegen milde gehandhabten Hindernis der gemischten Ehe (impedimentum mixtae religionis).

Zur Geschichte des caput Tametsi in der alten Erzdiözese Mainz, Kath. LXXXVIII, 1908; Bassibey, De la clandestinité dans le mariage, 1904; v. Hörmann, Die Tridentinische Trauungsform in rechtshistorischer Beurteilung, 1904; Fleiner, Die Tridentinische Ehevorschrift, 1892; Veit, Das Trienter Ehedekret Tametsi und seine Promulgation in dem Erzstift Mainz, Kath. LXXXIII, 2, 1903; Falk, Wann wurde das Trienter Ehedekret Tametsi

[1] Die Ordensangehörigen sollen nach den Ordenskonstitutionen gehorchen, perinde ac si cadaver essent, quod quoquo versus ferri et quacunque ratione tractari se sinit, jedoch nur in Dingen, in quibus nullum manifestum est peccatum.

[2] Z. B. die Piaristen, 1597.

[3] Z. B. die Redemptoristen (Alfons von Liguori), 1749, Lazaristen, 1624/31 (Vinzenz von Paul).

[4] Barmherzige Schwestern (Vinzenz von Paul) 1633/68.

[5] Weitere Suspensionen für preußische Gebiete siehe bei Hübler, Eheschließung und gemischte Ehen in Preußen, 1883 S. 51 ff., 91 ff.

in der Erzdiözese Mainz rechtsgültig verkündet, Kath. LXXXIII, 1, 1903, Die Ehe am Ausgange des Mittelalters, Erl. zu Janssens Gesch. VI, 1908; Koebner, Die Eheauffassung des ausgehenden deutschen Mittelalters, A. f. Kulturgesch. IX, 1911; Rodocanachi, Le mariage en Italie à l'époque de la renaissance, R. q. h. LXXVI, 1904; Meydenbauer, Zur Frage der gemischten Ehen in Schlesien in den Jahren 1740—50, Q. u. F. III, 1900.

7. Strafrecht und Prozeß. Die Inanspruchnahme der Evangelischen als ketzerischer Mitglieder der katholischen Kirche bleibt angesichts der Notwendigkeit täglichen Zusammenlebens nur möglich durch die übrigens schon gegenüber den vorreformatorischen Gebannten von der Konstitution Martins V. 1418 Ad evitanda getroffene Milderung, daß die Verkehrssperre bloß im Verhältnis zu namentlich, d. h. durch konstitutives Urteil oder Deklarationssentenz mit deutlicher Bezeichnung Gebannten, den sogenannten excommunicati vitandi, besteht [1], nicht zu den übrigen, den excommunicati tolerati. Sonst bewegt sich das kirchliche Strafrecht, wenn man vom Zurücktreten des generellen Lokalinterdikts (für lange Zeit letzte, erfolglose Anwendung gegen Venedig 1606) und des interdictum ambulatorium sowie vom Aufkommen neuer Strafen, wie der Strafversetzung, translocatio (einer Abart der alten privatio beneficii), der jesuitischen geistlichen Strafexerzitien, der Amtsenthebung ohne Verfahren auf Grund der Überzeugung des Ordinarius von der Schuld eines Klerikers an einem geheimen Vergehen (suspensio ex informata conscientia), endlich von neu aufkommenden Delikten, wie der Lesung verbotener Bücher, absieht, durchaus in der hergebrachten Richtung. Ja, es verschärft sich eher noch, z. B. durch die Fiktion des Rückfalls bei gewissen schweren Fällen der Ketzerei, wie etwa bei Leugnung der Gottheit Christi (Paul IV. Cum quorundam, 1555, bestätigt 1568, 1603). Insbesondere zeigt sich dies in dem entsetzlichen Aufschwung, den, allerdings nicht in Deutschland, gerade jetzt die schmachvolle Einrichtung der Ketzerinquisition erlebte, die in Spanien noch dazu staatlich, mit einer Landeszentralbehörde an der Spitze, organisiert wurde (spanische Inquisition, seit 1483, aufgehoben erst gegen Ende des 18. Jahrhunderts in ihrem italienischen, 1834 in ihrem spanischen Anwendungsgebiet). Ein nicht minder trauriges Erbe des durch die Kirche auch in diesem Punkt entscheidend bestimmten Mittelalters (Thomas von Aquino, Konstitution Summis desiderantes, 1484, von Innozenz VIII., Malleus maleficarum oder Hexenhammer von Heinrich Institoris und Jakob Sprenger 1486) war der Hexenwahn. Katholische und Evangelische verfielen ihm in gleicher Weise und haben ihn im 16. und 17. Jahrhundert in grauenerregendem Wetteifer auf dem Wege des Hexenprozesses in zahllosen Hexenverbrennungen betätigt. Anderseits wird das Asylrecht beibehalten (Gregor XIV. Cum alias von 1591) und nur die Zahl der casus excepti vermehrt, in denen asylunwürdige Verbrecher mit kirchlicher Ermächtigung herausgeholt werden können.

Hinschius, Kr. V §§ 298—349, VI §§ 383—393; Soldan-Heppe-Bauer, Geschichte der Hexenprozesse [3], 2 Bde., 1912; Riezler, Geschichte der Hexenprozesse in Baiern, 1896; Dettling, Die schweizerischen Hexenprozesse (1571—1753), Mitt. d. hist. Ver. f. d K. Schwyz, XV, 1905; Hansen, Der Hexenhammer, seine Bedeutung und die gefälschte Kölner Approbation von 1487, Westd. Zeitschr. XXVI, 1907, Heinrich Institoris, ebenda XXVI, 1907, Die Kontroverse über den Hexenhammer und seine Kölner Approbation, ebenda XXVII, 1908; Paulus, Hexenwahn und Hexenprozeß, vornehmlich im 16. Jahrhundert, 1910; Pastor, Allgemeine Dekrete der römischen Inquisition (1555—97), H. Jb. XXXIII, 1912 (auch sep.); Schäfer, Beiträge zur Geschichte des spanischen Protestantismus und der Inquisition im 16. Jahrhundert, 3 Bde., 1902, Die älteste Instruktionensammlung der spanischen Inquisition, Erg.-H. z. Archiv f. Ref.-Gesch. 1904; Lea, History of the Inquisition of Spain, 4 Bde., 1906 (deutsch in 3 Bdn. von Müllendorff, 1911/12), The inquisition in the Spanish Dependencies, 1908; Buschbell, Reformation und Inquisition in Italien um die Mitte des 16. Jahrhunderts, Quellen und Forsch. d. Görres-Ges., XIII, 1910; Caro, Die spanische Inquisition, Neue Heidelberger Jbb. XXVII, 1911; Favaro, Galileo e l'inquisizione, documenti del processo Galileano, 1907; Garzend, Si Galilée pouvait juridiquement être torturé, R. q. h. XC, 1911, XCI, 1912; Bindschedler, Kirchliches Asylrecht (§ 15); Gröll, Elemente des kirchlichen Freiungsrechtes (§ 15); vgl. die Lit. zu § 33.

Die Gerichtsverfassung wird in dieser Periode durch zwei Institute bereichert, die eine sachverständigere und eine sicherere Justiz bezwecken, nämlich durch die iudices in partibus, inländische Delegaten für die Ausübung der höchsten, drittinstanzlichen Rechtsprechungsgewalt

[1] Auch die Verfestung und die Achtung sollten nach Ssp. Ldrs. I 66 § 3 namentlich geschehen; vgl. Planck, Das deutsche Gerichtsverfahren im Mittelalter II, 1879 S. 294, 306.

des Papsttums, und durch den öffentlichen Ankläger, procurator fiscalis, der den französischen procureur du roi auf kirchlichem Gebiet nachahmt. Durch den letzteren erleidet, während der alte Anklageprozeß und mit ihm auch die purgatio canonica (§ 33) verschwindet, das Denunziationsverfahren in so fern eine Umwandlung, als die denunciatio evangelica (§ 33) in Abgang kommt und das Offizialverfahren meist durch den promotor fiscalis in Bewegung gesetzt wird. Für die Zuständigkeit der kirchlichen Strafgerichte endlich wird seit dem 15. Jahrhundert die Schulunterscheidung von crimina mere ecclesiastica im Gegensatz zu den mere civilia und von delicta mixti fori maßgebend. Bei letzteren, wie z. B. Gotteslästerung, Entführung, Fleischesverbrechen, Meineid, soll Prävention entscheiden.

Hinschius, Kr. I § 21 III.

§ 41. Episkopalismus, Gallikanismus, Febronianismus.

Die gemeinrechtliche Entwicklung war zwar zugunsten des Papsttums ausgefallen, jedoch zu einer ausdrücklichen und maßgebenden Entscheidung gegen die Superiorität des zum allgemeinen Konzil versammelten Episkopats, den sogenannten Episkopalismus, war es nicht gekommen. Deshalb vermochte dies Reformsystem partikularrechtlich noch Jahrhunderte lang sich zu behaupten. Vor allem in Frankreich, wo es mit staatskirchlichen Elementen zu einem Nationalkirchentum sich verband und als solches durch das Königtum kräftig geschützt wurde (§ 39, 1). Das Grundgesetz dieses sogenannten Gallikanismus [1] waren die vier Artikel der declaratio cleri Gallicani (Bossuet) von 1682, nämlich: 1. Die Gewalt des Papstes erstreckt sich nicht auf das bürgerliche und weltliche Gebiet, so daß der König ihm in temporalibus nicht untersteht [2] und von ihm nicht abgesetzt werden kann. 2. Aber selbst in geistlichen Dingen ist die päpstliche Gewalt in Frankreich durch die Beschlüsse des Konstanzer Konzils über die konziliare Superiorität beschränkt. 3. Sie ist ferner an die Konzilien überhaupt und an die gallikanischen Gewohnheiten gebunden. 4. In Glaubenssachen entscheidet der Papst, doch so, daß ohne Zustimmung der Kirche seine Dekrete nicht irreformabel sind. Seine wissenschaftliche Verarbeitung fand der Gallikanismus in den Libertez de l'église Gallicane von Pierre Pithou 1594, einer privaten, aber bald von der Praxis als autoritativ behandelten Arbeit. Überhaupt knüpfte sich daran in Frankreich eine hohe Blüte kirchenrechtlicher, auch historischer Wissenschaft [3]; ihre hervorragendsten Vertreter waren Etienne du Pasquier, † 1615, Jacques Sirmond, † 1651, Pierre Dupuy, † 1651, Jacques Godefroy, † 1652, David Blondel, † 1655, Pierre de Marca, † 1662, Louis Thomassin, † 1697, Etienne Baluze, † 1718, u. A. m.

Hinschius, Kr. I § 22; Mention, Documents relatifs aux rapports du clergé avec la royauté (1682—1789), 2 vol., 1893, 1903; G. Hanotaux et J. Hanoteau, Introduction zum Recueil des instructions données aux ambassadeurs ... de la France VI, XVII (Rome, I, II),

---

[1] Seine Kehrseite war eine selbst vom Papsttum kaum erreichte Verfolgungssucht gegen Andersgläubige, insbesondere gegen die Hugenotten (vgl. vor allem die Einleitung zur declaratio), deren Höhepunkt mit dem 1685 erfolgten Widerruf des Edikts von Nantes von 1598, das die Protestanten geschützt hatte, keineswegs erreicht wurde, eine Schroffheit, die teils einem auf die Spitze getriebenen Territorialismus, teils dem Bestreben entsprang, Rom gegenüber das, was man sich in Dogma und Disziplin ihm gegenüber erlaubte, auf andere Weise wieder gutzumachen.

[2] Innozenz III. hatte in der Bulle Per venerabilem (§ 28) gegen den Kaiser und die Legisten erklärt, daß Rex Francorum superiorem in temporalibus non agnoscit. Das spätere französische Königtum benutzte dann diesen Satz in erster Linie gegen das Papsttum. Vgl. übrigens auch das deutsche Reichsgesetz Licet juris von 1338 (bei Zeumer, Quellensammlung z. Gesch. d. deutsch. Reichsverf.², 1913 S. 184): imperator ... in temporalibus superiorem non habet in terris. Als man gegen das französische Regalienrecht geltend machte, der Kaiser besitze ein solches auch nicht, wandte freilich der Generaladvokat Le Bret ein, der französische König sei eben mächtiger als jener, sage doch Baldus im Cons. 218: rex Francorum est quidam deus corporalis et stella matutina in medio nubis meridionalis, Michellet, Régale (§ 18, 3 a) p. 101.

[3] Von italienischen Kirchenrechtslehrern verdienen außer Bellarmin (§ 38), Lambertini (S. 345 A. 3), Mansi und Ferraris (§ 61, S. 280) genannt zu werden: Paolo Lancelotti, † 1590, Paolo Sarpi, † 1623, Prospero Fagnani, † 1678, Carlo Sebastiano Berardi, † 1768, Pietro Ballerini, † 1769, Francesco Antonio Zaccaria, † 1795. Von Spaniern ragen außer Suarez (§ 38) hervor Antonio Agostino, † 1568, Thomas Sanchez, † 1610, Manuel Gonzalez Tellez, † 1649, von Portugiesen Agostino Barbosa, † 1649.

durch. Daß der Kampf statt durch innere Überwindung durch Erdrückung mittelst der Organisation durchgefochten wurde, und daß es dabei nicht ohne schwere Schädigung wahrer Wissenschaft abging [1], brachte dem mit der Geschichte der Kirche Vertrauten keine Überraschung; auch im einzelnen bediente man sich althergebrachter Kampfesmittel (Dekret Lamentabili der Inquisitionskongregation vom 3. Juli 1907 mit einem neuen, 65 Sätze verurteilenden Syllabus, Bücherzensur, Antimodernisteneid [2]). Dabei übersah man freilich, unpolitisch und undiplomatisch, wie man bei diesem in den Dienst der Heilsaufgabe der Kirche gestellten Vorgehen mehr oder weniger mit Absicht war, nur zu leicht die Wirkung solcher Maßnahmen auf das Ganze des katholischen Kirchenkörpers und auf die Außenwelt, wie man es auch an dem richtigen Verständnis für die Verschiedenheit der Lage in den einzelnen Herrschaftsgebieten der Kirche fehlen ließ. Die Folge war, daß, was am einen Orte die Heilung bewirken sollte, am anderen die Krankheit erst hervorrief [3], und daß bei den Außenstehenden, insbesondere bei den deutschen Staatsregierungen, denen zu nahe zu treten gerade Pius X. bei aller Wahrung katholischer Grundsätze in gewollter, auf die Stärkung der religiös-kirchlichen Stellung bedachter Selbstbeschränkung ferner lag als irgendeinem seiner Vorgänger [4], Anstoß erregt und ihnen Anlaß zu erfolgreicher Zurückweisung gegeben wurde [5].

Viollet, L'infallibilité du pape et le syllabus, 1904; Eucken, Harnack, Hauck, Herrmann, Köhler, Mausbach, Meurer, Schnitzer in Hinnebergs Internat. Wochenschrift II, 1908; Heiner, Der neue Syllabus Pius' X.², 1908, Der Modernismus und die kirchlichen Maßregeln gegen denselben, A. f. k. Kr. LXXXIX, 1909, Die Maßregeln Pius' X. gegen den Modernismus, 1910; Schnitzer, Der katholische Modernismus, Z. f. Politik V, 1912; Kübel, Geschichte des katholischen Modernismus, 1909; Gisler, Der Modernismus, 1912; Besse, Le syllabus, l'église et les libertés, 1913; Houtin, Histoire du modernisme catholique, 1913; Anrich, Der moderne Ultramontanismus in seiner Entstehung und Entwicklung, 1909.

Vor allem aber trachtete Pius X. darnach, der Verwirrung des durch den Schutt von Jahrhunderten überdeckten kirchlichen Rechtes, aus der freilich die Restauration des 19. Jahrhunderts

---

[1] Die wissenschaftlich bedeutendste Darstellung der alten Kirchengeschichte, die der Katholizismus hervorgebracht hat, Duchesne, Histoire ancienne de l'église (§ 1), wurde zuerst von der Konsistorialkongregation unterm 1. September 1911 für die italienischen Seminare verboten und dann unterm 22./24. Januar 1912 von der Indexkongregation verurteilt und auf den Index gesetzt.

[2] Über diese und andere, von Pius' X. Enzyklika Pascendi vom 8. September und Motuproprio Praestantia Scripturae vom 18. November 1907 sowie Motuproprio Sacrorum Antistitum vom 1. September 1910 gegen den Modernismus verhängte disziplinäre Maßregeln siehe unten im geltenden Recht. (S. 443.)

[3] In Deutschland hatte der Modernismus vor dem Vorgehen gegen ihn kaum einen Vertreter.

[4] Pius' X. Konstitution Provida vom 18. Januar 1906 und das unter ihm ergangene Dekret der Konzilskongregation Ne temere vom 2. August 1907 sind es gewesen, die, ohne den katholischen Grundsatz der Zugehörigkeit aller rite Getauften zur katholischen Kirche aufzugeben, jene die deutschen Mischehen, dieses die akatholischen Christenehen der ganzen Welt auch bei bloß bürgerlichem Eheabschluß als vollgültig anerkannt und so den nach katholischer Auffassung beiden bisher anhaftenden Makel des Konkubinats von ihnen genommen haben. Auch verzeichnet die Geschichte der katholischen Kirche bis jetzt keine autoritative päpstliche Äußerung, die in der Anerkennung, wenn auch nicht des evangelischen Kirchentums, so doch des evangelischen Bekenntnisses so weit geht wie Pius' X. Enzyklika Singulari quadam vom 24. September 1912 betreffend die christlichen Gewerkschaften. Es ist dies um so bemerkenswerter, als der Papst in derselben gegenüber der katholischen Arbeiterschaft, als deren oberster Seelenführer er gerade bei dieser Gelegenheit besonders bestimmt auftritt, erklärt: Quidquid homo christianus (d. h. der Katholik) agat, etiam in ordine rerum terrenarum, non ei licere bona negligere quae sunt supra naturam, immo oportere, ad summum bonum, tamquam ad ultimum finem, ex christianae sapientiae praescriptis, omnia dirigat: omnes autem actiones eius, quatenus bonae aut malae sunt in genere morum, id est cum iure naturali et divino congruunt aut discrepant, iudicio et iurisdictioni Ecclesiae subesse ... Causam socialem controversiasque ei causae subiectas de ratione spatioque operae, de modo salarii, de voluntaria cessatione opificum, non mere oeconomicae esse naturae, proptereaque eiusmodi, quae componi, posthabita Ecclesiae auctoritate, possint... und als auch er (Handschreiben an Kardinal Fischer, Erzbischof von Köln, vom 30. Oktober 1906 übereinstimmend mit der Erklärung des Kardinals Vannutelli auf dem Essener Katholikentag) den Katholiken nur zuerkennt libertatem quoad ea, quae religionem non attingunt.

[5] Oben § 42 S. 363 A. 2.

mit großem Geschick für die Kirche Gewinn zu ziehen verstanden hatte, ein Ende zu machen[1] und die kirchliche Rechtslage durch Abstoßung von veraltetem, noch mehr aber durch Neueinschärfung und Neubelebung von hintangesetztem, gelegentlich auch durch Umbildung von noch geltendem, ja in beschränktem Maße sogar durch Neuschöpfung von durch die veränderten Zeitverhältnisse gefordertem kirchlichen Recht zu klären. Schon zu Anfang seines Pontifikats ergingen, zunächst geheim gehalten, in diesem Sinne umfassende Gesetze über die Papstwahl[2]. Und bereits unterm 19. März 1904 wurde durch das Motuproprio Arduum sane munus[3] die Neukodifikation des gesamten katholischen oder, nach dem durch die Kurie festgehaltenen Sprachgebrauche, kanonischen[4] Rechtes angeordnet und durch die Einsetzung einer päpstlichen Kodifikationskommission[5] vorbereitet, und zwar im Sinne des päpstlichen Programms Omnia instaurare in Christo, verstanden im Sinne der katholischen Überlieferung und der oben[6] dargelegten, durch das Vatikanum endgültig besiegelten Verquickung von Glauben und Recht[7]. Seither wurde mit Macht an dem gewaltigen Werke gearbeitet. Wie verlautet, hat 1912 ein erster und 1913 ein zweiter und ein dritter Teil dem Episkopat zur Begutachtung vorgelegen[8], und sind andere im Entwurfe ganz oder nahezu fertiggestellt. Einzelne Gegenstände, deren Regelung entweder besonders wichtig, schwierig oder dringend erschien, oder bezüglich welcher man erst aus der Praxis Erfahrungen für die endgültige Gestaltung sammeln und die Aufnahme durch die Gläubigen wie durch die Außenstehenden erproben wollte, wurden vorweg behandelt (Eheschließungsrecht, Reform der Kurie[9], Promulgation der kirchlichen Gesetze und Erlasse, Neuordnung der Verwaltung der suburbikarischen Bistümer, Ab- und Versetzung der Pfarrer auf dem Verwaltungswege, Neueinschärfung des geistlichen Gerichtsstandes, Neuordnung des römischen Vikariats u. a.[10]). Darnach zu schließen, wird das Hauptwerk ein durchaus konservatives Gepräge tragen und im wesentlichen einfach die Errungenschaften der kirchlichen Rechtsentwicklung des 19. Jahrhunderts, an die Gegenwart mehr oder weniger angepaßt, verzeichnen. Ob es überhaupt, ganz oder wenigstens zum Teil, zustande kommen, und ob es, wenn in Kraft gesetzt, in der kirchlichen Rechtsgeschichte

---

[1] Hoch, Papst Pius X., ein Bild kirchlicher Reformtätigkeit, 1907.

[2] Unten § 58.

[3] Acta S. Sedis XXXVI, 1904 p. 549 ss., A. f. k. Kr. LXXXIV, 1904, D. Z. f. Kr. XIV, 1904.

[4] Der kirchliche Rechtssatz, besonders der vom allgemeinen Konzil, aber auch der vom Papst gesetzte, wird eben auch noch heute Kanon genannt.

[5] Unten § 69 S. 420 A. 1 und Ruffini, La codificazione del diritto ecclesiastico, Studi ... in onore di ... Scialoja II, 1905; Sägmüller, Die formelle Seite der Neukodifikation des kanonischen Rechts, Th. Q. LXXXVII, 1905; Boudinhon, De la codification du droit canonique, Can. cont. XXVIII, 1905; Friedberg, Ein neues Gesetzbuch für die katholische Kirche, D. Z. f. Kr. XVIII, 1908 (auch Leipziger jur. Fakultäts-Programm, 1907).

[6] S. 364. Materien wie das Verhältnis von Kirche und Staat, die Konkordate u. a. scheinen allerdings nicht kodifiziert werden zu sollen, wohl damit ein direkter Zusammenstoß mit dem Staate und infolgedessen das Scheitern des Unternehmens vermieden wird, und weil es in diesen Dingen doch in erster Linie auf die Abmachungen im Einzelfall ankommt.

[7] Meine auf streng geschichtliche Erfassung auch der neuesten Entwicklung gegründete, schon in der vorigen Auflage dieses Grundrisses durch die Überschrift dieses Kapitels angedeutete und in der 1902/03 niedergeschriebenen ersten Hälfte dieses Paragraphen zum Ausdruck gebrachte Erwartung, daß das Vatikanum über kurz oder lang eine kirchliche Gesetzgebungsära im Gefolge haben werde, ist durch das wenige Wochen nach dem Erscheinen meiner Darstellung erlassene Motuproprio und durch die Gesetzgebung Pius' X. bestätigt worden.

[8] A. f. k. Kr. XCIII, 1913 S. 167.

[9] Indem Pius X. die Rota und andere Behörden, die im Laufe der Zeit wesentlich den Zwecken des Kirchenstaats dienstbar geworden waren und seit dessen Untergang mehr als dreißig Jahre lang in Trümmern gelegen hatten, für rein kirchliche Zwecke wiederherstellte, gab er, wenigstens durch die Tat, zu verstehen, daß er mit der Wiederherstellung des Temporales nicht mehr ernstlich rechne, wohl aber in noch höherem Maße als seine Vorgänger gewillt sei, dessen Verlust durch innere Kraftsteigerung und damit verbundene Erhöhung des Ansehens und Einflusses nach außen wettzumachen. Formell und offiziell bleibt der Gegensatz von Vatikan und Quirinal fortbestehen und muß es im Interesse beider Teile; denn besser als das italienische Garantiegesetz und alle anderen Auskunftsmittel wahrt er für die katholische Welt die internationale Stellung des Papsttums und dessen Unabhängigkeit gegenüber dem italienischen Staate.

[10] Falco, Il novissimo diritto della chiesa cattolica, Riv. di diritto pubbl. I Nr. 5/6, 1910; Hilling, Die Reformen des Papstes Pius X., 2 Bde., 1909, 1912.

Sechstes Kapitel.

Das vatikanische Kirchenrecht.

§ 42. Die Wiederherstellung der Kirchenverfassung und die Erneuerung der gemeinrechtlichen Primatialgewalt.

Zu Anfang des 19. Jahrhunderts befand sich die Organisation der katholischen Kirche in einem Zustand der Auflösung, der demjenigen des fränkischen Kirchentums zu Karl Martells Zeiten nicht unähnlich war. Jetzt wie damals kam es zunächst zum Wiederaufbau.

v. Treitschke, Deutsche Geschichte im 19. Jahrhundert, 5 Bde. 1879—94, besonders III 198 ff., 406 ff., IV 683 ff., V 276 ff.; Brück, Geschichte der katholischen Kirche in Deutschland [2] I, II, III—IV 1, 2 (bearbeitet von Kißling), 1902—1908; Goyau, L'Allemagne religieuse, Le catholicisme, I—IV, 1905—1909; Funk, Katholisches Christentum und Kirche in der Neuzeit, Hinnebergs Kultur der Gegenwart I, 4, 1, 1906; Ehrhard, Katholisches Christentum und Kirche Westeuropas in der Neuzeit, ebenda [2] 1909; Nippold, Handbuch der neuesten Kirchengeschichte II [3], 1883, Kleine Schriften zur innern Geschichte des Katholizismus I, II, 1899; Sell, Die Entwickelung der katholischen Kirche im 19. Jahrhundert, 1898, Katholizismus und Protestantismus, 1908; Forbes, L'église catholique au 19e siècle, 1903; Ritter, Les églises chrétiennes au matin du 20e siècle, 1912; Kremer-Auenrode, Aktenstücke zur Geschichte des Verhältnisses von Staat und Kirche im 19. Jahrhundert, 3 Teile, 1873—80 (auch im Staatsarchiv von Aegidi und Klauhold XXIII, XXIV mit 2 Suppl.); Friedberg, Die Gränzen (§ 38); Fleiner, Über die Entwicklung des katholischen Kirchenrechts im 19. Jahrhundert, 1902.

Er vollzog sich vor allem mit Hilfe des neubelebten, für die Massen stets an die Formen der historisch überlieferten Bekenntniskirchen gebundenen, religiösen Sinnes, an dessen Wiedererstehen die Übersättigung mit Aufklärung, die Nöte der napoleonischen Kriege, später auch die Romantik wirksam arbeiteten. Er vollzog sich weiter unter der diesmal, entsprechend dem Charakter des modernen Staates, selbstverständlich durchaus eigennützigen Mitwirkung der Regierungen, die im Interesse der Wiederherstellung geordneter Zustände im Innern sich veranlaßt sahen, ihren katholischen Untertanen wieder zu einer kirchlichen Organisation zu verhelfen, und die zur Neubegründung oder Wiederherstellung ihrer Rechte der Kirche und des Papsttums als der Zentralsonne der Legitimität nicht glaubten entbehren zu können. Hierbei war es von besonderer Bedeutung, daß Napoleon zur Sanierung der im Kehraus der französischen Revolution in größte Verwirrung gebrachten inneren Verhältnisse Frankreichs, zur Legitimation der von ihm usurpierten und noch zu usurpierenden Gewalt und als Werkzeug für seine hochfliegenden europäischen Herrschaftspläne die Kirche brauchte und mit ihr am 15. Juli 1801 ein Konkordat schloß. In seinen Einzelheiten für den kirchlichen Teil keineswegs besonders günstig und durch die von Napoleon am 8. April 1802 eigenmächtig mit ihm zusammen veröffentlichten Articles organiques [1] in der praktischen Anwendung erheblich gefährdet, wahrte es doch selbst dem Allgewaltigen gegenüber das Prinzip und den Grundstock kirchlicher sowie päpstlicher Rechte, und zwar schon zu einer Zeit, als die Schläge, welche die Kirche treffen sollten, noch nicht einmal alle niedergegangen waren. Als dann vollends der gefährlichste Gegner fiel, und die Kurie es nur noch mit kleineren und kleinsten zu tun hatte, die zwar nicht übel Lust, aber um so weniger Geschick und Energie zeigten, napoleonische Ansprüche zu machen, wurde das französische Konkordat die Brücke, über die das päpstliche Recht in Europa, auch in Deutschland, von neuem Einzug hielt. Nicht zum mindesten durch die erfolgreiche Arbeit des Papsttums selbst. Diesem hatte die Mißhandlung durch den Korsen neue Sympathien zugeführt, indes die würdige Haltung Pius' VII. sein moralisches Ansehen hob. Nach Rom zurückgekehrt, wo er am 7. August 1814 (Bulle Sollicitudo animarum) alsbald den Jesuitenorden wiederherstellte, aber auch die kurialen Behörden, insbesondere für die Inquisition und den Index, erhielt der Papst, bei dem nunmehr wiederum die Gesandten der Mächte, in erster Linie der österreichische,

[1] Der Papst protestierte in einer im Konsistorium vom 23. Mai 1802 gehaltenen Allokution. Vgl. Boulay de la Meurthe, Recueil des protestations de la Cour de Rome contre les articles organiques, Coll. de textes pour servir à l'étude et à l'enseignement de l'histoire, 1905.

sich einfanden, vom Wiener Kongreß seine alte Stellung samt dem Kirchenstaat und gewissen Ehrenrechten (die Nuntien geborene Doyens der diplomatischen Korps) wieder zurück. Nur die Restauration der alten deutschen Kirche wurde abgelehnt, wogegen die Kurie abermals protestierte. Bedeutete schon das Kongreßergebnis einen Sieg der päpstlichen Diplomatie, so verstand es diese, unter Pius VII. geleitet durch den genialen Kardinalstaatssekretär Consalvi, später unter Leo XII. und nachmals unter Gregor XVI. mit nicht geringem Geschick vertreten durch den dasselbe Amt bekleidenden Bernetti, mit größter Gewandtheit und zähester Ausdauer in jahrzehntelanger Verhandlung mit den deutschen Regierungen Schritt für Schritt neue Erfolge zu erringen. Durch das bayerische Konkordat und die deutschen Zirkumskriptionsbullen, die beim geltenden Recht zu behandeln sein werden, erhielt das katholische Deutschland von neuem eine bischöfliche Verfassung. Dabei interessiert in diesem Zusammenhang nicht die Tatsache selbst, sondern ihre Verumständung. Nicht bloß liefen Bestimmungen mit unter wie der erste Artikel des bayerischen Konkordats über die Stellung des Katholizismus im allgemeinen oder der dreizehnte daselbst über die Unterstützung der kirchlichen Bücherzensur oder die auch anderwärts wiederkehrenden in betreff der Durchführung der Seminarbildung des Klerus, welche staatlich gewährleistete Rechte anderer Konfessionen oder der einzelnen Untertanen oder doch staatliche Interessen verletzten, und deren sich die Regierungen nur durch das zweifelhafte Mittel eigenmächtiger Zusätze oder der Nichtplazetierung zu erwehren vermochten. Wichtig war vor allem, daß man staatlicherseits von der anfänglich gehegten josephinischen Idee einseitiger Regelung dieser Dinge hatte abgehen müssen, ferner daß Rom, weil hinter dem ehemaligen deutschen Sonderkirchenrecht kein Episkopat und kein Klerus mehr stand, der es wirksam zu vertreten vermochte, auf Grund des papalen gemeinen Rechts verhandeln konnte, und endlich, daß die katholische Kirche Deutschlands das, was für sie und ihren neuen Episkopat erreicht wurde, Rom und dessen Gegengewicht gegen den Staatsabsolutismus verdankte. Daß dieser und seine Bureaukratie sich weiterhin mit einer Energie, die einer besseren Sache wert gewesen wäre, auf veraltete staatskirchenrechtliche Anschauungen und ganz besonders auf deren oft überaus kleinliche Einzelanwendung versteiften, arbeitete den Bestrebungen nach möglichster Neubelebung des altkirchlichen Rechtes wirksam in die Hände. An den Kölner Wirren, die durch die Neueinschärfung des strengen katholischen Mischehenrechtes veranlaßt wurden und durch das Ungeschick der preußischen Regierung, welche statt persönlicher Garantien schriftliche erstrebte, 1841 mit einem staatlichen Mißerfolg endeten, war denn auch nicht die schließliche Freigabe der einzelnen kirchlichen Bestimmung die Hauptsache, die über kurz oder lang doch hätte erfolgen müssen, sondern daß der Streit zu jahrelanger Agitation und Aufregung, zu einer heftigen Reibung von Kirche und Staat, zu einem festen Zusammenschluß weiter katholischer Kreise und zu einer kräftigen Neubelebung kirchlichen Rechtsbewußtseins Anlaß gab. Und doch lernte man anderswo auch jetzt noch nichts. Am Oberrhein, wo der neue Episkopat noch lange durchaus staatstreu und wohlgesinnt war und auf dem loyalen Weg von Bitten und Vorstellungen die doch schon durch die veränderte Zeitlage geforderte größere Bewegungsfreiheit für die Kirche zu erlangen suchte, hätte sich die Gelegenheit geboten, das überlebte absolutistische Staatskirchentum rechtzeitig zu mildern und allmählich in die Gestalt einer bloßen staatlichen Kirchenhoheit überzuführen. Jedoch die Regierungen, denen es keineswegs an Wohlwollen, um so mehr aber an Einsicht und Sachkunde gebrach, hielten, in der Meinung, daß die staatliche Vorherrschaft nur in der hergebrachten Form sich behaupten lasse, so lange hartnäckig daran fest, bis schließlich in Freiburg und Rottenburg Bischöfe sich fanden, die, ihres Klerus und eines großen Teils der Bevölkerung sicher, in offener Auflehnung dem staatlichen Recht das kanonische gegenüberstellten. Wurden auch schließlich nach dem Fall der unter dem Einfluß des österreichischen Konkordats vom 18. August 1855 eingegangenen Konventionen in den Jahren 1860 (Baden) und 1862 (Württemberg) die Rechtsverhältnisse der katholischen Kirche auf der Grundlage der staatlichen Souveränität und der daraus fließenden staatlichen Kirchenhoheit durch Staatsgesetz geregelt, so mußte dies doch wiederum unter Übernahme oder Freigabe von viel neubelebtem Kirchenrecht geschehen.

Mejer, Zur Geschichte der römisch-deutschen Frage[2], 3 Bde., 1885; Ruck, Die Sendung des Kardinals de Bayane nach Paris (1807—08), Heidelberger Ak. Abhdl., phil.-hist. Kl., I, 1913; Wittichen, Zu den Verhandlungen Württembergs mit der Kurie 1808, Q. u. F. VI, 1904,

Briefe Consalvis (1795—98), Q. u. F. VII, 1905; Sicard, L'ancien clergé de France [4], I—III, 1912, Le clergé de France pendant la révolution [2], 1912; de la Gorce, Histoire religieuse de la Révolution, I, II, 1909, 1912; Mathiez, La révolution et l'Église, 1910, Rome et le clergé français sous la Constituante, 1911; Lenz, Die französische Revolution und die Kirche, 1896 (Kl. hist. Schr., 1910); Aulard, La révolution française et les congrégations, Rev. pol. et parl. XXXVI, 1903; Bridier, Mémoires inédits de l'internonce a Paris pendant la révolution, 1890; Séché, Les origines du concordat, 2 vol., 1894; Boulay de la Meurthe, Documents sur la négociation du concordat fr. 1800/01, 5 vol., 1891/95; Wirtz, Das französische Konkordat von 1801, A. f. k. Kr. LXXXV, 1905; Sévestre, L'histoire, le texte et la destinée du Concordat de 1801 [2], 1906; Portalis, Les articles organiques, 1845; O. Mayer, Portalis und die organischen Artikel, Straßburger Univ.-Rede, 1902; Riché, Les articles organiques, Étude hist. et jur., Science et Religion, 1905; Lucius, Bonaparte und die protestantischen Kirchen Frankreichs, 1903; Debidour, Histoire des rapports de l'église et de l'état en France (1789 bis 1870), 1898, L'église catholique et l'état sous la troisième république, 2 vol., 1906/09; Lecanuet, L'église de France sous la troisième république, 2 vol., 1907, 1910 (vgl. auch Lit. zu §§ 41 u. 59); de Lanessan, L'État et les Églises en France depuis les origines jusqu'à la séparation, 1906; Gebhardt, Wilhelm von Humboldt und die Anfänge der preußischen Gesandtschaft in Rom, Forsch. z. brandenb. und preuß. Geschichte VII, 1894; Reusch, Briefe an Bunsen von römischen Kardinälen usw., 1897; Mirbt, Die preußische Gesandtschaft am Hofe des Papstes, 1899; Crétineau-Joly, Mémoires du Cardinal Consalvi, 2 vol., 1864 (deutsch 1870 u. ö.); Fischer, Cardinal Consalvi, 1899; Eichhorn, Die Ausführung der Bulle De salute animarum, Zeitschr. f. Gesch. u. Altertumskunde Ermlands V, 1874; Rottarp, Die Neuordnung der kirchlichen Verhältnisse in Altpreußen durch die Bulle De salute animarum, Theologie und Glaube II, 1910; Ruck, Zur Vorgeschichte der Besetzung des Bistums Münster (1820), Q. u. F. XV, 1912; Höfler, Concordat und Constitutionseid der Katholiken in Bayern, 1847 (dazu Scheurl, S. kr. A.); v. Sicherer, Staat und Kirche in Bayern, 1874; Systematische Zusammenstellung der Verhandlungen des bayerischen Episkopats mit der K. bayerischen Staatsregierung von 1850—89 über den Vollzug des Konkordates, 1905; Laspeyres, Katholische Kirche in Preußen (§ 39); Niedner, Die Revision des preußischen Kirchenrechts in den Jahren 1826—37, Verwaltungsarchiv XVII, 1908; Maurenbrecher, Die preußische Kirchenpolitik und der Kölner Kirchenstreit, 1881; v. Below, Der Kirchenstreit in Preußen 1838/39 nach der Korrespondenz v. Wrangels, Deutsche Revue 1903; Vogel, Beiträge zur Geschichte des Kölner Kirchenstreites, 1912; Pfülf, Kardinal v. Geissel, 2 Bde., 1895, 1896, Bischof v. Ketteler, 3 Bde., 1899; Ludwig, Aktenstücke zur Geschichte der badischen Konkordatsbestrebungen in der Zeit Napoleons I., D. Z. f. Kr. XII, 1902; Windelband, Staat und katholische Kirche in der Markgrafschaft Baden, 1912; Brück, Die oberrheinische Kirchenprovinz, 1868; Friedberg, Staat und Kirche in Baden [2], 1874; Maas, Geschichte der katholischen Kirche in Baden, 1891; Stutz, Die Einführung des Allgemeinen Pfarrkonkurses im Großherzogtum Baden, Bonner Festschrift f. Krüger, 1911; Mirbt, Die katholisch-theologische Fakultät zu Marburg, 1905, Der Kampf um die Elisabethkirche in Marburg. Aus Deutschlands kirchlicher Vergangenheit, Festschrift für Brieger, 1912; Jacobson, Über das österreichische Konkordat, 1856; Feßler, Studien über das österreichische Konkordat [2], 1856; v. Wertheimer, Ungedruckte Briefe eines geheimen Wiener Agenten von 1856, Deutsche Revue XXXII, 1907; Reyscher, Das österreichische und das württembergische Konkordat, 1858; Rümelin, Zur katholischen Kirchenfrage, in seinen Reden und Aufsätzen, N. F. 1881; Golther, Der Staat und die katholische Kirche in Württemberg, 1874; Württembergische Kirchengeschichte (§ 7); Sägmüller, Der Tischtitel in der Diözese Rottenburg bis zum Jahre 1848, Th. Q. XCI, 1909; Rösch, Die Beziehungen der Staatsgewalt zur katholischen Kirche in den beiden hohenzollerschen Fürstentümern 1800—50, A. f. k. Kr. LXXXV, 1905, LXXXVI, 1906.

Inzwischen war auch die Kirchenrechtswissenschaft neu erstanden. Da es an Verständnis dafür mangelte, hatte noch C. F. Eichhorn, der 1831/33 mit der historisch-juristischen Bearbeitung auch dieses vor und nach ihm oft bloß als theologisches Hilfsfach behandelten Gebietes den Anfang machte und ein wissenschaftliches System dafür schuf [1], mit seinem Unternehmen bei weitem nicht den Erfolg erzielt, der ihm in der Wissenschaft des deutschen Rechtes beschieden war. Jedoch zehn Jahre genügten, um dem durch Klarheit, Methode und kirchliches Verständnis ausgezeichneten, seit 1842 immer wieder in neuen Auflagen [2] erscheinenden Lehrbuch E. L. Richters einen durchschlagenden Erfolg zu sichern. Richters Hauptverdienst aber war die Begründung einer hervorragenden kirchenrechtlichen Schule. Aus ihr hat in der zweiten Hälfte des Jahrhunderts Paul Hinschius gerade für das katholische Kirchenrecht jenes Werk geschaffen, das,

---

[1] Grundsätze des Kirchenrechts der katholischen und der evangelischen Religionspartei in Deutschland, 2 Bde.

[2] Zuletzt 1886 in achter, von Dove und Kahl besorgter.

an Reichtum insbesondere des historischen Stoffs und an dessen juristischer Durchdringung alle früheren Gesamtbearbeitungen unserer Disziplin weit überragend, der deutschen Wissenschaft auch auf diesem Gebiet die unbestrittene Führung verschaffte.

Über Eichhorn: v. Schulte, 1884 und Landsberg, Geschichte der deutschen Rechtswissenschaft III, 2, 1910, Text S. 253 ff., 269, Noten S. 110 ff., 114; Heymann in Liebmann, Die juristische Fakultät der Universität Berlin, 1910 S. 7 ff. Über Richter: Schulte, Z. f. Kr. V, 1865 und Geschichte (§ 26, 1) III, 2 S. 210 ff.; Dove, Z. f. Kr. VII, 1867 und in Hauck-Herzogs Realenzykl.[3] XVI, 1905, vor allem aber Hinschius, Z. f. RG. IV, 1864 sowie Landsberg a. a. O. Text S. 570 ff., Noten S. 251 ff.; Heymann a. a. O. S. 38 f. Über Hinschius: Seckel in Hauck-Herzogs Realenzykl.[3] VIII, 1900; Stutz, Allg. D. Biogr. L, 1905, Die kirchliche Rechtsgeschichte (oben S. 279); Landsberg a. a. O. Text S. 584 ff., Noten S. 258 ff.

Noch wichtiger war, daß 1848 der absolute Staat unterging, um dem konstitutionellen Rechtsstaat mit dem Prinzip der Selbstverwaltung Platz zu machen. Niemandem kam der Umschwung so zugute wie der katholischen Kirche. Die Selbstbeschränkung, die der Staat sich auferlegte, gab ihr ein weites Gebiet frei[1]; die Bestimmtheit ihrer Ziele und das Vorhandensein einer bewährten, auch an moderne Verhältnisse leicht anzupassenden Organisation setzten sie instand, die Selbstregierung sogar in weiterem Umfang zu übernehmen, als sie ihr zuerkannt war. Besonders in Preußen. Die deutschen Grundrechte von 1848 hatten den Grundsatz der Trennung von Staat und Kirche ausgesprochen[2]. Ohne diesen mitübernehmen zu wollen, aber auch ohne die staatlichen Hoheitsrechte über die Kirche festzulegen, verleibte Preußen, dessen König Friedrich Wilhelm IV. schon 1841 eine besondere katholische Abteilung im Kultusministerium geschaffen hatte, welche zum mindesten in den Bau eines modernen, paritätischen und der Neutralität in kirchlichen Dingen entgegengehenden Staates organisch nicht hineinpaßte, eine Anzahl der Frankfurter Sätze den Verfassungen von 1848 und 1850 ein. Die Folge war nicht bloß eine weitere Erstarkung des kirchlichen Rechtes, sondern vor allem eine allmähliche Verschiebung des Verhältnisses von Staat und Kirche im Sinne einer Nebenordnung beider für die Vorstellung weiter katholischer Kreise. So kam es 1873 zu dem heftigen, als Kulturkampf bekannten Konflikt, zu dessen Aufnahme freilich Bismarck auch deswegen sich entschloß, weil er vorübergehend der damals allgemein, besonders von den Theologen, aber auch von manchen Juristen genährten Überschätzung der praktischen Bedeutung von päpstlicher Unfehlbarkeit und päpstlichem Universalepiskopat verfiel. Kampfmittel waren die sogenannten preußischen Maigesetze[3] mit ihren zahlreichen, wenig geschickten Strafbestimmungen und einer Reihe von Über-

---

[1] So z. B. auch die geistliche Gerichtsbarkeit, nur nicht mehr mit bürgerlicher Wirkung. Siehe darüber eine von der Bonner Juristenfakultät 1912 gekrönte Preisschrift von Kaas, Die geistliche Gerichtsbarkeit in Preußen während des 19. Jahrhunderts mit besonderer Berücksichtigung der Kölner Kirchenprovinz, die 1914 in Stutz, Kr. A., erscheinen wird.

[2] Art. V § 14. „Jeder Deutsche hat volle Glaubens- und Gewissensfreiheit. Niemand ist verpflichtet, seine religiöse Überzeugung zu offenbaren. § 15. Jeder Deutsche ist unbeschränkt in der gemeinsamen, häuslichen und öffentlichen Übung seiner Religion. Verbrechen und Vergehen, welche bei Ausübung dieser Freiheit begangen werden, sind nach dem Gesetze zu strafen. § 16. Durch das religiöse Bekenntnis wird der Genuß der bürgerlichen und staatsbürgerlichen Rechte weder bedingt noch beschränkt. Den staatsbürgerlichen Pflichten darf dasselbe keinen Abbruch tun. § 17. Jede Religionsgesellschaft ordnet und verwaltet ihre Angelegenheiten selbständig, bleibt aber den allgemeinen Staatsgesetzen unterworfen. Keine Religionsgesellschaft genießt vor anderen Vorrechte durch den Staat; es besteht fernerhin keine Staatskirche. Neue Religionsgesellschaften dürfen sich bilden; einer Anerkennung ihres Bekenntnisses durch den Staat bedarf es nicht. § 18. Niemand soll zu einer kirchlichen Handlung oder Feierlichkeit gezwungen werden. § 19. Die Formel des Eides soll künftig lauten: So wahr mir Gott helfe. § 20. Die bürgerliche Gültigkeit der Ehe ist nur von der Vollziehung des Zivilaktes abhängig; die kirchliche Trauung kann nur nach der Vollziehung des Zivilaktes stattfinden. Die Religionsverschiedenheit ist kein bürgerliches Ehehindernis. § 21. Die Standesbücher werden von den bürgerlichen Obrigkeiten geführt." Wörtlich übereinstimmend die Reichsverfassung vom 28. März 1849, Art. V, §§ 144—151.

[3] Schon am 8. Juli 1871 wurde durch Allh. E. die Aufhebung der katholischen Abteilung im Kultusministerium verfügt. Dann erhielt am 5. April 1873 A. 15 der Verfassung: „Die evangelische und die römisch-katholische Kirche sowie jede andere Religionsgesellschaft ordnet und verwaltet ihre Angelegenheiten selbständig," den Zusatz: „bleibt aber den Staatsgesetzen und der gesetzlich geordneten Aufsicht des Staates unterworfen", während ein Zusatz zu A. 18 eine Ausführungsgesetzgebung in betreff Vorbildung, Anstellung und Entlassung der Geistlichen und Religionsdiener sowie der Grenzen der kirchlichen Disziplinar-

griffen in das rein geistliche Gebiet. Seinen dramatischen Höhepunkt erreichte der Konflikt, als am 7. August 1873 Pius IX. an Kaiser Wilhelm ein Schreiben richtete, worin der Papst mit einer zumal diesem Empfänger gegenüber schlecht angebrachten Schroffheit und Unverhülltheit von neuem die alte Identifizierung nicht bloß des Katholizismus, sondern geradezu des Papalismus mit dem Christentum vollzog [1], und als der sieggekrönte evangelische Heldenkaiser ihm darauf unterm 3. September eine deutsche Antwort gab [2]. Der Kampf, der — eigentlich ohne Not — auch Baden und Hessen in Mitleidenschaft zog, erschütterte die kirchlichen Verhältnisse schwer und schädigte um einer schablonenhaft durchgeführten Parität willen die als solche gar nicht beteiligte evangelische Kirche auf das empfindlichste mit. Er gefährdete aber, ohne die Opposition wirksam zu treffen, auch die Ordnung des staatlichen Lebens. Und vor allem begann er in seinem Verlauf Zwecken zu dienen, die zu unterstützen weder in der Aufgabe noch im richtig verstandenen Interesse des Staates liegt. So brach denn Bismarck, dem Leo XIII., seinen Vorgänger nicht nur durch diplomatisches Geschick und Weite des Blicks [3], sondern auch durch praktische Klugheit und Mäßigung weit überragend, gleich beim Antritt seines Pontifikats (1878) die Geneigtheit zur Herbeiführung einer Verständigung zu erkennen gegeben hatte, 1880—87 den Kampf mit sicherer Überlegenheit langsam wieder ab [4]. Das, worauf es ankam,

---

gewalt in Aussicht stellte. Die eigentlichen Maigesetze befaßten sich 1. mit der Vorbildung und Anstellung der Geistlichen und brachten u. a. das sogenannte Kulturexamen zum Zwecke des Nachweises der erforderlichen allgemeinwissenschaftlichen Bildung sowie die Anzeigepflicht bei kirchlicher Amtsübertragung mit dem Rechte des Einspruchs für die Staatsbehörde; 2. mit der kirchlichen Disziplinargewalt und der Errichtung eines Gerichtshofes für kirchliche Angelegenheiten; 3. mit den Grenzen des Rechtes zum Gebrauch kirchlicher Straf- und Zuchtmittel; 4. mit dem Austritt aus der Kirche. Es folgten 1874—78 weitere Gesetze, z. B. über die Verwaltung erledigter katholischer Bistümer, über die Einstellung der Leistungen aus Staatsmitteln für die römisch-katholischen Bistümer und Geistlichen, über die Orden und Kongregationen, über die kirchliche Vermögensverwaltung in den katholischen Gemeinden und ferner, am 4. Mai 1874, das sogenannte Reichs-Expatriierungsgesetz.

[1] Alle Anordnungen, welche seit einiger Zeit von der Regierung Eurer Majestät getroffen werden, zielen immer mehr auf die Zerstörung des Katholizismus hin. ... Man sagt mir, daß Eure Majestät die Haltung Ihrer Regierung nicht billige und die Strenge der Maßregeln gegen die katholische Religion nicht gutheiße. ... Wenn Eure Majestät ... es nicht billigt, daß von Ihrer Regierung auf der begonnenen Bahn weiter fortgeschritten wird und die harten Maßregeln gegen die Religion Jesu Christi vervielfältigt werden, ... wird Eure Majestät dann versichert sein, daß dieselben nichts anderes zu Wege bringen, als den Thron Eurer Majestät selber zu unterwühlen? Ich spreche mit Freimut; denn die Wahrheit ist mein Panier, und ich spreche, um einer meiner Pflichten in erschöpfendem Maße nachzukommen, die mir auferlegt, Allen das Wahre zu sagen und auch dem, der nicht Katholik ist; denn jeder, welcher die Taufe empfangen hat, gehört in irgend einer Art und in irgend einer Weise, welche zu erörtern jetzt kein Anlaß ist, gehört, sage ich, dem Papste an."

[2] Der Kaiser belehrt zunächst den Papst über die staatsrechtliche Unmöglichkeit eines Auseinandergehens von Krone und Regierung in Gesetzgebung und Verwaltung und beschwert sich dann über die politischen Umtriebe eines Teils seiner katholischen Untertanen, die es ihm erschwerten, Ordnung und Gesetz in seinen Staaten aufrechtzuerhalten, wie es sein Beruf als christlicher Monarch fordere. „Die Religion Jesu Christi hat, wie Ich Eurer Heiligkeit vor Gott bezeuge, mit diesen Umtrieben nichts zu tun, auch nicht die Wahrheit, zu deren von Eurer Heiligkeit angerufenem Panier ich mich rückhaltslos bekenne. Noch eine Äußerung in dem Schreiben Eurer Heiligkeit kann ich nicht ohne Widerspruch übergehen, wenn sie auch nicht auf irriger Berichterstattung, sondern auf Eurer Heiligkeit Glauben beruht, die Äußerung nämlich, daß jeder, der die Taufe empfangen hat, dem Papst angehöre. Der evangelische Glaube, zu dem Ich Mich, wie Eurer Heiligkeit bekannt sein muß, gleich Meinen Vorfahren und mit der Mehrheit Meiner Untertanen bekenne, gestattet uns nicht, in dem Verhältnis zu Gott einen anderen Vermittler als unseren Herrn Jesum Christum anzunehmen."

[3] Sie offenbarte sich u. a. auch in der Öffnung des vatikanischen Archivs, die gerade für die Erforschung der Geschichte des Kirchenrechts von größter Wichtigkeit war und schon jetzt zu einer erheblichen Bereicherung unseres Wissens geführt hat; Berger, Léon XIII et les études historiques, B. é. d. ch. LXIV, 1903; Buschbell, Das Vatikanische Archiv und die Bedeutung seiner Erschließung durch Papst Leo XIII., Frankfurter zeitgem. Broschüren XXII, 1903.

[4] Der durch die Novellen zur preußischen Gesetzgebung geschaffene Zustand ist unten bei der Darstellung des geltenden Staatskirchenrechts zu berücksichtigen. Eine kurze Übersicht des einschlägigen Gesetzesmaterials gibt Kahls Lehrsystem § 15, eine vollständige Zusammenstellung Hinschius in seiner von 1873—87 reichenden kommentierten Ausgabe der preußischen Kirchengesetze, wozu noch Z. f. Kr. XVIII, 1883, S. 166 ff. zu vergleichen ist.

eine kräftige Kirchenhoheit des Staates, war durchgesetzt und wirkungsvoll behauptet [1]; nie ist sie seither in deutschen Landen praktisch mehr in Frage gestellt, vielmehr bis in die neueste Zeit mit Erfolg betätigt worden [2]. Gerade der gesicherte Besitz tatsächlicher Vorherrschaft war es, der nunmehr den deutschen Staaten die Herbeiführung eines friedlichen Modus vivendi auch mit der katholischen Kirche und den Ausbau ihres Staatskirchenrechts im Sinne einer besseren Durchführung der bloßen Kirchenhoheit ermöglichte. Wird erst die Überzeugung davon allgemein werden, daß Verschiedenheit des Glaubens, des Kultus und auch der kirchlichen Einrichtungen, weit entfernt, ein nationales Unglück zu sein, im Rahmen eines konfessionell neutralen, starken Staats in Wahrheit eine Quelle gegenseitiger Förderung und kultureller Überlegenheit zu sein vermag, so werden im laufenden Jahrhundert auch die konfessionelle Verbitterung und andere, unvermeidliche, aber üble Folgen siegreich überwunden werden, welche die kirchenpolitischen Kämpfe der Vergangenheit zurückgelassen haben.

Neundörfer, Der ältere deutsche Liberalismus und die Forderung der Trennung von Staat und Kirche, A. f. k. Kr. LXXXIX, 1909; Poschinger, Verhandlungen zwischen Preußen und dem päpstlichen Stuhle unter Friedrich Wilhelm IV. und Pius IX. (1853/54), Deutsche Revue XXXI, 1906; Gerlach, Das Verhältnis des preußischen Staates zu der katholischen Kirche [2], 1867; Duhr, Aktenstücke zur Geschichte der Jesuitenmissionen in Deutschland (1848—72), 1903; Friedberg, Die Grundlagen der preußischen Kirchenpolitik unter Friedrich Wilhelm IV., 1882; Hinschius, Die Stellung der deutschen Staatsregierungen gegenüber den Beschlüssen des vatikanischen Konzils, 1871; Hahn, Geschichte des Kulturkampfs, 1881; F. X. Schulte, Geschichte des Kulturkampfs in Preußen, 1882; Siegfried (Cathrein), Aktenstücke betr. den preußischen Kulturkampf, 1882; v. Bar, Staat und katholische Kirche in Preußen, 1883; Bachem, Preußen und die katholische Kirche [4], 1875, Die kirchenpolitischen Kämpfe in Preußen, 1910; Baumgarten-Jolly, Staatsminister Jolly, 1897; v. Bismarck, Gedanken und Erinnerungen, 2 Bde., 1898; v. Mittnacht, Erinnerungen an Bismarck, I, 1904 S. 58; v. Tiedemann, Aus sieben Jahrzehnten, I, II, 1906/09; Goyau, Bismarck et l'Église, Le Culturkampf I, II, 1911 (zu Ende geführt R. des Deux mondes LXXXIII, 1913); Kißling, Geschichte des Kulturkampfs im Deutschen Reiche, I, 1911 (dazu Rothenbücher, Z.[3] f. KG. II, 1912); Dittrich, Der Kulturkampf im Ermlande, 1913; v. Wertheimer, Andrassy und Bismarcks Kulturkampf, Deutsche Revue XXXVIII, 1913; Rachfahl, Windthorst und der Kulturkampf, Preuß. Jbb. CXXXV, 1909; Hüsgen, Windthorst [2], 1911; Briefe Windthorsts, hrsg. von Pfülf, St. M.-L. LXXXII, LXXXIII, 1912; de Cesare, Il dottor Schloezer e la fine del Culturkampf, Nuova antologia, 1891; Curtius, Kurt v. Schloezer, 1912; Crispolti e Aureli, La politica di Leone XIII da Luigi Galimberti a Mariano Rampolla, 1912.

§ 43. Die Spiritualisierung des Kirchenrechts.

Die kirchenrechtliche Arbeit des 19. Jahrhunderts erschöpfte sich auch auf katholischem Gebiet keineswegs in der bloßen Reproduktion. Im einzelnen fehlte es ja nicht an Rückfällen ins Mittelalter. So, wenn Pius IX. am 22. Juni 1868 das österreichische Staatsgrundgesetz vom 21. Dezember 1867, welches das Konkordat von 1855 zum Teil beseitigt hatte [3], feierlich verdammte oder durch die Enzyklika Quod nunquam vom 5. Februar 1875 die preußischen Maigesetze kurzweg für ungültig erklärte oder gar am 8. Dezember 1864 gleichzeitig mit der Enzyklika Quanta cura einen Syllabus complectens praecipuos nostrae aetatis errores ver-

[1] Der am 18. Juni 1875 aufgehobene Art. 15 der preußischen Verfassung ist selbst in der erweiterten Gestalt von 1873 (oben S. 361 A. 3) nicht wiederhergestellt worden; doch entspricht ihm die in Geltung stehende preußische Einzelgesetzgebung. Auch die katholische Abteilung im Kultusministerium erstand selbstverständlich nicht wieder. Die Anzeigepflicht der geistlichen Oberen und das Einspruchsrecht des Staates sind mit einigen Einschränkungen und Milderungen in Geltung geblieben.

[2] Z. B. dadurch, daß die Bekanntmachung der für die Evangelischen und für manche deutschen Fürstenhäuser kränkenden Borromäusenzyklika Pius' X. Editae semper vom 26. Mai 1910 in deutschen Diözesananzeigeblättern und von deutschen Kanzeln verhütet, daß eine ausdrückliche Erklärung (Schreiben des Kardinalstaatssekretärs Merry del Val an den Kardinal Kopp, Fürstbischof von Breslau, vom 10. Februar 1911) über die Unanwendbarkeit der kirchlichen Vorschriften betreffend den sogenannten Antimodernisteneid auf die ausschließlich an staatlichen Universitäten tätigen Theologieprofessoren erwirkt und der Versuch der gemeinrechtlichen Reaktivierung des privilegierten Gerichtsstandes der Geistlichen (Motuproprio Pius' X. Quantavis diligentia vom 9. Oktober 1911) für Deutschland abgewehrt wurde; vgl. Wiegand, Kirchliche Bewegungen der Gegenwart, eine Sammlung von Aktenstücken, I, 1907, II, 1908.

[3] Die völlige, staatsgesetzliche Beseitigung erfolgte am 7. Mai 1874.

öffentlichte, der 80 (übrigens schon bei anderer Gelegenheit verurteilte) Sätze und mit ihnen so ziemlich alle Errungenschaften unserer Zeit, darunter Hauptgrundsätze des geltenden Staatsrechts, zensurierte. Diese Akte erhielten gerade nur so weit Bedeutung, als man es für nötig fand, sich für oder wider sie zu erregen; praktisch haben sie weder das Verhältnis von Kirche und Staat noch auch das Kirchenrecht selbst irgendwie beeinflußt. Dagegen vollzog sich, zunächst in aller Stille, ein folgenschwerer Umschwung in anderer Richtung. Seit Beginn des Jahrhunderts wurde das Schwergewicht der kirchlichen Macht langsam, aber sicher in das spirituelle Gebiet hinübergerückt, ein Prozeß, der sich beschleunigte, als die Kirche — nicht durch eigenes Verdienst, sondern im Gegenteil sehr wider ihren Willen — des letzten temporellen Ballasts in Gestalt des ihr Ansehen schwer schädigenden Kirchenstaates stückweise entledigt wurde, bis das Temporale am 20. September 1870 von der Landkarte verschwand. Die immer wiederholten Proteste dagegen (z. B. Enzyklika Respicientes vom 1. November 1870) vermögen nicht über den Gewinn hinwegzutäuschen, welchen die Kurie mit größtem Geschick aus dieser Enttemporalisierung zu ziehen verstand. Man lernte eben nach und nach doch einsehen, daß es heutzutage einer potestas directa und eines dominium directum nicht mehr bedarf, damit ein gewichtiges Wort in katholischem Sinn mitgesprochen werden kann, da ja der konstitutionelle Rechtsstaat in Gestalt der Gewissens- und Kultusfreiheit, des Versammlungs-, Vereins- und parlamentarischen Wahlrechts selbst die Mittel zur Verfügung stellt — und wenn er sich nicht selbst aufheben will, zur Verfügung stellen muß —, die es jeder, also auch der katholischen Weltanschauung ermöglichen, sich politisch zur Geltung zu bringen. Und anderseits verkannte man nicht, daß nunmehr eine Zeit gekommen sei, die für geistige Macht ein volles Verständnis besitzt; lehrte doch die Geschichte der Neuzeit mit ihren Staatsumwälzungen beredt, daß auch äußere Machtmittel heutzutage gerade nur so weit reichen wie der Glaube an ihren Träger. Diese geistige Macht galt es zu organisieren. Das konnte nur geschehen durch einen weiteren Schritt auf dem über anderthalb Jahrtausende langen Weg der Verquickung des Rechts mit dem Glauben, der dafür, weil religiöses Leben stets das Bewußtsein der Abhängigkeit von einer Autorität in sich schließt, die denkbar sicherste Grundlage abzugeben schien. So gelangte man wenige Wochen vor dem Untergang des Kirchenstaates auf dem seit 1869 versammelten vatikanischen Konzil [1] am 18. Juli 1870 zu der constitutio Pastor aeternus. Sie dogmatisierte den Primat, erkannte dem Papst einen in jeder Diözese mit dem Ortsbischof konkurrierenden Universalepiskopat sowie, als Lehrer der Welt ex cathedra sancti Petri, im Gebiet des Glaubens und der Sittenlehre die Unfehlbarkeit zu, alles Dinge, die im letzten Grunde schon im mittelalterlichen Papalsystem gelegen hatten, aber für die damalige Zeit, die nur greifbare Macht verstand, ein totes Kapital gewesen waren. Jetzt wurde es fruchtbar. Zwar kleinere Kreise, die sich an die neue Lehre nicht gewöhnen konnten, oder denen weder der Gedanke der Katholizität noch derjenige der Autorität über alle Schwierigkeiten hinweghalf, fielen ab. Jedoch der bereits anläßlich der eigenmächtigen Definition des Dogmas der unbefleckten Empfängnis Mariä (Bulle Ineffabilis Deus vom 8. Dezember 1854) erprobte Episkopat und die erdrückende Mehrheit der Gläubigen unterwarfen sich, änderte sich doch praktisch am bestehenden Zustand nichts. So wurde die Allianz von religiöser Überzeugung und kirchlichem Rechtsbewußtsein, in der — und in der allein — die praktische Bedeutung des Vatikanums liegt, glücklich vollzogen; sie wird der katholischen Kirche die wertvollsten Dienste leisten, wo immer und solange der Glaube die verstärkte Beschwerung durch das Recht erträgt, sichert sie ihr doch in Zeiten des Kampfs eine vereinte oder doch alternative Reaktion zweier elementarer Kräfte, indes die kirchlichen Einrichtungen selbst, des Zwangs zu formellen Übergriffen und der ehedem verhängnisvollen Verquickung mit Geld und Geldeswert entledigt, nicht mehr so leicht wirksame Angriffspunkte bieten.

Stutz, Die kirchliche Rechtsgeschichte (oben S. 279), Der neuste Stand des deutschen Bischofswahlrechtes, Stutz, Kr. A., 58. H., 1909, S. 87 ff., 136 f.; Löffler, Papstgeschichte von der französischen Revolution bis zur Gegenwart, 1911; Labanca, Saggi storici e biografici, 1912; Hourat, Genèse historique du syllabus [2], 1901; Heiner, Der Syllabus, 1905; Schiappoli, La politica ecclesiastica del conte di Cavour, 1898; Tessitore, Il conte di Cavour e le corporazioni religiose, 1911 (weitere Lit. unten in der letzten Anm. zu § 50); de Cesare, Roma e lo Stato del Papa del ritorno di Pio IX al XX settembre, 1907; Leti,

[1] Es wurde am 20. Oktober 1870 wegen der vorangegangenen Ereignisse auf unbestimmte Zeit vertagt.

Roma e lo stato pontificio dal 1849 al 1870, Studi storici XX, 1912; v. Schlözer, Römische Briefe [2], 1913; Hüffer, Lebenserinnerungen, 1912 S. 241 ff., 254 ff., 280 ff.; Hinschius, Kr. III § 172^{VIII}; Acta et decreta sacrorum conciliorum recentiorum (coll. Lacensis) seit 1870, 7 Bde., darin t. VII, 1890: Das vatikan. Konzil; Roskovány, Romanus pontifex, 16 Bde., 1867/79; Döllinger, Das Papsttum (Neubearbeitung des anonymen: Janus, Der Papst und das Konzil), 1892, Kirche und Kirchen, Papsttum und Kirchenstaat, 1861; Acton, Zur Geschichte des vatikanischen Konzils, 1871; Friedberg, Sammlung der Aktenstücke zum vatikanischen Konzil, 1872; Friedrich, Tagebuch, geführt während des vatikanischen Konzils [2], 1873, Geschichte des vatikanischen Konzils, 1877, Ignaz v. Döllinger, 3 Bde., 1899—1901; v. Schulte, Der Altkatholizismus, 1887; Sammlung der kirchlichen und staatlichen Vorschriften für die altkatholische Kirchengemeinschaft, 1878, mit Nachtr. 1882; Cecconi, Storia del concilio del Vaticano, 4 vol., 1872—79, deutsch von Molitor, 1873; Granderath, Geschichte des vatikanischen Konzils, I—III, 1903—06; Mirbt, Die Geschichtschreibung des vatikanischen Konzils, H. Z. CI, 1908; Ehrhard, Der Katholizismus (§ 37); Bigener, Gallik. u. epiſk. Strömungen (§ 41).

17 Vorerst machte freilich das Papsttum von der durch die vatikanischen Beschlüsse gesteigerten und gesicherten Machtfülle keinen unmittelbaren Gebrauch. Leo XIII. war vor allem darauf bedacht, die ehemalige Gegnerschaft, soweit sie in der Kirche verblieben war, entweder zu überzeugen oder doch durch ruhige Überlegenheit zum Schweigen zu bringen, auch die nichtkatholische Welt nach Möglichkeit an die neue Lage zu gewöhnen und durch diplomatische Erfolge das Ansehen der Kirche und des päpstlichen Stuhles zu heben. Demgemäß beobachtete sein Pontifikat auch auf dem Gebiete der kirchlichen Gesetzgebung die vorsichtigste Zurückhaltung [1]. Kein Wunder, daß unter der fünfundzwanzigjährigen Regierung dieses Papstes das Papsttum einen so glanzvollen Aufstieg erlebte, wie man ihn noch kurz vorher nicht für möglich gehalten hätte, und daß beim Tode Leos XIII. (1903), zumal wenn man die Fesseln in Betracht zog, die gerade die Temporalisierung dem mittelalterlichen Papsttum für die praktische Verwirklichung seiner Ideale angelegt hatte, das Urteil sich rechtfertigte, es sei trotz personaler und materieller Beschränkung machtvoller als in der Gestalt der damaligen katholischen Rechtskirche das organisierte Christentum noch nie in Erscheinung getreten.

Jedoch dem äußeren Prestige entsprach nicht durchweg der innere Kräftezustand. Der Bruch mit Frankreich (1904) [2], den Leo XIII. und seine Ratgeber nur durch weitestgehende Nachgiebigkeit künstlich hintangehalten hatten, war unvermeidlich und würde gleich dem im Zusammenhang mit dem politischen Umschwung stehenden Zusammenbruch in Portugal (1911) früher oder später doch eingetreten sein, wie immer man sich in Rom verhalten hätte; von einem Standpunkt aus, dem die religiöse und kirchliche Wiedergeburt jener Länder über alles geht, war vielleicht, angesichts des rapiden Rückgangs des zur Erneuerung unerläßlichen Grundstocks katholischer Gläubigkeit und Kirchlichkeit, ein rasches und mutiges Betreten des Leidensweges das Richtigste. Auch sonst drohten die religiösen Interessen Schaden zu nehmen; in den romanischen wie zuvor in den angelsächsischen Gebieten [3] der Kirche untergrub eine vielfach in bestem Glauben und in der Hoffnung auf religiöse Wiedergewinnung der entkirchlichten Welt vertretene, vielfach aber auch mit gewollter Zweideutigkeit verfochtene, nur zum Teil von wissenschaftlichem Geiste getragene Umdeutung der katholischen Lehre und Anpassung derselben an den Zeitgeist (Modernismus) die Grundlagen des Glaubens. Voll pastoralen Eifers [4] griff auch hier Leos XIII. Nachfolger [5] ebenso tatkräftig wie schonungslos

---

[1] Vorarbeiten zu einem Teile der von seinem Nachfolger ins Werk gesetzten kirchlichen Reformen dürften bereits unter Leo XIII. gemacht gewesen sein. Für die kirchenrechtsgeschichtliche Beurteilung ist aber nicht dies das Entscheidende, sondern die Tatsache, daß man sich unter dem Pontifikate Leos XIII. nicht dazu entschloß, damit hervorzutreten und die Widerstände zu überwinden, die einer solchen bereits vom vatikanischen Konzil geforderten tiefeinschneidenden Neuordnung begreiflicherweise sich entgegenstellten. Über den kirchenrechtlichen Ertrag von Leos XIII. Pontifikat siehe Segesser, Leo XIII. und das Kirchenrecht, A. f. k. Kr. LXXXIII, 1903; Hilling, Die Gesetzgebung Leos XIII. auf dem Gebiete des Kirchenrechts, A. f. k. Kr. XCIII, 1913.

[2] Lit. darüber in § 55.

[3] Gegen den sog. Amerikanismus ist gerichtet Leos XIII. Schreiben Testem benevolentiae an den Kardinal Gibbons vom 22. Januar 1899.

[4] Charakteristisch dafür auch das Motuproprio Cum omnes Catholicos betreffend die Auswandererseelsorge vom 15. August 1912.

[5] de Waal, Papst Pius X. [5], 1904; Schmidlin, Papst Pius X., Frankfurter zeitgem. Brosch., 1903; Sentzer, Pius X., 1908; de Colleville, Pie X intime, 31e mille, 1911.

durch. Daß der Kampf statt durch innere Überwindung durch Erdrückung mittelst der Organisation durchgefochten wurde, und daß es dabei nicht ohne schwere Schädigung wahrer Wissenschaft abging [1], brachte dem mit der Geschichte der Kirche Vertrauten keine Überraschung; auch im einzelnen bediente man sich althergebrachter Kampfesmittel (Dekret Lamentabili der Inquisitionskongregation vom 3. Juli 1907 mit einem neuen, 65 Sätze verurteilenden Syllabus, Bücherzensur, Antimodernisteneid [2]). Dabei übersah man freilich, unpolitisch und undiplomatisch, wie man bei diesem in den Dienst der Heilsaufgabe der Kirche gestellten Vorgehen mehr oder weniger mit Absicht war, nur zu leicht die Wirkung solcher Maßnahmen auf das Ganze des katholischen Kirchenkörpers und auf die Außenwelt, wie man es auch an dem richtigen Verständnis für die Verschiedenheit der Lage in den einzelnen Herrschaftsgebieten der Kirche fehlen ließ. Die Folge war, daß, was am einen Orte die Heilung bewirken sollte, am anderen die Krankheit erst hervorrief [3], und daß bei den Außenstehenden, insbesondere bei den deutschen Staatsregierungen, denen zu nahe zu treten gerade Pius X. bei aller Wahrung katholischer Grundsätze in gewollter, auf die Stärkung der religiös-kirchlichen Stellung bedachter Selbstbeschränkung ferner lag als irgendeinem seiner Vorgänger [4], Anstoß erregt und ihnen Anlaß zu erfolgreicher Zurückweisung gegeben wurde [5].

Viollet, L'infallibilité du pape et le syllabus, 1904; Eucken, Harnack, Hauck, Herrmann, Köhler, Mausbach, Meurer, Schnitzer in Hinnebergs Internat. Wochenschrift II, 1908; Heiner, Der neue Syllabus Pius' X.², 1908, Der Modernismus und die kirchlichen Maßregeln gegen denselben, A. f. k. Kr. LXXXIX, 1909, Die Maßregeln Pius' X. gegen den Modernismus, 1910; Schnitzer, Der katholische Modernismus, Z. f. Politik V, 1912; Kübel, Geschichte des katholischen Modernismus, 1909; Gisler, Der Modernismus, 1912; Besse, Le syllabus, l'église et les libertés, 1913; Houtin, Histoire du modernisme catholique, 1913; Anrich, Der moderne Ultramontanismus in seiner Entstehung und Entwicklung, 1909.

Vor allem aber trachtete Pius X. darnach, der Verwirrung des durch den Schutt von Jahrhunderten überdeckten kirchlichen Rechtes, aus der freilich die Restauration des 19. Jahrhunderts

---

[1] Die wissenschaftlich bedeutendste Darstellung der alten Kirchengeschichte, die der Katholizismus hervorgebracht hat, Duchesne, Histoire ancienne de l'église (§ 1), wurde zuerst von der Konsistorialkongregation unterm 1. September 1911 für die italienischen Seminare verboten und dann unterm 22./24. Januar 1912 von der Inderkongregation verurteilt und auf den Inder gesetzt.

[2] Über diese und andere, von Pius' X. Enzyklika Pascendi vom 8. September und Motuproprio Praestantia Scripturae vom 18. November 1907 sowie Motuproprio Sacrorum Antistitum vom 1. September 1910 gegen den Modernismus verhängte disziplinäre Maßregeln siehe unten im geltenden Recht. (S. 443.)

[3] In Deutschland hatte der Modernismus vor dem Vorgehen gegen ihn kaum einen Vertreter.

[4] Pius' X. Konstitution Provida vom 18. Januar 1906 und das unter ihm ergangene Dekret der Konzilskongregation Ne temere vom 2. August 1907 sind es gewesen, die, ohne den katholischen Grundsatz der Zugehörigkeit aller rite Getauften zur katholischen Kirche aufzugeben, jene die deutschen Mischehen, dieses die akatholischen Christenehen der ganzen Welt auch bei bloß bürgerlichem Eheabschluß als vollgültig anerkannt und so den nach katholischer Auffassung beiden bisher anhaftenden Makel des Konkubinats von ihnen genommen haben. Auch verzeichnet die Geschichte der katholischen Kirche bis jetzt keine autoritative päpstliche Äußerung, die in der Anerkennung, wenn auch nicht des evangelischen Kirchentums, so doch des evangelischen Bekenntnisses so weit geht wie Pius' X. Enzyklika Singulari quadam vom 24. September 1912 betreffend die christlichen Gewerkschaften. Es ist dies um so bemerkenswerter, als der Papst in derselben gegenüber der katholischen Arbeiterschaft, als deren oberster Seelenführer er gerade bei dieser Gelegenheit besonders bestimmt auftritt, erklärt: Quidquid homo christianus (d. i. der Katholik) agat, etiam in ordine rerum terrenarum, non ei licere bona negligere quae sunt supra naturam, immo oportere, ad summum bonum, tamquam ad ultimum finem, ex christianae sapientiae praescriptis, omnia dirigat: omnes autem actiones eius, quatenus bonae aut malae sint in genere morum, id est cum iure naturali et divino congruunt aut discrepant, iudicio et iurisdictioni Ecclesiae subesse . . . Causam socialem controversiasque ei causae subiectas de ratione spatioque operae, de modo salarii, de voluntaria cessatione opificum non mere oeconomicae esse naturae, propterea que eiusmodi, quae componi, posthabita Ecclesiae auctoritate, possint . . . und als auch er (Handschreiben an Kardinal Fischer, Erzbischof von Köln, vom 30. Oktober 1906 übereinstimmend mit der Erklärung des Kardinals Vannutelli auf dem Essener Katholikentag) den Katholiken nur zuerkennt libertatem quoad ea, quae religionem non attingunt.

[5] Oben § 42 S. 363 A. 2.

mit großem Geschick für die Kirche Gewinn zu ziehen verstanden hatte, ein Ende zu machen [1] und die kirchliche Rechtslage durch Abstoßung von veraltetem, noch mehr aber durch Neueinschärfung und Neubelebung von hintangesetztem, gelegentlich auch durch Umbildung von noch geltendem, ja in beschränktem Maße sogar durch Neuschöpfung von durch die veränderten Zeitverhältnisse gefordertem kirchlichen Recht zu klären. Schon zu Anfang seines Pontifikats ergingen, zunächst geheim gehalten, in diesem Sinne umfassende Gesetze über die Papstwahl [2]. Und bereits unterm 19. März 1904 wurde durch das Motuproprio Arduum sane munus [3] die Neukodifikation des gesamten katholischen oder, nach dem durch die Kurie festgehaltenen Sprachgebrauche, kanonischen [4] Rechtes angeordnet und durch die Einsetzung einer päpstlichen Kodifikationskommission [5] vorbereitet, und zwar im Sinne des päpstlichen Programms Omnia instaurare in Christo, verstanden im Sinne der katholischen Überlieferung und der oben [6] dargelegten, durch das Vatikanum endgültig besiegelten Verquickung von Glauben und Recht [7]. Seither wurde mit Macht an dem gewaltigen Werke gearbeitet. Wie verlautet, hat 1912 ein erster und 1913 ein zweiter und ein dritter Teil dem Episkopat zur Begutachtung vorgelegen [8], und sind andere im Entwurfe ganz oder nahezu fertiggestellt. Einzelne Gegenstände, deren Regelung entweder besonders wichtig, schwierig oder dringend erschien, oder bezüglich welcher man erst aus der Praxis Erfahrungen für die endgültige Gestaltung sammeln und die Aufnahme durch die Gläubigen wie durch die Außenstehenden erproben wollte, wurden vorweg behandelt (Eheschließungsrecht, Reform der Kurie [9], Promulgation der kirchlichen Gesetze und Erlasse, Neuordnung der Verwaltung der suburbikarischen Bistümer, Ab- und Versetzung der Pfarrer auf dem Verwaltungswege, Neueinschärfung des geistlichen Gerichtsstandes, Neuordnung des römischen Vikariats u. a. [10]). Darnach zu schließen, wird das Hauptwerk ein durchaus konservatives Gepräge tragen und im wesentlichen einfach die Errungenschaften der kirchlichen Rechtsentwicklung des 19. Jahrhunderts, an die Gegenwart mehr oder weniger angepaßt, verzeichnen. Ob es überhaupt, ganz oder wenigstens zum Teil, zustande kommen, und ob es, wenn in Kraft gesetzt, in der kirchlichen Rechtsgeschichte

---

[1] Hoch, Papst Pius X., ein Bild kirchlicher Reformtätigkeit, 1907.

[2] Unten § 56.

[3] Acta S. Sedis XXXVI, 1904 p. 549 ss., A. f. k. Kr. LXXXIV, 1904, D. Z. f. Kr. XIV, 1904.

[4] Der kirchliche Rechtssatz, besonders der vom allgemeinen Konzil, aber auch der vom Papst gesetzte, wird eben auch noch heute Kanon genannt.

[5] Unten § 69 S. 420 A. 1 und Ruffini, La codificazione del diritto ecclesiastico, Studi ... in onore di ... Scialoja II, 1905; Sägmüller, Die formelle Seite der Neukodifikation des kanonischen Rechts, Th. Q. LXXXVII, 1905; Boudinhon, De la codification du droit canonique, Can. cont. XXVIII, 1905; Friedberg, Ein neues Gesetzbuch für die katholische Kirche, D. Z. f. Kr. XVIII, 1908 (auch Leipziger jur. Fakultäts-Programm, 1907).

[6] S. 364. Materien wie das Verhältnis von Kirche und Staat, die Konkordate u. a. scheinen allerdings nicht kodifiziert werden zu sollen, wohl damit ein direkter Zusammenstoß mit dem Staate und infolgedessen das Scheitern des Unternehmens vermieden wird, und weil es in diesen Dingen doch in erster Linie auf die Abmachungen im Einzelfall ankommt.

[7] Meine auf streng geschichtliche Erfassung auch der neuesten Entwicklung gegründete, schon in der vorigen Auflage dieses Grundrisses durch die Überschrift dieses Kapitels angedeutete und in der 1902/03 niedergeschriebenen ersten Hälfte dieses Paragraphen zum Ausdruck gebrachte Erwartung, daß das Vatikanum über kurz oder lang eine kirchliche Gesetzgebungsära im Gefolge haben werde, ist durch das wenige Wochen nach dem Erscheinen meiner Darstellung erlassene Motuproprio und durch die Gesetzgebung Pius' X. bestätigt worden.

[8] A. f. k. Kr. XCIII, 1913 S. 167.

[9] Indem Pius X. die Rota und andere Behörden, die im Laufe der Zeit wesentlich den Zwecken des Kirchenstaats dienstbar geworden waren und seit dessen Untergang mehr als dreißig Jahre lang in Trümmern gelegen hatten, für rein kirchliche Zwecke wiederherstellte, gab er, wenigstens durch die Tat, zu verstehen, daß er mit der Wiederherstellung des Temporales nicht mehr ernstlich rechne, wohl aber in noch höherem Maße als seine Vorgänger gewillt sei, dessen Verlust durch innere Kraftsteigerung und damit verbundene Erhöhung des Ansehens und Einflusses nach außen wettzumachen. Formell und offiziell bleibt der Gegensatz von Vatikan und Quirinal fortbestehen und muß es im Interesse beider Teile; denn besser als das italienische Garantiegesetz und alle anderen Auskunftsmittel wahrt er für die katholische Welt die internationale Stellung des Papstums und dessen Unabhängigkeit gegenüber dem italienischen Staate.

[10] Falco, Il novissimo diritto della chiesa cattolica, Riv. di diritto pubbl. I Nr. 5/6, 1910; Hilling, Die Reformen des Papstes Pius X., 2 Bde., 1909, 1912.

einen Schlußstein oder die Grundlage eines neuen Aufschwungs bilden wird, muß die Zukunft lehren. Der Eindruck auf die Zeitgenossen kann nicht entscheiden. Reformen fordern immer Widerspruch heraus. Jedoch die Klugheit vermeidet zwar die Kritik, aber nur die Tatkraft macht Geschichte. So könnte es, zumal wenn wieder mehr politisch und diplomatisch gerichtete Nachfolger es verständen, das durch die inneren Krisen und die Reformen gestörte Gleichgewicht innerhalb des katholischen Erdenrunds wiederherzustellen, ohne die Errungenschaften des Vorgängers preiszugeben, ganz wohl geschehen, daß für die Nachwelt nicht das Pontifikat Leos XIII. zu einem Markstein der kirchlichen Rechtsgeschichte würde, sondern das Papsttum Pius' X.

Zweiter Titel.

Geschichte des evangelischen Kirchenrechts.

Erstes Kapitel.

Die Reformation und das deutsche Staatskirchenrecht.

§ 44. Die Zeit des reformatorischen Enthusiasmus.

Aus der Tiefe einer in schwerer Gewissensnot um ihr Heil in Christo ringenden Seele wurde die Reformation geboren. Martin Luther, der am 10. November 1483 zu Eisleben geborene Augustinereremit von Wittenberg, der lange vergeblich auf dem hergebrachten kirchlichen Weg den Frieden mit Gott gesucht, fand ihn endlich durch die Wiederentdeckung des paulinischen Evangeliums von der Rechtfertigung allein durch den Glauben. Die von ihm entfachte Bewegung war und blieb zunächst nur religiös. Weder eine Kirchenverbesserung strebte Luther an, wie vor ihm und neben ihm [1] manche Reformer, noch stand ihm eine Erneuerung der gesamten, auch der theologischen Bildung im Vordergrund des Interesses, wie den Humanisten. Freiheit für die neue, die unverfälschte Heilsbotschaft war das einzige, was er begehrte.

v. Ranke, Deutsche Geschichte im Zeitalter der Reformation ^{6}, 6 Bde., 1881 ff., sämtl. Werke Bd. 1—6; Janssen-Pastor, Geschichte des deutschen Volks seit dem Ausgange des Mittelalters I—IV ^{16}, V—VI ^{16}, VII—VIII ^{14}, 1897—1904; v. Bezold, Staat und Gesellschaft des Reformationszeitalters, Hinneberg, Kultur der Gegenwart II, 5, 1, 1908, Geschichte der deutschen Reformation (Oncken, AG. III, 1), 1890; Hermelink, Die religiösen Reformbestrebungen des deutschen Humanismus, 1907; Berger, Die Kulturaufgaben der Reformation ^{2}, 1908; Wernle, Renaissance und Reformation, 1912; Troeltsch, Renaissance und Reformation, H. Z. CX, 1913; Corpus Reformatorum, bis jetzt 89 Bde.; Schriften des Vereins für Reformationsgeschichte, seit 1883, bis jetzt 102 Hefte, und Archiv für Reformationsgeschichte, seit 1903, bis jetzt 10 Bde. u. 4 Ergzsbde; Luthers Werke, Erlanger Ausgabe, z. T. in 2. Aufl., z. Z. 67 Bde., 1867 ff., Weimarer Ausgabe, 1883 ff., bis jetzt 49 Bde. mit Ergzsbden., enthaltend Tischreden und deutsche Bibel., Ausgabe für das deutsche Haus von Buchwald u. A.^{3}, 10 Bde., 1905, in Auswahl von O. Clemen, 2 Bde., 1912; Lutherbiographien von Köstlin-Kawerau ^{5}, 2 Bde., 1903; Kolde ^{6}, 2 Bde., 1884—93; Lenz ^{3}, 1897; Hausrath, 2 Bde., 1903/4; Denifle-Weiß, 2 Bde. und 2 Ergzsbde., 1904—09; Grisar ^{2}, 3 Bde., 1911/12; Boehmer ^{2}, 1910; Giffert, 1911.

Dieser Freiheit stand der Grundstock des überlieferten kanonischen Rechtes als die Ursache des von ihm bekämpften furchtbaren Gewissensdruckes im Wege. Gegen ihn hat Luther mit der ganzen Wucht seiner gewaltigen Persönlichkeit angekämpft. Der Ablaßhandel und die damit verbundene Schädigung gewissen- und ernsthafter Seelsorge forderte in den 95 Thesen vom 31. Oktober 1517 den Protest seiner gereinigten Auffassung von Buße und Heiligung heraus. Noch läßt er die Jurisdiktion des Papstes gelten. Aber dessen Lehrgewalt will er bald nicht mehr anerkennen. Und dann beginnt 1518 gegen ihn der Ketzerprozeß, der am 16. Oktober dieses Jahres zu seiner appellatio a papa male informato ad papam melius informandum, seit

[1] Vgl. das Gutachten Jakob Wimpfelings von 1510 über die Reform der Kirche.

dem Januar 1520 zu längerer Verhandlung bei der Kurie, am 15. Juni 1520 zur Verdammung von 41 seiner Lehrsätze in der Bulle Exsurge Domine bei gleichzeitiger monitio caritativa, am 3. Januar 1521 zur großen Exkommunikation durch die Bulle Decet Romanum, am 8./25. Mai nach furchtloser Verteidigung auf dem Wormser Reichstag in der seit der constitutio cum principibus ecclesiasticis von 1220 vorgeschriebenen Folge zur Acht führt. Jetzt verwirft er, zumal er sich von der Fälschung wichtiger päpstlicher Rechtstitel wie der konstantinischen Schenkung inzwischen überzeugt und die Unhaltbarkeit anderer Grundlagen der päpstlichen Gewalt dank weiterem Schriftstudium erkannt hat, auch den primatus iurisdictionis und darüber hinaus das ius divinum, ja überhaupt die sichtbare Kirche. Jetzt erkennt er die Schriftwidrigkeit des Standespriestertums, dem er den Grundsatz des freien, unvermittelten Zutritts jedes Christenmenschen zu Gott, das religiöse (nicht verfassungsrechtliche!) Prinzip des allgemeinen Priestertums gegenüberstellt, wodurch auch die bisherigen Laien zu Vollchristen erhoben werden. Schließlich fallen ihm auf dem Gipfelpunkt reformatorischer Begeisterung, wie er ihn in den Schriften des Jahres 1520 „An den christlichen Adel deutscher Nation", „De captivitate Babylonica" und „Von der Freiheit eines Christenmenschen" erreicht, auch alle übrigen, mit der Freiheit des Evangeliums nicht vereinbarten katholischen Einrichtungen dahin, so das meiste von der Sakramentslehre, so Fasten, Wallfahrten, Mönchtum, Zölibat (1525 seine Ehe mit der ehemaligen Nonne Katharina von Bora), Bann und Interdikt. Mit der Bulle Exsurge und dem Corpus iuris canonici verbrennt er am 10. Dezember 1520 das Rechtschristentum; dessen Vertreter, der Papst, wird ihm geradezu der Antichrist. Das persönliche Glaubenschristentum ist aufgerichtet.

Cristiani, Du Luthéranisme au Protestantisme (1517—28), 1911; Troeltsch, Die Bedeutung des Protestantismus für die Entstehung der modernen Welt, H. Z. XC, 1906, Protestantisches Christentum und Kirche in der Neuzeit, in Hinnebergs Kultur der Gegenwart I 4, 1 [2], 1909; Loofs, Luthers Stellung zum Mittelalter und zur Neuzeit, 1907 (auch in den deutsch-evang. Blättern); Löffler, Tetzel, Deutsche Geschichtsbl. XIV, 1913; K. Müller, Luthers römischer Prozeß, Z. f. Kg. XXIV, 1903; A. Schulte, Die römischen Verhandlungen über Luther 1520, mit Nachtrag Q. u. F. VI, 1903, Die Fugger in Rom, 2 Bde., 1904; Kalkoff, Forschungen zu Luthers römischem Prozeß, Bibl. d. preuß. hist. Inst. in Rom, II, 1905 und Z. f. Kg. XXV, 1904, Zu Luthers römischem Prozeß, Der Prozeß des Jahres 1518, 1912; Greving, Zur Verkündigung der Bulle Exsurge Domine, Grevings Reformationsgesch. St. u. T. XXI, XXII, 1912; v. Schubert, Die Vorgeschichte der Berufung Luthers auf den Reichstag zu Worms 1521, Heidelberger Ak. S. B., phil.-hist. Kl., 1912; M. Lehmann, Luther vor Kaiser und Reich, in seinen Hist. Aufsätzen 1911; Wrede, Der erste Entwurf des Wormser Edikts, Z. f. Kg. XX, 1900; Kalkoff, Die Entstehung des Wormser Edikts, 1913; Brieger, Zwei bisher unbekannte Entwürfe des Wormser Edikts, Leipziger theol. Fak.-Progr., 1910; Köstlin, Luthers Lehre von der Kirche, 1853; Kolde, Luthers Stellung zu Konzil und Kirche, 1876; Sohm, Kr. I, §§ 34, 35; Rietschel, Luthers Anschauung von der Unsichtbarkeit und Sichtbarkeit der Kirche, Th. St. K., LXXIII, 1900; Behm, Der Begriff des allgemeinen Priestertums, 1912.

Um letzterer Tat willen heißt er der Reformator, während er vom Standpunkt des kanonischen Rechtes aus allerdings als Revolutionär erscheint. Nicht vom Standpunkt des Rechtes überhaupt aus. Auch für die Kirche hat er dessen Daseinsberechtigung und Notwendigkeit nie bestritten; er hat sich nur, weil durchaus innerlich gerichtet und hinsichtlich des äußeren Gangs seiner Sache von einem großartigen Gottvertrauen beseelt, erst gar nicht und später bloß ungern, durch bittere Erfahrungen belehrt, darum bekümmert. Und auch nicht von dem Standpunkt aus, auf den er, an die mittelalterliche Auffassung von der Christenheit und ihren Schwertern oder Regimenten anknüpfend, auf Grund seines Schriftverständnisses gelangt war, nämlich, daß äußere Ordnung nur von der weltlichen Obrigkeit zu handhaben sei. In letzterer Hinsicht war es von Bedeutung, daß auch die Verhältnisse ihn auf die Obrigkeit anwiesen. Aber nicht auf das Reich, dessen damaliges Oberhaupt, Karl V., weder für die religiöse noch für die nationale Seite von Luthers Sache Verständnis besaß. Das Schwergewicht lag längst nicht mehr bei ihm, sondern in den Territorien. Deren Herrscher waren entweder, wie Kurfürst Friedrich der Weise von Sachsen (1486—1525), selbst von der Reformation innerlich berührt, oder sie wurden doch durch die Volkstümlichkeit der Bewegung zu einer zuwartenden Haltung gezwungen. Ihr Bestreben mußte sein, die Durchführung des Wormser Edikts hintanzuhalten (Aufschübe oder Interime der Reichstage von Nürnberg, 1523 und 1524). Unterdessen breitete sich die

Reformation zu Stadt und Land gewaltig aus. Doch suchte inzwischen der religiöse und der soziale Radikalismus in Gestalt der Täuferei und der Bauernbewegung sich ihrer zu bemächtigen. Luthers überragender Persönlichkeit gelang es, seine Sache beider zu erwehren. Aber damit nahm auch der enthusiastische Schwung der Bewegung ein Ende. Gleich dem Christentum der nachapostolischen Zeit trat die Reformation in das Stadium der Ernüchterung und damit der äußeren Einrichtung.

Geffcken, Staat und Kirche nach Anschauung der Reformatoren, 1879; Lenz, Das Verhältnis der reformatorischen Doktrinen zur politischen Gewalt, Ak. Festrede, 1894; G. Müller, Luthers Stellung zum Rechte, 1906; Brandenburg, Martin Luthers Anschauung vom Staate und der Gesellschaft, Schrift. d. Ver. f. Ref.-Gesch. H. 70, 1901; v. Schubert, Reich und Reformation, Heidelberger akad. Rede, 1910; Laemmer, Analecta Romana, 1861, Monumenta Vaticana, 1861, Meletematum Romanorum mantissa, 1875; Cornelius, Geschichte des Münsterischen Aufruhrs, 2 Bde., 1855—60; Barge, Andreas Bodenstein von Karlstadt, 2 Bde., 1905, 1906, Luther und Karlstadt in Wittenberg, H. Z. XCIX, 1907; K. Müller, Luther und Karlstadt, 1907.

§ 45. Die Evangelischen eine eigene Religionspartei und tatsächlich geduldet.

Nach den Ereignissen des Jahres 1520, insonderheit nach Aufgabe der Messe, des Mittelpunkts katholischer Gottesverehrung, im Jahre 1523, ließ sich Luthers und des konservativeren Melanchthon anfänglicher Anspruch, die eine, alte, katholische, wenn auch nicht römische Kirche fortzusetzen, nicht mehr mit Erfolg aufrechterhalten. Der Reichstag von Speier 1529 mit seiner auf möglichste Einschränkung auch des vorläufigen evangelischen Besitzstandes berechneten Schroffheit veranlaßte am 19./25. April alle deutschen Stände und Städte, die der neuen Lehre anhingen, zu dem gemeinsamen Protest, der ihnen den Gesamtsondernamen „Protestanten" eintrug. Freilich legten das Marburger Gespräch vom 1.—4. Oktober und der nicht beglichene Abendmahlsstreit alsbald den Grund zur dauernden Trennung der schweizerischen Reformation Zwinglis von der deutschen. Aber dieser wenigstens gab schon der Augsburger Reichstag von 1530 Gelegenheit, mit einem eigenen Bekenntnis hervorzutreten, der confessio Augustana, samt der von den mehr schweizerisch gerichteten Städten Straßburg, Konstanz, Lindau und Memmingen eingereichten Tetrapolitana (gegen beide katholische confutationes), ein Bekenntnis, das Melanchthon 1531 in der Apologie aufrechterhielt[1]. Seither gehen die deutschen Evangelischen unter der Bezeichnung „Augsburgische Konfessionsverwandte".

Melanchthon, Loci communes, hrsg. von Plitt und Kolde[4], 1900; Ellinger, Philipp Melanchthon, 1902; Heuser, Die Protestation von Speier, 1904; Ney, Die Appellation und Protestation der evangelischen Stände auf dem Reichstage zu Speier, Q. z. Gesch. d. Protest. 5, 1906; Kolde, Die Augsburgische Konfession[2], 1911, Die älteste Redaktion der Augsburger Konfession, 1906; Tschackert, Die unveränderte Augsburgische Konfession, 1901; Thiele, Die Augsburgische Konfession, 1909; Gußmann, Quellen u. Forschungen zur Geschichte des Augsburgischen Glaubensbekenntnisses, I, 1911; Joh. Ficker, Die Konfutation des augsburgischen Bekenntnisses, 1892.

Schon vorher hatte der Speierer Reichsabschied von 1526 bestimmt, „in Sachen der Religion und des Wormser Edikts solle jeder Stand mit seinen Untertanen so leben, regieren und es halten, wie er es gegen Gott und die Kaiserliche Majestät zu verantworten sich getraue". Damit war die tatsächliche Duldung andersgläubiger Stände in dem zunächst noch als notwendig katholisch angesehenen Reiche erzielt, ein Erfolg, den auch spätere, weniger günstige Reichstagsbeschlüsse nicht rückgängig zu machen vermochten. Ferner war, indem man mit, d. h. für und gegenüber seinen Untertanen Stellung nehmen zu wollen erklärte, der Grundsatz: Cuius regio, eius religio, also die Übereinstimmung von landesherrlichem und Untertanenbekenntnis für alle Beteiligten, auch die evangelischen Stände, als selbstverständlich anerkannt. Und endlich setzte man damit, daß man nicht mehr auf das Reich, aber auch nicht auf die Einzelnen, sondern auf die Stände abstellte, bei diesen, auch bei den evangelischen, das hergebrachte Recht des Religionsbannes im weiteren Sinn voraus, nur daß es jetzt aus einem Notrecht auf bloßes Eingreifen in die äußere Ordnung (ius reformandae disciplinae) mehr ein ordentliches, wenn auch

[1] Später (1544) kamen als Bekenntnisschrift noch die schmalkaldischen Artikel von 1537 hinzu.

nur zeitweilig zur Anwendung gelangendes Recht auf positive Religionsbestimmung wurde (ius reformandi cultus). Damit war die Sache der Reformation von Rechts wegen in die Hände der Fürsten und Städte gegeben und das evangelische Landeskirchentum angebahnt.

v. Bonin, Die praktische Bedeutung des ius reformandi, Stutz, Kr. A., 1. H., 1902; Greiff, Das staatliche Reformationsrecht, Erlanger jur. Diss., 1902.

Die zweite Generation evangelischer Landesherren stellte sich zur Reformation mehr politisch. Luther mußte sich den Schutz seiner Sache durch das Bündnis von Schmalkalden (1531) gefallen lassen. Zeitweise die Grundlage einer imposanten Machtstellung der Evangelischen (Nürnberger Religionsfrieden von 1532), wurde es später die Quelle mancher, auch moralischer Verlegenheiten, so namentlich 1540 durch die Doppelehe Landgraf Philipps von Hessen, die Luther, um den mächtigen Verbündeten nicht dem Gegner in die Arme zu treiben (der Kaiser verzieh tatsächlich später), durch Beichtrat im geheimen zuzulassen sich veranlaßt sah, was ihm allerdings sein Schriftprinzip (Patriarchenpolygamie) erleichterte, aber doch nicht, ohne daß er gegen seine innere Überzeugung handeln mußte. Der durch dynastische Interessen veranlaßte Abfall des Herzogs Moritz von Sachsen brachte die Evangelischen im Schmalkaldischen Kriege, vor dessen Ausbruch Luther am 18. Februar 1546 in seiner Vaterstadt starb, in große Bedrängnis und führte 1548 zu dem diesmal den Katholischen vorteilhaften Augsburger Interim (nur Priesterehe und Laienkelch zugestanden), das, in Süddeutschland gewaltsam durchgeführt, die evangelische Sache schwer schädigte. Da bewirkte Moritz von Sachsen, der in seinen Landen nicht aufgehört hatte, die evangelische Sache zu fördern, vom Kaiser plötzlich abschwenkend, einen völligen Umschwung.

v. Schubert, Bündnis und Bekenntnis 1529/30, Schrift. d. Ver. f. Ref.-Gesch., H. 98, 1908; Paulus, Luthers Lebensende, 1896; N. Müller, Zur Geschichte des Interims, Jb. f. Brandenb. Kg. V, 1908; Rockwell, Die Doppelehe des Landgrafen Philipp von Hessen, 1904; Köhler, Die Doppelehe Landgraf Philipps von Hessen, H. Z. XCIV, 1905; Brieger, Luther und die Nebenehe des Landgrafen Philipp von Hessen, Preuß. Jbb. CXXXV, 1909; Ißleib, Das Interim in Sachsen, N. A. f. sächs. Gesch. XV, 1894; Bossert, Das Interim in Württemberg, Schrift. d. Ver. f. Ref.-Gesch., H. 46, 47, 1895; Wolf, Das Augsburger Interim, D. Z. f. Gw. II, 1898; Herrmann, Das Interim in Hessen, 1901; Sehling, Die Kirchengesetzgebung unter Moritz von Sachsen, 1899.

§ 46. Die rechtliche Anerkennung des neuen Glaubens und dessen Behauptung gegenüber der katholischen Gegenreformation.

Trotzdem Moritz in der Schlacht von Sievershausen 1553 den Tod fand, gingen die von ihm 1552 im Passauer Vertrag für die Evangelischen errungenen Vorteile über in den endgültigen Augsburger Religionsfrieden vom 25. September 1555. Mit ihm hörte die evangelische „Religion" reichsrechtlich auf, als Ketzerei zu gelten. Denn das auf den mittelalterlichen Gedanken des einheitlichen Corpus christianum gestützte Erfordernis der religiösen Uniformität des Reichs wurde jetzt aufgegeben. Doch eine eigentliche Religionsfreiheit gewährte auch den Ständen der Friede nicht. Nur die alte und die „Augsburgische Konfessions-Religion" wurden anerkannt, und nur zugunsten der einen oder der anderen sollte auch das Reformationsrecht geübt werden (nicht auch zugunsten des Zwinglianismus!), so daß an die Stelle der einen einfach zwei Zwangskirchen traten. Immerhin gab es fortan auch für die altgläubigen Stände zum neuen Glauben einen wenigstens indirekt zugestandenen Übertritt. Bloß sollte derjenige eines geistlichen Standes nicht auch den Verlust des betreffenden Bistums oder Stifts für die Katholischen im Gefolge haben; die Altgläubigen hätten sonst nicht bloß zahlreiche weitere Machtverluste zu gewärtigen gehabt, sondern wären Gefahr gelaufen, sich aus Mangel an den nach ihrem Kirchenrecht erforderlichen Titeln und Pfründen von den notwendigen kirchlichen Obern entblößt zu sehen. So der geistliche Vorbehalt, reservatum ecclesiasticum, der aber nicht als vereinbart, sondern lediglich als kraft kaiserlicher Gewalt auferlegt galt und von den Evangelischen nicht anerkannt wurde. Weiter suspendierte der Frieden für diese die geistliche Jurisdiktion der Bischöfe und das Patronatrecht der nicht reichsunmittelbaren geistlichen Stände, was sie fortan vor Belästigungen durch ihre früheren geistlichen Obern sicherstellte und den Landesherren die Anhandnahme des Kirchenregiments auch rechtlich ermöglichte. Endlich wurde den Untertanen gegenüber dem landesherrlichen Reformationsrecht die Auswanderungsbefugnis, ius emigrandi, gewährleistet.

Barge, Die Verhandlungen zu Linz und Passau und der Vertrag von Passau im Jahre 1552, 1893; Kühns, Zur Geschichte des Passauer Vertrags, 1905; Bonwetsch, Geschichte des passauischen Vertrages von 1552, 1907; Ritter, Der Augsburgische Religionsfriede, Hist. Taschenb., 1886; Wolf, Der Augsburger Religionsfriede, 1890; Brandi, Der Augsburger Religionsfriede, 1896, Passauer Vertrag und Augsburger Religionsfriede, H. Z. XCV, 1905; Adler, Der Augsburger Religionsfriede und der Protestantismus in Österreich, Festschrift f. Brunner, 1910; Rieker, Die rechtliche Stellung der evangelischen Kirche Deutschlands, 1893.

Die Ruhe, die dieser Frieden den Augsburgischen brachte, zeitigte, zusammen mit der durch ihn sanktionierten Trennung von den außerdeutschen Protestanten, bei den deutschen Evangelischen Lehrstreitigkeiten, die durch die Konkordienformel vom 25. Juni 1580 nicht völlig aus der Welt geschafft wurden. In diese Zeit fällt auch ein siegreiches Vordringen des Calvinismus im Deutschen Reich (§ 51). Von größter staatskirchenrechtlicher Bedeutung wurde es, daß Kurfürst Johann Sigismund von Brandenburg, als er 1613 zum reformierten Bekenntnis übertrat (confessio Marchica 1614), als erster von seinem Religionsbann, wie er nach dem älteren strengen Recht des Augsburger Religionsfriedens es zwar nicht durfte, aber nach der neuern Praxis gekonnt hätte und zunächst auch zu tun geneigt war, zugunsten seines neuen Bekenntnisses keinen Gebrauch machte, sondern seine Untertanen, von denen nur kleine Teile freiwillig übertraten, beim Luthertum beließ. Jetzt beschränkte sich im Gegensatz zu den Calvinischen die sich gern als **die** Reformierten in besonders vollkommenem Sinne bezeichneten, der ursprünglich beiden Richtungen von den Gegnern gemeinschaftlich beigelegte Name Lutheraner auf die Anhänger des deutschen Reformators. Anderseits bezeichneten sich fortan die deutschen Reformierten, soweit sie die äußere Ordnung der Lutherischen beibehielten, ebenfalls als Augsburgische Konfessionsverwandte. Doch geriet die Reformation überhaupt bald ins Stocken Ja, es gelang dem durch das Tridentinum gesammelten Katholizismus, wieder Boden zu gewinnen und namentlich auch das Territorialprinzip samt dem wieder zur Anwendung gelangenden Ketzerrecht gegen die Evangelischen zu kehren. Der nunmehr entbrennende 30 jährige Religionskrieg führte zunächst 1629 zu einem kaiserlichen Restitutionsedikt, das den Augsburger Religionsfrieden in katholischem Sinn restriktiv interpretierte. Hatte schon im 16. Jahrhundert die Gegnerschaft des universalen Papsttums und vor allem der internationalen österreichischen Hausmacht die Evangelischen in die angesichts des nationalen Charakters ihrer Sache mißliche Lage versetzt, im Ausland Hilfe zu suchen, so trieb sie jetzt eben diese internationale österreichische Gegnerschaft nicht bloß zum Bündnis mit dem immerhin in erster Linie als Vorkämpfer des evangelischen Glaubens sich fühlenden Schwedenkönig Gustav Adolf, dessen mit dem Tod auf dem Schlachtfeld zu Lützen am 16. November 1632 besiegeltes Werk die Rettung des norddeutschen Protestantismus war, sondern sogar in die unnatürliche Verbindung mit dem katholischen Frankreich, ja mittelbar mit dem als italienischer Fürst von Habsburg bedrohten Papst (Urban VIII.). So war es auch ein europäischer und unter der Garantie außerdeutscher Mächte stehender Friedensschluß, der dem Religionskrieg ein Ende machte.

v. Mühler, Geschichte der evangelischen Kirchenverfassung in der Mark Brandenburg, 1846; Brandes, Geschichte der kirchlichen Politik des Hauses Brandenburg, I, II, 1872; Zorn, Die Hohenzollern und die Religionsfreiheit, 1896; Pahnke, Abraham Scultetus in Berlin, Forsch. z. Brandenb. u. Preuß. Gesch. XXIII, 1910; Heppe, Ursprung und Geschichte der Bezeichnungen reformierte und lutherische Kirchen, 1859; Tschackert, Die Entstehung der lutherischen und der reformierten Kirchenlehre, 1910; Fabricius, Kirchliche Organisation und Verteilung der Konfessionen im Bereich der heutigen Rheinprovinz um 1610, 4 Karten (Geschichtlicher Atlas der Rheinprovinz VI), 1903, mit 3 Erläuterungsbänden 1909, 1913; Ranke, Zur deutschen Geschichte vom Religionsfrieden bis zum 30 jährigen Krieg [3], sämtl. Werke Bd. 7, 1888; Ritter, Deutsche Geschichte im Zeitalter der Gegenreformation und des Dreißigjährigen Krieges, 3 Bde., 1889—1908; Wolf, Deutsche Geschichte im Zeitalter der Gegenreformation I, 1889; Gothein, Staat und Gesellschaft der neueren Zeit (Gegenreformation), Hinneberg, Kultur der Gegenwart II, 5, 1, 1908; Literatur über die Gegenreformation in den einzelnen Territorien bei Friedberg, Kr. § 29, N. 8; Tupetz, Der Streit um die geistlichen Güter und das Restitutionsedikt, 1883; Gebauer, Kurbrandenburg und das Restitutionsedikt, 1899;

Günter, Das Restitutionsedikt von 1629 und die katholische Restauration Altwürttembergs, 1901; Dersch, Das Restitutionsedikt in Hessen, Zeitschr. d. Ver. f. hess. Gesch. XL, 1907; Smend, Das Reichskammergericht I, Zeumers Q. u. St. IV, 3, 1911; Arndt, Die Kirchenordnung des Schwedenkönigs Gustav Adolf für die Stifter Magdeburg und Halberstadt 1632, D. Z. f. Kr. XI, XII, 1902.

§ 47. Der Westfälische Frieden und das deutsche Staatskirchenrecht bis zum Beginn des 19. Jahrhunderts.

Aus den Verhandlungen mit Frankreich und dem Papst in Münster, mit Schweden in Osnabrück ging am 14./24. Oktober 1648 der Westfälische Frieden hervor. Für die kirchlichen Verhältnisse kommt nur das Osnabrücker Friedensinstrument, Instrumentum Pacis Osnabrugense (I.P.O.), in Betracht, gegenüber der zu erwartenden und auch wirklich erfolgten päpstlichen Ungültigkeitserklärung (§ 38) von vornherein durch die Vereinbarung ihrer allseitigen Nichtbeachtung geschützt.

Emminghaus, Corpus iuris Germanici [2], 1844 ff.; Meyer-Zöpfl, Corpus iuris confoederationis Germanicae [3], 3 Bde., 1869; Zeumer, Quellensammlung [2] (§ 41 S. 355 A. 2); Pütter, Der Geist des westphälischen Friedens, 1795; Rieker, Rechtliche Stellung der evang. Kirche (§ 46).

Auf Grund des zunächst als Staatsvertrag, seit dem jüngsten Reichsabschied von 1654 aber auch als Reichsgrundgesetz geltenden Westfälischen Friedens sollte:

1. unter den Ständen Parität herrschen [1], aber nur zugunsten der reichsrechtlich anerkannten katholischen und augsburgischen Religion, also nicht auch für andere (Sekten). Durch authentische Interpretation des Augsburger Religionsfriedens von 1555 und demnach mit rückwirkender Kraft werden auf Betreiben des Großen Kurfürsten die deutschen Reformierten mit unter die Augsburgischen Konfessionsverwandten subsumiert und als solche anerkannt, so daß fortan die augsburgische Religion offiziell in zwei Konfessionen zerfällt. In Religionssachen soll es auf dem Reichstag keine Majorisierung geben, vielmehr zunächst ein Auseinandergehen, itio in partes, nach Religionen (Corpus Evangelicorum und C. Catholicorum) stattfinden, und hierauf eine Erledigung nur durch amicabilis compositio zulässig sein;

Immich, Geschichte des europäischen Staatensystems von 1660—1789, 1905; Landwehr, Die Kirchenpolitik des Großen Kurfürsten, 1894; Philippson, Der Große Kurfürst, I, II, 1897—1902; Richter, Die Verhandlungen über die Aufnahme der Reformierten in den Religionsfrieden zu Osnabrück, Leipziger phil. Diss., 1906; Keller, Die staatsrechtliche Anerkennung der reformierten Kirche auf dem westfälischen Friedenskongreß, Bonner Festgabe f. Krüger, 1911; Vogel, Der Kampf auf dem westfälischen Friedenskongreß um die Einführung der Parität in der Stadt Augsburg, 1900.

2. das reservatum ecclesiasticum, das von den Evangelischen ehedem abgelehnt worden war, nunmehr für und gegen beide Teile reichsgesetzlich gelten, nachdem es die Evangelischen infolge der Gegenreformation auch für sich als Bedürfnis erkannt hatten, doch so, daß — im Interesse der Evangelischen und des von ihnen vorher erworbenen, besonders norddeutschen Bistums- und Stiftsgutes — nicht über 1624 zurückgegangen, also namentlich nicht auf die Zeit des Passauer Vertrages, wie katholischerseits früher verlangt wurde, zurückgegriffen werden sollte;

3. es bei der Suspension der Jurisdiktion katholischer Kirchenobern auch weiterhin sein Bewenden haben und ebenso bei dem Satz Cuius regio, eius religio, desgleichen bei dem daraus entspringenden ius inspiciendi cavendi, dem obersten Aufsichts- und Abwehrrecht über die Kirchen und ihre Angehörigen, dem ius advocatiae oder Kirchenschutzrecht, sowie bei dem jetzt regelmäßig hier mituntergebrachten ius reformandi. Doch wurde auch das Auswanderungsrecht beibehalten und die Auswanderung erleichtert. Und für den Fall, daß der Landesherr von seinem Recht, andersgläubige Untertanen auszutreiben, keinen Gebrauch machte, wurde ihm untersagt, sie irgendwie in ihren bürgerlichen Ehren zu kränken. Der Frieden sicherte ihnen — z. B., aber nicht lediglich — Rechtsgleichheit in Handel und Gewerbe, Erbrecht, bürgerliche

[1] Aequalitas exacta mutuaque ... ita, ut, quod uni parti iustum est, alteri quoque iustum sit.

Achtung und ein ehrliches Begräbnis ausdrücklich zu. Bei bloßem Konfessionswechsel des evangelischen Landesherrn wurde, unter reichsgesetzlicher Gutheißung der brandenburgischen Praxis, das Erfordernis der Übereinstimmung von landesherrlichem und Untertanenbekenntnis überhaupt aufgegeben;

4. die Religionsübung verschiedene, durch die an den Frieden sich anlehnende Wissenschaft und Praxis noch verfeinerte Abstufungen haben. Man unterschied: a) die devotio domestica, den Hausgottesdienst, und zwar entweder bloß als simplex mit hausväterlicher Andacht ohne Zuziehung eines Geistlichen (so nach der späteren, restriktiven Praxis für die bloß Geduldeten), wobei jedoch der Besuch öffentlichen Gottesdienstes in der Nachbarschaft freistand, oder als qualificata, also mit einem Geistlichen (so anfänglich wohl für alle, später nur für freiwillig bevorzugte Geduldete), b) das exercitium religionis, die Religionsübung, und zwar als privatum, d. h. als das Recht zur Gemeindebildung, aber unter Beschränkung der betreffenden Kirche auf die Stellung eines privaten Vereins, und zum Gemeindegottesdienst, aber bei verschlossenen Türen, oder als publicum, also mit Erhebung zur Staatskirche, wodurch das Kirchenrecht öffentliches Recht, die Kultuskosten Staatslasten wurden, und mit dem Recht zu öffentlicher Gottesverehrung (Türme, Glocken, Prozessionen);

Fürstenau, Das Grundrecht der Religionsfreiheit nach seiner geschichtlichen Entwicklung und heutigen Geltung in Deutschland, 1891; Sägmüller, Der Begriff des exercitium religionis publicum ... privatum und der devotio domestica im Westfälischen Frieden, Th. Q. XC, 1908; Montagrin, Histoire de la tolérance religieuse, 1905.

5. das Reformationsrecht, wie schon zu 3. bemerkt, fortbestehen und mit der Landeshoheit (nicht mit dem Patronat) verbunden [1], der landesfürstlichen Hoheit anhängig (Prager Frieden 1635) sein. Mit dem Recht selber wurde aber aus der vorangegangenen gewohnheitsrechtlichen Entwicklung dessen Beschränkung übernommen. Es sollte keine Verfügungsbefugnis über die Lehre und wesentliche Teile des Kultus mehr geben. Es war nur noch ein ius reformandi exercitium religionis. Auch für die katholischen Stände war nunmehr das Ketzerrecht beseitigt, und für die evangelischen, die zwar von Anfang an, außer wo mit der Glaubensverschiedenheit aufrührerische und sektiererische Agitation (Täuferei, Bauernaufstand) sich verbanden, weder Glaubens- noch Bekenntniszwang geübt, wohl aber Religionspolizei getrieben hatten (Verbot der Messe, Gebot der Schließung katholischer Kirchen sowie der Teilnahme am evangelischen Gottesdienst und Unterricht, die ja — nach Luther — den Andersgläubigen nichts schade; also keine reformatorische Toleranz im modernen Sinn, aber auch kein kanonischer, gegen die innere Überzeugung gerichteter Zwang!), wurde nunmehr die Intoleranz auch in dieser abgeschwächten Gestalt unmöglich gemacht. Nur der Pfarrzwang mit seinen Formvorschriften und steuerrechtlichen Folgen blieb auch ferner für und gegen beide Teile bestehen. Im übrigen unterschied man fortan im Reformationsrecht: a) das ius receptionis oder der Aufnahme, die in der rechtsnotwendigen oder freiwilligen Gewährung des exercitium religionis bestand, aber bei bloßem Konfessionswechsel des evangelischen Landesherrn auf die unwiderrufliche Einrichtung von Hof- und anderen Gemeinden auf Kosten der Angehörigen des neuen landesherrlichen Bekenntnisses beschränkt war, b) das ius tolerandi zur unfreiwilligen, später (Nichtaugsburgischen gegenüber) auch freiwilligen Duldung mit Gewährung der devotio domestica; c) das ius reprobandi, den Religionsbann im engeren Sinn, d. h. die Befugnis, Andersgläubige auf seinem Gebiet nicht zu dulden, sondern zur Auswanderung zu zwingen;

Köhler, Reformation und Ketzerprozeß, 1901; Nathusius, Zur Geschichte des Toleranzbegriffs, Greifsw. Studien f. Cremer, 1895; Hermelink, Der Toleranzgedanke im Reformationszeitalter, Schrift d. Ver. f. Ref.-Gesch., H. 98, 1908; Paulus, Protestantismus und Toleranz im 16. Jahrhundert, 1911; Völker, Toleranz und Intoleranz im Zeitalter der Reformation, 1912.

6. dieser Religionsbann aber seine Schranke finden an dem Stand auch nur eines Tages des Normaljahrs (annus decretorius) 1624. Jede der reichsrechtlich anerkannten Religionen mußte überall, außer in den österreichischen Erblanden, bezüglich des exercitium

[1] Cum statibus immediatis cum iure territorii et superioritatis ex communi per totum imperium hactenus usitata praxi etiam ius reformandi exercitium religionis competat ...

religionis und der annexa exercitii (Konsistorien, Schul- und Kirchenämter, Patronatsrechte) auch vom andersgläubigen Landesherrn im damaligen Stande belassen oder in ihn zurückversetzt werden. Für die Reichsunmittelbaren sollte aber der 1. Januar 1624 als Normaltag (dies decretorius) und für die Evangelischen untereinander der Zeitpunkt des Friedensschlusses maßgebend sein. In allen diesen Fällen mußte also eventuell exercitium religionis privatum oder publicum gewährt werden, während sonst der Landesherr die Wahl zwischen Reprobation, Toleranz oder gar Rezeption hatte.

Skalsky, Zur Geschichte der evangelischen Kirchenverfassung in Österreich bis zum Toleranzpatent, 1898 (auch im Jb. d. Gesellsch. f. d. Gesch. d. Protest. in Österreich).

In der Folgezeit hat wie schon aus dem Bisherigen ersichtlich, die Theorie wie die Praxis dies Recht weiter entfaltet. So bildete sich eine Reichsobservanz, die beim dinglichen Kirchenpatronat gegenseitig auch den Andersgläubigen zur Ausübung zuließ. So entstanden ferner im Anschluß an den Westfälischen Frieden, aber auch nicht selten unter grober Verletzung desselben (Pfälzer Simultaneum von 1698, auf Grund des Ryswiker Friedens, nur unvollkommen rückgängig gemacht durch die von Preußen erzwungene Religionsdeklaration von 1705) Simultanverhältnisse an Kirchen, Kirchhöfen, Pfründen, zunächst Gebrauchs (Ertrags-) Gemeinschaften verschiedener Religionen oder Konfessionen. Weiter duldete namentlich Brandenburg-Preußen auch Sekten und Joseph II. in den österreichischen Erblanden Augsburgische und Helvetische Konfessionsverwandte (Toleranzedikt von 1781). Ja, das Preußische Allgemeine Landrecht gewährte 1794, über das Wöllnersche Religionsedikt von 1788 hinausgehend, Glaubens- und Gewissensfreiheit, die Möglichkeit des Übertritts von einem christlichen Bekenntnis zum anderen auch für den einzelnen Untertan und, mit Genehmigung des Staats, die Befugnis zur Gemeindebildung. Die bestehenden Kirchengesellschaften aber zerfielen nach ihm in „ausdrücklich aufgenommene", d. h. bevorrechtete, und in „geduldete" mit bloßem exercitium religionis privatum. Zwischen beide schob die Praxis noch „konzessionierte" (Herrenhuter, Mennoniten) mit geringerem Recht als dem der erstgenannten ein. Das ius reprobandi, der Religionsbann, war damit aufgegeben (außer bezüglich des Verbots des Übertritts zum Judentum). Da auch in Bayern 1800 eine ähnliche Beschränkung des ius reformandi erreicht wurde, konnte der Reichsdeputationshauptschluß von 1803 von Reichs wegen die neuen Landesherren der säkularisierten Gebiete verpflichten, deren bisherige Religionsübung, auch soweit der Westfälische Friede sie nicht schützte, unverändert zu belassen, eine Vorschrift, über welche die Rheinbundstaaten in der Akzessionsurkunde zum Rheinbund in bemerkenswerter Weise noch hinausgingen, indem sie dem katholischen Kult überall den evangelischen gleichstellten.

Schulte, Erwerb des Patronats durch Nichtkatholiken, A. f. k. Kr. VII, 1862; Dove, Zur Streitfrage, ob Evangelische Patronate über katholische Kirchen zu erwerben fähig sind, Z. f. Kr. II, 1862; Pariset, L'état et les églises en Prusse sous Frédéric-Guillaume Ier (1713—40), Thèse, 1896; Stolze, Aktenstücke zur evangelischen Kirchenpolitik Friedrich Wilhelms I., Jb. f. brandenburgische Kg. I, 1904; Pigge, Die Toleranzanschauungen Friedrichs des Großen, Münst. phil. Diss., 1899, Die religiöse Toleranz Friedrichs des Großen nach ihrer theoretischen und praktischen Seite, 1899; Stille, Zur Geschichte der religiösen Duldung unter den Hohenzollern, Progr. Sondershausen, 1889; Hubrich, Staat und Kirche in der preußischen Monarchie am Ausgange des 18. Jahrhunderts, Verwaltungsarchiv XX, 1912, XXI, 1913; Frank, Das Toleranzpatent Josephs II., 1882; Kolbe, Das bayerische Religionsedikt von 1803 und die Anfänge der protestantischen Landeskirche in Bayern [2], 1903; Winkelmann, Die rechtliche Stellung der außerhalb der Landeskirche stehenden Religionsgemeinschaften in Hessen, Gießener jur. Diss., 1911.

Zweites Kapitel.

Das lutherische Kirchenrecht und seine Quellen.

§ 48. Die praktische Einrichtung des lutherischen Kirchenwesens.

Schon 1524/25 wurde von dem Zwickauer Pfarrer Hausmann u. a. die erste Anregung zu einer Organisation des evangelischen Kirchenwesens gegeben. Doch erst der Bauernkrieg, in dem die aufrührerischen Rotten freie Pfarrwahl sowie nötigenfalls das Recht der Absetzung, die Abschaffung des kleinen Zehntens u. a. m. forderten, brachte, zusammen mit anderen übeln

Erfahrungen, Luther von seiner noch 1526 in der Vorrede zur deutschen Messe wiederholten ursprünglichen Absicht ab, jeder Gemeinde ihre Einrichtung zu überlassen und auf alle äußere Einförmigkeit zu verzichten, und machte ihn empfänglich für organisatorische Anregungen.

Goetze, Zur Überlieferung der zwölf Artikel, H. V. 1904, Die Entstehung der zwölf Artikel, Neue Jbb. f. d. klass. Altert. XIII, 1904; Stolze, Der deutsche Bauernkrieg 1908, Zur Geschichte der zwölf Artikel, H. Z. CVIII, 1912; Boehmer, Urkunden z. Gesch. d. Bauernkrieges, Kl. Texte von Lietzmann L, LI, 1910; Drews, Der Einfluß der gesellschaftlichen Zustände auf das kirchliche Leben, Zeitschr. f. Theol. u. Kirche XVI, 1906, Entsprach das Staatskirchentum dem Ideale Luthers? Z. Th. K. XVIII, Erg.-H., 1908; Hermelink, Zu Luthers Gedanken über Idealgemeinden und von weltlicher Obrigkeit, Z. f. Kg. XXIX, 1908; Barge, Frühprotestantisches Gemeindechristentum in Wittenberg und Orlamünde, 1909; K. Müller, Kirche, Gemeinde und Obrigkeit nach Luther, 1910; Richter, Geschichte der evangelischen Kirchenverfassung in Deutschland, 1851; Wasserschleben, Die Entwicklungsgeschichte der evangelischen Kirchenverfassung in Deutschland, Gießener Festrede, 1861; Meier, Zum Kirchenrecht des Reformationsjahrhunderts, 1891; Buchwald, Die evangelische Kirche im Jahrhundert der Reformation, 1901.

1. Pfarrei. Ganz von selbst vollzog sich die Übernahme des Pfarramts (samt dem Patronat daran) und der Pfarrei als des Objekts der pfarrlichen Tätigkeit. Nur verschwanden jetzt die durch die Inkorporation, die Kommenden und ähnliche Mißbräuche so zahlreich gewordenen Vikare samt den bloßen Altarbenefiziaten, um wirklichen Pfarramtsinhabern Platz zu machen. Soweit die Pfarrstellen für die Pastoration nicht ausreichten, gab man den Pfarrern Diakonen oder Helfer zur Seite, die zwar der Aufsicht und Leitung jener untergeordnet, aber der geistlichen Befähigung nach ihnen gleichgestellt waren.

Stutz, Luthers Stellung zur Inkorporation und zum Patronat, Z.[2] f. RG. I, 1911.

2. Landesherrliches Kirchenregiment; Kirchenvisitationen. Für die höhere Organisation wiesen Luthers Anschauung, der Geistliche dürfe nur verbo, nicht vi humana regieren, und der Speierer Reichsabschied in gleicher Weise auf die weltlichen Obrigkeiten, die Landesherren und Stadtmagistrate, hin. Sie sollten für die äußere Ordnung auch der kirchlichen Angelegenheiten sorgen; ihnen wollte — um es kanonistisch auszudrücken — Luther das geistliche Schwert wenigstens in dominium utile oder ad ministerium, zur Ausübung im Dienst der Kirche, übertragen wissen. Aber sie sollten hierfür stets den Rat der Theologen, wenn auch nicht mit rechtlicher Verbindlichkeit, anhören und möglichst befolgen (dominierender Einfluß der Wittenberger Theologen, maiores Wittenbergenses genannt). Und vor allem in Sachen der Lehre und der Sakramentsverwaltung sollten nur die geistlichen Organe zuständig sein, ein Vorbehalt, der allerdings von den Regierungen oft genug nicht beachtet worden ist. Mit alledem arbeitete Luther mit auf das landesherrliche Kirchenregiment hin, das ohnedies der Zeitrichtung entsprach und immer mehr als notwendig sich erwies mitsamt seinen Luther sonst wenig sympathischen Juristen. Im weiteren Verfolg einer schon in der Schrift „An den christlichen Adel" ausgesprochenen Aufforderung ersuchte er Ende 1526 den Kurfürsten Johann von Sachsen, „da päpstlicher und geistlicher Zwang und Ordnung aus sei", und alle Klöster und Stifter dem Kurfürsten als dem „obersten Haupt" in die Hände gefallen, in aller Form um Vornahme einer Kirchen- und Schulvisitation. Damit begannen die sächsischen Kirchenvisitationen, für deren erste schon 1527 eine kurfürstliche Instruktion ausgegeben wurde, die namentlich die Reform von Pfarr- und Schuldienst, das kirchliche Vermögen und die Aufsicht zum Gegenstand hatte.

Kleinert, Grundsätze ev. Kirchenverfassung, in Zur christl. Kultus- u. Kulturgeschichte [2], 1908; v. Scheurl, Luthers Lehre von der kirchlichen Gewalt, in seiner S. kr. A.; Dieckhoff, Luthers Lehre von der kirchlichen Gewalt, 1865; Sohm, Kr. I §§ 34—36; Lorenz, Luthers Einfluß auf die Entwicklung des evangelischen Kirchenregiments, 1891; Brieger, Die kirchliche Gewalt der Obrigkeit nach der Anschauung Luthers, Z. Th. K. II, 1892; Beß, Luther und das landesherrliche Kirchenregiment, 1894; Brandenburg, Zur Entstehung des landesherrlichen Kirchenregiments im albertinischen Sachsen, H.V. IV, 1901; Holl, Luther und das landesherrliche Kirchenregiment, Z. Th. K. XXI, 1911, 1. Erg.-H.; Katzer, Die Kircheninspektionen der sächsischen evangelisch-lutherischen Landeskirche, Z. f. Kg. XXIII, 1902; Burkhardt, Geschichte der sächsischen Kirchen- und Schulvisitationen, 1879; Kayser, Die Reformationsvisitationen in den Welfischen Landen (1542—1544), 1897; N. Müller, Die Kirchen- und Schulvisitationen im Kreise Belzig 1530 und 1534, Jb. f. brandenb. KG. I, 1904;

Pallas, Die Registraturen der Kirchenvisitationen im ehemals sächsischen Kurkreise I, 1906 ff.; Flemming, Die Akten der ersten Visitation im Hochstift Merseburg (1544—1545), Zeitschr. d. Ver. f. Kg. in der Prov. Sachsen III, 1906; Schmidt, Die Kirchen- und Schulvisitationen im sächsischen Kurkreise (1555), Schrift. d. Ver. f. Ref.-Gesch. H. 90, 1906; Parisius, Der Verfasser der Brandenburgischen Visitations- und Konsistorialordnung von 1573, Jb. f. Brandenb. Kg. IV, 1907; Heine, Die ersten Kirchenvisitationen im Köthener Lande während der Reformationszeit, Beitr. z. anhalt. Gesch. XIV, 1907; Berbig, Zu den Akten der kursächsischen Visitationen von 1528/9 und 1535/6, D. Z. f. Kr. XXI, 1912.

3. Superintendenten und Konsistorien. Für die Aufsicht über die Geistlichen wurden aus der Mitte derselben Superattendenten (superintendens hergebrachte Übersetzung von ἐπίσκοπος, z. B. auch als landesherrliches Aufsichtsorgan für die Wiener Universität) bestellt (erster 1525 in Stralsund), denen auch, in schwierigen Fällen im Verein mit den Amtmännern, den Ortspfarrern und Gelehrten, die Ehesachen überlassen waren, während bei besonderer Wichtigkeit der Kurfürst selbst zu entscheiden hatte. Die Superattendenten standen unter den Visitatoren, für die Melanchthon 1528 ein eigentliches Visitationsbuch „Unterricht der Visitatoren" verfaßte. Bald begegnen die Visitationen (vier für die vier Kreise) als ordentliche Einrichtung des kursächsischen Kirchenwesens. Aber auf die Dauer genügten diese nichtständigen Behörden nicht. Namentlich für die Eherechtspflege bedurfte man ständiger Behörden; denn die Überlassung der Ehesachen an die einzelnen Superattendenten erwies sich auf die Dauer als untunlich. Also wurde zunächst „zum Anfang" 1539 in Wittenberg ein Konsistorium eröffnet, für das 1542 ein nie zum Gesetz erhobener, tatsächlich aber befolgter Entwurf einer Konsistorialordnung entstand. Das Konsistorium, dessen Mitglieder, zwei Theologen (Justus Jonas und Johann Agricola) und zwei Doktoren der Rechte (Kilian Goldstein und Basilius Monner) als juristische Sachverständige (nicht als Laienvertretung!), vom Kurfürsten ernannt wurden, war, obwohl es den Zeitgenossen als kirchliche Amtsstelle galt, zunächst eine landesherrliche Behörde für die Rechtsprechung, später auch für die Verwaltung in der Kirche als besonderem Arbeitsgebiet der landesherrlichen Verwaltung, wie es auch historisch an Stelle der weggefallenen bischöflichen Gerichtsbehörde (consistorium) trat. Im albertinischen Sachsen errichtete, nachdem der Versuch, die bischöfliche Organisation beizubehalten, gescheitert war, Herzog Moritz 1545 die beiden Konsistorien von Meißen und Merseburg, von denen letzteres 1550 nach Leipzig verlegt wurde, indes General-, Partikular- und Lokalvisitationen an Ort und Stelle nebst Visitationssenden am Wohnort des Visitators (synodi) weiter abgehalten wurden. Endlich gab Kurfürst August der sächsischen Kirche die endgültige, auch im ernestinischen Sachsen rezipierte Organisation, indem er 1580 über den (Spezial-) Superintendenten Generalsuperintendenten für das ganze Land bestellte (ein Wittenberger schon seit 1533, daneben ein Leipziger) und von den drei Konsistorien zu Wittenberg, Leipzig und Meißen das letztere unter gleichzeitiger Verlegung nach Dresden den beiden anderen als Oberkonsistorium überordnete. Bei ihm sollten sich auch die Generalsuperintendenten mit einigen Räten jährlich zweimal zu Generalsenden versammeln. Die Zentralisation der gesamten landeskirchlichen Verwaltung bei einer Behörde war dem Vorbild Württembergs nachgeahmt, wo unter dem Einfluß und in Ausbau der burgundisch-österreichischen Behördenorganisation 1553/59 für die kirchliche Verwaltung (nicht für die Rechtsprechung, die Chor- oder Ehegerichten anvertraut war) der Hofrat, um geistliche Mitglieder verstärkt, als Kirchenrat für die ganze Landeskirche amtete. Im übrigen wurde die kursächsische Organisation für das ganze lutherische Deutschland vorbildlich, auch da, wo man zuerst eigene Wege gegangen war.

G. Müller, Verfassungs- und Verwaltungsgeschichte der sächsischen Landeskirche, Beitr. z. sächs. Kg. IX, X, 1894 f.; Dibelius, Die Dresdener Superintendenten, ebenda XV, 1901; Zimmermann, Die Entwicklung der Kircheninspektionen, 1530—1800, ebenda XVI, 1903; Ludwig, Zur Entstehungsgeschichte der Lokalvisitationen, des „Synodus" und des Oberkonsistoriums in Sachsen, ebenda XXI, 1908; Frauer, Rechtliche Stellung des württembergischen Konsistoriums, geschichtlich entwickelt, D. Z. f. Kr. XVII, 1907; K. Müller, Die Anfänge der Konsistorialverfassung im lutherischen Deutschland, H. Z. CII, 1909; Martens, Die hannoversche Kirchenkommission (§ 39, 2); W. Sohm, Ein Bedacht zu einem Straßburger Chorgericht (1546), Festschrift f. Brieger, 1912; Sohm, Kr. I § 38; Sehling, Die Kirchengesetzgebung (§ 45); Geffcken, Zur ältesten Geschichte und ehegerichtlichen Praxis des Leipziger Konsistoriums, D. Z. f. Kr. IV, 1894; Walther, Die burgundischen Zentralbehörden unter Maximilian I. und Karl V., 1909; Wintterlin, Geschichte der Behördenorganisation in Württemberg, I, 1904, II, 1906.

So in Hessen. Dessen Gebiet wurde nach der Reformation in sechs Diözesen eingeteilt, an deren Spitze sechs, erstmalig vom Landesherrn ernannte, in der Folgezeit von ihren Pfarrern gewählte und landesherrlich nur bestätigte Superintendenten standen. Sie hatten eine sehr selbständige regimentliche Stellung, versammelten die Pfarrer ihrer Diözesen vollzählig zu Partikularsynoden und traten, jeder mit einigen von ihnen, unter dem Vorsitz des landesherrlichen Statthalters und dem Beisitz etlicher Räte sowie eines Professors der Theologie alljährlich zur Generalsynode zusammen, der höchsten Kirchen regiments behörde, der auch das Recht, die Pfarrer zu ernennen, zustand. Doch wurde diese Generalsynode seit 1582 wegen der Lehrstreitigkeiten zwischen Lutheranern und Calvinisten nicht mehr zusammenberufen. 1599 errichtete Landgraf Moritz zu Kassel ein Konsistorium, das sie überflüssig machte, und 1610 wurde unter Aufhebung desselben zu Marburg ein Landeskonsistorium errichtet.

Credner, Philipps des Großmütigen hessische Kirchenreformationsordnung, 1852; Hochhuth, Geschichte der hessischen Diözesansynoden (1569—1634), 1893; W. Köhler, Hessische Kirchenverfassung im Zeitalter der Reformation, Gießener jur. Diss., 1894; Friedrich, Luther und die Kirchenverfassung der Reformatio ecclesiarum Hassiae, Gießener jur. Diss., 1894, Die Entstehung der Reformatio ecclesiarum Hassiae von 1526, 1905; Köhler, Die Entstehung der Reformatio ecclesiarum Hassiae von 1526, D. Z. f. Kr. XVI, 1906; Drews, Curtius und Friedrich, Grundfragen der evangelischen Kirchenverfassung, 1911; Beß, Die Entwicklung der hessischen Kirche unter Philipp dem Großmütigen, Z. f. Kg. XXXIII, 1912; Diehl, Zur Entwicklungsgeschichte der Konsistorien in Hessen-Darmstadt im 17. Jahrhundert, D. Z. f. Kr. XII, 1902.

In Brandenburg und Preußen trat ein Teil der Bischöfe zum evangelischen Glauben über, und es schien hier die bischöfliche Organisation — allerdings unter dem Landesherrn, da die Bistümer landsässig waren oder wurden (§ 39, 1) — wenigstens für das geistliche Amt als Pfarramt höherer Ordnung erhalten bleiben zu können. Da jedoch zwei von den brandenburgischen Bischöfen beim katholischen Glauben verharrten und mit dem dritten Schwierigkeiten sich ergaben, übernahm auch in Brandenburg 1543 ein Konsistorium (zu Cölln an der Spree) das Kirchenregiment und ein Generalsuperintendent die bischöflichen Funktionen, indes in Preußen 1587 das bischöfliche Amt erlosch, und zwei Konsistorien (zu Königsberg und Saalfeld) die kirchliche Regierung besorgten (ein preußisches Oberkonsistorium erst 1750!)[1]. Die Konsistorialverfassung wurde zur lutherischen Kirchenverfassung schlechthin, in kleineren Landeskirchen freilich so, daß die Konsistorien nicht formiert waren, d. h. aus Sparsamkeitsrücksichten und wegen Mangels an Beschäftigung einfach aus einer Staatsbehörde unter Zuzug geistlicher Beisitzer für kirchliche Geschäfte gebildet wurden.

Schoen, Das evangelische Kirchenrecht in Preußen, I, 1903 §§ 3, 4, II, 1910; Haupt, Der Episkopat der deutschen Reformation, 1863; Sehling, Einleitung zu einer Ausgabe von evangelischen Kirchenordnungen des 16. Jahrhunderts im Herzogtum Preußen, Festschrift f. Friedberg, 1908 sowie in Bd. IV der in der Lit. zu Nr. 4 dieses Paragraphen aufgeführten Ausgabe; Hintze, Die Epochen des evangelischen Kirchenregiments in Preußen, H. Z. XCVII, 1906.

In den Städten, mitunter auch in bloß landsässigen, übernahm der Rat das Kirchenregiment, vermöge der damals noch ungeschwächten städtischen Autonomie. Als Regimentsbehörde fungierte ein bisweilen unter Mitwirkung von Geistlichkeit und Bürgerschaft bestellter

[1] Für die Armeeseelsorge, in betreff deren schon 1656 ein Articuls-Brieff des Großen Kurfürsten ergangen war, wurde von Friedrich I. 1692 ein besonderes Feldkonsistorium errichtet. Durch das Militär-Consistorial-Reglement von 1711 machte Friedrich Wilhelm I. den Feldprobst neben dem Konsistorium, dessen ständiger Beisitzer er wurde, zum obersten geistlichen Vorgesetzten aller Militärgeistlichen in Kirchen- und Schulsachen und löste so das Militärkirchenwesen vom Verbande der Landeskirche los. Vervollkommnet wurde dessen Organisation durch Friedrichs des Großen Militär-Consistorial-Reglement von 1751. Langhaeuser, Das Militärkirchenwesen im kurbrandenburgischen und Kgl. preußischen Heer, Straßburger jur. Diss., 1912; Freisen, Das Militärkirchenrecht in Heer und Marine, 1913; v. Bonin, Zur Geschichte der Heeresseelsorge, D. Z. f. Kr. XXI, 1912; Heinrichs, P. Raimundi O. P. Annales conventus Halberstadiensis, eine Chronik der Militärseelsorge, Q. u. F. z. Gesch. des Dominikanerordens, 8. H., 1913; Naegele, Abt Benedikt Rauh von Wiblingen, Feldpropst der bayerisch-kaiserlichen Armee im Dreißigjährigen Kriege, R.Q. Supplh. XVIII, 1911; Bielik, Geschichte der k. k. Militärseelsorge, 1901.

Superintendent oder eine Art von Konsistorium, gebildet aus Geistlichen und Laien [1]. Erst seit im 17. und noch mehr im 18. Jahrhundert der Landesherr auch gegenüber den Städten die kirchenobrigkeitliche Leitungsgewalt in Anspruch nimmt und der Rat über die Gemeinde sich stellt, werden die kirchlichen Verwaltungsbefugnisse der Städte allmählich besonderer Begründung (durch Patronat u. a.) bedürftig.

Frantz, Die evangelische Kirchenverfassung in den deutschen Städten des 16. Jahrhunderts, 1876; Baum, Magistrat und Reformation in Straßburg, 1887; Trommershausen, Beitrag zur Geschichte des landesherrlichen Kirchenregiments in den evangelischen Gemeinden zu Frankfurt a. M., Progr. d. Lessing-Gymn. zu Frankfurt a. M. 1897; Hans, Gutachten und Streitschriften über das ius reformandi des Rats vor und während der Einführung der offiziellen Kirchenreform in Augsburg (1534—1537), 1901; Freitag, Die rechtliche Stellung der evangelischen Kirche im alten Danzig, D. Z. f. Kr. XIV, 1904; Niedner, Die Entwicklung des städtischen Patronats in der Mark Brandenburg, Stutz, Kr. A., 73. und 74. H., 1911; W. Sohm, Die Schule Johann Sturms und die Kirche Straßburg, Hist. Bibl. XXVII, 1912. Weitere Lit. über Berlin und die übrigen brandenburgischen Städte unten §§ 113, 127.

4. Kirchen- und Eheordnung. Alle diese Einrichtungen wurden getroffen in Kirchenordnungen, Landesordnungen, Abschieden, die, unter theologischem Beirat verfaßt, und anfangs auch mit landständischer Mitwirkung zustande gekommen, vom Landesherrn oder von seinen Visitatoren und Konsistorien erlassen wurden. Sie sind im 16. und auch im 17. Jahrhundert die hauptsächlichsten Quellen des evangelischen Kirchenrechts und vielfach untereinander verwandt. Meist zerfielen sie in zwei Teile, in Lehrbestimmungen, Credenda, einerseits und in Agenda anderseits, d. h. Gottesdienst-, Verfassungs-, Zucht-, Ehe-, Schul-, Armen- und Vermögensordnung. Spezialverordnungen bezeichnen sich als Konsistorial-, Polizei- und Eheordnungen. Im Gegensatz zu Luther, der in Ehesachen mit der Schrift auskommen zu können glaubte (deshalb — David und Bathseba — z. B. seine Verwerfung des impedimentum adulterii) und darum vom kanonischen Eherecht nichts wissen wollte (Kampf gegen die Unterscheidung von sponsalia de futuro und de praesenti und Beseitigung aller ersteren, sofern nicht bedingt, zugunsten der letzteren) traten die Juristen für ein teils an das altkirchliche sich anschließendes, teils neues Eherecht ein, das z. B. die Scheidung vom Bande außer wegen Ehebruchs auch wegen böslicher Verlassung, ja — und hier tat Luther selbst mit — wegen anderer, als quasi desertio konstruierter Tatbestände zuließ. Dies Eherecht kam gleich dem Kirchenzuchts- und späteren eigentlichen Strafrecht, das mit dem Bann (auch als excommunicatio maior mit Verkehrssperre, aber stets nur bis zur Besserung) und mit Ermahnungen, öffentlichen Bußen, Ausschluß vom Abendmahl und Verweigerung des kirchlichen Begräbnisses als Folgen seiner Nichtachtung operierte, im Lauf des 16. Jahrhunderts zur Entfaltung; es hat zu Anfang des 18. Jahrhunderts zu einer eigenen Eheschließungsform mit kirchlicher Trauung, d. h. konstitutivem Zusammensprechen durch den Geistlichen, geführt. Endlich fand auch das kanonische Recht, soweit es nicht gegen die evangelische Lehre und Ordnung verstieß, nachträglich wieder Eingang [2].

Richter, Die evangelischen Kirchenordnungen des 16. Jahrhunderts, 2 Bde., 1846; Sehling, Die evangelischen Kirchenordnungen I—V, 1902—1913; ältere Sonderausgaben siehe bei Friedberg, Kr. § 44 N. 9; Hänselmann, Kirchenordnung f. d. Stadt Braunschweig (1528), 1885; Wehrmann, Die pommersche Kirchenordnung (1535), 1893; Westermayer, Die Brandenburgisch-Nürnbergische Kirchenvisitation und Kirchenordnung (1528 bis 1533), 1894; Eberlein, Die evangelischen Kirchenordnungen Schlesiens im 16. Jahrhundert, Silesiana, Festschrift f. Grünhagen, 1898; Schnell, Die mecklenburgischen Kirchenordnungen, Jbb. f. Mecklenb. Gesch. LXIII, 1898, LXIV, 1899; Knodt, Die älteste evangelische Kirchenordnung

---

[1] Von städtischen Konsistorien haben sich als Mediatkonsistorien die zu Breslau und Stralsund bis auf den heutigen Tag erhalten. Vgl. Konrad, Das evangelische Kirchenregiment des Breslauer Rats in seiner geschichtlichen Entwickelung, 1898, Der schlesische Majestätsbrief Kaiser Rudolfs v. J. 1609 in s. Bedeutung f. d. städt. Konsistorium u. d. evang. Kirchengemeinde Breslaus, 1909; Wieszner, Das Konsistorialrecht der Stadt Breslau in seiner geschichtlichen Entwicklung, Zeitschr. d. Ver. f. Gesch. Schlesiens XLIV, 1910; Braun, Städtisches Kirchenregiment in Stralsund, D. Z. f. Kr. X, 1901; Schoen, Pr. Kr. I (§ 48, 3) S. 31 f., 36 f., 71 A. 1, 261 ff.

[2] In dem Kampfe zwischen den Theologen und Juristen ist das böse Sprichwort: „Juristen böse Christen" gefallen. Siehe darüber Stintzing 1875 und im ersten Bande seiner Geschichte der deutschen Rechtswissenschaft S. 72, 100, 273, 275, 319, 590; auch Köhler, Luther und die Juristen, 1873.

für Nassau (1536), D. Z. f. Kr. XIV, 1904; Schwabe, Studien z. Entstehungsgeschichte der kursächsischen Kirchen- und Schulordnung von 1580, Neue Jbb. f. d. klass. Altert. VIII, 1905; Friedensburg, Die Kirchenordnung Kurfürst Joachims in katholischer Beleuchtung, Jb. f. brandenburgische Kg. V, 1908; Michelsen, Die schleswig-holsteinische Kirchenordnung von 1542 I, Schrift. d. Ver. f. schlesw.-holst. Kg. I 5, 1909; Scholz, Bugenhagens Kirchenordnungen in ihrem Verhältnis zueinander, A. f. Ref.-Gesch. X, 1913; Kahl, Der Rechtsinhalt des Konkordienbuchs (auch in der Berliner Festgabe f. Gierke), 1910; v. Scheurl, Luthers Eherechtsweisheit, in seiner S. kr. A.; Schoen, Beziehungen zwischen Staat und Kirche auf dem Gebiet des Eherechts, Göttinger Festschrift f. Regelsberger, 1901; Albrecht, Verbrechen und Strafen als Ehescheidungsgrund nach evangelischem Kirchenrecht, Stutz, Kr. A., 4. H., 1903; Ehrhardt, La notion du droit naturel chez Luther, in Études de théol.... publiées par les prof. de la fac. de théol. prot. de Paris, 1901; Bachmann, Geschichte der Kirchenzucht in Hessen von der Reformation bis zur Gegenwart, 1912; Kolb, Die Geschichte des Gottesdienstes in der evangelischen Kirche Württembergs, 1913.

5. Das Landeskirchentum. Durch all dies wurde allmählich auch den lutherischen Protestanten die sichtbare Kirche als ein die unsichtbare, wahre, umschließender äußerer Verband wieder eine Realität. Dies kündigt sich schon dadurch an, daß Luther den kirchenregimentlichen Akt der Bestellung eines Geistlichen, den er 1535 in Wittenberg einführte, und für den er 1537 ein Ordinationsformular verfaßte, nicht mehr, wie noch die Augustana, auf die einzelne Gemeinde bezog, sondern auf die Kirche als Gesamtheit. Aber auch in der Stellung des Kirchenguts äußerte es sich. Gewiß, die Vereinfachung des Kults, die viel Kirchengut entbehrlich machte, gab den Landesherren manchen Anlaß, sich zu bereichern. Auch bestritt Luther selbst der Obrigkeit nicht das Recht, das Kirchenvermögen zur Verwaltung zu vereinigen [1], und die Überschüsse über den kirchlichen Bedarf für weltliche Zwecke zu verwenden (Inkameration). Aber daß es der Substanz nach Eigentum der Kirche bleibe und ihr nicht entfremdet werden dürfe, haben auch die Reformatoren gelehrt. Noch bei Melanchthon kam denn auch der Begriff der sichtbaren Kirche deutlich zum Ausdruck, wennschon zunächst in dem Gedanken einer einheitlichen kirchlichen Anstalt. Doch schloß sich die evangelische Kirchenbildung immer enger an die Territorien an: soviel evangelische Stände und Städte, soviel evangelische Kirchen, deren jede in ihrem Territorium möglichst die einzige „Zwangsversicherungsanstalt für die Ewigkeit" zu sein bestrebt war. Und sie vollzog sich fast nur dem Namen und Begriff nach. Die sichtbare lutherische Kirche entstand bloß, um binnen kurzem tatsächlich und praktisch im Staat aufzugehen, indes der Staat, der nach der Erwartung der Reformatoren von den Grundsätzen der Reformation sich hätte leiten lassen sollen, seinerseits je länger desto weniger dieser Anforderung entsprach. Eine neue, mit kirchlichen Mitteln erzeugte, bewußt an die Antike, unbewußt vielleicht auch an nachwirkende germanische Vorstellungen sich anlehnende Form des Staatskirchentums bahnte sich an. Der katholische Gallikanismus erhielt sein deutsch-evangelisches Gegenstück, und beide gerieten nach und nach in den Dienst des machtvoll werdenden Staatsabsolutismus.

Rietschel, Luther und die Ordination ², 1889; Hennecke, Zur Gestaltung der Ordination mit besonderer Rücksicht... der lutherischen Kirche Hannovers, Forsch. z. Gesch. Niedersachsens I, 1906; Drews, Die Ordination, Prüfung und Lehrverpflichtung der Ordinanden in Wittenberg 1535, D. Z. f. Kr. XV, 1905, Der evangelische Geistliche, Mon. z. Kulturgesch. XII, 1905; Lambert, La doctrine du ministère ecclésiastique d'après les livres symboliques de l'église luthérienne, Thèse, 1894; Thomas, Die Anschauungen der Reformatoren vom geistlichen Amt, Leipziger phil. Diss., 1901; Blanc, L'idée de l'église d'après les reformateurs et les confessions de foi, 1900; Einicke, Über die Verwendung der Klostergüter im Schwarzburgischen zur Zeit der Reformation, Zeitschr. des Vereins f. thür. Gesch., XIII, 1903; Hermelink, Geschichte des allgemeinen Kirchenguts in Württemberg, Württ. Jbb. f. Statistik, 1903, Die Änderung der Klosterverfassung unter Herzog Ludwig, Württ. Vierteljahrshefte, N. F. XII, 1903, Papst Klemens XII. und die Kirchengüter in protestantischen Landen, Z. f. Kg. XXIV,

[1] Ein Beispiel, wie man sich die Verwaltung des „gemeinen Kasten" für Kirchen-, Schul- und Spitalzwecke dachte, gibt die bekannte Kastenordnung von Leisnig 1523; Lietzmann, Die Wittenberger (1522) und Leisniger (1523) Kastenordnung, in s. Kl. Texten H. XXI, 1907; Koppmann, Die Ordnung des gemeinen Kastens von 1567, Beitr. z. Gesch. d. Stadt Rostock IV, 1904; Berbig, Der „gemeyne Casten" zu Coburg im Visitationsjahr 1529, D. Z. f. Kr. XVIII, 1908; vgl. auch v. Brünneck, Beiträge (§ 39, 2) II S. 79 ff., 113 ff. und Bossert, Die Liebestätigkeit der evangelischen Kirche Württembergs von der Zeit des Herzogs Christoph bis 1650, Württ. Jbb. f. Statistik 1906/07; Barge, Die älteste evangelische Armenordnung, H.V. XI, 1908.

1903; Ernst, Die Entstehung des württembergischen Kirchenguts, Württ. Jbb. f. Statistik, 1911; Schweizer, Das Basler Kirchen- und Schulgut in seiner Entwicklung bis zur Gegenwart, Basler Zeitschr. f. Gesch. und Altert. IX, 1910; Bächtold, Geschichte des Kirchenguts im Kanton Schaffhausen, 1911; Loserth, Das Kirchengut in Steiermark im 16. und 17. Jahrhundert, 1912; Wolff, Die Säkularisierung und Verwendung der Stifts- und Klostergüter in Hessen-Kassel unter Philipp dem Großmütigen und Wilhelm IV., 1912; Muth, Das evangelische Stift St. Arnual in Saarbrücken, 1908; du Mesnil, Das Stift St. Arnual, 1911; Muth, Der St. Arnualer Stiftsfonds und sein Eigentumsträger, 1911; Jüngst, Das Stift St. Arnual, 1911; vgl. Pestalozzi (§ 39, 2) und die Lit. zu § 44.

§ 49. Die theoretische Rechtfertigung der lutherischen Kirchenverfassung; Dreiständelehre.

Mit den ersten Ansätzen des praktischen Landeskirchentums übernahmen die Reformatoren vom ausgehenden Mittelalter gewisse Begründungen seiner Daseinsberechtigung, die allerdings erst durch sie größere Bedeutung erlangten. Sie sahen in der weltlichen Obrigkeit einmal den custos utriusque tabulae, der beiden mosaischen Gesetzestafeln, also namentlich auch prioris tabulae, der ersten, welche die auf das Verhältnis der Menschen zu Gott bezüglichen Gebote enthält. Aus dieser custodia ließen sie eine dauernde, ständige Fürsorge (im Gegensatz zu dem nur gelegentlich praktisch werdenden ius reformandi) für die wahre Religion, die reine Lehre und den rechten Gottesdienst hervorgehen. Und sie erblickten in der Obrigkeit das membrum praecipuum ecclesiae, das vornehmste Glied der Christenheit, und verpflichteten sie als solches zum Eingreifen besonders in außerordentlichen Fällen.

v. Scheurl, Das Wächteramt über beide Tafeln, in seiner S. kr. A.; Sohm, Kr. I § 37; Brandenburg, Luthers Anschauung vom Staat (§ 44).

Mit dem evangelischen Kirchenrecht wuchs aber auch eine evangelische Kirchenrechtswissenschaft heran, welche diese mehr theologische Begründung durch eine juristische ersetzte. Diese bediente sich gleichfalls einer Anschauung, die in das ausgehende Mittelalter (Wiclif, Hus) und durch es ins Altertum (Plato) zurückreichte, aber, wie wir schon sahen, auch von den Reformatoren geteilt wurde, nämlich der Lehre von den drei Ständen (triplex ordo hierarchicus). Nach ihr zerfiel die Christenheit in drei (zwei) Regimente oder Stände: a) in den status politicus, das weltliche Regiment, die christliche Obrigkeit zur Aufrechterhaltung des ordo politicus, b) den status ecclesiasticus, das geistliche Regiment, Prediger und Theologen, denen der ordo ecclesiasticus anvertraut ist, und c) in den, weil für das politische Leben nicht bedeutsam, oft übergangenen status oeconomicus sive domesticus, den gemeinen Mann, den Hausvaterstand, der Weib, Haus, Hof, den ordo domesticus, regiert und dem Ganzen für Nahrung sorgt.

Fürstenau, Wiclifs Lehren von der Kirche und der weltlichen Gewalt, 1900; Stintzing, Geschichte der deutschen Rechtswissenschaft, II, 1884, S. 208; Köhler, Die altprotestantische Lehre von den drei kirchlichen Ständen, Z. f. Kr. XXI, 1886.

Indem mit dieser Ständelehre die geschichtlichen Tatsachen auf dreifache Art kombiniert wurden, ergaben sich drei Systeme.

1. Nach dem einen, dessen Hauptvertreter besonders die Brüder Stephani 1599 und 1611, Reinkingk 1616, der Jurist Benedikt und der Theologe Johann Benedikt Carpzov 1649 und 1696 sowie Stryk 1694 waren, stand die Kirchengewalt eigentlich dem status ecclesiasticus zu, dessen Angehörige demnach allein in den Kirchenbehörden hätten sitzen sollen, während der status oeconomicus bloß zu gehorchen hatte. Nur durch den Passauer Vertrag, den man in den Kirchenordnungen des 16. Jahrhunderts unrichtig dahin deutete, er habe eine Übertragung oder Restitution der bischöflichen Rechte an die Landesherren verfügt, sei der status politicus in den Besitz des Kirchenregiments gekommen. So das Episkopalsystem, dessen Name gleich der späteren Bezeichnung landesherrlicher Summepiskopat auf den bereits reformatorischen Sprachgebrauch von ius episcopale im Sinn einer der weltlichen Obrigkeit in geistlichen Dingen positiv zustehenden Leitungsgewalt zurückgeht. Es bedeutet einen Rückfall in kanonistische Vorstellungen.

2. Die religiös-theologische Weltanschauung des Mittelalters, die auch die Reformatoren geteilt haben, wich seit etwa 1650 der natürlichen, auf unserem Gebiet speziell der naturrecht-

lichen. Aus einer Seite der christlichen Weltordnung wurde jetzt die Kirche zu einer innerstaatlichen Korporation oder Anstalt, woraus sich unter anderem die Möglichkeit eines Nebeneinanders mehrerer Religionen ergab. Zu dieser Anstalt setzte man den Staat in Beziehung durch das Territorialsystem (Pufendorf, 1687, Thomasius, 1695, Just. Henning Böhmer, 1674—1749[1], Johann Jakob Moser, † 1785). Nicht über das Innere der Religion, wohl aber über das Äußere hat der status politicus kraft Territorialitätsrechtes wie über alle in sein Gebiet hineinragende Verhältnisse zu bestimmen, also auch dann, wenn das Staatsoberhaupt katholisch ist (1725 vergeblicher Protest des Corpus Evangelicorum). Doch bleibt ihm in diesem Fall bloß die Substanz des Rechtes, nicht die Ausübung (kursächsische Reversalien von 1697 anläßlich des Übertritts Friedrich Augusts von Sachsen). Der status ecclesiasticus, in Lehr- und inneren Kirchenangelegenheiten relativ selbständig, ist der Staatsgewalt bezüglich der äußeren Ordnung unterworfen; der status oeconomicus hat auch hier nur zu gehorchen.

3. Ihn bringt zu Ehren das Kollegialsystem, in der Behandlung der Kirche als einer dem Staat eingegliederten Rechtsperson und in der Bezeichnung der Rechte des Staats in Sachen der Religion als iura circa sacra mit dem Territorialsystem übereinstimmend, aber die Kirche als Verein (collegium aequale) betrachtend, so daß das Schwergewicht prinzipiell dem status oeconomicus als Inhaber der Vereinsgewalt, iura collegialia, gebührt. Die Kirchendiener erschienen darnach als Vereinsbeamte, und der Landesherr konnte die Kirchengewalt, ius in sacra, nur kraft stillschweigenden oder ausdrücklichen Auftrags und unter der Aufsicht des kirchlichen Vereins innehaben. Hauptvertreter dieses mit dem Preußischen Allgemeinen Landrecht sich berührenden, aber erst im 19. Jahrhundert ganz praktisch werdenden Systems waren Pfaff, 1719, Wiese, † 1824, Schleiermacher, 1768—1835, Puchta, † 1846.

Sohm, Kr. I § 40; Rieker, Rechtliche Stellung (§ 46); Merkel, Das protestantische Kirchenrecht des 18. Jahrhunderts, Ztschr. f. luth. Theol. XXI, 1860; Stintzing-Landsberg, Geschichte der deutschen Rechtswissenschaft II, 1884 S. 91, 111, 206, III, 1, 1898 S. 18 f., 51, 84, 147 f., 276, 308, 329; Zieckursch, August der Starke und die katholische Kirche (1697 bis 1720), Z. f. Kg. XXIV, 1903; Hiltebrandt, Die polnische Königswahl von 1697 und die Konversion Augusts des Starken, Q. u. F. X, 1907; Haacke, Der Glaubenswechsel Augusts des Starken, H. V. X, 1907; Frantz, Das katholische Direktorium des Corpus Evangelicorum, 1880; Mosapp, Die Württembergischen Religionsreversalien, 1894.

Drittes Kapitel.

Das reformierte Kirchenrecht und seine Quellen.

§ 50. Die reformierten Kirchen außerhalb des Reichs.

Machte die deutscher Innerlichkeit entsprungene Tiefe des religiösen Gehalts die Stärke von Luthers Reformation aus, so offenbarte sich die Größe des reformierten Protestantismus in der Form, auf dem äußeren Gebiet, also im Recht. Nicht umsonst ist es nicht das an staatliche Bande gefesselte Luthertum gewesen, das den Protestantismus durch die Welt trug, sondern das reformierte Kirchentum.

Allerdings nicht dasjenige Zwinglis (1484—1531). Wiewohl nüchterner und in Fragen der Organisation praktischer als Luther, ist er doch im wesentlichen zu demselben Ergebnis gelangt wie der deutsche Reformator. Angesichts der Energie, mit welcher der Rat von Zürich sich der Sache der Reformation und Zwinglis annahm, und des Geschicks, mit dem er sie zur Grundlage einer weit ausschauenden Politik machte, verzichtete Zwingli auf seinen ursprünglichen Gedanken, die Einzelgemeinde (Kilchhöre), in der er die Grundform der sichtbaren Kirche erblickte, zum Eckpfeiler einer selbständigen kirchlichen Organisation zu machen. Die Folge war ein noch weiter gehendes und zäheres Staatskirchentum als in Deutschland. Die zweimal jährlich sich versammelnde Geistlichkeitssynode beschäftigte sich fast nur mit der Zensur über ihre Mit-

[1] Jus ecclesiasticum Protestantium, 5 Bde., 1714—1737. Es ist bezeichnend für die Bedeutung, welche das kanonische Recht bei diesen lutherischen Kirchenrechtslehrern wieder gewonnen hat, daß Böhmers Werk, unter den kirchenrechtlichen Leistungen des 18. Jahrhunderts eine der hervorragendsten, der Titelfolge der Dekretalen sich anschloß.

glieder. Der Rat regelte alle kirchlichen Dinge, auch Lehrangelegenheiten, bis ins kleinste Detail hinein. Nur eine beratende Stimme hatten die Examinatoren beider Stände (seit 1532), der spätere Kirchenrat, aus vier Ratsmitgliedern, den Theologieprofessoren und zwei Stadtpfarrern unter dem Vorsitz des Obristpfarrers oder Antistes bestehend [1].

Fleischlin, Schweizerische Reformationsgeschichte I, 1909; Egli, Schweizerische Reformationsgeschichte I, 1910; Huldreich Zwinglis Werke, herausg. von Schuler und Schultheß, 8 Bde. mit Suppl., 1828—1861, neue Ausgabe von Egli, Finsler und Köhler, bis jetzt 3 Bde. (I, II, VII), 1905 ff.; Analecta reformatoria ed. Egli I, II, 1899/1901; Egli, Zwingliana, seit 1897; Finsler, Zwingli-Bibliographie, 1897; Stähelin, Huldreich Zwingli, 2 Bde., 1895—1897; Kreutzer, Zwinglis Lehre von der Obrigkeit, Stutz, Kr. A., 57. H., 1909; v. Schultheß-Rechberg, Luther, Zwingli und Calvin in ihren Ansichten über das Verhältnis von Staat und Kirche, Zürcher Beiträge z. Rechtswiss., 1909; Blösch, Geschichte der schweizerischen reformierten Kirchen, 2 Bde., 1898/99; Stuckert, Kirchenkunde der reformierten Schweiz, Clemen, Stud. z. prakt. Theol. IV 2, 1910; Straub, Rechtsgeschichte der evangelischen Kirchgemeinden der Landschaft Thurgau unter dem eidgenössischen Landfrieden, 1902; Bader, Die Reformation und ihr Einfluß auf das Zürcherische Recht, Theol. Zeitschr. aus der Schweiz XIX, 1902; Baltischweiler, Die Institutionen der evangelisch-reformierten Landeskirche des Kantons Zürich, Zürcher Beitr. z. Rechtswiss., 1905; Schweizer, Die Behandlung der zürcherischen Klostergüter in der Reformationszeit, Theol. Zeitschr. aus der Schweiz II, 1885; Pestalozzi, Zürcherisches Kirchengut (§ 39, 2); de Quervain, Kirchliche und soziale Zustände in Bern unmittelbar nach Einführung der Reformation, 1906; vgl. Lit. zu § 39, 2.

Anders die welsche Kirche Calvins (1509—64). Von Genf aus verbreitete sie sich über Frankreich [2], die Niederlande [3], England und Irland, besonders aber über Schottland [4] und Nordamerika [5], ferner über Polen, Ungarn und Siebenbürgen. Dabei wurden überall, außer in England, wo die Staatskirche trotz calvinischen Bekenntnisses und calvinischer Lehre die bischöfliche Verfassung beibehielt (anglikanische Kirche), die von Calvin in seiner Institutio religionis christianae von 1536 und besonders 1543 aufgestellten und in Genf durch die Ordonnances ecclésiastiques de Genève 1541 verwirklichten Verfassungsgrundsätze durchgeführt.

Calvini opera edd. Baum, Cunitz, Reuss, im Corp. Ref., 59 Bde., 1834—1900; Lefranc, Jean Calvin, Institution de la religion chrétienne, B. é. h. é. CLXXVI, 1911, CLXXVII, 1912; Erichson, Bibliographia Calviniana, 1900 (auch im Corp. Ref. t. 86, 87); Kampschulte, Johann Calvin, 2 Bde., 1869—1899; Cornelius, Historische Arbeiten, 1899; K. Müller, Calvins Bekehrung, Nachrichten d. Gött. Ges. d. Wiss., phil.-hist. Kl., 1905; Doumergue, Jean Calvin I—IV, 1899—1911; Bossert-Krollick, Johann Calvin, 1908; Holl, v. Schubert, Simons, Wernle u. A., Calvinreden aus dem Jubiläumsjahr 1909; Hundeshagen, Beiträge zur Kirchenverfassungsgeschichte I, 1864; Sohm, Kr. I § 39; Rieker, Grundsätze reformierter Kirchenverfassung, 1899; Makower, Die Verfassung der Kirche von England, 1894; Hatschek, Englische VG. (§ 18, 1) S. 549 ff., 744 ff.; Weingarten, Die Revolutionskirchen Englands, 1868; Robert Ellis Thompson, A History of the Presbyterian Churches in the United States, 1895; Zimmermann, Elisabeth und die Aufrichtung der englischen Staatskirche, R.Q. XXII, 1908; Siegmund-Schultze, Die anglikanische Kirchengemeinschaft, D. Z. f. Kr. XIX, 1909; Plummer, The church of England in the 18. Century, 1911; Pearson, Der älteste englische Presbyterianismus, Heidelberger theol. Diss., 1912.

---

[1] Bekenntnisschriften sind: die 1. Helvetische (2. Basler) Konfession von 1536 und besonders die 2. Helvetische von Bullinger 1566, auch von Beza für Genf und den Calvinismus angenommen; E. F. K. Müller, Die Bekenntnisschriften der reformierten Kirche, 1902.

[2] 1555 erstes Consistoire in Paris, 1559 ebenda erste Nationalsynode und confessio Gallicana nebst der Kirchenordnung, discipline ecclésiastique; K. Müller, Calvin und die Anfänge der französischen Hugenottenkirche, Preuß. Jbb. XLI, 1903; Imbart de la Tour, Les origines de la Réforme I, II, 1905, 1909; Hauser, Étude sur la Réforme française, 1909; Holtzmann, Französische VG. (§ 33) S. 460 ff.; v. Hoffmann, Die Reform der Discipline ecclésiastique, D. Z. f. Kr. XVIII, 1908; Pannier, L'Église réformée de Paris sous Henri IV, 1911.

[3] 1561 confessio Belgica, 1564 Kirchenordnung, 1568 Synode zu Wesel und besonders 1571 zu Emden; Knuttel, Acta der particuliere Synoden van Zuid-Holland, 1621—1700, 1908.

[4] John Knox, 1505—72; 1560 The Confession of faith professit and belevit be the Protestantis within the Realme of Scotland und The First Book of Discipline, 1581 The Second Buik of Discipline, 1643 Westminstersynode mit einem neuen Bekenntnis, Westminster Confession of Faith, und einer neuen Kirchenordnung The Form of Presbyterial Church Government, Grundgesetze für die Folgezeit 1689/90.

[5] Verschiedene presbyterianische und reformierte Kirchen.

Die spätmittelalterliche Anschauung von der einheitlichen Christenheit mit ihren Regimenten und Ständen, die entweder das weltliche Gemeinwesen der Kirche auslieferte (kanonisches Recht) oder die Kirche dem weltlichen Gemeinwesen (Luthertum), wird aufgegeben. Dem Staat wird von Anfang an eine sichtbare, die unsichtbare mitumfassende Kirche zur Seite gestellt. Sie kann mit dem Staat, wenn auch er, wie er soll, dem göttlichen Wort sich unterstellt und seine Obrigkeit dem rechten, d. h. calvinischen Glauben anhängt, sich verbinden (Genfer Schrifttheokratie). Es kann aber auch, wenn der Staat sich gegen das Wort Gottes oder seine Einrichtungen gleichgültig oder gar feindlich verhält, an die Stelle der Verbundenheit „ein beziehungsloses Nebeneinander" treten. Calvins Kirche steht auf eigenen Füßen und vermag auch ohne den Staat, ja trotz ihm auszukommen. Sie scheut in letzter Linie nicht vor der völligen Trennung vom Staat zurück [1]. Denn sie, das Königreich Christi, ist nicht bloß die Genossenschaft, welche die zur Seligkeit Vorherbestimmten [2] schon hienieden heiligt (daher die ausgiebige Kirchenzucht!). Vielmehr stellt sie sich dar als ein sozialer Organismus (daher ihre primäre Zuständigkeit für die Armenpflege) und als ein Gemeinwesen für sich, das selbständig (daher möglichst kein Patronat!) seine Aufgabe, den Kampf gegen die Unheiligkeit der Welt, zu erfüllen beansprucht. Als menschliche Gemeinschaft hat sie Recht und Verfassung, und zwar eine bestimmte, allein richtige, diejenige nämlich, die Schrift und Urchristentum kennen oder vielmehr nach Calvins Meinung kannten. Das Erfordernis der Schriftmäßigkeit gilt bei Calvin nicht, wie bei Luther, bloß für die Lehre, sondern auch für die Organisation. Diese besteht aus:

1. den vier Ämtern der Pasteurs, Docteurs, Anciens und Diacres. Die Pastoren, in Genf von den Geistlichen mit staatlicher Genehmigung, in der französischen Kirche von den Provinzialsynoden gewählt, haben Wort und Sakrament zu versehen. Die Doktoren, ohne Gemeindeamt, sind berufen, als Theologen die Schrift zu erklären, und über die Reinheit der Lehre zu wachen; sie werden mancherorts nach zürcherischem Vorbild durch Propheten beaufsichtigt. Die Ältesten, in Genf von der befreundeten weltlichen Obrigkeit aus ihrer Mitte ernannt, und in den französischen sowie den niederländisch-rheinischen Gemeinden (in den letzteren nach Benennung durch die Gemeinden) kooptiert, handhaben die Kirchenzucht, indes die Diakonen der Armenpflege sich widmen. Die beiden ersten Ämter sind mit Geistlichen besetzt, die beiden anderen, um ein Gegengewicht gegen jene zu bilden, mit Laien; alle sind Diener Christi, alle stehen sich grundsätzlich gleich;

2. Kollegialbehörden; Consistoire, Colloque, Synode national. In der einzelnen, als Genossenschaft gedachten Gemeinde (keine Pfarrei im katholischen und lutherischen Sinn!) treten die Ältesten mit dem Pastor, in der französischen, niederländischen und rheinischen Kirche auch mit den Diakonen zum Presbyterium oder Konsistorium zusammen, um den Pastor zu überwachen und mit ihm unter der Kontrolle der Gemeinde die Kirchenzucht zu üben, der sich jedes Mitglied bei der Aufnahme, also beim Übertritt oder bei der Konfirmation, vertraglich unterworfen hat, jedoch nur mit rein geistlichen Mitteln (im äußersten Fall mit dem Bann = Ausschluß vom Abendmahl), aber freilich mit der Möglichkeit einer Überweisung an die weltliche Obrigkeit für ein auch staatlich anerkanntes Delikt (Michael Serveto 1553 wegen antitrinitarischer Ketzerei lebendig verbrannt). In der Gemeinde gibt es außer dem Consistoire keine Kirchenbehörde, wohl aber über ihr in Gestalt der aus Gemeindevertretern, je einem geistlichen und einem weltlichen, gebildeten Regierungskollegien der gemischten Synoden, zunächst der Klassikalversammlungen, Colloques, für die Klassen

---

[1] Fr. X. Kraus hat das Richtige getroffen, als er, zuletzt in seinem „Cavour", 1902, dessen Prinzip Chiesa libera in stato libero durch den Neuenburger Theologen Alexandre Vinet (Biographie von Rambert [3], 2 Bde. 1876, Schumann, 1907) auf den Calvinismus zurückführte. Siehe auch Ruffini, Le origini elvetiche della formula del Conte di Cavour: Libera Chiesa in libero Stato, Festschrift f. Friedberg 1908, La giovinezza del Conte di Cavour I, II, 1912.

[2] Und demgemäß auch in ihren weltlichen Unternehmungen Bewährten; Weber, Die protestantische Ethik und der Geist des Kapitalismus, A. f. Sozialwissenschaft XX, 1905, XXI, 1906 und dagegen Rachfahl, Calvinismus und Kapitalismus, Hinnebergs Intern. Wochenschrift III, 1909, IV, 1910, wo auch weitere Lit., aber auch wieder Troeltsch, Die Soziallehren der christlichen Kirchen und Gruppen (= Ges. Schriften I), 1912.

(Diözesen), darüber eventuell der Provinzialsynoden und in letzter Linie namentlich der General- oder Landessynode, Synode national. Sie sind zuständig für Lehre und Recht, wählen, aber nur als primum inter pares, ihren Vorsitzenden, den Moderator, der, eventuell mit Beisitzern als collegium qualificatum, auch die Regierungsgeschäfte der Zwischenzeit bis zur nächsten Synode führt. Dagegen verwirft der Calvinismus jedes ständige Regierungs- und Aufsichtsamt.

Choisy, La théocratie à Genève au temps de Calvin, 1897, L'état chrétien à Genève au temps de Th. de Bèze, 1903; Martin, La situation du catholicisme à Genève, 1909; Heiz, Calvins kirchenrechtliche Ziele, Theol. Zeitschr. aus der Schweiz X, 1893; Elster, Johann Calvin als Staatsmann, Gesetzgeber und Nationalökonom, Jbb. f. Nationalökonomie XXXI, 1878; Werdermann, Calvins Lehre von der Kirche, Bonner ev.-theol. Diss., 1909; Beyerhaus, Studien zur Staatsanschauung Calvins, Neue Studien von Bonwetsch und Seeberg, 1911; Faurey, Le droit ecclésiastique matrimonial des Calvinistes français, 1910; Galante, La teoria delle relazioni fra lo Stato e la Chiesa secondo Riccardo Hooker (1554—1600), Festschrift f. Friedberg, 1908; v. Hoffmann, Das Kirchenverfassungsrecht der niederländischen Reformierten bis 1618/19, 1902.

§ 51. Die reformierten Kirchen Deutschlands.

Von den Niederlanden her gelangte der Calvinismus an den Rhein. Zunächst entwickelten sich nach und nach aus der deutsch-ostfriesischen Provinz des Verbandes der niederländisch-reformierten Kirche die beiden Verbände der reformierten Kirchen von Kleve, Mark, Jülich und Berg einerseits und der ostfriesischen anderseits. Jener gab sich 1654 eine allgemeine Kirchenordnung für Kleve und Mark, die 1662 vom Großen Kurfürsten bestätigt und in umgearbeiteter Gestalt unter brandenburgischem Schutz auch in Jülich und Berg dem katholischen Hause Pfalz-Neuburg gegenüber mit Erfolg behauptet wurde; die calvinische Verfassungsform wurde im wesentlichen beibehalten, die niederrheinische reformierte Kirche blieb Freikirche. In dem ostfriesischen Verband erhielt sich zunächst der von dem Polen und ersten Emdener Superintendenten (1543) Johannes von Lasco eingesetzte Kirchenrat sowie der coetus, dieser anfangs als regelmäßige Versammlung aller, später wenigstens der reformierten Geistlichen Ostfrieslands. Als die Superintendentur einging, übernahm er auch das Kirchenregiment. Doch wurde 1599 ein landesherrliches Konsistorium in Aussicht genommen, das freilich den Reformierten (mit den Lutheranern gemeinsam) erst die preußische Herrschaft 1751 brachte.

v. Hoffmann (§ 50); Sehling, Die ostfriesische Kirchenordnung von 1535, D. Z. f. Kr. IV, 1894; Raunin, Die Kirchenordnungen des Johannes Laski, D. Z. f. Kr. XIX, 1909; Snethlage, Die älteren Presbyterial-Kirchenordnungen der Länder Jülich, Berg, Cleve, Mark², 1850; Simons, Niederrheinisches Synodal- und Gemeindeleben „unter dem Kreuz", 1897, Synodalbuch, die Akten der Synoden und Quartierkonsistorien in Jülich, Cleve, Berg (1570 bis 1610), 1909, Generalsynodalbuch, die Akten der Generalsynoden von Jülich, Cleve, Berg und Mark (1610—1793), 1910.

Eine noch engere Verbindung ging die calvinische presbyterial-synodale Verfassung mit der lutherisch-landesherrlich-konsistorialen außer in Preußen, wo 1713 ein beständiges reformiertes Kirchendirektorium eingerichtet wurde, in der Pfalz ein. Hier trat Kurfürst Friedrich III. mit seinem Lande über (Heidelberger Katechismus 1562, Kirchenordnung 1563, Kirchenratsinstruktion 1564, Kirchenedikt 1570). Dabei wurden zwar in den Gemeinden Presbyterien (Kirchenkollegien) errichtet. Aber die Klassikal- und die unregelmäßig sich versammelnden Generalsynoden waren reine Geistlichkeitsversammlungen und entbehrten, auch hierin von den reformierten Synoden fundamental sich unterscheidend, kirchenregimentlicher Befugnisse. Denn diese standen für die Klasse einem Inspektor oder Superintendenten und darüber für die ganze Kirche einem Kirchenrat (drei Theologen und drei Räte) unter dem Landesherrn zu.

Gümbel, Geschichte der protestantischen Kirche der Pfalz, 1885; Rott, Friedrich II. von der Pfalz und die Reformation, Heidelberger Abhdl. 4. H., 1904; Lang, Der Heidelberger Katechismus, 1907; v. Hoffmann, Eine pfälzische Kirchenordnung der Emdener Synode, Ref. Kirch.-Zeitg. XXXI, 1908; Junghans, Die Kirchenvisitationen der Hanauer evangelisch-reformierten Kirche im 18. Jahrhundert, 1893.

Von den Fremden- (Refugianten-, französischen) Gemeinden endlich brachte es nur die auch deutsche Glieder umfassende Konföderation der reformierten Gemeinden in Niedersachsen (zu Braunschweig, Celle, Göttingen, Münden, Bückeburg und Altona) zu größerer Bedeutung, die sich 1703 dem Glaubensbekenntnis und der Disziplin der Kirche von Frankreich unterstellte. Sie behielt auch nach Abstreifung des französischen Gepräges ihr reformiertes Freikirchentum bei.

Hugues, Die Konfoederation der reformierten Kirchen in Niedersachsen, 1873; Brandes, Die Konfoederation der reformierten Kirchen in Niedersachsen, 1896 (auch Geschbl. d. deutschen Hugenottenvereins VI 1, 2); Ebrard, Die französisch-reformierte Gemeinde in Frankfurt a. M. (1554—1904), 1906; Besser, Geschichte der Frankfurter Flüchtlingsgemeinden, Hallesche Abh. z. neueren Gesch., 43. H., 1906.

Viertes Kapitel.

Der Ausbau des deutschen evangelischen Kirchenrechts im 19. Jahrhundert.

§ 52. Staatliche Kirchenhoheit und landesherrliches Kirchenregiment.

Die Umwälzungen, die Deutschland zu Beginn des 19. Jahrhunderts erlebte, blieben auch für die evangelische Kirche nicht ohne nachhaltige Wirkung. Der Reichsdeputationshauptschluß machte der für Preußen bereits durch den Erwerb Kleves (1609 bzw. 1666), Gelderns (1713), Schlesiens sowie durch die Teilung Polens beseitigten konfessionellen Geschlossenheit auch für die süddeutschen Territorien ein Ende. Ein Teil des hergebrachten Staatskirchenrechts wurde nunmehr unanwendbar; insbesondere trat, da und dort schon vorbereitet (Preußisches Landrecht von 1794 mit seinem für alle Untertanen ohne Unterschied des Bekenntnisses verbindlichen staatlichen Eherecht; Anerkennung der Protestanten in Bayern 1800/01), nunmehr in allen größeren Staaten an Stelle der bloß ständischen die individuelle christliche Parität; auch dem einzelnen Untertan des einen christlichen Bekenntnisses sollte fortan recht sein, was dem des anderen recht war. Selbst einer Mehrheit von christlichen Religionsgesellschaften gegenüber mußte man jetzt staatlicherseits eine paritätische Stellung einnehmen. Man half sich, indem man die bisher wenig praktische, naturrechtliche Unterscheidung von Kirchenhoheitsrechten, iura circa sacra, und kirchenregimentlichen Befugnissen, iura in sacra, zur Anwendung brachte. Den Rechten, die dem Staat als solchem und unveräußerlich jeder Religionsgemeinschaft gegenüber zukamen, ganz besonders aber im Verhältnis zu den bevorrechteten, den Kirchen, stellte man, indem man wenigstens theoretisch die Kirchen nicht mehr als bloße Teile des Staatswesens auffaßte, die weitergehenden Befugnisse gegenüber, die hergebrachterweise dem Landesherrn über die evangelische Landeskirche seines Territoriums zustanden und kirchenregimentlicher Natur waren (in Baden schon das erste Konstitutionsedikt von 1807). In dieser Weise ging namentlich Preußen vor, das 1808 während der Kriegsnöte die alte Konsistorialverfassung mit Einschluß des Kriegskonsistoriums und des Feldprobstes (S. 378 A. 1) beseitigt hatte, dann aber nach verschiedenen Versuchen dazu gelangte, die Wahrung der Kirchenhoheitsrechte ausschließlich dem 1817 errichteten Ministerium für geistliche, Unterrichts- und Medizinalangelegenheiten sowie den Oberpräsidien zu überweisen, indes die evangelische Kirchengewalt, soweit es sich nur um Interna handelte, zur vertretungsweisen Ausübung Provinzialkonsistorien (seit 1818 mit je einem Generalsuperintendenten als Mitglied, seit 1832 auch wieder ein Feldprobst) anvertraut wurde. Diese standen allerdings auch unter den Oberpräsidenten und dem Kultusminister, bedeuteten aber doch einen ersten Schritt zur Loslösung der kirchlichen Verwaltung von der staatlichen [1]. Überhaupt lernte man nach und nach für das Verhältnis zur evangelischen Kirche im Landesherrn zwei Personen unterscheiden, den Träger

[1] Der badische Oberkirchenrat, damals eine Staatszentralmittelstelle unter dem Ministerium des Innern, hatte dagegen bis 1860 die Aufgabe, das ius in sacra und die iura circa sacra zugleich wahrzunehmen.

und das oberste Organ der Staatsgewalt einerseits und den Inhaber des Kirchenregiments oder, nach episkopalistischer Ausdrucksweise, des Summepiskopats anderseits, eine Unterscheidung, die auch dadurch einen gewissen tatsächlichen Rückhalt gewann, daß die Deutsche Bundesakte Art. 14 den Standesherren ihre früheren kirchenregimentlichen Befugnisse, wenn auch unter der Aufsicht des Landesherrn und innerhalb der Landeskirche, gewährleistete [1]. Doch kam die Verschiedenheit der beiden Stellungen den maßgebenden Instanzen erst 1848 zu vollem Bewußtsein. Damals schien zunächst der Übergang zum Konstitutionalismus zugleich das Ende des landesherrlichen Kirchenregiments zu bedeuten, wie denn auch der auf das Wohl der evangelischen Kirche eifrig bedachte Friedrich Wilhelm IV., der schon 1845 „die Konsistorien wieder zu wahren Kirchenregimentsbehörden erhoben hatte", zeitweilig zur Abgabe wenigstens der „bischöflichen Rechte in die rechten Hände" bereit war. Da fanden theologische Kreise, die, nach der vorangegangenen Entwicklung wohl nicht ohne Grund, an der Fähigkeit der evangelischen Kirche, nach jahrhundertelanger Unselbständigkeit ohne weiteres ihre Angelegenheiten wirklich autonom zu verwalten, verzweifelten, die erlösende Formel, das landesherrliche Kirchenregiment sei eine Frage der inneren Verfassung der evangelischen Kirche und ein Dienst an ihr, den die Obrigkeit als vornehmstes Glied der Kirche tue (Hengstenbergs Evangelische Kirchenzeitung). Die letztere Begründung versagte nun allerdings gänzlich, und zwar nicht bloß da, wo der Landesherr katholisch war. Jedoch die Macht der Tatsachen überwand selbst die Bedenken der schärfer blickenden Juristen, insbesondere des auch für das evangelische Kirchenrecht führenden Richter (§ 42), hatte doch von ihnen schon zuvor Puchta gelehrt, dem Landesherrn gebühre das evangelische Kirchenregiment zwar, weil er Staatsoberhaupt sei, aber nicht als solchem. Und eine Reihe praktisch wertvoller Errungenschaften zeitigte die veränderte Auffassung immerhin. Am 29. Juni 1850 schuf Friedrich Wilhelm IV. für die Landeskirche der damaligen preußischen Provinzen im evangelischen Oberkirchenrat eine oberste kirchenregimentliche Behörde, die dem Landesherrn als Träger und Organ des Kirchenregiments direkt untersteht [2], indes die staatliche Ministerialbehörde, zumal seit 1876 auch die dem Kultusministerium und den Regierungen bis dahin verbliebenen Externa auf die Kirchenbehörden übergegangen sind, auf die Wahrung der Kirchenhoheitsrechte beschränkt bleibt (ebenso seit 1860 in Baden). Diese Einrichtung läßt die Vereinigung der beiden Stellungen in der Person des Landesherrn, die zunächst bloß als eine — wenn auch durchaus nicht ungewöhnliche — juristische Konstruktion erscheint [3], praktische Realität gewinnen, da die getrennte ressortmäßige Vorbereitung und Vertretung der höchsten Entschlüsse eine allseitige Berücksichtigung der verschiedenen in Betracht kommenden Gesichtspunkte und Interessen hinreichend gewährleistet. Aus der obengedachten Auffassung ergab sich aber auch die Fernhaltung der ja nunmehr aus den verschiedensten Religionsangehörigen zusammengesetzten staatlichen Volksvertretung vom Kirchenregiment. Zunächst regierte vielmehr der Landesherr die Kirche weiter absolut. Doch mußte er sich, teils unter dem Einfluß des staatlichen Vorbilds, teils in Wiedererweckung reformierter Gedanken, teils aus modern-kirchlichen Erwägungen bald eine Beschränkung gefallen lassen, aber so, daß damit nicht ein Gegensatz, sondern eine Erweiterung und Verstärkung des einheitlichen kirchlichen Organismus, namentlich auch für das Gebiet der Verwaltung, geschaffen wurde.

Nippold, Handbuch der neuesten Kirchengeschichte III [3] 1, 2, 1890—96; Sohm, Kr. I § 41; Troeltsch, Protestantisches Christentum und Kirche in der Neuzeit, in Hinnebergs Kultur

[1] Nicht in den radikaler verfahrenden Baden und Württemberg, wohl aber in Preußen und Hannover wurde, und zwar zugunsten des Stolbergischen Hauses (unter Aufrechterhaltung der Rezesse von 1714, 1738, 1755), hiervon wirklich Gebrauch gemacht. Noch heute bestehen so gräflich Stolbergische Mediatkonsistorien zu Wernigerode, Stolberg und Roßla, die, im übrigen direkt dem preußischen Oberkirchenrat unterstellt, seit 1874 auch vom magdeburgischen königlichen Konsistorium in gewisser Beziehung abhängen, ferner das königliche und gräflich Stolberg-Stolbergische Konsistorium zu Neustadt und Hohnstein, das jetzt unter dem Landeskonsistorium in Hannover und mit diesem unter dem preußischen Kultusminister steht. Vgl. Schoen (§ 48, 3) I 45 f., 71 A. 1, 260 ff.

[2] Eine außerordentlicherweise 1846 einberufene preußische Generalsynode hatte bereits zu der dann 1848 bewerkstelligten, aber alsbald wieder rückgängig gemachten Errichtung eines noch dem Ministerium unterstellten Landeskonsistoriums den Anstoß gegeben.

[3] Das duas personas sustinere ist eine altgeläufige juristische Auskunft.

der Gegenwart I, 4, 1², 1909; Foerster, Die Entstehung der preußischen Landeskirche unter der Regierung Friedrich Wilhelms III., 2 Bde., 1905—1907; Wendland, Die Religiosität und die kirchenpolitischen Grundsätze Friedrich Wilhelms III. in ihrer Bedeutung für die Geschichte der kirchlichen Restauration, 1909; Niedner, Die Ausgaben des preußischen Staats für die evangelische Landeskirche der älteren Provinzen, Stutz, Kr. A., 13. und 14. H., 1904, Der Begriff der innerkirchlichen Angelegenheiten (auch in der Jenaer Festgabe f. Thon), 1911; Richter, König Friedrich Wilhelm IV. und die Verfassung der evangelischen Kirche, 1861; Theinert, Ein Beitrag zur rechtlichen Kennzeichnung der Konsistorial- und Synodalverfassung der altpreußischen evangelischen Landeskirche, Gött. jur. Diss. (erweitert im Verwaltungsarchiv XVI), 1907; Seeberg, Die Kirche Deutschlands im 19. Jahrhundert⁴, 1912; Goyau, L'Allemagne religieuse, Le protestantisme, 1898 (deutsch mit statistischen Ergänzungen von Kind, 1906); Ecke, Die evangelischen Landeskirchen Deutschlands im 19. Jahrhundert (Theol. Schule Albrechts Ritschls II), 1906; Schoen, Preußisches Kirchenrecht (§ 48, 3) §§ 5, 6; Rieker, Rechtliche Stellung (§ 46), Die Krisis des landesherrlichen Kirchenregiments in Preußen, D. Z. f. Kr. X, 1901; Woltersdorf, Das preußische Staatsgrundgesetz und die Kirche, 1873; Die Entwickelung der evangelischen Landeskirche der älteren preußischen Provinzen seit der Errichtung des Ev. Oberkirchenrats, Jubiläumsschrift, 1900; Loesche, Von der Toleranz zur Parität in Österreich (1781—1861), 1911.

§ 53. Die Angleichung von Luthertum und Calvinismus in Lehre und Verfassung; Unionen, Verbindung der presbyterial-synodalen mit der landesherrlich-konsistorialen Verfassung.

Die schweren Heimsuchungen, die zu Anfang des 19. Jahrhunderts Deutschland trafen, bewirkten auch bei den Evangelischen eine Neubelebung des religiösen Sinnes. Dies und der Umstand, daß jetzt in mehreren Staaten Lutherische und Reformierte katholischen Minder- oder gar Mehrheiten sich gegenübersahen, bahnte dem schon geraume Zeit vorbereiteten Gedanken der Union beider Bekenntnisse den Weg. Bloße Vereinigungen unter ein und demselben Regiment gab es mitunter schon im 16. Jahrhundert (Ostfriesland 1599), andere wurden durch die Veränderungen der napoleonischen Zeit veranlaßt (badisches Konstitutionsedikt von 1807). Solche Regimentsunionen begegnen noch heute in Württemberg, im Großherzogtum Hessen und in Sachsen-Weimar. Weiter geht, wenn auch nicht ohne Schranken, die fakultative altpreußische Union die Friedrich Wilhelm III. am 27. September 1817 als schönste Frucht des begeistert gefeierten Reformationsjubiläums ins Leben treten lassen konnte; einheitliche Kirchenverwaltung und Abendmahlsgemeinschaft in sich schließend, stellt sie sich (allerdings erst seit 1834 infolge nachträglicher einschränkender Auslegung) regelmäßig als sogenannte Kultusunion dar, bei der es wohl noch besondere lutherische und besondere reformierte Gemeinden gibt (daneben steht die Freikirche der separierten Lutheraner), doch so, daß die Konfessionsverschiedenheit nicht zur Verweigerung der Gemeinderechte und besonders des Abendmahlsgenusses in einer Gemeinde anderen Bekenntnisses berechtigt. Am weitesten geht die Union da, wo sie zur Lehr- oder Konsensunion sich steigert, indem der übereinstimmende Inhalt der Bekenntnisse als gemeinschaftliche Lehrgrundlage zu Kultus- und Rechtsgemeinschaft hinzutritt, so daß es bei der Anstellung eines Geistlichen auf die Herkunft aus der Union oder der einen oder anderen Konfession nicht ankommt (Baden 1821, Rheinbayern, Anhalt, Nassau, Waldeck, Birkenfeld).

Nitzsch, Urkundenbuch der evangelischen Unionen, 1853; Altmann, Die evangelische Union in Preußen, 1867; Rietschel, Die Gewährung der Abendmahlsgemeinschaft, 1869; Zezschwitz, Die kirchlichen Normen berechtigter Abendmahlsgemeinschaft, 1869; Hoffmann, Die Einführung der Union in Preußen und die Separation der Altlutheraner, 1903; Steinecke, Diaspora der Brüdergemeine in Deutschland I, 1905; Woltersdorf, Zur Geschichte der evangelisch-kirchlichen Selbständigkeitsbewegung (auch in Protest. Monatsheften) 1905; Kalb, Kirchen und Sekten der Gegenwart, 1905; Müller, Die selbständige lutherische Kirche in den Hessischen Landen, 1906; Happach, Zur Frage der Gemeinschaftsbewegung in der lutherischen Diözese Oberhessen, 1909; Uhlhorn, Geschichte der deutsch-lutherischen Kirche, 2 Bde., 1911; Friedberg, Das geltende Verfassungsrecht der evangelischen Landeskirchen, 1888, § 4; Schoen, Preußisches Kirchenrecht (§ 48, 3) I § 16.

Hatte schon bei seiner ersten Aufnahme in Deutschland der Calvinismus fast überall eine Einfügung in den Rahmen des lutherischen landesherrlich-konsistorialen Regimentes sich gefallen lassen müssen, so führte jetzt die Vereinigung von Elementen, die während Jahrhunderten in völliger Abgeschlossenheit, ja zum Teil in schroffem Gegensatz zueinander gelebt hatten, mit der Zeit notwendig auch zu einem gewissen Austausch und Ausgleich in verfassungsrechtlicher Hinsicht. So in Baden schon in der 1821 mit der Union eingeführten Kirchenverfassung [1], die zwischen dem altbadisch-lutherischen episkopal-konsistorialen System und dem presbyterial-synodal modifizierten der reformierten Pfälzer vermittelte. Von ganz besonderer Bedeutung aber wurde die rheinisch-westfälische Kirchenordnung vom 5. März 1835 die nach langer Verhandlung der preußischen Regierung mit den kirchlichen Organen der beiden Provinzen unter „Berücksichtigung der verschiedenen, dort bisher geltenden Kirchenordnungen und der eingeholten Gutachten der dortigen Synoden für alle Gemeinden beider Konfessionen" in Kraft trat. In ihr erhielten im Gegensatz zu anderen derartigen Ausgleichen die reformierten Verfassungselemente das Übergewicht. Über der Gemeinde mit einem Presbyterium oder Kirchenvorstand und eventuell mit noch einer zweiten, größeren Repräsentation steht die Kreisgemeinde, vertreten durch ein gemeinsames Presbyterium (Kreissynode), mit einem von ihr gewählten Direktorium (Superintendent, Assessor, Skriba). Die Kirchengemeinden derselben Provinz bilden die Provinzialgemeinde, ebenfalls mit einem Presbyterium (Provinzialsynode) sowie mit einem auf sechs Jahre gewählten geistlichen Präses und einem ebensolchen Assessor. Daneben stehen aber ein landesherrlich bestellter geistlicher Aufsichtsbeamter, der Generalsuperintendent, und das Konsistorium, dessen geistlicher Direktor jener ist, beide unter dem Ministerium der geistlichen Angelegenheiten.

Jacobson, Geschichte der Quellen des evangelischen Kirchenrechts der Provinzen Rheinland und Westfalen, 1844; Lechler, Geschichte der Presbyterial- und Synodalverfassung, 1854; Heppe, Die presbyteriale Synodalverfassung der evangelischen Kirche in Norddeutschland, 1868; Bluhme, Codex des rheinischen evangelischen Kirchenrechts, 1870; Bluhme-Hälschner-Kahl, Rheinisch-westfälische Kirchenordnung [3], 1891; Müller-Schuster, Kirchenordnung für die evangelischen Gemeinden der Provinz Westfalen und der Rheinprovinz [3], 1892; Lüttgert, Evangelisches Kirchenrecht in Rheinland und Westfalen, 1905, mit erstem Nachtrag, 1910; Richter, Kommentar zur rheinisch-westfälischen Kirchenordnung in der Fassung der neuen amtlichen Ausgabe vom 5. Januar 1908, 1908; Uckeley, Die rheinisch-westfälische Kirchenordnung, Lietzmanns Kl. Texte CIV, 1912.

Auf diese rheinisch-westfälische Kirchenordnung griff man zurück, als nach 1848 die Organisation der kirchlichen Selbstverwaltung notwendig und die Verwirklichung des nunmehr entdeckten, angeblich reformatorischen Gemeindeprinzips die Parole wurde. Sie selbst erfuhr zuvor am 13. Juni 1853 noch eine Revision (weitere am 27. April 1891 mit Ergänzungen vom 1. Juli 1893 und vom 29. September 1897, neueste, zum ersten Male in amtlicher Ausgabe bekanntgemachte Fassung vom 5. Januar 1908). In Preußen schritt man 1861—64 überall zur Errichtung von Kreissynoden, 1869 traten zuerst außerordentliche Provinzialsynoden zusammen, und am 10. September 1873 erging eine evangelische Kirchengemeinde- und Synodalordnung für die alten Provinzen, indes 1875 eine außerordentliche Generalsynode berufen wurde, welche die Generalsynodalordnung vom 20. Januar 1876 zeitigte. Die Verwaltung der kirchlichen Externa ging 1876/77 von dem Kultusminister und den Provinzialregierungen an den evangelischen Oberkirchenrat und die Konsistorien über. In ähnlicher Weise gemischt organisiert waren oder wurden die übrigen Landeskirchen in der preußischen Monarchie (Hannover, lutherische Kirche 1864, reformierte 1882; Kurhessen 1885; Nassau 1877; Frankfurt 1899; Schleswig-Holstein 1876). Andere Landeskirchen waren schon vorangegangen oder folgten nach (Oldenburg 1849/53, Braunschweig 1851/1909, Württemberg 1851/54, 1867, Baden 1861/1904, Sachsen 1868/1873, Hessen 1874/1909, Lippe 1890/1910). Ein neuer, den Bedürfnissen der Gegenwart entsprechender evangelischer Verfassungstypus ist so entstanden; er dürfte, zumal wenn es trotz der fast unübersteiglichen Hindernisse gelingen sollte, die lose Verbindung, welche zwischen den evangelischen Landeskirchen die seit 1851 zusammentretende Eisenacher Kirchenkonferenz angebahnt hat, zu einem Bund der deutschen evangelischen Kirchen auszubauen (Deutscher evangelischer Kirchenausschuß seit 1903) und so in Nachholung dessen, was das Reformationszeitalter versäumte und versäumen mußte, der bedauerlichen Zersplitterung, dem Kleinleben und mancher Engherzigkeit ein Ende zu machen, der evangelischen Kirche

[1] In Bayern sogar bereits 1818.

für ihre äußere Entwicklung im laufenden Jahrhundert eine glückliche Zukunft verbürgen. Daß an Stelle der bisher fast allgemeinen Unterschätzung äußerer Ordnung eine die evangelische Freiheit beeinträchtigende Überschätzung treten werde, ist nicht zu befürchten, lebt doch in aller Evangelischen Überzeugung unerschütterlich das Bewußtsein, daß nicht Form und Formel die feste Burg evangelischen Christentums sind, sondern einzig die persönliche Gewißheit einer vom Druck des Gesetzes freien, allein im Glauben wurzelnden Gotteskindschaft in Christo Jesu.

Schoen, Preußisches Kirchenrecht (§ 48, 3) I §§ 7—10; Herrmann, Die notwendigen Grundlagen einer die konsistoriale und synodale Ordnung vereinigenden Kirchenverfassung, 1862; v. Kirchenheim, Emil Herrmann und die preußische Kirchenverfassung, 1912; Uckeley, Die Generalsynodalordnung, Lietzmanns Kl. Texte CII, 1912; Beeck, Die Abschaffung des Seniorats in der bremischen Kirche, Z. f. Kg. XXVI, 1905, Geschichte der reformierten Kirche Bremens, 1909; Reuss, Les églises protestantes d'Alsace pendant la révolution (1789—1792), 1905; Krüger, Die geschichtliche Entwicklung der Verfassung der Kirche augsburgischer Konfession von Elsaß-Lothringen von 1789—1852, 1913; Dove, Deutsche evangelische Kirche und Eisenacher Konferenz, Z. f. Kr. XII, 1874; Rietschel, Die Frage des Zusammenschlusses der deutschen evangelischen Landeskirchen, 1900; Denkschrift, den Zusammenschluß der deutschen evangelischen Landeskirchen betr., 1901; Braun, Zur Frage der engeren Vereinigung der deutschen evangelischen Landeskirchen, 1902; Mirbt, Der Zusammenschluß der evangelischen Landeskirchen Deutschlands, Marburger Ak. Rede, 1903; Schiele, Die kirchliche Einigung des evangelischen Deutschland im 19. Jahrhundert, 1907; Foerster, Die Rechtslage des deutschen Protestantismus, 1900, Der evangelische Sinn unserer Kirchenverfassung, H. z. Christl. Welt LI, 1904; Bezzner, Unser evangelisches Kirchenwesen, Bibl. d. Rechts- und Staatskunde, 1905; Caspari, Die geschichtlichen Grundlagen des gegenwärtigen evangelischen Gemeindelebens², 1908; Friedrich, Der Ausbau des Protestantismus zur Weltkirche, Z. f. Pol. III, 1910; Warneck, Abriß einer Geschichte der protestantischen Missionen⁹, 1910; Weill, Le protestantisme français au 19e siècle, R. de synthèse hist. XXIII, 1911; Kraushaar, Verfassungsformen der lutherischen Kirche Amerikas, 1911.

Zweiter Teil.

System des Kirchenrechts.

Von Lehr- und Handbüchern, die außer beiden konfessionellen Rechten auch das Staatskirchenrecht behandeln, sind neben denen von Richter (S. 360 A. 2; ev.), von Hinschius (S. 279, ev.) und von Friedberg (S. 279 ev.; italienisch bearbeitet von Ruffini, 1893) hervorzuheben: Kahl (ev.), Lehrsystem des Kirchenrechts und der Kirchenpolitik I, 1894, und Kirchenrecht, in Hinnebergs Kultur der Gegenwart II, 8², 1913; v. Schulte (altk.), Lehrbuch des katholischen⁴ und evangelischen¹ Kirchenrechts, 1886; Vering (k.), Lehrbuch des katholischen, orientalischen und protestantischen Kirchenrechts³, 1893; Zorn (ev.), Lehrbuch des Kirchenrechts, 1888; Schiappoli, Manuale del diritto ecclesiastico, 2 vol., 1902; Galante, Elementi di diritto ecclesiastico (auch in Encicl. giur. italiana) 1909. Deutsche Zeitschriften: oben S. 279; ausländische: Rivista di diritto ecclesiastico del Regno (R. d. d. e.) seit 1890. Über das Kirchenrecht als Lehrfach: Niedner, Kirchenrecht als akademische Disziplin, 1904.

Erster Titel.

Allgemeine Lehren.

§ 54. Recht und Kirche.

Die Kirche im Rechtssinn verbindet zu gemeinsamer Verehrung Gottes im Namen Christi alle diejenigen, die in der Auffassung der christlichen Offenbarung übereinstimmen. Sie ist also eine organisierte Gemeinschaft von Menschen. Wie in jeder solchen, stellt sich vermöge der dem Menschen innewohnenden Idee des Gerechten alsbald eine Überzeugung davon ein, was eine vernünftige Ordnung des kirchlichen Lebens erfordere. Und es verbindet sich damit der Wille, die solcher Überzeugung entsprechende Ordnung auch wirklich herzustellen. Ausdrücklich oder stillschweigend erklärt, wird dieser Wille zum Recht. Das Recht ist mithin für die Kirche schon durch deren Eigenschaft als organisierte Menschengemeinschaft gegeben. Es ist ihr ebenso unentbehrlich und ursprünglich wie jedem organisierten menschlichen Verband. Allerdings nicht mit jedem geschichtlich gegebenen Kirchenverband hat sich das Recht gleich innig verbunden.

Gerlach, Logisch-juristische Abhandlung über die Definition des Kirchenrechts, 1862; Groß, Zur Begriffsbestimmung und Würdigung des Kirchenrechts, 1872; O. Mejer, Ist das Recht einer freien Vereinskirche Recht im juristischen Sinn? Z. f. Kr. XI, 1873; Bierling, Das Wesen des positiven Rechts und das Kirchenrecht, Z. f. Kr. XIII, 1875; Friedrich, Zur Begriffsbestimmung des Kirchenrechts, D. Z. f. Kr. XVI, 1906. Gegen die These von Sohm, Kr. I: „Das Kirchenrecht steht im Widerspruch zum Wesen der Kirche", außer Kahl I § 5 namentlich Bendix, Kirche und Kirchenrecht, 1895; Reischle, Sohms Kirchenrecht, 1895; Zeerleder, Kirche und Recht, 1895; Köhler, Über die Möglichkeit des Kirchenrechts, D. Z. f. Kr. VI, 1897.

Die das ganze Erdenrund umspannende Organisation der katholischen Kirche ist begrifflich Rechtskirche (§ 63). Kirche im Lehrsinn und Kirche im Rechtssinn fallen bei ihr zusammen, da Christus sie nach katholischer Lehre als Rechtsanstalt geschaffen [1], und ein auf die Eingebung des Heiligen Geistes zurückgeführter Teil der Tradition sie mit ausgebaut hat.

Für die reformierte Auffassung ist nicht sowohl der Gedanke der Göttlichkeit als derjenige der Schriftgemäßheit entscheidend. Eine bestimmte, die neutestamentliche und urchristliche Verfassung gleich dem Urchristentum zu reproduzieren, dazu ist die Kirche berufen, deren Organisation, wenigstens nach altreformierter Auffassung, mithin als gegeben und wesentlich erscheint.

Sohm, Kr. I §§ 34, 39, 41; Rieker, Grundsätze (§ 46); Hönig, Der katholische und der protestantische Kirchenbegriff, 1894; Rohnert, Kirche, Kirchen und Sekten, 1901.

Dagegen haben die eingangs entwickelte, untergeordnete, nur aus dem Wesen der Kirche als menschlicher Verband entspringende Bedeutung Recht und Verfassung der lutherischen Landeskirchen. Diese sind somit an eine bestimmte Organisation weder dogmatisch noch historisch gebunden.

v. Scheurl, Die geistliche und die rechtliche Kirche, in seiner S. kr. A.; Köstlin, Das Wesen der Kirche², 1872; Seeberg, Der Begriff der christlichen Kirche, I, 1885; Bleibtreu, Die evangelische Lehre von der sichtbaren und unsichtbaren Kirche, 1903; Happel, Richard Rothes Lehre von der Kirche, 1909; Knoke, Recht und Pflicht der evangelischen Kirche, 1912; Waitz, Das Wesen der evangelischen Kirche, 1913.

In jedem Fall entspringt das Kirchenrecht, d. h. der Inbegriff der Rechtssätze, die nach der erklärten Überzeugung einer kirchlichen Gemeinschaft deren Leben bestimmen sollen, einer Überzeugung. Diese geht entweder dahin, Gott oder sein Sohn oder der Heilige Geist hätten selbst ein Bestimmtes als Recht zu halten befohlen (katholisches ius divinum), oder dahin, solche Ordnung entspreche nach der geschichtlichen Erfahrung am besten dem göttlichen Willen (reformiertes Verfassungsrecht), oder endlich, eine freie, hier aber noch mehr als auf weltlichem Gebiet mittelbar das Walten Gottes verratende Vernunft heische solche Ordnung (katholisches ius humanum, lutherisches und modernes evangelisches Kirchenrecht).

Schoenborn, Kirche und Recht, Corniceliu͏s, Internat. Monatsschrift, Februar 1912.

Mit dieser Überzeugung wurzelt das Kirchenrecht einzig und allein in der kirchlichen Gemeinschaft. Gerade es liefert den Beweis dafür, daß das Recht nicht ein Erzeugnis des Staates und von dessen Gnaden ist, wie eine, wenn auch nicht mehr herrschende, so doch heute noch verbreitete, im absoluten Staat und dessen Staatskirchentum wurzelnde Lehre will. Vielmehr entsteht es und setzt es sich zu einem guten Teil durch unabhängig vom Staat. Freilich, heutzutage, wo dieser begrifflich und tatsächlich die Vormacht ist, stehen äußere Zwangsmittel nur für die Durchführung des vom Staat anerkannten, auch staatlichen Rechts zur Verfügung, von dem außer dem ausdrücklich oder stillschweigend geduldeten das stillschweigend oder ausdrücklich verworfene Kirchenrecht wohl zu unterscheiden ist. Jedoch die Erzwingbarkeit bedingt zwar die Vollendung, aber keineswegs das Wesen des Rechts, das ja in der großen Mehrzahl seiner

[1] Trident. sess. VI de iustif. can. 21: Si quis dixerit, Christum Jesum a Deo hominibus datum fuisse ut redemptorem, cui fidant, non etiam ut legislatorem, cui obediant, anathema sit.

Anwendungsfälle durch freiwillige Unterwerfung betätigt wird. Und so hat denn auch das 19. Jahrhundert, indem es, zum Teil unter energischem Widerstreben des Staates, eine Fülle von Kirchenrecht erzeugte oder wiederbelebte, die Tatsache der Selbständigkeit der kirchlichen Rechtserzeugung und Rechtsgeltung in ein helles Licht gestellt.

Noch jetzt stehen wir also einer Zweiheit des Rechtes gegenüber, und widmen wir uns mit gutem Grund dem Studium der Rechte. Freilich im mittelalterlichen Sinn existiert das ius utrumque nicht mehr. Heute kann keine Rede mehr sein von zwei Rechten, deren eines die geistliche und das andere die weltliche Seite eines christlichen Weltganzen beherrscht, oder — noch besser im Sinne des Mittelalters ausgedrückt — deren eines vom geistlichen Regiment, der Hierarchie, und deren anderes vom weltlichen Regiment, der Feudalmonarchie, getragen wird. Wohl aber lebt die Zweiheit fort in der Weise, daß neben dem staatlichen Recht ein Sonderrecht der kirchlichen Lebensbeziehungen steht, das jenem zwar tatsächlich, jedoch nur in lokaler Beschränkung und nur teilweise, unterworfen sein kann, begrifflich aber und der Hauptsache nach auch positiv selbständig erscheint.

v. Scheurl, Die Selbständigkeit des Kirchenrechts, Z. f. Kr. XII, 1874; Stutz, Die kirchliche Rechtsgeschichte (oben S. 279) S. 11 ff., 37 ff.; Jellinek, Der Kampf des alten mit dem neuen Recht, Heidelberger Univ.-Progr., 1907 (auch Ausgew. Schriften I, 1911 S. 329 ff.).

Ist so das Kirchenrecht mit dem staatlichen Recht nicht zusammenzubringen, so darf auch die Unterscheidung des letzteren in privates und öffentliches Recht auf jenes nicht angewendet werden. Nur soweit es in der erwähnten Weise ins staatliche Gebiet erhoben wird, findet die Unterscheidung auch auf das Kirchenrecht Anwendung. Das vom Staat anerkannte kirchliche Verfassungs- und Verwaltungsrecht nimmt an der Öffentlichkeit, das vom Staat anerkannte, die privaten Beziehungen der Kirche und ihrer Teilverbände regelnde Recht (so namentlich manche Einrichtungen und Bestimmungen des kirchlichen Vermögensrechtes) nimmt an dem bürgerlichen Charakter des staatlichen Rechtes teil.

Jacobson, Kirchenrechtliche Versuche II, 1833: Über den Begriff des öffentlichen Rechts und über das Kirchenrecht als Teil desselben.

Alles Recht und so auch das kirchliche ist positiv. Das sogenannte Naturrecht oder speziell das natürliche, d. h. das aus der Natur der kirchlichen Lebensbedingungen sich ergebende Kirchenrecht spielte zwar in der Literatur des 18. und des beginnenden 19. Jahrhunderts eine große Rolle. Auch wird ein ius divinum naturale im Sinn einer von Gott in der Natur kundgegebenen, mit den geoffenbarten Moralsätzen identischen Ordnung heute noch von katholischer Seite behauptet. Beides hat gegenüber einem die geschichtlichen Tatsachen vergewaltigenden Absolutismus, der dem Staat die ausschließliche Befähigung, Recht zu setzen, zuschrieb, zeitweise heilsam gewirkt. Aber all dies sogenannte kirchliche Naturrecht stellt sich, sofern man darunter nicht einfach staatlich nicht anerkanntes, positives Kirchenrecht versteht, lediglich als Rechtsüberzeugung oder gar nur als Rechtspostulat heraus, dem es, um Recht zu sein, an der erforderlichen ausdrücklichen Erklärung oder stillschweigenden Betätigung gebricht, oder als Moralvorschrift, die zwar für das kirchliche Recht bindende Richtschnur, jedoch nicht dieses selbst ist.

Bergbohm, Jurisprudenz und Rechtsphilosophie I, 1892; Cathrein, Recht, Naturrecht und positives Recht [2], 1909, Naturrecht und positives Recht, St.M.-L. LXIX, 1905.

Daß und weshalb endlich Kirchenrecht, ius ecclesiasticum, und kanonisches Recht, ius canonicum, nicht zusammenfallen, ergibt sich ohne weiteres aus unserer Darstellung der Geschichte des Kirchenrechts, welche die Verengerung aufweist, die das heutige Kirchenrecht gegenüber dem kanonischen Recht erfahren hat, aber auch die gleichzeitige Erweiterung durch das Hinzukommen von viel neuem katholischen und dem ganzen evangelischen Recht.

§ 55. Staat und Kirche.

Ohne organisierte Gemeinschaft kein Recht. Eine solche Gemeinschaft zwischen Staat und Kirche gibt es nicht, weder tatsächlich noch dem Begriff nach. Das mittelalterliche unum corpus christianum, dem imperium und sacerdotium organisch sich eingliederten, ist längst untergegangen. Die Staaten, die an Stelle jenes, die Kirchen, die an Stelle von diesem getreten sind, setzen imperium und sacerdotium weder einzeln noch zusammengenommen fort und fügen sich keiner höheren Einheit mehr ein. Der moderne Staat beschränkt sich grundsätzlich auf das Diesseits; er ist das Gemeinwesen, das die irdischen Lebensbeziehungen seiner Angehörigen, und nur sie, diese aber in sachlicher Unbegrenztheit umspannt. Umgekehrt zielt jede christliche Kirche auf das Jenseits ab; wohl ist sie ein irdischer Verband, aber nur zu gemeinschaftlicher Förderung ihrer Mitglieder in deren überirdischer Bestimmung. Schon unter den Kirchen ist die Zusammenfassung zu einer höheren Gemeinschaft ausgeschlossen, da jede, prinzipiell ausschließlich, das Heil allein oder doch am besten zu vermitteln beansprucht. Vollends ein zwischen-staatlich-kirchlicher Verband muß als ein Ding praktischer und theoretischer Unmöglichkeit erscheinen. Ja noch mehr: die modernen Staaten und die Kirchen sind überhaupt inkommensurable Größen.

Kaufmann, Das Wesen des Völkerrechts und die clausula rebus sic stantibus, 1911, S. 153 ff.

Hieraus folgt, daß über Staat und Kirche niemals eine Ordnung rechtlichen Charakters besteht oder auch nur bestehen könnte. Die Berührungen beider sind lediglich zufällige, niemals begriffsnotwendige, unter keinen Umständen organische. In ihrem eigentlichen Wirkungskreis berühren sich Staat und Kirche überhaupt nur deshalb, weil sie zum Teil dieselben Angehörigen haben. Daneben gibt es allerdings Grenzgebiete, die beide Teile für sich in Anspruch nehmen, und zwar jeder auf Grund seiner Rechtsordnung. Gerade bei der Grenzregulierung findet aber leicht eine Überschreitung des Gebietes statt, innerhalb dessen die betreffende Norm Recht zu sein beanspruchen kann. In solchen Fällen steht man vor formellem, staatlichem oder kirchlichem Recht, während materiell überhaupt kein Recht, sondern ein staatliches Machtgebot gegenüber der Kirche oder ein kirchlicher Machtanspruch gegenüber dem Staat vorliegt. Nur wenn es über Staat und Kirche einen beide umfassenden Verband gäbe, der Kollisionsnormen aufstellen könnte, ließe sich der Konflikt beider Rechte nach Rechtsgrundsätzen beheben. So aber, da es sich nicht einmal um Gemeinwesen derselben Art handelt, entscheidet allein die Macht. Hieraus ergeben sich kaum je Unzuträglichkeiten im Verhältnis zu den evangelischen Kirchen, die — um davon abzusehen, daß die geschichtliche Entwicklung ihnen in Deutschland dieselbe Spitze gegeben hat wie dem Staat —, weil in nachmittelalterlicher Zeit angesichts der werdenden Staatssouveränität entstanden, den Staat als alleinigen Machtträger anerkennen. Nur wenn der moderne Staat sich so weit vergäße, daß er sich in die Verwaltung von Wort und Sakrament einmischen, nach calvinistischer Auffassung auch, wenn er die Kirche hindern wollte, sich schriftgemäß einzurichten, nur dann würde für die evangelische Kirche und ihre Glieder die Pflicht erstehen, Gott mehr gehorchend als den Menschen gegen die staatliche Einmischung Widerstand zu leisten. Wohl aber besteht auf weiten Grenzgebieten ein grundsätzlicher, unversöhnlicher Gegensatz zwischen dem souveränen modernen Staat und der über ein Jahrtausend hinter dessen Anfänge zurückreichenden katholischen Kirche. Für kürzere oder längere Zeit praktisch überbrückt, führt er immer wieder zu Konflikten, bei denen die Kirche schon deswegen nicht unfähig zu erfolgreichem Widerstand ist, weil stets nur ein kleiner Teil ihrer universalen Organisation in das Gebiet des betreffenden Staates hineinreicht, indes das Schwergewicht ihrer Macht außerhalb der staatlichen Herrschaftssphäre liegt. Nach dem Gesagten entscheidet in solchem Konflikt allein die Macht, aber freilich eine Macht nicht im Sinne roher, physischer Gewalt, sondern in demjenigen einer geistigen, durch äußere Zwangsmittel nur unterstützten Vorrangstellung, die den Gesetzen der Sittlichkeit unterworfen ist und von der Übereinstimmung mit dem Zeitbewußtsein abhängt. Dies stets sich vor Augen zu halten, ist die Pflicht der Politik, die allein das Verhältnis von Staat und Kirche regelt.

Gladstone, Der Staat in seinem Verhältnis zur Kirche, 1843; Laurent, L'Église et l'État, 1868; Liberatore, La Chiesa e lo Stato, 1871; Sohm, Das Verhältnis von Staat und Kirche, Z. f. Kr. XI, 1873; Zeller, Staat und Kirche, 1873; Geffcken, Staat und Kirche in ihrem Verhältnis geschichtlich entwickelt, 1875 (dazu Fromann, Z. f. Kr. XIV, 1879, XV, 1880); Maassen, Neun Kapitel über freie Kirche und Gewissensfreiheit, 1876; Martens, Die Beziehungen der Überordnung, Nebenordnung und Unterordnung zwischen Kirche und Staat, 1877; Minghetti, Stato e chiesa ², 1878, deutsch 1881; Hinschius,

Allgemeine Darstellung der Verhältnisse von Staat und Kirche, in Marquardsens Handbuch I 1, 1883; Knitschky, Staat und Kirche, 1886; Féral, La conception de l'état d'après l'église romaine, Thèse, 1901; Maurenbrecher, Staat und Kirche im protestantischen Deutschland, 1886; Kahl, Die Verschiedenheit der katholischen und evangelischen Anschauung von Staat und Kirche, 1886; Rieker, Staat und Kirche nach lutherischer, reformierter, moderner Anschauung, H.V. I, 1898, Protestantismus und Staatskirchentum, D. Z. f. Kr. VII, 1897; Kolde, Der Staatsgedanke der Reformation und die römische Kirche, 1903; Sägmüller, Kirche und Staat, 1904; O. Mayer, Staat und Kirche, Hauck-Herzog, Realenzykl.[3] XVIII, 1906; Harnack, Protestantismus und Katholizismus in Deutschland, Preuß. Jbb. CXXVII, 1907; Köhler, Katholizismus und moderner Staat, 1908; Haring, Kirche und Staat, 1907; Böckenhoff, Katholische Kirche und moderner Staat, 1911.

Kirchenpolitische, nicht Rechtssysteme sind auch die Denkformen, auf welche die Wissenschaft die verschiedenen Gestalten gebracht hat, die das Verhältnis von Staat und Kirche zu verschiedenen Zeiten und in den verschiedenen Gebieten kraft positiver staatlicher oder kirchlicher Bestimmung annahm oder hätte annehmen sollen. Sie dienen dem Verständnis, aber — gleich den Systemen des ehelichen Güterrechtes — vielfach auch der Auslegung sowie dem praktischen und theoretischen Ausbau der einzelnen Festsetzungen. Und sie bewegen sich — auch darin den Gütersystemen des Eherechts ähnlich — zwischen den beiden Extremen der Verbindung und der Scheidung des politischen und religiösen Gebietes.

Die Einheit oder doch eine innige Verbindung streben an das der Geschichte angehörige System des Ineinanderaufgehens beider Sphären zugunsten des Staates (Byzantinismus, karolingische Theokratie, sächsisch-salische Kirchenherrschaft und älteres katholisches, besonders josephinisches sowie evangelisches Staatskirchentum), ferner das System völliger Einheit zugunsten der Kirche (Hierokratie des Papalsystems, abgeschwächtes Kirchenstaatstum der potestas indirecta), das tatsächlich ebenfalls der Geschichte angehört, aber mit dem übrigen ius canonicum von der katholischen Kirche als ruhendes Kirchenrecht weiter mitgeführt wird [1] und in der Genfer Schrifttheokratie seinerzeit ein evangelisches Gegenstück besaß, endlich das System des christlichen Staats. Das letztere, praktisch nie verwirklicht, sondern durch die Heilige Allianz von 1815 nur angeregt [2] und seit 1847 (Fr. J. Stahl, Thiersch u. a.) oft literarisch und parlamentarisch verfochten, sucht sich mit dem Vorhandensein einer Mehrheit gleichberechtigter christlicher Konfessionen so abzufinden, daß es das Gemeinchristliche aus den verschiedenen Bekenntnissen und kirchlichen Einrichtungen heraushebt und zu dessen Verwirklichung den Staat verpflichtet. Praktische Konsequenzen sind also z. B. Taufzwang für die Kinder christlicher Eltern, obligatorische kirchliche Eheschließung, christliche Organisation der Schule, streng durchgeführtes Sonn- und Feiertagsgebot und in negativer Hinsicht Verbot der Ehen zwischen Christen und Juden und Beseitigung der Judenemanzipation, wie überhaupt Nichtchristen gegenüber zwar eine beschränkte Toleranz, nicht aber die Einräumung politischer Rechte (aktives und passives parlamentarisches Wahlrecht, Fähigkeit zur Bekleidung öffentlicher Ämter) statthaft erscheint. Das System, ungeeignet, seinen Zweck, die möglichste Erhaltung christlicher Religiosität, zu verwirklichen, und wegen der damit verbundenen Einmischung des Staates in rein religiöse Angelegenheiten unerträglich, scheitert, von allem anderen abgesehen, schon daran, daß es ein nichtkonfessionelles Massenchristentum, womit der Staat rechnen könnte, nicht gibt und nicht geben kann.

Stahl, Der christliche Staat[2], 1858; v. Scheurl, Der christliche Staat, in seiner S. kr. A.; Hergenröther, Katholische Kirche und christlicher Staat, 1872; Dieckhoff, Staat und Kirche, 1872; v. Mühler, Grundlinien einer Philosophie der Staats- und Rechtslehre nach evangelischen Prinzipien, 1873; Thiersch, Über den christlichen Staat, 1875.

Von den Systemen sodann, welche die Scheidung der staatlichen und kirchlichen Sphäre anstreben, ist das radikalste dasjenige der sogenannten Trennung von Staat und Kirche oder

[1] Pius' IX. Syllabus th. 24 verwirft den Satz: Ecclesia vis inferendae potestatem non habet neque potestatem ullam temporalem directam vel indirectam.

[2] Der Deutsche Bund führte sein Grundgesetz allerdings unter Berufung auf die „allerheiligste und unteilbare Dreieinigkeit" ein und gab sich so als offiziell christlich. Jedoch das Schwergewicht auch für die Kirchengesetzgebung lag nicht in ihm, sondern in den Einzelstaaten, und diese gaben sich nicht als christliche aus.

des Freikirchentums. Zu Hause, wenn auch nicht vollständig durchgeführt [1] ist es in den Vereinigten Staaten von Nordamerika [2], die eben keine kirchliche Vormacht mit altbegründetem Besitz, wohl aber eine unter dem Einfluß reformierter Separationstendenzen entstandene, weitgehende kirchliche Zersplitterung vorfanden. In Belgien gilt das System auf Grund der Verfassung von 1831, die es aber in Art. 117 zuungunsten des Staates durch die Bestimmung durchbricht, daß der Staat die Besoldungen und Gnadengehälter der Kultusdiener auf eigene Kosten zu zahlen habe. In Italien bildete die freie Kirche im freien Staat das Programm Cavours [3], konnte jedoch, da Italien nach der Wegnahme des Temporales im Garantiegesetz vom 13. Mai 1871 [4] in seinem eigenen Interesse dem Heiligen Stuhl gewisse Sicherheiten für die Behauptung von dessen internationaler Stellung nach innen wie nach außen zu geben sich veranlaßt sah, bloß zum Teil verwirklicht werden. Zuungunsten der Kirche, namentlich unter Beibehaltung einer ausgiebigen Kultuspolizei, hat Frankreich, nachdem es zuvor durch das Vereinsgesetz vom 1. Juli 1901 noch auf dem Boden des konkordatären Rechts und des Staatskirchentums die Orden und Kongregationen mit Ausnahme weniger ermächtigter aufgelöst und aus seinen Grenzen verbannt hatte [5], durch das Trennungsgesetz vom 9. Dezember 1905 die Kirchen zu entstaatlichen und völlig in die Sphäre des privaten Rechts zu verweisen sich veranlaßt gesehen; infolge des Widerstandes der katholischen Kirche, die sich weigerte, die in dem Trennungsgesetze vorgesehenen Kultusvereine oder auch nur Vereine des gemeinen Rechtes für Kultzwecke zu bilden, ist freilich dieser gegenüber der Versuch, selbst die privatrechtlichen Kultorganisationen staatlich zu bevormunden, gescheitert, und hat sich die katholische Kirche, zunächst allerdings um den Preis weitgehender Desorganisation und erheblicher finanzieller Schwierigkeiten, unter notgedrungenem Einlenken des Staates (Gesetze und Dekrete vom 2. Januar, 28. März 1907, 13. April 1908, 30. Januar, 12. Juli 1909) ein größeres Maß von Freiheit zu sichern gewußt, als es ihr ursprünglich zugedacht war [6]. Dagegen haben in einer den Kirchen wohlwollenden

[1] Sonst gäbe es keinen Feiertagszwang, keine Möglichkeit der Ablösung der militärischen Dienstpflicht aus Gründen des religiösen Bekenntnisses (Quäker), keine gottesdienstliche Eröffnung des Kongresses. Klein, La séparation aux États-Unis, histoire, lois, coutumes, documents, 1908; Haupt, Staat und Kirche in den Vereinigten Staaten von Nordamerika, Clemen, Stud. z. prakt. Theol. III 3, 1909.

[2] Auch die meisten englischen Kolonien, z. B. Australien, Neu-Seeland u. a., kennen es in dieser nordamerikanischen Gestalt.

[3] Vgl. oben S. 384 A. 1.

[4] 2. Titel. Vom Verhältnis des Staates zur Kirche: Keine Beschränkung des Zusammentritts von Kirchenversammlungen, keine Nomination oder Präsentation bei Besetzung von beneficia maiora (aber Indigenat und bis zum Erlaß eines Kirchengutsgesetzes Exequatur für die Einführung in die Temporalien der höheren und niederen Benefizien außerhalb Roms und der suburbikarischen Bistümer), kein Treueid der Bischöfe gegenüber dem König, kein Plazet außer zu Verfügungen über Kirchengut, kein recursus ab abusu in geistlichen und Disziplinarangelegenheiten. Galante, L'Exequatur e il Placet (auch in der Encicl. giur. ital.), 1910; Savagnone, Sulla revocabilità dell Exequatur e del Placet, 1905 (auch in Riv. di Legisl. compar.), Bernareggi, L'Exequatur, 1913.

[5] Zum Vereinsgesetz vgl. Waldeck-Rousseau, Associations et Congrégations, 1901; Trouillot-Chapsal, Du contrat d'association, 1902; Ruffini, La lotta contre le congregazioni religiose in Francia, 1902; Leroy-Beaulieu, Les congrégations religieuses, le protectorat et l'influence française au dehors, Revue des Deux mondes XIV, 1903; Erythropel, Das Recht der weltlichen Vereine und geistlichen Orden in Frankreich, 1904; s. auch Estanyol y Colom, Algunas consideraciones sobre el derecho de asociacion, 1907.

[6] Zur französischen Trennungsgesetzgebung (D. Z. f. Kr. XV, 1906; auch sep.) Sägmüller, Die Trennung von Kirche und Staat, 1907 (auch A. f. k. Kr. LXXXVI, 1906); Cavagnis, De concordato Napoleonico pro Gallia, de articulis organicis, de Lege 9. Dec. 1905 separationis Reipublicae Galliae ab Ecclesia, 1906; Sabatier, A propos de la Séparation, 1906 (deutsch: Zur Trennung der Kirchen vom Staat, 1907); Friedrich, Die Trennung von Staat und Kirche in Frankreich, 1907; Planeix, L'Église et l'État: leur séparation en France, 1906; Geigel, Die Trennung von Staat und Kirche in Frankreich, 1902; Fardis und Prost im Jahrbuch des öffentlichen Rechts II, 1908; Ambrosini, Diritto ecclesiastico francese odierno (1880 bis 1908), 1909; Lüttge, Die Trennung von Staat und Kirche in Frankreich und der französische Protestantismus, 1912; Schnitzer, Trennung von Kirche und Staat in Frankreich, Internat. kirchl. Zeitschr. II, 1912; vor allem Combes, Die französische Republik und die Trennung von Kirche und Staat, Deutsche Revue XXX 3, 1905; Briand, Rapport fait à la Chambre sur la Séparation des Églises et de l'État sowie das vom Vatikan als Supplement zu Acta S. Sedis

Form die Trennung durchgeführt Brasilien (1896), Genf (30. Juni 1907) und, auf das vermögensrechtliche Gebiet beschränkt, Basel-Stadt (6. März 1910)[1]. Denn, folgerichtig durchgeführt, bedingt das System unter Verzicht auf alle und jede Kirchenhoheit samt den daraus fließenden Aufsichtsrechten die Gleichstellung der Kirchen mit gewöhnlichen nichtprivilegierten Vereinen (bloße Vereinshoheit). Als Privatverein (ev. mit Treuhändern, trustees, z. B. dem Bischof, dem Generalvikar, dem Pfarrer und einem Laien als Vertretern eines trust und, für das kirchliche Eigentum, mit der Einrichtung der corporation sole, d. h. der juristischen Persönlichkeit der Einheit der aufeinanderfolgenden Amtsträger), mit den Angehörigen als bloßen Mitgliedern, mit den Kirchenbeamten als bloßen Vereinsdienern, mit dem Kirchenrecht, soweit es mit der Vereinsgesetzgebung verträglich, als bloßem Vereinsstatut, befreit von der Einmischung des Staates (keine staatliche Mitwirkung bei der Besetzung bischöflicher Stühle, keine staatlichen theologischen Fakultäten) steht nach diesem System auch die katholische Kirche da, die eine solche Trennung prinzipiell verwirft[2], die aber, wo sie besteht, über kurz oder lang dank ihrer vortrefflichen Organisation und vermöge ihrer den Vereinsrahmen mit Leichtigkeit sprengenden sozialen Bedeutung sie sehr wohl sich zunutze zu machen weiß. Das System ist mit Rücksicht auf die Vergangenheit der christlichen Kirchen, ihre innige Verknüpfung mit dem Volkstum und die daraus für den Staat sich ergebende Unmöglichkeit, sich ihnen gegenüber gleichgültig zu verhalten, zumal in dem konfessionell gespaltenen Deutschland, auch vom staatlichen Standpunkt aus zu verwerfen. Mehr den Standpunkt einer von gegenseitigem Wohlwollen getragenen Gleichordnung vertritt die namentlich von Görres, v. Ketteler, Reichensperger und anderen, besonders katholischen Schriftstellern der neuesten Zeit verfochtene Koordinationstheorie. Sie läßt beide Gewalten rechtlich gleich stehen, die Kirche völlig unabhängig auf kirchlichem, den Staat souverän auf staatlichem Gebiet. Grenzstreitigkeiten sollten durch Konkordate beseitigt werden. Diese Theorie, im Verhältnis des Staates zur evangelischen Kirche nicht verwendbar, und in Wahrheit ein Versuch, die katholische Kirche vor irgendwelcher Unterordnung unter den Staat zu bewahren, ist, wie die Erfahrungen lehren, die man in Österreich unter dem Konkordat, in Preußen vor dem Kulturkampf damit machte, praktisch unbrauchbar. Denn wie in der Ehe, so muß in jeder Zweiheit der eine Teil schließlich das entscheidende Wort sprechen, also entweder der Staat oder — und dabei landen die Koordinationstheoretiker regelmäßig, weil sie die Kirche als Verband für überirdische Zwecke höher einschätzen als den bloß diesseitigen Staat — die Kirche, womit einfach das alte Kirchenstaatstum, wenn auch in abgeschwächtester Gestalt (potestas directiva), wieder erreicht wird. Da aber tatsächlich in Deutschland der staatlichen Macht und dem staatlichen Recht die Entscheidung zufällt, erscheint für die Gegenwart als allein zutreffend ein System, das diese Tatsache zum Ausdruck bringt, anderseits aber die kirchliche Selbständigkeit, soweit dies mit der staatlichen Selbstbehauptung irgendwie verträglich ist, achtet. Dieses System, das den Scheidungsgedanken in möglichster Berücksichtigung der durch die gemeinsame Vergangenheit und die Gemeinschaft der beiderseitigen Angehörigen gegebenen Verknüpfung beider Gemeinwesen realisiert, ist dasjenige der staatlichen Kirchenhoheit.

Vinet, Mémoire en faveur de la liberté des cultes, 1826; Mejer, Die deutsche Kirchenfreiheit, 1848; Gareis und Zorn, Staat und Kirche in der Schweiz, 2 Bde., 1877/78; Nippold, Die Theorie der Trennung von Kirche und Staat, 1881; Gagliani, Droit ecclésiastique civil belge I, 1903; Görres, Athanasius, 1838; Reichensperger, Kulturkampf oder Friede[4], 1876; v. Hertling, Recht, Staat und Gesellschaft, 1906; Harleß, Staat und Kirche, 1870; Maitland, Corporation sole (§ 24); Rothenbücher, Die Trennung

---

XXXVIII, 1906 veröffentliche Weißbuch: La séparation de l'Église et de l'État en France, Exposé et documents, Rome 1905. Weitere Literatur oben §§ 41, 42 und Berichte von Génestal in D. Z. f. Kr., zuerst XXII 1913.

[1] Schlitz, Die Folgen der Trennung von Kirche und Staat in Brasilien St. M.-L. LXX, 1906; Burckhardt, Neuzeitliche Wandlungen des Verhältnisses zwischen Staat und Kirche in der Schweiz, Pol. Jb. d. schweiz. Eidgen. XXIV, 1910; Speiser, Staatliche Neuordnung des Verhältnisses von Kirche und Staat in den schweizerischen Kantonen Genf und Basel, A. f. k. Kr. XCII, 1912; Galante, La separazione dello Stato dalla Chiesa nel paese di Galles (Wales) Z.[2] f. RG. I, 1911.

[2] Pius' IX. Syllabus th. 55 verdammt den Satz: Ecclesia a statu statusque ab ecclesia seiungendus est.

von Staat und Kirche, 1908 (dazu Kahl, Hinnebergs Internat. Wochenschrift, 1908), Wandlungen in dem Verhältnisse von Staat und Kirche in der neueren Zeit, Jb. d. öffentl. Rechts III, 1909; Troeltsch, Die Trennung von Staat und Kirche, der staatliche Religionsunterricht und die theologischen Fakultäten, 1907; Huber, Trennung von Kirche und Staat, in Wissen und Leben III, 1911; Luzzatti, Freiheit des Gewissens und Wissens, Studien zur Trennung von Kirche und Staat, übersetzt von Bluwstein, 1911; Hauck, Die Trennung von Kirche und Staat, 1912; de Narfon, La séparation des Églises et de l'État (Bibl. gén. des Sciences soc. XL), 1912; Falco, Il concetto giuridico di separazione della chiesa dallo stato, 1913; del Giudice, La separazione tra Stato e Chiesa come concetto giuridico, 1913. Vgl. auch die seit 1905 im Bulletin mensuel de la Société de Législation comparée erscheinenden kurzen Berichte über die Wandlungen des Verhältnisses von Staat und Kirche in den verschiedenen Ländern.

§ 56. Die Konkordate.

Im weiteren Sinn bezeichnet man als Konkordate Abmachungen zwischen der weltlichen und der geistlichen Gewalt über die Stellung der Kirche in dem betreffenden Staat. Im engeren Sinn findet nach der herrschenden Lehre die Bezeichnung „Konkordat" bloß Anwendung auf Vereinbarungen, die zwischen dem Staatsoberhaupt einerseits und dem Papste anderseits getroffen werden, und in denen, wenigstens im Prinzip, eine allgemeine Regelung der Verhältnisse der katholischen Kirche enthalten ist[1]. Bloße Abmachungen über einzelne Gegenstände, wie die Umschreibung von Bistümern, die nur zum Erlaß staatlich anerkannter Kirchengesetze (Zirkumskriptionsbullen) führen, gelten ebensowenig als Konkordate wie Abmachungen zwischen dem Staat und dem Landesepiskopat oder zwischen jenem und der evangelischen Kirche[2]. Namentlich die Verschiedenheit der Form, in der die Abmachungen mit dem Heiligen Stuhl in alter (§§ 24, 36, 42) und neuer Zeit auftraten — jetzt ist ein gemeinsam verfaßtes und unterzeichnetes, in zwei Exemplaren ausgefertigtes und nachher durch übereinstimmendes Staats- und Kirchengesetz zu vollziehendes Schriftstück üblich —, aber auch der Wandel der Anschauungen über das Verhältnis von Staat und Kirche ließen verschiedene Theorien über die rechtliche Natur der Konkordate aufkommen. Der ältesten Form und der damaligen Superiorität der Kirche entsprach die Privilegientheorie, wonach der Inhalt des Konkordats, soweit er dem Staat günstig ist, als ein widerrufliches Privileg des Papstes anzusehen ist, indes der Staat an die von ihm übernommenen, aber eigentlich ihm schon ohnedies obliegenden Verpflichtungen gebunden bleibt. Die Theorie wird als Bestandteil des kanonischen Systems offiziell weitergeführt und gelegentlich auch schriftstellerisch vertreten, gelangt jedoch, wenigstens den modernen Kulturstaaten gegenüber, weil für sie unannehmbar, nicht mehr zu praktischer Verwendung. Vielmehr stand die Konkordatsära des 19. Jahrhunderts durchaus unter dem Zeichen der Vertragstheorie, die, neuerdings auch von den Päpsten[3] vertreten, in verschiedenen Formen auftritt, und die Konkordate als zweiseitige rechtsgültige Verträge, entweder als völkerrechtliche oder als quasi-völkerrechtliche oder überhaupt als solche öffentlichen Rechts, angesehen wissen will, oder (als mit der gleich zu erwähnenden dritten Haupttheorie gemischte Ansicht) darin Verträge nur zwischen der Person des Staatsoberhauptes und dem Papst erblickt, auf Grund deren dann

[1] Das Übereinkommen zwischen dem Reich und dem Hl. Stuhl vom 5. Dezember 1902 über die Errichtung einer katholisch-theologischen Fakultät an der Universität Straßburg (A. f. k. Kr. LXXXIII, 1903 S. 116, D. Z. f. Kr. XIII, 1903 S. 151) ist also schon nach dieser Auffassung kein Konkordat. Diese Bezeichnung gebührt ihm aber auch nicht nach dem Sprachgebrauch der Kurie, die concordata nur mit katholischen Staatsoberhäuptern eingeht, sonst aber die materiell von jenen allerdings nicht verschiedenen conventiones schließt. Freilich auch das französische Konkordat von 1801 und das italienische von 1803 bezeichnen sich als Konventionen. Das geht aber auf Napoleon zurück, der die seit 1516 für französische Ohren übelklingende Bezeichnung „Konkordat" vermieden wissen wollte. Übrigens werden auch heute zumal über einzelne Gegenstände mit katholischen Staatsoberhäuptern bloße Konventionen geschlossen; vgl. z. B. die Konvention zwischen Leo XIII. und dem Kaiser Franz Joseph von Österreich betr. die Errichtung der bosnisch-herzegovinischen Kirchenprovinz vom 8. Juni 1881, A. f. k. Kr. XCI, 1911 S. 87 ff., sowie die Konvention zwischen Pius X. und dem König Alfons XIII. von Spanien betreffend die Orden und Kongregationen vom 19. Juni 1904, ebenda LXXXV, 1905 S. 319 ff.

[2] In Aussicht genommen z. B. in der Großh. Bad. VO. vom 28. Februar 1862, betr. das evangelische Kirchenvermögen, § 1.

[3] Leo XIII., Enzyklika Immortale Dei vom 1. November 1885, Pius X., Allokution vom 14. November 1904 über den Bruch des französischen Konkordats, Acta S. Sedis XXVIII, 1885, XXXVII, 1905.

die für die beiderseitigen Angehörigen erst verbindliche Veröffentlichung als Staats- und Kirchengesetz zu erfolgen hat. Alle diese Lösungsversuche, die vornehmlich der Koordinationstheorie entsprechen, die man aber auch mit der staatlichen Kirchenhoheit in Einklang zu bringen versucht hat, scheitern an dem Mangel einer über Staat und Kirche sich erhebenden, beide umfassenden Rechtsordnung, auf Grund deren Verträge im Rechtssinn zwischen beiden geschlossen werden könnten. So bleibt nur die dritte Möglichkeit der sogenannten Legaltheorie, die eine rechtliche Bindung des souveränen Staates, aber auch des Papstes nicht anerkennt, sondern bloß eine moralische Verpflichtung, welche einzig und allein in Gestalt der auf ihr basierenden staatlichen und kirchlichen Gesetze zu staatlichem und kirchlichem Recht wird. Doch ist die ältere Form der Legaltheorie, welche einfach als das Gegenstück der Privilegientheorie sich darstellt und die der Kirche gemachten Zugeständnisse als frei widerrufliche staatliche Verleihung erklärt, zu verwerfen und anzuerkennen, daß nur aus dem formalen Grund des mangelnden gemeinschaftlichen Rechtsbodens und der staatlichen Souveränität eine rechtliche Bindung nicht besteht, indes eine selbstverständlich durch das Prinzip der Selbsterhaltung beschränkte materielle Bindung moralischer Natur nicht in Abrede gestellt werden darf. So gefaßt, gewährt die Theorie auch die Möglichkeit, die den eigentlichen Konkordaten an praktischer Bedeutung bisweilen nur wenig nachstehenden Abmachungen der Staaten mit dem Landesepiskopat bzw. mit der evangelischen Kirche [1] mit unterzubringen, da es für die bloß moralische Bindung keinen Unterschied macht, daß beim Landesbischof und den evangelischen Kirchenkörpern die Untertanschaft in bürgerlicher und staatsbürgerlicher Beziehung von der kirchlichen Stellung sich nicht frei trennen läßt. Und vor allem wirkt die Theorie praktisch abschreckend, was ein unleugbarer Vorzug derselben ist; denn so sehr eine tatsächliche Verständigung von Fall zu Fall mit dem kirchlichen Oberhaupt wie mit den inländischen Kirchenoberen erstrebenswert erscheint, so wenig ist es deren formelle Festlegung, weil vielfach schon die bloße Tatsache der schriftlichen Bindung die staatliche Souveränität beeinträchtigt, und namentlich, weil feste Vereinbarungen, von jedem Teil nach seinem System ausgelegt, erfahrungsgemäß mehr Unfrieden stiften, als daß sie den zwischen Staat und Kirche einzig möglichen zeitweiligen Waffenstillstand sichern.

Münch, Vollständige Sammlung aller älteren und neueren Konkordate, 2 Bde, 1830 ff.; Nussi, Conventiones de rebus ecclesiasticis, 1870; Conventiones de rebus ecclesiasticis inter S. Sedem et Civilem Potestatem initae sub Pontif. Leonis XIII. usque ad diem 1. XI. 1893, 1893. Die für Deutschland in Betracht kommenden Konkordate auch bei Schneider, Die partikulären Kirchenrechtsquellen in Deutschland und Österreich, 1898. Hinschius, Staat und Kirche (§ 55); Hübler, Zur Revision der Lehre von der rechtlichen Natur der Konkordate, Z. f. Kr. III, 1863, IV, 1864, Kirchenrechtsquellen (oben S. 279) § 4; Balve, Kirche und Staat in ihren Vereinbarungen [2], 1881; Rümelin, Zur katholischen Kirchenfrage, Reden und Aufsätze II, 1881, S. 236 ff.; Beyer, Die rechtliche Natur der Konkordate, Marburger jur. Diss., 1907; F. E. Schneider, Die rechtliche Natur der Vereinbarungen zwischen Staat und Kirche, Münsterische jur. Diss., 1908; Aktenstücke auch im Staatsarchiv von Aegidi u. a., seit 1861 bis jetzt 82 Bde. (vgl. Lit. zu § 42).

Zweiter Titel.

Das deutsche Staatskirchenrecht[2].

Außer den S. 390 erwähnten Lehrbüchern, von denen bezüglich des Staatskirchenrechtes dasjenige von Kahl am ausgiebigsten ist, sowie Hinschius, Staat und Kirche (§ 55), Kr. III §§ 190, 197, IV § 235, VI §§ 376—380, 382, und Rieker, Rechtliche Stellung (§ 46) vgl.

[1] Weshalb die Identität des Landesherrn und Trägers der Kirchengewalt dem im Wege stehen soll, ist unerfindlich. Daß für den Fall der Vereinigung zweier Personenrollen in ein und derselben physischen Person, sogar innerhalb desselben Rechtsgebietes, auch ein rechtsgeschäftliches Handeln durchaus möglich sei, erkennt z. B. § 181 BGB. an (Selbstkontrahieren des Stellvertreters).

[2] Nach der Zählung vom 1. Dezember 1910 setzte sich die Bevölkerung des Deutschen Reichs bei einer Gesamtzahl von 64 925 993 Einwohnern zusammen aus 39 991 421 Evangelischen, 23 821 433 Römisch-Katholischen, 283 946 Anhängern anderer christlicher Bekenntnisse, 2114 sonstigen Christen, 615 021 Israeliten, 205 900 Vertretern anderer Bekenntnisse und 6138 ohne Angabe der Konfession.

Thudichum, Deutsches Kirchenrecht des 19. Jahrhunderts, 2 Bde., 1877/78; Bachem und Sacher, Staatslexikon (der Görres-Ges.)[3, 4], 5 Bde., 1911—12; Pieper, Kirchliche Statistik Deutschlands[2], 1900; Krose, Konfessionsstatistik Deutschlands, 1904, und die deutsche Konfessionszählung am 1. Dezember 1910, St. M.-L. LXXXIV, 1913; Hinschius, Das preußische Kirchenrecht im Gebiete des A. L. R., 1884; Friedberg, Die evangelische und die katholische Kirche der neu einverleibten Länder, 1867, Evangelisches Verfassungsrecht (§ 53) §§ 5—8; Schoen, Preußisches Kirchenrecht I (§ 48, 3) §§ 13, 14 und die Lit. § 2; Rintelen, Die kirchenpolitischen Gesetze Preußens und des deutschen Reichs, 1903; Hue de Grais, Handbuch der Verfassung und Verwaltung in Preußen und dem Deutschen Reiche[21], 1912, §§ 274 ff.; Anschütz, Die Verfassungsurkunde für den Preußischen Staat I, 1912 S. 183 ff.; Seydel, Bayerisches Staatskirchenrecht (= Bayerisches Staatsrecht VI), 1893; Silbernagl, Verfassung und Verwaltung sämtlicher Religionsgenossenschaften in Bayern[4], 1900; Kahl, Die Selbständigkeitsstellung der protestantischen Kirche in Bayern, 1874; v. Seydewitz, Codex des im Königreich Sachsen geltenden Kirchenrechts[2], 1890; Spohn, Badisches Staatskirchenrecht, 1868; Hübsch, Ludwig, Mayer in: Das Großherzogtum Baden in allgemeiner, wirtschaftlicher und staatlicher Hinsicht, hrsg. von Rebmann u. A. I[2], 1912; Reibel, Die katholische Kirche im Großherzogtum Hessen, 1904; Seeland, Die katholische Kirche im Herzogtum Braunschweig, 1909; Dursy, Das Staatskirchenrecht in Elsaß-Lothringen, 1876; Geigel, Das französische und das reichsländische Staatskirchenrecht, 1884, sowie die Lehr- und Handbücher des deutschen Reichs- und Landesstaatsrechts. Für Österreich vgl. v. Hussarek, Grundriß des Staatskirchenrechts, in Finger und Frankl, Grundriß des österreichischen Rechts[2], 1908 (auch separat).

§ 57. Leitende Grundsätze; Gewissens- und Kultusfreiheit.

Der deutsche Staat der Gegenwart erblickt seine Aufgabe nicht mehr darin, seine Angehörigen zur Religiosität oder gar zu einer bestimmten Form derselben zu erziehen. Vielmehr verzichtet er grundsätzlich auf jede religiöse Wohlfahrtspflege. Dies nicht bloß deshalb, weil er Untertanen verschiedener christlicher Bekenntnisse mit Bekennern nichtchristlicher Religionen und mit Religionslosen in seinem Gebiet vereinigt, denen allen er in gleicher Weise, soweit es sich mit den Interessen der Gesamtheit verträgt, die Möglichkeit zu freier Entfaltung ihrer Eigenart und zur Erfüllung des menschlichen Daseinszweckes geben muß, so wie ihn ein jeder für sich erfaßt. Vielmehr namentlich auch deshalb, weil der Staat auf die Anwendung äußerer Mittel sich beschränkt sieht und bereitwillig anerkennt, daß die vorhandenen kirchlichen Heilsanstalten einen geschichtlich wohlbegründeten Anspruch auf die religiöse Arbeit am Volke haben, sowie daß sie, zu diesem Zweck besonders veranlagt und mit Heilsmitteln, die das Innere des Menschen erreichen, ausgerüstet, weit besser, als er es je tun könnte, die ja natürlich auch ihm nur erwünschte Durchdringung des Volkstums und Volkslebens mit religiösen, vor allem mit christlichen Grundsätzen bewerkstelligen.

Nur soweit es gilt, gegenüber der konfessionellen und kirchlichen Ausschließlichkeit den Frieden der Gesamtheit und die freie Selbstbestimmung des Einzelnen zu wahren, nur so weit greift der Staat ein. Er tut dies einmal in seiner Eigenschaft als höchste Macht, also kraft seiner Souveränität. Dabei muß er, da diese seine höchste Macht sich auf sein Territorium beschränkt, prinzipiell von dem Zusammenhang der in seinem Gebiet befindlichen Religionsverbände mit der Außenwelt absehen. Das heißt: er gibt den Kirchen, auch der katholischen, lediglich eine innerstaatliche Stellung. Das ist nun freilich nur eine durch den Mangel eines zwischenstaatlich-kirchlichen Verbandes und den Souveränitätsbegriff geforderte formale Auskunft, eine im Interesse staatlicher Selbstbehauptung vorgenommene Fiktion, bezüglich welcher der Staat bei der praktischen Handhabung seiner Macht gut tut, im Auge zu behalten, daß sie den Tatsachen bloß in sehr beschränktem Maße entspricht, und daß speziell im Verhältnis zur katholischen Kirche selbst im vergangenen Jahrhundert keine, auch nur gemischt staatlich-kirchliche Maßregel von größerer Wichtigkeit ohne Rücksichtnahme auf die Universalität der katholischen Kirche und ihre auswärtige Zentralregierung mit Erfolg hat getroffen werden können. Es ist aber auch keine Auskunft, welche die praktische Wirksamkeit der Kirchen, soweit sie wirklich religiöser Natur ist, irgendwie hemmt. Denn die rechtliche Unterordnung verträgt sich wohl mit einer „ethischen Gleichordnung", die sich in Deutschland beispielsweise äußert in dem strafrechtlichen Sonderschutz, welchen RStGB. §§ 166, 167, 243 Ziff. 1, 304 und 306 Ziff. 1 gegen Gotteslästerung, Kirchenbeschimpfung, Gottesdiensthinderung und Gefährdung des kirchlichen Vermögens gewährt, oder in der Zuwendung von Dotationen, einmaligen oder dauernden freiwilligen Staatszuschüssen zu allgemeinkirchlichen Zwecken, zu Kirchenbauten, zur Aufbesserung des kirchlichen Diensteinkommens (Preußen, Bayern, Baden, Hessen, Elsaß-Lothringen), aber auch in der Gewährung der Staatshilfe zur Durchführung kirchlicher Ansprüche mit staatlichem Verwaltungszwang oder zur Zwangsvollstreckung kirchlicher Disziplinarerkenntnisse, endlich in der Berücksichtigung der kirchlichen Sonn- und Feiertagsordnung im RStGB. § 366 Ziff. 1 und in einer reichen, die äußere Feier an einer ganzen Anzahl kirchlicher Feiertage sichernden einzelstaatlichen Gesetzgebung [1]. In all den Beziehungen aber, in denen der Staat nach Obigem mit den Kirchen sich zu beschäftigen hat, tritt er den Kirchen immer als Rechtsstaat gegenüber. Denn er behandelt die Religionsgemeinschaften und ihre Mitglieder nach bestimmten, in staatlichen Gesetzen und Rechtsverordnungen niedergelegten Grundsätzen, so daß auch seine Verwaltungsorgane nur nach deren Maßgabe tätig werden können, und je nach Lage des Falls der Rechtsweg, wenn nicht des Zivil- oder Straf-, so doch des Verwaltungsstreitverfahrens offen steht.

Beling, Die Beschimpfung von Religionsgesellschaften, religiösen Einrichtungen und Gebräuchen und die Reformbedürftigkeit des § 166 StGB., Festgabe für Dahn, III, 1905; **Hamm**, Deutsche Juristenzeitung X, 1905 Sp. 273 ff.; **Rissom**, Die Beschimpfung im Kampf der Konfessionen, D. Z. f. Kr. XV, 1905; **Kahl**, Religionsvergehen, Vergleichende Darstellung des deutschen und ausländischen Strafrechts III 11, 1906; **Rösch**, Die Religionsdelikte im „Vorentwurf zu einem deutschen Strafgesetzbuch", A. f. k. Kr. XCI, 1911; **Ahrens**, Der strafrechtliche Schutz des religiösen Gefühls, v. Lilienthal, Strafr. A., 153. H., 1912; **Wesenberg**, Der strafrechtliche Schutz der geheiligten Gegenstände, Gött. jur. Diss. (auch v. Lilienthal, Strafr. A., 158. H.), 1912; **Eisenbacher**, Staat, Recht und Gottesglaube, Görres-Ges. Sekt. f. Rechts- u. Sozialw., 16. H., 1913; **Meurer**, Die kirchliche Strafgerichtsbarkeit nach bayerischem Staatskirchenrecht, Blätter für administr. Praxis, LVIII, 1908; **Eichmann**, Das Strafrecht der öffentlichen Religionsgesellschaften in Bayern, A. f. k. Kr. LXXXVIII, 1908 (erweitert — Görres-Ges., Sekt. f. Rechts- u. Sozialw., 8. H., 1910); **Fellmeth**, Das kirchliche Finanzwesen in Deutschland, 1910; **Riedner**, Die Ausgaben (§ 52); **Sägmüller**, Der Rechtsanspruch der katholischen Kirche in Deutschland auf finanzielle Leistungen seitens des Staates, Th. Q. XCV (auch in erweitertem S. A.), 1913; **Stölzel**, Rechtsweg und Kompetenzkonflikt in Preußen, 1901; **Sartorius**, Die staatliche Verwaltungsgerichtsbarkeit auf dem Gebiete des Kirchenrechts, 1891.

Den Inbegriff der staatlichen Gesetze und Verordnungen betreffend die Kirchen und übrigen Religionsgesellschaften bezeichnet man kurz als Staatskirchenrecht. Wie alles staatliche Recht in Deutschland, ist es entweder Reichs- oder Landesrecht [2]. Auch das Reichsstaatskirchenrecht geht dem Einzelstaatskirchenrecht vor. Jedoch das Reich hat bisher nur ausnahmsweise und gelegentlich mit kirchlichen Materien sich befaßt, so in einigen vom Norddeutschen Bund übernommenen Gesetzen, z. B. über die Freizügigkeit vom 1. November 1867 und über die Gleichberechtigung der Konfessionen in bürgerlicher und staatsbürgerlicher Beziehung vom 3. Juli 1869, so im RStGB., im Personenstandsgesetz vom 6. Februar 1875 (vgl. Art. 46 des EG. zum BGB.), im BGB. §§ 1303 ff., ferner im GVG. § 15 über die Beseitigung der bürgerlichen Wirkung der geistlichen Gerichtsbarkeit und besonders durch das Jesuitengesetz vom 4. Juli 1872 [3] sowie im RG. vom 8. Februar 1890 betreffend die Wehrpflicht römisch-katholischer Geistlicher [4]. Im übrigen ist, da die VU. des Deutschen Reichs diesem die alleinige und unmittelbare Zuständigkeit in Kirchen- und Religionssachen nicht zuschreibt, den Einzelstaaten die Kirchenhoheit verblieben, so daß nur sie eine regelmäßige und organische staatskirchenrecht-

---

[1] Nur als Bestandteile noch beibehaltenen oder nicht völlig aufgegebenen Staatskirchentums erklären sich die grundsätzlich nicht mehr zu rechtfertigenden bayerischen und elsaß-lothringischen Bestimmungen, wonach selbst zur kirchlichen Anordnung über bloß religiöse Festfeiern staatliche Genehmigung erfordert wird.

[2] Eine sehr dankenswerte, mit Hilfe der Übersichten der D. Z. f. Kr. leicht auf den heutigen Stand zu ergänzende Zusammenstellung des Reichs- und Landesstaatskirchenrechts unter Berücksichtigung des Entwicklungsganges des letzteren gibt das Lehrbuch von **Kahl** in den §§ 14 und 15.

[3] Das in seiner jetzigen Fassung lediglich in dieser rein formellen Hinsicht wegen der ad hoc stillschweigend vorgenommenen Zuständigkeitserweiterung als Ausnahmegesetz bezeichnet werden könnte.

[4] Das französische Konkordat gilt (u. z. heute allein noch) in Elsaß-Lothringen nicht als vereinbartes, sondern nur als Gesetzesrecht auf Grund der Publikation vom 18. Germinal des Jahres X und darum auch mit den Organischen Artikeln.

liche Gesetzgebung hervorgebracht haben [1]. Im Verein mit den reichsgesetzlichen Bestimmungen stellt sich das Landesstaatskirchenrecht gegenwärtig als die vollendetste Norm in kirchlichen Dingen dar. Denn regelmäßig vermag die staatliche Vormacht ihm auch zur Durchführung zu verhelfen, indes das konfessionelle Kirchenrecht nur im Rahmen des staatlichen zur Anwendung gelangen kann oder nur so weit, als es der Staat wenigstens stillschweigend duldet. Von diesem Staatskirchenrecht muß man also ausgehen, wenn man sich einen Überblick über und einen Einblick in die kirchenrechtliche Lage im heutigen Deutschen Reich verschaffen will.

Geiger, Der kirchenrechtliche Inhalt der bundesstaatlichen Ausführungsgesetze zum BGB., A. f. k. Kr. LXXXI, LXXXII, 1901—02.

Seine Hauptgrundsätze aber sind:

1. Die Gewissens- oder Glaubensfreiheit. Von der am mittelalterlichen Zwangskirchentum festhaltenden katholischen Kirche noch heute grundsätzlich verworfen [2], aber auch der älteren evangelischen Entwicklung nicht eigentlich bekannt, ist sie eine unvergängliche Errungenschaft der Aufklärung [3], bedarf jedoch zu ihrer Aufrechterhaltung, anders als einst zu ihrer Entdeckung, nichts weniger als der religiösen Gleichgültigkeit und bildet heutzutage den Eckstein unseres Staats- und Kulturlebens [4]. Sie besteht darin, daß jeder Einzelne seinen Glauben oder den Mangel eines solchen ohne äußere, rechtliche Nachteile bekennen kann. Die notwendige Ergänzung zur Gewissensfreiheit bildet und bisweilen mit ihr unter dem Gesamtnamen „Bekenntnisfreiheit" zusammengefaßt wird:

2. Die Kultus- oder Religionsfreiheit, wonach diejenigen, die dasselbe religiöse Bekenntnis verbindet, es in gemeinsamem Gottesdienst und in hierfür gebildeten Vereinigungen betätigen dürfen.

Wilda, Erörterungen und Betrachtungen über Gewissensfreiheit, Z. f. deutsches Recht XI, 1847; Stahl, Über christliche Toleranz, 1855; Merkle, Die Toleranz nach katholischen Prinzipien, 1865; Scheurl, Das Recht des Bekenntnisses, in seiner S. kr. A.; Maassen, Neun Kapitel (§ 55); Kahl, Über Gewissensfreiheit, 1886; Cault, La liberté de conscience, 1897; Ruffini, La libertà religiosa I, 1901; Langhard, Die Glaubens- und Kultusfreiheit nach schweizerischem Recht, 1888; v. Salis, Die Entwickelung der Kultusfreiheit in der Schweiz, 1894; Zeerleder, Das Kirchenrecht des Kantons Bern [3], 1896; Fehr, Staat und Kirche im Kanton St. Gallen, 1900; Lampert, Die rechtliche Stellung der Landeskirchen in den schweizerischen Kantonen, 1908; Seeholzer, Staat und römisch-katholische Kirche in den paritätischen Kantonen der Schweiz, 1912; Laurentius, Freiheit der Religionsübung im Deutschen Reiche, St. M.-L. LXVIII, 1905; Jacobi, Die Bestimmungen über Gewissensfreiheit und religiöse Duldung in den deutschen Schutzgebieten, D. Z. f. Kr. XIV, 1904; Heimerich, Die Rechtsverhältnisse der freireligiösen Gemeinden in Preußen, 1911; Bonet, Maury, Reinecke, v. Röder, Die Gewissensfreiheit in Frankreich, 1912.

Eine Reihe von praktisch wichtigen Folgen ergibt sich aus diesen beiden Grundfreiheiten. Zunächst die Unabhängigkeit des Genusses der bürgerlichen und staatsbürgerlichen Rechte vom Bekenntnis, aber auch die Zulassung des Austritts aus der einen Kirche, entweder zum Zweck

---

[1] Ein von der Zentrumspartei des deutschen Reichstages im Jahre 1900 unternommener und später wiederholter Versuch, durch Einbringung eines „Entwurfs eines Reichsgesetzes betreffend die Freiheit der Religionsübung" das Reich zu veranlassen, das Verhältnis von Staat und Kirche von sich aus, wenn auch nicht erschöpfend, so doch in den wichtigsten Punkten zu regeln, blieb erfolglos. Die Materialien dieses sog. Toleranzantrages siehe im A. f. k. Kr. LXXXII, 1902, LXXXIV, 1904.

[2] Pius' IX. Syllabus th. 77—79, vgl. 15—18, verwirft wie die Kultus- so auch die Gewissensfreiheit. „Allein, wenn einmal in einem Staat mehrere Konfessionen tatsächlich und mit bestimmten Rechten vorhanden sind und ohne zu befürchtende größere Übel nicht mehr beseitigt werden können, so tadelt die katholische Kirche nach den Worten Leos XIII. die Regierungen nicht, welche dulden, daß verschiedene Religionen im Staate bestehen" (Sägmüller), ja, sie nimmt alle diese Freiheiten auch für sich in Anspruch. In letzterer Hinsicht verfährt sie übrigens juristisch durchaus korrekt. Eine Rechtsverwahrung schließt nicht aus, daß, wer den Protest erhoben hat, solange das Ereignis oder der Zustand, gegen die der Protest sich richtet, nachwirkt, die für ihn sich ergebenden Vorteile doch in Anspruch nimmt.

[3] Am schlagendsten zum Ausdruck gebracht durch Friedrichs des Großen berühmte Verfügung, daß man jeden nach seiner Façon selig werden lassen müsse.

[4] Doch gilt sie nicht, wie in völliger Begriffsverwirrung vielfach behauptet wird, auch innerhalb der einzelnen Kirche, selbst nicht in der evangelischen, in der zwar größte Weitherzigkeit walten,

des Übertritts zu einer anderen, oder um sich gar keiner anzuschließen, und zwar mit der Wirkung, daß Verpflichtungen gegenüber der verlassenen Kirche [1] nicht zurückbleiben, wie denn auch der Staat z. B. der katholischen Kirche gegenüber den Ausgetretenen vor Umlagenvollstreckung oder Strafexekutionen bewahrt und noch weniger ein Ordens- oder Weihegelübde und die daraus entspringende Zölibatspflicht anerkennt. Ferner dürfen Andersgläubige selbst im militärischen Dienstverhältnis nicht zu aktiver Teilnahme an gottesdienstlichen Handlungen einer fremden Konfession (Prozession, Kniebeugung vor dem Sanktissimum) gezwungen werden. Auch das bürgerliche Eherecht, die staatliche Standesregisterführung, die Befreiung vom Zwang zum Besuch eines Religionsunterrichts anderer Konfession und die Unabhängigkeit eines anständigen Begräbnisses von der religiösen Stellung des Verstorbenen gehören hierher. Natürlich sind aber beide Freiheiten mit Rücksicht darauf, daß sie von einer Gesamtheit, innerhalb derselben und nur, soweit mit deren Interessen vereinbar, gewährt werden, nicht unbeschränkt. Sie bestehen nur vom Zeitpunkt der Religionsmündigkeit an — die meisten Landesgesetzgebungen setzen als annus discretionis oder Unterscheidungsjahr im Anschluß an ein conclusum Corporis Evangelicorum von 1752 das vollendete 14., andere das 16. oder ein späteres —, nicht im Widerspruch zum RStGB. (keine mormonische oder mohammedanische Vielweiberei) oder zu staatlichen Pflichten wie der allgemeinen Wehrpflicht (keine Freiheit oder Ablösungsbefugnis für Quäker), nicht entgegen der öffentlichen Ordnung und ihren allfälligen Privilegierungen (keine Atheistenpredigt auf öffentlicher Straße). Aber nur die Interessen des von konfessioneller Bestimmtheit losgelösten Gemeinwesens und der von ihm und um der Gesamtheit willen aufgestellten Ordnung können als Schranken in Betracht kommen. Die der Innenwelt des Einzelnen oder seiner Bekenntnisgemeinschaft angehörigen Gefühle hat der Staat nicht zu schützen. Wie die Auferlegung bürgerlicher Ruhe auch für den Karfreitag unter keinen Umständen eine Verletzung der Gewissens- und Kultusfreiheit bedeutet, so kann gegen Wallfahrten oder Prozessionen, Aufstellung von Bildern, Ausstellung von Reliquien, Veranstaltungen und Sammlungen zum Zwecke erlaubter, nicht mit Zwang und anderen wider die staatliche Friedensordnung verstoßenden Mitteln betriebener religiöser Propaganda bei Andersgläubigen nur vom Standpunkt der Straßen-, Sitten-, Gesundheits- oder Sicherheitspolizei [2] aus mit Grund eingeschritten werden, nicht schon deshalb, weil Andersgläubige sich in ihren religiösen Anschauungen verletzt fühlen zu sollen glauben [3]; ist es doch ein Hauptvorzug des modernen, namentlich paritätischen Staates, daß unter seinem Einfluß die konfessionellen Gefühle, soweit sie negativ-polemischer Natur sind und teils auf anerzogene oder erworbene Vorurteile, teils auf künstliche Erregung zurückgehen, im Laufe der Zeit allmählich zum Schweigen gebracht werden.

Köhler, Über den Austritt und Ausschluß aus der Kirche, D. Z. f. Kr. III 1893; A. B. Schmidt, Der Austritt aus der Kirche, 1893, Neue Beiträge zum Austritt aus der Kirche, Festschrift f. Friedberg, 1908; Moeller, Die Austritte aus den Landeskirchen und die Stellung der Kirche dazu, Allgem. Kirchenbl. LIX, 1910 S. 614 ff.; Caro, Das (preußische) Gesetz betr. den Austritt aus der Kirche vom 14. Mai 1873, 1911; Hellmuth, Beiträge zum deutschen Staatskirchenrecht, A. d. öff. R. XXX, 1913; v. Brünneck, Das Klostergelübde und seine vermögensrechtliche Bedeutung im Geltungsgebiet des Preuß. ALR. seit 1900, Beiträge z. Erläut. d. deutschen Rechts von Rassow, XLV, 1901; Geiger, Die Stellung der Klöster und Ordenspersonen im BGB., A. f. k. Kr. LXXX, 1900; Hobe-Gelting, Die Rechtsfähigkeit der Mitglieder religiöser Orden und ordensähnlicher Kongregationen nach kanonischem und deutschem Recht, Breslauer jur. Diss., 1903; Loening, Die Rechtsstellung der Orden und ordensähnlichen Kongregationen der katholischen Kirche nach staatlichem Recht I

aber niemals auf die persönliche Aneignung und die lehramtliche Vertretung eines Grundstocks christlicher Heilswahrheit verzichtet werden kann.

[1] Wenigstens nach Verfluß einer gewissen Zeit; so in Preußen nach Ablauf des auf das Austrittsjahr folgenden Kalenderjahres bei vermögenswerten Leistungen.

[2] Über die Einwirkung des Reichsvereinsgesetzes vom 19. April 1908 Anschütz, Preuß. Verfassungsurkunde (vor § 57) I S. 208 ff.

[3] Auch das Niederlassungsverbot gegenüber dem Jesuitenorden läßt sich vom Standpunkt des konfessionell neutralen Staates aus nicht subjektiv und konfessionell mit der Rücksicht auf das protestantische Empfinden, sondern einzig und allein objektiv und kirchenpolitisch damit rechtfertigen, daß der Staat als Bewahrer der Friedensordnung alles fernhalten muß, was (mit oder ohne Grund) den konfessionellen Gegensatz noch weiter zu verschärfen und die Erfüllung der staatlichen Aufgaben zu erschweren geeignet erscheint.

(Denkschrift, in amtlichem Auftrag als Handschrift gedruckt), 1903; Giese, Das katholische Ordenswesen nach dem geltenden Staatskirchenrecht, Annalen des Deutschen Reichs, XLI, 1908; Grauer, Das katholische Ordenswesen nach bayerischem Staatskirchenrecht, 1910; Meurer, Das katholische Ordenswesen nach dem Rechte der deutschen Bundesstaaten, 1912; Unger, Priesterehen und Mönchsehen. Natur der Scheidung von Tisch und Bett, 1910; Sartorius, Kommentar zum Personenstandsgesetz, 1902; Hinschius-Boschan, Das Reichsgesetz über die Beurkundung des Personenstandes und die Eheschließung[4], 1909; Rösch, Der Klerus und das Strafgesetzbuch, 1902; Fleiner, Schranken der Kultusfreiheit, Z. f. schweiz. Recht XXIII, 1904; Jüngst, Deutsche Bischöfe und die Beerdigung von Protestanten, 1904; Biermann, Die öffentlichen Sachen, Gießener Univ.-Progr., 1905; Ortloff, Leichenverbrennung und Aschenbeisetzung (Feuerbestattung) gegenüber dem Staatskirchenrecht, D. Z. f. Kr. XX, 1911; Schultz, Das preußische Feuerbestattungsrecht, Ges. vom 14. September 1911, 1912; Aufhäuser, Die Feuerbestattung und das in Bayern geltende öffentliche, staatliche und kirchliche Recht, 1912; Koch, Feuerbestattung und Kirchenrecht, Pfarrarchiv V, 1913.

§ 58. Die Parität.

Die Kultusfreiheit erreicht ihren Gipfelpunkt in der völligen Gleichstellung der verschiedenen Kulte, also in der „Kultusgleichheit“. Hiervon ist zu unterscheiden die Parität. Wie die Gleichheit vor dem Gesetz nicht schablonenmäßige Gleichstellung, sondern gleichmäßige Wertung der besonderen Art, so bedeutet Parität nicht „jedem das Gleiche“, sondern „jedem das Seine“. Und zwar zunächst jedem Staatsangehörigen im Staate, so daß in bürgerlicher und staatsbürgerlicher Beziehung von seinem Bekenntnis ganz abgesehen wird. Diese staatsrechtliche Parität ist, wie das Obige ergibt, reichsrechtlich in ganz Deutschland durchgeführt; Verletzungen können höchstens durch die Administrativpraxis noch vorkommen. Und sodann im Sinn einer Nichtachtung des Alleinherrschaftsanspruchs der einen Kirche (ecclesia dominans) gegenüber den anderen und der Behandlung aller Religionsgemeinschaften samt ihren Angehörigen als voneinander unabhängiger und selbständiger Religionsverbände. Diese kirchenrechtliche Parität verwirft die katholische Kirche grundsätzlich[1]. Sie nimmt alle rite Getauften für sich in Anspruch und betrachtet die evangelischen Kirchen wie die Religionsverbände der Altkatholischen als Sekten von häretischen Katholiken. Soweit dies auf das innerkirchliche Gebiet sich beschränkt, z. B. auf die Behandlung des Übertritts zu ihr als Rücktritt, hat der Staat keinen Anlaß, einzuschreiten. Dagegen muß er gegen eine Betätigung dieser Auffassung nach außen durch Heranziehung zu Umlagen, Unterwerfung von Akatholiken unter katholische Ehevorschriften, Inanspruchnahme derselben durch die katholische Seelsorge oder gar Jurisdiktion usw. als gegen Störungen des interkonfessionellen Friedens ebenso vorgehen wie gegen Reste von evangelischem Territorialismus in Gestalt von Ausübung von Pfarrzwang u. a. m. Hierher gehört sodann namentlich die staatliche Gesetzgebung — EG. zum BGB. Art. 134 läßt die Zuständigkeit der Einzelstaaten fortbestehen — über die konfessionelle Erziehung der Kinder aus gemischten Ehen. Entweder bleibt, wie nach älterem gemeinem Recht, die vertragliche Regelung freigegeben, und findet in Ermangelung solcher eine Teilung nach dem Geschlecht (Bayern) oder Erziehung im Bekenntnis des Vaters statt (Sachsen, Württemberg). Oder es ist, praktisch und grundsätzlich — Familienrechte persönlicher Natur haben auch sonst einen objektiv bestimmten, der Parteibeliebung entzogenen Gehalt — richtiger, vertraglicher Regelung die Rechtsgültigkeit versagt (Preußen, Baden), und es entscheidet dann die Konfession oder der Wille des Vaters. Eine aus der Zeit des alten Reichs herstammende, nie versiegende Quelle interkonfessionellen Haders bilden die Simultaneen. Sie bestehen vor allem an Kirchen, oft mit Glocken und Kirchhöfen als deren Zubehör, nicht selten auch an solchen allein. Die Grundlage bildet mitunter ein festes Privatrechtsverhältnis (Miteigentum, Eigentum und dingliches Gebrauchsrecht oder zwei dingliche bzw. obligatorische Gebrauchsrechte am Eigentum eines Dritten, des Staats, einer Gemeinde). Aber wie das staatliche öffentliche Recht solchen Mitgebrauch zum größten Teil erst geschaffen hat, so sieht es sich auch im Interesse des konfessionellen Friedens veranlaßt, einzugreifen und den Mitgebrauch vom Gesichtspunkt der Rechtsfriedens-

[1] Pius' IX. Syllabus th. 77 wendet sich gegen die Behauptung: Aetate hac nostra non amplius expedit, religionem catholicam haberi tamquam unicam status religionem, caeteris quibuscunque cultibus exclusis. Auch dies wird aber, wo die Parität der katholischen Religionspartei Vorteil bringt, als „latentes Kirchenrecht“ behandelt.

bewahrung aus in zum Teil abweichender Weise zu regeln (Ausschluß der Verjährung, Rechtsvermutungen, Aufhebung durch Verfügung der Staatsgewalt aus polizeilichen oder administrativen Gründen). Die Simultaneen kommen außer in Schlesien namentlich im Westen vor (Rheinprovinz, Westfalen, Pfalz, Reichslande), aber auch in Hessen, in Baden und im rechtsrheinischen Bayern, und zwar besonders zwischen Evangelischen und Katholiken, während das Praktischwerden katholisch-altkatholischer Simultaneen ein Erlaß Pius' IX. vom 12. März 1873 verhindert hat. Was endlich die Parität im Sinn gleichmäßigen Verhaltens des Staates gegenüber den Religionsgesellschaften anlangt, so ist nicht zu übersehen, daß gewisse von ihnen wegen ihrer geschichtlichen Bedeutung, und weil ihnen die Großzahl der staatlichen Untertanen angehört, eine Privilegierung gegenüber anderen, absolut oder am Ort weniger wichtigen wohl verdienen. Und ebensowenig darf außer acht gelassen werden, daß der Staat gegenüber einer Kirche wie der katholischen, die seiner Souveränität und Kirchenhoheit zwar notgedrungen praktisch mehr oder weniger sich fügt, theoretisch aber und, wo ihre Macht dazu ausreicht, auch praktisch sie bestreitet, unmöglich sich ebenso stellen kann wie gegenüber der evangelischen, die keinen Anspruch auf äußere Macht erhebt und deshalb der staatlichen Souveränität, solange nur das innerkirchliche Gebiet unangetastet bleibt, völlig sich unterordnet [1]. Freilich, je mehr die evangelische Kirche auf eigene Füße gestellt wird, und presbyterial-synodale Organe dem Summepiskopat des Landesherrn gegenüber zur Geltung gelangen, um so eher wird auch eine ausgebildete Staatsaufsicht gegenüber der evangelischen Kirche notwendig. Doch selbst nach größerer Verselbständigung, als sie zurzeit erreicht ist, würde angesichts des Fehlens eines prinzipiellen Gegensatzes niemals dasselbe Maß von Sicherungsmaßregeln wie gegenüber der katholischen Kirche, z. B. bei Besetzung der kirchlichen Stellen, erforderlich sein. Anderseits erscheinen freilich auch der letzteren gegenüber regelmäßig nur noch Abwehrmaßregeln und Repressalien gegen bereits erfolgte Übergriffe als zulässig. Vorbeugungsmaßregeln müssen, wenn anders nicht die durch die Rechtsstaatsidee und das Selbstverwaltungsprinzip für die katholische Kirche gerade so gut wie für jeden anderen Verband im Staate geforderte Selbständigkeit im Gebiet der inneren Angelegenheiten gefährdet werden soll, auf diejenigen Fälle beschränkt werden, in denen eine andere Sicherung nicht möglich ist, und sie müssen so beschaffen sein, daß eine materielle Kränkung kirchlicher Interessen damit nicht verbunden ist (Vorbildung der Geistlichen zwar an Universitäten, aber unter Berücksichtigung ihrer spezifischen Bedürfnisse auch auf außertheologischem und auf praktischem Gebiet; Beschränkung und Auswahl [2], aber nicht Ausschluß der Orden).

Hinschius, Staat und Kirche (§ 55) und Kr. IV § 220; Beyschlag, Das preußische Paritätsprinzip, 1886; Kahl, Über Parität, 1895; Drache, Parität, Imparität, 1892; Fleiner, Die Entwicklung der Parität in der Schweiz, Zeitschr. f. schweiz. Recht XLII, 1901; Niedner, Die Verpflichtung der Katholiken zu Abgaben an den evangelischen Küsterlehrer zu Fechingen, Gutachten, 1906; Freisen, Der katholische und protestantische Pfarrzwang und seine Aufhebung in Österreich und den deutschen Bundesstaaten, 1906; v. Scheurl, Das väterliche Recht in betreff der konfessionellen Erziehung der Kinder, in seiner S. kr. A.; Sartorius, Die religiöse Erziehung der Kinder aus gemischten Ehen nach bayerischem Recht, 1887; Hübler, Die religiöse Erziehung der Kinder aus gemischten Ehen, 1888; K. Schmidt, Die Konfession der Kinder nach den Landesrechten im Deutschen Reich, 1890; Sehling, Die religiöse Erziehung der Kinder, 1891; Fleiner, Die religiöse Erziehung der Kinder, Zeitschr. f. schweiz. Recht XXXIV, 1893; Habermann, Die Konfession der Kinder aus gemischter Ehe, 1895; Kahl, Die Konfession der Kinder aus gemischter Ehe, 1895; v. Hussarek, Die religiöse Erziehung der Kinder nach österreichischem Recht, Grünhuts Zeitschr. XXIII, 1896; Ortloff, Die Konfession der Kinder aus gemischten Ehen, D. Z. f. Kr. VI, 1897; Nitze, Die religiöse Erziehung der Kinder, D. Z. f. Kr. VIII, 1898; Geiger, Die religiöse Erziehung der Kinder im deutschen Recht, 1903; Schwab, Zur Frage der religiösen Kindererziehung, Tüb. jur. Diss., 1906; Güttler, Die religiöse Kindererziehung im Deutschen Reiche, 1908; Krapp, Die religiöse

[1] Auf der anderen Seite ist es nur natürlich, daß der Rechtsschutz des § 166 RStGB. einer Kirche wie der katholischen, die begrifflich Rechtskirche ist und deshalb für Rechtsverletzungen überall Angriffsflächen bietet, in höherem Maße zugute kommt als der evangelischen, welche, gerade weil sie die Gottesverehrung lediglich „im Geist und in der Wahrheit" anstrebt, für die Regel auf den Schutz durch den Strafrichter verzichten muß, aber auch ganz wohl kann.

[2] Wie z. B. bei der Nichtzulassung der Gesellschaft Jesu, in der sich danach einfach die reguläre staatliche Ordenshoheit betätigt (vgl. § 57 S. 400 A. 3, S. 402 A. 3).

Erziehung unehelicher Kinder nach bayerischem Staatskirchenrecht, A. f. k. Kr. LXXXIX, 1909; Fauser, Die Konfession der Kinder in Württemberg, D. Z. f. Kr. XXI, 1912; Keller, Religiöse Kindererziehung nach badischem Recht, 1913; Sehling, Über kirchliche Simultanverhältnisse, A. f. öff. Recht VII, 1892; Schoen, Preußisches Kirchenrecht I (§ 48, 3) § 15; Lampert, Aufhebung des Simultaneums auf einseitigen Antrag nach schweizerischem Staatskirchenrecht, A. f. k. Kr. LXXXV, 1905; Schmitt, Simultankirchenrecht im Großherzogtum Baden, 1909; Mirbt, Kampf um die Elisabethkirche in Marburg (§ 42) und die dort angeführte Lit.

§ 59. Das System der Staatskirchenhoheit im einzelnen [1].

Zurzeit steht von den größeren deutschen Staaten nur noch Bayern infolge Beibehaltung des Religionsedikts [2] vom 26. Mai 1818 (im Zusammenhang mit dem gleichfalls aufrechterhaltenen Konkordat) auf dem Standpunkt des gemäßigten, interkonfessionellen Staatskirchentums. Die übrigen Staaten sind (Preußen 1848, Baden 1860, Württemberg 1862, Hessen 1875, Sachsen 1874) zu dem System der staatlichen Kirchenhoheit oder — da die Kirchenhoheit auch zu den Bestandteilen des Staatskirchentums gehört — besser zu demjenigen der bloßen Staatskirchenhoheit übergegangen. Doch haben sie es mit verschiedener Energie und in verschiedenem Maße durchgeführt [3]. Auch ist zu beachten, daß nicht das einzelne staatskirchenrechtliche Institut, sondern der Zusammenhang, in den es gerückt ist, und die Bedeutung, die es in ihm erhält, den Charakter des jeweiligen Staatskirchenrechts ausmachen. Ältere Einrichtungen sind vielfach übernommen worden, haben aber in der neuen Umgebung einen veränderten Sinn erhalten und sind demgemäß zu verstehen.

Die Kirchenhoheit — richtiger Religionshoheit, weil damit die Hoheitsrechte über alle Religionsgesellschaften bezeichnet werden sollen — ist nichts anderes als die den Religionsverbänden zugekehrte staatliche Souveränität, also der Inbegriff der unveräußerlichen, von der Anerkennung durch die Betroffenen unabhängigen Hoheitsrechte des Staates über alle Religionsgesellschaften in seinem Gebiet. Indem der Staat sich auf diese Hoheitsrechte (iura circa sacra) beschränkt, erkennt er implicite das Vorhandensein und die Daseinsberechtigung einer kirchlichen Sondersphäre an, bis zu der seine höchste Gewalt heran-, in die sie aber nicht hineinreicht. Dies kirchliche Sondergebiet wird gebildet durch die sacra interna (z. B. Lehre und Gottesdienstordnung [4], rein kirchliche Gesetzgebung, innere Seite der Ämterverwaltung, Aufrechterhaltung der Kirchenordnung mit rein kirchlichen Mitteln); in ihm herrscht die Kirchengewalt (bei den Evangelischen ius in sacra), während die Staatsgewalt nur die weltlichen (Ehe-, Schul-, Armen-, Begräbniswesen) und die gemischten (Kirchenvermögen, kirchliches Genossenschaftswesen, Außenseite des Ämterwesens) Beziehungen der Religionsgemeinschaften sich unterordnet und unter möglichster Schonung der kirchlichen Interessen beherrscht.

Riedner, Begriff der innerkirchlichen Angelegenheiten (§ 52); Sartorius, Die öffentlichen milden Stiftungen zu Frankfurt a. M., 1899; H. Heimberger, Die konfessionell beschränkte weltliche Stiftung und ihre Verwaltung im Großherzogtum Baden, Stutz, Kr. A., 91. H., 1907, Die Veränderung des Stiftungszwecks, Beyerle, Deutschrechtliche Beiträge VIII, 5, 1913; Ambrosini, Trasformazione delle persone giuridiche I, 1910; vgl. die Lit. zu § 39, 2.

Im einzelnen gehört zu den Kirchenhoheitsrechten

1. die Zulassungsbefugnis, ius reformandi der Gegenwart. Dieses Recht enthält einmal die Befugnis, über das Ob der Zulassung zu entscheiden. Einen Rechtsanspruch

[1] Gewisse staatskirchenrechtliche Bestimmungen werden besser im Zusammenhang mit dem betreffenden konfessionellen Kirchenrecht vorgetragen. Sie folgen unten bei diesem, und zwar, damit es in systematischer Geschlossenheit dargestellt werden kann, in Anmerkungen, trotzdem das in ihnen enthaltene Recht, wie oben S. 401 bemerkt wurde, tatsächlich vorgeht.

[2] Zweite Beilage zur bayrischen Verfassung vom selben Datum.

[3] Für Braunschweig vgl. jetzt die Gesetze vom 29. Dezember 1902 und 20. Mai 1908, für Mecklenburg-Schwerin die LVO. vom 5. Januar 1903 (abgedruckt D. Z. f. Kr. XIII, 1903, XVIII, 1908 und A. f. k. Kr. LXXXIII, 1903, LXXXVIII, 1908).

[4] Dem Staatskirchentum gehört an und mit kirchlicher Selbstverwaltung unverträglich ist die zurzeit noch in Bayern und Elsaß-Lothringen, aber auch in Sachsen staatskirchenrechtlich be-

auf Zulassung hat keine Kirche dem Staat gegenüber. Wohl aber ist es ein Postulat der staatlichen Rechtsidee, daß im Staat wie Verbände überhaupt, so auch solche zu religiösen Zwecken zugelassen werden. Weiter aber enthält das moderne ius reformandi die Befugnis, über das Wie und über die Wirkung der Zulassung zu bestimmen, d. h. die Stellung des zugelassenen Religionsverbandes im Staate zu normieren; es ist recht eigentlich ein ius reformandi privilegia, um jenachdem die Zugelassenen mit Vorrechten auszustatten oder nicht. Mit bloßen Religionsvereinen, die nur nach den Grundsätzen des gemeinen Vereins- und Versammlungsrechtes zu gemeinsamem Gottesdienst sich vereinigen [1], beschäftigt sich der Staat in der Regel nicht. Zur Religionsgesellschaft [2] wird die Vereinigung, wenn sie die Rechtsfähigkeit erlangt und sich organisiert. Das ist jedoch nach BGB. § 61 im Gebiet des Privatrechts nur möglich, falls die Verwaltungsbehörde gegen die Eintragung keinen Einspruch erhebt (verkapptes, auf dem Reformationsrecht basierendes Konzessionssystem), oder, wo — was nach EG. Art. 84 auch weiter zulässig — lex specialis verlangt wird (Preußen, Oldenburg), wenn ein Gesetz die Rechtsfähigkeit verleiht (offenes Konzessionssystem). Mit der Eigenschaft als Religionsgesellschaft verknüpfen sich aber auch gewisse reichs- und landesrechtliche Folgen öffentlicher Natur, der Schutz des § 166 RStGB., Befreiung von der Einquartierungspflicht für die gottesdienstlichen Gebäude, Nichtheranziehung der Geistlichen zum Dienst bei der Waffe, Freiheit von vereinspolizeilichen Beschränkungen. Als höchstprivilegiert endlich erscheint der Religionsverband dann, wenn er als Person auch des öffentlichen Rechtes, als Kirche im Sinn des deutschen Staatsrechts anerkannt wird. Das kann natürlich nur durch Gesetz geschehen. So erklären z. B. in Preußen, Bayern, Württemberg, Baden, Hessen staatliche Gesetze die christlichen Kirchen, also die evangelische Landeskirche und die römisch-katholische, für privilegierte und für öffentliche Korporationen [3]. Diese letztere Bezeichnung stammt aus den Zeiten der Herrschaft des Kollegialsystems her. Sie ist nicht sehr glücklich; denn wenn irgendein Verband, so ist eine christliche Kirche mit dem ihr von außen eingepflanzten, sie beherrschenden Willen eine Anstalt, auch die evangelische Kirche, trotz neuerlicher starker Durchsetzung ihrer Organisation mit körperschaftlichen Elementen. Und sie hat obendrein in neuerer Zeit durch Verflüchtigung des zugrunde liegenden Begriffs erheblich an Bestimmtheit eingebüßt. Man wird jedoch sagen dürfen, durch die Beilegung öffentlicher Korporationsqualität werde auch für die Kirchen deren Sozialrecht in das Gebiet des an sich nur dem Staat eignenden öffentlichen Rechtes erhoben. Das hat zur Folge, daß ihre nach Kirchenrecht ohne weiteres gegebene obrigkeitliche Gewalt nunmehr staatlich anerkannt, daß ihr als solches schon ohnedies vorhandenes Recht nunmehr dem staatlichen gleichgewertet und als autonomische Satzung staatlich freigegeben wird, wenn auch nicht notwendig in allen seinen Teilen. Es bedeutet ferner die Einräumung von Sitz und Stimme in der Landesvertretung (I. Kammer) an die Spitzen der kirchlichen Behörden, die Behandlung der Diener der Kirche zwar nicht als staatlicher, wohl aber

---

stehende Befugnis der Landesherren, die Abhaltung öffentlicher Gottesdienste und Dankfeste anzuordnen.

[1] Zum Beispiel die Deutschkatholiken in Preußen und Bayern, in letzterem auch die Altkatholiken, die Irvingianer und Methodisten in Preußen, Sachsen, Württemberg, die Altlutheraner in Baden.

[2] In Preußen z. B. die Altlutheraner und Herrnhuter, auch die Juden; in Bayern und Sachsen ebenfalls die Juden; in Baden die Deutschkatholiken; Benario, Die vermögensrechtliche Stellung der israelitischen Kultusgemeinden in Bayern, 1893; Heimberger, Die staatskirchenrechtliche Stellung der Israeliten in Bayern [2], 1912; Tannenwald, Die rechtlichen Verhältnisse der Juden in Hamburg, 1911; Wahlhaus, Die Rechtsstellung der israelitischen Kultusgemeinden im rechtsrheinischen Bayern, 1912; Berliner, Die staatskirchenrechtliche Stellung der israelitischen Religionsgemeinden ... Süddeutschlands, Gießener jur. Diss., 1912; Wolff, Das Recht der israelitischen Religionsgemeinschaft des Großh. Baden, Freiburger Abh. 22. H., 1913.

[3] Die sog. Altkatholiken, die das Vatikanum nicht anerkennen, werden in Baden seit 1874 von Gesetzes wegen weiter als Katholiken behandelt, so daß ihnen der Mitgenuß am katholischen Kirchenvermögen zusteht. Die letztere praktische Folgerung hat 1875 auch die preußische Gesetzgebung gezogen, indes in Hessen wenigstens die Praxis denselben Standpunkt einnimmt. Siehe die Lit. zu § 43 und für Österreich noch v. Hussarek, Eherechtliche Fragen der österreichischen Altkatholiken, A. f. k. Kr. LXXXIII, 1903. In Baden kommt übrigens auch dem organisierten Judentum beschränkte öffentliche Korporationsqualität zu.

als öffentlicher Beamter (jedoch nicht, Baden ausgenommen, als solcher im Sinne des RStGB. §§ 31, 2, 359), die juristische Persönlichkeit, wenn nicht der Gesamtkirche, so doch der einzelnen Kirchenkörper (Bistümer, Kapitel, Pfarreien, Kirchgemeinden und kirchlichen Genossenschaften [1]), endlich die Gewährung des weltlichen Arms für die Vollstreckung der Disziplinarerkenntnisse und Abgabenforderungen. Anderseits äußert es sich in einem gesteigerten Aufsichtsrechte.

Singer, Zur Frage des staatlichen Oberaufsichtsrechts, D. Z. f. Kr. V, 1895, VIII, 1898; Schoenborn, Das Oberaufsichtsrecht des Staates im modernen deutschen Staatsrecht, 1906; v. Bonin, Praktische Bedeutung des i. r. (§ 45); Greiff, Das staatliche Reformationsrecht, Erlanger jur. Diss., 1903; Hinschius, Staat und Kirche (§ 55); Rosin, Das Recht der öffentlichen Genossenschaft, 1886; Herrmann, Über die Stellung der Religionsgemeinschaften im Staate, 1849; Sohm, Das Verhältnis von Staat und Kirche, Z. f. Kr. XI, 1873; Fürstenau, Über die Befreiung der Dienstgrundstücke der Geistlichen von der Gemeindegrundsteuer im Geltungsgebiet des Preuß. Allg. Landrechts, Festgabe f. Hübler, 1905.

2. Gegenüber den religiösen Korporationen, insbesondere aber gegenüber den qualifizierten Religionskörperschaften oder Kirchen im Sinne des Staatsrechts reicht nämlich die gewöhnliche Vereinsaufsicht nicht aus. Die privilegierten Kirchen müssen sich also, da besondere Rechte auch besondere Pflichten bedingen, eine weitgehende Aufsicht gefallen lassen (ius inspiciendi cavendi). Sie äußert sich in einer Anzahl von Kontroll-, Abwehr-, Mitwirkungs- und Vorbeugungseinrichtungen. So dürfen Disziplinarerkenntnisse gegen Geistliche, gegen die, anders als gegen Laien, auf Freiheits- und Geldstrafen, jedoch nur in besonderer Form (Verweisung in ein staatlich beaufsichtigtes Demeritenhaus auf kürzere Zeit) und in beschränkter Höhe erkannt werden kann, nur vollzogen werden mit dem Willen des Verurteilten (Preußen, Hessen) oder bloß, wenn sie von der Staatsbehörde für vollstreckbar erklärt sind. In Bayern, Sachsen, Württemberg und Hessen ist außerdem noch die Beschwerde wegen Mißbrauchs der geistlichen Amtsgewalt (recursus ab abusu) an die Staatsbehörde im Fall der Überschreitung der Schranken der kirchlichen Strafgewalt gegeben. Auch die Ordensaufsicht gehört hierher. Als Abwehrmaßregeln kommen in Betracht gewisse Strafbestimmungen, z. B. bei staatskirchenrechtswidriger Ämterbesetzung gegen den Kollator und den Ernannten (Preußen, Baden, Hessen) oder bei Trauung ohne Nachweis der Eheschließung (vgl. PStG. § 67 mit EG. zum BGB. Art. 46 III), bei Mißbrauch des geistlichen Amtes oder der geistlichen Stellung zur Friedensstörung (RStGB. § 130 a), weiter (in Bayern nach gesetzlicher Ermächtigung auch für Einkommen, das auf privatrechtlichem Titel beruht?) die Temporaliensperre, d. h. die Einbehaltung des vom Staate herrührenden Amtseinkommens renitenter Kirchendiener. Als Mitwirkungsrechte kommen in Betracht die Befugnisse der Staatsbehörde zur Genehmigung der Errichtung und Veränderung von Kirchenämtern, ferner die positive (Bayern) oder bloß negative Mitwirkung (Einspruchsrecht nach Anzeige, namentlich bei Pfarramtsbesetzung, in Sachsen, Württemberg, Baden, Hessen, Preußen) bei der Verleihung von Kirchenämtern, zu der noch die Aufstellung von gewissen Vorbedingungen kommt (Indigenat). Eine Vorbeugungsmaßregel endlich sollte das Plazet [2] sein, d. h. die Befugnis zu vorgängiger Prüfung kirchlicher (auch päpstlicher) Gesetzgebungsakte mit Nichtigkeitswirkung für den Fall nichtgenehmigter Veröffentlichung. In Bayern gilt es für alle kirchlichen Verordnungen, anderswo, z. B. in Sachsen, Württemberg, Baden, Hessen, nur für solche, die in bürgerliche und staatsbürgerliche Verhältnisse eingreifen. Preußen ist es unbekannt, ohne Schaden für die staatliche Autorität, da es, wie die Erfahrung lehrt, die Veröffentlichung und Wirksamkeit kirchlicher Normen doch nicht zu verhindern vermag, wohl aber dem Staat unter Umständen unnütze Verlegenheiten bereitet, so daß eine besondere staatliche Veranstaltung für die selbstverständliche bürgerliche Wirkungslosigkeit von Kirchengesetzen, die staatlichen zuwiderlaufen, besser unterbleibt. Der evangelischen Kirche gegenüber ist, da der Träger ihres Kirchenregiments zugleich Staats-

---

[1] Entscheidung des Kammergerichts, 1. Zivilsenat, vom 9. November 1905, D. Z. f. Kr. XVII, 1907; Kahl, Die Errichtung von Handelsgesellschaften durch Religiose, 1900 (auch in der Berliner Festgabe f. Dernburg); Cuno, Der Erwerb der juristischen Persönlichkeit seitens der Orden und ordensähnlichen Genossenschaften der katholischen Kirche nach dem im Deutschen Reiche geltenden Recht, Leipziger jur. Diss., 1908; Giese, Katholisches Ordenswesen (§ 57); Anschütz, Preußische Verfassungsurkunde (vor § 57) I S. 254 ff., 257.

[2] Verworfen durch das vatikanische Konzil in der dogmatischen Konstitution vom 18. Juli 1870.

überhaupt, in Gestalt einer vorgängigen staats- (eventuell kultus-) ministeriellen Erklärung darüber, ob von Staats wegen etwas gegen noch nicht veröffentlichte kirchliche Gesetze zu erinnern sei oder nicht, ein wirksames Präventivmittel gegeben.

Hauck, Studie über das placetum regium, 1889; Meurer, Der Modernisteneid und das bayerische Plazet, 1911; Eichmann, Der recursus ab abusu (§ 39, 2); Kahl, Über die Temporaliensperre, 1876, Die deutschen Amortisationsgesetze, 1879; Meurer, Das bayerische Amortisationsrecht und seine Reform (auch in den Bl. f. administr. Praxis), 1899; Geiger, Die Neugestaltung der bayerischen Amortisationsvorschriften durch das BGB., A. f. k. Kr. LXXX, 1900; v. Borries, Die Erwerbsbeschränkungen der manus mortua in Preußen bis zur Durchführung des BGB., Leipziger jur. Diss., 1904.

Dritter Titel.

Das katholische Kirchenrecht.

Außer den zu Tit. 1 aufgeführten Lehr- und Handbüchern behandeln das katholische Kirchenrecht allein folgende, ausnahmslos von katholischen Verfassern herrührende Werke: Phillips, Kirchenrecht I—II [3], III—VII und VIII 1 (von Vering) 1848—89; Silbernagl, Lehrbuch des katholischen Kirchenrechts [4], 1903; Hergenröther-Hollweck, Lehrbuch des katholischen Kirchenrechts [2], 1905; Lämmer, Institutionen des katholischen Kirchenrechts [2], 1892; v. Scherer I, II, 1886, 1898; Heiner [6], 2 Bde., 1912 f; André-Wagner, Dictionnaire de droit canonique [3], 1894 ff.; Duballet, Cours complet de droit canonique et de iurisprudence canonico-civile I—III, VII, VIII, XII—XIV, 1896—1902; Wernz, Ius decretalium, I [3], 1913, II—IV [2], VI, 1906—1913; Sägmüller [2], 1909; Haring, Grundzüge des katholischen Kirchenrechts I—III, 1906—1910. Ausländische Zeitschriften: Analecta iuris pontificii, 29 Bde., 1855—1891, dann fortgesetzt als Analecta ecclesiastica, 19 Bde., 1893—1911; Le canoniste contemporain, seit 1878, bis jetzt 36 Bde.; Nuntius Romanus, 1882—1905, aufgegangen in den Acta Pontificia (§ 61). Revue canonique, 1896 ff.

Erstes Kapitel.

Die Rechtsquellen.

§ 60. Heilige Schrift und Tradition.

Die Heilige Schrift in der vom Trienter Konzil für authentisch erklärten lateinischen Fassung der Vulgata ist die Hauptquelle des unabänderlichen ius divinum (positivum), wie denn auf ihr, nach katholischer Lehre, der Grundstock des kirchlichen Verfassungsrechtes, insbesondere der päpstliche Primat und der Episkopat, ruht. Unabänderliches göttliches Recht ergibt aber auch ein Teil der Überlieferung, nämlich die sonstigen, von Christus mündlich gegebenen und durch die Kirchenväter beglaubigten sowie durch den Heiligen Geist geoffenbarten Anordnungen, sogenannte traditio divina. Der andere Teil, die traditio humana, und zwar die apostolische (apostolica) oder eine kirchliche (ecclesiastica), schafft lediglich ius humanum, das, mag es noch so grundlegend und altehrwürdig sein, vom kirchlichen Gesetzgeber abgeändert werden kann.

Schneider, Die Lehre von den Kirchenrechtsquellen [2], 1892; Hübler, Kirchenrechtsquellen (oben S. 279); Jacobson, Über den gesetzlichen Charakter des römischen Katholizismus und die Autorität der H. Schrift, Z. f. Kr. VII, 1867; Sieffert, Das Recht im Neuen Testament, 1900.

§ 61. Konzilsbeschlüsse und päpstliche Erlasse.

Unter dem eigentlichen Kirchengesetzesrecht steht noch heute obenan dasjenige des Corpus iuris canonici, von dem freilich ein großer Teil nicht mehr zur Anwendung gebracht wird oder werden kann, so daß es als dauernd oder vorübergehend ruhendes („latentes") Kirchenrecht erscheint. Den Gegensatz dazu bildet das noch aktuelle, den kanonischen Grundsätzen entsprechende Kirchenrecht sowie die vigens ecclesiae disciplina, die temporum ratione habita mit ausdrücklicher (z. B. in Konkordaten ausgesprochener) oder stillschweigender (tolerare oder bloß dissimulare) Billigung des Gesetzgebers das unpraktische prinzipielle Recht mildert bzw. ersetzt. Von neuerem Konziliarrecht kommen nur in Betracht die Beschlüsse, besonders die Reformdekrete der Synode von Trient (§ 37) und die dogmatischen, aber auch für das Recht bedeutsamen des Vatikanums (§ 43).

Lämmer, Zur Kodifikation des kanonischen Rechts, 1899. Privatarbeiten, die das aktuelle katholische Kirchenrecht in Paragraphen kodifizieren, von: de Luise, 1873, Colomiatti, I—VII, 1888—1902, Pillet, 1890, Pezzani, 1893 ff., Deshayes, 1895. Über die Kodifikation des kanonischen Rechts und die dafür eingesetzte Kommission s. §§ 43, 69. Meydenbauer, Vigens ecclesiae disciplina, Berl. jur. Diss., 1897, und D. Z. f. Kr. VIII, 1898 (dazu Bieberlack, A. f. k. Kr. LXXVIII, 1898, S. 198 und 870); Hinschius, Kr. III § 191; v. Di Pauli, Dissimulare poteris, A. f. k. Kr. XCII, 1912; Harduin, Acta conciliorum, 12 Bde., 1715 (bis 1714); Mansi, Sacrorum conciliorum nova et amplissima collectio, 31 Bde., 1759 ff. (bis 1439), neue von Martin et Petit bis zur Gegenwart fortgesetzte Ausgabe 1901 ff.; Quentin, Mansi et les grandes collections conciliaires, 1900, und dazu Finke, Litt. Rundschau, 1902, Nr. 2, Krüger, Beil. d. Allg. Ztg., 1902, Nr. 198; Acta et decreta s. conciliorum recentiorum (§ 43).

Sonst steht jetzt das in päpstlichen Erlassen niedergelegte gemeine Recht durchaus im Vordergrund. Der Papst erläßt entweder allgemeine Gesetze, constitutiones, oder er reskribiert für den einzelnen Fall, rescriptum. Unerheblich für die rechtliche Wirksamkeit ist die Form des Erlasses, entweder als Bulle, d. h. in feierlicher Ausfertigung [1], oder als Breve [2] oder endlich als apostolisches Schreiben, litterae apostolicae, wenn vom Papst selbst unterzeichnet, chirographum, wenn aus päpstlicher Initiative entsprungen, motu proprio, wenn als Rundschreiben an alle oder mehrere Kirchenobern gerichtet, encyclica genannt.

Bullarum, diplomatum et privilegiorum s. Romanorum pontificum ed. Taurinensis, 24 Bde. mit 1 Bd. Appendix (—1740), 1857—72; dazu die Continuatio enthaltend: Benedicti XIV. bullarium, 4 vol., 1845—47; Clementis XIII. bullarium, 2 vol., 1840—43; Clementis XIV. bullarium, 1845; Pii VI. bullarium, 3 vol., 1847—49; Pii VII. bullarium, 3 vol., 1850—52; Leonis XII. bullarium, 1854; Pii VIII. bullarium, 1856; ferner Acta Gregorii XVI., 4 vol., 1901—04; Acta Pii IX., 1854 ff.; Leonis XIII., 1881 ff., Pii X., 1905 ff.; Acta Sanctae Sedis, 1865—1909, 42 Bde.; Acta Pontificia et Decreta ss. RR. Congregationum, seit 1903; Leonis XIII. allocutiones, epistolae .. I—VII, 1887—1901, und desselben Rundschreiben, 6 Sammlungen, 1891—1904; Pius' X. Rundschreiben, 1. Sammlung, 1909; betr. Acta Apostolicae Sedis s. unten § 84. Schneider, Partikuläre Kirchenrechtsquellen (§ 56).

§ 62. Das Gewohnheitsrecht.

Das Gewohnheitsrecht vermag in einer von absolutem, göttlichem und menschlichem Willen regierten Anstalt nur eine ganz untergeordnete Rolle zu spielen, wie auch seine Geltungskraft von der Zustimmung der kirchlichen Obrigkeit abhängig ist. Bloß eine vom Klerus ge-

[1] Blei-, seltener Gold- (z. B. an Benedikts XIV. Privileg Gloriosae dominae vom 27. September 1748 für die Marianischen Kongregationen), also Metallsiegel (bulla), auf der Vorderseite mit den Köpfen der Apostel Petrus und Paulus, auf der Rückseite mit dem Namen des Papstes; Pergament; lateinische Sprache; Adresse: Name des Papstes (ohne Zahl) servus servorum Dei dilecto fratri (filio) N. salutem et apostolicam benedictionem oder, wenn nicht adressiert: Ad perpetuam rei memoriam. Auf Grund eines Erlasses Leos XIII. vom 29. Dezember 1878 werden aber die Bullen gegenwärtig in der Regel nur noch minder feierlich ausgefertigt, nämlich in lateinischer Kursive und mit einem roten, aufgedrückten Farbstempel, der die Apostelköpfe und den Namen des Papstes aufzeigt. Ihre Datierung geschieht seit der Konst. Sapienti consilio vom 29. Juni 1908 nicht mehr nach Inkarnationsstil, sondern in Übereinstimmung mit dem bürgerlichen Kalender. Auf Grund des Motuproprio Pius' X. In Romanae Curiae vom 8. Dezember 1910 werden die Bullen für die Verleihung von Benefizien und Errichtung von Bistümern und Kapiteln nach vereinfachten Formularen ausgefertigt (Baumgarten, K.Q. XXV, 1911). Nach einer durch Erlaß des Kardinalstaatssekretärs Merry del Val vom 15. April 1910 bekanntgegebenen neuen Kanzleiregel sind apostolische Konstitutionen vom Kardinalkanzler sowie von dem Kardinalpräfekten derjenigen Behörde zu unterzeichnen, in deren Ressort der betreffende Gegenstand fällt, auch ist im Archiv der Kanzlei ein so und ein vom Papste unterzeichnetes Exemplar aufzubewahren.

[2] Leichtes Pergament; lateinisch oder italienisch; Eingang: Pius PP (= papa) X. Dilecte fili salutem et apostolicam benedictionem, besiegelt durch den in rotem oder grünem Wachs aufgedrückten Fischerring, annulus Piscatoris (Petrus im Nachen), mit Namen und Zahl des Papstes,

tragene Gewohnheit kann Recht erzeugen, und auch diese allein, wenn sie nicht gegen das ius divinum verstößt, rationabilis, d. h. im Einklang mit dem Wesen der Kirche und dem Geist des betreffenden Instituts ist und, falls sie bestehendem Recht derogieren soll, während der Verjährungszeit (seit 10, eventuell 100 Jahren oder unvordenklicher Zeit) geübt, also legitime praescripta.

Schwering, Zur Lehre vom kanonischen Gewohnheitsrecht, Göttinger jur. Diss., 1888; Geigel, Kirchliches Gewohnheitsrecht, D. Z. f. Kr. IV, 1894; Brie, Gewohnheitsrecht (§ 29, 1); Bieberlack, Die Gewohnheiten gegen die Disziplinardekrete des Trienter Konzils, Z. f. k. Th. VI, 1882.

Zweites Kapitel.

Die Verfassung.

§ 63. Kirche und Kirchengewalt.

Die katholische Kirche ist die Gesamtheit derer, die unter Leitung der verordneten Oberhirten, besonders des Papstes zu Rom als irdischen Stellvertreters Christi und sichtbaren Hauptes sowie der Bischöfe, durch den einen katholischen Christenglauben und die Gemeinschaft der Sakramente verbunden sind [1]. Sie beansprucht, allein die allgemeine, apostolische, seligmachende und unfehlbar zu sein.

Durand, La notion de l'Église d'après le catholicisme, 1899; Mater, L'Église catholique, sa constitution, son administration, 1906; Baumgarten, Verfassung und Organisation der Kirche, 1906.

Die Kirche wird regiert durch die Kirchengewalt, d. h. den Inbegriff der Machtbefugnisse, die Christus Petrus und den übrigen Aposteln für sich und ihre Nachfolger zur Leitung der Kirche gegeben hat. Die potestas ecclesiastica äußert sich in drei verschiedenen Vollmachten: 1. als potestas ordinis sive ad sanctificandum, d. h. als Weihegewalt zur Vermittlung der kirchlichen Heilsgüter, insbesondere der Sakramente, 2. als potestas magisterii sive ad docendum, das ist die Gewalt zur Verkündung und Verbreitung der rechten Lehre, endlich 3. als potestas iurisdictionis sive ad regendum oder Regierungsgewalt. Die Lehrgewalt hat keine besonderen Organe und wird infolgedessen, falls die Vollmachten nach ihrer Trägerschaft geschieden werden, bald bei der potestas ordinis (so die Älteren), bald bei der potestas iurisdictionis (so die Neueren) untergebracht, wodurch man statt der Dreiteilung (Trichotomie) eine Zweiteilung (Dichotomie) erzielt.

Für die hierarchische Gliederung kommt, streng genommen, nur die iurisdictio in Betracht. Und auch von dieser nur die iurisdictio externa, welche das forum externum, die äußeren Beziehungen im kirchlichen Gemeinwesen, betrifft und Unrecht abwehrt oder ahndet, nicht die iurisdictio interna, für die Beziehungen der Kirchenglieder zu Gott, das forum internum, die es namentlich mit der Sünde zu tun hat und, wenn auch nicht ausschließlich, im Beichtstuhl geübt wird (sacramentalis). Jedoch nicht alle Träger von Kirchengewalt haben iurisdictio. Und diejenigen, welche sie haben, erlangen sie regelmäßig nur unter Voraussetzung der Teilnahme auch an der Weihegewalt.

Hinschius, Kr. I § 20.

§ 64. Die Weihegewalt, ihre Abstufungen, ihre Übertragung (ordinatio) sowie deren Voraussetzungen und Wirkung.

1. Weihegrade gibt es sieben (acht), nämlich: a) den Presbyterat, und zwar als vollendeten oder Episkopat (von Manchen als besonderer Weihegrad angesehen), das mit der Vollmacht, Bischöfe und Priester zu schaffen, verbundene Priestertum, und als einfachen oder

---

neuerdings gleichfalls ersetzt durch entsprechenden roten Stempeldruck; Baumgarten, Neueste Ausstattung der apostolischen Breven, R.Q. XXVII, 1913.

[1] So in Ermangelung einer offiziellen kurzen Definition nach Bellarminus, De controversiis christianae fidei: coetus hominum unius et eiusdem fidei christianae professione et eorumdem

abgeleiteten Presbyterat, ohne diese Vollmacht, aber sonst wie der Episkopat das sacerdotium, die Befugnis zur Darbringung des unblutigen Opfers Christi in der Messe, als Hauptbestandteil enthaltend, b) den Diakonat, gleich allen folgenden Stufen nur zu einem ministerium, speziell zur Gehilfenschaft bei Darbringung des Opfers berufend, c) den Subdiakonat zum Unterdienst in der Armenpflege und bei der Messe; d) den Akolythat zur Begleitschaft, insbesondere zum Lichtertragen; e) den Exorzistat für den Dienst an den Besessenen; f) den Lektorat für die Schriftlesungen in der Messe und g) den Ostiariat zur Kirchenwartung. Höhere Weihen, ordines maiores oder sacri, sind nur die vier ersten; die anderen vom Akolythat an abwärts, denen übrigens jetzt keine Ämter mehr entsprechen, so daß sie nur als Vorbereitungs- und Durchgangsstufen in Betracht kommen, heißen niedere, minores, non sacri.

Hinschius, Kr. I § 1; Gasparri, Tractatus canonicus de sancta ordinatione, 2 Bde., 1894 ff.; Furtner, Das Verhältnis der Bischofsweihe zum heil. Sakrament des Ordo, 1861; Kurz, Der Episkopat, der höchste, vom Presbyterat verschiedene Ordo, 1877; Schulte-Plaßmann, Der Episkopat, ein vom Presbyterat verschiedener und sakramentaler Ordo, 1883; Holtum, Quaeritur, utrum episcopatus sit ordo, Jb. f. Philos. XIV, 1900; Seibl, Das Diakonat, 1890; Doubrava, Der Diakon als Spender der Taufe, A. f. k. Kr. LXII, 1889; Reuter, Subdiakonat (§ 30).

2. Ordination ist Übertragung einer Weihe, und zwar ein durch Handauflegung gespendetes Sakrament, ordinatio im engeren Sinne, beim Episkopat (consecratio), Presbyterat und Diakonat (bei diesem von Einigen, beim Subdiakonat von der herrschenden Ansicht bestritten). Sie kann nur an bestimmten Tagen (aber jetzt extra tempora in den Quinquennalfakultäten für die deutschen Bischöfe!) und Orten (Kathedrale, ecclesia publica) innerhalb der Meßfeier vorgenommen werden und bloß der Reihe nach von unten (nicht per saltum), doch so, daß die Erteilung aller niederen Weihen am selben Tag zu erfolgen pflegt, während für den Empfang der weiteren Zwischenzeiten, interstitia, von einem Jahr zur Bewährung vorgeschrieben geblieben sind. Voran gehen gewisse, zum Teil nur formale Prüfungen, scrutinia, über das Vorhandensein der erforderlichen Eigenschaften sowie die Ablegung des Antimodernisteneides mindestens vor Erteilung der Subdiakonatsweihe, nach Ermessen des Bischofs aber auch bei jeder weiteren höheren Weihe.

Hinschius, Kr. I §§ 13, 14.

3. Nicht ordiniert werden darf, wer ist

a) incapax, d. h. ungetauft oder weiblichen Geschlechts. Die doch erteilte Weihe ist nichtig (invalida);

Hinschius, Kr. I § 2.

b) irregularis. In diesem Fall ist aber die Weihe bloß illicita, also, wenn trotz des Verbots vorgenommen, valida. Doch darf der so Geweihte die Weihe nicht ausüben und nicht weiter aufrücken. Man unterscheidet Irregularität infolge eines (oft unverschuldeten) Eigenschaftsmangels und solche infolge einer Deliktsschuld.

Boenninghausen, Tractatus de irregularitatibus, 1863 ff.

Irregulär ist ex defectu corporis der körperlich oder geistig (defectus animi?) Kranke oder auffällig (durch Hinken oder Mangel des linken Auges, oculus canonicus) Behinderte, e. d. natalium der unehelich Geborene, e. d. fidei, der Ungefirmte oder erst kürzlich, besonders auf dem Todbett (clinicus) Übergetretene, e. d. aetatis für den Episkopat der noch nicht 30, für den Presbyterat der noch nicht 24, für den Diakonat der noch nicht 22, für den Subdiakonat der noch nicht 21 Jahre alt Gewordene, e. d. scientiae der nicht genügend Vorgebildete und Wissende, e. d. libertatis der Ehemann, dessen Frau nicht zustimmt und ins Kloster geht oder Keuschheit gelobt, sowie Rechnungspflichtige, Beamte, Vormünder vor der Entlastung, e. d. sacramenti (scil. matrimonii) der Mann, der nacheinander in zwei durch Beischlaf konsummierten Ehen gelebt (bigamia successiva) oder in einer Ehe mit einer vorher Verwitweten oder Deflorierten (bigamia interpretativa) gestanden hat, e. d. plenae lenitatis, wer, wenn auch erlaubterweise, z. B. als Richter, Staatsanwalt, Belastungszeuge, Gerichtsschreiber, Henker,

---

sacramentorum communione colligatus sub regimine legitimorum pastorum ac praecipue unius Christi in terris vicarii, Romani pontificis.

Soldat den Tod oder die Verstümmelung eines Menschen herbeigeführt oder veranlaßt hat, endlich e. d. famae der schlecht Beleumdete oder zu Ehrenstrafen Verurteilte, besonders der wegen Angriffs auf einen Kardinal, Entführung oder Teilnahme an einem Duell (auch Studentenmensur) der infamia ecclesiastica Verfallene.

Hinschius, Kr. I § 3; Sachsse, Die Lehre vom defectus sacramenti, 1881; Th. Kohn, Bedarf ein Kleriker..., der als Reservist oder einjähriger Freiwilliger einen Feldzug mitgemacht hat,... einer Dispens von der Irregularität? A. f. k. Kr. XLIII, 1880; Wojucki, Die Wiederverehelichung der Priester in der morgenländischen Kirche, A. f. k. Kr. LXXXVIII, 1908.

Irregulär ist ex delicto, wer ein öffentlich bekannt gewordenes und ihn in der Achtung herabsetzendes Verbrechen begangen hat, ferner der Verüber gewisser delicta specialiter et expresse denominata, auch wenn sie geheim geblieben, nämlich Tötung, Abtreibung, Verstümmelung, Ketzerei, und zwar nicht bloß des Bewerbers, sondern auch der häretischen, nicht bußfertig gestorbenen Eltern und des Großvaters, Apostasie, Wiederholung oder wiederholter Empfang der Taufe, unerlaubter Empfang oder unerlaubte Ausübung der Weihen, Doppelehe (bigamia criminalis) sowie Eheversuch und Beischlaf durch einen Inhaber höherer Weihen oder Mönch (bigamia similitudinaria).

Hinschius, Kr. I § 5; v. Scherer, Die irregularitas ex delicto homicidii, A. f. k. Kr. XLIX, 1883; Braun, Die Bestimmungen über die Irregularität der Häretiker und deren Deszendenten, A. f. k. Kr. XLV, 1881.

Alle Irregularitäten sind dispensabel (für die ex defectu zuständig: Sakramentenkongregation, für die ex delicto: Konzilskongregation); manche heilen auch sonst, z. B. durch Erreichung des erforderlichen Alters, Erwerb der nötigen Kenntnisse, Eintritt in einen Orden oder Legitimation durch nachfolgende Ehe der Eltern (so beim defectus natalium). Bis zur Heilung oder Dispensation kann der Betroffene nicht ordiniert werden oder, wenn bereits geweiht, seinen ordo nicht erlaubterweise ausüben;

Hinschius, Kr. I § 6.

c) sine titulo, ohne genügendes Einkommen. Titel sind: ein kirchliches Amt (t. beneficii), ein liegenschaftliches oder grundversichertes Erbe oder Einkommen (t. patrimonii et pensionis), die Verpflichtung eines Dritten zum Unterhalt mangels genügenden Auskommens (t. mensae), besonders (z. B. in Bayern und, bischöflich verliehen, in Württemberg, Baden, Hessen) der landesherrliche Tischtitel (t. mensae principis), der Unterhalt des Ordensgeistlichen durch das Kloster (t. professionis oder paupertatis) und des zum Seelsorge- oder Missionsdienst eidlich verpflichteten Hilfsgeistlichen oder römischen Missionszöglings durch den Bischof oder die Missionsanstalt (t. servitii ecclesiae seu dioecesis oder missionis). Eine Ordination ohne Titel ist illicita, aber valida; der schuldige Bischof, aber auch sein Nachfolger muß den zu höheren Weihen Ordinierten bis zum Empfang eines beneficium unterhalten, der schuldige Ordinierte wird irregulär aus Delikt und strafbar.

Hinschius, Kr. I § 9; Mejer, De titulo missionis, 1848; Meyer, Ursprung und Entwickelung des Tischtitels, A. f. k. Kr. III, 1858; Nacke, Der Tischtitel 1869.

4. Die Weihen kann nur der Bischof erteilen (niedere für ihre Titel- und Klostergeistlichkeit auch Kardinalpriester und benedizierte Äbte), und zwar auch der häretische, schismatische und exkommunizierte. Letzterer soll es aber nicht und ebenso nicht der Unzuständige. Zuständig (proprius) ist der Papst für die Weihekandidaten der ganzen Kirche, sonst nur der Bischof des Wohnsitzes (competentia ratione domicilii) oder des Geburtsorts des Kandidaten (c. r. originis) oder seines Benefiziums (c. r. beneficii) oder derjenige, der ihn seit mindestens drei Jahren in einem Dienstverhältnis um sich gehabt und unterhalten hat (c. r. commensalitii seu familiaritatis), doch nur, falls er ihm innerhalb eines Monats nach der Weihe eine Pfründe überträgt, endlich (seit 1898 und 1906) auch derjenige, der einen Kleriker oder einen Laien nach erfolgter Entlassung (excardinatio, bei Laien dimissio) aus dessen bisheriger Diözese bedingungslos, schriftlich und für immer in die seinige aufnimmt (c. r. incardinationis, bei Laien acceptationis). Ordiniert ein Bischof, der die Befähigung (facultas ordinandi), aber, weil zensuriert oder unzuständig, nicht die Befugnis zur Ausübung (ius ordinandi) hat, so ist die Weihe illicita (Suspension vom Weiherecht während eines Jahres für den Bischof, von der Weihe ad arbitrium des zuständigen Ordinators für den Geweihten), aber valida (daher die

Gültigkeit der griechischen, holländisch-jansenistischen und altkatholischen, nicht aber der anglikanischen Weihen). Doch kann der unzuständige Bischof vom zuständigen durch litterae dimissoriales (wenn in blanco: facultas ad promovendum a quocumque) zur Vornahme der Ordination in Vertretung autorisiert werden; die Ausstellung solcher Dimissorien vermag, weil Jurisdiktionsakt, auch durch den nichtkonsekrierten Bischof oder den (mit Spezialmandat versehenen) Generalvikar zu geschehen. Bei Zusammentreffen mehrerer Zuständigkeiten soll der eine zuständige Bischof nicht ohne testimoniales, welche die Freiheit von Hindernissen bescheinigen, zur Weihehandlung schreiten.

Hinschius, Kr. I §§ 10, 11; Hofmann, Die Exkardination einst und jetzt, Z. f. k. Th. XXIV, 1900; Leitner, Die literae testimoniales, A. f. k. Kr. LXXVII, 1897; Bellesheim, Die Bulle Leos XIII. Apostolicae curae über die Ungültigkeit der anglikanischen Weihen, A. f. k. Kr. LXXVII, 1897; ebenda auch Heiner, Die anglikanischen Weihen; Bellesheim, Ein römisches Tagebuch aus der Zeit der Bulle Apostolicae Curae vom 13. September 1896, Kath. XCI, 1911; Halifax, Leo XIII and anglican orders, 1912.

5. Die Ordination gibt dem Geweihten die übernatürliche Befähigung (facultas spiritualis), die betreffenden Weihefunktionen zu versehen. Bei der Bischofs- und Priesterweihe (nicht unbestritten auch beim Diakonat) ist diese Befähigung unauslöschlich (character indelebilis); selbst Abfall vom christlichen Glauben hebt zwar die Befugnis, nicht aber die Befähigung zur Ausübung der Weihen auf, und vollends eine Enthebung davon ist unmöglich. Damit endlich die empfangene Weihe ordnungsmäßig ausgeübt werden kann, muß eine Amtsübertragung dazu kommen oder die regelmäßig bischöfliche, besondere Ausübungsermächtigung (missio legitima sive canonica), ohne die überhaupt eine geistliche Tätigkeit in der Diözese ausgeschlossen erscheint.

Hinschius, Kr. I § 15; Specht, Sind die niedern Weihen und der Subdiakonat sakramental? Theol.-prakt. Monatsschr. III, 1893; Farine, Der sakramentale Charakter, Straßb. Theol. Stud. VI 5, 1904; Kahl, Die missio canonica zum Religionsunterricht und zur Lehre der Theologie an Schulen bzw. Universitäten nach dem Rechte der katholischen Kirche und dem staatlichen Rechte in Preußen, D. Z. f. Kr. XVIII, 1908; Hellmuth, Die missio canonica, A. f. k. Kr. XCI, 1911; Rehm, Die missio canonica in Elsaß-Lothringen, D. Z. f. Kr. XXIII, 1913.

§ 65. Der Klerus, seine Standesrechte und Standespflichten.

Aus der Begriffsbestimmung der katholischen Kirche erhellt ohne weiteres, daß sie eine Gemeinschaft von Regierenden und Regierten, eine societas inaequalis ist. Die religiöse und kirchliche Leitung hat der Klerus. Er wird gebildet durch die übernatürlich Befähigten, also die Geweihten, denen die kirchlichen Untertanen, die Laien, gegenüberstehen (kein Ordensstand!). Doch erwirbt man die klerikalen Standesrechte sowie die Zugehörigkeit zum Diözesanverband des Ordinators, die nur durch litterae excardinationis (Exeat) im Fall anderweitig zugesicherter Inkardination wieder aufgehoben werden kann, schon durch die Tonsur (oben S. 297 A. 3), die keine Weihe, sondern die bloße dispositio ad ordines darstellt.

Hinschius, Kr. I § 13.

Die klerikalen Standesrechte sind: 1. das privilegium canonis (S. 331 mit A. 3), wonach der regelmäßig dem Papst zur Absolution vorbehaltene große Kirchenbann ipso iure bei vorsätzlicher tätlicher Verletzung oder Realinjurierung eines Klerikers eintritt, ferner die von der vigens ecclesiae disciplina zum Teil aufgegebenen privilegia, 2. fori, der Befreiung von weltlicher Straf- und Zivilgerichtsbarkeit, so zwar, daß es auch weltlichen Privatpersonen untersagt ist, in Zivil- oder in Strafsachen einen Kleriker ohne Erlaubnis der kirchlichen Behörden vor den weltlichen Richter zu ziehen [1], 3. immuni-

[1] Andernfalls verfallen sie der dem Papste speziell vorbehaltenen excommunicatio maior latae sententiae; Motuproprio Pius' X. Quantavis diligentia (§ 42). Doch hat laut Osservatore Romano vom 16. Dezember 1911 der Kardinalstaatssekretär sich veranlaßt gesehen, dem preußischen Gesandten beim Vatikan die Erklärung abzugeben, das Motuproprio berühre Deutschland nicht, da daselbst nach den von der Kurie gebilligten Ausführungen des Auditors der römischen Rota Heiner (A. f. k. Kr. XCII, 1912 S. 270 ff.) die geistliche Standesgerichtsbarkeit durch entgegenstehendes Gewohnheitsrecht beseitigt sei. Vgl. aber dazu oben § 62 und Hirschel, Über die heutige Anwendbarkeit des privilegium fori, A. f. k. Kr. VII, 1862; Hilling, Reformen

tatis[1], von weltlichen Steuern und Lasten, 4. competentiae, Unpfändbarkeit des zum anständigen Auskommen Nötigen (portio congrua)[2], endlich 5. gewisse Ehrenrechte (Vortritt, Anrede: Hochwürden, Ehrwürden).

Hinschius, Kr. I § 16; Michel, Die rechtliche Stellung der Geistlichen in Württemberg, 1899; Neher, Die katholische und evangelische Geistlichkeit Württembergs (1813—1901), 1904; Harms, Die örtliche Herkunft der evangelischen und katholischen Geistlichen in Württemberg, Festgabe f. Neumann, 1905.

Den Standesrechten stehen gegenüber Standespflichten: 1. Wahrung des decorum clericale in Tracht (Tonsur, dem Diözesangebrauch entsprechende Kleidertracht, kein Ring), Lebensweise (Gastfreundschaft, Wohltätigkeit, keuscher Lebenswandel und Meidung des Verdachts verbotenen Verkehrs mit Frauenspersonen) und Beschäftigung (keine Jagd, kein Spiel, keine weltlichen Geschäfte, wie Handel usw., — aber, wiewohl nur mit bischöflicher Erlaubnis, politische und redaktionelle Tätigkeit[3]); 2. Breviergebet nach dem breviarium Romanum[4] zu bestimmten Stunden oder mit Antizipation bzw. Nachholung, vorgeschrieben für Inhaber der höheren Weihen und für Benefiziaten; 3. die Zölibatspflicht. Ein Verheirateter soll nicht geweiht werden und ein Geweihter nicht heiraten. Versucht er es doch, so kommt beim Inhaber höherer Weihen eine Ehe nicht zustande[5] (öffentlich trennendes impedimentum ordinis), aber der betreffende Majorist wird irregulär (S. 412) und verfällt ipso facto der großen Exkommunikation, während Amtsverlust erst bei Renitenz auf Richterspruch hin erfolgt. Dagegen ist die Ehe des Minoristen gültig; nur verliert er ohne weiteres Standesrechte und Amt, indes Strafe bloß auf Urteil hin eintritt. Wie von den Standespflichten überhaupt, so kann vom Zölibat, weil er nur iuris humani ist, dispensiert werden (generelle Dispensation Pius' VII. für die während der französischen Revolution verheirateten Priester; kirchengesetzliche für die Geistlichen der unierten Griechen durch Benedikts XIV. Bullen Etsi pastoralis vom 26. Mai 1742 und Eo quamvis vom 4. Mai 1745).

Hinschius, Kr. I §§ 17—19; Thalhofer, Über den Bart der Geistlichen, A. f. k. Kr. X, 1863; Weiß, Klerus und Politik, Theol.-prakt. Q. XLVI, 1893; Die Beteiligung des Klerus am politischen Leben, A. f. k. Kr. LXXIX, 1899; v. Moy, Das Wahlrecht der Geistlichen, 1905; Friedrich, Das politische Wahlrecht der Geistlichen, 1906; Probst, Brevier und Breviergebet², 1868; de Roskovány, Coelibatus et breviarium, 11 Bde., 1861 ff.; v. Schulte, Der Coelibatszwang, 1876; Laurin, Der Coelibat der Geistlichen, 1880; Freisen, Zur Lehre vom Coelibat, Th. Q. LXVIII, 1886; Gausch, Das Ehehindernis der höheren Weihe, 1902.

§ 66. Die Jurisdiktion, ihre Abstufung, ihre Arten und ihr Erwerb.

Die Befugnis, die Kirche zu regieren, hat ihr Stifter nach katholischer Lehre nur Petrus und den Aposteln selbst übertragen, so daß bloß die päpstliche und die bischöfliche Jurisdiktion iuris divini sind. Dazwischen schob aber das menschliche Recht Inhaber von überbischöflicher,

---

Pius' X. (§ 43 S. 367 A. 10), II S. 30 sowie Schultze, Deutsche Juristenzeitung XVII, 1912 Nr. 2 vom 15. Januar; ferner Kath. XCII, 1, 1912 S. 58 ff.; Linneborn, Die Zwecke des päpstlichen Motuproprio Quantavis diligentia vom 9. Oktober 1911, Das Motuproprio Quantavis diligentia, geschichtliche Entwicklung des Privilegium fori und seine Geltung in Deutschland, beides in Theol. und Glaube IV, 1912.

[1] Gewohnheitsrechtlich auf Grund irrtümlicher Auslegung des cap. Odoardus (c 3 X de solut. 3, 23).

[2] GVG. §§ 34 und 85 befreit die Geistlichen vom Schöffen- und Geschworenendienst, ZPO. § 850 Abs. 1 Z. 8 behandelt ihr Diensteinkommen gleich dem der Staats- und Kommunalbeamten, insbesondere auch der Lehrer; das oben S. 400 angeführte RG. bestimmt die Zurückstellung von Studierenden der katholischen Theologie in Friedenszeiten bis zum 1. April des siebenten Militärjahres und ihre Überweisung zur Ersatzreserve, falls sie inzwischen zum Subdiakonat aufgestiegen sind. Dazu kommen einzelstaatliche Befreiungen von Vormundschaften und Kommunalsteuern. Vgl. Friedberg, Kr. § 54 N. 29.

[3] Neu eingeschärft für Frankreich durch Dekret der Konsistorialkongregation vom 9. Mai 1913.

[4] Bzw. Pius' X. Konstitution Divino afflatu vom 1. November 1911 und Dekret der Ritenkongregation vom 23. Januar 1912.

[5] Natürlich nur nach katholischem, nicht nach staatlichem Eherecht, welches das impedimentum ordinis ac voti auch ohne Austritt des Betreffenden aus der Kirche weder im PStG. noch im BGB. anerkennt und die standesamtliche Eheschließung zuläßt.

nach kurialer Lehre aus dem Primat abgespaltener Jurisdiktion ein, so daß die hierarchia iurisdictionis sich abstuft wie folgt: Papst, Patriarch, Primas, Metropolit, Bischof. Soweit sonst noch Jurisdiktion zu eigenem Recht begegnet, etwa bei Kapiteln und ihren Dignitären (§ 30, 4), exemten Äbten (§ 40, 3) usw., ist sie von der bischöflichen abgespaltet (quasi episcopalis) oder von einer höheren. Man nennt dann ihre Inhaber mit Vorliebe Prälaten, was überhaupt (außer bei bloßen Ehrenprälaten) Träger von Jurisdiktion (also auch den Bischof usw.) bedeutet. Die Jurisdiktion ist entweder mit einem Amt verbunden, so daß sie dessen Inhaber proprio iure zukommt, und zwar mit einem ständigen (eigentliche iurisdictio ordinaria), z. B. mit dem Papsttum, dem Episkopat (der Bischof der Ordinarius schlechthin), dem Kardinalat, der Ordensvorstandschaft, oder nur mit einem wenigstens im Prinzip unständigen (i. quasi ordinaria), also etwa mit einem apostolischen Vikariat, einem Koadjutorat, Generalvikariat, Kapitelsvikariat. Oder die Jurisdiktion ist von ihrem ordentlichen Inhaber für einen einzelnen Fall (ad unam causam) oder einen Komplex von Angelegenheiten (ad universitatem causarum) durch persönliche Verfügung (ab homine) oder ein für allemal von Gesetzes wegen (a lege, § 40, 3) einem Geistlichen (von mindestens 20, bei päpstlicher Delegation von mindestens 18 Jahren), der an sich der Jurisdiktion überhaupt oder der betreffenden entbehrt, als Stellvertreter übertragen, delegiert (i. delegata). In diesem Fall wird sie mit dem Auftrag, commissorium, und nach dessen Maßgabe erworben; sonst findet der Erwerb ohne weiteres statt mit dem des Amtes.

Hinschius, Kr. I §§ 20, 21; Kämpfe, Die Begriffe der iurisdictio ordinaria, quasi ordinaria etc., 1876, und dazu v. Canstein, A. f. k. Kr. XXXVII, 1877 S. 211 ff. und Jurisdictio delegata und mandata, Z. f. KG. XIII, 1878, sowie wieder Kämpfe, A. f. k. Kr. XLI, 1879.

§ 67. Der Papst.

Der Papst ist Bischof von Rom [1], in welcher Eigenschaft er sich [2] einen Kardinal als vicarius urbis (aber mit Weihegewalt und i. ordinaria über den Tod des Papstes hinaus) und eine aus vier Abteilungen bestehende Diözesankurie [3] hält, Metropolit der römischen Kirchenprovinz, zu der unter Anderen auch alle Erzbischöfe ohne Provinz und alle exemten Bischöfe der Welt gehören [4], Primas von Italien, Patriarch des Abendlandes und Oberhaupt der katholischen Kirche. Als solches hat er überall, also auch in den einzelnen Diözesen in Konkurrenz mit den Ortsbischöfen (Universalepiskopat) die Fülle der Jurisdiktion, nämlich die plena et suprema, ordinaria et immediata iurisdictio vere episcopalis, wogegen den Bischöfen nach dem Vatikanum die Jurisdiktion zwar ebenfalls als ordinaria, immediata et episcopalis, aber nur in Gestalt örtlich begrenzter Teilgewalt und in Unterordnung unter den Papst zusteht. Im einzelnen enthält der päpstliche primatus iurisdictionis: 1. das oberste Gesetzgebungsrecht nicht bloß für Rechts-, sondern auch für Glaubensgesetze, im letzteren Fall jedoch nur, falls der Papst ex cathedra in Sachen des Glaubens (fides) oder der Sitten (mores, die er aber der Disziplin gegenüber selbst abgrenzt) eine Entscheidung trifft, woran sich, da er dabei nach vatikanischer Lehre infolge des Beistandes des Heiligen Geistes unfehlbar ist, als Wirkung die Unabänderlichkeit (Irreformabilität) der verkündeten Sätze knüpft; 2. die oberste Kultusverwaltung mit dem alleinigen Recht zur Vornahme von Seligsprechungen (beatificationes) und Heiligsprechungen (canonizationes), zur Reliquienprüfung, zur Feststellung der gemeinen Feste; 3. die

---

[1] Die römische Diözese wird gebildet durch die Stadt und ihre Umgebung im Kreise von 40 Miglien (comarca di Roma; dafür delegatus ad agrum Romanum, für welch letzteren die Errichtung von 6 Pfarreien durch die Bulle Pius' X. Quamdiu per agri Romani vom 24. Mai 1912 vorgesehen ist). Kathedrale ist San Giovanni in Laterano (nicht die Peterskirche!), omnium urbis et orbis mater et caput; de Waal, Roma sacra, 1905.

[2] Pius' X. Konstitution Etsi Nos vom 1. Januar 1912.

[3] Abt. 1 (Chef: Commissarius) für den Kult und die Visitation (hierfür Kardinalkommission unter dem Kardinalvikar mit den Kardinalpräfekten der Konzils- und Religiosenkongregation als Mitgliedern), 2 (Adsessor) für die Disziplin von Klerus und Volk (in Unterordnung unter ihr auch der in A. 1 genannte delegatus), 3 (Auditor, mit Richtern als Gehilfen) für die erstinstanzliche Gerichtsbarkeit, 4 (Praefectus) für die Vermögensverwaltung. Die vier Abteilungschefs und die Richter ernennt der Papst.

[4] Was sich namentlich in der Ladung derselben zum römischen Provinzialkonzil äußert.

oberste Verwaltung der übrigen kirchlichen Angelegenheiten, z. B. die Errichtung, Veränderung und Aufhebung höherer Kirchenämter, die Besetzung grundsätzlich aller, effektiv, wenn auch oft nicht frei, wenigstens von den Bistümern an aufwärts, wie auch er allein Bischöfe absetzen und versetzen kann, und die Verwaltung des Kirchenvermögens samt dem obersten Besteuerungsrecht; 4. die Oberaufsicht über die ganze Weltkirche einschließlich der Ausbildung des Klerus und des Unterrichts und die Oberleitung des gesamten Ordens- und sonstigen kirchlichen Vereinswesens; 5. die höchste Gerichtsgewalt; 6. die Vertretung der Kirche nach außen [1] mit aktivem und passivem Gesandtschaftsrecht [2]. Dazu kommt der primatus honoris, eine Reihe von höchsten Ehrenrechten, neben früher (oben S. 294, 325 ff.) erwähnten Titulaturen und äußeren Auszeichnungen die Anrede Sanctitas tua, Sanctissime pater, indes er einen Bischof frater, alle Anderen aber (auch Kardinäle ohne Bischofsweihe) filii nennt, der gerade, in Kreuzesform auslaufende Hirtenstab (pedum rectum), das Vortragkreuz, der annulus Piscatoris (S. 409 A. 2), ein besonderer Talar (gewöhnlich: weißseiden, mit roten Schuhen, Brustkreuz, rotem Mantel und Hut; bei Feierlichkeiten: roter Schultermantel — Mozetta —, goldgestickte Stola, weißes Käppchen, im Winter pelzverbrämt — Camauro; bei gottesdienstlichen Funktionen: das Pallium — S. 295 A. 2, S. 325 — bischöfliche Gewänder und die Mitra; bei bestimmten außergottesdienstlichen, feierlichen Anlässen: die Tiara — S. 325).

Hinschius, Kr. I §§ 23, 24, 64, 94, III § 191, IV § 199, VI § 350; Roskovány, Romanus pontifex (§ 43); Meurer, Die kirchliche Rechtslage bei konstatierter Geisteskrankheit des Papstes, Grünhuts Ztschr. XIV, 1887; v. Frisch, Der Thronverzicht, 1906; Geigel, Das italienische Staatskirchenrecht [2], 1886 (ohne Register auch im A. f. k. Kr. LIV, LV); Calisse, Diritto ecclesiastico I, 1902; Dupanloup, Sur la souveraineté du pape, 1849; Manning, Die Unabhängigkeit des H. Stuhles. Aus dem Engl. von Bender, 1878; F. H. Geffcken, Die völkerrechtliche Stellung des Papstes (auch in v. Holtzendorffs Handbuch des Völkerrechts II, 1887), 1885; Imbart de la Tour, La papauté en droit international, 1893; Linden, Ist der Papst Souverän? Erlanger jur. Diss., 1898; Nys, La papauté et le droit international, Revue de droit intern. et de législation comparée, 1905. Ῥάλλης, Περὶ μεταθέσεως ἐπισκόπων, 1898.

§ 68. Die Kardinäle und die Papstwahl.

Die Gehilfen des Papstes in der Regierung der allgemeinen Kirche, die Kardinäle, zerfallen in die drei Gruppen (ordines): a) der in Rom residierenden Kardinalbischöfe der sechs sogenannten suburbikarischen Bistümer: Ostia-Velletri, Porto-S. Rufina, Albano, Tuskulum (Frascati), Präneste (Palestrina), Sabina [3]; b) der Kardinalpriester, deren ordentliche Höchstzahl 50 beträgt, und wozu neben Ordensleuten Geistliche, die meist schon bischöfliche oder erzbischöfliche Würden, mindestens aber die Priesterweihe haben, ernannt werden, insbesondere auch Auswärtige; endlich c) der wiederum zur Residenz in Rom verpflichteten Kardinaldiakonen in der ordentlichen Höchstzahl von 14, bisweilen päpstliche Diplomaten, die mit päpstlicher Dispensation überhaupt keine Weihe haben (der Kardinalstaatssekretär Leos XII. und Gregors XVI. Bernetti war bloß brevetierter Subdiakon) und auf die Priesterweihe sowie auf ein weiteres

[1] Auch das italienische Garantiegesetz (oben S. 395 mit A. 4) erkennt diese völkerrechtliche Stellung des Papstes an. Es erkennt ihm u. a. zu: die Ehren eines Souveräns, die Unverletzlichkeit der Person, wogegen mit Taten oder Worten Handelnde sich des Majestätsverbrechens schuldig machen, eine jährliche, steuerfreie Dotation von 3225000 Lire (bisher nicht bezogen), den Nießbrauch insbesondere des Vatikans, des Laterans und der Villa Castel Gandolfo am Albanersee mit den für unveräußerlich erklärten Sammlungen, Exterritorialität gegenüber der italienischen Exekutive, das Gesandtschaftsrecht, Freiheit des Verkehrs mit eigenem Post- und Telegraphenbureau und Portofreiheit.

[2] Zurzeit halten von den deutschen Einzelstaaten Preußen und Bayern Gesandte zweiter Klasse (a. o. Gesandte und bevollmächtigte Minister) beim Vatikan.

[3] Nach der Konstitution Pius' X. Apostolicae vom 15. April 1910 verwalten im Namen und an Stelle der Kardinalbischöfe vom Papst ernannte Hilfsbischöfe, deren Jurisdiktion mit dem Tode der Vertretenen nicht erlischt, diese Bistümer, so zwar, daß den Kardinalbischöfen außer einer Reihe von Ehrenrechten (feierliche Weihe der hl. Öle, Zelebration der Pontifikalämter, Insignien u. a.) die Aufsicht und Visitationsbefugnis, gewisse Konsensrechte, die Erteilung der Weihen u. a. verbleiben.

Aufsteigen in der Hierarchie verzichten. Sie [1] werden auf bestimmte Kirchen Roms, die sogenannten Titel (vornehmster: S. Lorenzo in Lucina) und Diakonien (erste: S. Maria in Via Lata) vom Papst nach bloß formeller Anhörung des h. Kollegiums und unter Berücksichtigung der Wünsche der großen katholischen Mächte Österreich und Spanien (Kronkardinäle) ernannt (creatio), und zwar in mehreren Konsistorien, d. h. Versammlungen des Papstes und der Kardinäle, in einem ersten, geheimen (Möglichkeit der reservatio in pectore, z. B. eines als Nuntius zurzeit noch unentbehrlichen Prälaten, und späterer Publikation unter Wahrung der Anciennität) [2], und in weiteren, in öffentlichen mit geladenen Gästen [3] oder in geheimen (Übergabe des breitkrämpigen, mit 15 Flocken oder Quasten versehenen, roten Hutes und des Ringes, annulus cardinalicius, Schließung des Mundes und nachherige Wiederöffnung zur Symbolisierung der Pflicht, im Amte zu schweigen und zu reden, Anweisung von Titel oder Diakonie [4]). Vorstand des Kardinalskollegiums ist als Kardinaldekan der Bischof von Ostia, als Subdekan derjenige von Porto, infolge des heute noch geltenden Optionsrechtes (§ 40, 1) meist der amtsälteste bzw. nachälteste Kardinalbischof. Die Kardinäle beziehen die Einkünfte ihrer Kirchen und etwaiger weiterer Pfründen samt einem Anteil der Einkünfte des Kollegiums (besonderer Camerlengo del Sacro Collegio, alljährlich im ersten Konsistorium durch Überreichung einer roten Börse neu bestellt) und, falls all dies samt Privateinkommen nicht 4000 Skudi (etwa 16 800 Mk.) ausmacht, eine monatliche Rente aus der päpstlichen Kammer (piatto cardinalizio, Kardinalsschüssel). Sie sind geborene Mitglieder der allgemeinen Konzilien und werden nur vom Papst gerichtet; ihre Injurierung ist Majestätsverbrechen, sie tragen (seit 1905) das Brustkreuz, auch wenn sie nicht Bischofsweihe haben, und den Kardinalsring, gehen allen anderen kirchlichen Würdenträgern vor und unmittelbar nach regierenden Fürsten, die ihnen gebührende Anrede ist Eminenz [5], ihre Tracht der Purpur, eventuell ihre Ordensfarbe mit roten Abzeichen.

Hinschius, Kr. I §§ 33—39; Kirsch, Die reservatio in petto, A. f. k. Kr. LXXXI, 1901.

Das wichtigste Recht der Kardinäle ist die Papstwahl, deren ordentliche Form jetzt durch Pius' X. Konstitution Vacante sede Apostolica vom 25. Dezember 1904 nebst desselben Konstitution Commissum Nobis vom 20. Januar 1904 geregelt ist, während für die außerordentliche (eventuell außerhalb Roms) maßgebend bleibt Leos XIII. Konstitution Praedecessores Nostri vom 24. Mai 1882 mit zugehöriger Instructio (Regolamento) [6]. Nachdem der Heilige Stuhl durch Tod oder Abdankung erledigt worden ist, beziehen die in Rom residierenden oder herbeigeeilten (auch exkommunizierten) Kardinäle mit Begleit am elften Tag das Konklave [7], einen jeweilen herzurichtenden vermauerten Raum, jetzt im Vatikan, mit sehr beschränkter, streng beaufsichtigter Verkehrsgelegenheit nach außen (Speisenzufuhr, Einlaß nachträglich eintreffender Kardinäle), der vor Vollendung der Wahl nicht mehr verlassen

[1] Natürlich mit Ausnahme der Kardinalbischöfe. Bloß Priester war z. B. 16 Jahre lang Kardinal Pitra, bis er 1879, nachdem er zweimal abgelehnt, für Frascati optierte und von Leo XIII. selbst die Bischofsweihe empfing.

[2] Am Nachmittag wird den in Rom anwesenden im Vorzimmer des Papstes das rote Käppchen und später von diesem selbst das Birett überreicht. Die auswärtigen erhalten das Käppchen durch einen Nobelgardisten, während das Birett wenigstens den Kronkardinälen von ihren Staatsoberhäuptern, denen ein apostolischer Ablegat es zu diesem Zweck überbracht hat, in feierlichem Gepränge überreicht wird. Baumgarten, Die Übersendung des roten Hutes, H. Jb. XXVI, 1905. Vgl. Acta Apostolicae Sedis III, 1911 p. 590 ss., 655 ss., IV 696 ss. über die öffentlichen und geheimen Konsistorien Pius' X. vom 27. und 30. November 1911, 2. Dezember 1912.

[3] Als halböffentlich (semipublica) bezeichnet man Konsistorien, an denen außer dem Hl. Kolleg die in Rom anwesenden Bischöfe teilnehmen.

[4] Schiappoli, Le chiese di titolo cardinalizio, La Legge XLIX, 1910. Vgl. die Verleihung der Diakonien S. Maria in Domnica vom 30. November 1911 und S. Cesareo in Palatio, Acta A. Sedis IV, 1912 p. 169 ss., 469 ss. und Biasiotti, Le diaconie cardinalizie e la diaconia S. Viti in Macello, 1911.

[5] So wird sonst nur noch der Großmeister der Malteser tituliert.

[6] Alle drei Erlasse in Pii X. Acta, vol. III, 1908 p. 239 ss. und bei Giese, Die geltenden Papstwahlgesetze, Kl. Texte von Lietzmann LXXXV, 1912, auch D. Z. f. Kr. XIX, 1909, A. f. k. Kr. LXXXIX, 1909.

[7] Das italienische Garantiegesetz gewährleistet für die Zeit der Vakanz die persönliche Freiheit der Kardinäle und des Konklaves.

werden darf. Die Wahl geschieht entweder a) quasi per inspirationem, also durch Akklamation, oder b) per compromissum, d. h. durch die Majorität der (mindestens zwei) von den anderen einstimmig mit der Wahl Beauftragten, oder c) per scrutinium, d. i. in geheimer Stimmzettelwahl[1] durch zwei Drittel, nicht gerechnet den Gewählten, falls er für sich selbst gestimmt hat. Führt eine Hauptwahl nicht ganz zur Zweidrittelsmehrheit, so kommt es nicht mehr zu einer Zusatzwahl, zum Akzeß (accedo nemini = Aufrechterhaltung der früheren Stimmabgabe; accedo dem oder jenem in der Hauptwahl mit größerer oder geringerer Stimmenzahl Vertretenen = Übergang zu demselben), sondern zu einer bloßen Nachwahl (ohne Neuvereidigung der Wähler und Neubestellung des Wahlbureaus). Die von den katholischen Mächten in Anspruch genommene Befugnis (Exklusive), in jedem Konklave einmal durch einen Vertrauens- (Kron-) Kardinal gegen einen mißliebigen Kandidaten ein Veto einzulegen[2], dessen Nichtbeachtung aber die Wahl nicht nichtig machen würde, ist von Pius X. noch energischer als von seinen Vorgängern verworfen, und jede Beeinflussung der Papstwahl von seiten einer weltlichen Macht, selbst durch Äußerung eines bloßen Wunsches, ist bei Strafe der dem künftigen Papste speziell vorbehaltenen excommunicatio maior latae sententiae untersagt sowie nach Kräften unmöglich gemacht worden[3]. Wählbar ist jeder Christ; seit 1389 werden tatsächlich bloß Kardinäle gewählt. Mit der Annahme der Wahl wird die Jurisdiktion erworben. Ist der Gewählte, der seinen Namen wechselt, schon Bischof, so erhält er bloß noch eine Benediktion; sonst konsekriert ihn der Kardinaldekan, der — aber nur für diese Gelegenheit — deshalb auch das Pallium erhält.

Hinschius, Kr. I §§ 29, 30; Lector (Guthlin), Le conclave, 1894; Ceccarione, Il Conclave, 1900; Berthelet, Muß der Papst ein Italiener sein? 1894, Conclavi, pontefici e cardinali nel secolo XIX, 1902; Die Conclavien des 19. Jahrhunderts, Hist.-pol. Bl. CXXXII, 1903; Wurm, Die Papstwahl, 1902; v. Schulte, Die Papstwahl nach den Erlassen Pius' IX., Preuß. Jbb. LXVIII, 1891; Wahrmund, Das Ausschließungsrecht bei den Papstwahlen, 1888, Beiträge zur Geschichte des Exklusionsrechtes, Wiener Ak. S. B., phil.-hist. Kl., CXXII, 1890, Zur Geschichte des Exklusionsrechtes im 18. Jahrhundert, A. f. k. Kr. LXVIII, 1892, Die Bulle Aeterni patris filius, ebenda LXXII, 1894, Die kaiserliche Exklusive im Konklave Innozenz XIII., mit einem Anhang, betr. die Akten des päpstlichen Konsistorialarchivs über Sedisvakanz und Konklave, Wiener Ak. S. B., phil.-hist. Kl., CLXX, 5, 1912; Sägmüller, Das Recht der Exklusive, Kath. LXIX 1, 1889, Die Papstwahlbullen, 1892, Der Anfang des staatlichen Ausschließungsrechtes, Kath. LXXIV 1, 1894, und im A. f. k. Kr. LXXIII, 1895, LXXVI, 1896; Giobbio, Österreich, Frankreich und Spanien und das Ausschließungsrecht im Conclave, 1904; Pivano, Il Veto od Esclusiva nell' elezione del pontefice, Studi ... in onore di ... Scialoja II, 1905; Eisler, Das Veto der katholischen Staaten bei der Papstwahl seit dem Ende des 16. Jahrhunderts, 1907; Holder, Die Designation der Nachfolger durch die Päpste, 1892 und im A. f. k. Kr. LXXII, LXXVI, LXXXIII (§ 12), 1894, 1896, 1903; Hollweck, Kann der Papst seinen Nachfolger bestimmen? A. f. k. Kr. LXXIV, 1895 (dazu Gillmann, A. f. k. Kr. XC, 1910); Sabatier, Comment on devient pape? 1901, Le pape peut-il désigner son successeur? Rev. can., 1901; Périès, L'intervention du pape dans l'élection de son successeur, 1902; Many, Du droit des papes de désigner leur successeur, Revue de l'institut cath. de Paris, 1902.

[1] Die Einrichtung der Stimmzettel ist am besten aus Lector (Guthlin), L'élection papale, 1896, aus dem oben genannten, ausführlicheren Werke desselben Verfassers, aus de Waal, Pius X. (§ 43 S. 365, A. 5), aus: Die katholische Kirche unserer Zeit, herausgegeben von der Leo-Gesellschaft I[2], 1905, und aus den Papstwahlbeschreibungen zu ersehen, die mit Abbildungen fast zu jedem Konklave erschienen sind.

[2] Im Konklave Pius' X. gab der Kardinal Puzyna von Krakau am 2. August 1903 im Auftrag des Kaisers von Österreich die Erklärung ab, daß diesem die Wahl des Kardinals Rampolla minder genehm sein würde, ein Veto, das zwar zunächst zu einem Protest führte, zu einem ausdrücklichen und zu einem tatsächlichen (Steigen der Stimmen des Ausgeschlossenen), aber schließlich doch beachtet wurde; vgl. darüber und über die Wahl Pius' X.: (Card. Mathieu), Les derniers jours de Léon XIII et le conclave par un témoin, Revue des Deux mondes, 15 mars 1904 (mit einigen Abschwächungen und Auslassungen auch sep.) und dazu sowie zu der § 43 S. 365 A. 5 angeführten Lit. Baumgarten, Theol. Revue III, 1904 Nr. 15/16 Sp. 449 ff.

[3] Jeder Kardinal hat bei seiner Kreation (erstmals geschehen in dem oben S. 417 A. 2 erwähnten öffentlichen Konsistorium vom 30. November 1911), nach Beendigung eines Pontifikates in der ersten Generalkongregation und nach dem Eintritt in das Konklave sich zur Nichtannahme und Nichtweitergabe nicht nur eines Vetos, sondern auch eines bloßen Wunsches eidlich zu verpflichten. Vgl. Stutz, Die Exklusive bei der Papstwahl, Pius' X. Konstitution Commissum Nobis, Stutz, Kr. A., 58. H., 1909 S. 231 ff. und darnach Friedberg, Die Staatsregierungen und die Papstwahl, Deutsche Juristenzeitung XIV, 1909, Nr. 15/16 vom 1. August.

§ 69. Die römische Kurie.

Außer den Kardinälen gehören[1] zur Curia Romana[2] die Kurialprälaten (Monsignori mit violettem Talar) und das Subalternpersonal der Kurialen (Agenten, Prokuratoren). Die Kurialbehörden[3] sind entweder:

1. Kardinalskongregationen (Sacrae Congregationes), früher 21, jetzt 11, nämlich: a) das Sanctum Officium[4] zur Wahrung der Reinheit der katholischen Lehre in Glauben und Sitten, zur Abwehr von Ketzerei und damit Verwandtem (Dekret gegen Leichenverbrennung[5]) sowie (besondere Abteilung) für das Ablaßwesen, b) die C. Consistorialis, in der eine erste Abteilung die Konsistorialgeschäfte vorbereitet und die Errichtung und Besetzung der Bistümer sowie die Bestellung der Weihbischöfe besorgt, die zweite aber Aufsichtsbehörde über die Bischöfe und deren Verwaltung sowie über die bischöflichen Seminare ist, einer dritten, durch das Motuproprio Cum omnes (§ 43 S. 365 A. 4) geschaffenen, die Organisation und Beaufsichtigung der Seelsorge für die Auswanderer lateinischen Ritus anvertraut ist, indes der ganzen Kongregation die Aufgabe obliegt, in Zuständigkeitsstreitigkeiten zwischen Kongregationen oder zwischen solchen und den Gerichtshöfen (aber nicht gegenüber dem Sant' Offizio, zu entscheiden, c) die C. de disciplina Sacramentorum (neu!) für die disziplinäre Seite der Sakramente (Ehe-, Irregularitätsdispensen), d) die C. Concilii[6], Aufsichtsbehörde für den Weltklerus vom Domherrn an abwärts und für das Volk mit seinen Bruderschaften sowie für die kirchlichen Einrichtungen innerhalb des Bistums[7], e) die C. Negotiis religiosorum sodalium praeposita für die Ordensleute im weitesten Sinne des Wortes (aber nicht als Missionare!), f) die C. de Propaganda Fide für alle Missionsländer mit zwei ziemlich selbständigen Abteilungen für den lateinischen und den orientalischen Ritus[8] (aber nicht mehr mit ausschließlicher Zuständigkeit[9], sondern unter Vorgang der unter a, g, h, i, k, sowie, in Ehesachen, auch der unter c angeführten Kongregationen, endlich der Gerichtshöfe in ihrem Tätigkeitsbereiche auch für die Mission!), g) die C. Indicis (sc. librorum prohibitorum)[1]

---

[1] Nach der Konstitution Pius' X. Sapienti consilio (§ 61 S. 409 A. 1); dazu erging ein Ordo servandus in Sacris Congregationibus, Tribunalibus, Officiis Romanae Curiae, u. z. Normae communes, gleichfalls unterm 29. Juni, Normae peculiares unterm 29. September 1908.

[2] Ihren und der gesamten kirchlichen Hierarchie jeweiligen Bestand verzeichnet das alljährlich erscheinende, jetzt vom Staatssekretariat herausgegebene, päpstliche Kirchenhandbuch, Annuario pontificio (so seit 1912, früher Gerarchia cattolica), neueste Ausgabe 1913.

[3] Die Anstellung bei der Kurie setzt das Bestehen einer Dienstprüfung voraus, ist mit festem Gehalt verbunden und hat Aufsteigen nach dem Dienstalter zur Folge.

[4] Bis 1908 auch C. Romanae et universalis Inquisitionis geheißen (§ 40, 1). Für diese Kongregation besteht eine besonders strenge Pflicht zur Wahrung des Amtsgeheimnisses (Secretum S. Officii); auf dessen Verletzung steht die dem Papste ganz speziell vorbehaltene excommunicatio maior latae sententiae. Übrigens gilt diese verschärfte Amtsverschwiegenheit jetzt auch für die unter b und g genannten, für letztere allerdings nicht gegenüber a und umgekehrt.

[5] Ein auf eine Anfrage des Freiburger Erzbischofs ergangenes, die früheren mit berücksichtigendes vom 27. Juli 1892 im A. f. k. Kr. LXXIII, 1895.

[6] Für die authentische Interpretation des Trienter Konzils ist sie heute so wenig mehr allein zuständig wie für die der übrigen Kirchengesetze. Vielmehr gebührt diese mit päpstlicher Genehmigung jeder Kongregation für den ihr zugewiesenen Wirkungskreis; Dekret der Konsistorialkongregation vom 11. Februar 1911.

[7] Dieser Kongregation ist auch — in Anbetracht der Vorgänge in Frankreich und Portugal sehr zeitgemäß — die Befugnis erteilt, den Erwerb säkularisierten und usurpierten Kirchengutes zu gestatten; Dekret der Konsistorialkongregation vom 14. März 1910; vgl. die einschlägigen Fakultäten für die französischen Bischöfe vom 24. September 1907, A. f. k. Kr. LXXXVIII, 1908 und D. Z. f. Kr. XVIII, 1908, sowie die neuesten österreichischen Dezennalfakultäten zur Veräußerung von Kirchengut A. f. k. Kr. XC, 1910 und XCII, 1912; sie entsprechen übrigens den früher den italienischen Bischöfen gegebenen. Siehe auch Boudinhon, Biens d'église et peines canoniques, 1910.

[8] Bezüglich dieses ist ihr auch die Auswandererseelsorge anvertraut.

[9] Das Sprichwort Propaganda habet ceteras congregationes in ventre trifft deshalb ebensowenig mehr zu wie aus den aus § 71 ersichtlichen Gründen das andere, die Zuständigkeit der Propaganda mache erst Halt an den Pforten der Hölle, oder wie die Bezeichnung des Kardinalpräfekten der Propaganda als „roter Papst" (als der „schwarze Papst" wird der Jesuitengeneral bezeichnet, der wirkliche trägt sich weiß, § 67).

[10] Neueste vereinfachte Ausgabe: Index librorum prohibitorum Leonis XIII summi Pontificis auctoritate recognitus SS. P. N. Pii P. X. jussu tertio editus, 1911. Der Sekretär der

zur Schriftenzensur und zur Erteilung von Dispensen vom Bücherverbot gemäß Leos XIII. Konstitution Officiorum ac munerum vom 25. Januar 1897, aber auch ex officio, h) die C. sacrorum Rituum für den Ritus der lateinischen Kirche, das Reliquienwesen und zur Entscheidung der Prozesse (dabei ein Offizialvertreter, der promotor fidei, als alle Hindernisse geltend machender advocatus diaboli), die zur Beatifikationssentenz (bloß beschränkte Verehrung) und nach Bewährung eventuell zur Kanonisation mit der Verehrung durch die ganze Kirche und Anerkennung der Fürsprecherstellung (sanctus) führen, i) die C. Caeremonialis für die Zeremonien in der päpstlichen Hauskapelle und Aula sowie für die Funktionen der Kardinäle, k) die C. pro negotiis ecclesiasticis extraordinariis für die Staatspolitik, besonders auch für die Vorbereitung von Konkordaten, l) die C. studiorum für die kirchlichen Universitäten und Fakultäten [1]. Jede dieser Kongregationen hat in ihrem Geschäftsbereich Gesetzgebung und Verwaltung, aber auch Disziplinargerichtsbarkeit (zum Vorgehen in linea disciplinari sine forma et strepitu iudicii). Vorsitzender ist in a und b der Papst, weshalb diese einen Kardinal als Sekretär haben, wie auch in b der Kardinalsekretär von a und der Kardinalstaatssekretär von Amts wegen sitzen; sonst steht ein Kardinal als Präfekt an der Spitze und ist Sekretär ein Kurialprälat. Beisitzer sind kraft päpstlicher Berufung 6—25 (bei k nur residierende) Kardinäle, dazu Kurialprälaten als Beamte (im Sant' Offizio ein Dominikaner als Generalkommissar) und Konsultoren (Fachgelehrte) sowie Unterbeamte. Allwöchentlich findet ein Congresso von Präfekt, Sekretär und Untersekretär für die laufenden Sachen statt sowie zur Vorbereitung wichtigerer für die monatliche plena congregatio. Bei besonderer Wichtigkeit ist päpstliche Bestätigung in audientia Sanctissimi nachzusuchen. Appellation ist ausgeschlossen; doch kann binnen 10 Tagen das beneficium novae audientiae erbeten werden;

2. Gerichtsbehörden (Tribunalia), nämlich: a) die Sacra Poenitentiaria mit dem Kardinalgroßpönitentiar an der Spitze für Gnadenerweise, Absolutionen und Dispensationen in foro interno (sacramentali et extrasacramentali), also für das Bußwesen, b) die Sacra Romana Rota (Dekan und zehn Prälaten als Auditoren, jeder mit einem adiutor als Assistenten, dazu promotor iustitiae und defensor vinculi sc. matrimonii) für die Entscheidung kirchlicher Zivil- und Strafprozesse (aber causae maiores z. B. Strafklagen gegen Bischöfe dem Papste vorbehalten) regelmäßig in zweiter und (vor einem anderen Senate, turnus, mit drei oder mehr Richtern) in dritter, auf Befehl des Papstes (ev. als Plenum) auch in erster Instanz [2], c) die Signatura Apostolica [3], der Kassationsgerichtshof (ein Kardinalpräfekt, fünf Kardinäle als Bei-

Indexkongregation ist stets ein Dominikaner, ebenso der Assistens perpetuus des Präfekten. Innerhalb des Bistums handhabt der Bischof bzw. sein Beauftragter die Zensur. Von ihm können nach dem Motuproprio Pius' X. Sacrorum Antistitum (§ 43 S. 366 A. 2) auch Bücher verboten werden, die in einer anderen Diözese das Imprimatur erhalten haben. Vom Bischof verbotene Bücher dürfen nur mit päpstlicher facultas legendi libros a quibuscumque damnatos gelesen werden.

[1] Dazu kommen noch die neueren und flüssigeren Gebilde der Kardinalskommissionen, z. B. die C. studiis historicis praeposita (seit 1883), die C. pro reunione ecclesiarum dissidentium (seit 1894), die C. Fidei in Urbe (Roma) praeservandae (1902), die C. de Re Biblica (1902) und vor allem die C. iuri canonico codificando (1904), die z. Z. nach dem Annuario pontificio 1913 aus 14 Kardinälen, 2 Kurialprälaten als Sekretär und Assistent, und 50 in Rom residierenden Konsultoren (darunter 22 Ordensleuten) sowie einer großen Zahl auswärtiger Kollaboratoren besteht, u. a. sowie einige Partikularkongregationen, wie z. B. die Congregatio reverendae fabricae S. Petri.

[2] Auch die restitutio in integrum gegen rechtskräftige Urteile unterer Instanzen zu gewähren, ist Sache der Rota.

[3] Für Rota und Signatura erging am 29. Juni 1908 die Lex propria Sacrae Romanae Rotae et Signaturae Apostolicae, für die erstere am 8. September 1909 bzw. 4. August 1910 eine Prozeßordnung: Regulae servandae in praecipuis actis iudiciariis apud S. Romanae Rotae tribunal (auch separat) bzw. (in endgültiger Fassung) Regulae servandae in iudiciis apud S. Romanae Rotae tribunal approbatae et confirmatae (gleichfalls auch sep.), für die letztere eine ebensolche am 6. März 1912: Regulae servandae in iudiciis apud supremum Signaturae Apostolicae tribunal (auch im Sonderdruck). Die Entscheidungen beider Gerichtshöfe werden in den Acta A. Sedis veröffentlicht, von der Rota allerdings nur die nicht geheim verhandelten. Letztere umfaßt jetzt aber mit die offizielle Sammlung: S. Romanae Rotae decisiones seu sententiae . . . cura eiusdem S. Tribunalis editae I, 1912, II, 1913. Siehe auch Pezzani, In decisiones S. Romanae Rotae commentarium I, 1910, II, 1912; Wynen, A. f. k. Kr. XCI, 1911.

sitzer, ein Kurialprälat als Sekretär), namentlich auch zur Kontrolle der Rota. Sachen, die zu gerichtlichem Verfahren sich eignen, sollen nur an die Gerichtshöfe gebracht werden; Prävention, eventuell der Papst entscheidet[1]. Die Urteile bedürfen nicht der päpstlichen Bestätigung. Aber der Papst kann auf supplicatio oder retractatio hin gegen das rechtskräftige Urteil das beneficium novae audientiae gewähren und eine erneute Verhandlung anordnen, jedoch in derselben Sache nur einmal;

3. Ämter (Officia), nämlich: a) die Cancellaria Apostolica mit dem Kardinalkanzler als Vorsteher für die Ausfertigung der Bullen auf Anordnung des Papstes oder der Konsistorialkongregation, b) die Dataria Apostolica mit dem Kardinaldatar als Leiter (aber nur ad vitam Pontificis) für die Verleihung der niederen, dem Papste vorbehaltenen Pfründen (beneficia non consistorialia), c) die Camera Apostolica mit dem Kardinalkämmerer (Camerlengo di Santa Romana Chiesa) als Chef, dem während der Erledigung des päpstlichen Stuhles die gesamte Verwaltung des päpstlichen Hofes obliegt, d) die Secretaria Status (Auswärtiges Amt und Zivilkabinett) mit drei Abteilungen, nämlich: 1. (Leiter: der Sekretär der unter 1 k genannten Kongregation) für die außerordentlichen kirchlichen Angelegenheiten (Weitergabe an 1 k), 2. (Leiter: der Substitut) für die ordentlichen Angelegenheiten, besonders für Besetzung der Kurialbehörden, Auszeichnungen, 3. (Leiter: der Brevenkanzler) für die Ausfertigung der päpstlichen Breven, unter dem Kardinalstaatssekretär, der zugleich die Geschäfte eines Präfekten der Kongregation für die außerordentlichen Angelegenheiten führt, jederzeit Zutritt zum Papste hat und der einflußreichste Mann bei der Kurie zu sein pflegt, e) Secretaria Brevium ad Principes et Epistolarum latinarum.

Leitner, De Curia Romana, textus documentorum, 1909. Dazu Haring, Die Neuordnung der päpstlichen Behörden, Lit. Anzeiger XXII, 1908 Nr. 11, 12; Ebers, Die römische Kurie gemäß der Konstitution Sapienti consilio, Wiss. Beil. z. Germania 1908 Nr. 45/46 (auch sep.); Hilling, Die Neuorganisation der römischen Kurie, Theol. u. Glaube I, 1909 S. 32 ff. (vgl. § 43 S. 367 A. 10); Parayre, La nouvelle organisation du gouvernement central de l'Église, 1908; Fourneret, La réforme de la Curie romaine, Can. cont. XXXI, 1908; Gausch, Die Konstitution Sapienti consilio, A. f. k. Kr. LXXXIX, 1909; Speiser, La réorganisation de la Curie romaine, 1909; Holl, Die Reform der Kurie durch Pius X., Christl. Welt, XXIV, 1910, Sp. 199 ff.; Ojetti, De curia Romana, 1910; Simier, La curie romaine, 1910; Cappello, De curia Romana iuxta reformationem a Pio X ... inductam I, II, 1911; Monin, De curia Romana, eius historia ac hodierna disciplina, 1912; Ruck, Die Organisation der römischen Kurie, 1913. Über die Verfassung der Kurie vor der Reform vgl. Hinschius, Kr. I §§ 40, 42—67, IV §§ 211^{II}, 212^{II}; Bangen, Die römische Kurie, 1854; Grimaldi, Les congrégations romaines, 1890; Hilling, Die römische Kurie, 1906; Reusch, Der Index der verbotenen Bücher, I, II, 1883/85. Über die const. Officiorum und den neuen Index s. Hollweck, Das kirchliche Bücherverbot [2], 1897; Pennacchi, In constitutionem apostolicam Officiorum ac munerum ... commentatio, 1898 (auch in Acta S. sedis XXXIII); Périès, L'Index, 1898; Boudinhon, La nouvelle législation de l'Index, 1900; Schneider, Die wichtigsten Bestimmungen der neuen Büchergesetze der Kirche, 1900 (auch in der Theol.-prakt. Monatsschrift), Der neue Index, A. f. k. Kr. LXXXI, 1901; Vermeersch, De prohibitione et censura librorum [4], 1906; Hilgenreiner, Die kirchliche Vorzensur und das Partikularrecht, 1901; Lehmann, Päpstliche Censur zu Anfang des 20. Jahrhunderts, Preuß. Jbb. CVII, 1902, auch in seinen Historischen Aufsätzen, 1911; Sleutjes, De prohibitione et censura librorum iuxta Leonis XIII const. Officiorum, 1903; Hilgers, Der Index (§ 40, 1), Die Bücherverbote in Papstbriefen, 1907; Sleumer, Index Romanus [4], 1909.

§ 70. Legaten und Nuntien.

Die diplomatischen Vertreter der Kurie bei den Regierungen sind zurzeit regelmäßig legati missi oder nuntii apostolici, und zwar entweder erster Klasse (Wien, Madrid, Lissabon; vor Pius X. Vorstufe für ein Kardinalat) oder zweiter Klasse (München, Brüssel, Petropolis; Vorstufe für die erste Klasse oder ein kardinalizisches Amt in curia), beide gewöhnlich Titularerzbischöfe mit

---

[1] Also nicht eigentlich Trennung der Gewalten, sondern bloße Wiederherstellung der Arbeitsteilung zwischen der Justiz und der bisher alles an sich reißenden Verwaltung, gilt doch als oberster Grundsatz für alle Kurialbehörden, auch für die Gerichte, ut nil grave et extraordinarium agatur, nisi a Moderatoribus. .. Nobis (dem Papste) Nostrisque pro tempore Successoribus fuerit ante significatum.

dem Rang eines Botschafters oder Gesandten zweiter Klasse und als geborene Doyens der entsprechenden diplomatischen Korps seit dem Wiener Kongreß anerkannt. Oder es sind Internuntien (z. B. im Haag), die des bischöflichen Ranges entbehren können. Oder es sind endlich, zumal in überseeischen Gebieten, nur apostolische Delegaten [1], Geschäftsträger, die aber doch kirchlich mit erzbischöflichem oder bischöflichem Rang versehen werden. Alle diese Gesandten haben nämlich auch dem Landesepiskopat gegenüber den Papst zu vertreten, wennschon ihnen nicht mehr die Fülle der Primatialgewalt für die betreffenden Gebiete delegiert wird, sie vielmehr begrenzte Vollmachten erhalten.

Kardinäle, die Nuntiaturen nur als Pronuntien und nur zeitweilig weiterversehen können, werden für besondere Anlässe als legati a latere zu außerordentlichen Missionen verwendet [2]; sie sind als solche das alter ego des Papstes.

Hinschius, Kr. I § 73.

§ 71. Ordentlicher und Missionsorganismus.

Der Gegensatz von terrae sedis apostolicae [3] und terrae missionis [4] besteht auch heute für die kirchliche Provinzialregierung fort. Die Mission beginnt, wenn über das Stadium der Einzelmission, Station, mit einem Superior hinausgekommen, mit der Abordnung eines Priesters als apostolischen Präfekten, der, nachdem genügende Fortschritte gemacht sind, durch einen vicarius apostolicus mit bischöflicher Weihe als Missionsleiter ersetzt wird, und sie erreicht ihre vollkommenste Organisation durch Errichtung eines Missionsbistumes. Doch bleibt dessen Umfang veränderlich, und auch die darin enthaltenen Missionspfarreien haben geringere Beständigkeit (bloße Stationen der Kathedrale), Die Missionsgeistlichen sind jederzeit abrufbar (ad nutum episcopi); neben dem Bischof stehen keine Kapitel oder doch nicht solche mit Vollrecht. Die ganze Einrichtung ist von einer starken Zentralgewalt ohne kanonische Schranken beherrscht. Sämtliche Missionen stehen unter der römischen Congregatio de Propaganda Fide (§ 69, 1 f).

De Martinis, Ius pontificium de Propaganda Fide I, 1—7, II, 1, 1888—1909; Konings-Putzer, Commentarium in facultates apostolicas episcopis necnon vicariis et praefectis apostolicis concedi solitas [4], 1897; Collectanea constitutionum etc. Sanctae Sedis ad usum operariorum apostolicorum Societatis Missionum ad exteros [2], 1898; Collectanea S. Congregationis de Propaganda Fide seu decreta, instructiones, rescripta pro apostolicis missionibus [2], I, II, 1907; Hinschius, Kr. II § 98, IV § 225; Neher, Kirchliche Geographie und Statistik, 3 Bde., 1864—68, Conspectus hierarchiae catholicae, 1895; Werner, Katholischer Kirchenatlas, 1888, Orbis terrarum catholicus, 1890; Krose, Kirchliches Handbuch I—IV, 1908 bis 1913, Katholische Missionsstatistik, St. M.-L., Ergänzungsh. XCVII, 1908; Arndt, Die gegenseitigen Rechtsverhältnisse der Riten in der katholischen Kirche, A. f. k. Kr. LXXI, 1894; Frey, Die Riten der katholischen Kirche in ihrem Verhältnis zueinander, Kath. LXXXIII, 1903;

[1] Fakultäten des nordamerikanischen Delegaten von 1896 im A. f. k. Kr. LXXVIII, 1898.

[2] Das Kommissorium des Kardinals Kopp von Breslau als legatus a latere Leos XIII. zur Weihe des Domportals zu Metz vom 5. Mai 1903 siehe in den Acta S. Sedis XXXVI, 1903 p. 15.

[3] Sie sind sämtlich lateinischen Ritus' und umfassen Teile von Deutschland (§ 72) und der Schweiz, ferner Österreich-Ungarn, Frankreich, Belgien, Italien, Spanien, Portugal, Malta, Rußland lateinischen Ritus', Algier, Mexiko, Zentral- und Südamerika, den Patriarchat Goa und die Philippinen, wozu durch die Konstitution Sapienti consilio (§ 61 S. 409 A. 1) noch England und Wales (durch Pius' X. Konstitution Si qua est vom 28. Oktober 1911 in 3 Kirchenprovinzen statt einer: Westminster, Birmingham und Liverpool mit 4, 5 und 5 Suffraganbistümern eingeteilt), Schottland, Irland, Holland, das Bistum Luxemburg in Europa, Kanada, Neufundland und die Vereinigten Staaten von Nordamerika gekommen sind. Die Folge dieser gewaltigen Verschiebung ist und wird wohl nach der Neukodifikation des kanonischen Rechtes noch mehr sein die Übernahme einer Masse von Missionsrecht in das gemeine Kirchenrecht, ein Vorgang, durch den die § 40, 2 angedeutete Entwicklung zum Abschluß gelangen dürfte.

[4] Vgl. § 40, 2. Früher waren es teils partes infidelium, i. e. provinciae, civitates et terrae, quae magistratui infideli vel haeretico subiiciuntur, teils terrae, ubi haereses impune grassantur et non observatur Sanctum Officium, während heute grundsätzlich darauf abgestellt wird, daß regelmäßig (Ausnahme z. B. Vorderindien mit 7 Erzbistümern und 19 Suffraganbistümern) die hierarchische Verfassung fehlt, nämlich Teile von Deutschland (§ 72) und der Schweiz, ferner Skandinavien, Rußland griechischen Ritus', Griechenland, die Balkanstaaten sowie alle außereuropäischen Länder mit Ausnahme der in A. 3 genannten.

Köhler, Die katholischen Kirchen des Morgenlandes, 1896; Lübeck, Die christlichen Kirchen des Orients, 1911; Mejer, Propaganda (§ 40, 2); Hilling, Die rechtliche Stellung der Propagandakongregation nach der neuen Kurialreform Pius' X., Zeitschr. f. Missionswissensch. I, 1911; Grentrup, Die rechtlichen Beziehungen der Missionsländer zur römischen Kurie in der Gegenwart, A. f. k. Kr. XCIII, 1913; Bellesheim, Verabschiedung der englischen Bischöfe von der Kongregation der Propaganda, A. f. k. Kr. LXXXIX, 1909; Louvet, Les missions catholiques au 19e siècle, 1898; Missiones catholicae cura S. Congregationis de propaganda fide descriptae, 1901; Piolet, Les missions catholiques françaises au 19e siècle I—IV, 1900—03; Die katholische Kirche unserer Zeit (oben S. 418 A. 1), II und III[2]: Die katholische Kirche auf dem Erdenrund; Huonder, Der einheimische Klerus in den Heidenländern, 1909; Schmidlin (§ 40, 2).

§ 72. Die Organisation der katholischen Kirche in Deutschland.

Im Deutschen Reich[1] gibt es zunächst terrae sedis apostolicae, nämlich in Bayern (Konkordat vom 15. Juni 1817) die Kirchenprovinz München-Freising mit dem gleichnamigen Erzbistum und den Suffraganbistümern Augsburg, Passau, Regensburg, weiter die Kirchenprovinz Bamberg mit diesem als Erzbistum (und den Katholiken Koburgs) und mit den Suffraganaten Würzburg (mit Sachsen-Meiningen), Eichstätt und Speyer. Dann am Oberrhein die oberrheinische Kirchenprovinz (Bullen Provida solersque vom 16. August 1821 und Ad dominici gregis custodiam vom 11. April 1827) mit Freiburg als Erzbistum (Baden und von Preußen die beiden Hohenzollern) und den Suffraganbistümern Rottenburg (für Württemberg), Mainz (für Hessen), Fulda (für Kurhessen mit Grafschaft Schaumburg, jetzt Preußen, und für Sachsen-Weimar) und Limburg (einst Nassau, jetzt Preußen). Für Preußen wurden errichtet (Bulle De salute animarum vom 16. Juli 1821) die niederrheinische Kirchenprovinz mit Köln als Erzbistum und Trier (mit dem rechtsrheinischen Wetzlar und den Katholiken des oldenburgischen Fürstentums Birkenfeld), Münster (dem durch Staatsvertrag von 1830 und stillschweigende päpstliche Gutheißung die Katholiken des Herzogtums Oldenburg angegliedert sind) und Paderborn (mit Lippe und Waldeck) als Suffraganbistümern, ferner die Provinz Gnesen-Posen mit diesen unierten Diözesen als Erzbistümern und Kulm (Pelplin) als Suffraganat, endlich die exemten, unmittelbar dem Papst unterstellten (§ 67) Bistümer Breslau (mit zum Teil österreichischem Gebiet[2]) und Ermland. Weiter erhielt zwei gleichfalls exemte Bistümer, nämlich Hildesheim (seit 1834 auch für die Katholiken Braunschweigs) und Osnabrück (dies erst 1858 erigiert), das jetzt preußische Hannover (Bulle Impensa Romanorum vom 16. März 1824), woran sich schließlich noch die auf Grund des Frankfurter Friedens von 1871 neu umschriebenen und von der Kirchenprovinz Besançon abgetrennten, nunmehr exemten Bistümer Straßburg und Metz reihen.

Von Missionsgebieten, die aber zahlreiche ordentliche Pfarreien aufweisen und auch sonst heutzutage kirchlich vielfach wie terrae apostolicae sedis behandelt werden, kommen auf das Deutsche Reich zwei apostolische Delegationen, zwei ebensolche Präfekturen und drei apostolische Vikariate. In Gestalt einer apostolischen Delegation für Brandenburg und Pommern hat die Bulle De salute animarum dem Fürstbischof von Breslau als apostolischem Delegaten mit dem Propst zu St. Hedwig in Berlin als Subdelegaten eine Anzahl von Pfarreien zur Verwaltung angewiesen. Dieselbe Bulle hat ferner von dem gleich zu erwähnenden Vikariat der nordischen Missionen die Pfarreien Minden i. W., Halberstadt, Magdeburg, Stendal, Halle u. a. abgetrennt und als Delegation Preußen links der Elbe und Havel dem Bischof von Paderborn, dem auch

---

[1] Für dieses, aber auch für Österreich und die Schweiz vgl. jetzt: Die katholische Kirche (S. 418 A. 1) II, 1900 und II[2], 1907, für Augsburg Steichele-Schröder, Das Bistum Augsburg II—IV, 1861—1910, für Breslau Jungnitz, Die Grenzen des Breslauer Bistums, Darst. u. Quellen z. schles. Gesch. III, 1907, für die Schweiz im besonderen Büchi, Die katholische Kirche in der Schweiz, 1902, für Österreich die von der Leo-Ges. für die einzelnen Diözesen herausgegebenen Einzelbeschreibungen: Cigoi, Gurk 1896, Stradner, Seckau 1897, Benesch, Königgrätz 1879, Greinz, Salzburg 1898, Ladenbauer, Budweis 1899, Föhringer, St. Pölten 1900, Schindler, Prag 1902.

[2] Nämlich dem Generalvikariatsamt Teschen (fürstbischöfliche Sommerresidenz Johannisberg). Umgekehrt gehören die Grafschaft Glatz (eigenes Dekanat mit Großdechant in Habelschwert) zum österreichischen Fürsterzbistum Prag und der oberschlesische Distrikt (Archipresbyterat) Katscher (Kommissar) zum österreichischen Fürsterzbistum Olmütz.

die beiden Schwarzburg und Gotha als Missionsgebiet unterstellt sind, zu immerwährender Administration überwiesen [1]. Die apostolische Präfektur Lausitz-Meißen umfaßt die sächsische Oberlausitz mit Bautzen, wo auch ein Domkapitel sich erhalten hat; dessen Dekan [2], der Präfekt, residiert aber jetzt in Dresden, da er zugleich apostolischer Vikar für Sachsen ist. Seit dem 29. Juli 1868 besteht die apostolische Präfektur für Schleswig-Holstein mit dem Bischof von Osnabrück als Präfekten. Dieser ist auch Provikar für das apostolische Vikariat der nordischen Missionen (die Hansestädte, die beiden Mecklenburg, oldenburgisches Fürstentum Lübeck, Schaumburg-Lippe und Helgoland). Dem apostolischen Vikariat Anhalt (seit 1868: Bernburg, Köthen, Dessau) steht als Vikar der jeweilige Bischof von Paderborn vor, während das 1763 errichtete Vikariat für Sachsen (mit Sachsen-Altenburg und beiden Reuß), dessen Quasikathedrale die Dresdener Hofkirche ist, von einem eigenen apostolischen Vikar mit Bischofsweihe geleitet wird.

Hinschius, Kr. II § 98; Mejer, Propaganda (§ 40, 2); Schlecht, Bayerns Kirchenprovinzen, 1902; Annuario pontificio 1913 (§ 69); Handbuch der Erzdiözese Köln [21], 1911; Realkatalog der Diözese Rottenburg, 1905; Das Erzbistum Freiburg in seiner Regierung und in seinen Seelsorgsstellen, 1910; Paderborner Real-Schematismus, 1913; Weber, in Krose, Kirchl. Handbuch (§ 71) III, 1911.

Für die überseeischen deutschen Gebiete bestehen z. B. 1. in Deutschostafrika: Apostolische Vikariate Kilimandscharo und Bagamoyo (Väter vom Hl. Geist), Daressalam (Benediktiner), Tanganjika, Unjanjembe Kiwu und Süd-Nyansa (diese vier: Weiße Väter); 2. in Deutschwestafrika: Apostolische Präfektur Togo (Steyler Missionare), Apostolisches Vikariat Kamerun (Pallotiner); 3. Deutschsüdwestafrika: Apostolische Präfektur Unter-Cimbebasien (Oblaten der unbefleckten Empfängnis Mariae), Apostolisches Vikariat Groß-Namaland (Oblaten vom Hl. Franz von Sales). Ferner: Apostolische Vikariate der Karolinen und Marianen (rheinisch-westfälische Kapuziner), von Neu-Pommern (Missionare vom Hl. Herzen Jesu), der Marschallinseln (dieselben), von Samoa (Maristen), und Süd-Schantung (Steyler Missionare) und Apostolische Präfekturen der Salomonsinseln (Maristen), Ost- und West-Kaiser-Wilhelmsland (Steyler Missionare und Picbusgesellschaft) [3].

Annuario pontificio 1913; Schmidlin, Die katholischen Missionen in den deutschen Schutzgebieten, 1913.

§ 73. Die Metropoliten.

Die Metropoliten (1913: 168 lat., 30 orient. Rit.) sind Bischöfe, die außer der bischöflichen Jurisdiktion in ihrer (Erz-) Diözese darüber hinaus 1. das ius metropoliticum über die Bischöfe einer Provinz, ihre Suffragane, innehaben, d. h. gegenwärtig noch die zweitinstanzliche Gerichtsbarkeit in Ehe-, Verwaltungsstreit-, Straf- und Disziplinarsachen, 2. das Devolutionsrecht mit der Befugnis, im einzelnen Fall, wenn der besetzungsberechtigte Bischof die Besetzung eines Kirchenamtes schuldhafterweise nicht oder nicht formrichtig vornimmt, unter denselben Beschränkungen [4] statt seiner zu besetzen, 3. (kaum mehr praktisch) die Überwachung der bischöf-

---

[1] Dies Gebiet steht also nicht unter der iurisdictio ordinaria des Paderborner Bischofs und auch nicht unter dem gemeinen Recht (z. B. kein consensus und consilium capituli!). Richter, Der französische Emigrant Gabriel Henry und die Entstehung der katholischen Pfarrei Jena, 1904; Freisen, Staats- und kirchenrechtliche Stellung der Katholiken im Fürstentum Lippe, Paderborner Programm (Theodor.), 1903, Das Bistum Paderborn und die Rechtsstellung des Bischofs in den einzelnen Bestandteilen desselben, Wiss. Beil. z. Germania 1903 Nr. 33/34, Staat und katholische Kirche in den deutschen Bundesstaaten: Lippe, Waldeck-Pyrmont, Anhalt, Schwarzburg-Rudolstadt, Schwarzburg-Sondershausen, Reuß-Greiz, Reuß-Schleiz, Sachsen-Altenburg, Sachsen-Coburg und -Gotha I, II, Stutz, Kr. A., 25.—29. H., 1906, Der Apostolische Stuhl und die Regelung der katholischen Kirchenverhältnisse in den kleineren deutschen Bundesstaaten seit Anfang des 19. Jahrhunderts, A. f. k. Kr. LXXXVI, 1906, Die Rechtsansprüche der Katholiken im Fürstentum Schwarzburg-Rudolstadt, D. Z. f. Kr. XVI, 1906, Die bischöfliche Jurisdiktion über die Katholiken im Großh. Sachsen-Weimar-Eisenach (auch Würzburger Festschrift f. Burckhard), 1910; Dekret der Konsistorialkongregation vom 25. Januar 1913.

[2] Über die Zusammensetzung des domstiftlichen Konsistoriums s. sächs. Kultusministerialbekanntmachung vom 23. April 1904, A. Kbl. LIII, 1904. Die Propstei ist evangelisch und wird gleich den Kanonikaten anderer an die Evangelischen gekommener und aufrechterhaltener Stifter an verdiente Staatsmänner, Militärs, Geistliche usw. verliehen. Vgl. Schoen, Pr. Kr. (§ 48, 3) I, § 23, und Freyer, Die rechtliche Stellung der evangelischen Domkapitel Brandenburg, Naumburg, Zeitz, Merseburg, A. f. k. Kr. LXXXVII, 1907.

[3] Vgl. Pius' X. Bulle Quae catholico vom 1. März 1911 und Dekret der Propaganda vom 25. Juli 1913.

[4] Devolutio fit cum qualitatibus et personis, quae erant in prima collatione. Ebers, Das Devolutionsrecht vornehmlich nach katholischem Kirchenrecht, Stutz, Kr. A., 37. u. 38. H., 1906.

lichen Residenz, 4. die gleichfalls selten oder gar nicht mehr praktizierten Rechte der Berufung einer Provinzialsynode, der leichteren Strafjustiz über die Suffragane auf ihr und, mit synodaler Zustimmung, auch die Befugnis der Visitation der Suffraganbistümer. Als Ehrenrecht hat der Metropolit den Gebrauch des Palliums, einer drei Finger breiten, weißwollenen Schulterbinde, in die schwarze Kreuze eingewirkt sind (vgl. § 67 und S. 295 A. 2). Es wird ihm (im geheimen Konsistorium) auf seine innerhalb dreier Monate auszusprechende Bitte (zuständig: Konsistorialkongregation) für seine Person mit Rücksicht auf seinen Sitz gegen Treueid und Palliumtaxe zum Gebrauch bei Pontifikalhandlungen in den Kirchen seiner Provinz verliehen, womit er erst [1] den Titel und die vollen Rechte des Erzbischofs, insbesondere zu Weihehandlungen und Synodenberufung, erhält [2]. Auch darf er sich das Tragkreuz vorantragen lassen und ist er als Illustrissime et reverendissime anzureden [3].

Hinschius, Kr. II §§ 77, 78, III § 148.

§ 74. Die Bischöfe.

Die Bischöfe (für beide Riten 1913 zusammen 822) sind die ordentlichen Seelenhirten und Regenten ihrer Bistümer oder Diözesen. Die durch die Konsekration erworbenen Weiherechte haben sie teils mit den Priestern gemein (iura communia), teils vor ihnen voraus (iura pontificalia), so die Befugnis zur Ordination, Firmung, Bischofsweihe, Konsekration von Kirchen [4], Anfertigung des Chrisams. Die ordentlichen Jurisdiktionsrechte werden später einzeln angeführt werden; zu ihnen kommen päpstlich delegierte, und zwar kraft gesetzlicher Delegation (§ 40, 3) oder kraft persönlicher, besonders jeweilen auf 5 Jahre (Quinquennalfakultäten, für das forum internum — zuständig Pönitentiarie — und für das f. externum, namentlich für Ehedispensen — zuständig Sakramentenkongregation —) oder auf 10 Jahre (Dezennalfakultäten, z. B. drittinstanzliche Gerichtsbarkeit). Bischöfliche Ehrenrechte gehen auf den Thronsitz (cathedra episcopalis) im Chor der Kathedrale und in den Kirchen des Bistums, das Tragen der Mitra, eines violetten Birettes [5], des Brustkreuzes, des Krummstabes (pedum curvum), des Rings, eines violetten Talars (gewöhnlich schwarz mit violetter Binde, violetten Handschuhen usw.), die Anrede: Illustrissime et reverendissime [6].

Hinschius, Kr. II § 79, III § 193 a. E.; Rinaldi-Bucci, De insignibus episcoporum, 1891. Letzte Fassung der bisher von der Propaganda ausgegebenen Quinquennalfakultäten von 1905 bei Mergentheim, Quinquennalfakultäten (§ 40, 2) II, S. 315. Die stark veränderte heutige Fassung von 1912 wird Mergentheim demnächst veröffentlichen und erläutern.

§ 75. Domkapitel und Kapitelsvikar.

Die Domkapitel [7] kommen in den deutschen Bistümern außer als Wahlkörper für die Bischofswahl (§ 96; aber nicht in Bayern und Elsaß-Lothringen!) wesentlich nur noch als nominelle Interimsregenten der Diözese (sede vacante) in Betracht, während tatsächlich ein von ihnen

[1] Dem Erzbischof und späteren Kardinal Fischer von Köln wurden aber durch das apostolische Bestätigungsschreiben vom 14. Februar 1903 für die Zeit bis zu der in einem späteren Konsistorium (25. Juni) erfolgten Verleihung des Palliums päpstliche Spezialvollmachten zur Vornahme der Weihehandlungen und der vorbehaltenen Jurisdiktionsrechte erteilt.

[2] Wie den Titel „Erzbischof“, so erhalten Bischöfe ohne Provinz und Metropolitanrechte (1913: 22 lat., 17 orient. Rit.) mitunter auch das Pallium, entweder für die Diözese (Benedikt XIV. 1742 für Ermland: Pallium und Vortragkreuz, Pius X. 1904 für Barcelona) oder für ihre Person (1892 Bischof Senestrey von Regensburg). Über das Rationale, das heute noch in Gestalt eines kragenartigen Schulterkleides den Bischöfen von Eichstätt und Paderborn zukommt, oben § 13 S. 295 A. 2.

[3] In Bayern und Baden ist ihm das Prädikat „Exzellenz“ staatlich zugebilligt.

[4] Zu bloßer Benediktion kann ein Priester delegiert werden.

[5] Leos XIII. Breve Praeclaro divinae vom 3. Februar 1888, Acta S. Sedis XX, 1887 p. 369. Auch Erzbischöfe und Patriarchen dürfen ein solches tragen. Dagegen darf es keinem verliehen werden, der nicht im Besitze bischöflicher Weihe ist.

[6] Hochwürdiger oder Hochwürdigster Herr Bischof, Bischöfliche Gnaden. In Erlassen (nicht an den Souverän oder seine Behörden): Wir X, von Gottes und des Apostolischen Stuhles Gnaden; vgl. Von dem Titel der Bischöfe, A. f. k. Kr. LXXXVIII, 1908.

[7] Ein Kollegiatstift von Chorherren, die nach einem Statut von 1824 leben, besteht in Aachen. Außerdem gibt es noch Kollegiatstifte in Posen (St. Maria Magdalena), in Gnesen (St. Georg),

binnen acht Tagen zu wählender Kapitelsvikar, vicarius capituli, die wirkliche und unabhängige Leitung mit iurisdictio quasi ordinaria (aber keine Neuerungen wie freie Ämterverleihung oder Veränderung von Kirchenämtern) und auch mit den päpstlichen Fakultäten des Ordinarius (seit 1897/98) bis zur Wiederbesetzung hat [1]. Die Einholung des kanonischen consilium bzw. consensus mit Nichtigkeitsfolge im Falle der Nichtbefragung bzw. Nichtzustimmung (§ 30, 4) spielt wenigstens in kleinen Bistümern praktisch keine große Rolle mehr. Daneben haben die Kapitel die Autonomie zum Erlaß von Kapitelsstatuten, jedoch nur noch mit Zustimmung des Bischofs, und die Verwaltung des ihnen als juristischen Personen gehörigen Vermögens samt Siegelrecht. Die Besetzung mit Domkapitularen (eventuell auch Ehrendomherren [2]) und Domvikaren oder -präbendaren ist verschieden stark; an Dignitäten (gar keine in Straßburg und Metz) begegnen in den meisten altpreußischen und in den bayrischen Kapiteln Propst und Dekan (in Breslau außerdem Scholaster, aber ohne Jurisdiktion und mit dem ersten Numerarkanonikat verbunden), in Gnesen bloß ein Propst (so auch im Stift Aachen), in der oberrheinischen Kirchenprovinz und in den hannoverschen Bistümern nur ein Dekan für beide Funktionen. Die Domkapitulare tun Chordienst [3]. Sie beziehen Staatsgehalt.

In Diözesen, in denen Domkapitel fehlen (z. B. in Nordamerika) stehen statt ihrer dem Bischof von diesem auf Zeit ernannte sogenannte Diözesankonsultoren zur Seite, die bei Erledigung des bischöflichen Stuhls zwar nicht wahlberechtigt sind, aber doch zusammen mit den stimmberechtigten Pfarrern einen Dreiervorschlag (Terna) zu machen haben und zur Amtsverschwiegenheit verpflichtet sind [4].

Hinschius, Kr. II §§ 81 II, 82 II, 83, 84, 88 II, 89 II; Phillips, Die Domkapitel, in Verm. Schriften II, 1856; Schneider, Die bischöflichen Domkapitel, Neue Ausgabe, 1892; Daux, Les chapitres cathédraux de France, 1888; Sentis, Die praebenda theologalis und poenitentialis in den Capiteln, 1867; Klein, Die landesgesetzliche Stellung der Domkapitel in der oberrheinischen Kirchenprovinz, A. f. k. Kr. XLI, 1879; Schöttl, Der Anteil der Domkapitel an der Diözesanregierung, 1846; Petz, Der Bischof und das Domkapitel, 1875; Gehring, Die katholischen Domkapitel Deutschlands als juristische Personen, 1851; Huller, Die juristische Persönlichkeit der katholischen Domkapitel in Deutschland, 1860; Roßhirt, Die Vermögensfähigkeit der Domkapitel, A. f. k. Kr. IX, 1863; v. Allioli, Die juristische Persönlichkeit der ... Domkapitel, 1868; Porsch, Die juristische Persönlichkeit der Domkapitel, A. f. k. Kr. LXVII, 1892; Rau, Die Rechte der Domkapitel während der Erledigung und Behinderung des bischöflichen Stuhls, Th. Q. XXIV, 1842; Die Erledigung des bischöflichen Stuhles, A. f. k. Kr. LIV, 1885; Boden, Begriff und Wirkungen der Sedisvakanz und Sedes impedita unter besonderer Berücksichtigung der Neuregelung der Vacantia Sedis Apostolicae durch Pius X., Würzburger jur. Diss. (auch im Pastor bonus XXIV f.), 1912; Ritter, Der Kapitularvikar, 1842; Korn, Die rechtliche Stellung des Kapitularvikars, 1882.

§ 76. Die bischöflichen Behörden, Ordinariat, Generalvikariat, Offizialat.

Die Domkapitulare werden (in Bayern nach ausdrücklicher Vorschrift des Konkordats, anderwärts der Bistumserektionsurkunden oder nach Herkommen), meist mit noch anderen Geistlichen, heute in erster Linie als in dieser Stellung durchaus abhängige Räte der bischöflichen

---

in Krusvica und (in Bayern) St. Kajetan in München, Laufen, Tittmoning sowie U. L. F. zur Alten Kapelle und St. Johann, letztere beiden in Regensburg.

[1] Die Interimsverwaltung des bischöflichen Tafelgutes, für die das Trienter Konzil die Wahl eines Ökonomen vorschreibt, steht nach der Kölner Erektionsurkunde von 1825 Art. 31 (Schneider, Partikuläre Kirchenrechtsquellen — § 56 — S. 79) dem Domkapitel zu und wird auch anderwärts von ihm oder unter seiner Aufsicht von einer bischöflichen Interkalarkasse geführt. Wenn der bischöfliche Stuhl behindert (sede impedita) und ein Generalvikar nicht da ist oder nicht ausreicht, wird eventuell ebenfalls ein Vikar gewählt, vorbehaltlich der Verfügungen des sofort zu benachrichtigenden Papstes, oder es wird von diesem ein Administrator als apostolischer Vikar bestellt.

[2] Betreffend auswärtige Ehrenkanoniker (canonici h. c.), worunter also nicht die preußischen Ehrendomherren fallen, bestimmte Leo XIII. in dem Breve Illud est proprium vom 29. Januar 1894, Acta S. Sedis XXVI, 1894 p. 449 ss., es solle deren Zahl unter einem Drittel der sämtlichen Diözesandomherren bleiben und der Bischof sie nur mit Zustimmung des Kapitels und nach Einholung eines Gutachtens ihres Diözesanbischofs ernennen können.

[3] In der oberrheinischen Kirchenprovinz freilich nur vom Stephanstag bis zum Dreikönigsfest. Über den Chordienst der Kanoniker in Rom vgl. Dekret der Konzilskongregation Decorem domus.

[4] Dekrete der Konsistorialkongregation vom 30. März, 2. Juli 1910, 28. April 1911.

Behörden verwendet. Deren sind gewöhnlich zwei, zunächst eine Gerichtsbehörde, das Offizialat, d. h. das Diözesangericht mit dem Offizial an der Spitze, dessen Mitglieder (darunter ein promotor oder procurator fiscalis und ein defensor matrimonii) in der Regel entscheidende Stimme haben [1], und daneben das Ordinariat [2] (in Bayern auch Allgemeiner Geistlicher Rat), die Regierungsbehörde, unter dem Vorsitz des Bischofs und ohne rechtliche Selbständigkeit ihm gegenüber (votum decisivum, eventuell mit dem Erfordernis der Bestätigung des Entscheids durch den Bischof, oder bloß consultativum), beide unum idemque tribunal mit dem Bischof. In größeren Diözesen bestellt sich jedoch der Bischof oft einen (in Straßburg und Metz, wo auch hierfür die Organischen Artikel noch maßgebend sind, zwei oder mehr [3]) Vertreter zur Ausübung der Jurisdiktion, den Generalvikar (vicarius generalis sive in spiritualibus, § 40, 3). Für gewisse Amtshandlungen braucht dieser ein Spezialmandat, z. B. für die freie Verleihung von Benefizien; sonst amtet er mit iurisdictio quasi ordinaria, aber nur kraft bischöflichen Auftrags bis auf Widerruf oder Abgang des Bischofs, sei es durch Tod oder sonstwie. Wo er vorhanden ist, sitzt er regelmäßig der Regierungsbehörde vor, deren Räte in der Regel nur beratende, bisweilen aber auch entscheidende Stimme haben, und die dann nach ihm Generalvikariat heißt. In Deutschland sind den Ordinariaten und Generalvikariaten neuerdings auch die Funktionen des Überwachungsrates anvertraut worden, dessen Bestellung in jedem Bistum zur Aufdeckung und Abwehr des Modernismus durch Pius' X. Enzyklika Pascendi und durch desselben Motuproprio Sacrorum antistitum (oben S. 366 A. 2) angeordnet worden ist.

Gehilfen des Bischofs für bestimmte Aufgaben sind ferner die jeweilen auf fünf Jahre zu bestellenden und nur mit Einwilligung des Domkapitels bzw. der Diözesankonsultoren und aus wichtigem Grunde entfernbaren Examinatoren (§§ 95 und 100) und aus den Pfarrern zu nehmenden Konsultoren (parochi consultores, § 100), denen bei den in Gemeinschaft mit dem Bischof in geheimer Abstimmung zu treffenden Entscheidungen in allen wichtigen Fragen votum decisivum zukommt.

Hinschius, Kr. II § 87^II, III § 167; Kober, Über den Ursprung und die rechtliche Stellung der Generalvikare, Th. Q. XXXV, 1863; v. Moy, Vom bischöflichen Generalvikar, A. f. k. Kr. IV, 1859; Friedle, Über den bischöflichen Generalvikar, A. f. k. Kr. XV, 1866; Schmalz, De instituto officialis sive vicarii generalis episcopi, Bresl. kath.-theol. Diss., 1899; Heiner, Darf ein Laie als Justitiar am geistlichen Gericht zur Untersuchung in Disziplinar- und Kriminalangelegenheiten gegen einen Kleriker herangezogen werden? A. f. k. Kr. LIII, 1884, dagegen v. Scherer, Kr. I § 91 N. 91; Müller, Die bischöflichen Diözesanbehörden, insbesondere das bischöfliche Ordinariat, Stutz, Kr. A., 15. H., 1905.

Dei vom 30. November 1910. Nach vierzig Amtsjahren kann ein canonicus (jubilatus) durch päpstliches Indult vom Chordienst befreit werden.

[1] Bisweilen sind ihnen (so den katholischen Konsistorien in Dresden und Bautzen und dem Dresdener Vikariatsgericht) nach staatlicher Vorschrift auch Laien mit Richterqualität beigegeben. Vgl. darüber und über das allerdings nur in der Erzdiözese Freiburg systematisch ausgebaute Recht der kirchlichen Laienbeamten Meister, Das Beamtenrecht der Erzdiözese Freiburg, Stutz, Kr. A., 9. H., 1904. In Breslau besteht die bischöfliche Gerichtsbehörde, das Konsistorium, aus zwei Abteilungen; die zweite ist Ehegericht im engeren Sinn, die erste, Offizialat geheißen, für die übrigen Sachen der streitigen und für die Disziplinar- und Strafgerichtsbarkeit zuständig.

[2] In Köln standen bis vor kurzem nebeneinander Ordinariat (Vorsitzender: Erzbischof, Dirigent: Generalvikar, Mitglieder: Die königlichen Domkapitulare; laut Handbuch von 1911 — oben § 72 — gibt es aber dies Ordinariat nicht mehr) und Generalvikariat (Vorsitzender: Generalvikar, Mitglieder: Die bischöflichen Domkapitulare). Breslau hat eine Geheime Kanzlei (Vorsitzender: Fürstbischof, Beisitzer: Generalvikar) und ein Generalvikariatsamt (Vorsitzender: Generalvikar).

[3] Etwas anderes ist es, daß der Fürstbischof von Breslau für den österreichischen Teil seiner Diözese in Teschen einen besonderen Generalvikar hält (mit Offizialat und Ehegericht), ähnlich wie in der Diözese Münster für den oldenburgischen Teil ein besonderes Offizialat in Vechta besteht und in der österreichischen Diözese Brixen ein besonderes Generalvikariat Feldkirch für Vorarlberg, während Hildesheim in Duderstadt (für das Untereichsfeld), Paderborn in Heiligenstadt und Magdeburg (für die Delegatur Preußen links der Elbe und Havel) bischöfliche Kommissariate und in Erfurt ein geistliches Gericht hat und das Fürstbistum Breslau in 13 Kommissariate zerfällt. Feldkamm, Das bischöfliche Geistliche Gericht zu Erfurt, Mitt. d. Ver. f. d. Gesch. ... von Erfurt XXX, 1910, XXXI, 1911.

§ 77. Der Weihbischof.

Der Weihbischof (neuerdings auch in Bayern, eventuell ihrer mehrere) ist der Gehilfe des Ordinarius in pontificalibus (§ 40, 3). Da für ihn wegen des Verbots, auf ein Bistum mehr als einen Bischof auszuweihen, kein Titel am Ort zu haben ist, muß er auf einen episcopatus in partibus infidelium als jetzt sogenannter episcopus titularis (zurzeit über 600; die Titel im Annuario pontificio, § 69 S. 419 A. 2) ausgeweiht werden, und zwar im Auftrag des Papstes, der ihn auf bischöflichen Antrag bestellt.

Hinschius, Kr. II § 85 IIIB; Kohn, Die Weihbischöfe, A. f. k. Kr. XLVI, 1881; Rupp, Der Titularepiskopat in der römisch-katholischen Kirche mit besonderer Berücksichtigung der deutschen Weihbischöfe, Breslauer kath.-theol. Diss., 1910.

§ 78. Koadjutoren.

Koadjutoren für kranke oder altersschwache Bischöfe (coadiutores temporarii), vom Papst bestellte Hilfsregenten eventuell mit Bischofsweihe, kommen heute selten vor, eher noch (z. B. in den Diözesen Straßburg und Metz nach der deutschen Eroberung), aber nur bei urgens necessitas vel evidens utilitas ecclesiae, ein coadiutor perpetuus cum spe succedendi, ohne Anteil an der Regierung bei Lebzeiten des coadiutus gegen dessen Willen, aber mit einem Recht zur Sache (ius ad rem) auf das Bistum, das beim Tod des coadiutus durch Ipsojurenachfolge zum ius in re wird.

Hinschius, Kr. II § 89 IBC; Held, Das Recht zur Aufstellung eines Koadjutors mit dem Recht der Nachfolge, 1848; Phillips, Die Koadjutoren, Verm. Schriften II, 1856; Grunau, De coadiutoribus episcoporum, Breslauer kath.-theol. Diss., 1894.

§ 79. Landdekane, Ruralkapitel, Konferenzen.

Die Aufsicht über die Pfarrer und Benefiziaten eines Unterbezirks der Diözese, meist Dekanat geheißen, übt als bischöflicher Delegatar gewöhnlich ein Dekan (ohne Dekanatspfründe!) aus, der vom Bischof (bisweilen auf Vorschlag) ernannt oder von den Dekanatsgeistlichen gewählt und bischöflich bestätigt wird. Er hat aber nur zu ermahnen und eventuell an den Ordinarius zu berichten, mit dessen Behörden er den Aktenverkehr vermittelt, wie er auch für Aushilfe bei Krankheit oder Vakanz sorgt. Die Dekane leiten Konferenzen zur Herstellung gemeinschaftlicher praktischer oder wissenschaftlicher Arbeiten (Konferenzaufsätze) und zensieren diese. Sie versammeln aber auch die Benefiziaten zu Landkapiteln, insbesondere für die Wahl des Verwalters des Landkapitelvermögens, genannt Kammerer, und der Definitoren, Gehilfen des Dekans, die oft Unterdekanaten oder Regiunkeln vorstehen. Bisweilen (z. B. in Bayern, aber auch in preußischen Bistümern und seit 1902 in der Erzdiözese Freiburg) sind besondere Stadtkapitel mit Stadtdekanen eingerichtet.

Hinschius, Kr. II § 91; Hilling, Neubildungen auf dem Gebiete des kirchlichen Verfassungsrechts (Bischofs- und Dechantenkonferenzen), A. f. k. Kr. XCIII, 1913.

§ 80. Die Pfarrer und ihre Gehilfen.

Die Diözesen sind in feste Seelsorgebezirke, Pfarreien [1] oder minderberechtigte Kuratien, untergeteilt. In ihnen verwaltet unter dem Bischof ein auf ein Benefizium fest angestellter Pfarrer (Kurat) mit Priesterweihe zu eigenem Recht die gesamte Seelsorge (cura animarum), speziell Predigt und Katechese, eine in Rat und Ermahnung sich betätigende kirchliche Zucht, die nichtpontifikalen Sakramente, die Kirchenbuchführung, die Schulaufsicht, die Kirchengutsverwaltung, die Führung des Amtssiegels und das Rektorat, d. h. die gottesdienstliche Verfügung auch über die anderen Kirchen in der Pfarrei als die Pfarrkirche, soweit sie nicht selbständige,

[1] In Preußen sieht ein auf Wunsch des Episkopats erlassenes Gesetz vom 29. Mai 1903 (mit Verordnung vom 4. Januar 1904) nach dem Vorbild ähnlicher evangelischer Organisationen die Bildung von (städtischen) Gesamtverbänden vor. A. f. k. Kr. LXXXIII, 1903, LXXXIV, 1904, D. Z. f. Kr. XIII, 1903, XIV, 1904. Doch wurde bisher davon noch verhältnismäßig wenig Gebrauch gemacht.

vom Bischof zu besetzende und ihm unterstehende Rektoratskirchen sind. Der Pfarrzwang äußert sich noch darin, daß ohne des Pfarrers oder Bischofs Erlaubnis kein anderer Geistlicher in der Pfarrei tätig werden darf, und daß die Pfarrkinder (quisquis est in parochia, est etiam de parochia!) wenigstens für Taufe, Aufgebot, Eheschließung, Osterkommunion, letzte Wegzehrung und Krankenölung, außer in höchster Gefahr, wo dafür jeder Priester zuständig ist, sowie Begräbnis (iura parochialia) sich an ihn halten müssen. Neben Altarbenefiziaten, z. B. Frühmessern, Kaplänen, stehen dem Pfarrer zur Seite Pfarrvikare, Kooperatoren, die ohne Pfründe, von ihm abhängig und ad nutum episcopi sind. Dasselbe gilt von den Pfarrverwesern, die einen kranken oder altersschwachen Pfarrer vertreten oder eine vakante Stelle versehen, nur daß diese die entsprechenden Amtsbefugnisse haben. Infolge des durch den Kulturkampf und andere Gründe veranlaßten Priestermangels erhalten manche Stellen keine fest beliehenen Benefiziaten, sondern werden nur durch jederzeit abrufbare Verweser versehen, wodurch freilich ein dem älteren und neueren Kirchenrecht widersprechender tatsächlicher Zustand geschaffen ist.

Hinschius, Kr. II §§ 92, 93; J. H. Boehmer, Ius parochiale [8], 1760; Balthasar, Ius ecclesiasticum pastorale, 1760; Schefold, Die Parochialrechte [2], 1856; Uhrig, Der Rechtsbegriff von Pfarrei, Th. Q. LXXII, 1890; Laurin, Wesen und Bedeutung des Domizils, A. f. k. Kr. XXVI, 1871; Geiger, Handbuch für die gesamte Pfarramtsverwaltung im Königreiche Bayern [10] I, 1910, II, 1913; Brandenburg, Die Geschäftsverwaltung des katholischen Pfarramts im Gebiete des preuß. Landrechts [4], 1911; Sägmüller, Die Entstehung und Entwicklung der Kirchenbücher im kath. Deutschland bis zur Mitte des 18. Jahrhunderts, Th. Q. LXXXI, 1899; Reimer, Kirchenbücher aus den Regierungsbezirken Coblenz und Trier, Mitt. d. K. Preuß. Archivverw. 22. H., 1912; Franz, Alter und Bestand der Kirchenbücher in Baden, Z. f. Gesch. d. Oberrh., 1. Erg.-H. 1912; Joder, L'inamovibilité des desservants, 1882; Bachem, Die Amtsgewalt der Kapläne nach dem Tod ihres Pfarrers, 1878; Zimmermann, Über die amtliche und rechtliche Stellung der Pfarrkapläne in der Diözese Mainz, A. f. k. Kr. XLII, 1879; Denenbourg, Étude canonique sur les vicaires paroissiaux, 1871; Kohn, De cooperatoribus, A. f. k. Kr. XXXIX, 1878; Schüller, Die Pfarrvikarie in der Diözese Trier, A. f. k. Kr. LXXXIX, 1909; Wollmann, De provisoribus ecclesiasticis, 1863; Freisen, Rechte des Pfarrers über die sog. Hilfsgeistlichen, Theol.-prakt. Q. LVI, 1903, Die Anstaltsgemeinden der katholischen Kirche in den deutschen Bundesstaaten nach staatlichem und kirchlichem Recht, A. d. öff. R. XXVIII, 1911. Vgl. auch § 100 und die Lit. daselbst.

§ 81. Präzedenz, Obödienz, Exemtion (katholische Feldpropstei).

Höhere Weihe oder höhere Jurisdiktion bedingt eine Über-, niedere Weihe, geringere Jurisdiktion eine Unterordnung. Jene kommt zum Ausdruck in einem Vorrang, maioritas, diese äußert sich in Ergebenheit, reverentia. Der Vorrang besteht außer in den bei den einzelnen Ämtern aufgeführten Titeln und Abzeichen namentlich im Vortritt, praecedentia, der z. B. dem Bischof innerhalb seines Sprengels gegenüber allen Anderen als seinem Metropoliten und etwaigen Vertretern des Papstes, auch dem Weltklerus allgemein gegenüber dem Ordensklerus gebührt. Besteht dem Übergeordneten gegenüber auf Grund einer bei demselben vorhandenen, unmittelbar oder mittelbar den anderen Teil erfassenden Jurisdiktion geradezu eine aktive Unterwerfungspflicht, so spricht man von Obödienz. Diese wird aber ausgeschlossen durch Entrückung und Unterstellung unter einen anderen Obern, Exemtion. Von solcher kommt für Deutschland außer der Exemtion gewisser Bistümer (§ 72) von der Metropolitangewalt und neben der Ordensexemtion (§ 82, 1) wesentlich nur noch in Betracht diejenige der Militärseelsorge. Die katholischen Angehörigen des königl. preußischen Landheeres, der kaiserlichen Marine und der Schutztruppen sowie ihre Seelsorger sind nämlich seit 1868 von der Jurisdiktion der Diözesanbischöfe eximiert (aber wechselseitige Ermächtigung zur Aushilfe im Beichtstuhl!) und einem vom Papst auf Vorschlag des Kaisers ernannten, kirchlich dem römischen Stuhl, militärisch dem preußischen Kriegsministerium unterstellten Titularbischof als katholischem Feld- und Marinepropst zugewiesen [1], unter dem (10) Oberpfarrer und (60) Militär- und Marinepfarrer stehen.

Hinschius, Kr. II §§ 81, 95, III § 156 [II]; Heiner, Die kanonische Obedienz, 1882; Granclaude, Du droit de préséance dans l'Église, R. des sciences ecclés. 1874; Saebt,

[1] In Bayern werden die Militärgeistlichen auf Vorschlag der Diözesanbischöfe vom König ernannt und sind der Jurisdiktion der ersteren unterworfen. Im Kriegsfall ist der Erzbischof von München-Freising Feldvikar.

über den Umfang des dem Bischof von seinem Diözesanklerus zu leistenden Gehorsams, A. f. k. Kr. LXXVI, 1896 (Abdruck der Obedienzeide der einzelnen Diözesen); Lehmkuhl, Die Tragweite der obedientia, Theol.-prakt. Q. LIII, 1900; Schneider, Der kanonische Gehorsam, A. f. k. Kr. LXXXII, 1902; v. Ketteler, Die Gefahren der exemten Militärseelsorge, 1869; Lünnemann, Handbuch der katholischen Militärseelsorge, 1870; Langhaeuser, Militärkirchenwesen (§ 48, 3 S. 378 A. 1); Freisen, Die katholische Feldpropstei im bayerischen Heere, A. d. öff. R. XXVIII, 1912, Das Militär-Kirchenrecht (§ 48, 3 S. 378 A. 1).

§ 82. Die kirchlichen Genossenschaften.

1. Orden[1] heißen Vereinigungen von Männern (Geistlichen oder Laien) oder von Frauen zu gemeinsamem Leben im Sinne der drei evangelischen Räte, welche vom Papst als solche approbiert sind, und in denen durch die professio religiosa die drei[2] Gelübde der persönlichen Armut (votum paupertatis), der Keuschheit (v. castitatis) und des Gehorsams (v. oboedientiae) feierlich (als vota solennia) auf Lebenszeit abgelegt werden. Doch hat (bei Frauenorden nach einer mindestens halbjährigen Postulationszeit[3]) zunächst ein Probejahr, novitiatus, vorauszugehen[4], unter der Leitung eines Novizenmeisters bzw. einer Novizenmeisterin. Nach Ablauf desselben[5] wird, und zwar nach neuerem Recht bei den weiblichen Orden ebenso wie schon seit längerer Zeit bei den männlichen, der Novize zunächst nur zur Ablegung der einfachen Gelübde (vota simplicia) zugelassen, die zwar auch schon auf Lebenszeit binden, jedoch so, daß unter Aufhebung aller Gelübdewirkungen der Papst noch davon dispensieren, oder der Orden den Betreffenden entlassen kann, weshalb ihm auch vorderhand zwar nicht mehr Verwaltung und Genuß, wohl aber das Eigentum seines (liegenschaftlichen) Vermögens bleibt. Erst nach weiteren drei Jahren schließt das Aufnahmeverfahren mit

[1] Den Jesuitenorden (Kratz, Ist die Gesellschaft Jesu ein eigentlicher Orden? A. f. k. Kr. CXII, 1912; Meschler, Die Gesellschaft Jesu, 1911 und Lit. zu §§ 37 u. 40, 5) samt den verwandten Orden und Kongregationen (heute noch Lazaristen und Schwestern vom hl. Herzen Jesu), der auch in der Gegenwart darum, weil er die Kirche für seine extreme Richtung in Anspruch nimmt und weite Kreise im Sinne der Unversöhnlichkeit oder doch eines den Staat verkürzenden Ausgleichs beeinflußt, als ein wesentliches Hindernis für die Anbahnung eines ehrlichen modus vivendi zwischen Staat und Kirche erscheint, hält das oben § 57 S. 400 angeführte Reichsgesetz vom Gebiet des Deutschen Reiches in der Weise fern, daß ihm die Errichtung von Niederlassungen untersagt ist. Der § 2 des Gesetzes, wonach die Angehörigen des Ordens, wenn sie Ausländer waren, aus dem Bundesgebiete ausgewiesen werden konnten, während, wenn sie Inländer waren, ihnen der Aufenthalt in bestimmten Bezirken oder Orten versagt werden konnte, war in seinem ersten Teil überflüssig, in seinem zweiten seit 1873 unpraktisch und gefährdete, da, zumal nach der Aufhebung des Sozialistengesetzes, an die Anwendung dieser die fundamentalsten Garantien des Rechtsstaates für einzelne Reichsangehörige aufhebenden Bestimmung doch nicht mehr gedacht werden konnte, wie alles bloß papierene Recht das Ansehen des Staates mehr, als daß er es schützte; er wurde deshalb durch Reichsgesetz vom 8. März 1904 mit gutem Grunde aufgehoben. In Kraft geblieben ist dagegen ein auf Grund von § 3 des Gesetzes am 5. Juli 1872 gefaßter und vom Reichskanzler bekanntgegebener Bundesratsbeschluß, dessen Ziffer 1 lautet: „Da der Orden der Gesellschaft Jesu vom Deutschen Reiche ausgeschlossen ist, so ist den Angehörigen dieses Ordens die Ausübung einer Ordenstätigkeit, insbesondere in Kirche und Schule, sowie die Abhaltung von Missionen nicht zu gestatten", und es ist dieser Beschluß, „da Zweifel über die Bedeutung des Begriffs der verbotenen Ordenstätigkeit" entstanden waren und die bayerische Regierung eine authentische Auslegung dieses Begriffs beantragt hatte, durch einen weiteren Beschluß des Bundesrates vom 28. Nov. 1912 dahin erläutert worden: „Verbotene Ordenstätigkeit ist jede priesterliche oder sonstige religiöse Tätigkeit gegenüber Anderen sowie die Erteilung von Unterricht. Unter die verbotene religiöse Tätigkeit fallen nicht, sofern nicht landesrechtliche Bestimmungen entgegenstehen, das Lesen stiller Messen, die im Rahmen eines Familienfestes sich haltende Primizfeier und das Spenden der Sterbesakramente. Nicht untersagt sind wissenschaftliche Vorträge, die das religiöse Gebiet nicht berühren. Die schriftstellerische Tätigkeit wird durch das Verbot nicht betroffen."

[2] Über das vierte Gelübde der Jesuiten oben § 40, 5.

[3] Gemäß Dekret der Religiosenkongregation Quo propositum vom 15. August 1912.

[4] Über die Studien während desselben vgl. Dekret der Religiosenkongregation Ad explorandum vom 27. August 1910.

[5] Schon vor Ablauf der Postulationsfrist oder des Noviziats kann in articulo mortis Zulassung zur Profeß im weitesten Sinne und mit allen damit verbundenen Gnaden erlangt werden, doch so, daß für den Fall des Ablebens daraus für die kirchliche Genossenschaft kein Erbrecht erwächst und für den Fall der Wiedergenesung der Postulant oder Novize wieder in den früheren Zustand zurückversetzt wird; Dekret der Religiosenkongregation vom 10. September 1912.

den feierlichen Gelübden ab. Damit verbindet sich der Erwerb der geistlichen Standesrechte [1], die Tilgung des defectus natalium [2], diejenige jedes früheren, etwa entgegenstehenden votum simplex, der Erwerb eines lebenslänglichen Unterhaltsanspruchs gegen den Orden, aber auch der Verlust des eigenen (Grund-) Vermögens an diesen, derjenige eines bisher innegehabten Benefiziums samt der Unfähigkeit, ein neues, für einen Weltgeistlichen bestimmtes (beneficium saeculare) zu erwerben [3], wovon nur für den Papat, Kardinalat und Episkopat, die auch Ordensleuten offenstehen, eine Ausnahme gemacht wird, endlich persönliche Erwerbs- [4] und Eheunfähigkeit (öffentlich-trennendes [5] impedimentum voti solennis, § 87). Voraussetzung für die Ablegung der einfachen Gelübde ist namentlich das vollendete 19. Lebensjahr bei Männern, das vollendete 16. bei Frauen [6]. Innerhalb von fünf Jahren kann wegen Nichterfüllung einer durch das gemeine Kirchenrecht oder die Ordensstatuten gemachten wesentlichen Voraussetzung auf Antrag des beteiligten Professen oder Klosters sowie der Eltern jenes auf Nichtigkeit erkannt werden. Eigenmächtiges Verlassen des Ordens hebt die Pflichten nicht auf, begründet aber das mit excommunicatio latae sententiae (§ 21, 3) und Einsperrung bedrohte Delikt der apostasia a regula sive a monachatu. Ein unverbesserlich der Ordenszucht widerstrebender Regulare kann unter statutarisch festgelegten Voraussetzungen ausgestoßen werden [7], was aber keine Entbindung von den Gelübden, sondern lediglich die Suspension der Gehorsamspflicht zur Folge hat. Die Pflichten, wennschon mit entsprechenden Milderungen, beläßt aber auch die päpstliche Erlaubnis zum Leben in der Welt außerhalb des Klosters, Säkularisation (bei Orden, Dispensation von Gelübden bei Kongregationen), die eher gewährt wird als die von der römischen Praxis tunlichst vermiedene völlige Entbindung von den Gelübden durch päpstliche Dispensation (Laisierung) [8].

Heimbucher, Die Orden und Kongregationen der katholischen Kirche [2], I—III, 1907/08; v. Scherer, Kr. II §§ 147, 148; Vermeersch, Praelectiones canonicae, Pars specialis: De religiosis institutis et personis, I [2], 1907, II [4], 1910; Bachofen, Compendium juris regularium, 1903; Piat, Praelectiones juris regularis [3], 1907; Molitor, Religiosi juris capita selecta, 1909; Jansen, Ordensrecht, 1911; Braunsberger, Rückblick auf das katholische Ordenswesen im 19. Jahrhundert, St. M.-L. Ergsh. LXXIX, 1901; Kallee, Die Entwicklung der Frauenklöster in Württemberg 1864—1910 [2], 1911; Gengler, Die Wirkungen des votum paupertatis, Erlanger jur. Diss., 1893; Mayer, Die professio religiosa, 1895; Kober, Das feierliche Armutsgelübde der Ordenspersonen im österreichischen Staatsrechte, Bened. St. M. XXX, 1909; Arndt, Die kirchlichen und weltlichen Rechtsbestimmungen für Orden und Kongregationen, 1904. Vgl. auch die Lit. zu § 57 a. E.

Die Klöster (claustra, monasteria) der Männerorden sind vom Pfarrecht eximiert; sie werden, wie übrigens meist auch die Frauenklöster, von eigenen Geistlichen (bei Männerklöstern von Regularen) versehen. Auch von der bischöflichen Jurisdiktion sind die Männer- sowie die ihnen unterstellten Frauenklöster grundsätzlich eximiert. Doch hat das Tridentinum durch das Mittel der gesetzlichen Delegation päpstlicher Aufsichtsbefugnisse (§ 40, 3) die Klöster z. B. be-

---

[1] Oben S. 331 A. 3 und § 65.

[2] § 64, 3 b a. E.

[3] Es gilt der Grundsatz: saecularia saecularibus, regularia regularibus.

[4] Nach BGB. sind Mönche und Nonnen rechts- und vermögensfähig. Doch bleiben landesrechtliche Bestimmungen — nach EG. Art. 87 — unberührt, die, sofern die Gelübde auf Lebens- oder unbestimmte Zeit abgelegt werden, für den Erwerb durch Schenkung oder von Todes wegen staatliche Genehmigung vorschreiben. Vgl. Lit. zu § 57 a. E.

[5] Über dessen staatliche Nichtanerkennung oben S. 414 A. 5.

[6] Die Ablegung der feierlichen Gelübde kann nach Staatskirchenrecht in Preußen erst mit 25 bzw. 21, in Bayern mit 21 bzw. 33 Jahren geschehen. Nach dem Dekret der Religiosenkongregation Ecclesia Christi vom 7. September 1909 dürfen, außer mit besonderer Erlaubnis, zum Noviziat oder zur Gelübdeablegung keine entlassenen Kolleg- oder Seminarzöglinge und Ordensleute zugelassen werden.

[7] Über das Verfahren s. das Dekret der Religiosenkongregation Quum singulae vom 16. Mai 1911; Heiner, Das Prozeßverfahren bezüglich der Ausstoßung oder Entlassung der Religiosen, A. f. k. Kr. XCI, 1911; Linneborn, Die Ausweisung und Entlassung der Ordenspersonen aus dem Orden nach dem Dekrete der S. Congr. de religiosis Quum singulae, Theol. und Glaube III, 1911.

[8] Säkularisierte sollen ohne besondere päpstliche Erlaubnis nicht in einem Kirchen- oder kirchlichen Lehramte verwendet werden; Dekret der Religiosenkongregation Quum minoris vom 15. Juni 1909.

züglich der Überwachung der Orthodoxie, der Säkularseelsorge über Nichtregulare usw. wieder unter die Bischöfe gebracht. So auch für die Kontrolle der Beobachtung der Klausur, wenigstens bei Frauenklöstern. Die für die meisten Klöster vorgeschriebene clausura bedeutet bei Männerorden die Verpflichtung, sich nicht willkürlich und allein aus dem Kloster zu entfernen, oder Unbefugten, insbesondere Frauenspersonen (ausgenommen Fürstinnen und ihr Gefolge, Wohltäterinnen), Einlaß in die septa, den meist nicht die ganze Klosteranlage umfassenden abgeschlossenen Raum, zu gewähren, für Nonnen dagegen die Pflicht, das Kloster überhaupt nur aus dringendem, vom Bischof zu genehmigendem Grunde zu verlassen, und allein den geistlichen Obern und dem Klostergeistlichen [1] in amtlicher Funktion sowie den vom Bischof oder Ordensvorgesetzten schriftlich Ermächtigten den Eintritt zu gestatten. Die Errichtung eines Klosters ist von dem Nachweis einer genügenden finanziellen Unterlage abhängig und bedarf außer der päpstlichen auch der bischöflichen Erlaubnis [2]. Mit der § 29, 3 c und S. 330 A. 2 erwähnten Ausnahme sind die einzelnen Klöster wie auch die Orden juristische Personen [3] und erwerbsfähig.

Hinschius, Kr. IV § 203 I c, Die Orden und Kongregationen der katholischen Kirche in Preußen, 1874; v. Scherer, Kr. II §§ 145, 146; Jober, Das Beichtvateramt in Frauenklöstern, A. f. k. Kr. LXXVIII, 1898, LXXIX, 1899; Boudinhon, Les lois canoniques sur les confesseurs de religieuses, Can. cont. XXXVI, 1913; Lehmkuhl, Das neue Dekret über die Beichte der Ordensfrauen, Theol.-prakt. Q. LXVI, 1913; Rett, Die Gewalt der Regularbeichtväter über Gelübde, Z. f. k. Theol. XXXIV, 1910; Rhallis, Die Klosterklausur nach dem griechischen Kirchenrecht, Festschrift f. Friedberg, 1908.

Maßgebend für die Verfassung sind in erster Linie die approbierten Ordenskonstitutionen und die den Orden erteilten päpstlichen Privilegien. Dem einzelnen Kloster steht ein Abt, Propst, Prior, Superior, Guardian bzw. eine Äbtissin, eventuell mit amovibeln Gehilfen (Prior, Dekan), vor. Der Vorsteher wird meist von den Konventualen gewählt und vom Bischof oder Papst bestätigt; er leitet das Kloster und übt die Disziplin über die Klosterinsassen [4]. Diese zerfallen nach hergebrachter Weise in professi ad chorum mit mindestens Subdiakonatsweihe, die allein Stimmrecht haben und vollberechtigt sind, und in dienende Brüder, Laienbrüder, Konversen [5]. Der Konvent der Vollmönche steht dem Klostervorsteher beratend zur Seite. Mehrere Klöster der alten Orden bilden auch heute noch oft eine Kongregation, wie z. B. die Beuroner Kongregation der Benediktiner, die selber wieder seit 1893 einer Gesamtkongregation aller schwarzen Benediktiner unter einem Abtprimas angehört [6]. Bei den Bettelorden [7] bilden die Klöster eines gewissen Bezirks eine Provinz mit dem Provinzialobern und dem ihn wählenden

[1] Welt- oder Ordenspriester werden als Beichtväter der Nonnen auf Grund des Tridentinums und der Konstitution Benedikts XIV. Pastoralis cura von 1748 jeweilen auf drei Jahre besonders approbiert. Doch soll den Nonnen mehrere Male im Jahre ein außerordentlicher Beichtiger gestellt werden; Dekret der Religiosenkongregation vom 3. Februar 1913.

[2] Ebenso nach Staatskirchenrecht der Staatsgenehmigung.

[3] Vgl. aber oben § 59, 1 mit S. 407 A. 1 und unten § 102 S. 456 A. 1.

[4] Über die Vermögensverwaltung und besonders die Schuldaufnahme siehe die Instruktion der Religiosenkongregation vom 30. Juli 1909.

[5] Für sie schreiben die Dekrete der Religiosenkongregation Sacrosancta und Inter reliquas vom 1. Januar 1911 mindestens 2 Postulantenjahre, 1—2 Jahre Noviziat nach angetretenem 21. Lebensjahre, 6 Jahre zur Bewährung in den einfachen Gelübden (die aber für den Professen selbst bereits auf ewig gelten) und Ablegung der feierlichen nicht vor vollendetem 30. Lebensjahre vor; auch dürfen vor Ableistung der militärischen Dienstpflicht nur zeitliche Gelübde abgelegt werden, u. z. nur in Kongregationen.

[6] Die Cistercienser zerfallen heute in zwei Gruppen, die von der gemeinen Observanz und die 1893 vereinigten, 1902 reformierten (Trappisten). Unter den regulierten Chorherren bilden seit 1898 die Prämonstratenser wieder einen einheitlichen Orden.

[7] Die Franziskaner oder Minderbrüder sind entweder Minderbrüder im engeren Sinne (ab unione Leoniana, weil Leo XIII. 1897 die verschiedenen Abarten wie Observanten, Excalceaten oder Barfüßer, Rekollekten vereinigte; vgl. dazu Pius' X. Motuproprio Quo magis vom 23. Oktober 1911) oder Konventualen oder Kapuziner, Breve Pius' X. Septimo iam pleno saeculo vom 4. Oktober 1909, Apostolisches Schreiben Paucis ante vom 1. November 1909, Breve Seraphici Patriarchae vom 15. August 1910. Über deren und der Anderen Kollektenwesen s. Dekret der Religiosenkongregation De eleemosynis colligendis vom 21. November 1908; Heiner, Das Kollektieren seitens der Ordensleute, A. f. k. Kr. XCI, 1911.

Provinzialkapitel zur Seite; den Abschluß der Organisation aber bildet der in Rom residierende General [1] mit dem Generalkapitel.

v. Scherer, Kr. II § 146; Schneider, Die Mettener Abtwahl, A. f. k. Kr. LXXXVI, 1906.

Den ganzen Orden und das einzelne selbständige Kloster kann nur der Papst aufheben; die Aufhebung einer unselbständigen Niederlassung vollzieht die Ordensleitung nach den Grundsätzen einer Veräußerung. Die Aufhebung beseitigt die Rechtswirkung der Gelübde nur hinsichtlich der Gehorsamspflicht und Vermögensunfähigkeit. Besteht übrigens die stabilitas loci, d. h. die Bindung der Verpflichtung zum Ordensleben, nicht für ein bestimmtes Kloster, sondern für eine ganze Provinz oder gar für den ganzen Orden, so findet einfach Übertritt in ein anderes Kloster statt. Übertritt in einen strengeren Orden ist auch sonst möglich.

v. Scherer, Kr. II § 148.

2. Kongregationen sind ordensähnliche Vereinigungen (quasi regulares), die zwar auch, nach einer Regel gemeinsam lebend, die Erreichung christlicher Vollkommenheit in der Askese anstreben, aber weder vom Papst als Orden approbiert sind, noch vota solennia ablegen oder Klausur halten. Ihre einfachen Gelübde der Armut, der Keuschheit und des Gehorsams sind, wenn auf Lebenszeit abgelegt, vom Papst, sonst vom Bischof dispensierbar, wobei das votum castitatis simplex nur ein aufschiebendes kirchliches Ehehindernis (§ 87) begründet, das votum paupertatis aber das dominium radicale, die Substanz, dem Kongregationsangehörigen beläßt, während ihm Verwaltung und Nutzung nur in jedesmaligem Einvernehmen mit dem Superior oder dem Apostolischen Stuhl zukommt (aber ohne Nichtigkeitswirkung bei Zuwiderhandeln). Die Organisation der Kongregationen ist ähnlich zentralisiert wie diejenige der Bettelorden und Jesuiten. Dem Generalobern (moderator generalis) steht regelmäßig ein Kardinalprotektor zur Seite, wenigstens bei den päpstlich ermächtigten congregationes religiosae (Gegensatz: die, weil noch nicht erprobt oder nur innerhalb einer Diözese vorkommend, bloß mit päpstlicher Ermächtigung gemäß Motuproprio Pius' X. Dei providentis vom 16. Juli 1906 bischöflich approbierten congregationes dioecesanae), wie sie auch, zumal wenn erst bischöflich genehmigt, innerhalb der einzelnen Diözese der bischöflichen Jurisdiktion unterworfen sind. Die Kongregationen übertreffen an Zahl, Mannigfaltigkeit der Beschäftigung (Krankenpflege, Erziehung, Unterricht) und sozialer Bedeutung in der Gegenwart die eigentlichen Orden.

v. Scherer, Kr. II § 149; Schuppe, Das Wesen ... der neueren Frauengenossenschaften, 1868; Arndt, Die kirchlichen Rechtsbestimmungen für die Frauenkongregationen, 1901; Nardelli, Les congrégations à voeux simples ... d'après la bulle Conditae, 1901; Bastien, La constitution Conditae, 1902; Bastien-Elfner, Kirchenrechtliches Handbuch für die religiösen Genossenschaften mit einfachen Gelübden, 1911; Boudinhon, Les congrégations religieuses à voeux simples, Can. cont. XXV, 1902, XXVI, 1903. Über das französische Vereinsgesetz und dessen Lit. siehe oben S. 395 A. 5, Lit. über franz. Kongreg., D. Z. f. Kr. XIII, 1903, S. 398.

3. Vereinigungen, sei es von Klerikern, sei es von Laien, Männern oder Frauen, zu gemeinschaftlichem Leben nach einer kirchlich anerkannten Regel und unter einem Obern, aber ohne Gelübde, z. B. Beginen, werden ähnlich wie Kongregationen behandelt.

4. Die Bruderschaften (confraternitates, sodalitates) und Dritten Orden (Tertii ordines) sind entweder solche von Geistlichen oder von solchen und Laien oder von letzteren allein und stellen sich dar als Vereinigungen von in der Welt Stehenden, die, ohne Einsatz ihrer ganzen Persönlichkeit, gemeinsam kirchliche (erbauliche, Belehrungs-, charitative) Zwecke verfolgen [2] Sie stehen unter dem Ordinarius.

---

[1] Der minister Generalis totius Ordinis Minorum ist nur ein Ehrentitel, die drei Franziskanergenerale stehen sich gleich. Der dritte Orden des hl. Franz v. Assisi ist eine dem gesamten Franziskanerorden angegliederte Einrichtung. Die einzelnen Bruderschaften sind zwar zunächst dem General eines der drei Ordenszweige unterstellt, genießen aber auch die Privilegien und Ablässe der den beiden anderen unterstellten; vgl. § 29, 3 c S. 330 A. 1.

[2] Z. B. die Marianischen Kongregationen. Bezüglich deren Zulassung an höheren Lehranstalten in Preußen vgl. den Erlaß des Preuß. Minist. der Geistlichen Angelegenheiten vom 23. Januar 1904, A. f. k. Kr. LXXXIV, 1904, D. Z. f. Kr. XIV, 1904.

v. Scherer, Kr. II § 150; Tamassia, L'affratellamento, 1886; Kolbe, Die kirchlichen Bruderschaften und das religiöse Leben im modernen Katholizismus, 1895; Beringer, Die Ablässe [13], 1906, De congregationibus Marianis, documenta et leges, 1909; Ferreres, Las Cofradías y Congregaciones eclesiásticas según la disciplina vigente [3], 1907; Heiner, Die Marianischen Kongregationen an den höheren Lehranstalten in Preußen, A. f. k. Kr. LXXXIV, 1904; Löffler, Die Marianischen Kongregationen in ihrem Wesen und ihrer Geschichte [2], 1911; Triebs, Die Rechtsfähigkeit der Liebfrauengilde in Ratibor, A. f. k. Kr. LXXXVIII, 1908; Stolz, Schwäbisches Bruderschaftsleben, Hist.-pol. Bl. CXLVIII, 1911.

§ 83. Die Synoden.

Das Trienter Konzil schrieb zwar die regelmäßige Abhaltung von Provinzial- und Diözesansynoden vor, allein mit geringem praktischen Erfolg, wenn auch in der zweiten Hälfte des 19. und im 20. Jahrhundert einige Versuche zur Wiederbelebung dieser Einrichtungen gemacht wurden (Kölner Provinzialsynode 1860, Mailänder 1906, Salzburger 1906; Diözesansynoden von Paderborn 1867, Münster 1897, öfter in Straßburg und Metz, in Lavant, zuletzt 1906, 1894 auch im Vikariat Sachsen und in der Präfektur Lausitz-Meißen). Da jedoch, von anderen Gründen abgesehen, infolge der modernen Verkehrs- und Publikationsverhältnisse die Fühlung zwischen den Obern und ihrem Klerus sowie die Bekanntgebung wenigstens von Diözesanrecht besser auf andere Weise, namentlich durch Veröffentlichung in einem bischöflichen Anzeigeblatt bewerkstelligt wird, und da endlich die Deklaration der päpstlichen Unfehlbarkeit die Berufung der (allerdings nur mit päpstlicher Approbation) ebenfalls unfehlbaren allgemeinen Synode überflüssig und eher unratsam gemacht hat, entbehrt das Institut der ohnedies unständigen synodalen Organe gegenwärtig fast ganz praktischer Bedeutung; nur Plenarkonzilien [1], d. h. Synoden größerer, durch nationale sowie politische Entwicklung zusammengehöriger Gebiete (meist zeitiger oder ehemaliger terrae missionis), treten zu einheitlicher Regelung ihrer kirchlichen Verhältnisse auf Befehl oder mit Gutheißung des Papstes und unter dem Vorsitz eines päpstlichen Legaten auch heute noch gelegentlich zusammen (Baltimore 1852, 1866, 1884 für Nordamerika, Sidney 1885, 1895 für Australien, Rom 1899 für das lateinische Amerika — oben S. 422 A. 3 —, Thurles 1850, Maynooth 1875, 1900, für Irland, Fort Augustus 1886 für Schottland).

Hinschius, Kr. III §§ 168, 173, 178, 181.

1. Das allgemeine Konzil. Maßgebend ist das ältere Recht, wie es auf dem Trienter Konzil und mit etwelcher Verschärfung zugunsten des Papsttums auf dem vatikanischen bestätigt wurde. Stimmberechtigte Mitglieder, die — aber nicht speziell, sondern allenfalls durch bloße Enzyklika — vom Papst berufen werden müssen, sind die Kardinäle, Patriarchen, Primaten, Metropoliten, Erzbischöfe, exemten Bischöfe, Suffragane, Weihbischöfe, praelati nullius (§ 40, 3), Ordensgenerale und Äbte mit quasiepiskopaler Jurisdiktion, während Gelehrte und Gesandte weltlicher Mächte nur beratende Stimme haben. Der Vorsitz steht dem Papst bzw. seinen Kardinallegaten zu; Stimmenmehrheit entscheidet auch in Glaubenssachen. Doch kann der Papst auch der Minderheit beitreten, wodurch diese pars sanior und maßgebend wird. In jedem Falle werden erst durch päpstliche Bestätigung die Kongreßbeschlüsse rechtsverbindlich.

Hinschius, Kr. III § 179.

2. Das Provinzialkonzil wird berufen und präsidiert vom Metropoliten. Stimmberechtigt sind die Suffraganbischöfe bzw. deren Koadjutoren oder die Kapitelsvikare, Erzbischöfe ohne Provinz und exemte Bischöfe, die sich der betreffenden Provinz als benachbarter angeschlossen haben, Prälaten mit quasiepiskopaler Jurisdiktion, nicht dagegen Weihbischöfe, deren Bistum ja außerhalb der Provinz (auch im geographischen Sinne) liegt. Das Gesetzgebungsrecht hat die Synode nur im Rahmen des gemeinen Rechts, nach dessen Maßgabe und in dessen Ergänzung; zur Vorsorge ist sogar Prüfung durch die Konzilskongregation vorgeschrieben, die unter Umständen auch mehr als redaktionelle Änderungen vornimmt [2]. Freie

---

[1] Bellesheim im A. f. k. Kr. LVII, 1887, LX, 1888, LXXIX, 1899, LXXXI, 1901, XLIII, 1880, LXI, 1889, XC, 1910. Allgemeine griechisch-katholische Konzilien fanden 1835 und 1909 in Ain Tras bei Beirut statt.

[2] Entsprechendes gilt für die Plenarkonzilien.

Bischofsversammlungen für den preußischen bzw. außerbayerischen deutschen Episkopat finden alljährlich in Fulda, für den bayerischen in Freising, ebensolche Provinzialzusammenkünfte z. B. in der oberrheinischen Kirchenprovinz statt. In Österreich hat der alle fünf Jahre sich versammelnde Episkopat der Monarchie sogar ein ständiges Komitee, das zweimal im Jahre in Wien zusammentritt.

Hinschius, Kr. III § 180; Hilling, Neubildungen (§ 79).

3. Die Diözesansynode ist überhaupt kein Gesetzgebungsorgan, sondern nur eine beratende Versammlung für den innerhalb des Bistums ausschließlich Recht setzenden Bischof. Mitglieder sind der Generalvikar, die Domkapitulare, Äbte, Pfarrer und überhaupt alle Welt- und Ordensgeistlichen, die eine Kirche des Bistums seelsorgerisch versehen. Doch kann, ohne daß deshalb die Eigenschaft der Versammlung als Diözesansynode in Frage gestellt würde, die Berufung auch nur eines Teils der Geistlichkeit vom Papst erbeten und bewilligt werden.

Hinschius, Kr. III § 182; Phillips, Die Diözesansynode [2], 1849 (auch Verm. Schr.); Sammlungen von deutschen Diözesanstatuten und -synoden bei Friedberg, Kr. § 46, und bei Sägmüller, Kr. § 47.

Drittes Kapitel.

Das Gesetzgebungsrecht.

§ 84. Zuständigkeit und Verpflichtungskraft.

Gemeines Kirchenrecht kann, wenn man vom allgemeinen Konzil absieht, das gerade in diesem Punkte schon vor dem Vatikanum vom Papst abhängig war, nur dieser setzen, jedoch, bei Vermeidung der Nichtigkeit und Unverbindlichkeit desselben, nicht entgegen dem Dogma und dem ius divinum. Als päpstliche Gesetze gelten auch die von den Kurialbehörden innerhalb ihrer Zuständigkeit erlassenen Bestimmungen. Eine bestimmte Form der Veröffentlichung war bis vor kurzem nicht vorgeschrieben. Gewöhnlich wurden die päpstlichen Konstitutionen an den Türen der Peters- und Laterankirche (ad valvas ecclesiae Vaticanae et Lateranensis) an der Cancellaria und auf dem römischen Gemüsemarkt (Campus Florae, jetzt Campo dei fiori) angeschlagen und galten dann sofort [1] pro urbe et orbe (u. et o.). Das tridentinische Decretum Tametsi dagegen machte seine Geltungskraft von der Veröffentlichung in der einzelnen Pfarrei abhängig, das vor kurzem an seine Stelle getretene Dekret der Konzilskongregation Ne temere vom 2. August 1907 wurde gleich anderen neueren römischen Erlassen durch Übersendung an die Ortsbischöfe publiziert und setzte für sein Inkrafttreten einen bestimmten Zeitpunkt (Ostern 1908) fest. Durch Pius' X. Konstitution Promulgandi vom 29. September 1908 wurde ein päpstliches Gesetzesblatt, commentarium officiale, genannt Acta Apostolicae Sedis [2], geschaffen, das seit dem 1. Januar 1909 fortlaufend, in der Regel zweimal im Monat erscheint. Darin und nur darin erfolgt ordnungsmäßig und in maßgebender Fassung die Veröffentlichung aller päpstlichen Konstitutionen [3] sowie der Gesetze und Dekrete der Päpste und der römischen Kurialbehörden, sofern sie sich zur Publikation eignen (also auch weiterhin Rechtssetzung durch Geheimerlaß möglich) und der Hl. Stuhl nicht etwas anderes bestimmt. Partikulares Recht setzen, außer in schon erwähnter Beschränkung die Provinzialsynoden, namentlich für ihre Diözesen die Bischöfe, doch auch sie nur secundum und praeter,

[1] Gewohnheitsrechtlich wurde zwei Monate lang die Unkenntnis einer so publizierten Konstitution nachgesehen.

[2] Darin finden sich alle von uns erwähnten Erlasse Pius' X., sofern dafür nicht eine andere Fundstelle angegeben ist. Die früheren Acta Sanctae Sedis (seit 1865, im ganzen 41 Bde. mit 3 Indices und 2 Ergänzungsbänden) waren fast bis zum Schlusse lediglich ein Privatunternehmen und erst am 23. Mai 1904 von Pius X. in dem Sinne für authentisch erklärt worden, daß für die in ihnen abgedruckten Stücke der dort wiedergegebene Wortlaut maßgebend sein sollte.

[3] Solche sind von dem Kardinalkanzler und von dem Kardinalpräfekten der Behörde zu zeichnen, zu dessen Ressort der Gegenstand des Gesetzes gehört. Dekret des Kardinalstaatssekretärs Merry del Val vom 15. April 1910.

nie contra ius commune. Autonomie[1] kommt außer den Dom- und Kollegiatkapiteln insbesondere kraft päpstlichen und bischöflichen Privilegs den Männerorden und -kongregationen zu; sie erzeugt zum Teil, aber nur mit kirchenobrigkeitlicher Genehmigung, für die betreffenden Kreise statutarische Satzungen oder Observanzen. Regelmäßig verpflichten die kirchlichen Rechtssätze auch im Gewissen; sie sind in utroque foro, und es kommt ihnen zu vis directiva.

Hinschius, Kr. III §§ 191, 194—196; Lingen et Reuss, Causae selectae in S. Congregatione Cardin. Conc. Trident. interpr. propositae, 1871; Mühlbauer, Thesaurus resolutionum S. C. Concilii I—V, 1872 ff.; Decreta authentica Congregationis sacrorum Rituum, 7 Bde., 1824 ff., 6 Bde., 1898 ff.; Decreta authentica S. Congregationis Indulgentiarum, 1883 ff.; Seitz, Revision der Theorie über die Promulgation der Kirchengesetze, Ztschr. f. Kr.- u. Pastoralwiss. I, 1842; Fleiner, Die Tridentinische Ehevorschrift (§ 40, 6); Koch, Die moralische Verpflichtung der bürgerlich-weltlichen Gesetze, Th. Q. LXXXIV, 1902; Sammlungen von Verordnungen deutscher Bischöfe bei Sägmüller, Kr. § 47, 2 und Friedberg, Kr. § 46, N. 6, sowie Trzcinski, Statuta et ordinationes archiepiscoporum, decreta officii ecclesiastici . . . archidioecesis Gnesnensis et Posnaniensis, 1906.

§ 85. Dispensation und Privileg.

Die Dispensation hebt die Wirkung eines Rechtssatzes für einen einzelnen Fall auf, entweder nur für die Zukunft oder auch die schon eingetretene (d. in radice). Zuständig ist der betreffende Gesetzgeber, also für das gemeine Recht der Papst, für das Provinzialrecht die Provinzialsynode, für das Diözesanrecht der Bischof, dem aber durch die § 74 erwähnten Fakultäten auch zahlreiche päpstliche Dispensationsbefugnisse für das gemeine Recht eingeräumt zu werden pflegen. Die Dispensation erfolgt gratis (aber Kanzlei- und Expeditionskosten!) und entweder in forma gratiosa, durch direkte schriftliche Erledigung (keine telegraphischen Dispensgesuche nach Rom!), oder in forma commissoria, durch Überweisung an den Ordinarius zur Prüfung und Erteilung, si ita res se habet. Im Gegensatz zur Dispensation hebt das Privileg das Regelrecht für einen einzelnen Fall oder einen Komplex solcher auf und ersetzt es durch Ausnahmerecht.

Hinschius, Kr. III §§ 192, 193.

Viertes Kapitel.

Die Verwaltung des Kultus.

§ 86. Die Sakramente.

Durch das Sakrament vermittelt die Kirche die unsichtbare Gnade Gottes dem Menschen unter einem sichtbaren Zeichen. Nach katholischer Lehre sind Sakramente[2]:

1. Die Taufe (baptismus). Durch sie erwirbt man die Mitgliedschaft in der Kirche und die kirchliche Rechtsfähigkeit. Die facultas baptizandi hat jedermann, auch wer weiblichen Geschlechtes (Hebammentaufe!) oder Häretiker ist, ja selbst ein Ungläubiger, das ius baptizandi regelmäßig nur der Bischof und der Pfarrer, während die Laientaufe bloß als Nottaufe zulässig ist. Die Taufe soll möglichst bald nach der Geburt nachgesucht werden; Nichtgetaufte, Ketzer, Exkommunizierte, Nichtgefirmte und Ordensleute sind als Taufzeugen oder Paten nicht zugelassen. Wegen der geistlichen Verwandtschaft, die durch die Patenschaft begründet wird, sollen von den Erziehungsberechtigten nicht mehr als zwei Paten (und zwar von verschiedenem Geschlecht) zugezogen werden.

Hinschius, Kr. IV § 200; Freisen, Taufritus in Schleswig-Holstein seit der Einführung der Reformation bis heute, H. Jb. XXI, 1900; Eck, Die Begründung der kirchlichen Mitgliedschaft nach kanonischem und baierischem Recht, 1900; Steffen, Die Wiedertaufe in Theorie und Praxis der römisch-katholischen Kirche seit dem Tridentinischen Konzil, 1908.

---

[1] Mit dieser Autonomie innerhalb des Kirchenrechts darf nicht verwechselt werden, daß innerhalb des Staates das nicht zum Staatsgesetz erhobene, aber freigegebene Kirchenrecht überhaupt als autonomische Satzung bzw. Observanz erscheint, wie oben S. 406 angedeutet wurde.

[2] Über die grundsätzliche Zulässigkeit der Spendung im Hause vgl. Dekret der Sakramentenkongregation vom 23. Dezember 1912.

2. Die Firmung (confirmatio) zur Stärkung des Glaubens und der Bekenntniskraft kann nur der Bischof (oder päpstlich delegierte Priester, insbesondere auch jeder Missionsobere) erteilen und gültig empfangen jeder Getaufte, erlaubterweise aber bloß, wer das siebente Lebensjahr vollendet hat, nicht Ketzer oder zensuriert ist. Der Firmling darf einen Firmpaten desselben Geschlechts haben.

Hinschius, Kr. IV § 201; Dölger, Das Sakrament der Firmung, Theol. Stud. d. Leo-Gesellschaft, 15. H., 1906.

3. Die Eucharistie (sacramentum altaris) oder das Abendmahl darf bloß vom zelebrierenden Bischof oder Priester unter beiderlei Gestalt (Brot und Wein) genossen werden, während den Übrigen der Kelch versagt bleibt. Als Wegzehrung (viaticum), d. h. bei Todesgefahr, wo jeder Katholik sie empfangen soll, darf die Eucharistie auch im Hause gespendet werden, sonst allgemein nur in einer ecclesia publica, regelmäßig in Verbindung mit der Messe. Einmal im Jahr, zur Osterzeit (von Palmsonntag bis Weißen Sonntag, nach bischöflicher Anordnung oder Diözesanherkommen aber auch geraume Zeit schon vor- und noch nachher), soll jeder Christ nach erreichtem Unterscheidungsjahr (§ 57) bei Strafe des Personalinterdikts und der Verweigerung des kirchlichen Begräbnisses in seiner Pfarrkirche das Abendmahl empfangen (§ 31, 2); ausgeschlossen sind nur die mit dem großen oder kleinen Bann Belegten, die Interdizierten und Ketzer; auch sollen notorische Sünder öffentlich zurückgewiesen werden[1]. Befähigt zur Spendung ist an sich jeder Christ, aber berechtigt bloß der Bischof in seiner Diözese, der Pfarrer in seiner Pfarrei, sie und jeder Priester überall in articulo mortis; verpflichtet zum Empfang ist der katholische Christ ungefähr vom siebenten Lebensjahre an[2].

Hinschius, Kr. IV § 202.

4. Die Buße (paenitentia) können bloß Bischöfe und Priester spenden. Zur gültigen Spendung bedarf aber der Spender der iurisdictio interna (§ 63); sie steht dem Papst für alle Gläubigen, dem Bischof für seine Diözesanen, dem Pfarrer für seine Pfarrkinder zu. Ein anderer Priester kann bloß nach erfolgter Delegation der Jurisdiktion durch einen der genannten Ordinarien und dazugekommener besonderer Ermächtigung zur Ausübung (approbatio pro cura) absolvieren, einer Ermächtigung, die aus wichtigen Gründen stets widerrufen werden kann, immer nur auf kürzere oder längere Zeit erteilt wird und durch eine Prüfung (z. B. bei der Weihe) oder eine schriftliche Arbeit über ein meist vom Bischof ausgeschriebenes Thema (Kuraaufgaben) oder Bewährung im Amt verdient werden muß. Doch tritt angesichts der Todesgefahr die in der Priesterweihe liegende Befähigung erlaubterweise hervor; in articulo mortis spendet jeder Priester gültig die Absolution. Von vorbehaltenen Sünden (casus reservati) kann nur der betreffende Bischof oder der Papst, der sie reserviert hat, freisprechen; da jedoch auch die Vorbehalte in articulo mortis und bei anderen Gelegenheiten (hier wenigstens praktisch) versagen, so sind sie, in den deutschen Diözesen ohnehin nicht sehr zahlreich, in Wirklichkeit nicht von sehr großer Bedeutung. Auch die Beichtpflicht beginnt mit dem Unterscheidungsalter, also ungefähr dem siebenten Lebensjahre. Mit der Verpflichtung zur österlichen Kommunion ist auch diejenige zu vorheriger Buße und damit zu mindestens einmaliger Beicht gegeben. Über die Beichte hat der Beichtvater bei Strafe der Absetzung strenge Verschwiegenheit zu bewahren (Beichtgeheimnis oder Beichtsiegel, sigillum confessionis), was die deutschen Gesetze (ZPO. § 383 Abs. 1 Z. 4 und StPO. § 52) durch Einräumung des Zeugnisverweigerungsrechtes anerkennen, nicht aber in Gestalt einer Befreiung von der Anzeigepflicht des § 139 RStGB.

Hinschius, Kr. IV § 203; Mode, Beichtsiegel und Zeugnispflicht nach den Reichsprozeßordnungen, A. f. k. Kr. LXXXII, 1902, LXXXIII, 1903.

5. Letzte Ölung (extrema unctio) und Begräbnis. Die letzte Ölung, welche die nicht schon durch Buße und Wegzehrung getilgten Sünden und deren Folgen auf dem Todbett

[1] Zur öfteren oder täglichen Kommunion ermahnt die Gläubigen das Dekret der Konzilskongregation Sacra Tridentina Synodus vom 20. Dezember 1905.

[2] Dekret der Sakramentenkongregation Quam singulari vom 8. August 1910.

beseitigt, aber während desselben Krankenlagers nur einmal gespendet wird, es sei denn, daß nach vorheriger Wendung zum Bessern von neuem Todesgefahr eintritt, kann von dem Kranken oder von dem durch Alter dem Tode Nahegebrachten oder durch einen Dritten für ihn gefordert werden, sofern der Empfänger getaufter Christ und nicht durch Exkommunikation, notorische Ketzerei oder Unwürdigkeit wegen nicht gebüßter Sünden vom Empfang ausgeschlossen ist. Die facultas unguendi hat jeder Priester; das ius steht aber bloß dem Bischof und dem Pfarrer sowie dessen Vikar oder Kaplan gegenüber Angesessenen oder Aufenthaltern ihrer Sprengel zu. Nach dem Tode gewährt die Kirche ihren Mitgliedern, sofern sie sich nicht notorisch der Ketzerei, des Schismas oder der Apostasie schuldig gemacht haben, namentlich (§ 40, 7) interdiziert oder exkommuniziert, zurechnungsfähige Selbstmörder, Duellanten, notorisch unbußfertige Sünder oder Sakramentsverächter waren, und sofern die Leiche nicht verbrannt wird, ein Begräbnis auf dem kirchlichen Friedhof oder sonst in geweihter Erde, die Aussegnung der Leiche, das geistliche Grabgeleite, Totenoffizium und Requiem sowie die Opfer. Das Begräbnis- und Kirchhofsrecht haben die Pfarrkirchen, die Kathedralen und die Klosterkirchen. Wird die Pfarrkirche übergangen, z. B. zugunsten der Patronatkirche des Verstorbenen oder eines Klosters, so hat sie einen Anspruch auf eine Quote, oft ein Viertel (quarta funerum oder canonica oder parrochialis) des der Wahlkirche wegen des Begräbnisses Hinterlassenen, und der Pfarrer bezieht trotzdem seine Stolgebühr. Das Kirchenbegräbnis wird aus kirchlichen und gesundheitspolizeilichen Gründen fast nur noch für Kardinäle, Bischöfe, Äbte und Fürsten gestattet.

Hinschius, Kr. IV § 204; Ruland, Geschichte der kirchlichen Leichenfeier, 1901; Lex, Das kirchliche Begräbnisrecht (§ 33).

6. Die Ordination wurde schon in anderem Zusammenhang (§ 64) behandelt. Es bleibt nur noch als siebentes Sakrament:

§ 87. Die Ehe und ihr Recht im besonderen.

Da nach katholischer Lehre die Ehe zu den Sakramenten gehört, nimmt die Kirche die Gesetzgebung über sie, soweit es sich nicht bloß um ihre bürgerlichen Wirkungen handelt, unter Ausschluß des Staates für sich in Anspruch und hält ihre Vorschriften auch dem PStG. und dem BGB. gegenüber als Eherecht aufrecht. Nach dem jetzt maßgebenden Dekret der Konzilskongregation Ne temere vom 7. August 1907 (§ 84) sind Akatholiken untereinander dem kirchlichen Eheschließungsrecht nicht mehr unterworfen.

v. Scherer, Kr. II §§ 107—137; Schnitzer, Katholisches Eherecht, 1898; Heiner, Grundriß des katholischen Eherechts [6], 1910; Leitner, Lehrbuch des katholischen Eherechts [2], 1912; Vogt, Das kirchliche Eherecht [2], 1910, Die Regelung der gültigen, aber formlos geschlossenen Mischehen, Köln. Pastoralbl. XLI, 1907; Heyer, Ehe und Eherecht, im Staatslexikon der Görres-Ges. [4], I, 1911; De Smet, De sponsalibus et matrimonio [2], 1911, französische Neubearbeitung: Les fiançailles et le mariage, 1912; Hübler, Eheschließung und gemischte Ehe in Preußen (oben S. 353 A. 5); Hollweck, Das Civileherecht des BGB. im Lichte des kanonischen Eherechts, 1900; Heiner, Gültigkeit oder Ungültigkeit der Zivilehen mit besonderer Rücksicht auf Deutschland, A. f. k. Kr. LXXXIX, 1909.

Das Verlöbnis, sponsalia de futuro (accipiam te in uxorem sive maritum), ist nach katholischem Recht der Vertrag zwischen zwei Personen verschiedenen Geschlechts, künftig miteinander die Ehe einzugehen. Es kommt kirchenrechtlich, d. h. mit den im nachstehenden zu erwähnenden Folgen, nur schriftlich mit Unterschrift der Parteien sowie des Ortspfarrers (-bischofs) oder zweier Zeugen zustande. Es geht nicht schon durch nachfolgende Beiwohnung (copula carnalis) in die Ehe, sponsalia de praesenti (accipio te in uxorem vel maritum), über und kann in gegenseitigem Einverständnis oder auf Antrag durch den Richter aufgehoben werden; sonst ist bei Weigerung des anderen Teils dem Beharrenden eine Klage auf Eingehung der Ehe gegeben, die aber, wenn kirchliche Zensuren den Renitenten nicht zur Erfüllung veranlassen, nur auf Entschädigung geht.

Ordentlicherweise wird eine Ehe gültig geschlossen durch Erklärung des Ehewillens (ev. durch Vertreter) vor dem Ortspfarrer (-bischof) von dem Tage von dessen Amtsantritt an und innerhalb seines Sprengels, vorausgesetzt, daß er zur Entgegennahme bereit ist, bzw. vor einem von ihm delegierten Priester, und vor zwei Zeugen (coram parocho vel loci ordinario vel sacerdote ab alterutro delegato et duobus saltem testibus), erlaubtermaßen aber nur nach Feststellung der Ledigkeit beider Teile und im Falle der Zuständigkeit des Pfarrers durch Wohnsitz oder durch einmonatigen Aufenthalt der Braut (ubi sponsa ibi copula), eventuell des Bräutigams, bzw. bei Ermächtigung durch den so zuständigen Pfarrer. Außerordentlicherweise ist bei drohender Todesgefahr zur Beruhigung des Gewissens und zur Legitimation etwaiger Nachkommenschaft auch ein Eheschluß vor jedem beliebigen Priester mit zwei Zeugen wirksam, ja in Gegenden, wo ein Ortspfarrer (-bischof) überhaupt nicht oder seit Monatsfrist nicht zu haben, in allen Fällen die bloße Konsenserklärung vor zwei Zeugen. Voranzugehen hat, außer bei der Gewissensehe, d. h. bei dem geheim zu schließenden und zu haltenden, aber zum Zwecke des Beweises seines Bestandes und der Ehelichkeit der Kinder in einem in der bischöflichen Kanzlei besonders verwahrten Register einzutragenden ehelichen Verhältnis, ein dreimaliges Aufgebot an drei aufeinanderfolgenden Sonn- und Festtagen während des Gottesdienstes in der Pfarrkirche des einen oder andern Verlobten sowie ein Brautexamen zur Unterweisung der Nupturienten über ihre Standespflichten. Die priesterliche Einsegnung der Ehe (benedictio nuptialis) mit Brautmesse ist vorgeschrieben, aber nicht wesentlich; sie kann (eventuell ohne jedes Verschulden der Brautleute, etwa weil der Pfarrer aus Vergeßlichkeit schon zelebriert oder Nahrung zu sich genommen hat und dadurch verhindert ist) unterbleiben, ohne daß der Gültigkeit oder der Wertung der Ehe Eintrag geschieht. Resolutivbedingungen können der Eheschließung nicht beigefügt werden; unsittliche und unmögliche werden als nicht angebracht erachtet; andere Suspensivbedingungen müssen, weil beim formalen Abschluß nicht zum Ausdruck kommend, dem Pfarrer vorher mitgeteilt werden. Dem standesamtlichen Akte, dem sie bloß bürgerlichrechtliche, nicht in kirchlichem Sinne eheschließende Wirkung zuerkennt, sich zu unterziehen, verwehrt die Kirche den Gläubigen nicht.

Freisen, Kirchliches Eheschließungsrecht in Schleswig-Holstein, A. f. k. Kr. LXXIX, 1899, LXXX, 1900; Knecht, Die neuen eherechtlichen Dekrete, Neue Ausgabe, Görres-Ges., Sekt. f. Rechts- u. Sozialw., 2. H., 1909; Bosch, Die Reform des kirchlichen Eheschließungsrechts, Leipziger jur. Diss., 1907, und im Hochland V, 1908; Arndt, Die Eheschließung nach neuestem Recht, Pastor bonus XX, 1908 (auch sep.); Bendix, Die neuen eherechtlichen Dekrete, Kath. LXXXVIII, 1908; Choupin, Les fiançailles et le mariage, 1908; Detzel, Kurze, systematische Erklärung der Dekrete Ne temere und Provida, 1908; Heiner, Das neue Verlöbnis- und Eheschließungsrecht, 1908; Leitner, Die Verlobungs- und Eheschließungsform nach dem Dekrete Ne temere[4], 1910; Ojetti, In jus antepianum et pianum ex decreto Ne temere commentarii, 1908; Speiser, Die kirchliche Form des Verlöbnisses und des Eheabschlusses, 1908; Vermeersch, De forma sponsalium ac matrimonii post decretum Ne temere[4], 1908; Wouters, Commentarius in decretum Ne temere[4], 1912; Seelmann, Die Eherechtsreform der Bulle Provida, D. Z. f. Kr. XIX, 1909; Balog, Die Eheformvorschriften der Dekrete Tametsi und Ne temere, 1910 (auch in Rechtswiss. Beiträgen f. Kohler); Noldin, Decretum de sponsalibus et matrimonio[3], 1911; Boudinhon, Le mariage et les fiançailles[3], 1912.

Mangelnde Voraussetzungen, auch solche des Vertragsschlusses, begründen Ehehindernisse, impedimenta matrimonii. Diese sind entweder bloß aufschiebend, i. impedientia, wenn sie den Eheabschluß verboten und eventuell strafbar, aber die trotzdem eingegangene Ehe nicht nichtig machen. Oder sie trennen die Ehe, i. dirimentia, d. h. sie hindern das faktisch eingegangene Verhältnis, und zwar als i. dirimentia publici iuris, falls das Hindernis nach positiver Vorschrift auch von Dritten, insbesondere von Amts wegen geltend zu machen ist, oder als i. d. privati iuris, falls das Hindernis nur von einem Ehegatten oder von beiden geltend gemacht werden kann.

Villien, L'empêchement de mariage, Can. cont. XXVI, 1903.

Aufschiebende Hindernisse sind nach kirchlichem Recht ein bestehendes Verlöbnis (i. sponsalium), ein einfaches Keuschheitsgelübde (i. voti simplicis), die geschlossene Zeit (erster Adventsonntag bis Dreikönigstag, Aschermittwoch bis Weißer Sonntag), aber nur für feierliche Hochzeiten (i. temporis clausi), und vor allem Bekenntnisverschiedenheit (i. mixtae religionis). Die Dispensation von diesem aufschiebenden Hindernis ist, im Gegensatz zu der von den übrigen i. impedientia, dem Papst (Sant' Offizio) vorbehalten; doch haben die deutschen Bischöfe hierfür

Spezialvollmachten. Gewährt wird sie bloß auf das beiderseitige, meist eidliche Versprechen der katholischen Erziehung sämtlicher Kinder hin und auf das einseitige des akatholischen Teils, den andern nicht an der Ausübung der katholischen Religion zu hindern. Unter diesen Voraussetzungen werden mit Verschweigen der Religion des Akatholiken nach jetziger Praxis Aufgebot und Assistenz, aber ohne missa pro sponsis und benedictio solennis, gewährt. Sonst ist die Praxis verschieden. Jedenfalls aber wird die Mitwirkung der Kirche, auch die bloße assistentia passiva, d. h. die bloße Konsensentgegennahme, die zur Gültigkeit der Ehe unerläßlich ist, laut Dekret des Sant' Offizio vom 21. Juni 1912 selbst bei hartnäckiger Verweigerung der genannten Kautelen, wo sie bisher zulässig war, auch weiterhin gewährt werden kann und genügt, verweigert, wenn dem Pfarrer bekannt ist, daß vor- oder nachher auch eine kirchliche Trauung durch den Geistlichen der anderen Konfession stattgefunden hat oder stattfinden soll. Mischehen, die im Gebiete des deutschen Reiches von Deutschen formlos eingegangen sind, sind übrigens nach Pius' X. Konstitution Provida vom 18. Januar 1906 lediglich verboten, nicht aber wie anderwärts (außer in Ungarn) ungültig.

Trennende Ehehindernisse sind Mangel der Zurechnungsfähigkeit (sinnlose Betrunkenheit), der Ehemündigkeit, d. h. Nichtvollendung des vierzehnten Jahres beim männlichen, des zwölften beim weiblichen Teil (i. aetatis), impotentia coeundi matrimonio antecedens et perpetua, wenn incurabilis oder nur durch lebensgefährliche Operation zu beseitigen. Ferner der Irrtum, aber nur als error in persona und conditionis, d. h. über den freien Stand, sowie über eine Eigenschaft, von der die Identität mit der gewollten Person abhängt, error qualitatis redundans in personam, dagegen nicht über sonstige Eigenschaften, auch nicht über die Virginität. Weiter Nichteintritt der Bedingung (i. conditionis appositae, auch betreffend eine Eigenschaft) oder Drohung (i. vis ac metus, jedoch nur maioris malitatis, quam in constantem hominem cadere potest). Die Entführung (raptus) hindert die Ehe mit der zum Zweck der Ehelichung Entführten, solange diese in der Gewalt des Entführers sich befindet. Das impedimentum consanguinitatis hindert die Ehe zwischen Blutsverwandten in der geraden Linie und mit Seitenverwandten bis zum vierten Grad einschließlich; gerechnet wird dabei kanonisch, d. h. vom gemeinsamen Stammvater herab nach Generationen, doch so, daß bei Ungleichheit die längere Linie entscheidet. Die Schwägerschaft (affinitas) hindert in demselben Umfang, und zwar nicht bloß als legitima, wenn eine konsummierte Ehe den einen Gatten mit den Blutsverwandten des anderen verschwägert, sondern auch als illegitima im Fall außerehelichen Geschlechtsverkehres, im letzteren allerdings nur bis zum zweiten Grade der Seitenlinie. Bei nicht konsummierter Ehe oder bloßem Verlöbnis entsteht für den einen Gatten oder Verlobten mit den Blutsverwandten des anderen das impedimentum publicae honestatis oder quasi affinitatis, während Adoptivverwandtschaft ein i. cognationis legalis, und geistliche Verwandtschaft zwischen dem Spender der Taufe oder Firmung einerseits und dem Täufling oder Firmling und dessen Eltern anderseits sowie zwischen dem Täufling oder Firmling und dessen Eltern einerseits und den Paten anderseits ein i. cognationis spiritualis zurückläßt. Weitere trennende Hindernisse sind eine bestehende Ehe (i. ligaminis) und der Bruch einer solchen mit dem anderen Teil, falls Ermordung des betrogenen Gatten (coniugicidium) oder das Versprechen der Ehe bzw. deren Eingehungsversuch mit unterliefen, (i. adulterii). Aber auch der gemeinschaftliche Gattenmord zum Zweck späterer Ehe ohne vorangegangenen Ehebruch hindert die Ehe und wird mit dem i. adulterii gewöhnlich als i. criminis zusammengefaßt. Endlich die i. ordinis und voti solennis (§§ 65 und 82) und das i. disparitatis cultus, das die Ehe mit Juden, Heiden, überhaupt Ungetauften hindert. Dispensberechtigt für alle diese Hindernisse ist der Papst [1]. Die Annullation kann bloß durch Richterspruch erfolgen; formlose Aufgabe der ungültigen Ehe ist unzulässig.

---

[1] Vgl. die Freiburger Anleitung zur Behandlung von Ehedispenssachen jeder Art vom 15. Februar 1912, A. f. k. Kr. XCII, 1912, S. 491 ff. Nach einer Entscheidung des Sant' Offizio vom 23. April 1890 (A. f. k. Kr. LXV, 1891 S. 334 f.) ist der Bischof ermächtigt, nicht bloß in articulo mortis, sondern auch sonst im Falle der Not, wenn großes Ärgernis entstehen würde oder die Gefahr der Unenthaltsamkeit bestände, von allen verborgenen und öffentlichen Ehehindernissen zu dispensieren, und nach einer Entscheidung der Sakramentenkongregation vom 14. Mai 1909 kann bei drohender Todesgefahr jeder Priester unter denselben Voraussetzungen, unter denen

Thaner, Simulatae nuptiae nullius momenti sunt, Österr. Zentralbl. f. d. jur. Praxis XXV, 1907; Hobza, Betrug bei der Eheschließung, A. f. k. Kr. LXXXVIII, 1908; ʽΡάλλης, Περὶ τῶν ἀναδόχων κατὰ τὸν δίκαιον τῆς ὀρθοδόξου Ἀνατολικῆς ἐκκλησίας, 1909; Gillmann, Das Ehehindernis der gegenseitigen geistlichen Verwandtschaft der Paten? A. f. k. Kr. LXXXVI, 1906, LXXXVIII, 1908, Das ehemals zwischen der soboles ex secundis nuptiis und den Blutsverwandten des verstorbenen Eheteiles bestehende Ehehindernis, ebenda LXXXIX, 1909 (auch erweitert sep.), Das Ehehindernis der geistlichen Verwandtschaft aus der Buße, A. f. k. Kr. XC, 1910, XCI, 1911.

Die gültig geschlossene Ehe ist ein matrimonium ratum und unauflöslich. Doch kann sie vor der Konsummation durch copula carnalis noch gelöst werden: 1. durch einseitige Ablegung eines feierlichen Keuschheitsgelübdes in einem Kloster, 2. durch päpstliche Dispensation (dissolutio matrimonii rati non consummati; zuständig Sakramentenkongregation bzw. Rota). Nach Vollziehung der Ehe kennt die katholische Kirche nur für den Fall eine Auflösung, daß beide Gatten zuvor ungetauft waren, dann der eine sich hat taufen lassen, der andere aber (wenn auch selbst zur Bekehrung bereit) auf ausdrückliche Aufforderung hin die Ehe mit dem Christen überhaupt nicht oder non sine contumelia Creatoris fortsetzen will, also nur, ohne dem christlichen Teil zu gestatten, seinem Glauben und dessen Betätigung zu leben; in diesem Fall darf der christliche Gatte eine neue Ehe eingehen, wodurch die frühere aufgehoben wird (privilegium Paulinum sive fidei; zuständig Sant' Offizio). Sonst ist eine Scheidung vom Bande durch die Sakramentsnatur der Ehe ausgeschlossen. Selbst wegen Ehebruchs und widernatürlicher Fleischesvergehen darf bloß auf dauernde Trennung, separatio quoad thorum et mensam perpetua, in anderen Fällen (Lebensnachstellung, Mißhandlung, Abfall vom Christentum oder auch nur vom katholischen Glauben) gar nur auf zeitliche (s. temporaria) vom geistlichen Richter erkannt werden, so daß dem zuvor bürgerlich Geschiedenen eine kirchlich zulässige Wiederverheiratung nicht offensteht, es sei denn, daß die Ehe nachträglich aus irgendeinem Grunde für nichtig erklärt zu werden vermag.

Vermeersch, De casu apostoli seu fidei privilegio, 1911; v. Hussarek, Zum Ehetrennungsrechte des ABGB., in der Festschrift zur Jahrhundertfeier des Allgemeinen Bürgerlichen Gesetzbuchs, 1911; v. Pelser-Fürnberg, Protokolle der Enquête betr. die Reform des österreichischen Eherechts, 1905; Wahrmund, Ehe und Eherecht, 1906, Dokumente zur Geschichte der Eherechtsreform in Österreich, I, II, 1908.

§ 88. Der übrige Kultus, seine Zeiten und Stätten.

Außer den Sakramentalien, die in Exorzismen zerfallen, Beschwörungen des bösen Geistes, zu denen jeder Geistliche vom Exorzisten an aufwärts imstande, aber nur der vom Bischof speziell ermächtigte berechtigt ist, und in Weihungen (consecrationes) sowie in bloße Segnungen (benedictiones), kommt vor allem die Messe in Betracht, die unblutige Erneuerung von Christi Opfertod durch Wandlung von Brot und Wein in Leib und Blut Christi und Darbringung von beidem zum Opfer für Lebende und Abgeschiedene. Fähig zur Zelebration ist jeder Priester, berechtigt bloß, wer ein entsprechendes Amt (Bischofs-, Pfarramt, Altarbenefizium) oder bischöfliche Meßlizenz hat. Verpflichtet zur Zelebration ist derjenige, zu dessen Amtsobliegenheiten sie gehört, außerdem jeder Priester, und zwar iure divino nur zur Nichtunterlassung, iure humano positiv zu drei- oder viermaliger Feier im Jahr, nach bischöflicher Anordnung darüber hinaus zum Lesen an Sonn- und Feiertagen. Gültig appliziert, d. h. ihren Segnungen nach zugewendet, wird die Messe erlaubterweise auch für lebende Ketzer, Schismatiker (zwecks ihrer Bekehrung) und excommunicati tolerati (§ 40, 7), nicht aber, weil deren Bekehrung nicht mehr möglich, für tote (daher für abgeschiedene akatholische Regenten keine missa defunctorum, wohl aber eine Dankmesse für die Segnungen ihrer Regierung möglich!). Applikationspflichtig ist nach gemeinem Recht an Sonn- und Festtagen der Bischof für seine Diözesanen und der Pfarrer für seine Pfarrkinder. Außerdem können Altarbenefizien und Meßstiftungen eine besondere Applikationspflicht begründen, desgleichen die Annahme eines Meßstipendiums [1] (Diözesantaxe!),

---

er gültig beim Abschluß einer Notehe assistiert, auch von allen trennenden Ehehindernissen, ausgenommen allein das impedimentum voti aus Priesterweihe und das der Schwägerschaft in gerader Linie, dispensieren. Vgl. Hilling, A. f. k. Kr. XCIII, 1913 S. 481.

[1] Vgl. das Dekret der Congr. Concilii vom 11. Mai 1904, Acta S. Sedis XXXVI, 1904 p. 672. Besonders wo Trennung von Kirche und Staat oder andere Umstände die Kirche und ihre Diener

d. h. einer Schenkung unter der Auflage, die Messe (wenn bloß einmal: missa manualis), eventuell mit bestimmter Applikation, zu lesen. Die Messe darf täglich außer am Karfreitag gelesen werden von der Morgendämmerung bis Mittag, aber bloß auf einem konsekrierten, unbeweglichen oder beweglichen (a. portatile) Altar (mit sepulcrum für Reliquien) in einem Gotteshaus (in Privatoratorien allein bei päpstlichem Celebret) und regelmäßig nur einmal vom selben Priester (Verbot der Bination und Iteration).

Hinschius, Kr. IV §§ 205—208, 222—225; Kieffer, Rubrizistik[2], 1913; Gihr, Das heilige Meßopfer[11—13], 1912; Bourceau, La messe[2], 1912; Link, Meßstipendien, 1901; Rösch, Die Bination, A. f. k. Kr. LXXVII, 1897; Schöttl, Die gegenseitige Gemeinschaft in Kulthandlungen zwischen Katholiken und Akatholiken, 1853; Arndt, Anwesenheit und Teilnahme am akatholischen Gottesdienste nach den Entscheidungen der römischen Kongregationen, Theol.-prakt. Q. LII, 1899; Heiner, Die Communicatio in sacris der Katholiken mit Häretikern und das Dekret Martins V. Ad evitanda von 1418, A. f. k. Kr. LXXXVII, 1907.

Die allein vom Papst bezw. vom allgemeinen Konzil einzuführenden oder aufzuhebenden allgemeinen christlichen oder kirchlichen Erinnerungstage, die mit offiziellem Festgottesdienst und Feierpflicht für die Gläubigen begangen werden, heißen festa de praecepto, gebotene Festtage (nach Pius' X. Motuproprio Supremi disciplinae vom 2. Juli 1911 außer den Sonntagen nur noch Weihnachten, Beschneidung des Herrn, Erscheinung des Herrn und Christi Himmelfahrt, Mariae Empfängnis und Mariae Himmelfahrt sowie Peter und Paul und Allerheiligen[1]), die übrigen, bloß in einer kirchlichen Feier sich erschöpfenden, festa chori. Gottesdienstliche Lokalitäten sind regelmäßig nur die (Kathedral-, Stifts-, Pfarr-) Kirchen und die öffentlichen, d. h. ebenfalls für einen jedermann zugänglichen Gottesdienst bestimmten Oratorien (ohne Pfarrrechte!)[2]. Wird ein solches Gotteshaus durch gänzliche oder teilweise Zerstörung exsekriert, so findet eine neue Konsekration statt; bei bloßer pollutio durch Tötung oder Blutvergießen wider Recht, durch Unzucht oder Begräbnis eines excommunicatus vitandus bzw. eines Ungläubigen genügt dagegen die einfachere reconciliatio.

Hecht, Die Verminderung der gebotenen Feiertage, A. f. k. Kr. XCII, 1912; Hinschius, Kr. IV §§ 199, 213—219; Arndt, Die Rechtsverhältnisse der Oratorien, A. f. k. Kr. LXXII, 1894; Sauer, Die Symbolik des Kirchengebäudes, 1902.

Fünftes Kapitel.

Die Verwaltung der Lehre.

§ 89. Zuständigkeit und Betätigung.

Der ordentliche Lehrer der ganzen Kirche ist der Papst, der Diözese der Bischof, der sich nach dem Tridentinum, den Konkordaten und den Zirkumskriptionsbullen inmitten seines Domkapitels oder außerhalb desselben für die Lehrangelegenheiten einen theologus als Sachverständigen halten muß, und ohne dessen missio (auch an laikale Religionslehrer!) es im Bistum keine religiöse Lehrtätigkeit gibt (§ 64, 5). Gelehrt wird namentlich durch die Predigt, die aber keinen anstößigen Inhalt, insbesondere keine Ausfälle gegen eine erkennbar bezeichnete Person

---

auf sich selbst anweisen, aber auch sonst können diese Meßstiftungen und -stipendien von erheblicher Bedeutung für die Kirche werden. Über sie wird demnächst in Stutz, Kr. A. eine Sonderuntersuchung von Kremp erscheinen.

[1] Alle anderen bisher gebotenen Feste sind unterdrückt oder auf einen Sonntag verlegt; doch wurden für Deutschland auf Wunsch des Episkopats die zweiten Feiertage zu Ostern, Pfingsten und Weihnachten sowie das Fronleichnamsfest (hierzu auch Schreiben der Konzilskongregation vom 3. Mai 1912) aufrechterhalten. Die Patronsfeste bleiben von der Reduktion unberührt. Auf Grund dieser Erlasse sind für die einzelnen Bistümer bischöfliche Festordnungen ergangen; eine solche für die ganze niederrheinische Kirchenprovinz s. im Kirchl. Anzeiger f. d. Erzb. Köln 1912 Nr. 1.

[2] Oratoria semipublica sind nach dem Dekret A Sacra der Ritenkongregation vom 23. Januar 1899, Acta S. Sedis XXXI, 1898/9 p. 412 s. (meistens konsekrierte oder benedizierte) Gotteshäuser, die, weder für alle Gläubigen noch für eine Privatperson bezw. Familie bestimmt, einer Kommunität oder Personenvereinigung dienen wie z. B. die Kapellen von Kongregationshäusern, Seminarien, Konvikten, Spitälern, Waisenhäusern u. dgl.

(Nominal-Elenchus), haben soll [1]; ferner im Religionsunterricht [2], ja im Unterricht überhaupt, der nach kirchlichem Recht der Aufsicht des Bischofs zu unterstehen hat, also auch im Universitätsunterricht (päpstliche bzw. katholische Universitäten z. B. in Frankreich, Belgien, der Schweiz und Italien), besonders an den theologischen [3] Fakultäten; endlich in den Volksmissionen, d. h. außerordentlichen Verkündigungen des Gottesworts, verbunden mit Spendung des Bußsakraments durch andere (meist Ordens-) Geistliche als die ordentlichen Seelsorger.

Hinschius, Kr. IV §§ 226—229, 236—240, 241 III, 242.

§ 90. Die Heranbildung des Klerus im besonderen.

Das Trienter Konzil hat, nachdem die Dom-, Stifts- und Pfarrschulen als Ausbildungsanstalten für den Klerus längst weggefallen und die Universitäten mancherorts der bisherigen tatsächlichen oder rechtlichen Beziehung zur Kirche entrückt worden waren, die Ausbildung des Klerus auf einem bischöflichen Seminar, in das Knaben von zwölf Jahren an aufgenommen werden sollten, vorgeschrieben und zur tatsächlichen Regel gemacht [4]. Doch konnte und wollte richtiger Ansicht nach damit die weitere Ausbildung auch an theologischen Fakultäten staatlicher Universitäten nicht verhindert werden, sofern der dort erteilte Unterricht den kirchlichen Anforderungen entspricht [5]. Noch heute kann deshalb die wissenschaftlich-theologische Klerikal-

[1] Vgl. RStGB. § 130 a mit § 166 gegen Kanzelmißbrauch.

[2] In Baden verbindet sich mit der Überwachung desselben für die Kirche auch das Recht und die Pflicht der Besorgung, während Preußen, Sachsen und Hessen bloß die Aufsicht zulassen; ähnlich Bayern und Württemberg.

[3] In Preußen sucht das auf Statuten des 18. und namentlich der ersten Hälfte des 19. Jahrhunderts sich gründende staatliche Recht die Interessen der Kirche dadurch zu wahren, daß es dem Bischof vor der Anstellung der Professoren und vor der Zulassung der Privatdozenten die Befugnis gibt, den Betreffenden wegen begründeter Bedenken gegen Lehre und Wandel (offenbar aus dem evangelischen Recht übernommen!) auszuschließen. In Baden, das auch im Mittel- und Volksschulwesen weiter geht, wird das Erfordernis der missio canonica(§ 64) als auch für die Hochschultheologen anerkannt anzusehen sein. Darüber hinaus bestimmt die Reichskonvention über die Straßburger Fakultät (oben S. 397 A. 1), die auch die Ernennung im Einvernehmen (in Baden nur nach gutachtlicher Äußerung) mit dem Bischof geschehen läßt, daß (nach Entzug der missio) der Staat, falls ihm die Unfähigkeit des Betreffenden wegen mangelnder Rechtgläubigkeit oder anstößigen Lebenswandels dargetan wird, für Ersatz und Fernhaltung des Zurückgewiesenen zu sorgen habe. Titel, Amt und Bezüge bleiben ihm aber.

[4] Für die italienischen Diözesanseminarien, deren Ersatz durch größere und leistungsfähigere, für mehrere Bistümer bestimmte Generalseminarien (römisches beim Lateran für philosophische und theologische Studien, gegründet 1913) das Pontifikat Pius' X. anstrebt, hat unterm 10. Mai 1907 die Kongregation der Bischöfe und Ordensleute ein programma generale studiorum erlassen; Acta S. Sedis XL, 1907, p. 336 ss. (dazu Rundschreiben der Konsistorialkongregation vom 16. Juli 1912). In Rom studierende auswärtige Kleriker müssen als Konviktoren in ein Seminar oder Kolleg eintreten; Pius X. an den Kardinalvikar Respighi 5. Mai 1909, ebenda XXXVI, 1904 p. 655 ss. Allgemein bestimmt ein Dekret der Konzilskongregation vom 22. Dezember 1905, daß ein von einem Bischof aus seinem Seminar Entlassener nicht von einem anderen in das seinige aufgenommen werden darf; ebenda XXXVIII, 1906, p. 407 ss. Ferner müssen nach dem Motuproprio Sacrorum antistitum (§ 43 S. 366 A. 2) alle modernistisch gerichteten Lehrer und Professoren von den Seminarien und (kirchlichen) Universitäten entfernt werden. Die an diesen Instituten wirkenden Lehrer haben alljährlich die Lehrbücher und sonstigen Unterlagen ihrer Vorlesungen dem Bischof vorzulegen sowie das Tridentinische Glaubensbekenntnis und den Antimodernisteneid abzulegen. Die Studierenden sollen sich des Lesens von Zeitschriften und Zeitungen enthalten, welche politische, soziale und wissenschaftliche Tagesfragen enthalten. Auf die Professoren der katholischen Theologie an den deutschen Staatsuniversitäten als solche (sofern sie nicht daneben in der Seelsorge tätig sind oder ein kirchliches Benefizium haben) finden diese Bestimmungen, insbesondere die betreffend die Eidesablegung, keine Anwendung; vgl. Apostolisches Schreiben Quae tuo nomine vom 31. Dezember 1910 an Kardinal Fischer, Erzbischof von Köln und die entscheidende Erklärung des Kardinalstaatssekretärs Merry del Val (§ 42 S. 363 A. 2).

[5] Für Straßburg vgl. oben S. 397 A. 1 und die zunächst geheim gehaltene Note: Le gouvernement impérial, prenant en juste considération les besoins des élèves de la faculté de théologie catholique, estime qu'il est de son devoir naturel de faire nommer à la faculté de philosophie de l'Université de Strasbourg un professeur d'histoire et un professeur de philosophie appartenant à la religion catholique. Bezüglich Preußens vgl. v. Below, Die katholische Kirche und die preußischen Universitäten, Corniceliu s, Intern. Monatsschrift, Dezember 1911.

bildung teils an staatlichen Universitäten erworben werden (Preußen, Bayern, Württemberg, Baden, Hessen, hier freilich unpraktisch, Elsaß), teils (Preußen, Bayern, Hessen, Lothringen) auch auf einem bischöflichen, staatlich beaufsichtigten Klerikalseminar (Trier, Posen, Pelplin, Mainz, Metz) oder einer ebensolchen theologischen Lehranstalt (Paderborn, Fulda, Eichstätt), teils (Preußen, Bayern) an staatlichen Lehranstalten für theologische und philosophische Fächer (Akademie in Braunsberg, bayrische Lyzeen in Bamberg, Dillingen, Freising, Passau, Regensburg). Die Vorbildung wird durch Knabenseminare unter staatlicher Aufsicht in Bayern und Elsaß-Lothringen besorgt, während in Preußen, Württemberg, Baden, Hessen nur geistliche Knabenkonvikte an den staatlichen Gymnasien (ein bischöfliches aber z. B. in Hildesheim) vom Staat zugelassen werden. Auch für die Theologiestudierenden der Universitäten lassen übrigens Preußen, Baden und Hessen Konvikte zu. Die praktische Vorbildung endlich bleibt dem Bischof überlassen; sie wird in Preußen, Baden, Hessen und im Elsaß (neugebildetes Grand-Seminaire) auf bischöflichen, staatlich nur beschränkt beaufsichtigten Priesterseminarien erworben, in Bayern und Württemberg auf staatlichen, die unter bischöflicher Leitung stehen.

Hinschius, Kr. IV §§ 233, 234; Kraus, Das theologische Studium sonst und jetzt [2], 1890; Holzammer, Die Bildung des Klerus in kirchlichen Seminarien oder an Staatsuniversitäten, 1900; Heiner, Theologische Fakultäten und tridentinische Seminarien, 1900, Nochmals Th. F. u. tr. S., 1901; Merkle, Das Konzil von Trient und die Universitäten, Würzburger Akad. Festrede, 1905; Schrörs, Kirche und Wissenschaft, 1907, Gedanken über zeitgemäße Erziehung und Bildung der Geistlichen [2], 1910; Schiappoli, Il riordinamento dei Seminari in Italia, Rivista di diritto pubblico I, 1910.

Sechstes Kapitel.

Straf- und Gerichtsgewalt.

§ 91. Das Straf- und Disziplinarstrafrecht.

Subjekt der Straf- und Disziplinarstrafgewalt über die ganze Kirche ist der Papst in erster und letzter Instanz, in einziger für Kardinäle, Erzbischöfe und Bischöfe, für letztere aber nur bei Vergehen, auf denen mindestens Absetzung steht (§ 67), und an Stelle der unpraktischen Gerichtsbarkeit der Provinzialsynode. Das Tridentinum schreibt die Delegation der drittinstanzlichen Jurisdiktion an einheimische Richter [1], iudices in partibus, vor, die eigentlich von den Synoden gewählt (iudices synodales) oder vom Bischof mit Beirat des Kapitels (prosynodales) bestellt werden sollten, aber nie recht praktisch wurden. Heutzutage ergeht die Delegation (zur Subdelegation an ihre Kirchengerichte) an einheimische Bischöfe (z. B. an den Erzbischof von Freiburg für Köln und umgekehrt von Köln für Freiburg, an den Bischof von Augsburg für Rottenburg) oder in gleicher Weise an die Nuntien (z. B. an den Münchner, der die Erzbischöfe von München und Bamberg subdelegiert, an den Wiener, der für Breslau aus einer Prosynodalliste drei Richter ernennt). Die zweite Instanz bilden die Erzbischöfe mit ihren Metropolitangerichten, und für die exemten und die Erzdiözesen wird ein Bischof vom Papst besonders bestellt (z. B. der von Münster für Köln, der Rottenburger für Freiburg). Erste Instanz sind die Bischöfe mit ihren Gerichten (§ 76).

Hinschius, Kr. V §§ 341—49, VI §§ 350—53, 357; Katz, Ein Grundriß des kanonischen Strafrechts, 1881; Hollweck, Die kirchlichen Strafgesetze, 1899; Kahn, Étude sur le délit et la peine en droit canonique, 1898; Schiappoli, Diritto penale canonico, in Pessina, Enciclopedia di diritto penale I, 1905, L'elemento esterno dell' azione, materia del reato, nel Diritto penale canonico, Festschrift f. Friedberg, 1908; Ῥάλλης, Ποινικὸν δίκαιον τῆς ὀρθοδόξου Ἀνατολικῆς ἐκκλησίας, 1907; Kirsch, Die Behandlung der crimina capitalia in der morgenländischen Kirche im Unterschied zur abendländischen, A. f. k. Kr. LXXXIV, 1904; Stutz, Kirchliche Rechtsgeschichte (oben S. 279) S. 20, 44 und in Müller, Diözesanbehörden (§ 76) S. 86 ff; Kaas, Geistliche Gerichtsbarkeit (§ 42 S. 361, A. 1).

Der kirchlichen Strafgewalt unterstehen heute tatsächlich nur noch die Katholiken, grundsätzlich auch die sonst rite Getauften. Was die sachliche Zuständigkeit anlangt, so schreitet die

[1] Solche sind von Württemberg auch staatlich vorgeschrieben.

Kirche außer wegen Amtsvergehen der Geistlichen nur noch wegen einer beschränkten Zahl von Delikten wie Ketzerei und Verwandtes, wegen Verletzung geweihter Orte, Sachen und Personen (sacrilegium), wegen Selbstmords, hartnäckigen Konkubinats mit Verwandten und Verschwägerten, Simonie, Bigamie (§ 64, 3 b), Eingehung einer bloß bürgerlichen Ehe oder einer kirchlichen unter Verschweigung wichtiger Hindernisse usw. ein. Die weitergehende Schulumschreibung, wonach sie außer wegen delicta mere ecclesiastica auch wegen delicta mixti fori bei Gotteslästerung, Wucher, Meineid und zwar im Einzelfall durch Prävention zuständig würde, ist weder für diese letztere Kategorie noch für den alten Umfang der eigentlich kirchlichen Delikte mehr praktisch. Einer näheren Umschreibung bedürfen von den genannten Verbrechen die Ketzerei haeresis formalis, d. h. die wissentliche (bei fehlendem dolus nicht strafbare haeresis materialis) und hartnäckige Abweichung vom rechten Glauben, womit verwandt ist die Apostasie, der Abfall vom Christentum, und namentlich das Schisma, die Lostrennung von der Kirche oder deren Haupt (schisma sapit haeresim). Ferner die Simonie, so genannt nach dem Zauberer Simon (AG. 8, 18), die Hingabe geistlicher Gaben und Güter (spiritualia) gegen weltlichen Vorteil. Zuständig für den einzelnen Fall ist der kirchliche Obere des Wohnsitzes bzw. (bei vagi) des Aufenthaltsortes und in Konkurrenz mit ihm der Ordinarius des forum delicti commissi.

Hinschius, Kr. V §§ 307—340, VI §§ 355, 356, 358; Scharnagl, Die strafrechtliche Verfolgung der Häretiker, Monatsbl. f. d. kath. Rel.-Unterricht X, 1909; Biederlack, Das Vorgehen gegen unenthaltsam lebende Priester und Kleriker, Z. f. k. Th. XVIII, 1894; Leinz, Die Simonie, 1902.

Die kirchlichen Straf- und Disziplinarstrafmittel [1] sind auch heute entweder poenae vindicativae, welche die Sühne des begangenen Rechtsbruchs, oder poenae medicinales, auch censurae genannt, welche so vorwiegend die Besserung oder die Beseitigung des rechtswidrigen Verhaltens bezwecken, daß mit Erreichung dieses Zwecks das verhängte Übel weggenommen werden muß.

Hinschius, Kr. V §§ 301, 302.

Von den noch praktischen Vindikativstrafen verdienen Hervorhebung: 1. als gegen Laien anwendbar nur noch die Verweigerung des kirchlichen Begräbnisses, 2. als gegen Geistliche gerichtet außerdem die Amtsentsetzung und zwar in den drei Abstufungen: a) der degradatio mit Verlust des Amts, des Rechtes zur Ausübung der Weihe bei Unfähigkeit zum Erwerb anderer kirchlicher Ämter und — dies aber nur auf eine feierliche degradatio actualis hin, die durch einen geweihten Bischof als actus contrarius der Ordination vorgenommen wird — der geistlichen Standesrechte, b) der depositio mit derselben Wirkung, den Verlust der Standesrechte ausgenommen, und c) der privatio beneficii: Verlust des Amts unter Belassung des Rechtes, den ordo auszuüben und ein neues Amt zu erwerben. Hiervon ist die Strafversetzung deshalb eine mildere Abart, weil sie mit der Verleihung eines solchen (geringeren) Benefiziums sich verbindet. Außer der sonst als Medizinalstrafe verwendeten Suspension, die aber auch vindikativ auf bestimmte oder unbestimmte Zeit ausgesprochen werden kann, gehören schließlich noch hierher der Entzug einzelner Amts- (Wahl-) oder Standesrechte, der Befugnis, zu predigen und Beichte zu hören, zu höheren Weihen oder Ämtern aufzusteigen, Gehaltsentziehung [2], Geldstrafe, Freiheitsstrafe (Verweisung in eine — staatlich beaufsichtigte — Demeriten- oder geistliche Zuchtanstalt), Verweis u. a. m.

Hinschius, Kr. V §§ 298, 199; Gennari, Sulla privazione del beneficio ecclesiastico e sul processo criminale dei chierici, 1905.

Von Zensuren werden gegen Laien und Geistliche verhängt: 1. der große Kirchenbann, excommunicatio maior, der alle kirchlichen Rechte und Segnungen benimmt, aber auch (nach

---

[1] Das staatliche Recht läßt nur reinkirchliche Strafmittel zu, also solche, die reinkirchliche Rechte (z. B. auf kirchliches Begräbnis) oder bloß das religiöse Gebiet treffen (Bußwerke, Almosen, Fasten). Strafen wider Leib und Leben, Freiheit, Vermögen und die bürgerliche Ehre sind ausgeschlossen. Und die Strafe darf sich nicht gegen den Staat kehren, also nicht wegen Treue gegen diesen oder seine Gesetze verhängt werden (Baden, Hessen, Sachsen). Siehe auch oben S. 399 und 407.

[2] Siehe oben S. 407.

heutigem Recht nur für namentlich Exkommunizierte) die Verkehrssperre [1] nach sich zieht (excommunicati vitandi, § 40, 7); 2. der kleine Bann, excommunicatio minor, der Ausschluß vom Empfang (nicht von der Spendung) der Sakramente und vom Erwerb von Kirchenämtern; 3. das interdictum personale ab ingressu ecclesiae, Enthebung von den kirchlichen Mitgliedschaftsrechten, insbesondere der Teilnahme am Gottesdienst, bei Geistlichen von der Verwaltung der Sakramente, bei allen von deren Empfang und vom kirchlichen Begräbnis; 4. das Lokalinterdikt, für die Regel nur noch in der Gestalt der Einstellung gottesdienstlicher Funktionen in einer bestimmten Kirche oder an einem solchen Altar, neuerdings aber (1909 gegenüber der Stadt Adria) zusammen mit dem Personalinterdikt wieder in vollem Umfang verhängt. Allein gegen Geistliche anwendbar ist 5. die Amtsenthebung, suspensio, und zwar entweder: a) als suspensio ab ordine, also Untersagung der Ausübung der Weiherechte bis zur Besserung, oder b) als suspensio ab officio, d. h. von den Amts-, besonders den Jurisdiktionsbefugnissen (suspensio ab ordine stets damit verbunden), oder c) als suspensio a beneficio, also Enthebung von Verwaltung und Genuß der Pfründe. Auch die Häufung aller kommt vor, suspensio totalis im Gegensatz zur schlichten suspensio (suspensio ab ordine et ab officio).

Hinschius, Kr. V §§ 298, 299; Heiner, Die kirchlichen Zensuren, 1884; Hilarius (Gatterer) a Sexten, Tractatus de censuris ecclesiasticis, 1898; Köck, Die kirchlichen Censuren latae sententiae, 1902; Noldin, De poenis ecclesiasticis [8], 1911; Dolhagaray, Interdiction des rapports religieux avec les excommuniés, Rev. des scienc. eccl., 1903; Heiner, Die Communicatio in sacris (§ 88); Hilling, Die Bedeutung der iusta causa für die Gültigkeit der Exkommunikationssentenz, A. f. k. Kr. LXXXV, 1905.

Zu beiden Strafarten ist nachzutragen, daß sie auch heute entweder ferendae oder verschärft latae sententiae sind (§ 21, 3); nur im ersteren Fall bedarf es eines konstitutiven Urteils [2]. Doch hat die wichtige Konstitution Pius' IX. Apostolicae sedis vom 12. Oktober 1869 die ehedem sehr zahlreichen ipso iure eintretenden Zensuren nebst Vindikativsuspensionen beträchtlich reduziert. Mit excommunicatio maior l. s. (bei Geistlichen andere Strafen bis zur Degradation) sind namentlich Häresie, Apostasie und Schisma bedroht. Ein Beispiel für ein Delikt, das auch heute noch arbiträr bestraft wird (censurae hominis), auf welches also das Gesetz nicht bestimmte Strafen setzt (c. legis), liefert die Simonie.

Hinschius, Kr. V § 304; (Avanzini-)Pennacchi, Commentaria in constitutionem Apostolicae Sedis, I, II, 1883 (deutsch von Kömstedt, 1873); Paschalis de Siena, Commentarius in constitutionem Apostolicae sedis [3], 1902. Vgl. auch S. 413 A. 1.

Die Strafe muß durch Absolution (a. canonica; Gegensatz: Sakramentalabsolution im Beichtstuhl, § 63) abgenommen werden, wenn der Zensurierte Reue zeigt und Besserung unter Abstellung des rechtswidrigen Verhaltens nach Übernahme der Buße verspricht (satisfactio), auch Schadensersatz oder Sicherheit dafür leistet. Bei Todesgefahr genügt schon die Reue, wie auch in articulo mortis jeder Priester in allen Fällen wenigstens in foro interno, für das Gewissensgebiet, absolvieren kann. Bei Wiedergenesung hat sich aber der Absolvierte, soll die Zensur nicht wieder aufleben, dem zuständigen Oberen zur Absolution, auch für das forum externum, zu stellen. Zuständig ist, wer die Zensur verhängt hat, und in allen Fällen (besonders bei censurae l. s.) der Papst. Ihm und dem Bischof sind überdies manche Strafen zur Absolution reserviert, entweder simpliciter oder speciali modo (Absolution durch einen Andern nur bei Spezialvollmacht). Dieselben Zuständigkeitsgrundsätze gelten von der Begnadigung, die aber nicht verlangt werden kann und besonders für die Vindikativstrafen von Bedeutung ist.

Hinschius, Kr. V § 306, VI §§ 371—373; Laurentius, Die vorbehaltene Suspension und das Dekret des h. Offiziums vom 23. Juni 1886, A. f. k. Kr. LXXIX, 1899.

---

[1] Da sie Ehre und Vermögen, ja eventuell die Freiheit der Betroffenen beeinträchtigt, wird sie vom Staat nicht geduldet. Übrigens hat auch nach kirchlichem Recht Zuwiderhandeln nicht mehr die excommunicatio minor latae sententiae zur Folge.

[2] Eine poena oder censura l. s., die aus Schonung gegen den von ihr Betroffenen oder zur Vermeidung von Skandal, oder weil sonst die Staatsgewalt einschreiten würde, nicht deklariert ist, wird regelmäßig nur in foro interno, nicht nach außen hin wirksam.

§ 92. Straf- und Streitverfahren.

Der Verhängung von poenae und censurae ferendae sententiae geht heute ein abgekürztes und summarisches Inquisitionsverfahren [1], meistens nach einer für Italien am 11. Juni 1880 ergangenen Instruktion (Acta S. Sedis XIII, 1880 p. 324 ss.), voran. Wie ehedem soll es noch jetzt mit einer dreimal (oder einmal für drei) ausgesprochenen monitio anheben, die dem Beschuldigten Gelegenheit zu Buße und Besserung gibt. Für das Verfahren bei der Römischen Rota sind maßgebend die Lex propria vom 29. Juni 1908 und die Geschäftsordnung vom 4. August 1910 (Acta A. Sedis I, 1909 p. 20 ss. und II, 1910 p. 783 ss.; vgl. oben § 69 S. 420 A. 3). Darnach spielt sich das Verfahren schriftlich in einer verglichen mit dem klassischen kanonischen Prozesse vereinfachten Form ab, doch so, daß vor versammeltem Turnus (§ 69, 2) eine mündliche Ergänzung und Erläuterung (discussio, kein Plaidoyer!) durch Anwälte zulässig ist, während im übrigen und grundsätzlich ein Anwaltszwang nicht besteht und die Parteien nur herkömmlicher Weise der zugelassenen Advokaten und Prokuratoren sich bedienen. Ponens oder relator causae ist der Vorsitzende des Turnus, vor dem verhandelt wird. Als Untersuchungsrichter amtet ein Auditor aus einem anderen Turnus. Für das Verfahren vor deutschen Offizialaten vgl. z. B. die Geschäftsanweisung für das bischöfliche Offizialat in Paderborn (von Bischof K. J. Schulte), 1911.

Hinschius, Kr. VI §§ 359—370; München, Das kanonische Gerichtsverfahren, 2 Bde., 1865/66; Lega, Praelectiones in textum iuris canonici de iudiciis ecclesiasticis, 4 vol., 1896 bis 1901; Périès, La procédure canonique moderne dans les causes disciplinaires et criminelles, 1898; Heiner, Der kirchliche Strafprozeß, 1912, lat. von Wynen, 1912; Arndt, Die Suspension ex informata conscientia, A. f. k. Kr. LXXIII, 1895; Bourret, Des sentences ecclésiastiques dites „de conscience informée", 1909; Boriero, Manuale teoretico-pratico per processo canonico-criminale e disciplinare, 1909; Sasse, Der Straf- oder Kriminalprozeß im Franziskanerorden, D. Z. f. Kr. XXIII, 1913.

Die streitige Gerichtsbarkeit ist heutzutage nur noch von Bedeutung für Streitigkeiten von Geistlichen und kirchlichen Instituten untereinander sowie für Ehesachen, in allen diesen Fällen aber bloß, falls die Betreffenden den kirchlichen Spruch, wozu sie kirchlich verpflichtet sind, nachsuchen und ihm nachleben. Denn staatlich rechtswirksam ist er nicht und infolgedessen auch nicht mit staatlichen Mitteln vollstreckbar. In Preußen wird dabei bisher auf Grund eines Dekrets des Sant' Offizio vom 16. September 1891 in Ehesachen verfahren gemäß einer Instruktion, die von der Propaganda 1883 für die Vereinigten Staaten von Nordamerika erlassen worden war (fast wörtlich = Acta S. Sedis XVIII, 1885 p. 344 ss. für die Bischöfe des orientalischen Ritus) und nach einem Dekret des Sant' Offizio vom 5. Juni 1889, welches insbesondere bei gewissen, leicht zu beweisenden Hindernissen ein summarisches Verfahren und eine Entscheidung in bloß einer Instanz zuläßt. Vor der Rota wird nach den im ersten Absatz dieses Paragraphen angeführten Bestimmungen verfahren.

Endemann, Civilprozeßverfahren nach der kanonistischen Lehre, Zeitschr. f. deutschen Civilprozeß XV, 1891; Braun, Das Vorverfahren der bischöflichen Curien bei Auflösung der nicht vollzogenen Ehen durch den heiligen Stuhl, A. f. k. Kr. LXXVI, 1896; Heiner, Der kirchliche Zivilprozeß, 1910; Kaas, Geistliche Gerichtsbarkeit (§ 42 S. 361 A. 1).

Siebentes Kapitel.

Das Ämterrecht.

§ 93. Arten, Errichtung, Veränderung und Aufhebung der Kirchenämter.

Kirchenamt (officium ecclesiasticum) ist ein abgegrenzter kirchlicher Wirkungskreis, der regelmäßig einem kirchlichen Beamten zur Besorgung übertragen wird. Bei den alten, aus der Feudalperiode herrührenden Ämtern verbindet sich mit dem officium das beneficium (bene-

[1] Es ist bisweilen auch staatlich vorgeschrieben, für die Suspension z. B. in Preußen, Württemberg und Hessen, so daß daselbst ex informata conscientia (§ 40, 7) eine Suspension nicht mehr verhängt werden kann.

ficium datur propter officium!), worunter man die Temporalien des Amtes versteht. Zu einem wahren beneficium gehört objektive Perpetuität, d. h. feste Abgrenzung und regelmäßig Unveränderlichkeit sowohl nach der spirituellen wie nach der temporellen Seite hin, sowie subjektive Perpetuität, d. h. seinem Inhaber soll es nur aus bestimmten Gründen durch Richterspruch (§ 91) oder im Wege des Administrativent- oder -versetzungsverfahrens (§ 100) entzogen werden können (beneficium titulatum; Gegensatz: uneigentliches beneficium oder b. manuale mit Amovibilität).

Hinschius, Kr. II § 99.

Unter den Kirchenämtern unterscheidet man namentlich[1] officia sacra mit gottesdienstlicher Funktion und non sacra ohne eine solche (z. B. Regierungsämter); beneficia simplicia mit bloßem Chor- oder Altardienst und duplicia, die noch zu anderen Funktionen verpflichten, und zwar als curata zur Seelsorge (cura animarum) oder als non curata zu sonstigen (z. B. Frühmessen); endlich und vor allem b. maiora mit Jurisdiktion und minora ohne eine solche.

Hinschius, Kr. II §§ 100, III 167; Malbrenne, De beneficiis simplicibus ac praecipue de capellaniis disquisitio canonica, 1862.

Für Verfügungen über b. maiora (samt Kollegiatkirchen und Dignitäten an ihnen) ist der Papst (Konsistorialkongregation, eventuell Kongregation für außerordentliche kirchliche Angelegenheiten), über minora der Bischof zuständig. Zur Errichtung (erectio) wird erfordert iusta causa, d. h. necessitas, utilitas ecclesiae, incrementum cultus divini, ferner eine hinreichende dos und ein locus congruus (für einen Bistumssitz also eine ansehnliche Stadt). Die Interessenten sollen gehört werden. Mehr, nämlich urgens necessitas oder evidens utilitas, erheischt eine Veränderung (innovatio), die namentlich in verschiedenen Arten der Vereinigung (unio) bestehen kann, z. B. in einer u. aeque principalis, wobei die Integrität beider Ämter gewahrt bleibt, aber für die Zukunft die Übertragung an ein und dieselbe Person stattfinden soll (Gnesen-Posen, § 72), oder in einer u. accessoria, wobei das eine Amt samt Vermögen Zubehör des andern wird (mater et filia, Filialverhältnis), aber auch in einer Teilung, einer divisio, d. h. Abzweigung eines neuen Amts, unter Umständen ebenfalls in Filialabhängigkeit, oder in einer dismembratio, d. i. der Abzweigung nur eines Teils des Sprengels oder Vermögens unter Zuweisung an ein schon bestehendes anderes Amt. Eine Aufhebung, suppressio, darf nur bei Zwecklosigkeit oder Mangel an Mitteln erfolgen[2].

Hinschius, Kr. II §§ 103—108, 110, 111, 113; Molitor, Über die Dismembration der Pfarrbenefizien zugunsten der armen Kirchenfabrik, A. f. k. Kr. VII, 1862; Scaduto, Erezione delle collegiate e concessione delle insegne competenza, Festschrift f. Friedberg, 1908; Ambrosini, Trasformazione I (§ 59); Lappe, Kirchen auf Wüstungen, Z.[2] f. RG. III, 1913.

§ 94. Die Besetzung der Kirchenämter im allgemeinen.

Die Verleihung, provisio, der Kirchenämter ist eine ordentliche, wenn der ordnungsmäßig dazu Berufene sie vornimmt, eine extraordinaria, falls statt seiner ein Höherer eintritt. Abgesehen von päpstlichen Reservationen, die nur noch selten, z. B.[3] für Kapitelstellen (in Bayern) vorkommen, ist nur noch praktisch das Devolutionsrecht (§ 73) vom Bischof an den Erzbischof und von diesem an den Papst (§ 67). Zur provisio ordinaria der anderen Ämter gebührt die Zuständigkeit dem Bischof, für die höheren im Prinzip dem Papst.

Hinschius, Kr. II § 130, III §§ 145—147.

§ 95. Sachliche, persönliche und umständliche Verleihungserfordernisse.

Nur ein erledigtes Kirchenamt (b. vel. o. vacans) kann verliehen werden. Anwartschaften, für Deutschland übrigens nicht mehr praktisch, vermag allein der Papst zu verleihen.

Hinschius, Kr. II § 114; Hoch, Über die kirchliche Qualifikation der Intrusi, A. f. k. Kr. XXXIX, 1878.

---

[1] Über die Säkular- und Regularbenefizien siehe S. 431 A. 3.

[2] Staatliche Mitwirkung ist meist nur für Pfarr- oder doch Seelsorgeämter vorgeschrieben.

[3] Nicht, wie gewöhnlich gelehrt wird, für in curia Romana erledigte (§ 29, 3 b) altpreußische Bistümer; Stutz, Deutsches Bischofswahlrecht (§ 43) S. 123.

Der Beliehene muß persona idonea sein [1]. Nicht ist dies 1. der Ungetaufte, 2. der Laie, 3. wer nicht die erforderliche Weihe besitzt oder binnen Jahresfrist nachholen kann, 4. wer nicht das erforderliche Alter, für einfache Benefizien das begonnene 14. Jahr, sonst das betreffende Ordinationsalter (§ 64, 3 b) hat, 5. Zensurierte und Ketzer. Von mehreren geeigneten Bewerbern hat der besetzungsberechtigte Obere die persona dignior auszuwählen. Für Pfarreien freier bischöflicher Verleihung oder geistlichen Patronats ist eine Prüfung vorgeschrieben, concursus parochialis, in Deutschland nicht als Spezialkonkurs für jedes erledigte Amt unter seinen Bewerbern, sondern als in regelmäßigen Zeiten abzuhaltender Pfründbewerbertermin gehandhabt. Die Prüfung wird abgenommen von Examinatoren, die eigentlich auf der Diözesansynode (Synodalexaminatoren) auf Grund von Dreijahrsvollmachten gewählt werden sollten, aber regelmäßig von Bischof und Kapitel als Prosynodalexaminatoren bestellt werden. Wer bestanden hat, ist für eine Anzahl von Jahren dignus, wer besser bestand, dignior, aber nicht für den Bischof, der ohne Rücksicht auf die Lokation unter Berücksichtigung auch anderer Gesichtspunkte den für das Amt Kundigsten und Tüchtigsten wählt.

Hinschius, Kr. II §§ 115, 116; Freisen, Die Besetzung der niederen Kirchendienerstellen im Gebiete des Preuß. Landrechts, A. f. k. Kr. LXXXII, 1902; Meister, Freiburger Erzb. Beamtenrecht (S. 427 A. 1).

Die Verleihung soll erfolgen bei höheren Benefizien innerhalb von drei, bei niederen innerhalb von sechs Monaten, pure (ohne Bedingung), gratis (ohne Simonie), aperto (nicht heimlich), sine diminutione (ohne Abzug) und libere, widrigenfalls der Obere die erzwungene Verleihung anfechten kann.

Hinschius, Kr. III § 143.

§ 96. Die Verleihung der deutschen Bistümer.

Nach heutigem gemeinem Rechte verleiht der Papst die Bistümer frei. Für die Verleihung der deutschen Bistümer sind jedoch maßgebend Abmachungen, die in Bayern im Konkordat und in einem päpstlichen Indult vom 15. November 1817, für die oberrheinische Kirchenprovinz und für die altpreußischen und (ehemals) hannoverschen Bistümer in den Zirkumskriptionsbullen (§§ 42, 72) sowie in Breven niedergelegt sind, welche sich teils als vereinbarte Instruktionen für die Kapitel darstellen (für Altpreußen Quod de fidelium vom 16. Juli 1821 und für die oberrheinische Kirchenprovinz Re sacra vom 28. Mai 1827), teils als einseitig päpstliche (Erlaß des Kardinalstaatssekretärs Rampolla an die preußischen und oberrheinischen Domkapitel vom 20. Juli 1900). Danach nominiert der katholische König von Bayern für sämtliche bayrischen Bistümer mit der Wirkung, daß der Papst dem nominierten Tauglichen die Institution erteilen muß. Nichtkatholischen Regenten wird weder ein positives Ernennungsrecht noch ein absolutes Veto zugestanden. Vielmehr haben sie nur eine Sicherung gegen die Wahl mißliebiger Persönlichkeiten durch die besetzungsberechtigten Organe (Domkapitel und Papst) gewährleistet erhalten. Diese Sicherung wurde zuerst für Hannover und dann für die oberrheinischen Regierungen gefunden im sogenannten System der Listenwahl (irischer Wahlmodus), das gegenwärtig auch für die altpreußischen Bistümer Anwendung findet. Danach haben die Kapitel vor der förmlichen Wahl eine Liste von Kandidaten einzureichen, aus denen der Landesherr die personae minus gratae zu streichen befugt ist, unter Belassung einer für die Wahl genügenden Anzahl. Ob dies zwei oder drei seien, war streitig. Dem Sinn der Vereinbarungen entspricht aber überhaupt eine Liste nicht, auf der die Regenten nicht mit einer Minderzahl von Streichungen auskommen [2]. Dies legt den Wahlkollegien schon das oberrheinische

[1] Das Staatskirchenrecht verlangt außerdem, und zwar in Baden und Württemberg allgemein, in Hessen nur für Ämter, die mit Geistlichen zu besetzen sind, in Preußen, Sachsen u. a. nur für geistliche Ämter (Seelsorge, Gottesdienst, Religionsunterricht): 1. Reichsangehörigkeit, 2. wissenschaftliche Vorbildung, nämlich a) humanistisches Reifezeugnis (Preußen, Sachsen, Baden, Hessen), b) triennium academicum oder ebensolches Seminarstudium (§ 90) mit einer Anzahl von Philosophika, 3. Unbescholtenheit; Hinschius, Kr. III §§ 116, 152—154.

[2] Wie die Bullen und Breven durch die Wendung: praeter qualitates ceteras, ecclesiastico iure praefinitas, prudentiae insuper laude commendari nec sere-

Breve [1] nahe und erkennt der kirchliche Erlaß von 1900 klar an [2]. Auf Grund der eventuell mit Streichungen versehenen Liste haben die Domherren (in Preußen auch die Ehrendomherren) binnen drei Monaten nach der Erledigung die feierliche Wahl (bei der jede Einwirkung Anderer und deshalb auch die Anwesenheit des von der Regierung abgeordneten Wahlkommissars ausgeschlossen ist) vorzunehmen, wie bei der Papstwahl per inspirationem oder per compromissum oder per scrutinium mit Stimmzetteln, wofür aber einfache Stimmenmehrheit genügt. Die Bindung der Wähler tritt mit der Publikation, der Erwerb eines Rechts auf Übertragung des Bistums (ius ad rem) durch den Gewählten mit der von ihm binnen Monatsfrist zu erklärenden Annahme ein. Binnen weiterer drei (Oberrhein und Hannover einem) Monate ist die päpstliche Bestätigung, confirmatio, nachzusuchen, die nach vorangegangener sorgfältiger Prüfung der Akten und der Eigenschaften des Gewählten durch einen päpstlichen Delegaten (Dignitär, Provinzialbischof, Nuntius) im Lande, Informativprozeß, und nach einer summarischen Überprüfung bei der Kurie (Staatssekretariat und Konsistorialkongregation), Definitivprozeß, sowie nach erfolgter Präkonisation (Verkündigung) in einem Konsistorium (§ 68) durch Bulle oder Breve gewährt wird. Nur aus wichtigen Gründen dürfte sie versagt werden, es sei denn, daß die Wahl (in diesem Fall nicht electio, sondern postulatio geheißen) auf eine der kanonischen Eigenschaften entbehrende Person (z. B. den Bischof einer anderen Diözese) gefallen ist, in welchem Fall, abgesehen von Altpreußen, für das die Unterscheidung außer Kraft gesetzt ist, die Zulassung (admissio) durch den Papst als Gnadenakt sich darstellt. Mit der Konfirmation wird das Amt selbst und die Jurisdiktion erworben; doch darf der Bestätigte die Verwaltung nicht eher übernehmen, als bis er die Bulle oder das Breve dem Domkapitel vorgewiesen hat. Die Weihegewalt dagegen erwirbt er erst durch die Konsekration, die, päpstliches Reservat, kraft apostolischen Auftrags von einem Bischof unter Assistenz von zwei anderen oder von ebenso vielen Prälaten binnen drei Monaten zu erteilen ist, woran sich die feierliche Besitznahme (inthronizatio) und die Huldigung des Klerus schließt. In Metz und Straßburg endlich, wo die vom französischen Konkordat einst vorgesehene nominatio schon durch das evangelische Bekenntnis des Kaisers ausgeschlossen wird, erfolgt bis auf weiteres Verständigung von Fall zu Fall.

Hinschius, Kr. II §§ 131—133; De la nomination des évêques, Anal. iur. pont. III 1, livr. 46, 1861; Wolfgang (W. Molitor), Der Charakter eines landesherrlichen Nominationsrechtes, A. f. k. Kr. XXXIV, 1875; Hergenröther, Über den kirchenrechtlichen Begriff der Nomination,

---

nissimo Principi minus gratos esse, also durch die Gegenüberstellung der kirchenrechtlich geforderten Eigenschaften, es mitunter ausdrücklich anerkennen, ist die gratitudo nur ein formal ins Recht der Kirche eingeführtes Erfordernis, materiell ein ihm fremdes, nämlich politisches, den Landesfürsten zur Wahrung der politischen Gesichtspunkte und Interessen gegebenes (vgl. hierzu das Anerkenntnis des Kardinals Rampolla nebst Mitteilung über die übereinstimmende Auffassung des Staatssekretariats, A. f. k. Kr. XCII 1912 S. 186, Aufschlüsse, angesichts deren ich meine Beispiele, es könne auch ein Universitätsprofessor oder ein Diasporapfarrer gestrichen werden, wenn man sie auf ihrem bisherigen Posten weniger entbehren zu können glaube als auf dem bischöflichen Stuhle, gerne als zu weitgehend preisgebe). Darum unterliegt die Streichung wegen mangelnder gratitudo auch keiner rechtlichen Überprüfung, die ohnedies mit der Souveränität des Staates unverträglich wäre. Daß die Regierungen in den Vorverhandlungen gelegentlich erklärten, sie würden das Streichungsrecht loyal handhaben, bestätigt nur unsere Auffassung. Ohne sie hätte die Zusicherung überhaupt keinen Sinn.

[1] Es stellte schon bisher die Ausführung der vereinbarten Wahlnorm der Bulle durch eine vereinbarte Dienstweisung sicher und gewährte in so fern allerdings den Regierungen eine weitergehende Sicherung als z. B. in Hannover die Bulle allein.

[2] Iam vero negativus interventus Principi vel regimini acatholico permissus, eo demum spectat, ut personae minus illi gratae non eligantur. Unde capituli partium est illos tantum adsciscere, quos ante solemnem electionis actum inter alias dotes ad ecclesiam instruendam, tuendam et pacifice gubernandam requisitas prudentiae laude, publicae quietis ac fidelitatis studio praestare, ideoque Principi non esse minus gratos constet. Der Zahlenstreit und die Frage, ob eine Verpflichtung zur Ergänzung der Liste für das Kapitel bestehe, wird dadurch müßig. Eine Liste, auf der man nicht mit einer mäßigen Streichung auskommt, ist einfach, ohne daß erst mit Streichen begonnen wird, als ungeeignet zurückzuweisen, wobei es dem Kapitel überlassen bleiben muß, den Ausweg der Einreichung einer korrekten Liste selbst zu finden. Das entspricht auch dem rein negativen, völkerrechtsartigen Verfahren, als welches die Exklusive sich überhaupt darstellt.

A. f. k. Kr. XXXIX, 1878; Lehmann, Das Nominationsrecht des Landesherrn, 1891; Crépon des Varennes, Nomination et institution canonique des évêques, 1903; Mejer, Das Veto deutscher protestantischer Staatsregierungen, 1866; (v. Reisach), Le gouvernement badois et le chapitre de Fribourg, 1868; v. Ketteler, Das Recht der Domkapitel und das Veto der Regierungen, 1868; Herrmann, Das staatliche Veto bei Bischofswahlen, 1869; Brück, Die Erzbischofswahl in Freiburg, 1869; v. Sybel, Das Recht des Staates bei Bischofswahlen, 1873; Friedberg, Der Staat und die Bischofswahlen in Deutschland, 1874; Brück, Das irische Veto, 1879; Rösch, Der Einfluß der deutschen protestantischen Regierungen auf die Bischofswahlen, 1900; Böckenhoff, Welchen Einfluß hat eine verspätete Zurücksendung der Wahlliste ...?, A. f. k. Kr. LXXX, 1900; Fleiner, Staat und Bischofswahl im Bistum Basel, 1897; Stutz, Der neuste Stand des deutschen Bischofswahlrechtes (§ 43); Cohn, Wie sind die Worte: quemadmodum in capitulo Vratislaviensi ... in der Bulle De salute animarum zu interpretieren?, D. Z. f. Kr. XXI, 1912; Lutterbeck, Der Informativprozeß, 1850.

§ 97. Die Besetzung der Kapitelstellen.

Das Recht der Besetzung der Kapitelstellen steht heute nach gemeinem Recht dem Bischof zu; in Deutschland beruht es auf denselben Konkordaten, Bullen und Breven wie die Bischofswahl. In Bayern nominiert der König und instituiert der Papst den Dekan und die Domherren für die in den ungeraden Monaten (ehemalige Papstmonate, S. 342 A. 4) erledigten Kanonikate; für Februar, Juni und Oktober und sämtliche Domvikariate konferiert der Bischof, für April, August und Dezember wählt und präsentiert das Kapitel und instituiert der Bischof; die Dompropstei besetzt der Papst, aber nur auf königliche Empfehlung (Vereinbarung von 1817, veröffentlicht durch Ministerialerlaß von 1831). In Preußen nominiert für die Dom- (bzw. Aachener Stifts-) Propstei und in den ungeraden Monaten für die (Numerar- und Ehren-) Kanonikate der König und instituiert der Papst (Proviste); die Dechantei, die sämtlichen Domvikariate und für die geraden Monate die (Numerar- und Ehren-)Kanonikate besetzt der Bischof. Für die oberrheinischen und hannöverschen Domdechanteien, Kapitelstellen und Domvikariate haben abwechselnd Bischof und Kapitel binnen sechs Wochen nach Eintritt der Vakanz eine Viererliste zur Streichung der personae minus gratae einzureichen; nachher konferiert je nachdem der Bischof, oder es nominiert das Kapitel, und hat der Bischof nur die Institution. In Straßburg und Metz ernennt der Bischof, und der kaiserliche Statthalter bestätigt. Den Beschluß macht überall die Besitzeinweisung, installatio.

Hinschius, Kr. II § 134.

§ 98. Die Besetzung der übrigen niederen Kirchenämter [1]; Patronatrecht.

Es ist grundsätzliche (aber nicht überall tatsächliche) Regel, daß die bischöfliche Provision sich als libera collatio, freie Amtsübertragung, äußert, während umgekehrt der bindende Vorschlag eines Anderen die grundsätzliche (aber nicht überall tatsächliche) Ausnahme bildet. Man spricht dann von collatio necessaria oder non libera, bei der dem Bischof nur die institutio collativa bleibt. Den Beschluß macht die Besitzeinweisung durch Bischof oder Dekan (institutio corporalis oder investitura).

Hinschius, Kr. III § 135.

Die wichtigste Schranke des bischöflichen Besetzungsrechtes bildet das Patronatrecht, ius patronatus, „der Inbegriff der Befugnisse und Pflichten, die einer Person hinsichtlich einer Kirche oder eines kirchlichen Amtes, namentlich bei dessen Besetzung, auf Grund eines besonderen, nicht der hierarchischen Stellung entspringenden Grundes zustehen" [2]. Außer als Real- und Personal-

---

[1] Das bayerische Recht schreibt staatliche Genehmigung und Bestätigung für alle Benefiziaten vor, das elsaß-lothringische statthalterliche Bestätigung für Pfarrer, Kanoniker und Generalvikare; Preußen, Sachsen, Württemberg, Baden, Hessen begnügen sich mit einem Ausschließungsrecht (in Preußen nur für Seelsorgeämter), und zwar Baden und Württemberg wegen motivierter bürgerlicher oder politischer Mißliebigkeit, Preußen und Hessen wegen Ungeeignetheit aus einem durch Tatsachen fundierten bürgerlichen oder staatsbürgerlichen Grunde, Sachsen, wenn nach dem bisherigen Verhalten des in Aussicht Genommenen ein Zuwiderhandeln gegen das staatliche Recht und den öffentlichen Frieden zu erwarten ist.

[2] Es ist ein Stück staatlich anerkannten kirchlichen Sozialrechts, also öffentlichrechtlich, wenn auch mit privatrechtlichen Ausflüssen.

patronat (§ 31, 1) kommt es vor als geistliches, laikales oder gemischtes, nämlich als i. p. ecclesiasticum, wenn es einem Geistlichen als solchem oder einer kirchlichen juristischen Person zusteht, als i. p. laicale, wenn es einem Laien oder einem Geistlichen nicht in dieser seiner geistlichen Eigenschaft (z. B. als Erben seiner Väter oder durch Stiftung aus seinem Privatvermögen) oder einer nichtkirchlichen juristischen Person gebührt, oder als i. p. mixtum, wenn beides sich vereinigt, etwa wenn ein Kloster und ein Laie zusammen eine Kirche stiften. Im letzteren Fall, wie immer, wenn Mehrere einen Patronat, und zwar jeder in solidum, gemeinschaftlich haben, liegt ein Kompatronat vor (i. compatronatus; Gegensatz: i. p. singulare).

Hinschius, Kr. III § 136; Stutz, Art. Patronat (§ 18, 1); Graf Brockdorff-Rantzau, Über das Kompatronatrecht, A. f. k. Kr. LXVII, 1892; Korn, Über den dinglichen Mitpatronat nach katholischem Kirchenrechte und der österreichischen Gesetzgebung, 1902; Wahrmund, Das Kirchenpatronatrecht (§ 31, 1); Gönner und Sester, Das Kirchenpatronatrecht im Großherzogtum Baden, Stutz, Kr. A., 10. u. 11. H., 1904; Mayer, Die Patronatsverhältnisse in der Schweiz, A. f. k. Kr. LXXXIV, 1904; Apelt, Die rechtlichen Unterschiede des geistlichen und des Laien-Patronates im kanonischen Recht, Leipziger jur. Diss., 1906; Hellmuth, Ein Beitrag zur Lehre vom Patronat nach bayerischem Recht, D. Z. f. Kr. XXII, 1912; Schockherr-Müller, Kirchenpatronat und Kirchenkonkurrenz in Österreich², 1912; Jacobi, Patronate juristischer Personen, Stutz, Kr. A., 78. H., 1912; Thümmel, Patronat und innere Kolonisation, D. Z. f. Kr. XXIII, 1913.

Das Patronatrecht entsteht [1] durch Stiftung (fundatio im weiteren Sinn) einer Kirche oder kirchlichen Anstalt, und zwar des näheren durch Hergabe des Bodens (assignatio fundi oder fundatio im engeren Sinn), Errichtung des Gebäudes (aedificatio), Gewährung der Ausstattung für Gottesdienst und Geistliche sowie Gebäudeunterhaltung in Gestalt eines Kapitals (dotatio), in der Absicht, den Patronat zu erwerben (nicht z. B. bei Kollektenspende), und ohne kirchenrechtliche Verpflichtung (eine bürgerlichrechtliche, z. B. durch Auflage bei Schenkung oder in einem Testament, hindert nicht). Allenfalls genügt eine der Handlungen, wenn die übrigen von Anderen mit demselben Erwerbswillen (dann Kompatronat) oder ohne ihn (Kollekte; dann Alleinpatronat) vollzogen werden. Allein durch päpstliches Indult wird erworben ein eigentlicher Patronat an einem Kanonikat.

Hinschius, Kr. III § 137; Bisoukides, Die Erwerbstitel des Patronats und das Konzil von Trient, A. f. k. Kr. LXXXIII, 1903; Porsch, Die Entstehungsarten des Kirchenpatronats im Gebiete des preußischen Allgemeinen Landrechts und ihr Nachweis, A. f. k. Kr. LXXXVII, 1907.

Subjekt des Patronats können physische oder juristische Personen sein, in Deutschland nach alter Observanz auch Evangelische (§ 47 a. E.), sonst keine Ketzer und Exkommunizierten, am wenigsten Ungetaufte (z. B. Juden; die Rechte aus einem dinglichen Patronat ruhen so lange); Objekte sind Kirchen und Kirchenpfründen, jedoch nicht Bistümer.

Friedle, Über die Ausübung des Patronatrechts, A. f. k. Kr. XXIII, 1870; Jacobi, Einfluß der Exkommunikation und der delicta mere ecclesiastica auf die Fähigkeit zum Erwerb und zur Ausübung des Patronatrechts, 1908.

Das Patronatrecht enthält [2] 1. das ius praesentandi zu einem verbindlichen Vorschlag einer tauglichen Person an den Kollationsberechtigten, also gewöhnlich an den Bischof, und zwar durch den Laienpatron binnen vier, durch den geistlichen binnen sechs Monaten, widrigenfalls freie Verleihung eintritt (nicht Devolution, da die Präsentation keine Amtsübertragung!). Der weltliche kann nachpräsentieren (i. variandi cumulativum), der geistliche nicht, wenigstens nicht, wenn er wissentlich keine persona digna präsentiert (§ 95). Der vom geistlichen Patron unico loco Vorgeschlagene erhält ein ius ad rem auf das Amt (vgl. § 96). 2. Die cura beneficii bedeutet gemeinrechtlich die Aufsicht über die Vermögensverwaltung mit Einspruchsrecht gegen Mißbräuche, partikularrechtlich, besonders für den Baulastpflichtigen, oft aktive Mitverwaltung. 3. Von Ehrenrechten billigt das gemeine Recht namentlich den honor processionis (unmittelbar hinter dem Sanktissimum) zu, das Partikularrecht gewöhnlich die Erwähnung

[1] Patronum faciunt dos, aedificatio, fundus.

[2] Praesentet, praesit, defendat, alatur egenus fährt der in der vorigen A. begonnene Memorialvers fort.

im Kirchengebet (i. intercessionis), einen Ehrensitz (i. sedis), das Recht der Thurifikation in der Messe und des unentgeltlichen Begräbnisses. 4. Der vom Stifter abstammende Patronatinhaber hat bei unverschuldeter Verarmung und Erwerbsunfähigkeit einen subsidiären Unterhaltsanspruch.

Hinschius, Kr. III § 138; Ilgner, Das Praesentationsrecht, Breslauer jur. Diss., 1889; Schlesinger, Die Variationsbefugnis des Kirchenpatrons, Z. f. Kr. XIX, 1884; Kihn, Gebührt dem Kirchenpatron ein Sitz im Chor?, A. f. k. Kr. LXXI, 1894; Coviello, Il diritto di patronato in rapporto al codice civile, Studi .. in onore di .. Scialoja II, 1905; Schiappoli, Sul diritto del patrono povero d'avere gli alimenti, 1905.

Die Übertragung des dinglichen Patronats erfolgt mit derjenigen des herrschenden Grundstücks (kein Geldanschlag beim Verkauf bei Strafe der Simonie!). Der persönliche ist entweder frei vererblich oder nur innerhalb einer bestimmten Familie (i. p. gentilitium). Unter Lebenden ist Vertauschung gegen ein Spirituale und Schenkung zulässig, aber nur mit bischöflicher Genehmigung, sowie Ersitzung (nicht mehr beim dinglichen, weil nach BGB. eine Ersitzung des herrschenden Grundstücks ausgeschlossen), wofür immer bona fides und beim Laienpatronat inter praesentes 10, inter absentes 20 Jahre, beim geistlichen 40, ja, in Ermanglung eines Titels bei jenem 30, bei diesem Unvordenklichkeit gefordert werden.

Hinschius, Kr. III § 139, Das Patronatrecht und die moderne Gestaltung des Grundeigentums, Z. f. Kr. VII, 1867; Porsch, Das auf einem Gut ruhende Patronat kann bei Vereinigung durch Ersitzung übergehen, A. f. k. Kr. LXXI, 1894; Caspar, Die Praesentationsberechtigung nach Parzellierung des realpatronatberechtigten Gutes im Geltungsbereich des Preuß. ALR., D. Z. f. Kr. III, 1893; Riebner, Zur Frage nach dem Schicksal des Patronats bei Grundstücksteilungen, D. Z. f. Kr. IX, 1900; Schindler, Über die Ersitzung als abgeleiteten Erwerbsgrund des Patronatrechts, A. f. k. Kr. LXXXII, 1902.

Das Patronatrecht erlischt durch Verzicht (etwaige Lasten aber nur bei Genehmigung des Obern), durch Wegfall des Berechtigten, z. B. der Stifterfamilie, durch Untergang des Objekts, und zwar auch durch künstlichen infolge von suppressio beneficii, durch usucapio libertatis seitens des Obern (aber nicht durch Vereinigung mit der Kollation in dessen Hand, die bloß das Ruhen der Präsentationsbefugnis bewirkt), durch Verwirkung von seiten des Patrons (simonistische Veräußerung), endlich durch päpstliche Aufhebung.

Hinschius, Kr. III §§ 137, 140, und dazu Bayer, A. f. k. Kr. LXXXII, 1902.

§ 99. Geistliche Amtspflichten und Aufsicht.

Die kirchlichen Beamten sind verpflichtet: 1. zum Gehorsam gegen die Obern, eine Pflicht, die durch den Gehorsamseid der Prälaten vom Bischof an aufwärts gegenüber dem Papst [1] und durch denjenigen, welchen binnen zweier Monate die Seelsorgebenefiziaten sowie die Kanoniker dem Bischof abzulegen haben, zwar bestärkt, aber nicht begründet wird. 2. Zur Ablegung des Glaubensbekenntnisses, der professio fidei, in der Fassung von 1877 sowie zur Leistung des Antimodernisteneides (wofür aber die Zweimonatsfrist nicht gilt) sind alle Kandidaten für Bistümer und Seelsorgeämter, aber auch alle Kathedralkanoniker und Chorherren [2] verpflichtet. 3. Residenz halten, d. h. ihr Amt persönlich versehen und am Ort wohnen sollen alle Bischöfe, Kanoniker und Pfarrer. Gesetzmäßige Ferien (vacatio) kommen allein den beiden erstgenannten Klassen zu. Urlaub wird nur aus dringenden Gründen gewährt. Zuwiderhandeln zieht den Verlust eines Teils oder des ganzen Amtseinkommens, eventuell des Amtes selbst nach sich.

Die Erfüllung der kirchlichen Amts- und der allgemeinen kirchlichen Mitgliedschaftspflichten wird gesichert durch die kirchliche Aufsicht. Die oberste Aufsicht über die ganze Kirche übt der

---

[1] Der Passus Haereticos, schismaticos et rebelles eidem domino nostro (papae) vel successoribus praedictis pro posse persequar et impugnabo ist, weil den Grundsätzen der Glaubensfreiheit widersprechend, von den deutschen Regierungen beanstandet und von der Kurie daraufhin aus der Eidesformel der preußischen, hannöverschen und oberrheinischen Bischöfe weggelassen worden. Außerdem haben die deutschen Bischöfe auch ihren Landesherren einen Treueid zu leisten, ehe ihnen (z. B. in Preußen) die landesherrliche Anerkennungsurkunde ausgehändigt wird.

[2] Bellesheim, A. f. k. Kr. LXXXIV, 1904, S. 311.

Papst aus. Zu diesem Zwecke haben alle nicht der Propaganda unterstellten Ordinarien gemäß dem Dekret der Konsistorialkongregation A remotissima vom 31. Dezember 1909 vom 1. Januar 1911 an alle 5 Jahre eingehende schriftliche Berichte über den Stand ihrer Sprengel (relationes status, Formular dem Dekret beigegeben) einzuliefern, und zwar im ersten Jahr (1911, 1916 usw.) die von Italien, im zweiten die von Spanien, Portugal, Frankreich, Belgien, Holland, England, Schottland und Irland, im dritten (1913, 1918 usw.) die von Österreich-Ungarn, des Deutschen Reichs und der übrigen europäischen Länder, im vierten die amerikanischen, im fünften die von Afrika, Asien und Australien; die Berichte gehen zur Prüfung an die Konsistorialkongregation. Außerdem haben die Bischöfe in dem Berichtsjahre (die außereuropäischen nur in jedem zweiten, also alle 10 Jahre) persönlich oder durch einen Vertreter (Koadjutor, Weihbischof) in Rom die Apostelgräber aufzusuchen (visitatio liminum, § 29, 3 b). Die Missionsbischöfe und sonstigen Missionsoberen berichten an die Propaganda und sind gleichfalls zur visitatio verpflichtet. Die Bischöfe beaufsichtigen und visitieren ihre Diözesen. In den deutschen Bistümern werden jährlich Dekanatsvisitationen abgehalten auf Grund von Pfarrelationen; der Visitationsbericht geht an den Bischof, der mindestens den Dekan selbst oder durch ein Mitglied seiner Behörde visitiert.

Hinschius, Kr. III §§ 157, 158 II, 159 II; Heiner, Die professio fidei bei Pfarranstellungen, A. f. k. Kr. LVII, 1887; Kober, Die Residenzpflicht der Kirchendiener, Th. Q. LXIV, 1882; Heim, Die Residenzpflicht der Pfarrer, 1888; v. Scherer, Die tridentinischen Strafen der Verletzung der bischöflichen Residenzpflicht, A. f. k. Kr. XLVI, 1881; Ῥάλλης, Περὶ τῶν ἐπισκοπικῶν περιοδείων (Zeitschr. d. byz. Instituts in Athen), 1909.

§ 100. Die Erledigung der Kirchenämter.

Kirchenämter werden mit dem Willen des Inhabers erledigt durch Verzicht (renuntiatio), höhere aber nur mit Einwilligung des Papstes, niedere mit solcher des Bischofs. Der Verzicht heißt resignatio, wenn er nicht pure geschieht, sondern z. B. unter Vorbehalt einer Rentenzahlung aus der Pfründe (r. cum reservatione pensionis). Ohne oder gegen den Willen des Inhabers erfolgt die Erledigung durch Tod, Absetzung (§ 91), Verlust der Amtsfähigkeit (z. B. infolge Konfessionswechsels) und nach dem Dekret der Konsistorialkongregation Maxima cura betreffend die amotio administrativa ab officio et beneficio curato vom 20. August 1910, durch das eine schon früher, wenn auch nur schüchtern angebahnte Praxis zum Gesetz erhoben und eingehend geregelt worden ist, durch Versetzung von Pfarrern, selbständigen Pfarrektoren und Kuraten, aber auch von vicarii perpetui und Desservants oder Sukkursalpfarrern (die in so fern kirchenrechtlich besser gestellt sind als ehedem) auf eine andere Pfarrei oder Stelle oder in den Ruhestand mit Pension auf dem Verwaltungswege, aber nur wegen 1. Geisteskrankheit, 2. Unerfahrenheit und Unwissenheit, 3. Taubheit, Erblindung oder eines anderen, mindestens auf lange hinaus untauglich machenden Gebrechens, 4. Hasses der Gemeinde, der (ob gerechtfertigt oder nicht) eine gedeihliche Amtsführung ausschließt, 5. Verlustes des guten Rufes, 6. Verbrechens, dessen Bekanntwerden zum Ärgernis der Gemeinde zu erwarten steht, 7. nachlässiger Vermögensverwaltung zum schweren Schaden der Kirche, 8. Versäumnis der pfarramtlichen Pflichten, 9. Ungehorsams gegen den Bischof in wichtiger Sache trotz zweimaliger Mahnung in der Form der monitia canonica. Leistet der Betreffende nicht innerhalb von 10 Tagen der regelmäßig schriftlich und nach Beschluß mit zwei Examinatoren (§§ 76, 95) an ihn ergangenen Aufforderung zur Amtsniederlegung Folge, so kommt es zu einem innerdiözesanen, schriftlichen und kontradiktorischen Verfahren (Beschwerde an die Konsistorialkongregation wegen Verschuldens des Bischofs bleibt selbstverständlich vorbehalten) in erster Instanz vor dem Bischof und den beiden dienstältesten Examinatoren und, wenn auf die von diesen ausgesprochene Amtsenthebung hin Rekurs erhoben wird, zur Revision in zweiter Instanz vor dem Bischof und den beiden dienstältesten Konsultoren (§ 76). Vgl. auch die Erläuterung des preußischen Episkopats vom 14. Dezember 1910, A. f. k. Kr. XCI, 1911.

Hinschius, Kr. III §§ 160—166; Gillmann, Die Resignation der Benefizien, 1901 (auch im A. f. k. Kr. LXXX, LXXXI); Kastel, Zur Lehre von der rechtlichen Natur des kirchlichen Ämtertausches nach kanonischem Recht, D. Z. f. Kr. XXI, 1912; Heiner, Die remotio oeconomica oder die Amtsversetzung eines Pfarrers auf dem Verwaltungswege, A. f. k. Kr. LXXVII, 1897, LXXXV, 1905; Linneborn, Die Entfernung eines Pfarrers aus dem Amte auf dem Verwaltungswege, Theologie und Glaube II, 1910; de Gennaro, La rimozione dei parroci in via disciplinare, 1910; Cappello, De administrativa amotione parochorum, 1911; Hilling, Die Amtsenthebung der Pfarrer im Verwaltungswege (auch im Kath. XCI), 1911; Liesen, Zur Vorgeschichte des Dekrets betr. Amtsenthebung eines Pfarrers, Münsterisches Pastoralblatt XLIX, 1911; Brümmer, Das neue Dekret über die Versetzung der Pfarrer, Theol.-prakt. Q. LXIV, 1911; Schmelcher, Das Dekret des S. Congr. Consist. de amotione administrativa, 1911; v. Wysocki, Das Dekret Maxima cura, A. f. k. Kr. XCII, 1912; Gerhardinger, Die amotio administrativa und das österreichische Staatsrecht, D. Z. f. Kr. XXI, 1912.

Achtes Kapitel.

Die Verwaltung des kirchlichen Vermögens.

§ 101. Die Erwerbsfähigkeit der Kirche.

Nach kirchlichem Recht steht das kirchliche Eigentum den einzelnen kirchlichen Instituten (Gesamtkirche, Bistum, Pfarrei, Benefizium, Baufonds) oder Verbänden (Domkapitel, Landkapitel) als juristischen Personen zu (Institutentheorie), nicht der ganzen Kirche ausschließlich (Gesamtkirchentheorie). Die Weihe entrückt die zu gottesdienstlichen Zwecken bestimmten Gegenstände dem Eigentum nicht. Die konsekrierten Sachen (res consecratae) und die benedizierten (r. benedictae) werden als res sacrae nur dem Profangebrauch (z. B. einer Kirche als Salzmagazin, eines Kelches als Trinkgeschirr) entzogen und denjenigen Rechten, die einen solchen involvieren würden [1]. Die Verletzung dieser Gebrauchsbeschränkung ist sacrilegium reale. An Kirchenstühlen und Begräbnisplätzen ist die Einräumung eines Mietrechts oder eines durch Kauf auf längere Zeit erworbenen Gebrauchsrechtes zulässig.

Hinschius, Kr. IV §§ 206, 218, 222—224; Meurer, Der Begriff und Eigentümer der heiligen Sachen, 2 Bde., 1885; Poschinger, Das Eigentum am Kirchenvermögen, 1871; Stucky, Das Eigentum am Kirchengut, Zürcher jurist. Diss., 1893/94; Cotlarciuc, Subjekt des Kirchenvermögens in der morgenländischen Kirche, D. Z. f. Kr. XIX, 1909; Freisen, Korporationsrechte der katholischen Gemeinden in den kleineren protestantischen deutschen Bundesstaaten, insbesondere in der Residenzstadt Sondershausen, A. f. k. Kr. LXXXV, 1905; Ammann, Die kirchliche Rechtspersönlichkeit im Großherzogtum Baden, A. f. öff. R. XXIV, 1908 (auch Freiburger jur. Diss.); Schmitt, Die Stellung der badisch-rechtlichen Kirchengemeinde gegenüber dem katholischen Kirchenrecht, A. f. k. Kr. XCIII, 1913; Kiene, (Württembergisches) Katholisches Pfarrgemeindegesetz vom 14. Juni 1887/22. Juli 1906, 1906; Meurer, Bayerisches Kirchenvermögensrecht I, II, 1899, 1901, Kirchenstiftung und Kirchengemeinde, 1910, Grundfragen aus dem Entwurf einer bayerischen Kirchengemeindeordnung, 1909; Tretzel, Die Kirchengemeinde nach bayrischem Recht, A. f. k. Kr. LXXXVI, 1906, LXXXVII, 1907; Piloty, Die Kirchengemeindeordnung im Geiste des bayerischen Entwurfs, 1908, Die Kirchengemeindeordnung im bayerischen Landtag, A. d. öff. R. XXVI, 1910; v. Moreau, Der Wirkungskreis der bayerischen Kirchenverwaltung nach geltendem Recht und nach dem Entwurf der Kirchengemeindeordnung, 1912; Hellmuth, Die bayerische Kirchengemeindeordnung, A. f. k. Kr. XCIII, 1913; Pfeuffer, Die Kirchengemeindeordnung für das Königreich Bayern vom 24. September 1912, D. Z. f. Kr. XXIII, 1913, und die Kommentare von Dyroff, 1912/13, Frank, 1912/13; Lampert, Zur rechtlichen Behandlung des kirchlichen Eigentums in der Schweiz, Monatsschr. f. christl. Sozialref., 1904, Die kirchlichen Stiftungen, Anstalten und Körperschaften nach schweizerischem Recht, 1912; Crouzil, Questions de droit civil et ecclésiastique. De la location des sièges d'église, 1903; Bogeng, Erwerbsbeschränkungen juristischer Personen, 1908; Brandileone, Le pensione ecclesiastiche e le rendite perpetue, Riv. di dir. eccl., 1905, I lasciti per l'amina (§ 34); Falco, Le disposizioni pro anima (§ 34).

---

[1] Ein erlaubtes Gebrauchsrecht ist dagegen zulässig. So sichert seit dem Übergang des Gotteshauses in städtisches Eigentum eine beschränkte persönliche Dienstbarkeit nach BGB. 1090 ff. den Gebrauch der Jesuiten-(oder Universitäts-)Kirche durch die Universität Freiburg bzw. durch deren theologische Fakultät.

§ 102. Das kirchliche Vermögen.

Das kirchliche Vermögen [1], res ecclesiasticae, umfaßt namentlich das Finanzvermögen der Kirche für Kultus- und Verwaltungskosten, speziell die Kirchenfabrik, fabrica ecclesiae, den meist als Eigentum einer besonderen juristischen Person sich darstellenden Baufonds, Kirchenländereien, Kirchhöfe, Land- und Stadtkapitelsgut, Domkapitelsvermögen, Seminarfonds, Diözesanhilfsfonds, Demeritenfonds, Anstaltsfonds, Klostergut (res religiosae), endlich die Pfründstiftungen im weiteren Sinn, wie das Benefizialvermögen der Pfarrei und anderer Pfründen, das bischöfliche Tafelgut, mensa episcopalis.

Lampert, De criterio juridico qualitatis ecclesiasticae bonoroum in definiendo patrimonio ecclesiae, 1905 (auch in Rassegna giuridica ecclesiastica); Marx, Das Kirchenvermögensrecht mit besonderer Berücksichtigung der Diözese Trier, 1897; Vogt, Das kirchliche Vermögensrecht², 1910; Meurer, Baierisches Kirchenvermögensrecht (§ 101); Seber, Die Kirchhöfe bei den aus vorfranzösischer Zeit stammenden Kirchen im Gebiet des rheinischen Rechts, 1894, Der Eigentumsstreit wegen der Kirchhöfe auf der linken Rheinseite, 1910; Goes, Die Friedhofsfrage, 1905, Zur Rechtslage der Konfessionen auf den Friedhöfen, D. Z. f. Kr. XX, 1911; Hawelka, Studien zum österreichischen Friedhofsrecht, 1904; Falco, Il riordinariamento della proprietà ecclesiastica, progetti italiani e sistemi germanici, 1910; vgl. die Lit. zu § 101.

§ 103. Kirchliche Gebühren und Steuern im besonderen.

Dem Pfarrer steht regelmäßig ein Anspruch auf Stolgebühr zu, iura stolae, für die Vornahme kirchlicher Amtshandlungen (Taufe, Aufgebot, Eheeinsegnung, Begräbnis) und die Ausstellung der Bescheinigung darüber (die Eucharistie, die letzte Ölung und gewöhnlich auch die Beichte sind gebührenfrei). Die Höhe der Gebühr beruht auf Herkommen oder Diözesantaxe. Die Vornahme der Amtshandlung darf nicht von der Zahlung, von der übrigens Arme befreit sind, abhängig gemacht werden.

Der Zehnt, als Personalzehnt vom Einkommen überhaupt in Deutschland nicht rezipiert, ist auch in seinen übrigen Formen, nämlich als großer Feldzehnt (decima praedialis maior) von Halmfrüchten und Wein, kleiner Feldzehnt (d. pr. minuta) von Wurzelgewächsen und Baumfrüchten, als Blutzehnt (d. sanguinalis) auf das zehnte Stück Jungvieh, auf Butter und Käse usw., infolge Umwandlung in Geldabgaben (Fixation und Aberration) sowie Ablösung fast überall beseitigt. Wohl aber haben sich mancherorts ärarische und kommunale Leistungen, die aus der mittelalterlichen Verquickung weltlicher und kirchlicher Herrschaft und Gemeinde herrühren, als Natural-, insbesondere Holzkompetenzen öffentlich- oder privatrechtlicher Natur, als Almendnutzungen und öffentliche Fronden erhalten.

---

[1] Als bürgerlicher Ausfluß der kirchlichen Stellung steht es im Staat unter dessen Recht, hinsichtlich der Verwaltung unter öffentlichem, sonst unter privatem, an dessen Unverletzlichkeit es teilnimmt. Über die Rechts- und Eigentumsfähigkeit bestimmt heutzutage einzig und allein der Staat; die Frage nach dem Eigentümer des Kirchenguts ist also eine zivilistische Frage. Doch erledigt sie das staatliche Recht regelmäßig durch ausdrückliche oder stillschweigende Anerkennung der vom Kirchenrecht als Eigentumsträger bereitgestellten Subjekte. So auch das Preußische Allgemeine Landrecht, dessen Bestimmung II 11 § 170: „Kirchen und andere dahin gehörige Gebäude sind (ergänze: wenn zwischen Katholiken und Evangelischen streitig) ausschließend das Eigentum der Kirchengesellschaft, zu deren Gebrauche sie bestimmt sind" allerdings von der Theorie wie von der Praxis (zuletzt E. d. OVG. vom 23. Januar 1911, XL, 1911 S. 109 ff.) meist dahin gründlich mißverstanden worden ist, daß das Gesetzbuch ganz allgemein das Eigentum den Kirchengemeinden zuerkenne. Man kann, mit Rücksicht auf die Unterbringung im 11. Titel, höchstens sagen, die Bestimmung denke sich das Eigentum von Kirchengesellschaften oder Gemeinden als häufig zutreffende Voraussetzung; jedenfalls schließt sie andere Kirchengutseigentümer nicht aus. Hübler, Der Eigentümer des Kirchenguts, 1868; v. Schilgen, Der Eigentümer des Kirchenvermögens nach Preuß. AL., A. f. k. Kr. LXX, 1893; Stutz, Das Preußische AL. und der Eigentümer des Kirchenguts, Festgabe f. Hübler, 1905; Schoen, Pr. Kr. (§ 48, 3) II S. 436 ff. In Bayern ist auch die ganze katholische Kirche im Land als Einheit als Rechtssubjekt anerkannt. Für den Verkehr (z. B. Vermächtnisse) ist BGB. maßgebend. Einzelstaatliche Amortisationsgesetzgebungen haben den Erwerb durch die Kirche, soweit er 5000 Mk. übersteigt, Beschränkungen unterworfen; EG. z. BGB. Art. 86.

Woker, Recht der preußischen Bischöfe, für ihre Diözesen die Höhe der Stolgebühren zu bestimmen; Heiner, Wer hat die Höhe der Stolgebühren zu bestimmen?, beide im A. f. k. Kr. XCII, 1912; Meurer, Das Zehnt- und Bodenzinsrecht in Bayern, 1898.

Die Bischöfe erheben für die Ausfertigungen ihrer Behörden Kanzleitaxen, gelegentlich wohl auch noch ein seminaristicum zur Beisteuer ans Seminar oder eine Notsteuer, subsidium charitativum oder cathedraticum. Sonst sind aber infolge der Staatsbeiträge und -zuschüsse und der mit Bewilligung des Staates oder infolge Vereinbarung mit ihm auferlegten Orts- und Diözesan- (Preußen 1903, 1905) oder Gesamtkirchensteuern, die als Zuschlag und in Prozenten zu den Staats- und Kommunalsteuern [1] erhoben werden, die alten, nur auf der Geistlichkeit lastenden Steuern unpraktisch geworden.

Der Papst bezieht von den deutschen Bistümern die Annaten (§ 34), die, in den Zirkumskriptionsbullen fixiert und im bayrischen Konkordat anerkannt, in runden Summen, zu denen bei Erzbistümern noch die Pallientaxen kommen, von den Staatsregierungen getragen werden Der heutige Peterspfennig ist eine freiwillige Kollekte.

Fellmeth, Kirchliches Finanzwesen (§ 57); Moresco, I tributi ecclesiastici nella scienza della finanza, Festschrift f. Friedberg, 1908; Schmedding und Tourneau, Kommentar zu dem Gesetze betr. die Erhebung von Kirchensteuern, 1905; Schmedding, Objektive und subjektive Voraussetzungen für die Erhebung von Kirchensteuern in den katholischen Kirchengemeinden Preußens, A. f. k. Kr. LXXXVI, 1906; Crisolli und Schultz, Die preußischen Kirchensteuergesetze 1907; Freyer, Der Staat und die Kirchensteuer in Deutschland, A. f. k. Kr. LXXXVII, 1907, LXXXVIII, 1908; Giese, Deutsches Kirchensteuerrecht, Stutz, Kr. A., 69.—71. H., 1910.

§ 104. Die Baulast.

Die Baulast für die Instandhaltung der kirchlichen Gebäude und für Ersatzbauten tragen, falls die Kirchenfabrik bzw. deren Erträge nicht ausreichen, nach gemeinem Recht bei den Kathedralkirchen der Bischof und das Kapitel, der Kathedral- und der Diözesanklerus, an letzter Stelle aber die Diözesanen, bei den Pfarrkirchen diejenigen, die Einkünfte von ihnen beziehen, mithin ein allfälliger patronus fructuarius, Zehntherren, der Benefiziat salva congrua (§ 30, 5), also nur mit dem Überschuß über das für die Diözese festgesetzte Mindesteinkommen, und zwar alle diese zu entsprechenden Teilen gemeinschaftlich, zweitsubsidiär sodann der Patron ohne Einkünfte (patronus meretalis), doch so, daß bei Weigerung ihm bloß das Patronatrecht aberkannt werden kann, endlich die Pfarrkinder. Versagen auch diese, so muß die Kirche aufgegeben und das mit ihr verbundene Amt supprimiert und einem benachbarten zugeteilt werden. Doch trifft das Partikularrecht vielfach abweichende Bestimmungen und teilt die Baulast für Kirchenschiff, Chor, Turm Verschiedenen zu. Bei Pfarrhäusern trägt der Pfarrer die laufenden Reparaturen; sonst gilt für sie wie für Pertinenzfriedhöfe (um die Kirchen) das eben dargestellte Recht. Bei Kathedralen tragen mangels einer Fabrik Bischof und Kapitel die Baulast; in Altpreußen wird seit 1821 zu diesem Zwecke auch eine Kathedralsteuer erhoben.

Permaneder, Die kirchliche Baulast [2], 1890; Mandel, Die primäre Baulast an den Pfründegebäuden in Altbayern, 1908; Gruber, Die kirchliche Baupflicht nach Eichstätter Diözesanobservanz, 1911; Schmitt, Kirchenbaupflicht nach gemeinem und badischem Recht, 1912; Muth, Die französisch-rechtlichen Pfarreien nach der vermögensrechtlichen Seite, 1893.

§ 105. Die Verwaltung und Veräußerung des Kirchengutes.

Das Bistumsvermögen verwaltet der Bischof, der auch im übrigen die Aufsicht hat, das Kapitelsgut das Kapitel, gewöhnlich durch den Propst oder Dekan bzw. einen Ökonomen oder

---

[1] In dem badischen (nicht-hohenzollerischen) Teil der Erzdiözese Freiburg wird, seit ein älteres staatliches Gesetz, das die Erhebung einer allgemeinen Kirchensteuer gestattet, 1899 auch als kirchliches Recht rezipiert worden ist, eine solche nach Maßgabe der Bewilligung durch eine katholische Kirchensteuervertretung (vier Fünftel Laien, ein Fünftel Geistliche) erhoben. Die Steuervertretung, eine bemerkenswerte Neubildung innerhalb der katholischen Organisation, wird von den weltlichen Gemeindestiftungsräten und von kombinierten Geistlichkeitskapiteln gewählt. Eine ähnliche Einrichtung besteht ebenfalls seit 1899 in Hessen.

eine mit der bischöflichen persönlich vereinigte Bureauverwaltung, das Land- und Stadtkapitelsvermögen der Kämmerer, das Pfarrvermögen der Pfarrer mit abhängigen laikalen Kirchengutsverwaltern [1] (vitrici, Kirchenvögte, -meier, -meister usw.).

Nur bewegliche Kirchenvermögensstücke und solche, die herkömmlich immer wieder ausgeliehen werden (res infeudari solitae), dürfen veräußert oder — was ebenfalls als alienatio gilt — durch langfristige Verträge verliehen werden. Sonst ist eine Veräußerung oder Belastung nur ex iusta causa (necessitas, evidens utilitas, christiana caritas) zulässig. Deren Vorhandensein muß nach Anhörung der Interessenten ein bischöfliches decretum de alienando feststellen [2]; für Veräußerung von Kathedralgut, bischöflichem Tafelgut (§ 20, 2) und Bistumsvermögen wird die Zustimmung des Kapitels, für Pfarrdotalgutsweggabe die des Patrons erfordert. Darüber hinaus ist bei Tafelgutsveräußerung und, nach Pauls II. Bulle Ambitiosae vom 1. März 1468 (c un. de reb. eccl. non alien. in Extrav. comm. III. 4), überhaupt bei Veräußerung von wertvollem Kirchengut Einholung der päpstlichen Genehmigung vorgeschrieben (aber Fakultäten und Indulte). Eine unrechtmäßige Veräußerung ist nach Kirchenrecht [3] nichtig; die Nichtigkeit kann von der veräußernden Kirche selbst geltend gemacht werden [4].

Bröckelmann, Die Verwaltung des Kirchen- und Pfründenvermögens in den kath. Kirchengemeinden Preußens, 1898; 'Ράλλης, Τὸ ἀναπαλλοτρίωτον τῆς ἐκκλησιαστικῆς περιουσίας [2], 1903; Kühling, Die Aufstellung der Kirchen-Rechnungen . . . nach dem für die Erzdiözese Köln geltenden kirchlichen und staatlichen Rechte [2], 1903, Die Verwaltung des Kirchenvermögens mit besonderer Berücksichtigung der für die Erzdiözese Köln geltenden kirchlichen und weltlichen Rechte [2] 1908; Förster, Die preußische Gesetzgebung über die Vermögensverwaltung in den katholischen Kirchengemeinden und Diözesen [2], 1913.

§ 106. Die Verwaltung des Benefizialvermögens.

Der Geistliche erlangt mit der Institution bzw. Investitur an dem zu seinem Benefizium gehörigen Vermögen ein ius in re, das aus einheitlichem Titel fließt, aber den verschiedenen Bestandteilen gegenüber eine verschiedene Gestalt annimmt. An den Liegenschaften, der Widem, hat er ein auf das fränkische Benefizium zurückgehendes und deshalb der Lehensnutzung verwandtes Recht, das, obwohl partikularrechtlich als Nießbrauch behandelt, nach EG. z. BGB. Art. 80 doch nicht unter das BGB. fällt, es wäre denn, daß partikulares Kirchen- oder Staatskirchenrecht dafür auf das Zivilrecht und damit jetzt auf BGB. verwiese. Das Widemrecht gibt die Befugnis zur Verwaltung, zur Nutzung (Fruchterwerb auch nach Kirchenrecht durch Trennung) und zum Gebrauch für nichtprofanierende Zwecke. Veräußerung und Verschlechterung sind untersagt, Meliorationen sind erlaubt, und es hat der Nachfolger nach Impensenrecht dafür Ersatz zu leisten. Ferner ist der Benefiziat zur Eigentums- und Eigentumsfreiheitsklage legitimiert. Von Kapitalien hat der Benefiziat den Zinsgenuß, auf Stolgebühren

---

[1] So wenig wie das mittelalterliche hat das moderne weltliche Recht der Kirche die alleinige Verwaltung des Kirchenguts überlassen. Vielmehr kennt das preußische Recht (Gesetz vom 20. Juni 1875 über die Vermögensverwaltung in den katholischen Kirchengemeinden) dafür Kirchenvorstände (unter bloßem Vorsitz des Pfarrers) und weitere Kirchengemeindevertretungen, und es haben Bayern, Baden, Württemberg gemischte staatlich-kirchliche Verwaltungskommissionen, Stiftungsräte, Distriktskommissionen, Oberstiftungsräte, in deren niederster neben dem Pfarrer und gewählten Gemeindevertretern auch der Bürgermeister sitzt.

[2] Nach deutschem Staatskirchenrecht bedarf es zur Veräußerung und Belastung kirchlichen Grundeigentums wie zu Darlehensaufnahmen usw. staatlicher Genehmigung.

[3] Wo und soweit in den deutschen Bundesstaaten die Kirche als Korporation des öffentlichen Rechtes anerkannt ist und das Staatskirchenrecht nichts Abweichendes bestimmt, haben die kanonischen Beschränkungen auch noch bürgerliche Geltung, und zwar gemäß Art. 55 EG. z. BGB. und gemäß dem in BGB. § 134 enthaltenen Vorbehalt als erleichterte Anfechtbarkeit, die von jeder persona ecclesiastica geltend gemacht werden kann. Kormann, Die kirchenrechtlichen Veräußerungsbeschränkungen beim katholischen Kirchengut und das bürgerliche Recht, Stutz, Kr. A., 42. H., 1907; Raape, Das gesetzliche Veräußerungsverbot des Bürgerlichen Gesetzbuchs, 1908, S. 117 ff.

[4] Vgl. oben § 69 S. 419 A. 7.

ein obligatorisches Recht[1]. Beim Abgang[2] gebührt ihm oder seinen Erben ein verhältnismäßiger Anteil an den Früchten des laufenden Jahres (annus deservitus, Verdienstjahr). Darüber hinaus geht oft ein Anspruch auf den Sterbemonat oder das Sterbequartal. Über seinen Nachlaß kann der Geistliche auch nach Kirchenrecht frei verfügen; doch ist er im Gewissen verpflichtet, die Kirche zu bedenken. Die Früchte der erledigten Pfründe (fructus intercalares) fließen jetzt meist in einen Interkalarfonds für allgemein kirchliche Bedürfnisse.

Groß, Das Recht an der Pfründe, 1887; Galante, Il beneficio ecclesiastico, 1895; Brandis, Das Nutzungsrecht des Pfarrers an den Grundstücken der Pfründe, Göttinger jur. Diss., 1889; Ober, Die Art des Nutzungsrechtes der Pfarrer am Pfarrhofe nach elsaß-lothringischem Staatskirchenrecht, A. f. k. Kr. XCIII, 1913; Glattfelter, Das preußische Gesetz betr. das Diensteinkommen der katholischen Pfarrer, 1898; Tourneau, Das preußische Gesetz betr. das Diensteinkommen der katholischen Pfarrer vom 26. Mai 1909, A. f. k. Kr. XC, 1910; über denselben Gegenstand auch Porsch im A. f. k. Kr. LXXVIII, 1898; Meurer, Aufbesserungsrecht und Aufbesserungspolitik auf dem Gebiet des bayerischen Pfründenwesens, 1900, Das Gehaltsrecht der Pfarrer in Preußen, 1910; Geigel, Pfründennießbrauch zufolge des BGB., D. J. f. Kr. VIII, 1898, und dazu Meurer, Bayerisches Kirchenvermögensrecht, II, 1901, S. 285 ff. Siehe auch die Lit. zu § 101; Hollweck, Das Testament der Geistlichen nach kirchlichem und bürgerlichem Recht, 1900; vgl. auch A. f. k. Kr. LXXXIII, 1903, S. 364 ff.

Vierter Titel.

Das deutsch-evangelische[3] Kirchenrecht.

Außer den zu Tit. 1 angeführten Lehr- und Handbüchern kommt vor allem das grundlegende Werk von Friedberg, Das geltende Verfassungsrecht der evangelischen Landeskirchen in Deutschland und Österreich, 1888 (VR.) in Betracht und daneben Köhler, Lehrbuch des deutsch-evangelischen Kirchenrechts, 1895 sowie als Darstellung des wichtigsten Partikularrechts Schoen, Preußisches Kirchenrecht (Pr. Kr.) I, II, (§ 48, 3).

Erstes Kapitel.

Die Rechtsquellen.

§ 107. Kirchen- und Staatsgesetz, Gewohnheitsrecht, Corpus iuris canonici.

Die Heilige Schrift und die Bekenntnisse gelten in den deutschen, auch in den reformiert beeinflußten Kirchen nur als Richtschnur, nicht als Rechtsquellen. Doch enthalten die Bekenntnisse (§§ 45 und 46, wozu noch die seit der Aufnahme in das Konkordienbuch im Jahre 1580 ebenfalls als Bekenntnisschrift betrachteten Lutherischen Katechismen kommen; §§ 50, 51, 46) gewisse leitende Grundsätze, die zum Teil in die Landeskirchengesetzgebung und das landeskirchliche Gewohnheitsrecht übergingen. Solche Gewohnheit, deren Träger aber alle Mitglieder der einzelnen Kirche, nicht bloß die Geistlichen sind, deren Rationabilität sich nach evangelischen Grundsätzen bemißt, und für die das Erfordernis der Dauer während der Verjährungszeit nicht

[1] Daneben sind jetzt von großer Wichtigkeit die teils aus staatlichen, teils aus kirchlichen Mitteln fließenden Aufbesserungen gering besoldeter Geistlicher auf ein Mindestgehalt von 1800 Mk. (Preußen, Bayern, Baden, Elsaß-Lothringen), zu denen dann noch Dienstalterszulagen kommen. Also ein gemischtes System von Pfründen und Gehalt. Vgl. jetzt für Preußen das Gesetz betr. das Diensteinkommen der katholischen Pfarrer vom 26. Mai 1909, für Bayern den Ministerialerlaß vom 7. September 1902, A. f. k. Kr. XC, 1910 S. 667 ff., LXXXIII, 1903 S. 136 ff., für Elsaß-Lothringen das Gesetz vom 15. November 1909, A. f. k. Kr. XC, 1910 S. 365 ff.

[2] Dieser erfolgt bei Lebzeiten stets in den kanonischen Formen der renuntiatio oder der resignatio (§ 100), bewirkt aber bisweilen wie nach staatlichem Beamtenrecht die Fälligkeit eines eigentlichen Ruhegehaltsanspruchs; vgl. z. B. das interessante Pensionsstatut für die Geistlichen der Diözese Rottenburg vom 3. Dezember 1901, A. f. k. Kr. LXXXIII, 1903 S. 173 ff.

[3] Durch Kabinettsorder Friedrich Wilhelms III. vom 1. März bzw. 3. April 1821 wurde auf Anregung Schleiermachers die Bezeichnung „Protestanten", da sie aus der Zeit der konfessionellen Streitigkeiten herrühre (also nur zeitgeschichtliche Bedeutung habe), für die preußische Landeskirche amtlich beseitigt und durch „Evangelische" ersetzt.

gilt, hat auch sonst evangelisches Kirchenrecht geschaffen, und zwar wegen weitgehender Übereinstimmung in religiöser und nationaler Denkweise vielfach gemeinsames (nicht gemeines!) Recht. Als gemeinsames, übereinstimmendes Gewohnheitsrecht gilt ferner noch heute subsidiär das kanonische Recht in der evangelischen Kirche mit der oben S. 379 gemachten Einschränkung, und soweit nicht die neuere Kirchengesetzgebung oder jüngeres Gewohnheitsrecht für einzelne Materien oder überhaupt es ausschließen. Die Gesetzgebung selbst ist entweder eine rein staatliche über und in der Kirche (beide Mecklenburg, Sachsen-Altenburg), wogegen, wenn dieser Zustand auch dem modernen Kirchenhoheitssystem widerspricht, zumal vom älteren evangelischen Standpunkt aus, der dem Staat die äußere Ordnung auch in der Kirche überließ, wenigstens ein formales Bedenken nicht besteht. Oder es ist das kirchliche Grundgesetz Bestandteil der Staatsverfassung und kann infolgedessen wohl kirchlich ausgebaut, aber nicht, außer im Wege der Staatsgesetzgebung, abgeändert werden (Bayern). Oder es beruht auf absoluter kirchenregimentlicher Gesetzgebung (Sachsen-Koburg-Gotha, Schwarzburg-Rudolstadt, Lübeck, Bremen). Oder es ist selbständiges (Preußen, Sachsen, Württemberg, Baden, Hessen, Sachsen-Weimar, Oldenburg, Braunschweig, Sachsen-Meiningen, Anhalt, Waldeck, Lippe, Hamburg), wenn auch in gewissem Maße staatlich beaufsichtigtes (§ 59) und staatsgesetzlich bestätigtes Kirchengesetz bzw. Kirchenverordnung, kirchliche Dienstweisung oder Gemeindestatut.

Friedberg, Die geltenden Verfassungsgesetze der evangelischen deutschen Landeskirchen, 1885, und 4 Ergänzungsbände 1888—94, Fortsetzung inzwischen in d. D. Z. f. Kr.; Hübler, Kirchenrechtsquellen (S. 279) §§ 27—31; Friedberg, VR. § 2; Schoen, Pr. Kr. I. §§ 2, 11, 12; Jacobson, Geschichte der Quellen des evangelischen Kirchenrechts der Provinzen Preußen und Posen, 1837—39 (vgl. § 53); v. Scheurl, Die Rechtsgeltung der Symbole, in seiner S. kr. A., Kirchliches Gewohnheitsrecht, ebenda; Lüttgert, Gibt es ein unmittelbar anwendbares gemeines evangelisches Kirchenrecht?, Göttinger jur. Diss., 1892.

Zweites Kapitel.

Die Verfassung.

§ 108. Kirche und Kirchengewalt.

Kirche im Rechtssinn ist nach evangelischer Auffassung die innerhalb menschlicher Ordnung (Gemeinde, Staat, Reich, Nation) in Erscheinung tretende und an rechter Wort- und Sakramentsverwaltung äußerlich erkennbare Gemeinschaft der an Gott in Jesu Christo Glaubenden.

Ihr ist als solcher (nicht dem Einzelnen, auch nicht dem Geistlichen unmittelbar!) von Gott die Gewalt der Schlüssel, potestas clavium, gegeben, d. h. die Befugnis, das Evangelium zu predigen, die Sakramente zu verwalten sowie Sünden zu vergeben und zu behalten, auch die notorisch Gottlosen durch das Wort auszuschließen. Jeder kann sich in ihr das Heil selbst vermitteln und ist an sich befähigt, die der Kirche übertragene Vollmacht auszuüben (allgemeines Priestertum); ein mit besonderer geistlicher Befähigung begabter priesterlicher Stand (Klerus) verträgt sich mit der evangelischen Auffassung nicht. Jedoch der Ordnung halber müssen solche da sein, die von Berufs wegen für die Kirche in Ausübung von deren Gewalt tätig werden. Deshalb hat die Kirche nach göttlichem Ratschluß ein Predigtamt, ministerium verbi divini. Ihm und nur ihm ist die Wort- und Sakramentsverwaltung anvertraut (aber Nottaufe bei den Lutherischen).

Aber auch die Gewalt, sich zu regieren (potestas regiminis), hat die Kirche. Sie überließ sie freilich anfangs dem weltlichen Regiment und konnte das; denn die äußere Ordnung kommt für sie allein deshalb in Betracht, weil sie auch menschlicher Verband ist, hat also für sie nur untergeordnete Bedeutung. Jedoch seit geistliches und weltliches Regiment und ihr Zusammengehen aufgehört haben, und dieses, in den Staat übergegangen und durch die Parität zur grundsätzlichen Neutralität gelangt, selbst die Geneigtheit, die Kirche von sich abzuschichten und eigner Verwaltung zu überlassen, bekundet hat, ist die Eigenverwaltung der Regierungsgewalt für sie nicht nur zur Notwendigkeit, sondern geradezu zur Pflicht geworden, weil das weltliche

Gemeinwesen die Voraussetzungen nicht mehr erfüllen kann, unter denen die Kirche von der Selbstregierung absah und absehen durfte. Darüber, wie sie von dieser ihrer Selbstverwaltung Gebrauch machen soll, bestehen keine göttlichen Vorschriften (Mangel eines ius divinum). Nur darf die rechte Wort- und Sakramentsverwaltung nicht beeinträchtigt, und muß jede unevangelische Verquickung von Glauben und Recht vermieden werden.

Friedberg, VR. §§ 5—8.

§ 109. Die kirchlichen Verbände.

An sich stellt schon die Einzelgemeinde nach evangelischer Auffassung die Kirche dar. Jedoch weder nach früherem noch nach geltendem Recht erscheint sie derart als die Grundform der Kirche im Rechtssinn, daß der höhere und höchste kirchliche Verband nur als Bund solcher Kirchen, als Gemeindenkonföderation erschiene. Vielmehr wurde regelmäßig das Regiment des Landesherrn in Religionssachen zu der Grundlage, auf der die Bildung der evangelischen Kirchen im Rechtssinn sich aufbaute. Die evangelischen Kirchen sind nach geschichtlicher Entwicklung landesherrliche, ja Territorialkirchen. Im heutigen Recht spiegelt sich dies darin wider, daß Kirchen von Territorien, die aufgehört haben, politisch ein Sonderdasein oder doch ein selbständiges zu führen, fortbestehen, sofern nur eine regimentliche Trägerschaft weiter in souveräner Stellung für sie fortlebt. Folgendes sind nämlich die deutsch-evangelischen Kirchenverbände: 1. die Kirche der neun älteren preußischen Provinzen (vor 1866); innerhalb derselben stehen sich die Kirchen der sieben östlichen Provinzen (Ostpreußen, Westpreußen, Brandenburg, Pommern, Posen, Schlesien, Sachsen) sowie der Hohenzollerschen Lande [1] einerseits und diejenige der beiden westpreußischen Provinzen (Westfalen und Rheinprovinz) anderseits, welch letztere ihre ältere, presbyterial-synodale Verfassung, wenn auch mit einiger Angleichung, bewahrt hat, in einer gewissen Sonderstellung gegenüber, indes alle zusammen durch die Union ihr charakteristisches Gepräge erhalten gegenüber 2. der lutherischen und 3. der reformierten Kirche der Provinz Hannover (erstere seit 1873/82 mit dem Jadegebiet, seit 1885 mit Wilhelmshafen) sowie 4. der lutherischen Kirche von Schleswig-Holstein, zu der (seit 1892) Helgoland gehört, mit der lutherischen Kirche des Kreises Herzogtum Lauenburg; 5. der evangelischen Kirche (lutherische, reformierte und unierte Gemeinden) von Nassau (Konsistorium Wiesbaden); 6. der ebensolchen Kirche des Konsistoriums zu Kassel (ehemals Kurhessen) und 7. den evangelischen (lutherischen und reformierten) Kirchengemeinschaften zu Frankfurt a. M. nebst den Landgemeinden. Das Kirchenwesen dieser 1866 hinzugekommenen Gebiete wird als provinzielles Landeskirchentum bezeichnet. Dabei hat sich seit den vierziger und fünfziger Jahren des verflossenen Jahrhunderts ein Sprachgebrauch gebildet, der als preußische Landeskirche im weiteren Sinn alles zusammenfaßt, was, wenn auch nicht einheitlich organisiert, unter dem Kirchenregiment des Königs von Preußen steht, so daß dazu auch die Immediatgemeinden, Militärgemeinden, ausländischen Gemeinden [2], Anstaltsgemeinden (in Straf-, Erziehungs- und anderen Anstalten) gehören. Und in allerneuester Zeit scheint mit der Einrichtung gewisser einheitlicher Fondsverwaltungen für sämtliche preußische Landeskirchen, ja eventuell auch für ausländische Gemeinden, ein erster Anfang zu einer verfassungsrechtlichen Einigung gemacht zu sein; 8. die protestantische Kirche Bayerns diesseits (rechts) des Rheins (seit 1853 neben den lutherischen Synoden eine reformierte); 9. (seit 1848/9) die vereinigte protestantische (unierte Kirche) der Rheinpfalz; 10. die lutherische Kirche des Königreichs Sachsen [3]; 11. die gleichfalls lutherische

[1] Hohenzollern gehörte früher kirchlich zur Rheinprovinz, ist seit 1898 als selbständiger Kreissynodalverband den Provinzialsynodalverbänden angereiht und der preußischen Landeskirche eingegliedert und heute nur noch kirchenregimentlich durch Unterstellung unter das rheinische Konsistorium in Koblenz mit der rheinischen Kirche verknüpft.

[2] Ein Verzeichnis der preußischen Auslandgemeinden bei Schoen, Pr. Kr. I S. 241 N. 5 und im Preuß. Hof- und Staatshandbuch beim Ev. Oberkirchenrat. Vgl. auch Mirbt, Die preußische Landeskirche und die Auslanddiaspora, Deutsch-Evangelisch im Auslande, VI, 1907. Über die preußische Landeskirche und die äußere Mission s. Schoen, Pr. Kr. II § 99.

[3] Auch dieser sind Auslandgemeinden angegliedert; Sächsisches Kirchengesetz vom 12. März 1908. Bezüglich der reformierten Gemeinden im Königreich Sachsen vgl. die Verf. vom 3. Juli 1909.

Württembergs; 12. die vereinigte evangelisch-protestantische Kirche Badens; 13. die evangelische (lutherische, reformierte, unierte) Kirche Hessens; 14. die evangelische Kirche beider Mecklenburg (gesondertes Kirchenregiment, aber gemeinsames Oberkirchengericht); 15. Sachsen-Weimar (lutherische und reformierte Gemeinden); 16. Sachsen-Koburg-Gotha (gesondertes Regiment); 17. Sachsen-Altenburg; 18. Sachsen-Meiningen; 19. die lutherische Kirche von Braunschweig; 20. die unierte von Anhalt; 21. die Kirchen des Herzogtums Oldenburg, des Fürstentums Lübeck und des Fürstentums Birkenfeld (nur in dem Kirchenregiment des Großherzogs von Oldenburg eine Einheit bildend); 22. die lutherische Kirche von Schwarzburg-Sondershausen und 23. die ebensolche von Schwarzburg-Rudolstadt; 24. die unierte von Waldeck und Pyrmont [1]; 25. die lutherischen Landeskirchen von Reuß ältere Linie und jüngere Linie; 26. die lutherische von Schaumburg-Lippe; 27. die reformierte des Fürstentums Lippe; 28. die lutherische Kirche des lübeckischen Staates; 29. Bremen: die vorwiegend lutherischen Stadtgemeinden sind autonom mit gemeinsamer Vertretung; die reformierten, lutherischen und unierten des Landgebiets sind dem Kirchenregiment des Senats unterworfen; 30. die lutherische Kirche im hamburgischen Staat; 31. Elsaß-Lothringen, lutherische Gemeinden mit einem Oberkonsistorium und Direktorium, reformierte ohne einheitliches Organ, beide formell nicht unter landesherrlichem Kirchenregiment. Dazu kommen in den einzelnen Territorien noch freie lutherische oder reformierte Gemeinden und die niedersächsische Konföderation (§ 51). Zwischen diesen Verbänden bestand zunächst keine andere Verbindung als der Kartellverband der Eisenacher Konferenz (§ 53; Organ: Allgemeines Kirchenblatt, A. Kbl.). Dieser Zusammenschluß hat sich aber seit 1903 durch die Bildung eines ständigen „Deutschen evangelischen Kirchenausschusses" (§ 53; als Organ 1912 gleichfalls A. Kbl. in Aussicht genommen) verdichtet, der aus 15 von der Kirchenkonferenz, d. h. von den Abgeordneten der betreffenden Kirchenregierungen aus der Mitte der Konferenz entsandten Mitgliedern besteht (Altpreußen 3, Neupreußen 2, Bayern, Sachsen, Württemberg je 1, alle übrigen in Gruppen zusammen 7). Er soll unbeschadet des Bekenntnisstandes, der Verfassung und des landesherrlichen Kirchenregiments der einzelnen Kirchen die Einheitlichkeit der Entwicklung fördern und die gemeinsamen evangelisch-kirchlichen Interessen im In- und Auslande wahrnehmen [2]. Damit hat der Verband der evangelischen Landeskirchen eine festere Gestalt anzunehmen begonnen.

Schneider, Kirchliches Jahrbuch, seit 1873 bis jetzt 40 Bde.; Drews, Evangelische Kirchenkunde (bis jetzt I Königreich Sachsen, 1902, II Schian, Provinz Schlesien, 1903, III Ludwig, Baden, 1907, IV Beck, Bayern, 1909, V Glaue, Thüringen, 1910); Werckshagen, Der Protestantismus in Wort und Bild am Ende des 19. Jahrhunderts, 2 Bde., 1900 ff.; Priebe, Kirchliches Handbuch für die evangelische Gemeinde, 1912; Grebe, Geschichte der hessischen Renitenz, 1905; Losch, Zur Geschichte der hessischen Renitenz, Z. f. Kg. XXVII, 1906; Witzel, Die Wahrheit über die hessische Renitenz, 1909; Friedberg, VR. § 1; Schoen, Pr. Kr. I §§ 1, 5—10; Jacobson, Das evangelische Kirchenrecht des preußischen Staates, 2 Bde., 1864—66; Nitze-Gebser, Die Verfassungs- und Verwaltungsgesetze der evangelischen Landeskirche in Preußen [2], 1912; Lilge, Die Gesetze und Verordnungen über die evangelische Kirchenverfassung in den älteren Provinzen der preußischen Monarchie, 1896; Goßner, Preußisches evangelisches Kirchenrecht, 1898; Niedner, Grundzüge der Verwaltungsorganisation der altpreußischen Landeskirche, 1902; Gebser, Kirchgemeinde-, Synodalordnung ... und Generalsynodalordnung ..., 1906; Lüttgert, Die evangelischen Kirchengesetze der preußischen Landeskirche, besonders in Rheinland und Westfalen, 1911; Giese, Die Kirchengesetze der evangelisch-reformierten Kirche der Provinz Hannover, 1902; Chalybaeus, Sammlung der Vorschriften ... betr. das Schleswig-Holsteinische Kirchenrecht [2], 1902; Wagner, Überschau über das gemeine und bayerische protestantische Kirchenrecht, 1892; Rieker, Die rechtliche Stellung der reformierten Gemeinden im rechtsrheinischen Bayern, 1911; Spohn, Kirchenrecht der vereinigten evangelisch-protestantischen Kirche im Großherzogtum Baden, 2 Bde., 1871—75; Köhler, Hessisches evangelisches Kirchenrecht mit Nachtrag, 1884—90; Eger und Friedrich, Kirchenrecht der evangelischen Kirche im Großherzogtum Hessen I, 1913, II, 1911; Schmidt, Mecklenburg-Schwerinsches Kirchenrecht, 1908; Ortloff, Die Kirchenverfassungen im Großherzogtum Sachsen-Weimar-Eisenach, D. Z. f. Kr. XIII, 1903; Müller, Zusammenstellung der die evangelische Landeskirche des Herzogtums Anhalt betreffenden Gesetze und Konsistorialverfügungen, 1904; Teichmüller, Die evangelische Landeskirche im Herzogtum Anhalt, 1905; v. Hinüber,

---

[1] Das ius in sacra wird vom Konsistorium für den Fürsten, nicht wie das ius circa sacra laut Akzessionsvertrag für den König von Preußen ausgeübt.

[2] Geschäftsordnung vom 18. Februar 1904, A. Kbl. LIII, 1904.

Kirchenrechtliches Handbuch für die evang.-lutherische Landeskirche des Fürstentums Schaumburg-Lippe, 1912; Beneke, Die Verfassungsreform der Kirche Augsburgischer Konfession in Elsaß-Lothringen, 1909; Fleiner, Die Verfassungsänderung in der Kirche Augsburgischer Konfession von Elsaß-Lothringen, D. Z. f. Kr. XIX, 1909; Foerster, Die Verfassung der evangelischen Kirche in Deutschland (aus d. Prot. des 5. Weltkongr. f. freies Christentum), 1910.

§ 110. Das landesherrliche Kirchenregiment.

Das landesherrliche Kirchenregiment ist die historisch gegebene, durch vielfache Verdienste um die Kirche und aus Zweckmäßigkeitsgründen auch heute noch praktisch gerechtfertigte, aber theoretischer Begründung sich entziehende Befugnis und Pflicht des Landesherrn, in der evangelischen Kirche die Kirchengewalt (potestas regiminis) auszuüben, das Recht und die Pflicht zu oberster Leitung der Kirche (schief als Summepiskopat, im hamburgischen Staat bloß als Schutzrecht bezeichnet). Es fließt nicht aus der Souveränität und ist kein Bestandteil der Staatsgewalt, sondern ein frei erworbenes Annex derselben, etwa wie auf staatlichem Gebiet die deutsche Kaiserwürde mit der Trägerschaft der Krone Preußens sich verbindet. Deshalb steht es auch dem katholischen Landesherrn zu (zurzeit in Bayern und Sachsen). Doch soll er es nicht persönlich ausüben. Vielmehr sind in Sachsen mindestens drei (evangelische) Minister, darunter der Kultusminister, in evangelicis beauftragt [1], während allerdings in Bayern, wo eben das protestantische Kirchentum erst im 19. Jahrhundert im katholischen Staate zugelassen und organisiert worden ist, das katholische Bekenntnis des Landesherrn ignoriert wird, und dieser durch das Oberkonsistorium in München bzw. das Konsistorium in Speier (für das linksrheinische Bayern) das landesherrliche Kirchenregiment, doch so, daß bei wichtigen Angelegenheiten die Entscheidung des Königs eingeholt werden muß, im wesentlichen nicht anders ausübt als der evangelische Landesherr. Diesem kommt natürlich überall nicht bloß die Trägerschaft der Kirchengewalt zu. Vielmehr ist er auch deren oberstes Organ. Jedoch nur einen Teil der Ausübung behält er sich vor (Reservatrechte). Dahin gehörten z. B. die Ausübung der gesetzgebenden Gewalt, die Berufung, Vertagung, Schließung und Auflösung der Landessynoden, die Besetzung der kirchenregimentlichen Behörden, in kleineren Kirchen auch der Pfarrer, die oberste Instanz in Beschwerdesachen und die Anordnung von Generalvisitationen der ganzen Kirche. Doch ist in den meisten und wichtigsten Landeskirchen der Landesherr auch bei Ausübung des reservierten Teils der Kirchengewalt beschränkt und an die Zustimmung von Landes- oder (für Provinzialkirchengesetze) von Provinzialsynoden bei der Gesetzgebung wie auch bei anderen Regierungsakten gebunden.

Friedberg, KR. §§ 9—13; Schoen, Pr. Kr. I §§ 17, 18; v. Scheurl, Die Ausübungsweise des landesherrlichen Kirchenregiments in s. S. kr. A.; Mejer, Die Grundlagen des lutherischen Kirchenregiments, 1864, Das Rechtsleben der deutschen evangelischen Landeskirchen, 1889; Rieker, Die evangelische Kirche Württembergs in ihrem Verhältnis zum Staat, 1887, Sinn und Bedeutung des landesherrlichen Kirchenregiments, 1902, Das landesherrliche Kirchenregiment in Bayern, D. Z. f. Kr. XXIII, 1913; Höfling, Grundsätze evangelisch-lutherischer Kirchenverfassung [3], 1853; Steinmeyer, Der Begriff des Kirchenregiments, 1879; Kawerau, Über Berechtigung und Bedeutung des landesherrlichen Kirchenregiments, 1887; Zorn, Das landesherrliche Kirchenregiment nach der Ansicht der Reformatoren und im Hinblick auf den modernen Staat, Z. f. Kr. XII, 1874; Schoen, Das Landeskirchentum in Preußen (auch im Verwaltungsarchiv), 1898.

§ 111. Die kirchenregimentlichen Behörden.

Insbesondere aber hat der Landesherr den nicht vorbehaltenen Teil seiner Gewalt (iura vicaria) nur an evangelische Kirchenbehörden zur Ausübung zu übertragen, deren Bestand teils staats- und kirchengesetzlich (Preußen, Bayern, Sachsen, Württemberg, Braunschweig, Anhalt,

[1] In Württemberg ist seit 1898, bezw. 1912, für den Fall der Zugehörigkeit des Landesherrn zu einer anderen als der evangelischen Konfession die Ausübung des Kirchenregiments durch eine evangelische Kirchenregierung vorgesehen (zwei evangelische Staatsminister oder Chefs der Verwaltungsdepartements, der Präsident des Konsistoriums, der Präsident der Landessynode und der dienstälteste Generalsuperintendent unter dem evangelischen Staatsminister oder Chef des Kirchendepartements, eventuell aber unter einem gewählten Mitglied als Vorstand). Ein An-

Meiningen) oder nur kirchengesetzlich (Baden, Hessen, Oldenburg, Weimar) gewährleistet und bestimmt, und deren Zuständigkeit fest abgegrenzt ist. Vier Gruppen lassen sich in dieser Hinsicht unter den heutigen deutschen Kirchenverfassungen unterscheiden. 1. Die oberste Kirchenregimentsbehörde ist jetzt noch staatlich (Minister der geistlichen Angelegenheiten) in den neuen preußischen Provinzen, Hannover ausgenommen, in Koburg-Gotha, Fürstentum Lübeck, Reuß jüngerer Linie. 2. Nur die sacra interna (§ 52) sind einer kollegialischen Kirchenbehörde übertragen, die externa einer Ministerialbehörde (Weimar, Altenburg, Meiningen, die beiden Schwarzburg, Lübeck, Bremen). 3. Es besteht eine kirchliche Kollegialbehörde, aber sie ist, insbesondere im Verkehr mit dem Landesherrn, der obersten Staatsbehörde unterstellt (Oberkonsistorium in Bayern, Konsistorium in Württemberg, Landeskonsistorium in Hannover). 4. Die oberste Kirchenbehörde ist rein kirchlich und steht unmittelbar unter dem Landesherrn (Oberkirchenrat in Altpreußen, Oldenburg, Baden, Oberkonsistorium in Hessen; das Landeskonsistorium in Dresden übt das Kirchenregiment für die in evangelicis beauftragten Minister aus).

In größeren Kirchen ist der kirchliche Behördenapparat in der Weise untergegliedert, daß unter der Zentralbehörde als oberster Instanz Provinzialkonsistorien stehen (Altpreußen, Hannover, Schleswig-Holstein, Hessen-Nassau, Bayern), welche die kirchlichen Angelegenheiten eines Konsistorialbezirks (Provinz [1]) erledigen, indes die Oberbehörde die Aufsichts- und Rekursinstanz über ihnen bildet und namentlich die landeskirchlichen Angelegenheiten besorgt. In Bayern freilich sind die Konsistorien zu Ansbach und Bayreuth nur die lokale Exekutive und untere Aufsichtsbehörde der zentralen.

Sämtliche genannten Behörden sind Kollegialbehörden. Ihre Mitglieder ernennt der Landesherr. Sie werden mit Geistlichen, Verwaltungs- und Justizbeamten besetzt; den Vorsitz hat regelmäßig einer der letzteren (mit dem Titel: Präsident). Staatsbehörden sind sie, außer wo die kirchlichen Angelegenheiten noch der Staatsbehörde oder einer Abteilung bei dieser übertragen sind, nicht, wohl aber öffentliche Behörden; dagegen sind die ihnen angehörigen juristischen Räte unmittelbare Staatsbeamte, welche der Staat der Kirche in Nachwirkung der früheren Verquickung beider, die in dieser Beziehung noch ebensowenig gelöst ist wie in anderen, geradeso stellt, wie etwa das Reich die Reichsbankbeamten der Aktiengesellschaft der Reichsbank.

Friedberg, VR. §§ 14—17; Schoen, Pr. Kr. I §§ 19, 20; Schmidt, Die rechtliche Stellung des sächsischen evangelisch-lutherischen Landeskonsistoriums, Leipziger jur. Diss., 1907; Riedner, Ausgaben (§ 52); Theinert, Beitrag (§ 52); Ketteler, In welchem Sinne sind in Preußen die Kirchenbeamten öffentliche Beamten?, Münsterische jur. Preisschrift, 1911; Anschütz, Preußische Verfassungsurkunde (vor § 57) I S. 320 ff.

§ 112. Superintendenten und Generalsuperintendenten (evangelischer Feldprobst und Marineprobst) im besonderen.

Das unterste kirchenregimentliche und ein Einzelorgan (in Kurhessen aber darunter noch Metropolitane) ist der (Spezial-)Superintendent (Dekan, Ephor, Probst), der vom Landesherrn (in der lutherischen Kirche Hannovers vom Landeskonsistorium) aus den Pfarrern des Superintendenturbezirks [2] (Diözese) ernannt, in Rheinland-Westfalen, Baden, Hessen dagegen von der betreffenden Synode gewählt wird und überall da in Tätigkeit tritt, wo es persönlicher Einwirkung bedarf, insbesondere auch in der Aufsicht über die Geistlichen und die Gemeinden [3].

---

bringen der kirchenregimentlichen Geschäfte an den König findet nicht statt. Nur der Präsident und die Mitglieder des Konsistoriums sowie die evangelischen Hofprediger werden auf Vorschlag und Anbringen vom König ernannt.

[1] In Preußen mit Sitz in Königsberg, Danzig, Stettin, Posen, Breslau, Magdeburg, Berlin (für dieses ist seit 1895 eine besondere Abteilung im brandenburgischen Konsistorium eingerichtet), Münster, Coblenz; Hannover, Aurich; Kiel; Cassel; Wiesbaden; Frankfurt a. M.

[2] Preußische Exemtionen davon siehe bei Schoen, Pr. Kr. I 265 f. Insbesondere sind die Domkirche zu Berlin sowie die Hof- und Garnisonkirche zu Potsdam direkt dem Oberkirchenrat unterstellt. Vgl. Müller, Die Gründung und der erste Zustand der Domkirche ... in Köln-Berlin sowie Die Statuten ... des Doms zu Köln-Berlin, Jb. f. Brandenburgische KG. II, III, 1906.

[3] In Sachsen, Hannover und Württemberg wird aber der Superintendent auch im Verein mit einem staatlichen Verwaltungsbeamten als sog. Kircheninspektion, als Kirchenkommissariat

Die Superintendenten (Prädikat: Hochwürden) führen auf den Kreis(Diözesan-)synoden den Vorsitz, versammeln (Baden, Württemberg) die sämtlichen Geistlichen ihres Dekanats zu Pfarrkonferenzen und Pfarrsynoden behufs Behandlung wissenschaftlicher und praktischer Fragen sowie Besprechung von geistlichen Berufs- und Standesangelegenheiten, ordinieren, leiten die Pfarrwahlen, treffen Interimsanordnungen (bei Behinderung oder Vakanzen) und visitieren die ihnen untergebenen Pfarrer und Gemeinden. Norddeutsche Kirchen (besonders die größeren, aber unter anderem auch Braunschweig, Sachsen-Koburg, Lippe ref. und Schaumburg-Lippe und als bloßen Titel z. B. Anhalt, Altenburg, Reuß jüngere Linie), aber auch süddeutsche (z. B. Württemberg) kennen in neuerer Zeit auch wieder das Amt eines Generalsuperintendenten (Altpreußen, je drei für Brandenburg [davon einer für Berlin][1] und Sachsen, sonst für jede Provinz — § 109 — regelmäßig einer; Hessen drei; Nassau einer; Schleswig-Holstein zwei; Hannover, ein reformierter[2] und vier lutherische[3]; Württemberg sechs, die das Konsistorium zum Synodus verstärken, Sitz im Landtag und gleich dem Oberhof- und dem Stiftsprediger den Titel Prälat[4] haben). Sie sitzen meist zugleich in den Provinzialkonsistorien bzw. in der einzigen Landeskirchenbehörde, und zwar mit dem Recht, falls sie überstimmt werden, die betreffende Sache an den Oberkirchenrat zu bringen, haben die Aufsicht über ihre Bezirke (Provinzen) und deren Superintendenten, sollen diese und deren Pfarreien visitieren und über sie berichten, führen die Superintendenten ein und ordinieren mancherorts auch die Pfarrer, wohnen den (Provinzial-)Synoden bei mit dem Recht, auf ihnen das Wort zu nehmen und Anträge zu stellen, und sind mancherorts auch geborene Mitglieder der Landes-(General-)synode. Ihre Amtstracht ist ein schwarzer Talar mit silbernem Brustkreuz[5]; in Altpreußen haben sie den Rang der Räte 2. Klasse.

Friedberg, VR. § 18; Schoen, Pr. Kr. I § 21, II § 71; W. J. Schmidt, Der Wirkungskreis und die Wirkungsart der Superintendenten, 1837; Gebser, Die Verwaltung des Ephoralamtes in den sieben östlichen Provinzen der preußischen Monarchie, 1913.

Außerhalb der ordentlichen landeskirchlichen Organisation (aber mit Sitz und Stimme im preußischen Oberkirchenrat) als ausführende Stelle des Ministeriums der geistlichen Angelegenheiten, des Kriegsministeriums und des Evangelischen Oberkirchenrates steht in einer Art Generalsuperintendentenstellung der vom König frei ernannte evangelische Feldprobst für das preußische Landheer, die kaiserliche Marine und die Schutztruppen. Er ist gleichfalls Aufsichts- und Visitationsorgan und versammelt alle Jahre eine Konferenz der Militäroberpfarrer (24, bei jedem Armeekorps bzw. Geschwader einer), die in Superintendentenstellung (in den altpreußischen Provinzen mit Sitz und Stimme in den Konsistorien und dem Titel Konsistorialrat) über den Militärgeistlichen der Armeekorps und Geschwader (über 100) stehen und sie jährlich zu einer Militärpfarrkonferenz einberufen. Der Feldprobst ernennt, versetzt und ent-

oder als gemeinschaftliches Oberamt zum Zweck der Beaufsichtigung der Gemeinden und Kirchenvorstände, aber auch der Einführung der Geistlichen tätig. Zimmermann, Die Entwicklung der Kircheninspektionen, Beitr. z. Sächs. Kg., 16. H., 1903; Martens, Die hannoversche Kirchenkommission (39, 2). Für die sächsische Oberlausitz, wo es keine Ephoren oder Superintendenten gibt, besorgt die Kreishauptmannschaft in Bautzen, verstärkt durch ein von den in evangelicis beauftragten Ministern ernanntes geistliches Mitglied gewissermaßen als nichtformiertes Konsistorium zugleich die Konsistorial- und die Inspektionsgeschäfte, während in den Vierstädten mit letzteren Stadtrat und Pastor primarius als Inspektion betraut sind.

[1] Der brandenburgische Generalsuperintendent der Neumark hat in dem ersten Geistlichen zu Lübben einen Stellvertreter als Vizegeneralsuperintendenten für die Lausitz.

[2] In Aurich.

[3] In Hannover, Stade und Hildesheim für den Bezirk des hannoverschen Provinzialkonsistoriums und in Aurich beim dortigen Konsistorium, das übrigens zugleich Kirchenregimentsbehörde für die lutherische Kirche (unter dem Landeskonsistorium) und für die reformierte (direkt unter dem Kultusminister) ist. Im Bezirk des Konsistoriums zu Frankfurt a. M. gibt es weder einen Generalsuperintendenten noch einfache Superintendenten.

[4] In Baden ist der Prälat einfach der erste Geistliche des Landes. Im Großherzogtum Hessen führen die drei den Dekanen vorgeordneten Generalsuperintendenten bloß den Titel Superintendent.

[5] Die Generalsuperintendenten, denen im Lauf des 19. Jahrhunderts von den preußischen Königen der Bischofstitel verliehen worden ist, trugen das Kreuz in Gold und hatten das Prädikat: Hochwürdiger. 1829 hat Friedrich Wilhelm III. den Königsberger Generalsuperintendenten Borowsky sogar zum Erzbischof ernannt. Nicolovius, Die bischöfliche Würde in Preußens evangelischer Kirche, 1834; Schoen, Pr. Kr. I 75 A. 1 und 278 A. 3.

läßt alle Divisions- und Garnisonspfarrer; die Militäroberpfarrer ernennt der König frei auf einen durch Vermittlung des Kriegs- und des Kultusministeriums ihm vom Feldprobst zu machenden Vorschlag. 1903 ist durch eine evangelische Kirchenordnung für die Marine auch das entsprechende Amt eines Marineprobstes (vorläufig vom Feldprobst nebenamtlich mit verwaltet) vorgesehen worden; als Marineoberpfarrer sollen die beiden Stationspfarrer und der Flottenpfarrer sowie die Ersten Pfarrer unter mehreren zu einer selbständigen Kommandobehörde kommandierten Marinegeistlichen gelten.

Friedberg, KR. § 1; Schoen, Pr. Kr. I S. 25, 69, 74 und § 22; Richter, Die evangelische militärkirchliche Dienstordnung, 1903; Riedner, Die Bedeutung des Militärkirchenwesens für das Verhältnis von Staat und Kirche, Zeitschr. f. Politik I, 1907, und Lit. zu § 81.

§ 113. Die Pfarrer und ihre Gehilfen.

Ein einziges Amt, mit dem sich wohl eine Verschiedenheit von Rang und Titel (Oberpfarrer, Archidiakon, Prälat usw.) und der äußeren Stellung (Hauptpfarrer und Hilfsgeistlicher) nicht aber eine Verschiedenheit der geistlichen Befähigung verträgt, ist in der evangelischen Kirche eingesetzt, um Wort und Sakrament, überhaupt um alle geistlichen Handlungen zu verwalten, das ministerium verbi divini. Seine ordentliche Erscheinungsform ist das Pfarramt. Der Pfarrer (ständiger Pfarrvikar) leitet im Auftrage der (Landes-) Kirche die einzelne Orts- oder Pfarrgemeinde (Parochie, Kirchspiel), besorgt den Gottesdienst, die Seelsorge, die Verwaltung der Sakramente, predigt, unterrichtet im Jugend- und Konfirmandenunterricht und führt die Kirchenbücher. Auch für des evangelischen Pfarrers Zuständigkeit gilt der Satz: „Quisquis est in parochia, est etiam de parochia." Doch wird der Pfarrzwang nicht bloß durch ältere Befreiungen zugunsten von Beamten, Adeligen usw. und durch neuere Exemtionen, wie diejenige der Militärgemeinden, durchbrochen, sowie durch das in Städten oft hergebrachte Parochialwahlrecht, wonach man sich zu einer Wahlpfarrei halten kann, um die sich mit einer Territorialgemeinde oder ohne eine solche auf diese Weise ein Personalverband bildet. Vielmehr ist in neuerer Zeit der Pfarrzwang auch sonst gemildert und auf Aufgebot und Begräbnis beschränkt worden. Und stets kann das Pfarrkind durch den zuständigen Pfarrer vermittelst eines Erlaubnis-, Entlassungs- oder Losscheines für die Vornahme der betreffenden Amtshandlung durch einen an sich nicht zuständigen Geistlichen freigegeben werden. Mehrere Pfarrer haben im Zweifel gleiche Stellung; daneben gibt es Hilfsprediger, und zwar entweder mit selbständigem Wirkungskreis, aber in Unterordnung unter den Pfarrer, oder als abhängige Hilfsgeistliche.

Friedberg, KR. §§ 19, 23—25; Schoen, Pr. Kr. II §§ 60, 65, 75, 76, 84, 85, 86; Weizsäcker, Juristischer Wegweiser für Kirchenbau und Parochialteilung in den sieben östlichen Provinzen der Landeskirche Preußens, 1891; Rieker, Die rechtliche Natur des evangelischen Pfarramts, 1891; Riedner, Die Mitwirkung des ersten Geistlichen bei der Besetzung der Diakonatsstellen in den Städten der Provinz Brandenburg, D. Z. f. Kr. XV, 1905; Fleiner, Die Mitwirkung des Propstes zu St. Petri bei den Wahlen der Prediger der St. Petri-Kirche zu Cöln an der Spree, Jb. f. Brandenburgische Kg. V, 1909; Die Kirchenbücher der Mark Brandenburg, Veröff. d. Ver. f. Gesch. d. Mark Brandenburg I, II, 1905; Preußisches Pfarrarchiv, Zeitschrift für Rechtsprechung und Verwaltung auf dem Gebiete der evangelischen Landeskirchen, seit 1909, bis jetzt 5 Bde.; Heymann, Parochialänderung und Katholizitäts-Prinzip nach kurhessischem Kirchenrecht, 1906.

Geistlicher wird man durch die Ordination (in Württemberg erst seit 1855). Diese stellt sich nach dem in § 108 Ausgeführten als der kirchenregimentliche Akt dar, durch den die Kirche für den Betreffenden das feierliche Zeugnis darüber ablegt, daß er fähig sei, das bei ihm wie bei jedem gläubigen Christen schon vorhandene Priestertum auszuüben, und wodurch sie weiter ihm die allgemeine Bevollmächtigung erteilt, die Schlüsselgewalt in ihrem Namen und Auftrag zu verwalten. Einen übernatürlichen und unauslöschlichen Charakter gibt sie nicht; sie kann auch wieder entzogen oder freiwillig aufgegeben werden. Dagegen hat der evangelische Geistliche kraft staatlichen Rechts während der Dauer seines Amtes gewisse Standesrechte, dieselben wie der katholische (oben S. 414 A. 2) mit Ausnahme der Befreiung von der militärischen Dienstpflicht; auch die Standespflichten sind, abgesehen von der Verpflichtung zur Ehelosigkeit und zum Breviergebet, ähnliche. Insbesondere haben die Geistlichen Residenz zu halten. Über den Stand ihrer Gemeinden haben sie schriftliche Berichte einzureichen; visitiert werden sie mit denselben von den Superintendenten, bisweilen unter Mitwirkung synodaler Organe. Staatsbeamte sind sie nur, wo das evangelische Staatskirchentum noch fortbesteht; wo die Kirche verselbständigt ist, erscheinen sie lediglich als öffentliche Beamte.

Literatur zu § 48, 5; Schoen, Pr. Kr. II §§ 58—60, 71.

§ 114. Die Gemeinde und ihre Vertretung.

Die Gemeinde, nach altlutherischer, an die katholische sich anschließender Auffassung mehr nur das Objekt der pfarramtlichen Tätigkeit und nach der privatrechtlichen Seite hin universitas bonorum, nach reformierter dagegen von Anfang an „aktives Subjekt zur Herstellung des Gottesreiches auf Erden" und universitas personarum, ist heute derjenige evangelisch-kirchliche Verband, in dem unter Leitung eines Pfarrers oder mehrerer der kirchliche Daseinszweck, insbesondere die christliche Gottesverehrung, in örtlicher oder ausnahmsweise in persönlicher Beschränkung (Personal-, z. B. Militärgemeinden) zur Erfüllung gebracht wird. Die Gemeinde bringt die Kirche in einfachster Form zur Erscheinung; aus zusammenhängenden oder isolierten (Diaspora-) Gemeinden baut sich die Gesamtlandeskirche auf; nur durch die Gemeinde, als Gemeindemitglied, nimmt auch der Einzelne an der Gesamtkirche teil. Die Gemeinde ist der Gesamtkirche ein- und untergeordnet. Anderseits kommt ihr gegenwärtig regelmäßig für ihren Bereich das Recht der Selbstverwaltung zu. Damit hat auch die alleinige Leitung durch den Pfarrer wenigstens im äußeren Dienst aufgehört. Vielmehr besitzt die Kirchgemeinde für die Verwaltung der Gemeindeangelegenheiten regelmäßig zwei Selbstverwaltungsorgane.

1. Der Gemeindekirchenrat (Kirchenvorstand, Presbyterium), dessen geborenes Mitglied und regelmäßiger Vorsitzender der Pfarrer ist (mehrere wechseln im Vorsitz, oder dieser gebührt dem Ältesten an Alter bzw. im Dienst), und zu welchem außerdem eine Anzahl von auf Zeit (3, 4, 6 Jahre) gewählten Gemeindegliedern, Ältesten, Kirchenvorstehern (darunter der Kirchenrechner oder Rendant) gehört. In Preußens östlichen Provinzen steht die Wahl des Gemeindekirchenrates der Gemeinde zu. Für die aktive Wählbarkeit (Wahlrecht) wird gefordert männliches Geschlecht, Volljährigkeit oder ein höheres Alter (24, 25 Jahre), Selbständigkeit, Gemeindewohnsitz von bestimmter Dauer (Preußen östliche Provinzen 1 Jahr, Rheinland und Westfalen 3 Monate), Besitz der bürgerlichen Ehrenrechte, Erfüllung der kirchlichen Abgabenpflicht, ehrbarer Lebenswandel ohne Verachtung von Gottes Wort und ungesühntes Ärgernis, oft auch Eintragung (einmalige oder jeweilen erneuerte) in die Gemeindeliste. Die passive Wählbarkeit oder Wählbarkeit im engeren Sinne setzt voraus entweder dasselbe oder ein erhöhtes Alter (Altpreußen 30) und besondere kirchliche Befähigung, entweder positiv als ehrbarer, frommer und angesehener Mann, oder negativ als ein solcher, der sich nicht beharrlich vom Gottesdienst und Sakramentsempfang ferngehalten hat. Aufgabe des Gemeindekirchenrats ist die Pflege des religiösen und kirchlichen Lebens in der Gemeinde, die Teilnahme an der Handhabung der Kirchenzucht, die Mitwirkung bei Gemeindekirchenfeiern, die Sorge für den Unterricht der Jugend und die Pflege der Gemeindekranken und -armen. Er wirkt ferner mit bei der Bestellung der Geistlichen, stellt die niederen Kirchendiener an, handhabt die Disziplin über sie und beteiligt sich bisweilen bei den Visitationen; auch stehen ihm die Verwaltung des kirchlichen Vermögens und die Verfügung über die Kirchengebäude zu, besonders zu anderen als gottesdienstlichen Zwecken (z. B. Konzerten), oft auch das Wahlrecht zu höheren, synodalen Vertretungen. Er vertritt die Gemeinde gegenüber dem Kirchenregiment, den Synoden und gegenüber Dritten.

2. Die Gemeindevertretung. Meist steht jetzt neben dem Gemeindekirchenrat noch ein weiteres Gemeindeorgan, die Gemeindevertretung oder -repräsentation. Das aktive und passive Wahlrecht ist gewöhnlich ebenso abgegrenzt wie für jenen, und die Amtsdauer der Mitglieder dieselbe. In kleineren Gemeinden und da, wo die Verfassung eine Gemeindevertretung nicht vorsieht, tritt bisweilen statt eines solchen Gemeindeausschusses die Versammlung aller stimmberechtigten Gemeindemitglieder ein. Regel ist, daß die Gemeindevertretung

nur zusammen mit dem Gemeindekirchenrat unter dem Vorsitz des Pfarrers berät und beschließt. Sie verstärkt also diesen und gibt die Zustimmung für wichtigere Angelegenheiten, wie die Feststellung und Entlastung des Gemeindeetats, Erwerb und Veräußerung von Grundeigentum, Anlehensaufnahme, Beschlußfassung über Neubauten oder Prozeßführung, Bewilligung von Ortskirchensteuern, Festsetzung von Gebühren, Ausstattung neuer und Aufbesserung alter Stellen. In Rheinland und Westfalen wählt sie auch das Presbyterium [1], in der ganzen altpreußischen Landeskirche außerdem die Abgeordneten zur Kreissynode und in Vertretung der Gemeinde den Pfarrer.

Gemeindekirchenrat und Gemeindevertretung sind öffentliche Behörden, Kirchenälteste und Gemeindevertreter öffentliche Beamte.

Friedberg, VR. §§ 28—32, 34—39; Schoen, Pr. Kr. I §§ 25—32; Braun, Über die Gemeindemitgliedschaft in der Landeskirche, Z. f. Kr. XXI, 1886, Staatsangehörigkeit und Einpfarrung, ebenda XXII, 1889; Meier, Die Nichtzugehörigkeit konfessionsverwandter Ausländer zu den inländisch-landeskirchlichen Gemeinden, ebenda XXII, 1889; Rehm, Der Mitgliedschaftserwerb in der evangelischen Landeskirche und landeskirchlichen Ortsgemeinde Deutschlands, ebenda XXIV, 1892; Franz, Die Wahlberechtigung der Geistlichen bei den kirchlichen Gemeindewahlen, 1885; Rade, Der gegenwärtige Stand der kirchlichen Gemeindeorganisation, 1900; Schian, Die evangelische Kirchengemeinde, Clemen, Studien z. prakt. Theologie I 4, 1907; Scheibe, Die rechtliche Stellung des Kirchenvorstandes in der evangelisch-lutherischen Landeskirche des Königreichs Sachsen, Leipziger jur. Diss., 1906; Kelber, Das gemeindliche Element in der evangelisch-lutherischen Kirche des rechtsrheinischen Bayerns, Erlanger jur. Diss., 1907; Behl, Die Organisation der Kirchengemeinden der evangelischen Landeskirchen Preußens im Vergleich mit der Organisation der politischen Gemeinden, Rostocker jur. Diss., 1911; Barchewitz, Gesamtkirchengemeinden in Großstädten, Leipzig 1912.

§ 115. Die Synoden.

Seit der Verbindung der landesherrlich-konsistorialen mit der presbyterial-synodalen Verfassung wird die kirchenregimentliche Leitung der höheren kirchlichen Verbände durch synodale Organe ergänzt und beschränkt [2].

1. Die Kreissynode (Altpreußen, Rheinland, Westfalen), Bezirks- (Hannover) Probstei- (Schleswig-Holstein) oder Diözesansynode (Baden), Konvent (Hamburg) ist die Synode für die Gemeinden eines Superintendentursprengels oder einer Diözese [3]. Sie besteht aus dem Superintendenten oder Dekan, der meist geborner Vorsitzender ist, und aus den Geistlichen, d. h. Pfarrern oder ein Pfarramt vikarisch Verwaltenden, sowie aus gleich oder doppelt so vielen weltlichen Mitgliedern. Diese weltlichen Abgeordneten werden regelmäßig von den Kirchenvorständen, in Altpreußen von den vereinigten Gemeindeorganen (und zwar in Rheinland und Westfalen lediglich aus deren zeitigen oder ehemaligen Mitgliedern) gewählt, und zwar zunächst aus jeder Einzelgemeinde so viele, als aus ihr Geistliche zur Synode gehören, und dazu aus den größeren Gemeinden noch weitere, der Seelenzahl entsprechend. In Hannover und Baden geschieht die Wahl der weltlichen Deputierten allein durch die weltlichen Kirchenältesten. Sie erfolgt auf eine bestimmte Anzahl von Jahren (zwei in Baden, drei in Altpreußen). Wählbar sind entweder nur zeitige oder ehemalige Älteste (Hannover, Baden) oder (so in Altpreußen für das Mehr gegenüber der Geistlichkeit) überhaupt angesehene, kirchlich erfahrene und verdiente Männer des Kreises. Die Kreissynoden treten alljährlich zusammen.

---

[1] Nach der rheinisch-westfälischen Kirchenordnung wählt, wenn ein Mitglied des Presbyteriums oder der Repräsentation vor Ablauf der Amtsdauer ausscheidet, nicht die Repräsentation bzw. die Gemeinde den Ersatzmann, sondern das Presbyterium bzw. die Repräsentation selbst. Da solches Ausscheiden in der Zwischenzeit und die Wiederwahl des Ersatzmanns bei der Erneuerungswahl die Regel bildet, entscheiden tatsächlich nicht die Repräsentationen bzw. die Gemeinden über die Zusammensetzung der engeren Gemeindekörperschaften, sondern diese ergänzen sich wie in altreformierter Zeit durch Zuwahl selbst.

[2] Für die Auslandgemeinden sind seit 1900 Pfarrkonferenzen vorgesehen, denen Gemeindedeputierte beitreten können.

[3] Sämtliche Berliner Kirchengemeinden sind seit 1895, unbeschadet ihres Verhältnisses zu ihren Kreissynoden, zu einem Gesamtverband mit einer Stadtsynode vereinigt, die an Stelle der früheren vereinigten Berliner Kreissynoden trat. Ähnliche Gesamtverbände können auch anderswo gebildet werden; Friedberg, VR. § 40; Schoen, Pr. Kr. I § 33 mit II S. 668.

Außer der Begutachtung der Vorlagen der kirchlichen Behörden und der Einreichung von Anträgen zur Förderung des kirchlichen Lebens liegt ihnen ob die Aufsicht über die Anstalten für christliche Liebeswerke, die Aufsicht oder Mitaufsicht über die Geistlichen, Ältesten und anderen Kirchendiener, die Aufsicht über die Verwaltung des Kirchenvermögens und die Verteilung der Beiträge der Gemeinden zur Synodalkasse. Ihre Beschlüsse bedürfen in Altpreußen konsistorialer Bestätigung. Der Kreissynode entspricht ein Kreissynodalverband. Er hat in Altpreußen juristische Persönlichkeit (jedoch ohne passive Darlehnsfähigkeit [1]) und wird bei nichtversammelter Kreissynode durch den Kreissynodalvorstand vertreten, d. h. durch den Superintendenten als Vorsitzenden und vier von der Synode gewählte Beisitzer, worunter mindestens ein Geistlicher; er hat mitunter auch bei der Visitation mitzuwirken.

2. Die Provinzialsynode, eine mittlere Synodalvertretung, findet sich nur in Altpreußen, Rheinland und Westfalen. Sie tritt alle drei Jahre zusammen und besteht: 1. aus den von den Kreissynoden oder Synodalverbänden der Provinz gewählten Abgeordneten; ihre Zahl beträgt das Dreifache der Wahlkreise der Provinz, weil in jedem Wahlkreis ein Abgeordneter aus den Geistlichen, ein zweiter aus den zeitigen oder ehemaligen Mitgliedern der Gemeinde- oder Synodalkörperschaften und (nicht in Rheinland und Westfalen!) ein dritter von den an Seelenzahl stärkeren Kreissynoden aus den angesehenen, kirchlich erfahrenen und verdienten Männern der Provinz zu wählen ist, 2. aus einem von der theologischen Fakultät der Provinzialuniversität deputierten ordentlichen Professor, 3. aus landesherrlich ernannten Mitgliedern, deren Zahl aber ein Sechstel der erstgenannten Abgeordnetenkategorie nicht übersteigen darf. Im Gegensatz zu der bloß begutachtenden Stellung der Diözesansynode hat die Provinzialsynode ein Zustimmungsrecht zum Erlaß von Provinzialkirchengesetzen [2], zur Einführung von Religionslehrmitteln, Gesangbüchern und Agenden der Provinz, zu kirchlichen Provinzialumlagen. Auch hat sie zwei bis drei Abgeordnete zu den theologischen Prüfungen zu deputieren. Der Provinzialsynode entspricht ein Provinzialsynodalverband mit juristischer Persönlichkeit (ohne passive Darlehnsfähigkeit). Er wird vertreten durch das Konsistorium und den Provinzialsynodalvorstand, d. h. den gleichzeitigen Synodalpräses und höchstens sechs, zur Hälfte geistliche, zur Hälfte weltliche Mitglieder; die Vorstandsmitglieder verstärken bei bestimmten Anlässen als außerordentliche Beisitzer mit vollem Stimmrecht das Konsistorium.

3. Die General- oder Landessynode tritt ordentlicherweise alle sechs Jahre zusammen. Sie findet sich auch in den außerpreußischen Landeskirchen mit gemischter Organisation und besteht in Altpreußen 1. aus 151 (Baden 48) von den Provinzialsynoden gewählten Mitgliedern (nicht unter 30 Jahren), von jeder Provinzialsynode eine der Seelenzahl des Provinzialverbandes entsprechende Anzahl, und zwar ein Drittel aus den Geistlichen der Landeskirche, das zweite aus zeitigen oder ehemaligen Mitgliedern der Synodal- oder Gemeindeorgane und das dritte aus angesehenen, kirchlich erfahrenen und verdienten Männern der Landeskirche (in Baden 24 geistliche, gewählt von den Geistlichen der Diözesansynode, und 24 weltliche, gewählt in jeder Diözese von Wahlmännern, welche die Kirchenältesten zu diesem Zweck bestellen), 2. aus je einem deputierten ordentlichen Professor der sechs evangelisch-theologischen Fakultäten der Landesuniversitäten, 3. aus sämtlichen Generalsuperintendenten (in Baden dem Prälaten), und 4. aus 30 landesherrlich ernannten Mitgliedern (in Baden 7, darunter ein Heidelberger Theologieprofessor, so daß die zweite Kategorie hier wegfällt). Die Generalsynode hat das Recht, zu landeskirchlichen Gesetzen zuzustimmen, sofern diese betreffen: die kirchliche Lehrfreiheit, die Verpflichtung der Geistlichen auf das Bekenntnis bei der Ordination, die Einführung

---

[1] Der Berliner Stadtsynodalverband ist aber ausdrücklich auch zur Aufnahme von Anleihen ermächtigt.

[2] Veränderungen der revidierten Kirchenordnung von Rheinland und Westfalen können von den Provinzialsynoden dieser Provinzen allein beschlossen und durch bloße Bestätigung der Kirchenregierung in Kraft gesetzt werden. Wird diese Kirchenordnung durch ein beabsichtigtes landeskirchliches Gesetz betroffen, so müssen die beiden genannten Provinzialsynoden erst gutachtlich gehört werden, während es sonst (außer bei Einführung agendarischer Normen, für die im ganzen Bereiche der altpreußischen Landeskirche geradezu die Zustimmung der betreffenden Provinzialsynode erforderlich ist) von dem Ermessen der Kirchenregierung abhängt, ob sie zuvor die Provinzialsynoden gutachtlich anhören will. Und wenn beide Synoden übereinstimmend sich ablehnend verhalten, so bleiben die beiden Provinzen von dem Geltungsbereiche der betreffenden landeskirchlichen Vorschrift ausgenommen (§ 10 der GSO.).

allgemeiner agendarischer Normen, Religionslehrmittel und Gesangbücher für die Landeskirche, die Feiertagsordnung, die Kirchenzucht, die Disziplinargewalt über Geistliche und niedere Kirchendiener, die Anstellungsfähigkeit und die allgemeinen Grundsätze über die Ämterbesetzung, die kirchliche Trauordnung; außerdem steht ihr die Aufsicht zu über das allgemeine Kirchenvermögen und über die kirchlichen Einnahmen, die Beschlußfassung über allgemeine, regelmäßig sich wiederholende Kollekten und die Zustimmung zu den Auflagen für die Zwecke der Landeskirche, die Prüfung der Provinzialsynodalbeschlüsse vom Standpunkt der landeskirchlichen Einheit aus und die Erteilung der Bestätigung für sie. Die Generalsynode hat das Beschwerde-, Petitions- und Informationsrecht. Die Leitung der Synode führt ein Synodalpräsidium (so in Altpreußen, in den neuen Provinzen ein Vorstand, mit dem Synodalvorstand identisch aber nur in Frankfurt) mit einem Präsidenten, Vizepräsidenten und vier Schriftführern. Am Schluß wird ferner für die Zwischenzeit (6 Jahre) gewählt a) ein Synodalvorstand oder Synodalausschuß (7 Mitglieder) und b) ein Synodalrat (18 Mitglieder), die zusammen den Generalsynodalrat bilden (in Baden einfach ein Synodalausschuß von vier Mitgliedern). Dem Vorstand liegt die Vorbereitung der Arbeiten für die nächste Generalsynode ob und die Vollziehung der Beschlüsse der verflossenen. Auch verwaltet er die Synodalkasse, und kontrolliert er die Vermögensverwaltung des Oberkirchenrats. Dieser hat jenen zuzuziehen und sich durch ihn zu erweitern bei der Feststellung der Gesetzentwürfe für die Generalsynode, bei Vorschlägen zu Generalsuperintendenturen, bei vermögensrechtlichen Angelegenheiten der Landeskirche und bei der Beratung und Antragstellung über den Anschluß ausländischer deutscher Gemeinden an diese. Die Landeskirche bildet nämlich als juristische Person den der Generalsynode entsprechenden Verband. Der Generalsynodalrat (also mit 25 Mitgliedern) endlich soll jedes Jahr einmal berufen werden zur Beratung landeskirchlicher Angelegenheiten mit dem Oberkirchenrat in denjenigen Fällen, in denen die Kirchenregierung seinen Beirat für die Aufstellung leitender Grundsätze für notwendig hält.

Theinert, Beitrag (§ 52); Marcus, Der rechtliche Charakter der Generalsynode in der evangelischen Landeskirche Preußens, 1909; Niedner, Die rechtliche Natur der Generalsynode der älteren Provinzen, Preußisches Pfarrarchiv I, 1909, Leonhardt, Die rechtliche Stellung der Landessynode im Königreich Sachsen, 1904.

Die Generalsynode kann nach Anhörung des Synodalvorstandes auch zu außerordentlicher Tagung einberufen werden, desgleichen die Provinzialsynode mit Zustimmung ihres Vorstandes und die Kreissynode, diese auf Anregung des Konsistoriums oder mit dessen Genehmigung durch den Vorsitzenden.

Wie sich schon aus dem dortigen Fehlen von Provinzialsynoden ergibt, steht in den neupreußischen Provinzen, in Baden, Hessen, Oldenburg die Generalsynode unmittelbar über den Kreis- oder Diözesansynoden. Auch tritt bei ihnen (für Baden oben angedeutet) eine entsprechende Vereinfachung des Generalsynodalapparates ein, wozu etwa noch hinzuzufügen ist, daß die Wahlkörper in Hannover und Schleswig-Holstein aus mehreren Bezirks- oder Probsteisynodalsprengeln zusammengesetzt sind, daß in Hannover der Präsident des Landeskonsistoriums geborenes Mitglied ist, und daß in Hannover und Sachsen neben dem Theologie- auch ein Kirchenrechtsprofessor Sitz in der Synode hat. Überall bilden die Zustimmung zu landeskirchlichen Gesetzen und die Steuerbewilligung die wichtigste Befugnis.

Friedberg, VR. §§ 41—53; Schoen, Pr. Kr. I §§ 19, 24, 34—47; Niedner, Grundzüge (§ 109); Hinschius, Über die juristische Persönlichkeit der Synodalkassen in der evangelischen Landeskirche der älteren preußischen Provinzen, Juristische Abhandlungen, Berliner Festgabe f. Beseler, 1885.

Drittes Kapitel.

Das Gesetzgebungsrecht.

§ 116. Gesetzgebung und Dispensation.

Das Gesetzgebungsrecht hat der Landesherr als Träger der Kirchengewalt [1], entweder unbeschränkt oder in der Ausübung gebunden an synodale Mitwirkung, doch so, daß er, soweit

[1] Die Formel der Veröffentlichung lautet: „Wir X, von Gottes Gnaden König von Preußen, verordnen unter Zustimmung der Generalsynode“. Früher wurde hinzugefügt: „nachdem durch

diese Mitwirkung nicht vorgeschrieben ist, Kirchenrecht von sich aus auf dem Wege der Verordnung setzen kann, im Bereiche des Kirchengesetzes allerdings lediglich in der Zwischenzeit, wenn ein Notstand vorliegt (in Altpreußen nur mit dem Generalsynodalvorstand und unter Bezugnahme auf dessen Mitwirkung), und bloß durch vorläufige (Not-) Verordnungen, die der nächsten Generalsynode vorzulegen und außer Wirksamkeit zu setzen sind, falls sie deren Zustimmung nicht erlangen. Das Bekenntnis muß ein christliches und evangelisches bleiben; in dieser Beschränkung bezieht sich das Gesetzgebungsrecht auch darauf (nicht in Hannover, Württemberg). Die Publikation der Gesetze durch den Landesherrn erfolgt entweder in einem besonderen kirchlichen Gesetzes- und Verordnungsblatt (Preußen, Baden) oder im staatlichen. Das Inkrafttreten erfolgt mit der Publikation, in Preußen aber erst 14 Tage nach Ausgabe der betreffenden Nummer des Gesetzesblattes.

Der Landesherr hat auch das Dispensationsrecht, aber nicht für die mit den Synoden vereinbarten Gesetze, außer im Fall eines ausdrücklichen Vorbehalts. Die Dispensationsbefugnis ist zum Teil als ius vicarium den Kirchenregimentsbehörden, in weniger wichtigen Fällen sogar den Superintendenten übertragen.

Friedberg, VR. § 12; Schoen, Pr. Kr. I §§ 11, 12, II §§ 69, 70; Bierling, Gesetzgebungsrecht evangelischer Landeskirchen im Gebiet der Kirchenlehre, 1869; Kries, Die preußische Kirchengesetzgebung, 1887; Friedmann, Geschichte und Struktur der Notstandsverordnungen unter besonderer Berücksichtigung des Kirchenrechts, Stutz, Kr. A., 5. H., 1903; Rebitzki, Das Verordnungsrecht des Königs, insbesondere das Recht der Notverordnung nach preußischem Landeskirchenrecht, D. Z. f. Kr. XXII, 1913.

Viertes Kapitel.

Die Verwaltung der Schlüsselgewalt.

§ 117. Sakramente und Gottesdienst.

Das regelmäßig vom Pfarrer, in Fällen der Not auch von anderen, nichtgeistlichen Kirchenmitgliedern gespendete Taufsakrament, zu dem unkirchliche Persönlichkeiten nicht als Paten zugelassen werden (Katholiken werden meist nicht zurückgewiesen), gibt die kirchliche Mitgliedschaft. Doch wird das kirchliche Aktivbürgerrecht erst durch die (nichtsakramentale) Erneuerung und Bestätigung des Taufgelübdes in der Konfirmation erworben nach vorherigem Unterricht und vollendetem 14. Lebensjahr. Sie gibt die Befugnis zur Teilnahme am Abendmahl und zur Patenschaft. Die kirchlichen Selbstverwaltungswahlrechte sind an die § 114, 1 aufgeführten Erfordernisse geknüpft. Ein Austritt oder Übertritt nach erreichtem Diskretionsjahr (§ 57 a. E.) ist möglich, da die evangelische Kirche nicht beansprucht, die einzige Kirche und die alleinseligmachende zu sein. Das Abendmahl wird unter beiderlei Gestalt gespendet. Der Geistliche ist befugt, solche, die das Sakrament nicht, ohne Anstoß zu erregen, empfangen könnten (Trunkene usw.), öffentlich zurückzuweisen; in anderen Fällen administrativer Zurückweisung (z. B. wegen ärgerlichen Wandels) ist die Zustimmung der Kirchenbehörde einzuholen. In der lutherischen Kirche ist eine Privatbeichte zulässig; hat sie statt, so wird das Beichtgeheimnis auch staatlicherseits, wie bei den katholischen Geistlichen, respektiert (oben S. 437).

Schoen, Pr. Kr. II §§ 67, 68, 78, 79, 80; Rietschel, Gilt die Taufe als ausschließlicher Akt der Aufnahme in die Kirche? D. Z. f. Kr. XVII, 1907 und dazu derselbe sowie Eibach, ebenda XVIII, 1908.

Zum evangelischen Gottesdienst gehört als wesentlicher Bestandteil die Predigt; mit Genehmigung des Pfarrers können auch Predigtamtskandidaten, mit Genehmigung des Super-

---

die Erklärung unseres Staatsministeriums festgestellt worden, daß gegen dieses Gesetz von Staats wegen nichts zu erinnern ist". Dieser Zusatz fällt seit 1895 weg, nicht aber dessen Voraussetzung, die vorgängige Vorlage an das Staatsministerium (so bei Gesetzesentwürfen der Generalsynode und der Provinzialsynoden) oder an den Kultusminister (nach Annahme kirchenregimentlicher Vorlagen durch die Synode). Siehe oben § 59 a. E. und über die staatsrechtliche Gewährleistung gewisser Kirchenverfassungen §§ 107, 111.

intendenten sogar Theologiestudierende predigen. Der übrige Gottesdienst ist nach der Agende zu halten. In Altpreußen können neue agendarische Bestimmungen der Landes- oder Provinzialkirchengesetze, soweit sie die Sakramente betreffen, in der Einzelgemeinde ohne Zustimmung der Gemeindeorgane nicht in Kraft treten. Die kirchliche Festtagsordnung bestimmt das Kirchenregiment, in Altpreußen das Kirchengesetz.

Harleß, Kirche und Amt, 1853; Schoen, Pr. Kr. II §§ 75—77, 86, 99, 100; Riedner, Das Verhältnis der Landeskirche zur inneren Mission, Pfarrarchiv IV, 1912.

§ 118. Die Lehre und die Ausbildung der Geistlichen.

Die Kirche und ihr Lehramt haben Gottes Wort zu lehren. „Wenn auf Grund von Tatsachen die Annahme gerechtfertigt erscheint, daß ein Geistlicher in seiner amtlichen oder außeramtlichen Lehrtätigkeit mit dem Bekenntnis der Kirche dergestalt in Widerspruch getreten ist, daß seine fernere Wirksamkeit innerhalb der Landeskirche mit der für die Lehrverkündigung allein maßgebenden Bedeutung des in der Heiligen Schrift verfaßten und in den Bekenntnissen bezeugten Wortes Gottes unvereinbar ist", so kommt es in Preußen (alte Provinzen [1]) im Falle der Erfolglosigkeit eines vorangehenden persönlichen Beilegungsversuches zu einem Feststellungsverfahren vor dem „Spruchkollegium für kirchliche Lehrangelegenheiten" (13 Mitglieder, nämlich Präsident, dessen weltlicher Stellvertreter und geistlicher Vizepräsident sowie dienstältestes geistliches Mitglied des Evangelischen Oberkirchenrates, 2 auf Vorschlag desselben unter Mitwirkung des Generalsynodalvorstandes vorgeschlagene, vom König benannte ordentliche Professoren der Theologie, 3 von der Generalsynode gewählte Mitglieder, der Generalsuperintendent und 3 Provinzialsynodaldeputierte der Provinzialkirche des Amts- oder Wohnsitzes des zu Beurteilenden, diese gleich den Generalsynodaldeputierten jeweilen auf eine sechsjährige Generalsynodalperiode zum voraus bestellt). In der Schlußentscheidung ist „nach freier, aus dem ganzen Inbegriff der Verhandlungen und Beweise geschöpfter Überzeugung festzustellen oder für nicht festgestellt zu erklären, daß eine weitere Wirksamkeit des Geistlichen innerhalb der Landeskirche mit der Stellung, die er in seiner Lehre zum Bekenntnisse der Kirche einnimmt, unvereinbar ist." Ungünstiger Ausgang bewirkt Erledigung des von dem Geistlichen bekleideten Kirchenamtes, Wegfall der Rechte des geistlichen Standes (Wiederbeilegung dem Oberkirchenrat vorbehalten) und Ersatz des Diensteinkommens oder Ruhegehalts durch ein Jahrgeld im Betrage des letzteren. Gelehrt wird in der Predigt und im kirchlichen Religions(Jugend- und Konfirmanden-)unterricht, aber auch im Religionsunterricht an den öffentlichen Schulen, welche die evangelische Kirche nicht von Rechts wegen zu religiöser Beaufsichtigung für sich beansprucht, auf die jedoch durch Erteilung von Religionsunterricht in irgendeiner Form einzuwirken zu ihrer Aufgabe gehört. Keine kirchlichen, wohl aber im Dienst der kirchlichen Interessen stehende Einrichtungen sind die Anstalten der sogenannten inneren Mission und der christlichen Liebestätigkeit.

Das Recht, über die Ausbildung ihrer Geistlichen zu bestimmen, steht auch der evangelischen Kirche zu. Besondere Bildungsanstalten beansprucht sie nicht, verlangt vielmehr Gymnasialbildung und dreijähriges Universitätsstudium. Die schwierige Frage, wie das Interesse der theologischen Wissenschaft an der Freiheit ihrer Forschung und Lehre und dasjenige zu vereinigen seien, das die Kirche an der Bewahrung ihres Lehramts vor theologischen Doktrinen hat, die entweder nur das subjektive Besitztum Einzelner oder bestimmter Richtungen oder noch nicht so abgeklärte und gesicherte Errungenschaften sind, daß sie in den kirchlichen Lehrschatz übergehen können, sucht das geltende Recht dadurch zu lösen, daß es die gutachtliche Anhörung der obersten Kirchenregimentsbehörde (Oberkirchenrat in Altpreußen, Oberkonsistorium in Bayern, Landeskonsistorium in Sachsen) vor der Ernennung von ordentlichen und außerordentlichen Professoren der Theologie vorschreibt. Zur praktischen Ausbildung bestehen dagegen Predigerseminare unter kirchlicher Aufsicht (obligatorisch nur in Herborn und Friedberg; andere in Witten-

[1] Kirchengesetz betreffend das Verfahren bei Beanstandung der Lehre von Geistlichen vom 16. März 1910 und Geschäftsordnung des Spruchkollegiums vom 31. Mai 1911, A. Kbl. LIX, 1910, LX, 1911; ebenda Urteil vom 7. Juli 1911 gegen Pfarrer Jatho in Köln.

berg, Berlin, Loccum, Hannover, München, Leipzig, Heidelberg, Schwerin, Wolfenbüttel, Altenburg, Soest und Erichsburg). Auch Lehrvikariate bei erprobten Geistlichen dienen diesem Zweck.

Friedberg, VR. § 19; Schoen, Pr. Kr. II §§ 55, 58, 98, 100; Kahl, Bekenntnisgebundenheit und Lehrfreiheit, 1897, und D. Z. f. Kr. VIII, 1898 über die gleichnamige Schrift von Agricola, 1898; Mulert, Die Lehrverpflichtung in der evangelischen Kirche Deutschlands [2], 1906; Löber, Die im evangelischen Deutschland geltenden Ordinationsverpflichtungen, 1905; Harnack, Das neue kirchliche Spruchkollegium, Preuß. Jbb. CXXXVIII, 1909; Hubrich, Das Verfahren gegen Geistliche bei Lehrirrungen, 1909; Kahl, Das neue preußische Irrlehregesetz, Deutsch-Evangelisch I, 1910; Niedner, Gedanken über Zwang, in Human. Gymnas. und modernes Kulturleben, Festschr. f. d. Erfurter Gymnasium, 1911.

Fünftes Kapitel.

Kirchenzucht und Disziplinarstrafgewalt.

§ 119. Die Kirchenzucht.

Die Kirchenzucht ist das Vorgehen der evangelischen Kirche gegen Verfehlungen ihrer Glieder, die durch Gotteslästerung, Ehebruch, Unzucht, Verletzung christlicher und kirchlicher Pflichten offenbares Ärgernis erregen. Sie vollzieht sich durch Ermahnungen und bei deren Erfolglosigkeit durch Strafen, die in Minderung oder Entziehung kirchlicher Mitgliedschaftsrechte bestehen. Die neueren Kirchengesetze suchen sie wieder zu beleben. Die Handhabung der Zuchtgewalt liegt bei den Gemeinden und deren Gemeindekirchenräten, aber unter Vorbehalt des Rekurses gegen ihre Entscheidungen an den Kreissynodalvorstand (Altpreußen, Rheinland, Westfalen). Die rheinisch-westfälische Kirchenordnung bezeichnet als Zuchtvergehen lasterhaften und offenbar gottlosen Wandel sowie ausdrückliche Verwerfung und Verspottung des kirchlichen Glaubens in bestimmten, schriftlichen oder mündlichen Erklärungen oder öffentlichen Handlungen. Dazu kommen aber weiter seit dem PStG. vom 6. Februar 1875 und der Entstaatlichung der Taufe, Konfirmation und Trauung kirchliche Bestimmungen, welche die Beobachtung dieser Bestandteile der kirchlichen Ordnung strafrechtlich zu sichern bezweckten. Demnach kann gegen Eltern, die ihre Kinder nicht taufen und konfirmieren lassen, gegen Gatten, welche für ihre Ehe nicht die kirchliche Einsegnung nachsuchen oder die Verpflichtung eingehen, ihre sämtlichen Kinder in einer anderen Konfession erziehen zu lassen, namentlich mit Entzug des Stimm- und Wahlrechts, der Entziehung der Befähigung zur Taufpatenschaft, dem Ausschluß vom Abendmahl vorgegangen werden (Preußen alte Provinzen, Hannover, Schleswig-Holstein, Bayern, Sachsen, Baden, Mecklenburg). Doch hat ein Mahnverfahren vorauszugehen, und bei nachträglicher Erfüllung der versäumten Pflicht hat die Wiederherstellung der entzogenen Rechte stattzufinden (Zensur, eventuell Begnadigung). Von älteren Strafen ist lokal noch in Übung die Versagung des Brautkranzes bei Trauungen von Deflorierten. Namentlich aber wird bei Selbstmord von Zurechnungsfähigen das kirchliche Begräbnis ganz oder doch jede Feierlichkeit dabei untersagt. Dagegen gilt Anordnung der Feuerbestattung nicht als Verstoß gegen die kirchliche Zucht; es ist deshalb z. B. in Altpreußen dem Geistlichen freigestellt, dabei, aber allerdings nur vor der Überführung des Sarges in den Verbrennungsapparat, amtlich mitzuwirken.

Schoen, Pr. Kr. II §§ 73, 82; Uhlhorn, Die Kirchenzucht nach den Grundsätzen der lutherischen Kirche, 1901; Feldweg, Die Kirchenzucht, eine Aufgabe der Lokalgemeinde, D. Z. f. Kr. XX, 1911; Thümmel, Die Versagung der kirchlichen Bestattungsfeier, 1902; Nöldeke, Die kirchliche Beerdigung der Selbstmörder, 1903; Niedner, Zur Frage der kirchlichen Kompetenz auf dem Gebiete des Begräbniswesens in Preußen, D. Z. f. Kr. XVIII, 1908; Winkler, Zur Frage der Zulässigkeit der Versagung des kirchlichen Begräbnisses ... infolge der unterbliebenen Trauung des zur evangelischen Landeskirche gehörigen Verstorbenen, Verwaltungsarch. XVI, 1908.

§ 120. Das Disziplinarstrafrecht.

Für die Ahndung von Amtsvergehen der evangelischen Geistlichen sind die Kirchenregimentsbehörden zuständig, in Preußen die Konsistorien in erster, der Oberkirchenrat [1] bzw.

[1] Entscheidungen, z. B. vom 21. Juni 1912 gegen Pfarrer Traub in Dortmund, im A. Kbl.

der Kultusminister in zweiter Instanz, eventuell unter Zuziehung des Provinzialsynodalausschusses bzw. des Generalsynodalvorstandes, doch so, daß in Preußen (alte Provinzen) nicht mehr wegen Irrlehre disziplinär eingeschritten wird, sondern nur noch, wenn das Bekenntnis oder die Ordnungen der Kirche herabgewürdigt sind, und daß bei Zusammentreffen von Disziplinar- und Irrlehreverfahren letzteres ausgesetzt und im Falle der Dienstentlassung im Disziplinarwege nicht durchgeführt wird. Anderswo sind dafür eigene gemischte Gerichtsbehörden gebildet (Oldenburg, Braunschweig), oder es verhängt der Landesherr selbst die Strafe auf Antrag der Kirchenbehörde (Bayern, Württemberg). Die Strafen sind: Warnung, Verweis, Geldstrafe, Enthebung vom Amt und Gehalt oder bloß von diesem auf Zeit, Strafversetzung, zwangsweise Zurruhesetzung mit geringerem Ruhegehalt, Amtsentsetzung oder Dienstentsetzung mit Verlust der Standesrechte. Die Kirchenregimentsbeamten werden von den staatlichen Disziplinarbehörden für nichtrichterliche Beamte, die niederen Kirchenbehörden teils durch die Kirchenregimentskollegien, teils durch die Gemeindeorgane diszipliniert. Der Kreissynodalvorstand ist Disziplinarbehörde für die Gemeindekirchenvertreter [1].

Friedberg, VR. § 23; Schoen, Pr. Kr. II § 72; Meurer, Der Begriff des kirchlichen Strafvergehens nach den Rechtsquellen des Augsburgischen Bekenntnisses, 1883.

Sechstes Kapitel.

Das Ämterrecht.

§ 121. Die Arten der kirchlichen Ämter.

Die kirchlichen Ämter sind entweder kirchenregimentliche, und zwar, abgesehen von der Superintendentur und Generalsuperintendentur, bei der das Regimentsamt mit dem geistlichen in einer Person sich vereinigt, und von der kirchenregimentlichen Stellung, die bisweilen noch der staatliche Kultusminister hat, Kollegialämter wie die Räte- und Beisitzerstellen in den Konsistorien und Oberkirchenräten. Daneben stehen die Presbyterial- und Synodalämter und vor allem das geistliche Amt, insbesondere das Pfarramt. Wie nach kanonischem Recht, so sind auch nach evangelischem absolute Ordinationen für die Regel unzulässig; gewöhnlich fällt die Ordination mit dem ersten Amtsantritt zusammen und wird, z. B. nach rheinisch-westfälischem Recht, in der Gemeinde des Ordinanden vollzogen. Doch wird für Missionare und zum Hilfsdienst in der Landeskirche Ausersehene eine Ausnahme gemacht.

Schoen, Pr. Kr. II §§ 41, 58, 66.

§ 122. Die Errichtung, Veränderung und Aufhebung der Kirchenämter.

An sich ist zur Errichtung und Aufhebung kirchenregimentlicher Ämter der Landesherr befugt, doch kann von etatrechtlichen Gesichtspunkten aus eine Mitwirkung der Synoden erforderlich sein. Letzteres tritt auch dann ein, wenn es sich um kirchenregimentliche Behörden handelt, die kirchengesetzlich festgelegt sind [2]. Bei geistlichen Ämtern, für welche kein Reservatrecht des Landesherrn besteht (wie in Bayern, Baden, Hessen) ist die oberste Kirchenbehörde zuständig [3]. Die Gemeinden oder ihre Vertretungen, mancherorts auch die Kreissynoden, sind zu hören; in Baden, Hessen, Oldenburg bedarf es eines Kirchengesetzes.

Schoen, Pr. Kr. II § 74; Koch, Trennung und Vermögensauseinandersetzung dauernd vereinigter Kirchen- und Schulämter in Preußen, 1910.

§ 123. Die Verleihung der Kirchenämter.

Kirchenregimentliche Ämter verleiht der Landesherr kraft Reservatrechts, und zwar in Altpreußen auf gemeinsamen Vorschlag des Oberkirchenrats und des Ministers der geistlichen

[1] Die oben S. 407 angeführten staatskirchenrechtlichen Schranken bestehen natürlich auch hier.
[2] Über die Wirkung staatsgesetzlicher Festlegung siehe oben S. 460, 463.
[3] Die staatliche Mitwirkung ist dieselbe wie für katholische Ämter.

Angelegenheiten; ebenso ist z. B. in Baden der Generalsynodalausschuß zur Vorbereitung der Besetzung von Oberkirchenratsstellen mit dieser Behörde berufen. Der Landesherr ernennt aber auch (in Altpreußen unter Zuziehung des Kultusministers auf Vorschlag des verstärkten — § 115 — Oberkirchenrats, in Wiesbaden des ebensolchen Konsistoriums) die Generalsuperintendenten und ernennt oder bestätigt (im Falle der Wahl durch die Kreis- oder Diözesansynode) die einfachen Superintendenten.

Für das geistliche Amt wird außer Taufe und männlichem Geschlecht gefordert: 1. körperliche Gesundheit und Rüstigkeit, 2. ein gewisses Alter (25, 24, 21 Jahre), 3. makelloser Ruf und volle bürgerliche Ehre, 4. Bekenntnis zum Kirchenglauben (in unierten Kirchen zur lutherischen oder reformierten Konfession). Eine Verpflichtung auf Schrift und Bekenntnis wird in irgendwelcher Form überall gefordert, freilich weder im Sinne einer Zustimmung zur Wortinspiration, noch im Sinne einer juristischen Verpflichtung. In Preußen vollzieht sie sich durch die Zustimmung des Ordinanden zu der das Glaubensbekenntnis mitenthaltenden Ordinationshandlung, in Baden richtet sich darauf eine besondere Ordinationsfrage, anderswo wird noch schriftliche oder eidliche Verpflichtung verlangt, 5. wissenschaftliche Vorbildung. Zu deren Feststellung dienen gewöhnlich zwei, beim Konsistorium unter Teilnahme von Synodalabgeordneten vorgenommene Prüfungen, die wissenschaftliche, examen pro candidatura sive pro licentia concionandi, welche die Predigtbefugnis gibt, und die wissenschaftlich-praktische, examen pro ministerio sive pro munere, durch welche die Befähigung zur Bekleidung des geistlichen Amtes erworben wird [1]. Die Aufsicht über die Kandidaten steht dem Konsistorium zu und wird im Einzelnen ausgeübt durch den Superintendenten ihres Wohnsitzes.

Für die Besetzung der Ämter gilt zunächst als Grundsatz, daß die Gemeinden mindestens das Recht haben, gegen Lehre, Leben und geistige Gaben eines ihnen zugedachten Pfarrers Einspruch zu erheben [2]. Zu diesem Zwecke besteht mancherorts die Einrichtung der Probepredigt, die anderwärts umgekehrt untersagt ist. Besetzungsberechtigt ist regelmäßig der Landesherr als Inhaber des Kirchenregiments, und zwar entweder in Person auf Vorschlag einer Behörde oder durch die Regimentsbehörde (in Preußen die Konsistorien). Das landesherrliche Besetzungsrecht ist beschränkt: 1. dadurch, daß gewisse Stellen, die eine Lokation als bessere aufweist, nur an Geistliche von einer bestimmten Anzahl von Dienstjahren vergeben werden dürfen (Preußen, Bayern, Baden), 2. durch die Mitwirkung synodaler Organe; so hat in Baden der durch den Generalsynodalausschuß verstärkte Oberkirchenrat mitzuwirken; 3. endlich durch das Patronatrecht.

Friedberg, KR. §§ 19—21; Schoen, Pr. Kr. II §§ 54—56.

§ 124. Das Patronatrecht.

Originelle evangelisch-rechtliche Bestimmungen über den Kirchenpatronat brachte ein sächsisches Kirchengesetz vom 28. April 1898 [3]. Danach sind unfähig zur Ausübung des Patronatrechtes Personen, die vom Landeskonsistorium wegen Simonie [4] des Rechtes verlustig erklärt wurden, oder deren Recht wegen Verdachts der Simonie einstweilen suspendiert ist, welche sich wegen eines Verbrechens oder Vergehens, das nach den Strafgesetzen die Entziehung der bürger-

[1] Die staatlichen Erfordernisse sind dieselben wie für die katholischen Kirchendiener (oben S. 449 A. 1). In Preußen fällt das staatliche Einspruchsrecht regelmäßig fort, weil die Mitglieder der Kirchenregimentsbehörde sämtlich vom König ernannt werden.

[2] Einsprüche gegen die Lehre werden (ev. zusammen mit solchen gegen Gaben und Wandel) in Altpreußen von dem Spruchkollegium auf dem Wege des Irrlehreverfahrens erledigt (§ 118).

[3] Daß man auch ohne neue positive Bestimmungen auf Grund des kanonischen Patronatrechtes zu Ergebnissen kommen kann, die dem kirchlichen Rechtsgefühl der Gegenwart entsprechen, lehrt die Entscheidung des Reichsgerichts, 3. Zivilsenat vom 20. Oktober 1905 betr. Verlust des (dinglichen) Patronats zu Lönstadt für die Person des zeitigen Inhabers wegen Unwürdigkeit, D. Z. f. Kr. XVI, 1906.

[4] Eine in Neuvorpommern und Rügen einst im Schwang gewesene eigentümliche Art evangelischer Simonie behandelt Woltersdorf, Die Konservierung der Pfarr-Witwen und -Töchter bei den Pfarrern und die durch Heirat bedingte Berufung, D. Z. f. Kr. XI, 1901, XIII, 1903.

lichen Ehrenrechte zur Folge haben kann oder muß, in Untersuchung befinden, oder welche zu Zuchthaus oder neben einer Gefängnisstrafe zum Verlust der bürgerlichen Ehrenrechte verurteilt sind (auf die Dauer dieses Verlustes), welche kraft eigener Erklärung (also nicht kraft Erklärung der Eltern!) vom evangelisch-lutherischen oder vom reformierten Bekenntnis zur römisch-katholischen Kirche oder vom lutherischen zum reformierten Bekenntnis übergetreten sind, ferner alle, welchen das Landeskonsistorium die Ausübung des Patronats entzogen hat, weil sie durch ihr Verhalten ein mit der Würde des Patronats nicht zu vereinbarendes öffentliches Ärgernis gegeben haben, endlich Gemeinschuldner während des Konkurses. Der dingliche Patronat aber ruht für Grundstücke, die einer Zwangsverwaltung unterliegen oder sich im Besitz einer juristischen Person oder Gesellschaft befinden, welche vorwiegend Erwerbs- oder wirtschaftliche Zwecke verfolgt. Mit der Ausübung Beauftragte müssen der Landeskirche angehören und dieselben Erfordernisse erfüllen. Im übrigen ist von allen evangelischen Rechten der Unterschied von geistlichem und weltlichem Patronat aufgegeben, oder er ist praktisch bedeutungslos. Die Präsentationsfrist beträgt 6, 4 oder 2 Monate. Ein Nachpräsentations- oder Variationsrecht besteht nicht; der Präsentierte erhält durch die Vokation (so, weil im älteren Recht die Präsentation sich oft wieder zu einer Ernennung gesteigert hatte) des Patrons ein ius ad rem, das durch kirchenregimentliche Bestätigung zum ius in re wird. Der Inhalt des Patronats, besonders die cura beneficii, ist oft erweitert; der Patron sitzt selbst im Gemeindekirchenrat oder kann einen Ältesten ernennen; auch wirkt er bei der Kirchengutsverwaltung mit, und hat er (Preußen, östliche Provinzen), wenn lastenpflichtig, die Zustimmung zur Prozeßführung zu geben. Dafür hat er aber oft über das kanonische Recht hinaus, das im übrigen gerade für das Patronatrecht praktisch ist, erhebliche Lasten zu tragen.

Friedberg, KR. §§ 22, 33; Schoen, Pr. Kr. I § 29, II §§ 49—52; Niedner, Die Entwicklung des Patronats der freikölmischen Hofbesitzer im Marienburger Werder, D. Z. f. Kr. VIII, 1898; Freytag, Das Kirchenpatronatsrecht der Kölmer in den Marienburger Werdern, D. Z. f. Kr. XII, 1902; Bonnoh, Die Prinzipien des sächsischen Patronatgesetzes vom 28. April 1898 in ihrer Entwicklung und in ihrem Verhältnis zum geltenden Recht, Leipziger jur. Diss., 1905; Albert, Das Kirchenpatronatsrecht in der evang.-lutherischen Landeskirche des Königreichs Sachsen, 1908; Hansult, Das Patronat in der evangelischen Landeskirche in Hessen, Gieß. jur. Diss., 1898, und dazu ders. in D. Z. f. Kr. X, 1901, XII, 1902; Gönner und Sester, Badisches Patronatrecht (§ 98); Hellmar, Das Patronat nach Landes- und Provinzialrecht, 1850; Dömming, Die Rechtsstellung des Kirchenpatrons im Geltungsgebiete des A. L. Rs., 1901; Frantz, Die Patronatsbefugnisse in bezug auf den Gemeindekirchenrat, 1883; Dove, Ist ein der griechischen Kirche angehöriger Besitzer eines patronatberechtigten Gutes zur Ausübung des Patronatrechts auf eine evangelische Pfarrstelle befähigt?, Z. f. Kr. II, 1862; Stockmann, Patronat bei Bethauskirchen (auch im Ev. Kirchenbl. für Schlesien), 1904; v. Bonin, Die Kollatur bei schlesischen Bethausgemeinden, D. Z. f. Kr. XXII, 1912. Vgl. auch Lit. zu § 113.

§ 125. Das Gemeindewahlrecht.

Über das erwähnte Ablehnungsrecht oder Einwendungsrecht (votum negativum, in Hannover Vokation genannt) hinaus steht mitunter den Gemeinden ein positives Wahlrecht zu, ein beschränktes, wenn ihnen die Kirchenregimentsbehörde eine bestimmte Anzahl von Kandidaten vorzuschlagen und sie daraus einen auszuwählen haben (Baden 6), oder ein freies. Wo einer Gemeinde das Wahlrecht nicht von alters her (als historisches) in jedem Besetzungsfalle zukommt, ist der Übergang von der früheren, ausschließlich kirchenregimentlichen Besetzung zur Gemeindewahl meist dadurch gemildert, daß ein Wechsel stattfindet. Das eine Mal besetzt die Kirchenbehörde, das andere Mal wählt die Gemeinde (in Hannover aus einem Dreiervorschlag des Kirchenvorstandes, in Schleswig-Holstein aus drei vom Konsistorium Präsentierten) oder die vereinigten Gemeindeorgane, so in Altpreußen, wo aber das Kirchenregiment außer in dem nach S. 475 A. 2 zu behandelnden Falle einer nach vorläufiger Prüfung nicht unbegründet erscheinenden Beanstandung der Lehre die auch anderwärts erforderliche Bestätigung aus jedem vernünftigen und zu motivierenden Grunde versagen darf [1]; auch ist in Altpreußen

[1] Beanstandungen wegen Mangels an Übereinstimmung mit dem Bekenntnisse der Kirche sind in Preußen (alte Provinzen) vom Konsistorium durch den Oberkirchenrat an das Spruchkollegium zur Erledigung im Irrlehreverfahren (§ 118) zu bringen.

durch Gesetz vom 12. Mai 1912 die kirchenregimentliche Besetzung gegenüber bisherigen reinen Wahlpfarreien (bei Patronatspfarrern erst nach Erlaß eines die patronatische Besetzung beschränkenden Staatsgesetzes) dadurch wieder ausgedehnt worden, daß, falls Dotationen, Renten oder Beihilfen, deren Jahreswert die Hälfte des Stelleneinkommens erreicht, aus landeskirchlichen oder staatlichen Fonds gewährt werden, die Kirchenbehörde abwechselnd mit dem sonstigen Besetzungsberechtigten besetzt. Übrigens sind von der Besetzung durch Wahl meist solche Stellen ausgenommen, mit denen kirchenregimentliche Funktionen verbunden sind (Pfarreien mit Superintendenturen u. a.) und (in Altpreußen seit 1912) für den betreffenden Fall neu errichtete Pfarrstellen, zu denen staatliche oder kirchliche Fonds ein Viertel des Gründungsaufwandes beigetragen haben, sowie solche, die durch kirchenobrigkeitliche Maßnahmen (Disziplinarspruch, Erkenntnis des Spruchkollegiums) und, was ihnen gleichsteht, erledigt sind.

Friedberg, VR. § 22; Schoen, Pr. Kr. II §§ 56, 57; Mikler, Die Pfarrerwahl in der evangelischen Kirche in Ungarn, D. Z. f. Kr. XVII, 1907.

§ 126. Die Erledigung der Kirchenämter.

Zu den auch in der evangelischen Kirche anwendbaren Grundsätzen des kanonischen Rechts treten hinzu die Emeritierung (Altpreußen), der Amtsverlust wegen festgestellter Irrlehre (§ 118) und richtiger Ansicht nach auch in Preußen, besonders in Hannover (luth.), jedenfalls aber in manchen mittel- und süddeutschen Landeskirchen die Versetzung im Interesse des Dienstes. Der auf sein Ansuchen wegen körperlicher oder geistiger Unfähigkeit oder Erreichung eines bestimmten Alters (70 Jahre) Emeritierte behält die kirchlichen Standesrechte der Geistlichen und kann mit Erlaubnis des zuständigen Pfarrers Amtshandlungen (Taufen, Trauungen) vornehmen. Dagegen verliert der Geistliche, der zur Vermeidung oder Erledigung eines Irrlehreverfahrens oder aus anderen Gründen bei voller Dienstfähigkeit auf sein Amt verzichtet, diese Rechte. Nicht als Strafe, sondern auf dem Verwaltungswege findet bei Unfähigkeit oder Gebrechlichkeit auch eine Emeritierung wider Willen statt, aber mit den Wirkungen der begründet nachgesuchten freiwilligen Zurruhesetzung. Für die nichtgeistlichen Regimentsstellen gelten die Grundsätze der Pensionierung von staatlichen Verwaltungsbeamten.

Friedberg, VR. § 23; Schoen, Pr. Kr. II §§ 60, 64.

Siebentes Kapitel.

Die Verwaltung des Kirchenvermögens.

§ 127. Besonderheiten gegenüber dem katholischen Recht.

Weil von dem Lehrgegensatz unabhängig, weist das evangelische Kirchenvermögensrecht vielfache Übereinstimmung mit dem katholischen auf. Bezüglich der Eigentumsfähigkeit ist wie für jenes auf die Institutentheorie abzustellen. Die Weihe ist nur ein festlicher Akt, so daß eine Gebrauchsbeschränkung sich lediglich aus der gottesdienstlichen Bestimmung der betreffenden Gegenstände selbst ergibt. Die Stolgebühren, infolge der Entfremdung vielen Kirchenguts in der evangelischen Kirche lange Zeit eine noch stärker als in der katholischen ausgebildete Einnahmequelle, sind infolge der Personenstandsgesetzgebung von 1875 zunächst beschränkt und seither mit staatlicher Hilfe mancherorts abgelöst worden. Für besondere Verrichtung der Amtshandlungen, z. B. für Taufen im Hause, werden aber trotzdem Gebühren erhoben.

Schoen, Pr. Kr. II §§ 83, 87, 88, 95 und die § 102 S. 456 A. 1 angeführte Lit.; Crisolli-Schultz, Verwaltungsordnung für das kirchliche Vermögen in den östlichen Provinzen der preußischen Landeskirche, 1904; Gebser, Verwaltungsordnung für das kirchliche Vermögen . . . 1904. Über die Gehalts- und Pensionsverhältnisse und die Stolgebührenfrage vgl. Chronik der Christl. Welt 1902, Nr. 43—45; Stutz, Art. Stolgebühren (§ 18, 3 c.); Fritsch, Zur Pfarrgemeindefrage, Grünhuts Zeitschr. XXXIV, 1907, XXXV, 1908.

Das Baulastrecht ist bei sonstiger Übereinstimmung mit dem tridentinischen Recht zum Teil dadurch erweitert, daß die Gemeinden Fron(Hand- und Spann-)dienste zum Kirchenbau zu leisten haben, und daß der Patron schon als solcher baulastpflichtig ist. Bei Stadtkirchen läßt ihn das preußische Recht ein Drittel, bei Landkirchen zwei Drittel tragen.

Im Pfründenrecht hat z. B. Baden die Erleichterung getroffen, daß die Pfründen von einer Zentralpfarrkasse verwaltet werden, von der dann der Geistliche den Geldbetrag seiner Einkünfte erhält. Preußen, wo die Kirchgemeinde die Einkünfte des Stellenvermögens, sofern es nicht an den Stelleninhaber verpachtet ist, bezieht, besitzt seit 1898 eine mit Rechtspersönlichkeit ausgestattete Alterszulage- sowie eine Ruhegehaltskasse für die evangelischen Geistlichen sämtlicher preußischen Landeskirchen, bei denen die einzelne Pfarrstelle versichert wird, mit der Wirkung, daß dem Geistlichen in bestimmten Zeiträumen zu seinem von der Gemeinde zu gewährenden Grundgehalt (mindestens 2400—5000 Mk.) Alterszulagen zugebilligt werden, die ihn mit 24 Dienstjahren auf 6000 Mk. bringen, und daß er bei seiner Versetzung in den Ruhestand ein entsprechendes lebenslängliches Ruhegehalt erhält [1]. Da der evangelische Geistliche regelmäßig verehelicht ist, haben die Bestimmungen über Sterbezeit und Verdienstjahr (Gnadenzeit) für ihn und seine Hinterbliebenen eine erhöhte Bedeutung. Zugunsten der letzteren kommt noch die Gnadenzeit von einem Viertel-, halben oder ganzen Jahr hinzu, während dessen der Witwe und den unversorgten Kindern namentlich der Genuß der Amtswohnung verbleibt. Auch Pfarr-Witwen- und -Waisenkassen bestehen in manchen Kirchen zur Versorgung der Hinterbliebenen (in Preußen seit 1895 der mit juristischer Persönlichkeit versehene Pfarr-Witwen- und -Waisenfonds für alle in der Monarchie vereinigten Landeskirchen [2].

Am selbständigsten hat die evangelische Kirche das Besteuerungs- (Preußen 1905, neue Provinzen 1906) und Verwaltungsrecht (Verwaltungsordnungen, d. h. Dienstweisungen für die mit der Verwaltung betrauten Organe, für Preußen östliche Provinzen 1893, Westfalen 1902, Rheinprovinz 1909) ausgebildet [3]. Jenes wird für Gemeindebedürfnisse von den Gemeindeorganen, für die höheren Verbände von den betreffenden Synoden (in Bayern Steuersynoden seit 1908) unter Mitwirkung der Regimentsbehörden geübt. Entsprechend ist die Zuständigkeit für die Verwaltung geordnet. Doch treten auf den höheren Stufen die Regimentsbehörden (Konsistorien, Oberkirchenrat bzw. Kultusminister) mehr hervor.

Friedberg, VR. § 23; Schoen, Pr. Kr. II §§ 61—63, 89—94, 96, 97; Burkhard, Zur Lehre von der kirchlichen Baupflicht, 1884; Fischer, Die Kirchen- und Pfarrbaulast der Stadt Berlin, 1898; Weise, Der Streit um die kirchliche Baulast in der Kurmark Brandenburg, insbesondere Berlin, D. Z. f. Kr. XIII, 1903; Rackwitz, Die Kirchenbaupflicht der Brandenburgischen Konsistorialordnung von 1573, Schrift. d. Ver. f. Gesch. d. Neumark XX, 1907; Holtze, Die brandenburgische Konsistorialordnung von 1573 und ihre Kirchenbaupflicht, Schrift. d. Ver. f. Gesch. Berlins, 39. H., 1904; Urteil des Kammergerichts vom 13. März 1903 in Sachen der Stadtgemeinde Berlin contra Kirchgemeinde St. Markus wegen Kirchenbaulastpflicht, 1903; Riedner, Städtisches Patronat (§ 48, 3); Uibeleisen, Die Rechtsverhältnisse der Kirchenstühle, D. Z. f. Kr. VIII, 1898; Woltersdorf, Zur Handhabung des Kirchstuhlrechts, D. Z. f. Kr. VIII, 1898; Freytag, Die rechtliche Natur der Hufenumlage für kirchliche Zwecke in den evangelischen Kirchspielen des Danziger Werders, D. Z. f. Kr. XVIII, 1908.

Achtes Kapitel.

Das Trauungsrecht.

§ 128. Die evangelische Trauung, ihre Voraussetzungen und ihre Wirkung.

Die evangelische Kirche erkennt das staatliche Eherecht mit Einschluß des Scheidungsrechtes, wie es nunmehr im BGB. niedergelegt ist, und die danach geschlossenen Ehen an. Sie verlangt aber, daß ihre Mitglieder zum Eintritt in diesen Stand, den sie zwar nicht für ein Sakrament, wohl aber für der göttlichen Ordnung besonders unterstellt erachtet, den göttlichen Segen

[1] Preußische ev. Pfarrbesoldungsgesetze und ebensolche Ruhegehaltsordnungen vom 26. Mai und 14. August 1909 nebst Staatsgesetz vom selben Tage. Die Mittel für die Aufbesserung werden wie für die katholische Geistlichkeit z. T. von den Kirchen selbst aufgebracht, teils durch Staats- und Gemeindezuschüsse beschafft.

[2] In betreff des Anspruchs der preußischen Pfarrwitwen und -waisen auf Witwen- und Waisengeld s. die preußischen Kirchengesetze vom 26. Mai 1909.

[3] Für Sachsen vgl. jetzt das Staatsgesetz vom 11. Juli 1913.

erbitten und selbst staatlich zulässige Ehen vermeiden, wenn diese nach christlichen Grundsätzen unstatthaft sind. Nur da, wo dies nicht der Fall ist, darf sie den erbetenen Segen spenden und bekunden, daß die Ehe, wie sie die Gatten christlicher Ordnung unterstellen zu wollen erklärt haben, den kirchlichen Anforderungen entspreche. Sonst, z. B. bei der Eheschließung mit einem Nichtgetauften, bei gröblicher Verletzung des vierten Gebotes, bei der Wiederverheiratung solcher, die aus einem Grunde, der nach kirchlicher Prüfung und gemeiner Auslegung der evangelischen Kirche als sündhaft erscheint, geschieden worden sind, bei Zusage der religiösen Erziehung aller zu erwartenden Kinder in einem anderen Glauben, sei es, von wem diese Zusage ausgeht, sei es wenigstens, wenn der evangelische Mann sie abgibt, sowie aus den erwähnten kirchenzuchtlichen Gründen bei Verachtung des christlichen Glaubens oder lasterhaftem Wandel, tritt nach neuestem evangelischem Recht ein Trauungshindernis ein. Der Ermittlung solcher Hindernisse dient das Aufgebot, das aber zugleich in Gestalt der Aufforderung zur Fürbitte eine echt evangelische inhaltliche Bereicherung erfahren hat. In Altpreußen, Hannover (ref.) und Wiesbaden hat zunächst der angegangene Geistliche über das Vorhandensein oder Nichtvorhandensein eines Trauungshindernisses zu befinden, und wird der Kreissynodalvorstand bezw. der Gemeindekirchenrat nur im Abweisungsfalle auf Beschwerde des Betroffenen hin damit befaßt. Anderswo ist, namentlich für die Trauung Geschiedener, von vornherein das Konsistorium zuständig.

Schoen, Pr. Kr. II § 81; v. Scheurl, Das gemeine deutsche Eherecht, 1882, Christliche Eheschließung, in seiner S. kr. A., Die Scheidungsgründe eines christlichen Eherechts, ebenda; Sohm, Die obligatorische Civilehe, 1880; Kahl, Civilehe und kirchliches Gewissen, Z. f. Kr. XVIII, 1883; v. Schubert, Die evangelische Trauung, 1890, Obligatorische und fakultative Zivilehe, Zeitschr. f. prakt. Theologie I, 1896; Stutz, Was bedeutet der Übergang zum Eherecht des BGB. für die evangelische Kirche, insbesondere Badens?, 1899; Schoen, Beziehungen (§ 48, 4); Albrecht, Verbrechen und Strafen (§ 48, 4); Ebeling, Über Ehescheidung und die kirchliche Trauung bei Ehen geschiedener Personen, Th. St. K. LXXVI 1, 1903; Brauer, Kirchliche Trauungsfragen nach dem Rechte der preußischen Landeskirche, D. Z. f. Kr. XVI, 1906; Kröner, § 1312 BGB. und § 9 Z. 3 und 4 des Trauungsgesetzes für den Konsistorialbezirk Kassel vom 27. Mai 1889, D. Z. f. Kr. XIX, 1909; Heß, Insidien und Sävitien als Ehescheidungsgrund, Greifswalder jur. Diss., 1912.

6.

Völkerrecht

von

Dr. Paul Heilborn,
a. o. Professor der Rechte in Breslau.

Inhaltsverzeichnis.

Seite

Einleitung (§§ 1—5): Begriff, Rechtsnatur, Geltungsgebiet, geschichtliche Entwicklung, Quellen des Völkerrechts . . . 484

Erstes Buch: Das materielle Völkerrecht.

I. Allgemeiner Teil.

Erstes Kapitel: Die Subjekte: Der Staat als völkerrechtliche Person (§§ 6—8), Beginn und Ende der Persönlichkeit (§ 9), Die Organe der Staaten (§§ 10—11) . . . 499

Zweites Kapitel: Die Objekte (§ 12) . . . 509

Drittes Kapitel: Die Rechtsgeschäfte (§§ 13—15) . . . 509

II. Besonderer Teil.

Erstes Kapitel: Die absoluten Rechtsverhältnisse:

A. Das Recht an der eigenen Person (§ 16) . . . 512

B. Das Gebietsrecht (§§ 17—23): Begriff, Umfang, Beschränkungen, Erwerb und Verlust der Gebietshoheit . . . 513

C. Das Recht in Ansehung der Menschen:

I. Allgemeine Lehren (§§ 24—28): Staatsangehörigkeit, Rechtsverhältnisse im allgemeinen, Die Staatsangehörigen im Ausland, Die Fremden, Asylrecht und Auslieferung . . . 521

II. Besondere Rechtsverhältnisse:

1. Das Beamtenrecht (§§ 29—39): Staatshäupter, Gesandte, Konsuln, Halbdiplomaten usw., Der Papst . . . 529
2. Die Angehörigen christlicher in nichtchristlichen Staaten (§ 40) . . . 537
3. Die Unterdrückung des Sklavenhandels (§ 41) . . . 539

D. Das Schiffsrecht (§§ 42—44): Kauffahrteischiffe, Kriegsschiffe, Luftschiffe . . . 539

Zweites Kapitel: Das Obligationenrecht:

A. Allgemeine Lehren (§ 45) . . . 543

B. Einzelne Forderungsrechte: aus Verträgen (§§ 46—50), aus unerlaubten Handlungen (§ 51), aus anderen Tatsachen (§ 52) . . . 545

Drittes Kapitel: Die Rechtsnachfolge der Staaten (§ 53) . . . 550

Zweites Buch: Formelles Völkerrecht. Das Verfahren.

Einleitung (§ 54) . . . 552

I. Das gütliche Verfahren (§ 55) . . . 552

II. Das gewaltsame Verfahren:

A. Selbsthilfe ohne Krieg (§§ 56—57): Repressalien, Intervention . . . 554

B. Der Krieg:

I. Krieg und Kriegsrecht im allgemeinen (§§ 58—61) . . . 557

II. Beginn des Krieges (§ 62) . . . 560

III. Die Kriegführung (§§ 63—69): Aktiver und passiver Kriegstand, Kriegsmittel gegen feindliche Personen und Sachen, Die Besetzung feindlichen Gebiets und ihre Wirkungen, Das Postliminium, Kriegsverträge . . . 561

IV. Rechte der kriegführenden und der neutralen Staaten gegeneinander (§§ 70 — 75): Im allgemeinen, das neutrale Gebiet, der neutrale Handel . . . 571

V. Die Beendigung des Krieges (§ 76) . . . 577

Quellensammlungen.

Dumont: Corps universel et diplomatique du droit des gens, 8 Bde., Amsterdam-Haag 1726/31, Ergänzung 1739; Schmauß: Corpus iuris gentium academicum, Leipzig 1730/31, Fortsetzung von Wenck, 1781/96; G. F. v. Martens: Recueil des principaux traités d'alliance, de paix, de trève, de neutralité, de commerce etc., 7 Bde., Göttingen 1791/1801; Fortsetzungen unter den Titeln: Suppléments au recueil, nouveau recueil, nouveaux suppléments, nouveau recueil général, 1., 2., 3. Serie, jetzt herausgegeben von Triepel; Descamps und Renault: Recueil international des traités du 20ième siècle, Paris 1901 ff.; Fleischmann: Völkerrechtsquellen in Auswahl, Halle a. S. 1905; v. Rohland: Völkerrechtsquellen (2), Freiburg i. B. 1908; Strupp: Urkunden zur Geschichte des Völkerrechts, 2 Bde., Gotha 1911, Ergänzungsheft 1912; Das Staatsarchiv, Sammlung offizieller Aktenstücke zur Geschichte der Gegenwart, begründet von Aegidi und Klauhold, Leipzig 1861 ff.; Archives diplomatiques, recueil mensuel de diplomatie et d'histoire, Paris 1861/76, 1880 ff.; Tétot: Répertoire des traités de paix, de commerce, d'alliance etc., 2 Bde., Paris 1866/67; Fortsetzung von Ribier, 2 Bde., 1895/99.

Literatur.

1. Ältere Werke. Grotius: De iure belli ac pacis libri tres, Paris 1625; Pufendorf: Iuris naturae et gentium libri octo, Lund 1672; Wolff: Ius gentium methodo scientifica pertractatum, Halle 1749, Institutiones iuris naturae et gentium 1750; Vattel: Le droit des gens ou principes de la loi naturelle appliqués à la conduite et aux affaires des nations et des souverains, London 1758.

2. Deutsche. G. F. v. Martens: Précis du droit des gens moderne de l'Europe (3), Göttingen 1821; Klüber: Europäisches Völkerrecht (3 ed. Morstadt), Schaffhausen 1851; Heffter: Europäisches Völkerrecht der Gegenwart (8 ed. Geffcken), Berlin 1888; v. Holtzendorff: Das europäische Völkerrecht, in den früheren Auflagen dieser Encyklopädie (5 ed. Stoerk), 1889; Handbuch des Völkerrechts auf Grundlage europäischer Staatspraxis, ed. v. Holtzendorff, 4 Bde., Berlin-Hamburg 1885/89; Gareis: Institutionen des Völkerrechts (2), Gießen 1901; v. Ullmann: Völkerrecht (2), Tübingen 1908; v. Liszt: Das Völkerrecht systematisch dargestellt (9), Berlin 1913; v. Martitz: Völkerrecht in „Die Kultur der Gegenwart, Systematische Rechtswissenschaft", Berlin-Leipzig 1906; Handbuch des Völkerrechts, ed. Stier-Somlo, Stuttgart 1912 ff.

3. Schweizer, Niederländer und Belgier. Bluntschli: Das moderne Völkerrecht der zivilisierten Staaten als Rechtsbuch dargestellt (3), Nördlingen 1878; Rivier: Lehrbuch des Völkerrechts (2), Stuttgart 1899, Principes du droit des gens, 2 Bde., Paris 1896; de Louter: Het stellig volkenrecht, 2 Bde., Haag 1910; Nys: Le droit international (2), 3 Bde., Brüssel 1912.

4. Franzosen. Pradier Fodéré: Traité de droit international public européen et américain, 8 Bde., Paris 1885/1906; Bonfils: Manuel de droit international public (droit des gens) (6 ed. Fauchille), Paris 1912, übersetzt von Grah, Berlin 1904; Despagnet: Cours de droit international public (4 ed. Boeck), Paris 1910; Mérignhac: Traité de droit public international, 3 Bde., Paris 1905/12.

5. Engländer. Hall: A treatise on international law (6 ed. Atlay), Oxford 1909; Lawrence: The principles of international law (4), London 1911; Westlake: International law, 2 Bde., Cambridge 1904/07; Oppenheim: International law (2), 2 Bde., London 1912; Baty: International law, London 1909.

6. Nordamerikaner. Wheaton: Elements of international law, 3. englische Ausgabe ed. Boyd, London 1889; Halleck: International law (4 ed. Baker und Drucquer), 2 Bde., London 1908; Taylor: A treatise on international public law, Chicago 1901; Moore: A digest of international law, 8 Bde., Washington 1906; Davis: The elements of international law, New York-London 1908; Wilson und Tucker: International law (5), New York 1910; Wilson: Handbook of international law, St. Paul Minn. 1910; Hershey: The essentials of international public law, New York 1912.

7. Italiener. Fiore: Trattato di diritto internazionale pubblico (3), 3 Bde., Turin 1887/91, Il diritto internazionale codificato (4), Turin 1909; Olivi: Manuale di diritto internazionale pubblico e privato (2), Mailand 1912; Diena: Principî di diritto internazionale, 1. Bd.: Diritto internazionale pubblico, Neapel 1908.

8. Spanier und Südamerikaner. de Olivart: Tratado de derecho internacional público (4), 4 Bde., Madrid 1903/04; Calvo: Le droit international théorique et pratique (4), 6 Bde., Paris 1887/96; Cruchaga: Nociones de derecho international (2), Santiago de Chile 1902.

9. Russen. Fr. v. Martens: Völkerrecht, das internationale Recht der zivilisierten Staaten, deutsche Ausgabe ed. Bergbohm, 2 Bde., Berlin 1883/86.

10. Neben den vorstehenden Lehrbüchern des Völkerrechts sind folgende Werke zu nennen: Westlake: Chapters on the principles of international law, Cambridge 1894; Heilborn, Das System des Völkerrechts, entwickelt aus den völkerrechtlichen Begriffen, Berlin 1896; Holland: Studies in international law, Oxford 1898; Wilhelm Kaufmann: Die Rechtskraft des internationalen Rechts, Stuttgart 1899; Triepel: Völkerrecht und Landesrecht, Leipzig 1899; Rehm: Allgemeine Staatslehre, Freiburg i. B. 1899; Jellinek: Allgemeine Staatslehre (2), Berlin 1905; v. Rohland: Grundriß des Völkerrechts (3) (Literatur), Freiburg i. B. 1913.

11. Zeitschriften: Revue de droit international et de législation comparée, Gent-Brüssel 1869 ff. (zit.: Rev.); Archiv des öffentlichen Rechts, Freiburg i. B.-Tübingen 1886 ff.; Zeitschrift für internationales Privat- und Strafrecht, jetzt: Zeitschrift für internationales Recht, Leipzig 1891 ff. (zit.: BöhmsZ.); Revue générale de droit international public, Paris 1894 ff. (zit.: Rev. Gén.); Rivista di diritto internazionale, Rom 1906 ff.; Zeitschrift für Völkerrecht und Bundesstaatsrecht, Breslau 1907 ff. (zit.: ZVölkR.); Jahrbuch des Völkerrechts (im Erscheinen).

Einleitung.

§ 1. 1. Begriff des Völkerrechts.

Der Mensch ist seiner Natur nach auf die Gemeinschaft seiner Mitmenschen angewiesen: er bedarf ihrer zur Befriedigung seiner geistigen und materiellen Bedürfnisse. Ubi societas, ibi ius est. Ein dauernder Verkehr, eine Lebensgemeinschaft vieler Menschen ist auch bei geringer Kultur ohne Recht undenkbar.

Zunächst treten die Menschen in Stammes-, weiter in Staatsverbänden auf. Diese Gemeinschaft mag anfänglich zur Befriedigung der wesentlichen Bedürfnisse genügen; dann bedarf sie allein rechtlicher Ordnung. Auf die Dauer erweist sich eine solche Beschränkung aber als zu eng. Der Verkehr geht über die staatlichen Grenzen hinweg. Es entwickeln sich Beziehungen zwischen den einzelnen Angehörigen verschiedener Staaten wie auch zwischen den Völkern und Staaten selbst. Das Volk als Ganzes hat Interessen, die es nach außen hin führen, und der Staat ist der berufene Beschützer der Interessen des Volks und seiner einzelnen Glieder. Die Entwicklung der Kultur hängt zum wesentlichen Teile von dem Verkehr mit der Außenwelt ab, und sie fördert wiederum das Bedürfnis nach auswärtigem Verkehr. Wie die Geschichte lehrt, haben Kulturvölker sich nie auf sich selbst beschränkt; sie stehen stets mit einer mehr oder minder großen Zahl anderer Völker in regelmäßigem Verkehr, in wahrer Lebensgemeinschaft. Nach vorübergehender Anwendung um die Mitte des 16. beginnt die dauernde Absperrung Chinas von der Außenwelt erst mit der zweiten Hälfte des 17. Jahrhunderts; sie bezeichnet aber wahrlich keinen Kulturfortschritt.

Je enger die Gemeinschaft verschiedener Völker sich gestaltet, desto notwendiger bedarf sie rechtlicher Regelung, einer über den einzelnen Staat hinausreichenden, internationalen Ordnung. Dabei sind indessen die Beziehungen zwischen den einzelnen Menschen, Genossenschaften und Korporationen einerseits und die Beziehungen zwischen den Staaten anderseits zu unterscheiden.

1. Eine besondere internationale Rechtsordnung zur Regelung der Beziehungen zwischen den Angehörigen verschiedener Staaten ist im allgemeinen nicht notwendig. Es genügt die Feststellung, daß sie der Rechtsordnung dieses oder jenes der beteiligten Staaten unterstehen. Theoretisch sucht die Doktrin des internationalen Privat- und Strafrechts zu ermitteln, welcher

nationalen Rechtsordnung im einzelnen Fall der Vorzug gebühre, — praktisch bestimmt jeder Staat zunächst durch seine Gesetzgebung, welche Rechtsverhältnisse er seiner Herrschaft unterstellen, nach welcher Rechtsordnung er sie regeln will. (Vgl. jedoch § 27.) Bei dieser Kompetenzabgrenzung findet er nur an der Rechtssphäre anderer Staaten eine Schranke. Entsteht hierbei ein Konflikt, so ist es ein solcher zwischen den beteiligten Staaten, nicht zwischen ihren Angehörigen.

2. Notwendig ist dagegen eine besondere Rechtsordnung zur Regelung der Beziehungen zwischen den Staaten selbst. Das innerstaatliche Recht (das Landesrecht) versagt hier. Aber auch die Staaten stehen in unmittelbarer und fortdauernder Berührung miteinander. Ihre Gemeinschaft bedarf deshalb gleichfalls rechtlicher Regelung. Sie ist durch das Völkerrecht oder internationale öffentliche Recht geschaffen.

Das Völkerrecht ist der Inbegriff der Rechtsnormen für das Verhalten der Staaten oder staatsähnlichen Verbände als solcher zueinander.

1. Das Völkerrecht ist eine Rechtsordnung für eine Mehrheit von Staaten. Das Landesrecht hat zur notwendigen Voraussetzung immer nur das Bestehen des einen Staats, für dessen Bereich es erlassen wurde. Gingen alle Völker der Erde in einem einzigen Weltstaat auf, so gäbe es nur Landesrecht; für ein Völkerrecht wäre kein Raum.

2. Das Völkerrecht regelt nur die Beziehungen von Staaten, welche miteinander dauernd und grundsätzlich friedlich Verkehr pflegen; denn nur sie bilden eine Gemeinschaft, welche rechtlicher Ordnung fähig und bedürftig ist. Würde ein Staat sich von der Außenwelt vollständig absperren, so könnte es für ihn kein Völkerrecht geben.

3. Das Völkerrecht regelt nur das Verhalten der Staaten als solcher zueinander, d. h. die Verhältnisse, in welche der Staat in seiner Eigenschaft als Staat eintritt. Privatrechtliche Geschäfte zwischen Staaten unterliegen ihm nicht.

4. Das Völkerrecht regelt nur das wechselseitige Verhalten der Staaten, weder das der Menschen noch das zwischen Staat und Mensch. Als Rechtssubjekte kennt das Völkerrecht allein die Staaten. Trotzdem gilt auch hier der Satz: omne ius hominum causa constitutum. Nur im Interesse der Menschen pflegen die Staaten Verkehr. Jenseits der Heimat, fremden Staaten gegenüber sichert das Völkerrecht dem Menschen Schutz. Aber es betrachtet ihn nicht als Subjekt von Rechten, sondern als Objekt staatlicher Herrschaft und staatlichen Schutzes (vgl. unten § 12).

Ebensowenig sind Rechtssubjekte im Völkerrecht die Völker als solche und unabhängig von staatlicher Organisation. Der Ausdruck „Völkerrecht" ist nicht genau, aber durch jahrhundertealtes Herkommen geheiligt. Die staatlich organisierten Völker werden vom Völkerrecht als individuelle, durch ihre Organisation bestimmte und geschiedene Personeneinheiten angesehen; für gesonderte Volksstämme innerhalb der Staaten ist kein Raum. Die Beziehungen zu unabhängigen Volksstämmen, welche es noch nicht zu staatlicher Organisation gebracht haben, sind dagegen völkerrechtlicher Natur, sobald sie überhaupt rechtlicher Regelung unterworfen sind. Nach der Aufteilung des größten Teils der Erde unter die Kolonialmächte gibt es nur noch wenig unabhängige Stämme (vgl. §§ 3 und 4; de Louter 1 41/42).

§ 2. 2. Die Rechtsnatur des Völkerrechts.

Literatur. Austin: The province of jurisprudence determined (2), London 1861; Bierling: Zur Kritik der juristischen Grundbegriffe, Bd. 1, Gotha 1877 — Juristische Prinzipienlehre, Freiburg i. B. und Leipzig 1894 ff.; Lasson: Prinzip und Zukunft des Völkerrechts, Berlin 1871 — Zorn: Staatsrecht des Deutschen Reichs 1 (2) 497 ff.; Triepel 103 ff.; Jellinek 364/68; Bekker: Deutsche Juristenzeitung 1912 S. 19/20; Geffcken jun.: Das Gesamtinteresse als Grundlage des Staats- und Völkerrechts, Leipzig 1908, S. 30 ff.; Higgins: The binding force of international law, Cambridge 1910; Schücking: Der Staatenverband der Haager Konferenzen, Leipzig 1912; Wehberg: Das Problem eines internationalen Staatengerichtshofs, Leipzig 1912.

Das Völkerrecht ist positives, geltendes Recht. Es ist aber zugleich die Rechtsordnung einer unabhängigen, keiner höheren Gewalt unterworfenen Staatengesellschaft. Deshalb weist es erhebliche Verschiedenheiten vom Landesrecht der einzelnen Staaten auf.

Das Landesrecht wird vom Staat für die seiner Herrschaft Unterworfenen erlassen. In Streitfällen entscheidet der Staat durch seine Gerichte mit verbindlicher Kraft für die Beteiligten, was Recht ist. Durch seine Organe erzwingt er die Erfüllung der Pflichten. Über den Staaten gibt es dagegen weder eine gesetzgebende noch eine richtende noch eine zwingende Gewalt. Deshalb ist mitunter behauptet worden, das Völkerrecht sei kein positives Recht. Man will ihm nur die Bedeutung eines Naturrechts oder einer Staatenmoral zugestehen. Mit Unrecht.

Die Leugner des Völkerrechts fassen ausschließlich das moderne Landesrecht, insbesondere das Privat- und Strafrecht, dessen Entstehung, prozessuale Feststellung und Erzwingung ins Auge. Sie übersehen aber folgendes: 1. Die gegenwärtigen Einrichtungen in den einzelnen Staaten sind das Erzeugnis einer geschichtlichen Entwicklung; diese aber wies in früheren Zeiten große Ähnlichkeit mit dem Völkerrecht auf. 2. Der Begriff des positiven Rechts darf nicht aus dem allein hergeleitet werden, was einzelnen Rechtsgebieten in einer Epoche hoher Entwicklung eigentümlich ist. 3. Auch heute ist der Staat nicht allmächtig; der theoretisch feststehende Zwang zur Befolgung der Rechtsnormen versagt nicht selten in der Praxis. — Die erwähnten Eigentümlichkeiten des Völkerrechts beweisen nur, daß es unvollkommener ist als andere Rechtsgebiete. Sie entkleiden es aber nicht der wesentlichen Merkmale des positiven Rechts.

1. Das Völkerrecht ist positives Recht, obwohl es nicht von einem den Staaten übergeordneten Gesetzgeber geschaffen wird. Das Recht ist eine prinzipiell gerechte Regel für das Verhalten der Menschen oder Staaten zueinander. Diese Definition gibt keine Antwort auf die Frage, von wem das Recht ausgehe. „Die Staaten selbst sind die das Völkerrecht setzenden Autoritäten und zugleich die von ihm verpflichteten Subjekte." Sie unterwerfen sich ihm freiwillig, erkennen es als bindend für ihre Beziehungen an, weil sie zusammen leben müssen, und weil die als gerecht aufgestellte Rechtsordnung kraft ihres Inhalts für sie absoluten Wert und verpflichtenden Charakter hat. Selbst jede Staatsgewalt besteht nur mit und durch den Willen der Beherrschten. Die innerstaatliche Rechtsordnung kann deshalb auch nicht auf die herrschende Gewalt allein zurückgeführt werden. Diese Gewalt ist nur das von den Beherrschten anerkannte Organ zur Schaffung des Rechts. Das, was sie als Recht proklamiert, ist nicht um dieser Proklamation willen Recht, sondern nur, weil es von denjenigen als Recht anerkannt wird, für die es maßgebend sein soll.

Die naturrechtliche Schule erkannte hingegen als Recht nur an, was von einem maßgebenden, übergeordneten Willen als Recht gesetzt war. Sie vermochte indessen nicht zu erklären, warum der übergeordnete Wille die Beherrschten verpflichte. Nach ihrer Anschauung kann ferner ein Verein sich nie Recht setzen. Vor allen Dingen aber übersah sie, daß das Recht zuerst immer als Gewohnheitsrecht auftritt. Seine verbindliche Kraft schöpft das Gewohnheitsrecht sicherlich nicht aus einem übergeordneten Willen. Wenn das Gesetzesrecht an seine Stelle tritt, so wird nur die Form der Entstehung geändert, aber kein neuer Rechtsbegriff geschaffen. Auch das Völkerrecht ist zuerst als Gewohnheitsrecht entstanden. Es ist noch jetzt zum wesentlichen Teile Gewohnheitsrecht. Als solches weist es keine Unterscheidungsmerkmale vom privatrechtlichen Gewohnheitsrecht auf.

2. Das Völkerrecht ist positives Recht, obwohl es keine richtende Gewalt über den Staaten gibt. Staatsstreitigkeiten können einem Schiedsgericht zur Entscheidung unterbreitet werden. Diese Möglichkeit ist hier nicht in Betracht zu ziehen, denn das Schiedsgericht setzt freiwillige Unterwerfung der Parteien voraus. Das Urteil des staatlichen Gerichts hingegen ist ohne eine solche Unterwerfung nach allgemeinem Landesrecht maßgebend.

Der Richter wendet das Recht an, aber er schafft es nicht. Das Recht muß vorhanden sein, ehe es ein zu seiner Klarlegung berufenes Gericht geben kann. Wohl bilden unparteiische Gerichte die beste Gewähr für eine unparteiische Entscheidung von Streitigkeiten, Vollkommenheit ist aber nicht immer erreichbar. In der Geschichte tritt der Richter erst auf, wenn das Gemeinwesen sich in die Streitigkeiten der einzelnen einmischt. Anfänglich überließ es sie privater Regelung; trotzdem gab es schon ein Recht.

3. Das Völkerrecht ist positives Recht, obwohl es keine Zwangsgewalt über den Staaten gibt.

a) Die Erfüllung völkerrechtlicher Pflichten ist im Wege der Selbsthilfe erzwingbar. Der verletzte Staat darf seine Rechte selbst wahrnehmen. Besitzt er die hierzu erforderlichen Machtmittel nicht, so bleibt der Rechtsbruch im einzelnen Fall allerdings ungeahndet; denn ein höheres Zwangsorgan gibt es nicht. Die Erfüllung völkerrechtlicher Pflichten ist demnach minder sicher gewährleistet als die Erfüllung anderer Rechtspflichten. Die Durchsetzung des Rechts im Wege der Selbsthilfe ist indessen mit dem Begriff des positiven Rechts nicht unvereinbar; sie ist im Gegenteil dem staatlichen Zwang stets vorangegangen. Bekannt ist die Auffassung des germanischen Rechts: die schwere Missetat ist Friedensbruch und setzt den Verbrecher entweder der Feindschaft des Verletzten und seiner Sippe oder der des Gemeinwesens aus. Im ersteren, dem Regelfall, war die Selbsthilfe erlaubt. Noch im Mittelalter war das Fehderecht vielfach ein gesetzlich anerkanntes und an bestimmte Voraussetzungen geknüpftes Mittel zur Durchsetzung von Rechtsansprüchen. Vgl. den Mainzer Landfrieden vom 15. August 1235, ut nemo sibi vindicet sine iudicis auctoritate, § 5; Goldene Bulle cap. 17 § 2; Reformation von 1442 § 1.

b) Die Erzwingbarkeit ist kein dem Rechtsbegriff wesentliches Merkmal. Es gibt unzweifelhafte Rechtsnormen, deren Befolgung nicht erzwungen werden kann und darf: die Normen des konstitutionellen Staatsrechts, welche die Machtfülle des Monarchen einschränken; die Normen des Strafrechts sind auch für den Monarchen verbindlich, obwohl jeder Zwang ausgeschlossen ist; der Satz: „Du sollst nicht stehlen" gilt auch für Ehegatten im Verhältnis zueinander, für Verwandte aufsteigender Linie im Verhältnis zu solchen absteigender Linie; trotzdem schließt das deutsche Strafrecht in diesen Fällen die Bestrafung des schuldigen Ehegatten oder Aszendenten aus, nicht aber die der Teilnehmer (StGB. 247).

Garantien für die Beobachtung der völkerrechtlichen Normen bieten die öffentliche Meinung, die Meinungsäußerung anderer Staaten, vor allem aber das den Staaten innewohnende Gemeinschafts- und Rechtsgefühl sowie der derzeitige Bestand des Völkerrechts selbst: jeder Staat steht zu den anderen in einer unendlichen Fülle von Rechtsbeziehungen, welche er nicht zu zerreißen vermag.

Die Anerkennung des Völkerrechts haben die Staaten zu unzähligen Malen unzweideutig ausgesprochen.

1. Bei Staatsstreitigkeiten wird die Geltung des Völkerrechts nicht in Abrede gestellt, sondern nur darüber verhandelt, ob eine bestimmte Norm auf den Fall anwendbar und wie sie auszulegen sei.

2. Begeht ein Staat einmal einen Rechtsbruch, so stellt er doch seine Pflicht zur Beobachtung des Rechts nicht in Abrede; mit Hilfe juristischer Deduktionen sucht er vielmehr seiner Handlung den Schein des Rechts zu geben und huldigt so noch dessen Macht.

3. In vielen Erklärungen der Staaten ist die allgemeine Geltung des Völkerrechts ausdrücklich anerkannt: Pariser Kongreßakte vom 30. März 1856 Art. 7 — Einleitung zur Pariser Seerechtsdeklaration vom 16. April 1856 — Generalakte der Berliner Kongokonferenz vom 26. Februar 1885 Art. 9 — Einleitung der Haager Abkommen über die friedliche Schlichtung internationaler Streitigkeiten und über das Landkriegsrecht sowie der Londoner Seekriegsrechtsdeklaration (vgl. auch deren einleitende Bestimmung).

Tatsächlich erfüllen die Staaten ihre Rechtspflichten viel regelmäßiger und pünktlicher als die einzelnen Menschen. Die vereinzelten Fälle der Pflichtverletzung fallen aber öffentlich auf; sie werden in unbegründeter Weise verallgemeinert und liefern dann Stoff zu Klagen über das Verhalten der Staaten, über die Kraftlosigkeit des Völkerrechts.

§ 3. 3. Geltungsgebiet des Völkerrechts.

I. Es kann mehrere Völkerrechtsordnungen geben. Verschiedene Staatengruppen bilden dann je einen Kreis und erkennen besondere Regeln als für sich bindend an. Die für alle Staaten einer bestimmten Gruppe geltenden Rechtssätze bilden das gemeine Völkerrecht. Daß es ein solches gibt, wird zu Unrecht geleugnet. Das gemeine Völkerrecht muß von einem neugebildeten sowie von einem zu jener Gruppe hinzutretenden Staate in seiner Gesamtheit anerkannt werden (vgl. § 9). Partikuläres Völkerrecht gilt nur für diejenigen Staaten, welche die konkrete Norm anerkannt haben.

Die Entstehung des Völkerrechts ist keine Sache reiner Willkür. Sie setzt voraus:

a) eine derartige Entwicklung des Verkehrs, daß dessen Regelung nach Zufall und Laune sich als unmöglich herausstellt. Die Rechtsordnung erscheint als eine Notwendigkeit. Es entsteht der „Rechtstrieb" (Sturm: Gewohnheitsrecht, 1900);

b) eine Kulturgemeinschaft: im wesentlichen gleiche Anschauungen über Recht und Unrecht, über Pflichterfüllung. Daraus entspringt das Vertrauen, daß der andere Teil die Rechtsnorm nicht nur zu seinem Vorteil ausbeuten, sondern ihr auch dann nachleben werde, wenn sie seiner Selbstsucht entgegentreten sollte.

Das Recht ist ein Erzeugnis menschlichen Geistes und menschlichen Willens. Die Bedingungen seines Entstehens lassen sich deshalb nicht erschöpfend angeben. Die soeben aufgestellten Voraussetzungen des Völkerrechts ziehen ein solches nicht mit Notwendigkeit nach sich. Vielfach haben sich die Völker mit religiösen Satzungen beholfen: der Gesandte, der Fremde überhaupt steht unter dem Schutze der Götter. Oft war die Selbstsucht der einzelnen Staaten stärker als die Bedürfnisse des Verkehrs und der Kultur.

II. Das Völkerrecht der modernen Kulturstaaten entwickelte sich anfänglich unter den auf antiker Kultur gegründeten christlichen Staaten germanischer und romanischer Nation in Europa. Sie waren durch Verkehr und Kultur fest aneinander gefügt. Ihnen schlossen sich später die slawischen Staaten Europas an. Mit Rücksicht auf seinen Ursprung heißt unser Völkerrecht das europäische Völkerrecht oder das öffentliche europäische Recht. Diese Bezeichnung hat aber nur noch geschichtliche Berechtigung; das Geltungsgebiet ist bedeutend erweitert. Es umfaßt gegenwärtig alle Staaten Europas und Amerikas, ferner Japan, China, Siam und Persien. Hierzu ist zu bemerken:

a) Die Kolonien eines Staats sind völkerrechtlich Bestandteile des Mutterlandes; das Völkerrecht findet auf sie in gleicher Weise wie auf das Mutterland Anwendung. Die aus Kolonien entstandenen unabhängigen Staaten Amerikas traten deshalb ohne weiteres in die europäische Völkerrechtsgemeinschaft ein.

b) Die Türkei wurde auf dem Pariser Kongresse (Art. 7 der Kongreßakte vom 30. März 1856) der Vorteile des öffentlichen europäischen Rechts teilhaftig erklärt. Bis zum Jahre 1856 waren ihre Beziehungen zu den übrigen Staaten Europas folgendermaßen geregelt:

1. Für gewisse Angelegenheiten hatte sich ein Sonderrecht gebildet, z. B. für die Stellung der Konsuln und Untertanen der christlichen Staaten in der Türkei, für die Schiffahrt durch Bosporus und Dardanellen.

2. Einzelne Sätze des europäischen Völkerrechts waren bereits im Verkehr mit der Türkei zur Annahme gelangt, aber sie waren vereinzelt geblieben; eine Berufung auf andere Sätze war ausgeschlossen.

Der Pariser Kongreß hat das Sonderrecht bestehen lassen. Soweit es nicht in Frage kommt, finden auf den Verkehr zwischen der Türkei und den sechs übrigen Vertragsmächten seitdem alle Regeln des gemeinen europäischen Völkerrechts Anwendung, welche im Verkehr der christlichen Staaten untereinander ausgebildet sind. Die Aufnahme der Türkei in die europäische Völkerrechtsgemeinschaft ist von den auf dem Pariser Kongreß nicht vertretenen Staaten anerkannt worden.

c) Eine förmliche Aufnahme asiatischer und afrikanischer Staaten in die europäische Völkerrechtsgemeinschaft hat nicht stattgefunden. Nach Herstellung eines regelmäßigen Verkehrs im 19. Jahrhundert nahmen Persien und die ostasiatischen Staaten den europäischen gegenüber eine Stellung ein, wie die Türkei sie bis zum Jahre 1856 innegehabt hatte: neben einem ausdrücklich vereinbarten Sonderrecht galten noch einzelne, nachweislich anerkannte Normen des gemeinen Völkerrechts. Für Japan ist das Sonderrecht mit dem 17. Juli 1899 erloschen und das gemeine Völkerrecht schlechthin in Kraft getreten. In China, Siam und Persien besteht das Sonderrecht fort; im übrigen ist jetzt das gemeine Völkerrecht auch für den auswärtigen Verkehr dieser Staaten maßgebend: bei der Bedeutung des auf den Haager Friedenskonferenzen von 1899 und 1907 geschaffenen Werkes ist in der Einladung zu, in der Teilnahme an ihnen, in Verbindung mit der teilweisen Ratifikation der auf ihnen entstandenen Abkommen der Beweis dafür zu erblicken, daß die beteiligten Mächte sich wechselseitig als Mitglieder der nämlichen Völkerrechtsgemeinschaft anerkennen. — Zu anderen Staaten — wie Äthiopien, Liberia und Marokko — bestehen nur vereinzelte Verkehrs- und Rechtsbeziehungen. Die Staaten europäischer Kultur können sich ihnen gegenüber nur auf die nachweislich anerkannten Normen berufen.

§ 4. 4. Geschichtliche Entwicklung.

Literatur. Ward: Enquiry into the foundation and history of the law of nations, 1795; Wheaton: Histoire des progrès du droit des gens en Europe et en Amérique depuis la paix de Westphalie jusqu'à nos jours (4), 2 Bde., Leipzig 1865; Laurent: Études sur l'histoire de l'humanité. Histoire du droit des gens et des relations internationales, 18 Bde., Brüssel 1855 ff.; Pierantoni: Trattato di diritto internazionale, Bd. 1, Rom 1881; Walker: A history of the law of nations, Bd. 1, Cambridge 1899; Nys: Le droit de la guerre et les précurseurs de Grotius, Brüssel 1882; Nys: Les origines de la diplomatie et le droit d'ambassade jusqu'à Grotius, Brüssel 1884; Nys: Les origines du droit international, Brüssel 1894; Nys: Études de droit international et de droit politique, Brüssel 1896; Krauske: Die Entwicklung der ständigen Diplomatie, Leipzig 1885; v. Scala: Die Staatsverträge des Altertums, Leipzig 1898; Lameire: Théorie et pratique de la conquête dans l'ancien droit, 3 Bde., Paris 1902/05; Cybichowski: Das antike Völkerrecht, Breslau 1907; Wheeler: Étude sur l'histoire primitive du droit international, Rev. 40 5/30; Schücking: Die Organisation der Welt, Festgabe für Laband, Tübingen 1908; Dubois: Le principe d'équilibre et le concert européen, Paris 1909; Phillipson: The international law and custom of ancient Greece and Rome, 2 Bde., London 1911; Schücking: Der Staatenverband der Haager Konferenzen, Leipzig 1912; Burckhardt: Die Kultur der Renaissance in Italien, Bd. 1 Abschnitt 1; Jellinek 280—323; v. Bezold, Gothein, Koser: Staat und Gesellschaft der neueren Zeit, die Kultur der Gegenwart II V 1, Berlin u. Leipzig 1908.

I. Die Grundlagen. Von jeher haben Staaten Kriege geführt, Gebietserwerbungen gemacht, Verträge geschlossen. Die hierbei im Altertum beobachteten Formen weisen in mancher Hinsicht Ähnlichkeit auf mit denen der modernen Welt. Ein geschichtlicher Zusammenhang ist aber nicht ohne weiteres gegeben. Für einzelne Gebräuche wird sich ein solcher freilich nachweisen lassen. An dieser Stelle können indessen nicht alle Umstände klargelegt werden, welche auf das europäische Völkerrecht der Gegenwart eingewirkt haben. Die bedeutendsten Tatsachen sind:

1. die Verkehrs- und Kulturgemeinschaft der germanischen und romanischen Völker Europas im Mittelalter;

2. die Entstehung des modernen Staats.

Dem Islam gegenüber fühlten sich die christlichen Nationen als eine Einheit. Dieser Gedanke konnte durch eine entgegengesetzte Sonderpolitik zeitweise verdunkelt, aber nicht verwischt werden. Die Kreuzzüge legen beredtes Zeugnis für ihn ab. Aber nicht nur im Gegensatz zu den Mohammedanern tritt jene Einheit hervor. Sie wurzelt vielmehr in verschiedenen Faktoren, welche die europäischen Völker innerlich zusammenschlossen. Als solche Faktoren hebt Holtzendorff mit Recht hervor: die Ausbreitung der Germanen über einen großen Teil Europas, die gleichmäßige Herrschaft der einen Kirche, Lehnswesen und Rittertum, die städtische Gemeindefreiheit und den Handel (Handbuch des Völkerrechts Bd. I). Durch diese teils realen, teils idealen Mächte ist eine Verkehrs- und Kulturgemeinschaft geschaffen worden; sie dauert bis auf unsere Tage fort und hat sich über einen großen Teil der Welt ausgedehnt.

Unmittelbar praktische Bedeutung für die Ausbildung des Völkerrechts erlangte indessen nur der internationale Handelsverkehr der freien Städte. In ihm — zunächst an den Gestaden des Mittelmeers — haben sich wichtige Rechtssätze ausgebildet; in ihrer Fortentwicklung machen sie noch heute einen wesentlichen Bestandteil des Völkerrechts aus: das Seerecht und das Konsulatwesen. Unter den mittelalterlichen Seerechtssammlungen nimmt das Consolato del mare den ersten Platz ein.

Zur Herstellung einer Verkehrs- und Kulturgemeinschaft unter den Völkern Europas haben die weit verbreiteten ständischen Einrichtungen und das Papsttum erheblich beigetragen. Sie haben aber der Ausbildung des modernen Völkerrechts — so wie dieses sich entwickelt hat — in mancher Hinsicht auch entgegengewirkt. Als Lehnsherr nahm der Papst eine direkte Oberherrschaft über eine Reihe bedeutender Staatswesen in Anspruch. Als geistliches Oberhaupt forderte er Gehorsam von allen weltlichen Gewalten (vgl. die Bulle Unam sanctam vom Jahre 1302; c. 1 Extrav. comm. 1,8). Diesen Ansprüchen auf Weltherrschaft traten theoretisch die des Kaisers, praktisch das Selbständigkeitsgefühl aller Landesherren gegenüber. Die weltliche Politik machte den Papst zum Verbündeten der Vasallen gegen ihren Lehnsherrn. Er war eine außerhalb des Staats stehende Macht und gebot den Untertanen eventuell Widersetzlichkeit gegen ihren Staat. Eine unabhängige, keiner höheren Gewalt unterworfene Staatsgewalt wurde weder von außen, vom Papste, noch im Innern von den Vasallen anerkannt, welche unter Berufung auf ihn den Gehorsam verweigerten.

Der mittelalterliche Staat beruhte, wie Ranke sagt „auf einer Freiheit des Individuums und der Korporationen, die jeden Einfluß der zentralen Gewalten sorgfältig abzuwehren suchte". Er „war noch nicht geschlossen, sondern seine Geistlichkeit von einem entfernten Oberhaupt abhängig, sein Adel und seine Städte dergestalt gespalten, daß es jeder mehr mit seinen Standesgenossen in anderen Ländern als mit seinen Mitbürgern in demselben Lande hielt" (Ranke: Die Osmanen und die spanische Monarchie 176). Die Freiheit des Individuums war freilich keine allgemeine, wie im modernen Staat, dafür aber eine um so größere auf seiten der einzelnen bevorrechteten Personen. Ihre und der Stände Freiheit und Selbständigkeit traten der Staatsgewalt entgegen. Sie standen zwischen dem Landesherrn und der Masse der Untertanen. Im inneren Kampf zersplitterten sich die Kräfte. Jedes größere auswärtige Unternehmen hing davon ab, ob die Vasallen und wiederum deren Aftervasallen der Lehnspflicht entsprachen oder nicht.

Für die Entwicklung des Völkerrechts war deshalb die Überwindung des ständischen Staatswesens und der päpstlichen Machtansprüche von größter Bedeutung. Die entscheidenden Tatsachen fallen in das Zeitalter der Reformation, in die Zeit vom Ende des 15. Jahrhunderts bis 1648.

Die kirchliche Spaltung setzte der Weltherrschaft des Papstes ein Ende. In protestantischen Ländern wurde sie nicht mehr anerkannt. Aber auch das Verhältnis des Papstes zu den katholischen Staaten änderte sich: zur Unterdrückung der Ketzer war er auf die Fürsten angewiesen; die Stärkung der landesherrlichen Gewalt entsprach oft seinen Interessen.

Der moderne Staat ist in Italien entstanden. Nach dem von Kaiser Friedrich II. in seinem Königreich beider Sizilien gegebenen Vorbilde richteten sich die zahlreichen Gewaltherrschaften auf italischem Boden im 14. und 15. Jahrhundert: durch „bewußte Berechnung aller Mittel", durch ausschließliches Handeln nach Zweckmäßigkeit erlangten die Tyrannen „fast absolute Machtvollkommenheit innerhalb der Staatsgrenzen". Dem einen Machtzweck mußte alles sich fügen und dienen. Die bedeutenderen Stadtrepubliken wurden nach gleichen Grundsätzen regiert (Burckhardt).

Der in Italien zuerst verwirklichte Gedanke des Einheitstaats hat dann in Frankreich, Spanien und England die Herrschaft erlangt. Im Anschluß an Holtzendorff (Handbuch des Völkerrechts 1 377/9; vgl. auch Jellinek a. a. O.) seien als charakteristisch sowohl für den modernen Einheitstaat wie auch für die völkerrechtliche Entwicklung folgende Punkte hervorgehoben:

1. die Einheitlichkeit und Unteilbarkeit des Staatsgebiets. Die in der Hand eines Herrschers vereinigten Landesteile bilden nicht mehr rechtlich getrennte politische Gemeinwesen, die nur durch die Einheit des Landesherrn zusammengehalten werden, aber jederzeit im Wege der Erbteilung oder sonstwie auseinanderfallen können. Sie werden vielmehr zu einem einheitlichen Staatswesen verschmolzen, sollen unter allen Umständen vereinigt bleiben und auch nicht in Form des Lehnsverbandes einem andern sich unterordnen;

2. die gleichmäßige Unterwerfung aller Landesbewohner unter die Staatsgewalt. Ihrer Durchführung können persönliche oder Standesvorrechte nicht mehr entgegengehalten werden. Nur durch manchen Rechtsbruch löste sich der Staat von den mittelalterlichen Verhältnissen los. Die Berufung der Grafen Egmont und Hoorn auf die den Rittern des goldenen Vließes zustehende Sondergerichtsbarkeit wies Alba mit dem charakteristischen Ausspruch zurück, daß er a connu et connaît de cette cause par commission de Sa Majesté, comme son souverain seigneur de ce pays et non comme chef de l'ordre de la Toison d'or (Ranke a. a. O. 376). Mit Beseitigung dieser Vorrechte ging die der Abhängigkeitsverhältnisse Hand in Hand, wenigstens

soweit sie die durchgreifende Herrschaft der Staatsgewalt hinderten. Es wird ein allgemeines, für alle Staatsgenossen gleichmäßig geltendes Landesrecht möglich;

3. die Einheitlichkeit der militärischen Gewalt. Der Staatsgewalt ist jedermann gleichmäßig unterworfen; von ihr wird jedermann gleichmäßig geschützt. Bewaffnete Selbsthilfe und Privatkriege werden verboten. Der Staat aber schafft sich ein „von dem Zufall der Lehnstreue unabhängiges" Heerwesen.

In Deutschland hat sich dieser Umschwung nur innerhalb der einzelnen reichsständischen Territorien, auch hier aber im wesentlichen erst nach dem Dreißigjährigen Kriege vollzogen.

In dem Maße, in welchem die Staaten im Innern sich zusammenschlossen, erlangten sie die Kraft zu auswärtiger Politik. Es beginnen die Kämpfe um Erhaltung des europäischen Gleichgewichts.

II. Das Völkerrecht im Reformationszeitalter bis zum Westfälischen Frieden. Mit der Ausbildung des modernen Staats vollzieht sich die des völkerrechtlichen Subjekts. Es ist der Staat; er allein ist es. Wie im Innern, so untersagt er seinen Untertanen auch den Krieg nach außen hin. Daß die Völkerrechtsfähigkeit des Staats nicht an seine oder seines Herrschers Legitimität geknüpft sei, stand wenigstens in Italien fest. Aber auch die Königin Elisabeth hatte bereits 1578 einen ständigen Gesandten bei den Generalstaaten, noch ehe sie deren Souveränität formell anerkannt hatte (Krauske 108). In Deutschland gewährte der Religionsfriede von Augsburg 1555 den Reichsständen, nicht den Untertanen, freie Wahl zwischen augsburgischer und katholischer Konfession, erkannte mithin grundsätzlich beide als gleichberechtigt an.

Unter den völkerrechtsfähigen Staaten ergaben sich Unterschiede daraus, daß ein Teil von ihnen noch in lehnrechtlicher Abhängigkeit von anderen stand. Den Titel ambasciatore erkannte Karl V. nur den Gesandten von Königen und der Republik Venedig zu, nicht den Vertretern von Staaten und Fürsten, deren Souveränität durch irgendein Lehnsverhältnis beschränkt wäre. Im 17. Jahrhundert wollten die Generalstaaten nur hinter gekrönten Häuptern und Venedig zurückstehen; vor den abhängigen deutschen Kurfürsten beanspruchten sie den Vorrang (Krauske 155, 214).

Die wichtigste Rechtsbildung in dieser Periode ist neben dem modernen Staat selbst seine Folgeerscheinung: das ständige Gesandtschaftswesen. Mit dem Einheitstaat in Italien entstanden, vornehmlich von Venedig ausgebildet, hat sich die neue Einrichtung im Zeitalter Ferdinands des Katholischen in Spanien, Frankreich, England und Österreich eingebürgert. Gegen Ende des 16. Jahrhunderts drang sie zu den nördlichen Ländern vor; im 17. Jahrhundert wurde sie auch hier allgemein üblich (Krauske).

Das ständige Gesandtschaftswesen erleichterte den Abschluß von Staatsverträgen ungemein, führte aber zu einer wichtigen Neuerung auf diesem Gebiete. Früher hatte die dem Unterhändler erteilte Vollmacht genügt, um den Fürsten bzw. den Staat zu verpflichten. Ferdinand der Katholische hat 1503 wohl zuerst den Grundsatz aufgestellt: der von seinem Gesandten abgeschlossene Vertrag binde nur, nachdem er von ihm, dem König, noch genehmigt sei. Vom Standpunkt der damaligen Zeit aus mag das Verhalten des katholischen Königs als Rechtsbruch oder Treulosigkeit erscheinen. Die Staatspraxis ist ihm aber gefolgt, weil sein Grundsatz den Bedürfnissen des Staats entsprechend befunden wurde.

Einzelne Materien des Völkerrechts, vor allem das Kriegsrecht, auch das Gesandtschafts- und Zeremonialwesen, Bündnisse und Repressalien, werden in dieser Periode oft zum Gegenstand wissenschaftlicher Bearbeitung gemacht. Hugo Grotius aber in seinem 1625 veröffentlichten Werke de iure belli ac pacis libri tres erfaßt nicht nur das Völkerrecht als eine Gesamtheit zusammenhängender Rechtsvorschriften, sondern macht diese Erkenntnis zum Gemeingut der Menschheit.

III. Das Völkerrecht vom Westfälischen Frieden bis zum Wiener Kongreß (1648—1815). Gegen die Zersplitterung der Kräfte im ständischen Staat des Mittelalters hatte das Reformationszeitalter durch Schaffung des Einheitstaats in gesunder Weise reagiert. Die Blüteperiode des fürstlichen Absolutismus führte den Gedanken der Staatsallmacht in rücksichtsloser Weise durch. Sie überspannte ihn, sofern die persönliche All- und

Übermacht des Herrschers zu einer Identifizierung seiner Interessen mit denen des Staats führte. Das Wort „L'État c'est moi" ist typisch. Nach Belieben griff der Staat in die Interessen seiner Bürger ein, wo sein eigener Vorteil es zu gebieten schien (Verkauf deutscher Untertanen zum Dienst in der englischen Armee). Aber er förderte sie auch nach Kräften, wenn dieser es gebot: die staatliche Handelspolitik spielte eine große Rolle. In Frankreich führte Colbert das Merkantilsystem mit viel Geschick durch; in England fand es seine Verkörperung in der berühmten Navigationsakte Cromwells von 1651.

Eine Staatsgewalt, die sich im Innern alles erlaubt, ist nicht gewillt, sich nach außen hin Schranken aufzuerlegen: Mazarins Theorie von den natürlichen Grenzen Frankreichs, die Reunionen Ludwigs XIV. Das Völkerrecht war noch nicht sehr gefestigt; seine Entwicklung weist wenig große Momente auf. Wenn die Diplomaten zusammenkamen, so bewährte sich das Zeitalter der Allongeperücke und des Zopfes vor allem in endlosen Rang- und Etikettestreitigkeiten. Immerhin ist manches Wichtige erreicht und manches Samenkorn in die Erde gesenkt worden, welches im 19. Jahrhundert zur Blüte kommen sollte.

Der Westfälische Friede ist der erste europäische Staatsakt. An den Verhandlungen nahmen fast alle wichtigen Staaten teil. Förmlich anerkannt wurde die Unabhängigkeit der Schweiz und der Niederlande, d. h. zweier Verbände von Staaten, welche sich im Wege der Empörung gebildet hatten. Für Deutschland wurde die Gleichberechtigung der drei Konfessionen und die Fähigkeit der Reichsstände zur Eingehung von Bündnissen — nur nicht gegen Kaiser und Reich, den Landfrieden und den Westfälischen Frieden — ausgesprochen. Durch die Vereinbarung mit Frankreich und Schweden erhielten diese Bestimmungen völkerrechtliche Bedeutung. Frankreich und Schweden, ein katholischer und ein protestantischer Staat, verbürgten sich ebenmäßig für die Aufrechterhaltung der religiösen Gleichberechtigung und erklärten jeden Widerspruch für nichtig, möge er von geistlicher oder weltlicher Seite, aus dem Reich oder von außerhalb her erhoben, auf kanonisches Recht oder Konzilienschlüsse gestützt werden. (Instr. Pacis Osnabr. Art. 5 § 1, Art. 17 § 2, Dumont VI 1, 473, 488.) Die Ansprüche des Papstes waren beiseite geschoben. Der Protest Innozenz' X. vom 26. November 1648 (ebenda 463) konnte daran nichts ändern. — Mit der Bündnisfähigkeit war den Reichsständen auch die zur Kriegführung gegeben; sie hatten beschränkte völkerrechtliche Rechtsfähigkeit erlangt. Ihre Staatsgewalt wurde als Landeshoheit bezeichnet. Den Ausdruck „Souveränität" hatte der Kaiser ausdrücklich zurückgewiesen, weil er allein Souverän im Reiche sei. (Mejer: Einleitung in das deutsche Staatsrecht (2), § 21 A. 13.)

Nach dem zu Münster und Osnabrück gegebenen Beispiel haben die Staaten sich fortan oft zur Beratung gemeinsamer Angelegenheiten auf Kongressen vereinigt: Pyrenäenkongreß 1659, Aachen 1668, Nymwegen 1678, Ryswick 1697, Utrecht 1713, Aachen 1748. Es wurde regelmäßige Staatspraxis, Fragen von allgemeiner Bedeutung in dieser Weise zu behandeln.

Der Kreis der Völkerrechtsgemeinschaft wurde erweitert, als Rußland seit Peter dem Großen sich regelmäßig und aktiv an den europäischen Staatsangelegenheiten beteiligte. Das Verhältnis zur Türkei erfuhr wesentliche Änderungen. Nach der Schlacht von Zenta (1697) hörten die Osmanen auf, von Tributen zu reden; in den Besprechungen über den Frieden von Karlowitz (1699) unterwarfen sie sich einer regelmäßigen Unterhandlung mit der anderen, als gleichberechtigt anerkannten Partei (Ranke a. a. O. 57, 80). Zu Passarowitz wurde im Jahre 1718 neben dem Friedensvertrage ein regelrechter Handels- und Schiffahrtsvertrag für den wechselseitigen Verkehr zwischen dem Kaiser und dem Sultan geschlossen, während die früheren Kapitulationen immer nur die Stellung der Untertanen christlicher Mächte in der Türkei geregelt hatten. Von einem „ewigen" Frieden war noch keine Rede. Mit den Ungläubigen vereinbarten die Muselmanen höchstens Waffenstillstände auf bestimmte Zeit. Die Friedensverträge von Karlowitz und Passarowitz wurden teils schon als solche, teils als armisticia bezeichnet und sollten nur 25 bzw. 24 Jahre in Geltung sein. Im Laufe des 18. Jahrhunderts hat sich dann die Türkei zum Abschluß regelrechter Friedensverträge verstanden.

Die republikanische Regierung Englands mußte sich ihre Anerkennung erringen. Cromwell wurde allgemein als „Vater der Illoyalität" betrachtet (Ranke). Neben Spanien gebärdeten sich namentlich die selbst aus der Revolution hervorgegangenen Generalstaaten als die Wächter der Legitimität. Die Macht des Protektors siegte indessen über diese Vorurteile. Bald wurden seine Gesandten allgemein empfangen; 1654 konnte er mit Schweden, 1657 mit Frankreich ein Bündnis schließen.

Die auf Erhaltung des europäischen Gleichgewichts gerichtete Politik erhielt ihre theoretische Begründung namentlich durch Fénelon. Nach seiner Lehre darf kein Staat eine solche Übermacht erlangen, daß Freiheit und Unabhängigkeit der anderen dadurch gefährdet werden; um es zu verhindern, dürfen die bedrohten Staaten sich verbünden; selbst wenn die Übermacht in rechtmäßiger Weise erworben werde, müsse das Recht des einzelnen dem natürlichen Recht aller auf Sicherheit nachstehen. Fénelon wollte hiermit nur die Verteidigung rechtfertigen. Seine Theorie lieferte aber einen bequemen Deckmantel für gewinnsüchtiges Vorgehen. Gegen jede im Wege rechtmäßiger Thronfolge, durch Heirat oder Erbvertrag herbeigeführte Gebietsvergrößerung konnte interveniert werden; man behauptete ein Recht, sie zu untersagen, oder man forderte „Kompensationen". Ihre Erlangung war nicht selten das Ziel der Wünsche.

In Verbindung mit dem Merkantilsystem führte der Gedanke der Staatsallmacht zu dem Bestreben, den fremden Verkehr im Inland nach Möglichkeit zu beschränken, den eigenen Verkehr mit dem Ausland aber zu kräftigen. Nach der Navigationsakte vom Jahre 1651 durften überseeische Waren in England nur auf englischen, europäische Waren auch nur auf englischen oder auf den Schiffen des Landes eingeführt werden, in dem diese Waren ihren Ursprung hatten. Der Schiffahrtsverkehr auf den Flüssen war schon in früheren Zeiten mit hohen Zöllen belastet worden. Mit dieser Einnahmequelle begnügte man sich nicht mehr. In den Hauptverträgen von Münster und Osnabrück wurde zwar die Freiheit der Schiffahrt auf Rhein und Weser unter den alten Bedingungen und Zöllen anerkannt; nach ihrem Vertrage mit Spanien vom 30. Januar 1648 Art. 14 waren die Niederlande aber berechtigt, die Schelde, die Kanäle von Sas und Zwyn, sowie andere Mündungen daselbst zu sperren, d. h. jeglichen Verkehr zwischen Antwerpen und dem Meere zu hindern (Dumont VI 1 S. 431). Die Schiffahrt durch Sund und Belte gestattete Dänemark nur gegen Erlegung hoher Zölle. Während England und die Niederlande den fremden Handel im eigenen Lande nach Möglichkeit unterdrückten, waren sie, wie auch Schweden, eifrig bestrebt, den Sundzoll zu beseitigen. Schweden war 1645—1720 von ihm befreit, die Holländer nur 1649—1653. Die Bemühungen waren immer nur auf Sondervorteile, nicht auf allgemeine Freiheit der Schiffahrt gerichtet. Im Jahre 1649 bedangen sich die Holländer ausdrücklich aus, daß die ihnen zugestandene Befreiung vom Zolle keinem anderen, nicht bereits befreiten Staate gewährt würde. Der Unterdrückung des fremden Handels dienten auch die Ansprüche auf „Eigentum" an größeren Teilen des Ozeans. England hat sie in dieser Periode mit besonderem Nachdruck zur Geltung gebracht. Die Ausbreitung des eigenen Handels im Auslande wurde durch Verträge gefördert. Für den Schutz der Untertanen mußte aber auch gesorgt werden; das Gesandtschafts- und Konsularwesen diente diesem Zweck. Letzteres war im Mittelalter nur eine Angelegenheit der freien Städte gewesen. Nunmehr bestellten die größeren Staaten Konsuln im Auslande; der Konsul wird Beamter des Heimatstaats. Vorbildlich war die französische Marineordonnanz von 1681.

Die bedeutendsten Umwandlungen haben sich im Kriegsrecht vollzogen.

1. Der Kriegsgefangene war im Mittelalter häufig Privatgefangener desjenigen, der sich seiner Person bemächtigt hatte. Jedenfalls hing, von besonderen Fällen abgesehen, sein Schicksal ganz vom Willen des Gewalthabers ab. Die Freiheit erlangte er regelmäßig nur gegen Lösegeld. Dies konnte während des Krieges, mußte aber keineswegs bei dessen Beendigung geschehen. Mit dem Verschwinden der Privatkriege und dem Aufkommen der Staatsheere gerät der Gefangene in die Gewalt des feindlichen Staats allein. Dieser hat über ihn zu bestimmen und erhält das Lösegeld. Von mittellosen Söldnern konnte es nicht erpreßt werden; wohl aber hatte der Staat ein Interesse, seine in Gefangenschaft geratenen Truppen baldmöglichst wiederzubekommen. Er zahlt also das Lösegeld. Schon während des Krieges werden mitunter Kartelle über die Auswechslung von Gefangenen geschlossen. In den Friedensverträgen wird die Freilassung aller Gefangenen, zunächst gegen, später auch ohne Lösegeld, bedungen. Die Gefangennahme feindlicher Personen geschieht nicht mehr zum Zweck der Bereicherung, sondern lediglich zur Schwächung der feindlichen Kriegsmacht. Mit Beendigung des Krieges fehlt demnach jeder Titel zur Aufrechterhaltung der Gefangenschaft. So wurde in der zweiten Hälfte des 17. und im 18. Jahrhundert die Entwicklung des modernen Grundsatzes angebahnt:

der Gefangene darf nicht getötet werden; mit Beendigung des Krieges sind alle Gefangenen freizulassen.

2. Die friedliche Bevölkerung des feindlichen Landes. Die von den Heeren Ludwigs XIV. begangenen Greueltaten sind bekannt; auch während des Siebenjährigen Krieges verübten Russen und Österreicher noch viele Grausamkeiten. Im 18. Jahrhundert wurde es aber Grundsatz: die kriegerische Gewalt wendet sich im Landkriege vornehmlich gegen die feindlichen Angriffs- und Verteidigungsmittel, d. h. gegen das feindliche Heer und die Befestigungen, nicht gegen die friedliche Bevölkerung des feindlichen Landes. Sofern sie sich wirklich friedlich verhält, ist sie in ihrer Person und in ihrem Eigentum nach Möglichkeit zu schützen. (Vattel III 8 §§ 145/8. — ALR. I 9 § 197. — Vertrag zwischen Preußen und den Vereinigten Staaten vom 10. IX. 1785 Art. 23; Martens, Recueil (2), IV 47.) Mit dem Gedanken des Einheitstaats und des Staatskrieges wurde es anderseits unvereinbar, daß ein Teil des Volks selbständig über sein Schicksal entschied. Aus der Übergabe einer feindlichen Stadt konnte der Sieger nicht mehr das Recht zu deren Einverleibung in sein Gebiet herleiten.

3. Die Neutralität. Dem Kriegführenden ist jedes Mittel willkommen, welches ihm zum Siege verhilft, mag es den Feind oder einen Dritten treffen. Die Klugheit gebietet indessen oft eine Beschränkung der kriegerischen Gewalt auf den Feind. Rechtlich wurde ihre Ausdehnung auf die am Kriege nicht teilnehmenden — neutralen — Staaten erst in neuerer Zeit unzulässig. Die Neutralität hat sich im Anschluß an den modernen Staat und dessen Territorialgewalt entwickelt. Wer am Kriege nicht teilnimmt, will ihn auch von seinem Gebiet fernhalten. Schon im Zeitalter der Königin Elisabeth war der Begriff der Neutralität wohlbekannt. Im Frieden von Münster (§ 3) versprachen der Kaiser und der König von Frankreich, die wechselseitigen Feinde in keiner Weise zu unterstützen (Dumont VI 1 S. 451). Der Ausgangspunkt der Neutralität, die Nichtteilnahme am Kriege, wurde darin erblickt, daß der Neutrale dem einen Kriegführenden keine Begünstigung angedeihen lassen dürfe, welche dem Gegner schaden könne; folglich konnte er beiden Teilen die nämliche Begünstigung erweisen, ihnen z. B. die Benutzung seines Gebiets, insbesondere den „unschuldigen" Durchmarsch gestatten. Mit der Unparteilichkeit wurde es noch nicht sehr streng genommen. Einzelne, nur dem einen Kriegführenden erwiesene Begünstigungen wurden als unvollständige Neutralität entschuldigt. Der Benachteiligte durfte sie hindern, die Neutralität selbst aber nicht in Frage stellen. Nur langsam brach sich der Grundsatz Bahn, daß eigentliche Kriegsakte, Schlachten, Wegnahme von Schiffen, in neutralem Gebiet schlechthin unzulässig sind.

Mächtige Staaten benutzten den Seekrieg gern, um auch den Handel der Neutralen empfindlich zu schädigen: die sämtlichen Küsten des Feindes wurden auf dem Papier für blockiert erklärt, die dorthin segelnden neutralen Schiffe als Blockadebrecher weggenommen. Waren, deren der Feind bedurfte, wurden zur Kriegskonterbande gestempelt und ihre Zuführung den Neutralen untersagt. Für den Fall, daß neutrales Gut auf feindlichem Schiff oder feindliches Gut auf neutralem Schiff verfrachtet war, hielt England das schon vom Consolato del mare aufgestellte System fest: feindliches Gut ist auf neutralem Schiff der Wegnahme unterworfen, neutrales Gut auf feindlichem Schiffe frei. Die französische Praxis handhabte lange Zeit hindurch folgende Regel: wenn Schiff oder Ladung feindlich ist, so sind beide zu konfiszieren; 1744 wurden neutrale Schiffe für frei erklärt, auch wenn sie feindliches Gut führten; doch wurde diese Regel nur auf diejenigen Staaten angewendet, mit denen sie vereinbart war. (Vgl. Perels: Das internationale öffentliche Seerecht [2] 225/26.) Für die Neutralen war sowohl die englische wie die französische Praxis nachteilig; am schlimmsten aber war, daß die beiden Seemächte verschiedenen Grundsätzen huldigten, und daß es seit der Niederzwingung der holländischen Seemacht keinen Staat gab, der auch nur einer jener beiden Mächte zur See gewachsen war. Eine Vereinigung der anderen Staaten konnte allein Wandel schaffen. Das beabsichtigte Rußland, als es im Jahre 1780 die „erste bewaffnete Neutralität" mit Schweden und Dänemark zustande brachte. Es wurden folgende Sätze aufgestellt: 1. Der neutrale Seehandel mit den Plätzen der kriegführenden Staaten ist frei. 2. Mit Ausnahme der Kriegskonterbande ist feindliches Gut auf neutralem Schiff frei. 3. Kriegskonterbande sind nur die in Verträgen als solche anerkannten Gegenstände. 4. Ein Hafen gilt nur dann als blockiert, wenn das blockierende Geschwader in seiner Nähe sich aufhält, so daß die Einfahrt offensichtlich mit Gefahr verbunden ist. 5. Neutrale Schiffe dürfen nur aus gerechtem Anlaß und auf offenkundige Tatsachen hin angehalten werden; die Aburteilung soll schnell erfolgen, das Verfahren einheitlich, rasch und gesetzmäßig sein; den zu Unrecht Angehaltenen ist Schadensersatz zu gewähren. — Zur Durchsetzung dieser Regeln sollten die verbündeten Staaten Waffengewalt aufbieten. Die Niederlande, Preußen, Österreich, Portugal und beide Sizilien traten der bewaffneten Neutralität bei; Frankreich erkannte ihre Grundsätze an. Die zweite bewaffnete Neutralität vom Jahre 1800 wiederholte sie noch einmal. Bei dem Widerspruch Englands konnten sie indessen noch keine praktische Geltung erlangen; sie hatten mehr symptomatische Bedeutung. Für die Fortbildung des Völkerrechts im 19. Jahrhundert haben sie aber die Grundlage geschaffen. Besondere Beachtung verdient auch ALR. I 9 §§ 205 ff., 212/19, II 8 §§ 2034/40.

IV. Das Völkerrecht vom Wiener Kongreß bis zur Gegenwart. An dem Grundsatz unbedingter Souveränität haben die Staaten im 19. Jahrhundert festgehalten, sich aber vielfach bei deren Ausübung sowohl den Untertanen wie auch anderen Staaten gegenüber beschränkt. Die Proklamation der Menschenrechte in Amerika hat in fast allen Staaten Europas zu konstitutionellen Einrichtungen geführt. Der Untertan ist Staatsbürger geworden: er äußert einen — wenn auch bescheidenen — Einfluß auf die Entstehung des Staatswillens, und er hat dem Staat gegenüber eine rechtlich bestimmte Freiheitsphäre. Die Anerkennung der Menschenrechte hat auch seine Stellung zu fremden Staaten erheblich beeinflußt.

Die französische Revolution hatte die sich ausdehnende Kraft der Ideen bewiesen und gezeigt, daß die inneren Vorgänge in einem Staat für andere Staaten nicht immer gleichgültig sein können. Die Kriege Napoleons I. hatten ganz Europa in Mitleidenschaft gezogen und die einzelnen Staaten einander genähert. Die Heilige Allianz — gegründet von Österreich, Preußen und Rußland am 26. September 1815 (Martens: Nouv. Rec. II 656), praktisch ausgedehnt auf England am 20. November 1815 (ebenda 734) und auf Frankreich am 4./12. November 1818 (ebenda IV 556/60) — wollte alle Angelegenheiten von allgemeiner Bedeutung durch gemeinschaftliches Vorgehen regeln. Als solche allgemeine Angelegenheiten betrachtete sie auch gewisse innere Vorgänge, insbesondere Empörungen innerhalb der einzelnen Staaten. Sie beurteilte diese vom Standpunkt der Legitimität aus, d. h. sie unterstützte, eventuell durch bewaffnete Intervention, die bestehenden, vom Wiener Kongreß eingesetzten Gewalten: Kongresse zu Aachen 1818, Troppau 1820, Laibach 1821, Verona 1822. Was in Neapel, Sardinien und Spanien gelungen war, sollte auch bei den von Spanien abgefallenen Kolonien in Amerika ins Werk gesetzt werden. Dieser Versuch scheiterte an dem Widerstand der Vereinigten Staaten. In seiner berühmten Botschaft vom 2. Dezember 1823 erklärte Präsident Monroe jede gewaltsame Unterdrückung der in Amerika gebildeten, von den Vereinigten Staaten als unabhängig anerkannten Staaten für ein unfreundliches Verhalten gegen die Vereinigten Staaten selbst. Schon vorher hatte sich England gegen die Intervention in die innerspanischen Angelegenheiten erklärt; auf Monroes Botschaft hin erkannte es die Unabhängigkeit der ehemaligen Kolonien Spaniens an. Durch ihre reaktionäre Tendenz und die ständige Interventionspolitik ist die Heilige Allianz mit Recht verrufen. Ihrem unberechtigten Vorgehen lag aber ein berechtigtes Gemeingefühl, die Anerkennung einer Interessengemeinschaft (Gareis) zugrunde.

Die Notwendigkeit, gewisse Angelegenheiten gemeinschaftlich zu regeln, hat sich im 19. Jahrhundert immer wieder herausgestellt. Mit der Zunahme der Bevölkerung und des Verkehrs, mit der Erleichterung der Verbindungen durch die neuen Verkehrsmittel wuchsen die Interessen der einzelnen Staaten und die gemeinsamen Interessen, aber auch die Konflikte. Die Zahl der Kongresse und Konferenzen hat sich bedeutend vermehrt. Sie sind unter zwei Gesichtspunkten zu betrachten:

1. Wie früher dienten sie der Beilegung schwebender Streitfragen, der Ausgleichung der Macht- und Interessengegensätze: der Wiener Kongreß hatte 1815 die durch die französische Revolution und das Kaiserreich hervorgerufenen Störungen zu beseitigen, die Staaten und ihren Besitzstand neu zu ordnen. Die erwähnten Kongresse von 1818—1822 sollten dieses Werk erhalten und befestigen. Nach den Unabhängigkeitskämpfen der Griechen und Belgier wurde die Lostrennung ihrer neuen Staaten von der Türkei bzw. den Niederlanden in langen Konferenzen zu London und Konstantinopel 1827—1828 bzw. zu London 1830—1832 geregelt.

Von 1840—1878 hatte sich das europäische Konzert vornehmlich mit der orientalischen Frage zu beschäftigen, zunächst im Jahre 1840 mit der Auseinandersetzung zwischen dem Sultan und Mehemet Ali, dem Pascha von Ägypten. Im Anschlusse hieran wurde durch Vertrag vom 13. Juli 1841 die Schließung des Bosporus und der Dardanellen für alle fremden Kriegsschiffe vereinbart (Fleischmann 39). Nach dem Krimkriege hatte der Pariser Kongreß die Zustände auf der Balkanhalbinsel zu reformieren. Der Meerengenfrage und dem Schwarzen Meer wie auch der Donauschiffahrt galt 1871 die Londoner Konferenz. Der letzte russisch-türkische Krieg zog 1878 den Berliner Kongreß nach sich; er regelte von neuem die Zustände auf der Balkanhalbinsel.

2. Auf den Kongressen und Konferenzen wurden im 19. Jahrhundert häufig auch objektive Rechtsnormen für den Verkehr der Staaten geschaffen. Von den Bestimmungen des Westfälischen Friedens abgesehen, hatten ähnliche Vereinbarungen aus früheren Jahrhunderten meist nur kurze Geltung gehabt, waren auch nur für zwei oder drei Staaten maßgebend gewesen, so die vielfach wiederkehrenden Festsetzungen der Kriegskonterbandeartikel. Die Sätze der bewaffneten Neutralität blieben auf dem Papier stehen. Im Wege ausdrücklicher Vereinbarung hat sich dagegen im 19. Jahrhundert eine große Anzahl von Staaten zu einer Reihe wichtiger Rechtsnormen auf die Dauer bekannt. Der Wiener Kongreß hat in dieser Hinsicht ein rühmliches Beispiel gegeben: a) Er stellte den Grundsatz der freien Schiffahrt auf allen, das Gebiet mehrerer Staaten trennenden oder durchlaufenden Strömen auf und arbeitete Schiffahrtsakten für Rhein, Neckar, Main, Mosel, Maas und Schelde aus: Kongreßakte vom 9. Juni 1815 Art. 108—117 und Anlage 16 (Martens: Nouv. Rec. II 427 ff., 434/49). An die Stelle der größtmöglichen Beschränkung des fremden Verkehrs war das Prinzip der „offenen Tür" getreten. — b) Die Abschaffung des Negerhandels wurde im Prinzip beschlossen: Anlage 15 (S. 432 ff.). Vgl. dazu den Veroneser Beschluß vom 28. November 1822 (ebenda VI 139). c) Die Rangverhältnisse der Gesandten wurden am 19. März 1815 (ebenda II 449) geregelt, die endlosen Streitigkeiten hierdurch so gut wie aus der Welt geschafft und für die folgenden Kongresse eine rein sachliche Verhandlung ermöglicht. — d) Die ewige Neutralität der Schweiz und Krakaus (1815—1846) wurde anerkannt; den Signatarmächten wurde jeder Angriff auf die neutralisierten Staaten, diesen jeder Angriff bzw. jede Beteiligung an einem Krieg dauernd untersagt.

Der Sklavenhandel ist seit dem Wiener Kongreß mehrfach ausdrücklich verboten und auf eine Linie mit dem Seeraub gestellt worden: Londoner Vertrag vom 20. Dezember 1841 Art. 1 (Fleischmann 41). — Art. 9 der Generalakte der Berliner Kongokonferenz vom 26. Februar 1885 (ibid. 199). Eine umfassende Kodifikation zur Unterdrückung des Sklavenhandels und zur Sicherung der befreiten Sklaven wurde in der Generalakte der Brüsseler Antisklavereikonferenz vom 2. Juli 1890 (ibid. 226) geschaffen. — Die Berliner Kongokonferenz, durch die neuen Kolonialgründungen herbeigeführt, hat ferner Schiffahrtsakten für Kongo und Niger ausgearbeitet und im Interesse des Kolonisationswerks dafür Fürsorge getroffen, daß der Kolonialbesitz in Zentralafrika nicht zum Schauplatz eines um anderer Interessen willen geführten Krieges werde. Schließlich hat sie den Gebietserwerb in Afrika an feste Regeln gebunden; die Bedeutung dieser Regeln dürfte über den afrikanischen Kontinent hinausreichen.

In umfassender Weise sind neue objektive Normen auf dem Gebiet des Kriegsrechts entstanden. Das 1815 zuerst aufgestellte Prinzip der Neutralisierung von Staaten wurde auf Belgien 1831/39 und Luxemburg 1867 sowie auf einzelne Gebietsteile anderer Staaten ausgedehnt: Korfu, Paxo, Suezkanal. Sodann wurden besondere Regeln über die Art der Kriegführung vereinbart: die vier Sätze der Pariser Deklaration vom 16. April 1856 über das Seekriegsrecht (Fleischmann 57); die Genfer Konvention von 22. August 1864 über den Schutz der Verwundeten und Kranken im Felde sowie über den des Sanitätspersonals (ibid. 69), revidiert 1906; die Petersburger Deklaration vom 11. Dezember 1868 über die Verwendung von Sprenggeschossen im Kriege (ibid. 88). Ein am 20. Oktober 1868 unternommener Versuch der Vervollständigung und Ausdehnung der Genfer Konvention auf den Seekrieg blieb zunächst erfolglos; das nämliche Schicksal teilte der zu Brüssel 1874 ausgearbeitete Entwurf einer Konvention über das Landkriegsrecht. Die Vollendung dieses Werkes blieb den Haager Friedenskonferenzen von 1899 und 1907 (RGBl. 1901 S. 393, 1910 S. 5) vorbehalten. Noch über weitere

Materien des Land- und Seekriegsrechts wurde auf ihnen ein Einverständnis erzielt. Den Abschluß sollte eine Vereinbarung über das für Handel und Schiffahrt der Neutralen wichtige Prisenrecht bringen; die hierüber von zehn Seemächten ausgearbeitete Londoner Seekriegsrechtsdeklaration vom 26. Februar 1909 und das an ihr Inkrafttreten gebundene Haager Abkommen über die Errichtung eines internationalen Prisengerichtshofs sind indessen einstweilen am Widerstand des englischen Oberhauses gescheitert. — Außer den kriegsrechtlichen Abkommen wurde auf der ersten Haager Konferenz noch eine Vereinbarung über die friedliche Erledigung internationaler Streitfälle unterzeichnet; sie regelt u. a. die Errichtung eines Schiedshofs im Haag, an welchen streitende Mächte sich jederzeit wenden können. Die zweite Konferenz hat dieses Abkommen vervollkommnet und ihm ein noch nicht ratifiziertes Projekt der Errichtung eines ständigen Schiedsgerichtshofs sowie ein Abkommen über die Beschränkung der Anwendung von Gewalt bei der Eintreibung von Vertragsschulden hinzugefügt.

Die älteren der hier aufgezählten Kongresse und Konferenzen waren nur von europäischen Staaten beschickt. Als Präsident Monroe eine europäische Einmischung in amerikanische Angelegenheiten zurückwies, erklärte er zugleich, die Vereinigten Staaten würden sich in Fragen der europäischen Politik nicht einmischen. In Verfolg dieses Grundsatzes haben sie sich erst an den neueren, Recht schaffenden Konferenzen beteiligt. An der Brüsseler Antisklavereikonferenz nahmen auch der Kongostaat und Persien, an der ersten Haager Konferenz Mexiko, China, Japan und Persien, an der zweiten 44 Staaten teil. Ihrerseits haben sich die Staaten Amerikas zu Sonderkongressen in Washington 1889, Mexiko 1901, Rio de Janeiro 1906 und Buenos Aires 1910 vereinigt (Martens: NRGén. 3° S. 6 114—254).

Die Kongresse sind ein hochbedeutsames Mittel für die Fortbildung des Völkerrechts geworden. Aber die auf ihnen entfaltete Tätigkeit machte nur einen Teil dessen aus, was geleistet ist. Die Ausdehnung des Verkehrs auf Afrika, Asien und die Südsee erweiterte den Kreis der das Völkerrecht anerkennenden Staaten und führte zur Bildung neuer Rechtsnormen im Wege der Gewohnheit.

In durchgreifender Weise wurde die Stellung der Menschen zu fremden Staaten reformiert. Die Maßnahmen zur Unterdrückung des Sklavenhandels und zur Humanisierung des Kriegsrechts erfolgten in ihrem Interesse. Schon zu Anfang des 19. Jahrhunderts fielen die der Bewegungs- und Verfügungsfreiheit auferlegten Vermögensbeschränkungen: Abschoß und Nachsteuer. Bewegungsfreiheit und Rechtsschutz genießt der Mensch in allen zivilisierten Staaten fast unbeschränkt; auch der Religionsübung bereiten nur wenige Staaten Hindernisse. In anderer Weise ist dem Rechtsschutz durch die zur allgemeinen Übung gewordene Auslieferung flüchtiger Verbrecher Genüge geschehen. Darüber hinaus ist den geistigen und materiellen Interessen der Menschen durch die sogenannte internationale Verwaltung (L. v. Stein) eine umfassende Förderung zuteil geworden. Im Wege gegenseitiger Verständigung, freiwilliger Selbstbeschränkung haben sich die einzelnen Staaten zu einer gemeinsamen, die Wohlfahrt ihrer Bürger bezweckenden Tätigkeit vereinigt: Eisenbahn-, Post-, Telegraphen- und Münzverträge, Sanitätskonventionen, Verträge über den Schutz des geistigen und gewerblichen Eigentums, über das internationale Privatrecht u. a. m. Im Jahre 1785 schrieb Ompteda: „Die Verträge der Völker bestehen gewöhnlich in Friedensschlüssen und solchen Traktaten, welche sich auf Krieg und Frieden beziehen." In der Gegenwart nehmen die Verkehrsverträge der Zahl nach unzweifelhaft den ersten Rang ein. Diese Tatsache zeigt, auf welchem Gebiet die Staaten jetzt ihre wichtigste internationale Aufgabe erblicken.

Indem das Völkerrecht den Staatsbürgern Bewegungsfreiheit und Schutz für ihre Person und ihre Rechte fast auf der ganzen Erde gewährleistete, schien es bei oberflächlicher Betrachtung kosmopolitischen Ideen zu huldigen. Das hat es nicht getan; denn es schützt nicht den Menschen als solchen, sondern nur den Staatsangehörigen, auch ihn nicht gegen seinen Heimatstaat. Ebensowenig hat es sich zu einem Recht der Rassen entwickelt, wie die Nationalitätstheorie wollte. Vgl. Mancini: Della nazionalità come fondamento del diritto delle genti, 1851 (Diritto internazionale. Prelezioni, Neapel 1873). Wohl hat der nationale Einheitsgedanke Staaten wie Italien und das Deutsche Reich geschaffen. Aber der Gedanke der nationalen Unabhängigkeit hat gemischte Staaten, wie Österreich, in schwere innere Kämpfe verwickelt. Ihre Beendigung im Sinne der Nationalitätstheorie würde den einzelnen kleinen Rassen nur eine scheinbare Unabhängigkeit gewähren. In Wahrheit müßten sie sich den mächtigen Nachbarn doch unterordnen.

§ 5. 5. Quellen des Völkerrechts.

Literatur. Bergbohm: Staatsverträge und Gesetze als Quellen des Völkerrechts, Dorpat 1877; Jellinek: System der subjektiven öffentlichen Rechte (2), Freiburg i. B. 1905, S. 203 ff., 312 ff.; Nippold: Der völkerrechtliche Vertrag, Bern 1894, S. 18/64; Wilhelm Kaufmann a. a. O. und: Weltzuckerindustrie und internationales und koloniales Recht, Berlin 1904, Erich Kaufmann: Das Wesen des Völkerrechts und die clausula rebus sic stantibus, Tübingen 1911; Triepel 27/103; Schuppe: Das Gewohnheitsrecht, Breslau 1890; Brie: Die Lehre vom Gewohnheitsrecht, Breslau 1899; Sturm: Revision der gemeinrechtlichen Lehre vom Gewohnheitsrecht, Leipzig 1900, und: die psychologischen Grundlagen des Rechts, Hannover 1910; Anzilotti, Rivista 1 40/7; Cavaglieri: La consuetudine giuridica internazionale, Padua 1907; Diena: Considerazioni critiche su alcune teorie del diritto internazionale, Turin 1908, S. 5/25; Huber, Jahrbuch des öffentlichen Rechts 4 56 und: Gemeinschafts- und Sonderrecht unter Staaten, Gierke-Festschrift, Weimar 1911, S. 817/50; Stammler: Theorie der Rechtswissenschaft, Halle a. S. 1911; Grosch, GrünhutsZ. 38 583/94; v. Bar, ArchRPhilos. 6 145; Stahl: Rechtsphilosophie (5), 2 1; Windscheid: Pandektenrecht (8), 1 §§ 15 ff.; Dernburg: Pandekten (6), 1 §§ 26 ff.; Gierke: Deutsches Privatrecht Bd. I.

I. Die Arten der Rechtsquellen. Die Entstehung eines Rechtssatzes ist an die Entstehung einer Rechtsüberzeugung und an die Erklärung des Rechtssatzes als Recht gebunden (vgl. Gierke 126). Ein Staat allein kann Völkerrecht nicht schaffen; er hat über andere keine gesetzgebende Gewalt; aus seiner einseitigen Erklärung erlangen andere auch keinen Anspruch gegen ihn, wird er nicht verpflichtet, es bestehe denn schon eine entsprechende Norm. Nur durch gemeinschaftliche Erklärung der Staaten wird Völkerrecht hervorgebracht. Die gemeinschaftliche Erklärung kann mit Worten erfolgen: gesetztes Recht, Vereinbarung, oder durch Handlungen im Wege der Übung: ungesetztes oder Gewohnheitsrecht. Als Völkerrechtsquellen sind diese beiden Formen seiner Erscheinung zu besprechen.

1. Die Vereinbarung tritt in der Form eines Staatsvertrags in die Erscheinung. Ein solcher Vertrag kann Rechtsquelle wie Rechtsgeschäft sein. Immer beruht er auf zweierlei Normen des Gewohnheitsrechts: a) auf den Normen über den Abschluß von Staatsverträgen (vgl. §§ 13, 15), b) auf dem Satz pacta sunt servanda: rechtsgültig abgeschlossene Verträge sind für die Kontrahenten verbindlich. Diese Normen gelten für beide Arten von Verträgen gemeinschaftlich. In größeren Vertragsinstrumenten finden sich rechtsgeschäftliche und rechtsetzende Bestimmungen nicht selten vereinigt, so in der Wiener Kongreßakte. Der Vertrag ist Rechtsgeschäft, wenn er auf die Begründung, Erhaltung, Abänderung oder Aufhebung subjektiver Rechte gerichtet ist. Er ist Rechtsquelle, wenn mehrere Staaten eine Rechtsregel formulieren und sich zu deren Befolgung wechselseitig verpflichten. Vgl. jedoch Jellinek und Triepel a. a. O., anderseits Erich Kaufmann 160/71.

2. Der Begriff des Gewohnheitsrechts ist im Völkerrecht der nämliche wie in anderen Rechtsgebieten. Es ist das von einer Gemeinschaft tatsächlich und dauernd aus Überzeugung seiner Notwendigkeit als Recht geübte Recht. Als übende Personen kommen nur Staaten in Betracht, als Übung lediglich im Staatenverkehr vorgenommene Handlungen, nicht diejenigen, welche sich ausschließlich auf die inneren Verhältnisse des einzelnen Staats beziehen.

II. Die Kraft der Rechtsquellen. 1. Verhältnis zwischen Gewohnheitsrecht und Vereinbarung. Das Völkerrecht hat sich anfänglich nur im Wege der Gewohnheit entwickelt; es ist auch jetzt zu erheblichem Teil Gewohnheitsrecht. Die Wirksamkeit beider Rechtsquellen ist die gleiche: ein Satz des Gewohnheitsrechts kann durch Vereinbarung aufgehoben werden und umgekehrt: das Gewohnheitsrecht hat derogatorische Kraft auch gegenüber der Vereinbarung. Jeder Rechtssatz kann sowohl durch Bildung eines entgegenstehenden neuen Satzes wie durch einfache desuetudo außer Kraft gesetzt werden.

2. Das Geltungsgebiet der Rechtsquellen. Jeder Rechtssatz ist zunächst nur maßgebend für diejenigen Staaten, welche ihn im Wege der Gewohnheit oder Vereinbarung geschaffen haben. Die völkerrechtlichen Normen bilden sich meist in kleinerem Kreise aus. Ihr Geltungsgebiet erweitert sich wiederum durch Gewohnheit oder ausdrückliche Übereinkunft. In den rechtsetzenden Vereinbarungen der neueren Zeit wird oft der Beitritt (Akzession) anderer Staaten für zulässig erklärt, oder es wird eine Aufforderung zum Beitritt an sie gerichtet. Alsdann genügt die einseitige Beitrittserklärung, während sie in anderen Fällen noch angenommen werden

muß. Der einzelne Rechtssatz kann für einige Staaten durch Gewohnheit, für andere durch Vereinbarung Geltung erlangt haben.

III. Die Erkenntnis des Völkerrechts. Das Vertragsrecht ist in Urkunden verzeichnet. Vereinbarungen werden regelmäßig amtlich bekanntgegeben. Sie sind in den Sammlungen der Staatsverträge zum Abdruck gebracht; vgl. das Verzeichnis S. 483. Diese Sammlungen enthalten zugleich die rechtsgeschäftlichen Verträge, in neuerer Zeit oft auch die diplomatischen Depeschen und Protokolle. Die Kenntnis des Gewohnheitsrechts wird aus den geschichtlichen Präzedenzfällen gewonnen sowie aus der ausdrücklichen Anerkennung oder Nichtanerkennung bestimmter Sätze in den Staatsverhandlungen und rechtsgeschäftlichen Verträgen. Eine geschichtliche Betrachtung der letzteren liefert viele wertvolle Aufschlüsse über das Gewohnheitsrecht. Die diplomatischen Depeschen und Protokolle enthalten das Material zum Verständnis der Verträge. Die Gesetze der einzelnen Staaten und die Entscheidungen ihrer Gerichte dürfen nur mit Vorsicht zur Erkenntnis des Gewohnheitsrechts herangezogen werden. Mitunter wird der nämliche Gegenstand von verschiedenen Staaten im Wege der Gesetzgebung oder Verordnung gleichmäßig geregelt: Prisenreglements, Seestraßenordnungen. Doch ist genau zu unterscheiden, ob lediglich das Gute übernommen oder in Anerkennung einer völkerrechtlichen Verpflichtung gehandelt wurde. Das Gesetz als solches ist nie Völkerrechtsquelle, denn es ist die Anordnung eines Rechtssatzes für den eigenen Bereich des einzelnen Staats, ein Befehl an seine Untergebenen. Er wird dadurch anderen Staaten zur Befolgung seines eigenen Gesetzes nicht verpflichtet; noch weniger kann er ihnen Verpflichtungen auferlegen. Da ein Staat allein Völkerrecht nicht zu schaffen vermag, so sind auch die Entscheidungen seiner Gerichte dazu nicht imstande. Nur indirekt können sie auf die Bildung einer völkerrechtlichen Gewohnheit Einfluß üben.

Eine Gesamtkodifikation des Völkerrechts im Wege der Vereinbarung ist möglich, aber der zu überwindenden Schwierigkeiten halber für absehbare Zeit nicht zu erwarten. Die bisherige Entwicklung weist auf den Weg der Partialkodifikation hin. Ihn werden voraussichtlich auch die amerikanischen Staaten beschreiten, welche im Sommer 1912 mit umfassenden Kodifikationsarbeiten beginnen sollten. Vgl. Alvarez: La codification du droit international, Paris 1912.

Erstes Buch: Das materielle Völkerrecht.

I. Allgemeiner Teil.

Erstes Kapitel: Die Subjekte.

A. Der Staat als völkerrechtliche Person.

§ 6. 1. Begriff und Eigenschaften des Staats.

Literatur. Die Lehrbücher über allgemeine Staatslehre und Staatsrecht und die daselbst angeführten Werke über den Staat. Heilborn: Das völkerrechtliche Protektorat, Berlin 1891, S. 44 ff.

I. Begriff. Der Staat ist älter als das Völkerrecht. Es setzt den Staatsbegriff und mit ihm den Unterschied zwischen Staat und Kommunalverband als gegeben voraus. Der Staat ist die mit ursprünglicher oder eigener Herrschermacht ausgerüstete Gebietskörperschaft (Jellinek). Wesentlich sind ihm: 1. ein bestimmtes Volk, 2. ein von diesem dauernd bewohntes Gebiet, 3. eine äußere Organisation des gemeinsamen Lebens; sie dient zur Erfüllung des Gemeinzwecks; sie ermöglicht die Bildung eines Gemeinwillens.

Das Recht betrachtet den Staat als Verbandseinheit und als Person, d. h. als ein selbständiges, von der Summe seiner Untertanen verschiedenes, rechts- und handlungsfähiges Wesen.

So auch das Völkerrecht. Als Personen kennt es aber nur die Staaten, nicht die Verbände innerhalb der Staaten.

Nicht jeder Staat ist völkerrechtliche Person (§ 9). Die völkerrechtliche Persönlichkeit entbehren neben den gänzlich isolierten auch die Staaten ohne eigene auswärtige Beziehungen. Die einzelnen Staaten der Nordamerikanischen Union können als solche mit fremden Staaten keinen Verkehr pflegen; er ist der Union vorbehalten; die einzelnen Staaten können keine völkerrechtlichen Rechte erwerben, keine Pflichten auf sich nehmen, sind auch nicht deliktsfähig.

II. Die Souveränität. Der von der französischen Staatsrechtswissenschaft ausgebildete Begriff der Souveränität bezeichnet „die Eigenschaft des Staats als höchstes, herrschendes Gemeinwesen". Als solches ist er keiner fremden Herrschaft unterworfen, aber allen Menschen und Korporationen auf seinem Gebiet übergeordnet. Fremden Staaten gegenüber tritt das negative Merkmal, die Freiheit von fremder Herrschaft, zunächst hervor. Die Völkerrechtswissenschaft kann aber bei dieser Betrachtungsweise nicht stehen bleiben. Der Staat lebt in einem Kreise durch Rechtsgemeinschaft verbundener Staaten; er ist keinem fremden Willen unterworfen, aber er findet seine Schranke an der Rechtssphäre anderer Staaten; er hat nicht volle Freiheit, sondern nur die vom Völkerrecht gestattete Freiheit, also höchstens die nämliche Freiheit wie alle anderen Staaten. Weiter aber hat er auch positiv die völkerrechtliche Rechts- und Handlungsfähigkeit: er kann Träger völkerrechtlicher Rechte und Verpflichtungen sein; er kann mit völkerrechtlicher Wirkung handeln. Hier sind Abstufungen denkbar, und sie kommen auch tatsächlich vor. Ein Staat mit beschränkter Rechts- oder Geschäftsfähigkeit ist in gewisser Hinsicht einem fremden Staat unterworfen, hat die vom Völkerrecht gewährte Freiheit nicht im ganzen Umfang. Dagegen hat sie der Staat mit voller völkerrechtlicher Rechts- und Handlungsfähigkeit; er ist sui iuris, souverän im völkerrechtlichen Sinne. Nichtsouverän sind Staaten ohne völkerrechtliche Rechts- und Handlungsfähigkeit: die einzelnen Staaten der Nordamerikanischen Union; halbsouverän sind 1. Staaten von beschränkter Rechts- oder Geschäftsfähigkeit, 2. geschäftsunfähige, aber rechtsfähige Staaten.

III. Die Gleichheit[1]. Souveräne Staaten haben volle völkerrechtliche Rechts- und Handlungsfähigkeit. Sie muß bei allen notwendig die gleiche sein. Daraus ergibt sich die Gleichheit aller souveränen Staaten in völkerrechtlichen Beziehungen. Sie entspricht der in modernen Verfassungen verkündeten Gleichheit aller Staatsbürger vor dem Gesetz und will ebensowenig wie diese die tatsächlichen Machtverhältnisse beseitigen oder gar leugnen. Der kleine Staat kann die nämlichen Rechte erwerben wie der große; er kann Rechtshandlungen mit gleicher Wirkung vornehmen. — Folgerungen:

a) Kein souveräner Staat ist verpflichtet, den von anderen ausgebildeten Völkerrechtssatz anzuerkennen. An den Konferenzen zur Regelung von Rechts- und Verwaltungsangelegenheiten nehmen die kleinen Staaten regelmäßig teil.

b) Kein souveräner Staat kann von der Regelung der Angelegenheiten ausgeschlossen werden, an denen er interessiert ist. Aachener Protokoll vom 15. November 1818 Nr. 4 (Fleischmann 25). Infolge ihrer Weltpolitik sind die Großmächte an den Angelegenheiten fremder Staaten zwar öfter interessiert als die kleinen Mächte, sie sind aber nicht berechtigt, die Angelegenheiten dritter Staaten ohne deren Mitwirkung, allgemeine Angelegenheiten unter Ausschluß der dabei interessierten kleinen Mächte zu regeln. Die europäischen Großmächte haben dem mehrfach zuwidergehandelt. Ein Versuch wurde 1883 von Rumänien zurückgewiesen. Auf der zweiten Haager Friedenskonferenz erstrebten sie einen Vorrang bei der Besetzung des internationalen Prisengerichtshofs. Großmächte sind die jeweilig durch ihren tatsächlichen Einfluß — nicht etwa durch erhöhte Rechts- oder Handlungsfähigkeit — ausgezeichneten Staaten, in Europa zurzeit: das Deutsche Reich, Österreich-Ungarn, Frankreich, Großbritannien, Italien und Rußland.

c) Ungleichheiten bestehen nur zu Recht, wenn und soweit sie vereinbart wurden, nur mit dem Einverständnis des benachteiligten Staats. Ebenso verhält es sich mit völkerrecht-

[1] Huber: Die Gleichheit der Staaten (Rechtswissenschaftliche Beiträge, juristische Festgabe des Auslands zu Kohlers 60. Geburtstag), Stuttgart 1909; Rev. **31** 273 ff., **32** 5 ff.

lichen Einschränkungen der inneren Unabhängigkeit. Die Bestimmungen in Art. 29 Abs. 5 ff. und in Art. 44 des Berliner Vertrages vom 13. Juli 1878 (RGBl. 307) konnten nur in Kraft treten, nachdem sie von Montenegro bzw. Rumänien angenommen waren: Montenegro durfte bis 1909 weder Kriegsschiffe besitzen noch eine Kriegsflagge führen; in Rumänien soll niemand wegen seines religiösen Glaubens oder Bekenntnisses von dem Genuß der bürgerlichen und politischen Rechte ausgeschlossen werden. Vgl. Art. 5, 27 und 35 für Bulgarien, Montenegro und Serbien.

d) Kein Staat ist der Gerichtsbarkeit eines anderen unterworfen. Par in parem non habet iurisdictionem. Unzulässig sind Klagen gegen einen fremden Staat aus völkerrechtlichen Verbindlichkeiten, aus obrigkeitlichen Akten und aus Anleiheverträgen. . Ausgeschlossen ist auch ein Strafverfahren gegen fremde Staaten, selbst wenn die Deliktsfähigkeit juristischer Personen sonst anerkannt ist. Bestritten ist dagegen die Anwendbarkeit des aufgestellten Satzes auf gewöhnliche Zivilprozesse, in denen ein fremder Staat als privatrechtliche Person (Fiskus) Partei ist. Er ist im Ausland wohl nur unterworfen: 1. dem forum rei sitae für unbewegliche Sachen, 2. dem forum, welches er selbst für den einzelnen Streitfall durch Erhebung der Klage oder dadurch anerkannt hat, daß er als Beklagter die Unzuständigkeit des Gerichts nicht geltend gemacht hat [1].

e) Kein souveräner Staat kann den Vorrang vor einem anderen beanspruchen. Der Grundsatz der Gleichheit beherrscht den geschäftlichen und zeremoniellen Verkehr der Staaten (Ehrenerweisungen, Schiffsgruß). Nur die höfische Etikette unterscheidet noch Staaten mit und ohne königliche Ehren; auf Republiken ist dieser Unterschied ohne Künstelei nicht übertragbar. Der halbsouveräne rangiert hinter dem ihm übergeordneten Staat; Ausnahme: Bulgarien auf der Haager Konferenz 1907; Rev. Gén. **15** 527/8.

§ 7. 2. Die halbsouveränen Staaten.

Literatur. Jellinek: Die Lehre von den Staatenverbindungen, Wien 1882; Brie: Theorie der Staatenverbindungen, Breslau 1886; Heilborn: Das völkerrechtliche Protektorat, Berlin 1891; Bornhak: Einseitige Abhängigkeitsverhältnisse unter den modernen Staaten, Leipzig 1896; Engelhardt: Les protectorats anciens et modernes, Paris 1896; Despagnet: Essai sur les protectorats, Paris 1896; Gairal: Le protectorat international, Paris 1896; Boghitchévitch: Halbsouveränität, Berlin 1903; v. Grünau: Die staats- und völkerrechtliche Stellung Ägyptens, Leipzig 1903; v. Dungern: Das Staatsrecht Ägyptens, Graz 1911; Finnland und Rußland: Die internationale Londoner Konferenz vom 26. Febr.—1. März 1910, Leipzig 1911; Rev. Gén. **2** 583, **3** 26, 166, 613, **5** 207, **15** 524, **17** 55; ZVölkR. **2** 376.

Die Halbsouveränität besteht entweder in einer Beschränkung der völkerrechtlichen Rechtsfähigkeit oder in einer Beschränkung der Geschäftsfähigkeit bzw. in Geschäftsunfähigkeit. Beide Arten der Halbsouveränität können bei einem Staat zusammentreffen; doch ist dies zufällig. Deliktsfähig sind alle halbsouveränen Staaten.

Staaten in ähnlicher Lage wie die halbsouveränen der Gegenwart hat es zu allen Zeiten gegeben. Die historische Betrachtung hat vom Lehnswesen auszugehen. Die lehnrechtliche Verbindung zwischen dem Herrn (Suzerän) und dem Vasallen ist auf das Verhältnis von Staatshaupt zu Staatshaupt übertragen worden. Sie entstammt aber einer Zeit, welche den völkerrechtlichen Souveränitätsbegriff nicht kannte, und läßt sich diesem ebensowenig einordnen, wie die modernen Halbsouveräne unter den lehnrechtlichen Typus gebracht werden können. Der Herr schuldete dem Vasallen Schutz und Treue; dieser war ihm zu Treue, Ehrerbietung, Hof- und Kriegsdienst verbunden. Das Verhältnis konnte so locker sein, daß der Vasallenstaat nach heutigen Begriffen als souverän zu bezeichnen wäre.

[1] v. Bar: Theorie und Praxis des internationalen Privatrechts **2** 660 ff.; BöhmsZ. **3** 275 ff.; Loening: Gerichtsbarkeit über fremde Staaten und Souveräne, Halle a. S. 1903; Anzilotti, Rivista **5** 473; Fall Hellfeld 1909: Entscheidung des preußischen Kompetenzgerichtshofs vom 25. Juni 1910 in den Rechtsgutachten über „Zwangsvollstreckung gegen fremde Staaten und Kompetenzkonflikt“ von Brie, Fischer und Fleischmann, Breslau 1910. Weitere Gutachten: Triepel, ArchÖffR. **28** 212, Kohler, Laband, Meili und Seuffert, ZVölkR. **4** 309/448; Fischer: Die Verfolgung vermögensrechtlicher Ansprüche gegen ausländische Staaten, Leipzig 1912.

I. Die beschränkt rechtsfähigen Staaten haben völkerrechtliche Persönlichkeit nur in beschränktem Umfang; in mancher Hinsicht erscheinen sie als Teil eines größeren, ihnen übergeordneten Staats; sie werden von ihm nicht vertreten, sondern von seinen Handlungen wie eine staatliche Provinz betroffen. Insoweit sind „ihre Persönlichkeit und ihr staatlicher Charakter ausgeschlossen". Verträge werden vom Oberstaat nicht zugleich im Namen des Unterstaats geschlossen, erstrecken ihre Wirkung aber auf ihn, sofern ihm die entsprechende Rechtsfähigkeit abgeht. Der russisch-türkische Friedensvertrag vom 8. Februar 1879 (Martens: N. R. Gén. 2. S. 3 468) erwähnt Ägypten nicht, obwohl dessen Truppen unter dem Oberbefehl und der Fahne des Sultans am Feldzug teilgenommen hatten; Ägypten war ohne weiteres in den Friedensvertrag eingeschlossen. Beschränkt rechtsfähige Staaten entstehen einmal, wenn Provinzen eines größeren Staats eine gewisse staatliche Selbständigkeit erringen, ohne zu voller Unabhängigkeit zu gelangen: ihre Rechtsfähigkeit erstreckt sich nur auf die ihnen zugewiesenen Angelegenheiten; im übrigen bleiben sie Teile des Oberstaats. Ober- und Unterstaat bilden zusammen den Staatenstaat. (Vgl. die Darstellung des Staatsrechts.) Einen anderen Fall stellt die Gründung eines Bundesstaats (§ 8) dar, sofern dieser die völkerrechtliche Persönlichkeit der ihm eingegliederten Staaten nicht völlig aufhebt (Amerika), sondern in beschränktem Umfang bestehen läßt: das neue Deutsche Reich. — Beispiele der ersteren Art liefern:

1. Die Staaten des alten Deutschen Reichs (vgl. § 4). Preußen und Österreich waren streng genommen nur in ihren nicht zum Reich gehörigen Besitzungen souverän. Die Verbindung der Staaten mit dem Reich beruhte zum großen Teil noch auf lehnrechtlichen Grundsätzen.

2. Die Vasallenstaaten der Türkei: die Donaufürstentümer Moldau, Walachei, Serbien und Bulgarien; seit 1878 sind Rumänien und Serbien, seit 1909 ist Bulgarien souverän. — Ferner Ägypten seit 1866. Diese Staaten hatten bzw. haben beschränkte Fähigkeit zum Erwerb von Rechten und Pflichten durch Vertrag. Fähigkeit zur Unterhaltung diplomatischer Beziehungen war bzw. ist ausgeschlossen. Die vasallitische Unterordnung kommt zum Ausdruck im Tribut, in der Bestätigung des Herrschers durch den Suzerän (der Khedive kann sogar abgesetzt werden), zum Teil auch in der Pflicht, einen Vertreter am Hofe des Suzeräns zu unterhalten, und in der Kriegsdienstpflicht Ägyptens. Durch die britische Besetzung und die Einführung einer internationalen Finanzverwaltung ist die Stellung Ägyptens sehr verwickelt geworden.

II. Die geschäftsunfähigen und die beschränkt geschäftsfähigen Staaten. Erstere können Rechtsgeschäfte nicht vornehmen; ihre Handlungen sind völkerrechtlich wirkungslos; sie bedürfen eines Vertreters — des Oberstaats —, der für sie handelt. Die beschränkt geschäftsfähigen Staaten können gewisse Rechtsgeschäfte selbständig vornehmen; bei anderen werden sie entweder vom Oberstaat vertreten, oder sie handeln zwar selbst, ihre Handlung ist aber nur wirksam, wenn die Genehmigung des Oberstaats hinzutritt.

Der Oberstaat ist hier Vertreter des Unterstaats, d. h. eine von ihm verschiedene Person. Handelt er im eigenen Namen, so wird er allein berechtigt und verpflichtet. Für den Unterstaat kann er rechtliche Wirkungen nur dadurch erzeugen, daß er ein Rechtsgeschäft in dessen Namen vornimmt bzw. das von diesem vorgenommene Rechtsgeschäft genehmigt. Alsdann wird lediglich der Unterstaat berechtigt und verpflichtet; seine Persönlichkeit geht nie in der des Oberstaats auf.

Die Verbindung zwischen dem Oberstaat und dem geschäftsunfähigen oder beschränkt geschäftsfähigen Unterstaat tritt in der Gegenwart meist, aber nicht notwendig in der Form des Protektorats auf: der Oberstaat übernimmt den Schutz des Unterstaats dritten Staaten und Empörern gegenüber. Dafür erhält er Einfluß auf die Leitung der auswärtigen Angelegenheiten des Unterstaats. In neuerer Zeit sind die Oberstaaten bestrebt, die Unterstaaten der Geschäftsfähigkeit ganz zu entkleiden. Die auswärtige Vertretung wird dann durch ihre Gesandten und Konsuln besorgt; im Gebiet der Unterstaaten finden sich wohl Konsuln, aber keine Gesandten dritter Staaten.

Dem Oberstaat gegenüber ist der Unterstaat voll geschäftsfähig; es gibt niemand, der ihn hier vertreten könnte. Seine inneren Angelegenheiten werden vom Protektorat an sich nicht berührt. Meist erwirkt aber der Oberstaat noch ein Interventionsrecht (§ 57) auf diesem Gebiet. Übt er eine wirkliche Herrschaft im Schutzgebiet aus, so ist das völkerrechtliche in ein staats- oder kolonialrechtliches Protektorat übergegangen (§ 22 Z. 5 c).

Der lehnrechtliche Typus ist hier einem modernen, rein völkerrechtlichen gewichen: an Stelle der wechselseitigen persönlichen Treupflicht zwischen Suzerän und Vasall ist die Vertragspflicht der Staaten getreten. Der Oberstaat schuldet dem Unterstaat noch Schutz, dieser ist aber zur Heerfahrt nicht mehr verbunden, an den Kriegen des Oberstaats teilzunehmen nicht verpflichtet. Auch Ehrerbietung und Hofdienst liegen ihm nicht mehr ob; er entrichtet keinen Tribut. Nicht er unterhält einen Vertreter am Hofe des Suzeräns, sondern der Oberstaat sendet einen Residenten zum Unterstaat. Dieser Resident übt den Einfluß des Oberstaats auf die auswärtigen und, soweit zulässig, auch auf die inneren Angelegenheiten des Unterstaats aus.

Kollektivprotektorat Österreich-Ungarns, Preußens und Rußlands über Krakau 1815/46; Protektorate Englands über die Jonischen Inseln 1815/63 (Einverleibung in Griechenland), über Afghanistan 1879, über die Transvaalrepublik 1881/84, über Zanzibar 1890; Protektorate Frankreichs über die Gesellschaftsinseln 1842/80, über Kambodscha 1863 (neuer Vertrag 1884), über Annam 1874 (n. V. 1884), über Tunis 1881 (n. V. 1883), über Madagaskar 1885/96; über Marokko 1912; Kollektivprotektorat Deutschlands, der Vereinigten Staaten von Amerika und Englands über Samoa 1889/99, Protektorat der Vereinigten Staaten über Cuba 1903, Japans über Korea 1905/10. — Die ehemalige Südafrikanische Republik (Transvaal) entwickelte sich im Jahre 1884 aus einem geschäftsunfähigen zu einem beschränkt geschäftsfähigen Staat. Die Schutzpflicht Englands und sein Einfluß auf die auswärtigen Angelegenheiten des Unterstaats wurden aber so beschränkt, daß die Verbindung dem Protektoratstypus nicht mehr entsprach.

§ 8. 3. Die Staatenverbindungen.

Literatur. Vgl. zu § 7. — Borel: Étude sur la souveraineté et l'État fédératif, Bern 1886; Le Fur: État fédéral et confédération d'États, Paris 1896; Huber: Die Entwicklungsstufen des Staatsbegriffs (Zeitschr. f. Schweizer Recht, NF. 23), Basel 1903; Ebers: Die Lehre vom Staatenbunde, Breslau 1910; Aall und Gjelsvik: Die norwegisch-schwedische Union, Breslau 1912; Windisch: Die völkerrechtliche Stellung der deutschen Einzelstaaten, Leipzig 1913; ZVölkR. 1 237; ArchÖffR. 27 288; Jahrbuch des öffentlichen Rechts 3 28/9, 4 72/3; Österreichische Rundschau Bd. 23.

Die Staatenverbindungen sind bereits in der Darstellung des Staatsrechts geschildert worden. Dort ist auch gesagt, welche von ihnen staats-, welche völkerrechtlicher Natur sind. Die völkerrechtliche Rechts- und Handlungsfähigkeit der Staatenverbindung selbst und der einzelnen zu ihr vereinigten Staaten richtet sich nach den hier in den §§ 6 und 7 erörterten Grundsätzen.

1. Die Personalunion. Die zufällige Vereinigung zweier Staaten unter dem nämlichen Herrscher hat auf ihre Selbständigkeit, auf ihre völkerrechtliche Rechts- und Handlungsfähigkeit keinen Einfluß. Die Handlung des einen ist für den anderen ohne Wirkung.

2. Die Realunion und der Staatenbund sind dauernde, aus mehreren Staaten bestehende Gemeinschaften zur gesamten Hand zur Wahrnehmung bestimmter gemeinsamer Interessen, insbesondere zur Aufrechterhaltung des inneren Friedens und zu gemeinschaftlicher Verteidigung gegen die Außenwelt (Ebers 268 ff., 303/14; dazu Gierke: Privatrecht 1 §§ 79/80). Im Staatenbund werden die gemeinsamen Angelegenheiten von einem besonderen Bundesorgan, in der Realunion von dem den unierten Staaten gemeinschaftlichen Organ erledigt. Die Gemeinschafter bilden keine neue Person, treten aber, soweit die Gemeinschaft reicht, als Gesamtmacht auf: sie handeln gemeinschaftlich, haben keine Sonderrechte und -pflichten, sondern nur Gesamtrechte und -pflichten. Infolgedessen kann der einzelne Staat seinen Anteil an einem der Gemeinschaft zustehenden Recht auf einen dritten Staat nicht übertragen, sofern eine Übertragung überhaupt zulässig ist. Ebensowenig kann er einen gemeinsam geschlossenen Vertrag für sich allein aufkündigen. Innerhalb seiner Sondersphäre handelt jeder Gemeinschafter selbständig. Die einzelnen Mitglieder des Deutschen Bundes haben viele Sonderverträge mit fremden Mächten geschlossen, — das Bundesverhältnis berührten sie nicht. Auch bei der Realunion kommen Sonderverträge vor. — Die Gemeinschaft zur gesamten Hand mindert die Souveränität der verbündeten Staaten nicht. Ihre Beschränkungen wurzeln in der Eigenart der von ihnen zur gesamten Hand erworbenen Rechte und Pflichten, nicht in ihrer Rechts- oder Handlungsfähigkeit.

3. Beim Bundesstaat sind zwei Typen zu unterscheiden, je nachdem die auswärtigen Angelegenheiten ausschließlich zur Zuständigkeit des Bundesstaats oder zum Teil auch zu der

der Gliedstaaten gehören. Im ersteren Fall sind die Gliedstaaten, wie bereits erwähnt, nichtsouverän, im letzteren beschränkt rechtsfähig. Der Bundesstaat selbst ist stets souverän, weil er die Kompetenzkompetenz besitzt; im Wege der Gesetzgebung kann er seine Zuständigkeit erweitern, auch die Wahrnehmung der auswärtigen Angelegenheiten ganz in seine Hand nehmen; er kann den Gliedstaaten die Völkerrechtsfähigkeit entziehen.

4. Der Staatenstaat hat die Kompetenzkompetenz nicht ohne weiteres. Ihren mohammedanischen Vasallenstaaten gegenüber hat die Türkei sie mehrfach in Anspruch genommen. Den Donaufürstentümern und Bulgarien gegenüber hatte sie sie seit 1856 bzw. 1878 nicht; denn die Stellung dieser Vasallenstaaten war durch Verträge mit den europäischen Mächten geregelt. Während der Bundesstaat seinem Wesen nach aus der Vereinigung der Gliedstaaten zu einer neuen Person besteht, war die teilweise Eingliederung der Vasallenstaaten in die Türkei eine zufällige Erscheinung. Die Türkei war auch ohne ihre Vasallenstaaten eine vollkommen rechts- und handlungsfähige völkerrechtliche Person.

§ 9. B. Beginn und Ende der Persönlichkeit.

Literatur. Le Normand: La reconnaissance des États et ses diverses applications, Paris 1899; Diena: Considerazioni critiche 26/35 (vgl. zu § 5); Anzilotti, Rivista 1 173/5, 4 237, 6 1, 345; Brie: Entstehung und Untergang der Staaten, Handbuch der Politik 1 66/73.

I. Beginn. Das Völkerrecht hat es nur mit bereits entstandenen Staaten zu tun. Es setzt den Staat voraus und fragt nicht, ob er auf friedlichem oder gewaltsamem Wege entstanden ist. Legitime Staaten gibt es nicht. Ein Staat ist entstanden, wenn ein Volk auf dem von ihm bewohnten Gebiet sich zu einer Verbandseinheit mit eigener Herrschermacht organisiert hat. Diese Tatsache bedarf der Feststellung durch die Altstaaten in Form der Anerkennung.

a) Hat sich ein neuer Staat im Bereich der bisherigen Völkerrechtsgemeinschaft selbständig gebildet — aus einem Volk und auf einem Gebiet, welche bisher Bestandteile eines anderen Gliedes der Völkerrechtsgemeinschaft waren —, so haben die Altstaaten nur zu beurteilen, ob ein endgültiger Zustand geschaffen, ob die neue Organisation hinreichend gefestigt ist. Bejahendenfalls ist die Anerkennung Pflicht. Bei gewaltsamer Losreißung muß der Kampf aber erst beendet sein. Vorzeitige Anerkennung der Aufrührer wäre unzulässige Aberkennung der Herrschaft des angegriffenen Staats über das von den Aufrührern in Anspruch genommene Gebiet. Die Einsetzung einer Regierung vollendet die Staatsgründung noch nicht.

b) Wird im Einverständnis der beteiligten Mächte eine friedliche Staatsgründung beabsichtigt, so kann der zukünftige Staat für den Fall seiner Entstehung im voraus anerkannt werden. Diese Anerkennung wird unter einer aufschiebenden Bedingung ausgesprochen; denn ein Staat kann nicht auf dem Papier entstehen.

c) Konstitutive Bedeutung hätte die Anerkennung eines Staats auf völkerrechtlichem Neuland; es wäre in Wahrheit Ausdehnung des Geltungsgebiets des Völkerrechts (§ 3).

Die Anerkennung erfolgt entweder ausdrücklich oder durch konkludente Handlungen: Aktnahme vom Regierungsantritt des Staatshaupts (§ 10 III), Abschluß von Verträgen, Entsendung oder Empfang von Gesandten.

II. Die völkerrechtliche Persönlichkeit erlischt:

a) Ohne Untergang des Staats: wenn er unter Verzicht auf Völkerrechtsfähigkeit in einen Bundesstaat eintritt: die einzelnen Staaten der Nordamerikanischen Union im Jahre 1787, die schweizerischen Kantone 1848.

b) Durch Untergang des Staats. Theoretisch sind drei Möglichkeiten gegeben: Untergang des Volks, Verlust des Gebiets und Untergang der eigentümlichen Staatsorganisation. Praktische Bedeutung hat nur letztere Art. Sie tritt ein:

1. kraft Vertrages: zwei Staaten schließen sich zu einem neuen, dritten Staat zusammen, oder der eine willigt in seine Einverleibung in den andern: Einverleibung Schottlands in England 1707, der hohenzollernschen Fürstentümer in Preußen 1849;

2. kraft einseitigen Rechtsakts des Staats, der sich einen anderen friedlich oder gewaltsam einverleibt. Friedlich wurden Toskana, Parma, Modena von Sardinien, gewaltsam von ihm

Neapel, von Preußen Hannover, Kurhessen, Hessen-Nassau und Frankfurt einverleibt. Hierher gehört auch die dritte Teilung Polens. Die Einverleibung auf Grund eines Krieges (debellatio) kann erst erfolgen, wenn der Krieg beendet, d. h. der Widerstand der feindlichen Truppen und auch der des Verbündeten endgültig gebrochen, die besiegte Staatsgewalt in ihrem gesamten Gebiet durch die des Siegers verdrängt ist. Eine frühere Einverleibungserklärung — so die Großbritanniens vom 1. September 1900 in Ansehung der Burenrepubliken — kann nur als suspensiv bedingte betrachtet werden (Kaufmann: Zur Transvaalfrage, Berlin 1901, S. 23 ff.).

Die völkerrechtliche Bedeutung der Einverleibung wird dadurch nicht geändert, daß dem einverleibten, aber des Staatscharakters entkleideten Gebiet einzelne eigene Gerechtsame belassen werden. Ebensowenig erhält ein einverleibtes Gebiet durch Einräumung solcher Staatscharakter (Finnland).

III. Gebietsveränderungen und Umgestaltungen der inneren Organisation eines Staats haben auf die völkerrechtliche Persönlichkeit keinen Einfluß. Der Staat bleibt der nämliche; in seinen völkerrechtlichen Rechten und Pflichten tritt keine Umgestaltung ein.

a) Gebietserwerb und Gebietsverlust sind als Vermögenserwerb bzw. Vermögensverlust zu betrachten. So auch die Staatspraxis; a. A. namentlich Fricker: Gebiet und Gebietshoheit, Tübingen 1901. Gebietsveränderungen berühren die Persönlichkeit des Staats ebensowenig wie Änderungen in dem gegenwärtigen Bestand seiner Untertanen; hier findet ein unaufhörlicher Wechsel statt, nicht nur durch Geburten und Todesfälle, sondern auch durch Eintritt von Ausländern in den Staatsverband, durch Austritt von Inländern aus ihm. Die Staatspraxis hat das Königreich Italien als identisch mit Sardinien angesehen: die Rechte und Verbindlichkeiten Sardiniens blieben bestehen, erstreckten sich auch auf die neuerworbenen Länder; deren Rechtsverhältnisse nahmen dagegen ein Ende, soweit nicht Sukzession (§ 53) stattfand. Contra: Rivista **6** 1 ff.

b) Umgestaltungen der inneren Organisation „ändern die Form, aber nicht das Sein" des Staats. Handelt er nunmehr durch ein anderes Organ, so ist er doch darum derselbe geblieben. Trotz aller inzwischen eingetretenen Veränderungen ist die heutige französische Republik mit dem Königreich des 18. Jahrhunderts identisch. Ob die Umgestaltungen auf gesetzlichem oder revolutionärem Wege erfolgen, ist völkerrechtlich ohne Belang. Die völkerrechtlichen Rechte und Pflichten bleiben unberührt: Les traités ne perdent pas leur puissance quels que soient les changements qui interviennent dans l'organisation intérieure des peuples (Londoner Protokoll vom 19. Februar 1831, Martens: N. R. **10** 197; vgl. 199). Die neue Regierung muß die völkerrechtlich bedeutsamen Handlungen ihrer Vorgängerin anerkennen.

C. Die Organe der Staaten.

§ 10. 1. Das Staatshaupt.

Literaturangaben bei Heilborn, System 138, Ullmann 247/8, Laband, Staatsrecht **2** (5) 125. Ferner: Kaufmann a. a. O., Triepel 236 ff.; Schanzer: Il diritto di guerra e dei trattati negli Stati a governo rappresentativo, Turin 1901; Walther: Das Staatshaupt in den Republiken, Breslau 1907; Anzilotti, Rivista **5** 3/46; Schoen, ZVölkR. **5** 400/431.

I. Begriff. Der Staat kann nur durch Menschen handeln. Gewisse Menschen haben die Fähigkeit, durch ihren Willen Staatswillen zu erzeugen. Diese Fähigkeit ist ihnen durch Rechtssatz verliehen; eine Rechtsnorm erklärt ihren in amtlicher Eigenschaft geäußerten Willen zum Staatswillen. Diese Menschen sind die Organe des Staats. Ihr amtlicher Wille ist kein vom Staatswillen verschiedener Wille. Das Staatsorgan ist nicht der Vertreter, welcher an Stelle des Staats handelt, sondern der Staat handelt selbst durch sein Organ.

Staatshaupt im völkerrechtlichen Sinne ist das oberste Organ des Staats für den auswärtigen Verkehr. Es braucht staatsrechtlich nicht den gleichen Rang zu haben. Staatshaupt des Deutschen Reichs im völkerrechtlichen Sinne ist jedenfalls der Kaiser. In Republiken sind oft die Kammern oder auch das Volk selbst das oberste Staatsorgan, aber regelmäßig nicht für den auswärtigen Verkehr; in ihm wirken sie nicht mit: sie geben fremden Staaten gegenüber keine Willenserklärungen ab, handeln nicht für den Staat.

II. Die Person des Staatshaupts. Sie wird von jedem Staat selbst bestimmt; deshalb sind verschiedene Möglichkeiten denkbar; insbesondere kann auch eine gesetzgebende Körperschaft zum völkerrechtlichen Staatshaupt gemacht werden; es ist gegenwärtig nicht der Fall.

A. In Monarchien ist der Monarch Staatshaupt. Er ist es aus eigenem Recht, immer und notwendig, solange er überhaupt regiert. Die Bezeichnung des Monarchen als Souverän weist auf die Anschauungen früherer Zeiten zurück. Die Souveränität steht nicht ihm, sondern dem Staat zu. Ist der Monarch an der Regierung behindert, so tritt ein Regent an seine Stelle. Die Handlung der Regenten ist Staatshandlung wie die des Monarchen und ohne Rücksicht auf dessen Willen. Von der Titulatur abgesehen, hat er auch persönlich die nämliche Stellung wie der Monarch.

B. In Republiken ist Staatshaupt entweder eine physische Person — Präsident, oder wie sie sonst heißen mag — oder ein Kollegium, d. h. die ideale Einheit einer Mehrheit von Menschen.

1. Der Präsident steht als völkerrechtliches Staatshaupt dem Monarchen gleich. Die zeitliche Beschränkung seiner Regierung ist ebenso unerheblich wie die staatsrechtliche Unterordnung unter ein Parlament. Es macht nichts aus, ob er für seine Amtshandlungen staatsrechtlich zur Verantwortung gezogen werden kann, ob er bei der Gesetzgebung mitwirkt oder nicht.

2. Die kollegiale Behörde ist als solche Staatshaupt: in der Schweiz der Bundesrat, in den deutschen Hansestädten die Senate. Die Mitglieder des Kollegiums einschließlich des Vorsitzenden haben nicht die Stellung eines Staatshaupts. Dem Ausland gegenüber sind sie — je nach der Art ihres Auftretens — Staatsbeamte oder Privatpersonen. Nicht ihr Wille ist der Wille des Staats, sondern der verfassungsmäßige Beschluß des Kollegiums.

III. Wechsel in der Person des Staatshaupts. Ein neues Staatshaupt notifiziert seinen Regierungsantritt regelmäßig den auswärtigen Staatshäuptern. Hiervon nehmen diese Akt, indem sie ihm zum Regierungsantritt förmlich gratulieren. In gleicher Weise wird beim Beginn einer Regentschaft verfahren. Beide Handlungen — die Notifikation des Regierungsantritts und die Aktnahme — haben rechtliche Bedeutung: durch sie wird die Legitimation des neuen Staatshaupts als völkerrechtliches Organ des Staats festgestellt.

Die Zuständigkeit zu völkerrechtlichem Handeln für den Staat bedarf allerdings nicht der Anerkennung fremder Staaten; denn jeder Staat bestimmt sein Oberhaupt selbst. Die staatsrechtliche Berufung zur Herrschaft beweist aber deren Ergreifung völkerrechtlich noch nicht. Die fremden Staaten müssen wissen, wer fortan für jenen Staat handeln werde. Hat ein Staat von der Notifikation einmal Akt genommen, so kann er Unkenntnis nicht mehr behaupten.

Anderseits verleiht die Aktnahme fremder Staaten dem neuen Herrscher keine Legitimität. Nicht die Rechtmäßigkeit, sondern die Tatsache seiner Regierung und deren völkerrechtliche Wirksamkeit wird anerkannt. Ob ein neues Staatshaupt auf gesetzlichem oder revolutionärem Wege zu seiner Stellung gelangt, ist innere Staatsangelegenheit und deshalb völkerrechtlich ohne Bedeutung.

Auf die Notifikation des Regierungsantritts hin ist die Aktnahme Pflicht, wenn der Staat, von dessen neuem Oberhaupt die Notifikation ausgeht, Völkerrechtsgenosse ist, auch kein Zweifel über die tatsächliche Nachfolge besteht. Ein Entscheid zwischen Prätendenten kann von dritten Staaten nicht gefällt werden. Der Ausbruch einer Empörung ist innere Staatsangelegenheit und entzieht dem bereits regierenden Staatshaupt die Fähigkeit zu völkerrechtlichem Handeln für den Staat solange nicht, als es überhaupt noch regiert. Erst mit tatsächlicher Absetzung oder Abdankung erlischt seine Organstellung, dann aber notwendig. Der Staat kann nicht zwei verschiedene, einander feindlich entgegengesetzte Staatshäupter haben.

IV. Die Zuständigkeit des Staatshaupts. Das Staatshaupt hat das ius repraesentationis omnimodae, d. h. es ist zuständig zur Vornahme aller völkerrechtlichen Handlungen, welche für den Staat — je nach seiner Rechts- und Handlungsfähigkeit — überhaupt vorgenommen werden können; sie sind Staatshandlungen, wenn sie vom Staatshaupt nach Maßgabe der heimischen Staatsverfassung vorgenommen sind. Es tritt nach außen immer als handelndes Organ — selbst oder durch von ihm abhängige Vertreter — auf, auch wenn staatsrechtlich noch die Mitwirkung anderer Organe vorgeschrieben ist.

In den Republiken und den konstitutionellen Monarchien der Gegenwart bindet die Verfassung das Staatshaupt vielfach an die Zustimmung gesetzgebender Körperschaften bei Vornahme einzelner völkerrechtlicher Handlungen, insbesondere bei Kriegserklärungen und beim Abschluß von Verträgen, in den Vereinigten Staaten von Amerika auch bei der Ernennung von Gesandten. Oft wird ferner zu allen Regierungshandlungen die Gegenzeichnung eines verantwortlichen Ministers erfordert; diese Vorschrift erstreckt sich auch auf die dem Ausland gegenüber vorzunehmenden Regierungshandlungen. Der Minister — welches immer seine völkerrechtliche Stellung sein mag (§ 11) — ist insoweit ein staatsrechtlich vom Oberhaupt unabhängiges Organ; denn die Gegenzeichnung kann ihm nicht aufgedrungen werden. Vielfach wurde solchen Verfassungsbestimmungen schlechtweg Bedeutung für die völkerrechtliche Zuständigkeit des Staatshaupts beigemessen. Doch ist (Nippold, Beling, Ullmann, Triepel, Liszt, Schoen) folgendermaßen zu unterscheiden: Entweder will die Verfassung dem Staatshaupt nur die staatsrechtliche Verpflichtung auferlegen, in den bezeichneten Fällen die parlamentarische Zustimmung usw. einzuholen; die Nichterfüllung dieser Verpflichtung ist dann ohne Einfluß auf die Gültigkeit des völkerrechtlichen Geschäfts. Oder der ohne die verlangte Mitwirkung geäußerte Wille des Staatshaupts ist nach der Verfassung überhaupt nicht Staatswille; seine Erklärung kann deshalb auch fremden Staaten gegenüber nicht als Erklärung des Staatswillens gelten. Welche Auffassung im einzelnen Fall zutrifft, ist aus der konkreten Verfassung zu entnehmen.

Nach alter Praxis handeln die Staatshäupter im eigenen Namen, nicht in dem ihres Staats. Juristisch sind aber ihre Handlungen solche des Staats. Berechtigt und verpflichtet wird deshalb nur der Staat. Nur an ihn können fremde Staaten sich halten. Das handelnde Staatshaupt können sie aus seinen Regierungsakten persönlich nicht in Anspruch nehmen, auch nicht, wenn es in das Privatleben zurückgetreten ist.

Die vom Staatshaupt urkundlich abgegebenen Willenserklärungen bedürfen keiner Beglaubigung.

§ 11. 2. Andere Staatsorgane und Gehilfen des Staatshaupts.

Literatur. Hübler: Die Magistraturen des völkerrechtlichen Verkehrs (Gesandtschafts- und Konsularrecht) und die Exterritorialität, Berlin 1900; Stowell: Le consul, Paris 1909, und: Consular cases and opinions, Washington 1909; Pillaut: Manuel de droit consulaire, Paris 1910; Rev. **40** 78, **44** 5; Rivista **4** 9. Vgl. ferner Literatur zu §§ 29, 31, 36.

I. Als völkerrechtliche Staatsorgane sind neben dem Staatshaupt namhaft zu machen:

1. Militärische Befehlshaber im Kriege sind zuständig zum Abschluß von Verträgen rein militärischen, nicht politischen Inhalts, z. B. Kapitulationen und Waffenruhe. Ihre Zuständigkeit erstreckt sich nur auf ihren persönlichen und räumlichen Befehlsbereich; sie besteht ausschließlich in Kriegszeiten.

2. Legitime Kombattanten (§ 63) sind im Kriege zuständig zur Ausübung der kriegerischen Gewalt.

Diese Staatsorgane sind vom Staatshaupt abhängig: ihre Zuständigkeit schränkt die seinige nicht ein, wird vielmehr durch seine Willenserklärung begründet und aufgehoben. Sie sind aber Staatsorgane; die innerhalb ihrer Zuständigkeit von ihnen vorgenommenen Handlungen sind Staatshandlungen, ob sie dem Willen des Staatshaupts entsprechen oder nicht.

II. Gehilfen des Staatshaupts. Die hier namhaft zu machenden Personen, in der Regel Staatsbeamte, sind keine völkerrechtlichen Organe des Staats. Durch ihren Willen erzeugen sie keinen Staatswillen; ihre Willenserklärung hat völkerrechtlich nur Bedeutung, wenn und soweit sie dem Willen des Staatshaupts entspricht, ihn zum Ausdruck bringt oder von ihm genehmigt wird. Sie erfüllen die Geschäfte, welche ihnen vom Staatshaupt aufgetragen werden. Dabei ist das Staatshaupt frei. Deshalb ist nur das Übliche darzustellen.

A. Der Minister der auswärtigen Angelegenheiten. Im Auftrag des Staatshaupts führt er die Geschäfte seines Staats mit fremden Staaten; ihm unterstehen alle in auswärtigen Angelegenheiten tätigen Beamten seines Staats; er verhandelt mit den Agenten fremder Staaten, wohnt auch meist den Audienzen der fremden Gesandten bei seinem Staatshaupt bei; von ihm, in der Regel mit seiner Unterschrift, gehen die diplomatischen Depeschen aus. Zu seiner Unterstützung und Vertretung dienen die Beamten des Ministeriums der auswärtigen Angelegenheiten.

B. Der Gesandte ist ein mit diplomatischem Charakter bekleideter, öffentlich beglaubigter Vertreter eines Staats bei einem anderen Staat. Der diplomatische Charakter bezieht sich auf die Vorrechte des Gesandten im Empfangstaat. Man unterscheidet:

1. Geschäfts- und Zeremonialgesandte; die letzteren vertreten ausschließlich im höfischen Verkehr, bei Hochzeiten, Krönungsfeierlichkeiten usw.;

2. ständige und nichtständige Gesandte. Die nichtständigen Gesandten haben einen bestimmten Auftrag auszurichten; mit Erledigung dieses Auftrags ist die Mission beendet. Der ständige Gesandte hat den Absendestaat auf unbestimmte Zeit beim Empfangsstaat zu vertreten und alle Angelegenheiten wahrzunehmen, für welche nicht besondere Vertreter, z. B. ein nichtständiger Gesandter, bestellt werden. Im allgemeinen scheiden aus dem Kreis der ihm übertragenen Geschäfte alle den Konsuln zugewiesenen aus. Doch werden gewisse Angelegenheiten sowohl dem Gesandten wie dem Konsul anvertraut: Schutz der Angehörigen des Heimatstaats und seiner wirtschaftlichen Interessen, standesamtliche Funktionen, Erteilung und Visierung von Pässen, Überwachung der Ausführung der Staatsverträge. Die politischen Angelegenheiten werden regelmäßig dem Gesandten vorbehalten und dem Konsul nur dann übertragen, wenn der Heimatstaat im fremden Staat keine Gesandtschaft unterhält.

C. Der Konsul ist ein öffentlich beglaubigter, ständiger Vertreter des Absendestaats beim Empfangstaat mit lokal beschränktem Wirkungskreise. Nur in ganz kleinen Staaten, wie Monaco, sind die auswärtigen Mächte je durch einen Konsul vertreten; in größeren Staaten unterhalten sie deren mehrere, aber immer nur einen ständigen Gesandten. Der wesentliche Unterschied zwischen Gesandten und Konsuln besteht nicht in ihren Funktionen, sondern in ihrer persönlichen Stellung (§§ 31 ff.). — In seinem Bezirk hat der Konsul einmal die wirtschaftlichen Interessen des Absendestaats wahrzunehmen und dessen Angehörige dem Aufenthaltstaat gegenüber zu schützen, sodann die Staatsgewalt des Absendestaats über die Untertanen auszuüben. Die letztere, zum Teil auch dem Gesandten übertragene Tätigkeit ist innerstaatlicher Natur, aber dadurch eigenartig, daß sie in fremdem Staatsgebiet ausgeübt wird. In der Regel bestimmen die Staatsverträge, in welchem Umfang es geschehen darf. Hierher gehören: die Polizeigewalt über die heimischen Schiffe, Fürsorge für den Nachlaß, Gewährung von Rechtshilfe an die heimischen Gerichte, freiwillige Gerichtsbarkeit, in den meisten nichtchristlichen Staaten auch die Konsulargerichtsbarkeit über die Angehörigen des christlichen Heimatstaats. — Mitunter wird ein Konsul zugleich als diplomatischer Agent beglaubigt.

D. Die Halbdiplomaten. Mit diesem Namen werden alle ins Ausland entsendeten, mit der Besorgung auswärtiger Staatsgeschäfte beauftragten Personen bezeichnet, welche nicht als Gesandte oder Konsuln beglaubigt sind. Sie können eine ständige oder vorübergehende, eine offene oder eine geheime Mission haben. Als Halbdiplomaten sind namentlich zu nennen:

1. Kommissare zur Regelung solcher Angelegenheiten, für welche es technischer Kenntnisse bedarf: Grenzfestsetzungen, Abschluß von Handels-, Eisenbahn-, Post- und Telegraphenverträgen;

2. offizielle Agenten der Staaten, welche die Kosten einer förmlichen Gesandtschaft scheuen;

3. offiziöse Agenten von Staaten ohne Gesandtschaftsfähigkeit (§ 31) und einer de facto Regierung, d. h. einer aufständischen, als kriegführende anerkannten Partei (§ 59 III). Von anderen Staaten werden solche Agenten empfangen, aber meist nicht entsendet. In den Staaten ohne Gesandtschaftsfähigkeit sind die souveränen Staaten durch Konsuln vertreten.

Die unter A—D genannten Personen stehen in dienstlichem, durch das heimische Staatsrecht geregeltem Verhältnis zu dem Staat, dessen Geschäfte sie besorgen. Die Stellung des Ministers der auswärtigen Angelegenheiten wird ausschließlich durch das heimische Staatsrecht geregelt, sofern er nicht vorübergehend zu einer Mission bei einem fremden Staat beglaubigt wird (Berliner Kongreß 1878). Er hat seinen Amtssitz in der Hauptstadt des Heimatstaats. Gesandte, Konsuln und Halbdiplomaten haben ihn dagegen stets im Empfangstaat. Ihre persönliche Stellung zu diesem bestimmt sich nach Völkerrecht (§§ 31 ff.).

Zweites Kapitel. § 12. Die Objekte.

Literatur. ArchÖffR. 22 416; ZVölkR. 1 579, 2 1; Rev. 43 5, 131, 539; Rev. Gén. 15 50, 16 57, 18 94, 19 598.

Objekte völkerrechtlicher Rechte sind die der Herrschaft der Subjekte — der Staaten — unterworfenen Dinge und Wesen. Staatlicher Herrschaft sind unterwerfbar:

1. Teile der Erdoberfläche: Festland, Inseln, Flüsse, Binnenseen und der Saum des Meeres längs der Küste. Dieser Saum kann höchstens auf Kanonenschußweite vom Ufer aus erstreckt werden, weil nur so eine dauernde tatsächliche Herrschaft über das Meer möglich ist. Im 18. Jahrhundert trugen die Kanonen drei Seemeilen (5556 m) weit. Gegenwärtig wird der Saum nach Seemeilen berechnet, und zwar meist noch auf drei Seemeilen. Der jenseits gelegene Ozean ist res extra commercium: kein Staat kann ein Recht an ihm erwerben, andern Staaten den Gebrauch untersagen. Das offene Meer oder die hohe See ist frei; sie untersteht auch nicht einem gemeinsamen Recht, einem Kondominat aller Staaten. Die früher von einzelnen Staaten, namentlich von England, erhobenen Ansprüche sind aufgegeben. Nur vertragsmäßig können sich Staaten zu Leistungen auf hoher See verpflichten; ein Recht am Meere erlangt die Gegenpartei dadurch nicht.

2. Die Menschen. Sie sind staatsrechtlich Rechts- und Pflichtsubjekte. Die Normen des Völkerrechts wenden sich aber nicht an sie, gewähren ihnen keine Rechte, gebieten und verbieten ihnen nichts. Sie regeln die Beziehungen der Staaten zueinander. In diesen Beziehungen ist der Mensch das Objekt staatlicher Herrschaft und staatlichen Schutzes, denn der Berechtigte darf das seiner Herrschaft unterstellte Objekt gegen rechtswidrige An- und Eingriffe schützen. In dem völkerrechtlichen Rechtsverhältnisse zwischen Staat und Staat handelt es sich immer um die Frage: Welche Einwirkung auf den Menschen darf der eine Staat dem anderen verbieten, welche muß er hinnehmen? In den Staatsverträgen räumen freilich die Parteien den Untertanen des Mitkontrahenten scheinbar eine Reihe von Rechten ein. In Wahrheit erlangt aus solchem Vertrage nur der andere Staat den völkerrechtlichen Anspruch auf entsprechende Behandlung seiner Angehörigen, auf Gewährung staatsrechtlicher Rechte an sie. Die Rechte des Menschen gegen einen fremden Staat mögen in Erfüllung einer völkerrechtlichen Verbindlichkeit gegen den Heimatstaat gewährt sein; sie werden aber nur gewährt durch das Landesrecht des fremden Staats, sind deshalb innerstaatlicher Natur. Gegen rechtswidrige Behandlung stehen mithin dem Ausländer lediglich die Rechtsmittel zu Gebote, welche das Landesrecht des fremden Staats gewährt. Die völkerrechtlichen Rechtsmittel kann allein der Heimatstaat ergreifen. Dazu ist er völkerrechtlich berechtigt, aber nicht verpflichtet. Auf die völkerrechtlichen Ansprüche zugunsten seiner Untertanen kann er nach freiem Belieben verzichten.

Drittes Kapitel: Die Rechtsgeschäfte.

§ 13. 1. Allgemeine Erfordernisse.

Literatur. Neubecker: Zwang und Notstand in rechtsvergleichender Darstellung 1, Leipzig 1910; Grosch: Der Zwang im Völkerrecht, Breslau 1912.

Völkerrechtliches Rechtsgeschäft ist die auf Begründung, Abänderung, Erhaltung oder Aufhebung eines völkerrechtlichen Rechts gerichtete Willenserklärung. — Zur Vornahme eines Rechtsgeschäfts ist erforderlich:

1. Rechtsfähigkeit, d. h. Fähigkeit des Staats zum Erwerb des konkreten Rechts, zur Übernahme der speziellen Verbindlichkeit (§ 7 I).

2. Geschäftsfähigkeit (§ 7 II).

3. Die Willenserklärung muß abgegeben werden vom zuständigen Staatsorgan oder von einem bevollmächtigten Vertreter. Bis zur Abgabe der Willenserklärung kann die Vollmacht widerrufen werden. Die ohne Vollmacht sowie die unter Überschreitung der Vollmacht abgegebene Erklärung bedarf der Genehmigung durch das zuständige Staatsorgan. Bei Handlungen von Staatsbeamten innerhalb des ihnen gewöhnlich zugewiesenen Geschäftskreises gilt das Stillschweigen des Staatsorgans als Genehmigung, sobald es von der Handlung Kenntnis erlangt hat und die Nichtbestätigung aussprechen konnte.

4. Die Willenserklärung muß frei abgegeben werden und dem Willen des handelnden oder vertretenen Staatsorgans entsprechen.

a) Zwang. Das Völkerrecht gestattet den Staaten die gewaltsame Selbsthilfe und deren Androhung in bestimmtem Umfang (§§ 56 ff.). Folglich kann ein Staat seine Willenserklärung als erzwungen nur anfechten, wenn der Zwang nicht erlaubt war. Rechtswidrig sind Androhung und Anwendung verbotener Gewaltmittel, insbesondere die Abnötigung einer Willenserklärung durch Gewalt oder Drohung gegen die Person eines Staatsvertreters. Die Willenserklärung eines Staatshaupts in Kriegsgefangenschaft ist nicht ohne weiteres erzwungen. Gegenwärtig wird aber der Staat, dessen Oberhaupt in Kriegsgefangenschaft geraten ist, eine Regentschaft einsetzen; das gefangene Staatshaupt kann dann für den Staat nicht mehr handeln.

b) Irrtum und Betrug. Nur ein wesentlicher und unvermeidlicher Irrtum über den Inhalt der abgegebenen Willenserklärung berechtigt zu deren Anfechtung, auch wenn der Irrtum durch Betrug hervorgerufen war. Im allgemeinen kann sich jeder Staat über die in Betracht kommenden Verhältnisse unterrichten; er weiß, daß ihn der Gegner übervorteilen möchte. Die Unerfahrenheit und Sorglosigkeit seiner Organe und Vertreter muß er selbst tragen. Die Anfechtung ist ferner nur dann zulässig, wenn sowohl der Vertreter wie das vertretene Organ sich im Irrtum befanden.

5. Die Abgabe der Willenserklärungen unterliegt im allgemeinen keinen Formvorschriften: sie kann mündlich, schriftlich und durch konkludente Handlungen erfolgen. Soweit der Wille nicht durch eine konkludente Handlung erklärt wird, ist indessen schriftliche Mitteilung durchaus üblich; denn die handelnden Menschen wechseln, die Staaten aber sollen berechtigt und verpflichtet, Mißverständnisse verhüten werden. Für einzelne Rechtsgeschäfte, z. B. für die Okkupation und die Verhängung einer Blockade, bestehen besondere Formvorschriften.

6. Die Willenserklärung muß einen möglichen und erlaubten Inhalt haben. Rechtsgeschäfte, welche unmöglich erfüllt werden können, sind nichtig; der physischen steht die juristische Unmöglichkeit gleich: Abtretung einer Provinz, die dem Abtretenden nicht gehört. Nichtig sind ferner Rechtsgeschäfte, welche anerkannten Verbotsnormen des Völkerrechts widerstreiten, endlich unsittliche Geschäfte. Welche Geschäfte diesen Charakter haben, läßt sich nur von Fall zu Fall entscheiden.

Die Rechtsgeschäfte sind einseitige oder zweiseitige, Verträge, je nachdem sie die Willenserklärung eines oder die wechselseitige mehrerer Staaten bedingen. An dieser Stelle sind sie nur insoweit zu besprechen, als sie Mittel zur Begründung, Abänderung, Erhaltung oder Aufhebung von Rechten verschiedener Art sind.

§ 14. 2. Einseitige Rechtsgeschäfte.

I. Die Anerkennung ist selbständiger Verpflichtungsgrund. Die Fähigkeit zur Übernahme der konkreten Verpflichtung vorausgesetzt, genügt der in der Anerkennung ausgesprochene Wille des Staats zur Begründung seiner Verpflichtung, zur Entstehung des entsprechenden Rechts. Eine causa ist nicht erforderlich. Daher ersetzt die Anerkennung die dem Völkerrecht unbekannte Verjährung: ist eine Änderung der Rechtslage nicht nachweislich auf rechtmäßigem Wege herbeigeführt, so reicht die Anerkennung der Betroffenen hin, um sie zur rechtmäßigen zu machen. — Neben den Verträgen ist sie das wichtigste völkerrechtliche Rechtsgeschäft. Sie erfolgt sehr häufig stillschweigend: durch wissentliche Duldung, durch Nichteinlegung des erforderlichen Protestes.

II. Der Protest, die Rechtsverwahrung, dient zur Erhaltung von Rechten. Er wird eingelegt, wenn einem Eingriff in die eigene Rechtssphäre, der Entstehung eines fremden Rechts vorgebeugt werden soll. Der protestierende Staat erklärt, daß er das von dem anderen Staat behauptete Recht, den von ihm geschaffenen Zustand nicht anerkenne. Der Protest schließt die stillschweigende Anerkennung aus. Er muß eingelegt werden, wenn dem Stillschweigen die Bedeutung einer Anerkennung zukommen würde:

1. Staat A macht dem Staat B amtliche Mitteilung von ein m Rechtsgeschäft, z. B. von der Okkupation einer Insel, von dem Abschluß eines Vertrages mit C; oder er macht davon Mitteilung, daß er dem B gegenüber ein bestimmtes Recht in Anspruch nehme, ein von B behauptetes Recht für die Zukunft nicht anerkennen werde. Nimmt B eine solche „Notifikation" entgegen, so muß er Protest einlegen, wenn er die neue Rechtslage nicht anerkennen will. In der Verweigerung der Annahme kann dagegen ein Protest erblickt werden.

2. Auch ohne vorangegangene Notifikation muß aber wohl Protest eingelegt werden, wenn ein Staat von einem in seine Rechte eingreifenden völkerrechtlichen Rechtsgeschäft oder von der Behauptung eines ihn verletzenden Rechts Kenntnis erhält. Treu und Glauben fordern die Erhebung von Widerspruch; volenti non fit iniuria. Reaktion des Deutschen Reichs gegen den Marokkovertrag vom 8. April 1904.

Die Wirkung des Protestes erlischt, wenn das Recht, gegen dessen Begründung er gerichtet wurde, nachträglich anerkannt wird. Das geschieht häufig stillschweigend: Staat A protestiert gegen die Okkupation einer Insel durch B, läßt ihn aber gewähren. Der Protest steht auf dem Papier. Gegen die Begründung des französischen Protektorats über Tunis im Jahre 1881 legte die Türkei Protest ein, duldete aber später dessen Ausübung.

III. Der Verzicht bedarf der Annahme nicht. Bei einem mit Besitz verbundenen Recht ist Verzicht im Zweifel erst anzunehmen, wenn der Besitz aufgegeben wird.

§ 15. 3. Der Staatsvertrag.

Literatur. Jellinek: Die rechtliche Natur der Staatenverträge, Wien 1880; Nippold: Der völkerrechtliche Vertrag, seine Stellung im Rechtssystem und seine Bedeutung für das internationale Recht, Bern 1894; Kaufmann: Die Rechtskraft des internationalen Rechts.

Staatsvertrag ist der zwischen zwei oder mehreren Staaten in Ausübung ihrer Herrschermacht geschlossene Vertrag, nicht der Vertrag zwischen einem Staat und einer Privatperson oder Korporation.

Der Vertrag — das Rechtsgeschäft wie die rechtsetzende Vereinbarung (§ 5, I) — wird geschlossen durch die wechselseitige Erklärung des auf denselben Zweck gerichteten, einander ergänzenden oder übereinstimmenden Willens der Parteien. Die Erklärungen können wiederum mündlich, schriftlich oder durch konkludente Handlungen abgegeben werden. Die schriftliche Form ist durchaus die Regel: Auswechslung von diplomatischen Depeschen oder Briefen der Staatshäupter, gemeinsame Unterzeichnung eines Protokolls, Ausfertigung einer förmlichen Vertragsurkunde. Ob die zusammengehörigen Erklärungen in einer Urkunde zusammengefaßt oder in Haupt- und Nebenvertrag getrennt sind, ist unerheblich. Die in Protokollen abgegebenen Zusatzerklärungen bilden Bestandteile des Vertrags. Die Bedeutung mündlicher Nebenabreden richtet sich nach dem Willen der Parteien.

Die Willenserklärung wird vom zuständigen Staatsorgan oder seinem hierzu bevollmächtigten Vertreter abgegeben. Die Erklärung eines nicht bevollmächtigten Vertreters bedarf schon nach den im § 13 dargelegten Grundsätzen nachträglicher Genehmigung. Auf Grund feststehender Praxis ermächtigt die dem Unterhändler gewöhnlich erteilte Vollmacht aber auch nur zur Unterzeichnung eines Vertragsentwurfs, nicht zur Abgabe einer bindenden Willenserklärung. In Ermangelung einer besonderen Vollmacht zur Schließung eines Vertrags soll der Unterhändler nur versuchen, auf Grund der ihm erteilten Weisungen ein Einverständnis mit den Vertretern des anderen Staats zu erzielen; durch die Unterzeichnung eines Protokolls oder einer förmlichen Vertragsurkunde, durch die Auswechslung diplomatischer Depeschen wird nur die rechtlich noch nicht bedeutsame Tatsache des Einverständnisses der Unterhändler bezeugt.

Die Abgabe der bindenden Erklärung bleibt den zuständigen Staatsorganen vorbehalten. Der Vertragsschluß erfolgt entweder ausdrücklich durch Auswechslung der Genehmigungs- (Ratifikations-) Erklärungen der Staatsorgane oder durch konkludente Handlungen: beiderseitiger Beginn der Erfüllung oder Nichtanzeige der Verwerfung des Vertrags. Wurde die Auswechslung der Genehmigungserklärungen nicht vorgesehen, so ist das Staatsorgan kraft der dem Unterhändler erteilten Vollmacht zu unverzüglicher Mitteilung verpflichtet, falls es den Entwurf nicht genehmigt.

Den Staatsorganen bleibt es unbenommen, ihre Unterhändler zur Abgabe bindender Erklärungen, zur Abschließung von Verträgen zu bevollmächtigen. Es kommt auch vor; im Zweifel ist aber das Gegenteil als gewollt anzunehmen (§ 4, II). Der Grund hierfür liegt einmal in der Bedeutung der auf dem Spiel stehenden Staatsinteressen, in der Gefahr, welche ein Irrtum des Unterhändlers über den Inhalt der ihm erteilten Weisungen für den Staat heraufbeschwören würde. Weiter kommt folgendes in Betracht: da es keinen Richter über den Staaten gibt, muß jedes Staatsorgan allein beurteilen, ob sein Unterhändler sich innerhalb der ihm erteilten Vollmacht gehalten hat. Käme der Vertrag durch Unterzeichnung der Unterhändler zustande, so wäre damit noch keine Sicherheit geschaffen: ein Staatsorgan könnte den Vertrag anfechten, weil der Unterhändler die Vollmacht überschritten habe. Schließlich bedarf nach Staatsrecht ein großer Teil der Verträge der Zustimmung der Kammern. Es empfiehlt sich deshalb, die parlamentarische Genehmigung einzuholen, bevor dem anderen Staat eine bindende Erklärung abgegeben wird.

Punktationen haben im Zweifel keine verbindliche Kraft. Soll ihnen eine solche zuteil werden, so wird meist ein Präliminarvertrag geschlossen. Er ist ein wahrer Vertrag und enthält die bereits vereinbarten Grundzüge des Abkommens; nur die Ausführung der Einzelheiten bleibt dem Endvertrage vorbehalten (§ 76, III).

Die Staatsverträge werden auch als Abkommen, Übereinkommen oder Konventionen bezeichnet. Ein juristischer Unterschied besteht nicht.

Eine Bekanntmachung der Staatsverträge ist völkerrechtlich nicht erforderlich; sie binden nur die Vertragsparteien und sind von diesen gekannt. Sache des Staats ist es, ob und wie er seine Untertanen von den Bestimmungen der Verträge in Kenntnis setzen will. Staatsrechtlich ist eine Verkündung oft geboten, weil ein Teil der Vertragsbestimmungen Gesetzeskraft erhalten muß.

II. Besonderer Teil.

Die völkerrechtlichen Rechte stehen dem Staat teils gegen jedermann, d. h. gegen alle Staaten als Rechtsgenossen, teils nur gegen einen oder einzelne bestimmte Staaten zu; die ersteren sind absolute, die letzteren obligatorische Rechte. Dementsprechend sind die absoluten und obligatorischen Rechtsverhältnisse getrennt darzustellen.

Erstes Kapitel: Die absoluten Rechtsverhältnisse.

§ 16. A. Das Recht an der eigenen Person.

Literatur. Jellinek: System 316/21; Heilborn: System 279/306; Pillet, Rev. Gén. 5 66, 236, 6 503; Cavaglieri: I diritti fondamentali degli Stati nella società internazionale, Padua 1906; Diena: Considerazioni critiche 35/44; Erich Kaufmann: Das Wesen des Völkerrechts und die clausula rebus sic stantibus 193/204.

Jeder Staat hat Anspruch darauf, daß alle anderen Staaten sich einer Verletzung seiner Person enthalten, jeden Angriff gegen ihn selbst, seine Bestandteile, Organe und Vertreter unterlassen. Zu den Angriffen gehören auch die Beleidigungen und Achtungsverletzungen. Die Norm, welche den Angriff untersagt, tritt außer Kraft:

1. wenn ein Staat ein Recht zum Eingriff in die Sphäre eines anderen erworben hat,
2. wenn und soweit das Völkerrecht die Selbsthilfe gestattet.

Im übrigen ist jeder An- und Eingriff, jede Verletzung eines fremden Staats rechtswidrig. „Kein Staat", sagt Jellinek, „kann rechtlich von einem anderen etwas fordern oder ihn rechtmäßig zu etwas zwingen als auf Grund eines Rechtssatzes."

B. Das Gebietsrecht.

§ 17. 1. Begriff der Gebietshoheit.

Literatur. Heimburger: Der Erwerb der Gebietshoheit, Bd. I, Karlsruhe 1888; Preuß: Gemeinde, Staat, Reich als Gebietskörperschaften, Berlin 1888; Bansi in Hirths Annalen des Deutschen Reichs 1898, S. 641 ff.; Fricker: Gebiet und Gebietshoheit, Tübingen 1901; Laband: Das Staatsrecht des Deutschen Reichs, 1 (5) 190 ff.; Cavaglieri: Il diritto internazionale e il rapporto giuridico tra Stato e territorio, Pisa 1904; Diena: Considerazioni critiche 45/59 (vgl. Rivista 2 305); Erich Kaufmann: Auswärtige Gewalt und Kolonialgewalt in den Vereinigten Staaten von Amerika, Leipzig 1908; Ghirardini: La sovranità territoriale nel diritto internazionale, Cremona 1913; ArchÖffR. 9 1, 20 313, 21 428, 22 416, 28 454.

Die völkerrechtliche Gebietshoheit ist das ausschließliche Herrschaftsrecht des Staats an einem bestimmten Teil der Erde. Es gründet sich auf die Zugehörigkeit des Gebietsteils zum Staat. Gegen alle anderen Staaten hat der Berechtigte den Anspruch auf Unterlassung jeder Einwirkung auf sein Gebiet, welche sie nur als Staaten — durch Ausübung von Hoheitsakten — vornehmen könnten. Er selbst benutzt allein das Gebiet zur Entfaltung staatlichen Lebens; nur er darf Hoheitsakte auf ihm vornehmen.

Die völkerrechtliche Gebietshoheit ist ein dingliches Recht, aber von dem Eigentum an Grund und Boden so verschieden, wie staatliche und private Herrschaft es sind; erstere schließt u. a. die völkerrechtliche Verfügung über das Gebiet sowie die Herrschaft über die Menschen auf dem Gebiet in sich. Beide Rechte können an dem nämlichen Teil der Erde bestehen; beide können, müssen aber nicht dem nämlichen Staat zustehen. Die Gebietshoheit ist gegen fremde Staaten gerichtet, das Eigentum gegen die der innerstaatlichen Rechtsordnung unterworfenen Rechtsgenossen. Das Eigentum an Grund und Boden im diesseitigen Staatsgebiet kann auch ein fremder Staat erwerben, ohne daß die Gebietshoheit geändert würde: Erwerb eines Grundstücks zum Eisenbahnbau, zur Anlage einer Kohlenstation. Die Gebietshoheit schließt nicht jede Einwirkung eines fremden Staats auf das Gebiet aus, sondern nur die eigentümlich staatliche; die Rechte eines Privatmanns kann auch der Staat an dem fremder Gebietshoheit unterworfenen Grundstück erwerben. Umgekehrt kann er die Gebietshoheit ohne Eigentum erlangen. Der Übergang des Eigentums erfolgt nach bürgerlichem der der Gebietshoheit nach Völkerrecht.

An dem nämlichen Gebiet kann mehreren Staaten die Gebietshoheit zustehen: 1. im Bundesstaat, 2. im Fall des Kondominats, des gemeinschaftlichen Erwerbs der Gebietshoheit durch mehrere Staaten: Kondominat Preußens und Österreichs über Schleswig, Holstein und Lauenburg nach dem Wiener Frieden 1864.

§ 18. 2. Umfang der Gebietshoheit.

Literatur. a) Das Wassergebiet. Harburger: Der strafrechtliche Begriff Inland, Nördlingen 1882; Perels: Das internationale öffentliche Seerecht der Gegenwart (2), Berlin 1903; Imbart Latour: La mer territoriale au point de vue théorique et pratique, Paris 1889; Schücking: Das Küstenmeer im internationalen Recht, 1897; Olivieri: Il diritto dello Stato sul mare territoriale, Genua 1902; Fleischmann: Wörterbuch des deutschen Staats- und Verwaltungsrechts 2 (2), 702; Rev. 25 417, 26 209, 386, 43 539, 45 153; Rev. Gén. 5 264, 309; AnnDR. 1885 S. 278; ArchÖffR. 22 176, 416; ZVölkR. 1 579, 5 74, 157; Rivista 5 109. — Schiedsspruch vom 23. Oktober 1909 über die Grenze des schwedischen und norwegischen Wassergebiets bei Martens N. R. Gén., 3. Ser., 3 85. — b) Das Luftgebiet. Fauchille: Le domaine aérien et le régime juridique des aérostats, Paris 1901; Meili: Das Luftschiff im internen Recht und Völkerrecht, Zürich 1908; Grünwald: Das Luftschiff in völkerrechtlicher und strafrechtlicher Beziehung, Hannover 1908; Alex Meyer: Die Erschließung des Luftraums in ihren rechtlichen Folgen, ferner: Die Luftschiffahrt in kriegsrechtlicher Beleuchtung, Frankfurt a. M. 1909; Fleischmann: Grundgedanken eines Luftrechts, München 1910; Catellani: Il diritto aereo, Turin

1911; Hazeltine: The law of the air, London 1911; Kohler: Luftfahrtrecht, Berlin 1912; Koehne: Wörterbuch des deutschen Staats- und Verwaltungsrechts 2 (2) 796; ArchÖffR. 19 87, 24 190, 477, 28 252; AnnDR. 1909 181; ZVölkR. 4 472, 588, 5 157, 394; BöhmsZ. 19 458; Rev. Gén. 16 76, 17 55, 163, 18 473, 684.

Die Gebietshoheit des Staats muß notwendig Land und Luftraum umfassen; sie kann sich auch auf Wasserraum erstrecken.

I. Das Landgebiet eines Staats besteht aus den seiner Gebietshoheit unterworfenen Ländern, Festland und Inseln. Geschlossenheit ist nicht erforderlich. Zum Staatsgebiet im völkerrechtlichen Sinne gehören auch Kolonien, Schutzgebiete in fremden Weltteilen, vorausgesetzt, daß die Gebietshoheit über sie begründet, nicht nur ein Vorrecht vor einzelnen anderen Staaten durch Vertrag erworben ist (§ 22, 5). Ob die Kolonien staatsrechtlich als Inland oder Ausland, ihre Bewohner als Staatsbürger oder als Fremde angesehen werden, ist ohne Belang. Zum Landgebiet gehört ferner das Erdinnere, begrenzt durch die von den Staatsgrenzen aus laufenden Erdradien.

II. Das Wassergebiet besteht aus Eigen- und Küstengewässern:

A. Eigengewässer sind die Flüsse, Süßwasserseen und Binnenmeere (Kaspisches Meer), ferner Meeresbuchten und -busen, Reeden und Haffe, überhaupt diejenigen Teile des Meeres, „deren Einfahrt so eng ist, daß sie vom Küstenland aus gesperrt werden kann" (Asowsches Meer).

B. Die Küstengewässer werden durch den gewöhnlich auf drei Seemeilen bemessenen Saum des Meeres längs der Küste und vor den Eigengewässern gebildet.

Wie das Landgebiet dient auch das Wassergebiet zur Entfaltung staatlichen Lebens; naturgemäß ist sie auf jenem intensiver als auf diesem. Ein weitgehender Unterschied zwischen Land- und Wassergebiet zeigt sich im Kriege. Die Regeln des Seekriegsrechts finden auf Kriegshandlungen im Wassergebiet wie auf hoher See, aber nicht auf Flüsse (abgesehen von der Meeresmündung) und die nur mittels Flußschiffahrt zugänglichen Binnengewässer Anwendung.

III. Das Luftgebiet umfaßt den Luftraum über dem Land- und Wassergebiet. Zu Unrecht folgern namentlich romanische Autoren die Freiheit des Luftraums aus der des Meeres. Der Luftraum ist unentbehrlich zum staatlichen wie zum menschlichen Leben. Seine Benutzung regelt der Staat, soweit es ihm notwendig erscheint: Verordnungen über Telegraphenverkehr, über das Verhalten ausländischer Luftschiffer, über die Einhaltung bestimmter Routen, gegen die Spionage. Die Betätigung der Herrschaft im Luftraum selbst ist mit Hilfe von Steilschüssen möglich. Die Interessen des funkentelegraphischen Verkehrs und der Luftschiffahrt verdienen Berücksichtigung, können aber die Zugehörigkeit des Luftraums zur Erdoberfläche nicht verdunkeln.

IV. Die Staatsgrenzen. Die Gebietshoheit besteht immer nur in Ansehung bestimmter Teile der Erde; ihre Ausdehnung wird durch die Grenze festgestellt. Sie trennt das Staatsgebiet von dem Gebiet anderer Staaten oder von staatenlosem Gebiet. Bei Gebirgen ist im Zweifel die Wasserscheide die Grenze. Gegen das Meer hin pflegt in neuerer Zeit nicht mehr der höchste Flut-, sondern der niedrigste Ebbestand, bisweilen der jeweilige Flutstand als Grenze zu gelten. Künstliche Grenzen sind:

a) sichtbare Zeichen: Mauern, Gräben, Grenzsteine, Schlagbäume, schwimmende Tonnen;

b) gedachte Linien: Grenzbestimmungen nach geographischen Breiten- und Längengraden.

Bei Wasserläufen kommen drei verschiedene Grenzfestsetzungen vor: entweder bildet der eine Uferrand die Grenze, der Fluß gehört ganz dem einen Staat (sehr selten). Oder die Grenze wird durch Teilung des Flusses oder Flußbettes gewonnen. Das ist die alte Regel; sie ist im Zweifel noch jetzt bei Bächen und nicht schiffbaren Flüssen maßgebend. Bei schiffbaren Flüssen ist seit dem Frieden von Luneville (1801) meist die Mittellinie des tiefsten Stromlaufs, der Talweg, die Grenze; die Benutzung des Stroms wird dadurch beiden Staaten in gleicher Weise ermöglicht; nur zu diesem Zweck wird der Talweg als Grenze angenommen; verläßt der Fluß sein Bett, so ist die Mittellinie des Betts entscheidend. Auf Brücken bildet im Zweifel deren Mitte die Staatsgrenze (vgl. RGSt. 9 370).

Bei den von mehreren Staaten begrenzten Seen (Bodensee) spricht die Vermutung für Realteilung; ein Kondominat der Uferstaaten wird im Interesse klarer Regelung der Verhältnisse gern vermieden. Die Grenze der Eigenwässer wird vielfach durch den Punkt bestimmt, an welchem die Ufer sich vom Meere aus zuerst auf zehn Seemeilen nähern.

3. Beschränkungen der Gebietshoheit.

§ 19. a) Im allgemeinen.

Literatur. Clauß: Die Lehre von den Staatsdienstbarkeiten, Tübingen 1894; Brie: Staatsdienstbarkeiten, Wörterbuch des deutschen Verwaltungsrechts; Schmidt: Der schwedisch-mecklenburgische Pfandvertrag über Stadt und Herrschaft Wismar, Leipzig 1901; Perrinjaquet: Des cessions temporaires de territoires, Paris 1904; Gérard: Des cessions déguisées de territoires, Paris 1904; Hollatz: Begriff und Wesen der Staatsservituten, Diss., Breslau 1908; Landmann: Die europäischen Handelskolonien in China, Diss., Marburg 1911; Haager Schiedsspruch über die nordatlantische Küstenfischerei vom 7. September 1910: ZVölkR. 5 96; Rev. 37 53, 43 5, 131, 314; Rev. Gén. 6 113, 16 316, 19 421.

I. Die Beschränkbarkeit der Gebietshoheit. Die Gebietshoheit ist beschränkt, wenn der berechtigte Staat eine bestimmte staatliche Einwirkung auf sein eigenes Gebiet zugunsten anderer Staaten unterlassen oder die staatliche Einwirkung eines oder mehrerer fremder Staaten dulden muß. Die Beschränkung kann im Interesse der allgemeinen Freiheit bestehen, nach gemeinem Völkerrecht jedem Staat obliegen oder durch das ius in re aliena eines anderen Staats herbeigeführt sein.

Es gibt keine Regeln darüber, welche Beschränkungen mit dem Bestand der bisherigen Gebietshoheit vereinbar sind, welche sie erlöschen lassen. Der Berechtigte kann sich allen denkbaren Beschränkungen unterwerfen; solange bei Abschluß des Rechtsgeschäfts der Wille nur auf eine Beschränkung gerichtet ist, behält er die Gebietshoheit, mag deren Ausübung auch in wesentlichen Richtungen auf einen fremden Staat übergegangen sein. In der Staatspraxis wird die Abtretung der Gebietshoheit nicht selten verschleiert, in den Schein der Begründung eines ius in re aliena gekleidet, eines Verwaltungs-, Nutzungs- oder Pachtrechts. Es gilt aber das, was gewollt ist. Bei den einschlägigen Rechtsgeschäften ist deshalb zu untersuchen, ob sie als solche ernst gemeint sind oder ob unter einem simulierten ein dissimuliertes Rechtsgeschäft sich verbirgt. Den Ausschlag geben folgende Erwägungen: a) Kann nach dem Willen der Parteien der Staat, dessen Gebietshoheit scheinbar nur beschränkt ist, sie noch an einen dritten Staat übertragen, oder steht diese Befugnis dem Staat zu, der scheinbar nur ein ius in re aliena erworben hat? b) Als wessen Untertanen gelten die Bewohner des betreffenden Gebiets im auswärtigen Verkehr?

II. Die Staatsdienstbarkeiten, dauernde Beschränkungen der Gebietshoheit eines Staats zugunsten eines andern. Sie gehen aktiv und passiv auf die Gebietsnachfolger über, obligatorische Rechte und Pflichten nicht (§ 45).

A. Affirmative Staatsdienstbarkeiten: 1. Das Recht der Etappenstraße, das Recht des Staats, bewaffnete Truppen durch fremdes Gebiet marschieren zu lassen. 2. Das Besatzungsrecht, d. h. das Recht, einen bestimmten Platz des fremden Gebiets mit Truppen dauernd zu besetzen. 3. Wirtschaftliche und Verkehrsdienstbarkeiten: Post-, Eisenbahn-, Telegraphengerechtigkeiten, Holz- und Fischereirechte. Eine Staatsdienstbarkeit besteht nur dann, wenn der Berechtigte bei Ausübung seines Rechts die eigene Staatsgewalt betätigt; bloß ein obligatorischer Anspruch ist vorhanden, wenn er sich bzw. seine Untertanen hierbei der Staatsgewalt des Verpflichteten unterwirft. Bei wirtschaftlichen Berechtigungen ist letzteres im Zweifel anzunehmen: cit. Schiedsspruch a. a. O. 104/5.

B. Negative Staatsdienstbarkeiten: 1. Die dauernde Entfestigung gewisser Plätze oder Gegenden: Hüningen, Pariser Friede vom 20. November 1815, Art. 3 (Fleischmann 21). Ferner: Berliner Kongreßakte, Art. 11 u. 52 (nicht ausgeführt), 29 (abgeändert 1909). — 2. Wüstlegung von Grenzdistrikten, Friede von Adrianopel vom 14. September 1829 Art. 3 (Fleischmann 29/30).

III. Höchstpersönliche Verwaltungs- und Nutzungsrechte. Ein Staat erwirbt das Recht, fremdes Staatsgebiet zu besetzen und zu verwalten, eventuell auch die Nutzungen für sich zu ziehen. Das fremde Gebiet wird mitsamt den Bewohnern der Staatsgewalt des Berechtigten unterworfen, gehört aber nach wie vor dem Verpflichteten; die Bewohner bleiben dessen Untertanen. Bei den Dienstbarkeiten werden sie dagegen dem Berechtigten nicht untergeordnet: Besetzung und Verwaltung Cyperns durch England, Bosniens und der Herzegowina durch Österreich-Ungarn (beendigt durch die Annexion 1908/9, Strupp 2 24/32), Kiautschous durch das Deutsche Reich (Fleischmann 287), Wei-hai-weis durch England, Port-Arthurs durch Rußland, später Japan (Friede von Portsmouth 27. 8./5. 9. 1905 Art. 5, Strupp 2 140). Diese Rechte sind stets höchstpersönliche. Der Belastete will sie nicht irgendeinem Staat, sondern nur diesem einen einräumen. Der Berechtigte kann sein Recht deshalb an einen Dritten nicht abtreten. Zieht er sich aus dem Gebiet zurück, so wird die Gebietshoheit des belasteten Staats ohne weiteres unbeschränkt. Tatsächlich dienen diese Rechtsverhältnisse zur Vorbereitung einer aus politischen Gründen vertagten Gebietsabtretung.

IV. Das Pfandrecht, das Recht, fremdes Staatsgebiet zur Sicherheit für die Erfüllung einer Forderung in Besitz zu nehmen. Der Gläubiger erlangt nur das Recht zum Besitz, nicht die Fähigkeit, sich eventuell durch Verkauf des Pfandes Befriedigung zu verschaffen. Er behält den Besitz, bis ihm die geschuldete Leistung zuteil wird. Das Pfandrecht kommt mit Übertragung der Verwaltungs- und Nutzungsrechte und ohne solche vor. Oft wurde es zur Sicherung für die Geldschuld eines Staats an den anderen begründet. Vgl. Versailler Friedenspräliminarien vom 26. Februar 1871 Art. 3, Frankfurter Friede vom 10. Mai 1871 Art. 7 u. 8 (Fleischmann 98, 101/2). Zur Sicherung einer Leistung politischen Inhalts wurden Teile des französischen Staatsgebiets in Art. 5 des Pariser Friedens vom 20. November 1815 verpfändet (ebenda 21). — Die Verpfändung Wismars seitens Schwedens an Mecklenburg-Schwerin ist erledigt durch Stockholmer Verträge vom 20. Juni 1903 (ebenda 339).

§ 20. b) Beschränkungen im Interesse der Schiffahrt.

Literatur. Engelhardt: Du régime conventionnel des fleuves internationaux, Paris 1879, und: Histoire du droit fluvial conventionnel, Paris 1889; Orban: Etude de droit fluvial international, Paris 1896; Stoerk: Studien zum See- und Binnen-Schiffahrtsrecht, in Stengels Wörterbuch des deutschen Verwaltungsrechts, Ergänzungsband III, Freiburg i. B. 1897; Ghica: Des droits de péage aux Portes de fer, Paris 1899; Strisower: Donau und Elbe (österreich. Staatswörterbuch) 1907; Huber: Rechtsgutachten über die Gebietshoheit an längsgeteilten Grenzflüssen, Zürich 1905, und: Internationales Wasserrecht (Schweizerische Wasserwirtschaft, Bd. 3/4), Zürich 1911; Gorianow: Le Bosphore et les Dardanelles, Paris 1910; Arias: The Panama Canal, London 1911; den Beer Poortugael: La neutralité sur l'Escaut, Haag 1911; Demorgny: La question du Danube, Paris 1911; ArchÖffR. 21 467, 29 53; ZVölkR. 1 29, 159, 4 208, 5 187; Rev. 43 20; Rev. Gén. 17 197, 281, 549, 609, 624, 19 710; Rivista 5 551. — Reichsgesetz vom 24. Dezember 1911, betr. den Ausbau der deutschen Wasserstraßen und die Erhebung von Schiffahrtsabgaben (RGBl. 1137).

I. Die Flüsse. Kraft seiner Gebietshoheit darf der Staat die Benutzung des ihm gehörigen Flußlaufs nach Belieben regeln. Insbesondere kann der stromabwärts gelegene Staat dem stromaufwärts gelegenen und dessen Angehörigen den Zugang zum Meere versperren oder ihn an die Erlegung hoher Abgaben binden. An diesem System hielten die Staaten im 17. und 18. Jahrhundert fest. Die erste französische Republik hat mit ihm in Europa gebrochen, indem sie am 16. November 1792 den Grundsatz aufstellte: qu'une nation ne saurait sans injustice prétendre au droit d'occuper exclusivement le canal d'une rivière et d'empêcher que les peuples voisins qui bordent les rivages supérieurs ne jouissent du même avantage. Durch eine Reihe von Verträgen verschaffte Frankreich diesem neuen Grundsatz Geltung. In Verfolg des Art. 5 des Pariser Friedens vom 30. Mai 1814 (Martens: N. R. 2 1) hat der Wiener Kongreß Schiffahrtsakten für Rhein, Neckar, Main, Mosel, Maas und Schelde ausgearbeitet (Anlage 16 der Wiener Kongreßakte, ebenda 436), zugleich aber auch allgemeine Grundsätze über die Freiheit der Schiffahrt auf den in ihrem schiffbaren Lauf das Gebiet mehrerer Staaten trennenden oder durchlaufenden Strömen aufgestellt (Kongreßakte Art. 108—116, ebenda 427). Diese allgemeinen Grundsätze sind nicht ohne weiteres auf andere Flüsse anwendbar, sondern erst auf Grund eines Ausführungsvertrags der Uferstaaten. Zum Abschluß solcher Verträge nach Maßgabe der allgemeinen Grundsätze haben sich die Kongreßmächte aber wechselseitig verpflichtet. Das neue internationale Flußschiffahrtsrecht wurde im Lauf des 19. Jahrhunderts noch auf folgende Ströme zur Anwendung gebracht: Elbe, Weser, Oder, Weichsel, Niemen, Po, Pruth, Donau, Amazonenstrom, Rio de la Plata, Kongo und Niger.

Auf diesen Strömen ist die Handelsschiffahrt von dem Punkte an, an dem die Schiffbarkeit beginnt, bis ins Meer hinein und umgekehrt für jedermann frei. Die Küstenschiffahrt (Kabotage, d. h. Beförderung der Güter von einem zum anderen Hafen des nämlichen Staats) ist nicht unbedingt frei. Zur Schiffahrt gehört die notwendige Benutzung des Ufers, insbesondere des Leinpfads, und das Anlegen. Die Abgaben sollen keine Einnahmequelle für die Staaten bilden, sondern nur die Unterhaltungskosten decken; sie sind für alle Flaggen gleich; in der Regel werden sie von den Uferstaaten gemeinschaftlich festgestellt, können dann nicht einseitig erhöht werden (Rhein und Elbe?). Durchgangszölle werden nicht erhoben. Stapel- und Umschlagsrechte sind abgeschafft. Nur insoweit ist die Gebietshoheit der Uferstaaten zugunsten der allgemeinen Freiheit eingeschränkt. Die fremden Staaten haben keine Dienstbarkeit erworben: die Schiffe unterstehen der Staatsgewalt des Uferstaats. Im Interesse der Erhaltung und einheitlichen Regulierung des Stromlaufs haben sich die Uferstaaten vielfach wechselseitig zu obligatorischen Leistungen verpflichtet, auch Kommissionen zur Fassung gemeinsamer Beschlüsse und zur Überwachung der Ausführung eingesetzt. Internationale, nicht auf die Uferstaaten beschränkte Kommissionen sind für Donau und Kongo vorgesehen, aber nur für erstere ins Leben getreten. — Auf dem Duero, Tajo, St. Lorenz und Rio Grande del Norte steht die Schiffahrt nur den Angehörigen der Uferstaaten frei.

Der 1792 aufgestellte Grundsatz ist über die Schiffahrt hinaus auf sonstige Wassernutzung, insbesondere zur Gewinnung von Kraft, sinngemäß zu erstrecken; „wo eine zweckmäßige Ausnutzung des Wassers nur durch Beanspruchung mehrerer Gebiete erzielt werden kann, muß das Zusammenwirken der beteiligten Staaten auch hierzu gesichert werden" (Huber).

II. Die Kanäle. Die künstlichen Verbindungsstraßen zwischen zwei Weltmeeren unterstehen der Gebietshoheit des Staats, in dessen Gebiet sie erbaut sind. Er kann ihre Benutzung ausschließlich regeln (Nord-Ostseekanal). Aus der Eröffnung einer neuen Wasserstraße erwachsen ihm keine Pflichten gegen fremde Staaten; niemand ist gehalten, diese Wasserstraße zu benutzen. Andere Gesichtspunkte verdienen Berücksichtigung, wenn der Kanal wesentlich mit fremdem Gelde erbaut ist. Die Kapital- und Zinsforderungen der Gläubiger können alsdann durch eine engherzige Verkehrspolitik wie auch durch Kriegsereignisse erheblich gefährdet werden. Bald nach Erbauung des Suezkanals machte sich deshalb das Bedürfnis nach einer besonderen, dem Belieben des Uferstaats entrückten Ordnung geltend. Sie wurde geschaffen durch den zu Konstantinopel am 29. Oktober 1888 unterzeichneten Vertrag (Fleischmann 220). Der Kanal steht den Kriegs- und Handelsschiffen aller Staaten nicht nur in Friedens-, sondern auch in Kriegszeiten offen. Es darf in ihm kein Kriegsrecht ausgeübt, keine Beschädigung vorgenommen, keine Blockade über ihn verhängt werden. Der Kanal und seine Zugangshäfen dürfen nicht zum Stützpunkt für militärische Operationen dienen, es seien denn solche von seiten des Sultans oder des Khedive zur Verteidigung Ägyptens oder zur Aufrechthaltung der öffentlichen Ordnung erforderlich.

Das Suezkanalabkommen diente in mehrfacher Hinsicht als Vorbild bei der Auseinandersetzung zwischen England und der Nordamerikanischen Union über den von letzterer zu erbauenden Panamakanal. Nach dem Vertrage vom 18. November 1901 (Fleischmann 321; dazu Vertrag mit Panama vom 18. November 1903, ebenda 322; europäische Mächte sind bisher nicht beigetreten) soll der Kanal neutral sein, den Kriegs- und Handelsschiffen aller Staaten unter völlig gleichen Bedingungen — ohne Bevorzugung der amerikanischen Schiffahrt! (ZVölkR. 6, 407. offen stehen; Kriegsrecht darf daselbst nicht ausgeübt werden. Den Vereinigten Staaten steht der Erlaß von Reglements sowie die Aufsicht über den Kanal einschließlich militärischer Polizei zu. Neuerdings haben sie den Kanal befestigt.

III. Küsten- und Eigengewässer. Die Durchfahrt durch fremde Küstengewässer steht den Handelsschiffen aller Staaten, den Kriegsschiffen nur insoweit frei, als die

Küstengewässer die Fahrstraße für den internationalen Verkehr bilden. Aus sicher- und gesundheitspolizeilichen Gründen kann die Durchfahrt verboten werden; sie schließt die Gewinnung von Meeresprodukten und den Betrieb der Küstenfrachtfahrt nicht ein (Fleischmann 270 A. 7).

Die Eigengewässer darf der Staat fremden Schiffen versperren, wenn er sich nicht durch Vertrag zur Öffnung gebunden hat. Tatsächlich wird in Friedenszeiten höchstens die Einfahrt in einzelne Kriegshäfen verboten, wenn man von vorübergehenden, sicher- und gesundheitspolizeilichen Maßregeln absieht. Schiffen in Seenot darf die Einfahrt nicht verweigert werden.

Meerengen können Eigengewässer eines oder mehrerer Staaten, Küstengewässer mehrerer Staaten, in der Mitte auch offenes Meer sein. Sofern sie zwei offene Meere verbinden, steht die Durchfahrt allen Handels- und Kriegsschiffen frei. Die Eigengewässer sind insoweit den Küstengewässern gleichgestellt. Die Sperrung des Sundes und der Belte ist durch den Kopenhagener Vertrag vom 14. März 1857 (Fleischmann 58) und einige anschließende Verträge aufgehoben. Bosporus und Dardanellen sind dagegen fremden Kriegsschiffen verschlossen, solange sich die Pforte im Frieden befindet, obwohl das Schwarze Meer zum mindesten seit 1871 offenes Meer ist (Londoner Vertrag vom 13. März 1871, ebenda 93). Diese „alte Regel" des ottomanischen Reichs ist im Interesse des Weltfriedens von den Großmächten mit der Türkei vertraglich festgesetzt. Die Türkei selbst darf fremden Kriegsschiffen nur in drei genau bestimmten Fällen die Einfahrt in die Meerengen gestatten. Vgl. Art. 2 des Londoner Vertrages vom 13. März 1871 und den Zusatzvertrag zur Pariser Kongreßakte vom 30. März 1856 (ebenda 55/6). Zugangsstraßen zu geschlossenen Meeren — die Straße von Kertsch — darf der Uferstaat sperren.

IV. Luftgebiet. Vom Fall der Not abgesehen braucht der Staat ausländischen Luftschiffen zurzeit weder das Landen auf seinem Gebiet noch die Benutzung seines Luftraums zu gestatten, auch nicht zum Zweck der Durchfahrt. Dem unleugbaren Verkehrsbedürfnis steht das ebenso unleugbare Sicherheitsbedürfnis der Territorialgewalt gegenüber. Die Gefahr (Spionage, Beschädigung durch Herabfallen) ist größer als bei der Durchfahrt durch Küstengewässer. Die der Pariser diplomatischen Konferenz 1911 nicht gelungene Ausgleichung der entgegengesetzten Interessen (Rivista 5 279) wird bei längerer Praxis herzustellen sein.

4. Erwerb und Verlust der Gebietshoheit.

§ 21. a) Abgeleiteter Erwerb.

Literatur. Stoerk: Option und Plebiszit bei Eroberungen und Gebietsabtretungen, Leipzig 1879; Selosse: Traité de l'annexion au territoire français et de son démembrement, Paris 1880; Fusinato: Le mutazioni territoriali, Turin 1885; Freudenthal: Die Volksabstimmung bei Gebietsabtretungen und Eroberungen, 1891; Appleton: Des effets de l'annexion de territoires sur les dettes de l'Etat démembré ou annexé, Paris 1895; Huber: Die Staatensuccession, Leipzig 1898; Matzen: Die nordschleswigsche Optantenfrage, und: Das Indigenatsrecht im Wiener Frieden, Kopenhagen 1904/6; dazu Vertrag vom 11. Januar 1907 bei Martens: N. R. Gén., 3. Ser., 1 632; BöhmsZ. 11 205; ArchÖffR. 29 39.

Der Erwerb der Gebietshoheit ist ein abgeleiteter, wenn er sich auf die Gebietshoheit eines anderen Staats gründet; der Erwerber wird dessen Rechtsnachfolger. Der Erwerb ist ein ursprünglicher, wenn er sich nicht auf die Gebietshoheit eines anderen Staats gründet.

Der abgeleitete Erwerb vollzieht sich durch Gebietsabtretung; sie ist das Rechtsgeschäft, durch welches ein Staat die Gebietshoheit über sein Gebiet oder einen Teil desselben auf einen anderen Staat überträgt. Erforderlich ist Abschluß eines Vertrags und Besitzübertragung. Nicht erforderlich ist eine causa. Die Fähigkeit vorausgesetzt, genügt der auf die Gebietsabtretung gerichtete Wille. Die juristische Natur des Rechtsgeschäfts ist auch unabhängig davon, ob und welche Gegenleistung erfolgt. Einteilungen der Gebietsabtretungen in Kauf, Tausch, Schenkung usw. sind wertlos. Die versprochene Gegenleistung muß selbstverständlich erfolgen.

Wirkungen der Gebietsabtretung (vgl. § 53): 1. Der Erwerber wird Rechtsnachfolger des Vorgängers; er erwirbt also die Gebietshoheit so, wie sie diesem zustand: nemo plus iuris transferre potest quam ipse habet. Dingliche Ansprüche dritter Staaten auf das Gebiet bleiben unberührt, insbesondere Vorkaufs- und Servitutrechte: res transit cum onere: Hüningen,

Chablais und Faucigny. Umgekehrt gehen die mit dem abgetretenen Gebiet verknüpften Servitutrechte auf den Erwerber über.

2. Die Rechtsnachfolge erstreckt sich auch auf die Bewohner des abgetretenen Gebiets, soweit sie Angehörige des Vorgängers waren; sie wechseln die Staatsangehörigkeit, werden Untertanen des Erwerbers. Gestützt auf frühere Beispiele mildert die Praxis des 19. Jahrhunderts die hierin liegende Härte gern durch den Vorbehalt der Options- und Auswanderungsfreiheit: die Bewohner des abgetretenen Gebiets dürfen das Land des Erwerbers binnen bestimmter Frist verlassen, nachdem sie erklärt haben, daß sie die alte Staatsangehörigkeit bewahren wollen. Die privatrechtlichen Rechtsverhältnisse der Bewohner werden weder von der Gebietsabtretung noch von der Auswanderung berührt.

Die eine Zeitlang namentlich in Frankreich viel verfochtene Plebiszittheorie ist auch von den neueren französischen Forschern (Bonfils, Chrétien, Despagnet) aufgegeben. Nach ihr hätte die Bevölkerung des abzutretenden Gebiets durch Abstimmung zu entscheiden, ob die Abtretung stattfinden solle oder nicht. Hierbei ist übersehen, daß ein Teil des Staats dem Staat selbst nicht übergeordnet sein kann. Durch Versagung ihrer Zustimmung würde ferner die Bevölkerung des abzutretenden Gebiets den nach Frieden verlangenden Staat zur Fortsetzung des Krieges zwingen. Die Staatspraxis erachtet die Volksabstimmungen nicht für erforderlich; nur ausnahmsweise hat man sie aus Zweckmäßigkeitsgründen zugelassen.

§ 22. b) Ursprünglicher Erwerb.

Literatur. Heimburger: Der Erwerb der Gebietshoheit, Karlsruhe 1888; Salomon: L'occupation des territoires sans maître, Paris 1889; Jèze: Étude théorique et pratique sur l'occupation comme mode d'acquérir les territoires en droit international, Paris 1896; Ribère: Les occupations fictives dans les rapports internationaux, Bordeaux 1897; Hasenjäger: Der völkerrechtliche Begriff der Interessensphäre und des Hinterlandes, Diss., Greifswald 1907; Erich Kaufmann: Auswärtige Gewalt und Kolonialgewalt in den Vereinigten Staaten von Amerika, Leipzig 1908; Groussac: Les îles Malouines, Buenos Aires 1910; Jerusalem: Über völkerrechtliche Erwerbsgründe (Festgabe der Juristenfakultät Jena für Thon), Jena 1911; ArchÖffR. **6** 193; Rev. **18** 113, 244, 433, 573, **19** 371, **23** 243, **24** 170, **25** 58, **27** 417, 474, **36** 365, 604, **37** 53, **42** 434; Rev. Gén. **1** 103, **2** 400, **6** 113, **10** 651, **14** 148, **15** 78, **16** 117, 649; Rivista **6** 34, 193. Vgl. ferner die Literatur des Kolonialrechts.

Der ursprüngliche Erwerb der Gebietshoheit vollzieht sich durch Besitzergreifung: Aneignung, Okkupation.

1. Gegenstand der Okkupation ist nur staatenloses Gebiet. Staatenlos ist einmal das ehemalige Gebiet einer untergegangenen, durch Krieg oder Selbstauflösung vernichteten Staatsgewalt. Staatenlos ist ferner das Gebiet, welches der Gebietshoheit eines Staats oder anerkannten Stammes noch nicht unterstellt war. Die frühere Ansiedlung von Privatpersonen, welchem Staat sie auch angehören mögen, steht der Okkupation ebensowenig entgegen wie die nicht anerkannter Stämme. Die Frage, ob Staaten zur Okkupation des von diesen Stämmen bewohnten Landes berechtigt sind, kann nicht das Völkerrecht, sondern nur die Moral beantworten. Das Völkerrecht erblickt in solchem Stamm keine völkerrechtliche Person, sondern eine Mehrheit von Menschen. Überläßt dagegen der Häuptling eines anerkannten Stammes einem Staate Land, so erwirbt letzterer es derivativ. Der Eintritt in ein Schutzverhältnis (unten 5 c) hat aber nicht die Bedeutung einer Gebietsabtretung.

2. Die Okkupation ist völkerrechtliches Rechtsgeschäft, sie kann demnach nur von einem Staat vorgenommen werden. Der Vertreter muß, wie immer, Vollmacht haben, oder seine Handlung muß nachträglich genehmigt werden. Die Vollmacht zur Okkupation wird nicht selten Kolonialgesellschaften übertragen. Privatpersonen und -gesellschaften können für sich nicht okkupieren, wohl aber können sie einen neuen Staat gründen: der deutsche Orden in Preußen, Liberia, Serawak.

3. Die Okkupationshandlung ist Besitzergreifung. Päpstliche Schenkung (die Bulle Alexanders VI. von 1493), erste Entdeckung, Entsendung von Missionaren, Anlage privater Kolonien stehen der Besitzergreifung nicht mehr gleich. Die auf solche Titel in früheren Zeiten gegründeten Ansprüche haben nur noch Geltung, wenn sie von anderen Staaten anerkannt sind.

Die Anerkennung kann aber widerrufen werden, wenn die beanspruchte Gebietshoheit längere Zeit hindurch nicht betätigt wird. Von Ländern, die er selbst in keiner Weise benutzt, kann der Staat andere auf die Dauer nicht ausschließen. Treu und Glauben erfordern indessen, daß der Widerruf der Anerkennung zunächst angekündigt, daß dem betroffenen Staat eine angemessene Frist gewährt werde, die früher anerkannte Gebietshoheit nunmehr zu betätigen. (Karolinenstreit zwischen Deutschland und Spanien 1885.) Für eine neue Okkupation ist erforderlich:

a) tatsächliche Besitzergreifung; die Okkupation muß „effektiv" sein. Im Gegensatz zur privatrechtlichen Aneignung kann die staatliche Besitzergreifung sich nur durch einen staatlichen Herrschaftsakt betätigen. Art. 35 der Kongreßakte vom 26. Februar 1885 verlangt deshalb mit Recht die Einsetzung einer „Obrigkeit, welche hinreicht, um erworbene Rechte zu schützen". Eine einmalige symbolische Besitzergreifung durch Aufhissen von Fahnen u. dgl. genügt nicht. Der Staat muß Organe einsetzen, welche seine Staatsgewalt dauernd betätigen.

b) Der Wille muß auf Begründung der Gebietshoheit gerichtet sein. Besetzung eines Landstrichs ohne diesen Willen ist keine Okkupation: Errichtung wissenschaftlicher Beobachtungsstationen, Festsetzung einer militärischen Expedition zu vorübergehendem Zweck.

c) Aus der Natur der Okkupation als Betätigung staatlicher Herrschaft folgt, daß sie wahrnehmbar sein muß. Für Okkupationen an der Küste des afrikanischen Festlands schreibt Art. 34 der Kongoakte Notifikation an die Signatarmächte vor. Diesen soll Gelegenheit gegeben werden, ihre etwaigen Ansprüche sofort geltend zu machen. Die Notifikation soll demnach Klarheit über die Rechtsverhältnisse schaffen. Sie ermöglicht aber ferner den Erwerb eines Vorrechts auf Okkupation weiterer Landstriche (vgl. unten 5 b).

4. Wirkungen der Okkupation:

a) Der Erwerber begründet nur die völkerrechtliche Gebietshoheit allen anderen Staaten gegenüber. Die privatrechtlichen Eigentumsverhältnisse bleiben unberührt. Dies gilt sowohl für die Eingeborenen wie für die Angehörigen dritter Staaten. Die Obrigkeit soll ja hinreichen, um erworbene Rechte zu schützen. Auch auf die eigentümliche Organisation des im erworbenen Gebiet wohnenden Stammes übt die Okkupation keinen Einfluß aus.

b) Die Gebietshoheit wird nur soweit erworben, als die Besitzergreifung sich räumlich erstreckt. Regelmäßig wird zunächst ein kleines Stück Landes der staatlichen Herrschaft unterstellt und diese allmählich ausgebreitet. Der Erwerber nimmt aber stets mehr Land in Anspruch, als er auf einmal okkupieren kann: das orographisch oder hydrographisch mit dem bereits erworbenen zusammenhängende Land. Neuerdings hat man behauptet, dem Erwerber eines Küstenstrichs gehöre das hinter diesem befindliche Land in der Breite der okkupierten Küste (Hinterland). Einerseits haben solche Ansprüche nie allgemeine Anerkennung gefunden; andererseits hat man ihnen eine gewisse Berechtigung nicht absprechen können. Das Völkerrecht kennt mehrere Mittel zur Erlangung eines Vorrechts auf Okkupation bestimmter Landstrecken. Damit wird es den erwähnten Ansprüchen gerecht.

5. Vorrechte auf Okkupation. Der Anspruch, ein bestimmtes Gebiet allein zu okkupieren, andere Staaten von dessen Okkupation auszuschließen, wird erworben:

a) durch Abgrenzung der Interessensphären. Sie geschieht durch Vertrag zweier Staaten; ein jeder verpflichtet sich dem anderen, in dessen Interessensphäre keine Okkupationshandlung vorzunehmen. Die Abgrenzung der Interessensphären ist ein obligatorisches Rechtsgeschäft und bindet nur die Vertragsparteien; es kann noch anderen Zwecken dienen und ist deshalb im Obligationenrecht (§ 49) zu besprechen;

b) durch Notifikation des beanspruchten Vorrechts und darauf erfolgende Anerkennung desselben. Nach Okkupation eines kleineren Gebiets macht der Erwerber den anderen Staaten hiervon förmliche Mitteilung und gibt zugleich an, in welchem größeren Umfang er das benachbarte Gebiet beansprucht. Die Unterlassung von Widerspruch ist Anerkennung des Anspruchs von seiten der benachrichtigten Staaten. — (Anhang 1 zum Protokoll 8 der Berliner Kongokonferenz vom 31. Januar 1885, Staatsarchiv 45 179 ff.) Wird die Ausdehnung der Okkupation auf das ganze beanspruchte Land dauernd unterlassen, so ist Aufkündigung der Anerkennung zulässig (vgl. oben z. 3);

c) durch Erwerb einer Schutzherrschaft über einen eingeborenen Stamm oder eine Kolonialgesellschaft (vgl. § 7). Der Schutzvertrag verpflichtet den Staat zum Schutz des Stammes gegen andere Staaten, folglich darf er die Okkupation des vom Stamm bewohnten Landes durch andere Staaten nicht dulden. Er selbst kann okkupieren, sofern er die dem Stamm zugesagten Freiheiten unangetastet läßt; hierdurch begründet er ein staats- oder kolonialrechtliches Protektorat. Dagegen können die aus dem Schutzvertrag erworbenen Rechte ebensowenig wie das Vorrecht auf Okkupation einem anderen Staat übertragen werden: der Stamm hat sich in den Schutz dieses einen Staats begeben, nur ihm persönlich Rechte zugestanden. Das Deutsche Reich hätte deshalb seine Schutzherrschaft über Witu an England nicht abtreten dürfen; Art. 2 des Vertrags vom 1. Juli 1890 (Staatsarchiv 51 151).

Als im Staat gebildete und von ihm anerkannte Gesellschaften stehen die Kolonialgesellschaften wie die einzelnen Staatsangehörigen völkerrechtlich unter dem Schutz des Heimatstaats. Das ohne staatlichen Auftrag auf staatenlosem Gebiet von ihnen erworbene Land kann aber noch von einem anderen Staat okkupiert werden; nur muß dieser die erworbenen Privatrechte der Kolonialgesellschaft anerkennen und schützen. Anders verhält es sich, wenn der Heimatstaat die Kolonialgesellschaft samt ihren Erwerbungen seinem Protektorat unterstellt. Das ist durchaus die Regel und zulässig, solange kein anderer Staat das betreffende Land okkupiert oder ein Vorrecht auf Okkupation an ihm erworben hat. Durch Unterstellung der Kolonialgesellschaft unter sein Protektorat erklärt der Heimatstaat: er wolle die Gesellschaft nicht nur in ihren Privatrechten und in ihrer Erwerbstätigkeit schützen, sondern er betrachte das von ihr erworbene Land als seine staatliche Interessensphäre, werde daher eine Okkupation seitens anderer Staaten nicht dulden. Ihm selbst ist die Okkupation wiederum unverboten. Zu nennen sind die zahlreichen englischen und die deutschen Kolonialgesellschaften. Letztere nehmen jetzt nur noch eine privatrechtliche Stellung ein.

Das aus beiden Arten des Protektorats hergeleitete Vorrecht auf Okkupation ist anderen Staaten gegenüber jedenfalls dann erworben, wenn die Begründung des Protektorats angezeigt und ohne Widerspruch geblieben ist. Bei Protektoraten an den Küsten des afrikanischen Festlands ist die Notifikation nach Art. 34 der Kongoakte unerläßlich.

§ 23. c) Verlust der Gebietshoheit.

Der Verlust der Gebietshoheit tritt ein:

1. durch Gebietsabtretung (§ 21);

2. durch Emanzipation: Abfall eines Teils der Bevölkerung und Gründung eines neuen Staats. So haben die europäischen Staaten fast alle amerikanischen Kolonien verloren;

3. durch Besitzaufgabe. Bei unfreiwilliger Entsetzung durch Eingeborene geht die Gebietshoheit erst unter, wenn der Entsetzte sich beruhigt, nach Kenntnisnahme die Mittel zur Wiedererlangung des Besitzes nicht ergreift. Ist er hierzu zurzeit nicht imstande, so muß er anderen Staaten gegenüber seine Rechte sich ausdrücklich vorbehalten, widrigenfalls Verzicht angenommen wird. Die stillschweigende Entgegennahme der Notifikation hindert dagegen andere Staaten, sich ihrerseits in Besitz des jenem entrissenen Landes zu setzen; die Regeln über die Aufkündigung einer Anerkennung (§ 22 Z. 3) finden auch hier Anwendung. — Faschodastreit zwischen England und Frankreich 1898.

C. Das Recht in Ansehung der Menschen.

I. Allgemeine Lehren.

§ 24. 1. Die Staatsangehörigkeit.

Literatur. v. Gerber: Grundzüge des deutschen Staatsrechts (3), 45 ff., 225 ff.; Jellinek: System der subjektiven öffentlichen Rechte (2); Bendix: Fahnenflucht und Verletzung der Wehrpflicht durch Auswanderung, Leipzig 1906; Sieber: Das Staatsbürgerrecht im internationalen Verkehr, 2 Bde., Bern 1907; Bisocchi: Acquisto e perdita di nazionalità nella legislazione comparata e nel diritto internazionale, Mailand 1907; Isay: Die Staatsangehörigkeit

der juristischen Personen, Tübingen 1907; Cahn: Das Reichsgesetz über die Erwerbung und den Verlust der Reichs- und Staatsangehörigkeit (3), Berlin 1908; v. Martitz: AnnDR. 1875; ArchÖffR. 12 200, 317, 29 188; ZVölkR. 1 53, 614, 2 209; VerwArch. 20 1; Rev. 39 711, 40 285, 401, 525, 43 233; Rev. Gén. 16 57; Rivista 6 109.

I. Begriff und Bedeutung. Staatsangehörigkeit ist die dauernde Zugehörigkeit eines Menschen zu einem bestimmten Staat. Sie ist nicht unlösbar, aber unabhängig von dem Aufenthalt des Menschen in dem räumlichen Bereich der Staatsherrschaft. Kraft der Zugehörigkeit ist der Mensch einmal, und das ist das erste, dem Staat dauernd unterworfen: er wird durch den Staatswillen rechtlich gebunden; sodann hat er eine Reihe von Rechten gegen den Staat, insbesondere den Anspruch auf Schutz. Der staatsrechtlichen Unterwerfung entspricht nach außen hin das völkerrechtliche Recht des Staats an der Person seines Untertans; es sichert ihm die Ausübung der eigenen Herrschaft sowie den Schutz des Angehörigen gegen rechtswidrige Eingriffe fremder Staaten. Das Recht des Heimatstaats gründet sich auf die Zugehörigkeit des Menschen zu seinem Staatsverbande; jedes Recht eines fremden Staats bedarf ihm gegenüber besonderer Begründung.

In den Beziehungen zwischen einem Staat und dem Angehörigen eines anderen Staats ist die Staatsangehörigkeit des Fremden in mehrfacher Hinsicht von Bedeutung:

1. Gehört der Ausländer einem fremden Staat an, so müssen die Rechte dieses Staats geachtet werden. Jeder Staat hat Anspruch darauf, daß seine Angehörigen den besonderen Vertragsbestimmungen, eventuell dem allgemeinen Völkerrecht entsprechend behandelt werden.

2. Will ein Staat für einen im Ausland rechtswidrig behandelten Menschen eintreten, so bildet dessen Staatsangehörigkeit die Legitimation für den schützenden Heimatstaat.

3. Die persönliche Rechts- und Handlungsfähigkeit des Ausländers sowohl auf dem Gebiet des öffentlichen wie des Privatrechts richtet sich in vielen Fällen nach seinem Heimatrecht.

Immer ist demnach die Staatsangehörigkeit des einzelnen Fremden festzustellen.

II. Erwerb und Verlust der Staatsangehörigkeit. Gebietserwerb bzw. -verlust führt für die Bewohner des betreffenden Gebiets nach Völkerrecht den Wechsel der Staatsangehörigkeit herbei (§ 21). Im übrigen wird deren Erwerb und Verlust durch die Gesetzgebung der einzelnen Staaten geregelt, d. h. jeder Staat bestimmt einseitig, welche Menschen ihm zugehören. Erwerbsgründe sind: Abstammung von, Legitimation durch einen Inländer, Verheiratung einer Frau mit einem Staatsangehörigen, Geburt im Inland, Aufnahme eines Ausländers in den Staatsverband, sei es ausdrücklich, sei es durch Anstellung im Staatsdienst. Die Staatsangehörigkeit geht verloren: durch Entlassung aus dem Staatsverband auf Antrag, durch Ausstoßung, durch längeren, nach dem bisherigen deutschen Recht durch zehnjährigen Aufenthalt im Ausland, durch Erwerb einer fremden Staatsangehörigkeit (Code civil, Art. 17), insbesondere durch Verheiratung einer Inländerin mit einem Ausländer, durch Legitimation eines Kindes seitens eines Ausländers.

In der Ausgestaltung dieser und ähnlicher Erwerbs- und Verlustgründe ist der Staat frei, solange er nicht in die Rechtssphäre anderer Staaten eingreift. Unzulässig ist die Zwangsnaturalisation eines fremden Staatsangehörigen; sie wäre eine rechtswidrige Vergewaltigung der Persönlichkeit. Statthaft ist dagegen die Naturalisation eines fremden Staatsangehörigen mit dessen Einverständnis. Die Zustimmung des Heimatstaats ist nicht erforderlich; seine Rechte werden aber durch die Naturalisation nicht beeinträchtigt. Sein vom fremden Staat aufgenommener Untertan hat doppelte Staatsangehörigkeit, bis die ältere nach dem Recht des Heimatstaats erlischt. Die amerikanischen Staaten sind allerdings der Meinung, die ältere Staatsangehörigkeit erlösche durch Erwerb einer neuen. Allgemeiner Grundsatz ist das aber noch nicht, wenngleich die Nordamerikanische Union eine Anzahl entsprechender Abkommen durchgesetzt hat (Fleischmann 80, Martens: N. R. Gén. 3° Ser. **3** 233/47, **4** 250).

Für den einzelnen Menschen ist die Anerkennung der Staatsangehörigkeit vielfach staatsrechtliche Pflicht. Ein Recht zum Eintritt in den, zum Austritt aus dem Staatsverband kann er nur nach dem Landesrecht eines Staats erwerben. Den Austritt aus dem Staatsverband gestatten gegenwärtig die meisten Staaten unter zwei Bedingungen: a) Erfüllung der bereits begründeten Pflichten gegen den Staat, insbesondere Ableistung der militärischen Dienstpflicht.

b) Auswanderung binnen bestimmter Frist. Der Untertan soll die Vorteile der staatlichen Gemeinschaft nicht genießen, wenn er sich den Pflichten für die Zukunft entzieht.

III. Die Heimatlosen, d. h. Menschen ohne Staatsangehörigkeit. Sie sind nicht Objekte völkerrechtlicher Rechte und völkerrechtlichen Schutzes der Staaten. Ihre Beziehungen zu jedem einzelnen Staat werden lediglich durch dessen Landesrecht geregelt. Sie werden von dem einzelnen Staat anderen Menschen gegenüber, sie werden von seiner Rechtsordnung geschützt, insoweit sie auf alle Menschen Anwendung findet. Sie werden aber nicht gegen den Staat geschützt, denn hinter ihnen steht kein schützender Staat. Einer Zwangsnaturalisation steht nichts im Wege. Es ist gleichgültig, ob der Heimatlose niemals einem Staat angehört oder die ehemalige Staatsangehörigkeit eingebüßt hat. Mit ihrem Untergang ist auch das Schutzrecht erloschen. Anderseits sind die Heimatlosen auch nicht zur Beobachtung des Völkerrechts verpflichtet; es wendet sich nicht an sie. Die von zivilisierten Staaten zum Schutz von Heimatlosen oder gegen solche ergriffenen Maßregeln — Befreiung von Sklaven, Maßnahmen gegen Sklavenhändler und Seeräuber, Strafexekutionen gegen Barbaren — fallen nicht unter das Völkerrecht. Sie sind rechtlich unverbotene Handlungen natürlicher Selbst- und Nächstenhilfe.

§ 25. 2. Die Rechtsverhältnisse im allgemeinen.

Der Staat herrscht über seine Untertanen zu seinem eigenen und zu ihrem Besten; er erstrebt nicht nur seinen Vorteil, sondern gewährt auch ihnen die Möglichkeit zur Entfaltung ihrer Anlagen und Kräfte, zur Erreichung würdiger Lebenszwecke. Dazu ist in erster Linie erforderlich Schutz für die Person und ihre Rechte sowie ein gewisses Maß von Freiheit. Soweit das Leben der Untertanen sich nicht ausschließlich innerhalb der heimischen Staatsgrenzen abspielt, will der Staat ihnen auch im Auslande die Verfolgung ihrer erlaubten Lebenszwecke sichern, sie vor Ungerechtigkeit und Willkür schützen. Das Völkerrecht trägt dem Rechnung. Es verpflichtet die Staaten, in ihrem Landesrecht den Angehörigen anderer Staaten Schutz für ihre Person und ihre Rechte zuteil werden zu lassen. Diese Verpflichtung rechtfertigt sich damit, daß der Heimatstaat in fremdem Staatsgebiet Hoheitsakte nicht selbst vornehmen, mithin seine Angehörigen dort nicht durch unmittelbares Eingreifen schützen darf. Der fremde Staat ist allein in der Lage, Schutz zu gewähren (Triepel 335). Die Pflicht zum Schutz fremder Staatsangehöriger in ihrer Person und in ihren Rechten erstreckt sich deshalb nicht nur auf das Staatsgebiet, sondern auch auf andere Gebietsteile, von denen die diesseitige Staatsgewalt fremde Staatsgewalten ausschließt: Protektoratsgebiete, der occupatio bellica unterworfene Länder, ferner auf die Nationalschiffe (§§ 42, 43). Hierauf hat der Heimatstaat Anspruch. Der Schutz der Person und ihrer Rechte bildet die Grundlage für die Stellung der Angehörigen eines Staats zu anderen Staaten[1], gleichviel, wo der einzelne Angehörige sich aufhält.

1. Der Schutz der Person. Der Staat muß den Angehörigen eines anderen Staats als Person, d. h. als Rechtssubjekt, anerkennen und schützen. Ausgeschlossen ist damit die Behandlung als Sklave. Unbedingt genießt der Fremde strafrechtlichen Schutz; als vermögens- und prozeßfähig ist er grundsätzlich anerkannt; die Einzelheiten bleiben der Darstellung im § 27 vorbehalten. Den Mädchenhandel bekämpfen Abkommen vom 18. Mai 1904 und vom 4. Mai 1910 (RGBl. 1905 S. 695, 1913 S. 31).

2. Der Schutz der Rechte. Welche Rechte des Fremden ein Staat als wohlerworben anerkennt und schützt, bestimmt sich in Ermangelung eines Staatsvertrags nach seinem Landesrecht. Die Doktrin des internationalen Privatrechts ist nicht ohne weiteres verbindlich, gelangt aber in Verträgen und in der Gesetzgebung immer mehr zur Anerkennung. Vgl. die Haager Abkommen vom 12. Juni 1902 (Fleischmann 330) und vom 17. Juli 1905 (RGBl. 1912 S. 453, 475, 1913 S. 249), ferner die Brüsseler Übereinkommen vom 23. September 1910 zur einheit-

[1] Nicht Schutz in anderen Staaten, sondern Schutz auch in der Heimat gegen gewerbliche Ausnutzung bzw. Schädigung der Gesundheit bezwecken die Abkommen vom 26. September 1906 über das Verbot der Nachtarbeit der gewerblichen Arbeiterinnen und über das Verbot der Verwendung von weißem (gelbem) Phosphor zur Anfertigung von Zündhölzern (RGBl. 1911 S. 5, 17; vgl. Reinsch: Public international unions, Boston 1911, S. 42/9).

lichen Feststellung von Regeln über den Zusammenstoß von Schiffen, über die Hilfsleistung und Bergung in Seenot (RGBl. 1913 S. 49, 567, 581). Selbstverständlich beschränkt sich der Schutz nicht auf die im Inland erworbenen Rechte. Nur die Urheberrechte an Werken der Kunst und Wissenschaft, an gewerblichen Erfindungen usw. genießen im Ausland noch nicht schlechthin Schutz. Zahlreiche Staatsverträge haben ihn aber gewährt. Vgl. namentlich die Pariser Übereinkunft zum Schutz des gewerblichen Eigentums vom 20. März 1883 (Fassung vom 2. Juni 1911, RGBl. 1913 S. 209) und die revidierte Berner Übereinkunft zum Schutz von Werken der Literatur und Kunst vom 13. November 1908 (RGBl. 1910 S. 965).

Kein Staat ist gehalten, der Person und den Rechten fremder Staatsangehöriger weiteren Schutz angedeihen zu lassen als bei seinen eigenen Untertanen. Gleichstellung mit diesen ist das Höchste, was erreicht werden kann. Ausnahmen hiervon kommen nur im Bereich der Konsulargerichtsbarkeit vor (§ 40). Schränkt aber ein Staat die den Ausländern bisher zugestandene Rechts- und Handlungsfähigkeit, z. B. die Fähigkeit zum Erwerb von Grundeigentum, ein, so darf er die nach seiner älteren Gesetzgebung wohlbegründeten Rechte ohne Entschädigung nicht aufheben. Auch der Zwang zur Veräußerung der erworbenen Rechte binnen bestimmter Frist (so Rußland hinsichtlich des Grundeigentums) ist als genügend nicht zu erachten. Schwierig ist die Anwendung dieser Grundsätze auf den Fall des Staatsbankerotts. Das zweite Haager Abkommen vom 18. Oktober 1907 verbietet die Anwendung von Waffengewalt gegen einen fremden Staat bei der Eintreibung von Vertragsschulden für Untertanen, solange die Möglichkeit schiedsrichterlicher Erledigung besteht (vgl. Art. 53 des ersten Abkommens).

Die Verpflichtung zum Schutz fremder Staatsangehöriger in ihrer Person und in ihren Rechten ist nicht an die Fortdauer normaler, freundschaftlicher Beziehungen zum Heimatstaat geknüpft. Bei Abbruch des diplomatischen Verkehrs, bei Ausbruch des Krieges werden die Angehörigen des Gegners nicht rechtlos. Sie werden regelmäßig dem Schutz eines dritten Staats unterstellt und sind nach allgemeinem Völkerrecht zu behandeln, wenn die Bestimmungen der besonderen Verträge aufgehoben oder suspendiert werden.

Seiner Pflicht zum Schutz der Fremden in ihrer Person und in ihren Rechten entspricht der Staat in zweifacher Weise:

1. vorbeugend durch Schaffung der erforderlichen Grundlagen im Wege der Gesetzgebung und Verwaltung, durch tatsächliche Abwendung von Gefahren;

2. zurückdämmend, indem er dafür sorgt, daß vorgekommene Angriffe und Verletzungen strafrechtlich geahndet, daß auf zivilprozessualem und administrativem Wege dem Fremden Recht werde wie dem Einheimischen.

Kein Staat kann strafbare Handlungen völlig ausschließen, jeden Verbrecher einfangen oder dafür sorgen, daß jeder Schuldner dem Gläubiger rechtzeitig zahle. Solange ein Staat vorbeugend und zurückdämmend das nach der Erfahrung Mögliche und im Leben gesitteter Staaten Übliche zum Schutze der Person und der Rechte Fremder tut, erfüllt er seine Pflicht, fällt ihm ein Verschulden nicht zur Last. Schützt ein Staat dagegen die Person oder die Rechte eines fremden Staatsangehörigen nicht in dem erforderlichen Umfang, so verletzt er die Rechte des Heimatstaats. Dieser macht seinen eigenen Anspruch geltend, wenn er seines Untertans sich annimmt. Unter normalen Verhältnissen darf dies erst geschehen, wenn der Untertan von den nach dem Landesrecht des fremden Staats zulässigen Rechtsmitteln im Prozeß- oder im Verwaltungswege ohne Erfolg Gebrauch gemacht hat. Diese Rechtsmittel sind ja gerade zum Schutz des Rechts gewährt; führen sie zum Ziel, so hat der fremde Staat seine Pflicht erfüllt. Im Falle ausdrücklicher Rechtsverweigerung oder ungewöhnlicher Rechtsverzögerung, wie auch bei direkten rechtswidrigen Eingriffen einer Staatsbehörde, kann indessen der Heimatstaat sofort die diplomatische Beschwerde erheben, eventuell zur Selbsthilfe schreiten.

§ 26. 3. Die Staatsangehörigen im Ausland.

I. Auswanderung und Rückkehr. Es gibt kein allgemeines Recht des Menschen, seinen Aufenthalt auf der Erde da zu nehmen, wo es ihm beliebt. Der moderne Staat läßt Reisen seiner Untertanen unbeschränkt zu, die Auswanderung, die dauernde Verlegung des Wohnsitzes in das Ausland, gestattet er aber regelmäßig erst nach Erfüllung der militärischen Dienstpflicht. Völkerrechtlich ist es dem Staat unbenommen, die Auswanderung überhaupt zu untersagen und zu verhindern. Die Verbannung von Staatsangehörigen ist nur ausführbar, wenn ein fremder Staat den Verbannten aufnimmt; der Heimatstaat darf seine Untertanen fremden Staaten nicht zuschieben, auch dann nicht, wenn er ihnen die Staatsangehörigkeit genommen hat.

Ob der Untertan ein Recht zur Rückkehr in die Heimat hat, ist eine staatsrechtliche Frage. Völkerrechtlich ist der Staat zur Aufnahme seiner Angehörigen verpflichtet, wenn fremde Staaten sich ihrer entledigen wollen; denn er nimmt die Herrschaft über sie, anderen Staaten gegenüber ein Recht an ihnen in Anspruch. Die Aufnahmepflicht erstreckt sich nach moderner Vertragspraxis auch auf ehemalige Staatsangehörige, solange sie eine andere Staatsangehörigkeit nicht erworben haben.

II. Die Personalhoheit. Wo immer er sich befinden mag, ist der Untertan der Herrschaft des Heimatstaats unterworfen, in Gemäßheit des heimischen Staatsrechts zum Gehorsam verpflichtet. Die Personalhoheit erlischt erst mit der Staatsangehörigkeit; sie wird aber vielfach beschränkt und in ihrer Ausübung gehemmt durch die Territorialhoheit des Aufenthaltsstaats, d. h. desjenigen Staats, in dessen Gebiet der Untertan zurzeit weilt (§ 27). Die Personalhoheit betätigt sich einmal in Anforderungen des Heimatstaats an seine Untertanen im Ausland. Zwang darf in fremdem Staatsgebiet regelmäßig nicht ausgeübt, der Untertan erst zur Verantwortung gezogen werden, wenn er wieder in die Gewalt des Heimatstaats gelangt ist. Sodann wird die Personalhoheit auf fremdem Staatsgebiet in gewissen Fällen auch unmittelbar zur Geltung gebracht. Dies setzt Duldung des fremden Staats oder einen durch Vertrag erworbenen Anspruch voraus.

A. Anforderungen des Heimatstaats an seine Untertanen im Ausland: 1. Er gebietet die Rückkehr, wenn er der Untertanen bedarf: zur Erfüllung der Wehrpflicht und in Kriegszeiten. 2. Er gebietet die Entrichtung von Steuern. 3. Er fordert auch im Ausland Gehorsam gegen seine Strafgesetze und verfolgt die von seinen Angehörigen daselbst begangenen Verbrechen. 4. Er verbietet den Eintritt in fremden Staats- und Militärdienst.

B. Die unmittelbare Ausübung der Personalhoheit ist auf staatenlosem Gebiet nur durch die Normen des Schiffsrechts (§§ 42, 43) beschränkt. In fremdem Staatsgebiet wird sie, soweit zulässig, durch die Gesandten und namentlich durch die Konsuln gehandhabt.

1. Der Heimatstaat übt im Ausland mit Bewilligung des Aufenthaltstaats freiwillige Gerichtsbarkeit aus, um seinen Angehörigen die Vornahme von Rechtshandlungen, die Regelung ihrer Angelegenheiten nach den Vorschriften des heimischen Rechts und mit Wirksamkeit für die Heimat zu ermöglichen: Ausstellung öffentlicher Urkunden in privaten Angelegenheiten, Aufnahme von Testamenten und Notariatsurkunden, Eheschließung, Beurkundung des Personenstands, Fürsorge für den Nachlaß.

2. Der Heimatstaat übt Polizeigewalt und streitige Gerichtsbarkeit insoweit aus, als der Aufenthaltstaat zu seinen Gunsten darauf verzichtet hat. Die Personalhoheit kann jederzeit voll und ganz wirksam werden, sobald ihr eine fremde Territorialhoheit nicht entgegensteht. Die Polizeigewalt wird namentlich über Schiffe in fremden Gewässern, sie und die streitige Gerichtsbarkeit in den Konsulargerichtsbezirken geübt (§§ 40, 42).

§ 27. 4. Die Fremden.

Literatur. Cailleux: La question chinoise aux États-Unis et dans les possessions des puissances européennes, Paris 1898; v. Conta: Die Ausweisung aus dem Deutschen Reich usw., Berlin 1904; v. Overbeck: Niederlassungsfreiheit und Auswanderungsrecht, Karlsruhe 1907; Heinrichs: Deutsche Niederlassungsverträge und Übernahmeabkommen, Berlin 1908; Salvy: L'immigration aux États-Unis, Paris 1908; Langhard: Die politische Polizei der schweizerischen Eidgenossenschaft, Bern 1909; Martini: L'expulsion des étrangers, Paris 1909; v. Frisch: Das Fremdenrecht, Berlin 1910; ArchÖffR. **23** 123; ZVölkR. **4** 62, **5** 278, 478; Rev. **25** 286, **29** 428, **31** 554, **32** 435, **35** 547, **39** 711; Rev. Gén. **14** 636; ArchRPhilos. **6** 514.

I. Die Territorialhoheit. Der Ausländer ist im fremden Staatsgebiet der staatsrechtlichen Herrschaft, der Rechtsordnung des Aufenthaltstaats unterworfen, gleichviel ob der Eintritt in das Gebiet freiwillig oder unfreiwillig erfolgt. Die Herrschaft über den Fremden gründet sich auf dessen Aufenthalt im Gebiet; sie endigt mit ihm. Der Fremde wird als subditus temporarius bezeichnet. In seinem Gebiet herrscht der Staat allein; deshalb kann die Personalhoheit des Heimatstaats nur mit Bewilligung des Aufenthaltstaats unmittelbar ausgeübt werden. Deshalb geht die Territorialhoheit vor. Für Heimatlose ist sie allein maßgebend. Fremden Staatsangehörigen gegenüber wird sie durch die Verpflichtung zum Schutz der Person und ihrer Rechte beschränkt. Der Fremde ist der Rechtsordnung des Aufenthaltsstaats Gehorsam schuldig und genießt deren Schutz. Er ist dem Inländer aber nicht völlig gleichgestellt.

1. In den allgemein menschlichen Verhältnissen bildet die Gleichstellung gegenwärtig die Regel; denn die Staatsangehörigkeit ist bei ihnen nebensächlich, so in Straf-, Privat- und Prozeßrecht. Doch kommen auch hier Unterschiede vor: die privatrechtliche Rechts- und Handlungsfähigkeit wird, wie erwähnt, oft nach dem Heimatrecht beurteilt; manche Staaten schließen die Ausländer vom Erwerb des Grundeigentums aus; Untersuchungs- und Personalhaft sind in weiterem Umfang als bei Inländern zugelassen; der Fremde muß dem Inländer Sicherheit für die Prozeßkosten leisten, wenn er eine Klage gegen ihn erheben will. Vgl. jedoch das Haager Abkommen über den Zivilprozeß vom 17. Juli 1905 (RGBl. 1909 S. 410). — Die Gleichstellung erstreckt sich ferner auf die allgemeinen Lasten: Abgaben, Steuern, Einquartierung, Hilfeleistung bei Unglücksfällen, Teilnahme an Zwangsgenossenschaften. Verträge sichern den Ausländern die Niederlassungsfreiheit, den Handels- und Gewerbebetrieb, neuerdings auch die Teilnahme an der Arbeiterversicherung meist unter den nämlichen Bedingungen wie den Inländern. Schließlich genießen sie in der Mehrzahl der Staaten freie Religionsübung.

2. Von der Teilnahme am politischen Leben sind die Fremden dagegen ausgeschlossen. Die Rechte und Freiheiten der Staatsbürger stehen ihnen nicht oder nur mit Einschränkungen bzw. widerruflich zu: Wahlrecht, Vereins-, Versammlungs-, Petitions- und Preßfreiheit. Ebensowenig liegen ihnen die staatsbürgerlichen Pflichten ob: Militär-, Gerichts- oder sonstiger Staatsdienst.

II. Das Betreten und Verlassen des Gebiets. Der Mensch hat oft ein erhebliches Interesse am Betreten des fremden Staatsgebiets, am Verweilen auf ihm. Dieses Privatinteresse ist als berechtigt und schutzbedürftig anerkannt, soweit ihm nicht das öffentliche Interesse des fremden Staats entgegensteht. Das Staatsinteresse kann Ab- und Ausweisung aus folgenden Gründen gebieten:

1. Wegen der Gefahr der Einschleppung von Seuchen; in der Regel genügt eine Quarantäne und Zurückweisung der nachweislich Kranken. Über Sanitätskonventionen vgl. Ullmann 412, Liszt 245, Reinsch a. a. O. 57 ff.

2. Wegen der Persönlichkeit der einzelnen Fremden: Hilflose, Unbemittelte, Verbrecher, Vagabunden, Huren, Zuhälter, die politisch „Lästigen", d. h. Personen, welche durch politische Agitation die Sicherheit des Aufenthaltstaats oder sein Verhältnis zu einem anderen Staat gefährden, ohne sich strafbar zu machen.

3. Die Eigenart des Staatswesens ist unverträglich mit der Ansammlung größerer Massen von Ausländern einer bestimmten Nationalität. Hier kommt es zu Massenausweisungen: im Kriege Ausweisung der Untertanen des Gegners. Ferner Ausweisung der nichtpreußischen Polen aus Preußen 1886.

Rechtswidrig ist dagegen die Ab- bzw. Ausweisung des Fremden zur Verhinderung des wirtschaftlichen Wettbewerbs, zum Vorteil der einheimischen Konkurrenz. Auch hier Gleichstellung der Fremden mit den Staatsbürgern in wirtschaftlichen, Ungleichheit in öffentlichen Verhältnissen! Die Verhinderung der Chineseneinwanderung in den Vereinigten Staaten seit 1894 scheint auch den wirtschaftlichen Wettbewerb einschränken zu sollen.

Am freiwilligen Verlassen des Staatsgebiets darf der fremde Staatsangehörige nicht gehindert werden, es sei denn, daß ein Strafverfahren gegen ihn schwebt, oder daß er noch Verpflichtungen zu erfüllen hat. Willkürliche Zurückhaltung wäre Verletzung der Person in ihrer Freiheit. Der Abziehende darf sein Hab und Gut frei von jeder Nachsteuer mitnehmen.

III. Der Güter- und Verkehrsschutz. Mit dem Interesse am Betreten des fremden Staatsgebiets geht Hand in Hand das an Ein-, Durch- und Ausfuhr von Waren sowie das auf Verkehr im Wege der Post und Telegraphie. In ersterer Hinsicht ist eine allgemeine Anerkennung der Schutzwürdigkeit des Interesses nicht erfolgt und mit Rücksicht auf die wichtigeren handelspolitischen Interessen nicht zu erwarten; nur durch befristete Sonderverträge wird der Handelsverkehr geregelt. Über den Eisenbahnfrachtverkehr ist ein internationales Übereinkommen am 14. Oktober 1890 (RGBl. 1892 S. 793, vgl. 1908 S. 515) unterzeichnet worden. Der Nachrichtenverkehr ist in umfassender Weise gesichert durch den aus dem allgemeinen Postverein vom 9. Oktober 1874 am 1. Juni 1878 hervorgegangenen Weltpostverein (vgl. den Vertrag vom 26. Mai 1906, RGBl. 1907 S. 593), durch den allgemeinen Telegraphenverein vom 17. Mai 1865 und durch die Funkentelegraphenverträge vom 3. November 1906 u. 5. Juli 1912 (RGBl. 1908 S. 411, 1913 S. 373). Vgl. Reinsch a. a. O. 15 ff.

§ 28. 5 Asylrecht und Auslieferung.

Literatur. Billot: Traité de l'extradition, Paris 1874; v. Holtzendorff: Die Auslieferung der Verbrecher und das Asylrecht, Berlin 1881; Bernard: Traité théorique et pratique de l'extradition (2), Paris 1890; Lammasch: Auslieferungspflicht und Asylrecht, Leipzig 1887; v. Martitz: Internationale Rechtshilfe in Strafsachen, 2 Bde., Leipzig 1888, 1897; Delius: Das Auslieferungsrecht, Hannover 1899; Fleischmann: Auslieferung und Nacheile nach deutschem Kolonialrecht, Berlin 1906; ArchÖffR. 25 1, 27 247; BöhmsZ. 17 43, 379, 18 398, 22 228; ZVölkR. 5 202 und Beiheft, 6 239; Rev. 43 370; Rev. Gén. 3 5, 12 516, 17 449, 18 303; Martens: N. R. Gén., 3. Ser., 4 744.

I. Der Staat ist berechtigt, Fremden ein Asyl zu gewähren: er schützt sie nicht nur gegen Angriffe anderer Menschen, gegen Eingriffe seiner eigenen Behörden, sondern auch gegen andere Staaten. Das Asylrecht des Staats wird nur durch die Auslieferungspflicht beschränkt. Der Mensch hat aber keinen Anspruch auf Asyl (Fall Savarkar 1910/11).

II. Auslieferung ist die Überlieferung eines Menschen von Staat zu Staat zum Zweck der Strafverfolgung oder der Strafvollstreckung. Durch die Auslieferung leisten die Staaten einander Beistand, Rechtshilfe. Der Verbrecher, wenigstens der gewöhnliche Verbrecher, ist des Schutzes nicht würdig; er hat seine Strafe verdient. Daß dem Verbrechen die Strafe folge, ist ein gemeinsames Interesse der Kulturstaaten. Der einzelne Staat aber hat kein Interesse daran, dem „Auswurf fremder Länder" eine Zufluchtstätte zu bereiten; er würde dadurch zur Entsittlichung der eigenen Bevölkerung beitragen. Noch im 18. Jahrhundert war indessen das Mißtrauen gegen fremde Strafrechtspflege zu groß, waren die Bürgschaften für gerechte Aburteilung zu gering, die Strafen zu hart, oft auch zu willkürlich, als daß eine gleichmäßige, von festen Rechtsnormen geregelte Auslieferungspraxis sich hätte bilden können. Das geschah erst auf Grund des belgischen Auslieferungsgesetzes vom 1. Oktober 1833; es stellte die Auslieferung unter den Grundsatz der Gegenseitigkeit, untersagte die Auslieferung eigener Untertanen und politischer Verbrecher.

III. Die Auslieferung setzt voraus, daß ein Staat einen in fremdem Gebiet befindlichen Menschen wegen eines Verbrechens verfolgt. Eine Pflicht zur Auslieferung besteht nur kraft Vertrages oder besonderer Zusicherung. Großbritannien, die Vereinigten Staaten von Amerika und einige andere Staaten liefern nur aus, wenn sie dazu verpflichtet sind. Die Pflicht erstreckt sich lediglich auf die im Auslieferungsvertrag aufgezählten bzw. zum Inhalt der Zusicherung gemachten Verbrechen. Sie ist weiter an folgende Bedingungen geknüpft:

1. Der ersuchende Staat muß zur Aburteilung des Straffalls zuständig sein, und zwar sowohl nach eigenem Recht, wie nach dem des ersuchten Staats. Nur im ersteren Fall kann er selbst einen Strafanspruch gegen den Verbrecher behaupten; nur in letzterem Fall erkennt der ersuchte Staat einen Strafanspruch an.

2. Der Anspruch kann nur auf die Begehung einer bestimmten Handlung gestützt werden; diese Handlung aber muß nach dem Recht beider Staaten strafbar sein. Auslieferung ist nicht Überlieferung zu beliebiger Verfügung, sondern Rechtshilfe. Nur aus der Verletzung seiner Rechtsordnung erwächst dem Staat ein Anspruch auf Strafe. Der ersuchte Staat aber kann nicht ausliefern, wenn die Handlung nach seiner eigenen Gesetzgebung — nach den hier niedergelegten Anschauungen über Recht und Unrecht — nicht strafbar ist.

3. Der Strafanspruch des ersuchenden Staats darf nicht erloschen sein. Dies ist der Fall, wenn nach dem Recht eines der beiden Staaten Verjährung eingetreten ist; vom Standpunkt des ersuchten Staats aus ferner dann, wenn die Tat von ihm selbst oder von einem dritten Staat abgeurteilt und auf Freisprechung erkannt oder die Strafe verbüßt bzw. erlassen ist.

4. Das Verbrechen darf nicht im Gebiet des ersuchten Staats begangen sein. Er straft es selbst.

5. Die beschuldigte Person muß auslieferbar sein. Angehörige des ersuchenden Staats und Heimatlose sind es regelmäßig (vgl. V). Im übrigen sind zu unterscheiden:

a) Angehörige des ersuchten Staats. England und die Vereinigten Staaten von Amerika lehnen die Auslieferung nicht grundsätzlich ab, weil sie regelmäßig nur die im Inland begangenen Verbrechen strafen. Die anderen Staaten verweigern diese Auslieferung: sie schützen ihre Untertanen gegen fremde Staaten, strafen sie aber selbst wegen der im Ausland begangenen Verbrechen;

b) Angehörige dritter Staaten. Ihre Auslieferung wurde nur in wenigen Verträgen an die Zustimmung des Heimatstaats gebunden. Häufiger ist dessen Benachrichtigung vorgeschrieben, um ihm die rechtzeitige Erhebung von Widerspruch zu ermöglichen.

6. Die dem Beschuldigten zur Last gelegte Tat darf kein politisches Verbrechen sein. Der Grund hierfür liegt (vgl. v. Martitz) in der Verschiedenheit der politischen Einrichtungen und in der Möglichkeit ihres Wechsels. Der unbeteiligte Staat sieht das Verbrechen mit anderen Augen an als der angegriffene. Der Verbrecher hat vielleicht für Einrichtungen gekämpft, die dem Zufluchtsstaat als besonders heilig gelten, die im angegriffenen Staat durch rechtlose Gewalt beseitigt sind oder über Nacht eingeführt werden können. Das politische Verbrechen mag sich „lediglich als Kampfmittel im Dienst des Rechts gegen Gewalt und Unterdrückung darstellen". „Die formell rechtmäßige Verfolgung des Flüchtigen kann einer materiellen Ungerechtigkeit Vorschub leisten." Im Sinne des Auslieferungsrechts sind politische Verbrechen:

a) die rein politischen Verbrechen. Sie richten sich „gegen die politische Gesamtorganisation des Volks": gegen Existenz und Unabhängigkeit des Staats, die Verfassung, das Staatshaupt und seine Familie, gegen gesetzgebende Körperschaften;

b) die mit politischen zusammenhängenden (konnexen) Verbrechen: gemeine Verbrechen, „welche zu dem Endzweck verübt worden sind, ein anderweitig begangenes politisches Delikt vorzubereiten oder zu vollenden, seine Vollendung zu erleichtern, ihm den Erfolg zu sichern, seine Straflosigkeit zu vermitteln." Den Hauptfall bilden die in einem Bürgerkrieg begangenen Verbrechen;

c) die gemischten Verbrechen; sie „tasten neben der politischen auch die private Rechtssphäre an": Königsmord. Anfänglich von den rein politischen Verbrechen nicht geschieden, wurden sie aus Anlaß eines mißlungenen Attentats auf Napoleon III. (Fall Jacquin 1854) zum Teil besonderer Behandlung unterworfen. Das belgische Gesetz vom 22. März 1856 stellte folgenden Grundsatz auf: Ne sera pas réputé délit politique, ni fait connexe à un semblable délit, l'attentat contre la personne du chef d'un gouvernement étranger ou contre celle des membres de sa famille, lorsque cet attentat constitue le fait soit de meurtre soit d'assassinat, soit d'empoisonnement. Diese belgische Attentatsklausel ist dem Sinne nach in die überwiegende Mehrheit aller Auslieferungsverträge aufgenommen worden. Insoweit zählen verbrecherische Anschläge gegen das Leben der Staatshäupter und Prinzen nicht mehr zu den politischen Verbrechen, wohl aber alle anderen gemischten Delikte. Nicht angenommen ist die belgische Attentatsklausel von Großbritannien, Italien und der Schweiz. Vgl. jedoch § 10 des eidgenössischen Auslieferungsgesetzes vom 22. Januar 1892.

7. Das Auslieferungsbegehren muß darauf gestützt werden, daß der Beschuldigte der ihm zur Last gelegten Tat überführt oder doch verdächtig ist. Der Beweis hierfür wird durch Vorlegung des verurteilenden Erkenntnisses geführt, wenn ein solches bereits ergangen ist. Andernfalls muß der Verdacht durch einen Haftbefehl oder durch den Beschluß über Versetzung des Beschuldigten in Anklagestand bescheinigt werden.

IV. Das Verfahren. Das Auslieferungsbegehren wird auf diplomatischem Wege gestellt, d. h. durch den Gesandten des ersuchenden Staats beim Minister der auswärtigen Angelegenheiten des ersuchten Staats. Zugleich wird die vorläufige Festnahme des Beschuldigten beantragt. Der ersuchte Staat prüft: 1. die Identität der bezeichneten mit der beschuldigten Person, 2. ob die Bedingungen der Auslieferung erfüllt sind. In England und in den Vereinigten Staaten von Amerika werden auch die materiellen Beweise für die Schuld oder den Verdacht geprüft. Stets wird dem Beschuldigten die Möglichkeit gegeben, die Unzulässigkeit der Auslieferung darzutun. Der Auszuliefernde wird an die Grenze gebracht und dort den Behörden des ersuchenden Staats übergeben. Der Transport durch das Gebiet eines dritten Staats — die Durchlieferung — kann nur mit dessen Zustimmung erfolgen.

V. Die Rechtsfolge der Auslieferung. Die Auslieferung ist ein Zwangsakt und erfolgt ohne Rücksicht auf die Einwilligung des Ausgelieferten. Der Verfolgte wird dem ersuchenden Staat zugeführt, um wegen einer bestimmten Beschuldigung abgeurteilt zu werden, bzw. behufs Vollstreckung einer bestimmten, bereits erkannten Strafe. Der ersuchte Staat will ihn aber nicht auf Gnade oder Ungnade in die Hände des ersuchenden Staats geben, sondern Rechtshilfe leisten. Deshalb darf der ersuchende Staat den Ausgelieferten nur wegen derjenigen Tat verfolgen bzw. nur diejenige Strafe an ihm vollstrecken, wegen welcher die Auslieferung bewilligt wurde. Dieser Grundsatz der Spezialität der Auslieferung erleidet zwei Ausnahmen:

1. wenn der ersuchte Staat nachträglich die Verfolgung wegen anderer Verbrechen oder die Vollstreckung anderer Strafen genehmigt;

2. wenn der Ausgelieferte in die weitere Verfolgung oder Vollstreckung einwilligt, entweder ausdrücklich oder dadurch, daß er freiwillig im Lande verbleibt oder in dasselbe zurückkehrt, nachdem er es verlassen hatte.

Nur unter einer dieser beiden Voraussetzungen ist auch die weitere Auslieferung an einen dritten Staat zulässig.

II. Besondere Rechtsverhältnisse.

1. Das Beamtenrecht.

§ 29. a) Einleitung.

Literatur. Harburger: Der strafrechtliche Begriff Inland, Nördlingen 1882; v. Bar: Theorie und Praxis des internationalen Privatrechts, Hannover 1889, 2 621 ff.; v. Heyking: L'exterritorialité, Berlin 1889; Strisower: Exterritorialität, im Österreichischen Staatswörterbuch 1894; Féraud-Giraud: États, souverains, personnel diplomatique et consulaire devant les tribunaux étrangers, Paris 1895; Beling: Die strafrechtliche Bedeutung der Exterritorialität, Breslau 1896; Hübler: Die Magistraturen des völkerrechtlichen Verkehrs (Gesandtschafts- und Konsularrecht) und die Exterritorialität, Berlin 1900; Loening: Die Gerichtsbarkeit über fremde Staaten und Souveräne, Halle a. S. 1903; ZVölkR. 6 201.

Im Ausland ist der Fremde in erster Linie der Staatsgewalt und der Rechtsordnung des Aufenthaltstaats unterworfen (§ 27). Diese allgemeine Regel ist nicht unbedingt anwendbar auf Staatsbeamte, welche Staatsgeschäfte im Gebiet eines anderen Staats zu besorgen haben. Der Verkehr der Staaten bringt es notwendig mit sich, daß die Beamten des einen das Gebiet des andern in amtlicher Eigenschaft betreten. Soll der Verkehr nicht völlig unterbunden werden, so muß man ihnen die Erfüllung ihrer Aufgabe ermöglichen. Der Beamte hat die Rechte und Interessen seines Staats dem fremden Staat gegenüber wahrzunehmen; er muß diesem in Streitfällen entgegentreten. Das kann er nur tun, wenn er für sich und seine Angehörigen nichts zu fürchten hat; eine Verschuldung seines Heimatstaats darf an ihm und den Seinigen nicht geahndet werden. Eine Aktion gegen ihn als Privatperson soll aber auch die Repräsentation des Heimatstaats nicht verhindern. Der Grundsatz: ne impediatur legatio sichert dem Staatsbeamten einen besonderen Schutz wie auch die Freiheit zur Erfüllung seiner Mission. Er findet nicht nur auf fremde Staatsbeamte im technischen Sinne, sondern auch auf fremde Staatshäupter Anwendung. Kraft dieses Grundsatzes genießen beide Klassen im Ausland die Vorrechte der Unverletzlichkeit und der Exterritorialität.

1. Die Unverletzlichkeit schützt gegen verbrecherisches Handeln und gegen alle Angriffe des Empfangstaats auf die Person des Unverletzlichen (§ 34 I). Gegen verbrecherische Angriffe

ist nach modernem Völkerrecht jeder fremde Staatsangehörige zu schützen. Der besondere Schutz der unverletzlichen Person besteht hier zum Teil in härterer Ahndung einzelner, gegen sie gerichteter Angriffe (Beleidigungen), sodann in der Unzulässigkeit der Verweisung auf den Weg der Privatklage: der verpflichtete Staat muß die Bestrafung des Schuldigen selbst herbeiführen, sofern er überhaupt eine amtliche Verfolgung von Verbrechen kennt.

2. Die Exterritorialität umfaßt eine Reihe verschiedenartiger Privilegien auf dem Gebiet der Gerichtsbarkeit, des Polizei-, Steuer- und Verwaltungsrechts wie der Religionsübung. Der Name des Vorrechts stammt von der Fiktion des Grotius her, die Gesandten seien so anzusehen, als ob sie sich außerhalb des Gebiets (extra territorium) des Empfangstaats befänden. (Grotius II 18 § 4.)

Die einzelnen bevorrechteten Personen genießen diese Vorrechte nicht in gleichem Umfang. Sie selbst haben auch nach Völkerrecht keinen Anspruch darauf; einen solchen hat nur der Heimatstaat; sie erhalten einen Anspruch erst durch das Landesrecht des fremden Staats. Nicht um ihrer Person, sondern um ihres Amtes Willen, im Interesse des Heimatstaats sind sie bevorrechtet.

§ 30. b) Die Staatshäupter.

Die Vorrechte der Unverletzlichkeit und der Exterritorialität stehen den Staatshäuptern in gleichem Umfang wie den Gesandten zu. Die Darstellung des Inhalts soll deshalb im Gesandtschaftsrecht erfolgen. Ein Staatshaupt genießt die Vorrechte im fremden Staat unter folgenden Voraussetzungen: 1. Das Staatshaupt muß von dem fremden Staat anerkannt sein; 2. zwischen dem Heimatstaat und dem fremden Staat muß Friede bestehen; 3. das Betreten des Staatsgebiets, das fernere Verweilen daselbst darf dem reisenden Staatshaupt nicht verboten sein; 4. das Staatshaupt darf nicht persönlich Untertan des fremden Staats sein, auch nicht in dessen Diensten stehen.

Es ist unerheblich, ob Monarchen und Regenten zu amtlichen oder privaten Zwecken reisen. Die private und die amtliche Persönlichkeit sind nicht zu trennen. Auch wenn sie inkognito auftreten, ist darin kein Verzicht auf die Vorrechte, sondern nur auf die üblichen Empfangsfeierlichkeiten zu erblicken. Den republikanischen Präsidenten will die herrschende Meinung dagegen die Vorrechte nur dann zugestehen, wenn sie amtlich reisen. Der Unterschied in der staatsrechtlichen Stellung ist indessen völkerrechtlich ohne Bedeutung. Die Staatspraxis würde es sicherlich nicht dulden, wenn gegen einen zum Kurgebrauch in Karlsbad oder Kissingen weilenden Präsidenten Gerichts- oder Polizeizwang geübt werden sollte. Soweit der reisende Monarch im Ausland Regierungsgeschäfte erledigen kann, dürfte das Völkerrecht dem Präsidenten das nämliche nicht verwehren.

An dem Vorrecht der Staatshäupter nimmt das Gefolge und die Dienerschaft teil. Den Monarchen und Regenten sind auch die sie begleitenden Familienmitglieder gleichgestellt; reisen diese allein und nicht in Staatsgeschäften, so genießen sie Befreiungen nur nach der Comitas gentium.

Ehemalige Staatshäupter haben auf Vorrechte keinen Anspruch, denn sie sind keine Staatshäupter. — Über die Mitglieder des eidgenössischen Bundesrats und der hanseatischen Senate vgl. § 10 II B.

c) Die Gesandten.

§ 31. α) Erfordernisse der Gesandtenstellung.

Literatur. Esperson: Diritto diplomatico, Bd. I, Turin 1872; Lehr: Manuel théorique et pratique des agents diplomatiques et consulaires, français et étrangers, Paris 1888; Pradier Fodéré: Cours de droit diplomatique (2), Paris 1899; Guesalaga: Derecho diplomático y consular, Buenos Aires 1900; Heinze: Die Belagerung der Pekinger Gesandtschaften, Heidelberg 1901; Dumont: Über die sog. Nebenrechte der diplomat. Agenten, Diss., Bern 1908; Contuzzi: Trattato teorico-pratico di diritto consolare e diplomatico, 2 Bde., Turin 1910/11; Tobar y Borgono: L'asile interne devant le droit international, Paris 1911; ArchÖffR. **28** 454; ZVölkR. **2** 31, **5** Beiheft 1, **6** 311; Rev. **39** 90, **42** 112, **43** 86; Rev. Gén. **13** 103, **14** 159, 175, **17** 558, 572. Vgl. ferner Literatur zu § 29.

Unterhändler, Bevollmächtigte kann jedermann absenden und empfangen. Die völkerrechtliche Stellung eines Gesandten (§ 11 II B) ist aber an folgende Erfordernisse geknüpft:

1. Aktive Gesandtschaftsfähigkeit des Absendestaats, passive Gesandtschaftsfähigkeit des Empfangstaats. Erstere ist die Fähigkeit, Gesandte mit dem Anspruch auf Anerkennung des diplomatischen Charakters zu ernennen. Passive Gesandtschaftsfähigkeit ist die Fähigkeit, durch Gewährung der diplomatischen Vorrechte an fremde Gesandte sich der Verantwortlichkeit für deren Tun zu entschlagen. Die Ausübung der passiven Gesandtschaftsfähigkeit äußert auch dritten Staaten gegenüber Wirkung: aus Handlungen des Gesandten im Gebiet des Empfangstaats können sie grundsätzlich nicht diesen, sondern nur den Absendestaat in Anspruch nehmen, während im allgemeinen derjenige Staat verantwortlich ist, in dessen Gebiet eine verletzende Handlung vorgenommen wurde.

Als vollkommen rechts- und handlungsfähig haben die souveränen Staaten aktive wie passive Gesandtschaftsfähigkeit. Bei den halbsouveränen Staaten ist der jedesmalige Umfang der Beschränkung entscheidend. Die Staaten des alten Deutschen Reichs hatten aktive und passive Gesandtschaftsfähigkeit erlangt; den Vasallenstaaten der Türkei wurde sie dagegen aus Anlaß des Falls Rosen in Belgrad 1875 abgesprochen. In den meisten Bundesstaaten kommt die Gesandtschaftsfähigkeit nur der Zentralgewalt, im Deutschen Reich auch den einzelnen Staaten zu (§ 8).

2. Ernennung des Gesandten durch das zuständige Organ des Absendestaats. Über die Befähigung der Persönlichkeit entscheidet das ernennende Staatsorgan nach freiem Ermessen. Das Völkerrecht enthält hierüber keine Vorschriften.

3. Legitimation des Gesandten; hierzu dienen: die Pässe, das Beglaubigungsschreiben (Kreditiv) und die Vollmacht zur Vornahme von Staatsgeschäften bestimmter Art.

4. Der Empfang des Gesandten seitens des Staats, bei dem er beglaubigt wurde. Eine Pflicht zum Empfang besteht nicht. Um Zurückweisungen zu vermeiden, geht deshalb der förmlichen Ernennung meist eine vertrauliche Anfrage voraus, ob die in Aussicht genommene Persönlichkeit genehm sei. Gegenwärtig empfängt kein Staat einen eigenen Untertan als Gesandten eines fremden Staats; denn die Wahrnehmung der Rechte und Interessen eines fremden Staats gegen den Heimatstaat ist mit den Pflichten eines Untertans oft nicht vereinbar. Für Konsuln ist dieser Gesichtspunkt noch nicht anerkannt.

Der Empfang eines Gesandten hat vierfache Bedeutung: a) der Nachweis der Legitimation wird anerkannt; b) die Ausübung der Funktionen wird zugelassen, sofern es einer Zulassung bedarf: Ausübung der Personalhoheit über die Staatsangehörigen; c) dem Gesandten werden staatsrechtlich die Vorrechte gewährt, auf deren Einräumung der Absendestaat völkerrechtlich Anspruch hat; d) dritten Staaten gegenüber wird der Empfangstaat von der Verantwortlichkeit für das Tun des Gesandten befreit.

§ 32. β) Beginn und Ende der Gesandtenstellung.

I. Beginn. Nach seiner Ankunft am Ort der Mission ersucht der Gesandte den Minister der auswärtigen Angelegenheiten des Empfangstaats um Anberaumung einer Audienz zur Überreichung seines Beglaubigungsschreibens. Nach dem Datum dieser Anmeldung richtet sich seine Anciennität (§ 34 IV). Die Antrittsaudienz findet bei dem Staatshaupt bzw. Regenten, die eines Geschäftsträgers bei dem Minister der auswärtigen Angelegenheiten statt: der Gesandte überreicht sein Beglaubigungsschreiben, eventuell auch die Vollmacht, mit einer Ansprache; es wird in gleicher Form entgegengenommen. Das ist der Empfang. Mit ihm tritt der Gesandte in seine Stellung ein.

II. Die Mission endet mit dem Tode des Gesandten, durch Abberufung seitens des Absendestaats, bei einem nichtständigen Gesandten mit Erledigung des Auftrags, ferner:

1. durch Abbruch der diplomatischen Beziehungen zwischen Absende- und Empfangstaat oder auch nur zwischen diesem und dem Gesandten. Die diplomatischen Beziehungen werden abgebrochen mit Beginn des Krieges, ferner bei schweren Rechtsverletzungen bzw. bei Verweigerung der Sühne, endlich zwischen dem Empfangstaat und dem Gesandten, wenn dieser sich persönlich

eine Pflichtverletzung hat zuschulden kommen lassen. Die Form für den Abbruch ist entweder die Erklärung, daß man die Mission als beendet ansehe, oder die Zurückforderung bzw. Zustellung der Pässe, unter Umständen auch die ausdrückliche Ausweisung des Gesandten;

2. durch Untergang eines der beiden Staaten. Beim Wechsel in der Person eines der beiden Staatshäupter führen die Gesandten die Geschäfte weiter, bis ihnen die Vollmacht ausdrücklich oder durch Bestellung eines Nachfolgers entzogen wird. Der Gesandte eines abgesetzten Staatshaupts kann nur noch als Privatbevollmächtigter angesehen werden, sobald das neue Staatsoberhaupt ihm einen Nachfolger bestellt hat. Gesandtschaftlicher Verkehr mit zwei Prätendenten ist ausgeschlossen. Empfang eines Gesandten ist Anerkennung des entsendenden Staatshaupts; ebenso die Entsendung eines Gesandten Anerkennung des besendeten Staatshaupts.

III. Nur Unterbrechung, aber kein Ende der Mission tritt ein, wenn der diplomatische Verkehr zeitweilig eingestellt, der Gesandte aber auf seinem Posten belassen wird. Sowohl bei Eintritt von Mißhelligkeiten wie von inneren Umwälzungen, deren Ausgang ungewiß ist, kann in dieser Weise verfahren werden. Da die Mission als fortdauernd angesehen wird, so verbleibt der Gesandte im Genuß seiner Vorrechte und seiner Anciennität.

§ 33. γ) Die Pflichten des Gesandten.

Der Gesandte steht in dienstlichem, durch das heimische Staatsrecht geregeltem Verhältnis zum Absendestaat. Das Völkerrecht ordnet nur seine Stellung zum Empfangstaat.

1. Die Rechtsordnung des Empfangstaats ist für den Gesandten maßgebend, soweit nicht Befreiungen Platz greifen. Insbesondere darf er den strafrechtlichen Normen, den zur Aufrechterhaltung der öffentlichen Ruhe, Sicherheit und Ordnung erlassenen polizeilichen Vorschriften nicht zuwiderhandeln. Kraft des Vorrechts auf Exterritorialität sind zwar die Rechtsfolgen der Zuwiderhandlung für ihn nicht die nämlichen wie für einen Privatmann. Die Pflicht zur Befolgung der Normen liegt ihm aber auch ob. Daraus ergibt sich für ihn die Unzulässigkeit einer Beamtenbestechung zur Ermittlung von Nachrichten. Der hier aufgestellte Grundsatz ist freilich sehr bestritten. Die Exterritorialität wäre indessen unerträglich, wenn der Gesandte allen Geboten eines geordneten staatlichen Zusammenlebens Hohn sprechen könnte. Die Beschwerde beim Absendestaat und der an ihn gerichtete Antrag auf Bestrafung des Gesandten müssen sich darauf stützen, daß dieser einer für ihn maßgebenden Norm zuwidergehandelt habe. Der Empfangstaat ist aber nur dann verletzt, kann sich nur dann beschweren, wenn seine eigene Norm übertreten wurde.

2. Der Gesandte darf sich in die inneren Angelegenheiten des Empfangstaats nicht einmischen, weil der Absendestaat selbst hierzu nicht berechtigt ist. Nur sofern diesem ausnahmsweise eine Intervention gestattet ist (§ 57), kann er sie durch den Gesandten vornehmen.

3. Der Gesandte darf geschäftlichen Verkehr nur mit den vom Empfangstaat bezeichneten Personen pflegen. Für die drei ersten Gesandtenklassen kommen das Staatsoberhaupt und der Minister der auswärtigen Angelegenheiten des Empfangstaats, für die vierte Klasse nur der letztere, außerdem für alle Gesandten die zu Unterhandlungen bestimmten Beamten des Ministeriums der auswärtigen Angelegenheiten in Betracht. Der Gesandte darf sich ohne besondere Erlaubnis nie an ein anderes Ministerium oder an eine niedere Behörde wenden. Es ist nicht Sache des fremden Gesandten, sondern des Empfangstaats, zu bestimmen, welche Behörde ihn im einzelnen Fall zu vertreten hat.

§ 34. δ) Die Vorrechte des Gesandten.

I. Die Unverletzlichkeit. Sie ist das älteste, schon im Altertum vielfach anerkannte Vorrecht. Sie hatte besondere Bedeutung, solange die Pflicht zum Schutz aller fremden Staatsangehörigen nicht anerkannt war. Sie macht noch heute jeden Angriff des Empfangstaats gegen die Person des Gesandten zu einem rechtswidrigen. Infolgedessen darf der Gesandte nicht zum Gegenstand einer Repressalienhandlung gemacht werden (§ 56), es sei denn, daß mit ihr gerade die dem eigenen Gesandten zugefügte Rechtswidrigkeit erwidert werden soll. Außerdem ist auch gegen den Gesandten Notwehr und Ausweisung zulässig. Leistet er dem Befehl zum Verlassen des Staatsgebiets nicht Folge, so kann er zwangsweise über die Grenze gebracht werden.

II. Die Exterritorialität.

1. Für die Ausübung seiner amtlichen Tätigkeit ist der Gesandte dem Empfangstaat in keiner Weise verantwortlich, weder staats-, noch straf- oder zivilrechtlich. Die amtliche Tätigkeit wird im Namen des vertretenen Staats geübt. Dieser trägt dem Empfangstaat gegenüber die Verantwortung. Erteilt er einen Befehl, der nach Völkerrecht nicht erteilt werden durfte, so ist die Ausführung auf seiten des Gesandten immer noch amtliche Tätigkeit.

2. Der Gesandte ist der Gerichtsbarkeit des Empfangstaats nicht unterworfen. Unverbindlich sind für ihn alle Normen, welche die Unterwerfung unter die Gerichtsbarkeit zur Voraussetzung haben, z. B. die Normen über Erscheinungs- und Zeugenpflicht. Nicht nur der Zwang ist etwa gegen ihn ausgeschlossen, sondern die Norm wendet sich nicht an ihn. Im einzelnen ist folgendes zu bemerken:

a) Unzulässig ist jedes Strafverfahren gegen einen fremden Gesandten, auch jede einzelne Verfolgungshandlung, mag sie vom Richter, Staatsanwalt oder der Polizei ausgehen, insbesondere jede Verhaftung und Durchsuchung der Person. Strafbare Handlungen des Gesandten berechtigen nur zur Ausweisung und zur Forderung der Aburteilung durch den Absendestaat; dieser ist hierzu verpflichtet, falls die Handlung nach seinem Recht strafbar ist. Nach Beendigung der Mission muß dem Gesandten hinreichende Zeit zum Verlassen des Landes gewährt werden.

b) Unzulässig ist jeder Zivilprozeß gegen einen fremden Gesandten sowie jede Zwangsvollstreckung. Klagen gegen ihn müssen bei den zuständigen Gerichten des Absendestaats angebracht werden. Der Gesandte ist nur dem Forum rei sitae in Ansehung unbeweglicher Sachen unterworfen. Zustellungen erfolgen hier auf diplomatischem Wege.

3. Der Gesandte ist keinem administrativen Zwangsverfahren unterworfen. Erfüllt er ihm obliegende Verbindlichkeiten öffentlich-rechtlicher Natur nicht, so kann nur eine Beschwerde an den Absendestaat eingegeben werden. Unzulässig ist auch ein Verwaltungsstreitverfahren.

4. Die Lokalimmunität. Sie soll die persönliche Freiheit des Gesandten, die Unverletzlichkeit seiner Archive und die ungestörte Ausübung des Berufs gewährleisten. Deshalb dürfen die Beamten des Empfangstaats das Gesandtschaftshotel zur Vornahme von Amtshandlungen nicht betreten, geschweige denn solche daselbst vornehmen: Zustellungen, Durchsuchungen, Beschlagnahme, Verhaftungen. Das Hotel ist aber nicht real-exterritorial; die in ihm sich abspielenden Ereignisse (Verbrechen, Geburten usw.) werden nicht so angesehen, als hätten sie im Gebiet des Absendestaats stattgefunden. Der Gesandte darf ferner Verbrechern kein Asyl gewähren. In Bürgerkriegen gilt eine Ausnahme als zulässig. — Die Unverletzlichkeit der Archive erstreckt sich auf die amtlichen Schriftstücke, welche der Gesandte beim Betreten des Landes mit sich führt, und von Rechts wegen auch auf die an ihn eingehenden Postsachen und Depeschen. Das Reisegepäck wird deshalb keiner zollamtlichen Behandlung unterworfen (vgl. zu 5). Die Unverletzlichkeit der Archive endet nicht mit der Mission des Gesandten. In solchem Fall werden sie durch ihn selbst, durch einen Gesandtschaftsbeamten oder durch den Gesandten einer befreundeten Macht sichergestellt.

5. Die Abgabenfreiheit. Der Gesandte ist befreit von der Entrichtung persönlicher Steuern, mögen sie vom Staat oder von der Gemeinde erhoben werden: Einkommen-, Vermögens-, Kopfsteuern. Entrichten muß er Grund- und Gebäude-, Handels- und Gewerbesteuern, Gebühren und indirekte Steuern. Früher genoß er allgemein Zollfreiheit; doch ist diese in den meisten Staaten aufgehoben bzw. abgelöst; es unterbleibt nur die Durchsuchung des Reisegepäcks.

6. Das Kapellenrecht. Der Gesandte darf in seinem Hotel eine Kapelle haben, von seinem Pfarrer Gottesdienst abhalten und andere kirchliche Handlungen vornehmen lassen, auch wenn die Abhaltung dieses Gottesdienstes im Empfangstaat sonst verboten ist. Zu dem Gottesdienst darf er alsdann Angehörige des Empfangstaats nicht zulassen. Dieses Vorrecht hat nur in wenigen, namentlich südamerikanischen Staaten noch praktische Bedeutung.

III. Gerichtsbarkeit über das Gesandtschaftspersonal, Familie und Gefolge. Begeht eine der im § 35 zu nennenden Personen eine strafbare Handlung im Gebiet des Empfangstaats, so ist der Gesandte zur vorläufigen Festnahme und Ablieferung an den Absendestaat berechtigt. Er kann auch den Tatbestand durch Vernehmung des Schuldigen und anderer ihm untergebener Personen feststellen.

IV. Rangverhältnisse. Dem Range nach zerfallen die Gesandten in vier Klassen (Wiener Reglement vom 19. März 1815 und Aachener Protokoll vom 21. November 1818, Fleischmann 18/19): 1. Botschafter, ambassadeurs, Legaten und Nuntien; 2. Gesandte im engeren Sinne, envoyés, bevollmächtigte Minister, Internuntien; 3. Ministerresidenten, sofern sie bei dem Oberhaupt des Empfangstaats beglaubigt sind; 4. Geschäftsträger, chargés d'affaires. Zu ihnen gehören auch die nur beim Minister beglaubigten Ministerresidenten.

Diese Einteilung hat fast nur zeremonielle Bedeutung für den höfischen Verkehr. Der Geschäftsträger wird vom Minister des Auswärtigen beim Minister des Auswärtigen beglaubigt, während die drei ersten Klassen vom Staatshaupt beim Staatshaupt beglaubigt werden. Der dem Botschafter zugeschriebene Repräsentativcharakter führt zu dem besonderen Vorrecht, daß er sich unter Umgehung des Ministers der auswärtigen Angelegenheiten in jeder Sache direkt an das Oberhaupt des Empfangstaats wenden darf. Aber auch dieses Vorrecht hat nur in absoluten Monarchien eigentlichen Wert.

Die verschiedenen, bei einem Staat beglaubigten Gesandten rangieren unter sich nach Klassen, innerhalb der Klassen nach der Anciennität an dem betreffenden Platze.

Die bei einem Staate beglaubigten Gesandten bilden zusammen das „diplomatische Korps". Der älteste Gesandte der höchsten Rangklasse ist der Doyen, d. h. der Wortführer des diplomatischen Korps im schriftlichen und mündlichen Verkehr; an katholischen Höfen ist jedoch der Nuntius, nicht aber der Internuntius, stets Doyen. Das diplomatische Korps tritt gewöhnlich zu zeremoniellen Zwecken, nur in Ausnahmefällen zu gemeinsamen diplomatischen Schritten zusammen.

V. Einen persönlichen Anspruch auf die ihm gebührenden Vorrechte erlangt der Gesandte erst durch den Empfang (§ 31, 4). Der Absendestaat kann aber für ihn Unverletzlichkeit und Exterritorialität vom Betreten bis zum Verlassen des Gebiets des Empfangstaats fordern, falls dieser nicht vorher erklärt hat, er werde den Gesandten nicht empfangen. Nur der Absendestaat kann auf die Vorrechte verzichten, weil sie um seinetwillen dem Gesandten zustehen. Er kann den Verzicht aber durch den Gesandten aussprechen, diesem auch die Entscheidung im einzelnen Fall übertragen.

VI. Sehr bestritten ist das Verhältnis des Gesandten zu dritten Staaten, deren Gebiet er auf dem Wege nach oder von dem Ort der Mission durchreist. Von der einen Seite wird ihm hier gar kein Vorrecht, von der anderen das der Unverletzlichkeit zugeschrieben. Die letztere Ansicht dürfte zutreffen, vorausgesetzt, daß die Durchreise nicht verboten ist, und daß es sich nur um eine „unschuldige" Durchreise, nicht um Aufenthalt handelt. Dafür spricht schon die Behandlung der Kuriere (§ 38). Vgl. das italienische Garantiegesetz vom 13. Mai 1871 Art. 11 [3].

§ 35. ε) Das Gesandtschaftspersonal, Familie und Gefolge.

I. Das Gesandtschaftspersonal besteht aus den dem Gesandten zur Unterstützung seiner amtlichen Tätigkeit beigegebenen Personen: Gesandtschafts- bzw. Botschaftsräte, -sekretäre, diplomatische und technische Attachés, Dolmetscher, Bureaubeamte; auch Pfarrer und Arzt, wenn sie vom Absendestaat der Mission beigegeben sind. Das Gesandtschaftspersonal gehört zur amtlichen diplomatischen Vertretung des Absendestaats beim Empfangstaat. Mit Ausnahme des Kapellenrechts genießt es Unverletzlichkeit und Exterritorialität wie der Gesandte. Nur der Absendestaat kann darauf verzichten, aber wiederum dem Gesandten die Entscheidung übertragen. Der Gesandte überreicht dem Minister des Empfangstaats eine Liste des Gesandtschaftspersonals.

II. Die Familie des Gesandten, d. h. seine Ehefrau und die den Hausstand teilenden nahen Verwandten. Ihnen stehen Unverletzlichkeit und Exterritorialität um der Person des Gesandten willen zu (§ 29). Folglich kann er hier jederzeit verzichten, und endet die bevorrechtete Stellung mit seinem Tode; herkömmlich wird sie aber noch eine gewisse Zeit lang belassen.

III. Das Gefolge im persönlichen Dienst des Gesandten: Hauslehrer, Dienerschaft. Für diese Personen besteht kein Anspruch auf Vorrechte. Im Interesse des Gesandten werden sie ihnen aber meist eingeräumt, sofern sie nicht Angehörige des Empfangstaats sind.

d) Die Konsuln.

§ 36. α) Beginn und Ende der konsularischen Stellung.

Literatur. Esperson: Diritto diplomatico, Bd. II, Mailand 1874; v. Koenig: Handbuch des deutschen Konsularwesens (7), Berlin 1909; v. Martens: Das Konsularwesen und die Konsularjurisdiktion im Orient, Berlin 1879; Lippmann: Die Konsularjurisdiktion im Orient, Leipzig 1898; Strisower: Konsularverträge im österreich. Staatswörterbuch, 1907; Rev. 38 479, 717. Vgl. ferner Literatur zu §§ 11, 29, 31.

I. Beginn. Die Fähigkeit zur Unterhaltung konsularischen Verkehrs setzt zum mindesten beschränkte Geschäftsfähigkeit, aber nicht Gesandtschaftsfähigkeit voraus.

A. Die Ernennung erfolgt durch den Absendestaat. Das Völkerrecht enthält wiederum keine Vorschriften über die Befähigung zum Amt eines Konsuls. Man unterscheidet:

1. Wahlkonsuln: aus den am Konsularsitz wohnhaften Personen, insbesondere Kaufleuten, ausgewählte Konsuln. Sie brauchen nicht Angehörige des ernennenden Staats, können sogar Untertanen des besendeten Staats sein. Die Übernahme des Amts hindert den Fortbetrieb der kaufmännischen Tätigkeit nicht.

2. Berufskonsuln, technisch gebildete Beamte. Sie werden ins Ausland entsendet, um einen bestimmten Konsulatsposten zu bekleiden, sind daselbst nur als Beamte des Absendestaats tätig

B. Die Legitimation erfolgt durch das vom Staatshaupt vollzogene Ernennungspatent. Der Gesandte des Absendestaats — in Ermangelung eines solchen der Konsul selbst — reicht es beim Minister der auswärtigen Angelegenheiten des Empfangstaats ein und sucht die Erteilung des Exequaturs nach.

C. Die Zulassung des Konsuls durch Erteilung des Exequaturs. Nur kraft Staatsvertrags oder besonderer Zusicherung besteht eine Pflicht zur Zulassung von Konsuln überhaupt sowie zur Zulassung eines Konsuls für den in Aussicht genommenen Platz. Die einzelne Persönlichkeit kann zurückgewiesen werden, wenn sie nicht genehm ist. Die Erteilung des Exequaturs (Placet, Berat) entspricht dem Empfang des Gesandten. Sie ist ein staatlicher Verwaltungsakt und hat folgende Bedeutung: 1. Der Nachweis der Legitimation wird anerkannt; 2. die Ausübung der Funktionen wird zugelassen; 3. dem Konsul werden staatsrechtlich die Vorrechte gewährt, auf deren Einräumung der Absendestaat nach Völkerrecht Anspruch hat; 4. durch das Exequatur — eine Urkunde — legitimiert die Zentralgewalt des Empfangstaats den Konsul vor den Lokalbehörden. Erst nachdem dies geschehen, darf der Konsul in Tätigkeit treten.

II. Ende der konsularischen Stellung: 1. Tod des Konsuls; 2. Abberufung oder Absetzung durch den Absendestaat; 3. Entziehung des Exequaturs durch den Empfangstaat. Auf Erfordern müssen die Gründe angegeben werden; 4. Lostrennung des Amtssitzes vom bisherigen Staatsverband. Das Exequatur der verdrängten Staatsgewalt wird wirkungslos; 5. Untergang eines der beiden Staaten; 6. regelmäßig auch durch Ausbruch des Krieges zwischen Absende- und Empfangstaat. Ausnahme 1864.

§ 37. β) Die rechtliche Stellung des Konsuls.

I. In christlichen Staaten und in Japan. Die Konsuln sind der Territorialhoheit des Empfangstaats unterworfen, müssen insbesondere vor seinen Gerichten Recht nehmen, können bestraft werden, und es findet Zwangsvollstreckung gegen sie statt. Der Grundsatz ne impediatur legatio hat aber auch hier zu einzelnen Vorrechten geführt; sie sind regelmäßig in den Konsularverträgen kodifiziert. Des ferneren ist auch hier die Unverantwortlichkeit für die Amtshandlungen zu betonen.

1. Die Staatshandlungen werden vom Konsul wie vom Gesandten in Vertretung des Absendestaats vorgenommen; er ist ihm und dieser dem Empfangstaat verantwortlich. Indessen ist der Konsul dem Empfangstaat gegenüber nur staatsrechtlich, nicht aber strafrechtlich unverantwortlich. Überschreitet er seine Machtbefugnisse, ohne sich strafbar zu machen, so kann ihm lediglich das Exequatur entzogen werden. Eine strafbare Handlung wird aber nie durch die Berufung auf amtlichen Auftrag gedeckt.

2. Die Unverletzlichkeit der Archive. Die amtlichen Schriftstücke des Konsuls dürfen von den Behörden des Empfangstaats nicht eingesehen, durchsucht oder beschlagnahmt werden. Bei Wahlkonsuln ist jedoch räumliche Trennung des Archivs von den Privatpapieren vorausgesetzt.

3. Befreiungen vom Gerichtszwang sind in den Verträgen vielfach vereinbart, weil die ungehinderte Ausübung der konsularischen Tätigkeit wichtiger scheint als die Durchführung gewisser Zwangsmaßregeln. Im einzelnen finden sich mannigfache Unterschiede zwischen Berufs- und Wahlkonsuln, durchweg zugunsten der ersteren:

a) Befreiung von Untersuchungshaft in Strafsachen, vorausgesetzt, daß den Gegenstand der Untersuchung nicht ein Verbrechen oder eine Tat bildet, welche nach der Landesgesetzgebung von den Schwurgerichten abzuurteilen ist;

b) Befreiung von der Personalhaft; sie tritt bei Handelsschulden der Wahlkonsuln nie ein;

c) Befreiung von der Pflicht, als Zeuge persönlich vor Gericht zu erscheinen.

4. Die Berufskonsuln sind vielfach von Militäreinquartierung, von Personal-, Mobiliar- und Luxussteuern befreit, mögen sie vom Staat oder von der Gemeinde auferlegt sein.

5. Rangverhältnisse. Die Konsulatsvorsteher zerfallen in drei Klassen: Generalkonsuln, Konsuln und Vizekonsuln. Die an einem Platze befindlichen Konsuln rangieren untereinander wie die Diplomaten: nach Klassen und innerhalb der Klassen nach der Anciennität am Platz. Der älteste Konsul der obersten Klasse ist Doyen des Konsularkorps.

II. In nichtchristlichen Staaten genießen die Konsuln die diplomatischen Vorrechte. Außerdem üben sie Gerichtsbarkeit und Polizeigewalt über Angehörige und Schutzgenossen des Absendestaats (§ 40). In Japan haben diese Vorrechte mit dem 17. Juli 1899 ihr Ende erreicht.

§ 38. e) Halbdiplomaten, Grenzbeamte, Kuriere und Truppen.

1. Werden Halbdiplomaten (§ 11 II D) zugelassen, so greift auch in Ansehung ihrer der Grundsatz ne impediatur legatio Platz. Sie werden, wenn auch amtlich, so doch nicht öffentlich empfangen. Daraus ergibt sich, daß ihnen nur dem Empfangstaat selber, nicht aber Privatpersonen gegenüber Vorrechte zustehen können. Ihre Stellung ist wenig geklärt. Meist wird ihnen, und wohl mit Recht, Unverletzlichkeit gegenüber dem Empfangstaat zugeschrieben. Dadurch ist auch ein Strafverfahren ausgeschlossen. Zulässig sind dagegen Klagen von Privatpersonen gegen die Halbdiplomaten. Für die Amtshandlung ist allein der Absendestaat verantwortlich.

2. Grenzbeamte, d. h. die zur Vermittlung des täglichen Grenzverkehrs berufenen Zoll- und Polizeibeamten. Aus Anlaß des Falls Schnaebele (vgl. Triepel 311 ff.) hat die deutsche Regierung anerkannt, daß die geschäftlichen Zusammenkünfte solcher Agenten als unter der stillschweigenden Zusicherung freien Geleits stehend anzusehen seien. Ihre Anwesenheit auf fremdem Staatsgebiet darf demnach nicht zur Zustellung von Ladungen, zu Verhaftungen, Durchsuchungen und Beschlagnahmen benutzt werden. Das freie Geleite setzt aber friedliches Verhalten voraus; es erlischt, wenn der fremde Beamte eine strafbare Handlung, z. B. Spionage, begeht, während er im diesseitigen Staatsgebiet verweilt. Kehrt er später noch einmal unter dem Schutz des freien Geleits zurück, so darf er aus der früheren Handlung nicht in Anspruch genommen werden.

3. Die Kuriere vermitteln den Verkehr der Gesandten mit dem Absendestaat. In Friedenszeiten sind sie in allen durchreisten Ländern unverletzlich, sofern ihnen das Betreten des Gebiets nicht verboten ist. Ihr Gepäck wird nicht durchsucht.

4. Truppen dürfen in Friedenszeiten das Gebiet eines fremden Staats nur mit dessen Erlaubnis oder in Ausübung eines besonderen, dem Heimatstaat zustehenden Rechts betreten. In diesem Fall sind sie unverletzlich und exterritorial. Die bewaffnete Macht eines Staats untersteht nur ihm selbst. Auf Privatreisen sind Militärpersonen Privatpersonen und dürfen fremdes Staatsgebiet regelmäßig nicht in Uniform betreten.

§ 39. Anhang: Der Papst.

Literatur. v. Holtzendorff im Jahrbuch für Gesetzgebung, Verwaltung und Rechtspflege des Deutschen Reichs 4, 303 ff.; Corsi: Della situazione attuale della Santa Sede nel diritto internazionale, 1886; Bompard: Le pape et le droit des gens, 1888; Imbart Latour: La Papauté en droit international, Paris 1893; Olivart: Aspecto internacional de la cuestion romana, 4 Bde., Barcelona 1893/95; Rev. 15 113, 37 155, 39 90; Rev. Gén. 6 281, 7 369, 14 175, 18 589.

Die katholischen Staaten und die Staaten mit katholischer Bevölkerung haben Anspruch darauf, daß Italien die Unabhängigkeit und Freiheit des Papstes für seine Person, im Verkehr mit ihnen und bei Ausübung seines geistlichen Amts anerkenne und achte. Seit Jahrhunderten unterhielten die Staaten Verkehr mit dem Papst nicht nur als Oberhaupt des Kirchenstaats, sondern auch und vornehmlich mit ihm als Oberhaupt der katholischen Kirche. Letztere Beziehungen sind durch die Einverleibung des Kirchenstaats nicht unterbrochen worden und durften nicht unterbrochen werden, solange der italienische Staat den Papst im Lande ließ. Sie konnten aber nur dann in alter Weise fortgeführt werden, wenn der Papst nicht in Abhängigkeit von der italienischen Regierung geriet. Deshalb durfte sie ihn nicht als Untertan behandeln, sondern mußte ihm eine bevorrechtete Stellung einräumen. Diese Pflicht hat sie sofort anerkannt (Rundschreiben Visconti-Venostas vom 18. Oktober 1870, Staatsarchiv 20 246). Zu ihrer Erfüllung wurde das Gesetz vom 13. Mai 1871 über die Vorrechte des Papstes und des heiligen Stuhls und über die Beziehungen des Staats zur Kirche — das sog. Garantiegesetz (Fleischmann 107) — erlassen. Ohne Staatshaupt zu sein, hat der Papst nach diesem Gesetz die Stellung, die Vorrechte eines Staatshaupts in fremdem Staatsgebiet.

1. Die Person des Papstes. Sie ist heilig und unverletzlich, genießt den nämlichen strafrechtlichen Schutz wie der König von Italien; es werden ihr die monarchischen Ehren erwiesen und der Vorrang vor katholischen Staatshäuptern zuerkannt. Dem Papst ist eine jährliche Rente ausgeworfen. Er darf eine Leibwache halten, hat den Nießbrauch an den apostolischen Palästen (Vatikan, Lateran und Kastell Gandolfo). Sie sind samt ihrem wissenschaftlichen und Kunstinventar unveräußerlich, abgabenfrei und nicht expropriierbar. Kein Staatsbeamter darf diese Paläste oder die Gebäude, in denen der Papst sich aufhält, zur Vornahme einer Amtshandlung betreten. Gleiches gilt für die Räume, in denen ein Konklave oder Konzil tagt.

2. Die Freiheit der Papstwahl und die Unabhängigkeit des Kirchenregiments sind gesichert.

3. Der Verkehr mit auswärtigen Regierungen: Die von fremden Staaten beim Papst beglaubigten Gesandten sind im ganzen Königreich den beim italienischen Staat beglaubigten Gesandten gleichgestellt. Die Gesandten des Papstes bei fremden Regierungen genießen in Italien während der Reise nach und von dem Ort ihrer Mission die herkömmlichen Vorrechte (§ 34 VI). Seine Kuriere werden wie die auswärtiger Kabinette behandelt. Schließlich ist auch die den Post- und Telegraphenanstalten übergebene Korrespondenz gesichert.

Als Staatsgesetz kann das Garantiegesetz nach Maßgabe des italienischen Verfassungsrechts jederzeit aufgehoben und abgeändert werden. Die völkerrechtlichen Pflichten Italiens gegen die anderen Staaten bleiben aber davon unberührt.

§ 40. 2. Die Angehörigen christlicher Staaten in nichtchristlichen Staaten.

Literatur. Rey: La protection diplomatique et consulaire dans les échelles du Levant et de Barbarie, Paris 1899; Caleb: Die Konsulargerichtsbarkeit in Bulgarien, Straßburg 1903; Hinkley: American consular jurisdiction in the Orient, Washington 1906; Politis: Les capitulations et la justice répressive ottomane à propos de l'affaire Ioris, Paris 1906; Steen de Jehay:

De la situation légale des sujets ottomans non musulmans, Brüssel 1906; Strisower: Konsulargerichtsbarkeit im österreich. Staatswörterbuch, 1907; Barduzzi: La giurisdizione consolare nelle terre islamiche, Turin 1910; BöhmsZ. 12 306; ZVölkR. 4 598; Rev. 8 573, 19 1, 38 52, 119, 363; Rev. Gén. 6 341, 13 408, 14 5, 506, 534, 15 329, 541, 17 276; Rivista 1 509, 2 201, 256, 517, 4 250, 6 428.

Während des Mittelalters schützten die südeuropäischen Handelsstädte ihre Angehörigen in der Fremde, indem sie ihre Staatsgewalt durch die Konsuln unmittelbar zur Ausübung brachten. Zu dem Zwecke vereinbarten sie Konsularprivilegien: die Ortsobrigkeit verzichtete in weitgehendem Maße auf Gerichtsbarkeit und Zwangsgewalt über die Ausländer, der Konsul aber hatte für Ruhe und Ordnung unter seinen Schutzbefohlenen zu sorgen, strafbare Handlungen zu ahnden, die Rechtsstreitigkeiten zu schlichten. Dabei kam stets das heimische Recht zur Anwendung. Im christlichen Europa wurde diese Sonderstellung der Ausländer allmählich vom Territorialitätsprinzip verdrängt: die Fremden wurden dem Recht und der Gerichtsbarkeit des Aufenthaltstaats unterworfen; die Konsulargerichtsbarkeit hörte auf. In den mohammedanischen Mittelmeerländern und in der Türkei hat sie sich dagegen für die Angehörigen christlicher Staaten erhalten. Das Recht des Korans fand auf Christen keine Anwendung. Auch waren die Kulturgegensätze zu groß. Die Sonderstellung wurde durch Kapitulationen geregelt, d. h. durch staatsrechtliche Erlasse der Sultane, welche auf Vereinbarungen mit den christlichen Mächten beruhten. Mit der Erweiterung des Weltverkehrs wurde dieses System im 19. Jahrhundert vertragsmäßig auf andere nichtchristliche Staaten übertragen: China, Japan, Korea, Siam, Persien, Maskat, Sana, Zanzibar, Madagaskar, Samoa. In all diesen Ländern sollten die Angehörigen christlicher Staaten Rechtsschutz wie in der Heimat genießen, weil eine Unterstellung unter das Recht des Aufenthaltstaats wegen der Verschiedenheit des Rechts und bei der Unsicherheit der Rechtsanwendung ausgeschlossen erschien. Die Angehörigen christlicher Staaten unterstehen deshalb daselbst in wesentlichen Richtungen nicht der Territorialhoheit des fremden Staats, sondern der Personalhoheit des Heimatstaats. Sie wird durch die Konsuln ausgeübt. (Vgl. das deutsche Gesetz über die Konsulargerichtsbarkeit vom 7. April 1900, RGBl. S. 213.)

1. Die Konsulargerichtsbarkeit wird ausgeübt teils durch den Konsul als Einzelrichter, teils durch ein aus dem Konsul als Vorsitzendem und mehreren Laienrichtern als Beisitzern bestehendes Konsulargericht, teils auch durch Schwurgerichte. Die Berufung geht in der Regel an ein höheres Gericht des Heimatstaats. Zur Anwendung kommt das heimische Recht, nach ihm regelt sich das Verfahren, soweit in beiden Hinsichten nicht Sonderbestimmungen erlassen sind. Die Organisation der Konsulargerichtsbarkeit ist Sache des Heimatstaats.

2. Der Konsulargerichtsbarkeit unterworfen sind die Angehörigen des Heimatstaats und Schutzgenossen. In gemischten Sachen, d. h. in Prozessen zwischen Angehörigen verschiedener Staaten, gilt meist die Regel actor sequitur forum rei: die Sache wird je nach der Person des Beklagten vor dessen Konsulargericht bzw. vor dem Gericht des Aufenthaltstaats erledigt. Mit dem Gericht ist auch das anzuwendende Recht gegeben.

3. Aufhebung oder Einschränkung der Konsulargerichtsbarkeit.

a) Die Konsulargerichtsbarkeit ist neuerdings aufgehoben oder erheblich eingeschränkt in den von türkischer Herrschaft befreiten, christlichen Ländern, sowie in den einem christlichen Staatswesen unterstellten, nichtchristlichen Ländern, ferner in Japan und Korea, weil der erforderliche Rechtsschutz durch die Ortsgerichte verbürgt ist. In vollem Umfang besteht die Konsulargerichtsbarkeit noch in Abessinien, China, Marokko, Persien, Siam und der Türkei.

b) In Ägypten ist die Konsulargerichtsbarkeit eingeschränkt durch die seit 1. Februar 1876 auf Grund von Vereinbarungen bestehenden internationalen Gerichtshöfe. Sie sind mit einheimischen und fremden Richtern besetzt. Es gibt drei Gerichte erster Instanz und einen Appellhof in Alexandria. Für diese Gerichte sind besondere Prozeßordnungen und Gesetzbücher in Anlehnung an das französische Recht ausgearbeitet worden. Sie sind zuständig:

α) in Zivilsachen für alle Streitigkeiten über in Ägypten belegene Grundstücke, es seien denn beide Parteien Ägypter; ferner für alle anderen Streitigkeiten zwischen Angehörigen verschiedener Staaten, einschließlich der Ägypter;

β) in Strafsachen für Konkursdelikte und die Polizeiübertretungen der Fremden, sowie für alle Verbrechen und Vergehen, welche von den Mitgliedern der internationalen Gerichtshöfe oder gegen sie, im Amt oder in Beziehung auf das Amt, begangen sind.

§ 41. 3. Die Unterdrückung des Sklavenhandels.

Literatur. Gareis: Das heutige Völkerrecht und der Menschenhandel, Berlin 1879, und: Der Sklavenhandel, das Völkerrecht und das deutsche Recht, 1884; Scherling: Die Bekämpfung von Sklavenraub und Sklavenhandel, Breslau 1897; Kayser: Die Gesetzgebung der Kulturstaaten zur Unterdrückung des afrikanischen Sklavenhandels, Breslau 1905; Scelle: La traite négrière aux Indes de Castille, 2 Bde., Paris 1906; Queneuil: De la traite des noirs et de l'esclavage, 1907; ArchÖffR. 1 3; Rev. 22 317, 23 560, 38 762.

Das Völkerrecht regelt die inneren Angelegenheiten der Staaten nicht. Es überläßt jedem Staat, ob er einen Teil seiner Untertanen in Sklaverei versetzen will oder nicht. Angehörige anderer Staaten dürfen aber nicht zu Sklaven gemacht werden (§ 25). Seit dem Wiener Kongreß ist das Völkerrecht ferner dem Sklavenhandel entgegengetreten (§ 4 IV 2). Die ergriffenen Maßnahmen sind der Fürsorge für die des Schutzes bedürftigen, aber ohne weiteres nicht teilhaftigen Heimatlosen entsprungen und hauptsächlich den Negern zugute gekommen. Die tatsächliche Unterdrückung des Sklavenhandels mußte lange Zeit hindurch vorwiegend auf dem Meere erfolgen. Die zu dem Zweck eingeführten, eigenartigen Normen sind im Schiffsrecht zur Darstellung zu bringen (§ 42). Neuerdings sind aber allgemeine Normen aufgestellt, ist auch dem Sklavenhandel zu Lande entgegengetreten worden:

1. Die Generalakte der Berliner Kongokonferenz vom 26. Februar 1885 (Fleischmann 195) bestimmt im Art. 9: Nach den Grundsätzen des Völkerrechts, wie solche von den Signatarmächten anerkannt werden, ist der Sklavenhandel verboten, und sind die Operationen, welche zu Lande oder zur See diesem Handel Sklaven zuführen, ebenfalls als verboten anzusehen. Die Kolonien der Signatarmächte und die unter ihrem Protektorat stehenden Länder dürfen weder als Markt noch als Durchgangsstraße für den Handel mit Sklaven, gleichviel welcher Rasse, benutzt werden. Die Mächte verpflichten sich, dem Handel ein Ende zu machen und die Sklavenhändler und -jäger zu bestrafen.

2. Die Generalakte der Brüsseler Antisklavereikonferenz vom 2. Juli 1890 (Fleischmann 226) erblickt mit Recht das wirksamste Mittel zur Unterdrückung des Sklavenhandels in der Einführung fester, geordneter Verhältnisse, einer ständigen und starken Regierungsgewalt in denjenigen Ländern, in denen der Sklavenhandel seinen Ursprung hat. Dadurch werden die Sklavenjagden und Sklaventransporte verhindert. Umfassende Maßregeln zur Abfangung der Transporte, namentlich an den Küsten des afrikanischen Kontinents und auf dem Meere, sind vereinbart, für die Rückbeförderung oder Unterbringung der befreiten Sklaven ist Fürsorge getroffen. Persien, die Türkei und Sansibar haben sich besonders verpflichtet, in ihren Gebieten die Ein-, Durch- und Ausfuhr von, den Handel mit afrikanischen Sklaven zu verhindern, die eingeführten in Freiheit zu setzen.

Den übernommenen Verpflichtungen zur Bestrafung der Sklavenjäger und -händler hat das Deutsche Reich durch das Gesetz vom 28. Juli 1895 (RGBl. 425) entsprochen.

D. Das Schiffsrecht.

§ 42. 1. Die Kauffahrteischiffe.

Literatur. Vgl. zu § 18. Ortolan: Règles internationales et diplomatie de la mer (4), Paris 1864; Schiattarella: Del territorio nelle sue attinenze colla legge penale, Siena 1879; Stoerk: Studien zum See- und Binnen-Schiffahrtsrecht, Wörterbuch des deutschen Verwaltungsrechts, Ergänzungsband III, Freiburg i. B. 1897, S. 191 ff.; Perels: Verhalten der Seeschiffe bei unsichtigem Wetter nach dem internationalen Seestraßenrecht, Marine-Rundschau 1897/98, und: Das allgemeine öffentliche Seerecht im Deutschen Reich. Sammlung der Gesetze und Verordnungen, Berlin 1901; Stiel: Der Tatbestand der Piraterie, Leipzig 1905; ArchÖffR. 21 272, 22 416; ZVölkR. 3 165; Rev. 22 360, 28 461, 29 196, 40 341, 481; Rev. Gén. 5 57, 10 315, 17 408; Rivista penale 71 H. 5.

I. Die Nationalität. Der Staat schützt regelmäßig die Sachen als solche nicht, sondern nur seine und seiner Untertanen Rechte an ihnen. Die Rechte an einem Seeschiff aber bedürfen einheitlichen Schutzes, auch wenn sie Angehörigen verschiedener Staaten zustehen. Nach modernem Völkerrecht ist jeder Staat berechtigt, alle Rechte an einem Schiff ohne Rücksicht auf die Nationalität der Berechtigten seinem Schutz zu unterstellen, sofern er damit nicht in die Rechtssphäre anderer Staaten eingreift. Die Unterstellung unter staatlichen Schutz geschieht durch Verleihung der Nationalität an das Schiff. Mit dieser grundlegenden Tatsache — Übernahme des Schutzes der am Schiff begründeten Privatrechte — verbinden sich aber nach Völkerrecht gewichtige Folgen für Schiffsbesatzung und Reisende:

a) Solange sie auf dem Schiff verweilen bzw. im öffentlich-rechtlichen Schiffsverband stehen, sind sie persönlich der Herrschaft und dem Schutz des Flaggenstaats unterworfen, teils ausschließlich, teils neben der Herrschaft eines anderen Staats;

b) der Flaggenstaat ist anderen Staaten für ihre Handlungen verantwortlich, soweit er die Betätigung einer fremden Staatsgewalt untersagen darf.

In heimischen Gewässern ist das Schiff in heimischem Staatsgebiet. Die Menschen auf dem Schiff sind der Staatsgewalt des Flaggenstaats ebenso unterworfen wie auf dessen Landgebiet. Besonderer Betrachtung bedarf nur das Schiff auf offenem Meer und in fremden Gewässern.

Die Bedingungen für die Verleihung der Nationalität werden in der staatlichen Gesetzgebung geregelt. Am meisten Anklang hat das englische System gefunden: die Nationalität wird nur demjenigen Schiffe verliehen, welches ausschließlich im Eigentum von Staatsangehörigen steht. So auch das deutsche Gesetz, betreffend das Flaggenrecht der Kauffahrteischiffe vom 22. Juni 1899 (RGBl. 319); vgl. dazu das Gesetz vom 29. Mai 1901 (RGBl. 184).

Das Nationalschiff führt die Flagge des Heimatstaats. Die Berechtigung hierzu wie auch die Nationalität selbst wird durch die Schiffspapiere nachgewiesen; sie sind öffentliche, von der zuständigen Behörde des Flaggenstaats ausgestellte Urkunden. Das Schiff muß sie bei sich führen.

Den Kauffahrteischiffen stehen andere Privatschiffe, insbesondere Lustjachten, gleich, wenn sie nach der heimischen Gesetzgebung zur Führung der Nationalflagge berechtigt sind.

II. Schiffe auf offenem Meer. Die hohe See gehört keinem Staat; es darf auf ihr aber keine Anarchie herrschen. Eine jederzeitige Kontrolle ist nicht möglich; auch die Selbsthilfe muß jedoch im Interesse der Ordnung grundsätzlich ausgeschlossen sein. Schiffe auf offenem Meer unterstehen deshalb der Herrschaft des Flaggenstaats; er trägt insoweit auch die Verantwortung für die Rechtsverletzungen auf dem Schiff und von ihm aus; er ist zur Bestrafung der Schuldigen verpflichtet. Fremden Staaten und ihren Schiffen ist im Frieden jede Anhaltung und Durchsuchung, jede Wegnahme von Personen und Gütern, allgemein jede Selbsthilfe verboten, solange das Schiff in friedlicher Seefahrt begriffen ist. Nach herrschender Lehre soll das Schiff auf offenem Meer deshalb Teil des Staatsgebiets, schwimmender Gebietsteil sein. Diese Ansicht ist aus zwei Gründen zu verwerfen:

1. Während ihres Aufenthalts in fremden Eigengewässern sollen die Schiffe nicht als Staatsgebiet betrachtet werden. Sie können diese Eigenschaft aber nicht beständig verlieren und wieder erwerben; insbesondere ist nicht einzusehen, wie das Schiff durch Verlassen eines fremden Hafens zum Staatsgebiet werden soll. Die Besatzung und die Reisenden unterstehen immer dem Flaggenstaat. Seine Rechte sind auf offenem Meer durch kein anderes Recht, in fremden Eigengewässern aber durch die Territorialhoheit des Uferstaats eingeschränkt. Hierin und nicht im Gebietscharakter des Schiffs besteht der Unterschied in der Stellung auf offenem Meer und in fremden Gewässern.

2. Auch auf offenem Meer versagt der Schutz der angeblichen Gebietshoheit, wenn das Schiff zu nicht friedlicher Seefahrt benutzt wird: zum Seeraub, zur Zuführung von Kriegskonterbande (§ 73), zum Blockadebruch (§ 75). Das feindliche Verhalten nicht des Flaggenstaats, sondern der Privatpersonen läßt also das Schutzrecht hinwegfallen. Das ist mit dem Begriff der Gebietshoheit nicht vereinbar, wohl aber mit dem Schutz der friedlichen Seefahrt.

Regelmäßig darf allerdings nur der Flaggenstaat Hoheitsakte auf dem Schiffe auf offenem Meer vornehmen. Er übt seine Staatsgewalt unmittelbar mit Hilfe visitierender Kriegsschiffe sowie durch den mit Polizeigewalt bekleideten Kapitän aus. Wie schon angedeutet, erleidet diese Regel aber Ausnahmen, sowohl im Krieg wie auch im Frieden. Nur die letzteren sind hier zu besprechen:

1. Nach allgemeinem Völkerrecht.

a) Zulässig ist die Verfolgung eines Schiffs auf das offene Meer hinaus, wenn sich die Mannschaft in den Gewässern eines fremden Staats eines Verbrechens schuldig gemacht hat.

b) Der Seeraub: der gegen ein Schiff ohne staatliche Ermächtigung begangene gewaltsame Angriff, um sich das Schiff, Güter oder Menschen rechtswidrig zuzueignen. Der Seeraub auf offenem Meer entzieht dem Schiff den Flaggenschutz. Jedes Kriegsschiff ist berechtigt, sich des Piratenschiffs gewaltsam zu bemächtigen und die Mannschaft zur Bestrafung abzuführen. Jeder Staat ist zur Bestrafung der Seeräuber berechtigt. Seeraub in staatlichen Gewässern berechtigt hingegen nur zur Notwehr; im übrigen ist der Uferstaat verantwortlich.

2. Nach partikulärem Völkerrecht. Zur Erleichterung der Kontrolle haben sich die Staaten in Verträgen vielfach das Recht zur Anhaltung, Durchsuchung und Aufbringung ihrer Kauffahrteischiffe zugestanden. Die Maßnahmen dürfen regelmäßig nur von den besonders dazu ermächtigten Kriegsschiffen ergriffen werden. Das angehaltene Schiff ist in einen Hafen seines eigenen Staats zu bringen; ihm gebührt die Aburteilung.

a) Die Unterdrückung des Sklavenhandels zur See. Nach vielen Einzelverträgen wurde von Preußen, Österreich, Frankreich, Großbritannien und Rußland am 20. Dezember 1841 ein gemeinsamer Vertrag über die Bekämpfung des Sklavenhandels unterzeichnet, von Frankreich jedoch nicht ratifiziert (Fleischmann 41). An Stelle Preußens ist das Deutsche Reich in diesen Vertrag am 29. März 1879 eingetreten. In ihm wird der Sklavenhandel als Seeräuberei erklärt; der Versuch, ihn zu betreiben, entzieht den Schiffen der Signatarmächte den Flaggenschutz. Das Anhaltungsrecht darf in einer bestimmten Zone auf dem Atlantischen und auf dem Indischen Ozean ausgeübt werden. Das in unerlaubter Weise oder ohne zureichenden Verdacht durchsuchte und aufgebrachte Schiff ist zu entschädigen. Auf der hier geschaffenen Grundlage hat die Brüsseler Antisklavereiakte vom 2. Juli 1890 Art. 20/71 ein umfassendes und die Einzelheiten sorgfältig berücksichtigendes Reglement für die Unterdrückung des Sklavenhandels auf dem Indischen Ozean ausgearbeitet. Frankreich hat wiederum die Anhaltung und Durchsuchung seiner Schiffe nicht zugestanden.

b) Die Regelung der Hochseefischerei auf der Nordsee, Haager Vertrag vom 6. Mai 1882 (Fleischmann 178). — Ferner: Die Unterdrückung des Branntweinhandels unter den Nordseefischern auf hoher See, Haager Vertrag vom 16. November 1887 (ibid. 218).

c) Der Kabelschutz, Pariser Vertrag vom 14. März 1884, unterzeichnet von 26 Staaten (ibid. 189). Die Aufbringung der betroffenen Schiffe ist hier ausgeschlossen. Die Rechte der Kriegführenden sind nicht beschränkt.

Der Regelung besonders bedürftig ist das Seestraßenrecht, weil an sich kein Schiff auf hohem Meer an einen bestimmten Kurs gebunden ist. Einheitliche Vorschriften über das Ausweichen, über das Verhalten bei unsichtigem Wetter sind unerläßlich zur Verhütung von Zusammenstößen. Die Regelung ist jedoch nicht durch Staatsvertrag, sondern durch Gesetze bzw. Verordnungen der einzelnen Staaten erfolgt, zunächst in Anlehnung an das englische Recht, später auf Grund internationaler Verständigung; vgl. die Kaiserliche Verordnung vom 5. Februar 1906 (RGBl. 120).

III. Schiffe in fremden Gewässern.

A. Schiffe in fremden Eigengewässern. Sie sind mit den auf ihnen befindlichen Menschen der Territorialhoheit des Uferstaats unterworfen; die Herrschaft des Flaggenstaats über die Schiffsbesatzung und die Reisenden wird nicht unterbrochen, aber beschränkt; sie kann sogar begründet werden, wenn ein neuer Schiffsmann oder ein neuer Reisender im fremden Hafen in dieses Verhältnis eintritt. In erster Linie bringt aber der Uferstaat seine Territorialhoheit ebenso zur Geltung wie über Fremde in seinem Landgebiet. An diesem Grundsatz hält namentlich England fest. In den Konsulargerichtsbezirken ist dagegen die Territorialhoheit nach den hier allgemein geltenden Regeln beschränkt. In den meisten europäischen und amerikanischen Staaten ist ein mittleres System zur Annahme gelangt, auch vielfach in Verträgen besonders geregelt: in die inneren Angelegenheiten an Bord der fremden Schiffe mischt sich der Uferstaat nicht ein, es sei denn, daß die Ruhe oder öffentliche Ordnung am Lande oder im Hafen durch Vorfälle an Bord der Schiffe gestört wird, oder daß ein Landesangehöriger oder eine nicht zur Schiffsmannschaft gehörige Person beteiligt ist. Die Aufrechterhaltung der Ordnung an Bord liegt in diesem Fall dem Konsul des Flaggenstaats ob. Er prüft das Recht des Schiffs zur Führung der Flagge, entscheidet, wenigstens vorläufig, alle Streitigkeiten zwischen Kapitän und Mannschaft und ist mit weitreichender Polizei-, auch Polizeistrafgewalt, ausgerüstet.

B. Schiffe in fremden Küstengewässern. Nehmen sie hier Aufenthalt, „gehen sie vor Anker," so sind sie der Territorialhoheit des Uferstaats wie in den Eigengewässern unterworfen. Nach dem Gesetz über die Gerichtsbarkeit in britischen Gewässern vom 16. August 1878 (Territorial Waters Jurisdiction Act. 1878, 41 & 42 Vict. c. 73, The public general statutes passed in .... 1878 S. 579 ff.) nimmt England die gleichen Rechte über die seine Küstengewässer nur durchfahrenden Schiffe in Anspruch. Dieses Gesetz hat viel Widerspruch herausgefordert. Oft wird behauptet, solche Schiffe seien dem Uferstaat überhaupt nicht unterworfen, seien exterritorial. Das geht zu weit; vgl. auch das deutsche Gesetz über die Untersuchung von Seeunfällen vom 27. Juli 1877 § 2 (RGBl. 549). Eine feste Praxis hat sich noch nicht gebildet. Empfehlenswert dürfte es sein, Handlungen an Bord der durchfahrenden fremden Schiffe der Territorialhoheit des Uferstaats nur dann zu unterwerfen, wenn ihre Wirkungen sich über das Schiff hinaus erstrecken: unbefugter Fischfang, Zusammenstöße usw.

§ 43. 2. Die Kriegsschiffe.

Vgl. die Literatur zu § 42; ferner: ArchÖffR. 1 461, 677; Rev. 26 378; Rev. Gén. 12 645.

Das Kriegsschiff dient zur Entfaltung der Militärhoheit des Flaggenstaats. Die Besatzung bildet einen Teil seiner bewaffneten Macht. Durch sie, durch den ihr erteilten militärischen Befehl wird das Schiff zum Kriegsschiff. Es legitimiert sich durch den militärischen Charakter seiner Besatzung, äußerlich durch Flagge und Wimpel, äußersten Falls durch die Segelorder, den militärisch-staatlichen Auftrag des Kommandanten.

In Ausübung seiner Staats- und folglich seiner Militärhoheit ist der Staat weder der Gerichtsbarkeit noch sonstwie der Herrschaft eines fremden Staats unterworfen: par in parem non habet iurisdictionem (§ 6 III d). Begeht er dabei eine Rechtsverletzung, so ist sie völkerrechtlicher Natur und auf völkerrechtlichem Wege zu ahnden. Solange Schiff und Besatzung zur Ausübung der Militärhoheit dienen, unterstehen sie deshalb ausschließlich dem Flaggenstaat; er ist für die Handlungen seiner militärischen Macht verantwortlich.

Dies gilt nicht nur für Kriegsschiffe auf offenem Meer und während der Durchfahrt durch fremde Küstengewässer, sondern auch während ihres Aufenthalts daselbst und in fremden Eigengewässern, einschließlich der Häfen. Die Einfahrt in Eigengewässer kann zwar sicherlich untersagt werden (§ 20 III), sofern der Uferstaat sich nicht durch Vertrag zur Öffnung gebunden hat. Auf dem Schiff ist die Besatzung aber stets exterritorial in dem nämlichen Sinne wie andere exterritoriale Personen: ebensowenig wie der Gesandte darf sie die allgemeine Rechtsordnung des Uferstaats verletzen; insbesondere muß sie die Hafenordnung und die sonst für Schiffe erlassenen Vorschriften beobachten. Soweit aber Befreiungen für andere Exterritoriale Platz greifen, kommen diese Vorrechte auch der Besatzung des Kriegsschiffs auf ihm zu.

Das Betreten des Landes ist nicht ohne weiteres gestattet. Geschieht es außerdienstlich, so hat die Mannschaft keine Vorrechte. Die dann von ihr an Land begangenen Straftaten kann der Uferstaat aburteilen. Die Übeltäter darf er festnehmen. Nur aus Höflichkeit werden sie oft dem Schiffskommandanten zur Bestrafung abgeliefert.

Nicht bloß die Besatzung, sondern auch das Schiff selbst dient aber zur Ausübung der Militärhoheit des Flaggenstaats. Deshalb darf es niemand ohne Erlaubnis des Kommandanten betreten, darf er jeden Schiffsfremden von ihm wegweisen. Auch die Staatsgewalt des Uferstaats macht vor dem fremden Kriegsschiff halt; seine Beamten dürfen nicht hinauf. Der Kommandant ist indessen zur Gewährung eines Asyls ebensowenig berechtigt wie der Gesandte in seinem Hotel. Haben Verbrecher sich auf das Schiff geflüchtet, so muß er sie auf Verlangen der Uferbehörden ausantworten oder zum mindesten wegweisen. Die Gewährung eines Asyls auf dem Kriegsschiff wird nur in drei Fällen, und auch in diesen bei weitem nicht allgemein, für zulässig erachtet: 1. wenn der Flüchtling Untertan des Flaggenstaats ist; 2. wenn er sich der Sklaverei entziehen will; 3. in Amerika, wenn er wegen politischer Verbrechen verfolgt wird, namentlich bei Gelegenheit von Aufständen im Uferstaat. In diesem dritten Fall ist die Asylgewährung so häufig vorgekommen, daß man wohl von einer beständigen Praxis sprechen darf.

§ 44. 3. Die Luftschiffe.

Literatur. Vgl. zu § 18, ferner: Rev. Gén. 18 628, 684, 19 414 über die Arbeiten des Institut de droit international und über die Beschlüsse der internationalen juristischen Luftschiffahrtskongresse; Atti e relazioni des Veroneser 1. congresso giuridico internazionale per il regolamento della locomozione aërea 1910, Verona 1911; Reglements einzelner Staaten im Anhang von Kohlers Luftfahrtrecht.

Völkerrechtliche Regeln über die Behandlung der Luftschiffe sind unerläßlich, aber trotz privater Vorarbeiten auf der Pariser diplomatischen Konferenz 1911 noch nicht zur Ausbildung gelangt. Als vorbildlich gilt das Seeschiffsrecht. Der Unterschied zwischen Militär(Staats-)- und Privatschiffen besteht auch hier. Luftschiffe bedürfen wie Seeschiffe der Nationalität, d. h. der Unterstellung unter Schutz und Herrschaft des Flaggenstaats. Ihre Nationalität und ihren Charakter müssen sie bei Tag und bei Nacht durch bestimmte Signale ausweisen. Mit dem Eintritt in fremdstaatlichen Luftraum geraten Privatluftschiffe gleichfalls unter die Herrschaft der Territorialgewalt; doch sind deren Rechte und die des Flaggenstaats gegeneinander abzugrenzen. Über die Zulassung ausländischer Luftschiffe in den staatlichen Luftraum vgl. § 20 IV. Erforderlich ist endlich die Ausbildung eines Luftstraßenrechts, die Regelung des Ausweichens und des Verhaltens bei unsichtigem Wetter.

Zweites Kapitel: Das Obligationsrecht.

§ 45. A. Allgemeine Lehren.

Literatur. Jellinek: Die rechtliche Natur der Staatenverträge, Wien 1880; Stoerk: Staatsverträge, in v. Stengels Wörterbuch des deutschen Verwaltungsrechts, Bd. II; Nippold: Der völkerrechtliche Vertrag, seine Stellung im Rechtssystem und seine Bedeutung für das internationale Recht, Bern 1894; Cavaglieri: La funzione della clausola „rebus sic stantibus" nei trattati internazionali, Archivio giuridico, 1903; Bruno Schmidt: Über die völkerrechtliche clausula rebus sic stantibus, Leipzig 1907; Jacomet: La guerre et les traités, Paris 1909; Philippson: The effect of war on contracts, London 1909; Cavaretta: Lo stato di necessità nel diritto internazionale, Palermo 1910; Billerbeck: Der Einfluß des Kriegsbeginns und des Friedensschlusses auf die zwischen den kriegführenden Staaten vor dem Ausbruch des Krieges geschlossenen Verträge, Diss., Breslau 1911; Erich Kaufmann: Das Wesen des Völkerrechts und die clausula rebus sic stantibus, Tübingen 1911; Reinsch a. a. O. 169 ff.; ArchÖffR. 9 23, 569; ZVölkR. 4 449; Rev. 19 37, 23 188, 590, 25 213, 26 204; Rev. Gén. 17 5; Rivista 6 398.

I. Obligationen sind Rechtsverhältnisse, „deren Inhalt in dem Anspruch auf eine Leistung gegen eine oder einzelne bestimmte Personen oder in den Ansprüchen der Parteien auf gegenseitige Leistung besteht" (Kipp). Dieser im Privatrecht ausgebildete Begriff der Obligation ist auch für das Völkerrecht anzuerkennen. Als Gläubiger und Schuldner kommen nur Staaten in Betracht. Die Leistung ist entweder ein Tun oder ein Dulden oder ein Unterlassen. Vermögenswert ist nicht erforderlich. Es gibt aber rein völkerrechtliche Obligationen, die lediglich auf Geldzahlungen gerichtet sind, so Schadensersatzforderungen aus unerlaubten Handlungen.

II. Durch Vertrag werden nur die Vertragsparteien selbst, d. h. die Staaten, berechtigt und verpflichtet, nicht aber ihre Organe und Untertanen. Dritte, am Vertragschluß nicht teilnehmende Staaten werden durch ihn grundsätzlich nicht berührt. Sollen die Wirkungen eines

Vertrages sich auf einen dritten Staat erstrecken, so bedarf es des Beitritts. Der Beitritt ist ein neuer Vertrag zwischen den ursprünglichen Vertragsparteien auf der einen und dem beitretenden Staat auf der anderen Seite. Eines Beitritts bedarf es nicht, wenn ein Staat in Vertretung eines anderen den Vertrag geschlossen hat, sei es als allgemein hierzu berufener Oberstaat, sei es auf Grund besonderer Vollmacht.

III. Durch Staatsverträge werden grundsätzlich nur höchstpersönliche Obligationen geschaffen. Ausgeschlossen sind infolgedessen: Abtretung des Forderungsrechts ohne Zustimmung des Schuldners, Schuldübernahme ohne Einwilligung des Gläubigers und Übergang der Obligation auf den Rechtsnachfolger bei Untergang des Gläubiger- oder Schuldnerstaats. Bei Übernahme einer Verpflichtung ist die Person des Gläubigers von maßgebender Bedeutung im Staatenverkehr. Man gesteht dem einen Staat leicht etwas zu, was man dem anderen Staat oder einer Privatperson nimmermehr gewähren würde. Eine Ausnahme greift Platz, wenn Obligationen in engem Zusammenhang mit bestimmten Gebietsteilen stehen (Uferbau, Flußschiffahrt, Eisenbahnverträge); sie gehen im Zweifel aktiv und passiv mit dem Gebiet über. Das nämliche ist für Geldschulden beim Untergang eines der beiden Staaten anzunehmen. Von diesen beiden Fällen abgesehen, erlöschen die Obligationen mit dem Untergang des Gläubiger- oder Schuldnerstaats.

IV. Die völkerrechtlichen Obligationen erlöschen ferner nach allgemeinen Grundsätzen, z. B. durch Erfüllung, Zeitablauf, Eintritt der Resolutivbedingung oder dauernder Unmöglichkeit der Erfüllung. Als eigentümliche Endigungsgründe sind noch zu nennen:

a) Ausbruch des Krieges zwischen Gläubiger und Schuldner. Unberührt bleiben diejenigen Obligationen, welche gerade für den Fall eines Krieges zu erfüllen sind: Lokalisierung des Kriegsschauplatzes, Behandlung der wechselseitigen Untertanen. Im übrigen unterscheidet die herrschende Lehre mit Recht zwischen politischen und wirtschaftlichen Obligationen: jene erlöschen, diese bleiben bestehen; höchstens wird die Ausführung für die Dauer des Krieges suspendiert.

b) Bei wechselseitigen Obligationen wird der eine Teil zum Rücktritt berechtigt, wenn der andere Teil die ihm obliegende Leistung nicht macht. Wird ein Staat durch die Pflichtverletzung des anderen benachteiligt, so wäre es unbillig, ihm noch selbst die Leistung zumuten und ihn im übrigen auf die Selbsthilfe verweisen zu wollen. Daß er so verfahren darf, ist einleuchtend.

c) Nach durchaus herrschender Lehre darf ein Staat die Erfüllung seiner Vertragspflichten weigern, einen geschlossenen Vertrag aufkündigen „wegen einer Veränderung derjenigen Umstände, welche zur Zeit des geschlossenen Vertrages schon vorhanden oder vorherzusehen und nach der erkennbaren Absicht des Verpflichteten die stillschweigende Bedingung des Vertrages waren" (Heffter). Alle Verträge sollen mit der stillschweigenden Klausel: rebus sic stantibus, geschlossen sein. Diese Lehre enthält Politik, aber keinen Rechtssatz, und darf deshalb die juristische Konstruktion nicht beeinflussen. Als Rußland die auf dem Pariser Kongreß 1856 vereinbarte Neutralität des Schwarzen Meeres aufkündigte, da hat es mit den anderen europäischen Großmächten als einen wesentlichen Grundsatz des Völkerrechts ausgesprochen, daß kein Staat sich einseitig von seinen Vertragspflichten lossagen oder deren Inhalt ändern könne (Protokoll vom 17. Januar 1871, Staatsarchiv **20** 190). Ein Recht zu vertragswidriger Kündigung gibt es nicht. Eine solche Kündigung ist regelmäßig ein Delikt und zieht dessen Folgen nach sich, es sei denn, daß der Kündigende im Notstand handelt. Deshalb ist diese Lehre im Zusammenhang mit der von den Delikten und dem Notstand (§ 51) zu behandeln. Nur das darf schon jetzt betont werden: zwischen Nichterfüllung einer Vertrags- und einer anderen, rechtlich begründeten Pflicht besteht kein Unterschied; deshalb kann es sich nicht um einen eigentümlichen Erlöschungsgrund völkerrechtlicher Verträge handeln. Beim Abschluß von Handelsverträgen pflegt man mit den häufiger auftretenden Notständen — Ausbruch von Krieg, Aufständen, Hungersnot und Seuchen — zu rechnen und für den Fall ihres Eintritts besondere Rechte zu gewähren. Alsdann ist zunächst nach diesen Bestimmungen zu verfahren; die allgemeinen Regeln kommen nur subsidiär zur Anwendung.

B. Einzelne Forderungsrechte.

1. Forderungsrechte aus Verträgen.

Über einen großen Teil der Staatsverträge bestimmt das Völkerrecht nichts, was ihr Name nicht andeutet. Ein Handelsvertrag ist ein Vertrag, welcher die Interessen des Handels und der Industrie berührt; ein Schiffahrtsvertrag regelt den Schiffahrtsverkehr zwischen den Ländern der Vertragsparteien. Mehr ist über diese Verträge im allgemeinen nicht zu sagen. Essentialia und naturalia negotii gibt es nicht. Der besondere Inhalt der einzelnen Handels-, Schiffahrts- usw. Verträge gehört aber nicht in ein allgemeines System.

§ 46. a) Das Bündnis.

Literatur. Erich: Über Allianzen und Allianzverhältnisse nach heutigem Völkerrecht, Helsingfors 1907; Rev. 39 253.

Das Bündnis ist ein Gesellschaftsverhältnis zu politischem Zweck; es entsteht durch Vertrag. Zwei oder mehrere Staaten verpflichten sich wechselseitig, ihre Leistungen zur Erreichung eines bestimmten politischen Zwecks zu vereinigen. Wesentlich ist: 1. die Einheitlichkeit des Zwecks, z. B. Aufrechterhaltung des Besitzstandes für beide Teile; 2. der politische Charakter dieses Zwecks; Gesellschaften zu rein ökonomischen Zwecken unterliegen nicht den für Bündnisse geltenden Regeln; 3. die Verpflichtung zu gemeinschaftlichem Handeln, zum Zusammenwirken. Man unterscheidet:

1. Allgemeine und beschränkte Bündnisse. Die Beschränkung kann sich beziehen: a) auf die Zeit; b) auf das Gebiet: Verpflichtung, nur ein bestimmtes Gebiet zu verteidigen, nur auf einem bestimmten Kriegsfeld mitzuwirken; c) auf den Gegner (Dreibundverträge, Strupp 2 160); d) auf die Mittel. Die Beschränkung auf friedliche Mittel ist im Zweifel nicht als gewollt anzunehmen. Andere Beschränkungen sind: Stellung eines Hilfskorps von bestimmter Größe, Zahlung von Subsidiengeldern, Einräumung eines Waffenplatzes.

2. Gleiche und ungleiche Bündnisse.

3. Schutz- und Trutzbündnisse. Diese sind auf „Verfolgung gewisser Ansprüche oder Erreichung neuer Ziele durch Waffengewalt", — jene gegen einen etwaigen Angriff von dritter Seite, auf „Erhaltung eines bestimmten Rechts- oder Besitzstandes gegen jede Beeinträchtigung", auf Verteidigung gerichtet. Wer bei einem Krieg Angreifer, wer Verteidiger ist, entscheidet sich nach der Veranlassung des Krieges, nicht nach dem Beginn der militärischen Operationen.

Bei bedingten Bündnissen ist der Vertrag erst mit Eintritt der Bedingung, des casus foederis, zu erfüllen. Die Prüfung, ob dies der Fall, steht jeder Vertragspartei nach Maßgabe des Bündnisvertrages zu. Als Gesellschafter haben die Verbündeten die vereinbarten und — in Ermangelung einer Vereinbarung — nötigenfalls alle Kräfte zur Erreichung des Bündniszwecks anzuwenden. Die Pflicht zum Zusammenwirken bedingt gemeinsames Vorgehen, auf diplomatischem Wege und im Kriege; sie untersagt jedem Verbündeten einseitige Verhandlungen und Vertragsschlüsse mit dem Gegner. Über die Teilung von Gewinn und Verlust gibt es allgemeine Regeln nicht.

§ 47. b) Die Garantie.

Literatur. Téopilian: Les traités de garantie au point de vue juridique, Genf 1904; Danziger: Die völkerrechtliche Garantie, Diss., Breslau 1910; Quabbe: Die völkerrechtliche Garantie, Breslau 1911.

Garantie ist die Übernahme der Haftung dafür, daß ein bestimmtes Recht oder eine Gesamtheit von Rechten eines anderen Staats von dritter Seite nicht bedroht oder verletzt werde. Die Garantie wird von einem Staat einem oder mehreren anderen Staaten geleistet; auch können mehrere Garantieversprechen wechselseitig geleistet werden. Zur Wirksamkeit ist Annahme, d. h. Vertragschluß, erforderlich.

Die mannigfachsten Leistungen und Rechtsverhältnisse können garantiert werden. Als Beispiele seien genannt: Garantie einzelner Vertragspflichten oder einer Gesamtheit solcher (der Bestimmungen eines Friedensvertrages), Garantie des territorialen Besitzstandes, der Unabhängigkeit und Neutralität eines Staats, die Garantie der Verfassung, insbesondere der Thronfolgeordnung. Die in einem Staatsvertrage übernommene Garantie der Anleihe eines anderen Staats soll hingegen dessen Gläubigern privatrechtliche Sicherheit gewähren: der Garant verspricht, an Stelle des Schuldners zu zahlen, falls dieser seinen Verpflichtungen nicht nachkommt; die von den Vertragsparteien hierbei wechselseitig übernommenen völkerrechtlichen Verpflichtungen haben nicht den Charakter einer Garantie. (Vgl. den Vertrag der Großmächte mit der Türkei vom 18. März 1885, betreffend die Garantie einer ägyptischen Anleihe, RGBl. 1886 S. 301 ff.).

Der Garant verpflichtet sich, bei Eintritt des „Garantiefalls" die vereinbarten, eventuell alle verfügbaren Mittel, also auch Waffengewalt, anzuwenden, um den Schuldner zur Leistung zu zwingen, oder um die Verletzung des garantierten Zustands zu verhüten. Im Gegensatz zur privatrechtlichen Bürgschaft hat der Garant mithin nur Hilfe zu leisten gegen den Schuldner oder Angreifer, nicht aber anstatt des Schuldners selbst zu leisten. Voraussetzung ist: a) der Eintritt des Garantiefalls. Ob dies geschehen, hat der Garant selbständig nach Maßgabe des Garantievertrags zu entscheiden; b) eine Aufforderung zur Garantieleistung seitens desjenigen, dem sie versprochen ist. Will dieser Staat den Garanten nicht in Anspruch nehmen, so kann ihm die Garantieleistung nicht aufgedrungen werden.

Gläubiger und Schuldner können das garantierte Rechtsverhältnis beliebig abändern, die Verpflichtung des Garanten dadurch wohl erleichtern oder beseitigen, aber nicht erschweren. Die Verpflichtung des Garanten erlischt, wenn das garantierte Rechtsverhältnis ohne seine Zustimmung so geändert wird, daß sich der Eintritt des Garantiefalls erleichtern oder der Umfang seiner Pflichten vergrößern würde.

Die bisher dargestellte, nur eine Pflicht des Garanten erzeugende, „reine" Garantie wird zur „interessierten" (Quabbe), wenn der Garantierte sich dem Garanten gegenüber zur Aufrechterhaltung und Verteidigung des garantierten Objekts verpflichtet und sich damit „des Rechts begeben hat, selbständig über ein ihm gehöriges Recht zu verfügen". Das Garantieverhältnis selbst bleibt unverändert; aber neben die Unterstützungspflicht tritt das selbständige Recht des Garanten, „eine sein Recht schädigende Handlung des Verpflichteten oder Dritter zu verhindern, im letzteren Fall auch die Unterstützung des Garantierten zu fordern, eventuell den früheren Zustand wiederherzustellen". Solcher Art sind die Garantien der Unabhängigkeit und Neutralität der Schweiz, Belgiens und Luxemburgs (§ 60 III). Vgl. auch die Garantie der Unabhängigkeit und Integrität Norwegens (Vertrag vom 2. November 1907, Strupp 2 159).

§ 48. c) Der Auftrag.

Durch den Auftrag wird der beauftragte Staat ermächtigt, den Auftraggeber einem oder mehreren bzw. allen anderen Staaten gegenüber zu vertreten. Durch Annahme des Auftrags (Vertragschluß) wird der Beauftragte zu dessen Ausführung verpflichtet. Der Auftrag kann sich auf ein bestimmtes Rechtsgeschäft oder auf eine Reihe solcher beziehen oder eine Generalvollmacht zu allgemeiner Vertretung überhaupt oder in einer bestimmten Richtung enthalten. Den Hauptfall bildet der Auftrag zur Beschützung der Angehörigen des Auftraggebers einem dritten Staat gegenüber. Dieser Auftrag wird regelmäßig von jeder der Kriegsparteien bei Ausbruch des Krieges einem neutralen Staat erteilt; ferner außerhalb des Krieges, wenn der direkte Verkehr zwischen zwei Staaten abgebrochen ist; schließlich aus Sparsamkeit, um nicht allzuviele Vertreter im Ausland unterhalten zu müssen. Vgl. Art. 21 des Handels- und Zollvertrages zwischen dem Deutschen Reich und Österreich-Ungarn vom 6. Dezember 1891 (RGBl. 1892 S. 3). Einen anderen Fall bildet die bereits (§ 45 II) erwähnte Vertretung bei der Vertragschließung.

Durch den Auftrag erhält der Beauftragte Vertretungsmacht. Die von ihm innerhalb seiner Vertretungsmacht abgegebenen Willenserklärungen müssen als solche des Auftraggebers angesehen werden. Der dritte Staat kann sich dem nicht widersetzen, wenn die Vertretungsmacht nachgewiesen ist; doch braucht er sich in Unterhandlungen mit dem Vertreter nicht einzulassen. Auch die Legitimation zur Beschützung der Staatsangehörigen des Auftraggebers hängt zwar lediglich am Auftrag, die Vertreter des Beauftragten sind aber im dritten Staat zur Wahrnehmung der Rechte und Interessen ihres Heimatstaats, nicht zu der des Auftraggebers zugelassen. Für dessen Angehörige können sie deshalb nur eintreten, wenn der dritte Staat darein willigt. (Vgl. Regulations prescribed for the use of the consular service of the United States, Washington 1888 § 149.) Ein Widerspruch ohne triftigen Grund würde indessen auf eine Rechtsverweigerung hinauslaufen. Unter diesem Gesichtspunkt war der brasilianische Präsident Peixoto im Unrecht, als er die Beschützung der österreichisch-ungarischen Staatsangehörigen durch die Vertreter des Deutschen Reichs im Winter 1893/94 zurückweisen wollte. Dagegen konnte die Türkei, nachdem sie gegen die Begründung des französischen Protektorats über Tunis Protest eingelegt hatte, die Beschützung der Tunesier durch die Vertreter Frankreichs — zunächst wenigstens — sehr wohl zurückweisen.

Der Beauftragte nimmt die Rechte und Interessen des Auftraggebers wahr. Maßgebend sind deshalb die zwischen diesem und dem dritten Staat bestehenden Rechtsverhältnisse. Insonderheit kann der Beauftragte für die Angehörigen des Auftraggebers nicht diejenige Behandlung fordern, welche seinen eigenen Untertanen gebührt, sondern nur die dem allgemeinen Völkerrecht oder den besonderen Verträgen des Auftraggebers entsprechende; diese aber auch dann, wenn sie günstiger sein sollte als die seinen eigenen Untertanen zukommende Behandlung.

Ob die Beamten des beauftragten Staats nur von diesem oder auch direkt vom Auftraggeber Weisungen entgegenzunehmen haben, hängt von den Vereinbarungen der beiden Staaten, eventuell von den Befehlen des beauftragten Staats ab. Seine Beamten werden persönlich dem Auftraggeber weder untergeordnet noch verantwortlich; für sie haftet der beauftragte Staat dem Auftraggeber. Vertrag über die Unterdrückung des Sklavenhandels vom 20. Dezember 1849 Art. 13, 14 (Fleischmann 41) — Brüsseler Antisklavereiakte vom 2. Juli 1890 Art. 53 ff., 58 (ibid. 226). Dagegen trägt der Auftraggeber dritten Staaten gegenüber die Verantwortung für die innerhalb der Vertretungsmacht vorgenommenen Handlungen. Eine Regierung kann aber auch einen einzelnen Beamten des fremden Staats aus persönlichem Vertrauen zu ihrem Beauftragten machen. So Venezuela den amerikanischen Gesandten Bowen 1903. Der Auftrag wird dann nicht dem Heimatstaat des Beamten, sondern nur diesem selbst erteilt. Diesen Fall scheint das amerikanische Konsularreglement (§ 149) als den regelmäßigen vorauszusetzen.

§ 49. d) Die Abgrenzung von Interessensphären.

Literatur. Hasenjäger, vgl. zu § 22; Weißmüller: Die Interessensphäre, Diss., Würzburg 1908; Rev. Gén. 5 859, 6 307; Rivista 2 335; Vertrag zw. Großbritannien und Rußland über die asiatischen Angelegenheiten vom 31. August 1907, Strupp 2 191.

Dieses Rechtsgeschäft wurde bereits im § 22 (5 a) als Mittel zur Erlangung eines Vorrechts auf Okkupation erwähnt. Es dient aber weiteren Zwecken. Mehrfach haben Staaten ihre Interessensphären auf fremdem, der Okkupation nicht unterliegendem Staatsgebiet abgegrenzt; so europäische Staaten in China, Rußland und England in Zentralasien. Bei Abgrenzung der Interessensphären geht in Ermangelung einer besonderen Vereinbarung die Pflicht einer jeden Vertragspartei dahin, in der Interessensphäre der anderen Partei keinerlei politischen Einfluß auszuüben oder zu erwerben. Ausgeschlossen ist demnach außer der Okkupation die Begründung einer Schutzherrschaft über einen Staat, Stamm oder eine Kolonialgesellschaft, die Konzessionierung einer Kolonialgesellschaft für das Gebiet, der Abschluß politischer Verträge in bezug auf dasselbe, der Erwerb von Staatsdienstbarkeiten, von Eisenbahn-, Telegraphen- oder Bergbaukonzessionen für den Staat in der dem andern Teil zugestandenen Interessensphäre. Ferner verpflichtet sich jeder Staat, den anderen in dessen Interessensphäre beim Erwerb von Rechten und politischem Einfluß in keiner Weise zu hindern. Die Untertanen können dagegen im Zweifel in der fremden Interessensphäre ihren erlaubten Interessen wie sonst im fremden Staatsgebiet nachgehen und stehen insoweit unter dem Schutz ihres Heimatstaats.

Mit der Abgrenzung der Interessensphären geht häufig die Schaffung einer neutralen Zone oder die Anerkennung eines Pufferstaats Hand in Hand. Um die Möglichkeit von Reibungen auszuschließen, werden die Interessensphären durch ein Gebiet getrennt, für welches beide Vertragsparteien auf jeden politischen Einfluß verzichten: was einem jeden in der Interessensphäre des andern untersagt ist, müssen beide in der neutralen Zone unterlassen. Hierzu verpflichten sie sich einander wechselseitig. Dritte Staaten werden dadurch nicht gehindert, sich in der neutralen Zone festzusetzen.

§ 50. e) Der Meistbegünstigungsvertrag.

Literatur. Cavaretta: La clausola della nazione più favorita, Palermo 1906; Borchardt: Entwicklungsgeschichte der Meistbegünstigung im Handelsvertragssystem, Königsberg i. Pr. 1909; Weber: System der deutschen Handelsverträge, Leipzig 1912; Rev. **25** 313, **29** 222, **34** 66, 159, 270, **46** 657.

Ein Staat verspricht dem anderen, ihm alle Vorteile zu gewähren, welche er jetzt oder in Zukunft irgendeinem dritten Staat gewähren sollte. Der Vertrag wird meist so geschlossen, daß sich beide Parteien wechselseitig die Rechte der meistbegünstigten Nation zugestehen. Regelmäßig wird das Vertragsverhältnis zeitlich beschränkt oder der Aufkündigung unterworfen. Ausnahme Art. 11 des Frankfurter Friedens vom 10. Mai 1871 (Fleischmann 100).

Innerhalb der Vertragsdauer genießt der meistbegünstigte Staat zwar alle Rechte, welche einem Dritten eingeräumt sind, aber auch nur solange, als sie dem Dritten zustehen. Die Stellung des Meistbegünstigten ist also stets eine ungewisse; das ist wesentlich. Genießt der Dritte faktisch Vorteile, welche er nicht beanspruchen kann, so brauchen sie dem Meistbegünstigten wohl nicht eingeräumt zu werden. Doch werden dessen Rechte nicht dadurch hinfällig, daß man es vermeidet, mit dem Dritten einen förmlichen, schriftlichen Vertrag zu schließen.

Man unterscheidet unbedingte und bedingte Meistbegünstigung, je nachdem der Meistbegünstigte die dem Dritten gewährten Rechte ohne weiteres oder nur gegen die entsprechende Gegenleistung fordern kann (Standpunkt der Nordamerikanischen Union). Mehrfach wurde letzteres vereinbart. Grundsätzlich ist bei wechselseitigen Meistbegünstigungsverträgen im entgegengesetzten Sinne zu entscheiden. Der Meistbegünstigungsvertrag gewährt Rechte, legt aber keine Pflichten auf. Die vertragsmäßige Gegenleistung des Meistbegünstigten besteht darin, daß er seinerseits der anderen Vertragspartei die Meistbegünstigung gewährt.

Die Wirkung des Meistbegünstigungsvertrages kann beschränkt werden: entweder bleiben dem Meistbegünstigten diejenigen Rechte versagt, welche etwa Staat A, B und C jetzt oder in Zukunft der anderen Vertragspartei gegenüber genießen sollten; oder er wird auf diejenigen Rechte beschränkt, welche die andere Partei den Staaten A, B und C einräumt; auf die von D erworbenen Rechte hat er dann keinen Anspruch (Art. 11 des Frankfurter Friedens); oder endlich die Meistbegünstigung wird inhaltlich beschränkt: gewisse Einfuhrartikel bleiben ausgenommen.

Der Meistbegünstigungsvertrag wird meist als Klausel einem anderen Vertrag eingefügt, vor allem den Handelsverträgen, weiter den Schiffahrts-, Freundschafts- und Konsularverträgen. Alsdann bezieht sich der Meistbegünstigungsvertrag nur auf die im ganzen Vertrag geregelten Angelegenheiten, also nur auf den Handels- bzw. Schiffahrts- usw. Verkehr. Aber auch selbständige und allgemeine Meistbegünstigungsverträge kommen hie und da vor; in ihnen sichern sich die Vertragsparteien in allen Beziehungen die Rechte der meistbegünstigten Nation zu.

§ 51. 2. Forderungsrechte aus unerlaubten Handlungen.

Literatur. Clunet: Offenses et actes hostiles commis par des particuliers contre un Etat étranger, Paris 1887; Wieße: Le droit international appliqué aux guerres civiles, Lausanne 1898; Triepel 324 ff.; v. Liszt § 24; Solon Menos: L'affaire Lüders, Port au Prince 1898; Anzilotti: Teoria generale della responsabilità dello Stato 1, Florenz 1902; Rougier: Les guerres civiles et le droit des gens, Paris 1903; Neubecker: Zwang und Notstand in rechtsvergleichender Darstellung 1, Leipzig 1910; Cavaretta: Lo stato di necessità nel diritto internazionale, Palermo 1910; Cybichowski: Studien zum internationalen Recht, Berlin 1912; BöhmsZ. **20** 447, **22** 209; Rev. **1** 417, **7** 711, **16** 96, **20** 222, **22** 360, **28** 452, **29** 188, 196, **31** 464, **43** 233; Rev. Gén. **1** 171, 476, **2** 339, 623, 628, **3** 179, 599, **4** 225, 403, 416, 735, 794, **5** 57, 103, 480, 518, **11** 362, **13** 5, 285, **14** 636, **17** 288, 408, **19** 268; Rivista **6** 460; Annuaire de l'Institut de droit intern. **17** 96, **18** 233; Goldschmidt: Der Notstand ein Schuldproblem, Wien 1913.

I. Unerlaubte Handlung im Sinne des Völkerrechts ist die schuldhafte und rechtswidrige Verletzung eines Staats durch einen anderen. Die einfache Vertragswidrigkeit kann nicht minder

Delikt sein wie eine Verletzung der Gebietshoheit oder der Untertanen (§ 16). Eine erschöpfende Aufzählung aller völkerrechtlichen Delikte ist deshalb unmöglich. Subjekt des Delikts kann nur ein Staat sein. Angriffe von Privatpersonen gegen fremde Staaten werden zwar in manchen Gesetzgebungen Delikte gegen das Völkerrecht genannt, sind aber nicht nach Völkerrecht, sondern nach Strafrecht zu beurteilen und zu ahnden. Objekt des völkerrechtlichen Delikts ist auch nur ein Staat. Die ihm zugefügte Verletzung ist rechtswidrig, es habe denn der Beschädigende mit seiner Einwilligung, in Ausübung eines besonderen Rechts oder in erlaubter Selbsthilfe (Notwehr, Repressalie, Krieg) gehandelt.

II. Das völkerrechtliche Delikt kann durch Begehung wie durch Unterlassung verübt werden.

1. Von Begehung spricht man, wenn durch eine Staatshandlung in die Rechtssphäre eines fremden Staats widerrechtlich eingegriffen wird. Als Staatshandlungen kommen nicht nur die im auswärtigen Staatsverkehr vom Staatsorgan und dessen Vertretern vorgenommenen, sondern alle Amtshandlungen (nicht Privathandlungen) von Staatsbeamten in Betracht: widerrechtliche Einsperrung eines Fremden durch einen Polizeibeamten. Unerheblich ist es, ob der einzelne Beamte innerhalb seiner staatsrechtlichen Kompetenz bzw. in Übereinstimmung mit dem ihm erteilten Auftrag gehandelt hat oder nicht. Die Überschreitung der Kompetenz macht die Handlung noch nicht zur privaten [1]. Es ist gleichgültig, ob im eigenen oder im fremden Staatsgebiet oder auf staatenlosem Gebiet gehandelt wurde.

2. Ein Unterlassungsdelikt begeht der Staat, wenn er die Verletzung eines fremden Staats in dessen Person, Gütern oder Rechten nicht hindert, obwohl er sie hindern muß und kann, oder wenn er die nach solchen Angriffen ihm obliegende und mögliche strafrechtliche Verfolgung des Schuldigen nicht bewirkt. Der Staat hat dafür zu sorgen, daß Verletzungen fremder Staaten in seinem Gebiet und von diesem aus unterbleiben. Dem Gebiet stehen gleich die Nationalschiffe (§§ 42/43) und diejenigen Länder, von denen die diesseitige Staatsgewalt fremde Staatsgewalten zeitweise oder dauernd ausschließt. Die vom Staat zum Schutz fremder Untertanen zu entfaltende Tätigkeit wurde im § 25 geschildert. Analog hat der Staat zum Schutz fremder Staaten überhaupt zu verfahren. Unterläßt ein Staatsbeamter die Vornahme einer hiernach gebotenen Amtshandlung, so fällt dies wiederum dem Staat selbst zur Last: ein verhafteter Ausländer wird nicht in Freiheit gesetzt, sobald die Gründe der Verhaftung weggefallen sind.

III. Die Verletzung ist eine schuldhafte, wenn sie vorsätzlich oder fahrlässig zugefügt wurde, die Schuld des Beamten ist die Schuld des Staats selbst, denn wie staatlicher Wille, so kann auch staatliche Schuld nur im Menschen in die Erscheinung treten. Die Unterlassungen werden in der Regel fahrlässig begangen. Von besonderer Bedeutung ist die Unterlassung von Vorbeugungsmaßregeln zum Schutz fremder Staaten. Hierher gehört meist der mangelhafte Stand der Gesetzgebung; infolgedessen genießen fremde Staaten und ihre Angehörigen nicht die Rechte, auf die sie Anspruch haben; die Rechtsverfolgung ist ihnen unmöglich gemacht. Mit Berufung auf sein Landesrecht kann der Staat die Erfüllung völkerrechtlicher Pflichten nicht ablehnen. Er hätte es mit ihnen in Einklang bringen müssen; dies hat er schuldhafterweise versäumt. Oder er hätte die völkerrechtliche Pflicht nicht auf sich nehmen sollen. Ein weiterer Fall ist die Unterlassung tatsächlicher Vorbeugungsmaßregeln zur Abwehr drohender Gefahren; es wird ein Einfall in fremdes Staatsgebiet geplant (Flibustierexpedition), das Volk wird zu Gewalttaten gegen fremde Staatsangehörige aufgereizt, so in Neuorleans 1891 und in Aigues-Mortes 1893 gegen die Italiener. Hier darf der Staat nicht die Augen schließen und, wenn das Unglück geschehen ist, die Verletzten auf den tatsächlich meist aussichtslosen Rechtsweg verweisen. Er hat vielmehr die Pflicht, mit der Sorgfalt eines guten Hausvaters rechtzeitig einzugreifen, nötigenfalls durch Truppenaufgebot, um die Gewalttat abzuwenden. Unterläßt er es vorsätzlich oder fahrlässig, so haftet er für den eingetretenen Schaden. Auch die Schlaffheit gegenüber Räuberbanden kann eine schuldhafte sein, so daß die Ermordung und Beraubung von Ausländern auf den Staat zurückfällt (Marokko). — Eine Schuld liegt dagegen nicht vor:

1. wenn eine Behörde eine ihr unterbreitete Rechtsfrage in gutem Glauben unrichtig entschieden hat. Hier handelt es sich nicht um mangelhafte Gesetzgebung, sondern um irrige

[1] Jellinek: System (2) 241 ff.; Walter Jellinek: Der fehlerhafte Staatsakt und seine Wirkungen, Tübingen 1908.

Auslegung. Weder trifft den Staat selbst noch den nach bestem Wissen entscheidenden Beamten ein Verschulden;

2. wenn der Staat auch bei Anwendung gehöriger Sorgfalt (vgl. die drei Regeln von Washington, Art. 6 des englisch-amerikanischen Vertrages vom 8. Mai 1871, Fleischmann 96) die drohende Verletzung nicht abwenden konnte, wenn seine Mittel der Gefahr nicht gewachsen waren. So ist es häufig bei größeren Aufständen und Bürgerkriegen. Für die den Ausländern von den Aufständischen zugefügten Schäden wird die Haftung regelmäßig — mit Berufung auf die höhere Gewalt — abgelehnt. Bei den ewig wiederkehrenden Revolutionen in Zentral- und Südamerika ist das Ergebnis unerwünscht, doch hat sich eine entgegengesetzte Praxis noch nicht zu bilden vermocht. Für rechtswidrige Handlungen seiner eigenen Organe haftet der Staat jedenfalls;

3. wenn im Notstand gehandelt wurde, d. h. wenn die Verletzung des fremden Staats das einzige Mittel zur Abwendung einer unverschuldeten Gefahr für die „unmittelbare Sicherheit oder wesentliche Interessen" war und nicht außer Verhältnis zu dieser Gefahr stand. Als Hauptfälle seien genannt: Ausbruch innerer Unruhen, eines Krieges für das Verhältnis des kriegführenden zu dritten Staaten (Angarie, arrêt de prince), Hungersnot, Seuchen. Die Notstandshandlung darf nicht weiter gehen, als zur Abwendung der Gefahr erforderlich ist: Aufkündigung eines länger dauernden Vertragsverhältnisses wäre unentschuldbar, wenn eine kurze Suspension zur Beseitigung des Notstands genügt. Der durch die Notstandshandlung angerichtete direkte Schade (Zerstörung englischer Schiffe im deutsch-französischen Kriege) ist zu ersetzen; der Notstand schließt das Delikt und dessen Folgen aus, gibt aber dem Staat nicht das Recht, den Schaden auf fremde Schultern abzuwälzen. Entgangener Gewinn wird regelmäßig nicht ersetzt.

IV. Die Rechtsfolgen des Delikts. 1. Der schuldige Staat hat den früheren Zustand, wenn möglich, wieder herzustellen (Räumung des zu Unrecht besetzten Gebiets, Freilassung der gefangenen Personen, Verleugnung der Handlung des Beamten) und den angerichteten materiellen Schaden zu ersetzen: Geldentschädigung für die des Ernährers beraubte Familie.

2. Der schuldige Staat hat außerdem im Fall der Ehrenkränkung (Martitz) noch Genugtuung zu leisten; sie „besteht in einer Huldigung vor der verletzten Staatsgewalt" (Liszt): Maßregelung oder Bestrafung des schuldigen Beamten, förmlicher Ausdruck des Bedauerns, Begrüßung der fremden Flagge, Entsendung einer feierlichen Sühnegesandtschaft: 1901 Entsendung eines chinesischen Prinzen an den deutschen Kaiser. In welcher Weise im einzelnen Fall Genugtuung zu leisten sei, darüber gibt es keine allgemeinen Regeln. Kommt eine Einigung nicht zustande, oder verweigert der schuldige Staat Schadensersatz und Genugtuung überhaupt, so darf der Verletzte beides durch Repressalien oder Krieg erzwingen.

§ 52. 3. Forderungsrechte aus anderen Tatsachen.

Aus manchen Tatsachen entstehen Forderungsrechte eines Staats gegen den andern, welche nicht besonderer Anerkennung bedürfen. Hauptfall ist die Geschäftsführung ohne Auftrag, falls ihr nicht widersprochen wurde. Der Geschäftsführer kann Ersatz seiner Unkosten beanspruchen und muß dasjenige herausgeben, was durch die Geschäftsführung in seine Hände gekommen ist (Staatsakten): Verpflegung der im Kriege auf neutrales Gebiet übergetretenen Truppen durch den neutralen Staat, Verwaltung fremden Staatsgebiets zugunsten der betreffenden Staatsgewalt: Verwaltung Bulgariens durch Rußland nach dem Kriege von 1877/78. Vgl. auch Rev. **44** 291.

Drittes Kapitel. § 53. Die Rechtsnachfolge der Staaten.

Literatur. Vgl. zu § 21. Cabouat: Des annexions de territoires et de leurs principales conséquences, Paris 1881; Gabba: Successione di Stato a Stato (Quistioni di diritto civile (2), Turin 1885); Kiatibian: Conséquences juridiques de la transformation des Etats sur les traités, Paris 1892; Huber: Die Staatensuccession, Leipzig 1898; Kaufmann: Zur Transvaalbahnfrage, Berlin 1901; Gibel: Des effets de l'annexion sur les concessions, Paris

1904; Erich Kaufmann: Auswärtige Gewalt und Kolonialgewalt a. a. O.; Cavaglieri: La dottrina della successione di Stato a Stato e il suo valore giuridico, Pisa (Archivio giuridico) 1910; Focherini: Le successioni degli Stati, Modena 1910; Michel: Die Einverleibung Frankfurts in den preußischen Staat als Fall einer Staatensuccession, Frankfurt a. M. 1911; Schönborn in Stier-Somlos Handbuch 2; ArchÖffR. 29 39; Rev. Gén. 17 532, 18 105; Rivista 4 324, 333, 6 1; Martens: NRG., 3. Ser., 4 796.

Rechtsnachfolge unter Staaten ist Nachfolge eines oder mehrerer Staaten in Rechte oder Pflichten eines anderen Staats. Die Nachfolge kann Sonder- oder Gesamtnachfolge sein; bei jener geht das einzelne Recht oder die einzelne Pflicht kraft eines besonderen Titels über; bei dieser wird eine Gesamtheit von Rechten und Pflichten vom Nachfolger kraft eines einheitlichen Titels erworben. An dieser Stelle ist die Gesamtnachfolge zu besprechen. Sie tritt ein, wenn das Gebiet eines Staats ganz oder zum Teil auf einen andern Staat übergeht. Sie ist entweder General- oder Spezialnachfolge, je nachdem sie sich auf die gesamten successionsfähigen Rechtsverhältnisse (Untergang eines Staats) oder nur auf einen Komplex solcher (Abtretung eines Gebietsteils und Emanzipation, d. h. Losreißung eines Gebiets und Bildung eines neuen Staats) erstreckt.

Der Nachfolger kann das Gebiet und damit die übergehenden Rechte und Pflichten ursprünglich oder abgeleitet erwerben (§ 9). Die Nachfolge in die Gebietshoheit und in die Herrschaft über die Bewohner des erworbenen Gebiets gestaltet sich in beiden Fällen gleichmäßig (§ 21); die zum Gebiet gehörigen, zur Zeit des Erwerbs aber im Ausland lebenden Menschen werden indessen nur bei abgeleitetem Erwerb ohne weiteres Untertanen des Nachfolgers, bei ursprünglichem Erwerb nicht. (Fall des Grafen Platen-Hallermund 1866.) — Wie es sich mit dem Übergang der Forderungsrechte verhält, wurde bereits im § 45 III gesagt. Daß Geldforderungen und -schulden des untergegangenen Staats ohne weiteres auf den Nachfolger übergehen, erklärt sich aus dem Übergang von Land und Leuten, d. h. der realen Faktoren, welche Reichtum und Kredit des ursprünglichen Schuldners begründeten. Im Fall der Spezialnachfolge findet dieser Übergang nur kraft besonderer Übereinkunft statt, weil der Gläubiger- bzw. Schuldnerstaat noch vorhanden ist.

Die innerstaatlichen Rechtsverhältnisse im einverleibten Gebiet kann das Völkerrecht nicht regeln. Soweit Rechte dritter Staaten und ihre Angehörigen in Frage kommen, ist der Nachfolger den allgemeinen Grundsätzen gemäß zum Schutz der Person und ihrer Rechte verpflichtet. Im übrigen hängt es von seinem Belieben ab, ob er in Ansehung seiner neuen Untertanen den alten Rechtszustand erhalten oder neue Rechtssätze aufstellen will. Solange er letzteres nicht tut, ist nach beständiger Praxis der Fortbestand des alten Rechts und der auf ihm beruhenden Rechtsverhältnisse als sein Wille anzusehen.

Zweites Buch: Formelles Völkerrecht. Das Verfahren.

Literatur und Quellenwerke zu den §§ 54—76. Erste Haager Friedenskonferenz: Documents diplomatiques et procès-verbaux, acte final, conventions et déclarations bei Martens: NRG., 2. Ser., 26; Zweite Haager Friedenskonferenz: Actes et documents, 3 Bde., Haag 1908/9; Londoner Seekriegsrechtskonferenz: Correspondence and documents, Blaubuch: Miscellaneous, No. 4 (1909), Cd 4554. — Proceedings, ibid. No. 5 Cd. 4555. — Meurer: Die Haager Friedenskonferenz, 2 Bde., München 1905/7; Nippold: Die zweite Haager Friedenskonferenz, BöhmsZ. 17 504, 18 199, 19 363, 21 1, 379; Ernst: L'oeuvre de la deuxième conférence de la paix, Brüssel 1908; Scott: The Hague Peace Conferences 1899 u. 1907, 2 Bde., Baltimore 1909; Higgins: The Hague Peace Conferences and other intern. conferences concerning the laws and usages of war, Cambridge 1909; Lémonon: La seconde conférence de la paix (2), Paris 1912; Schücking: Der Staatenverband der Haager Konferenzen (Das Werk vom Haag 1); Wehberg: Das Problem eines internationalen Staatengerichtshofs (Das Werk vom Haag 2), Leipzig 1912; Huber im Jahrbuch des öffentl. Rechts 2; Zorn in Zeitschrift für Politik 2; Rev. Gén. 6 651, 16 385.

§ 54. Einleitung.

Literatur. Wagner: Zur Lehre von den Streiterledigungsmitteln des Völkerrechts, Darmstadt 1900; Rippold: Die Fortbildung des Verfahrens in völkerrechtlichen Streitigkeiten, Leipzig 1907; Zamfiresco: De la médiation, Paris 1911; Wehberg: Kommentar zu dem Haager Abkommen, betr. die friedliche Erledigung internationaler Streitigkeiten, vom 18. Oktober 1907 (1. Beiheft zum ArchÖffR.), Tübingen 1911; Rev. Gén. 17 136.

Die Staatsstreitigkeiten sind teils rechtlicher, teils politischer Natur. Das Verfahren zu ihrer Beilegung wird vom Völkerrecht insoweit geregelt, als es sich nicht auf rechtlich gleichgültigem Gebiet bewegt.

1. Auch politische Streitigkeiten können in einer vom Recht geordneten Weise beigelegt werden. Die politischen und wirtschaftlichen Macht- und Interessengegensätze vermag das Völkerrecht nicht aus der Welt zu schaffen; es kann deshalb die zu ihrer Ausgleichung dienenden Mittel — Intervention und Krieg — nicht schlechtweg untersagen. Wohl aber kann es die Anwendung dieser Mittel regeln, ihren Gebrauch an die Beobachtung bestimmter Formen binden. Die hierfür ausgebildeten Normen kommen zur Anwendung, wenn ein Staat zur Selbsthilfe im Wege der Intervention oder des Krieges schreitet, mag er einen Rechts- oder einen politischen Anspruch verfolgen.

2. Wie Privatpersonen, so können auch Staaten ihre Streitigkeiten auf rechtlich gleichgültigem Wege beilegen. Der schließlich zustande gekommene Vertrag hat zwar rechtliche Wirksamkeit; aber die zu ihm führenden Schritte sind bedeutungslos, weil sie sich innerhalb der allgemeinen Freiheitsphäre bewegen. Aus einer Darstellung des Völkerrechts sind deshalb auszuschließen:

a) die guten Dienste: nach Abbruch der direkten Verhandlungen unter den streitenden Staaten sucht eine dritte Macht sie zu deren Wiederaufnahme zu bewegen;

b) die Vermittlung. Eine Verpflichtung zur Annahme des vom Vermittler gemachten Vorschlags besteht ebensowenig wie eine Verpflichtung, die Waffen oder auch nur die Kriegsrüstungen bis zur Beendigung der Vermittlungstätigkeit ruhen zu lassen, es sei denn das Gegenteil besonders vereinbart. Über gute Dienste und Vermittlung vgl. das Haager Abkommen zur friedlichen Erledigung internationaler Streitfälle vom 18. Oktober 1907 Art. 2—8.

c) die Retorsion: Erwiderung einer Unbilligkeit mit einer zweiten; die erste Unbilligkeit soll damit vergolten, ihr Urheber zu deren Abstellung veranlaßt werden. Eine sehr gewichtige Waffe! Aber die Retorsionshandlung ist an sich erlaubt; sie kann also vorgenommen werden, ohne daß ihr eine Unbilligkeit voraufgegangen wäre. Hauptbeispiel sind die Zollkriege zwischen Staaten ohne Zollvertrag.

§ 55. I. Das gütliche Verfahren.

Haager Abkommen zur friedlichen Erledigung internationaler Streitfälle vom 18. Oktober 1907 Art. 9—90. Traités généraux d'arbitrage communiqués au bureau international de la cour permanente d'arbitrage, 1. Serie, Haag 1911.

Literatur. Boghitchevitch: Die Enquête-Kommissionen, Festgabe für Hübler 1905; Rev. Gén. 12 161, 351, 19 149. Zur Einführung in die sehr umfangreiche Schiedsgerichts-Literatur vgl. das Verzeichnis in dem zit. Kommentar von Wehberg und in dessen „Problem eines internationalen Staatengerichtshofs". — Laprabelle und Politis: Recueil des arbitrages internationaux 1, Paris 1905; Lammasch, Jahrb. des öffentl. Rechts 1912; Ralston: International arbitral law and procedure, Boston u. London 1910; Balch: International courts of arbitration (4), Philadelphia 1912; BöhmsZ. 19 497; ZVölkR. 6 219; Rev. 26 204, 42 595; Rev. Gén. 6 533, 16 437, 689.

Nichtpolitische Staatsstreitigkeiten beruhen auf einer Meinungsverschiedenheit über die tatsächlichen Vorgänge oder (bzw. und) deren rechtliche Beurteilung. Hieraus ergeben sich die zur gütlichen Erledigung dienlichen Mittel:

I. Die Einsetzung einer internationalen Untersuchungskommission zur Erleichterung der Beilegung von Streitigkeiten durch Aufklärung des

Tatbestands schlägt das Abkommen Art. 9—36 für den Fall vor, daß die Parteien sich auf diplomatischem Wege nicht haben einigen können. Ein sehr häufiger Fall! Jeder Staat hält nur den Tatbericht seiner eigenen Organe für maßgebend; die direkten Parteiverhandlungen kommen dann über eine beiderseitige Wiederholung der eigenen tatsächlichen Behauptungen und das danach anwendbare Recht nicht hinaus. Die Kommission soll die streitigen Tatsachen durch eine unparteiische und gewissenhafte Prüfung in kontradiktorischer Verhandlung aufklären; die Parteien haben ihr alle Mittel und Erleichterungen zu gewähren, welche zur vollständigen Kenntnis und genauen Würdigung der maßgeblichen Tatsachen notwendig sind (Vorlegung von Akten, Gestellung von Zeugen usw.). Die Kommission beschließt nach Stimmenmehrheit und erstattet einen Bericht, welcher sich auf die Feststellung der Tatsachen beschränkt und den Parteien Entschließungsfreiheit darüber läßt, welche Folge dieser Feststellung zu geben ist. 1904/5 Internationale Untersuchungskommission zur Aufklärung des Vorfalls an der Doggerbank (Beschießung der Huller Fischerboote durch die russische Kriegsflotte, Rev. Gén. **12** Doc. 4, Martens: NRG. 2. Ser. **33** 641—716).

II. Rechtsstreitigkeiten zwischen Staaten können durch ein Schiedsgericht entschieden werden. Das von der zweiten Haager Konferenz entworfene Abkommen über die Errichtung eines internationalen Prisengerichtshofs — eines wahren Gerichtshofs —, ist nicht perfekt geworden [1]. Steht die Ehre, Unabhängigkeit oder Existenz eines Staats auf dem Spiel, so ist es noch nie zum Schiedsverfahren gekommen. Meist nehmen die Verträge diese Fälle ausdrücklich aus (Ehre- und Interessenklausel).

A. Der Schiedsvertrag. Eine Verpflichtung, Staatsstreitigkeiten schiedsrichterlicher Entscheidung zu unterbreiten, besteht nur kraft Staatsvertrags. Ein solcher Vertrag wird entweder mit Rücksicht auf einen bereits schwebenden, bestimmten Streitfall und zu dessen Erledigung (Schiedsvertrag i. e. S., Kompromiß, Art. 52) oder im voraus für etwa entstehende Streitfälle (Art. 39) abgeschlossen. Dieses Schiedsabkommen kann sich auf alle oder nur auf Streitigkeiten einer bestimmten Art beziehen. Vgl. den von 17 amerikanischen Staaten am 30. Januar 1902 geschlossenen Vertrag über schiedsrichterliche Entscheidung der Streitigkeiten aus Schadensersatzansprüchen im Interesse der Untertanen (Martens: NRG. 2. Ser. **31** 261, **33** 143). Das Schiedsabkommen wird häufig einem Vertrage, z. B. einem Handelsvertrage, als kompromissarische Klausel beigefügt. Es bezieht sich dann auf alle Streitigkeiten über Auslegung und Anwendung dieses Vertrags.

Das Schiedsabkommen verpflichtet die Parteien beim Eintritt eines einschlägigen Streitfalls, den Schiedsvertrag abzuschließen und sich dem Spruch des Schiedsrichters „nach Treu und Glauben zu unterwerfen" (Art. 37). Der Schiedsvertrag muß den Streitgegenstand, die Person der Schiedsrichter oder die Art ihrer Ernennung und den Umfang ihrer Befugnisse bezeichnen; auch durch ihn verpflichten sich die Parteien, „sich dem Schiedsspruch nach Treu und Glauben zu unterwerfen" (Art. 52). Art. 53 soll verhindern, daß die Ausführung eines Schiedsabkommens an der Verständigung über den Schiedsvertrag scheitere.

B. Das Schiedsgericht. Die Parteien einigen sich entweder selbst über die Person der Schiedsrichter oder übertragen die Auswahl einer dritten Macht. Ernannt wurden: Staatshäupter, Staatsmänner oder Juristen, endlich Kollegien von solchen. Nach Art. 41—50 des Abkommens ist im Haag ein ständiger, allen Mächten offenstehender Schiedshof gebildet. Zu ihm entsendet jede Signatarmacht „höchstens vier Personen von anerkannter Sachkunde in Fragen des Völkerrechts" als Mitglieder. Wollen zwei Parteien sich an den Schiedshof wenden, so haben sie — in Ermangelung besonderer Vereinbarung — aus der Gesamtzahl der Mitglieder je zwei Schiedsrichter zu ernennen; diese wählen ihren Obmann; bei Stimmengleichheit wird er durch eine oder mehrere unbeteiligte Mächte ernannt (Art. 45). Der Obmann ist Vorsitzender des Schiedsgerichts. Es hat regelmäßig seinen Sitz im Haag. Während der Ausübung ihres Amts und außerhalb ihres Heimatlandes genießen die Mitglieder die diplomatischen Vorrechte und Befreiungen.

---

[1] Über den zentralamerikanischen Gerichtshof vgl. Vertrag vom 20. Dezember 1907, Martens: NRG., 3. Ser., **3** 105. Rev. Gén. **16** 99.

III. Das Verfahren richtet sich nach den Bestimmungen des Schiedsvertrags, in zweiter Linie nach den Beschlüssen des Schiedsgerichts. Das Verfahren vor dem Haager Schiedsgericht (Art. 51—85) besteht aus: a) dem Vorverfahren zur Auswechslung der Schriftsätze und Mitteilung der Akten und Urkunden — und b) der mündlichen Verhandlung vor dem Gericht. Die Beratung des Schiedsgerichts erfolgt geheim, jede Entscheidung nach der Mehrheit der Mitglieder. Der Schiedsspruch ist mit Gründen zu versehen und zu verkünden. Ein abgekürztes, grundsätzlich nur schriftliches Verfahren sehen Art. 86—90 vor.

Die Kompetenz des Schiedsgerichts bestimmt sich nach dem Schiedsvertrag, es hat ihn aber selbständig auszulegen. Der Entscheidung sind die von den Parteien abgeschlossenen Verträge, das partikuläre und das gemeine Völkerrecht zugrunde zu legen.

In Ansehung der Parteien entscheidet der Schiedsspruch das Streitverhältnis endgültig und mit Ausschließung der Berufung. Streitigkeiten über Auslegung oder Ausführung des Schiedsspruchs entscheidet im Zweifel das Schiedsgericht (Art. 82). Eine Revision des Schiedsspruchs muß im Schiedsvertrag vorbehalten sein; sie ist an eine im Vertrag gleichfalls festzusetzende Frist und an das Vorbringen neuer, bisher unbekannter Tatsachen gebunden; sie erfolgt durch das nämliche Schiedsgericht. — Für dritte Staaten hat der Schiedsspruch keine Wirksamkeit. Sie können sich jedoch an dem Verfahren beteiligen, wenn es einen von ihnen mitunterzeichneten Vertrag zum Gegenstand hat. Alsdann ist der Spruch auch für sie bindend.

II. Das gewaltsame Verfahren.

A. Selbsthilfe ohne Krieg.

§ 56. 1. Die Repressalien.

I. Repressalie ist die Erwiderung einer Rechtswidrigkeit durch eine andere, um die Beseitigung des rechtswidrigen Zustands, eventuell auch die Leistung von Schadensersatz und Genugtuung zu erzwingen. Zu diesem Zweck ist die Vornahme einer sonst rechtswidrigen Handlung gestattet; als Repressalie — d. h. wenn deren Voraussetzungen gegeben sind — ist sie nicht rechtswidrig. Für den durch die Repressalie zugefügten Schaden ist deshalb weder Ersatz noch Genugtuung zu leisten. Die Ergreifung von Repressalien setzt voraus:

1. ein völkerrechtliches Delikt (§ 51), d. h. der zu Repressalien greifende Staat muß von einem anderen schuldhaft und rechtswidrig verletzt sein. Ob die Staatsgewalt unmittelbar oder mittelbar in ihren Angehörigen verletzt ist, hat keine Bedeutung;

2. Weigerung des schuldigen Staats zur Erfüllung seiner Deliktsverbindlichkeit. Diese Weigerung kann nur angenommen werden, wenn er von dem Verletzten zur Leistung von Schadensersatz bzw. zur Genugtuung vergeblich aufgefordert wurde.

Nach modernem Völkerrecht ist zur Ergreifung von Repressalien nur der Staat befähigt, und zwar regelmäßig nur der souveräne; an Stelle des halbsouveränen handelt der übergeordnete Staat. Die im Mittelalter unter bestimmten Voraussetzungen zulässigen Repressalien von Privatpersonen wären gegenwärtig strafbar.

II. Repressalienhandlungen. Während zur Retorsion — Erwiderung einer Unbilligkeit durch eine andere (§ 54) — jede nicht verbotene Handlung dienen kann, kommen nur an sich verbotene Handlungen als Repressalien in Betracht. Allgemein ausgeschlossen sind die Akte kriegerischer Waffengewalt: Beschießung von Plätzen usw. Sie dürfen nur im Kriege vorgenommen werden. Umgekehrt sind die im Kriege als unnütz verbotenen Handlungen (Gefangensetzung friedlicher Untertanen des Gegners) darum noch nicht als Repressalien unstatthaft. — Als positive Repressalie wird die Vornahme einer sonst verbotenen Handlung (Beschlagnahme von Schiffen), als negative die Unterlassung einer sonst gebotenen Handlung (Nichtzahlung einer Schuld) bezeichnet. Als wichtigste Repressalienhandlungen seien genannt:

1. die Beschlagnahme von Gütern und Forderungen des zu zwingenden Staats auf dem Gebiete des verletzten. Staatsverträge schließen die Beschlagnahme von Eisenbahnwagen aus;

2. die Beschlagnahme von Gütern und Forderungen der Untertanen. Das Embargo, die Beschlagnahme von Staats- oder Privatschiffen, wird jetzt durch viele Verträge untersagt; über das Embargo bei Beginn des Krieges vgl. § 62; 3. Maßregeln gegen die Person der Untertanen des verletzenden Staats: Entziehung von Rechten, Ausweisung, Gefangensetzung als Geiseln. Der einzelne muß nötigenfalls für die Sünden seines Staats büßen. Nur das Vorrecht der Unverletzlichkeit gewährt auch hiergegen Schutz; 4. Weigerung der Vertragserfüllung, Aufkündigung von Verträgen; 5. Besetzung von Teilen des fremden Staatsgebiets; 6. die Friedensblockade. Blockade ist die Absperrung des Verkehrs für einen bestimmten Teil der fremden Küste durch Aufstellung von Seestreitkräften [1]. Ursprünglich nur eine Kriegsmaßregel, ist die Blockade seit Anfang des 19. Jahrhunderts häufig zum Zweck der Repressalie wie auch der Intervention in Friedenszeiten zur Anwendung gebracht worden. Wie die Kriegsblockade, muß sie effektiv und bekannt sein (§ 75). Der Blockadebruch darf mit Gewalt verhindert werden. Der Blockadebrecher (das Schiff) wird mit Beschlag belegt, aber nicht zur Prise gemacht. In der Theorie wurde die Zulässigkeit der Friedensblockade oft angefochten, weil sie dritte Staaten schädige, diese aber nur im Kriege eine Beeinträchtigung ihres Verkehrs hinnehmen müßten. Nach beständiger Staatspraxis ist indessen die Friedensblockade als erlaubtes Mittel der Selbsthilfe anzusehen. Mehrfach wurde mit ihrer Hilfe ein Krieg verhütet. In neuerer Zeit hat man mitunter den Interessen der unbeteiligten Mächte dadurch Rechnung getragen, daß man ihren Schiffen Ein- und Ausfahrt gestattete: Blockade Griechenlands 1886. Im Venezuelastreit 1902 behaupteten die Vereinigten Staaten, diese Beschränkung sei der Friedensblockade wesentlich.

Ist der Zweck der Repressalie — Schadensersatz und Genugtuung — erreicht, so sind die verhängten Maßregeln aufzuheben. Für den durch sie zugefügten Schaden haftet der Repressalien übende Staat nicht (Protokoll vom 13. Februar 1903 Art. 7, Staatsarchiv 68 297). Sache des verletzenden Staats ist es, ob er die durch die Repressalien des Verletzten betroffenen Untertanen entschädigen will oder nicht.

§ 57. 2. Die Intervention.

Literatur. Berner: Intervention, Bluntschlis Staatswörterbuch 5 341/54; Strauch: Zur Interventionslehre, Heidelberg 1879; v. Floeckher: De l'intervention en droit international 1896; Moore, Digest 6; Dunning: Die neuesten Anwendungen der Monroedoktrin, Philos. Diss., Heidelberg 1908; Moulin: La doctrine de Drago, Paris 1908; Pohl: Der Monroe-Vorbehalt, Festgabe der Bonner Jurist. Fakultät für Krüger, 1911; Alvarez: Le droit international américain, Paris 1910, und: La codification du droit international, Paris 1912; Sa Vianna: De la non-existence d'un droit international américain, Rio de Janeiro 1912; Cavaglieri: L'intervento nella sua definizione giuridica, Bologna 1913; Deutsche Revue 23 2 (1898), 366, 29 (1904) 278; ArchÖffR. 30 407; Rev. 26 415, 45 50; Rev. Gén. 3 137, 329, 4 577, 745, 17 468, 19 73; Rivista 789.

I. Begriff. Intervention ist das nichtkriegerische, zwangsweise Eingreifen eines oder mehrerer Staaten in fremde Staatsangelegenheiten. Es sind das entweder die inneren Angelegenheiten eines anderen Staats oder die wechselseitigen Beziehungen mehrerer fremder Staaten: Intervention Deutschlands, Frankreichs und Rußlands gegen den Frieden von Shimonoseki zwischen China und Japan 1895. Zwang wird angewendet, wenn das Begehren mit Gewalt durchgesetzt oder mit der Drohung verbunden wird, der Intervenient werde es nötigenfalls mit Gewalt durchsetzen. Als Einmischung in fremde Angelegenheiten ist das Interventionsbegehren als solches nicht auf eine Leistung an den Intervenienten oder auf Duldung einer Handlung desselben, sondern auf ein bestimmtes Verhalten zweier anderer Staaten zueinander, bzw. auf ein bestimmtes Verhalten eines anderen Staats in seinen inneren Angelegenheiten, gerichtet: A untersagt dem B, eine Provinz an C abzutreten bzw. seine absolute Verfassung in eine konstitutionelle umzuwandeln. Mit dem Interventionsbegehren verbinden sich aber häufig Entschädigungsforderungen für den Fall, daß ersterem nicht entsprochen, oder daß es zurückgezogen werden sollte.

---

[1] So Staudacher: Die Friedensblockade, Leipzig 1909. Vgl. ferner Söderquist: Le Blocus maritime, Stockholm 1908; BöhmsZ. 19 63; Rev. 29 474, 30 606; Rev. Gén. 11 362.

Die Intervention ist Verletzung fremder Unabhängigkeit und deshalb verboten. Ausnahmen greifen nach allgemeinen Regeln Platz, wenn ein Staat ein Recht zum Einschreiten erworben hat, so vielfach die Oberstaaten den Unterstaaten gegenüber. Teils auf Vertrag, teils auf Gewohnheitsrecht ist das Recht der europäischen Großmächte gegründet, zugunsten der christlichen Untertanen der Hohen Pforte in die inneren Angelegenheiten der Türkei sich einzumischen. (Rolin-Jaequemyns, Rev. 1876. — Berliner Vertrag vom 13. Juli 1878 Art. 61, Fleischmann 148). Erst wenn kein derartiges Recht, anderseits auch kein Krieg in Frage steht, taucht das eigentliche Interventionsproblem auf.

II. Zulässigkeit. Die Staatspraxis weist eine ungeheure Zahl von Interventionen auf. Unter Berufung auf den Grundsatz der Nichtintervention hat man sie oft samt und sonders für unzulässig erklärt. Damit hat man sich aber vom Boden des geltenden Völkerrechts entfernt. Die Staaten haben auf die Intervention als Mittel der Selbsthilfe nicht verzichtet, weil „das formal durchaus berechtigte Verhalten" eines Staats innerhalb „seiner völkerrechtlich anerkannten Freiheitsphäre" eine „praktisch gefährdende oder schädigende Wirkung auf die Interessen" eines anderen zu äußern vermag (Ullmann). So kann ein rechtmäßiger Gebietszuwachs dem vergrößerten Staat eine Übermacht verschaffen, durch welche andere Staaten aufs ernstlichste bedroht werden. (Eingreifen Englands und der Niederlande in den spanischen Erbfolgekrieg, Bestrebungen zur Erhaltung des Gleichgewichts.) Gegen derartige Bedrohungen und Schädigungen gewährt das Völkerrecht in der Intervention ein Hilfsmittel. Dasselbe ist unentbehrlich, weil das Völkerrecht den Staat nicht schlechthin, insbesondere nicht gegen Krieg, schützt. Voraussetzung der Intervention ist demnach ein den Intervenienten bedrohendes oder schädigendes, aber an sich erlaubtes Verhalten des oder der Staaten, gegen welche die Intervention sich richtet. Rechtswidrigkeiten werden nicht mit einer Intervention, sondern mit Erhebung des Anspruchs auf Schadensersatz und Genugtuung beantwortet; zur Leistung dessen ist der Schuldige verpflichtet. Da aber dem Staat, gegen welchen die Intervention sich richtet, keine Rechtswidrigkeit zur Last fällt, so ist er auch nicht gehalten, dem Interventionsbegehren Folge zu geben. Nur im Notstand, d. h. zum Schutz wesentlicher Interessen ist die Intervention statthaft; ihr Zweck ist die Beseitigung der Gefahr oder des Schadens. Unzulässig sind Interventionen zum Zwecke des Gewinns (Intervention Napoleons III. in die mexikanischen Wirren). Das Bestehen einer bestimmten Regierungsform in einem Staat ist nicht als Bedrohung eines anderen Staats zu erachten, solange keine „aggressive Propaganda" zum Zwecke ihrer Einführung in andere Staaten getrieben wird (Ullmann). Die Interventionen der Heiligen Allianz waren deshalb unzulässig. Durch Bürgerkriege können Interventionen anderer Staaten hervorgerufen werden, wenn deren Untertanen Schaden erleiden: die durch den Aufruhr angegriffene Staatsgewalt kann hierfür meist nicht verantwortlich gemacht werden (§ 51 III) und ist mitunter nicht imstande, die Ordnung wiederherzustellen. (Vertrag zwischen Frankreich, England und Rußland „pour la pacification de la Grèce" vom 6. Juli 1827, Fleischmann 32).

III. Die Monroedoktrin ist enthalten in der Botschaft, mit welcher Präsident Monroe der Interventionspolitik der Heiligen Allianz entgegentrat (§ 4 IV). In ihr widersetzte er sich der Intervention europäischer Mächte in amerikanische Angelegenheiten sowie dem Erwerb neuer Länder seitens europäischer Staaten auf dem amerikanischen Kontinente. In letzterem Anspruch lag eine unzulässige Intervention, da ein jeder Gebietserwerb nicht ohne weiteres als Bedrohung der Vereinigten Staaten angesehen werden konnte. Unter ständiger Berufung auf die Monroedoktrin haben die Vereinigten Staaten seitdem sich oft in die Regelung der Angelegenheiten europäischer und anderer amerikanischer Staaten eingemischt, mit der größten Entschiedenheit in den britisch-venezolanischen Grenzstreit 1895/96.

IV. Interventionsmittel. Das Interventionsbegehren wird auf diplomatischem Wege gestellt. Als Zwangsmittel dienen: die Besetzung fremden Staatsgebiets und die Friedensblockade (§ 56.) Wird aus Anlaß der Intervention gegen fremde Aufrührer Waffengewalt angewendet, so ist dies kein Krieg im völkerrechtlichen Sinne: Einschreiten der europäischen Mächte gegen die chinesischen Boxer 1900.

B. Der Krieg.

I. Krieg und Kriegsrecht im allgemeinen.

§ 58. 1. Begriff des Krieges.

Abkommen 3—13 der zweiten Haager Friedenskonferenz vom 18. Oktober 1907 (nur zum Teil ratifiziert) — Londoner Erklärung über das Seekriegsrecht vom 26. Februar 1909 (noch nicht ratifiziert).

Literatur. Vgl. vor § 54. Kant: Entwurf zum ewigen Frieden, 1795; Lasson: Das Kulturideal und der Krieg (2), Berlin 1906; Steinmetz: Die Philosophie des Krieges, Leipzig 1907; Schücking: Die Organisation der Welt (Festgabe für Laband), Tübingen 1908; v. Stengel: Weltstaat und Friedensproblem, Berlin 1909; Rapisardi-Mirabelli: Il significato della guerra nella scienza del diritto internazionale, Rom 1910; ZVölkR. **4** 129; Rivista **5** 47; Die Friedenswarte, Berlin-Leipzig 1899 ff. — Boidin: Les lois de la guerre et les deux conférences de la Haye, Paris 1908; Endres: Die völkerrechtlichen Grundsätze der Kriegführung zu Lande und zur See, Berlin 1909; Holland: Letters to „The Times" upon war and neutrality, London 1909. — Kriegsgebrauch im Landkriege, kriegsgeschichtliche Einzelschriften, herausgegeben vom Großen Generalstab, Berlin 1902; Mérignhac: Les lois et coutumes de la guerre sur terre, Paris 1903; Albert Zorn: Das Kriegsrecht zu Lande, Berlin 1906; Holland: The laws of war on land, Oxford 1908; Spaight: War rights on land, London 1911; Rev. **2** 643, **3** 282. — Perels: Das internationale öffentliche Seerecht (2), Berlin 1903; Philipp Zorn: Die Fortschritte des Seekriegsrechts durch die zweite Haager Friedenskonferenz (Festgabe für Laband), Tübingen 1908; Dupuis: Le droit de la guerre maritime d'après les conférences de la Haye et de Londres, Paris 1911. — Ariga: La guerre sino-japonaise, Paris 1896; Takahashi: Cases on international law during the chino-japanese war, Cambridge 1899. — Lawrence: War and neutrality in the far east (2), London 1904; Hershey: The international law and diplomacy of the russo-japanese war, New York 1906; Ariga: La guerre russo-japonaise au point de vue continental et le droit international, Paris 1908; Takahashi: International law applied to the russo-japanese war, London 1908; Leroux: Le droit international pendant la guerre maritime russo-japonaise, Paris 1911.

Krieg ist der von Staaten mit Waffengewalt geführte Kampf. Im Gegensatz zu Repressalien und nichtkriegerischer Intervention setzt er die tätige Mitwirkung mindestens zweier Staaten voraus.

Der Krieg ist ein Mittel der Selbsthilfe zur Durchsetzung von Rechten und Interessen der Staaten (§ 54). Sein Ziel ist die Beugung des gegnerischen Willens zur Anerkennung bzw. Befriedigung der diesseitigen Ansprüche. Es gibt keine völkerrechtlichen Kriegsursachen, keine Regeln darüber, wann Krieg geführt werden, wann er nicht geführt werden dürfe. Führt ein Staat Krieg, so greift er nicht nur den Gegner an, sondern setzt auch sein eigenes Selbst voll und ganz ein, verzichtet er auf den völkerrechtlichen Schutz für seine eigene Person. Das steht ihm frei. Krieg ist deshalb vorhanden, sobald fähige Staaten mit Waffengewalt kämpfen. Dieser Kampf wird durch die Normen des Kriegsrechts geregelt.

§ 59. 2. Die Fähigkeit zur Kriegführung, Kriegsparteien.

Literatur. Wiesse: Le droit international appliqué aux guerres civiles, Lausanne 1898; Rougier: Les guerres civiles et le droit des gens, Paris 1903; Rev. Gén. **3** 277, **13** 136, **16** 99, **18** 666, **19** 344.

I. Im Mittelalter war das Fehderecht des einzelnen Menschen grundsätzlich anerkannt; nur die Ausübung war vielfach an besondere Voraussetzungen geknüpft. Der moderne Staat hat seinen Untertanen die bewaffnete Selbsthilfe untersagt; er schützt ihre Rechte. Die Fähigkeit zur Kriegführung haben nur Staaten, die souveränen unbedingt als vollkommen rechts- und handlungsfähige Personen. Nichtsouveränen Staaten (§ 6 II) geht diese Fähigkeit dagegen ab, weil sie keine völkerrechtlichen Subjekte sind, der Krieg aber nach moderner Auffassung eine völkerrechtliche Handlung ist. Der Sezessionskrieg der Südstaaten gegen die Zentralgewalt und die Nordstaaten innerhalb der nordamerikanischen Union (1861—1865) war deshalb kein Krieg im völkerrechtlichen Sinne, sondern ein Bürgerkrieg (vgl. zu III). Die Fähigkeit halbsouveräner Staaten zur Kriegführung richtet sich nach den besonderen Bestimmungen über die Rechts- und Handlungsfähigkeit des halbsouveränen im einzelnen Fall.

II. Privatpersonen können keine Kriege führen. Zur Verfolgung ihrer Ansprüche sind sie auf den Rechtsweg und auf den Schutz ihres Heimatstaats angewiesen. Anwendung von Waffengewalt gegen einen fremden Staat — mag sie berechtigten eigenen Interessen oder idealen politischen Bestrebungen dienen — ist ihnen verboten und wird vom angegriffenen, eventuell auch vom Heimatstaat als Verbrechen bestraft: Major Schill 1809, Garibaldis Expedition nach Sizilien 1860. Den gleichen Charakter hat die gewaltsame Auflehnung von Untertanen gegen die eigene Staatsgewalt. Der Bürgerkrieg ist kein Krieg. Weder sind die Aufrührer als Kombattanten (§§ 63, 65) zu behandeln, noch kommt im Verhältnis zu dritten Staaten das Neutralitätsrecht zur Anwendung. Die Niederwerfung des Aufstands ist innere Staatsangelegenheit.

III. Die Behandlung eines Bürgerkriegs als innere Staatsangelegenheit ist nicht immer möglich, wenn die Rechte und Interessen dritter Staaten durch ihn ernsthaft in Mitleidenschaft gezogen werden. Mehrfach haben unbeteiligte Mächte deshalb die Aufständischen als kriegführende Partei anerkannt und sich selbst für neutral erklärt. Diese Anerkennung der Aufständischen ist nicht an eine Einwilligung der angegriffenen Regierung, wohl aber an folgende Bedingungen geknüpft:

A. Die Aufständischen müssen ein bestimmtes Gebiet wirklich besitzen, auf ihm die Herrschaft vermittelst einer organisierten Regierung ausüben und von dort aus den Krieg gegen die angegriffene Regierung führen, so daß der Bürgerkrieg von dem zweier Staaten sich tatsächlich nur durch den Namen unterscheidet.

B. Der fremde Staat muß ein rechtliches Interesse an der Anerkennung der Aufständischen als kriegführende Partei haben. Ein rechtliches Interesse kann nur der Staat haben, welcher durch seine Untertanen unmittelbaren Verkehr mit dem Gebiet der Aufständischen unterhält: die angegriffene Regierung ist nicht imstande, diesen Verkehr zu schützen, und lehnt — unter Berufung auf den Notstand — gern jede Verantwortung für Übergriffe ab. Der fremde Staat hat das Interesse, für die Taten der aufständischen Truppen irgend jemand verantwortlich machen zu können.

Die stets mit einer Neutralitätserklärung verbundene Anerkennung der Aufständischen als kriegführende Partei spricht weder die Rechtmäßigkeit der Erhebung noch die Anerkennung eines neuen Staats aus. Durch sie erlangen die Aufständischen dem Anerkennenden gegenüber für die Dauer des Kampfes lediglich die rechtliche Stellung, welche ein Staat in seiner Eigenschaft als Kriegspartei hat. Ihr Verhältnis zur angegriffenen Regierung wird nicht geändert; diese sieht sie nach wie vor als Rebellen an. Die Anerkennung hat ferner zur Folge, daß auch die angegriffene Regierung dem anerkennenden Staat gegenüber die Rechte einer Kriegspartei ausüben darf. Das Neutralitätsrecht kommt demnach zur Anwendung. Insbesondere können neutrale Handelsschiffe auf hoher See angehalten und wegen Blockadebruchs oder Zuführung von Kriegskonterbande (§§ 73, 74) weggenommen werden. Durch die Anerkennung der Aufständischen als kriegführende Partei wird endlich die angegriffene Regierung von jeder Verantwortung für die Handlungen jener frei. Dafür kann der anerkennende Staat sich an die aufständische Regierung selbst halten.

§ 60. 3. Die Neutralität.

Literatur. Hautefeuille: Des droits et des devoirs des nations neutres en temps de guerre maritime (3), 4 Bde., Paris 1868; Ortolan: Règles internationales et diplomatie de la mer (4), Paris 1864; Geßner: Le droit des neutres sur mer (2), Berlin 1876 Kleen: Lois et usages de la neutralité, 2 Bde. Paris 1898/1900; Schweizer: Geschichte der schweizerischen Neutralität, 2 Bde., Frauenfeld 1895; Hill: The conception and realization of neutrality, Boston 1902; Schopfer: Le principe juridique de la neutralité et son évolution dans l'histoire du droit de la guerre, Lausanne 1904; Verraes: Les lois de la guerre et la neutralité, 2 Bde., Brüssel 1906; Ottolenghi: Il rapporto di neutralità, Turin 1907; Huber: Das Neutralitätsrecht in seiner neuesten Gestaltung (Festgabe der rechts- und staatswissenschaftlichen Fakultät Zürich für den Schweizer Juristenverein), Zürich 1908; Wicker: Neutralization, Oxford 1911; Baldassari: La neutralizzazione, Rom 1912; Descamps: L'État neutre à titre permanent, Paris 1912; Rev. **39** 253; Rev. Gén. **12** 577, **13** 92, **14** 517.

I. Im Altertum und Mittelalter kannte der Kriegführende nur Freunde und Feinde. Allmählich setzte sich in neuerer Zeit der Gedanke durch, daß die am Kriege nicht teilnehmenden Staaten weder das eine noch das andere sind. Grundsätzlich berührt sie der Krieg nicht. Der kriegerischen Operationen halber ist aber eine Fortsetzung ihres friedlichen Verkehrs mit beiden Kriegführenden nicht vollständig durchzuführen. Die Interessengegensätze der kriegführenden und der unbeteiligten Staaten haben im Lauf der Jahrhunderte eine gewisse Ausgleichung erfahren durch Ausbildung der Neutralität.

Die Neutralität ist ein besonderes, obligatorisches Rechtsverhältnis zwischen jedem der kriegführenden und jedem der am Kriege nicht teilnehmenden, neutralen Staaten. Inhaltlich besteht es in wechselseitigen Ansprüchen auf Unterlassung von Kriegführung nach Maßgabe der einzelnen, hierfür ausgebildeten Normen: der Neutrale muß sich jeder Handlung enthalten, welche nach Völkerrecht als Teilnahme am Kriege gilt, und der Kriegführende darf ihn in den Krieg nicht verwickeln, seine Operationen gegen ihn nicht richten. Mit Ausbruch eines Krieges treten die nicht teilnehmenden Staaten von Rechts wegen in das Verhältnis der Neutralität, ohne daß es einer besonderen Erklärung bedarf. Die Erfüllung der besonderen Neutralitätspflichten liegt ihnen aber erst ob, wenn sie den Beginn des Krieges erfahren haben (3° Haag. Abk. 2).

Die Neutralität ist regelmäßig eine freiwillige. Ausnahmen finden statt: 1. wenn ein Staat die Neutralität für einen bestimmten Krieg im voraus zugesichert hat; 2. in den Fällen der ewigen Neutralität (vgl. zu III).

II. Arten der Neutralität gibt es nicht. Insbesondere wird die Leistung beschränkter Kriegshilfe nicht mehr als unvollständige Neutralität angesehen. Hat ein Staat sich im voraus dazu verpflichtet, so hat er keinen Anspruch auf Neutralität: Durchmarsch englischer Truppen durch portugiesisches Gebiet im südafrikanischen Kriege. Die sog. wohlwollende Neutralität darf sich nur auf diplomatischem Gebiet betätigen (v. Liszt). Von bewaffneter Neutralität spricht man, wenn ein Staat Truppen aufstellt, um seine Neutralität zu schützen.

III. Die ewige Neutralität der Schweiz, Belgiens und Luxemburgs beruht auf Verträgen dieser Staaten mit den interessierten anderen Mächten, insbesondere mit den Großmächten (§ 4 IV). In diesen Verträgen haben die ewig neutralen — neutralisierten — Staaten sich dauernd verpflichtet, weder einen Krieg zu beginnen noch an dem Kriege anderer Staaten teilzunehmen, es werde denn ihre Neutralität verletzt. Die anderen Vertragsparteien — die neutralisierenden Staaten — müssen sich ihrerseits jeder Kriegführung gegen den neutralisierten Staat dauernd enthalten. Unzulässig ist demnach die Übernahme von Verbindlichkeiten, welche eine Verpflichtung zur Kriegführung nach sich ziehen können, insbesondere die Eingehung eines Bündnisses und die Übernahme einer Garantie seitens des neutralisierten Staats oder die Eingehung eines Bündnisses gegen ihn. Die ewige Neutralität ist im allgemeinen Interesse eingeführt und regelmäßig auch von anderen als den neutralisierenden Mächten anerkannt worden: der schwache neutralisierte Staat soll nicht den Interessen eines mächtigen Nachbars dienstbar gemacht und dadurch die Begehrlichkeit oder die Besorgnis der anderen Nachbarn geweckt werden. Unzulässig ist deshalb ferner der Eintritt des neutralisierten Staats in ein dauerndes Abhängigkeitsverhältnis zu einem anderen Staat. — Eine einseitige Aufkündigung der ewigen Neutralität ist nach allgemeinen Grundsätzen ausgeschlossen. Über die Garantie vgl. § 47.

Eine Beschränkung der Souveränität — der Rechts- und Geschäftsfähigkeit — ist in der ewigen Neutralität nicht zu erblicken. Die Verpflichtungen sind obligatorischer Natur. Die Neutralisierung verfolgt den Zweck, die Unabhängigkeit des neutralisierten Staats aufrechtzuerhalten. Er bleibt kriegsfähig; nur soll er einen Krieg nicht beginnen. Sobald seine Neutralität verletzt oder bedroht wird, darf er auch Bündnisse zu deren Aufrechterhaltung schließen.

Urkunden. Für die Schweiz: Erklärung der Wiener Kongreßmächte vom 20. März 1815; Beitrittserklärung der Schweiz vom 27. Mai 1815; Anerkennung der Großmächte vom 20. November 1815. Für Belgien: Verträge vom 15. November 1831 Art. 7, 25 (Martens NR. 11 390) und vom 19. April 1839 Art. 7. Für Luxemburg: Vertrag vom 11. Mai 1867. Für den früheren Kongostaat: Art. 10 der Generalakte der Berliner Kongo-Konferenz vom 26. Februar 1885. Dazu Mitteilung des Kongostaats an die Mächte vom 1. August 1885 (Martens NRG. 2° S. 16 585; im übr. Fleischmann 22, 35, 78, 200).

§ 61. 4. Das Kriegsfeld.

Literatur. Boeckner: Der Kriegsschauplatz, Berlin 1911; Rev. **44** 569.

Kriegsfeld, Kriegsschauplatz, Kriegstheater ist derjenige Teil der Erde, auf welchem Krieg geführt wird. Krieg darf geführt werden: 1. auf dem Land-, Luft- und Wassergebiet der kriegführenden Staaten; 2. auf offenem Meer, denn es gehört niemand. Auf dem Land-, Luft- und Wassergebiet der neutralen Staaten darf dagegen keine Kriegshandlung vorgenommen werden. — Das Kriegsfeld kann durch Vertrag beschränkt werden:

1. durch Übereinkommen der kriegführenden Staaten, daß der Krieg nur auf bestimmten Gebietsteilen geführt oder auf ihnen nicht geführt werden darf. Versailler Waffenstillstand vom 28. Januar 1871 Art. 1 Abs. 7 (Martens NRG. 1° Ser. **19** 626). Vgl. Kongoakte vom 26. Februar 1885 Art. 11 (Fleischmann 200);

2. durch dauernde Neutralisierung bestimmter Gebietsteile: die Vertragsparteien verzichten ein für allemal darauf, militärische Operationen auf diesem Gebiet oder gegen dasselbe zu unternehmen; es ist so zu betrachten, als ob es einem neutralen Staat gehörte.

a) Chablais und Faucigny, Wiener Kongreßakte v. 9. Juni 1815 Art. 92; b) das Schwarze Meer, Pariser Kongreßakte v. 30. März 1856 Art. 11, Londoner Vertrag v. 13. März 1871 Art. 1; c) die von der europäischen Donaukommission an der unteren Donau geschaffenen, die von der nicht ins Leben getretenen Kongokommission am Kongo zu schaffenden Werke und Anlagen, Schiffahrtsakte für die Donaumündungen v. 2. Nov. 1865 Art. 21, zit. Londoner Vertrag Art. 7, Kongoakte Art. 25; d) der Suezkanal, Konstantinopeler Vertrag v. 29. Okt. 1888; e) der Panamakanal, Vertrag v. 18. Nov. 1901 (Fleischmann 14, 52, 93, 75, 205, 220, 321); f) Korfu und Paxo, Vertrag v. 29. März 1864 Art. 2; g) Magalhaesstraße, Vertrag v. 23. Juli 1881 Art. 5 (Martens NRG. 1° Ser. **18** 63, 2° Ser. **12** 491).

§ 62. II. Beginn des Krieges.

Literatur. Maurel: La déclaration de guerre, Paris **1907**; Gregory: Interest on debts where intercourse between debtor and creditor is forbidden by a state of war, London 1909; Soughimoura: La déclaration de guerre, Paris 1912; Rev. **17** 19, **37** 517; Rev. Gén. **13** 725, **14** 302; Rivista **1** 185.

I. Eine Ansage des Krieges vor Eröffnung der Feindseligkeiten, Kriegserklärung im technischen Sinne — bedingt in Form des Ultimatums — wurde in manchen Jahrhunderten für erforderlich erachtet, bildete auch in neuerer Zeit die Regel, galt aber nicht als unerläßlich. Die Absicht, mit dem anderen Staat Krieg führen zu wollen, konnte auch durch Eröffnung der Feindseligkeiten kundgegeben werden: Einmarsch Friedrichs des Großen in Sachsen 1756, englische Praxis. Das Haager Abkommen über den Beginn der Feindseligkeiten schreibt eine vorausgehende, unzweideutige Benachrichtigung in Form einer motivierten oder einer bedingten Kriegserklärung vor.

II. Sobald die Kriegserklärung überreicht bzw. unbedingt geworden ist, treten die eigentümlichen Normen des Kriegsrechts für das Verhältnis der kriegführenden Staaten in Kraft; durch sie werden die mit ihnen unvereinbaren Normen des Friedensrechts, — aber auch nur sie, — für die Dauer des Krieges außer Anwendung gesetzt. — Das Neutralitätsrecht erlangt Geltung, sobald die neutralen Staaten vom Kriegszustand Kenntnis gewonnen haben (vgl. § 60).

III. Der Beginn des Krieges zieht regelmäßig eine Reihe landesrechtlicher Maßnahmen nach sich: Rückberufung der Untertanen, Beschränkungen der Auswanderungsfreiheit, des Handels mit dem feindlichen Land, Ausfuhrverbote. Letztere können auch den Handel mit neutralen Staaten treffen und sind trotz der Vertragsbeziehungen mit Rücksicht auf den Notstand (§ 51 III) statthaft.

IV. Im Verhältnis der kriegführenden Staaten untereinander hört der diplomatische und meist auch der konsulare Verkehr auf. Aber nicht alle Rechtsbeziehungen erlöschen. Insbesondere werden die Untertanen des Feindes nicht rechtlos. Sie werden dem Schutz eines befreundeten Staats unterstellt (§ 48). Ihre Person und ihre Rechte sind nach wie vor zu schützen. Ihre Ausweisung gilt als zulässig (Frankreich 1870, Türkei 1897, 1912). Sofern sie am Kriege nicht teilnehmen, sind sie aber keine Feinde im technischen Sinne. Anders die englisch-amerikanische Auffassung. Die Haager Landkriegsordnung Art. 23 h verbietet aber ausdrücklich „die Aufhebung oder zeitweilige Außerkraftsetzung der Rechte und Forderungen von Angehörigen der Gegenpartei oder die Ausschließung ihrer Klagbarkeit“ [1].

Soweit das Privateigentum der Wegnahme unterworfen ist, beginnt die Befugnis hierzu erst mit dem Eintritt des Kriegsrechts. Seit dem Krimkrieg werden indessen den feindlichen Kauffahrteischiffen regelmäßig einige Wochen Frist gewährt, um sich in Sicherheit zu bringen. Das 6⁰ Haager Abkommen verbietet die Einziehung eines feindlichen Kauffahrteischiffs, welches sich bei Beginn des Krieges in einem Hafen des Gegners befindet, gestattet aber die Beschlagnahme ohne, die Anforderung gegen Entschädigung. Ein feindliches Kauffahrteischiff, welches den letzten Abfahrtshafen vor Beginn des Krieges verlassen hat und in Unkenntnis der Feindseligkeiten auf See betroffen wird, soll entweder gleicher Behandlung unterliegen oder gegen Entschädigung zerstört werden dürfen. Letztere Entschädigungspflicht wurde deutscherseits nicht anerkannt, weil Beschlagnahme oder Anforderung nur den Staaten zugute kommen könne, welche in allen Teilen der Welt Stützpunkte zur Unterbringung der Schiffe haben. Unter das Abkommen fallen nicht Schiffe, deren Bau ersehen läßt, daß sie zur Umwandlung in Kriegsschiffe bestimmt sind. Für die feindliche Ware auf dem Schiff gelten die nämlichen Regeln wie für das Schiff selbst. — Zum Zweck der Geheimhaltung von Nachrichten ist die vorübergehende Zurückhaltung feindlicher und neutraler Schiffe im Hafen statthaft: arrêt de prince oder polizeiliches Embargo, den Neutralen gegenüber aus dem Gesichtspunkte des Notstands zu rechtfertigen.

Der Einfluß des Krieges auf obligatorische Verbindlichkeiten, insbesondere auf solche aus Verträgen, wurde § 45 IV a besprochen.

III. Die Kriegführung.

§ 63. 1. Aktiver und passiver Kriegstand.

Literatur. Lieber: Guerrilla parties, Neuyork 1862; Grenander: Sur les conditions, nécessaires selon le droit des gens, pour avoir en guerre le droit d'être considéré et traité comme soldat, Paris 1882; Catellani: Condizioni ed effetti giuridici dello stato di guerra, Venedig **1906**; Higgins: War and the private citizen, London 1912; Wilms: Die Umwandlung von Kauffahrteischiffen in Kriegsschiffe, Tübingen 1912; ZVölkR. **6** 19; Rivista **1** 525.

I. Kriegführende Personen sind die Staaten. Ihre Organe zur Kriegführung sind die Truppen. Die Untertanen als solche sind keine Feinde mehr, wenn sie nicht zum Heer gehören.

A. Die Angehörigen des Heeres haben aktiven Kriegstand. Sie sind dazu berufen, den Widerstand des Gegners mit den im Krieg zulässigen Mitteln zu brechen; sie sind aber auch dem kriegerischen Angriff ausgesetzt. Man unterscheidet:

1. die Kombattanten; sie haben persönlich zu kämpfen;

2. die Nicht-Kombattanten; sie gehören zum Heer, haben aber nicht zu kämpfen, sondern lediglich den Verwaltungs-, Gerichtsdienst usw. zu versehen: Intendantur-, Gerichts- und Sanitätspersonal, Feldgeistliche. Zu den Nicht-Kombattanten gehören ferner die dienstlich beim Heer weilenden Zivilbeamten: Minister des Auswärtigen, Post- und Telegraphenbeamte. Gleichgestellt werden die zum Heer zugelassenen Armeelieferanten, Marketender und Zeitungskorrespondenten (Landkriegsordnung 13). Weil sie selbst nicht kämpfen, dürfen die Nicht-Kombattanten absichtlich weder getötet noch verwundet werden. Weil sie aber zum Heer gehören und einen Bestandteil der zum Schaden des Feindes aufgestellten Kriegsmacht ihres Staats bilden, sind sie der Kriegsgefangenschaft ausgesetzt (ibid. 3). Nur die Feldgeistlichen und das Sanitätspersonal sind nach der Genfer Konvention und dem an sie sich anschließenden Haager Abkommen hiervon befreit (§ 65 III).

---

[1] Über den Versuch, die englische Praxis diesem klaren Wortlaut gegenüber aufrecht zu erhalten vgl. Oppenheim: Die Zukunft des Völkerrechts (Festschrift für Binding 1), 1911; Z. VölkR. 1 353, **5** 384, **6** 213; Böhms Z. **23** 21, 118; Rev. **45** 197; Rev. Gén. **18** 249, **19** 120.

B. Die nicht zum Heer gehörige Bevölkerung des feindlichen Landes hat passiven Kriegstand: sie ist nicht dazu berufen, dem Feinde Widerstand entgegenzusetzen, und sie darf es nicht; sie muß sich friedlich verhalten. Weil sie keinen Widerstand leistet, darf sie vom Feinde auch nicht angegriffen werden. Sie muß aber die mit dem Krieg untrennbar verknüpften Lasten tragen: Einquartierung, Requisitionen und Kontributionen, Verwüstung der Felder und Häuser in der Schlacht.

II. Als kriegführende Personen können allein die Staaten Organe zur Kriegführung bestellen. Nur durch staatlichen Auftrag wird der einzelne Mensch legitimer Kombattant, d. h. zur Vornahme von Kriegshandlungen ermächtigt. Dieser Auftrag kann ihm individuell oder allgemein, z. B. durch Berufung bestimmter Bevölkerungsklassen, — er kann auch Ausländern erteilt werden. Einzelne Staaten verbieten ihren Untertanen den Eintritt in die Armee einer fremden, kriegführenden Macht; vgl. die britische foreign enlistment act 1870 § 4. Zum Nachweis des staatlichen Auftrags muß der einzelne Kombattant Uniform oder doch ein bestimmtes, aus der Ferne erkennbares Abzeichen tragen. Hieran erkennt der Gegner, daß er einen Feind vor sich hat, den er bekämpfen darf, von dem er angegriffen werden darf. Zu den legitimen Kombattanten gehören demnach alle Angehörigen der regulären Armee, der festen taktischen Verbände des Staats, ohne Unterschied zwischen Land- und Seestreitkräften. Auch die irregulären Truppen — Milizen, Freiwilligenkorps, Besatzung von Kaperschiffen — können legitime Kombattanten sein. Für Milizen und Freiwilligenkorps im Landkrieg erfordert Landkriegsordnung 1: 1. daß jemand an ihrer Spitze steht, der für seine Untergebenen verantwortlich ist; 2. daß sie ein bestimmtes, aus der Ferne erkennbares Abzeichen tragen; 3. daß sie die Waffen offen führen und 4. bei ihren Unternehmungen die Kriegsgesetze und -gebräuche beobachten.

Kaperschiffe waren von Privatpersonen zum Seekrieg ausgerüstete Schiffe. Die staatliche Ermächtigung wurde in dem für eine bestimmte Person ausgestellten Kaperbrief erteilt. Die Kaperei wurde für Privatrechnung, d. h. in Bereicherungsabsicht betrieben und „artete nicht selten in wirklichen Seeraub aus; Übergriffe, unrechtmäßige Plünderungen sind stets an der Tagesordnung gewesen" (Perels). Die von der nordamerikanischen Union allerdings noch nicht angenommene Pariser Seerechtsdeklaration vom 16. April 1856 hat deshalb die Kaperei verboten. Von einer Ausnutzung der brauchbaren Kauffahrteischiffe zu Kriegszwecken wollten die Staaten darum aber nicht Abstand nehmen. Das 7° Haager Abkommen gestattet die Umwandlung eines Kauffahrteischiffs in ein Kriegsschiff, sucht aber — namentlich im Interesse der Neutralen — Garantien gegen einen Rückfall in die Kaperei zu schaffen: Einreihung in die Kriegsmarine, militärische Disziplin, Unterstellung unter direkten Befehl und Verantwortlichkeit der Kriegsmacht usw. Über die Zulässigkeit der Umwandlung auf offenem Meer wurde keine Einigung erzielt: die „Smolensk" und „Petersburg" im ostasiatischen Kriege.

Für die Handlungen der von ihm zur Kriegführung ermächtigten Personen ist der Staat verantwortlich (Landkriegsabkommen 3).

III. Für den Fall der Massenerhebung bestimmt Landkriegsordnung 2: „Die Bevölkerung eines nicht besetzten Gebiets, die beim Herannahen des Feindes aus eigenem Antrieb zu den Waffen greift, um die eindringenden Truppen zu bekämpfen, ohne Zeit gehabt zu haben, sich nach Art. 1 zu organisieren, wird als kriegführend betrachtet, wenn sie die Waffen offen führt und die Gesetze und Gebräuche des Krieges beobachtet". Staatlicher Auftrag ist hier also nicht erforderlich. In den vom Feind bereits besetzten Gebieten ist die Massenerhebung verboten.

2. Die Kriegsmittel.

§ 64. a) Im allgemeinen.

Literatur. Oppenheim: Die Zukunft des Völkerrechts a. a. O. 194/5; Cybichowski: Studien zum internationalen Recht, Berlin 1912; vgl. zu § 51.

Kriegsmittel sind die Maßnahmen zur Besiegung des Gegners, speziell die zur Überwindung seiner Widerstandskräfte — seiner Angriffs- und Verteidigungsmittel — dienenden Maßnahmen (Lueder). Als solche Kriegsmittel kommen Gewalt und List in Betracht. Die Kriegführenden dürfen sie anwenden, soweit nicht ein besonderes Verbot entgegensteht; sie haben „kein unbeschränktes Recht in der Wahl der Mittel zur Schädigung des Feindes" (Landkriegsordnung 22). In der Aufstellung von Schranken für die Anwendung von Gewalt und List wird mit Recht das wirksamste Mittel zur Humanisierung des Krieges erblickt. Die leitenden Gesichtspunkte sind:

1. die Gewalt ist erlaubt, soweit sie zur Erreichung des Kriegszwecks notwendig ist. Jede hierzu nicht erforderliche Gewalttat ist verboten. Wo die Widerstandskraft gebrochen ist, erscheint die nachfolgende Vernichtung als überflüssige und deshalb unzulässige Grausamkeit. Hiernach sind zwar die furchtbarsten Massentötungen erlaubt, dagegen ist die Wahl einer besonders qualvollen Todesart verboten, wenn der Zweck auf anderem Wege erreicht werden kann. Durch den Kriegszweck nicht geboten und deshalb grundsätzlich verboten ist die Gewalt gegen die friedliche Bevölkerung des feindlichen Landes und — wenigstens im Landkrieg — gegen ihr Privateigentum.

2. „Kriegslisten und die Anwendung der notwendigen Mittel, um sich Nachrichten über den Gegner und das Gelände zu verschaffen, sind erlaubt" (Landkriegsordnung 24). Verboten ist jeder Mißbrauch der Formen und Zeichen, welchen nach Kriegsrecht eine besondere Bedeutung zukommt: Mißbrauch der feindlichen Uniform oder Abzeichen, der Parlamentärfahne, des roten Kreuzes (ibid. 23 f). Unerlaubt ist ferner der Bruch eines mit dem Gegner geschlossenen Vertrages.

Auch dem Feinde gegenüber kommt das Repressalienrecht zur Geltung. Viele Kriegsrechtsregeln behalten ein Notrecht besonders vor. Den formulierten Satzungen gegenüber sollte im übrigen die Berufung auf den Notstand ausgeschlossen werden: gewisse Handlungen sind schlechthin verboten.

§ 65. b) Kriegsmittel gegen feindliche Personen.

Literatur. Adler: Die Spionage, Marburg 1906; Liepmann: Der Kieler Hafen im Seekrieg, Berlin 1906; Rocholl: Die Frage der Minen im Seekrieg, Marburg 1910; du Pagart: Le prisonnier de guerre dans la guerre continentale, Paris 1910; Philit: La guerre aérienne, Montpellier 1910; Probst: Die Kriegsgefangenen nach modernem Völkerrecht, Diss. Greifswald 1911; BöhmsZ. 16 121; Rev. 32 151, 36 445, 38 567, 706, 39 211, 299; Rev. Gén. 5 297, 14 197, 17 630.

I. Die Kombattanten (Landkriegsordnung 23 a—e). Als Organe des Gegners zur Kriegführung sind die feindlichen Kombattanten dem Angriff ausgesetzt. Sie dürfen kampfunfähig gemacht werden. Das hierzu Notwendige ist erlaubt, mehr aber nicht. Wer durch Gefangennahme kampfunfähig gemacht ist oder sich freiwillig ergibt, darf deshalb nicht mehr verwundet oder getötet werden. Ebenso ist die absichtliche Tötung des durch eine Verwundung kampfunfähig Gewordenen unerlaubt. Unzulässig ist demnach die Erklärung, daß kein Pardon gegeben werde. Verboten ist die Anwendung von Mitteln, welche den Tod oder qualvolle Leiden des einzelnen notwendig herbeiführen, obgleich die Verwundung genügt, um ihn kampfunfähig zu machen: Gift oder vergiftete Waffen, das Schießen mit Glas, gehacktem Blei, Sprenggeschosse und mit entzündlichen oder brennbaren Stoffen gefüllte Geschosse von weniger als 400 g Gewicht (Petersburger Deklaration vom 11. Dezember 1868, Fleischmann 88). Vgl. ferner die zweite und dritte „Erklärung" der Mächte auf der ersten Haager Konferenz (ibid. 318). Verboten ist weiter die meuchlerische Tötung und Verwundung. Erlaubt ist dagegen die Verwendung von Granaten und Shrapnels, das In-die-Luft-Sprengen ganzer Schiffe und Truppenkörper.

Nicht im Interesse der feindlichen Streitkräfte, sondern wegen der Gefahr für die friedliche, insbesondere für die neutrale Schiffahrt unterliegt die Verwendung unterseeischer Minen gewissen Einschränkungen. Abhängige Minen, welche vom Ufer aus durch Zündleitungen zur Explosion gebracht werden, behält die Macht, welche sie legt, durchaus in der Hand. Anders die selbsttätigen Kontaktminen, welche keine Verbindung mit dem Lande haben und sich durch bloße Berührung mit einem Schiffskörper entladen. Das 8⁰ Haager Abkommen gestattet ihre Verwendung nur bei Beobachtung bestimmter Vorsichtsmaßregeln; indessen ist deren Wirksamkeit problematisch. Der Gefahr einer Blockade durch Minen statt durch Streitkräfte ist nicht hinreichend vorgebeugt. Die Zulässigkeit von Treibminen überhaupt sowie von Kontaktminen auf offenem Meer kann um so weniger als endgültig anerkannt betrachtet werden, als das Abkommen mit Rücksicht auf die Unfertigkeit der Materie nur auf sieben Jahre in Kraft gesetzt ist. Der ostasiatische Krieg hat die große Bedeutung der Frage gezeigt.

II. Die Kriegsgefangenschaft (Landkriegsordnung 4/20). Sie ist eine Sicherungsmaßregel zur Schwächung der feindlichen Streitkräfte.

A. Gewisse Personen müssen eventuell zu Gefangenen gemacht, d. h. sie dürfen keiner härteren Behandlung unterzogen werden, wenn sie in Feindesgewalt geraten: das Oberhaupt des feindlichen Staats, die Kombattanten, die Nicht-Kombattanten und die ihnen gleichgestellten Personen (§ 63 I 2) mit Ausnahme der Feldgeistlichen und des Sanitätspersonals (vgl. unten III). Zu Kriegsgefangenen dürfen ferner gemacht werden:

1. die Mannschaften an Bord der genommenen feindlichen Kauffahrteischiffe, sofern sie Untertanen des feindlichen Staats oder Offiziere sind. Über Entlassung auf Ehrenwort (vgl. zu C) 11° Haager Abkommen 5/8.;

2. Zivilbeamte des feindlichen Staats, sofern sie eine die Kriegführung unterstützende Tätigkeit entfalten, auch wenn sie sich nicht beim Heer aufhalten;

3. Privatpersonen nur zum Zweck der Geheimhaltung von Operationen und Nachrichten und nur so lange, als dieser Zweck es erfordert.

Zu Kriegsgefangenen werden nicht gemacht, sondern strafrechtlich verfolgt:

1. Freibeuter und Marodeure. Freibeuter sind Personen, welche Kriegshandlungen vornehmen, ohne zu den legitimen Kombattanten zu gehören.

2. Spione (Landkriegsordnung 29/31).

B. Die Kriegsgefangenen unterstehen der Staatsgewalt des feindlichen Staats und den Gesetzen, Vorschriften und Befehlen, die in dessen Heer gelten. Sie werden an einem ihm genehmen Ort interniert mit der Verpflichtung, sich nicht über eine bestimmte Grenze hinaus zu entfernen. Eine Einschließung ist nur zulässig, wenn dringende Rücksichten der Sicherheit sie gebieten. Die Flucht kann mit Gewalt gehindert, aber nur disziplinarisch, nicht gerichtlich bestraft werden; auch die disziplinarische Bestrafung ist nur zulässig, wenn der Entwichene ergriffen wird, bevor er seine Truppen wieder erreicht oder das von den ihm feindlichen Truppen besetzte Gebiet verlassen hat.

Die persönliche Rechts- und Geschäftsfähigkeit des Kriegsgefangenen erleidet keine Minderung. Alles, was ihm persönlich gehört, verbleibt sein Eigentum, ausgenommen Waffen, Pferde und Schriftstücke militärischen Inhalts.

Der Unterhalt liegt dem Staat ob, in dessen Gewalt der Gefangene sich befindet. Er kann aber Unteroffiziere und Gemeine zu Arbeiten verwenden, welche in keiner Beziehung zu den Kriegsunternehmungen stehen. In diesem Fall sind die Unterhaltskosten von dem Verdienst in Abzug zu bringen. Gleiches gilt, wenn die Gefangenen für andere Verwaltungen oder für Privatpersonen Arbeiten verrichten.

C. Nach Beendigung des Krieges sind die Gefangenen alsbald zu entlassen; die strafgerichtlich Verfolgten können bis zur Beendigung des Verfahrens bzw. der Strafvollstreckung zurückbehalten werden. Während des Krieges werden Gefangene häufig auf Ehrenwort entlassen. Sie dürfen dann gegen den Staat, der sie auf Ehrenwort entlassen hat, und gegen dessen Verbündete in diesem Kriege die Waffen nicht wieder tragen. Die Übernahme dieser Verpflichtung kann nicht gefordert werden. Die Freilassung auf Ehrenwort soll auch nur geschehen, wenn die Gesetze des Staats, dem der freizulassende Kombattant angehört, die Übernahme der Verpflichtung gestatten. Wer der übernommenen Verpflichtung zuwiderhandelt, verliert für den Fall, daß er wieder ergriffen wird, das Recht auf Behandlung als Kriegsgefangener und kann bestraft werden.

III. Der Schutz der Verwundeten und Kranken.

Genfer Konvention v. 22. August 1864, neue Fassung v. 6. Juli 1906; Materialien bei Martens NRG. 3 S. 2 323—653. — 10° Haager Abkommen. — Haager Abkommen v. 21. Dez. 1904 über die Lazarettschiffe. — Lueder: Die Genfer Konvention, Erlangen 1876; Meurer: Die Genfer Konvention und ihre Reform, München 1906; Fauchille u. Politis: Manuel de la Croix-Rouge, Paris 1908; ZVölkR. 1 521; Rev. Gén. 6 291, 13 629, 19 229.

A. Jede Kriegspartei ist verpflichtet, die Verwundeten und Kranken des Feindes ebenso wie die eigenen zu schützen, aufzunehmen und zu versorgen; gleiches gilt für die Schiffbrüchigen. Die so in Feindesgewalt geratenen Personen sind Kriegsgefangene. Im Seekrieg hat der Kriegführende mit Rücksicht auf den Raummangel und die Schwierigkeit der Pflege die Wahl, ob er die von ihm gefangengenommenen Verwundeten, Kranken und Schiffbrüchigen festhalten, nach einem eigenen, neutralen oder selbst feindlichen Hafen befördern will. In letzterem Fall dürfen die so in ihre Heimat entlassenen Kriegsgefangenen während der Dauer des Krieges nicht mehr dienen.

B. Der Aufnahme und Verpflegung dienen zu Lande die beweglichen Sanitätsformationen und die stehenden Anstalten des Sanitätsdienstes; sie sind zu achten und zu schützen, d. h. nicht zu beschädigen und in ihrer Zweckbestimmung zu erhalten. Unbeschadet dieser Pflicht kann sich der Gegner die Ausrüstung der stehenden Anstalten aneignen, während er die der beweglichen nur vorübergehend benutzen darf. Die Räumungstransporte sind letzteren gleichgestellt.

Lazarettschiffe müssen von einem der kriegführenden Staaten oder mit staatlichem Auftrag bzw. unter staatlicher Aufsicht ausgerüstet sein. Den amtlichen Auftrag kann auch ein neutraler Staat erteilen. Der Name des Schiffs ist den Kriegführenden vor der Verwendung als Lazarettschiff anzumelden. Lazarettschiffe dürfen nicht zu militärischen Zwecken benutzt werden; sie dürfen die Bewegungen der Kriegsschiffe nicht hindern; die Kriegsparteien haben ein Aufsichts- und Durchsuchungsrecht über sie. Die Lazarettschiffe müssen den Verwundeten, Kranken und Schiffbrüchigen beider Teile ohne Unterschied der Nationalität Beistand gewähren; dafür sind sie zu achten: sie dürfen nicht weggenommen werden; wohl aber dürfen es die auf ihnen wie die auf Privatschiffen befindlichen Verwundeten, Kranken und Schiffbrüchigen. Nehmen Privatschiffe Verwundete, Kranke oder Schiffbrüchige auf, so ist eine Wegnahme des Schiffs aus diesem Anlaß unstatthaft.

C. Das geistliche, ärztliche und Lazarettpersonal ist unverletzlich und darf nicht kriegsgefangen gemacht werden. Gleichgestellt ist das Personal der anerkannten und zugelassenen freiwilligen Hilfsgesellschaften. In Feindesgewalt hat das Personal seine Verrichtungen fortzusetzen; wenn seine Mitwirkung nicht mehr erforderlich ist, so ist es zu seinem eigenen Heer oder in die Heimat zurückzusenden; es darf sein Privateigentum mitnehmen.

D. Als Zeichen der Unverletzlichkeit dient das rote Kreuz auf weißem Felde, welches nur mit Erlaubnis der zuständigen Militärbehörde geführt werden darf. Das Personal trägt es als Binde um den Arm, Sanitätsformationen, Sanitätsanstalten und Lazarettschiffe führen es als Fahne bzw. Flagge neben der Nationalfahne bzw. -flagge. Lazarettschiffe müssen außerdem durch einen bestimmten Anstrich kenntlich sein.

IV. Die Parlamentäre. Landkriegsordnung 32/4. — Parlamentär ist der durch eine weiße Fahne kenntliche, zu Unterhandlungen mit dem Gegner abgesandte Bevollmächtigte einer Kriegspartei. Der Parlamentär ist unverletzlich nach dem Grundsatz ne impediatur legatio, ebenso der ihn begleitende Spielmann, Fahnenträger und Dolmetscher. Eine Verpflichtung zum Empfang von Parlamentären besteht nicht. Der Gegner darf alle erforderlichen Maßregeln treffen, um den Parlamentär zu verhindern, seine Sendung zur Einziehung von Nachrichten zu benutzen; er ist berechtigt, bei vorkommendem Mißbrauch den Parlamentär zeitweilig zurückzuhalten. Das Vorrecht der Unverletzlichkeit erlischt, wenn der bestimmte, unwiderlegbare Beweis vorliegt, daß der Parlamentär seine bevorrechtigte Stellung dazu benutzt hat, um Verrat zu üben oder dazu anzustiften. — Im Seekrieg erstreckt sich der Schutz der Parlamentäre auf die sie führenden Kartellboote.

§ 66. c) Kriegsmittel gegen feindliche Sachen.

I. Feindliche Plätze. Landkriegsordnung 25/8; 9° Haager Abkommen. Ortschaften wie einzelne Gebäude sind dem kriegerischen Angriff nur ausgesetzt, wenn sie zum Widerstand benutzt, d. h. verteidigt werden oder dem Gegner beim Angriff als Deckung dienen.

Angriffsmittel sind die Belagerung und die Beschießung. Den Fall eines Sturmangriffs ausgenommen, soll die Beschießung der Ortsobrigkeit vorher angekündigt werden, soweit dies in den Kräften des Belagerers steht. Der Beschießung sind nicht nur die Festungswerke ausgesetzt; nach Möglichkeit sollen aber geschont werden die dem Gottesdienst, der Kunst, Wissenschaft und Wohltätigkeit gewidmeten Gebäude, geschichtliche Denkmäler, Krankenhäuser und Sammelplätze für Verwundete und Kranke. Diese Gebäude und Sammelplätze sind durch besondere, sichtbare und dem Belagerer vorher bekanntgegebene Zeichen kenntlich zu machen. Der Schutz fällt weg, wenn jene Gebäude oder Sammelplätze gleichzeitig zu einem militärischen Zweck Verwendung finden: Observatorium auf der Plattform des Straßburger Münsters 1870. Die Gestattung freien Abzugs für die Zivilbevölkerung kann vom Belagerer bewilligt, aber auch verweigert werden. Ist die Ortschaft in die Gewalt des Belagerers gelangt, so dürfen die Festungswerke noch zerstört werden, damit sie bei einer Wendung des Kriegsglücks nicht noch einmal als Widerstandsmittel ausgenutzt werden. Jede weitere Gewalttat gegen die Ortschaft ist aber verboten, weil sie dem Kriegszweck nicht mehr dienen würde. Insbesondere darf die Ortschaft, selbst wenn sie im Sturm genommen ist, der Plünderung nicht preisgegeben werden. — Seestreitkräfte sollen eine Ortschaft nicht aus dem Grunde beschießen, weil vor ihrem Hafen unterseeische selbsttätige Kontaktminen gelegt sind (dieses Verbot hat eine Reihe von Seemächten, u. a. Deutschland, nicht angenommen). Sie dürfen dagegen militärische oder für Kriegszwecke nutzbare Anlagen einer unverteidigten Ortschaft und die im Hafen liegenden Kriegsschiffe eventuell beschießen, — die Ortschaft selbst nur, wenn sie sich weigert, die ihrer Leistungsfähigkeit angemessenen, von der feindlichen Flotte augenblicklich benötigten Lebensmittel oder Vorräte zu liefern.

II. Das feindliche Vermögen im Landkrieg.

Keller: Requisitionen und Kontributionen, Frauenfeld 1898; Schiemann: Die Rechtslage öffentlicher Banken im Kriegsfall, Diss. Greifswald 1902; Pont: Les réquisitions militaires en temps de guerre, Paris 1905; Nowacki: Die Eisenbahnen im Kriege, Zürich 1906; Wehberg: Das Beuterecht im Land- und Seekrieg, Tübingen 1909; Albrecht: Requisitionen von neutralem Privateigentum, Diss. Bonn 1912; Dicker, Unterliegt die Reichsbank im Kriegsfall dem Beuterecht des Feindes? Diss. Erlangen 1912; Hofer: Der Schadensersatz im Landkriegsrecht, Tübingen 1913; ZVölkR. 6 Beiheft 1; Rev. 38 274, 406, 442.

Die kriegerischen Operationen richten sich gegen die Angriffs- und Verteidigungsmittel, nicht gegen die friedlichen Bewohner des feindlichen Landes. Eingriffe in das Vermögen von Privatpersonen und Beschädigung desselben haben zu unterbleiben. Dieser Grundsatz ist indessen nur für den Landkrieg anerkannt, und auch hier gilt er nicht unbeschränkt. Verboten sind alle durch die militärischen Operationen nicht gebotenen Beschädigungen. Verboten ist ferner das Beutemachen, d. h. die Wegnahme oder Abnötigung fremder beweglicher Sachen in Zueignungsabsicht. Dieses Verbot erstreckt sich auch auf das Privateigentum des feindlichen Staatshaupts und der gefangenen und gefallenen Kombattanten. Unterworfen sind der Aneignung nur: 1. das dem feindlichen Staat gehörende bewegliche Eigentum, soweit es geeignet erscheint, den Kriegsunternehmungen zu dienen: Bargeld, Wertbestände, Waffen, Pferde, Munition, Ausrüstungsstücke, Lebensmittel, Beförderungsmittel (Landkriegsordnung 53); 2. die den feindlichen Kombattanten gehörenden Waffen, Pferde und Schriftstücke militärischen Inhalts (ebenda 4).

Nur der Beschlagnahme sind unterworfen Beförderungsmittel — mit Ausnahme der durch das Seerecht geregelten Fälle —, Waffenniederlagen und Kriegsvorräte, welche Privatpersonen gehören (53^2). Unterseeische Kabel, welche feindliches mit neutralem Gebiet verbinden, dürfen in Feindesland nur im Notfall beschlagnahmt oder zerstört werden (54). In diesen Fällen besteht Anspruch auf Schadensersatz. Eisenbahnmaterial, das aus neutralen Staaten kommt, wie auch neutrale Schiffe, welche in das Gebiet eines der kriegführenden Staaten gekommen sind, dürfen nur im Notstand und nur gegen volle Entschädigung mit Beschlag belegt oder weggenommen werden (Angarie, 5° Haager Abkommen 19).

Als Privateigentum ist zu behandeln das Eigentum der Gemeinden und der dem Gottesdienst, der Wohltätigkeit, dem Unterricht, der Kunst und Wissenschaft gewidmeten Anstalten, auch wenn diese dem feindlichen Staat gehören (Landkriegsordnung 56). Das unbewegliche

Eigentum des feindlichen Staats darf im übrigen nur benutzt, aber nicht angeeignet und, von den militärischen Operationen abgesehen, weder beschädigt noch zerstört werden.

Eingriffe in das Privateigentum sind zulässig in Form von Requisitionen und Kontributionen (ibid. 49/52). Die Zulässigkeit ergibt sich aus der Kriegsnotwendigkeit; die Maßregeln dürfen nur mit Ermächtigung des Befehlshabers und nicht zum Zweck der Bereicherung oder zur Schädigung der Bevölkerung des feindlichen Landes vorgenommen werden.

1. Requisitionen: Natural- und Dienstleistungen können von Gemeinden oder Einwohnern nur für die Bedürfnisse des feindlichen Heeres gefordert werden. Sie dürfen für die Bevölkerung nicht die Verpflichtung enthalten, an Kriegsunternehmungen gegen ihr Vaterland teilzunehmen. Naturalleistungen sind so viel wie möglich bar zu bezahlen; andernfalls sind dafür Empfangsbescheinigungen auszustellen.

2. Kontributionen, Zwangsauflagen, kommen vor als Kriegssteuern und als Strafgelder bei Verletzungen des Kriegsrechts. Über jede Zwangsleistung ist eine Empfangsbescheinigung auszustellen.

Den Requisitionen und Kontributionen wie auch der Einquartierungslast sind die Bewohner des feindlichen Landes unterworfen, gleichviel ob sie Untertanen des feindlichen oder eines neutralen Staats sind.

III. Das feindliche Vermögen im Seekrieg.

Literatur. Perels: Die nordamerikanische Instruktion für Blockadeschiffe und Kreuzer, Marine-Rundschau 1899 Heft 8/9; Holland: A manuel of naval prize law, London 1888; Naval war code der Vereinigten Staaten von Amerika von 1900 (BöhmsZ. 11 385); Duboc: Le droit de visite et la guerre de course, Paris 1901; Röpcke: Das Seebeuterecht, Leipzig 1904; Giordana: Le proprietà privata nelle guerre marittime, Turin-Rom 1907; Bentwich: The law of private property in war, London 1907; Niemeyer: Prinzipien des Seekriegsrechts, Berlin 1909, Das Seekriegsrecht nach der Londoner Deklaration, Berlin 1910; Bernsten: Das Seekriegsrecht, Berlin 1911; Pohl: Deutsche Prisengerichtsbarkeit, Tübingen 1911; Hirschmann: Das internationale Prisenrecht, München 1912; BöhmsZ. 12 51, 17 303, 21 123; ZVölkR. 2 144; Rev. 39 149. — Kramer: Die unterseeischen Telegraphenkabel in Kriegszeiten, Leipzig 1903; Scholz: Krieg und Seekabel, Berlin 1904; Jouhannaud: Câbles sous-marins, Paris 1904; Zuculin: I cavi sottomarini e il telegrafo senza filo nel diritto di guerra, Rom 1907; ArchÖffR. 15 414; BöhmsZ. 14 382, 17 160; ZVölkR. 6 Beiheft 2; Rev. Gén. 8 681.

Der Seekrieg wird auf offenem Meer und in den Gewässern der kriegführenden Staaten geführt. Hier gilt das Beuterecht; ihm ist das feindliche Staats- und Privateigentum unterworfen. Feindliches Privateigentum sind:

1. die feindlichen Kauffahrteischiffe, d. h. Schiffe, welche laut Zertifikat zur Führung der feindlichen Flagge berechtigt sind (Londoner Erklärung 57). Die bisherige englisch-amerikanische Praxis zählte hierher auch Schiffe, die ganz oder zum Teil im Eigentum von Angehörigen des Gegners oder von Bewohnern seines Gebiets standen. Der neutrale oder feindliche Charakter eines Schiffs bestimmt sich nach seiner Nationalität zur Zeit der Anhaltung durch einen Kriegführenden. Nach englisch-amerikanischer Praxis war es den Neutralen nicht verwehrt, Schiffe zu kaufen, die bisher in feindlichem Eigentum standen. Nur mußte der Kauf ernsthaft sein; das Gegenteil wurde vermutet. Die französische Praxis erkannte dagegen nur die vor Beginn des Krieges erfolgte Eigentumsübertragung an. Die Londoner Erklärung 55/56 erkennt den Übergang zur neutralen Flagge an, wenn er nicht herbeigeführt ist, um den mit der Eigenschaft eines feindlichen Schiffs verbundenen Folgen zu entgehen; die Beweislast ist eingehend geregelt. — Der Wegnahme sind nicht unterworfen: Kartellboote, Lazarettschiffe, mit religiösen, wissenschaftlichen oder menschenfreundlichen Aufgaben betraute Schiffe, ausschließlich der Küstenfischerei oder der kleinen Lokalschiffahrt dienende Fahrzeuge (11° Haager Abkommen 3, 4);

2. die auf feindlichem Schiff befindliche feindliche Ware. Die feindliche oder neutrale Eigenschaft der Ware an Bord eines feindlichen Schiffs bestimmt sich nach der Eigenschaft des Eigentümers; keine Einigung wurde bisher darüber erzielt, ob für die feindliche oder neutrale Eigenschaft des Eigentümers die Staatsangehörigkeit oder der Wohnsitz maßgebend sein soll. Die feindliche Eigenschaft der Ware wird vermutet (Londoner Erklärung 57/60). — Mit Aus-

nahme der Kriegskonterbande § 73) sind dagegen frei: a) die feindliche Ware auf neutralem Schiff, b) die neutrale Ware auf feindlichem Schiff (Satz 2 und 3 der Pariser Seerechtsdeklaration vom 16. April 1856, Fleischmann 57), c) Briefpostsendungen auf feindlichem wie neutralem Schiff (11° Haager Abkommen 1, 2).

Die dem Beuterecht unterworfenen feindlichen Staatsschiffe gehen in das Eigentum des Nehmestaats über, sobald sie nach der Wegnahme in Sicherheit gebracht sind; das Eigentum an Privatschiffen und deren Ladung wird dagegen nur durch Richterspruch übertragen.

In Ausübung des Prisenrechts dürfen die Streitkräfte der Kriegführenden die Nationalität und Ladung jedes Kauffahrteischiffs auf dem Seekriegsfeld feststellen. Es geschieht mittels Anhaltung und Durchsuchung. Sucht das Schiff zu entkommen, so kann es mit Gewalt zum Anhalten gebracht werden. Die Beschlagnahme findet statt, wenn mit Gewalt Widerstand geleistet wurde, ferner wenn sich bei Prüfung der Papiere ergibt, daß diese gefälscht oder unvollständig sind, oder daß das Schiff doppelte Papiere verschiedenen Inhalts hat, oder daß es ein feindliches ist oder Konterbande (§ 73) mit sich führt. Das beschlagnahmte Schiff ist sodann aufzubringen, d. h. in einen Hafen des Nehmestaats oder seines Verbündeten zu bringen und dort vor ein Prisengericht zu stellen. Nur im Notstand darf die Aufbringung durch Verkauf oder Zerstörung des Schiffs ersetzt werden.

Die Prisengerichte sind von den kriegführenden Staaten eingesetzte Gerichte. Sie haben über die Rechtmäßigkeit der Wegnahme fremder Schiffe und deren Ladung zu entscheiden: ob Schiff und Ladung bzw. eins von beiden als gute Prise verfallen, oder ob sie freizugeben sind. Die Entscheidung wird also von dem Gericht des Nehmestaats oder seines Verbündeten gefällt. Das Verfahren ist dem feindlichen Interessenten gegenüber (vgl. aber Lond. Erkl. 59) ein Reklameprozeß, d. h. „soweit die Unrechtmäßigkeit der Aufbringung nicht klar zutage liegt, haben die Interessenten, deren Eigentum auf dem Spiel steht, dieselbe zu beweisen". „Die als verdächtig aufgebrachten Schiffe werden für gute Prise erklärt, sobald der gegen sie vorliegende Verdacht nicht beseitigt wird" (Perels). Meist ist Berufung an ein höheres Gericht zugelassen. Gegen die Entscheidung des nationalen Gerichts wollte das nicht ratifizierte 12° Haager Abkommen 4³ den feindlichen Privatpersonen in engen Grenzen Rekurs an den geplanten internationalen Prisengerichtshof gestatten. Mit der Rechtskraft des Urteils wird die Prise Eigentum des Nehmestaats. Ob er sie oder einen Wertanteil dem Kaptor überlassen will, steht in seinem Belieben.

§ 67. 3. Die Besetzung feindlichen Gebiets und ihre Wirkungen.

Landkriegsordnung 42/56. — Literatur. Loening: Die Verwaltung des Generalgouvernements im Elsaß, Straßburg 1874; Féraud-Giraud: Occupation militaire, recours à raison des dommages causés par la guerre, Paris 1881; Charleville: La validité juridique des actes de l'occupant en pays occupé, Paris 1902; Sichel: Die kriegerische Besetzung feindlichen Staatsgebiets, Diss. Frankfurt a. M. 1905; Nowacki, vgl. zu § 66; Rev. **38** 442; Rev. Gén. **16** 134, **18** 22; Rivista **4** 250, 257, **5** 181, 373.

Feindliches Gebiet ist besetzt, wenn es in die Gewalt der eindringenden Truppen des Gegners gebracht ist. Soweit seine Gewalt reicht und tatsächlich ausgeübt wird, kann der Gegner die Regierung des besetzten feindlichen Gebiets übernehmen: occupatio bellica. Er erwirbt keine Gebietshoheit (Tripolis 1912; das Annexionsdekret vom 5. Nov. 1911 (Strupp, Erg.-H. 90) wurde erst nach dem Friedensschluß anerkannt, BöhmsZ. **23** 1), sondern nur den Besitz und mit ihm eine Reihe von Regierungsrechten und -pflichten; ihr Fortbestand ist an den des Besitzes geknüpft.

Der Okkupant übernimmt die Regierung im Interesse seiner Kriegführung. Diese selbst soll im besetzten Gebiet unterbleiben; es soll ihm wohl als Stützpunkt bei seinen Operationen dienen, der Kriegführung des Gegners aber keine Hilfsquellen mehr bieten. Die Truppen des Okkupanten sollen im besetzten Gebiet Sicherheit genießen. Soweit diese Zwecke es bedingen, überkommt der Okkupant die Rechte einer Staatsgewalt; anderseits hat er für Ruhe und Ordnung zu sorgen, den friedlichen Bewohnern des Gebiets Rechtsschutz und Sicherheit zu gewähren.

1. Die Gesetzgebung. Soweit die Sicherheit und die Bedürfnisse des Okkupanten, seiner Armee und seiner Zivilbeamten es erfordern, kann er die heimische Gesetzgebung im besetzten Gebiet außer Kraft setzen und die einschlägigen Verhältnisse durch eigene Verordnungen regeln. Für seine Truppen und seine Beamten ist allein sein Recht maßgebend. Aber auch Angriffe gegen sie und gegen seine Verwaltung werden nach seinem Recht und von seinen Behörden geahndet. Im Interesse seiner Armee kann er ferner die heimische Zollgesetzgebung suspendieren. Für die Bewohner des okkupierten Landes in ihrem Verhältnis untereinander bleibt dagegen grundsätzlich das heimische Recht maßgebend.

2. Die Verwaltung.

a) Die Behörden. Die oberste Behörde im besetzten Gebiet ist notwendig eine vom Okkupanten eingesetzte Militär- oder Zivilverwaltungsbehörde. Durch sie wird die Tätigkeit jeder Behörde der heimischen Staatsgewalt, die nicht innerhalb des besetzten Gebiets ihren Sitz hat, abgeschnitten (Loening). Die Behörden innerhalb des besetzten Gebiets können zum Weiterarbeiten nicht gezwungen, aber vom Okkupanten in ihrer Tätigkeit belassen werden. Soweit sie ihre Funktionen einstellen oder derselben vom Okkupanten enthoben werden, hat dieser eigene Behörden einzusetzen.

b) Die Einnahmen und Ausgaben. Der Okkupant darf sich die Einnahmen des besetzten Gebiets aneignen, soweit sie sonst in die Kasse der verdrängten Staatsgewalt oder in eine öffentliche Kasse außerhalb des okkupierten Landes fließen würden. In entsprechendem Maße muß er die Kosten der Verwaltung tragen. Die Erhebung der sonst an die verdrängte Staatsgewalt zu entrichtenden Steuern, Zölle und Abgaben soll möglichst nach Maßgabe der für ihre Erhebung und Verteilung geltenden Vorschriften erfolgen. Andere Abgaben dürfen nur zur Verwaltung des besetzten Gebiets oder zur Deckung der Bedürfnisse des Heeres von dem Okkupanten erhoben werden. Zu den Einnahmen gehören auch die aus dem unbeweglichen Staatsvermögen, insbesondere aus Domänen und Forsten: ihre Bewirtschaftung hat nach den Regeln des Nießbrauchs zu erfolgen, d. h. der Okkupant darf sich nur den Ertrag aneignen, muß aber den Grundstock unangetastet lassen. Eine Veräußerung des unbeweglichen Staatseigentums ist unzulässig, weil sie Aneignung voraussetzt.

c) Die Verkehrsmittel unterstellt der Okkupant seiner Verwaltung oder doch seiner Aufsicht. Die Einnahmen kann er sich nur aneignen, wenn sie sonst dem feindlichen Staat zufließen würden.

3. Die Bewohner des besetzten Gebiets haben Anspruch auf Schutz und friedliche Behandlung, wenn sie sich selbst friedlich verhalten. „Die Ehre und die Rechte der Familie, das Leben der Bürger, das Privateigentum, die religiösen Überzeugungen und die gottesdienstlichen Handlungen sollen geachtet werden." Die Landesbewohner müssen jede Schädigung des Okkupanten unterlassen: Angriffe gegen dessen Truppen und Beamte, Zerstörung oder Beschädigung der Wege, Brücken und Verkehrsmittel, Unterstützung der heimischen Kriegsmacht durch Zuzug oder Übermittlung von Nachrichten. Kraft des passiven Kriegstandes (§ 63 I B) müssen die Bewohner des besetzten Gebiets die Einquartierungslast, eventuell auch die Verpflegung der fremden Truppen und Beamten, auf sich nehmen. Kraft seiner Regierungsrechte kann der Okkupant die Vornahme öffentlicher Arbeiten (Wege- und Brückenbau) von ihnen fordern und erzwingen. Das von ihm besetzte Gebiet bleibt für ihn aber fremdes Gebiet. Deshalb darf er die Bevölkerung weder zur Ableistung eines Treueids noch zur Teilnahme an den Kriegsunternehmungen gegen ihr eigenes Land (23^2), auch nicht zur Erteilung von Auskunft über das Heer oder die Verteidigungsmittel des Heimatstaats (44) zwingen. Letzteres Verbot ist vom Deutschen Reich und von einigen anderen Staaten nicht angenommen.

Widersetzen sich die Landesbewohner den erlaubten Anforderungen des Okkupanten, oder schädigen sie ihn durch Angriffe, so können sie von ihm strafrechtlich verfolgt werden. Doch darf die Strafe nur die Schuldigen treffen. „Keine Strafe in Geld oder anderer Art darf über eine ganze Bevölkerung wegen der Handlungen einzelner verhängt werden, für welche die Bevölkerung nicht als mitverantwortlich angesehen werden kann." Sehr bestritten ist es, ob der Okkupant das Wohlverhalten der Bevölkerung durch Entnahme von Geiseln sichern darf. Die soeben angeführte Bestimmung der Landkriegsordnung wird diese Maßregel jedenfalls sehr einschränken.

Als Bewohner des besetzten Gebiets müssen Angehörige neutraler Staaten die Lasten der occupatio bellica in gleicher Weise tragen wie die Untertanen des feindlichen Staats.

§ 68. 4. Das Postliminium.

Literatur. Focherini: Il postliminio nel moderno diritto internazionale, Modena 1908; Mitteis: Römisches Privatrecht 1 127.

Der Begriff des Postliminiums ist dem römischen Recht (Dig. 49, 15) entlehnt. Im modernen Recht bedeutet er Wiedereinsetzung in den früheren Stand nach Aufhebung der feindlichen Gewalt. Das ius postliminii kommt zur Anwendung, sobald ein Gebietsteil, die Bevölkerung, einzelne Personen oder Güter, welche in feindliche Gewalt geraten waren, von dieser wieder befreit werden (Kirchenheim). Voraussetzung ist, daß der Feind nur eine tatsächliche Gewalt erlangt hat, und daß diese wieder beseitigt ist. Ausgeschlossen ist die Anwendung des ius postliminii, sobald eine vom Völkerrecht anerkannte Rechtsveränderung stattgefunden hat: bei den dem Beuterecht unterworfenen Gegenständen nach erfolgtem Übergang des Eigentums. Wird eine solche Sache dem Feind wieder abgenommen, so wird neues Eigentum begründet; der ehemalige Eigentümer kann die Wiedereinsetzung in den früheren Stand iure postliminii nicht begehren.

Das Postliminium kann während des Krieges und nach seiner Beendigung Platz greifen, sobald die Befreiung aus feindlicher Gewalt eintritt. Die meisten Rechtsverhältnisse sind innerstaatlicher Natur.

1. Das personenrechtliche Postliminium hat geringe Bedeutung, weil die Rechts- und Geschäftsfähigkeit des Gefangenen durch die Gefangenschaft nicht beeinträchtigt wird, weil die Gefangenschaft selbst mit dem Kriege von Rechts wegen ihr Ende erreicht.

2. Das privatrechtliche Postliminium findet statt in Ansehung aller in Feindesgewalt geratenen Sachen. Die früher begründeten Rechte, z. B. ein Pfandrecht, können wieder geltend gemacht bzw. beansprucht werden. Wird eine Prise befreit, ehe die verurteilende Entscheidung Rechtskraft erlangt hat, so ist sie dem Eigentümer zurückzugeben, weil das Eigentum noch nicht erloschen ist. Doch erkennen Staatsgesetze das Recht des Eigentümers mitunter nur unter der Bedingung an, daß er dem Kaptor eine entsprechende Belohnung oder Entschädigung gewährt (ALR. I 9 §§ 203, 208/10).

3. Das öffentlich-rechtliche Postliminium nach Beendigung der occupatio bellica (§ 67). Die verdrängte Staatsgewalt tritt wieder in Tätigkeit, sobald und soweit der Gegner das besetzte Gebiet räumt, während des Kriegs oder nach dessen Beendigung. Die abgesetzten oder außer Dienst getretenen Staatsbeamten nehmen ihre Funktionen wieder auf. Die suspendierten heimischen Gesetze und Verordnungen treten ohne weiteres in Kraft, die vom Okkupanten erlassenen werden hinfällig. Rechtsbeständig bleiben dagegen die einzelnen von ihm vorgenommenen Verwaltungshandlungen, die Verfügungen über das Staatseigentum, vorausgesetzt, daß er sich innerhalb der Grenzen seiner Zuständigkeit gehalten hat. Rechtsbeständig bleibt auch seine Rechtspflege.

§ 69. 5. Kriegsverträge.

Kriegsverträge sind die zwischen den kriegführenden Parteien während des Krieges geschlossenen Verträge. Ihre verpflichtende Kraft regelt sich nach den allgemeinen Normen. Über die Zuständigkeit zum Abschluß solcher Verträge vgl. § 11 I.

Zu nennen sind: Kartelle über Auswechslung von Gefangenen, über Post- und Telegraphenverkehr, über die Neutralität gewisser Plätze. — Die Kapitulationen haben die Übergabe von Festungen, Truppenteilen und Schiffen zum Gegenstand; sie enthalten Bestimmungen über die Behandlung des übergebenen Platzes, der Festungswerke, der Truppen und des Kriegsmaterials. Militärische Befehlshaber können nur die militärische Gewalt, nicht die Gebietshoheit übertragen (Landkriegsordnung 35, Rev. Gén. 14 601).

Der Waffenstillstand (ibid. 36/41) ist ein Vertrag über vorübergehende oder vorläufige Einstellung der Feindseligkeiten. Er wird als Waffenruhe bezeichnet, wenn er für kurze Frist zu einem bestimmten, bald erreichten Zweck, wie Bestattung der Gefallenen, geschlossen wird. Er kann ein allgemeiner oder örtlich begrenzter sein. Der Waffenstillstand verpflichtet begrifflich zur Einstellung der Feindseligkeiten, d. h. zur Unterlassung von Angriffshandlungen (Ullmann). Es ist Sache der Parteien, im einzelnen festzusetzen, welche Beziehungen sie auf dem Kriegsschauplatz untereinander und mit der Bevölkerung unterhalten können. Der Waffenstillstand beginnt mit dem festgesetzten Termin, eventuell mit dem Moment des Abschlusses. Die einzelnen Truppenkörper sind hiervon zu benachrichtigen und haben erst von erlangter Kenntnis an die Feindseligkeiten einzustellen. Der Waffenstillstand endet mit dem festgesetzten Termin, eventuell nach Aufkündigung. Jede schwere Verletzung des Waffenstillstands durch *einer der Parteien* gibt der anderen das Recht, ihn „auch vorzeitig" zu kündigen, in dringenden Fällen sogar das Recht, „die Feindseligkeiten sofort wieder aufzunehmen". Verletzung der Bedingungen durch einzelne, zur Kündigung nicht zuständige Personen ist kein Bruch des Waffenstillstands, sondern gibt nur Anspruch auf Bestrafung des Schuldigen und Schadensersatz.

IV. Rechte der kriegführenden und der neutralen Staaten gegeneinander.

5• und 13• Haager Abkommen (hier zit. Abk. I bzw. II); Londoner Seekriegsrechtserklärung. Vgl. die Literatur zu § 60; Einicke: Rechte und Pflichten der neutralen Mächte im Seekrieg, Tübingen 1912; ArchÖffR. 30 204; Rev. 4 472, 45 173. — Scholz: Drahtlose Telegraphie und Neutralität, Berlin 1905; Meili: Die drahtlose Telegraphie im intern. Recht und Völkerrecht, Zürich 1908; Rev. 38 586; Rev. Gén. 13 58, 16 76, 261.

§ 70. 1. Im allgemeinen.

Wie im § 60 ausgeführt wurde, muß der neutrale Staat sich jeder Handlung enthalten, welche nach Völkerrecht als Teilnahme am Kriege gilt, darf anderseits der Kriegführende ihn nicht in den Krieg verwickeln, seine Operationen gegen ihn nicht richten. Das Völkerrecht unterscheidet scharf zwischen Handlungen, welche der neutrale Staat selbst nicht vornehmen darf, und solchen, welche er hindern muß. Manche ihm verbotene Handlungen dürfen seine Untertanen vornehmen, ohne daß er dafür verantwortlich gemacht werden könnte. Der neutrale Staat darf den Kriegführenden weder Truppen noch Waffen, Kriegsschiffe, Munition, Pferde, Lebensmittel oder Geld liefern (Abk. II 6). Seinen Untertanen ist dies aber nicht ohne weiteres untersagt (Abk. I, II 7). Schlechtweg verboten ist nur die staatliche Unterstützung; als solche gilt die Unterstützung durch unmittelbare Handlung des neutralen Staats und durch Preisgabe seines Gebiets zu kriegerischem Zweck. Das Gebiet ist vom Staat untrennbar; die Untertanen sind es nicht. Auf ihre Gefahr hin können sie die Kriegführenden unterstützen, indem sie in ihre Armeen eintreten oder ihnen durch den Handel Vorteile verschaffen (Abk. I 6, 8). Über den neutralen Handel vgl. §§ 72/5. Der neutrale Staat würde seine Pflichten nur dann verletzen, wenn er seinen Angehörigen die Begünstigung des einen Kriegführenden gestatten, die des anderen untersagen wollte (Abk. I, II 9. — Zulassung der Kriegsanleihen zu den Börsen!).

Verletzt der neutrale Staat schuldhafterweise seine Verbindlichkeiten, so ist er haftpflichtig nach Maßgabe der allgemeinen Grundsätze (§ 51); er kann aber auch sofort als Feind behandelt werden. Umgekehrt darf er eine Verletzung seiner Rechte keinem der Kriegführenden gestatten; denn auch das wäre Begünstigung. Er muß also seinerseits auf Wiederherstellung des früheren Zustands und — je nach Lage des Falls — auf Schadensersatz bzw. Genugtuung bestehen, wenn er nicht dem anderen Kriegführenden verantwortlich werden will. Bei Verletzung seiner Rechte kann er aber auch seinerseits die Neutralität aufgeben und am Krieg teilnehmen (Abk. I 10, II 26).

§ 71. 2. Das neutrale Gebiet.

Literatur. Heilborn: Rechte und Pflichten der neutralen Staaten in bezug auf die während des Krieges auf ihr Gebiet übertretenden Angehörigen einer Armee und das dorthin gebrachte Kriegsmaterial der kriegführenden Parteien, Berlin 1888; Gabarit: Questions de neutralité maritime soulevées par la guerre russo-japonaise, Paris 1906; Curtius: Des navires de guerre belligérants dans les eaux neutres, Bordeaux 1907; Pilidi: Le combustible en temps de guerre, Paris 1909; ArchÖffR. 20 157; Rev. Gén. 16 289, 660, 19 40.

Das neutrale Gebiet darf in keiner Weise zu Kriegszwecken dienen. In ihm ist der neutrale Staat Herr; er braucht deshalb eine solche Benutzung nicht zu dulden. Er darf sie aber auch nicht gestatten, muß sie hindern (Abk. II 25); sonst würde er sich einer Beistandsleistung schuldig machen, seine Neutralität verletzen. Neutralitätswidrige Handlungen von Privatpersonen muß der neutrale Staat anderseits nur strafen, wenn sie auf seinem Gebiet begangen wurden (Abk. I 5). Hieraus folgt:

I. Die kriegführenden Parteien dürfen auf neutralem Gebiet keine Kriegsrüstungen vornehmen, militärische Operationen nicht vorbereiten. Daselbst ist demnach verboten:

a) die Bildung von Kombattanten-Korps, von Freischaren und Flibustierexpeditionen, die Eröffnung von Werbestellen (Abk. I 4). Freilich braucht der neutrale Staat den Bewohnern seines Landes den Zuzug zu den kriegführenden Armeen nicht zu untersagen (Abk. I 16/8); nur den Angehörigen seines eigenen Heeres darf er eine Beteiligung nicht erlauben;

b) die gänzliche oder teilweise Ausrüstung oder Bewaffnung eines zum Kreuzen oder zur Teilnahme an feindlichen Unternehmungen bestimmten Schiffs für eine kriegführende Partei, ingleichen das Auslaufen eines solchen Schiffs aus neutralem Gebiet, wenn es dort zu kriegerischer Verwendung ganz oder teilweise hergerichtet ist. Der neutrale Staat hat die ihm zur Verfügung stehenden Mittel anzuwenden, um jede Zuwiderhandlung zu verhindern: die drei Regeln von Washington, Vertrag vom 8. Mai 1871 Art. 6 (Fleischmann 96), Alabamastreit. Abk. II 8.

II. Das neutrale Land- und Wassergebiet darf nicht zum Stützpunkt für militärische Operationen dienen (zweite Regel von Washington, Abk. II 5); den Kriegführenden ist deshalb die Errichtung funkentelegraphischer usw. Stationen verboten, nicht aber die fernere Benutzung der dem öffentlichen Verkehr übergebenen Anlagen (Abk. I 3, 8, II 5). Auf neutralem Gebiet dürfen ferner Kriegshandlungen nicht vorgenommen werden. Verboten sind demnach (Abk. II 2) Schlachten auf neutralem Gebiet, die Verfolgung eines Schiffs in neutralen Gewässern, die Wegnahme von Schiffen und Gütern daselbst. Ist ein Akt der letzten Art vorgenommen, so muß der neutrale Staat die Prise befreien bzw. sich ausantworten lassen und sie seinerseits dem Beschädigten überliefern (Abk. II 3).

III. Das neutrale Landgebiet darf von Angehörigen der kriegführenden Armeen auch nicht zum Durchmarsch benutzt werden, mögen sie einzeln oder in Massen kommen. (Vgl. § 60 II.) Jede Benutzung des neutralen Gebiets ist ein militärischer Vorteil und deshalb unzulässig. Verboten ist aus dem nämlichen Grunde auch der Transport von Munitions- und Verpflegungskolonnen durch neutrales Gebiet. Der neutrale Staat ist indessen nicht nur zur Zurückweisung berechtigt, sondern er darf Material wie Menschen auch vor Feindesgewalt schützen und aufnehmen. Dann muß er aber dafür Sorge tragen, daß sie im gegenwärtigen Kriege nicht mehr Verwendung finden. Das Kriegsmaterial ist mit Beschlag zu belegen, die Truppen sind möglichst weit vom Kriegsschauplatz zu verwahren, so daß sie das neutrale Gebiet während der Dauer des Krieges nicht wieder verlassen können. Der neutrale Staat kann sie in Lagern verwahren, sie auch in Festungen oder anderen geeigneten Orten einschließen. Er hat für Ernährung, Bekleidung und Krankenpflege nach Maßgabe der Genfer Konvention Sorge zu tragen. Die Kosten der Verwahrung sind ihm nach dem Friedensschluß von dem Staat zu ersetzen, dessen Truppen er verwahrt hat. Eine Ausnahme von diesen Grundsätzen findet statt: 1. zugunsten der entwichenen Kriegsgefangenen und der von den Übergetretenen mitgebrachten Kriegsgefangenen; sie werden mit Betreten des neutralen Gebiets frei, denn der neutrale Staat darf sie nicht für den Gegner bewachen; 2. zugunsten der Verwundeten und Kranken: der neutrale Staat kann ihren Durchzug durch sein Gebiet gestatten, unter dem Vorbehalt, daß die zur Beförderung benutzten Züge weder Kriegspersonal noch Kriegsmaterial mit sich führen. Er ist in solchen Fällen verpflichtet, die erforderlichen Sicherheits- und Aufsichtsmaßregeln zu treffen. Die der Gegenpartei angehörigen Verwundeten oder Kranken, die unter solchen Umständen von einer der Kriegsparteien auf neutrales Gebiet gebracht werden, sind von dem neutralen Staat derart zu bewachen, daß sie nicht von neuem an den Kriegsunternehmungen teilnehmen können. Das ist ein Kompromiß, um die Abschiebung der Verwundeten und Kranken nach neutralem Gebiet zu erleichtern (Abk. I 2, 11/5). Im Kriege 1870/71 trat die Bourbakische Armee, 80 000 Mann stark, auf schweizerisches Gebiet über: Konvention von Verrières vom 1. Februar 1871.

IV. Der neutrale Staat darf Kriegsschiffen und Prisen gestatten, seine Küstengewässer zu durchfahren und sich der von ihm bestellten Lootsen zu bedienen. Aufenthalt in neutralen Häfen, Reeden und Küstengewässern soll Kriegsschiffen grundsätzlich nur vierundzwanzig Stunden gestattet werden (diese Beschränkung hat Deutschland nicht angenommen), es sei denn eine Verlängerung wegen Beschädigungen oder wegen des Zustands der See erforderlich. In einem und demselben Hafen (Reede) dürfen sich höchstens drei Kriegsschiffe eines Kriegführenden zu gleicher Zeit befinden. Treffen Schiffe der Gegner im neutralen Hafen zusammen, so darf die zuletzt absegelnde Partei den Hafen erst verlassen, wenn vierundzwanzig Stunden seit der Abfahrt der ersten Partei verstrichen sind. — In neutralen Häfen und Reeden dürfen die Kriegsschiffe nur ihre Seetüchtigkeit, nicht die Kriegstüchtigkeit wiederherstellen und verbessern; also darf auch die Besatzung nicht ergänzt werden. Der Vorrat an Lebensmitteln darf bis zum regelmäßigen Friedensbestand ergänzt werden, der an Feuerungsmaterial soweit erforderlich zur Erreichung des nächsten heimischen Hafens. Nach einer von Deutschland nicht angenommenen Regel darf ein Schiff, welches einmal Feuerungsmaterial erhalten hat, in den Häfen der nämlichen neutralen Macht seinen Bedarf erst nach drei Monaten erneuern (Abk. II 10/20).

Prisen darf der Zutritt zu neutralen Häfen und Reeden gestattet werden: 1. um bis zur Entscheidung des Prisengerichts in Verwahrung gehalten zu werden; dies soll der Zerstörung von Prisen vorbeugen; 2. wegen Seeuntüchtigkeit, wegen ungünstiger See sowie wegen Mangels an Feuerungsmaterial oder an Vorräten, bis zur Behebung dieser Hindernisse. Bei hiernach unerlaubtem Aufenthalt muß der neutrale Staat die ihm zur Verfügung stehenden Mittel anwenden, um die Prise mit ihrer Besatzung zu befreien, die vom Kaptor auf sie gelegte Besatzung aber zu internieren (Abk. II 21/3). Bei entsprechendem Verhalten eines Kriegsschiffs ist der neutrale Staat berechtigt, es zu desarmieren, d. h. es unfähig zu machen, während der Dauer des Krieges in See zu gehen, und die Besatzung zu internieren (ibid. 24). Zahlreiche Fälle im ostasiatischen Krieg.

Verwundete, Kranke und Schiffbrüchige, welche von einem neutralen Kriegsschiff aufgenommen oder von einem Kriegführenden im neutralen Hafen mit Genehmigung der Ortsbehörde ausgeschifft worden sind, hat der neutrale Staat auf Kosten ihres Heimatstaats für die Dauer des Krieges zu internieren (10° Haager Abk. 13, 15). Auch diese Bestimmung soll die Abschiebung auf neutrales Gebiet erleichtern.

3. Der neutrale Handel.

Vgl. die Literatur zu § 60 und zu § 66 III. Marstrand-Mechlenburg: Das japanische Prisenrecht, Berlin 1908; Ozanam: La juridiction internationale des prises maritimes, Paris 1910; Krauel: Preußen und die Freiheit neutraler Güter auf feindlichen Schiffen (Gierke-Festschrift), Breslau 1910; ArchÖffR. 26 513; Rev. 33 623, 38 434.

§ 72. a) Die allgemeinen Grundsätze.

I. Die neutralen Staaten sollen in den Krieg nicht verwickelt werden. Das gilt nicht nur für die Staaten selbst, sondern auch für ihre Untertanen. Sie können insbesondere während des Krieges Handel treiben: denn der Handel ist an sich ein friedliches Gewerbe. Im 18. Jahrhundert wurde der Krieg noch oft dazu benutzt, neben dem feindlichen auch den neutralen Handel zu schädigen. Ein solches Vorgehen ist im 19. Jahrhundert durchaus unzulässig geworden. Der neutrale Staat kann jede Störung des friedlichen Handels seiner Untertanen untersagen.

Hiermit ist bereits die Grenze angedeutet, bis zu welcher der neutrale Handelsverkehr frei ist: er muß friedlich sein. Wer meinem Feinde hilft, ist mein Feind. Der neutrale Staat ist nicht gehalten, seinen Angehörigen die Unterstützung einer kriegführenden Partei zu verbieten; er ist hierfür auch nicht verantwortlich. Wie aber der Staat die Rechte der Privatpersonen am Schiff nur schützen kann, sofern das Schiff zu friedlicher Seefahrt verwendet wird (§ 42 II), so kann auch der neutrale Staat den Handelsverkehr seiner Untertanen nur schützen, soweit er friedlich ist. Feindlichen Handel treiben sie auf ihre Gefahr hin. Die kriegführenden Parteien können Maßnahmen dagegen treffen. Diese Abwehrmaßregeln dürfen sich aber nur richten gegen die Mittel und Gegenstände des feindlichen Handels, d. h. gegen Schiff und Ware, nicht gegen die Person des neutralen Handeltreibenden. Sofern er nicht im Gewaltgebiet des benachteiligten Kriegführenden wohnt, begeht er kein Verbrechen, sondern eine an sich erlaubte, den Kriegführenden allerdings schädigende Handlung (Abk. I 18). Darum setzt anderseits die Repression des schädigenden Handels ein Verschulden des Handeltreibenden nicht voraus.

Die Freiheit des neutralen Seehandels ist durch die Pariser Seerechtsdeklaration anerkannt und geschützt (vgl. § 66 III). Grundsätzlich sind frei neutrale Schiffe, neutrale Güter auf feindlichen wie neutralen Schiffen und feindliche Güter auf neutralen Schiffen. Die Freiheit fällt jedoch hinweg, wenn der neutrale Handel bestimmten, als feindlich anerkannten Zwecken dient — Zuführung von Kriegskonterbande, neutralitätswidrige Unterstützung —, oder wenn er auf bestimmtem, als feindlich anerkanntem Wege betrieben wird: Blockadebruch.

II. Daß auch neutrale Schiffe auf dem Kriegsschauplatz der Anhaltung und Durchsuchung unterworfen sind, wurde bereits im § 66 III erwähnt. Diese Maßnahmen sind notwendig, weil die Nationalität und, bei Verdacht der Kriegskonterbande, auch die Ladung des Schiffs festgestellt werden muß. Die Durchsuchung ist Postschiffen gegenüber durch das 11° Haager Abkommen (1, 2) eingeschränkt; sie ist unzulässig, wenn neutrale Handelsschiffe unter Geleit eines Kriegsschiffs ihrer Flagge fahren (Lond. Erkl. 61, 62). Hat ein neutrales Schiff gewaltsamen Widerstand geleistet, oder ergibt die Durchsuchung, daß es Kriegskonterbande zuführt, den Gegner neutralitätswidrig unterstützt oder eine Blockade bricht, so wird es mit Beschlag belegt. Es ist in einen Hafen zu bringen. Das Prisengericht entscheidet über die Rechtmäßigkeit der Beschlagnahme sowie über die Einziehung oder Freigabe von Schiff und Ladung. Der gewaltsame Widerstand entzieht dem Schiff den Flaggenschutz; es wird wie ein feindliches behandelt. Wird die Beschlagnahme des Schiffs oder der Waren vom Prisengericht nicht bestätigt, so haben die Beteiligten Anspruch auf Schadensersatz; es sei denn, daß ausreichende Gründe für die Beschlagnahme vorgelegen haben (Lond. Erkl. 63, 64).

III. Ausnahmsweise darf ein beschlagnahmtes neutrales Schiff, welches der Einziehung unterliegen würde, zerstört werden, wenn die Aufbringung das nehmende Kriegsschiff einer Gefahr aussetzen oder den Erfolg der Operation, worin es derzeit begriffen ist, beeinträchtigen könnte. Im prisengerichtlichen Verfahren hat die nehmende Kriegsmacht alsdann zunächst den Nachweis zu führen, daß einer dieser Ausnahmefälle vorlag, in welchen die Zerstörung zulässig ist, widrigenfalls sie die Schiffs- und Ladungsinteressenten ohne weiteres zu entschädigen hat. Gelingt der Nachweis, so kommt es zu dem gewöhnlichen Verfahren über die Rechtmäßigkeit der Wegnahme (Lond. Erkl. 48/54).

IV. Die bisher allein bestehenden nationalen Prisengerichte sind in erster Linie an das ihnen gesetzte Landesrecht gebunden, können das Völkerrecht nur insoweit und in derjenigen Auslegung anwenden, wie es das Landesrecht vorschreibt. Bei der Erregung in Kriegszeiten können sie sich auch nicht immer von nationalen Vorurteilen freihalten, sind sie unwillkürlich geneigt, die öffentlichen Interessen des eigenen Staats höher zu stellen als die Privatinteressen der Ausländer. Diese Nachteile wollte das noch nicht ratifizierte 12° Haager Abkommen durch Schaffung eines internationalen Prisengerichtshofs beseitigen. Er sollte aus fünfzehn, von den verschiedenen Signatarmächten ernannten Richtern bestehen und als Berufungsinstanz über den nationalen Prisengerichten fungieren. Das internationale Verfahren sollte immer zulässig sein, wenn die nationale Entscheidung neutrales Staats- oder Privateigentum beträfe, ausnahmsweise auch wenn sie feindliches Eigentum beträfe. Die Anrufung des internationalen Prisengerichtshofs sollte deshalb den feindlichen Untertanen nur in engen Grenzen freistehen.

Seinen Entscheidungen sollte dieser Gerichtshof in erster Linie das zwischen den beteiligten Staaten bestehende Vertragsrecht, sodann das allgemeine Völkerrecht, in letzter Linie die allgemeinen Grundsätze der Gerechtigkeit und Billigkeit zugrundelegen. Vgl. Zusatzprotokoll vom 19. Sept. 1910 (Rev. Gén. 18 Doc. 11).

§ 73. b) Die Kriegskonterbande.

Literatur. Lehmann: Die Zufuhr von Kriegskontrebande-Waren, Kiel 1877; Wiegner: Die Kriegskonterbande, Berlin 1904; Strisower: Kriegskonterbande (österreich. Staatswörterbuch), 1907; Hold v. Ferneck: Die Kriegskonterbande, Wien 1907; Beckenkamp: Die Kriegskonterbande, Breslau 1910; BöhmsZ. 10 433, 11 385; ZVölkR. 2 231, 4 Beiheft 1; Rev. 25 7, 124, 239, 389, 26 214, 460, 44 221; Rev. Gén. 11 353.

Kriegskonterbande (Lond. Erkl. 22/44) ist die einer Kriegspartei zur See zugeführte, zur Kriegführung benötigte Ware.

I. Die Natur der Ware. Die Freiheit des neutralen Handels stände auf dem Papier, wenn jede Ware zur Konterbande gestempelt werden könnte. Eine Unterstützung der Kriegspartei ist nur in der Zuführung dessen zu erblicken, was sie zum Kriege bedarf. Konterbande sind:

a) unbedingt als absolute Konterbande die sog. res quae in bello tantum usum habent, das Kriegsmaterial (Waffen, Munition, Ausrüstungsstücke, Sprengstoffe); im einzelnen: α) die im Art. 22 aufgezählten, β) andere, ausschließlich für den Krieg verwendete Gegenstände und Stoffe, falls sie vom Kriegführenden in die Liste der absoluten Konterbande mittels einer den Mächten bekanntgegebenen Erklärung aufgenommen sind;

b) eventuell als relative Konterbande die res ancipitis usus, welche sowohl für kriegerische wie für friedliche Zwecke verwendbar sind (Lebensmittel, Feuerungsmaterial, Fahrzeuge, Geld usw.); im einzelnen: α) die im Art. 24 aufgezählten, β) andere, für kriegerische wie für friedliche Zwecke verwendbare Gegenstände und Stoffe bei Aufnahme in die Liste und entsprechender Bekanntmachung.

Zu einer festen Abgrenzung der Konterbandeartikel ist es nicht gekommen. Der Entwicklung der Technik und der Eigenart des einzelnen Krieges muß Rechnung getragen werden. Die einseitige Erklärung eines Kriegführenden haben die Neutralen aber nur dann anzuerkennen, wenn die namhaft gemachten Gegenstände oder Stoffe für kriegerische Zwecke verwendbar sind (Art. 27); gewisse Gegenstände und Stoffe sind ausdrücklich ausgeschlossen (Art. 28/29).

II. Die Bestimmung der Ware muß feindlich sein, d. h. sie muß dem Feinde zugeführt werden. Im Handel der Neutralen untereinander sowie im Handel von einem feindlichen nach einem neutralen Platz gibt es keine Konterbande.

a) Absolute Konterbandewaren unterliegen der Beschlagnahme, wenn bewiesen wird, daß ihre Bestimmung das feindliche oder vom Feind besetzte Gebiet oder die feindliche Streitmacht ist, gleichviel, ob noch eine Umladung oder ein Landtransport stattfinden muß (einheitliche Reise!).

b) Relative Konterbandewaren unterliegen der Beschlagnahme nur, wenn 1. ihre Bestimmung für den Gebrauch der Streitmacht oder der Verwaltungsstellen des feindlichen Staats bewiesen wird, und sie sich 2. auf einem Schiff mit feindlicher Bestimmung befinden, d. h. auf einem Schiff, welches nach feindlichem oder vom Feinde besetztem Gebiet oder zur feindlichen Streitmacht segelt und die Konterbande nicht in einem neutralen Zwischenhafen ausladen soll. Die Erfüllung der ersten Bedingung genügt, die Theorie von der einheitlichen Reise kommt zur Anwendung, wenn das feindliche Land keine Seegrenze hat: südafrikanischer Krieg — Fall „Doelwyck" 1896.

Die Beweislast hat Lond. Erkl. 30/36 genau geregelt.

III. Die Rechtsfolgen. Der Tatbestand der Konterbandezufuhr ist gegeben, sobald das Schiff mit der dem Feind bestimmten Konterbande absegelt. Zur Feststellung dieses Tatbestands ist erforderlich, daß die Konterbande auf dem Schiff außerhalb neutraler Gewässer betroffen wird. Nach deren Löschung darf gegen das Schiff nichts unternommen werden. Rechtsfolgen sind: a) Beschlagnahme und Ausbringung von Schiff und Ladung, Einleitung des prisengerichtlichen Verfahrens; b) Einziehung der Konterbandeartikel; c) Einziehung der Nicht-Konterbandewaren, nur wenn sie dem Eigentümer der Konterbande gehören; d) Einziehung des Schiffs, wenn die Konterbande mehr als die Hälfte seiner Ladung ausmacht; die Konterbandezuführung bildet dann einen erheblichen Teil seiner Unternehmung. War die Absicht der Konterbandezuführung nicht vorhanden, so werden die Konterbandeartikel nur gegen Entschädigung, das Schiff und der Rest der Ladung überhaupt nicht eingezogen (Art. 43).

§ 74. c) Neutralitätswidrige Unterstützung.

Diese Bezeichnung umfaßt zwei verschiedene Gruppen von Handlungen neutraler Kauffahrteischiffe (Lond. Erkl. 45/7). Für die Gruppenbildung maßgebend sind die Rechtsfolgen. Von ihnen ist deshalb auszugehen:

I. Das neutrale Schiff unterliegt der Behandlung, welche ein neutrales, der Einziehung wegen Kriegskonterbande unterworfenes Schiff erfahren würde: 1. wenn es die Reise eigens zum Zweck der Beförderung einzelner Personen der feindlichen Streitmacht oder zur Nachrichtenbeförderung im Interesse des Feindes ausführt; vgl. Marquardsen, Der Trentfall, Erlangen 1862; 2. wenn es wissentlich eine geschlossene feindliche Truppenabteilung oder einzelne Personen befördert, welche während der Fahrt die Operationen des Feindes unmittelbar — z. B. durch Signale — unterstützen.

II. Das neutrale Schiff unterliegt der Behandlung, welche es als feindliches Kauffahrteischiff erfahren würde: 1. wenn es sich unmittelbar an den Feindseligkeiten beteiligt; 2. wenn es sich unter dem Befehl oder unter der Aufsicht eines von der feindlichen Regierung an Bord gesetzten Agenten befindet; 3. wenn es von der feindlichen Regierung — z. B. als Kohlenschiff — gechartert ist; 4. wenn es derzeit ausschließlich zur Beförderung feindlicher Truppen oder zur Nachrichtenbeförderung im Interesse des Feindes bestimmt ist.

In allen Fällen verfällt die dem Eigentümer des Schiffs gehörende Ware gleichfalls der Einziehung. Auch wenn das Schiff der Beschlagnahme nicht unterliegt, kann jede auf ihm betroffene, in die feindliche Streitmacht eingereihte Person zum Kriegsgefangenen gemacht werden.

§ 75. d) Die Blockade.

Lond. Erkl. 1/21. — Literatur: Fauchille: Du blocus maritime, Paris 1882; Carnazza-Amari: Del blocco marittimo, 1897; Güldenagel: Verfolgung u. Rechtsfolgen des Blockadebruchs, Tübingen 1911; BöhmsZ. 17 1; ZVölkR. 4 Beiheft 1; Rev. Gén. 10 603; vgl. auch § 56 A. 1.

Blockade (vgl. § 56 II 6) ist „die Absperrung des Verkehrs für einen bestimmten Teil der feindlichen Küste durch Aufstellung von Seestreitkräften". Sie ist eine erlaubte Kriegsmaßregel; die Neutralen dürfen sich ihr nicht widersetzen, wenn ihre Erfordernisse erfüllt sind. Wer trotz bestehender Blockade die Einfahrt in den oder die Ausfahrt aus dem blockierten Platz zu bewerkstelligen sucht, der unternimmt die Vereitlung einer rechtmäßigen Kriegsoperation, der schädigt die blockierende Macht, unterstützt ihren Gegner. Woraus die Ladung des Schiffs besteht, ist gleichgültig.

I. Das Bestehen einer Blockade. 1. Sie muß nach dem vierten Satz der Pariser Seerechtsdeklaration effektiv sein, d. h. durch eine hinreichende Streitmacht aufrechterhalten werden, um den Zugang zum blockierten Gebiet in Wirklichkeit zu verhindern. Entscheidendes Kennzeichen ist, daß jedes Ein- und Auslaufen mit Gefahr verbunden ist. Die Blockade besteht nur so lange, als sie effektiv ist. Sie hört auf, wenn das blockierende Geschwader den Standort freiwillig verläßt. Anders, wenn es wegen schlechten Wetters sich zeitweise entfernt hat. 2. Die Blockade muß förmlich erklärt und bekanntgemacht sein. Dies ist für ihre Rechtswirksamkeit unerläßlich, denn sie ist keine selbstverständliche Folge des Krieges. a) Die Erklärung bestimmt den Tag des Beginns, die räumlichen Grenzen der Blockade und die Frist, welche den neutralen Schiffen zum Auslaufen gewährt werden muß. Den Zugang zu neutralen Häfen und Küsten darf das Blockadegeschwader nicht versperren. b) Die Bekanntgabe erfolgt an die neutralen Regierungen, an die Ortsbehörden behufs Weitergabe an die zuständigen Konsuln, eventuell als Spezialnotifikation an ein Schiff, welches sich dem blockierten Hafen nähert, falls es von dem Bestehen der Blockade keine Kenntnis hat, diese Kenntnis auch nicht (vgl. zu II) vermutet werden kann.

II. Blockadebruch ist der bei wirklicher oder vermuteter Kenntnis des Bestehens der Blockade unternommene Versuch, die Einfahrt zu dem blockierten Platz oder die Ausfahrt aus ihm zu bewerkstelligen. Die Kenntnis der Blockade wird bis zum Beweis des Gegenteils vermutet, wenn das Schiff einen neutralen Hafen nach Ablauf angemessener Zeit seit Bekanntgabe der Blockade an die diesen Hafen innehabende Macht verlassen hat. Nach europäisch-kontinentaler Praxis kann Blockadebruch nur im Bereich des Blockadegeschwaders begangen werden, d. h. durch den Versuch, die Ein- oder Ausfahrt mit List oder Gewalt zu bewerkstelligen. Die englisch-amerikanische Praxis erblickt Blockadebruch bereits in dem Absegeln nach dem blockierten Platz. Diese Anschauung ist nicht zu billigen, denn das Absegeln ist keine Störung der Kriegsoperationen. Nach Lond. Erkl. 17 darf die Beschlagnahme neutraler Schiffe wegen Blockadebruchs nur innerhalb des Aktionsbereichs der Kriegsschiffe stattfinden, welche beauftragt sind, die tatsächliche Wirksamkeit der Blockade sicherzustellen. Blockadebruch liegt nicht vor: 1. wenn das Schiff durch Seenot gezwungen in den Bereich des Blockadegeschwaders kommt; 2. wenn es sich derzeit auf der Fahrt nach einem nicht blockierten Hafen befindet, wie auch immer die spätere Bestimmung von Schiff oder Ladung sein mag. Keine einheitliche Reise! Fall Springbock.

III. Rechtsfolgen. Der Blockadebrecher darf beschlagnahmt und zu dem Zweck über den Bereich des Blockadegeschwaders hinaus verfolgt werden. Die Beschlagnahme ist nicht mehr zulässig, wenn die Verfolgung aufgegeben oder die Blockade aufgehoben ist. Das Prisengericht entscheidet, ob Blockadebruch begangen ist. Alsdann ist das Schiff stets verfallen. Die Ladung wird eingezogen, wenn nicht nachgewiesen wird, daß der Befrachter zur Zeit der Verladung der Ware die Absicht des Blockadebruchs weder gekannt hat noch kennen konnte.

§ 76. V. Die Beendigung des Krieges.

Die Beendigung des Krieges wird herbeigeführt:

I. durch Vernichtung eines der kriegführenden Staaten (debellatio): Kurhessen, Hessen-Nassau, Hannover und Frankfurt 1866. Der Sieger verleibt sich das Gebiet des untergegangenen Staats ein. Es findet Rechtsnachfolge statt (§§ 9, 53);

II. durch wechselseitige Willenserklärung der kriegführenden Staaten. Der Wille, den Krieg zu beendigen, kann ausdrücklich oder durch konkludente Handlungen erklärt werden. Ersterenfalls wird ein Friedensvertrag geschlossen; letzterenfalls werden die Feindseligkeiten dauernd eingestellt: Preußen und Liechtenstein 1866, Frankreich und Mexiko 1866. Diese Beendigungsart ist ungewöhnlich. Werden die Truppen nicht zurückgezogen, so verbleiben Eroberungen dem Sieger: es entscheidet der status quo post bellum (res fuerunt). Die Streitfragen, die den Krieg veranlaßten, sind nicht immer ausgetragen; sie bleiben dann auf dem status quo ante bellum. Die Einstellung der Feindseligkeiten kann aber auch bei dem einen Staat Verzicht auf die früher erhobenen Ansprüche bedeuten.

III. Der Abschluß eines Friedensvertrags ist die regelmäßige Form der Beendigung des Krieges. Ihm geht meist ein Waffenstillstand (§ 69), oft auch ein Präliminarfriede (§ 15) voran. Als paix pure et simple bezeichnet man denjenigen Friedensvertrag, welcher sich auf das essentiale negotii, die Vereinbarung über die Wiederherstellung des Friedens, beschränkt. Fast immer enthalten die Friedensverträge in der Neuzeit mehr; insbesondere regeln sie auch die Art, in welcher die friedlichen Beziehungen wieder aufgenommen werden sollen: Wiederherstellung der alten Vertragsverhältnisse usw. — Dem Inhalt nach unterscheidet man allgemeine und besondere Vertragsbestimmungen.

Die Wirkungen des Friedensschlusses richten sich in erster Linie nach dem Inhalt des Vertrages. Als allgemeine Wirkungen sind hervorzuheben: der Friede ist wiederhergestellt, das Kriegsrecht tritt, auch den Neutralen gegenüber, außer Kraft; Kriegshandlungen dürfen nicht mehr vorgenommen, rückständige Requisitionen nicht mehr eingefordert, Prisen nicht mehr verurteilt werden. Aus verspäteten Kriegshandlungen einzelner haftet der Staat nach allgemeinen Grundsätzen. Im Zweifel gilt die Wiederherstellung des früheren Zustands als gewollt; deshalb sind alle Eroberungen herauszugeben, soweit nicht Eigentumsübergang stattgefunden hat oder das Gegenteil vereinbart ist. Die einzelnen Gegenstände sind aber in dem status quo post bellum herauszugeben. Eine Haftung wegen Untergangs oder Verschlechterung kann nur bei Überschreitung der kriegsrechtlichen Befugnisse stattfinden. Über das Postliminium vgl. § 68.

Die Streitfragen, welche den Krieg veranlaßt hatten, gelten als erledigt. Als erledigt gelten aber auch alle Ansprüche wegen Verletzung des Kriegsrechts zwischen den kriegführenden Staaten selbst wie auch zwischen einem von ihnen und den Untertanen des anderen, mögen letztere privat- oder strafrechtlicher Natur sein. Diese Amnestie gilt auch ohne besondere Vereinbarung als gewollt, weil sonst Krieg aus Krieg entstehen und ein dauernder Friedenszustand unmöglich sein würde (Heffter). Besondere Bedeutung (v. Liszt) kommt der Amnestie bei Gebietsabtretungen zu: der Erwerber darf die Bewohner des abgetretenen Gebiets wegen militärischer oder politischer Handlungen während des Krieges nicht verfolgen (Frankfurter Friede vom 10. Mai 1871 Art. 2 Abs. 2, Fleischmann 100, Friede von Ouchy 1912). Die Amnestie bezieht sich weder auf Ansprüche, die mit dem Krieg nicht im Zusammenhang stehen, noch auf Ansprüche, die während des Krieges rechtmäßig begründet wurden, sich nicht auf Verletzung des Kriegsrechts stützen, noch endlich auf Ansprüche zwischen Kriegführenden und Neutralen.

Sachregister.

A.

Aberkennung der bürgerlichen Ehrenrechte 35, 223.
— einzelner Ehrenrechte 36.
Aberratio ictus 22.
Abgabenfreiheit der Gesandten 533.
Abgeleiteter Erwerb, der Gebietshoheit 518.
Ablehnung von Gerichtspersonen 245.
Abolition 44.
Absenzverfahren 202 f.
Absenzverhandlung 187 f.
Absicht 21.
Absolution 446.
Absorptionsprinzip 39.
Abstimmung 249.
— nach Gründen 162.
Abtreibung 49.
Accedo 418.
— nemini 418.
Achtungsverletzung 228.
Acta sedis Apostolicae 435.
Actio libera in causa 20.
Advocatiae 373.
Advocatus ecclesiae 341.
Aedificatio 452.
Affectus maritalis 336.
Afterleihe 308.
Agent provocateur 30.
Akklamation 418.
Akkusationsmaxime 150.
Akolythen 285.
Alienatio bonorum 333.
Allianz, heilige 394.
Ämter, als Kurialbehörden 421.
Ämterleihe 308.
Ämterrecht, der Kirche 447.
— (der evangel. Kirche) 474.
Amnestie 44.
Amotio administrativa ab officio et beneficio curato 454.
Amtsanmaßung 68.
Amtsanwaltschaft 148.
Amtsenthebung 345, 446.
Amtsgerichte 138, 139.
Amtsgerichtspräsidenten 138.
Amtsgewalt, bischöfliche 309.
Amtsverbrechen 71 f.
Amtsverlust 224.
Anathema 295.
Aneignungsdelikte 52 ff.
Anerkennung, als Verpflichtungsgrund, im Völkerrecht 510.
Angarie 550, 566.
Angeklagter 134, 242.
Angeschuldigter 132.
Angilramni capitula 301.
Anklage 165, 184.
Anklageprinzip 151.
Anklageschrift 184.
Anklageverfügung 248 f.
Annalia 339.
Annatae Bonifacianae 339.
Annus decretorius 374.
— discretionis 402.
Anschuldigung, falsche 69.
Ansegis, Sammlung 300.
Anstiftung 27, 29 f., 219.
Antimodernisteneid 363 Anm. 2.
Antrag 42 ff.
— auf Einleitung eines objektiven Verfahrens 165.
— auf Erlaß eines Strafbefehls 165.
— auf Voruntersuchung 165.
Anwaltszwang 159.
Apocrisiarii 330.
Apostasia a regula sive a monachatu 431.
Apostolicae sedis gratia episcopus 332.
Apprehensionstheorie 53.
Aprobatio pro cura 351.
Arbeitshaus 35.
Arbeitsstrafen 259.
Archidiakon 306.
Archidiaconi minores 308.
Archidiakonat 306.
Archipresbyter 305.
Argumentum unitatis 323.
Arrest 222.
Arrestbuch 68.
Arreststrafen 259.
Articles organiques 358.
Artikelsbriefe 213.
Assignatio fundi 452.
Asylrecht 12, 298, 354.
— und Auslieferung 527.
Attentatsklausel, belgische 12.
Auflauf 67.
Aufreizung z. Klassenkampf 61.
Aufruhr 67.
Auftrag, im Völkerrecht 546.
Augenschein 173, 247.
Augenscheinsobjekt 173.
Augsburgische Konfessions-Religion 371.
Ausbeutung 56.
Ausbildung, theologisch-juristische 328.
Ausführung 24.
Ausgleichvorschlag 273.
Auslegung der MStGO. 233 f.
Auslieferung 12, 527.
Auslieferungsbegehren 528.
Auslosung der Geschworenen 191.
Ausschluß der Rechtswidrigkeit 17.
Aussetzung 48.
Auswanderung u. Rückkehr 524.
Ausweisung 35.
Außerverfolgungsetzung des Angeschuldigten 186.

B.

Back-to-bock system 95.
Bande 27.
Bankbruch 57.
Bann, kleiner 446.
Bannus episcopalis 309.
Bannus sancti Petri 309.
Basilica 303.
Baulast, kirchliche 457.
Beamtenrecht, im Völkerrecht 529.
Beatificationes 415.
Bedingungen d. Strafbarkeit 128.
Befehl 221.
— in Dienstsachen 17.
Begnadigung 44.
Beginn und Ende der Gesandtenstellung 531.
Begräbnis, kirchliches, Versagung 310.
Begünstigung 27.
Behörden, kirchenregimentliche 463.
Beihilfe 27, 29.
Beisitzer 140.
Beistandsleistung 160.
Belagerungszustand 216.
Beleidigung 51.
— Vorgesetzter 228.
Belügen des Vorgesetzten 228.
Benediktina 353.
Benedict Levita, Fälschungen 301.
Beneficium titulatum 448.
— (uneigentliches) 448.
— vel officium vacans 448.
Benefizialvermögen, Verwaltung 458.
Benefizialwesen, kirchliches 307.
Beobachtungsanstalten 113.
Beratung 249.
Bereicherungsdelikte 55 ff.
Berichterstatter 140.
Berichtigungsverfahren 193.
Berufsrichter 136.
Berufung 166, 251 f.
Berufungsverfahren 193 f.
Beschädigung und Preisgabe von Dienstgegenständen 230.
Beschimpfung Verstorbener 52.
Beschlagnahme 180 f., 246 f.
— im Völkerrecht 566.
— von Druckschriften 181.
Beschränkbarkeit der Gebietshoheit 515.

Beschuldigte 134, 242.
Beschwerde 166, 167.
— sofortige 167.
Beschwerdeführer 166.
Beschwerdeführung der Militär- (Marine-) Verwaltung 265.
Beschwerderecht, militärisches 262 f.
Beschwerde über verhängte Disziplinarstrafen 261 f.
— weitere 264.
Besetzung feindlichen Gebiets 568.
— der Kapitelstellen 451.
Besserungsanstalt 35.
Besserungsgefängnisse 97.
Besserungsschulen 97.
Besserungssystem 97.
Bestechlichkeit 230.
Bestechung 72.
Betrug 55 f.
Betteln 71.
Bettelorden der Franziskaner oder Minderbrüder 329.
Beurkundung 167 f.
Beurlaubung auf Wohlverhalten 96.
Bewährungsfrist 100.
Beweis 247 f.
Beweisaufnahme in der Hauptverhandlung 189 f.
Beweiserhebung, stellvertretende 152, 187.
Beweiserschöpfung 244.
Beweisfrist 173.
Beweislast 172.
— materielle 178.
Beweismittel 173 f.
— persönliche 174 ff.
— sachliche 173 f.
Beweisrecht 171 f.
Beweisregeln, gesetzliche 177.
Beweistätigkeit 172 f.
Beweisverbote, absolute 171.
— relative 173.
Beweiswürdigung, freie 177, 244.
Bewußtlosigkeit 20.
Bewußtsein der Rechtswidrigkeit 21.
Bezirkssynode 468.
Bigamie 59.
Billigkeitstheorie 164.
Bischof 284, 296, 309, 425.
Bischof, ordinarius dioecesanus 332.
Bistümer, Verleihung der deutschen 449.
Blankettfälschung 62.
Blockade 576.
Bordkriegsgerichte 254.
Bordstandgerichte 254.
Bordverfahren 253 f.
Borromäusenzyklika 363 Anm. 2.
Borstal-System 100, 106.
Böse-Buben-Haus 84.
Brandstiftung 64.
Breviarum extravagantium 319.
Breviarium, Romanum 414.
Briefsperre 180.
Bruderschaften 433.
Brüssler Übereinkommen 523.
Bulle 409.
— Ad dominici gregis custodiam 423.
— Caclestis altitudo 332.
— De salute animarum 423.
— dominus ac redemptor 345.
— Etsi pastoralis 414.
— exsecrabilis 343.
— exsurge Domine 369.
— Impensa Romanorum 423.
— Ineffabilis Deus 364.
— per venerabilem 323, 355 Anm. 2.
— Provida sollersque 423.
— regimini militantis ecclesiae 343.
— Sacrosantae 320.
— Sollicitudo animarum 358.
— Unam sanctam 318, 323.
Bundesstaat 503.
Bündnis 545.
Buße 31, 37, 243, 437.
Bußbücher 295.
Bußklage 200 f.

C.

Caesaropapismus 298.
Calixtinum 315.
Cancellaria 328.
Canones 319.
— ad Gallos 291.
Canonici regulares 333.
— saeculares 333.
Canonicus 306.
Canonisationes 415.
Capitula episcoporum 309.
Capitulares 306.
Capitularia mundana 300.
— ecclesiastica 300.
Capitulum 306.
Caritativa correctio 338.
Cartula ordinationis 307.
Casualis derogatio 327.
Casus 321.
Causae 319.
— mere spirituales 337.
Cellae 303.
Censura 295, 445.
Censurae latae sententiae 310.
Character indelebilis 297.
Chorepiskopat 306.
Christliche Staaten, Angehörige derselben in nichtchristlichen Staaten 537.
Clamosa insinuatio 338.
Claustrum 303.
Clausura 432.
Clementinae 320.
Clinicus 411.
Cluniacensische Richtung 316.
Coadiutor 333.
Coetus 385.
Collegium aequale 382.
Colloque 384.
Competentiae 331, 414.
Concilium superat papam 341.
Conclusum Corporis Evangelicorum 402.
Concordia inter sacerdotium et regnum 323.
Conductus 308, 316.
Confirmatio 450.
Congregatio cardinalium concilii Tridentini interpretum 344.
Congregationes generales 344.
Congregatio Romanae et universalis inquisitionis 350.
Consecratio 411.
Consistoire 384.
Consistorium 377.
Constituta 291.
Constitutio Pastor aeternus 364.
Constitutiones 409.
Consuetudines 303.
Conventuales 329.
Copula carnalis (Sponsalia de praesenti) 336.
Corporation sole 396.
Corpus Evangelicorum 382.
— iuris canonici 318, 459.
Cottage system 111.
Cours d'assises 142.
Crescentier 316.
Crimina mere ecclesiastica 355.
Cuius regio eius religio 373.
Culpa dolo determinata 21.
Cum reservatione pensionis 454.
Custos utriusque tabulae 381.

D.

Dante 340.
Debellatio 577.
Decanus 306.
Declaratio cleri Gallicani 355.
Decreta de reformatione 344.
Decretales 291.
Decretales Gregorii IX 314.
— reservatae 320.
Decretum Frequens 341.
— Gratiani 318.
Decretum de reformatione matrimonii 344.
— tametsi 353.
Defectus natalium 431, 314.
Defensor pacis 340.
Degradatio 338, 445.
Degradation 224.
Dekanat 306.
Dekret Lamentabili 366.
Dekretale Innozenz III Per venerabilem 323.
Dekretalisten 321.
Delicta mere ecclesiastica 445.
— manifesta 338.
Denunciatio evangelica 355.
Depeschenfälschung 62.
Depositio 338, 445.
Dessaisierungsprinzip 163.

Devolutiveffekt 166.
Devotio domestica 374.
Devolutionsrecht 148.
Diakonat 411.
Diakonen 284.
Dictatus papae Gregors VII. 323.
Diebstahl 52.
— leichter 53.
— militärischer 231.
— schwerer 53.
Dienstaufsicht über Gerichte 149.
Dienstbefehl 17, 221.
Dienstentlassung 224.
Dioecesis 305.
Dionysiana 291.
Dionysio-Hadriana 301.
Diözesanrecht 309.
Diözesansynode 309, 435, 468.
Diözese 291.
Dispensation, im Kirchenrecht 436.
Distinctiones 319.
Distributio quotidiana 308.
Disziplinarstrafe 31.
Disziplinarmaßnahmen 258 f.
Disziplinarstrafrecht 258 ff., 473.
— militärisches 255 ff.
Disziplinarübertretungen 256.
Disziplinarverfahren 257.
Disziplinarvorgesetzte 260.
Dogma der unbefleckten Empfängnis Mariä 364.
Dolus eventualis 21, 23.
Dolus generalis 21.
— indirectus 21.
Domherr 306.
Dominikaner oder Predigermönche 329.
Domkapitel 333, 425.
Dompropst 308.
Doppelehe 59.
Dos 307.
Dreikaiseredikt 287.
Dreiständelehre 381.
Drohung 61.
Dunkelarrest 80.
Durchsuchung 181 f., 246 f.

E.

Ecclesia publica 411.
Editionszwang 181.
Ehe und ihr Recht im Kirchenrecht 438.
Ehe, Sakramentsnatur 336.
Ehebruch 59.
Ehedelikte 58 f.
Eheerschleichung 59.
Ehehindernisse im Kirchenrecht 439.
Eherecht 353.
Ehrengerichtsbarkeit, militärische 266 ff.
Ehrenhändel 273 f.
Ehrenrat 269.
Ehrenstrafe 34 f., 259.
Eid, bürgerlicher 176.
Eidesbruch 69.
Eideshelfer 310.
Eigengewässer 517.
Eigenkirche 301.
Eigenkirchenrecht 335.
Eigenkloster 303.
Eigenschaften, persönliche 220.
Einheitliche Reise 577.
Einheitlichkeit der Verhandlung 244.
Einquartierung 526.
Einstellung des Verfahrens 128, 149, 184 f.
Einstellung, vorläufige 185.
Einwilligung 17.
Einzelgemeinde 382.
Einzelhaft 89, 99, 104 f.
Einzelkirche 236.
Einzelrichter, bischöflicher 332.
Einziehung 36 f.
Entfernung, unerlaubte 229.
— aus dem Heere oder der Marine 223.
Entführung 50.
Enthebung, einstweilige am militärischen Dienst 246.
Entlassung, bedingte 107.
— vorläufige 96, 98.
Entlassungsamt 99, 108.
Entschädigung der im Wiederaufnahmeverfahren freigesprochenen Personen 253.
Entscheidungen 156.
— laufende 164.
— richterliche 162 ff.
Entsündigung der Welt 323.
Entweichenlassen von Gefangenen 72.
Enzyklika Quanta cura 363.
— Quod nunquam 363.
— Respicientes 364.
Episcopus 377.
— suffraganeus 311.
Episkopalismus 355, 356.
Episkopalsystem 381.
Episkopat, monarchisches 283.
Epistolae 291.
Erectio 448.
Erfolg 13.
Erfolgshaftung 20.
Erledigung der Kirchenämter 454.
Ermächtigung 43.
Ermächtigungsdelikte 150.
Ermächtigung zur Strafverfolgung 150.
Ermittlungsverfahren 183, 248.
Eröffnungsbeschluß 185.
Erpressung 55.
— von Geständnissen 72.
Erregen von Mißvergnügen 230.
Erregung öffentl. Ärgernisses 59.
Error in persona 22.
Erschleichung des Beischlafs 59.
Erwerb und Verlust der Gebietshoheit 518.
Erwerb und Verlust der Staatsangehörigkeit 522.
Erzabt 303.
Eucharistie 437.
Evidens utilitas 448.
Exarchat 292.
Excommunicati tolerati 354.
Excommunicati vitandi 354.
Excommunicatio latae sententiae 431.
Excommunicatio maior latae sententiae 418.
Excommunicatio minor 295, 338.
Ex defectu corporis 411.
Exemtion 328, 429.
Exenium 308.
Exercitium religionis 374.
— — privatum 375.
Exklusive 418.
Exkommunikation 295.
Exorzisten 285, 411.
Exterritorialen 135.
Exterritorialität 530, 533.
Extravagantes scil. decretales 319.

F.

Fabrica 297.
Fähigkeit z. prozessualem Handeln 159.
— zur Kriegführung 557.
Fahnenflucht 229.
Fahrlässige Tötung 47.
Fahrlässigkeit 22 ff.
Fälle, minder schwere 224.
Falschmünzerei 63.
Familie des Gesandten 534.
Familiendiebstahl 53.
Faschodastreit 521.
Favor defensionis 154.
Feigheit 229.
Feindliche Handlungen gegen befreundete Staaten 66.
Felddiebstahl 54.
Feldpropst, evangelischer 464.
Feldpropstei, katholische 429.
Festnahme, vorläufige 179, 246.
Feststellungsfreiheit 169.
Festungshaft 34, 93, 222.
Fides 415.
Fiktionstheorie 164.
Firmung 437.
Fluchthaft 179.
Flüsse 516.
— als Staatsgrenzen 514.
Forderungsrechte, einzelne im Völkerrecht 545.
Formalentscheidung 156, 162.
Formalparteien 148.
Formalurteilsvoraussetzungen 157.
Formeln 300.
Forstrügeverfahren 203.
Forum 144 f.
Forum connexitatis 145.
— delicti commissi 144.
— deprehensionis 145.
— domicilii 145.

Forum externum 410.
— internum 410.
Fragestellung an die Geschworenen 191.
Französische Gemeinde 386.
Frauenraub 50.
Freiheit der Papstwahl 537.
Freiheitsberaubung 50.
Freiheitsbeschränkung 49 f.
Freiheitsentziehung 50.
Freiheitsstrafen 33 f., 81, 259.
Freisprechung 128.
Fremde 525.
Fremden-Gemeinde 386.
Friedensgericht 142.
Friedensstörungen 61.
Friedensvertrag 577.
Fristen 161, 245.
— gesetzliche 161.
— richterliche 161.
Fronleichnamsfest 328.
Fructus medii temporis 339.
Fürsorgeerziehungsrecht 109 ff.
Fußkuß 324.
Futterdiebstahl 54.

G.

Gallikanismus 355.
Garantie 545.
Garantiegesetz 537.
Gebiet, neutrales 572.
Gebietshoheit 513.
Gebietsveränderungen 505.
Gebühren, kirchliche 456.
Gefährdung d. Kriegsmacht 229.
Gefangenenbefreiung 230.
Gefangenschaft als Rechtsverhältnis 80 ff.
— als Kriegsg. im Völkerrecht 564.
Gefängnishygiene 81.
Gefängniskunde 78.
Gefängnisrecht 75 ff.
Gefängnisse 93.
Gefängnisstrafe 33 f., 222.
Gefolge, im persönlichen Dienst des Gesandten 535.
Gegenprozeßverhältnis 149.
Gegenstand der Urteilsfindung 190.
Gegenüberstellung, Konfrontation des Zeugen 175.
Geistliche der ev. Kirche 472.
Geistliche Amtspflichten und Aufsicht 453.
Gelasianische Kirchgründungsinstruktion 297.
Geldstrafe 34.
Geldwucher 56.
Geleit, sicheres 180.
Gelübden der Armut, Keuschheit und des Gehorsams 330.
Gemeinde u. ihre Vertretung 467.
Gemeindekirchenrat 467.
Gemeindevertretung 467.
Gemeindewahlrecht 476.
Gemeingefährl. Verbrechen 64 f.
Gemeinschaftsanstalten 93.
Gemeinschaftshaft 99, 104 f.
Generalsuperintendent 464.
General- od. Landessynode 469.
Generalvikariat 426.
Genossenschaften, kirchliche 430.
Gericht, beschließendes 141.
— erkennendes 141.
Gerichtsanstalten 138.
Gerichtsbarkeit über das Gesandtschaftspersonal usw. 534.
Gerichtsbehörden 420.
Gerichtsgebrauch 8.
Gerichtsgewalt, im Kirchenrecht 444.
Gerichtsherr 234 ff., 237 ff.
Gerichtshof 139, 191.
Gerichtsoffiziere 239.
Gerichtspersonen 136 ff.
Gerichtsschreiber 141.
Gerichtssprache 156.
Gerichtsstand 144 f.
— kraft Auftrags 145.
— der Ergreifung 145.
— der Presse, ambulante 144.
— des Tatortes 144.
— des Wohnsitzes 145.
— des Zusammenhangs 145.
Gerichtsvollzieher 141.
Gesamtkirche 285 f.
Gesamtverbrechen 16.
Gesandte 508, 530.
Gesandtschaftspersonal 534.
— Familie und Gefolge 534.
Gesandtschaftswesen, historische Entwicklung 491.
Geschäftsverteilung 145 f.
Geschworene 137.
Geschworenenbank 139, 191.
Gesetzeskonkurrenz 226.
Gesetzwidrige Beeinflussung der Rechtspflege 230.
Gesetzgebungsrecht der evangelischen Kirche 470.
Gesetzgebungsrecht, päpstl. 325.
Gesetzeskonkurrenz 16.
Geständnis 177, 247.
Gestellung 246.
Gewissensfreiheit 399, 401.
Gewohnheitsrecht 8, 459.
Gewohnheitsrecht, im Kirchenrecht 409.
Glaubensfreiheit 401.
Glaubhaftmachung 170.
Gotteslästerung 60 f.
Gottesurteil 310.
Gravamen 167.
Gravamina nationis Germanicae 344, 356.
Gregorianismus 323.
Grenzbeamte 536.
Grenzverrückung 63.
Grober Unfug 71.
Grotius 491.
Gutachtereid 177.
Güter- und Verkehrsschutz der Fremden 526.

H.

Haager Abkommen vom 12. Juni 1902 523.
— — über den Zivilprozeß vom 17. Juli 1905 526.
Haeresis formalis 445.
— materialis 445.
Haft 93.
Haftbefehl 179.
— offener 179.
Haftstrafe 34, 259.
Halbdiplomaten 508, 536.
Halbsouveräne Staaten 501.
Handel, neutraler 573.
Handelsschiffe 567.
Handlungen, richterliche 156.
Handlungseinheit 15, 219.
Handlungsfrist 161.
Handlungsmehrheit 15, 226.
Hauptfrage 192.
Hauptstrafen 32 ff.
Hauptstrafe im Militärstrafrecht 221 ff.
Hauptverfahren 183, 187 ff.
Hauptverhandlung 187, 249.
— vor den Schwurgerichten 191 f.
Hausfriedensbruch 61.
Haussuchungen, nächtliche 182.
Hebdomadarii 306.
Hehlerei 56.
Heidelberger Katechismus 385.
Heilige Allianz 495.
Heimatlose 523.
Heimsuchung 61.
Herausforderung eines Vorgesetzten zum Zweikampfe 228.
Hexenhammer 354.
Hierokratie 324.
Hilfsanstalten 113.
Hilfsfrage 192.
Hispana 291.
Hochverrat 46, 65.
Howard Association 98.
Huldentzug 310.

J.

Jagdausübung, unbefugte 57 f.
Jails 97.
Japan im Völkerrecht 488.
Idealkonkurrenz 226.
— gleichartige 39.
— ungleichartige 39.
Jesuiten 353.
Immensa aeterni 350.
Immutabilitätsprinzip 152.
Impedimentum mixtae religionis 353.
Imperium 392.
Incapax 411.
Incorporatio quoad temporalia 334.
— — — et spiritualia 334, 335.
— minus plena 334.
— plenissimo iure 335.

Indefinite sentence 99.
Indigenat 407.
Indignatio papae 310.
Individualbeschlagnahme 180 f.
Indizien 171, 173.
Indizienbeweis 171.
In dubio pro reo 178.
Infamia ecclesiastica 338.
Inkorporation 334.
Innovatio 448.
— beneficiorum 333.
Inquisition, spanische 354.
Institutio religionis christianae 383.
Instructio 417.
Instruktionsprinzip 152.
Instrumentum Pacis Osnabrugense 373.
Interdictum ambulatorium 354.
— personale ab ingressu ecclesiae 446.
Interdikt 310.
Interessenjurisprudenz 136.
Interessensphäre 547.
Interstitia 411.
Intervention 555.
Interventionsmittel 556.
Investitur 313.
Inzest 59.
Inzidentanklage 132.
Inzidentklage 184.
Josephinismus 349.
Irisches System 89.
Irregularitas 411, 412.
Irrtum 220.
— im Militärstrafrecht 220.
— im Strafrecht 21.
Iudices delegati 332.
— in partibus 354.
— prosynodales 444.
— synodales 444.
Jugendgefängnis 94, 101, 107.
Jugendliche 219.
Jura circa sacra 405.
— stolae 304.
Jurisdictio 410.
— delegata 327, 415.
— externa 410.
— interna 410.
— ordinaria 327, 131, 415.
Jus ad rem 450.
— canonicum 345.
— decimationis 316.
— deportus 339.
— divinum (positivum) 408.
— ecclesiasticum Catholicorum 345.
— fundi 316.
— humanum 408.
— in sacra 405.
— inspiciendi cavendi 373.
— metropoliticum 332.
— praesentandi 452.
— praesentationis 316.
— primariarum precum 335.
— reformandi 373, 405.
— regaliae 304, 313, 316.
Jus spolii 316.
— variandi cumlativum 452.
Justa causa, d. h. necessitas, utilitas ecclesiae incrementum cultus divini 448.

K.

Kabinettsjustiz 136.
Kammerarrest 222.
Kanäle 517.
Kanonikerkapitel 306.
Kanonissenstift 306.
Kanonistik 320.
Kanzelmißbrauch 61.
Kapellenrecht 533.
Kaperei 562.
Kapitelvikar 425.
Kapuziner 353.
Kardinäle 416.
Kardinalbischöfe 416.
Kardinaldekan 417.
Kardinaldiakonen 416.
Kardinalpriester 416.
Kardinalskongregation 419.
Kasernenarrest 259.
Kassation des Geschworenenspruchs 193.
Kausalzusammenhang 13.
— subjektiver 20.
Katechumenen 297.
Kathedrale 411.
Kauffahrteischiffe 539.
Ketzerinquisition 354.
Kinderraub 50.
Kindertaufe 297.
Kindestötung 47.
Kindesunterschiebung 58.
Kippen und Wippen 64.
Kirche und Eheordnung im luth. Kirchenrecht 379.
— Erwerbsfähigkeit der 455.
— im Rechtssinn 390, 460.
— und Staatsgesetz 459.
Kirchenbann, großer 445.
Kirchenedikt 385.
Kirchengewalt 410, 460.
Kirchengut, Verwaltung und Veräußerung 457.
Kirchenordnung 385.
Kirchenratsinstruktion 385.
Kirchenrecht 275 ff.
— deutsch-evangelisches 459.
— römisches 287 f.
Kirchenregiment, landesherrliches 376, 463.
Kirchenverfassung, lutherische 381.
Kirchenvisitationen 376.
Kirchenzucht und Disziplinarstrafgewalt, der evangelischen Kirche 473.
Kirchliche Gebühren u. Steuern im besonderen 456.
Klage 165.
Klageänderung 190.
Klageänderungsverbot 166.
Klagebesserung 190.
Klageformprinzip 151.
Klagemonopol 154.
— staatliches 150.
Klagenhäufung, objektive 132, 149.
— subjektive 132, 149.
Klageprüfungsverfahren 184.
Klagevollendung 166.
Klausel rebus sic stantibus 544.
Klementina 353.
Klerikerrecht 352.
Klerus 413.
— Heranbildung desselben 443.
Koadjutoren 428.
Kollegialbehörden 384.
Kollegialparochien 306.
Kollektivdelikt 16.
Kollusionsverdacht 179.
Kombattanten 561, 563.
Kommandogewalt 234.
Kommissivdelikte 14.
Kompetenzkonflikte 143, 146.
Kompetenzkonflikt, negativer örtlicher 145.
— positiver örtlicher 145.
Komplott 27.
Konferenzen 129.
Konfliktserhebung 129.
Kongregationen 353, 433.
Königsurkunde 294.
Konklave 417.
Konkordate 397.
Konkordat, Wormser 315.
Konsistorium 377, 463, 473.
Konstitution Summis desiderantes 354.
Konsul 508.
— rechtliche Stellung 535.
Konsulatsgericht 140.
Konterbande 575.
Kontribution 567.
Konvent 468.
Konzentrationsprinzip 152 f.
Konzil, allgemeines 434.
Konzilbeschlüsse und päpstliche Erlasse 408.
Konzil zu Trient 343.
Körperstrafen 259.
Körperverletzungen 48.
Kosten des Verfahrens 253.
Kreditgefährdung 52.
Kreissynode 468.
Kreuzverhör 188.
Krieg 557.
— hist. Entwicklung 493.
Kriegsartikel 213.
Kriegserklärung 560.
Kriegsfeld 560.
Kriegsgefangenschaft 564.
Kriegsgerichte 240.
Kriegsgerichtsräte 238 f.
Kriegsgesetze 216.
Kriegskonterbande 575.
Kriegsmittel 562.
— gegen feindl. Personen 563.
— gegen feindliche Sachen 565.
Kriegsparteien 557.

Kriegsschiffe 542.
Kriegsverrat 229.
Kriegsverträge 570.
Kriegszustand 216.
— aktiver und passiver 561.
Kriminalanatomie 6.
Kriminalanthropologie 6.
Kriminalgefängnisse 93.
Kriminalirrenanstalten 106.
Kriminalphysiologie 6.
Kriminalpolitik 6.
Kriminalpolizei 149.
Kriminalpolizeiwissenschaft 204.
Kriminalpsychologie 6.
Kriminalsoziologie 6.
Kriminalwissenschaft 6.
Kronkardinäle 417.
Kulturkampf 361 f.
Kultusfreiheit 399.
Kumulationsprinzip 39.
Kuppelei 59.
Kurialprälaten 419.
Kuriere 536.
Küstengewässer 517.

L.

Ladung 165, 246.
Laienbrüder (fratres conversi oder laici) 329.
Laienrichter 137.
Landdekane 428.
Landesherrliches Kirchenregiment 376, 463.
Landeskirchentum 380.
Landesarchipresbyterat 306.
Landesverrat 65 f.
Landfriedensbruch 61.
Landgebiet 514.
Landgericht 138.
Landgerichtsdirektoren 138.
Landgerichtspräsidenten 138.
Landgerichtsräte 138.
Landpfarrei 305.
Landrichter 138.
Landzwang 61.
Lattenarrest 96.
Lazaristen 353 Anm. 3.
Legaltheorie 398.
Legaten 421.
Legati a latere 331.
— missi 331.
— perpetui oder nati 331.
Lehre und die Ausbildung der Geistlichen, der evangelischen Kirche 472.
Leichensangskauf 304.
Leitung der Hauptverhandlung 188.
Leges de amortizando 346.
Lektoren 285.
Letzte Ölung 437.
Levitae 284.
Libellatici 284 Anm. 2.
Liber diurnus 300.
— extra 319.
— sextus 320.
Libertez de l'église Gallicane 355.
Libri paenitentiales 295.
Lichtergut 307.
Litterae apostolicae 409.
— excardinationis 413.
— formatae 297.
Lokalinterdikt 446.
— generelles 354.
Lokalimmunität 533.
Luftgebiet 514, 518.
Luftschiffe 543.
Luther 368 f.

M.

Mahnverfahren 201 f.
Maigesetze 361.
Mailänder Edikt 287.
Mainzer Landfrieden 487.
Maiora 448.
Maison de correction 110.
Majestätsbeleidigung 66.
Majorität 418.
Malleus maleficarum 354.
Manuale 448.
Marineprobst 464.
Massenerhebung 562.
Materie, strafrechtliche 9.
Matrimonia clandestina 353.
Mehrtäterschaft 28 f.
Meineid 68 f.
Meistbegünstigungsvertrag 549.
Mensa episcopalis 308, 333.
— et massa communis 308.
Menschenraub 50.
Metropolen 292.
Metropolitangewalt 332.
Metropoliten 295, 424.
Meuterei 67, 228.
Milderungsgründe 38, 224.
Militärgerichtsschreiber 239 f.
Militärjustizbeamte, richterliche 238 f.
Militärjustizverwaltung 241 f.
Militärstrafsachen 129 f.
Militärstrafverfahren 231 ff.
Minenlegen 563.
Minister der auswärtigen Angelegenheiten 508.
Ministère public 148.
Mißbrauch der Amtsgewalt in Strafsachen 72.
— d. Beschwerderechts 230, 265.
— der Dienstgewalt 228 f.
Missionskirchenordnung 280.
Missionsorganismus 422.
Mittäterschaft 28.
Modernismus 365.
Monarca 346.
Monarchia Sicula 346.
Monasterium 303.
Mönchtum 288 f.
Monitio canonica 338.
— evangelica 338.
Monroedoktrin 556.
Mord 46.
Mores 415.
Motuproprio Arduum sane munus 367.
Motuproprio Cum omnes Catholicos 365 Anm. 4.
Mündlichkeitsprinzip 152, 244.
Mundraub 54, 231.
Munitionsdiebstahl 231.
Münzdelikte 63 f.
Münzfälschung 63.
Münzverringern 64.

N.

Nacheid 175.
Nachhaft auf unbest. Zeit 105.
— korrektionelle 35.
Nachpräsentations- oder Variationsrecht 476.
Nachrede, üble 51 f.
Naturrecht 349.
Nebenfragen 192.
Nebengesetze 8.
Nebenklage 200.
Nebenkläger 149.
Nebenpersonen, gerichtliche 136.
Nebenstrafen 35 ff., 223 f.
— an der Ehre 35 f.
— an der Freiheit 35.
— am Vermögen 36.
Nebentäterschaft 28.
Neutralität 558, 572.
— historische Entwicklung 494.
Neutralitätswidrige Unterstützung 576.
Nichtanzeige 69.
Nichtbereicherungsdelikte 57 f.
Nichteröffnungsbeschluß 185.
Nichtigkeit, absolute von Prozeßhandlungen 158.
Nichtigkeitsbeschwerde 194.
Nichtkombattanten 561.
Normaltag 375.
Notdiebstahl 231.
Notfrist 161.
Notifikation bei Okkupation 520.
Nötigung 49 f.
Nötigung eines Beamten 67.
Notorische Tatsachen 171.
Notrecht 18.
Notstand 18, 220.
— im Völkerrecht 550.
Notwehr 18, 220.
Notzucht 59.
Novitiatus 430.
Nullum crimen, nulla poena sine lege 8, 31.
Nuntien 421.
Nuntii sedis apostolicae 331.

O.

Obduktion 174.
Oberamtsrichter 138.
Oberkriegsgerichte 240.
Oberkriegsgerichtsräte 238.
Oberlandesgerichtsräte 138.
Oberlandesgerichtspräsidenten 138.
Oberste Ämtergewalt d. Papstes 328.
Oberstes Landesgericht 138.

Objekte, des Völkerrechts 509.
Objektives Verfahren 203.
Obligationsrecht, im Völkerrecht 543.
Obödienzen 303.
„Offene Tür" 496.
Öffentlichkeit des Verfahrens 153, 244 f.
Officia 421.
Officiales foranei 332.
— principales 332.
Officium 334.
Offizialat 426.
Offizialdelikte 150.
Offizialmaxime 150 f.
Okkupation 519, 520, 568.
Omissivdelikte 14.
Open door system 111.
Opportunitätsprinzip 154 f.
Orden 430.
Ordensgeneral 330.
Ordensrecht 353.
Ordinariat 426.
Ordination 411, 438, 466.
Ordines sacri oder maiores 331.
Ordo iudiciarius 321.
Oratorium 303, 305.
Ortsgefängnisse 93.
Ostiariat 411.
Ostiarier 285.

P.

Pactum Ottonis cum Johanne XII 312.
Palatialbehörde 312, 328.
Paleae 321.
Pallium 295, 325.
Papa 294.
Papalsystem 322.
Papa quodamodo Deus est 323.
Papst, im Völkerrecht 537.
Päpstliches Kanonisationsrecht 328.
Päpstliche Ordenshoheit 329.
Päpstlicher Primat 293, 324.
Papsttum 294, 311.
Papstwahl 416.
— per inspirationem 418.
— per compromissum 418.
Parität 403.
Parlamentäre 565.
Parochia 305.
Parole board 99.
— officers 100.
Parteien 134, 154, 177.
Parteifähigkeit 147.
Parteihandlungen 156.
Parteiöffentlichkeit 154.
Partiererei 56 f.
Patriarchalsynoden 292.
Patriarchat 292.
Patriarchenpolygamie 371.
Patronatrecht 335, 451 ff.
Patronatsrecht der evangelischen Kirche 475.
Paucapalea 321.
Pedum rectum 416.
Penitentiaries 97, 100.
Percussio clericorum 327.
Perpetuatio fori 166.
Persona digna 452.
Personae minus gratae 449, 451.
Personalinterdikt 295.
Personalhoheit 525.
Personalprinzip 11.
Personalunion 503.
Personenstandsdelikte 58.
Persönliche Strafausschließungsgründe 41.
Per venerabilem 323, 355 A. 2.
Peterspfennig (denarius sancti Petri) 323.
Pfandrecht (Völkerrecht) 516.
Pfarrei 376.
Pfarrer und Gehilfen desselben 428, 466.
Pfründstreitigkeiten 337.
Piaristen 353 Anm. 2.
Plaidoyer 190, 192.
Plebes baptismales 305.
Polizeiaufsicht 35.
Polizeigericht 142.
Polizei, gerichtliche 149.
Pönitenzen 295.
Pönitentiarsystem 90.
Pontifex maximus 294.
Portio congrua 334, 414.
Portodefraudationen 71.
Postliminium 570.
Potestas directa 345.
— directiva 396.
— iurisdictionis sive ad regendum 410.
— magisterii sive ad docendum 410.
— ordinis 410.
Praebendae 308.
Präbende 308.
Praeceptum paschale 336.
Präklusivfristen 161.
Praelati nullius 352.
Praepositus 306.
Präsenzgeld 308.
Präzedenz 429.
Precaria 297.
Precarium 297.
Precista 335.
Preßbeschlagnahme 181.
Priester 284.
Primat 293, 324.
Primatus honoris 416.
Primi fructus 339.
Prioratus 303.
Prisengericht 568.
Privatio beneficii 338, 445.
Privatklage 151, 165, 198 ff.
Privileg, im Kirchenrecht 436.
Privilegientheorie 397.
Privilegium canonis 413.
— fori 331.
— Heinrici 315.
— immunitatis 331.
Procurator fiscalis 355.
Procureurs d'Etat 148.
Professio religiosa 330.
Progressivsystem 89, 98, 101.
Propsteisynode 468.
Protest, im Völkerrecht 511.
Provende 308.
Provinzialkonzil 434.
Provinzialsynode 295, 469.
Provisors 342.
Prozeßbeendigungsgründe 182.
Prozeßerledigende Entscheidungen 162 ff.
Prozeßfähigkeit 159.
Prozeßführungsrecht 147.
Prozeßgang 150 ff.
Prozeßgegenstand 130 ff.
Prozeßgestaltungsvoraussetzungen 127, 156.
Prozeßhandlungen 155.
Prozeßhindernis 149.
Prozeßpolizei 164.
Prozeßrüge 194.
Prozeßsubjekte 134 ff.
Prozeßverhältnis 149.
Prozeßvertretung 160.
Prozeßvoraussetzungen 42. 127, 149, 157.
Prügelstrafe 32, 80, 96, 107.
Publica fama 338.
Purgatio canonica 338.
— vulgaris 338.

Q.

Quaestiones 319.
Quasibeschuldigte 134.
Quasi per inspirationem 418.
Quellen des Kirchenrechts 459.
— des Völkerrechts 498.
Quinque compilationes antiquae 319.
Quod de fidelium, für die oberrheinische Kirchenprovinz 449.

R.

Rangverhältnisse der Gesandten 534.
Rasphuis 86.
Raub 54.
Raufhandel 49.
Realinjurie 51.
Realkonkurrenz 226.
Realunion 503.
Rebus sic stantibus 544.
Recht an der eignen Person, im Völkerrecht 512.
— auf rechtliches Gehör 154.
Rechte der Parteien 154.
Rechtsbelehrung 192.
Rechtsbeschwerde 251.
Rechtsbeugung 72.
Rechtsfindung, freie 136.
Rechtshängigkeit 165.
Rechtshilfe 146, 245.
Rechtsirrtum 21, 221.
Rechtskraft 163 f.
— formelle 163.
— materielle 163.
— objektiv beschränkte 131.

Rechtsmittel 166 f., 250 ff.
Rechtsnachfolge d. Staaten 550, 577.
Rechtsnatur d. Völkerrechts 485.
Rechtstrieb 488.
Rechtswissenschaft, kirchliche 320.
Recursus ab abusu 407.
Redemptoristen 353 Anm. 3.
Referenten 140.
Reformatio in capite et membris 341.
— in peius 194, 196.
Reformatories 97.
Reformatory system 97.
Reform Prisons 97.
Reform Schools 97.
Reformsystem, amerikanisches 97.
Refugianten-Gemeinde 386.
Rehabilitation 44.
Reichsanwaltschaft 148.
Reichsgericht 138.
Reichsgerichtsräte 138.
Reichsgerichtspräsident 138.
Reichskirche 293.
Reichsmilitäranwaltschaft 241.
Reichsmilitärgericht 241.
Reichssynode 293.
Reinigungseid 310.
Rektorat 308.
Relationes status 454.
Religionsverbrechen 60 f.
Renuntiatio 329.
Repressalien 554.
Requisition 567.
Re sacra 449.
Reservatum ecclesiasticum 371.
Resignatio cum reservatione pensionis 329.
Responsales 330.
Restitutio in integrum 161.
Résumé 192.
Reue, tätige 43 f., 224.
Revision 166, 252.
Revisionsanträge 195.
Revisionsgründe, absolute 195.
Revisionsverfahren 194 ff.
Revisionsvoraussetzungen 195.
Richter 136.
— aufsichtführende 138.
— beauftragter 140.
Richterbestechung 72.
Rückfall 37, 225.
— uneigentlicher 226.
Rücktritt vom Versuch 25 f.
Rüge, materiellrechtliche 194.
Ruralkapitel 428.

S.

Sacerdotium 392, 411.
Sachbeschädigung 54 f.
Sachentscheidung 156, 162.
Sachhehlerei 56.
Sachlegitimation 147.
Sachurteilsvoraussetzungen 157.
Sachverständige 176, 247.
Sachverständigeneid 177.
Sachverständigenpflicht 176.
Sachwucher 56.
Sacrificati 284 Anm. 2.
Sacro approbante concilio 343.
Sakramente 436.
— und Gottesdienst der evangelischen Kirche 471.
Sakramentsnatur der Ehe 336.
Salvus conductus 180.
Sanctum Officium 350.
Schadensersatz 31.
Schiedsgericht 353.
Schiedsvertrag 353.
Schiffahrt, Beschränkungen der Gebietshoheit in ihrem Interesse 516.
Schiffsrecht 539.
Schiffe, feindliche im Kriege 567.
— in fremd. Eigengewässern 541.
— in fremden Gewässern 541.
— in fremden Küstengewässern 542.
— auf offenem Meer 540.
— Nationalität derselben 540.
Schisma 340.
— sapit haeresim 445.
Schlußvortrag 190.
Schlüsselgewalt, Verwaltung derselben in der evangelischen Kirche 471.
Schöffen 137.
Schöffengerichte 139.
Scholastische Methode 318.
Schriftvergleichung 174.
Schuldausschließungsgründe 220 f.
Schuldfähigkeit 19.
Schuldfrage 131.
Schuld im allgemeinen 20.
Schutzaufsicht 100, 107.
Schutzprinzip 11.
Schweigegebot 94, 245.
Schweigesystem 89.
Schwurgerichte 139.
Secretaria 421.
Selbstbefreiung der Gefangenen 67.
Selbstbeschädigung 229.
Selbsthilfe 17.
Selbstverletzung 17.
Senatspräsidenten 138.
Sendgericht 310.
Sendhafer 308.
Sendhandbuch 300.
Sendschilling 308.
Servitia 313, 339.
Sessiones publicae 344.
Sicherung des Beweises 246.
Sicherungsmittel im Strafprozeß 178 ff.
Siegelbruch 68.
Simulation 229.
Sittlichkeitsverbrechen 59 f.
Sitzungspolizei 164.
Sitzungsprotokoll 167, 244.
Sklavenhandel 496, 539, 541.
Sklavenraub 50.
Sondergerichte 129 f.
Souveränität 500.
Spinnhaus 86.
Spolien 304.
Staat und Kirche 298, 392.
Staatenbund 503.
Staatenstaat 504.
Staatenverbindungen 503.
Staatsangehörigkeit 521.
Staatsanwaltschaft 148.
Staatsbankerott 524.
Staatsdienstbarkeiten 515.
Staatsgerichtshöfe für Ministeranklagen 130.
Staatsgrenzen 514.
Staatshaupt 505, 530.
Staatskirchenrecht, deutsches 398.
Staatskirchentum 346.
Staatsklage 165.
Staatsvertrag, im Völkerrecht 511, 543.
Stabilitas loci 330.
Stadtpfarrei 306.
Standespflichten 413.
Standgerichte 240.
Standrecht 216, 413.
State Prisons 97, 100.
Status ecclesiasticus 382.
— oeconomicus 382.
— politicus 382.
Steckbrief 179, 246.
Steigbügelhalten 324.
Steuerdelikte 71.
Steuern, kirchliche 456.
Stift 306.
Stiftsgut 308.
Stiftsprobst 306.
Stifts- und Klosterschulen 328.
Stimmenverhinderung 66.
Stimmzettelwahl 418.
Stipendium 297.
Stoffsammlung 168 ff.
Stolgebühren 304, 477.
Störung der Totenruhe 60.
Strafantrag 42 ff., 150, 224.
Strafaufhebung 43 ff.
Strafaufrechnung 41.
Strafausschließung 41 ff.
Strafausschließungsgründe, persönliche 41.
— sachliche 42.
Strafbefehl 201.
Strafbemessung 37 ff.
— bei Gesetzeskonkurrenz 39.
— für Jugendliche 38 f.
— für Teilnahme 38.
— bei Verbrechensmehrheit 39.
— für Versuch 38.
Strafbescheid 201.
Strafe 31 ff., 221 f.
Strafexerzitien, geistliche 354
Straffrage 131.
Strafgerichte, ordentliche 134 ff.
Strafgewalt, im Kirchenrecht 444.
Strafklagerecht 127 f.
Strafklagerechtsbedingungen 149.

Strafklagerechtsvoraussetzungen 157.
Strafkammern 139.
Strafmilderung 38, 224.
Strafrecht, formelles 119.
— kirchliches 354.
Strafrechtsschulen 7.
Strafrechtstheorien 6.
Strafschärfung 37.
Strafschärfungsgründe 37 ff., 224 f.
— benannte besondere 225.
— unbenannte 225.
Strafsenate 139.
Straftaten 217.
Strafumwandlung 40 f.
Strafurteil, unbest. 98, 107.
Strafverfahren, im Kirchenrecht 447.
Strafverfolgungsverjährung 45.
Strafverfolgungszwang 243.
Strafverfügung 250.
— polizeiliche 201.
Strafversetzung 354.
Strafvollstreckung 198, 253.
Strafvollstreckungsverjährung 45
Strafvollzugsreform 101 ff.
Strafzumessung 226 f.
Streitgenossenschaft, passive 132.
Streitverfahren, im Kirchenrecht 447.
Strichsystem 89.
Stubenarrest 222.
Studia generalia 328.
Subdekan 417.
Subdiakonat 285, 411.
Substitutionsrecht 148.
Suffragane 332.
Sukzession, im Völkerrecht 550, 577.
Summae 321.
Superintendent 464.
Superintendenten und Konsistorien 377.
Suspensio ab ordine 338.
— ab officio 338.
— a beneficio 338.
— exinformata conscientia 354.
Suspension 295.
Suspensiveffekt 166.
Suveränität 501.
Synodalbeschlüsse 290.
Synodalkommissäre 293.
Synode national 384.
Synode von Trient 409.
Synoden 434, 468.
Synodi 377.

T.

Tafelgut 308.
Talweg 514.
Tatbericht 248.
Tateinheit und Mehrheit 15.
Täterschaft, mittelbare 28.
Tatirrtum 221.
Tätlichkeit gegen einen Vorgesetzten 228.
Tatort 144.
Tatsachen, notorische 171.
Taufe 436.
Taufkirchen 305.
Taufzwang 394.
Teilnahme 26 ff., 219.
Teilnahme, eigentliche 29 f.
— notwendige 27 f.
Telegrammsperre 180.
Temporalien 334.
Termin 161, 245.
Terrae missionis 422.
— sedis apostolicae 422.
Terrena 323.
Territorialhoheit 525.
— des Uferstaates 541.
Territorialprinzip 11.
Territorialsystem 382.
Territorium separatum 352.
Theatinerorden 353.
Theokratie 323.
Theologia practica externa 318.
Thurificati 284 Anm. 2.
Tierquälerei 71.
Tituli scil. minores 305.
Titulus mensae 352.
— principis 352.
Todesstrafe 32 f., 222.
Tonsur, mönchische 297.
Tonsura s. Pauli 297.
— s. Petri 297.
— Simonis Magi 297.
Totalabstimmung 162.
Totschlag 46.
Tötung auf Verlangen 47.
Traditio apostolica 408.
— divinia 408.
— ecclesiastica 408.
— humana 408.
Traditores 284 Anm. 2.
Translatio 329.
Translocatio 354.
Trauungsrecht, der evangelischen Kirche 478.
Tribunalia 420.
Tribunaux en matière correctionnelle 142.
— de simple police 142.
Trienter Konzil 343.
Trunkenheit 218.
Türkei, im Völkerrecht 488.
Tuskulaner 316.

U.

Übergangsstationen 113.
Überlegung 21.
Überschwemmung, Herbeiführung 65.
Überweisung an die Landespolizeibehörde 35.
Üble Nachrede 51.
Ultimatum 560.
Umstände, mildernde 38, 224.
Unam sanctam 318, 323.
Unbrauchbarmachung 36.
Unerlaubte Handlungen, im Völkerrecht, Forderungsrechte aus ihnen 548.
Unfug, grober 71.
Ungehorsam gegen einen Befehl in Dienstsachen 228.
Unionen 388.
Universität 328.
Unmittelbarkeitsprinzip 172 f., 244.
Unterdrückung des Sklavenhandels 496, 539, 541.
Untergebene 227.
Unterlassung einer dienstlich gebotenen Verhaftung 230.
Unterlassungsdelikte, eigentl. 14.
— uneigentliche 14.
Unternehmen 24, 219.
Unterschlagung 53.
— militärische 231.
Untersuchungsführer 248.
Untersuchungsgrundsatz 243.
Untersuchungshaft 179 f., 246.
Untersuchungskommission, internationale 552.
Untersuchungsrichter 139.
Unum corpus christanium 392.
Untreue 57.
Unverletzlichkeit des Gesandten 532.
Unvorsichtiger und rechtswidriger Waffengebrauch 230.
Unzucht, gewaltsame 59.
— mit Jugendlichen 59.
— unter Mißbrauch des Autoritätsverhältnisses 59.
— widernatürliche 59.
Unzüchtige Schriften, Verbreitung 59.
Urgens necessitas 448.
Urkunden 248, 300.
— öffentliche 62.
Urkundenbeseitigung 63.
Urkundenfälschung 62.
— intellektuelle 62 f.
Urkundenverbrechen 62 f.
Urlaubsbeschränkung 259.
Ursache 13.
Ursprünglicher Erwerb der Gebietshoheit 519.
Urteil 168, 249 f.
Urteilsbasistatsachen 171.
Urteilsqualitätsvoraussetzungen 157.
Urteilsverstoß, äußerer 194.
— innerer 194.
Urteilsvoraussetzungen 157.
— spezifische 157.

V.

Vatermord 47.
Veranstaltung von Versammlungen als militärisches Delikt 230.
Verbalinjurie 51.
Verbände, im evangelischen Kirchenrecht 461.
Verbindung im Strafprozeß 132.
Verbot der reformatio in peius 194, 196.

Verbrechen gegen den Bestand des Staates 65.
— gegen die Ehre 51 f.
— gegen die Familie 58.
— gegen das Finanzwesen 71.
— fortdauernde 16.
— fortgesetzte 16.
— gegen die persönliche Freiheit 49 f.
— gegen die körperliche Integrität 48 f.
— gegen das Leben 46 f.
— militärische 217.
— gegen das Militärwesen 69 f.
— gegen Okkupationsrechte 57 f.
— gegen die Organe und Zeichen der Staatsgewalt 66 ff.
— gegen das Polizeiwesen 70 f.
— gegen die Rechtspflege 68 f.
— gegen staatsbürgerl. Rechte 66.
— gegen die Sittlichkeit 59 f.
— gegen Treu und Glauben im Verkehr 61 ff.
— gegen das Vermögen 52 ff.
Verbrechenseinheit und Mehrheit 15.
Verdikt 193.
Vereinigungen nach kirchlicher Regel 433.
Verfahren gegen Abwesende 250.
— kolonialgerichtliches 203.
Verfahren, objektives 203.
— summarisches vor dem Amts- od. dem Schöffengericht 184.
Verfahren, völkerrechtl. 551 f.
Verführung eines noch nicht sechzehnjähr. Mädchens 59.
Vergehen, militärische 217.
Vergiftung 48.
Verhandlungsführer 140, 240.
Verhandlungsmaxime 152.
Verjährung 44 f., 227, 261.
Verleumdung 51 f.
Verletzung der Amtsverschwiegenheit 72.
— des Briefgeheimnisses 61.
Verlöbnis 438.
Verlust der Gebietshoheit 521.
Vermögensbeschlagnahme 180.
Vermögenskonfiskation 34.
Vermögensrecht, kirchliches 339, 456, 477.
Vermögensstrafen 259 f.
Vernehmung des Zeugen 174 f.
Verpflichtungskraft, im Kirchenrecht 435.
Versetzung in die zweite Klasse des Soldatenstandes 224.
Versicherung, falsche an Eides-statt 69.
Versuch 20 ff., 219.
— beendeter 24.
— gehinderter 24.
— mißlungener 24.
— untauglicher 24 f.
Vertagung 190.
Verteidiger 160, 242.
Verteidigung 160, 242.
Vertragstheorie 397.
Vertretung, im Strafprozeß 160.
Verurteilung bis zur Besserung 107.
— relativ bestimmte 108.
Verwahrungsheime 113.
Verwaltung des Kirchenvermögens 477.
Verwaltungsnebenklage 202.
Verwaltungsrecht, oberstes des Papstes 328.
Verwaltungsstrafklage 202.
Verwaltungs- und Nutzungsrecht im Völkerrecht 516.
Verwandtenehen 336.
Verweis 34.
Verweisung der Sache vor das Schwurgericht der nächsten Periode 193.
Verwundete und Kranke, Schutz derselben 564.
Verzicht im Völkerrecht 511.
Vicarii temporales 308.
Vicarius urbis 415.
— perpetuus 334.
Visitatio liminum 454.
— — scil. sanctorum apostolorum Petri et Pauli 329.
Visitator 377.
Vita communis 333.
Vokation 476.
Volenti non fit iniuria 17.
Völkerrecht, Begriff 484.
— Rechtsnatur desselben 485.
Vollklage 165.
Vollstreckung der Freiheitsstrafen 222.
Vorbereitung der Hauptverhandlung 187, 249.
Vorbereitungshandlung 24, 219.
Voreid 175.
Vorentwurf zum StrGB. 8.
Vorführung 246.
Vorgesetzte 227.
Vorrechte des Gesandten 532.
Vorsatz 20 ff.
Vorschützen von Gebrechen 229.
Vorsitzender 140, 240.
Voruntersuchung 183, 186 f.
Vorverfahren 183 ff.
Votum negativum 476.

W.

Waffengebrauch 220.
— unvorsichtiger 230.
Waffengleichheit, Grundsatz im Strafprozeß 153.
Waffenstillstand 571, 577.
Wahlbestechung 66.
Wahlfälschung 66.
Wahlverteidiger 160.
Wahnverbrechen 22.
Wahrheitserforschung 244.
Wahrnehmungsobjekt 173.
Wahrspruch 193.
Warenfälschung 64.
Wassergebiet 514.
Weihbischof 428.
Weihegrade 410.
Weiherecht (Irregularitätenlehre) 331.
Weltstrafrechtsprinzip 11.
Westfälische Friede 492.
Widem 307.
Widerklage 149.
Widersetzlichkeit 228.
Wiederaufnahme des Verfahrens 196 ff., 252 f., 273.
Wiedereinsetzung in den vorigen Stand 161, 245.
Wilddieberei 58.
Willenstheorie 21.
wissentlich 21.
Wormser Konkordat 315.
Wucher 56.

Z.

Zehnt 304.
Zehntstreitigkeiten 337.
Zelo domus Dei 345.
Zeugen 174 ff., 247.
Zeugnisfähigkeit 174.
Zeugnisverweigerungsrecht 174.
Zeugniszwang in Ehrengerichtssachen 271.
Zinsverbot, altkirchliches 317.
Zirkumskriptionsbullen 449.
Zölibatgebot 314.
Zölibatspflicht, beschränkte 297.
Zolldelikte 71.
Zopfabschneiden 48.
Zuchthäuser 93.
Zuchthausstrafe 33, 222.
Züchtigungsrecht 17.
Zuchtpolizeigerichte 142.
Zuhälterei 59.
Zulässigkeit des Strafrechtsweges 128 ff.
Zulassungsbefugnis 405.
Zurückverweisung 196.
Zusammenlegung von Prozessen 132, 149.
Zuständigkeit, der Ehrengerichte 268.
— funktionelle 141.
— im Kirchenrecht 435.
— und Betätigung der kirchlichen Beamten 442.
— örtliche im Strafprozeß 144 f., 240.
— sachliche 240.
— sachliche im eng. Sinne 142.
Zustandsverbrechen 16.
Zustellung 167.
Zuwiderhandeln gegen besondere Dienstvorschriften 230.
Zwangsbuße, geheime 295.
Zweikampf 49, 274.
Zwischenfrist 161.
Zwischennutzung 304.
Zwischenverfahren 185.

FSC
www.fsc.org
MIX
Papier | Fördert gute Waldnutzung
FSC® C083411

Kolibri 360 GmbH
Ferdinand-Jühlke-Straße 7
99095 Erfurt, Deutschland
produktsicherheit@kolibri360.de